Die SPD unter Kurt Schumacher
und Erich Ollenhauer

Die SPD
unter Kurt Schumacher und Erich Ollenhauer
1946 bis 1963

Sitzungsprotokolle der Spitzengremien

Band 2:
1948 bis 1950

Herausgegeben und bearbeitet
von Willy Albrecht

Bibliografische Information der Deutschen Bibliothek

Die Deutsche Bibliothek verzeichnet diese Publikationen in der
Deutschen Nationalbibliografie; detaillierte bibliografische Daten sind
im Internet über http://dnb.ddb.de abrufbar.

ISBN 3-8012-4102-5

Copyright © 2003 by
Verlag J.H.W. Dietz Nachf. GmbH
Dreizehnmorgenweg 24, 53175 Bonn
Lektorat: Prof. Dr. Dieter Dowe
Umschlaggestaltung: Manfred Waller, Reinbek
Umschlagfoto: AP/DER SPIEGEL/XXP
Druck und Verarbeitung: Koninklijke Wöhrmann B.V.
Alle Rechte vorbehalten
Printed in the Netherlands 2003

Vorwort

Mit dem vorliegenden Band wird die Edition der Protokolle der Sitzungen des Parteivorstandes und der obersten Parteigremien für die Jahre 1948 bis 1950 fortgesetzt. Jeder Band der Edition, die insgesamt die Jahre 1946 bis 1963 umfassen soll, wird etwa zwei Jahre, d. h. die jeweilige Amtsperiode eines Parteivorstandes, umfassen.

In diesem zweiten Band, der die Zeit vom September 1948 bis zum Mai 1950 umfasst, werden zunächst die Probleme des weiteren Ausbaus der Parteiorganisation in den drei westlichen Besatzungszonen, die fortdauernden Versuche zur Aufrechterhaltung von Verbindungen mit den in der Illegalität lebenden und wirkenden Sozialdemokraten der Sowjetischen Besatzungszone sowie die Bemühungen um eine Vertiefung der Kontakte mit den sozialdemokratischen Parteien des Auslandes dokumentiert.

Weiter geht es um den Aufbau einer provisorischen demokratischen und sozialen deutschen Republik für den Bereich der drei westlichen Besatzungszonen. Der Parlamentarische Rat tagte bereits, als der neue Parteivorstand Ende September 1948 seine erste Arbeitssitzung abhielt. Die Beratungen des Parlamentarischen Rates und die Probleme, die sich bis zur Verabschiedung des Grundgesetzes im Mai 1949 ergaben, spielten im ersten Amtsjahr des neuen Parteivorstandes eine sehr große Rolle. Im zweiten Jahr waren es Probleme des Aufbaus und der Stabilisierung der Bundesrepublik, die die Debatten der Parteigremien beherrschten. Es ging dabei vor allem um die Probleme der Europapolitik, die Frage einer Remilitarisierung sowie die einer radikalen Reform des Wirtschaftssystems.

Auch die Kompetenzfragen spielten im Berichtszeitraum ein große Rolle. So kam es zwar zu gemeinsamen Sitzungen der Obersten Parteigremien mit den sozialdemokratischen Fraktionen des Parlamentarischen Rates bzw. des Bundestages, als es um die Festlegung der Haltung der Fraktion des Parlamentarischen Rates zum Grundgesetz bzw. der Oppositionshaltung der Bundestagsfraktion ging. Doch bereits vor diesen Sitzungen legte der Parteivorstand fest, dass die Mitglieder der Fraktionen zwar mitstimmen sollten, dass aber bei abweichenden Voten das der Parteigremien entscheidend sein sollte.

Die Edition endet mit dem Parteitag vom Mai 1950.

Viele Personen haben dankenswerter Weise mitgeholfen, daß diese Edition zustande kommen konnte. Mein besonderer Dank gilt meinen Kolleginnen und Kollegen der Abteilung Sozial- und Zeitgeschichte für mannigfaltige Anregungen, vor allem Dieter *Dowe* für die sorgfältige Durchsicht des gesamten Manuskripts sowie Gisela *Notz* für eine genaue Durchsicht der Einleitung. Vom Archiv der sozialen Demokratie der Friedrich Ebert-Stiftung seien stellvertretend Mario *Bungert* und Wolfgang *Stärcke,* von der Bibliothek der Friedrich-Ebert-Stiftung vor allem Wolfgang *Budde-Roth* und Marlis *Esser* genannt. Für die Übertragung der Dokumentenvorlagen in maschinenlesbare Texte danke ich Frau Marlies *Hirt.* Bei dem Vergleich der von mir bearbeiteten Texte mit den ursprünglichen Vorlagen waren mir unsere Praktikantinnen Susanne *Köther* (Habichts-wald bei Kassel), Nadine *Zöllner* (Berlin) und Dr. Anne *Cottebrunne* (Heidelberg) sowie unser Praktikant Friedhelm *Schweinebraten* (Kassel) sehr behilflich. Schließlich gilt mein besonderer Dank noch Herta *List* für die sorgfältige Durchsicht meiner Einleitung und ihre Hilfe bei der Erstellung der Register.

Die Schreibweise wird im Allgemeinen der heutigen – nach der Rechtschreibreform von 1998 angepasst. Nur einige bewusst gewählte Besonderheiten, z. B. „innerpolitisch" statt „innenpolitisch" oder „SEP" statt „SED" werden beibehalten.

Bonn, im März 2003   Willy Albrecht

Inhalt

Einleitung

I. Innerorganisatorische Entwicklung

1. Führungsgremien der SPD 1948 bis 1950

a) Parteivorstand (PV)

Der Parteivorstand (PV) der SPD setzte sich wie in den Jahren 1946 bis 1948 aus zwei Gruppen von Mitgliedern zusammen.[1] Die besoldeten Mitglieder des PV bildeten in Hannover das „Büro" bzw. den „geschäftsführenden Vorstand". Zu diesem gehörten auch der Parteivorsitzende und sein Stellvertreter. Dann gab es die weit größere Zahl der unbesoldeten Mitglieder aus möglichst allen Regionen, die auch „Beisitzer" genannt wurden. Die genaue Zahl der besoldeten und der unbesoldeten Mitglieder konnte jeder Parteitag neu festlegen.

Bei der **Neuwahl der Vorstandsmitglieder** auf dem Parteitag von 1948 gab es nur wenige Überraschungen:[2] Die vom Gesamtvorstand zur Wiederwahl vorgeschlagenen bisherigen sieben Mitglieder des „Büros" wurden alle bestätigt. Der wegen seiner schweren Erkrankung nicht anwesende Parteivorsitzende Kurt *Schumacher* wurde fast einstimmig wiedergewählt – er erhielt 356 der 357 abgegebenen gültigen Stimmen; sein Stellvertreter Erich *Ollenhauer* 341 Stimmen. Die gleiche Stimmenzahl konnte Herta *Gotthelf* auf sich vereinigen; nur zwei Stimmen weniger bekam der Schatzmeister Alfred *Nau*. Fritz *Heine* konnte 331 Delegierte für sich gewinnen. Egon *Franke* erhielt 309 Stimmen, dagegen Herbert *Kriedemann* nur 240 Stimmen – die Angriffe gegen ihn wegen seines umstrittenen Verhaltens während der NS-Zeit waren offenbar nicht ohne Wirkung bei den Delegierten geblieben, auch wenn er mit dieser Stimmenzahl noch gerade zum „Beisitzer" im PV gewählt worden wäre, was 1947 – wie auch bei Franke – nicht der Fall gewesen wäre.[3]

Bei der Wahl der „Beisitzer" fiel das bisherige, vom Gesamtvorstand zur Wiederwahl vorgeschlagene Vorstandsmitglied Hermann *Veit* mit 219 Stimmen durch, was der amtierende Parteivorsitzende Ollenhauer in seiner Stellungnahme zum Wahlergebnis sehr

---

1 Zur Organisationsstruktur der Parteiführung, die sich bis 1958 nur unwesentlich änderte, vgl. PV-Protokolle Bd. 1, S. XV.

2 Zum Ergebnis der Vorstandswahlen vgl. Prot. SPD-PT 1948. S. 129 f. Zur Vorbereitung der Wahlen vgl. PV-Protokolle Bd. 1, S. XXIII u. 475.

3 Kriedemann erhielt 1947 239 Stimmen, Franke 221 Stimmen - der letzte gewählte „Beisitzer" 253 Stimmen, vgl. PV- Protokolle 1947, S. 173 f., vgl. a. PV-Protokolle Bd. 1, S. XX. Zum „Fall Kriedemann", d. h. zu den Angriffen von Kommunisten, er habe in der Emigration als Spitzel der Gestapo mehrere Sozialdemokraten verraten, vgl. PV-Protokolle Bd. 1, S. XXX, 88, 93-99, 133,165-168, 206, 209-212. Auch im hier dokumentierten Berichtszeitraum spielte der „Fall Kriedemann" noch einmal eine Rolle: vgl. Sitz. d. PV v. 29./30.6.1949 (= Dok. 10), S. 240 f.

bedauerte.[4] Er gab bekannt, dass der geschäftsführende Parteivorstand beschlossen habe, den wirtschaftspolitischen Sachverstand Veits durch die Wahl zum Vorsitzenden des Wirtschaftspolitischen Ausschusses weiter zu nutzen. Anscheinend wurde dieser Vorschlag jedoch nicht durchgeführt: In den Protokollen des dafür zuständigen Gesamtvorstandes ist eine solche Neuwahl nicht nachweisbar und im Jahrbuch für 1948/49 wird der im August 1948 zum wirtschaftspolitischen Referenten ernannte Rudolf *Pass* an der Spitze des alphabetischen Verzeichnisses – d. h. wohl als Vorsitzender des Ausschusses – genannt, Veit nur als Mitglied.[5] Allerdings wurde Veit als Wirtschaftsexperte im Berichtszeitraum öfter zu Konferenzen der Sozialistischen Internationale entsandt, an denen sonst von deutscher Seite nur Vorstandsmitglieder teilnahmen.

Weiter fielen von den sich neu zur Wahl stellenden Kandidaten der vom „Büro" vorgeschlagene Richard *Borowski*[6] sowie Fritz *Steinhoff*[7] mit je 223 Stimmen durch.

Neu wurden in den Parteivorstand Waldemar von *Knoeringen* (339 Stimmen), Ernst *Reuter* (332), Willi *Fischer* (309), Anni *Krahnstöver* (307) und Erwin *Schoettle* (306) gewählt.[8] Die Kandidaturen von Knoeringen, Fischer und Schoettle gingen auf Vorschläge des „Büros" zurück.[9] Zu den weiter bis zum Parteitag vorgeschlagenen Kandidaten gehörte noch ein Berliner Vertreter, nämlich der Repräsentant des PV in Berlin, Willy *Brandt*, der aber unmittelbar vor der Wahl seine Kandidatur zurückzog.[10]

Bei der Wahl der Beisitzer erhielten *Schroeder* und *Neumann* mit je 350 die meisten Stimmen – offenbar der Berlin-Bonus, der sich ja auch schon für sie bei der Vorstands-

---

4 Vgl. Prot. SPD-PT 1948, S. 130 f. Zu Hermann *Veit* (1897-1973) vgl. PV-Protokolle Bd. 1, S. 516.

5 Vgl. Jb. SPD 1948-49, S. 55. Im Jahrbuch für 1950/51 wird kein Vorsitzender genannt, beide nur als Mitglieder im alphabetischen Verzeichnis, Jb. SPD 1950-51, S. 55. Zu Rudolf *Pass* und seiner Ernennung zum wirtschaftspolitischen Referenten vgl. PV-Protokolle Bd. 1, S. 477.

6 Zu diesem Vorschlag des „Büros", dem sich der Gesamtvorstand anschloss, vgl. PV-Protokolle Bd. 1, Dok. 23, S.475. Zu Richard *Borowski* (1894-1956) vgl. PV-Protokolle Bd. 1, S. XXXII.

7 Zu Fritz *Steinhoff* (1897-1967), der von 1950 bis 1960 dem PV angehörte, vgl. PV-Protokolle Bd. 1, S. 320.

8 Zu den neuen Mitgliedern des PV vgl. die Kurzbiographien der Mitglieder des PV am Schluss des Bandes.

9 Vgl. die Vorbereitung der Wahl des neuen Parteivorstandes in der Sitzung des PV am 27./ 28.8.1948, PV-Protokolle Bd. 1, S. 475.

10 Vgl. Prot. SPD-PT 1948, S. 87 f. Willy *Brandt* (1913-92) geb. am 18. Dez. 1913 als Herbert Frahm in Lübeck, Gymn., Abitur, Journalist, SAP, 1933 Emigration: Norwegen - Schweden, 1944 SPD; 1946 Rückkehr nach Deutschland, 1947-48 Vertreter d. PV in Berlin, 1949-57, Sept. – Dez. 1961, 1969 – 92 MdB, 1950 - 69 MdAbgH, 1955-57 Präs. d.. Abgeordnetenhauses, 1957 - 66 Reg. Bürgermeister, 1958-92 PV u. PP, 1964-87 Parteivors., 1987-92 Ehrenvors., 1966-69 Bundesaußenminister und Vizekanzler, 1969-74 Bundeskanzler, 1976-Juni 1992 Vors. d. SI, gest. am 8. Okt. 1992 in Unkel. Zu Brandt vgl. die auf 10 Bände angelegte „Berliner Ausgabe", deren ersten Bände inzwischen erschienen sind: W. Brandt: Hitler ist nicht Deutschland. Jugend in Lübeck – Exil in Norwegen 1928–1940, bearb. v. Einhart Lorenz, Bonn 2002 (Bd.1), W. Brandt: Zwei Vaterländer. Deutsch - Norweger im schwedischen Exil - Rückkehr nach Deutschland 1940-1947, bearb. v. Einhart Lorenz, Bonn 2000 (Bd.2); W. Brandt, Auf dem Wege nach vorn. Willy Brandt und die SPD 1947-1972, bearb. v. Daniela Münkel, Bonn 2000 (Bd. 4); W. Brandt: Die Partei der Freiheit. Willy Brandt und die SPD 1972-1992, bearb. v. Karsten Rudolph, Bonn 2002 (Bd. 5); W. Brandt: Mehr Demokratie wagen. Innen- und Gesellschaftspolitik 1966 – 1974, bearb. v. Wolther von Kieseritzky, Bonn 2001 (Bd. 7). Vgl. a. Merseburger, Peter: Willy Brandt 1913 –1992. Visionär und Realist, Stuttgart-München 2002.

wahl 1947 positiv ausgewirkt hatte.[11] Mit geringem Abstand folgten *Gayk, Bögler, Knoeringen, Henßler, Reuter, Gnoß* und *Schmid.*

Durch die Wahl von Anni *Krahnstöver*, die offenbar entgegen dem Wunsch der Mehrheit des alten PV kandidiert hatte, stieg die Zahl der weiblichen Vorstandsmitglieder auf insgesamt fünf. Bei der Vorbereitung der Neuwahl im Parteivorstand hatte Ollenhauer im Namen des „Büros" vorgeschlagen, dass wie die Gesamtzahl der Mitglieder mit 30 auch die Zahl der besoldeten Mitglieder mit 7 und die Gesamtzahl der Frauen mit 4 gleich bleiben solle.[12] Konnte er sich mit seinen Vorschlägen zur Gesamtzahl und zur Zahl der besoldeten Mitglieder durchsetzen, so nicht mit demjenigen zum Anteil der Frauen im PV. Nicht einmal die Zahl von fünf weiblichen Mitgliedern entsprach dem prozentualen Anteil der weiblichen Mitgliedschaft an der Gesamtmitgliedschaft, der vom Dezember 1946 bis März 1948 von fast 15,5 auf fast 19 % gestiegen war.[13] Diesem positiven Trend hätten sechs weibliche Vorstandsmitglieder besser entsprochen.

Die Gesamtzahl der Vorstandsmitglieder stieg nur unwesentlich von 29 auf 30. Die fünf **neuen Mitglieder** waren alle als Parteifunktionäre und/oder Mandatsträger von der SPD direkt oder indirekt abhängig. Willy *Fischer* war Parteifunktionär in Franken, Waldemar von *Knoeringen* Landesvorsitzender in Bayern, Anni *Krahnstöver* war Parteifunktionärin in Schleswig-Holstein, Ernst *Reuter* war Stadtrat und gewählter OB in Berlin und Erwin *Schoettle* Landesvorsitzender in Württemberg-Baden.

Von den vier ausgeschiedenen Vorstandsmitgliedern hatte Fritz *Helmstädter*[14] als Steuerberater einen von der Partei nicht abhängigen Beruf, Viktor *Agartz* war seit Anfang 1948 hauptamtlich für die Gewerkschaften tätig. Hermann *Veit* war als Minister in Württemberg-Baden vom Vertrauen der SPD abhängig, Erich *Loßmann* war als Parteisekretär in Nürnberg von der SPD direkt wirtschaftlich abhängig. Die schon bei der Neuwahl der Vorstandsmitglieder 1947 zu beobachtende Tendenz der Zunahme der direkt oder indirekt von der SPD abhängigen Vorstandsmitglieder setzte sich also fort.[15]

Was die regionale Herkunft der Beisitzer anging, so lebten und arbeiteten von den vier Ausgeschiedenen zwei in Württemberg-Baden, einer in Bayern und einer in Nordrhein-Westfalen, von den fünf neuen Mitgliedern lebten zwei in Bayern, einer in Berlin, eine in Schleswig-Holstein und einer in Württemberg-Baden.

Das Durchschnittsalter der Vorstandsmitglieder änderte sich nur unwesentlich – es lag bei knapp unter 50 Jahre.[16] Zwar schied das bislang älteste Mitglied Erich *Loßmann* mit 66 Jahren aus, doch war der jüngste unter den Nachrückern Waldemar von *Knoeringen* 42 Jahre, so dass Egon *Franke* mit seinen nunmehr 35 Jahren weiterhin jüngstes Vorstandsmitglied blieb. Das älteste Vorstandsmitglied war nunmehr Fritz *Henßler* mit

---

11 Vgl. PV-Protokolle Bd. 1, S. XXI. Der erstmals kandidierende Ernst *Reuter* erzielte mit 332 Stimmen ebenfalls ein sehr beachtliches Ergebnis.

12 Vgl. PV-Protokolle Bd. 1, S.475.

13 Vgl. den Bericht der Frauenreferentin Herta Gotthelf auf dem Parteitag von 1948, Prot. PT SPD 1948, S. 95 (ganzer Bericht: S. 94-97).

14 Zu Fritz *Helmstädter* (1904-71) vgl. PV-Protokolle Bd. 1, S. 513.

15 Vgl. PV-Protokolle Bd. 1, S. XXII f.

16 Für genauere Angaben zu den Lebensdaten der Vorstandsmitglieder vgl. Anhang 3, S. 416-418.

62 Jahren, gefolgt von Louise *Schroeder* und Wilhelm *Kaisen* mit je 61 Jahren sowie Wilhelm *Knothe* mit 60 Jahren.

Von den fünf neuen Mitgliedern hatten drei (Knoeringen, Reuter und Schoettle) die NS-Zeit in der Emigration überlebt. Zwei von ihnen, Knoeringen und Schoettle, waren zwar vor 1933 in der SPD auf Landesebene politisch aktiv gewesen, gehörten aber während ihrer Emigrationszeit zur kleinen Gruppe „Neu Beginnen".[17] Zu den drei ausgeschiedenen Mitgliedern des PV gehörte kein Emigrant, so dass die Gesamtzahl der Emigranten im PV von neun auf 11 stieg.[18]

Der Parteivorstand tagte nach dem Parteitag Anfang September im Jahre 1948 noch dreimal:

am 24. und 25. September in Bad Godesberg, am 29. und 30 Oktober in Speyer, am 11. und 12. Dezember in Springe.[19]

Im Jahre 1949 fanden insgesamt 9 Sitzungen statt:

am 21. und 22. Januar in Iserlohn, am 11. und 12. März in Köln, am 19. April in Hannover, am 10. Mai in Köln, am 1. und 2. Juni in Hannover, am 29. und 30. Juni in Hannover, am 29. und 30. August in Bad Dürkheim, am 22. und 23. Oktober in Bonn, am 16. November in Herne.[20]

Im Jahrbuch der SPD werden für 1949 noch drei weitere Sitzungen des PV genannt. Doch bei der Sitzung des PV am 11. April in Bad Godesberg handelt es sich um eine gemeinsame Sitzung mit der Fraktion des Parlamentarischen Rates und bei der Sitzung am 6. September um eine gemeinsame Sitzung von PV, PA und KK mit der Bundestagsfraktion. Diese werden hier im Abschnitt c) behandelt. Am 29. November in Bonn ist keine PV-Sitzung nachweisbar. Hier handelt es sich wohl um eine Verwechslung mit der an diesem Tage stattgefundenen gemeinsamen Sitzung des Außenpolitischen Ausschusses des PV und der SPD-Mitglieder der Bundestagsausschüsse für das Besatzungsstatut und Auswärtige Angelegenheiten sowie für Gesamtdeutsche Fragen.[21]

Schließlich fanden 1950 bis zur Neuwahl des Parteivorstandes auf dem Parteitag im Mai 1950 noch folgende Sitzungen des 1948 gewählten Parteivorstandes statt:

am 5. und 6. Januar in Berlin, am 4. und 5. Februar in Bonn, am 13. März in Bonn, am 19. April in Bonn, am 19. Mai in Hamburg.[22]

Die Parteivorstandsmitglieder durften sich nicht vertreten lassen, eine Ausnahme wurde weiterhin den Berliner Mitgliedern zugestanden, ohne dass dies erneut festgeschrieben wurde.[23] So nahm Ida *Wolff* zu Beginn der Amtsperiode 1948-50 mehrere

---

17 Zur wichtigen Rolle von *Knoeringen* und *Schoettle* in der Parteiführung vor ihrer Wahl in den Parteivorstand 1948 vgl. PV-Protokolle Bd. 1, S. XXIV f.

18 Zu den Emigranten im PV 1946 - 1948 vgl. PV-Protokolle Bd. 1, S. XXV f.

19 Vgl. Dok. Nr. 1-3.

20 Dok. Nr. 4 A, 5, 7 A, 8, 10, 11, 13, 14 A.

21 Vgl. d. Kurzbericht, Sozialdemokratischer Pressedienst P/IV/179 v. 29.11.1949, S. 5.

22 Vgl. Dok. Nr. 15, 16, 17 A, 18 u. 19 A.

23 Zur Festlegung einer Vertretungsberechtigung für die Berliner Mitglieder nach dem offiziellen Anschluss der Berliner Sozialdemokraten im Jahre 1947 vgl. PV-Protokolle Bd. 1, S. XXI.

Male als Vertreterin Berlins an den Vorstandssitzungen teil[24], Otto *Suhr* an der ersten Sitzung nach der Bundestagswahl[25].

Über die sachlichen Diskussionen in den Vorstandssitzungen wird noch ausführlich berichtet werden. Hier sei nur darauf hingewiesen, dass sich im PV zwar, wie in den vergangenen Jahren, keine größere Opposition formierte, dass sich jedoch weiterhin einige Mitglieder als **Sprecher einer innerparteilichen Opposition** gegen den Kurs des „Büros" betrachteten und profilierten. So unterstützte zwar Fritz **Henßler** in den PV-Sitzungen die rigorose Oppositionspolitik.[26] Nach der Bundestagswahl wandte sich Henßler jedoch Ende August 1949 gegen eine Festlegung des Oppositionskurses der sozialdemokratischen Bundestagsfraktion allein durch den PV.[27] Aktive Unterstützung erhielt Henßler nur durch Otto *Suhr*, der in dieser Sitzung Ernst *Reuter* vertrat. Henßler beharrte jedoch nicht auf eine Abstimmung über seinen entsprechenden Antrag, sondern stimmte der Dürkheimer Entschließung zu, nachdem Ollenhauer und Schumacher zugesichert hatten, seine Einwände zu berücksichtigen.[28]

In der darauf folgenden gemeinsamen Sitzung der Obersten Parteigremien mit der Bundestagsfraktion vom 6. September kam es zu einer Kontroverse zwischen *Henßler* und Max *Brauer*[29] einerseits sowie Kurt *Schumacher* andererseits, als erstere dem Partei-vorsitzenden vorwarfen, dass in der Partei die Meinungsfreiheit abgewürgt werde, was Schumacher vehement bestritt.[30] In der Frage der Regierungsbeteiligung, um die es sachlich in dieser Diskussion ging, standen Beide voll auf der Seite Schumachers, der eine Große Koalition mit Entschiedenheit ablehnte.

Bei der Festlegung der Referenten für den kommenden Parteitag kam es Anfang Februar 1950 erneut zu einer Kontroverse zwischen Henßler und Schumacher.[31] Henßler äußerte Bedenken gegen die Berufung Carlo *Schmids* zum Referenten über die sozialdemokratische Kulturpolitik, woraufhin Schumacher selbst diesen Vorschlag verteidigte.

Ganz anders als *Henßler* kritisierte Wilhelm **Kaisen** den politischen Kurs der Parteiführung nicht nur parteiintern, sondern auch öffentlich.[32] Zu Beginn der neuen Amtszeit des PV forderte er immer wieder einen schnellen Abschluss der Beratungen, um den für die wirtschaftliche und soziale Entwicklung wichtigen Zusammenschluss der drei Westzonen möglichst bald zustande zu bringen.[33] Das war noch ganz im Sinne der Parteiführung.[34] Als sich jedoch Anfang 1949 eine ablehnende Haltung der Mehrheit des PV

---

24 Vgl. Dok. 2, 3, 4 A (Teilnehmerlisten). Zu Ida *Wolff* (1893-1966) vgl. PV-Protokolle Bd. 1, S. 516.

25 Vgl. Dok. 11 (Teilnehmerliste). Zu Otto *Suhr* (1894-1957) vgl. PV-Protokolle Bd. 1, S. 516.

26 Vgl. Dok. Nr. 5 (Sitz. v. 11./12. 3. 1949), S. 120.

27 Vgl. Dok. Nr. 11 (Sitz. v. 29./30.8.1949), S. 263.

28 Vgl. d. Mitteilung Ollenhauers am Ende dieses Punktes der Tagesordnung, dass diese Entschließung einstimmig angenommen worden sei, Dok. 11, S. 264

29 Zu Max *Brauer* (1887-1973) vgl. PV-Protokolle Bd.1, S.XXXI.

30 Zu den Diskussionsbeiträgen Brauers und Henßlers sowie zur Antwort Schumachers vgl. Dok. Nr. 12, S. 271 f.

31 Vgl. Dok. Nr. 16 (Sitz. v. 4./5.2.1950), S. 325.

32 Zu den Auseinandersetzungen Kaisens mit dem Geschäftsführenden Vorstand in den Jahren 1946 - 1948, die allerdings noch parteiintern erfolgten, vgl. PV-Protokolle Bd. 1, S. LXXXI. Zu diesen Auseinandersetzungen vgl. a. K. L. Sommer, Wilhelm Kaisen, Bonn 2000, S. 375-392.

33 Vgl. Kaisens Stellungnahmen in den Debatten über die „Bonner" Arbeit, Dok. Nr. 1-3.

34 Zu den Auseinandersetzungen über das Grundgesetz vgl. a. Einleitung Kap. II 2 a.

gegenüber dem zu erwartenden Grundgesetz abzeichnete, wandte sich Kaisen nicht nur gegen ein solches Votum, sondern forderte für die Entscheidung die Einberufung eines Außerordentlichen Parteitages.[35] Der amtierende Parteivorsitzende Ollenhauer versuchte, ihn zu beruhigen: PV und Fraktion würden gemeinsam über den Entwurf beraten und abstimmen. Falls jedoch, so stellte er klar, die Abstimmungen von PV und Fraktion verschieden ausfielen, sei das Votum des PV ausschlaggebend.

Es kam, wie es Ollenhauer angekündigt hatte: Am 20. April 1949 entschieden sich PV, PA und Fraktion in einer gemeinsamen Sitzung mit sehr großer Mehrheit gegen weitere Kompromisse bei der Ausarbeitung des Grundgesetzes.[36] Von den anwesenden Mitgliedern des PV gehörte nur Kaisen zu den vier Gegnern des Beschlusses, nachdem ein von ihm zusammen mit Ernst Reuter und Lüdemann[37] eingebrachter Abänderungsantrag, durch den der rigorose Ablehnungscharakter der Resolution abgemildert werden sollte, mit großer Mehrheit zurückgewiesen worden war.[38] Reuter wie auch Lüdemann gehörten wahrscheinlich zu den 8 Teilnehmern, die sich der Stimmen enthielten.

In der schon erwähnten Januarsitzung 1949 wandte sich Kaisen auch mit Entschiedenheit gegen die rigorose Ablehnung des Ruhrstatuts und besonders gegen die Art, wie der noch kranke Parteivorsitzende für das „Büro" ohne vorherige Konsultation des Gesamtvorstandes im Namen des PV gegen das Statut Stellung genommen habe.[39] Kaisen fand für seine Ablehnung der negativen Stellungnahme des „Büros" nur die Unterstützung des Augsburger PV-Mitgliedes Valentin *Baur*.

Die Differenzen Kaisens mit dem „Büro" des PV, insbesondere mit dem Parteivorsitzenden Schumacher; blieben natürlich nicht völlig verborgen, wirklich öffentlich wurden sie jedoch erst nach den Bundestagswahlen im Spätherbst 1949. In der Nacht vom 24./ 25. November 1949 – während der Debatte über das Petersberger Abkommen[40] – bezeichnete Schumacher nach einer Provokation Adenauers[41] diesen im Bundestag mit einem Zwischenruf als „Kanzler der Alliierten".[42] Kaisen kritisierte den Parteivorsitzenden darauf hin nicht nur parteiintern, sondern auch öffentlich. Einen entsprechenden Artikel bot er zunächst dem deutschen Parteiorgan an. Der „Neue Vorwärts" lehnte eine Publizierung ab, das Wochenblatt der niederländischen Arbeiterpartei, „Paraat", veröffentlichte ihn jedoch in einer Übersetzung. Daraufhin übernahmen verschiedene deutsche Tageszeitungen die „Übersetzung", d. h. sie publizierten den Originaltext Kaisens.[43] In dem Artikel bezeichnete es *Kaisen* als verhängnisvoll, dass Schumacher die SPD immer mehr

---

35 Vgl. Dok. Nr. 4 A (Sitz. v. 21./22. 1. 1949), S. 71.

36 Vgl. Dok. Nr. 7 B (Gem. Sitz. v. 20. 4. 1949), S. 172.

37 Zu Hermann *Lüdemann* (1880-1959) vgl. PV-Protokolle Bd.1, S. XXXI.

38 Für einen Abdruck des Abänderungsantrags vgl. Dok. Nr. 7, Anl. 3 A.

39 Vgl. Dok. Nr. 4 A (Sitz. v. 21./22. 1. 1949), Punkt 2, S. 172. Für einen Abdruck der umstrittenen Stellungnahme vgl. Dok. 4, Anl. 2 B. Zu diesen Auseinandersetzungen vgl. a. Einleitung Kap. II 3 b.

40 Zum Petersberger Abkommen und zu den Auseinandersetzungen darüber vgl. a. Einleitung Kap. II 3 b.

41 Zu Konrad *Adenauer* (1876-1967) vgl. PV-Protokolle Bd. 1, S. XCV.

42 Für einen Abdruck des Zwischenrufs Schumachers im Zusammenhang der Provokation Adenauers vgl. K. Schumacher, Reden - Schriften - Korrespondenzen, S. 732 f.

43 Vgl. den „Abdruck" in der „Welt" (Ü: „Nationaler Verzicht"), Nr.229 v. 28.12.1949, hier wieder abgedruckt als Anlage 3 zum Dok. 15.

zu einer „nationalen und sozialistischen" Oppositionspartei zu verwandeln versuche. Den Zwischenruf Schumachers verurteilte er, ohne die Provokation Adenauers zu erwähnen.

Jetzt wurde die Auseinandersetzung mit Kaisen zum „**Fall Kaisen**", dem in der nächsten Sitzung des PV am 5. und 6. Januar 1950 ein eigener Tagesordnungspunkt gewidmet wurde.[44] Zunächst berichtete Ollenhauer und betonte, dass die außenpolitische Linie Schumachers öfter durch den Gesamtvorstand mit großer Mehrheit gebilligt worden sei. Danach wiederholte Kaisen seine Überzeugung, dass einige der Ansichten Schumachers für die SPD wie für den Europagedanken sehr schädlich seien. Daraufhin nahm Schumacher selbst das Wort:[45] Er bemängelte zunächst, dass Kaisen allein seinen Zwischenruf kritisiert habe, nicht aber die provozierende Behauptung Adenauers, die SPD nehme eine Fortsetzung der Demontagen in Kauf. Schumacher beendete seine Ausführungen mit der Forderung, es müsse aufhören, dass er „persönlich angemistet werde", deshalb müsse eine klare Entscheidung getroffen werden. Nach Schumacher sprach Ernst *Reuter* in der Debatte. Er übernahm zwar die These, dass der umstrittene Zwischenruf des Parteivorsitzenden durch Adenauer provoziert worden sei, mahnte aber zu einer toleranteren Behandlung und bezog sich dabei auf seine frühere Haltung in der „Angelegenheit Löbe".[46] Darauf meldete sich Schumacher noch einmal zu Wort und betonte, dass an eine disziplinarische Ahndung nicht gedacht sei, dass es aber um eine Formulierung gehe, die die Dinge klarstelle. Als Formulierung für das Kommuniqué schlug Ollenhauer in seinem Schlusswort zu diesem Tagesordnungspunkt vor: „Der Vorstand lehnt die in diesem Artikel enthaltenen Auffassungen und die Form der Veröffentlichung ab. Diese Auffassungen stehen im Widerspruch zu der vom PV beschlossenen Außenpolitik, die der PV erneut bestätigt." Diese Formulierung wurde dann vom Vorstand ausdrücklich „beschlossen".[47]

Auch nach dieser Rüge ließ Kaisen nicht von seiner öffentlichen Kritik der Linie des PV ab. In der Sitzung vom 13. März berichtete Ollenhauer, dass Kaisen seine abweichende Meinung in der Frage eines Beitritts der Bundesrepublik zum Europarat wieder öffentlich kundgetan habe.[48] Auch Schumacher erwähnte in seinem Grundsatzreferat in der anschließenden Gemeinsamen Sitzung diese erneute öffentliche Kritik Kaisens am Kurs der Parteiführung.[49] Zwar betonte Schumacher zu Beginn seiner Ausführungen erneut, dass es sein Wunsch sei, „keinen organisatorisch disziplinären Schritt in dem Falle des Genossen *Kaisen* zu machen". Doch wird deutlich erkennbar, dass seine Geduld langsam zu Ende ging. Es war deshalb nicht verwunderlich, dass er und seine engsten

---

44 Dok. 15, Punkt 2 A „Kaisen-Artikel". Auf dem Exemplar der Einladung in den Beilagen zum Protokoll wird der zusätzliche Tagesordnungspunkt 2 a „Fall Kaisen" genannt.

45 Dok. 15, S. 312.

46 Zur „Angelegenheit Löbe", d. h. zum Ausschluss von Paul Löbe aus dem Außenpolitischen Ausschuss des PV, vgl. PV-Protokolle Bd. 1, S. XXXVII f. Zu Paul *Löbe* (1875-1967) s. PV-Protokolle Bd. 1, S. XXXVII.

47 Dok. 15, S. 313. Leider werden keine näheren Angaben zu diesem Beschluss gemacht. Der entsprechende Abschnitt im Kommuniqué begann mit folgendem allgemeinen Satz: „Die Versammlung befasste sich dann mit der kürzlich erfolgten Veröffentlichung eines Artikels des Bremer Senatspräsidenten Kaisen." Vgl. Dok. 15, Anlage 1.

48 Vgl. Dok. 17 A, Punkt 2.

49 Vgl. Dok. 17 B, S. 367.

Vertrauten die Abwesenheit Kaisens auf dem Parteitag im Mai 1950 dazu benutzten, um Kaisens Wiederwahl in den Parteivorstand zu verhindern.[50]

Von den 23 auf dem Parteitag von 1948 gewählten „Beisitzern" amtierten nur 21 die ganzen zwei Jahre. Ernst *Gnoß* starb im März 1949.[51] Adolf *Grimme* legte sein Mandat im Herbst 1949 nieder, weil ihm sein neues Amt – er war seit Herbst 1948 Intendant des NWDR – nach seiner Ansicht nicht die notwendige Zeit für ein solches wichtiges Ehrenamt ließ.[52] Grimme schlug vor, den niedersächsischen Innenminister Richard *Borowski*, der wie erwähnt, von den durchgefallenen Kandidaten neben Fritz *Steinhoff* die meisten Stimmen erhalten hatte, als seinen Nachfolger zu kooptieren. Der PV nahm die Amtsniederlegung zur Kenntnis, sah jedoch von einer Kooptation ab, da eine solche auf Grund des Organisationsstatuts kaum möglich war.[53]

b) *Parteiausschuss (PA)*

Der Parteiausschuss setzte sich weiterhin aus den **Vertretern der Parteibezirke** zusammen.[54] Es bildete sich nunmehr ein fester Kreis von Mitgliedern des Parteiausschusses. Im Jahrbuch für 1948/49 werden die im folgenden aufgezählten 31 Mitglieder genannt. Diese werden hier in alphabetischer Reihenfolge aufgeführt. In Klammern werden die Parteibezirke und ihre Wohnorte, genannt, falls der Wohnort nicht schon aus dem Bezirksnamen hervorgeht.[55]

 Emil *Bettgenhäuser* (Bez. Rheinland-Koblenz-Trier, Koblenz)[56],
 Lucie *Beyer* (Bez. Hessen-Frankfurt)[57],
 Richard *Borowski* (Bez. Hannover),
 Max *Denker* (Bez. Württemberg-Baden, Stuttgart)[58]
 Rudolf *Freidhof* (Bez. Hessen-Kassel)[59],
 Alfred *Frenzel* (Bez. Schwaben, Augsburg,)[60],
 Martha *Fuchs* (Bez. Braunschweig;)[61],

---

50 Vgl. K. L. Sommer, S. 387. Allerdings sehe ich nicht wie Sommer, der auch nur das offizielle Protokoll der Vorstandssitzung vom Januar benutzt hat, zu dem Schluss gelangen konnte, dass Schumacher einen solchen Schritt bereits in dieser Sitzung angekündigt habe.

51 Vgl. Mitteilung *Menzels* und Gedenkworte *Ollenhauers* in der Sitzung vom 11./12.3.1949, Dok. 5, S. 124.

52 Vgl. d. Mitteilung Ollenhauers zu Beginn der PV-Sitzung am 22.10.1949, Dok. 13, S. 275.

53 Dok. 13, ebenda. Nach dem Organisationsstatut von 1946 hatte der Parteivorstand kein generelles Kooptationsrecht, sondern erhielt nur von den jeweiligen Parteitagen für besondere Fälle ein solches zugesprochen, vgl. PV-Protokolle Bd. 1, S. XV f. u. XX.

54 Zur Zusammensetzung des Parteiausschusses vgl. PV-Protokolle Bd. 1, S. XXVII-XXIX.

55 Zum folgenden vgl. das Verzeichnis der Mitglieder nach Parteibezirken geordnet: Jb. SPD 1948-49, S. 53. Für die Sitzungen, an denen sie nachweisbar teilnahmen vgl. Anhang 2.

56 In Klammern Hinweise auf den Bezirk und den Wohnort der Genannten. Zu Emil *Bettgenhäuser* (1906-82) vgl. PV-Protokolle Bd. 1, S. 68.

57 Zu Lucie *Beyer* (geb. 1914) vgl. PV-Protokolle Bd. 1, S. 494; neuere Literatur: G. Notz, Frauen in der Mannschaft, Kap. über L. Beyer.

58 Zu Max *Denker* (1893-1956) vgl. PV-Protokolle Bd. 1, S. 66.

59 Zu Rudolf *Freidhof* (1888-1983) vgl. PV-Protokolle Bd.1, S. 67.

60 Zu Alfred *Frenzel* (1899-1968) vgl. PV-Protokolle Bd. 1, S. 200.

61 Zu Martha *Fuchs* (1892-1966) vgl. PV-Protokolle Bd. 1, S.XXII.

Willibald *Gänger*;(Bez. Pfalz, Neustadt/ Pf.)[62],

Marta *Giesemann* (Bez. Württemberg-Baden, Stuttgart)[63],

Franz *Höhne* (Bez. Oberpf. -Niederbayern, Regensburg)[64],

Richard *Jäckle* (Bez. Süd-Baden, Singen/ Baden)[65],

Paula *Karpinski* (Bez. Hamburg-Nordwest)[66],

Adolf *Keilhack* (Bez. Hamburg-Nordwest)[67],

Luise *Kinz*(e)*l* (Bez. Südbayern, Trostberg)[68],

Emil *Kraft* (Bez. Weser-Ems, Wilhelmshaven[69],

Max *Kukielczynski* (Bez. Schleswig-Holstein, Kiel)[70],

Elly *Linden* (Bez. Schleswig-Holstein, Lübeck)[71],

Günter *Markscheffel* (Bez. Rheinhessen, Mainz)[72],

Rudi *Menzer* (Bez. Hessen-Frankfurt)[73],

Willy *Michel* (Bez. Östliches Westfalen, Minden)[74],

Maria *Prejara* (Bez. Hannover)[75],

Viktor *Renner* (Bez. Süd-Württemberg, Tübingen)[76],

Hermann *Runge* (Bez. Niederrhein, Düsseldorf)[77],

Käthe *Schaub* (Bez. Westliches Westfalen, Dortmund)[78],

Willi *Schirrmacher*, (Bez. Oberrhein, Köln)[79],

---

62 Zu Willibald *Gänger* (geb. 1903) vgl. PV-Protokolle Bd. 1, S. 267.

63 Zu Marta *Giesemann* (1897-1974) vgl. PV-Protokolle Bd. 1, S. 495.

64 Zu Franz *Höhne* (1904-1980) vgl. PV-Protokolle Bd. 1, S. 68.

65 Richard *Jäckle* (1912-90), geb. in d. Schweiz, 1926 als Schriftsetzerlehrling Übersiedlung nach Baden, 1929-31 Schriftsetzer in Singen (1931-33 arbeitslos), 1930 SPD, 1933-40 Maschinensetzer, 1940-42 Soldat, 1945-52 Druckereileiter in Singen, Wiederaufbau d. SPD in Singen u. Südbaden, 1946-52 Vors. d. bad. Sozialdemokratie, 1946-52 MdL (Südbaden/ Baden-Württ.), 1952 Übersiedlung in die Schweiz, 1959 Fraktionsgeschäftsführer der bad.-württ. SPD in Stuttgart, 1963-77 Angestellter im Parlamentarischen Beratungsdienst des Landtages.

66 Zu Paula *Karpinski* (geb. 1897) vgl. PV-Protokolle Bd. 1, S. XVII.

67 Zu Adolf *Keilhack* (1904-74) vgl. PV-Protokolle Bd. 1, S. 133.

68 Luise *Kinzl*, geb. 1901 in Kaaden/ Nordböhmen, nach 1945 Verwaltungsinspektorin/ Hausfrau in Trostberg (Oberbayern), 1947-52 PA, 1949 Kandidatin für den BT (Bayer. Landesliste).

69 Zu Emil *Kraft* (1898-1982) vgl. PV-Protokolle Bd. 1, S. 285.

70 Zu Max *Kukielczynski* (nach 1950 Max Kukil) (1904-59) vgl. PV-Protokolle Bd. 1, S. 398.

71 Elly *Linden* (1895-1987), geb. in Thüringen, 1917-21 Studium d. Geschichte, Pädagogik u. Volkswirtsch., Dr. phil., 1923 Lehrerin an der Städt. Handelshochschule in Lübeck, 1925 Heirat, 1926-33 Dozentin an der Volkshochschule, 1927 SPD, 1946 Neubeginn d. Tätigkeit an d. VHS u. in d. SPD, 1947-62 MdL (Schlesw.-Holst.).

72 Zu Günter *Markscheffel* (1908-90) vgl. PV-Protokolle Bd. 1, S. XVI.

73 Rudi *Menzer* (geb. 1905 in Frankfurt a. M.), Werkzeugmacher, vor 1933 SAJ u. SPD, 1933 Stadtverordn. (Frankf. a. M.), 1946 Stadtverordn. u. Stadtrat, 1948 PA, 1960-66 Bürgermeister, 1966-70 MdL (Hessen).

74 Zu Willy *Michel* (1885-1951) vgl. PV-Protokolle Bd.1, S. 244.

75 Maria *Prejara*, geb. 1895, Lehrerin, 1930 SPD, nach 1945 Regierungsrätin in Hannover, Mitgl. d. Vorst. d. Bez. Hann. d. SPD u. d. PA.

76 Zu Viktor *Renner* (1899-1969) vgl. PV-Protokolle Bd. 1, S. C.

77 Zu Hermann *Runge* (1902-75) vgl. PV-Protokolle Bd.1, S. 68.

78 Zu Käthe *Schaub* (1893-1972) vgl. PV-Protokolle Bd. 1, S. 267.

79 Zu Willi *Schirrmacher* (1906-92) vgl. PV-Protokolle Bd. 1, S. 68.

Max *Seidel* (Bez. Franken, Fürth)[80],

Käte *Strobel* (Bez. Franken, Nürnberg)[81],

Otto *Suhr* (Bez. Groß-Berlin),

Heinrich *Wenke* (Bez. Westliches Westfalen, Dortmund)[82],

Ida *Wolff* (Bez. Groß-Berlin),

Trude *Wolff* (Bez. Oberrhein, Solingen).

Diese konnten sich allerdings vertreten lassen, was für die Mitglieder des Parteivorstandes nicht möglich war.[83] Deshalb nahmen auch öfter andere Vertreter der Parteibezirke an den Gemeinsamen Sitzungen teil. Diese werden hier, soweit feststellbar, in alphabetischer Reihenfolge aufgeführt. In Klammern werden wiederum die vertretenen Parteibezirke und, falls dir nicht aus dem Namen des Bezirks hervorgeht, die Wohnorte der Delegierten genannt.

Georg *Buch* (Bez. Hessen-Frankfurt, Wiesbaden)[84],

Alfred *Dobbert* (Bez. Niederrhein, Düsseldorf)[85],

Luise *Herklotz* (Bez. Pfalz, Speyer)[86],

Oskar *Kalbfell* (Bez. Süd-Baden, Reutlingen)[87],

Maxim *Kuraner* (Bez. Pfalz, Neustadt/Pf.)[88],

Arthur *Mertins* (Bez. Hamburg-Nordwest)[89],

Fritz *Ohlig* (Bez. Weser Ems, Oldenburg)[90],

Josef *Sebald* (Bez. Süd-Bayern, Rosenheim)[91],

Hans *Striefler* (Bez. Hannover)[92].

---

80 Max *Seidel* (1906-83), geb.21.1.1906 in Breslau, vor 1933 SAJ u. SPD, 1930-33 Sekr. d. SAJ für Mittelschlesien; 1946 Schreiner in Nürnberg, 1947 SPD- Sekr. in Fürth, 1949 Bez.Sekr. f. Franken in Nbg., 1958-70 Vors. d. Bez. Franken d. SPD, 1953-72 MdB, 1965 Fraktionsvorstand, 1958-70 PR, 1965-1970 Vors d. PR, 1970-83 KK, 1979-83 Vors. d. KK.

81 Zu Käte *Strobel* (1907-96) - 1958-71 PV, 1966-71 PP - vgl. PV-Protokolle Bd. 1, S. 83.

82 Zu Heinrich *Wenke* (1888-1961) vgl. PV-Protokolle Bd. 1, S. 133.

83 Die im Jahrbuch genannten Mitglieder des PA stimmten nie völlig mit den jeweiligen anwesenden Vertretern der Bezirke überein, vgl. Anhang 2.

84 Zu Georg *Buch* (1903-95) vgl. PV-Protokolle Bd. 1, S. 67.

85 Alfred *Dobbert* (1897-1975), geb. in Barmen, Textilarbeiter, 1912 SAJ, 1915 SPD, ab 1921 Redakteur bei verschiedenen Parteizeitungen, 1926-30 MdL (Sachsen), 1930-33 MdR, 1946-1960 Vors. d. Bez. Niederrhein d. SPD, 1946-1966 MdL (NRW), 1948-66 Vizepräs., 1950-1952 PV der SPD (1952 bei der Wahl durchgefallen), 1961-1964: 1. Bürgermeister der Stadt Wuppertal, gest. in Wuppertal.

86 Zu Luise *Herklotz* (geb. 1918) vgl. PV-Protokolle Bd. 1, S. 200. Neuere Literatur: G. Notz, Frauen in der Mannschaft, Kap. über L. Herklotz.

87 Oskar *Kalbfell* (1897-1979), geb. in Reutlingen, vor 1933 SPD, 1945-73 OB von Reutlingern, 1946-68 MdL (Württ.-Hoh. /Bad.-Württ.), 1949-53 MdB. Zu O. Kalbfell vgl. H.G. Wehling u. M. Nedle, Oskar Kalbfell. Ein Oberbürgermeister und seine Stadt, Reutlingen 1997.

88 Zu Maxim *Kuraner* (1901-78) vgl. PV-Protokolle Bd. 1, S. 83.

89 Arthur *Mertins* (1895-1979), geb. in Tilsit (Ostpreußen), Lehrer in Königsberg, Studium d. Volksw. u. Philos., 1920 SPD, 1929-30 u. 1933 MdR, 1945-47 Schulrat im Kreis Osterholz, 1947 Kommunalpolitischer Sekr. d. Bez. Hamburg-Nordwest, 1949-53 MdB.

90 Fritz *Ohlig* (1902-1971), geb. in Schlesien, Steinmetz, vor 1933 SPD, Parteifunktionär, 1947 BezSekr. in Oldenburg, 1949-57 MdB, 1956-57 Fraktionsvorstand, 1958-64 PR, 1964 KK.

91 Zu Josef *Sebald* (1905-60) vgl. PV-Protokolle Bd. 1, S. 218.

92 Hans *Striefler* (geb. 1907), Techniker in Hannover, nach 1945 SPD, 1953-61 MdL (Nieders.).

Im Berichtszeitraum fanden sechs **Gemeinsame Sitzungen** von PV, PA und KK statt: am 22./23. Januar 1949 in Iserlohn, am 20. April 1949 in Hannover, am 6. September 1949 in Köln, am 17. und 18. November 1949 in Herne, am 14. März 1950 in Bonn und am 20. Mai 1950 in Hamburg.[93] Eine nach dem Parteistatut mögliche Sondersitzung des PA fand nicht statt, in der Regel wurden alle Vorlagen des Geschäftsführenden Vorstandes bzw. des Gesamtvorstandes vom PA ohne Debatte übernommen.

Eine größere Opposition gegen den Kurs des PV bildete sich im PA nicht heraus. Allerdings gehörte Viktor *Renner*, ständiger Vertreter des Bezirks Süd-Württemberg und Innenminister des Landes Württemberg-Hohenzollern zu den Wenigen, die gelegentlich widersprachen. Ja er war einer der vier Vertreter des PV, PA und der sozialdemokratischen Fraktion des Parlamentarischen Rates, die am 20. April 1949 gegen die vom Parteivorsitzenden Schumacher und vom „Büro" geforderte rigorose Ablehnung weiterer Kompromisse in einigen Hauptstreitfragen zum Grundgesetz stimmten.[94]

Zu mehreren Gemeinsamen Sitzungen wurden nicht nur, wie üblich, einzelne Vertreter anderer Institutionen eingeladen, sondern alle sozialdemokratischen Mitglieder: So zur Sitzung am 20. April 1949 alle Mitglieder der sozialdemokratischen Fraktion des Parlamentarischen Rates und alle sozialdemokratischen Ministerpräsidenten bzw. – bei Koalitionsregierungen – deren sozialdemokratischen Stellvertreter.[95] Zur Sitzung vom 6. September 1949 wurden wiederum alle Ministerpräsidenten der SPD sowie alle sozialdemokratischen Bundestagsabgeordneten eingeladen.[96] Darüber wird noch genauer zu berichten sein.

c) Kontrollkommission (KK)

Der PV kam bei der Vorbereitung des Parteitages von 1948 dem Wunsche des „Büros" nach und schlug dem Parteitag vor, statt des Bayreuther Parteifunktionärs Kurt *Seeser* den aus dem Parteivorstand ausgeschiedenen Nürnberger Parteisekretär Julius *Loßmann* in die Kontrollkommission zu wählen.[97] Entgegen diesem Vorschlag wurden jedoch alle neun Mitglieder der Kontrollkommission fast einstimmig wiedergewählt: *Bratke, Damm, Höcker, G. Richter, Schönfelder, Seeser, Steffan, Ulrich, C. Wittrock.*[98] Vorsitzender der Kontrollkommission wurde wiederum *Schönfelder*, Schriftführer wiederum *Wittrock*[99].

---

93 Vgl. Jb. SPD 1948-49, S. 53 u. Jb. SPD 1950-51, S. 160. Zu den einzelnen Sitzungen vgl. Dok. 4 B, 7 B, 12, 14 B, 17 B u. 19 B.

94 Die drei anderen Teilnehmer der Gemeinsamen Sitzung, die den entsprechenden Antrag ablehnten, waren *Kaisen* (PV), *Diederichs* (MdParlR) und *Löwenthal* (MdParlR), vgl. Dok. 7 B, S. 172.

95 Vgl. Dok. 7 B.

96 Vgl. Dok. 12.

97 Vgl. PV-Protokolle Bd. 1, S. 475 (Sitz. v. 27./28.8.1948).

98 Prot. SPD PT 1948, S. 130. Zu Gustav *Bratke* (1878-1952), Walter *Damm* (1904-81), Heinrich *Höcker* (1886-1982), Georg *Richter* (1891-1967), Adolf *Schönfelder* (1876-1966), Karl *Seeser* (1906-81), Jacob *Steffan* (1888-1957), Fritz *Ulrich* (1888-1969), Christian *Wittrock* (1882-1967) vgl. PV-Protokolle Bd. 1, S. XXIX f.

99 Jb. SPD 1948/49, S. 53.

Seeser schied 1949 wegen „Arbeitsüberlastung" aus der Kontrollkommission aus.[100] Unmittelbar vor dem Parteitag von 1950 beschloss der PV, für die Neuwahl der KK als Ersatz für den ausgeschiedenen Seeser einen Vorschlag der bayerischen Bezirke zu erbitten. Neu in die KK wurde dann Ernst *Herder* aus Regensburg gewählt.[101]

Zur Wahrnehmung ihrer organisatorischen und finanziellen Prüfaufgaben kamen die Mitglieder der Kontrollkommission im Berichtszeitraum insgesamt sieben Mal zusammen.[102] Alle Mitglieder der KK wurden zu den Gemeinsamen Sitzungen von PV und PA eingeladen.[103] Der Vorsitzende Schönfelder nahm auch weiterhin regelmäßig an den Sitzungen des Parteivorstandes teil.[104] Durch seine wichtige Funktion im Parlamentarischen Rat – er war einer der Vizepräsidenten, d. h. einer der Vertreter *Adenauers*, wuchs seine Bedeutung als ständiger Vertreter der KK in den PV-Sitzungen.[105] Für größere Rechte der Kontrollkommission setzte er sich gelegentlich ein. So forderte er in der Sitzung Ende Oktober 1948, dass die KK ihre Kontrolltätigkeit künftig auf den gesamten Bürobetrieb in Hannover ausdehnen solle.[106]

d) Besprechungen der obersten Parteigremien mit sozialdemokratischen Landespolitikern, mit der Fraktion des Parlamentarischen Rates und mit der Bundestagsfraktion

Zu den meisten Sitzungen der obersten Parteigremien wurden auch die führenden sozialdemokratischen Landespolitiker sowie Vertreter der sozialdemokratischen Fraktionen des Parlamentarischen Rates bzw. Bundestages eingeladen.[107]

An den Sitzungen des Parteivorstandes und an den Gemeinsamen Sitzungen nahmen, solange der Parlamentarische Rat tagte, als Gäste immer mehrere Mitglieder Fraktion des Parlamentarischen Rates teil, die nicht dem Parteivorstand angehörten. Bis März 1949 waren dies:

> Hannsheinz *Bauer*[108], Georg *Diederichs*[109], Otto Heinrich *Greve*[110], Rudolf Ernst *Heiland*[111], Rudolf *Katz*[112], Paul *Löbe*, Fritz *Maier*[113], Willibald *Muecke*[114], Jean *Stock*[115], Otto *Suhr*, Gustav *Zimmermann*[116], Georg August *Zinn*[117].

---

100 Ebd.

101 Für die Wahl der neun Mitglieder der KK wurden neun Vorschläge gemacht, vgl. Prot. SPD PT 1950, S. 169 u. 178. Ernst *Herder* (1891-1959), bis 1945 in Ostpreußen, vor 1933 SPD u. Mitgl. d. ostpreuß. Provinziallandtags; 1945 Bayern, Regensburg, 1950-59 KK.

102 Jb. SPD 1948/49, S. 79.

103 Ebd.

104 Vgl. Anhang 1.

105 Vgl. Dok. 5, S. 118, Dok. 6, S. 132 u. Dok. 7 A, S. 141.

106 Vgl. Dok. 2, S. 26.

107 Vgl. Anhang 2.

108 Hanns Heinz *Bauer*, geb. 1909 in Wunsiedel/ OFr., Jurastudium, vor 1933 SPD, 1946 SPD-Bezirksvorstand, Würzburg, 1946-54 MdL (Bayern), 1948/49 MdParlR, 1953-72 MdB.

109 Zu Georg *Diederichs* (1900-83) vgl. PV-Protokolle Bd. 1, S. XXXI.

110 Otto Heinrich *Greve*, (1908-69), geb. in Rostock, Rechtsanwalt und Notar, Dr.jur., vor 1933 DDP/DStP; nach 1945 Rechtsanwalt in Hannover, 1945-47 FDP, 1948 SPD, 9/48-5/49 MdParlR ,1947-51 MdL (Niedersachsen), 1949-61 MdB.

Hinzugerechnet müssen noch die fünf Mitglieder des Parteivorstandes (*Gayk, Menzel, Reuter, Schmid, Selbert*) sowie der Vorsitzende der Kontrollkommission (*Schönfelder*), die dem Parlamentarischen Rat angehörten und regelmäßig an den Sitzungen der Obersten Parteigremien teilnahmen.[118]

Es fällt auf, dass sich zunächst kein Mitglied des Geschäftsführenden Parteivorstandes in den Parlamentarischen Rat wählen ließ. Erst Ende Mai 1949 übernahm Erich *Ollenhauer* den Sitz des ausscheidenden Fraktionsmitgliedes Otto Heinrich *Greve*.[119]

Als es im Frühjahr 1949 zur schweren Krise zwischen dem Parlamentarischen Rat und den Westalliierten kam, wurde zur Sitzung des Parteivorstandes Anfang April die gesamte sozialdemokratische Fraktion eingeladen.[120]

An dieser gemeinsamen Sitzung nahmen von der Fraktion teil:

Hannsheinz *Bauer,* Ludwig *Bergsträsser*[121], Georg *Diederichs,* Fritz *Eberhard*[122], Adolf *Ehlers*[123]*, Greve, Heiland,* Fritz *Hoch*[124]*, Katz, Löbe,* Fritz *Löwenthal*[125], F. *Maier, Muecke,* Friederike *Nadig*[126], Albert *Roßhaupter*[127]*, Runge,* Josef *Seifried*[128]*, Suhr,* Friedrich *Wolff*[129], Hans *Wunderlich*[130]*, Zimmermann, Zinn* + 4 Mitglieder des PV (*Gayk, Menzel, Schmid, Selbert*) + 1 Mitglied der KK (*Schönfelder*).

Die kritischen Fragen waren aber noch nicht so weit geklärt, dass es bereits zu bindenden Beschlüssen kommen konnte. Auch schien der Fragenkomplex so schwerwiegend, dass eine Sitzung der Obersten Parteigremien zusammen mit der Fraktion sowie den sozialdemokratischen Ministerpräsidenten und anderen führenden Landespolitikern die Entscheidung treffen sollte. Diese wurde für den 19. und 20. April 1949 nach Hannover

---

111 Rudolf Ernst *Heiland* (1910-65), geb. in Sachsen, 1925-33 städt. Arbeiter, SPD, 1936 2 1/2 Jahre Zuchthaus wg. Vorbereitung zum Hochverrat, 1939 dienstverpflichteter Hilfsarbeiter in Danzig, 1945 Flucht nach Marl (Westfalen), 1946 Bürgermeister von Marl, Mitgl. d. Kreistages von Recklinghausen, 1947-49 MdL (NRW),1948/49 MdParlR, 1949-65 MdB.

112 Zu Rudolf *Katz* (1895-1961) vgl. PV-Protokolle Bd. 1, S. LXX.

113 Zu Fritz *Maier* (1894-1960) vgl. PV-Protokolle Bd. 1, S. 448.

114 Willibald *Muecke* (1904-84), Dr. jur., Rechtsanwalt in Breslau, nach 1946 in München, SPD, LVorst. der SPD in Bayern, 1948/49 MdParlR, 1949-53 MdB.

115 Zu Jean *Stock* (1893-1965) vgl. PV-Protokolle Bd.1, S. 88.

116 Zu Gustav *Zimmermann* (1888-1949) vgl. PV-Protokolle Bd. 1, S. 479.

117 Zu Georg August *Zinn* (1901-71) vgl. PV-Protokolle Bd. 1, S. XXXII.

118 Zur genauen Anwesenheit der fünf Vorstandsmitglieder, von denen sich Reuter gelegentlich vertreten ließ, vgl. Anwesenheitslisten, Dok. 1-7 B.

119 Vgl. M. Schumacher, M. d. B., S. 303.

120 Vgl. Dok. 6. Zu den schweren Auseinandersetzungen vgl. Einleitung Kap. II, S. XLVIII-LII.

121 Zu Ludwig *Bergsträsser* (1883-1960) vgl. PV-Protokolle Bd. 1, S. XXXII.

122 Zu Fritz *Eberhard* (1896-1982) vgl. PV-Protokolle Bd. 1, S. LXXXIV.

123 Zu Adolf *Ehlers* (1898-1978) vgl. PV-Protokolle Bd. 1, S. LXXVI

124 Zu Fritz *Hoch* (1896-1984) vgl. PV-Protokolle Bd. 1, S. 320.

125 Zu Fritz *Löwenthal* (1888-1956) vgl. PV-Protokolle Bd. 1, S. XCIX.

126 Zu Friederike *Nadig* (1897-1970) vgl. PV-Protokolle Bd. 1, S. C. Zu F. Nadig vgl. a. G. Notz, Frauen in der Mannschaft, Kap. über F. Nadig.

127 Zu Albert *Roßhaupter* (1878-1949) vgl. PV-Protokolle Bd. 1, S. LXXII.

128 Zu Josef *Seifried* (1892-1962) vgl. PV-Protokolle Bd. 1, S.LXXII.

129 Zu Friedrich *Wolff* (1912-76) vgl. PV-Protokolle Bd. 1, S. 460.

130 Hans *Wunderlich* (1899-1977), geb. in München, 1920 SPD, Redakteur, nach 1945 SPD/Osnabrück, 1948/49 MdParlR.

einberufen.[131] An ihr wie an der vorangehenden Vorstandssitzung vom 19. April konnte erstmals nach über einem Jahr krankheitsbedingter Abwesenheit wieder der Parteivorsitzende Kurt *Schumacher* teilnehmen.

Von den Mitgliedern der sozialdemokratischen Fraktion des Parlamentarischen Rates nahmen an dieser entscheidenden Gemeinsamen Sitzung teil:

> *Bauer, Bergsträsser, Diederichs, Eberhard, Ehlers, Greve, Heiland, Hoch, Katz,* Karl *Kuhn*[132]*, Löwenthal,* F. *Maier, Muecke, Nadig, Roßhaupter, Suhr,* Friedrich Wilhelm *Wagner*[133]*, Wunderlich, Zimmermann, Zinn* + 5 Mitglieder des PV *(Gayk, Menzel, Reuter, Schmid, Selbert)* + 2 Mitglieder des PA *(Löbe,* J. *Stock)* + 1 Mitglied der KK *(Schönfelder).*

Die sachlichen Auseinandersetzungen in den Vorstandssitzungen und in den Gemeinsamen Sitzungen werden später behandelt.[134]

Nach den Bundestagswahlen vom 14. August 1949 fand zunächst eine Vorstandssitzung am 29. und 30. August in Bad Dürkheim statt, auf der die entscheidenden Weichenstellungen für die kommende Parlamentsarbeit erfolgten.[135] Mit der „**Entschließung von Bad Dürkheim**" legte der PV in 16 Punkten die Oppositionstaktik der sozialdemokratischen Bundestagsfraktion fest.[136] Erst eine Woche später fand eine gemeinsame Sitzung der Obersten Parteigremien mit der sozialdemokratischen Bundestagsfraktion sowie den führenden sozialdemokratischen Landespolitikern in Köln statt, um diese Beschlüsse zu bestätigen.[137] Von Anfang an wurde so festgelegt, wer die Richtlinien der Politik der Bundestagsfraktion bestimmen sollte.[138]

Leider sind die Anwesenheitslisten der Gemeinsamen Sitzung vom 6. September nicht mehr auffindbar. Deshalb können nur die Diskussionsredner mit Sicherheit als Anwesende bezeichnet werden. Das waren die Mitglieder des PV, die zugleich dem Bundestag angehörten: *Henßler, Ollenhauer, Schmid, Schoettle,* K. *Schumacher* sowie die nicht dem Parteivorstand angehörenden Bundestagsabgeordneten Siegfried *Bärsch*[139], Hans *Böhm*[140]*, Brandt,* Werner *Jacobi*[141], Ernst *Roth*[142] und Herbert *Wehner*[143].

---

131 Vgl. Dok. 7 B.
132 Karl *Kuhn* (1898-1986), geb. in Bad Kreuznach, 1919-33 Volksschullehrer 1922 SPD, 1929-33 Mitglied d. Kreistages d. Siegkreises (Rheinprovinz), 1933 entlassen, 1938-45 Kaufm. Angestellter, 1946 Leiter d. Kreiswirtschaftsamtes d. Stadt Bad Kreuznach, 1947-67 MdL (Rheinl.-Pfalz), 1948/49 MdParlR, 1949 Hauptamtl. Erster Beigeordneter bzw. Bürgermeister in Bad Kreuznach.
133 Friedrich Wilhelm *Wagner* (1894-1971), Rechtsanwalt, vor 1933 SPD, 1930-33 MdR, 1947-49 MdL (Rheinl.-Pf.), 1948/49 MdParlR, 1949-61 MdB, 1961-71 Vizepräsident d. Bundesverfassungsgerichtes.
134 Vgl. Einl. Kap II 2 a.
135 Vgl. Dok. 11.
136 Abgedr.: Dok. 11, Anlage 2.
137 Vgl. Dok. 12.
138 Zu diesem Thema vgl. a. Einleitung Kap. II 2 b.
139 Bärsch wird als Teilnehmer an der Diskussion nur im Bericht des „Neuen Vorwärts" genannt, vgl. Dok. 12, Anlage. Siegfried *Bärsch*, geb. 1920 in Frankenberg (Sachsen), Studium der Medizin, Dr. med., Arzt, 1945 SPD in Halle a. d. S., 1948 Flucht nach Westdeutschland, SPD-Bremen, 1949-61 MdB.
140 Böhm wird im Bericht des „Neuen Vorwärts" bei der Aufzählung der Diskussionsredner nicht genannt. Hans *Böhm* (1890-1957), 1947-56 Mitgl. d. Geschäftsf. Vorstandes d. Gewerkschaftsbundes d. Brit. Zone bzw. d. DGB, 1947-50 MdL (NRW), 1949-57 MdB.

Von diesen widersprach nur Henßler dem in Bad Dürkheim festgelegten Oppositionskurs – nicht so sehr den dort inhaltlich festgelegten Grundsätzen als vielmehr der Tatsache, dass der PV allein die Grundlinien des Oppositionskurses bestimmt hatte.

Eine zweite Gruppe von Politikern, die gelegentlich zu den Gemeinsamen Sitzungen eingeladen wurden, waren die **sozialdemokratischen Ministerpräsidenten** bzw., bei Koalitionen, die sozialdemokratischen stellvertretenden Ministerpräsidenten. An der Gemeinsamen Sitzung vom 22./23. Januar 1949 nahmen teil:

> *Brauer, Kaisen*, Hinrich Wilhelm *Kopf*[144], *Lüdemann, Menzel, Reuter, Schmid*, V. *Renner, Steffan, C. Stock*[145], F. *Ulrich.*

Auch an der folgenden Sitzung des Parteivorstandes am 11. und 12 März 1949 in Köln waren mehrere Sozialdemokratische Ministerpräsidenten bzw. Landesminister anwesend:[146]

> *Brauer, Kaisen, Katz, Kopf, Lüdemann, Menzel, Renner, Reuter, Schmid, Steffan, Zinn.*

An der wichtigen Sitzung der Obersten Parteigremien mit der sozialdemokratischen Fraktion des Parlamentarischen Rates am 20. April 1949 nahmen auch zahlreiche sozialdemokratische Landespolitiker teil:[147]

> *Borowski, Brauer, Kaisen, Katz, Kopf, Lüdemann, Menzel, Renner, E. Reuter, Schmid, Steffan, Ulrich, Zinn.*

Für die Gemeinsame Sitzung am 6. September1949 ist leider nur die Anwesenheit von *Brauer, Preller*[148] und *Schmid* nachweisbar.

Für die weiteren Gemeinsamen Sitzungen ist nicht dokumentiert, ob sozialdemokratischen Ministerpräsidenten oder sozialdemokratischer Landesminister, die nicht den Obersten Parteigremien angehörten, teilnahmen.

2) Ausbau der Parteiorganisation

a) Bestehende und neue ständige Referate des PV

Die Einstellung von Mitarbeitern der Parteizentrale war Sache des „Büros". Nur die Einstellung der Referatsleiter musste vom Gesamtvorstand bestätigt werden.

---

141 Werner *Jacobi* (1907-70), geb. in Dortmund, Jurastudium, Mitbegr. d. Deutsch-Republikanischen Studentenbundes, bis 1933 Landgerichtsrat, 1937-45 Gestapo-Haft u. KZ, 1946-48 OB von Iserlohn, 1946-50 MdL (NRW), 1949-70 MdB; vgl. a. PV-Protokolle Bd.1, S. XXXVI, Anm. 176.

142 Zu Ernst *Roth* (1901-51) vgl. PV-Protokolle Bd.1, S. XLII.

143 Zu Herbert *Wehner* (1906-90) s. PV-Protokolle Bd. 1, S. CIII. Neuere Literatur: Leugers - Scherzberg, August H.: Die Wandlungen des Herbert Wehner. Von der Volksfont zur Großen Koalition, Berlin 2002.

144 Zu Hinrich Wilhelm *Kopf* (1893-1961) vgl. PV-Protokolle Bd.1, S. XIX.

145 Zu Christian *Stock* (1884-1967) vgl. PV-Protokolle Bd.1, S. XXXIII.

146 Vgl. Dok. 5, Anwesenheitsliste.

147 Vgl. Dok. 7 B, Anwesenheitsliste.

148 Zu Ludwig *Preller* (1897-1974) vgl. PV-Protokolle Bd. 1, S. LXXI.

Am Düsseldorfer Parteitag 1948 nahmen folgende Referatsleiter und Leiter von parteinahen Institutionen teil:[149]

August *Albrecht,* (Verl. J. H. W. Dietz Nachf.)[150], Willy *Brandt* (Berliner Sekr.), Rudolf *Gerstung,* (Ref. f. Sozialpolitik)[151], Arno *Hennig* (Sozialist. Kulturzentrale)[152], Hans *Hermsdorf* (Jungsozialisten)[153], Lotte *Lemke,* (Arbeiterwohlfahrt)[154], Erich *Lindstaedt* („Die Falken")[155], Gerhard *Lütkens* (Ref. f. Außenpolitik)[156], Siegfried *Ortloff* (Sekr. d. Parteivorstandes)[157], Guntram *Prüfer,* (Rundfunkreferat)[158], Peter *Raunau* (Sozialdemokratischer Pressedienst)[159], Hans *Stephan,* (Ref. f. Kriegsgefangenenhilfe)[160], Carl *Storbeck,* (Konzentration G. m. b. H.)[161] Herbert *Treichel,* (Propagandareferat)[162], Ernst *Zimmer,* (Flüchtlingssekretariat)[163].

Nicht anwesend auf dem Parteitag war, soweit die Teilnehmerliste Auskunft gibt, der Leiter des Ostbüros Siggi *Neumann*[164].

Schon seit Sommer 1947 suchte der Parteivorstand nach einem geeigneten Leiter für das schon seit längerer Zeit bestehende **Betriebs- und Gewerkschaftsreferat**.[165] Im Herbst 1948 wurde der bisherige Leiter des Ostbüros, Siggi *Neumann,* Leiter des Betriebssekretariats; sein wichtigster Mitarbeiter im **Ostbüro**, Stephan *Thomas*[166], wurde sein Nachfolger als Referatsleiter.[167]

Im Berichtszeitraum wurde das zentrale Sekretariat des Parteivorstandes in Hannover durch ein weiteres Referat erweitert, das **Referat für soziales Bauen**.[168] Eine Diskussion über die Errichtung des Referats oder die Berufung eines Referenten fand jedoch in den

---

149 Sie wurden im Teilnehmerverzeichnis des Parteitages in einer alphabetischen Liste unter der Rubrik „Parteiinstitutionen" zusammengefasst, vgl. SPD-PT 1948, S. 234 f.

150 Zu August *Albrecht* (1890-1982) vgl. PV-Protokolle Bd.1, S. XXXV.

151 Zu Dr. Rudolf *Gerstung* vgl. PV-Protokolle Bd. 1, S. XXXVI.

152 Zu Arno *Hennig* (1897-1963) vgl. PV-Protokolle Bd. 1, S. XXXV.

153 Zu Hans *Hermsdorf* (1913-2001) vgl. PV-Protokolle Bd. 1, S. XXXV.

154 Zu Lotte *Lemke* (1903-88) vgl. PV-Protokolle Bd. 1, S. XXXIV.

155 Zu Erich *Lindstaedt* (1906-52) vgl. PV-Protokolle Bd. 1, S. XXXV.

156 Zu Gerhard *Lütkens* (1893-1955) vgl. PV-Protokolle Bd. 1, S. XXXIV.

157 Siegfried *Ortloff* (1915-99), geb. in Hamburg, Volk- u. Handelsschule, Kaufm. Angestellter, 1930 SAJ, nach 1933 illegale Arbeit, 1935 KZ Fuhlsbüttel,. 1936 Verurteilung wg. Vorbereitung z. Hochverrat zu zwei Jahren Gefängnis, 1937 Flucht nach Prag, 1938-1946 Emigration in Schweden, 1946-60 Referent d. PV in Hannover und Bonn, nach 1961 Leiter der Schweden- bzw. Skandinavienabteilung des Deutschlandfunks.

158 Zu Guntram *Prüfer* (geb. 1906) vgl. PV-Protokolle Bd. 1, S. XXXV.

159 Zu Peter *Raunau* (1902-82) vgl. PV-Protokolle Bd. 1, S. XXXVI.

160 Zu Hans *Stephan* (1906-91) vgl. PV-Protokolle Bd. 1, S. XXXVI.

161 Zu Carl *Storbeck* (1880-67) vgl. PV-Protokolle Bd.1, S. XXXIV.

162 Herbert *Treichel* (1909-53), 1927 SPD, 1947-51 Leiter d. Referats f. Propaganda d. PV d. SPD in Hannover, 1951-53 Abteilungsleiter d. Frankfurter Messe- und Ausstellungs- AG.

163 Zu Ernst *Zimmer* (1884-1950) vgl. PV-Protokolle Bd. 1, S. XXXV.

164 Zu Siggi *Neumann* (1907-60) vgl. PV-Protokolle Bd. 1, S. XXI.

165 Die Schaffung eines zentralen „Betriebssekretariats" wurde bereits im Juli 1946 beschlossen, vgl. PV-Protokolle, Bd. 1, S. XXXIV.

166 Zu Stephan G. *Thomas* (1910-87) vgl. PV-Protokolle Bd. 1, S. XLV.

167 Vgl. Dok. 3 (Sitz. v. 10./11.12. 1948), Punkt 11. In der vorangehenden Sitzung vom 29./ 30. 10. kam es zu einer längeren Diskussion über die Eignung Neumanns für diese Funktion, vgl. Dok. 2, Punkt 10.

168 Gelegentlich wurde das Referat auch „Referat für soziales Bauwesen" genannt, vgl. Jb. SPD 1948/ 49, S. 54.

Vorstandssitzungen nicht statt. Das von diesem Referat vorgelegte Wohnungsbauprogramm wurde in der Sitzung vom 1./ 2. Juni 1949 vom Gesamtvorstand gebilligt.[169]

Im Jahrbuch der SPD für 1948/49 wird auch das **Kommunalpolitische Referat** als neu errichtetes Referat genannt. Dieses bestand jedoch schon seit dem Herbst 1946 und wurde zuerst provisorisch für kurze Zeit von Georg *Diederichs* geleitet.[170] Der im Mai 1948 endlich gefundene und vom PV bestätigte Werner *Jacobi* wollte zwar am 1. Oktober sein neues Amt antreten und sein bisheriges Bürgermeisteramt in Iserlohn aufgeben.[171] Doch überlegte er es sich anders. Er wollte seine wichtigen Positionen in Nordrhein-Westfalen – er war auch Landtagsabgeordneter in NRW – nicht aufgeben.

Erst nach längerem Suchen konnte im Mai 1949 als ständiger kommunalpolitischer Referent Heinz *Hoose,* der bisherige Amtsdirektor von Hemer (Westfalen), angestellt werden.[172] Die Berufung von Hoose wirkte sich offensichtlich bald aus: In seiner letzten Sitzung vor den Bundestagswahlen stimmte der PV dem von *Ollenhauer* vorgetragenen Plan, noch 1949 in Hannover eine regelmäßig erscheinende kommunalpolitische Zeitung herauszugeben, einstimmig zu.[173] Die „Demokratische Gemeinde" konnte ab 1. Oktober 1949 als „Monatsschrift für Kommunalpolitik in Stadt und Land" in Hannover erscheinen, Schriftleiter war Hoose.

In der Sitzung vom 4./5. Februar 1950 wurde Werner *Buchstaller* als neuer Referatsleiter für die **Jungsozialistenarbeit** auf Vorschlag des „Büros" vom Gesamtvorstand bestätigt.[174] Er löste Hans *Hermsdorf* ab, der nunmehr in der Parteizentrale persönlicher Referent des stellvertretenden Parteivorsitzenden Ollenhauer wurde.

Ein personeller Wechsel erfolgte auch an der Spitze des **Rundfunkpolitischen Referats.**[175] Jürgen *Warner* löste Anfang 1949 den bisherigen Leiter Guntram Prüfer ab.[176]

Zur Vorbereitung der ersten Wahlen für ein Bundesparlament war natürlich auch ein Ausbau der Parteizentrale notwendig. Das dafür Anfang 1949 errichtete „Wahlbüro" im zentralen Sekretariat in Hannover wird bei der Behandlung des Wahlkampfes 1949 näher beschrieben.

Am Parteitag vom Mai 1950 nahmen als Vertreter der „Parteiinstitutionen" nur sechs Leiter von parteinahen Institutionen teil – im Zentralsekretariat in Hannover beschäftigte Referenten werden als Teilnehmer nicht genannt:[177]

August *Albrecht* (Verl. J. H. W. Dietz Nachf.); Lotte *Lemke* (Arbeiterwohlfahrt) Erich *Lindstaedt* („Die Falken"), Peter *Raunau* (Sozialdemokratischer Presse-

---

169 Vgl. Dok. 9, Punkt 5 u. Anl. 6.

170 Vgl. Jb. SPD 1946, S. 16

171 Vgl. PV-Protokolle Bd. 1, S. 366.

172 In der Sitzung vom 21./22. Januar wurde beschlossen, die Stelle auszuschreiben, Dok. 4 A, Punkt 5 f. Die probeweise Anstellung für 6 Monate erfolgte dann in der Sitzung vom 10.5.1949, vgl. Dok. 8, Punkt 4; die endgültige Berufung in der Sitzung vom 19.4.1950, Dok. 18, Punkt 5.

173 Vgl. Dok. 10 (Sitz. v. 29./30.6.1949), Punkt „Kommunalpolitische Zeitung".

174 Vgl. Dok. 16, Punkt 4. Werner *Buchstaller* (1923-88), geb. in Rosenheim, Holzkaufmann, 1950-59 Zentralsekr. u. Vors., 1959-61 Bundesgeschäftsführer der Jungsozialisten, 1961-80 MdB.

175 Vgl. Jb. SPD 1948/49, S. 54 (leider ohne Nennung der Referenten)

176 An der Gemeinsamen Sitzung vom 20. April nahm Warner bereits als Referent teil, vgl. Dok. 7 B.

177 Vgl. Prot. SPD-PT 1950, S. 300.

dienst), Ernst *Schumacher,* (Neuer Vorwärts Verlag)[178], Karl *Storbeck* (Konzentration G. m. b. H.).

b) Alte und neue ständige Ausschüsse und Kommissionen des PV

Auch die Einrichtung neuer Ausschüsse und Kommissionen sowie Veränderungen im Zuschnitt und bei den Mitgliedern der bestehenden Fachausschüsse mussten durch den Gesamtvorstand bestätigt werden. Dies geschah in der Regel ohne Komplikationen, Ja, wenn man die Namen in den Mitgliederlisten der Jahrbücher vergleicht, so muss man zu dem Schluss kommen, dass nicht alle personellen Veränderungen in den Sitzungen des Gesamtvorstandes vorgenommen wurden.[179]

Wichtige Veränderungen wurden jedoch in den PV-Sitzungen beraten und beschlossen, so in der Sitzung vom 21./22. Januar 1949 auf Vorschlag des wegen seiner schweren Erkrankung nicht anwesenden Parteivorsitzenden *Schumacher* einstimmig die Wiederaufnahme von Paul Löbe in den **Außenpolitischen Ausschuss** (A.A.).[180] Und in der Sitzung am 1./2.Juni 1949 wurde der aus dem Sudetenland stammende Sozialdemokrat Ernst *Paul* als neues Mitglied in den Ausschuss gewählt.[181]

Ende 1949 gehörten dem Außenpolitischen Ausschuss des PV folgende Personen an: *Schumacher, Ollenhauer, Heine, Lütkens, Brandt, Brauer, Brost*[182]*, Eichler, Löbe, Paul, Schoettle, Schmid.* Auch nach der Wiederaufnahme von Löbe und der Erweiterung durch Paul blieb der Ausschuss dominiert durch Vorstandsmitglieder und hauptamtliche Mitarbeiter des Vorstandes. Weiterhin gehörte dem Ausschuss keine Frau an.

Die Sitzungen des Außenpolitischen Ausschusses des PV waren für den Gesamtvorstand von besonderer Bedeutung. In der PV-Sitzung vom 21./22.1. 1949 berichtete Ollenhauer ausführlich über die letzten Sitzungen des A.A.[183] Dieser habe sich ausführlich mit dem bevorstehenden Aufbau deutscher diplomatischer Vertretungen und deren personeller Besetzung beschäftigt. Weiter wurde die Forderung nach Bildung eines Ministeriums für Besatzungsangelegenheiten beim Bund erhoben.

Direkt vor der Sitzung des PV tagte der A.A. am 10. März 1949.[184] An dieser Sitzung unter dem Vorsitz des amtierenden Parteivorsitzenden Ollenhauer nahmen nicht nur Mitglieder des Ausschusses teil. „U.a." waren folgende Personen anwesend:[185] die Vorstands- und Ausschussmitglieder *Heine, Schmid* und *Schoettle* sowie die Ausschussmitglieder *Brauer* und *Löbe;* weiter die Vorstandsmitglieder *Kaisen* und *Kriedemann* sowie die führenden sozialdemokratischen Europapolitiker Hermann J. *Brill*[186], Adolf *Ludwig*[187]

---

178 Ernst *Schumacher* (1896-1957) war seit Herbst 1948 Geschäftsführer des Verlages „Neuer Vorwärts" in Hannover, vgl. Dok. 2, Punkt 3. Zu E. Schumacher vgl. PV-Protokolle Bd. 1, S. 337.
179 Vgl. Jb. SPD 1947, S. 33-35, Jb. SPD 1948/49, S.54-58.
180 Vgl. Dok. 4 A, Punkt 5 c. Zu Paul *Löbe* (1875-1967) s. PV-Protokolle Bd. 1, S. XXXVII.
181 Vgl. Dok. 9, Punkt 11. Zu Ernst *Paul* (1897-1978) vgl. PV-Protokolle Bd. 1, S. 41.
182 Zu Erich *Brost* (1903-95) vgl. PV-Protokolle Bd.1, S. XXIV.
183 Vgl. Dok. 4 A, Punkt 5 c.
184 Vgl. Dok. 5 (Sitz. d. PV am 11./ 12.3. 1949), Punkt 2 u. Anl. 1 B.
185 Vgl. den Kurzbericht über die Ausschusssitzung, Dok. 5, Anl. 1 B.
186 Zu Hermann J. *Brill* (1895-1959) vgl. PV-Protokolle Bd. 1, S. LXXXII.

und Otto *Suhr*. Brauer, Ludwig und Suhr erstatteten Bericht über die Brüsseler Europakonferenz der COMISCO, an der sie als Vertreter der SPD teilgenommen hatten. Ihre positiven Stellungnahmen zu allen Bestrebungen, die auf ein einheitliches Europa hinzielten, übernahm der Ausschuss. Ausdrücklich bestätigte der Gesamtvorstand die Beschlüsse des Ausschusses.[188]

Nach Abschluss der Beratungen des Parlamentarischen Rates befasste sich der Außenpolitische Ausschuss in vier Sitzungen mit den Aufgaben der künftigen Regierung auf dem Gebiete der Außenpolitik und der internationalen Beziehungen.[189] Der Gesamtvorstand übernahm die vom Ausschuss erarbeiteten Richtlinien.[190] Diese wurden damals nicht publiziert, im Kommuniqué wurde nur die Tatsache der Übernahme der Richtlinien durch den Parteivorstand erwähnt.[191] Auf die Hauptforderungen des Ausschusses bzw. des Gesamtvorstandes wird später eingegangen werden.[192]

In der gleichen Sitzung berichtete Ollenhauer über die europapolitischen Forderungen der letzten Sitzung des A.A.[193] Dieser sei zu dem Schluss gekommen, dass sich die SPD stärker in die Europa-Bewegung „einschalten" solle. Zwar übernahm der PV nicht ausdrücklich diese Forderungen, doch erhoben sich auch keine kritischen Stimmen.

In der Sitzung vom 22./23. Oktober 1949 machte Schumacher den Vorschlag , dass die künftigen Handelsbeziehungen der Bundesrepublik mit der Ostzone auf einer gemeinsamen Besprechung der Mitglieder des Auswärtigen Ausschusses des PV mit den sozialdemokratischen Mitgliedern des Gesamtdeutschen Ausschusses des Bundestages besprochen werden sollten.[194] Als Termin für eine solche Tagung, an der auch die sozialdemokratischen Mitglieder des Außenpolitischen Ausschusses des Bundestages teilnehmen sollten, wurde der 28. November 1949 festgelegt.[195] Ob eine solche Sitzung allerdings stattgefunden hat, konnte nicht festgestellt werden.

Als es zu Beginn des Jahres 1950 zunehmend zu Missverständnissen mit den befreundeten Parteien der anderen europäischen Staaten, was die Europapolitik der SPD betraf, kam, beantragte das „Büro" die Bildung einer „**Europa-Kommission**" des PV, um solche Missverständnisse künftig verhindern zu können[196]. Auf Vorschlag Schumachers wurde zunächst eine „Kernkommission" aus Mitgliedern des PV, die auch dem Bundestag angehörten gebildet, gewählt: *Schumacher, Ollenhauer, Schmid, Henßler, Eichler*. Diese Kernkommission sollte dann die Gesamtkommission benennen. Die Vorschläge Schumachers wurden vom Gesamtvorstand akzeptiert. In das Verzeichnis der ständigen

---

187 Zu Adolf *Ludwig* (1892-1962) vgl. PV-Protokolle Bd. 1, S. CXIV.

188 Vgl. Dok. 5, Punkt 2 u. das Kommuniqué der Vorstandssitzung, Dok. 5, Anlage 1 A.

189 Vgl. Dok. 9 (Sitz. v. 1./2.6.1949), Anl. 3. Zu den vom PV übernommenen Beschlüssen des Ausschusses vgl. Einleitung Kap. II.

190 Vgl. Dok. 9, Punkt 6.

191 Vgl. Dok. 9, Anlage 1.

192 Vgl. Einleitung, Kap. II, 3, c, S. LXVIII f..

193 Vgl. Dok. 9, Punkt 8 d.

194 Vgl. S. 277.

195 Vgl. Dok. 14 A (Sitz. v. 16.11.1949), Punkt 3.

196 Vgl. Dok. 16 (Sitz. v. 4. u. 5.2.1950, S. 327.

Fachausschüsse der Jahrbücher wurde diese „Kommission" allerdings nicht aufgenommen.

Im Herbst 1949 wurde auf einer „Ostzonenkonferenz" in Hannover ein **Beratender Ausschuss beim PV für Ostzonenfragen** gebildet.[197] Ihm gehörten die folgenden aus der Ostzone bzw. Ostdeutschland stammenden Sozialdemokraten an:

> Siegfried *Bärsch* (früher Sachsen, jetzt Bremen, Karl *Bielig* (früher Sachsen, jetzt Nordrhein-Westfalen)[198]; Hermann J. *Brill* (früher Thüringen, jetzt Hessen), Albert *Deutel* (früher Sachsen-Anhalt jetzt Bremen)[199], Rudolf *Rothe*[200] (früher Sachsen, jetzt Hannover), Albert *Schulz* (früher Mecklenburg, jetzt Schleswig-Holstein)[201], Dr. Erich *Schuster,* Otto *Schwarz* (früher Brandenburg), Hans *Stephan* (früher Schlesien, jetzt Hannover), Stephan *Thomas* (früher Berlin, jetzt Hannover), Herbert *Wehner* (früher Sachsen/ Berlin, jetzt Hamburg)

In der Sitzung vom 21./22.1.1949 wurden Egon *Franke* und Siggi *Neumann* neu in den **Frauenausschuss** gewählt.[202] Und als im Mai 1949 Willy *Balderer*[203] ausschied, wurde in der Sitzung vom 1./2. Juni 1949 Susie *Miller* – zu dieser Zeit Parteifunktionärin in Köln – neu in den Frauenausschuss gewählt.[204] Dem „Ausschuss für Frauenfragen" – so sein offizieller Name – gehörten Ende 1949 folgende Personen an:

A (Weibliche Mitglieder):

> Lisa *Albrecht,* Herta *Gotthelf,* Anni *Krahnstöver,* Louise *Schroeder,* Elisabeth *Selbert,* Marta *Damkowski*[205], Luise *Herklotz,* Ella *Kay*[206], Susie *Miller,* Marta *Schanzenbach*[207], Käthe *Schaub,* Franziska *Schmidt*[208], Gerda *Vey,* Ida *Wolff,*

---

197 Zur Bildung des Ausschusses und zu seinen Mitgliedern vgl. Dok. 13, Punkt 5.

198 Karl *Bielig* (1898-1991), geb. in Meißen, Lederzuschneiderlehre, 1919 SPD, Gewerkschaftsfunktionär, Redakteur, 1933 MdL (Sachsen), 1945 Redakteur (Dresden), 1949 Flucht nach Westdeutschland, 1949-53 MdB.

199 Albert *Deutel,* geb. 1905, vor 1933 SPD, 1945/46 Sekr. d. SPD Magdeburg, 1946 SED, 1948 Flucht in den Westen, später Parteisekr. in Bremen.

200 Rudolf *Rothe* (1897-1969), gelernter Schlosser, vor 1933 SPD, 1945/46 BezVorst. SPD-Leipzig, 1946/47 BezVorst. SED-Westsachsen, 1947 Flucht in den Westen, Mitarbeiter d. PV in Hannover.

201 Albert *Schulz* (1895-1974), geb. in Rostock, gelernter Maschinenbauer, 1913 SPD, 1926-33 Redakteur d. „Mecklenburgischen Volkszeitung", 1921-33 MdL (Mecklenburg), 1932 MdR, 1945/46 Aufbau d. SPD in Mecklenburg-Vorpommern, 1946 SED, 1946-49 MdL (SED), 1946/47 OB Rostock, 1949 Flucht in den Westen (Schleswig– Holst.), 1953 BT – Kandidat (SPD).

202 Vgl. Dok. 4 A, Punkt 5 g.

203 Zu Willy *Balderer* (geb. 1906) vgl. PV-Protokolle Bd. 1, S. 330. Balderer, der Bezirkssekretär für Franken in Nürnberg, ist allerdings als Mitglied des Frauenausschusses sonst nicht nachweisbar, vgl. Jb. SPD 1947, S. 34 u. PV-Protokolle Bd. 1, S. 267.

204 Vgl. Dok. 9, Punkt 11. Susanne *Miller,* geb. Mai 1915 in Wien, 1938 Emigration (GB), aktiv im ISK, 1946 Niederlassung in Köln, 1952-60 Angestellte d. PV in Bonn, Dr.phil., 1964-78 Mitarb. d. Kommission f. Geschichte d. Parlamentarismus u. d. politischen Parteien, 1982-89 Vors. d. Histor. Kommission beim PV d. SPD. Vgl. S. Miller, Sozialdemokratie als Lebenssinn. Aufsätze zur Geschichte und Gegenwart der SPD. Zum 80. Geburtstag, hrsg. v. Bernd Faulenbach, Bonn 1995.

205 Zu Marta *Damkowski*, geb. Bröker (1911-82) vgl. PV-Protokolle Bd. 1, S. 140.

206 Zu Ella *Kay* (1895-1988) vgl. PV-Protokolle Bd. 1, S. 245.

207 Zu Marta *Schanzenbach*, geb. Lehmann (1907-97) vgl. PV-Protokolle Bd. 1, S. 267. Zu Schanzenbach vgl. jetzt G. Notz, Frauen in der Mannschaft, Kap. über M. Schanzenbach.

208 Zu Franziska *Schmidt* (1899-1979) vgl. PV-Protokolle Bd. 1, S. 267.

B (Männliche Mitglieder)"

Egon *Franke,* Werner *Buchstaller,* Siggi *Neumann,* Willi *Wolff*[209].

Vergleicht man diese Mitgliederliste mit der des Jahres 1947[210], so fallen zwei Wechsel auf, die nicht in den Sitzungen erwähnt werden: der Wechsel von Hans Hermsdorf zu Werner Buchstaller, d. h. vom bisherigen Referenten für die Jungsozialistenarbeit zum neu ernannten, sowie der von Elisabeth *Kaeser* (München)[211] zu Gerda Vey (Würzburg). Stillschweigend vollzog sich auch die Mitgliedschaft des neuen weiblichen Vorstandsmitgliedes Anni *Krahnstöver* (Hamburg).

Über den Frauenausschuss wurde relativ oft in den Sitzungen des Parteivorstandes berichtet. In der Sitzung vom 21./22. 1. 1949 übernahm der Gesamtvorstand eine Resolution vom 20. Januar, in der das „Recht der Frau auf Arbeit" festgeschrieben wurde.[212] Eine weitere Erklärung des Frauenausschusses, in der der Antrag der sozialdemokratischen Fraktion des Parlamentarischen Rates, in die Grundrechte den Satz „Männer und Frauen sind gleichberechtigt" aufzunehmen, begrüßt wurde, wurde zwar nicht ausdrücklich übernommen, durch die Veröffentlichung direkt nach der übernommenen Resolution erhielt er aber eine besondere Bedeutung.[213] Das gleiche geschah mit einer Resolution des Frauenausschusses zum Wohnungsbau, in der bei der Planung von Neubauwohnungen die Berücksichtigung der „Erfordernisse rationeller Haushaltsführung" im „Interesse aller Hausfrauen und berufstätigen Frauen" gefordert wurde.[214]

In den **Kulturpolitischen Ausschuss** wurden am 21./22. Januar 1949 zusätzlich gewählt:[215]

Eduard *Brenner*[216], Heinrich *Franke*[217], Emil *Henk*[218], Luise *Klinsmann*[219], August *Schäfer*[220], Johanna *Spangenberg*[221].

Weiterhin blieben Mitglieder des Kulturpolitischen Ausschusses:[222]

---

209 Zu Willi *Wolff* (1902-65) vgl. PV-Protokolle Bd. 1, S. 267.

210 Jb. SPD 1947, S. 34; vgl. a. PV-Protokolle Bd. 1, S. 267.

211 Zu Elisabeth *Kaeser* (1882-1953) vgl. PV-Protokolle Bd.1, S. 267.

212 Vgl. Dok. 4 A, Punkt 5 g und für die abgedruckte Resolution: Dok. 4 A, Anl. 3 A.

213 Publiziert: Sopade Informationsdienst Nr. 683 v. 27.1.1949, abgedr.: Dok. 4 A, Anl. 3 B.

214 Ebda.

215 Vgl. Dok. 4 A, Punkt 5 d. Zu allen Mitgliedern vgl. Jb. SPD 1948/49, S. 56.

216 Zu Eduard *Brenner* (1888-1970) vgl. PV-Protokolle Bd. 1, S. 233.

217 Zu Heinrich *Franke* (1887-1966) vgl. PV-Protokolle Bd. 1, S. 460.

218 Emil *Henk* (1893-1969), Kaufmann in Heidelberg, SPD, 1950-52 u. 1956-60 MdL (Württ.-Bad./ Bad.-Württ.).

219 Luise *Klinsmann* (1896-1964), geb. in Lübeck, Studium d. Bibliotheks- u. Theaterwissenschaften, Dr. rer. pol., vor 1933 Referentin an d. Stadtbibliothek Lübeck, SPD, 1945-64 MdBü (Lübeck), 1947-50 MdL (Schlesw.-Holst), 1946-50 Ministerin f. Kulturangelegenheiten (zuerst auch f. Schulangelegenheiten.

220 August *Schäfer* (1890-1977), Volksschullehrer, nach 1918 in Ludwigshafen, SPD, 1945-55 Stadtschulrat, 1949-55, 1957-59 MdL (Rheinl.-Pf.).

221 Johanna *Spangenberg* (1894-1979), geb. in Thüringen, Volksschullehrerin, Psychologiestudium, vor 1933 SPD, 1933-45 psychotherapeutische Tätigkeit in Berlin, 1945 Leiterin d. Erziehungs- und Jugendberatungsstelle in Frankfurt a. M., 1946-50 MdL (Hessen), 1951-59 Abteilungsleiterin f. Erwachsenenbildung im hess. Min. f. Erziehung u. Volksbildung in Wiebaden.

222 Jb. SPD 1948/49, S.56. Zu den anfänglichen Mitgliedern vgl. Jb. SPD 1947, S. 35 u. PV-Protokolle Bd. 1, S. 233-235.

August *Albrecht,* Fritz *Borinski*[223], Willi *Eichler,* Adolf *Grimme,* Arno *Hennig,* Thomasine *Jensen*[224], Josef *Kappius*[225], Walter *May*[226], Ludwig *Metzger*[227], Siegfried *Nestriepke*[228], Guntram *Prüfer,* Carlo *Schmid,* Johannes *Schult*[229], Klaus-Peter *Schulz*[230], Anna *Siemsen*[231], Hans *Wehn*[232].

In der Sitzung vom 21. /22. Januar 1949 wurde auch die Bildung einer größeren **Hochschulkommission** beschlossen.[233] Ihr sollten angehören:

Von den Universitäten: Ludwig *Bergsträsser;* Eduard *Brenner;* Heinrich *Düker*[234], Georg *Melchers*[235], Sigbert *Rittig*[236] Göttingen; Walther *Weizel*[237].

Von Technischen Hochschulen: Erich *Obst*[238]; Ludwig *Preller.*

Von sonstigen Hochschulen: Fritz *Baade*[239], Georg *Eckert*[240];

von der Hochschulverwaltung: H. *Landahl*[241];

vom SDS: Alfred *Hooge*[242]; Frankfurt, John van *Nes Ziegler*[243], Köln, Joachim *Schickel,* Hamburg, Karl *Wittrock,* Frankfurt[244].

---

223 Zu Fritz *Borinski* (1903-88) vgl. PV-Protokolle Bd. 1, S. 303

224 Zu Toni *Jensen* (1891-1970) vgl. PV-Protokolle Bd. 1, S. 235.

225 Zu Josef (Jupp) *Kappius* (1907-67) vgl. PV-Protokolle Bd. 1, S. 234.

226 Zu Walter *May* (geb. 1900) vgl. PV-Protokolle Bd. 1, S. 233.

227 Zu Ludwig *Metzger* (1902-93) vgl. PV-Protokolle Bd. 1, S. 514.

228 Zu Siegfried *Nestriepke* (1895-1963) vgl. PV-Protokolle Bd. 1, S. LXXIX.

229 Zu Johannes *Schult* (1884-1965) vgl. PV-Protokolle Bd. 1, S. 303.

230 Zu Klaus-Peter *Schulz* (geb. 1915) vgl. PV-Protokolle Bd. 1, S. 234.

231 Zu Anna *Siemsen* (1882-1951) vgl. PV-Protokolle Bd. 1, S. 234.

232 Zu Hans *Wehn* (1904-84) vgl. PV-Protokolle Bd. 1, S. 67.

233 Vgl. Dok. 4 A, Punkt 5 e.

234 Heinrich *Düker* (1898-1986), Sohn e. Landwirts, Volksschullehrer, Studium d. Psychologie u. Philosophie, 1924 ISK, 1936 drei Jahre Gefängnis, 1944/45 KZ Sachsenhausen, 1945 Univ. Göttingen, 1947 Ord. Prof. f. Psychologie in Marburg, 1946/47 SDS, 1946-62 SPD, wg. Mitgliedschaft in der Sozialistischen Förderergesellschaft (SFG) aus d. SPD ausgeschlossen. Zu Düker vgl. W. Albrecht, SDS, S. 41.

235 Georg *Melchers,* (geb. 1906) Botaniker, Dr. phil., Univ. Prof., 1941-46 Mitarb. d. Kaiser-Wilhelm-Institute f. Biologie in Berlin u. Tübingen, 1946 Direktor d. Max-Planck-Institut u. Honorarprof. f. Biologie in Tübingen.

236 Gisbert *Rittig* (1904-84), geb. in Falkenau (Schlesien), Studium d. Volkswirtsch., Dr. oec. publ., 1944 a. o. Prof., 1951 o. Prof. Univ. Göttingen, nach 1945 SPD.

237 Walter *Weizel* (1901-82), geb. in Lauterecken (Pfalz), Studium d. Physik, seit 1936 Univ. Prof. f. theoretische Physik in Bonn, nach 1945 SPD, 1954-58 MdL (NRW).

238 Zu Erich *Obst* (1886-1981) vgl. PV-Protokolle Bd. 1, S. 233.

239 Zu Fritz *Baade* (1893-1974) vgl. PV-Protokolle Bd. 1, S. 365.

240 Georg *Eckert* (1912-74), geb. in Berlin, Abitur, Studium d. Geschichte, Geographie u. Völkerkunde; 1931 SPD u. SSt, 1934 Wechsel an d. Univ. Bonn, 1935 Promotion über ein völkerkundliches Thema, Lehrer in Berlin, als Besatzungsbeamter in Griechenland Kontakte z. Widerstandsgruppe Elas, 1944 Desertion, 1946 Prof. f. Geschichte u. Geschichtsdidaktik an der PH („Kant-Hochschule") in Braunschweig, Vors. d. „Sozialistischen Hochschulgemeinde", Gründer und Leiter d. Intern. Schulbuch-Instituts u. d. Instituts f. Sozialgeschichte.

241 Zu Heinrich *Landahl* (1895-1972) vgl. PV-Protokolle Bd. 1, S. LXXI.

242 Alfred *Hooge* (1908-89), vor 1933 KJVD/KPD, KPO, SAP, Studium d. Philosophie, Erziehungswissenschaften u. Nationalökonomie; 1933 mehrere Monate Gefängnis, 1939 Marinesoldat, 1943-46 amerikanische Kriegsgefangenschaft, 1946 Beendigung s. Studiums d. Pädagogik in Frankfurt a. M., Mitbegründer d. Frankfurter SDS-Gruppe, 1946/47 Vors. d. SDS f. d. US-Zone, spätere berufliche Tätigkeit in der Erwachsenenbildung. Zu Hooge vgl. W. Albrecht, SDS, S. 45-47.

Dazu sollte noch ein Studentenvertreter für Berlin kommen.

Sonstige Persönlichkeiten des öffentlichen Lebens: Emil *Gross;* Dr. *Skopp,* Hannover; Hans *Rupp*[245]; Karl *Schiller*[246]; Friedrich *Stampfer*[247]; Otto *Suhr;* Prof. Dr. *Teunert,* Berlin.

Weiter waren noch Vertreter für Heidelberg und Nordrhein-Westfalen sowie zwei Vertreter der Arbeitsgemeinschaft sozialdemokratischer Lehrer vorgesehen.

In der Sitzung vom 22./23. Oktober 1949 wurde nach einem längeren Bericht von Fritz *Heine* über die unbefriedigende Lage der sozialdemokratischen Presse auf seinen Vorschlag ein **Ausschuss für Pressefragen** gebildet, dem nur Mitglieder des PV angehörten: *Eichler, Fischer, Gross, Heine, Henßler, Nau, Schoettle.*[248] In diesem waren zwar fast alle Regionen vertreten, das Fehlen von Vertretern Berlins, Hamburgs und Münchens fällt jedoch auf. Auch dieser „Ausschuss" wurde nicht in das Verzeichnis der ständigen Fachausschüsse übernommen.[249]

Da es der Parteiführung klar war, dass zur Wahlniederlage vom August 1949 entscheidend das Unvermögen der SPD beigetragen hatte, die Jugend für sich zu gewinnen, machte sie in der Folgezeit große Anstrengungen dazu. Der erste Abschnitt des im November 1949 auf der gemeinsamen Sitzung in Herne verabschiedeten Papiers „Erste Arbeitsaufgaben für das Jahr 1950" war diesem Thema gewidmet, und als erste konkrete Zielsetzung wurde die Bildung eines zentralen **Ausschusses für Jugendfragen** beim Parteivorstand gefordert.[250] Bereits in seiner Sitzung vom Februar 1950 beschloss der Parteivorstand die Zusammensetzung dieses Ausschusses: je drei Vertreter sollten der PV, die Jungsozialisten, die Falken, der SDS sowie der Partei nahestehende Organisationen mit Interesse an der Jugendarbeit, z. B. die AWO, vorschlagen.[251]

In der nächsten Sitzung vom 13. März wurden dann die von den Organisationen benannten Vertreter vom Gesamtvorstand bestätigt, wobei die letzte Gruppe jetzt als „Vertreter der öffentlichen Jugendpflege" bezeichnet wurde – die Gruppe der Vertreter des „PV" fiel weg:

---

243 John van *Nes Ziegler* (geb. 1921), Studium der Rechts- u. Staatswissenschaften, 1946 SPD u. SDS, 1948-51 BVors. d. SDS, 1953/54 u. 1958-85 MdL (NRW), 1966-70, 1973-80 OB von Köln, 1980-85 LT-Präs. NRW. Zu Nes Ziegler vgl. W. Albrecht, SDS, S. 75 f.

244 Karl *Wittrock* (1917-2000) geb. in Kassel als Sohn eines sozialdemokratischen Kasseler Parteifunktionärs, vor 1933 SAJ, 1938-46 Wehrmacht u. Gefangenschaft; 1946-49 Jurastudium, 1946 SPD u. SDS, 1947/48 Vors. d. SDS f. d. US-Zone, 1953-63 MdB, 1963-67 RegPräs. von Wiesbaden, 1967-74 StSekr. im BVertMin., 1978-85 Präsident des Bundesrechnungshofes. Zu Wittrock vgl. W. Albrecht, SDS, S. 69 f.

245 Hans *Rupp* (1907-89), geb. in Stuttgart, Jurastudium in Tübingen u. Berlin, Dr. jur., nach 1945 MinR. im Kultusministerium von Württ.-Bad., 1946/47 MdL (Württ.-Hoh.), 1955 Honorarprof. Univ. Tübingen, 1951-75 Richter am BVerfG.

246 Karl *Schiller* (1911-94), Ord. Prof. f. Volkswirtschaftslehre an der Univ. Hamburg, 1946 SPD, 1949-57 MdBü (HH), 1961-65 Wirtschaftssenator in Berlin, 1964-71 PV u. PP, 1965-72 MdB, 1966-71 Bundeswirtschaftsminister, 1971-72 Wirtschafts- und Finanzminister, 1972 Austritt aus der SPD, 1980 Wiederaufnahme seiner Mitgliedschaft.

247 Zu Friedrich *Stampfer* (1874-1957) vgl. PV-Protokolle Bd. 1, S. XLIV.

248 Vgl. Dok. 13, Punkt 2 u. Anl. 1.

249 Vgl. Jb. SPD 1948/49, S. 54-58; Jb. 1950/51, S. 160-165.

250 Vgl. Dok. 14, Anl. 3.

251 Vgl. Dok. 16, Punkt 4 („Jugend in der Partei").

Jungsozialisten: Werner *Buchstaller,* Heinz *Pöhler*[252], Walter *Haas*[253];
SDS: Gerhard *Schröder*[254], Margarete *Wittrock*[255], John van *Nes Ziegler;*
Falken: Erich *Lindstaedt,* Heinz *Westphal*[256], Lorenz *Knorr*[257];
Vertreter der öffentlichen Jugendpflege: Paula *Karpinski,* Fritz *Borinski,* Marta *Schanzenbach.*

Nicht identisch mit diesem „zentralen Jugendausschuss" war der schon seit längerer Zeit bestehende „Zentrale Arbeitsausschuss der Jungsozialisten", der Ende 1949 aus folgenden elf Mitgliedern bestand[258]

Walter *Jaroschowitz*[259], Herbert *Scheffler*[260], Werner *Buchstaller,* Ludwig *Ratzel*[261], Heinz *Ständer*[262], Walter *Haas,* Heinz *Pöhler,* Nora *Walter* (Hamburg)[263], Käte *Dazert* (Neuwied), Wolfgang *Günther* (Neustadt/ Haardt)[264], Heinz *Hennrich* (Emmendingen)

Dieser war als „Zentralausschuss der Jungsozialisten" auf der zweiten zentralen Konferenz der Jungsozialisten, die vom 12.-14. Mai 1948 in Hof stattfand, gewählt worden.[265]

---

252 Heinz *Pöhler* (1919-89) SPD/ Mönchengladbach, Redakteur, 1947-69 Stadtrat, 1953-72 MdB.

253 Walter *Haas* (1920-96), Schlosser, 1945 SPD,1946 Mitgl. d. Rates d. Stadt Osnabrück, 1947-54 Krankenkassenangestellter, 1954-63 GF d. AWO in Osnabrück, 1959-74 MdL (Nieders.), 1970-74 Vizepräsident.

254 Gerhard *Schröder* (geb. 1921), Jurastudium in Marburg, 1947-51 Vorstand d. SDS, 1952-61 Rundfunkreferent im niedersächsischen Kultusministerium, 1961-73 Intendant des NDR, 1974-85 Intendant von Radio Bremen.

255 Margarete *Wittrock,* jüngere Schwester des früheren Bundesvorsitzenden des SDS und späteren Präsidenten des Bundesrechnungshofes Karl W.(1917-2000), aktiv in der Mainzer bzw. Frankfurter Gruppe des SDS.

256 Heinz *Westphal* (1924-98), geb. in Berlin als Sohn von Max W. (1895-1942), 1953-57 Vors. d. „Falken", 1958-65 Hauptgeschäftsführer des Deutschen Bundesjugendringes, 1965-90 MdB, 1969-74 Parl. Staatssekretär im BM f. Jugend, Familie u. Gesundheit, 1982/83 Bundesminister f. Arbeit u. Sozialordnung. 1983-90 Vizepräsident d. Dt. Bundestages. Vgl. a. Westphal, Heinz: Ungefährdet ist die Demokratie nie. Erlebnisse und Erfahrungen mit deutscher Zeitgeschichte, Düsseldorf 1994.

257 Lorenz *Knorr* (geb. 1921), Funktionär d. SJD Die Falken u. d. SPD, 1949 Bundessekretär d. „Falken", 1960 Austritt aus der SPD, Mitbegründer d. DFU.

258 Vgl. Jb. SPD 1948/49, S. 58.

259 Walter *Jaroschowitz* (1924-78), geb. in Berlin-Charlottenburg, Industriekaufmann, 1946 Verwaltungsangestellter, SPD/Jungsozialisten, 1948 Jugendstadtrat im Bezirk Tiergarten, 1953 Vors. d. Berliner Jungsozialisten, Landesvorstand d. Berliner SPD, 1972 Austritt aus dem LV, 1974 Austritt aus der SPD, Anschluss an den „Bund Freies Deutschland" (BFD) 1974/75 Geschäftsf. Vors. d. BFD.

260 Herbert *Scheffler,* geb. ca 1925 in Berlin, sozialdem. Elternhaus, 1940 Lehre als Vermessungstechniker, 1942-44 Soldat, schwere Verwundung, Fachlehrer an einer Berufsschule, 1946 Studium an e. Fachschule f. Vermessungstechnik, SPD, 1948 Jugendsekretär d. UGO in Berlin.

261 Dr. Ludwig *Ratzel* (geb. 1915), Physiker, vor 1933 SAJ, 1945 SPD/ Mannheim, 1947-55 Dozent (1952 Direktor) d. Städt. Ingenieurschule,1955-60 MdB, 1959-80 Erster Bürgermeister (bzw. seit 1972 OB) von Mannheim.

262 Heinz *Ständer* (geb. 1918), Verwaltungsangestellter, 1951 Vors. der Jungsozialisten in Kassel, 1957 BT-Kandidat.

263 Nora *Walter* (1923-2001), 1932-38 Intern. Landerziehungsheim von Minna Specht, 1938-47 Emigration (GB), Rückkehr nach D., bis Okt. 1950 Europäische Verlagsanstalt im HH, 1950-61 Buchhändlerin in Frankfurt a. M., 1961-83 Referentin d. Intern. Abt. d. FES.

264 Wolfgang *Günther* geb. 1917, vor 1933 4 Monate SAJ, nach 1945 Volkshochschuldirektor in Neustadt (Haardt), SPD, Vorsitzender der Jungsozialisten in Rheinland-Pfalz, Vors. d. Kulturpolitischen Ausschusses d. Bez. Pfalz.

265 Vgl. Jb. SPD 1948/49, S. 86 u. K. Schonauer, Die ungeliebten Kinder der Mutter SPD, Bonn 1982, S. 12 f. Dort auch identisches Verzeichnis der Mitglieder, nur dass der Name „Dazert" dort „Datzert" geschrieben wird.

In den **Organisationspolitischen Ausschuss** (auch „Organisationsausschuss" genannt) wurde am 1./2. Juni 1949 an Stelle des verstorbenen Ernst *Gnoß* der Kieler Parteisekretär Max *Kukielczynski* gewählt.[266]

Gelegentlich berichtete *Franke* über die Arbeit des Ausschusses im Gesamtvorstand. So konnte er in der Sitzung vom 1./ 2. Juni 1949 mitteilen, dass demnächst alle an den Ausschuss gelangten Anträge auf Änderungen des Organisationsstatuts dem PV und dem PA vorgelegt würden.[267] Eine Aussprache über diese Vorschläge fand erst nach der verlorenen Bundestagswahl im November 1949 statt.[268] Die vom Ausschuss vorgeschlagenen Änderungen des Parteistatuts wurden in der Sitzung des Gesamtvorstandes am 4./5. 2. 1950 beraten und mit einigen Änderungen als Vorlage des PV an den Parteitag von 1950 gebilligt.[269] Endgültig wurde dann die Vorlage in der Gemeinsamen Sitzung vom 14. März verabschiedet.[270]

Ende 1949 gehörten dem Organisationsausschuss an:[271]

Egon *Franke*, Willibald *Gänger*[272], Heinz *Göhler*[273], Herta *Gotthelf*, Adolf *Keilhack*, Max *Kukielczynski*, Lotte *Lemke*, Fritz *List*[274], Theo *Thiele*[275], Josef *Weis*[276].

Weiter gab es noch einen **Ausschuss für soziales Bauen**. Doch kann dieser nicht den anderen Ständigen Ausschüssen gleichgesetzt werden. Denn er taucht nur in den Beilagen der Vorstandsprotokolle ein einziges Mal auf: In den Beilagen zum Protokoll der Sitzung vom 1./ 2. 6. 1949 befindet sich ein gedrucktes Flugblatt des Parteivorstandes mit dem Titel „Plan ‚A'. Aufgabe Nr. 1: Wohnungen bauen!" Wohnungsbauprogramm der SPD für die Trizone" mit der Verfasserangabe „Ausschuss für soziales Bauen".[277] Dieses „Wohnungsbauprogramm für 1949" wurde bereits im Dezember 1948 zum ersten Mal publiziert – noch ohne Verfasserangabe, sondern allgemein als Stellungnahme des PV.[278] Es sind deshalb Zweifel erlaubt, ob es sich bei diesem Ausschuss wirklich um einen kontinuierlichen Fachausschuss handelte, sondern vielleicht nur um einen ad hoc Ausschuss zur Ausarbeitung dieses Programms.

Im Jahrbuch für 1948/49 wird diesem Ausschuss ein eigenes Unterkapitel im Abschnitt „Presse und Propaganda" gewidmet.[279] Darin wird ausgeführt, dass dieser durch den PV gebildete Ausschuss die Aufgabe habe, in der Bevölkerung den „Gedanken des sozialen Wohnungsbaues" wach zu rufen und innerhalb der Partei an der Ausarbeitung

---

266 Vgl. Dok. 9, Punkt 11. Zu Max *Kukielczynski* (nach 1950 Max *Kukil*) (1904-59) vgl. PV-Protokolle Bd. 1, S. 398.
267 Vgl. Dok. 9, Punkt 8 e.
268 Vgl. Dok. 14 B (Gem. Sitz. v. 17./18.11. 1949), Punkt 2.
269 Vgl. Dok. 16, Punkt 2.
270 Vgl. Dok. 17 B, Punkt 3.
271 Vgl. Jb. SPD 1948/49, S. 57.
272 Zu Willibald *Gänger* (geb. 1903) vgl. PV-Protokolle Bd. 1, S. 267.
273 Zu Heinz *Göhler* (1914-68) vgl. PV-Protokolle Bd. 1, S. 267.
274 Zu Fritz *List* (1904-60) vgl. PV-Protokolle Bd. 1, S. 267.
275 Zu Theo *Thiele* (1906-74) vgl. PV-Protokolle Bd. 1, S. 267.
276 Josef *Weis*, geb. 1912, Bezirkssekretär der SPD in Kassel.
277 Für einen Abdruck dieser Flugschrift (4 S.) vgl. Dok. 9, Anl. 6.
278 Vgl. Sopade-Querschnitt v. Dez. 1948, Bl. 91 (2 S.).
279 Vgl. Jb. SPD 1948/49, S. 104 f.

eines Wohnungsbauprogramms mitzuwirken. Der Arbeitskreis sei aus einem Kreis von etwa 750 erfassten Fachleuten der Wohnungs- und Bauwirtschaft gebildet worden – leider werden weder die Zahl noch die Namen der Ausschussmitglieder nicht genannt. Dieser habe nach längeren „wissenschaftlichen Vorarbeiten" den „Plan A" formuliert.[280]

In den **Sozialpolitischen Ausschuss** wurde am 1./2. Juni 1949 neu Kurt *Glaser* gewählt.[281] Der Sozialpolitische Ausschuss wurde in den Sitzungen der Führungsgremien gelegentlich erwähnt. Im Januar 1949 wurden ihm die beim PV eingegangenen sozialpolitischen Anträge des Kieler Dozenten und Parteifunktionärs Michael *Freund* zur sozialistischen Gesundheitspolitik überwiesen.[282]

Dem Sozialpolitischen Ausschuss gehörten Ende 1949 an:[283]

Walter *Auerbach*[284], Maria *Detzel*[285], Rudolf *Gerstung,* Kurt *Glaser,* August *Halbfell*[286], Albin *Karl*[287], Hermann *Karl*[288], Fritz *Kissel*[289], Lisa *Korspeter*[290], Anni *Krahnstöver,* Lotte *Lemke,* Gerhard *Neuenkirch*[291], Paul *Nevermann*[292], Richard *Oechsle*[293], Ludwig *Preller,* Ludwig *Selpien*[294], Hans *Wingender,* Rudolf *Wissel*[295].

Mitglieder des **Wirtschaftspolitischen Ausschusses** waren Ende 1949:[296]

Rudolf A. *Pass,* Viktor *Agartz*[297], Otto *Bach*[298], Bruno *Diekmann*[299], August *Halbfell,* Gustav *Klingelhöfer*[300], Harald *Koch*[301], Gerhard *Kreyssig*[302], Heinrich *Meins*[303],

---

280 Dieser „Plan A" ist abgedruckt als Anlage 6 zum Dok. 9.

281 Vgl. Dok. 9, Punkt 11. Kurt *Glaser* (1892-1982), geb. in Zittau (Sachsen), Dr. med., Facharzt in Chemnitz, 1918 SPD, 1933 Emigration (F, USA), 1848 Rückkehr nach Westdeutschl (Kiel), 1948-56 leitender Beamter im Gesundheitsministerium von Schlesw.-Holst., 1956-68 Präs. d. Gesundheitsbehörde in HH.

282 Vgl. Dok. 4, Punkt 5 k.

283 Vgl. Jb. SPD 1948/49, S. 56 f..

284 Zu Walter *Auerbach* (1905-75) vgl. PV-Protokolle Bd. 1, S. CXV.

285 Zu Maria *Detzel* (1892-1965) vgl. PV-Protokolle Bd. 1, S. 321.

286 Zu August *Halbfell* (1889-1965) vgl. PV-Protokolle Bd. 1, S. LXVIII.

287 Zu Albin *Karl* (1889-1976) vgl. PV-Protokolle Bd. 1, S. CXIV.

288 Zu Hermann *Karl* (geb. 1918) vgl. PV-Protokolle Bd. 1, S. 321.

289 Zu Fritz *Kissel* (1888-1951) vgl. PV-Protokolle Bd. 1, S. 321.

290 Zu Lisa *Korspeter* (1900-92) vgl. PV-Protokolle Bd. 1, S. 321; neuere Literatur: G. Notz, Frauen in der Mannschaft, Kap. über L. Korspeter,

291 Zu Gerhard *Neuenkirch* (geb. 1906) vgl. PV-Protokolle Bd. 1, S. 321.

292 Zu Paul *Nevermann* (1902-1979) vgl. PV-Protokolle Bd. 1, S. XVII.

293 Richard *Oechsle* (1898-1986), geb. in Baden, Bankbeamter, 1920 SPD, 1921-26 Gaugeschäftsführer d. Allg. Verbandes d. dt. Bankangestellten f. Bayern, 1926 Arbeitsamt München, 1928-33 Landesarbeitsamt Bayern, 1934 Wirtschafts- u. Steuerberater, 1945 Ministerium f. Arbeit, 1950-54 Minister f. Arbeit u. soziale Fürsorge, 1954-70 MdL (Bayern).

294 Zu Ludwig *Selpien* (1882-1951) vgl. PV-Protokolle Bd. 1, S. CXV.

295 Zu Rudolf *Wissel* (1869-1962) vgl. PV-Protokolle Bd. 1, S. 321.

296 Vgl. Jb. SPD 1948/49, S. 55.

297 Zu Viktor *Agartz* (1897-1964), 1946-48 PV, vgl. PV-Protokolle Bd. 1, S. 511.

298 Zu Otto *Bach* (1899-1981) vgl. PV-Protokolle Bd. 1, S. 332.

299 Zu Bruno *Diekmann* (1897-1982) vgl. PV-Protokolle Bd. 1, S. LXX.

300 Zu Gustav *Klingelhöfer* (1888-1961) vgl. PV-Protokolle Bd. 1, S. LXXIX.

301 Zu Harald *Koch* (1907-92) vgl. PV-Protokolle Bd. 1, S. LXIX.

302 Zu Gerhard *Kreyssig* (1899-1982) vgl. PV-Protokolle Bd. 1, S. XCII.

303 Zu Heinrich *Meins* (geb. 1907) vgl. PV-Protokolle Bd. 1, S. 332.

Gerhard *Neuenkirch,* Johannes *Petrick*[304], Erich *Potthoff*[305], Heinz *Potthoff*[306], Hermann *Veit,* Gerhard *Weisser*[307], Viktor *Wrede*[308].

Über Veränderungen in seiner personellen Zusammensetzung und über seine Tätigkeit wird in den Sitzungen des Vorstandes und in den Gemeinsamen Sitzungen nie diskutiert.

Ähnliches gilt vom **Agrarpolitischen Ausschuss**. Ihm gehörten Ende 1949 an:
Hubert *Biernat,* (Unna)[309], Wilhelm *Gülich* (Kiel)[310], Herbert *Kriedemann* (Hannover), Karl *Langebeck* (Kiel)[311], Georg *Raloff* (Hamburg)[312], Martin *Schmidt* (Parensen, Niedersachsen)[313], Max *Walter* (Lauf an der Pegnitz).

Sie waren mit Ausnahme von Kriedemann alle bereits im Februar 1948 bei der Gründung des Ausschusses in diesen berufen worden.[314] Die im Jahrbuch für 1947 noch genannten Hugo *Buhl* (Hannover), und Hans *Podeyn*[315] (Frankfurt) waren Ende 1949 nicht mehr Mitglieder des Ausschusses.

Es kann überraschen, dass während der Beratungen des Parlamentarischen Rates der **Verfassungspolitische Ausschuss** des PV, dem die Wortführer der sozialdemokratischen Fraktion des Parlamentarischen Rates angehörten, nicht von der Parteiführung, soweit die Sitzungsprotokolle Auskunft geben, in den Meinungsbildungsprozess eingeschaltet wurden. Erst nach Abschluss der eigentlichen Arbeiten des Parlamentarischen Rates, als es um die Zusammensetzung des Überleitungsausschusses[316] und um das Wahlgesetz[317] ging, da sollte nach Ansicht Heines und Ollenhauers der Verfassungspolitische Ausschuss als Kontrollinstanz eingesetzt werden.[318] In der PV-Sitzung vom 1./ 2. Juni 1949 wurde der prominente sudetendeutsche Sozialdemokrat Wenzel Jaksch in den Verfassungspolitischen Ausschuss gewählt.[319]

Dem Verfassungspolitischen Ausschuss gehörten Ende 1949 folgende Personen an:[320]

---

304 Johannes *Petrick*, geb. 1921 in Berlin, nach 1947 Ministerialrat im Wirtschaftsministerium von NRW.

305 Zu Erich *Potthoff* (geb. 1914) vgl. PV-Protokolle Bd. 1, S. CXI.

306 Zu Heinz *Potthoff* (1904-74) vgl. PV-Protokolle 1 S. CXV.

307 Zu Gerhard *Weisser* (1898-1989) vgl. PV-Protokolle Bd.1, S. LXXXII.

308 Viktor *Wrede* (1906-1950) Volkswirt, Mitgl. des Direktorium d. Bank Deutscher Länder, Frankfurt a. M., SPD.

309 Zu Hubert *Biernat* (1907-67) vgl. PV-Protokolle 1 S. 332.

310 Zu Wilhelm *Gülich* (1895-1960) vgl. PV-Protokolle 1 S. 332.

311 Zu Karl *Langebeck* (geb. 1884) vgl. PV-Protokolle 1 S. 332.

312 Zu Georg *Raloff* (1902-65) vgl. PV-Protokolle 1 S. 332.

313 Martin *Schmidt*, geb. 1914, Diplomlandwirt, Dr. der Landwirtschaft, nach 1945 SPD, 1945-49 Betriebsleiter des Ritterguts Parensen (Niedersachsen), 1949-87 MdB, 1958-60 Fraktionsvorstand.

314 Vgl. PV-Protokolle Bd. 1, S. 332.

315 Zu Hans *Podeyn* (1894-1965) vgl. PV-Protokolle Bd. 1, S. 220.

316 Zum Überleitungsausschuss des Parlamentarischen Rates, dem außer dem Präsidium des Parlamentarischen Rates je sieben Mitglieder der CDU/CSU und der SPD, zwei der FDP und je eines der DP und des Zentrums angehören sollten, und der bis zum Zusammentritt des Ersten Deutschen Bundestages amtieren sollte, vgl. die Einleitung von Michael F. Feldkamp zu „Der Parlamentarische Rat. Akten und Protokolle, Bd. 10, München 1997, S. LXI-LXVII.

317 Zum Wahlgesetz für den Ersten Deutschen Bundestag vgl. Einleitung, S. LVII f.

318 Vgl. Dok. 10 (Sitz. v. 29./30.6. 1949), Punkt 4.

319 Vgl. Dok. 9, Punkt 11. Zu Wenzel *Jaksch* (1896-1966), 1950-56 PV, vgl. PV-Protokolle Bd.1, S. 55.

320 Vgl. Jb. SPD 1948/49, S. 54 f.

Schumacher, Meitmann, Menzel, Schmid;

Viktor *Agartz,* Georg *Diederichs,*(Wenzel *Jaksch*)[321], Rudolf *Katz,* Harald *Koch,* Rudolf *Laun*[322], Friedrich Wilhelm *Lucht*[323], Jean *Stock,* Otto *Suhr,* Hermann *Veit,* Gerhard *Weisser,* Georg August *Zinn.*

Neben den festen Mitgliedern gab es in den meisten Ausschüssen auch „Gäste", die gelegentlich große Bedeutung erlangten. So wird Wenzel *Jaksch* zwar als Mitglied des **Flüchtlingsausschusses** erst im Jahrbuch 1952/53 genannt.[324] Er spielte jedoch bereits während des Berichtszeitraums eine wichtige Rolle im Ausschuss. Im Dezember wurde nach der Besprechung der „Flüchtlingsfragen" u. a. der Flüchtlingsausschuss beauftragt, „Richtlinien für die Mitarbeit von Sozialdemokraten in den sich bildenden Flüchtlings-organisationen" auszuarbeiten.[325] In der Sitzung vom 1./2. Juni 1949 erläutere Jaksch, der offensichtlich als Spezialist für Flüchtlingsfragen zu dieser Sitzung eingeladen worden war, dieses Programm.[326] Diesen Programmentwurf hatten 15 Personen unterschrieben, von denen außer Jaksch noch fünf weitere, die in der folgenden Aufstellung mit Stern-chen versehen werden, nicht ständige Mitglieder des Flüchtlingsausschusses waren. Da-gegen fehlen in der Unterschriftenliste die ständigen Mitglieder des Ausschusses *Ollen-hauer, Gotthelf,* Emma *Schulze*[327] und Emil *Werner.*[328] Unterschrieben hatten – wie in der Vorlage in alphabetischer Reihenfolge:

Heinrich *Albertz*[329], Ewald **Bitom*[330], Ferdinand **Bund,* Walter **Damm,* Wenzel **Jaksch,* Anni *Krahnstöver,* Bruno *Leddin*[331], Alfred *Metz*[332], Willy *Moritz*[333], Willi-bald *Muecke,* Ernst **Paul,* Richard *Reitzner*[334], Alfred **Schneider*[335], Fritz *Sporn*[336], Ernst *Zimmer.*

In der gleichen Sitzung des PV vom 1./ 2. Juni 1949 wurde die Bildung eines **Ver-kehrsausschusses** beschlossen.[337] *Gross* und *Kriedemann* wurden beauftragt, bis zur näch-

---

321 Wenzel *Jaksch* wird im Verzeichnis des Jahrbuchs nicht genannt, ebd.
322 Zu Rudolf *Laun* (1882-1975) vgl. PV-Protokolle Bd. 1, S. 88.
323 Zu Friedrich Wilhelm *Lucht* (geb. 1905) vgl. PV-Protokolle Bd. 1, S. 268.
324 Jb. SPD 1951/53, S. 175. Vgl. a. Jb. SPD 1948/ 49, S. 56 u. Jb. SPD 1950/51, S. 165.
325 Vgl. Dok. 3, Punkt 2.
326 Vgl. Dok. 9, Punkt 8 f.
327 Emma *Schulze* (geb. 1903), geb. in Dresden, Volksschullehrerin, Wohlfahrtspflegerin, 1923 Übernahme d. Kreiswohlfahrtsamtes in Bunzlau (Schlesien), 1931-33 Frauenreferentin beim Oberpräsidium in Königsberg, 1945/46 Wiederaufbau d. AWO in Westdeutschland, 1947 Stellv. Geschäftsführerin d. Hauptausschusses d. AWO im Hannover bzw. Bonn.
328 Zu Emil *Werner* (1913-96) vgl. PV Protokolle Bd. 1, S.126. Für die formellen Mitglieder des Flüchtlingsaus-schusses Ende 1949 vgl. Jb. SPD 1948/49, S. 56 f..
329 Zu Heinrich *Albertz* (1915-93) vgl. PV-Protokolle Bd. 1/ S. LXX.
330 Ewald *Bitom* (1896-1964), geb. in Kattowitz/ Oberschlesien, Kommunalbeamter, 1919 USPD/ ZdA, später SPD, 1945 Übersiedlung nach Straubing in Bayern, Aufbau d. SPD u. d. Gew., 1946-58 MdL (Bayern).
331 Zu Bruno *Leddin* (1895-1951) vgl. PV-Protokolle Bd. 1, S. 126.
332 Zu Alfred *Metz* vgl. PV-Protokolle Bd. 1 S. 126.
333 Zu Willy *Moritz* (1892-1960) vgl. PV-Protokolle Bd. 1 S. 126.
334 Zu Richard *Reitzner* (1893-1962) vgl. PV-Protokolle Bd. 1 S. XXXII.
335 Alfred *Schneider* (1895-1968), geb. in Breslau, Steindrucker, 1932/33 Stadtverordn. d. SPD, 1946 Flucht nach NRW, 1947-62 MdL (NRW).
336 Zu Fritz *Sporn* (geb. 1887) vgl. PV-Protokolle Bd. 1 S. 126.
337 Vgl. Dok. 9, Punkt 10.

sten Sitzung personelle Vorschläge zu machen. Doch weder in der nächsten Sitzung noch in späteren Sitzungen kam das Thema noch einmal auf die Tagesordnung. Auch in den Jahrbüchern für 1948/49 und für 1950/51 wird ein solcher Ausschuss nicht erwähnt.

In eine schwere Krise geriet zu Beginn des Berichtszeitraumes der **Kommunalpolitische Ausschuss** wegen des Fehlens eines ständigen Kommunalpolitischen Referenten im Hannoveraner Zentralsekretariat. Der dem PV angehörende Kölner Bürgermeister *Görlinger,* der den Ausschuss zu dieser Zeit leitete, berichtete Anfang 1949, dass an der letzten Ausschusssitzung nur drei Mitglieder teilgenommen hätten, was wohl vor allem an dem Fehlen eines Leiters der Zentralstelle liege.[338] Über Veränderungen der personellen Zusammensetzung wird in diesen Jahren nichts berichtet. Dem Kommunalpolitischen Ausschuss gehörten Ende 1949 an:[339]

> Lisa *Albrecht* (Stellv. Landesvorsitzende, PV, München), Valentin *Bauer* (OB, Ludwigshafen)[340], Ernst *Böhme* (früherer OB, Braunschweig, Vorsitzender d. Ausschusses)[341], Emil *Feldmann* (Landrat, Lemgo)[342], Andreas *Gayk* (OB, Kiel, PV), Robert *Görlinger* (Stellv. OB, Köln, PV), Josef *Hirn* (Stellv. OB, Stuttgart)[343], Fritz *Hoch* (RegPräs., Kassel), Heinz *Hoose* (Referent d. PV, Hannover), Werner *Jacobi* (Bürgermeister, Iserlohn), Gustav *Klimpel* (Oberstadtdirektor, Duisburg)[344], August *Rautenberg* (Amtsdirektor, Bochum-Stiepel)[345], Ernst *Reuter* (OB, Berlin, PV), Hans *Rollwagen* (OB, Bayreuth)[346], Fritz *Steinhoff* (OB, Hagen), Gerhard *Weisser* (StSekr., Düsseldorf)

Schließlich ist in diesem Zusammenhang noch der **Ausschuss für Betriebs- und Gewerkschaftsfragen** zu nennen, der seit September 1947 bestand.[347] Auch dieser Ausschuss wurde in den Protokollen der Vorstandssitzungen und der Gemeinsamen Sitzungen nicht erwähnt, obwohl die Berufung eines hauptamtlichen Referenten im Zentralsekretariat in Hannover, wie schon erwähnt, mit großen Schwierigkeiten verbunden war. Folgende Mitglieder gehörten Ende 1949 dem Ausschuss an:[348]

> Fritz *Henßler* (Dortmund, PV), Valentin *Baur* (Augsburg, PV), Karl *Bergmann* (Essen)[349], Robert *Daum* (Wuppertal)[350], Irmgard *Enderle* (Köln)[351], Erwin *Essl*

---

338 Vgl. Dok. 4 A (Sitz. v. 21./.22.1 49), Punkt 5 f.

339 Vgl. Jb. SPD 1948/49, S. 55.

340 Zu Valentin *Bauer* (1885-1974) vgl. PV-Protokolle Bd.1, S. 320.

341 Zum Vorsitz Böhmes im Ausschuss im Oktober 1949 vgl. sein Grußwort, Demokratische Gemeinde Nr. 1, S. 3 f.

342 Zu Emil *Feldmann* (1895-1968) vgl. PV-Protokolle Bd. 1, S. 320.

343 Zu Josef *Hirn* (geb. 1898) vgl. PV-Protokolle Bd. 1. S. 320

344 Zu Gustav *Klimpel* (1891-1956) vgl. PV-Protokolle Bd. 1, S. 320.

345 Zu August *Rautenberg* (1886-1957) vgl. PV-Protokolle Bd. 1, S. 320.

346 Zu Hans *Rollwagen* (geb. 1892) vgl. PV-Protokolle Bd. 1, S. 320.

347 Er trug zunächst den Namen „Ausschuss für Gewerkschafts- und Betriebsarbeit" und wurde in der Sitzung des PV vom 16./17. 9. 1947 gegründet, PV-Protokolle Bd.1, S. 266. Zum anfänglichen Namen vgl. a. Jb. SPD 1947, S. 35.

348 Vgl. Jb. SPD 1948/49, S. 57.

349 Zu Karl *Bergmann* (1907-79) vgl. PV-Protokolle Bd. 1. S. CXIV.

350 Zu Robert *Daum* (1899-1962) vgl. PV-Protokolle Bd. 1. S. 266.

351 Zu Irmgard *Enderle* (1895-1985) vgl. PV-Protokolle Bd. 1. S. XCI.

(München)[352], Egon *Franke* (Hannover, PV), Erich *Galle* (Berlin), Herta *Gotthelf* (Hannover, PV), Erich *Heinemann* (Berlin), Lisa *Kipp-Kaule* (Bielefeld)[353], Ernst *Lorenz* (Ludwigshafen)[354], Adolf *Ludwig* (Mainz), Ludwig *Rosenberg* (Düsseld, DGB)[355].

Am Schluss der Liste der Ausschüsse des Parteivorstandes werden noch ein **Beratender Ausschuss der Zentralstelle ehem. politisch verfolgter Sozialdemokraten** erwähnt und seine Mitglieder aufgezählt[356] Über die Schaffung einer solchen Zentralstelle sowie eines Beratenden Ausschusses ist in den Vorstandsprotokollen kaum etwas zu finden. Als im Dezember der PV die Ergebnisse des Parteitages von 1948 behandelte, berichtete Egon Franke über die Entwicklung der „VVN - Angelegenheit", die ja auf dem Parteitag eine bedeutende Rolle gespielt hatte.[357] Das PV-Mitglied *Fischer* machte daraufhin den Vorschlag, für die Parteimitglieder, die bislang in der VVN waren, eine besondere Arbeitsgemeinschaft zu schaffen sowie eine Zentralstelle beim PV als Ansprechpartner. Dies werde vielen verfolgten Sozialdemokraten die Loslösung von der VVN sehr erleichtern.

Anscheinend wurde diese Zentralstelle im Laufe des Jahres 1949 geschaffen und ihr der erwähnte „beratende" Ausschuss zu Seite gestellt: Diesem gehörten Ende des Jahres an:

Johann *Beckenbach* (Framersheim-Rheinhessen)[358], Albert *Heuer* (Hannover)[359], Karl *Strutz* (Hamburg)[360], Seppl *Wanschura* (Bremen), Roman *Wirkner* (Frankfurt a. M.), Hans *Schulz* (Neustadt/Pf.)[361]

c) *Ad-hoc-Referate und -Ausschüsse des PV*

Schon bei der Behandlung der ständigen Referate und Ausschüsse war es nicht in jedem Fall klar erkennbar, ob es sich um dauerhafte oder zeitlich begrenzte Institutionen handelte.

In der Sitzung vom 21./ 22. Januar 1949 eine kleine **Kommission für Beamtenrecht** unter dem Vorsitz von Walter *Menzel* gebildet.[362] Ihr gehörten an: Adolf *Arndt*[363], Elly *Linden,* Viktor *Renner,* Wolfgang *Schmidt*[364], Otto *Theuner*[365], Georg August *Zinn.*

---

352 Zu Erwin *Essl* (geb. 1910) vgl. PV-Protokolle Bd.1. S. CXIV.
353 Zu Liesel *Kipp-Kaule* (1906-92) vgl. PV-Protokolle Bd. 1. S. CXIV. Vgl. a. G. Notz, Frauen in der Mannschaft, Kap. über L. Kipp-Kaule.
354 Zu Ernst *Lorenz* (1901-80) vgl. PV-Protokolle Bd. 1. S. CXIV.
355 Zu Ludwig *Rosenberg* (1903-77) vgl. PV-Protokolle Bd. 1. S. CXII.
356 Jb. SPD 1948/49, S. 58.
357 Vgl. Dok. 3 (Sitz. v. 10./11.12.), Punkt 1, S. 52.
358 Johann *Beckenbach* (1897-1992), geb. in Framersheim (Rheinhessen), Übernahme der elterlichen Wagnerei, SPD, 1933 Verhaftung, KZ Osthofen, Verbot d. Weiterführung d. Betriebes, Winzer u. Weinhändler, 1943 erneute Verhaftung, Verurteilung wg. Hochverrats u. „Zersetzung d. Wehrkraft" zu 3 Jahren Zuchthaus, 1945 Flucht, 1945/46 Bürgermeister in Framersheim, 1946-71 MdL (Rheinland-Pfalz).
359 Albert *Heuer* (1894-1960), Beamter, SPD, nach 1945 Mitgl. d. Landesausschusses Nieders.
360 Karl *Strutz* (1908-74), Maschinenbauer, Angestellter beim Arbeitsamt, vor 1933 SPD, 1934-37 Gefängnis u. KZ, 1946 Redakteur beim Hamburger Echo, 1946-68 Kreisvors. d. SPD, 1946-74 MdBü (HH).
361 Zu Hans *Schulz* (geb. 1904) vgl. PV-Protokolle Bd. 1. S. 25.

Dieser Ausschuss wurde nicht in das Verzeichnis der Ständigen Fachausschüsse der Jahrbücher aufgenommen.[366] Das legt den Schluss nahe, dass die „Kommission" nicht als ständiger Fachausschuss konzipiert war, sondern als ad hoc Ausschuss zur Lösung der Beamtenrechtsfragen. Und in der Tat, ein einziges Mal wurde während des folgenden Jahres in den Vorstandssitzungen auf eine bevorstehende Sitzung des „Ausschusses" hingewiesen: am 24. November 1949 sollten sich die Mitglieder mit den sozialdemokratischen Mitgliedern des Beamtenrechtsausschusses des Bundestages in Bonn treffen, um den Entwurf eines Beamtengesetzes zu beraten.[367]

Zur Vorbereitung der Bundestagswahlen von 1949 wurde in Hannover ein „Wahlbüro"[368], eine „Wahlprogrammkommission"[369] sowie eine „Siebener Kommission"[370] aus Mitgliedern des PV zur Koordination zur Überprüfung der Wahlvorschläge gebildet. Darüber wird im Zusammenhang der Bundestagswahlen berichtet.[371]

---

362 Vgl. Dok. 4 A, Punkt 5 i.

363 Adolf *Arndt* (1904-74), geb. in Königsberg als Sohn des jüdischen Univ.-Prof. f. öffentl. Recht Adolf A. (sen.), Jurastudium, Richterlaufbahn, 1933 aus dem Staatsdienst entlassen, Rechtsanwalt in Berlin, Ende 1945 hessischer Staatsdienst,1946 SPD, 2/48-9/49 MdWR, 1949-1969 MdB, 1956-1963 PV, 1963/64 Senator f. Wiss. und Kunst in Berlin. Zu Arndt vgl. Gosewinkel, Dieter: Adolf Arndt. Die Wiederbegründung des Rechtsstaats aus dem Geist der Sozialdemokratie (1945-1961), Bonn 1991.

364 Wolfgang *Schmidt* (1897-1978), 1919 SPD, Dr. jur., bis 1933 Landrat/ Leiter d. polit. Polizei im preuß. Innenministerium in Berlin, nach 1933 Arbeiter u. Angestellter in Köln u. HH, nach 1945 Beamter d. Landes NRW in Düsseldorf, 1955 Sekr. d. Bez. Westl. Westfalen d. SPD in Dortmund.

365 Zu Otto *Theuner* (1900-80) vgl. PV-Protokolle Bd. 1, S. LXXX.

366 Vgl. Jb. SPD 1948/49, S. 54-58; Jb. 1950/51, S. 160-165.

367 Vgl. Dok. 14 A (Sitz. v. 16.11.1949), Punkt 2.

368 Vgl. Dok. 4 A (Sitz. v. 21./22.1.), Punkt 4

369 Vgl. Dok. 3 (Siz. v. 10./11.12. 1948), Punkt 4.

370 Vgl. Dok. 4 A (Sitz. v. 21./ 22. 1. 1949), Punkt 4.

371 Vgl. Kap. II 2 b.

II. *Themenschwerpunkte*

1.Die Innerorganisatorische Entwicklung

a) *Geschäftsführender Vorstand und Gesamtvorstand*

In der Amtsperiode 1948-50 blieb das Verhältnis zwischen dem Geschäftsführenden Vorstand in Hannover, dem „Büro", und dem Gesamtvorstand im Allgemeinen ungetrübt.[1] So veröffentlichte das „Büro" öfter Stellungnahmen zu politischen Fragen als „Parteivorstand". Falls es sich um Fragen handelte, die im Gesamtvorstand nicht umstritten waren, wurde dies von diesem ohne Widerspruch akzeptiert.

Anders war es, als nach der Verkündung des Ruhrstatuts durch die Westalliierten Ende 1948 das „Büro" dazu sofort im Namen des PV eine negative Stellungnahme, die vom Parteivorsitzenden Kurt *Schumacher* stammte, abgab.[2] In der nächsten Sitzung des Gesamtvorstandes am 21./22. Januar 1949 bestritt Kaisen dem „PV-Büro" vehement das Recht, Stellungnahmen Schumachers zu so wichtigen politischen Fragen im Namen des gesamten Parteivorstandes abzugeben.[3] Es wurde bereits erwähnt, dass er nur das Augsburger Vorstandsmitglied *Baur* für seine Oppositionshaltung gegen das „Büro" gewinnen konnte. *Henßler* – sonst ein Gegner von Eigenmächtigkeiten des „Büros" bzw. des Parteivorsitzenden, stimmte der Stellungnahme zum Ruhrstatut ausdrücklich zu.[4] Dagegen äußerte *Schoettle,* der inhaltlich auch auf der Linie der Erklärung stand, Bedenken, dass das „Büro" in einer so wichtigen Frage im Namen des Gesamtvorstandes Erklärungen abgebe.[5] Auf die Kontroverse über das Ruhrstatut wird später noch näher eingegangen werden.[6]

Dem „Büro" oblag die Einstellung, Überprüfung und Entlassung der Parteiangestellten, nur bei der Einstellung der Referenten musste der Gesamtvorstand seine Zustimmung geben. Auch darüber gab es gelegentlich Streit. So forderte Henßler in der Sitzung vom 28. Oktober 1948, dass die Kontrollkommission alle Abteilungen im PV auf ihre Effektivität hin überprüfen solle.[7] *Heine* lehnte diese Forderung, in der er ein Misstrauensvotum gegen die Mitglieder des Geschäftsführenden Vorstandes sah, entrüstet ab, während der Vorsitzende der Kontrollkommission Schönfelder eine solche Kontrolle zusagte.[8] Der amtierende Parteivorsitzende Ollenhauer ging in seinem Schlusswort zu diesem Tagesordnungspunkt nicht ausdrücklich auf diese Forderung ein, versprach jedoch den Vorstandsmitgliedern, bei der nächsten PV–Sitzung in Hannover eine Füh-

---

1 Zu diesem Verhältnis in den Jahren 1946 bis 1948 vgl. PV-Protokolle, Bd.1, S. XXVI f.
2 Diese Stellungnahme vom 29.12.1948 ist abgedruckt als Anl. 2 B zu Dok. 4.
3 Vgl. Dok. 4, Punkt 2, S. 72.
4 Ebd.
5 Ebd.
6 Vgl. Einl. Kap. II 3 a u. b.
7 Vgl. Dok. 2, Punkt 2, S. 26.
8 Ebd.

rung durch die Parteizentrale zu organisieren, damit sie die dortige Arbeit besser kennen lernen konnten.[9]

b) Zentrale und regionale Organisationen

Im ersten Jahr nach Wiedergründung der SPD für die drei westlichen Besatzungszonen 1946 spielten die Auseinandersetzungen zwischen dem Gesamtvorstand in Hannover und dem bayerischen Landesvorstand in München eine große Rolle.[10] Diese Kontroversen hatten bereits 1947 an Schärfe verloren, als Waldemar von *Knoeringen* Wilhelm *Hoegner* als Landesvorsitzenden abgelöst hatte.

Im Frühjahr 1949 kam es noch einmal zu einem „Fall Hoegner", als dieser drohte, mit den Abgeordneten der CSU das Grundgesetz im Bayerischen Landtag abzulehnen.[11] Das konnte zwar verhindert werden. Dass Hoegner jedoch, statt am Bayerischen Landesparteitag in Rosenheim Anfang Juni teilzunehmen, zu einem Kongress der Moralischen Aufrüstung[12] nach Caux in die Schweiz fuhr, führte auch bei der Mehrzahl der bayerischen Sozialdemokraten zu einer großen Verärgerung. Mit großer Mehrheit forderte der Landesparteitag die Landtagsfraktion auf, Hoegner künftig nicht mehr als einen ihrer Vertreter in den Landesausschuss – so hieß in Bayern der erweiterte Landesvorstand – zu wählen. Dagegen hielt die sozialdemokratische Landtagsfraktion nach einer längeren Erklärung Hoegners seine Entsendung in den Landesausschuss aufrecht – allerdings unter der Voraussetzung, dass sich Hoegner zu den grundsätzlichen Beschlüssen des Rosenheimer Landesparteitages bekenne.[13]

Eine Reform der Parteibezirke wurde auch gelegentlich erörtert. Einig war sich die Parteiführung, dass die durch die Bildung der Französische Besatzungszone erzwungenen neuen Parteibezirken, Süd–Baden und Süd-Württemberg nach Gründung eines westdeutschen Bundesstaates ihren ursprünglichen Bezirken Baden und Württemberg wieder

---

9 Ebd.

10 Vgl. PV-Protokolle, Bd.1, S. XXXVIII-XL.

11 Zum folgenden vgl. den Bericht Knoeringens, Dok. 10 (Sitzung v. 29/ 30. Juni 1949), S. 241. Vgl. dazu auch das längere Kapitel in den Erinnerungen Hoegners „Das Scherbengericht von Rosenheim", W. Hoegner, Der schwierige Außenseiter, München 1959, S. 305-313. Zu Wilhelm *Hoegner* (1887-1980) vgl. PV-Protokolle, Bd. 1, S. XVI.

12 „Moralische Aufrüstung" ist seit 1938 der Name für die 1921 in Oxford von dem Amerikaner Frank Buchman (1878-1961) gegründete Vereinigung, die sich zum Ziele setzte, aus dem Geist des Christentums eine Wandlung der Menschheit herbeizuführen. Zunächst wandte sich die Erweckungsbewegung gegen die beiden radikalen Bewegungen Faschismus und Kommunismus, nach 1945 wurde sie mehr und mehr ein antikommunistisches Kampfinstrument. Caux in der Schweiz wurde zum europäischen Zentrum dieser Bewegung, wo jährliche Weltkonferenzen stattfanden. Vgl. die in zahlreichen Sprachen und hoher Auflage erschienene Propagandaschrift: Peter Howard, Welt im Aufbau. Die Geschichte von Frank Buchman und der Männer und Frauen der „Moralischen Aufrüstung", Wuppertal 1951. Zu Frank Buchman vgl. a. PV-Protokolle Bd. 1, S. 466.

13 Diese Voraussetzung nennt Knoeringen in der Vorstandssitzung, Hoegner druckt in seinen Erinnerungen eine Erklärung der Fraktion ab, in der keine Bedingung für die Ablehnung der Empfehlung der Landeskonferenz genannt wird, vgl. Dok. 10, a.a.O., u. W. Hoegner, S. 313.

angeschlossen werden müssten.[14] Manche gingen aber noch weiter. So forderte der für Organisationsfragen zuständige Egon *Franke* in der ersten Sitzung nach der verlorenen Bundestagswahl eine radikale Veränderung der Parteibezirke, d. h. die Schaffung weniger, ungefähr gleich großer Bezirke.[15] Die zur Zeit sehr unterschiedliche Größe der Bezirke und die damit zusammenhängende unterschiedliche Zahl der hauptamtlichen Angestellten erschweren eine effektive Parteiarbeit.

c) Das Verhältnis des Parteivorstandes zur sozialdemokratischen Bundestagsfraktion

In ihrer ersten, konstituierenden Sitzung wählte die Bundestagsfraktion am 31. August 1949 ihren Vorstand.[16] Der Parteivorsitzende Kurt *Schumacher* und sein Stellvertreter Erich *Ollenhauer* wurden zum Ersten und Zweiten Vorsitzenden der Fraktion gewählt. Dritter Vorsitzender wurde Carlo *Schmid*. Fraktionssekretäre mit Sitz im Fraktionsvorstand wurden Wilhelm *Mellies*[17] und Adolf *Arndt*. Weiter wurden in den Fraktionsvorstand gewählt:

> Fritz *Baade*, Willi *Eichler*, Fritz *Henßler*, Waldemar von *Knoeringen*, Anni *Krahnstöver*, Bruno *Leddin,* Walter *Menzel,* Erik *Nölting*[18], Franz *Neumann*, Willi *Richter*[19], Erwin *Schoettle*, Otto *Suhr*, Herbert *Wehner*, Max *Wönner*[20], Georg August *Zinn*.

Über die einzelnen Wahlergebnisse oder über Gegenkandidaten ist leider nichts überliefert. Aus den Tagebuchnotizen *Nöltings* wissen wir lediglich, dass dieser sehr zufrieden

---

14 So forderte der Bezirk Mittelrhein (Köln) in einem Antrag an den Parteitag von 1950, die durch die Zonenbildung bedingten Abtrennungen von früheren „Stammbezirken" wieder rückgängig zu machen. Auf Wunsch des PV wurde dieser Antrag vom Parteitag dem nächsten Parteivorstand zur Erledigung überwiesen, vgl. Dok. 19, Anl. 2, S. 399.

15 Vgl. Dok. 11 (Sitzung v. 29./30.8.1949), Punkt 2, S. 264.

16 Zum Datum der Sitzung vgl. die kurze Notiz im Neuen Vorwärts (Nr. 66 v. 3. 9., S. 1: dort nur Hinweis auf die einstimmige Wahl des Fraktionsvorsitzenden Schumacher sowie seiner Stellvertreter Ollenhauer und Schmid) und die längere Aufzeichnung von Rudolf *Junges* über eine anschließende Pressekonferenz Schumachers im Archiv der Stiftung Bundeskanzler-Adenauer-Haus Rhöndorf (12.03), abgedr.: U. Wengst, Auftakt zur Ära Adenauer, S. 130-134. Ein Protokoll dieser ersten Fraktionssitzung ist in der Sammlung der Fraktionsprotokolle nicht erhalten geblieben und konnte deshalb nicht in die gedruckte Sammlung der Fraktionsprotokolle aufgenommen werden. Die folgenden Angaben wurden dem Jahrbuch der SPD für 1948/49 entnommen (S. 20 f.) Dort allerdings falsches Datum: 6. September. Außer den Fraktionssekretären werden die Namen der Vorstandsmitglieder auch am Anfang des Berichts von Junges - nach einer Mitteilung von Fritz Heine in der Pressekonferenz - genannt. Rudolf *Junges,* 1949-53 Leiter des Büros des Christlich – Demokratischen Pressedienstes, 1963-69 Botschafter in der Republik Elfenbeinküste, 1969-76 Botschafter im Senegal und in Gambia.

17 Wilhelm *Mellies* (1899-1958), Lehrer, vor 1933 SPD, 1925-33 MdL (Lippe), 1946/47 MdL (Lippe/ NRW), 1948/49 MdWR, 1949-58 MdB, 1952-58 PV (Stellv. PVors.).

18 Zu Erik *Nölting* (1892-1953) vgl. PV-Protokolle Bd. 1, S. XXIII.

19 Zu Willi *Richter* (1894-1972) vgl. PV-Protokolle Bd. 1, S. CXIV. Zu Willi Richter vgl. a. G. Beier, Willi Richter. Ein Leben für die soziale Neuordnung, Köln 1978.

20 Max *Wönner* (1896-1960), geb. in München, Schlosser, Gewerkschaftssekretär, vor 1933 SPD, 1945-55 GenSekr. d. Bayer. Gewerkschaftsbundes, 1949-53 MdB (Fraktionsvorstand), 1955-58 LVors. d. DGB in Bayern.

war, als er einen Vorstandssitz gewinnen konnte, während sein Gegenkandidat *Kriedemann*, der vom PV vorgeschlagen war, durchfiel.[21]

Von den insgesamt 20 Mitgliedern des Fraktionsvorstandes waren 11 Mitglieder des PV – außer den drei Vorsitzenden *Schumacher*, *Ollenhauer* und *Schmid* noch *Eichler*, *Henßler*, *v. Knoeringen*, *Krahnstöver*, *Leddin*, *Menzel*, F. *Neumann* und *Schoettle*. Nicht in den Fraktionsvorstand gewählt wurden die dem Bundestag angehörenden Vorstandsmitglieder L. *Albrecht*, *Baur*, *Görlinger*, *Knothe* und *Kriedemann*.

Über den Fraktionsvorstand begannen eine Spitzenkarriere in der Partei: Arndt, Baade, Mellies, Nölting, Wehner und Zinn. Die Meisten von ihnen, d. h. alle außer Baade und Nölting, wurden später auch in den Parteivorstand gewählt. Richter und Wönner, die als sozialdemokratische Funktionäre des DGB in den Fraktionsvorstand gewählt wurden, machten im DGB – auf Bundes- bzw. Landesebene – Karriere.

Dass dem 20köpfigen Fraktionsvorstand nur eine Frau angehörte, nämlich Anni *Krahnstöver* (auch Mitglied des PV) war sicherlich kein Zeichen einer emanzipatorischen Haltung der SPD – Fraktion, auch wenn dieses eine Mitglied dem sehr geringen Anteil der weiblichen Mitglieder der Fraktion noch gerade entsprechen mochte. Denn der Frauenanteil in der Fraktion betrug 8,6 %, der Frauenanteil im Fraktionsvorstand war mit etwa 5 % noch geringer![22]

Das Verhältnis des Fraktionsvorstandes zur Gesamtfraktion war im Allgemeinen ungetrübt.[23] Trotz der personellen Verflechtung zwischen dem Parteivorstand und dem Fraktionsvorstand blieben Kontroversen zwischen der Parteispitze und der Bundestagsfraktion nicht aus. Vor allem zur Ablehnung eines Beitritts der Bundesrepublik zum Europarat, wie sie der Partei- und Fraktionsvorsitzende Kurt Schumacher mit Entschiedenheit forderte, gab es in der Fraktion gewichtige Gegenstimmen[24]. Genannt seien hier Hermann *Brill*[25] und Heinrich *Ritzel*[26]. Die wichtigen Auseinandersetzungen über diese Fragen, in denen sich K. Schumacher und die Parteiführung durchsetzten, fanden allerdings erst im Sommer und Herbst 1950, d. h. nach dem in diesem Band behandelten Zeitraum, statt.

d) Bemühungen um ein neues Parteiprogramm

Immer wieder wurde in der SPD die Forderung nach einem neuen Parteiprogramm erhoben, da das immer noch gültige Heidelberger Programm von 1925 nicht mehr den

---

21 Tagebuchnotiz Erik Nöltings, zitiert bei C. Nölting, Erik Nölting, S. 342 f.
22 Dazu vgl. P. Weber, Fraktionsprotokolle 1949-57, S. XIV f.
23 Ebd., S. L f.
24 Ebd., S. XLVII.
25 Ebd., S. 107 f. (Fraktionssitzung vom 9. März 1950).
26 Ebd., S. 53, Anm. 2 (Hinweis auf ein Schreiben von Ritzel an Schumacher, in dem er den Parteivorsitzenden vor einer rein negativen Haltung in der Frage des Ruhrstatuts warnte.). Vgl. a. H. G. Ritzel, Kurt Schumacher, Reinbek 1972, S. 125. Heinrich G. *Ritzel* (1893-1971), Jurastudium, 1919-29 Bürgermeister von Michelstadt (Hessen), 1924-30 MdL (Hessen), 1930-33 MdR, 1933 Emigration ins Saargebiet 1935 über Frankreich in die Schweiz; 1946 Rückkehr nach Michelstadt, 1949-65 MdB.

sozialen und politischen Gegebenheiten nach 1945 entsprach.[27] Auf dem Parteitag von 1946 kam es zu einer Kontroverse zwischen dem designierten Parteivorsitzenden Kurt *Schumacher* und dem Kölner Delegierten Willi *Eichler* über die Notwendigkeit eines neuen Parteiprogramms.[28] Eichler forderte ein solches mit Nachdruck, während Schumacher erst einmal die weitere Entwicklung abwarten wollte. Ein Antrag, eine Programmkommission einzusetzen, wurde dem Parteivorstand überwiesen.[29] In den Sitzungen des Gesamtvorstandes wurde jedoch, soweit die Protokolle Auskunft geben, über eine Verwirklichung dieser Forderung nicht diskutiert.

Der Parteitag von 1948 beauftragte nun den neuen Parteivorstand, „unverzüglich" eine Programmkommission einzusetzen.[30] Der von dieser Kommission ausgearbeitete Entwurf sollte dann der Gesamtpartei zur Diskussion unterbreitet werden, ehe er dem Parteitag zur Beschlussfassung vorgelegt werde. Der „Antrag 60", in dem der Parteivorstand auf dem Parteitag mehrere Anträge für ein neues Parteiprogramm zusammengefasst hatte, wurde auf dem Parteitag gegen acht Stimmen angenommen.[31]

Als im Dezember 1948 der Parteivorstand die Beschlüsse des Parteitages behandelte, widmete er einen Unterpunkt dem „Antrag 60".[32] Der amtierende Parteivorsitzende Ollenhauer versuchte, auf Zeit zu spielen. Es sei nicht zweckmäßig, sogleich eine Kommission für die lange Zeit in Anspruch nehmende Ausarbeitung eines Parteiprogramms zu bilden. Besser sei es, sich zunächst mit der Bildung einer kleinen vorbereitenden Kommission aus Mitgliedern des PV zu begnügen, die die Berufung einer Gesamtkommission in die Wege leiten sollte. In dieser Gesamtkommission müssten dann alle wichtigen „Strömungen und Auffassungen" in der Partei mindestens durch einen Repräsentanten vertreten sein.

Ollenhauer machte dann aber auch bereits einige inhaltliche Aussagen über die kommende Arbeit der Programmkommission. Folgende Themen mussten nach seiner Ansicht vor allem geklärt werden:

1. Die Frage, wie weit die Lehre von Karl *Marx* heute noch Gültigkeit besitzt;
2. die Frage des Ausgleichs zwischen dem notwendigen Zwang zu einer gerechten Ordnung und der Sicherheit der persönlichen Freiheit auf der anderen Seite;
3. die Frage Deutschland und Europa. Hierbei wies er auf die 1947 in „Ziegenhainer Erklärung" vom August 1947 als wichtige Vorarbeit hin.[33]

Der Gesamtvorstand stimmte den Ausführungen Ollenhauers zu und wählte in die Vorbereitungskommission die Vorstandsmitglieder *Schumacher, Eichler, Kriedemann, Reuter* und *Schmid*. Die Tatsache, dass an der Spitze dieser Kommission der zu dieser

---

27 Vgl. a. K. Klotzbach, Der Weg zur Staatspartei, S. 123 f.
28 Vgl. PV-Protokolle, Bd.1, S. XLVIII f.
29 SPD-PT 1946, S. 185.
30 Für einen wörtlichen Abdruck vgl. SPD-PT 1948, S. 208.
31 Ebd. S. 84.
32 Dok. 3 (Sitz. v. 10./11.12), Punkt 1, S. 53 f.
33 Der offizielle Titel lautete: „Entschließung der Kulturpolitischen Tagung der Sozialdemokratischen Partei". Für einen Abdruck vgl. Jb. SPD 1947. S. 113 f. u. Programmatische Dokumente der deutschen Sozialdemokratie, hrsg. u. eingel. v. Dieter Dowe u. Kurt Klotzbach. 3. Aufl., Bonn 1990, S. 283-285. Zur Ziegenhainer Erklärung vgl. PV-Protokolle Bd. 1, Einleitung, S. CXX f. u. K. Klotzbach, Der Weg zur Staatspartei, S. 181-183.

Zeit noch schwer erkrankte Parteivorsitzende stand, dass sich aber Ollenhauer als amtierender Parteivorsitzender nicht in die Kommission wählen ließ, legt die Vermutung nahe, dass hinter der Verzögerungstaktik nicht der amtierende Parteivorsitzende stand, sondern dass Schumacher selbst vom Krankenbett aus in dieser Frage maßgebend auf den Vorstand bzw. das „Büro" eingewirkt hatte.

Im weiteren Verlauf der Amtsperiode 1948-50 des Parteivorstandes wurde nie mehr über diese vorbereitende Kommission oder überhaupt über die Notwendigkeit eines neuen Parteiprogramms gesprochen. Nur einmal noch taucht der Begriff „Parteiprogramm" in den Dokumenten auf, nämlich im Mai/ Juni 1949, als der Flüchtlingsausschuss bei der Vorlage des Entwurfs eines Flüchtlingsprogramms im Vorspann betonte, dass dieses Programm kein „Parteiprogramm" sein solle.[34] Das sollte wohl bedeuten, dass es nicht den Stellenwert einer programmatischen Erklärung beanspruchte.

e) Beziehungen zur Sozialistischen Internationale und zu einzelnen sozialdemokratischen Parteien Europas

Die Beziehungen der SPD zu den anderen im COMISCO (Committee of the International Socialist Conference) verbundenen sozialistischen und sozialdemokratischen Parteien waren auch im Berichtszeitraum nicht problemlos.[35] Wie seit der Aufnahme der SPD wurde in den Vorstandssitzungen regelmäßig unter dem Tagsordnungspunkt „Internationales" über Tagungen und Besprechungen des COMISCO berichtet sowie Delegierte für Tagungen und Einladungen befreundeter Parteien bestimmt.[36]

Probleme ergaben sich vor allem daraus, dass einige der „Bruderparteien" zugleich Regierungsparteien waren und bei Einladungen an die deutsche sozialdemokratische Partei darauf Rücksicht nehmen mussten. So wurde gleich bei der ersten Beratung dieses Punktes im PV darüber gesprochen, dass die SPD zu einer von der Labour Party einberufenen Konferenz über „Sozialisierungsprobleme in Westeuropa" nicht eingeladen worden sei.[37] Ollenhauer berichtete im Gesamtvorstand, dass sie, d. h. das „Büro", die Hoffnung auf eine Einladung noch nicht aufgegeben und sich deshalb an den Generalsekretär der Labour Party, Morgan *Phillips*[38], persönlich gewandt hätten. Vorsorglich wurden in dieser Sitzung bereits zwei Delegierte, nämlich *Veit* und *Henßler*, für diese Konferenz bestimmt.

Anscheinend blieb diese Intervention ohne Erfolg. In der nächsten Vorstandssitzung berichtete Ollenhauer zwar über die Sitzung des Internationalen Komitees Anfang De-

---

34 Vgl. Dok. 9 (Sitz. v. 1./ 2.6.1949), Anl. 7.

35 Zu den Beziehungen der SPD zu den anderen sozialdemokratischen Parteien Europas und zu den Schwierigkeiten bei der Wiederaufnahme der SPD in die internationale sozialistische Gemeinschaft vgl. PV-Protokolle, Bd.1, S. LIV - LIX. Zum folgenden vgl. a. R. Steininger, Deutschland und die Sozialistische Internationale nach dem Zweiten Weltkrieg. Die deutsche Frage, die Internationale und das Problem der Wiederaufnahme der SPD auf den internationalen Konferenzen bis 1951, unter besonderer Berücksichtigung der Labour Party. Darstellung und Dokumentation, Bonn 1979.

36 Vgl. u. a. Dok. 2, Punkt 8, Dok. 3, Punkt 7, Dok. 9, Punkt 8.

37 Vgl. Dok. 2 (Sitz. v. 29./30.10.1948), S. 28.

38 Zu Morgan *Phillips* (1902-61) vgl. PV-Protokolle Bd. 1, S. LVI

zember 1948 in London, zu der er selbst und *Nau* als Delegierte bestimmt worden waren, die Sozialisierungskonferenz wurde jedoch mit keinem Wort erwähnt.[39]

In der Zeit vom 14. bis 16. Mai 1949 fand in Baarn (Niederlande) eine Internationale Sozialistische Konferenz statt, die sich vor allem mit Fragen der Europäischen Einigung beschäftigte.[40] An ihr nahmen die Regierungschefs der Niederlande und Belgiens, Willem *Drees*[41] und Paul Henri *Spaak*[42] teil. Die SPD war auf der Konferenz von fast hundert Delegierten aus siebzehn Staaten durch den amtierenden Parteivorsitzenden *Ollenhauer*, die Vorstandsmitglieder *Gotthelf* und *Henßler* sowie Hermann *Veit* vertreten.

Die SPD musste auf dieser Konferenz auch eine Niederlage hinnehmen: Entgegen ihren Willen wurde die Sozialistische Partei des Saargebietes (SPS) als „Beobachter" zu den internationalen sozialistischen Konferenzen zugelassen.[43]

Die nächste vom COMISCO einberufene internationale Konferenz fand vom 10. bis 11. Dezember 1949 in Paris statt. In der Vorstandsitzung vom Januar 1950 berichtete der deutsche Delegationsleiter *Ollenhauer* kurz über die Ergebnisse dieser Konferenz.[44] Positiv bewertete er, dass weder Labour Party noch SFIO ihrer Ansicht widersprochen hätten, das Ruhrstatut erschwere die europäische ökonomische Zusammenarbeit. Die britischen Sozialisten Morgan *Phillips* und Arthur *Henderson*[45] hätten fest versprochen, dass das Ruhrstatut nicht benutzt werde, um eine fortschrittliche Entwicklung der deutschen Wirtschaft zu erschweren. Die prominenten französischen Sozialisten Leon *Blum*[46] und Salomon *Grumbach*[47] sowie – neuerdings – auch Morgan *Philipps* teilten ihre Ansicht, dass das Petersberger Abkommen durch das Parlament ratifiziert werden müsse. Weiter konnte Ollenhauer den Vorstandsmitgliedern mitteilen, dass COMISCO durch die Wahl des österreichischen Genossen Julius *Braunthal*[48], d.h. eines nicht zur Labour Party gehörenden Sozialisten, zum Sekretär der Organisation organisatorisch einen großen Schritt nach vorn gemacht habe.

---

39 Vgl. Dok. 3 (Sitz. v. 10./11.12.1948), S. 61 f.

40 Vgl. d. schriftlichen Bericht für die Vorstandssitzung, der dann auch publiziert wurde, Sopade Informationsdienst Nr. 789 v. 4.6.1949 = Dok. 9 (Sitz. v. 1./2.6.1949), Anl. 4, S. 197-199. Zu den Fragen der Europäischen Einigung vgl. weiter unten Kap. II 3 e.

41 Willem *Drees* (1886-1988), Bankangestellter, Parlamentsstenograph, 1919 Sozialdem. Arbeiterpartei d. Niederlande, 1927 Mitgl. d. Parteivorstandes, 1933 Mitgl. d. niederl. Parlaments, nach d. dt. Besetzung führend in der Widerstandsbewegung, 1940/41 KZ Buchenwald; nach der Befreiung Mitbegr. d. neuen „Partei der Arbeit" und Sozialminister in mehreren Regierungen, 1948-1958 Ministerpräsident.

42 Paul-Henri *Spaak* (1899-1972), Rechtsanwalt, Sozialist, 1932 Mitgl. d. belg. Parlaments, 1936 Außenminister, 1940-44 Mitgl. d. Exilregierung in London, nach der Befreiung wieder Außenminister in Brüssel, 1947-49 MinPräs., Vorkämpfer f. d. Vereinigung Europas, 1957-61 NATO-Generalsekretär, 1961-65 Stellv. MinPräs., Außenminister.

43 Dok. 9, Anl. 4, S. 199.

44 Dok. 15, Punkt 6, S. 318.

45 Arthur *Henderson* (1893-1968), Sohn d. früheren brit. Labour-Führers u. Außenministers Arthur Henderson (1863-1935), Rechtsanwalt, Politiker (LP), 1923 Mitgl. d. Unterhauses, 1948 Unterstaatssekretär f. dt. u. österr. Angelegenheiten im brit Außenministerium, später Mitgl. d. Oberhauses.

46 Zu Léon *Blum* (1872-1950) s. PV-Protokolle Bd. 1, S. 120.

47 Zu Salomon *Grumbach* (1884-1952) vgl. PV-Protokolle Bd.1, S. LVIII.

48 Julius *Braunthal* (1891-1972), Österreichischer Sozialist, 1950-56 Sekretär der Sozialistischen Internationale in London.

Eine weitere Konferenz fand am 18. und 19. März 1950 in Hastings (Großbritannien) statt. Da vor allem das Saarproblem auf dieser Konferenz diskutiert werden sollte, bereitete sich die SPD darauf sehr gut vor. Eine eigene Denkschrift der SPD „zur Frage des Saargebietes", die der außenpolitische Referent des PV Gerhard *Lütkens* und der aus dem Saargebiet ausgewiesene Journalist Ernst *Roth* ausgearbeitet hatten, wurde den anderen Mitgliedsparteien übergeben.[49] Über die Konferenz berichtete kurz der deutsche Delegationsleiter Ollenhauer.[50] Er führte aus, dass die Saardenkschrift der SPD zwar große Beachtung gefunden habe, dass sie es aber nicht vermocht habe, die SFIO und die anwesenden Gäste der SPS zu überzeugen. Enttäuscht war er, dass sich die Vertreter der Labour Party nicht an der Debatte beteiligt hatten.

War das Verhältnis zur SFIO und zur Labour Party als den Regierungsparteien von zwei Besatzungsmächten in manchen Fragen gespannt, so waren die Beziehungen zu den anderen europäischen „Bruderparteien" nicht so konfliktbeladen.

Ohne jede Trübung blieben die Beziehungen zur SPÖ, zur Sozialistischen Partei Österreichs. Zu deren Parteitagen wurden regelmäßig Vorstandsmitglieder als Gastdelegierte gesandt, so zum Parteitag 1948 Egon *Franke*.[51] Umgekehrt nahmen am Parteitag der SPD vom September 1948 gleich vier Vertreter der SPÖ teil.[52] Der Delegationsleiter, der Auslandssekretär Julius *Deutsch*[53], richtete sehr herzliche Grußworte an den Parteitag.[54]

Sehr gut war auch das Verhältnis zur niederländischen „Partei der Arbeit". Zum erwähnten Parteitag der SPD im September 1948 kam eine fünfköpfige Gastdelegation der Partei unter Leitung des Parteivorsitzenden Koos *Vorrink*.[55] Zum Parteitag der niederländischen Partei im April 1949 wurde eine vierköpfige Vorstandsdelegation der SPD unter der Leitung des amtierenden Parteivorsitzenden Ollenhauer entsandt.[56] Als bekannt wurde, dass der niederländische Parteivorsitzende schwer verunglückt sei, wurde ihm sogleich ein herzliches Genesungstelegramm übersandt.[57] Im März 1950 wurde Koos Vorrink noch einmal positiv in einer Vorstandssitzung erwähnt, da er sich in der Saarfrage auf der kommenden COMISCO – Konferenz der Haltung der SPD anschließen wolle.[58] Allerdings könne auch Vorrink – so *Meitmann* in seinem Bericht während der Sitzung am 13.3.1950 – nicht verstehen, warum die SPD wegen der Saarfrage einen Beitritt zum Europarat ablehne.

---

49 Abgedr.: Die Sozialdemokratie und das Saarproblem, Hannover 1950, S. 19-42.

50 Dok. 18 (Sitzung v. 19.4.1950), S. 386. Zu dieser Konferenz vgl. d. Kurzbericht Sopade Nr. 896 v. April 1950, S. 82 f.

51 Dok. 2 (Sitz. v. 29./30.10.1948), S. 28.

52 Prot. SPD PT 1948, S. 235.

53 Julius *Deutsch* (1884-1968), Fabrikarbeiter, Abitur, Jurastudium, Dr. jur., 1918-20 StSekr. f. d. Heer, 1923 Gründer d. Republikanischen Schutzbundes, 1934 zus. mit Otto *Bauer* Aufbau d. Auslandsbüros d. Österr. Sozialisten in Brünn, 1946 Rückkehr nach Österreich, bis 1951 Leiter d. Auslandssekretariats d. SPÖ.

54 Prot. SPD PT 1948, S. 21 f.

55 Prot. SPD PT 1948, S. 235. Zu Koos *Vorrink* (1891-1954) vgl. PV-Protokolle Bd. 1, S. 135.

56 Die weiteren Mitglieder der deutschen Delegation waren Grimme, Gross und Menzel, vgl. Dok. 4 A (Sitz. v. 21./22.1.1949), S. 74.

57 Ebd.

58 Dok. 17, Punkt 2, S. 344.

Gut waren auch die Beziehungen zur dänischen Sozialdemokratie. Zum dortigen Parteitag im September 1949 wurden die Vorstandsmitglieder *Ollenhauer*, *Gotthelf* und *Gayk* delegiert.[59] Gegen Gayk äußerten allerdings die dänischen Sozialdemokraten Bedenken – wahrscheinlich wegen der stark national geprägten Haltung Gayks im Streit um die nationale Zugehörigkeit der Gebiete um Flensburg[60] –, so dass nur Ollenhauer und Gotthelf die SPD auf dem Parteitag vertraten.[61] Auch sonst nahm die SPD-Führung Rücksicht auf Ängste der Bruderpartei im kleinen, von Deutschland während des Zweiten Weltkrieges überfallenen Nachbarland Dänemark. Als *Gayk* im Frühjahr 1949 über die von ihm nicht befürwortete Absicht der lokalen Parteiorganisationen berichtete, in den beiden Wahlkreisen Flensburg und Husum Wahlbündnisse der beiden großen deutschen Parteien SPD und CDU für die Bundestagswahl gegen die Partei der dänischen Minderheit abzuschließen, lehnte Ollenhauer im Namen des „Büros" solche Wahlbündnisse ab.[62] Er fürchtete vor allem eine Gefährdung der Beziehungen der SPD zur dänischen Sozialdemokratie durch eine Unterstützung derartiger deutschnationaler Tendenzen. Der Gesamtvorstand schloss sich diesen Bedenken an und untersagte den Abschluss derartiger Wahlbündnisse.

2) Politische Auseinandersetzungen in der Zeit der Gründung der Bundesrepublik.

a) *Parlamentarischer Rat und Schaffung des Grundgesetzes*

Als der neu gewählte Parteivorstand am 24. und 25. September 1948 seine erste Arbeitssitzung abhielt, tagte der Parlamentarische Rat schon mehr als drei Wochen.[63] Seine Zusammensetzung stand schon seit Juli/August 1948 fest: Entsprechend der bei den letzten Landtagswahlen erzielten Ergebnisse entsandten die 11 Landtage der westdeutschen Länder von der CDU/CSU und SPD je 27, von der FDP 5, von der Deutschen Partei (DP), der KPD und vom Zentrum je 2 Abgeordnete.[64] Die Entsendung von kommunistischen Abgeordneten durch den Landtag von Nordrhein-Westfalen hatte bereits in den letzten Sitzungen des alten PV zu Kontroversen geführt.[65] Wie bei der Auswahl der sozialdemokratischen Abgeordneten nahm der Parteivorstand auch bei der

---

59 Dok. 10 (Sitz. v. 29./30.6.1949), S. 242.

60 Vgl. PV-Protokolle Bd. 1, S. XL f.

61 Vgl. Schreiben von Ollenhauer an Gayk vom 21.7.1949, AdsD: PV/ Bestand E. Ollenhauer 187 u. Jb. SPD 1948/49, S. 149.

62 Dok. 10 (Sitz. v. 29./30.6.1949), S. 241 f.

63 Zur Geschichte des Parlamentarischen Rats vgl. die Überblicksdarstellung von Michael F. Feldkamp: Der Parlamentarische Rat 1948-1949. Die Entstehung des Grundgesetzes, Göttingen 1998.

64 Für die Zusammensetzung des Parlamentarischen Rates nach Ländern geordnet vgl. Tabelle bei W. Benz, Von der Besatzungsherrschaft zur Bundesrepublikk. Stationen einer Staatsgründung, Frankfurt/Main 1985, S. 195 f. Auch Berlin entsandte 5 Abgeordnete (SPD: Löbe, Reuter Suhr), die aber kein Stimmrecht besaßen.

65 Vgl. PV-Protokolle Bd. 1, Einleitung S. XCIX-CI u. Dok. 24, S. 459-461.

Wahl des Fraktionsvorstandes ein entscheidendes Mitspracherecht in Anspruch.[66] Die von ihm vorgeschlagenen Fraktionsmitglieder (Schmid, Gayk, Menzel, Zimmermann und Zinn) wurden – mit Ausnahme von Zinn – in den Fraktionsvorstand gewählt. Statt Zinn wurde der Berliner Abgeordnete und frühere Reichstagspräsident Paul *Löbe* in den Fraktionsvorstand gewählt – ein Tribut an die nicht stimmberechtigten Berliner Abgeordneten. Das war sicher ganz im Sinne des PV, da ja auch die Kontroverse des PV mit Löbe Ende des Jahres 1948 beigelegt werden konnte.[67]

Von den Mitgliedern des PV gehörten fünf (*Gayk, Menzel, E. Reuter, Schmid* und *Selbert*) dem Parlamentarischen Rat an. Von diesen berichteten Menzel und Schmid dem Parteivorstand regelmäßig über den Gang der Verhandlungen – mündlich und schriftlich.[68] Als Gäste nahmen öfter auch nicht zum PV gehörende Fraktionsmitglieder an den Vorstandssitzungen teil.[69]

Alle wichtigen Beratungsgegenstände des Parlamentarischen Rates wurden auch in den Sitzungen des Parteivorstandes bzw. in den Gemeinsamen Sitzungen vom September 1948 bis Mai 1949 erörtert. Als es um die abschließende Haltung der Fraktion zum Grundgesetz ging, fanden im April 1949 zwei gemeinsame Sitzungen des PV bzw. der Obersten Parteigremien mit der Fraktion des Parlamentarischen Rates statt.[70]

Bei der ersten Beratung des Parteivorstandes Ende September 1948 wurde Übereinkunft darüber erzielt, dass die Beratungen des Parlamentarischen Rates möglichst zügig durchgeführt werden sollten.[71] Der CDU/ CSU warf man öfter vor, die Verhandlungen zu verzögern, da sie ihre internen Gegensätze noch nicht überbrückt habe.

Weiterhin betonte die Parteiführung, dass sie keine Verfassung, sondern ein „Grundgesetz" anstrebe. Der bislang bevorzugte Begriff „Verwaltungsstatut" wurde fortan nicht mehr verwandt.[72] Zwar wollte man die Aufnahme von „Grundrechten" akzeptieren, da dies eine Forderung der Westalliierten war, doch sollten diese auf das „Unumgängliche" beschränkt werden.[73] Weiter herrschte Einigkeit darüber, dass „Berlin" gleichberechtigtes Bundesland" der künftigen westdeutschen Bundesrepublik werden müsse.

Offen blieben zunächst drei andere Fragen: ob die geplante Zweite Kammer als Bundesrat eine Vertretung der Landesregierungen oder als „Senat" eine direkt gewählte Vertretung der Länder werden sollte; und ob darin alle Länder mit gleicher oder nach Ein-

---

66 Vgl. PV-Protokolle Bd. 1, Dok. 24, S. 459-461 u. Dok. 25, S. 479.

67 Vgl. Dok. 4 A, Punkt 5 c. Zum Fall Löbe, d. h. zum Ausschluss Löbes aus dem Außenpolitischen Ausschuss der Partei im November 1947, vgl. PV-Protokolle Bd. 1, Einleitung, S. XXXVII f. u. Dok. 15 A, S, 279-281.

68 Vgl. Dok. 1, Punkt 1 (Mündliche Berichte Schmids und Menzels) u. Anl. 2 (Schriftlicher Bericht Menzels); Dok. 2, Punkt 1 (Mündliche Berichte Schmids und Menzels) u. Anl. 2 (Schriftliche Berichte Menzels).

69 Vgl. Einleitung Kap. I 1 d S. XX-XXII.

70 Vgl. Dok. Nr. 6 (Gemeinsame Sitzung des PV mit der Fraktion des Parlamentarischen Rates am 6. April) und Dok. Nr. 7 B (Gemeinsame Sitzung der Obersten Parteigremien mit der Fraktion und den sozialdemokratischen Ministerpräsidenten am 20. April). Zu den Fraktionsmitgliedern, die an diesen Sitzungen teilnahmen, vgl. oben, S. XXI f.

71 Dok. 1 (Sitz. v. 24./25. September), Punkt 1.

72 Otto *Suhr*, der an dieser Sitzung als Mitglied des Parlamentarischen Rates teilnahm, betonte in seinem Redebeitrag, dass er den Begriff „Verwaltungsstatut" als zu farblos ablehne, ebd., S. 4.

73 Vgl. die Ausführungen Ollenhauers, ebd. S. 5.

wohnerzahl gestaffelter Stimmenzahl vertreten sein sollten.[74] Einig war man sich, dass die Zweite Kammer nicht der Ersten Kammer gleichberechtigt sein sollte, sondern nur ein Vetorecht erhalten sollte.

Weiter war man sich im Vorstand uneins, ob die Schaffung der Institution eines Bundespräsidenten notwendig sei und wie der „Bund" heißen sollte. Der Name „Bund deutscher Länder" war für die Parteiführung von Anfang an nicht akzeptabel.

Am 18. Oktober 1948 legten die Fachausschüsse „vorläufige Formulierungen" für mehrere Artikel des Grundgesetzes vor.[75] In der nächsten Sitzung des PV am 29. und 30. Oktober wurde vor allem der darin enthaltene Artikel 42[76], der die „Ausführung der Gesetze des Bundes", soweit das Grundgesetz nichts anderes bestimmte, den Ländern überließ, einmütig abgelehnt.[77]

Im Februar 1949 einigten sich die drei großen Fraktionen in einer sog. „Fünferkommission" auf einen Kompromissentwurf, den sie vor der endgültigen Verabschiedung den drei westlichen Militärgouverneuren zur Begutachtung vorlegten.[78] Diese machten von ihrem Einspruchsrecht Gebrauch und lehnten Anfang März den Entwurf ab, da er nach ihrer Ansicht zu wenig föderalistisch war.[79] Vor allem forderten sie die Übertragung der Finanzhoheit und der Finanzverwaltung auf die Länder. Nicht nur die CDU/ CSU, der der Kompromissentwurf ohnehin zu zentralistisch war, wollte den alliierten Abänderungswünschen entgegenkommen. Auch ein Teil der sozialdemokratischen Abgeordneten war zu Zugeständnissen bereit, um die Verabschiedung des Grundgesetzes nicht noch weiter zu verzögern.

Nun ergriff der Parteivorsitzende Kurt *Schumacher* die Initiative.[80] Noch vom Krankenbett aus verurteilte er in einem Interview Ende März sehr scharf die alliierten Gegenvorschläge.[81] Eine Verwirklichung dieser Vorschläge würde die „Auflösung Westdeutschlands in einen Staatenbund" zur Folge haben sowie den Aufbau einer demokratischen Ordnung in Deutschland sehr erschweren, ja der Demokratie ihren „politischen und moralischen Wert" nehmen und den Platz frei machen für „nationalistische und antidemokratische Bewegungen", die sich prorussisch auswirken müssten.

In der gemeinsamen Sitzung des Parteivorstandes mit der Fraktion des Parlamentarischen Rates am 11. April kritisierte das Vorstandsmitglied *Kaisen* erneut, dass Schuma-

---

74 Vgl. die Schlussworte Ollenhauers zu diesem Tagesordnungspunkt, ebd.

75 Abgedr.: Der Parlamentarische Rat 1948/49, Bd. 7, Boppard 1995, S. 1-35.

76 Ebd. S. 12. Später fiel dieser Artikel weg, ebd., S. 50 u. 104.

77 Vgl. Dok. 2, Punkt 1.

78 Zu den Beratungen der sog. „Fünferkommission", der je zwei Abgeordnete der CDU/ CSU und der SPD und einer der FDP angehörten, vgl. M. Feldkamp a.a.O. S. 134 f. Nach der Ablehnung des von dieser ausgearbeiteten Kompromissentwurfs durch die Westalliierten wurde diese Kommission durch je einen Abgeordneten der DP und des Zentrums zu einer „Siebenerkommission" erweitert, die einen neuen Kompromiss erarbeitete, den sog. „Siebenerkompromiss", der aber ebenfalls durch die Westalliierten abgelehnt wurde, ebd. S. 152-159.

79 Zum alliierten „Memorandum" vom 2. März 1949 vgl. M. Feldkamp, a.a.O., S. 148-158.

80 Vgl. dazu die Einleitung von W. Albrecht, in: K. Schumacher, Reden-Schriften-Korrespondenzen, S. 140-143. Vgl. a. K. Klotzbach, Der Weg zur Staatspartei S. 168-170.

81 Abgedr.: Sozialdemokratischer Pressedienst Nr. 38 v. 30.3. 1949 S. 6; wieder abgedr. K. Schumacher, Reden-Schriften-Korrespondenzen, S. 633 f.

cher durch seine Erklärungen die Entscheidung der Parteigremien vorwegnehme.[82] Doch Schumacher ließ sich nicht beirren. Seinen ersten parteiöffentlichen Auftritt nach über einem Jahr in einer Sitzung des Parteivorstandes bzw. der Obersten Parteigremien mit der Fraktion des Parlamentarischen Rates am 19. und 20. April 1949 benutzte er nicht nur zur erneuten Artikulierung seines rigoros ablehnenden Standpunktes, sondern auch zur Abrechnung mit seinen innerparteilichen Gegnern, insbesondere mit Wilhelm Kaisen.[83]

In seinem Grundsatzreferat in der Gemeinsamen Sitzung am 20. April 1949, das in etwas gekürzter Fassung unter dem Titel „Jetzt heißt es festbleiben" sogleich publiziert wurde[84], artikulierte und kommentierte der Parteivorsitzende die unverzichtbaren Bedingungen für die Annahme eines Grundgesetzes.[85] Diese wurden dann in einer längeren Resolution festgeschrieben.[86] Das darin vor allem ausgesprochene „Nein" zu einem losen Staatenbund war für Schumacher genau so wichtig wie das Nein der SPD zu einer Vereinigung mit der KPD 1945/46[87]. Nur ein Grundgesetz war für ihn akzeptabel, das zu erwartende Versuche der Sowjetunion, die Bevölkerung Westdeutschlands mit dem Phantombild eines deutschen Zentralstaates zu locken abwehren und die Anziehungskraft des zu schaffenden Bundesstaates auf die Ostzone möglichst stark machen konnte.

Nach seiner Ansicht gab es bei solchen Grundsatzentscheidungen keine Kompetenzfrage, wer darüber entscheiden solle, die Fraktion des Parlamentarischen Rates oder die Obersten Parteigremien, d.h. PV und PA.[88] Bei Fragen, die ganz Deutschland berührten, müssten die Parteigremien das letzte Wort haben.

Dieser Ansicht widersprach als erster Diskussionsredner sehr heftig das Fraktionsmitglied Fritz *Löwenthal*[89]. Die Parteigremien könnten der Fraktion zwar beachtenswerte, aber keine bindende Richtlinien mit auf den Weg geben. Inhaltlich kritisierte er, dass sie sich mit dieser rigoros ablehnenden Haltung an die Seite der Kommunisten stellen würden. Als Löwenthal auch nach der Entscheidung bei seiner Kritik blieb und der SPD – Führung eine Nähe zum „demokratischen Zentralismus" der Kommunisten vorwarf, kam es zum „Fall Löwenthal"[90]. Er wurde aus der sozialdemokratischen Fraktion ausgeschlossen und gehörte dem Parlamentarischen Rat bis zum Schluss seiner Beratungen als unabhängiger Abgeordneter an. Einem drohenden Parteiausschluss aus der SPD kam er durch einen Parteiaustritt zuvor.

---

82 Dok. 6, S. 133.
83 Dok. 7 A und 7 B.
84 Vgl. d. kleinformatige Broschüre „Jetzt heißt es: fest bleiben!", Hannover 1949.
85 Hier wird der vollständige Redetext Schumachers, der im „Bestand K. Schumacher" erhalten geblieben ist und bereits in der Sammlung der Reden und Schriften Schumachers publiziert wurde (S. 634-663), erneut abgedruckt, vgl. Dok. 7 B.
86 Abgedr.: Dok. 7, Anlage 2, S. 173-175.
87 Dok. 7 B, S. 144.
88 Ebd., S. 164.
89 Ebd., S. 170.
90 Zum „Fall Löwenthal" vgl. K. Günther, Die andere Meinung in der SPD, AfS XIII (1973), S. 30-36.

Doch zurück zur Debatte vom 20. April: Von den Vorstandsmitgliedern unterstützte nur *Kaisen* Löwenthal, von den Mitgliedern des Parteiausschusses nur *Renner*. [91] Mit großer Mehrheit (63 gegen 4 Stimmen bei 8 Enthaltungen) wurde die Resolution am Ende der Debatte angenommen. Außer den Genannten stimmte nur noch das Fraktionsmitglied Georg *Diederichs* mit Nein.

Zwei Abänderungsanträge, mit denen der Text etwas abgemildert werden sollte, waren vorher gegen 8 Stimmen abgelehnt worden. [92] Sie stammten von den Ministerpräsidenten bzw. Bürgermeistern Hermann *Lüdemann*, Wilhelm *Kaisen* und Ernst *Reuter*, sowie vom schleswig – holsteinischen Justizminister und Mitglied des Parlamentarischen Rates Rudolf *Katz*. Reuter hatte bereits in der Debatte Bedenken gegen die rigoros ablehnende Haltung Schumachers geäußert, vor allem weil er nach einem Scheitern des Parlamentarischen Rates große Schwierigkeiten für Berlin befürchtete. [93] Bedenken hatte in der Debatte auch der Hamburger Bürgermeister Max *Brauer* artikuliert. [94] Beide setzten große Hoffnungen auf einen verkürzten Alternativentwurf der Fraktion des Parlamentarischen Rates für ein Grundgesetz, der von Menzel und Zinn stammte und den die Fraktion im Falle eines völligen Scheiterns der Verhandlungen über den Kompromissentwurf einreichen wollte. [95] Schumacher hatte über diesen Entwurf nur mit großer Skepsis gesprochen und vor allzu großen Hoffnungen gewarnt, da ein solcher Entwurf im Laufe der parlamentarischen Beratung sicher noch verändert werden könne. [96]

Es kam aber ganz anders: Zur Überraschung fast aller Beobachter überreichten die Westalliierten nach dem Nein der SPD ein bis dahin zurückgehaltenes zweites Memorandum dem Parlamentarischen Rat, in dem der Grundgesetzentwurf des Hauptausschusses weitgehend gebilligt wurde. [97] Schumacher und die SPD–Spitze feierten das Nachgeben der Westalliierten in der zweiten Note als Folge ihres Neins zu ersten Note. [98] Sie hofften dadurch eine Trumpfkarte für den bevorstehenden Wahlkampf in der Hand zu halten. Doch *Adenauer* und der Führung der CDU/ CSU gelang es, ihnen diese aus der Hand zu schlagen, indem sie das schon unmittelbar nach dem Einlenken der Alliierten aufkommende Gerücht, die SPD habe bereits vor der Veröffentlichung von der

---

91 Dok 7 B, S. 172.
92 Für einen Abdruck der beiden Abänderungsanträge vgl. Dok. 7, Anlage 3 A und 3 B.
93 Dok. 7 B, a.a.O.
94 A.a.O., S. 171 f.
95 Der hektographierte Alternativentwurf, der um etwa ein Drittel kürzer als der Kompromissentwurf war, wurde im April allen Vorstandsmitgliedern zugesandt, zusammen mit einem kurzen Kommentar von *Zinn*. Ein Exemplar des Entwurfs (45 S.) und des Kommentars (3 S.) befinden sich im Bestand K. Schumacher des AdsD. Für einen vollständigen Abdruck des Entwurfs vgl. Sopade/ Querschnitt v. Mai 1949, Nr. 49 (12 S.) u. Der Parlamentarische Rat 1948-1949. Akten und Protokolle, Bd. 7, Boppard a. Rh. 1995, S. 462-496. Zu diesem Entwurf vgl. a. H. Altendorf, SPD und Parlamentarischer Rat, S.418.
96 Dok. 7 B, S. 163-165.
97 Zu dieser Note vom 8. April, die dem Parlamentarischen Rat von den alliierten Verbindungsoffizieren am 22. April überreicht wurde, vgl. H. J. Grabbe, Die deutsch-alliierte Kontroverse um den Grundgesetzentwurf im Frühjahr 1949, VfZ 29 (1981), S. 409 f.; K. Klotzbach, Der Weg zur Staatspartei, S. 171 f.; M. F. Feldkamp, Der Parlamentarische Rat, S. 163-168.
98 Zum folgenden vgl. a. d. Einleitung von W. Albrecht zu K. Schumacher, Reden – Schriften – Korrespondenzen, S. 145.

zweiten Note gewußt und ihr Auftreten am 19./20. April sei nur Schmierentheater gewesen, durch angebliche Beweise zu untermauern versuchte.[99] Das Eingreifen Schumachers in die Schlußverhandlungen des Parlamentarischen Rates, das für Adenauer und alle seine Nachfolger im Amt des Bundeskanzlers von sehr großer Bedeutung war und nicht unwesentlich zu dem beitrug, was als „Kanzlerdemokratie" bezeichnet wurde und wird, verlor an Glanz. Doch auch wenn Schumacher und seine Mitkämpfer von der zweiten Note wußten, so wußten sie auch, dass diese Note nur dann veröffentlich und damit wirksam würde, falls die Alliierten die gewünschte große Mehrheit des Parlamentarischen Rates für ihre ursprünglichen Abänderungswünsche nicht erreichen konnten.[100] Und dazu war eine Ablehnung durch die Sozialdemokraten notwendig.

Auch die weiteren interfraktionellen Besprechungen im Parlamentarischen Rat verliefen nicht ohne Schwierigkeiten, führten jedoch Ende April zu einem Kompromiss, der auch von den Westalliierten akzeptiert wurde.[101] Jetzt konnte das Plenum den Entwurf endgültig verabschieden. Am 8. Mai 1949 wurde das Grundgesetz mit 53 gegen 12 Stimmen angenommen.[102] Dafür stimmten die Abgeordneten der SPD, der CDU und der FDP sowie zwei der acht Abgeordneten der CSU. Dagegen stimmten die Abgeordneten der Deutschen Partei, des Zentrums und der KPD sowie sechs der acht Abgeordneten der CSU. Nach der formellen Zustimmung der Alliierten und der Annahme durch alle Landtage – mit Ausnahme des bayerischen – wurde es dann in der Schlusssitzung des Parlamentarischen Rates am 23. Mai feierlich in Kraft gesetzt.

b) Wahlgesetz und Vorbereitungen für die Wahlen zum Ersten Deutschen Bundestag

Von Anfang an umstritten war, ob der Parlamentarische Rat auch das **Wahlgesetz** für die erste Bundestagswahl ausarbeiten sollte.[103] Die Fraktionen des Parlamentarischen Rates waren dafür und setzten die Wahl eines Wahlrechtsausschusses durch, der für den Hauptausschuss einen Wahlrechtsentwurf ausarbeitete.[104] Inhaltlich ging es bei den Beratungen des Ausschusses vor allem um die Streitfrage Mehrheitswahlrecht oder Verhältniswahlrecht: Die Unionsparteien waren für ein Mehrheitswahlrecht, während die SPD und die kleinen Parteien ein Verhältniswahlrecht bevorzugten. Die SPD trat für eine Sperrklausel zur Verhinderung einer Zersplitterung der Abgeordneten im künftigen Deutschen Parlament ein, was wiederum die kleinen Fraktionen bekämpften. Die Parteiführung war aber bei Verhandlungen mit dem Zentrum bereit, für die erste Wahl auf

---

99 Vgl. dazu auch K. Adenauer, Erinnerungen 1945 – 1953, Stuttgart 1965, S. 217-220.

100 Feldkamp, der davon ausgeht, dass die Fraktionsführung der SPD und eventuell sogar die der CDU/CSU vom eventuellen Nachgeben der Militärgouverneure unterrichtet war, kommt zu dem nicht ganz logischen Schluss, dass diese „erst nach – und nicht wegen – der unnachgiebigen Haltung der SPD" das zweite Memorandum dem Parlamentarischen Rat übergaben, a.a.O., S. 168.

101 Ebd. S. 169-174.

102 Ebd. S. 178.

103 Vgl. M. F. Feldkamp, Der Parlamentarische Rat, S. 84.

104 Zur Arbeit des Wahlrechtsausschusses vgl. ebd. S. 85-93.

eine solche „Splitterparteienbegrenzungsklausel" zu verzichten, falls die damals laufenden Fusionsverhandlungen des Zentrums mit der CDU/ CSU scheiterten.[105]

Wenn auch zu Beginn des Jahres 1949 noch kein Wahlgesetz vorhanden und kein Wahltermin bestimmt war, so brachten die bevorstehenden Wahlen zum ersten deutschen Bundestag für die SPD neue Herausforderungen mit sich.

Zur *Vorbereitung der ersten Bundestagswahlen* war natürlich ein Ausbau des Zentralsekretariats in Hannover notwendig. Anfang 1949 wurde ein **Wahlbüro"** unter der Leitung des persönlichen Referenten von Erich Ollenhauer Hans *Hermsdorf* errichtet.[106] Seine wichtigsten Mitarbeiter wurden der Referent für die Kriegsgefangenenhilfe Hans *Stephan,* der die Referentenvermittlung organisieren sollte, der Leiter des Sekretariats für Propaganda Herbert *Treichel,* der die technischen Arbeiten leiten sollte, und der Journalist Fried *Wesemann*[107], der für die publizistische Arbeit zuständig sein sollte. Nur Wesemann arbeitete bislang nicht in der Parteizentrale, war aber als bisheriger Pressereferent der sozialdemokratischen Fraktion des Wirtschaftsrates in Frankfurt am Main hauptamtlich für die SPD tätig.

Da die Wahlen ursprünglich bereits im Frühjahr 1949 stattfinden sollten, wurde bereits in der PV-Sitzung vom 10./11.12.1948 eine **Wahlprogrammkommission** bestimmt:[108] *Schumacher, Ollenhauer, Franke, Kriedemann, Meitmann, Henßler, Kaisen, Knoeringen, Krahnstöver, Menzel, Schmid* und *Mattick,* d.h. mit Ausnahme von Mattick, der wohl die Berliner Vorstandsmitglieder vertreten sollte, nur Mitglieder des PV. Diese Kommission erhielt die Aufgabe, einen ersten Entwurf, den Schumacher verfasst hatte, zu überprüfen.

Während der letzten Sitzung vor den Bundestagwahlen am 29. und 30. Juni 1949 beriet der Gesamtvorstand abschließend über den Entwurf eines **Wahlaufrufs**.[109] Zu Beginn der kurzen Beratung forderte Henßler die Streichung eines polemischen Satzes gegen das Elternrecht, die dann auch erfolgte.[110] Schumacher schlug daraufhin die Einsetzung einer Redaktionskommission unter Leitung von Willi Eichler vor, die ihre Arbeiten bis zur geplanten Veröffentlichung am 9. Juli fertig stellen müsse.[111]

Publiziert wurde der Wahlaufruf unter dem anspruchsvolleren Titel „Wahlprogramm" mit der Überschrift „Für ein freies Deutschland in einem neuen Europa"[112] Im Vergleich zu den Wahlprogrammen unserer Tage war es zwar relativ kurz, doch kritisierte Willy Brandt in der ersten Sitzung der Parteigremien mit der Bundestagsfraktion, der er selbst ja als Berliner Abgeordneter angehörte, am 6. September 1949 wohl mit Recht,

---

105 Vgl. Ollenhauer in der PV-Sitzung am 20.1.1949, Prot 4 A, S. 72.
106 Vgl. Dok. 4 A (Sitz. v. 21./22.1.), Punkt 4.
107 Zu Fried *Wesemann* (geb. 1915) vgl. PV-Protokolle Bd. 1, S. 465.
108 Vgl. Dok. 3, Punkt 4.
109 Vgl. Dok. 10, Punkt 1, S. 241.
110 Vgl. Dok. 10, Anlage 3, S. 249-257.
111 Der Termin der Publizierung wurde auch im Kommuniqué in etwas vagerer Form – „in gut einer Woche" – erwähnt, vgl. Dok. 10, Anlage 1.
112 Vgl. Dok. 10, Anlage 3, S. 249. Das Wahlprogramm wird hier nach der Publizierung im „Neuen Vorwärts" wieder abgedruckt, inhaltliche Abweichungen vom Entwurf werden angemerkt. Zum Wahlprogramm und zum Wahlkampf der SPD vgl. a. K. Klotzbach, Der Weg zur Staatspartei, S. 174-176.

dass das Wahlprogramm nicht „konzentriert genug" gewesen sei.[113] Eine Konzentration auf die „Dürkheimer 16 Punkte" wäre nach seiner Ansicht zweckdienlicher gewesen. Das Programm begann mit einem Rückblick auf die vergangenen Jahre, der voller Selbstlob war: Die Sozialdemokraten hätten nicht nur durch ihren Widerstand gegen die Zwangsvereinigung 1946 die Entwicklung einer demokratischen Ordnung im größeren Teil Deutschlands ermöglicht, sie hätten auch durch ihr Eingreifen vom 20. April 1949 in die Beratungen des Parlamentarischen Rates bewirkt, dass das Grundgesetz die Grundlage für den „demokratischen Kampf um eine bessere Zukunft" bilden könne. Es folgte dann eine Polemik gegen die von den Rechtsparteien geprägte „Frankfurter Wirtschaftspolitik", die die „Armen ärmer und die Reichen reicher" gemacht habe. Dagegen forderten die Sozialdemokraten eine Politik der Planung und der Vollbeschäftigung, die zu einer Erhöhung des Lebensstandards für alle Bevölkerungsschichten führe. Weiter wurde ein sozialer Lastenausgleich, eine „Sozialisierung der großen Industrien, Kredit- und Geldinstitute" sowie eine gleichmäßige Bodenreform in allen Ländern gefordert. Es folgte dann eine etwas langatmige Aufzählung der bekannten sozialen Forderungen der SPD für verschiedene Bevölkerungsklassen. Im Kapitel „Freiheit und Toleranz im Kulturleben" wurde zwar, wie schon erwähnt, auf Antrag Henßlers eine sehr scharfe Polemik gegen das Elternrecht gestrichen. Die „Gemeinschaftsschule" blieb jedoch als Hauptforderung bestehen, das „Recht der Eltern" wurde auf den engeren Bereich der „religiösen Erziehung der Kinder", d. h. den Religionsunterricht beschränkt.

Nach den Zwischenbemerkungen zum Kulturleben sowie zum Verhältnis von Staat und Kirche behandelte das Programm das Verhältnis der neuen Bundesorgane zu den Ländern. Zwar sollte den Letzteren ein Eigenleben „gesichert" werden, doch dürfe nicht vergessen werden, dass diese nur „Bausteine der deutschen Bundesrepublik" seien, der die „größeren Aufgaben" aufgebürdet seien: die Herabsetzung der Besatzungskosten, die Beendigung der Demontagen, wirksame Hilfe für die Flüchtlinge und Opfer des Krieges. In diesem Zusammenhang forderte die SPD die volle Einbeziehung Berlins in den deutschen Bundesstaat.

Etwas angehängt wirken die beiden kurzen Schlussabschnitte „Die Frauen entscheiden im Wahlkampf" und „Die Jugend entscheidet über die Zukunft". Das Wahlprogramm endete mit dem Appell: „Den Kern dieser Fragen richtig erkennen, heißt, sich richtig entscheiden für Frieden, Freiheit, Sozialismus!"

Bereits am 10. Mai 1949 hatte der Gesamtvorstand den von der Kommission entwickelten „Grundsätzen für die **Kandidatenaufstellung**" zugestimmt.[114] In diesen „Grundsätzen" wurde zu Beginn festgelegt, dass nur die politische und sachliche Kompetenz bei der Auswahl der Kandidaten maßgebend sein dürfe, dass Bundestagsmandate nicht „als Belohnung für in der Vergangenheit geleistete Arbeit" erteilt werden dürften. Die Entscheidung über die Kandidatenaufstellung wurde im allgemeinen den Parteibezirken überlassen.

---

113 Vgl. Dok. 12, S. 271.
114 Vgl. Dok. 8, Punkt „Kandidatenaufstellung" u. Anl. 2 (Abdruck d. „Grundsätze").

Diese allgemeinen Grundsätze waren im PV nicht umstritten, dagegen kam es zu einer lebhaften Diskussion über eventuelle „**Doppelmandate**", d. h. über die Möglichkeit, dass führende sozialdemokratische Landespolitiker- die ihrem jeweiligen Landtag oder ihrer Bürgerschaft angehörten, zugleich ein Bundestagsmandat ausübten. In den „Grundzügen" wurden solche Doppelmandate in Ausnahmefällen zugelassen, wenn die „Notwendigkeit auf die überragende politische Bedeutung und Unentbehrlichkeit des Kandidaten gestützt werden kann". Die Entscheidung über diese „Notwendigkeit" wurde dem Gesamtvorstand der Partei überlassen. Gegen diese bedingte Zulassung von Doppelmandaten wandte sich in der Debatte der württembergische Landesvorsitzende *Schoettle*. Dagegen betonte Schumacher, dass ein solches Doppelmandat für sehr wenige Personen erlaubt werden solle, so vor allem für *Henßler* und *Knoeringen,* die als Fraktionsvorsitzende in ihren Landtagen wie auch als Bundestagsabgeordnete unentbehrlich seien. Henßler und Knoeringen wurden 1949 in den Bundestag gewählt. Knoeringen schied bereits 1951 aus, Henßler ließ sich 1953 nicht erneut aufstellen – allerdings war er 1953 durch eine schwere Krankheit, an der er Ende des Jahres starb, in seinem politischen Wirken schon sehr beeinträchtigt.

Der Bezirk Süd-Württemberg beantragte in den folgenden Wochen ein Doppelmandat für zwei Landtagsabgeordnete, den Reutlinger OB Oskar Kalbfell und die Ärztin Gertrud *Metzger* aus Rottweil.[115] Der Gesamtvorstand lehnte beide Doppelmandate ab. Kalbfell und Metzger kandidierten aber trotzdem, Kalbfell sogar erfolgreich.[116]

Inhaber eines Doppelmandats waren in den Jahren 1949 bis 1953, d. h. während der ganzen ersten Wahlperiode, die sozialdemokratischen Abgeordneten Fritz *Henßler* (NRW), Oskar *Kalbfell* (Württ. – Hohenz.), Walter *Menzel* (NRW)[117], Franz *Neumann* (Berlin)[118], Erik *Nölting* (NRW)[119]. 1950 wurde der Berliner Bundestagsabgeordnete Willy Brandt ins dortige Abgeordnetenhaus gewählt, so dass auch dieser bis zu seinem Ausscheiden aus dem Bundestag nach Übernahme des Amtes des Regierenden Bürgermeisters im Jahre 1957 Inhaber eines Doppelmandates war.[120]

Nicht näher betrachtet werden hier die Abgeordneten, die bis zu den nächsten Landtagswahlen in der Zeit von Ende 1949 bis 1952 ihre Landtagsmandate noch behielten, aber nicht erneut kandidierten bzw. ihr Landtagsmandat nach kurzer Zeit aufgaben.

Für die Auswahl der Kandidaten sollten nach einem Beschluss des PV vom Januar 1949 zunächst die Bezirke zuständig sein.[121] Diese sollten möglichst schnell Vorschläge an den PV senden, der in der gleichen Januarsitzung eine *Siebener Kommission* von Mit-

---

115 Vgl. Dok. 10 (Sitz. v. 29./30.6.1949), Nachtrag zu Punkt 3. Gertrud *Metzger* (1908-93), Dr.med., 1946-52 MdL (Württ.-Hoh.), 1949 Kandidatur für d. BT (Landesliste Württ.-Hoh.).

116 Vgl. M. Schumacher, M.d.B., S. 193 f. u. 272.

117 Menzel war von 1949 bis zu seinem Tode im September 1963 MdB, 1946-54 MdL (NRW), bis 1950 auch Innenminister in NRW, ebd., S. 271.

118 F. Neumann gehörte der Stadtverordnetenversammlung bzw. dem Abgeordnetenhaus von 1946-1960, dem Bundestag von 1949 bis 1969, an ebd., S. 294.

119 Nölting war von 1949 bis zu seinem Tode im Juli 1953 sowohl MdB wie MdL (NRW), ebd., S. 298.

120 Als „Regierender Bürgermeister" musste er ausscheiden, da er nicht gleichzeitig dem Bundesrat und dem Bundestag angehören durfte.

121 Vgl. Dok. 4 A (Sitz. v. 21./22.1.1949), Punkt 4.

gliedern des PV zur Überprüfung dieser Vorschläge und zur Koordination einsetzte: Ihr gehörten vom „Büro" *Schumacher, Ollenhauer* und *Gotthelf,* von den „Beisitzern" *Bögler, Henßler, v. Knoeringen* und F. *Neumann* an. Die „Kommission" sollte zwar Vertreter der Fraktionen in Bonn und Frankfurt hinzuziehen, dass aber die Vorsitzenden der beiden Fraktionen, *Schmid* und *Schoettle,* die ja beide Mitglieder des PV und in der Sitzung anwesend waren, nicht in diese Kommission gewählt wurden, ist erwähnenswert – auch wenn sie selbst dieser Kommission, deren Bildung einstimmig erfolgte, zustimmten.

c) Auseinandersetzungen um den provisorischen Bundessitz

In der Sitzung des PV vom 29./30.10.1948 wurde erstmals die Frage des künftigen Sitzes des Bundes erörtert. Schmid sprach sich dafür aus, in das Grundgesetz den Satz aufzunehmen, „Hauptstadt der Deutschen Republik ist Berlin, der provisorische Sitz der Bundesregierung ist die Stadt X."[122] Daraufhin gab es eine längere Debatte über diesen provisorischen Sitz. Für Frankfurt sprach sich das Frankfurter Vorstandsmitglied *Knothe* aus. *Reuter, Schmid* und *Selbert* sprachen sich gegen Frankfurt aus, da eine solche Entscheidung kaum noch eine „provisorische" sei.[123] Auch *Görlinger, Heine* und *Meitmann* hatten Bedenken gegen Frankfurt.[124] Ollenhauer stellte anschließend fest, dass der PV insgesamt gegen Frankfurt sei, dass aber auch gegen Bonn, das *Görlinger* vorgeschlagen hatte, Bedenken erhoben werden müssten, da Regierung und Parlament dort in die „Atmosphäre des rechten Flügels der CDU" gelangten. Geographisch liege Kassel, das Selbert vorgeschlagen hatte, am günstigsten, doch sei es fraglich, ob dort die technischen Möglichkeiten vorhanden seien. Der Vorstand ließ die Frage des Bundessitzes noch offen, sprach sich aber mit großer Mehrheit gegen Frankfurt aus.[125]

Zwar wurde diese negative Festlegung nicht veröffentlicht[126], doch als der Parteivorsitzende Schumacher auf seinem Krankenbett davon erfuhr, sprach er sich strikt gegen eine solche negative Festlegung aus.[127] Eine Ortsveränderung allein führe nicht zur „Veränderung an den politischen Gegebenheiten". Die Installierung der überzonalen Behörden an einem neuen Platz habe eine „große zusätzliche Geldausgabe" zur Folge, die „propagandistisch schlecht zu vertreten" sei. Sein Rat war deshalb, die Entscheidung bis zur Schlussabstimmung über das Grundgesetz aufzuschieben. Ollenhauer, der über diese Stellungnahme Schumachers in der nächsten Vorstandssitzung berichtete, schloss sich dieser Anregung an. Bereits zu Beginn der erneuten Debatte über den „Bundessitz" hatte sich *Selbert* erneut für Kassel eingesetzt und dieses Mal Unterstützung von *Heine* und *Schmid* erhalten. *Knoeringen, Kriedemann* und *Schoettle* traten dieses Mal für Frankfurt

---

122 Ebd. S. 22.

123 Ebd. S. 22 f.

124 Görlinger sprach sich für Bonn, Heine allgemein für eine Stadt in der Britischen Besatzungszone, Meitmann für Hamburg und Selbert für Kassel aus, ebd.

125 Ollenhauer sprach in der nächsten Sitzung des PV am 10./11.Dezember von einem „Speyrer Beschluss", Vgl. Dok. 3, S. 51.

126 Vgl. die Forderung Ollenhauers am Schluss der Debatte am 29./30. Oktober, Dok. 2, S. 23.

127 Vgl. den Bericht Ollenhauers in der nächsten Sitzung am 10./11. Dezember, Dok. 3, S. 51.

ein, Bonn erhielt mit *Menzel* einen wichtigen Fürsprecher. Dieser war bis zuletzt für Bonn, beugte sich jedoch bei der Abstimmung im Parlamentarischen Rat der Fraktionsdisziplin.[128]

Anscheinend setzten sich Schumacher und Ollenhauer mit ihrem Vorschlag einer Verschiebung der Entscheidung nicht ganz durch, angenommen wurde am Schluss der Beratungen über diesen Unterpunkt der Tagesordnung der Vorschlag von Franke, eine kleine Kommission zu bilden, die bis zur nächsten Sitzung die „technischen, finanziellen und sonstigen praktischen Gegebenheiten" in den vorgeschlagenen Städten untersuchen sollte.[129] In die Kommission wurden *Henßler, Knoeringen, Nau* und *Schönfelder* gewählt:

In der übernächsten Sitzung am 11./12. März 1949 berichtete Schönfelder als Vorsitzender der Kommission über deren Arbeit.[130] Die Kommission empfehle Frankfurt, da Kassel es technisch nicht schaffe und in Bonn, das als Bundessitz auch vom Gewerkschaftsvorsitzenden *Böckler*[131] unterstützt werde, die „politische Atmosphäre" „denkbar ungünstig" sei. Eine förmliche Entscheidung wurde aber auf Antrag des amtierenden Parteivorsitzenden *Ollenhauer* noch nicht getroffen.

Diese Entscheidung fiel erst in der Vorstandssitzung vom 10. Mai 1949.[132] Obwohl sich *Görlinger* in der kurzen Aussprach ausdrücklich noch einmal den Berliner Bedenken gegen Frankfurt anschloss, unterstützte der Gesamtvorstand – nach der abschließenden Feststellung Ollenhauers „einstimmig" – das Votum des „Büros" gegen Bonn und für Frankfurt. Im Kommuniqué wurde allerdings dieser Beschluss des PV nicht erwähnt. Erwähnenswert ist noch, dass die Chancen für Frankfurt zu dieser Zeit nach dem Diskussionsbeitrag von Schmid gar nicht schlecht waren, da die CSU noch große Bedenken gegen Bonn hatte.[133]

d) Wahlkampf und Bundestagswahl

Die SPD begann ihren *Wahlkampf* am 19. Juni 1949 mit einer Großkundgebung im Gelsenkirchener Schalkestadion, in der der Parteivorsitzende Kurt Schumacher vor etwa 60000 Zuhörern das Hauptreferat hielt.[134] Ähnlich wie im Wahlprogramm griff Schumacher in seiner Rede vor allem die Politik der bizonalen Behörden in Frankfurt an, die dazu geführt habe, dass die kleine Schicht der „Nutznießer des Dritten Reiches" und des Zweiten Weltkrieges immer reicher werde, während die Volksmassen immer weiter verarmten. Den sog. christlichen Parteien warf er vor, dass sie aus dem Wahlkampf einen Kulturkampf machen würden. Dabei konnte er sich selbst überspitzter polemischer

---

128 Vgl. Dok. 8 (Sitz. v. 10.5.1949), S. 177.
129 Vgl. Dok. 3, S. 51.
130 Vgl. Dok. 5, Punkt 1, S. 122.
131 Böckler war seit 1947 Vorsitzender des DGB d. Brit. Besatzungszone und Vorsitzender des Gewerkschaftsrates der Vereinten Zonen, d. h. der Britischen und der US-Zone. Zu Hans *Böckler* (1875-1951) vgl. PV–Protokolle Bd. 1, S. CXI.
132 Vgl. Dok. 8, Punkt 1, S. 178.
133 Ebd.
134 Zu dieser Eröffnungskundgebung, der ein Bezirksparteitag des SPD-Bezirks Westl. Westfalen vorausging, vgl. K. Schumacher, Reden–Schriften–Korrespondenzen, S. 146 f., 670-675.

Angriffe vor allem gegen die die CDU/CSU unterstützende Katholische Kirche nicht enthalten, die zwar sachlich nicht unberechtigt waren, aber die kirchlich noch gebundenen Wähler vor den Kopf stoßen mussten. So sagte er in seiner Eröffnungskundgebung mit Blick auf die Katholische Kirche: „Wir denken nicht daran, das deutsche Volk einer fünften Besatzungsmacht zu unterwerfen"[135].

Dieses Wort wurde natürlich von den Wahlkampfgegnern als Steilvorlage benutzt und von einigen führenden Sozialdemokraten mit Entsetzen aufgenommen. So kritisierte der bei der Kundgebung anwesende Bezirksvorsitzende *Henßler* in einem Schreiben an den Geschäftsführenden Parteivorstand von Anfang August den Stil des Wahlkampfes, wobei er ausdrücklich auf einige „Reden von Kurt" verwies.[136] Noch früher beschwerte sich der pfälzische Bezirksvorsitzende Franz *Bögler* bei Schumacher, so dass sich dieser veranlasst sah, Teile seiner Antwort im „Neuen Vorwärts" als Kommentar zu dem umstrittenen Wort über die Katholische Kirche zu veröffentlichen.[137] Er habe nicht, so betonte er, die Katholische Kirche als Besatzungsmacht bezeichnet, sondern lediglich auf eine Gefahr hinweisen wollen.

In seiner kurzen Schlussansprache über den Rundfunk beschränkte sich Schumacher auf die Darlegung der wichtigsten Punkte des sozialdemokratischen Wahlprogramms.[138] Durch einen radikalen sozialen Lastenausgleich, der auch die Sachwertvermögen mit einbeziehe, müsse die „Frankfurter Wirtschaftspolitik" beendet werden. So könne ein „Staat sozialer Gerechtigkeit" entstehen, der dann eine „unwiderstehliche Anziehungskraft" auf den deutschen Osten ausüben werden. Hier führte er einen Gedanken weiter, mit dem er zu Beginn des Jahres 1947 den wirtschaftlichen Zusammenschluss der britischen und amerikanischen Zone zur Bizone begrüßt hatte, die Zuversicht auf die magnetische Wirkung dieses Zusammenschlusses auf die beiden anderen Zonen.[139]

Die SPD verfehlte bei der *Bundestagswahl* am 14. August 1949 ihr Wahlziel, stärkste Partei zu werden, um knapp 2 %. Sie gewann bundesweit nur 29,2 % der abgegebenen gültigen Stimmen (= 132 Mandate), während CDU/ CSU zusammen 31,0 Prozent (= 139 Mandate) erhielten.[140] Als drittstärkste Partei erreichte die FDP 11,9 % (= 52 Man-

---

135 Vgl. den Bericht über die Kundgebung mit zahlreichen wörtlichen Zitaten, Telegraf Nr. 142 v. 20. 6. 1949, S. 1 f.

136 Vgl. Henßlers Brief v. 2.8.1949, AdsD: PV/ 2/ KSA A 00 121.

137 Für einen Wiederabdruck dieser „Erklärung" Schumachers vgl. K. Schumacher, Reden – Schriften – Korrespondenzen, S. 675-678.

138 Abgedr.: K. Schumacher, a.a. O., S. 678-680.

139 Vgl. d. Abdruck von Schumachers Rede vor den Obersten Parteigremien am 11. Januar 1947, in der er u. a. mit dem Hinweis auf die Bildung der Bizone ein Abrücken von der sog. Kölner Entschließung, d. h. der Drohung mit dem Abbruch jeglicher Zusammenarbeit der SPD mit den Alliierten forderte, PV – Protokolle Bd. 1, Dok. 7 B (Für einen Abdruck des Zitats vgl. ebd., S. 145). Zu dieser von Schumacher 1947 entwickelten „Magnettheorie" vgl. a. W. Albrecht, Einleitung zu K. Schumacher, Reden – Schriften – Korrespondenzen, S. 124 f.

140 Für die genauen Wahlergebnisse, die Prozent- und die Mandatszahlen vgl. Datenhandbuch zur Geschichte des Deutschen Bundestages 1949 bis 1982. Gesamtausgabe in drei Bänden. Verfasst und bearbeitet von Peter Schindler, Baden – Baden 1999, Bd. 1, S. 164. Bei den gewonnenen Mandaten zählen nur die vollberechtigten Abgeordneten der westdeutschen Länder. Von den durch das Berliner Abgeordnetenhaus bestimmten

date), es folgte die KPD mit 5,7 % (= 15 Mandate). Da für diese Wahl noch nicht die Sperrklausel von 5 % galt, erhielten noch weitere Parteien bzw. Parteizusammenschlüsse Mandate. Die FU (Föderalistische Union), die sich aus den Abgeordneten der Bayernpartei und des Zentrums zusammensetzte, umfasste 25 Abgeordnete. Die für das Gebiet der Bundesrepublik von beiden Parteien erreichten Prozentzahlen (Bayernpartei 4,2 %, Zentrum 3,1 % der abgegeben Stimmen) erscheinen gering. Doch war die Bayernpartei auf Bayern beschränkt, wo sie 20,9 % erhielt – ein sehr beachtlicher Stimmenanteil, wenn man bedenkt, dass die CSU als stärkste Partei in Bayern 29,2 %, und die SPD als zweitstärkste 22,8 Prozent erhielten.[141] Die „Deutsche Zentrumspartei" hatte nur für Nordrhein-Westfalen, Niedersachsen und Schleswig-Holstein Landeslisten aufgestellt. Sie erreichte in Nordrhein-Westfalen einen Stimmenanteil von 8,9 % und konnte so 10 Kandidaten ihrer Landesliste in den Bundestag entsenden.[142]

Die DP (Deutsche Partei) erhielt bundesweit nur 4 % der abgegebenen Stimmen, doch konnte sie in Bremen 18 %, in Niedersachsen 17, 8 %, in Hamburg 13, 1 % und in Schleswig-Holstein 12,1 % der Stimmen und gewinnen.[143] Sie konnte so insgesamt 18 Mandate gewinnen und eine Fraktion von 22 Mitgliedern bilden, da sich ihr einige „parteilose" konservative und rechtsradikale Abgeordnete anschlossen.[144]

Wie alle Wahlverlierer versuchte auch die Führungsspitze der SPD, aus dem Wahlergebnis etwas Positives heraus zu lesen. Eine Erklärung des geschäftsführenden Parteivorstandes vom 15. August hatte folgenden Wortlaut:[145]

„Die Sozialdemokratische Partei hat Stimmen gewonnen. Sie hat auch den Abstand zur CDU, der durch den Eintritt der französischen Zone in den provisorischen westdeutschen Bundesstaat beträchtlich war, zu verringern gewusst. Ihr ist es aber nicht gelungen, von der außerordentlichen Erhöhung der Wahlbeteiligung den gebührenden Anteil zu erringen.[146]

Die Wahl ist ein Zeichen dafür, dass die Entwicklung des deutschen Parteiwesens erneut in Fluss gekommen ist. Ein großer Teil der Wählerstimmen drückt sich in Mandaten nicht aus und ist einfach verschenkt worden. Die neuen Gruppierungen auf der Rechten zeigen die starke Rechtsbewegung in Deutschland nicht genau an. Die Christlichen Demokraten haben auch erhebliche Bestandteile, die an sich der deutschen Rechten angehören. So wie bei ihnen die Strömungen der Rechten virulent

---

acht Vertretern, die lediglich Rederecht hatten, gehörten fünf zur SPD, zwei zur CDU und einer zur FDP, ebd.

141 In Altbayern konnte sie sogar elf Wahlkreise direkt gewinnen, u. a. die Wahlkreise München-Land, Rosenheim und Passau, dazu kamen mehrere Listenmandate, vgl. Handbuch d. Dt. Bundestages, hrsg. v. Fritz Sänger, Stuttgart 1952, S. 152 f. u. 165-168.

142 Ebd., S. 158-161, 165 u. 173 f.

143 Ebd., S. 154-156, 162 f. u. 165.

144 In Niedersachsen konnte sie fünf Direktmandate gewinnen – durch den Sieg bei einer Nachwahl erhöhte sich die Zahl der Direktmandate Anfang 1952 auf sechs, ebd., S. 168-171 u.175.

145 Die Erklärung begann mit folgendem einleitenden Satz: „Vom Vorstand der SPD wird zum Wahlergebnis folgendes erklärt". Für die Publikation der ganzen Erklärung vgl. „Sozialdemokratischer Pressedienst" P/IV/96 v. 15.8.1949, S. 6 f., abgedr. u. a. bei U. Wengst, Auftakt zur Ära Adenauer, S. 10 f.

146 Die Wahlbeteiligung betrug 78, 5 %, während sie bei fast allen vorangegangenen Landtagswahlen die 70 % Marke nicht überschreiten konnte, vgl. U. Wengst, a.a.O., S. 10, Anm. 3.

sind, sind auch bei der größten Rechtspartei, der Deutschen Partei, die Deutsche Konservative und die Deutsche Rechtspartei als Stimmungsfaktor vorhanden. Das bedeutet eine weitgehende Lähmung der rechten Mitte in der deutschen Politik.

Das politische Ergebnis dürfte auf die Bildung eines Bürgerblocks, d. h. auf die Besitzverteidigung auf Kosten der breiten Massen des Volkes hingehen. Jedenfalls machen sich die Wortführer der führenden Schichten der Christlichen und Freien Demokraten schon in dieser Richtung bemerkbar.[147] Große Massen des Volkes haben millionenfach gegen ihre ureigensten wirtschaftlichen und sozialen Interessen gewählt. Sie dürften jetzt die Opfer der von ihnen geschaffenen Machtverteilung werden. Man kann für den kommenden Winter mit Minderungen im Produktionsergebnis, vor allem aber muss man mit einem beträchtlichen Ansteigen der Arbeitslosigkeit rechnen. Auch der ganze Komplex des Lastenausgleichs und der Sozialisierung ist auf das Schwerste gefährdet. Die Sozialdemokratie freilich wird weiter um die Durchführung ihrer wirtschaftspolitischen und sozialen Ziele kämpfen und die Mehrheit im Parlament immer von neuem vor der deutschen Öffentlichkeit vor die Beantwortung dieser Fragen stellen.

Die Sozialdemokratie ist die Partei gewesen und ist es heut erst recht, die die Einheit Deutschlands zur Grundlage ihrer Politik macht. Sie wird weiter sich des deutschen Ostens mit allen ihr zur Verfügung stehenden Mitteln annehmen. Sie erklärt im Besonderen gegenüber Berlin, dass sie die treue Kameradschaft der vergangenen Kampfperioden aufrechterhalten und für die wirtschaftlichen [und][148] politischen Notwendigkeiten Berlins stets eintreten wird.

Die heutige politische Situation in Deutschland sollte auch das Ausland veranlassen, wohl zu unterscheiden zwischen gutwilligen Demokraten, die die Lebensnotwendigkeiten des deutschen Volkes verteidigen, und neuen extremen Rechtsgruppierungen, die weitgehend das Ergebnis der Demontage der deutschen Demokratie durch kurzsichtige ausländische Kräfte sind.

In dieser Lage erklärt die Sozialdemokratie, ihre Kräfte aufs äußerste anspannen zu wollen, um die für Deutschland und Europa notwendigen Ziele ihrer Politik durchzusetzen. Sie wird nicht aufhören, sich unermüdlich an das deutsche Volk zu wenden und es über die Zusammenhänge aufzuklären, die viele Deutsche in diesen Tagen so gefährlich verkannt haben."

In seinem Lagebericht zu Beginn der ersten Vorstandssitzung nach den Wahlen am 29. und 30. August ging der Parteivorsitzende noch einmal auf das enttäuschende Ergebnis der Bundestagswahlen ein.[149] Klarer als bisher gestand er die Wahlniederlage ein: die „Antisozialistische Gruppierung" habe im Verhältnis 65 zu 35 gesiegt – zur „sozialistischen" Gruppierung rechnete er hier offensichtlich außer der SPD noch die KPD. An der Wahlniederlage seien außer lokalen Missständen auch noch außenpolitische Momen-

---

147 Anspielung auf Äußerungen von *Dörpinghaus* (CDU) sowie *Blücher* und *Heuss* (FDP) unmittelbar nach der Wahl, vgl. U. Wengst, S. 11, Anm. 6.

148 Ergänzung aus dem Zusammenhang, auch bei Wengst.

149 Vgl. Dok. 11, S. 260 f.

te, u. a. die Demontagepolitik Großbritanniens schuld. Dass er hier nicht erneut die Katholische Kirche nannte, ist erstaunlich. Deren Bestreben, allein ihre Privilegien durchzusetzen statt am Neubau eines demokratischen Staates mitzuwirken, hatte er noch in einem Privatbrief an den in New York lebenden befreundeten Rechtsanwalt Adolf *Hamburger* vom 24. August als einen der beiden Hauptgründe für die Wahlniederlage bezeichnet.[150] Als zweiten Hauptgrund bezeichnete er auch in diesem Brief die britische Demontagepolitik, wobei er den britischen Außenminister Bevin[151] persönlich attackierte, bei dem sich Adenauer und die CDU/CSU bedanken könnten, dass sie formell die stärkste Fraktion bilden könnten. Allerdings, so fügte er resignierend hinzu, der Trend zum „Bürgerblock" könnte wohl auch dann nicht verhindert werden, wenn die SPD stärkste Partei geworden wäre.

e) Konstituierung des Bundestages und des Bundesrates, Wahl des Bundespräsidenten

Was die Konstituierung des **Bundestages** betraf, so kritisierte der Parteivorsitzende Schumacher in einer Pressekonferenz im Anschluss an die Gemeinsame Sitzung der Obersten Parteigremien mit der Bundestagsfraktion am 6. September 1949 sehr scharf angebliche Pläne der CDU/ CSU und ihrer Verbündeten, der SPD das ihr nach altem parlamentarischen Brauch zustehende Amt des Ersten Vizepräsidenten vorzuenthalten.[152] Die Sorge vor der Verwirklichung solcher Pläne scheint allerdings unbegründet gewesen zu sein, besonders da die SPD–Fraktion für dieses Amt den über die Grenzen der Partei hinaus geschätzten Carlo *Schmid* nominieren wollte, wie Schumacher in der gleichen Pressekonferenz bekannt gab.

Die Wahl des **Bundesratspräsidenten** spielte während der Sitzung vom 6. September eine Rolle. In seinem Grundsatzreferat hielt der Parteivorsitzende eine Wahl des Ministerpräsidenten von Nordrhein-Westfalen, d. h. des größten Landes der Bundesrepublik, Karl *Arnold* (CDU)[153] für die beste Lösung.[154] Auf keinem Fall würden sie eine Wahl des bayerischen Ministerpräsidenten *Ehard*[155], die auch diskutiert werde, akzeptieren, da dieser der „Neinsager zum Grundgesetz" sei.

Auch die **Wahl des Bundespräsidenten** kam in den ersten Sitzungen zur Sprache. Bereits in seiner Rede in der Dürkheimer Vorstandssitzung am 29./30. August 1949 ging Schumacher darauf ein. Er hielt nichts von der „österreichischen" Lösung, d. h. von einer Lösung, bei der die stärkste Partei den Bundeskanzler, die zweitstärkste den Bundespräsidenten stellte.[156] Denn eine solche Lösung würde bedeuten, dass ein sozialdemokratischer Präsident das gegen die SPD kämpfende Kabinett Adenauer ernennen müsste.

---

150 Vgl. Schumacher an A. Hamburger, AdsD: PV/ Bestand K. Schumacher 75, abgedr. K. Schumacher a.a.O., S. 683 f.

151 Zu Ernest *Bevin* (1909-81) vgl. PV-Protokolle, Bd. 1, S. LVI.

152 Vgl. Dok. 12, Anlage 1, S. 274.

153 Zu Karl *Arnold* (1901-58) vgl. PV-Protokolle, Bd. 1, S. LXIX.

154 Vgl. Dok. 12, S. 270.

155 Zu Hans *Ehard* (1887-1980) vgl. PV-Protokolle Bd. 1, S. XL.

156 Vgl. Dok. 11, S. 261.

In der gemeinsamen Sitzung der obersten Parteigremien mit der Bundestagsfraktion am 6. September kam die Präsidentenwahl direkt auf die Tagesordnung.[157] In seinem Hauptreferat betonte Schumacher erneut, dass ein sozialdemokratischer Bundespräsident nicht wünschenswert sei, da er die konservative Regierung Adenauer ernennen und eventuell einen von dieser Regierung ausgehandelten Friedensvertrag nach außen vertreten müsse. In der Diskussion bedauerte *Dobbert,* dass es auch über die Person des Bundespräsidenten keine Einigung gebe.[158] *Schoettle* forderte die Nominierung eines eigenen Kandidaten. *Henßler* trat für Verhandlungen mit den anderen Parteien ein, war aber mit Schumacher der Ansicht, dass die bislang genannten Personen (*Heuss*[159] und *Schlange-Schöningen*[160]) nicht tragbar seien.

Die endgültige Entscheidung wurde zwar der Sitzung der sozialdemokratischen Abgeordneten der Bundesversammlung vor der Wahl am 12. September überlassen, doch wurde im publizierten Bericht über die Gemeinsame Sitzung die „volle Übereinstimmung" der Versammlung mit der Auffassung Schumachers hervorgehoben, dass „alle bisher in der Öffentlichkeit bekannt gewordenen Kandidaten" für die SPD nicht tragbar seien.[161] Angedeutet wurde auch schon die Möglichkeit der Nominierung eines eigenen Kandidaten durch die SPD – Namen wurde aber noch nicht genannt. Am 9. September wurde dann im Sozialdemokratischen Pressedienst bekannt gegeben, dass die sozialdemokratische Fraktion der Bundesversammlung einen eigenen Kandidaten vorschlagen würde.[162]

Am 10. September kam es dann zu einem Spitzengespräch zwischen Adenauer und Schumacher über die Wahl des Bundespräsidenten, an dem weiter noch Fritz *Schäffer* (CSU)[163] und Carlo *Schmid* (SPD) teilnahmen.[164] Auch wenn sich Adenauer für seine Vorschlag der Kandidatur von Heuss auf Mitglieder der sozialdemokratischen Fraktion des Parlamentarischen Rates, u. a. auf Paul *Löbe,* berief, konnte er Schumacher nicht überzeugen. Dieser lehnte weiterhin den FDP Vorsitzenden Heuss als zu sehr mit der CDU/CSU verbundenen Politiker ab, betonte aber zum Schluss der Aussprache, dass sie auch einem gegen ihre Stimmen mit Mehrheit gewählten Bundespräsidenten den gleichen Respekt wie einem von ihnen mitgewählten entgegenbringen würden.

Schumacher setzte dann in der sozialdemokratischen Fraktion der Bundesversammlung durch, dass er selbst gegen Heuss als Kandidat aufgestellt wurde.[165] Dies geschah,

---

157 Vgl. Dok. 12.
158 Vgl. die Diskussion, ebd. S. 271.
159 Theodor *Heuss* (1884-1963), Journalist, Redakteur, 1903-10 Freisinnige Vereinigung, 1910-18 Fortschrittliche Volkspartei, 1918 DDP, 1930 DStP, 1924-33 MdR, 1946 Vors. d. Demokratischen Volkspartei in Württ. und in d. US-Zone, 1948/49 Vors. d. FDP, 1948/49 MdParlR (Fraktionsvors.), 1949 Wahl in den BT, 1949-1959 Bundespräsident.
160 Zu Hans *Schlange-Schöningen* (1886-1960) vgl. PV-Protokolle Bd. 1, S. 31.
161 Dok. 12, Anlage, S. 274. Im Protokoll wird keine Entscheidung zu diesem Punkt erwähnt.
162 Sozialdemokratischer Pressedienst P IV 112 v. 10.9.1949, S. 6 f.
163 Zu Fritz *Schäffer* (1888-1967) vgl. PV-Protokolle Bd. 1, S. LXXI.
164 Für einen Abdruck größerer Teile des Protokolls vgl. K. Schumacher, Reden – Schriften – Korrespondenzen, S. 685-687.
165 Zum folgenden vgl. d. Bericht im Sozialdemokratischen Pressedienst „Nach der Wahl" von „P.R.", d. h. Peter Raunau, P IV Ne.113 v. 12.9.1949, S. 1 f. Petra Weber schreibt in der Einleitung zu ihrer Edition der Frak-

wie der Bericht von Peter Raunau im Sozialdemokratischen Pressedienst erkennen lässt, nicht ohne erheblichen Widerstand. Andere sozialdemokratische Kandidaten wurden vorgeschlagen, vor allem der ehemalige Reichstagspräsident Paul *Löbe* und die Berliner Bürgermeisterin Louise *Schroeder* sowie der Hamburger Erste Bürgermeister Max *Brauer*. Gegen eine Kandidatur Schumachers wurde vor allem eingewandt, dass dieser nicht aus der Tagespolitik abgezogen werden dürfe. Doch aus dem Gegenargument der Befürworter einer Kandidatur Schumachers, ein sozialdemokratischer Kandidat habe bei der „politischen Gesamtkonstellation in der Bundesversammlung" kaum Chancen, geht hervor, dass es sich bei der Kandidatur Schumachers in Wirklichkeit um eine Scheinkandidatur handelte, durch die verhindert werden sollte, dass ein über die Grenzen der SPD hinaus angesehener sozialdemokratischer Kandidat gegen Heuss gewinnen könnte.[166] Es kam, wie es von der sozialdemokratischen Parteiführung erwartet worden war: Heuss wurde im zweiten Wahlgang mit 416 gegen 312 Stimmen, die Schumacher auf sich vereinigen konnte, zum Bundespräsidenten gewählt.

3) Souveränitätsbeschränkung der Bundesrepublik

a) Besatzungsstatut und Ruhrstatut

Die SPD forderte bereits 1947 ein Besatzungsstatut für die vier Besatzungszonen, um die Beziehungen zwischen den Besatzungsmächten und den deutschen Institutionen auf eine feste und einheitliche gesetzliche Grundlage zu stellen.[167] Auf dem Nürnberger Parteitag der SPD von 1947 begründete Carlo *Schmid* diese Forderung in einem längeren Redebeitrag.[168] Im Dezember 1947 sandte der Parteivorstand dem Alliierten Kontrollrat in Berlin, d. h. allen vier Besatzungsmächten, ausgearbeitete „Richtlinien für ein Besatzungsstatut für Deutschland."[169]

Im dritten der Frankfurter Dokumente kündigten die drei Westlichen Besatzungsmächte im Juli 1948 ein Besatzungsstatut für die drei Westlichen Besatzungszonen an, das im April 1949 von den Außenministern verabschiedet und dem Parlamentarischen

---

tionsprotokolle von 1949 bis 1957 mit Hinweis auf ein Schreiben des Hamburger Bundestagsabgeordneten Hellmut Kalbitzer (geb. 1913) an sie aus dem Jahre 1990, dass Schumacher in der Sozialdemokratischen Fraktion der Bundesversammlung im ersten Wahlgang nicht die erforderliche absolute Stimmenzahl erhalten habe und deshalb ein zweiter Wahlgang notwendig geworden sei, dessen Stimmenauszählung nach Ansicht vieler Fraktionsmitglieder manipuliert worden sei, P. Weber, Fraktionsprotokolle 1949-57, S. XLVI f. Da in den nicht wenigen schriftlichen Erinnerungen der Beteiligten, auch denen von Schumachergegnern, keine Hinweise auf einen angeblich notwendig gewordenen zweiten Wahlgang zu finden sind, scheint mir ein solcher sehr unwahrscheinlich.

166 Vgl. K. Klotzbach, Der Weg zur Staatspartei, S. 191.

167 Vgl. PV-Protokolle, Bd. 1, S. 266.

168 Prot. PT SPD 1947, S. 140 f., vgl. a. K. Klotzbach, Der Wege zur Staatspartei, S. 109. Zur Vorgeschichte des Besatzungsstatuts vgl. a. die Einleitung von Wolfram Werner, in: Der Parlamentarische Rat 1948-1949. Akten und Protokolle. Bd.4: Ausschuss für das Besatzungsstatut, bearb. v. Wolfram Werner, Boppard am Rhein 1989, S. VII-XI.

169 Abgedr.: PV-Protokolle, Bd. 1, S. 307-313.

Rat bekannt gegeben wurde.[170] In seiner Stellungnahme begrüßte es der Parteivorstand, dass nunmehr ein Entwurf vorliege, zu dem der Parlamentarische Rat Stellung nehmen solle.[171] Weiter stellte der PV positiv fest, dass das Statut den Deutschen auf einigen Gebieten eine „umfassendere Selbstregierung" erlaube. Was die Festlegung betraf, dass sich die Besatzungsmächte weiterhin die oberste Gewalt in Deutschland vorbehielten, so hoffte der Parteivorstand, dass es zu einer „allmählichen Erweiterung der deutschen Autonomie" komme. Bedauerlich fand die SPD-Führung, dass das Statut keine „schiedsrechtliche Instanz" vorsah. In seiner berühmten Rede vom 20. April 1949 ging der Parteivorsitzende Kurt Schumacher auch kurz auf das Besatzungsstatut ein.[172] Er betonte zunächst, dass sich die SPD–Führung, vor allem Carlo Schmid, seit 1946 um ein solches bemüht habe, damit das Verhältnis der Deutschen zu den Besatzungsmächten auf eine gemeinsame rechtliche Grundlage gestellt werden könne. Das vorliegende Besatzungsstatut der drei Westalliierten kritisierte er, wenn auch nicht mit der bei ihm gewohnten Schärfe. Seine Bedenken galten vor allem den vorgesehenen Beschränkungen der westdeutschen Industrie, die verhindern würden, dass das vom Marshallplan gesetzte Ziel einer von amerikanischer Hilfe unabhängigen deutschen Wirtschaft bereits 1952 erreicht werden könne.

Nach Gründung der Bundesrepublik forderte der PV öfter eine Revision des Besatzungsstatuts. In seiner Grundsatzrede auf dem Parteitag von 1950 widmete der Parteivorsitzende Kurt Schumacher diesem Thema einen eigenen Abschnitt.[173] Vor allem forderte er eine Reduzierung der sog. Generalklausel (d. h. des Rechts der Alliierten auf Übernahme der vollen Regierungsgewalt) auf die militärische Sicherheit. Bei der Aussprache über die Grundzüge seines Referats im Parteivorstand ging er in seinen verbalen Angriffen noch weiter, als er die Aufrechterhaltung des Besatzungsstatuts als „Widersinn" bezeichnete.[174] Gleichzeitig warnte er aber davor, den „Rapallogedanken"[175], d.h. ein eventuelles Bündnis mit der Sowjetunion, in die Diskussion zu werfen.

Das **Ruhrstatut**, d. h. das „Abkommen über die Errichtung einer Internationalen Ruhrbehörde", wurde am 28. April 1949 von den Westalliierten und den drei Beneluxstaaten in London unterzeichnet.[176]

Allerdings war die Schaffung einer internationalen Kontrolle über die Ruhrindustrie, die in der Vergangenheit für die beiden von Deutschland entfesselten Weltkriege das wirtschaftliche Rückgrat gebildet hatte, bereits eines der Kriegsziele aller Alliierten. Die

---

170 Für einen Abdruck des Besatzungsstatuts vgl. Dok. 6, Anl. 2 A, S. 135-137. Vgl. a. W. Benz, Art. Besatzungsstatut, in: W. Benz (Hrsg.), Deutschland unter alliierter Besatzung, S. 333 f.

171 Für einen Abdruck dieser Stellungnahme vgl. Dok. 6, Anl. 2 C, S. 140.

172 Vgl. Dok. 7 B, S. 149 f.

173 Prot. SPD – PT 1950, S. 63 f., abgedr. K. Schumacher, Reden – Schriften – Korrespondenzen, S. 748 – 750.

174 Vgl. Dok. 19 A (Sitz. d. PV v. 10.5.1950), S. 391.

175 Anspielung auf dem am 16. April 1922 im italienischen Seebad Rapallo abgeschlossenen Vertrag zwischen Deutschland und der Sowjetunion, durch den die diplomatischen Beziehungen normalisiert und die wirtschaftlichen Beziehungen ausgebaut wurden.

176 Zum folgenden vgl. d. Art. v.. Klaus *Nathaus*: Ruhrstatut, in W. Benz (Hrsg.), Deutschland unter alliierter Besatzung, S. 362-364 sowie die Monographie v. Carsten Lüders: Das Ruhrkontrollsystem. Entstehung und Entwicklung im Rahmen der Westintegration Westdeutschlands, Frankfurt a. M. New York 1988.

Sowjetunion hatte auf der Potsdamer Konferenz eine Viermächtekontrolle über das Ruhrgebiet gefordert. Sie sollte später diese Forderung öfter wiederholen. Eine solche war aber für die Westalliierten nicht akzeptierbar, da diese eine Einflussnahme der Sowjets über ihre Zone hinaus verhindern wollten. Die Franzosen wiederum verlangten eine Abtrennung des Ruhrgebiets vom ehemaligen Reichsgebiet und eine Internationalisierung. Dazu waren wiederum die drei anderen Besatzungsmächte nicht bereit. Durch die Bildung des Vereinigten Wirtschaftsgebietes durch Amerikaner und Briten im Jahre 1947 wurde ein Faktum geschaffen, das die sowjetischen und die französischen Pläne zum Scheitern brachte. U. a. um den Franzosen entgegen zu kommen und um sie zum Anschluss ihrer Zone an die Bizone zu bewegen, einigten sich die drei Westmächte mit den drei Beneluxstaaten auf der Londoner Sechsmächtekonferenz im Frühjahr bzw. auf einer ebenfalls in London abgehaltenen Ruhrkonferenz Ende 1948 auf die Errichtung einer Internationalen Ruhrbehörde, die sich zum Ziel setzte, eine erneute Nutzung des Potentials der Ruhrindustrie für einen Angriffskrieg zu verhindern und seine Nutzung für einen Wiederaufbau Europas und der drei Westlichen Besatzungszonen zu fördern.

Die Sozialdemokratische Parteiführung nahm sogleich, d. h. noch Ende des Jahres 1948, mit einer Erklärung des Geschäftsführenden Vorstandes, die der erkrankte Parteivorsitzende Schumacher verfasst hatte, zum Ruhrstatut Stellung.[177] Die Erklärung begann mit der „Feststellung", dass der Wortlaut des Statuts die schlimmsten Befürchtungen übertreffe. Statt der von den Sozialdemokraten seit 1945 geforderten Europäisierung der Schwerindustrie sei hier eine einseitige Kontrolle der Siegermächte über die Industrie eines Landes geschaffen worden. Die „notwendige und vernünftige Idee der internationalen wirtschaftlichen Zusammenarbeit" werde dadurch in Deutschland „unpopulär" gemacht, ja eine „große Vertrauenskrise für die Demokratie und die westlichen Siegermächte" werde die Folge sein. Der Gesamtvorstand schloss sich in seiner nächsten Sitzung mit sehr großer Mehrheit der Erklärung des Büros an.[178] In dieser Erklärung wandte sich der PV vor allem gegen „Missdeutung" der Stellungnahme des „Büros", sie sei „zu nationalistisch". „Die Schärfe der Stellungnahme erkläre sich allein aus dem unüberbrückbaren Widerspruch zwischen den Prinzipien einer europäischen Kontrolle der Schwerindustrie" und den Bestimmungen des Ruhrstatuts. Nur *Kaisen* und *Baur* stimmten gegen diese Erklärung des Gesamtvorstandes.[179]

Der Widerstand der SPD gegen das Ruhrstatut verschärfte sich noch nach Gründung der Bundesrepublik, als sich die Bundesregierung im Spätherbst 1949 entschloss, die volle Mitgliedschaft in der Ruhrbehörde zu beantragen und den ihr dann zustehenden Vertreter in die Behörde zu entsenden. Im Petersberger Abkommen zwischen den Alliierten Hohen Kommissaren und dem Bundeskanzler wurde dies dann festgeschrieben.

---

177 Für einen Abdruck vgl. Dok. 4 (Sitzungen v. 21.-23.1.1949), Anl. 2 B (S. 114 f.). Zur Verfasserschaft Schumachers vgl. d. Stellungnahme Kaisens in der Vorstandssitzung am 21./22.1. 1949 (Dok. 4 A, S. 72).

178 Vgl. Dok. Nr. 4 A (Sitz. v. 21./22. 1. 1949), S. 72 f. Für einen Abdruck der kurzen Erklärung des Gesamtvorstandes vgl. Dok. 4, Anlage 2 A.

179 Vgl. Einleitung, S. XIV.

b) Petersberger Abkommen

Am 24. November 1949 wurde am Sitz der Hohen Kommissare auf dem Petersberg bei Bonn durch die drei Hohen Kommissare *François-Poncet*[180], *McCloy*[181] und *Robertson*[182] sowie Bundeskanzler *Adenauer* ein Abkommen unterzeichnet, das eine wichtige Etappe zu einer größeren außenpolitischen Handlungsfreiheit der Bundesrepublik bedeutete.[183] Der Bundesrepublik wurde u. a. die baldige Eröffnung von konsularischen und Handelsvertretungen in befreundeten Staaten in Aussicht gestellt und die baldige Beendigung der Demontagen zugesagt. Dafür versprach die Bundesregierung ihrerseits, möglichst schnell das Gesuch um eine Vollmitgliedschaft in der Internationalen Ruhrbehörde zu stellen. Ein solches Gesuch hatten bislang die Regierung, die Regierungsparteien und die SPD aus Opposition gegen das Ruhrstatut einvernehmlich abgelehnt. Die Regierung war nunmehr dazu bereit, vor allem um weitere Demontagen zu verhindern. Dagegen glaubte die SPD-Führung, dass ein Ende der Demontagen auch dann kurz bevorstehe, wenn die Bundesregierung in der Frage des Ruhrstatuts bzw. der Ruhrbehörde weiterhin kompromisslos ablehnend bliebe. Das erfolgreiche „Nein" zu den Abänderungswünschen der Alliierten zum Grundgesetzentwurf im Frühjahr 1949 führte hier wohl bei der SPD-Führung zu einem gewissen Grad von Realitätsverlust.[184]

Es kam zur **Nachtsitzung des Bundestages vom 24./25. November**, in der die SPD-Sprecher nicht nur das Umfallen der Regierung in dieser Frage scharf verurteilten, sondern auch das „undemokratische" Vorgehen Adenauers, da dieser ein solches folgenreiches Abkommen ohne vorherige Befragung des Bundestages unterzeichnet hatte.[185] Im Verlauf der Nacht spitzte sich die Auseinandersetzung zu, als Adenauer den Sozialdemokraten vorwarf, sie wollten lieber alle geplanten Demontagen in Kauf nehmen als einen Vertreter in die Internationale Ruhrbehörde entsenden.[186] Und als sich der Bundeskanzler dann noch in Bezug auf das Junktim auf eine mündliche Erklärung des britischen Hohen Kommissars Robertson ihm gegenüber berief, da wurde diese Behauptung in mehreren Zwischenrufen heftig bestritten. Und auf die leise Zwischenfrage: „Sprechen Sie als deutscher Kanzler?" erfolgte die laute Zwischenbemerkung Schumachers „Der Bundeskanzler der Alliierten!" Die Sitzung endete zunächst im Tumult, ein Ordnungsruf des Bundestagspräsidenten *Köhler*[187] gegen Schumacher genügte den Regierungsparteien

---

180 André *François-Poncet* (1887- 1978), 1931-38 Botschafter in Berlin, 1949-55 Hoher Kommissar bzw. Botschafter in Bonn.

181 John Jay *McCloy* (1895-1991), Bankier u. Politiker in d. USA, 1941-45 Unterstaatssekretär im Kriegsministerium, 1947-49 Präs. d. Intern. Bank f. Wiederaufbau u. Entwicklung, 1949-52 Hoher Kommissar in Deutschland, 1961/62 Sonderbeauftragter f. Abrüstungsfragen.

182 Zu General Brian *Robertson* (1896-1974) vgl. PV- Protokolle Bd. 1, S. LXXXIX.

183 Für einen Abdruck des Petersberger Abkommens, vgl. AdG 1948/49, S. 2143. Zum Petersberger Abkommen vgl. a. die von Horst Lademacher und Walter Mühlhausen herausgegebene Dokumentation „Sicherheit, Kontrolle, Souveränität. Das Petersberger Abkommen vom 22. November 1949", Melsungen 1985.

184 Zum Nein der SPD vom Frühjahr 1949 vgl. oben, S. LII.

185 Verh. Dt. Bundestag I Sten. Ber. Bd.1, S. 449-527.

186 Ebd., S. 525. Für einen Abdruck des Zwischenrufs Schumachers im Zusammenhang der Provokation Adenauers vgl. K. Schumacher, Reden-Schriften-Korrespondenzen, S. 732 f.

187 Zu Erich *Köhler* (1892-1958) vgl. PV-Protokolle Bd. 1, S. 378.

nicht, erst als die Disziplinarmaßnahme auf ihren Druck hin in einen Ausschluss Schumachers von 20 Sitzungstagen verschärft wurde, konnte die Sitzung am frühen Morgen zu Ende geführt werden. Die Disziplinarmaßnahme wurde zwar nach wenigen Tagen rückgängig gemacht. Die Entgleisung Schumachers prägte jedoch für lange Zeit sein persönliches politisches Bild und das der Parteiführung der SPD.[188] Die Provokation Adenauers geriet sehr viel schneller in Vergessenheit.

Der Zwischenruf Schumachers wurde auch von einigen Repräsentanten der Parteiführung kritisiert – darüber wurde bereits berichtet.[189] Es kam auch zu Spannungen zwischen der Spitze der SPD und der Führung des DGB, die noch verstärkt wurde, weil das zustimmende Telegramm des DGB – Vorsitzenden *Böckler* zum Ruhrstatut ausgerechnet während der Bundestagsdebatte bekannt und vom Bundeskanzler natürlich als willkommene Waffe gegen die SPD eingesetzt wurde.[190]

c) Bemühungen um eine Beteiligung am diplomatischen Dienst

Bereits vor der Gründung der Bundesrepublik beschäftigte sich der Parteivorstand im Januar 1949 mit dem bevorstehenden Aufbau von diplomatischen Vertretungen der Bundesrepublik.[191] Ollenhauer berichtete über eine vorangegangene Sitzung des Außenpolitischen Ausschusses des Parteivorstandes, in der die damit zusammenhängenden Fragen besprochen worden seien.[192] Man sei übereinstimmend der Ansicht gewesen, dass zunächst wegen der eingeschränkten außenpolitischen Befugnisse der Bundesrepublik nur ein „Ministerium für Besatzungsangelegenheiten" und eine „Zentralstelle für Außenhandel" angestrebt werden sollten. Im Ministerium für Besatzungsangelegenheiten sollte die SPD möglichst viele eigene Leute unterbringen, damit diese den Aufbau des künftigen diplomatischen Dienstes vorbereiten könnten. Weiter sollte eine „außenpolitische Informationsstelle" bis zur Errichtung eines Auswärtigen Amtes dem Bundeskanzler direkt unterstellt werden. Der Gesamtvorstand nahm diesen Bericht ohne Widerspruch zur Kenntnis.

Obwohl die SPD-Führung nach den Wahlen die Rolle der Opposition bis zur nächsten Bundestagswahl akzeptierte, versuchte sie dennoch zu verhindern, dass die Regierungsparteien allein bestimmten, wer die Bundesrepublik künftig im Ausland vertreten sollte. In der Märzsitzung 1950 wurde diese Frage in einem eigenen Tagesordnungspunkt besprochen.[193] Gerhard *Lütkens* und Kurt *Schumacher* berichteten über die Vorbereitungen der Bundesregierung und die getroffene Entscheidung, dass die geplanten Generalkonsulate in Washington und Paris die CDU/CSU, das in London die FDP besetzen sollte. Für die SPD blieben nur noch kleinere Vertretungen, und es sei die Frage, ob sie darauf eingehen sollen.

---

188 Vgl. Einleitung von W. Albrecht zu K. Schumacher, Reden-Schriften-Korrespondenzen, S. 155.
189 Vgl. oben, S. XIV f.
190 Vgl. Einleitung, Kap. II 5 a.
191 Vgl. Dok. Nr. 4 A (Sitz. d. PV v. 21./22.1.1949), Punkt 5 c.
192 Ebd., S. 74.
193 Vgl. Dok. Nr. 17 A (Sitz. d. PV v. 13.3.1950), Punkt 3.

Protest müsse gegen die geplante Ernennung des FDP – Abgeordneten Fritz *Oellers*[194] zum Generalkonsul in London erhoben werden. Auf Antrag Schumachers wurde dieser Protest „öffentlich" gemacht, d. h. ins Kommuniqué wurde der Satz aufgenommen, dass die SPD Oellers für diesen Posten „als in keiner Hinsicht geeignet und tragbar anerkennen könne"[195]. Die SPD hatte mit ihrem Protest einen teilweisen Erfolg: Oellers wurde zwar als Seiteneinsteiger in den diplomatischen Dienst übernommen, doch zum Generalkonsul im März 1951 „nur" nach Rio de Janeiro, d. h. nach Brasilien, berufen. Im Sommer des gleichen Jahres – nach Aufnahme der vollen diplomatischen Beziehungen der Bundesrepublik mit Brasilien – wurde er dort erster Botschafter der Bundesrepublik.

d) Kampf um den Zusammenschluss der demokratischen Staaten Europas und die Ablehnung eines Beitritts der Bundesrepublik zum Europarat

Oft wird in der Literatur der „Europäer" Adenauer dem „Nationalisten" Schumacher gegenüber gestellt und der SPD–Führung der Vorwurf gemacht, dass sie sich zu unkritisch und manchmal sogar wider besseren Wissens vom Parteivorsitzenden für seine antieuropäische Politik habe einspannen lassen.[196] Das ist aber nicht ganz korrekt. Einmal gab es in den Obersten Parteigremien durchaus Kritik an Schumachers Konzeptionen.[197] Sein Hauptwidersacher in den Fragen der Europapolitik war im Parteivorstand der Bremer Bürgermeister Wilhelm *Kaisen*.[198] Zum anderen ist es auch falsch zu sagen, Schumacher und mit ihm der Geschäftsführende Vorstand hätten eine „nationalistische" und „antieuropäische" Politik verfolgt. Von Anfang an war Schumacher einer der Hauptgegner einer „nationalistischen" Politik und Befürworter eines Zusammenschlusses aller demokratisch strukturierten europäischen Staaten.[199]

Es wurde schon erwähnt, dass die Forderung des Parteitages von 1948 nach einem neuen Parteiprogramm vom Parteivorstand auf die lange Bank geschoben wurde.[200] Ollenhauer begründete Ende 1948 die lange Vorbereitungszeit mit der notwendigen Klärung vieler Probleme.[201] Zu den drei wichtigsten im Programm zu behandelnden Problemfeldern rechnete er die „Frage Deutschland und Europa".[202] Ihr Wahlprogramm

194 Fritz *Oellers* (1903-1977), geb. in Düsseldorf, Dr. jur., 1930 Rechtsanwalt in Halle a. d. S. leitende Stellung in der Dt. Anwalt- u. Notarversicherung, 1936 Vorstandsvorsitzender, 1939-45 Reserveoffizier, 1945 Rechtsanwalt in Halle a. d. S. (LDPD), 1946 Übersiedlung nach Hamburg (FDP), 1948-49 MdWR, 1949-51 MdB, März 1951 Generalkonsul in Rio de Janeiro. Juni 1951-1956 Botschafter in Brasilien, 1956-59 Botschafter in der Türkei, gest. in Straßlach/Oberbayern.
195 Dok. 17 A, S. 370.
196 Zum folgenden vgl. a. d. Tagungsband „Kurt Schumacher als deutscher und europäischer Sozialist", bearb. u. eingel. v. W. Albrecht, Bonn 1988.
197 Vgl. Einleitung, Kap. I, 1, a-d.
198 Vgl. oben, S. XIII f.
199 Vgl. PV-Protokolle Bd. 1, S. CII f.
200 Vgl. Einleitung, Kap. II, 1, c.
201 Vgl. Dok. 3 (Sitz. v. 10./11.12. 1948), Punkt 1 (Beschlüsse des Parteitages).
202 Die beiden anderen von Ollenhauer genannten Punkte betrafen die Frage, wie weit die Lehre von Marx zur Zeit noch Gültigkeit besitze, sowie die Frage nach einem Ausgleich zwischen den Notwendigkeiten einer geplanten Ökonomie und einer echten Selbstverwaltung, ebd., S. 53.

für die Bundestagswahl 1949 stellten die Sozialdemokraten unter das Motto „Für ein freies Deutschland in einem neuen Europa"[203]. Im Abschnitt „Ein selbständiges Deutschland" hieß es wörtlich: „Sie [die SPD] kämpft für die Errichtung einer europäischen Rechtsordnung mit Deutschland und gegen die Aufrechterhaltung des Gewaltsystems über Deutschland. Nur ein Land der gleichberechtigten nationalen Geltung kann den Verlockungen des Nationalismus und den geistigen und politischen Epidemien solcher Perioden gewaltiger Umschichtungen widerstehen."[204]

Nach Gründung der Bundesrepublik gab es schwere politische Auseinandersetzungen um einen eventuellen Eintritt der Bundesrepublik in den **Europarat**.[205] Dieser wurde am 10. Mai 1949 von 10 demokratischen europäischen Staaten (Belgien, Dänemark, Frankreich, Großbritannien, Irland, Italien, Luxemburg, Niederlande, Norwegen und Schweden) in London gegründet.[206] Im August traten noch Griechenland und die Türkei bei, im März 1950 Island.

Ziel des Europarates sollte es nach Artikel 1 des Statuts sein, eine „größere Einheit unter seinen Mitgliedern herzustellen zum Zweck, die Ideale und Prinzipien zu sichern und zu verwirklichen, die ihr gemeinsames Erbe darstellen sowie ihren wirtschaftlichen und sozialen Fortschritt erleichtern".[207] Im folgenden wurde noch ausdrücklich die Erhaltung und weitere Entwicklung der Menschenrechte als Zielsetzung festgeschrieben. Jeder europäische Staat, der sich diesen Zielsetzungen verpflichtet fühlte, konnte vom Ministerrat eingeladen werden, dem Europarat beizutreten.

Die Frage eines eventuellen Beitritts der Bundesrepublik stellte sich schon bald nach ihrer Konstituierung. Ein besonderes Problem ergab sich daraus, dass bereits vor der Bundesrepublik das autonome **Saargebiet** im Frühjahr 1950 eingeladen wurde, einen Beitrittsantrag stellte, der vom Gründungsmitglied des Europarats Frankreich natürlich sehr unterstützt wurde.

Durch die Koppelung der Frage eines Beitritts der Bundesrepublik zum Europarat mit der Saarfrage war es der SPD nicht möglich, einem Beitritt zu einer europäischen Institution zuzustimmen, die an sich ihren Grundsätzen voll entsprach.[208] Doch die Sorge, durch den Beitritt des Saargebietes zum Europarat werde seine Loslösung von Deutschland festgeschrieben, war für die ablehnende Haltung des Geschäftsführenden Vorstandes und der großen Mehrheit des Gesamtvorstandes maßgebend. Eine solche Loslösung deutschen Gebietes an der Westgrenze war für Schumacher und seine Mit-

---

203 Vgl. Dok. 10, Anl. 3. S. 249.
204 Ebd., S. 256.
205 Zur Geschichte des Europarates vgl. d. anlässlich seines 50. Geburtstages von Uwe Holtz herausgegebenen Sammelband 50 Jahre Europarat, Baden-Baden 2000.
206 Für einen Abdruck des Statuts vgl. AdG 1948/49, S. 1920-22.
207 Vgl. Kap. I, Art.1a, ebd., S. 1920.
208 Zum Problem des gleichzeitigen Beitritts der Bundesrepublik und des Saargebiets vgl. Ulrich Enders: Der Konflikt um den Beitritt der Bundesrepublik und des Saargebiets zum Europarat, in: Vom Marshall-Plan zur EWG (1990), S. 19-46; Thomas Schlinkmann: Der Weg der Bundesrepublik Deutschland in den Europarat – Ein Exkurs, in: U. Holtz (Hrsg.): 50 Jahre Europarat, Baden-Baden 2000, S. 197-212.

streiter gleichbedeutend mit der Anerkennung einer Loslösung Berlins, der Ostzone und der Gebiete östlich der Oder-Neiße-Linie.[209]

Was die Auseinandersetzungen um die wirtschaftliche Integration einiger weniger Staaten West- und Südeuropas betraf, so begannen sie erst im Frühsommer 1950, d. h. kurz vor dem Ende des hier behandelten Zeitraums. Am 9. Mai 1950 gab der französische Außenminister Robert *Schuman*[210] den Beschluss des französischen Kabinetts in einer Regierungserklärung bekannt, der Bundesrepublik die Bildung einer gemeinsamen Behörde zur Verwaltung der Montanindustrie vorzuschlagen. Dieser Behörde könnten sich dann andere europäische Staaten anschließen. Dieser Vorschlag wurde sogleich als **Schuman-Plan** bezeichnet.[211] Er führte später zur Montanunion, zur Europäischen Wirtschaftsgemeinschaft (EWG), zur Europäischen Gemeinschaft (EG) und schließlich zur Europäischen Union (EU). Bei der Vorbereitung des Parteitages von 1950 wies der Parteivorsitzende Kurt *Schumacher* darauf hin, dass er in seiner Parteitagsrede zwar auf den Schuman-Plan eingehen, aber noch nicht endgültig Stellung nehmen werde.[212] In seiner Parteitagsrede vom 22. Mai bezeichnete Schumacher den „Schuman-Vorschlag" dann als Rahmen, dem das genaue Bild noch fehle.[213]

e) Kampf gegen die Remilitarisierungspläne der Bundesregierung

Der Kampf um die Remilitarisierung Westdeutschlands spielte im Berichtszeitraum noch nicht die überragende Rolle wie in den späteren Jahren.[214] Doch als im Spätherbst 1948 – also noch vor der Gründung der Bundesrepublik – Gerüchte aufkamen, Amerikaner und Briten planten für ihre Besatzungszonen die Aufstellung von bewaffneten deutschen Verbänden, beschäftigte sich auch der Parteivorstand unter dem Tagesordnungspunkt „Polizeifragen"im Dezember 1948 mit diesem Thema.[215] Zunächst berichtete der Innenminister von Nordrhein-Westfalen, Walter *Menzel* über die Polizeifragen im engeren Sinne, erwähnte aber zu Beginn seines Referats, dass die „beunruhigende Entwicklung in der Ostzone" die „Frage von Gegenmaßnahmen" aktuell gemacht habe.[216] Die Diskussion widmete sich dann vor allem dem Thema einer eventuellen „Remilitarisierung" Westdeutschlands. Einig waren sich alle Sprecher in der Ablehnung einer Nationalarmee. Der amtierende Parteivorsitzende *Ollenhauer* gab einen kurzen Überblick über den Stand

---

209 Vgl. vor allem die Ausführungen Schumachers in der Gemeinsamen Sitzung der Obersten Parteigremien am 14. März 1950 in Bonn, Dok. 17 B, S. 366.
210 Robert *Schuman* (1886-1963), 1944 Mitgründer d. MRP, 1946-62 MdNatVers., 1947/48 MinPräs., 1948-52 Außenminister, 1955 Präs. d. Europäischen Bewegung, 1958-60 erster Präs. d. Europäischen Parlaments.
211 Zum Schuman-Plan und seinen Auswirkungen vgl. Ludolf *Herbst*, Option für den Westen, München 1989, S. 74-96; Wilfried *Loth*, Der Weg nach Europa, 3. Aufl., Göttingen 1996, S. 69-90.
212 Dok. 19 A (Sitzung des PV v. 19.5.1950), S. 391 f.
213 Prot. SPD-PT 1950, S. 75 f. Für einen Abdruck vgl. a. K. Schumacher, Reden-Schriften-Korrespondenzen, S. 762-767.
214 Zum Verhältnis der SPD zu einer eventuellen Wiederaufrüstung in den frühen Jahren der Bundesrepublik vgl. Udo F. Löwke: Für den Fall, dass... SPD und Wehrfrage 1949-1955, Hannover 1969.
215 Vgl. Dok. 3, Punkt 5, S. 56-60. Vgl. dazu K. Klotzbach, Der Weg zur Staatspartei, S. 210-213.
216 Dok. 3, S. 56.

der Diskussion.[217] Der Aufsehen erregende Artikel von Rudolf *Vogel*[218], der die Aufstellung von deutschen Soldaten gefordert habe, sei von den Amerikanern als Versuchsballon lanciert worden.[219] Carlo *Schmid* lehnte zwar die Aufstellung deutscher Streitkräfte innerhalb einer westeuropäischen Armee zur Selbstverteidigung nicht völlig ab, eine solche müsse aber „ausschließlich" einer „internationalen Organisation" zur Verfügung stehen. Er berief sich dabei auf das Konzept der „kollektiven Sicherheit" das während der Zeit der Weimarer Republik der französische Außenminister Aristide *Briand*[220] entwickelt hatte.

Zum Schluss der Diskussion forderte *Eichler*, zur rigorosen Ablehnung einer Nationalarmee eine „programmatische Erklärung" abzugeben.[221] Das wäre den anderen Vorstandsmitgliedern offensichtlich eine zu deutliche Festlegung gewesen, und sie einigten sich schließlich auf die „Feststellung" von sechs Punkten, die im Kommuniqué publiziert werden sollten.[222] Diese Punkte begannen mit dem Satz, dass die Frage einer „deutschen Wehrverfassung" nicht im Bereich der deutschen Zuständigkeit liege, dass jedoch die dafür zuständigen alliierten Militärgouverneure alle Behauptungen über eine „deutsche Wiederaufrüstung" dementiert hätten. Es folgte der Hinweis, dass der beste politische Schutz gegen eine „Bedrohung Westdeutschlands durch den östlichen Totalitarismus" eine „konsequente demokratische und soziale Politik" sei. Den Gefahren einer „gewaltsamen Infiltration" müsse durch den Ausbau einer „demokratisch zuverlässigen Polizei" begegnet werden. Die „Frage einer künftigen Wehrverfassung" sei abhängig von der Rolle, die Deutschland in einer künftigen europäischen Gemeinschaft spielen werde. Eine Diskussion darüber könne nur unter dem „Gesichtspunkt der unbedingten Notwendigkeit eines Systems internationaler kollektiver Sicherheit" geführt werden. Schließlich wandten sich die Feststellungen entschieden gegen alle Versuche, die „Repräsentanten des alten Militarismus" in die Beratungen einer „künftigen militärischen Position Deutschlands" mit einzubeziehen, „ganz gleich, ob es sich dabei um nazistische oder nationalistische Elemente handelt".

Der Parteivorsitzende Schumacher nahm in einem längeren Interview, das dann als selbständige Flugschrift des Parteivorstandes publiziert wurde, Ende des Jahres u. a. zur Frage einer eventuellen Wiederaufrüstung Stellung.[223] Ähnlich wie der Parteivorstand lehnte er eine „Remilitarisierung" Westdeutschlands unter den gegebenen Umständen

---

217 Ebd., S. 57 f.

218 Rudolf *Vogel* (1906-91), geb. in Oberschlesien, Dr. phil., Journalist, vor 1933 Zentrum, nach 1945 CDU, 1947-49 Leiter d. Presseabteilung im Dt. Büro f. Friedensfragen, 1948/49 MdWR, 1949-64 MdB, 1964-68 Chef d. Dt. Vertretung bei d. OEEC, 1968/69 Staatssekr. im Bundesschatzministerium.

219 Zu Vogels Aufsehen erregendem Leitartikel in der Schwäbischen Post vom 11.11.1948 mit der Überschrift „Westdeutschlands Abwehr" vgl. a. Roland G. Foerster, Innenpolitische Aspekte der Sicherheit Westdeutschlands 1947-1950, in: Anfänge westdeutscher Sicherheitspolitik, Bd. 1, S. 415 f.

220 Aristide *Briand* (1862-1932), Jurist, Politiker, SFIO, 1902-32 Md Frz. NatVers., öfter Minister bzw. Min-Präs., für Ausgleichspolitik mit Deutschland während der Zeit der Weimarer Republik.

221 Ebd., S. 60.

222 Für einen Abdruck der „einmütig" angenommenen „Sechs Punkte" zum „Problem der westdeutschen Sicherheit" vgl. Dok. 3, Anlage 2 (S. 66 f.).

223 K. Schumacher, „Kampf in und um Deutschland", NVorw. Nr. 1 v. 1.1.1949, S. 1. Vgl. a. K. Schumacher, Reden-Schriften-Korrespondenzen, S. 168 f.

mit Entschiedenheit ab. Die Westzonen mussten auch nach seiner Ansicht politisch und sozial verteidigt werden. Er lehnte jedoch ebenfalls eine pazifistische Haltung ab und bekannte sich klar zur „Wehrhaftigkeit in der Demokratie". Diese konnte nach seiner Ansicht „nur der Ausdruck der nationalen Souveränität und der internationalen Gleichberechtigung" sei. Hier tauchten schon die Hauptbegriffe der Diskussion der nächsten Jahre auf: „Souveränität" und „Gleichberechtigung".

Ein Zeichen für die ambivalente Haltung der Parteiführung zur Frage einer eventuellen Wiederbewaffnung war es auch, dass es ausgerechnet nach der Publizierung eines pazifistischen Gedichtes des Schriftstellers Herbert *Lestiboudois*[224] mit dem Titel „Das ist der Ruhm der Soldaten" im September 1948 zu einem heftigen Streit der Parteiführung mit der gerade wenige Wochen amtierenden Redaktion des neu gegründeten Parteiorgans „Neuer Vorwärts" kam.[225] Bereits bei der Besprechung der bedauerlichen Verluste der SPD bei den Gemeindewahlen in Schleswig-Holstein im Parteivorstand Ende Oktober 1948 gab der dortige Landesvorsitzende Andreas *Gayk* der Publizierung des umstrittenen Gedichtes eine großen Teil der Mitschuld.[226] Im weiteren Teil der Sitzung wurde in einem eigenen Tagesordnungspunkt der Stand des „Neuen Vorwärts" erörtert.[227] Der für die Presse zuständige Fritz *Heine* bedauerte zwar auch die Veröffentlichung des Gedichtes, wünschte aber eine Erklärung des PV gegen die Art, wie die CDU das Gedicht im Wahlkampf verwertet habe, die er als Anzeichen einer „nationalistischen Welle" ansah, von der leider auch SPD-Mitglieder, wie zahlreiche Protestbriefe zeigten, betroffen seien. Dagegen lehnte Gayk eine solche Erklärung ab und forderte, dass der PV sein Bedauern über die Publizierung des Gedichts öffentlich ausdrücke. Unterstützt wurde Gayk durch *Eichler,* Ernst *Reuter, Henßler* und *Meitmann,* während *Menzel* und *Ollenhauer* Heine unterstützten. Heine wie Ollenhauer betonten, dass eine Annahme des Antrags Gayk eine Kapitulation vor dem Nationalismus bedeuten würde. Zum Schluss wurde der Antrag Gayk „gegen 5 Stimmen" abgelehnt und ein Antrag, dass Kurt *Schumacher* selbst im „Neuen Vorwärts" zum Gedicht Stellung nehmen solle, mit Mehrheit angenommen.[228] Eine solche Stellungnahme Schumachers erfolgte jedoch, soweit feststellbar, nicht.

Im **Spätherbst 1949** wurde die Frage einer möglichen Wiederbewaffnung der Bundesrepublik wieder aktuell.[229] Mitte November beschäftigten sich die Obersten Parteigremien mit dieser Frage. In der gemeinsamen Sitzung von PV und PA forderte die Vertreterin des Bezirks Hessen-Süd, Lucie *Beyer* einen Beschluss der Parteigremien gegen eine eventuelle Wiederaufrüstung.[230] Der Parteivorsitzende *Schumacher* antwortete ihr

---

224 Herbert Friedrich Max *Lestiboudois* (geb. 1907), Schriftsteller und Journalist in Hamburg.

225 Vgl. Dok. 2 (Sitz. v. 28./29.10.1948), Punkt 3 („Neuer Vorwärts"), S. 24 u. Anl. 3 (Abdruck d. Gedichtes), S. 45 f.

226 Ebd., S. 24.

227 Ebd., S. 26 f.

228 Ebd., S. 27.

229 Vgl. Roland G. Foerster, Innenpolitische Aspekte der Sicherheit Westdeutschlands 1947-1950, in: Anfänge westdeutscher Sicherheitspolitik, Bd. 1, S. 448, u. K. Adenauer, Erinnerungen Bd. 1, S. 345.

230 Dok. 14 B (Sitz. v. 17./18.11.), S. 300.

sogleich.[231] Er hielt einen solchen Beschluss für nicht notwendig, da bislang noch kein Sozialdemokrat auch nur eine Teilaufrüstung befürwortet habe und da gewichtige Repräsentanten der Westalliierten Forderungen in dieser Richtung dementiert hätten.

Anfang Dezember 1949 schaltete sich Bundeskanzler Adenauer in die öffentliche Diskussion mit einem Interview mit der amerikanischen Zeitung „The Cleveland Plain Dealer" ein.[232] Adenauer wiederholte zunächst seine prinzipielle Ablehnung einer Remilitarisierung Deutschlands und der Bildung einer deutschen Nationalarmee. Im „äußersten Falle" müsse jedoch die Bundesrepublik bereit sein, sich an einer europäischen Verteidigungsarmee zu beteiligen. Dieses Interview erregte großes Aufsehen und auch der Bundestag beschäftigte sich am 16. Dezember damit. Für die sozialdemokratische Fraktion gab der stellvertretende Partei- und Fraktionsvorsitzende Erich Ollenhauer eine kurze Erklärung – die Fraktionen hatten sich auf die Abgabe kurzer Stellungnahmen verständigt – ab.[233] Zunächst bedauerte er es, dass der Kanzler in einer so wichtigen Frage seine Stellungnahme in einem Interview statt im deutschen Parlament abgegeben habe. Dann wiederholte er die bereits Ende 1948 getroffene "Feststellung" der Parteiführung, dass die Verantwortung für die Sicherheit Westdeutschlands allein bei den Besatzungsmächten liege. Für die Deutschen gehe es zur Zeit nicht um die Frage „Wiederaufrüstung oder Waffenlosigkeit", sondern um die Frage, welchen Beitrag die deutsche Bundesrepublik zu einer friedlichen Lösung „heute schon" leisten könne.

Auf dem **Parteitag im Mai 1950** behandelte der Parteivorsitzende in seinem Grundsatzreferat auch kurz die Frage einer eventuellen Wiederaufrüstung im Zusammenhang der von ihm geforderten Ablehnung eines Beitritts der Bundesrepublik zum Europarat.[234] Diese Ablehnung hatte er hauptsächlich mit der nicht gewährten vollen Gleichberechtigung begründet. Mit der Akzeptierung einer solchen Mitgliedschaft zweiter Klasse für den Europarat würde die Bundesrepublik, so fuhr er fort, die Entscheidungsfreiheit für die sicher bald aktuell werdende Frage der Wiederaufrüstung verlieren. Außerdem seien die konkreten Pläne zur Wiederaufrüstung nicht geeignet, Deutschland vor dem Schicksal der „verbrannten Erde" zu bewahren. Schumacher lehnte hier die konkreten Pläne zur Aufstellung von kleinen deutschen Hilfskontingenten innerhalb größerer NATO-Verbände ab, weil sie den deutschen Truppenteilen die Gleichberechtigung versagten und weil sie nicht in der Lage waren, Deutschland die gleiche Sicherheit zu garantieren wie den Verbündeten. Diese Konzeption sollte er bis zu seinem Tode beibehalten, Ende 1950 brachte er sie auf die einprägsame Formel „Deutschlands Forderung: Gleiches Risiko, gleiches Opfer, gleiche Chancen!"[235]

Noch deutlicher als in früheren Stellungnahmen wird in dieser Rede, dass der Parteivorsitzende kein Pazifist war. Er begnügte sich nicht mit einem allgemeinen Bekenntnis zur „wehrhaften Demokratie", sondern entwickelte in kurzen Worten das Gegenkonzept

---

231 Ebd.

232 Zum folgenden vgl. U. Löwke a. a. O., S. 45 f.

233 Verhandlungen d. Dt. Bundestages I, Sten Ber., S. 735 f., teilw. abgedr. bei U. Löwke a. a. O., S. 241 f.

234 Prot. PT SPD 1950, S. 69 f., abgedr.: K. Schumacher, Reden – Schriften – Korrespondenzen, S. 757 f.

235 Titel der Broschüre, mit der Anfang 1951 eine Rede Schumachers vom Dezember 1950 gegen den Plevenplan veröffentlicht wurde, vgl. K. Schumacher, Reden – Schriften – Korrespondenzen, S. 828.

einer gleichberechtigten Bundesrepublik in der NATO, wie es später, nach Schumachers Tod, schrittweise verwirklicht und von der SPD allmählich akzeptiert wurde. Er blieb in seiner Parteitagsrede recht vage, wohl weil er wusste, dass eine klare positive Stellungnahme zu einer gleichberechtigten Verteidigungsarmee innerhalb der NATO von der Partei noch nicht mehrheitlich mitgetragen wurde.

Zwar gab es in der Diskussion, soweit das Protokoll Auskunft gibt, keine Kritik an der Haltung des Vorsitzenden in der Wehrfrage. Doch ein Antrag des Kreisverbandes Bonn-Stadt und -Land zum Referat Schumachers, der Parteitag möge den Beschluss des Parteivorstandes, sich „jeder Remilitarisierung Deutschlands mit allen Mitteln zu widersetzen", bestätigen, wurde nach dem Referat mit Mehrheit angenommen.[236] Mit dem „Beschluss des Parteivorstandes", auf den sich der Antrag berief, war wahrscheinlich die „Feststellung" vom Dezember 1948 gemeint, die im Sinne eines Negativvotums interpretiert werden konnte.[237] Der Parteitag folgte mit dieser Annahme einer Empfehlung der Obersten Parteigremien.[238]

So wurde auf dem Parteitag im Mai 1950 bereits deutlich erkennbar, dass es in der SPD zwei Haltungen zu einer eventuellen Remilitarisierung gab: Einmal die fundamentale, aus einer pazifistischen Gesinnung kommende Ablehnung jeglicher Wiederaufrüstung. Zum anderen zwar Ablehnung von Verteidigungskonzepten, die deutschen Truppen nicht von Anfang an die volle Gleichberechtigung mit den verbündeten Truppen gewährten sowie Deutschland bei einem Angriff nicht die gleichen Chancen wie den anderen Verbündeten boten, doch Bejahung eines Verteidigungskonzeptes, das Deutschland diese Chancen und den deutschen Truppen die volle Gleichberechtigung gewährte.[239]

e) Weitere Bemühungen um eine radikale Reform des Sozial- und Wirtschaftssystems

Auch wenn nach Gründung der Bundesrepublik die gerade behandelten Themen zunächst im Vordergrund des Interesses der Führungsgremien der SPD standen und deshalb viel diskutiert wurden, blieb doch die Wandlung des kapitalistischen Wirtschaftssystems in ein sozialistisches weiterhin eines der Hauptziele der SPD.[240]

Im **Wahlprogramm** für die Erste Bundestagswahl warf die SPD der bizonalen Wirtschaftsverwaltung und den sie tragenden „Rechtsparteien" in Frankfurt vor, dass sie die *„unsozialste Epoche der deutschen Wirtschaftspolitik"* eingeleitet hätten.[241] Als notwendige Abhilfe forderte sie eine „Planung" in der „Kapitalversorgung, der Produktion und der

---

236 Außerdem wurde in dem Antrag die Einführung einer „militärischen Dienstpflicht" abgelehnt, Prot. PT SPD 1950, S. 167 u. 269.

237 Vgl. oben, S. LXXII.

238 Leider finden sich im Protokoll der Sitzung keine Hinweise auf eine kontroverse Diskussion in der gemeinsamen Sitzung, zur Abstimmung nur ein kurzer handschriftlicher Hinweis auf die Stellungnahme im Exemplar der Anträge eines Teilnehmers: „Annahme" [in der gemeinsamen Sitzung"] „Antrag angen." [auf dem PT], vgl. Dok. 19, Anlage 2, S. 401.

239 Vgl. K. Klotzbach a.a.O., S. 212.

240 Zum folgenden vgl. a. K. Klotzbach a.a.O., S. 239-243.

241 Vgl. Dok. 10 (Sitz. v. 29./ 30.6.1949), Anl. 3.

Ein- und Ausfuhr", auf die auch die reichsten Länder nicht verzichten könnten. Ziele der Wirtschaftsplanung waren für die SPD: die Vollbeschäftigung, die Erhöhung des Lebensstandards, ein sozialer Lastenausgleich, eine „Sozialisierung und Bodenreform". Während die ersten Forderungen ohne Kommentar erhoben wurden, wurde bei der nach einer „Sozialisierung" betont, dass diese lediglich eine Überführung der Großindustrie, Kredit- und Geldinstitute ins Eigentum des deutschen Volkes und ihre Demokratisierung bedeute, keineswegs ein „Antasten des privaten persönlichen Eigentum oder des mittleren und kleineren Eigentums an Produktionsmitteln".[242] Ähnliche Einschränkungen wurden der Forderung nach einer „Bodenreform" hinzugefügt, die keineswegs ein „freies bäuerliches Eigentum" beschränken, sondern im Gegenteil – vor allem für die Flüchtlinge aus dem Osten – erst schaffen und sichern solle.

Im **Oppositionsprogramm** der bei den Wahlen unterlegenen SPD, d. h. in der „Entschließung" bzw. den „16 Punkten von Bad Dürkheim" tauchten die einzelnen Forderungen und auch der Begriff „Sozialisierung" in den ersten neun Forderungen wieder auf, nur der Begriff „Bodenreform" wurde – wohl bewusst – vermieden. Der Punkt 9 beschränkte sich auf die positive Forderung nach einer „Sicherung der freien Entfaltung des gewerblichen und bäuerlichen Mittelstandes".[243] Dagegen wurde der Forderung nach einer „Mitbestimmung" der „Arbeitenden in den Betrieben", die im Wahlprogramm nur kurz als eine sozialpolitische Forderung aufgezählt wurde, ein eigener Punkt gewidmet.[244] Die allgemeine Forderung im Programm nach einer Stärkung der Gewerkschaften wird im gleichen Punkt 7 konkretisiert durch die Forderung nach einer „gleichberechtigten Einbeziehung der Gewerkschaften in die Selbstverwaltung der Wirtschaft".

Im **Jahrbuch der SPD für 1948/49**, das im Frühjahr 1950 publiziert wurde, befasste sich ein längerer Abschnitt, der wahrscheinlich vom wirtschaftspolitischen Referenten des PV, Rudolf Pass verfasst, aber natürlich mit dem „Büro" abgesprochen worden war, mit der „Wirtschaftspolitik".[245] Der große Stellenwert, den die Wirtschaftspolitik für die Sozialdemokratie besaß, geht aus dem einleitenden Satz dieses Abschnitts hervor: „Wirtschaftspolitik ist die Beeinflussung der sozialökonomischen Vorgänge über die Beeinflussung des politischen Gemeinwesens in allen seinen Gliederungen." Es folgten dann die bekannten Polemiken gegen die „Frankfurter Wirtschaftspolitik" und die sog. „soziale Marktwirtschaft". Positiv hervorgehoben wurden dagegen die sozialen Forderungen des Ahlener Programms der CDU von 1947 und die Mitbestimmungsforderungen des Bochumer Katholikentages vom September 1949. Kritisiert wurde der Einfluss der Westalliierten, der verhindert habe, dass Mehrheitsbeschlüsse der Landtage von Nordrhein-Westfalen und Hessen zur Sozialisierung durchgeführt werden konnten. Für die künftigen Entwicklung wurde auf die Notwendigkeit eines Wirtschaftswachstums verwiesen und als wichtigste Forderungen die nach einer Vollbeschäftigung sowie nach einer „Planung und Lenkung" nicht nur der Investitionen , sondern auch der Produktion bezeich-

---

242 Ebd., S. 252.
243 Vgl. Dok. 11 (Sitz. v. 29./ 30.8.1949), Anl. 2, S. 268.
244 Ebd.
245 Jb. SPD 198/49, S. 149-155.

net.[246] Erst dann folgten die Forderung nach einer „Sozialisierung der Grundstoff-, Schwer- und Energieindustrien, des an Schiene und Wasser gebundenen Verkehrswesens sowie der großen Geld- und Kreditinstitute."

Im anschließenden Abschnitt zur „Agrarpolitik" wurde das Reizwort „Bodenreform" durch den Begriff „Bodenbesitzreform" ersetzt.[247] Betont wurde am Schluss des Abschnitts, dass das vom Agrarpolitischen Ausschuss ausgearbeitete sozialdemokratische „Aktionsprogramm für die deutsche Landwirtschaft" wie auch der von der Bundestagsfraktion vorgelegte „Gesetzentwurf zur Bodenbesitzreform sich klar zur Erhaltung und Sicherung des bäuerlichen Eigentums bekennen würden.[248]

4) Die Auseinandersetzungen mit den anderen politischen Parteien

a) CDU/CSU

In fast allen politischen Auseinandersetzungen dieser Zeit waren wie schon 1946 bis 1948 CDU und CSU die Hauptgegner der SPD.[249] Hauptkontrahent war weiterhin Konrad Adenauer, der Vorsitzende der CDU in der Britischen Besatzungszone. Mit seiner Wahl zum Präsidenten des Parlamentarischen Rates im September 1948 begann seine überzonale Karriere. Der SPD-Vorsitzende Kurt *Schumacher* konnte dort nicht zu seinem Gegenspieler werden, da er wegen seiner schweren und langwierigen Erkrankung nicht in das erste trizonale Parlament gewählt werden konnte. Die dortigen führenden Repräsentanten der SPD, genannt seien die Vorstandsmitglieder Carlo *Schmid* und Walter *Menzel* leisteten zwar, wie schon berichtet wurde, hervorragende Sacharbeit, über die sie sich mündlich regelmäßig mit dem Parteivorsitzenden berieten.[250] Sie konnten jedoch die große Sachkompetenz und das Prestige des Parteivorsitzenden nicht ersetzen.

Für den Bundestagswahlkampf 1949 von großer Bedeutung war auch der seit 1947 für die wirtschaftliche Entwicklung der Bizone wichtigste deutsche Repräsentant, der CDU-Politiker und Frankfurter Wirtschaftsdirektor Ludwig *Erhard*[251]. Auch wenn es der großen Masse der Bevölkerung noch nicht sehr viel besser ging als vor der Währungsreform, gelang es der CDU trotzdem, die Mehrheit der Wähler davon zu überzeugen, dass mit einem Wirtschaftsminister Erhard ein Wirtschaftsaufschwung garantiert sei.

Der nordrhein-westfälische Ministerpräsident Karl *Arnold* (CDU) stand der SPD als alter Gewerkschafter näher. Zudem blieb in Nordrhein-Westfalen auch nach der Bun-

---

246 Ebd., S. 154 f.
247 Ebd., S. 155-158.
248 Ebd., S. 158. Das „Agrarpolitische Aktionsprogramm" in der Fassung vom Februar 1950" wurde auf Vorschlag des PV den Parteitagsdelegierten von 1950 als „Material" zugeleitet und im Parteitagsprotokoll abgedruckt, vgl. Dok. 19 A (Sitz. d. PV v. 19.5.1950), S. 346 u. Prot. SPD-PT 1950, S. 283-288.
249 Zu den Auseinandersetzungen 1946 bis 1948 vgl. PV-Protokolle Bd. 1, S. CVII f.
250 Vgl. Einleitung, Kap. II, 2, a.
251 Zu Ludwig *Erhard* (1897-1977) vgl. PV-Protokolle Bd. 1, S. LXXIII.

destagswahl die Große Koalition bestehen. Als es darum ging, wer erster Präsident des Bundesrats werden sollte, setzte sich Schumacher persönlich für Arnold ein.[252]

Nach der Bundestagswahl stimmten Adenauer und Schumacher in ihrer rigorosen Ablehnung einer Großen Koalition überein.[253] Wie in der Führung der SPD gab es aber auch in der Führung der CDU gewichtige Stimmen, die für eine Regierungsbeteiligung der SPD eintraten. In der **Rhöndorfer Besprechung der CDU am 21.** August 1949 sprachen sich der Staatspräsident von Württemberg-Hohenzollern, Gebhard *Müller*[254], der niedersächsische Landwirtschaftsminister Günther *Gereke*[255] und der hessische Landesvorsitzende Werner *Hilpert*[256] für die Aufnahme von Koalitionsverhandlungen mit der SPD aus.[257] Für eine Kleine Koalition mit der FDP setzten sich außer Adenauer u.a. noch der Frankfurter Oberdirektor Hermann *Pünder*, der Präsident des Frankfurter Wirtschaftsrates, Erich *Köhler* und der Frankfurter Wirtschaftdirektor Ludwig *Erhard* ein.[258] Von den CSU-Vertretern bei der Besprechung trat der Bundestagsabgeordnete Franz Josef Strauß entschieden für einen Nichteintritt der SPD in die Regierung und für eine Koalition mit der Deutschen Partei ein.[259] Nach der Mitteilung von Schumacher in der Sitzung des Parteivorstandes vom 29./20. August 1949 äußerte sich der führende CSU-Politiker Anton *Pfeiffer* während der Rhöndorfer Besprechung in diesem Sinne.[260] Dieser habe betont, dass die CSU gegenüber der Bayernpartei nicht mehr bestehen könnte, wenn auch nur der Versuch einer Annäherung an die SPD gemacht werde. Karl *Arnold*,

---

252 Dok. 12 (Gemeinsame Sitzung v. 6.9.1949), S. 270.

253 Vgl. Einleitung, Kap. II, 2, e.

254 Gebhard *Müller* (1900-1990), Dr. jur., Richter, CDU, 1947-58 MdL (Württ.-Hoh. / Bad.-Württ.)), 1948-52 Staatspräs. (Württ.-Hoh.), 1953-58 MinPräs. (Bad.-Württ.), 1958-71 Präs. d. Bundesverfassungsgerichts.

255 In der Vorlage „Gerecke". Günther *Gereke* (1893-1970), Dr. jur., 1919-22 Landrat, 1924-28, 1930-32 MdR (DNVP/ Christlich-Nationale Bauern- u. Landvolkpartei), nach 1945 CDU, 1945 Leiter d. Innenabteilung d. Provinzialregierung Sachsen-Anhalt, 1946-50 Innen- bzw. Ernährungsminister in Niedersachsen, 1948-50 Landesvors. d. CDU, 1950 Rücktritt u. Gründung d. „Deutschen Sozialen Partei", 1952 Übersiedlung in die DDR, bis 1969 Präs. d. Zentralstelle f. Zucht u. Leistungsprüfungen d. Vollblut- u. Traberpferde.

256 Werner-*Hilpert* (1897-1957), Dr. jur., vor 1932/33 Landesvors. d. Zentrums in Sachsen, 1945 Mitbegr. d. CDU in Hessen, 1945-52 LVors., 1946/47 u. 1950-52 MdL (Hessen), 1952-57 Direktor d. Dt. Bundesbank.

257 Eine längere stenographische Aufzeichnung der Rhöndorfer Besprechung führender Politiker der CDU/ CSU im Hause Adenauers am 21. 8. 1949, die vom Vorsitzenden der CDU von Süd – Württemberg, Gebhard Müller stammte und von diesem auch in Langschrift übertragen wurde, wurde in der Edition von Udo Wengst, Auftakt zur Ära Adenauer, Düsseldorf 1985 veröffentlicht (S. 33-41).

258 Vgl. U. Wengst a.a.O., S. 35 u. 38.

259 U. Wengst a.a.O., S. 39. Franz Josef *Strauß* (1915-88), Studium der Philologie, Staatsexamen für den höheren Schuldienst, 1939-45 Wehrmachtsoffizier u. amerikan. Gefangenschaft, nach 1945 CSU, 1946-48 Landrat in Schongau, 1948/49 MdWR, 1949-78 MdB, 1953-55 BMin. f. Besondere Aufgaben, 1955/56 BMin f. Atomfragen, 1957-62 BMin f. Verteidigung, 1966-69 BMin f. Finanzen, 1962-88 Vors. d. CSU, 1972-88 Bayer. Ministerpräsident.

260 Den Diskussionsredner Strauß erwähnte Schumacher in seinem Kurzbericht nicht, vgl. Dok. 11, S. 261. Nach dem von Gebhard Müller verfassten Protokoll äußerte sich der anwesende Pfeiffer in der Sitzung nicht. Anton *Pfeiffer* (1888-1957), Studienrat, Dr.phil., vor 1918 Zentrum, 1919-33 GenSekr. d. Bayerischen Volkspartei (BVP), 1945/46 Mitbegr. d. CSU, 1946-50 MdL (Bayern), 1948/49 MdParlR/ Vors. d. CDU/CSU-Fraktion.

der wohl gewichtigste Gegner einer Kleinen Koalition unter den Spitzenpolitikern der CDU, war bei der Rhöndorfer Konferenz nicht anwesend.[261]

Wie in den Jahren vorher war das Verhältnis der SPD-Spitze zu Jakob Kaiser sehr gespannt.[262] Sie nahm ihm wohl weiterhin übel, dass er 1947 maßgebend an den Versuchen beteiligt war, eine „gesamtdeutsche Vertretung" aller überregionalen deutschen Parteien zu schaffen und weiterhin seine „Brückentheorie" vertrat.[263] Die SPD – Führung wollte es deshalb auf keinem Fall zulassen, dass Kaiser bei internationalen Konferenzen in einem Gremium des Westens die Ostzone repräsentierte.[264] Nach der Konstituierung der Bundesregierung war der zum Gesamtdeutschen Minister ernannte Kaiser, der die Bildung einer kleinen Koalition befürwortet hatte[265], einer der am meisten von der SPD kritisierten Bundesminister. Herbert *Wehner,* der als Vorsitzender des Gesamtdeutschen Ausschusses des Bundestages Kaisers Gegenspieler wurde, griff ihn in einer Vorstandssitzung im Januar 1950 als Gast heftig an.[266] Er warf ihm u. a. eine Art „Volkstumspolitik" und „großdeutsche" Ambitionen vor.

Auf die späteren erbitterten Auseinandersetzungen zwischen der CDU/ CSU und der SPD in der Europa- und in der Wiederaufrüstungspolitik, die im Berichtszeitraum begannen, soll hier nicht noch einmal eingegangen werden.[267]

b) FDP und DP. Die kleineren „bürgerlichen" Koalitionspartner der CDU/CSU

Obwohl die FDP sich im Wirtschaftsrat immer als loyaler Partner der CDU/CSU erwies, ergaben sich im Parlamentarischen Rat auch Möglichkeiten der Zusammenarbeit der FDP mit der SPD, da beide Parteien bei der Beratung der künftigen Staatsstruktur die extrem föderalistischen Forderungen der Unionsparteien, insbesondere der CSU, ablehnten.[268] Deshalb versuchte die Fraktionsspitze der SPD die Gewerkschaftsvertreter bei einem Gespräch im September 1948 zu überreden, auf ihre Forderungen nach Aufnahme von sozialen Grundrechten in das Grundgesetz zu verzichten, um diese Zusam-

---

261 Vgl. U. Wengst a.a.O., S. XXVI f.

262 Zu Kaisers Konzeption eines Deutschen Reiches als Brücke zwischen Ost und West vgl. Hans-Peter Schwarz, Vom Reich zur Bundesrepublik, 2. Aufl., Stuttgart 1980, S. 301-346. Zu Jakob *Kaiser* (1888-1961) vgl. PV-Protokolle Bd. 1, S. CXVII.

263 Vgl. ebd. S. LXIII u. K. Schumacher, Reden – Schriften – Korrespondenzen, S. 126 f.

264 Vgl. Schumacher in seinem Bericht zur Pariser Außenministerkonferenz während der Sitzung des PV am 1. Juni 1949, Dok. 9, S. 185.

265 Vgl. U. Wengst a.a.O., S. XXI.

266 Dok. 15, S. 310 f.

267 Vgl. oben Kap. II, 3 e u. f.

268 Zur Haltung der FDP-Fraktion im Parlamentarischen Rat vgl. FDP-Bundesvorstand. Die Liberalen unter dem Vorsitz von Theodor Heussund Franz Blücher. Sitzungsprotokolle 1949-1954. Bearbeitet von Udo Wengst, 2 Halbbände, Düsseldorf 1990, 1. Halbband, S. LXX-LXXIII. Zur Entwicklung der FDP vgl. a. Jürgen Dittberner, Die Freie Demokratische Partei, in: R. Stöss (Hrsg.), Parteien-Handbuch II (1983), S. 1311-1381.

menarbeit nicht zu gefährden.[269] Eine engere Zusammenarbeit gab es im Parlamentarischen Rat mit Hermann *Höpker Aschoff* [270].

Nach der ersten Bundestagswahl entschied sich die FDP für eine Kleine „bürgerliche" Koalition mit der CDU/ CSU und der DP, der Deutschen Partei. Die FDP sollte als zweitgrößte Regierungspartei das Amt des Bundespräsidenten besetzen und nominierte für dieses Amt ihren Bundesvorsitzenden und Fraktionsvorsitzenden im Parlamentarischen Rat Theodor *Heuss*.[271] Die Sozialdemokraten lehnten Heuss als Bundespräsidenten wegen seiner engen Bindung an die CDU/ CSU und deren wirtschaftspolitischen Kurs ab.

Von den FDP-Ministern der Regierung Adenauer wurden nur wenige in den Vorstandssitzungenn erwähnt. So wurde der Bundesjustizminister Thomas *Dehler*[272] vom Vorstandsmitglied Ernst *Reuter* im März 1950 scharf kritisiert, weil dieser besondere Schutzgesetze gegen rechts- und linksradikale Gegner der Republik ablehnte.[273] Öfter erwähnt wurde der Marschallplanminister und Vizekanzler Franz *Blücher*, der als Nachfolger von Theodor Heuss Bundesvorsitzender der FDP wurde.[274] Die Parteispitze der SPD warf Blücher vor, dass er eine bessere Hilfe für Berlin aus den Marshallpanmitteln sabotiere[275]. Zum anderen nahm man natürlich mit Freude die größer werdenden Gegensätze zwischen Adenauer und Blücher zur Kenntnis.[276]

Vorsitzender der **Deutschen Partei** war der Bundestagsabgeordnete Heinrich *Hellwege,* der der Regierung Adenauer als Bundesratsminister angehörte.[277] Er kann als konservativer Demokrat bezeichnet werden. Dagegen war sein Fraktionskollege Hans Joachim von *Merkatz,* der aus Pommern stammte und der NLP/ DP zunächst mit seinem juristi-

---

269 Vgl. den Bericht Menzels an den PV v. 1. 10. 1948, Dok. 2, Anlage 2, S. 33.

270 Vgl. oben Kap. II 2 e. Hermann *Höpker Aschoff* (Höpker-Aschoff) (1883-1954) ,1925-31 Finanzminister in Preußen (DDP), 1930-32 MdR, 1948/49 MdParlR (FDP), 1949-51 MdB, 1951-54 Präsident d. Bundesverfassungsgerichts.

271 Vgl. oben S. LXIII.

272 Thomas *Dehler* (1897-1967), geb. in Franken, Rechtsanwalt in München u. Bamberg, vor 1933 DDP u. Reichsbanner, 1946-56 LVors. d. FDP in Bayern, 1948/49 MdParlR, 1949-67 MdB, 1949-53 Bundesjustizministerr, 1953 Fraktionsvors., 1954-57 BVors. Zu Dehler vgl. U. Wengst, Thomas Dehler 1897-1967; eine politische Biographie, München 1997.

273 Vgl. Dok. 17 A, S. 343.

274 Franz *Blücher* (1896-1959), geb. in Essen, Kaufm. Lehre, Leiter e. Industrieunternehmens, Bankdirektor, 1945 Mitbegr. d. FDP in Essen, 1946 Finanzminister in NRW, 1947-49 MdWR, 1949 MdB, 1949-57 Vizekanzler u. Minister f. Angelegenheiten d. Marshallplanes, 1949-54 Vors. d. FDP, 1956 Gründung der „Freien Volkspartei"(FVP), 1957 Fusionierung mit d. DP, 1958 Dt. Mitglied d. Hohen Behörde der Montanunion.

275 Vgl. die Ausführungen Ernst Reuters zur Lage in Berlin am 5. Januar 1950, Dok. 15, S. 309.

276 Vgl. den Bericht Schumachers zur politischen Lage am 19. April 1950, Dok. 18, S. 384.

277 Zur „Deutschen Partei" vgl. Horst W. Schmollinger, Die Deutsche Partei, in: R. Stöss (Hrsg.), Parteien-Handbuch I (1983), S. 1024-1111. Heinrich *Hellwege* (1908-91), geb. in Niedersachsen, Kaufmann, vor 1933 Deutsch-Hannoversche Partei (DHP), nach deren Auflösung Führer d. illegalen niedersächs. Freiheitsbewegung, 1939-45 Wehrmacht, 1945-47 Mitbegr. u. Vors. d. NLP, 1946/47 Landrat (Landkreis Stade), 1947-61 Vors. d. DP, 1949-55 MdB u. Bundesratsminister, 1955-59 MinPräs. v. Niedersachsen, Nov. 1961-1979 CDU, danach parteilos.

schen Sachverstand diente, ein Konservativer mit monarchistischen Neigungen.[278] 1949 wurde er MdB, 1955 Bundesratsminister – als Nachfolger Hellweges, der in Niedersachsen für vier Jahre das Amt des Ministerpräsidenten übernahm.

Von den drei Ministern der Deutschen Partei am umstrittensten war Hans Christoph *Seebohm*.[279] Durch seine sog. „Sonntagsreden" – meist vor Vertriebenenverbänden – erregte er viel Aufsehen. Zu einer öffentlichen Intervention sah sich die sozialdemokratische Bundestagsfraktion veranlasst, als sich Seebohm im Dezember 1951 auf dem Parteitag der Deutschen Partei indirekt zum Hakenkreuz als nationalem Symbol bekannte.[280] In einer Interpellation an die Regierung forderte sie seine Entlassung, weil seine Anerkennung des Hakenkreuzes zu einer „einzigartigen Schädigung" Deutschlands geführt habe. [281] Eine solche Entlassung konnte die SPD zwar nicht erreichen, aber wenigstens, dass sich Bundeskanzler Adenauer im Plenum des Bundestages bei der Beratung der Interpellation am 16. Januar 1951 von den Ausführungen Seebohms distanzierte.[282]

c) Zentrum

Das Zentrum, das sich nach 1945 „Deutsche Zentrumspartei"(DZP) nannte, hatte seine regionalen Zentren in Nordrhein-Westfalen und in den katholischen Gebieten Niedersachsens.[283]

Bei den Beratungen im Parlamentarischen Rat über die Struktur der künftigen Bundesrepublik kam es gelegentlich zu einer Zusammenarbeit der SPD mit den beiden Zentrumsabgeordneten Johannes *Brockmann*[284] und Helene *Wessel*[285], um diese für die Auf-

---

278 Hans Joachim von *Merkatz* (1905-82), geb. in Stargard/ Pommern, Studium der Rechts- u. Wirtschaftswiss., Dr. jur., nach 1935 wiss. Referent an rechtswiss. Instituten in Berlin, 1946-49 Juristischer Berater d. NLP/DP-Fraktion im niedersächs. LT bzw. im ParlR, 1949-67 MdB, 1955- 62 Bundesratsminister, 1955-60 Stellv. Vors. d. DP, ab 1960 CDU.

279 Hans Christoph *Seebohm* (1903-67), geb. in Oberschlesien, aufgewachsen im Sudetenland, Bergwerksingenieur, nach 1933 Manager in verschiedenen Bergwerksbetrieben, nach 1945 Vizepräs. d. Handelskammer Braunschweig, NLP/ DP, 1946-51 MdL (Niedersachsen), 1946-48 Minister f. Aufbau u. Arbeit, 1948/49 MdParlR, 1949-67 MdB (DP, FVP, DP, ab 1960 fraktionslos), 1949-66 Bundesverkehrsminister, 1959-67 Sprecher der Sudetendeutschen Landsmannschaft.

280 Wörtlich hatte er nach einer Polemik gegen Bundespräsident *Heuss*, weil dieser den Versuch gestartet hatte, statt des Deutschlandliedes als hoch zu schätzendes „nationales Symbol" eine neue Nationalhymne einzuführen, erklärt: „Wir neigen uns in Ehrfurcht vor jedem Symbol unseres Volkes – ich sage ausdrücklich vor jedem – unter dem deutsche Menschen ihr Leben für ihr Vaterland geopfert haben." Vgl. H. W. Schmollinger a.a.O., S. 1033.

281 Zur Interpellation der SPD – Fraktion vgl. d. Protokoll d. Fraktionssitzung v. 4.12. 1951, abgedr. Fraktionsprotokolle I, 1, S.313-316, insbes. S. 313 f. u. Anm. 1-2.

282 Für einen Abdruck des Protokolls dieser Debatte, in der Adolf *Arndt* die Interpellation begründete, vgl. BT I. Wahlperiode, Sten. Ber. Bd. 10, S. 7869-7871.

283 Zum folgenden vgl. Ute Schmidt: Die Deutsche Zentrums-Partei, in: R. Stöss (Hrsg.), Parteien-Handbuch I (1983), S. 1192-1242.

284 Johannes *Brockmann* (1888-1975), geb. in Paderborn, Volksschullehrer, 1930-33 Schulleiter, vor 1933 Zentrum, 1925-33 MdL (Preußen), 1944/45 Zuchthaus; nach 1945 Schulrat in Münster, 1947/48 u. 1952-58 Vors. d. DZP, 1947-58 MdL (NRW), 1948/49 MdParlR, 1953-57 MdB.

285 Zu Helene *Wessel* (1898-1969) vgl. PV-Protokolle Bd. 1, S. CI. Vgl. a. Elisabeth Friese: Helene Wessel (1898-1969). Von der Zentrumspartei zur Sozialdemokratie, Essen 1993.

fassungen der SPD zu gewinnen. Dafür war die SPD zu Zugeständnissen in nicht unwichtigen Fragen bereit. In der Vorstandssitzung am 21./ 22.1. 1949 berichtete Ollenhauer, dass sich bei den Beratungen über das Wahlrecht Brockmann an die SPD gewandt habe, um sie zu einem Verzicht auf die von ihr geforderte Sperrklausel zu veranlassen.[286] Die SPD habe Entgegenkommen signalisiert, aber nur für den Fall, dass die momentanen Fusionsverhandlungen des Zentrums mit der CDU scheiterten. Brockmann wurde in diesem Zusammenhang als Fusionsgegner bezeichnet. Später setze sich der Parteivorsitzende Kurt Schumacher in der Vorstandssitzung am 1./2. Juni 1949 für einen Versicht auf die 5 %-Klausel ein, damit das Zentrum an dieser nicht zerbreche.[287] Die Sozialdemokraten konnten sich zusammen mit den kleinen Parteien durchsetzen: Die 5 % Klausel wurde für die Erste Bundestagswahl noch nicht eingeführt und das Zentrum wie auch einige andere kleinere Parteien gelangten in den Ersten Deutschen Bundestag.[288]

In den Sitzungen der Obersten Parteigremien nach der Bundestagswahl war nur gelegentlich vom „Zentrum" die Rede – in Verbindung mit der Beratung der Landesverfassung von Nordrhein-Westfalen, wo das Zentrum zusammen mit der CDU reaktionäre Kulturbestimmungen und sehr konservative Richtlinien für die Schulpolitik durchsetzen wollte.[289]

d) Rechtsradikale Parteien und Bewegungen

Rechtsradikale Bewegungen und Parteien spielten seit dem Wiederbeginn des politischen Lebens in Deutschland eine große Rolle.[290] Bis zum Jahre 1949, d. h. in der Zeit der Lizenzierung der politischen Parteien durch die jeweilige Besatzungsmacht, konnten sie noch nicht legal wirken und an politischen Wahlen teilnehmen. Nach Gründung der Bundesrepublik fielen diese Beschränkungen für die westlichen Besatzungszonen weitgehend weg.

In den Sitzungen am 12. und 13. März 1950 beschäftigten sich die Obersten Parteigremien ausführlich mit dem Problem des Rechtsradikalismus.[291] In der Vorstandssitzung am 12. März wurde im Rahmen der Vorbereitung der Gemeinsamen Sitzung ein besonderer Unterpunkt der „Abwehr des Neofaschismus" gewidmet.[292] Dabei gab Ollenhauer bekannt, dass im PV ein besonderer Referent für diese Fragen angestellt werden

---

286 Vgl. Dok. 4 A, S. 72.
287 Vgl. Dok. 9, S. 186.
288 Vgl. oben, S. LX.
289 Vgl. Dok. 17 A (Sitzung vom 13.3. 1950), S. 346, u. Dok. 18, Anl. 2, S. 389.
290 Zum Folgenden vgl. Wolfgang Benz, (Hrsg.): Rechtsextremismus in der Bundesrepublik. Voraussetzungen, Zusammenhänge, Wirkungen. Aktualisierte Neuausgabe, Frankfurt am Main 1989; Handbuch Deutscher Rechtsextremismus. Hrsg. v. Jens Mecklenburg, Berlin 1997; Manfred Jenke: Verschwörung von rechts, Ein Bericht über den Rechtsradikalismus in Deutschland nach 1945, Berlin 1961; Norbert Frei: Vergangenheitspolitik. Die Anfänge der Bundesrepublik und die NS – Vergangenheit, München 1996.
291 Vgl. Dok. 17 A u. B.
292 Vgl. Dok. 17 A, S. 342-344.

solle.[293] Auch die Aufstellung von Abwehrformationen wurde besprochen. Dabei warnte Schumacher vor der Aufstellung von „Gewerkschaftshundertschaften", da bei solchen das Eindringen der KPD nicht verhindert werden könne. Es müsse jedoch auch eine „Reichsbannerideologie" verhindert werden, denn „nur Genossen" dürften in die „Abwehraktionen" einbezogen werden.[294]

In seinem Grundsatzreferat während der Gemeinsamen Sitzung wiederholte der Parteivorsitzende diese Forderungen.[295] Dabei artikulierte er die Befürchtung, dass in den drei Gebieten, die wegen ihrer Agrarstruktur und den sich daraus ergebenden Ernährungsmöglichkeiten zunächst sehr viele Flüchtlinge aufnehmen konnten – d. h. Schleswig-Holstein, das nördliche Niedersachsen und Teile Bayerns –, der Rechtsradikalismus zur Massenbewegung werden könne, falls weiterhin die anderen Regionen der Bundesrepublik die nötige Hilfe für diese Notstandsgebiete verweigern würden. Bislang sei der Rechtsradikalismus auf „nur relativ starke Interessenbewegungen" beschränkt, die vor allem gegen die Sozialdemokratie und ihre politischen Zielsetzungen gerichtet seien. Den etablierten Rechtsparteien, d. h. CDU/CSU, FDP und DP, machte er den Vorwurf, dass sie sich gern einen „nationalistisch wohlgemästeten und scharfgemachten Hetzhund gegen die Arbeiterinteressen" hielten und damit eine „Tendenz der Bildung der *Harzburger Front*[296]" förderten.

Er nannte auch einige führende **Repräsentanten der rechtsradikalen Bewegung:** Helmut *Beck-Broichsitter* (Bruderschaft ehemaliger Wehrmachtsoffiziere)[297], Alfred *Franke-Griksch* (Bruderschaft)[298], Karl *Feitenhansl* (Vaterländische Union)[299], Otto Ernst *Remer*[300] (Sozialistische Reichspartei, SRP), Franz *Richter*[301] (Deutsche Reichspartei/

---

293 Vgl. Dok. 17 A, S. 342. Der für die nächste PV-Sitzung angekündigte Vorschlag für die personelle Besetzung erfolgte jedoch nicht. Außer der Bestätigung des kommunalpolitischen Referenten wurden alle anderen Personalfragen auf die Zeit nach dem Parteitag verschoben, vgl. Dok. 18, S. 387.

294 Vgl. Dok. 17 A, S. 343.

295 Vgl. Dok. 17 B, S. 354.

296 Die „Harzburger Front" war der Zusammenschluss von DNVP, „Stahlhelm", „Vereinigung Vaterländischer Verbände" und NSDAP gegen die Regierung Brüning auf einer Tagung in Bad Harzburg am 11.11.1931.

297 Helmut *Beck-Broichsitter*, Berufsoffizier (Major) im II. WK; nach 1945 Sammlung d. ehemaligen Wehrmachtsoffiziere in „Bünden", Mitbegründer d. Bruderschaft ehemaliger dt. Offiziere u. Soldaten, Nov. 1950 1. Reichstagung d. Bruderschaft, Wahl von B. z. Stellv. Hochmeister d. Bruderschaft.

298 Alfred *Franke-Griksch*, geb. 1906, vor 1933 Strasser-Flügel der NSDAP, 1933 kurze Zeit mit O. Strasser in der Emigration, 1934 Rückkehr, SS, später als Standartenführer im Stabe Himmlers, nach 1945 zunächst führend in der „Bruderschaft" ehemaliger Wehrmachtsoffiziere, 1951 Übersiedlung in die DDR. Über die geheime Gründung der „Bruderschaft" im Juli 1952 und ihre Entwicklung, die teilweise gelenkt wurde durch die DDR, vgl. M. Jenke, Verschwörung von rechts?, S. 285-287.

299 Karl *Feitenhansl* (geb. 1922), 1949 Gründung der „Vaterländischen Union" in München als Auffangbecken für ehemalige Nationalsozialisten, 1966 NPD, 1966-70 MdL (Bayern).

300 Otto Ernst *Remer* (1912-97), 1933 Fahnenjunker bei d. Reichswehr, 1935 Leutnant, im II. WK Frontoffizier, 1944 Niederschlagung der Verschwörung d. 20. Juli in Berlin; nach kurzer Internierung Mitbegr. verschiedener rechtsextremer Vereinigungen u. Parteien, u.a. d. SRP. Okt. 1992 wg. Leugnung d. Holocaust zu 1 Jahr u. 10 Monaten Gefängnis verurteilt, Flucht nach Spanien.

301 Franz *Richter* (Tarnname für Fritz *Rößler*), geb. 1912, 1930 NSDAP, 1945-52 Leben unter d. falschen Namen Franz *Richter*, 1949 MdB (DKP-DRP), 1951 Ausschluss a. d. DRP, Mitbegr. d. SRP, 1951 Enttarnung, Verurteilung wg. Führung e. falschen Namens, später aktiv f. verschiedene rechtsradikale Organisationen.

Sozialistische Reichspartei (SRP). Bei einigen von ihnen wies er darauf hin, dass sie in der Frühzeit des Nationalsozialismus auf dem Strasser-Flügel der NSDAP gestanden hätten. Obwohl Otto *Strasser*[302] noch im kanadischen Exil lebte, in das er vor Hitlers Schergen hatte fliehen müssen, betrachtete Schumacher offensichtlich diesen bereits in dieser Rede als möglichen Führer einer rechtsradikalen Massenbewegung. Nach seiner späten Rückkehr nach Deutschland im Jahre 1955 gründete Strasser zwar eine eigene Partei, die „Deutsch-Soziale Union" (DSU), die jedoch eine Splitterpartei blieb und nicht einmal größere Gruppen der rechtsradikalen Bewegung zusammenführen konnte.[303]

In der Vorstandssitzung am 13. März wurden noch weitere zum Rechtsradikalismus tendierende Politiker genannt, die vor allem unter den Flüchtlingen Anhänger suchten. Der bayerische Landesvorsitzende Waldemar von *Knoeringen* nannte in diesem Zusammenhang den schon seit Ende 1945 in Bayern wirkenden Alfred *Loritz*[304], der württembergische Landesvorsitzende Erwin *Schoettle* die Flüchtlingspolitiker Franz *Ott*[305] und Wilhelm *Mattes*[306].

Der bekannteste Rechtsradikale des Ersten Deutschen Bundestages war allerdings der bereits erwähnte Wolfgang *Hedler*, der über niedersächsische Liste der Deutschen Partei in den Bundestag gelangt war. Seine Rede in Einfeld bei Neumünster im November 1949 führte nach einem ausführlichen Bericht der „Frankfurter Rundschau" vom 12. Dezember zum „Fall Hedler", der im In- und Ausland großes Aufsehen erregte.[307] In seiner Rede griff Hedler zunächst Paul *Löbe*, den Alterspräsidenten des Bundestages, scharf an, weil dieser in seiner Eröffnungsrede des neu gewählten Parlaments davon gesprochen hatte, dass das Deutsche Volk durch die Unterstützung Hitlers und seines Krieges ein Riesenmaß an Schuld auf sich geladen habe. Weiter bezeichnete er die Widerstandskämpfer als „Landesverräter" und polemisierte gegen Kurt *Schumacher*, weil dieser in seiner Antwortrede auf die Regierungserklärung Adenauers behauptet hatte, Deutschland stünde heute besser da, wenn es auf die jüdischen Vertreter der Wirtschaft und des kulturellen Lebens zurückgreifen könnte. Sofort nach Bekanntwerden der Rede eröffnete die Staatanwaltschaft Kiel ein Strafverfahren gegen Hedler, nachdem der Bundestag mit überwältigender Mehrheit seine Immunität aufgehoben hatte. Im Januar und Februar 1950 fand der Prozess vor dem Landgericht Kiel statt, in dem neben zahlreichen bekannten Widerstandskämpfern auch Schumacher und sein jüdischer Fraktionskollege

---

302 Otto *Strasser* (1897-1974), Sohn eines Beamten, Studium der Wirtschaftswiss., Dr.jur. et rer.pol., Journalist, 1919/20 SPD, 1925 NSDAP, 1930: Austritt aus der NSDAP und Gründung der „Kampfgemeinschaft Revolutionärer Nationalsozialisten", 1933: Emigration: (Österr., CSR, F, Kanada), 1955: Rückkehr nach Deutschland, 1956: Gründung der Deutschen Sozialen Union (DSU).

303 Vgl. R. Stöss, Die Deutsch-Soziale Union, in ders. (Hrsg.), Parteien – Handbuch, Bd. 1 (1983), S. 1273-1278.

304 Zu Alfred *Loritz* (1902-79) und der von ihm in Bayern gegründeten „Wirtschaftlichen Aufbau-Vereinigung" (WAV) vgl. PV-Protokolle Bd. 1, S. LXXIII.

305 Franz *Ott* (1910-98), geb. im Sudetenland), Kath. Priester, Dr. theol., 1945 Vertreibung, 1947 Vikar u. Vertriebenenpolitiker in Esslingen, aktiv in der „Notgemeinschaft" und später im BHE, Angriffe wg. s. NS-Vergangenheit, 1949-53 MdB (WAV-Gast, BHE/DG, DP-Gast), fraktionslos.

306 Wilhelm *Mattes* (1892-1952), Dr. rer. pol., DVP, 1921-33 MdL (Baden), 1950-52 LVors Dt. Gemeinschaft/BHE, MdL (Württ.-Bad.).

307 Zum „Fall Hedler" vgl. N. Frei, Vergangenheitspolitik, S. 309-325.

Altmaier[308] als Nebenkläger fungierten. Der Prozess endete mit einem juristischen Skandal: Hedler wurde in fast allen Anklagepunkten wegen erwiesener Unschuld, in einigen wenigen „nur" aus Mangel an Beweisen freigesprochen.

Noch während des Prozesses befasste sich der Parteivorstand am 4. Februar mit dem „Fall Hedler".[309] Zunächst regte Waldemar von *Knoeringen* an, dass sich der PV einmal gründlich mit dem Problem des Neofaschismus beschäftigen sollte.[310] Weiter schlug er vor, dass beim PV eine Stelle zur Beobachtung des Neofaschismus geschaffen werden solle. Ollenhauer nahm die Anregung einer gründlichen Vorstandsdiskussion am Ende der kurzen Debatte auf und wollte eine solche gleich auf die Tagesordnung der nächsten Sitzung setzen. Weiter solle im Bundestag ein Gesetzentwurf zum Schutz der Demokratie eingebracht werden. Beides geschah: die Debatte der nächsten Vorstandssitzung, mit der auch eine Gemeinsame Sitzung der Parteigremien verbunden war, wurde bereits erwähnt. Als in der Diskussion der Gemeinsamen Sitzung der Berliner Delegierte *Mattick* bemängelte, dass die linksradikalen Feinde der Demokratie in der Rede Schumachers nicht in gleicher Weise bekämpft wurden wie die rechtsradikalen, da antwortete ihm Schumacher sogleich, dass sie sich von keinen Antidemokraten „verbrauchen" lassen dürften.[311] Ollenhauer betonte zum Schluss der Debatte, dass weiterhin natürlich die beiden „totalitären Richtungen" in gleicher Weise bekämpft würden, dass jedoch in der momentanen Debatte die „Rechtsbewegungen" im Vordergrund der Besprechung ständen. Vorher hatte noch Knoeringen die Bemerkung gemacht, dass in Deutschland die Auseinandersetzung mit dem Faschismus noch bevorstehe, da dieser 1945 von den Alliierten „niedergeworfen", nicht aber von den Deutschen „besiegt" worden sei.

e) KPD

Die beiden kommunistischen Abgeordneten des Parlamentarischen Rates Max *Reimann*[312] und Heinz *Renner*[313]) waren im Parlamentarischen Rat fast völlig isoliert. Als jedoch Reimann nach Bekanntgabe des Ruhrstatuts Ende des Jahres 1948 auf einer kommunistischen Kundgebung in Düsseldorf eine Mitwirkung deutscher Politiker als „Kollaboration" bezeichnete und weiter ausführte, dass diese sich nicht wundern dürften,

---

308 Jakob *Altmaier* (1889-1963), geb. in Flörsheim am Main als Sohn e. jüd. Bäckermeisters, Journalist, vor 1918 SPD, 1933-46 Emigration (Paris, Belgrad, Kairo, Paris), 1949-63 MdB, gest. in Bonn. Zu Altmaier vgl. W. Albrecht: Ein Wegbereiter. Jakob Altmeier und das Luxemburger Abkommen, in: Wiedergutmachung in der Bundesrepublik Deutschland. Hrsg. v. L. Herbst und C. Goschler, München 1989, S. 205-213.
309 Vgl. Dok. 16, S. 331.
310 Ebd. *Knoeringen* war selbst auch ein Betroffener, da Hedler von ihm behauptet hatte, er habe für den englischen Geheimdienst gearbeitet.
311 Vgl. Dok. 17 B, S. 368 f.
312 Zu Max *Reimann* (1898-1977) vgl. PV-Protokolle, Bd. 1, S. XCI. Zu Reimann und vor allem zu seiner Tätigkeit im Parlamentarischen Rat und im Bundestag vgl. a. M. Reimann, Entscheidungen 1945 – 1956, Frankfurt am Main 1976.
313 Nur für einige Wochen gehörte als zweiter kommunistischer Abgeordneter Hugo *Paul* dem Parlamentarischen Rat an. Zu Heinz *Renner* (1892-1964) vgl. PV-Protokolle Bd. 1, S. C.

wenn sie deswegen eines Tages vom deutschen Volk als „Quislinge"[314] tituliert würden, kam es zum „Fall Reimann".[315] Die Britische Militärbehörde verhaftete ihn und stellte ihn vor ein Militärgericht, weil mit diesem Vergleich implizit den Besatzungsbehörden der Vorwurf gemacht würde, sie übten ein Gewaltregime wie Hitler aus. Es erfolgte eine Verurteilung zu drei Monaten Gefängnis und Reimann blieb trotz sofortiger Proteste des Parlamentarischen Rates und seines Präsidenten Adenauer, die befürchteten, mit der Verurteilung Reimanns könne ein gefährlicher Präzedenzfall geschaffen werden, zunächst in Haft. Erst nach der öffentlichen Erörterung der Angelegenheit im Hauptausschuss des Parlamentarischen Rates am 8. Februar 1949 wurde Reimann aus der Haft entlassen.

In seinem Grundsatzreferat während der Gemeinsamen Sitzung am 22./23. 1. 1949 behandelte Ollenhauer im Abschnitt „KPD" noch während des laufenden Gerichtsverfahrens auch kurz diesen Fall.[316] Die nach seiner Ansicht zu erwartende Geldstrafe für Reimann betrachtete er als Propagandageschenk für die KPD.

Der niedersächsische Landesvorsitzende der KPD Kurt *Müller*[317] gehörte zu den am meisten von der Parteiführung der SPD bekämpften Repräsentanten der westdeutschen KPD. Über ihn wurde in der Vorstandssitzung am 29./ 30.6. 1949 gesprochen, als der Misserfolg der Beleidigungsklage Kriedemanns gegen Müller wegen dessen öffentlicher Beschuldigung, Kriedemann habe als Spitzel mehrere Sozialdemokraten an die Gestapo verraten, diskutiert wurde.[318]

Trotz aller Gegnerschaft zur KPD gab es gelegentlich auch Äußerungen der Parteiführung der SPD, die auf eine gewisse „sozialistische" Solidarität hinwiesen. In seinem Lagebericht zu Beginn der ersten Vorstandssitzung nach den Wahlen am 29. und 30. August 1949 kommentierte der Parteivorsitzende Schumacher das enttäuschende Ergebnis der Bundestagswahlen.[319] Klar gestand er die Wahlniederlage ein: die „Antisozialistische Gruppierung" habe im Verhältnis 65 zu 35 gesiegt – zur „sozialistischen" Gruppierung rechnete er hier offensichtlich außer der SPD auch die KPD.

---

314 Die Titulierung „Quisling" – nach dem norwegischen faschistischen Politiker Vidkun *Quisling* (1887-1945), der während der deutschen Besetzung 1942 bis 1945 von der Besatzungsmacht als völlig abhängiger norwegischer Regierungschef eingesetzt und nach der Befreiung Norwegens wegen Kriegsverbrechen hingerichtet wurde – diente zur Bezeichnung eines skrupellosen Kollaborateurs.

315 Zum „Fall Reimann" vgl. M.F. Feldkamp, Der parlamentarische Rat, S. 130-132; vgl. a. M. Reimann, 135-140.

316 Dok. 4 B, S. 107.

317 Zu Kurt *Müller* (1903-90) vgl. PV-Protokolle, Bd. 1, S. XXX.

318 Vgl. Dok. 10, Punkt 5. Zum „Fall Kriedemann", d. h. zu den seit 1946 von Kurt Müller und anderen führenden Kommunisten gegen Kriedemann immer wieder erhobenen Beschuldigungen, vgl. PV – Protokolle Bd. 1, Einleitung, S. XXX.

319 Vgl. Dok. 11, S. 260, vgl. a. Einleitung Kap. II, 2, d.

5) Beziehungen zu wichtigen überparteilichen Organisationen

a) Gewerkschaften

Im Berichtszeitraum 1946 bis 1948 spielte das Verhältnis zwischen der Parteiführung und der Führung der Gewerkschaften eine große Rolle.[320] Dies blieb auch so während der Gründungsphase der Bundesrepublik. Bereits in der ersten Arbeitssitzung des neu gewählten Parteivorstandes berichtete der amtierende Parteivorsitzende Ollenhauer über ein Gespräch mit führenden sozialdemokratischen Gewerkschaftlern der britischen und amerikanischen Zone in Hannover.[321] An ihr nahmen von Gewerkschaftsseite Hans *Böckler*, Fritz *Tarnow*[322], Ludwig *Rosenberg*, Willi *Richter* und Hermann *Beermann*[323] teil. Besprochen wurden in dieser Sitzung die Fragen Lastenausgleich, Preispolitik des Wirtschaftsrates, Betriebsarbeit und das Verhältnis zur UGO [Unabhängigen Gewerkschaftsorganisation] in Berlin – alles Probleme, die auch in den Jahren vorher schon zwischen Partei- und Gewerkschaftsführung kontrovers diskutiert wurden.

In der gleichen Sitzung tauchte aber ein neues Problem auf, das in den kommenden Wochen die Beziehungen zwischen der Parteiführung und der Gewerkschaftsführung belasten sollte, die Forderung der Gewerkschaften nach einer **Aufnahme von sozialen Grundrechten in das Grundgesetz.** *Menzel* lehnte diese Forderung in seinem ersten schriftlichen Bericht über die Ausschussberatungen ab.[324] Er befürchtete, dass die Diskussion über diese Forderungen die von der SPD gewünschte schnelle Beendigung der Verhandlungen in Bonn gefährde und den Provisoriumscharakter des Grundgesetzes in Frage stelle.

Ende September kam es darüber zu einem Gespräch zwischen dem Vorstand der sozialdemokratischen Fraktion des Parlamentarischen Rates und sozialdemokratischen Vertretern der bizonalen Gewerkschaften.[325] Wortführer der Gewerkschaften waren Albin *Karl*, Fritz *Tarnow*, Josef *Brisch*[326] und Hans Carl *Nipperdey*[327]. Nach dem Bericht von *Menzel* versuchte die Fraktionsführung, die führenden sozialdemokratischen Gewerkschafter vor allem mit dem Argument zu ködern, dass die Sozialdemokraten bei einer Übernahme der gewerkschaftlichen Forderungen die Vertreter der FDP, die sie momentan bei den Fragen des Staatsaufbaus als Partner benötigten, vor den Kopf stoßen und auf die Seite der CDU/ CSU drängen würde. Auch vertröstete sie die Gewerkschafter auf die

---

320 Vgl. PV – Protokolle Bd.1, S. CXI – CXVIII.

321 Vgl. Dok. 1, S. 3 f.

322 Zu Fritz *Tarnow* (1880-1951) vgl. PV-Protokolle Bd. 1, S. CXII.

323 Hermann *Beermann* (1903-73), gelernter Modelltischler, 1919 Holzarbeiterverband und SPD, 1925 ISK, 1947-56 Vors. d. LBez. Niedersachsen des DGB, 1956-62 Leiter der Abt. Sozialpolitik im BVorst., 1962-69 Stellv. Vors. d. DGB.

324 Vgl. Dok. 1, Anlage 2, S. 13.

325 Vgl. den Bericht Menzels an den PV v. 1. 10. 1948, Dok. 2, Anlage 2, S. 33 f.

326 Josef *Brisch* (1889-1952), Maurer, Gewerkschaftsfunktionär, vor 1933 Deutscher Baugewerksbund, SPD, 1930-33 OB in Solingen, nach 1945 Funktionär d. Landesbez. Westfalen d. DGB.

327 Hans Carl *Nipperdey* (1895-1968), 1925 ord. Prof. f. Bürgerliches Handels- und Arbeitsrecht an der Univ. Köln, 1954-63 Präs. d. Bundesarbeitsgerichts in Kassel.

erste gesetzgebende Versammlung, d.h. den ersten Bundestag, in dem sich wahrscheinlich ganz andere Möglichkeiten auf dem Gebiete der sozialen und arbeitsrechtlichen Gesetzgebung ergeben würden als bei der jetzigen Zusammensetzung des Parlamentarischen Rates.

Das waren illusionäre Hoffnungen, wenn man bedenkt, dass zur Änderung und zur Ergänzung des Grundgesetzes eine Zweidrittelmehrheit der Abgeordneten sowie eine Zustimmung der Alliierten notwendig war. Doch konnte die Fraktionsführung die Gewerkschaftsführung wenigstens teilweise überzeugen. In einem Schreiben des Vorsitzenden des Gewerkschaftsrates der vereinten Zonen, H. Böckler, an den Präsidenten des Parlamentarischen Rates, K. Adenauer, vom Oktober 1948, das allen Abgeordneten des Parlamentarischen Rates zugesandt wurde, verschob er die Erfüllung der grundlegenden Forderungen der Gewerkschaften ausdrücklich auf die „Zeit der Schaffung einer endgültigen Verfassung für Deutschland".[328]

In der Sitzung des Parteivorstandes am 11. und 12. Dezember 1948 wurde ein besonderer Tagesordnungspunkt der „Zusammenarbeit mit den Gewerkschaften" gewidmet.[329] Im Protokoll der Sitzung wird allerdings nur kurz erwähnt, dass Ollenhauer über ein Gespräch berichtete, das sie, d. h. wohl die Mitglieder des „Büros", kurz zuvor in Hannover mit Vertretern der Gewerkschaften geführt hätten und in dem es vor allem darum gegangen sei, für die Zukunft eine bessere gegenseitige Unterrichtung zu vereinbaren. Das sei auch gelungen, ab Januar 1949 sollten monatlich solche Gespräche stattfinden.

Die Parteiführung der SPD beklagte sich bei diesem Gespräch vor allem über die schlechte Unterrichtung bei der Vorbereitung der eintägigen **Arbeitsruhe am 12. November 1948.** Dabei handelte es sich um einen „Demonstrations- und Generalstreik" in der britischen und amerikanischen Besatzungszone, der sich in erster Linie gegen die Wirtschaftspolitik des Frankfurter Wirtschaftsdirektors Ludwig *Erhard* richtete.[330]

Der geschäftsführende Vorstand der SPD hatte in einer kurzen Stellungnahme Verständnis für den Generalstreikbeschluss der Gewerkschaften gezeigt. Die Erklärung hatte folgenden Wortlaut:[331]

„Der Beschluss der Gewerkschaften, für den 12. November 1948 einen 24stündigen Generalstreik auszurufen, ist nach Auffassung des Büros des Parteivorstandes der SPD in Hannover die verständliche Reaktion der organisierten Arbeiterschaft auf die

---

328 Dieses längere Schreiben (4 S.), 3 Anlagen (je 1 S.) und ein kurzes Anschreiben an alle Abgeordneten des Parlamentarischen Rates (alle in hektographierter Form) mit der Zeitangabe „im Oktober 1948" befinden sich im AdsD: DGB-Archiv 5/ DGAC 460. Sie wurden im Faksimile veröffentlicht bei G. Beier, Der Demonstrations- und Generalstreik vom 12. November 1948, S. 72-83, und wieder abgedruckt: Quellen zur Geschichte der deutschen Gewerkschaftsbewegung im 20. Jahrhundert, Bd. 7: Gewerkschaften in Politik, Wirtschaft u. Gesellschaft 1945-1949. Bearb. von Siegfried Mielke u. Peter Rütters unter Mitarbeit von Michael Becker, Köln 1991, S. 864-871.

329 Vgl. Dok. 7 B.

330 Vgl. dazu G. Beier, Der Demonstrations- und Generalstreik vom 12. November 1948 im Zusammenhang der parlamentarischen Entwicklung Westdeutschlands. Frankfurt a. M./ Köln 1975, S. 63-69 u. Quellen z. Geschichte d. dt. Gewerkschaftsbewegung, Bd. 7, S. 995-1053.

331 Sozialdemokratischer Pressedienst: III/ 136 v. 8.11.1948, S. 5, abgedr.: NVorw. Nr. 10 v. 13. 11. 1948, S. 1.

Erhardsche Wirtschafts- und Preispolitik. Diese Politik hält sich entgegen allen gegebenen Zusicherungen auf dem bisherigen Kurs vollständiger Verständnislosigkeit für die elementarsten Bedürfnisse der Arbeitermassen der Bevölkerung.

Die Gewerkschaften haben die Proklamierung dieser nachdrücklichen Willensbekundung mit einer Reihe von konkreten Forderungen verbunden, die sich mit den Forderungen decken, die die sozialdemokratische Fraktion im Wirtschaftsrat im Namen der materiell benachteiligten Bevölkerungsschichten immer wieder erhoben hat.[332] Dass es sich bei dieser Ankündigung des Generalstreiks um eine Demonstration zur Unterstützung der gewerkschaftlichen Forderungen handelt, geht schon aus der kurzen Befristung dieser Maßnahme hervor.

In dieser Situation hat die CDU es für richtig gehalten, zu intervenieren und damit ihre Missachtung gegenüber der auch ihr bekannten wirklichen Stimmung der überwiegenden Mehrheit der Bevölkerung zum Ausdruck gebracht."
In einem längeren Leitartikel unter der Schlagzeile „Die Warnung" nahm der amtierende Parteivorsitzende Erich Ollenhauer nach dem Streik im Zentralorgan zur „Arbeitsruhe am 12. November" Stellung.[333] In dem Artikel wurde der Demonstrationsstreik bezeichnet als „eindrucksvolle Warnung an alle, die es angeht: Schluss mit der Politik des Egoismus und der Gewinnsucht auf Kosten der breiten Massen des Volkes!"

---

332 Die Forderungen des Gewerkschaftsrates am Schluss des Aufrufs zum Demonstrationsstreik vom 6. November 1948 lauteten:
„Die Gewerkschaften fordern:
1. Die amtliche Verkündigung des wirtschaftlichen Notstandes,
2. Zur Überwindung dieses Notstandes zeitlich befristete außerordentliche Maßnahmen:
   a) Einsetzung eines Preisbeauftragten mit besonderen Vollmachten
   b) Erlass eines dem Notstand angepassten Preis-, Kontroll- und Wuchergesetzes
   c) Erweiterte Vollmachten und Verpflichtungen für Polizei und Behörden zur wirksamen Bekämpfung von Preiswucher, Warenhortung und illegalem Warenhandel;
   d) Schnellste Aburteilung von Verstößen gegen Gesetze und Anordnungen in Verbindung mit dem Notzustand in einem besonderen Verfahren.
3. Beschleunigung des Jedermann-Programms und seine Erweiterung in einem Ausmaß, das dem Verhältnis zwischen vordringlichem
4. Massenbedarf und weniger vordringlichem Bedarf gerecht wird.
5. Neuordnung der Steuerverfassung und drakonische Strafmaßnahmen gegen Steuerbetrüger und deren Mithelfer.
6. Wirksame Maßnahmen, um beim Lastenausgleich den Sachwertbesitz sowie die Sachwertgewinne aus Warenhortung und Preiswucher zu erfassen und für einen gerechten sozialen Ausgleich zu verwenden.
7. Aufrechterhaltung bzw. Wiederherstellung der vollen Erfassung und Bewirtschaftung im Ernährungssektor.
8. Planung und Lenkung im gewerblich – industriellen Sektor, insbesondere für Rohstoffe, Energie und Kredite sowie den Außenhandel und den Großverkehr.
9. Überführung der Grundstoffindustrien und Kreditinstitute in Gemeineigentum.
10. Demokratisierung der Wirtschaft und gleichberechtigte Mitwirkung der Gewerkschaften in allen Organen der wirtschaftlichen Selbstverwaltung.
11. Inkraftsetzung der zu Ziffer 8 und 9 von den Parlamenten bereits beschlossenen Gesetze."
(Flugblatt, abgedr.: Quellen zur Geschichte d. dt. Gewerkschaftsbewegung, Bd. 7, S. 1012 f. (ganzer Aufruf: ebd. S. 1010-1013).
333 NVorw. Nr. 11 v. 20. 11. 1948, S. 1.

Der eintägige Streik war nur teilweise erfolgreich: Zwar legten von den fast 12 Millionen Beschäftigten der Bizone mehr als 9 Millionen die Arbeit nieder, doch blieb der Streik folgenlos. Unmittelbar vor Beginn der Arbeitsruhe scheiterten im Wirtschaftsrat Misstrauensanträge der Sozialdemokraten gegen Oberdirektor Hermann *Pünder*[334] und gegen Wirtschaftsdirektor *Erhard*, da sie nur von den beiden kommunistischen Abgeordneten unterstützt wurden.[335]

Bei der Auswahl der **Kandidaten für die erste Bundestagswahl** legte die Parteispitze großen Wert auf die Kandidatur einiger sozialdemokratischer Spitzenfunktionäre der Gewerkschaften.

In der Vorstandssitzung vom 10. Mai 1949 gab Kurt Schumacher bekannt, dass von Gewerkschaftsseite Hans *Böckler*[336], Heinrich *Imig*[337], Walter *Freitag*[338], Adolf *Ludwig*[339], Willi *Richter*[340] und Dr. Joachim *Schöne*[341] für eine Kandidatur vorgeschlagen würden.[342] Auch für andere Kandidaturen von sozialdemokratischen Gewerkschaftlerinnen und Gewerkschaftlern setze sich der Parteivorsitzende persönlich ein, so für die Gewerkschaftssekretärin Lisa Kipp-Kaule, die von 1949 bis 1965 dem Deutschen Bundestag angehörte.[343]

Zu dieser Kandidatenauswahl waren die Gewerkschaftsvertreter wahrscheinlich auf oder kurz nach einer Besprechung des Parteivorstandes mit führenden sozialdemokratischen Gewerkschaftern in Kassel gekommen, von der leider kein Protokoll oder Bericht gefunden werden konnte. Nach einem erhalten gebliebenen Einladungsschreiben von Böckler nahmen von den führenden Gewerkschaftsfunktionären der britischen Zone Hans *Böhm*, Heinrich *Deist*[344], Hans vom *Hoff*[345], Albin *Karl*, Erich *Potthoff*, Ludwig *Rosenberg* teil.[346] Von den führenden Repräsentanten der Gewerkschaften aus der US-Zone kam auf jeden Fall Fritz *Tarnow* nach Kassel.[347]

Nach Gründung der Bundesrepublik nahmen die Konflikte zwischen der Gewerkschaftsführung und der Parteiführung eher noch zu. Die Leitung des DGB war bestrebt, mit der Regierung Adenauer so gut wie möglich zusammenzuarbeiten. Zwar gehörten der Regierung Personen an, denen die Gewerkschaftsführung mit großem Misstrauen

---

334 Zu Hermann *Pünder* (1888-1976) vgl. PV-Protokolle Bd. 1 S. 136.

335 Zu dieser Debatte und Abstimmung im Wirtschaftsrat vgl. G. Beier, a.a.O., S. 47-50.

336 Hans Böckler kandidierte nicht, vgl. M. Schumacher, M.d.B., S. 42.

337 Heinrich *Imig* (1893-1956), Bergarbeiter, Gewerkschaftsfunktionär, 1948-53 2. Vors. d. IG Bergbau, 1953-56 1. Vors., 1954-56 Präs. d. Intern. Bergarbeiterverbandes, 1949-53 MdB.

338 Walter *Freitag* (1889-1958), geb. in Remscheid (Rheinprovinz), Dreher, 1907 DMV, 1908 SPD, 1919 Gewerkschaftsfunktionär, 1932/33 MdL (Preußen); 1933-1935 KZ; 1946-50 MdL (NRW), 1949-53 MdB, 1950 Vors. d. IGM, 1952-56 Vors d. DGB, gest.6/1958 in Herdecke.

339 Adolf *Ludwig* war bis zu seinem Tode MdB.

340 Willi *Richter* war von 1949 bis 1957 MdB.

341 Zu Joachim *Schöne* (1906-67), der von 1949 bis 1957 MdB war, vgl. PV Protokolle, Bd.1, S. 338.

342 Vgl. Dok. 8, S. 180.

343 Vgl. G. Notz, Frauen in der Mannschaft, Kap. über Liesel Kipp-Kaule.

344 Zu Heinrich *Deist* (1902-64), vgl. PV-Protokolle Bd.1, S. 259.

345 Zu Hans vom *Hoff* (1899-1969), vgl. PV-Protokolle Bd.1, S. CXII.

346 Vgl. Dok. 9 (Sitzung vom 1./2. 6.1949), Punkt 5 u. Anlage 5.

347 Vgl. Telegramm von Tarnow an Böckler, AdsD: DGB – Archiv/ HBAH 000 074.

gegenüberstand – genannt seien hier vor allem der Wirtschaftsminister Ludwig *Erhard* sowie der Marschallplanminister und Vizekanzler Franz *Blücher* (FDP). Regierungsmitglieder waren aber auch Jakob *Kaiser* und Anton *Storch*[348], die aus der Christlichen Gewerkschaftsbewegung kamen und zu den Mitbegründern der überparteilichen Gewerkschaftsbewegung sowie der CDU nach dem Kriege gehörten. Zur Regierung Adenauer war deshalb das Verhältnis ambivalent[349]: Einerseits bekämpfte die Gewerkschaftsführung die arbeitnehmerfeindliche Politik, andererseits versuchte sie durch Entgegenkommen auf verschiedenen Politikfeldern ein Nachgeben der Regierung gegenüber den gewerkschaftlichen Forderungen zu erreichen.

So war es nicht verwunderlich, dass es auf verschiedenen wichtigen Politikfeldern, auf denen die SPD eine rigorose Oppositionspolitik verfolgte, zu Kontroversen zwischen der Parteiführung und der Gewerkschaftsführung kam. Bei den Auseinandersetzungen um das Petersberger Abkommen bzw. den Eintritt der Bundesrepublik in die Ruhrbehörde unterstützte die DGB – Führung nicht den ablehnenden Standpunkt der SPD- Führung.[350], sondern bemühte sich, in Verhandlungen mit Adenauer zu erreichen, dass der DGB den der Bundesrepublik zugesprochenen Posten eines stellvertretenden deutschen Vertreters in der Ruhrbehörde besetzen konnte. Die zunächst vom DGB vorgeschlagenen Kandidaten – Erik *Nölting* und Harald *Koch* – zogen auf Druck des Geschäftsführenden Vorstandes der SPD ihre Bereitschaft zur Übernahme des Amtes zurück.[351] Eine Einigung zwischen dem Bundesvorstand des DGB, der Regierung Adenauer und anscheinend auch der SPD erfolgte dann doch noch: Der sozialdemokratische Ministerialdirektor im nordrhein-westfälischen Wirtschaftsministerium Heinz *Potthoff* wurde Mitte Januar 1950 von der Bundesregierung zum stellvertretenden deutschen Vertreter in der Ruhrbehörde ernannt.[352]

Der **DGB** als **trizonaler Dachverband** wurde erst nach Gründung der Bundesrepublik im Oktober 1949 auf dem Gründungskongress in München konstituiert.[353] Zwar waren etwa 80 % der Delegierten Sozialdemokraten, doch war die Parteiführung der

---

348 Anton *Storch* (1892-1975), geb. in Fulda als Sohn e. Heizers, Tischlerlehre u. -geselle, nach 1918 hauptamtl. Funktionär d. Christl. Gewerkschaftsbewegung, Zentrum, 1931-33 Leiter des Landesverbandes Niedersachsen d. damaligen Dachverbandes d. Christl. Gewerkschaften, 1933-39 Versicherungsvertreter, nach 1945 Aufbau d. überparteilichen Gewerkschaften in Hannover, CDU, 1946-48 Leiter der Hauptabteilung Sozialpolitik im DGB (Brit. Zone), 1947-48 MdWR, 1948/49 Direktor d. Verwaltung f. Arbeit d. Vereinigten Wirtschaftsgebietes, 1949-65 MdB, 1949-57 Bundesarbeitsminister.

349 Vgl. dazu auch Josef Kaiser, Einl. zu Quellen zur Geschichte der deutschen Gewerkschaftsbewegung im 20. Jahrhundert, Bd. 11: Der Deutsche Gewerkschaftsbund 1949 bis 1956, bearbeitet von Josef Kaiser, Köln 1996, S. XXXIII-XXXVI.

350 Zur ablehnenden Haltung der SPD – Führung zum Petersberger Abkommen und zum Eintritt der Bundesregierung in die Ruhrbehörde vgl. Einleitung II 3 a u. b.

351 Vgl. die Ausführungen Schumachers in der PV-Sitzung vom 4./5. 1. 1950, Dok. 15, S. 314.

352 Die Ernennung Potthoffs erfolgte am 23. 1. 1950, vgl. d. Protokoll d. Sitzung des Bundesausschusses des DGB v. 24.725.1.1950, abgedr. Quellen z. Gesch. d. dt. Gewerkschaftsbewegung, Bd. 11, S. 41.

353 Zum Gründungskongress vgl. d. „Protokoll. Gründungskongress des Deutschen Gewerkschaftsbundes. München, 12.-14. Oktober 1949", Köln 1950; M. Schneider, Kleine Geschichte der Gewerkschaften, Bonn 1989, S. 255-258 u. 457-462 (Abdruck der auf dem Gründungskongress beschlossenen „Wirtschaftspolitischen Grundsätze des Deutschen Gewerkschaftsbundes").

SPD auf dem Kongress schlecht vertreten. Begrüßungsworte an die Delegierten richteten lediglich Carlo *Schmid* als Vizepräsident des Deutschen Bundestages, der sozialdemokratische Arbeitsminister von Schleswig-Holstein Ludwig *Preller* für die Arbeitsminister der Länder und Thomas *Wimmer* als sozialdemokratischer Oberbürgermeister der gastgebenden Stadt München.[354] Ferner nahmen nach der Gästeliste noch folgende bekannte Sozialdemokraten am Kongress teil: Walter *Auerbach* – Staatssekretär im niedersächsischen Arbeitsministerium –, Richard *Oechsle* – Ministerialdirektor im bayerischen Arbeitsministerium – sowie Heinz *Potthoff* – Ministerialdirektor im Wirtschaftsministerium von Nordrhein – Westfalen und Vertreter des dortigen Wirtschaftsministers Erik *Nölting*.[355]

Zu einer ernsthaften Auseinandersetzung zwischen dem Geschäftsführenden Parteivorstand der SPD und dem Stellvertretenden Bundesvorsitzenden des DGB und Mitglied der SPD Georg **Reuter** kam es Anfang 1950.[356] Anlass war, dass Reuter einen Artikel des „St. Galler Tagblattes" vom 3. Januar 1950 über die „Überparteilichkeit des Deutschen Gewerkschaftsbundes" vervielfältigen und zahlreichen Spitzenfunktionären des DGB und der Einzelgewerkschaften sowie den Redakteuren der Gewerkschaftszeitungen zusenden ließ.[357] In diesem Artikel wurden die Gegensätze zwischen der Führung der SPD und der des DGB sehr einseitig dargestellt. Der Vorsitzende des DGB Hans *Böckler* wurde als rationaler im Interesse der Lohnabhängigen handelnder Arbeiterführer sehr gelobt, während der Parteivorsitzende Kurt *Schumacher* und seine engeren Mitarbeiter als verbohrte Sozialisten scharf kritisiert wurden. Besonders erregte Schumacher, dass Reuter diesen Artikel in seinem kurzen Beischreiben nicht nur zur Information, sondern auch als „Darstellung" in einem „ausländischen Blatt von hervorragendem Niveau" zur Auswertung – eventuell mit längeren Zitaten – in der eigenen Presse weitergab.[358] Deshalb wandte sich der Parteivorsitzende am 25. Januar 1950 mit einem längeren Schreiben an den DGB-Vorsitzenden, das zwar persönlich gehalten war, von dem er aber sogleich Abschriften an die Adressaten des Schreibens von Reuter schicken ließ.[359] Darin wandte er sich zunächst gegen die Behauptung Reuters, bei dem St. Galler Tagblatt handele es sich um eine angesehene Schweizer Tageszeitung. Nach seiner Ansicht war dieses lediglich eine liberale – „liberal" mit eindeutig sozialistenfeindlicher Tendenz – Provinzzeitung, die keineswegs mit den bekannten liberalen Schweizer Tageszeitungen verglichen werden könne. Gleichzeitig kündigte er an, dass sich die nächste Sitzung des Parteivorstandes Anfang Februar mit dem parteischädigenden Verhalten des Parteimitglieds Georg Reuter beschäftigen werde.

So geschah es. Nach einem Bericht von Erich Ollenhauer beschloss der Parteivorstand in seiner Sitzung vom 4./ 5. Februar 1950, „dem Genossen *Reuter* schriftlich die Missbil-

---

354 Protokoll a.a.O., S. 18-21, 30 f. u. 31 f. Zu Thomas *Wimmer* (1887-1963) vgl. PV- Protokolle Bd. 1, S. 244.
355 Vgl. ebd., S. 276.
356 Vgl. Dok. 16 (= Sitz. d. PV v. 4./ 5.2. 1950), insbes. Anlage 2/ A-E. Zu Georg *Reuter* (1902-69) vgl. PV- Protokolle Bd. 1 S. 178.
357 Dok. 16, Anlage 2 B.
358 Dok. 16, Anlage 2 A.
359 Dok. 16, Anlage 2 C.

ligung des PV wegen parteischädigenden Verhaltens auszusprechen".[360] Diese erfolgte sogleich durch ein Schreiben des Stellvertretenden Parteivorsitzenden Erich Ollenhauer vom 6. Februar.[361] Zwar wurde diese Maßregelung nicht im Kommuniqué bekannt gegeben, doch parteiintern durch ein Schreiben des zuständigen Referenten Siggi *Neumann* an alle Bezirke vom 9. Februar.[362]

Sowohl Ollenhauer wie auch Siggi Neumann wiesen in ihren Stellungnahmen darauf hin, dass sich der Bundesvorsitzende des DGB, Hans *Böckler*, in der letzten Bundesausschusssitzung des DGB sich von dem Vorgehen Reuters distanziert habe. In der Sitzung des Bundesausschusses des DGB am 24./25 Januar 1950 ging Böckler in einem Redebeitrag zu verschiedenen Angelegenheiten auch kurz auf den Bericht des St. Galler Tagblattes und seine Weitergabe durch Reuter ein.[363] Dabei wandte er sich scharf gegen einen Abdruck des Artikels in einer Gewerkschaftszeitung, da dieser geeignet sei, einen nicht vorhandenen Gegensatz zwischen SPD und DGB zu „erzeugen". Gegen die Versendung eines solchen Artikels durch den Geschäftsführenden Bundesvorstand wandte sich anschließend der damalige Vorsitzende der Industriegewerkschaft Metall, Walter *Freitag*[364].

Einer engeren Verzahnung der SPD und der Gewerkschaften diente die Bildung von „Sozialen Arbeitsgemeinschaften", die auf eine Initiative des sehr rührigen Referenten für Betriebs- und Gewerkschaftsarbeit der SPD, Siggi Neumann, zurückging.[365]

Auf seiner Sitzung vom 4./5. Februar 1950 beschloss der PV die Bildung von „Sozialgemeinschaften der SPD".[366] Die Notwendigkeit begründete Siggi Neumann mit der Tatsache, dass die SPD seit der Gründungszeit der Gewerkschaften um 1875 nie so wenig Einfluss in der Gewerkschaftsbewegung gehabt habe wie zur Zeit. Weniger als 50 % der Gewerkschaftsfunktionäre seien Sozialdemokraten. Dagegen müssten sie etwas unternehmen, u. U. müssten sie mit direkter Fraktionsarbeit auf die Fraktionsarbeit der Kommunisten und der CDU antworten. Nach einer längeren Debatte, an der sich u. a. Ollenhauer, Schumacher und Henßler beteiligten, wurde das Konzept Neumanns, das die Bildung solcher Arbeitsgemeinschaften auf mehreren Ebenen – Betriebsebene, regionale Ebene, zentrale Ebene – vorsah, gebilligt.

In der Vorstandssitzung vom 13. März 1950 berichtete Ollenhauer über den Stand der Vorbereitungen.[367] Er konnte dabei mitteilen, dass der Beschluss zur Bildung von „Sozialen Arbeitsgemeinschaften" – so lautete nunmehr der offizielle Name – bei den

---

360 Dok. 16, S. 331 u. 340.
361 Kopie des Durchschlags für Fritz Heine, AdsD: DGB – Archiv, Personalia, Georg Reuter, abgedr. Dok. 16, Anlage 2 D.
362 Vgl. Dok. 16, Anlage 2 E.
363 Vgl. d. Abdruck d. Sitzungsprotokolls in: Quellen z. dt. Gewerkschaftsbewegung Bd. 11, S. 40.
364 Ebd. S. 41.
365 Zur Gründung und Entwicklung der Sozialen Arbeitsgemeinschaften vgl. Horst W. Schmollinger, Gewerkschafter in der SPD – Eine Fallstudie, in: Jürgen Dittberner/ Rolf Ebbighausen (Hrsg.), Parteiensystem in der Legitimationskrise. Studien und Materialien zur Soziologie der Parteien in der Bundesrepublik Deutschland, Opladen 1973, S. 234-241 (ganzer Aufsatz: S. 229-274); vgl. a. K. Klotzbach, Der Weg zur Staatspartei, S. 270 f.
366 Vgl. Dok. 16, Punkt 5, S. 329 f.
367 Vgl. Dok. 17 A, Punkt 6, S. 348.

Gewerkschaften ein positives Echo gefunden habe. Als Mitglieder der neuen Arbeitsgemeinschaft für die oberste Ebene, d. h. für den Ausschuss beim PV, seien die sozialdemokratischen Mitglieder des Geschäftsführenden Bundesvorstandes des DGB sowie der Leiter der Einzelgewerkschaften vorgesehen. Eine der ersten Aufgaben werde die Behandlung des Problems „DGB – DAG" sein.

Zur Frage „DAG" nahm das Schreiben Siggi Neumanns vom 22. Februar Stellung, in dem er den Bezirken den Beschluss vom 4./5. Februar erläuterte, und das auch den Vorstandsmitgliedern zur Vorbereitung der nächste Sitzung zugesandt wurde.[368] Zunächst betonte Neumann, es sei eine „Selbstverständlichkeit", zu allen Tagungen der „Sozialen Arbeitsgemeinschaften" sowohl die zu den Industriegewerkschaften wie die zur DAG gehörenden sozialdemokratischen Gewerkschafter einzuladen. Dies entsprach dem Beschluss einer strikten Neutralität der SPD im Gewerkschaftsstreit zwischen den DGB – Gewerkschaften und der DAG vom August 1948.[369] Dann äußerte Neumann die Hoffnung, dass die neuen Arbeitsgemeinschaften der SPD durch die Förderung kameradschaftlicher Gespräche vielleicht eine Brücke zwischen den verfeindeten Gewerkschaften bauen könnten. Es sollte allerdings noch mehr als 50 Jahre dauern, ehe sich die DAG im Jahre 2000 über die neue „Vereinigte Dienstleistungsgewerkschaft" („ver.di") dem DGB anschloss.

b) Kirchen

Weiterhin gespannt blieb das Verhältnis der Parteiführung der SPD zu den kirchlichen Institutionen, insbesondere zur Katholischen Amtskirche.[370] Bei seinem ersten parteiöffentlichen Auftreten nach seiner mehrmonatigen Krankheit – in seiner Rede vor den Parteigremien am 20. April 1949 – kritisierte der Parteivorsitzende Kurt Schumacher sehr heftig den Druck, den die Kirchen auf die Ausgestaltung des Grundgesetzes ausüben würden.[371] Er warf ihnen vor, dass es ihnen nicht um den Aufbau eines neuen demokratischen Staates gehe, sondern allein „um die Neuordnung und Vergrößerung der Rechte der Kirche auf deutschem Boden".

Im Wahlprogramm für die ersten Bundestagswahlen, das im Juni 1949 verabschiedet wurde, wurde ein eigener Abschnitt dem „gegenseitigen Achtungsverhältnis zwischen Staat und Kirche" gewidmet.[372] Zunächst wurde dort die damals diskutierte Frage erwähnt, ob das 1934 abgeschlossene Reichskonkordat noch gültig sei. Dies müsse, so wurde betont, in allen einzelnen Bestimmungen „auf Grund der veränderten Verhältnisse" sorgfältig geprüft werden. Es sei aber nicht möglich, dass die Kirche die Einhaltung der staatlichen Verpflichtungen aus dem Konkordat verlange, sie aber selbst die von ihr damals akzeptierten Verpflichtungen, wie z. B. das Verbot der politischen Betätigung der

---

368 Abgedr.: Dok. 17, Anlage 6 u. Quellen z. dt. Gewerkschaftsbewegung Bd. 11, S. 46-49.
369 Vgl. PV-Protokolle Bd. 1, S. CXVI.
370 Zum Verhältnis der Parteiführung zur Katholischen Kirche in den ersten Jahren nach dem Kriege vgl. PV – Protokolle Bd. 1, Einleitung, Kap. II, 5, b, S. CXIX f.
371 Vgl. Dok. 7 B, S. 159.
372 Vgl. Dok. 10, Anl. 3; S. 255.

Geistlichen, nicht einhalte. Die im Entwurf enthaltenen letzten drei Sätze dieses Abschnittes wurden allerdings nicht in die gedruckte Fassung übernommen:

„Die Sozialdemokraten wollen ein gegenseitiges Achtungsverhältnis zwischen Staat und Kirche auf der Grundlage von Treu und Glauben und Loyalität. Sie wollen keinen politisch getarnten Kampf zwischen Religionen, Kirchen und Weltanschauungen. Es gibt kein schlimmeres Vergehen am deutschen Volke als den Missbrauch des Wortes christlich, nichts Verderblicheres als die Formel ‚Marx oder Christus‘".

Im Wahlkampf selbst setzte sich vor allem der Parteivorsitzende Kurt Schumacher immer wieder mit der Katholischen Kirche auseinander, der er vorwarf, aus dem Wahlkampf einen „Kulturkampf" machen zu wollen. Dabei konnte er sich selbst nicht überspitzter polemischer Angriffe enthalten, die die kirchlich gebundenen Wähler vor den Kopf stoßen mussten – so, wenn er in der Eröffnungskundgebung gegen die Katholische Kirche die Worte gebrauchte: „Wir wollen den Frieden und die Zusammenarbeit mit allen kirchlichen Institutionen. Aber wir denken gar nicht daran, das deutsche Volk einer fünften Besatzungsmacht zu unterwerfen."[373]

Dieses Wort führte nicht nur bei politischen Gegnern zu heftigen Polemiken, auch die bei der Kundgebung anwesenden sozialdemokratischen Spitzenpolitiker reagierten teilweise mit großem Befremden.[374] So beschwerte sich Fritz *Henßler* beim Geschäftsführenden Parteivorstand über Stilentgleisungen im Wahlkampf, wobei er ausdrücklich auf die „Reden von Kurt" verwies.[375] Privat und öffentlich versuchte Schumacher zwar, durch Interpretation das umstrittene Wort etwas abzumildern. In einem teilweise veröffentlichten Brief an den führenden pfälzischen Sozialdemokraten Franz *Bögler* schrieb er Mitte Juli, er habe die Kirchen nicht als fünfte Besatzungsmacht bezeichnet, sondern lediglich auf die Gefahren hingewiesen, die sich ergeben könnten, wenn die kirchlichen Institutionen weiterhin nicht den „Weg des Friedens und der Überparteilichkeit einzuhalten verstehen."[376] Aber das plakative Wort Schumachers war nun mal in der Welt und lud zu genau so einseitigen polemischen Antworten ein.

Die offiziellen Erklärungen der SPD nach den Wahlen wurden bereits behandelt.[377] In einem Privatbrief an den ihm aus der Weimarer Republik gut bekannten, jetzt in New York lebenden jüdischen Rechtsanwalt Adolf *Hamburger* schrieb Schumacher, dass nicht die Frankfurter Wirtschaftspolitik, wie allgemein behauptet werde, der Hauptgrund für die sozialdemokratische Wahlniederlage sei, sondern die „Kämpfende Kirche, die nicht sehen will, dass hier ein deutsches Staatswesen neu entstehen soll, sondern die nur die Neuregelung und Ausweitung der kirchlichen Rechte im Auge hat."[378]

---

373 Abgedr.: K. Schumacher, Reden – Schriften – Korrespondenzen, S. 677.

374 Vgl. K. Klotzbach, Der Weg zur Staatpartei, S. 175 f.

375 Fritz Henßler an den PV am 2. 8. 1949, AdsD: PV/ Bestand K. Schumacher 121.

376 Abgedr. NVorw. Nr. 30 v. 23.7.1949, S.1, wieder abgedr. K. Schumacher a.a.O., S. 677.

377 Vgl. oben Kap. II, 2, c.

378 Er fuhr noch überspitzter fort: „Es geht in Westdeutschland tatsächlich um die schrankenlose Auswirkung der mittelalterlichen ‚potestas directa‘, nur dass diesmal der Souverän, der gekretet wird, das Volk selbst ist." Schumacher an A. Hamburger am 24. 8. 1949, AdsD: PV/ Bestand K. Schumacher 75, abgedr. K. Schumacher a.a.O., S. 683 f.

Bei der gemeinsamen Sitzung der obersten Parteigremien mit der Bundestagsfraktion am 6. September 1949 war es der niederrheinische Bezirksvorsitzende Alfred *Dobbert*, der die Parteiführung mahnte, sich bei künftigen Wahlkämpfen nicht vom Gegner auf ein niedriges Niveau drängen lassen.[379] Ebenso sei äußerste Zurückhaltung beim „Kampf gegen die Kirche" zu beachten. In der vom Parteivorstand Ende August verabschiedeten und in der Gemeinsamen Sitzung Anfang September 1949 bestätigten „Dürkheimer Erklärung" war zum Thema Kirchen lediglich negativ von der „notwendigen Bekämpfung des Missbrauches kirchlicher Einrichtungen und Personen als Instrumente des politischen Machtkampfes" die Rede.[380] Auf der nächsten gemeinsamen Sitzung am 18. November 1949 kündigte Erich Ollenhauer in seinem Bericht über den Stand der Organisation die Vorbereitung eines Weißbuches über die Wahleinwirkung der Katholischen Kirche an.[381]

Die Parteiführung erkannte klar, dass eine solche rein negative Haltung allein nicht genügte. In der gleichen Rede am 18. November warnte Ollenhauer vor „primitiven Freidenker – Methoden" als Reaktion auf die Aggressivität eines Teils der Kirche.[382] Den „Missbrauch der Kirche durch politischen Klerus" müssten sie weiterhin entschieden zurückweisen, doch wenn sie die 2 bis 3 Millionen die den Sozialdemokraten an der Mehrheit fehlten, gewinnen wollten, dann müssten sie einen erheblichen Teil von denen gewinnen, die zur Zeit noch aus religiöser Überzeigung für die CDU entschieden. Sie müssten diese davon überzeugen, dass ein guter Katholik auch Sozialdemokrat sein könne. Es sollte noch lange dauern, bis das wirklich gelang.

Auf jeden Fall wandte sich der Parteivorstand in den kommenden Monaten gegen Aktionen, die nach seiner Ansicht einen Kulturkampf heraufbeschwören konnten. Als die Arbeitsgemeinschaft sozialdemokratischer Lehrer im Frühjahr 1950 eine Unterschriftenaktion gegen den geplanten Schulparagraphen der nordrhein-westfälischen Verfassung startete, weil in diesem das „Elternrecht", d.h. in diesem Fall vor allem das Recht auf die Errichtung von konfessionellen Volksschulen, allzu sehr festgeschrieben würde, und diese Aktion von mehreren führenden sozialdemokratischen norddeutschen Landespolitikern unterstützt wurde, wandte sich der Parteivorstand in seiner Sitzung vom 19. April 1950 entschieden gegen diese Aktion.[383] Nachdem Willi Eichler betont hatte, dass der umstrittene Paragraph einigermaßen erträglich ausgestaltet worden sei und es noch offen sei, ob ihm die CDU überhaupt zustimmen werde, stellte Ollenhauer nach kurzer Diskussion fest, dass den Unterzeichnern die ablehnende Haltung des Parteivorstandes mitgeteilt und von diesen die Zurückziehung ihrer Unterschrift verlangt werden solle.[384] Zu den „namhaften" Sozialdemokraten, die den Aufruf, der von dem Vorsitzenden des nieder-

---

379 Vgl. Dok. 12, S. 271.
380 Vgl. Dok. 11, Anlage 2, S. 268.
381 Vgl. Dok. 14 B, Punkt 2, S. 302.
382 Ebd., S. 302 f.
383 Vgl. Dok. 18, Punkt 4, S. 387.
384 Ebd., vgl. zu dieser Aktion D. Düding: Zwischen Tradition und Innovation, Bonn 1995, S. 111 f.

sächsischen Lehrerverbandes, dem Sozialdemokraten Gustav *Heckmann*[385], ausgegangen war, unterschrieben, gehörten Wolfgang *Abendroth*[386], Heinrich *Albertz,* Georg *Diederichs,* Georg *Eckert,* Wilhelm *Kaisen,* Alfred *Kubel*[387] und Richard *Voigt*[388] – zu dieser Zeit Kultusminister in Niedersachsen. Der Mitunterzeichner Kaisen, Mitglied des Parteivorstandes, war in dieser Sitzung nicht anwesend. [389]

c) Künstler und Intellektuelle

In der Einleitung zu Band 1 musste im entsprechenden Abschnitt das weitgehende Desinteresse der Spitzengremien der SPD an Fragen der kulturellen Entwicklung festgestellt werden.[390] Das war und ist um so erstaunlicher, als sich die sozialdemokratische Arbeiterbewegung von ihren Anfängen an auch als Kulturbewegung verstand! Dies blieb so in den folgenden Jahren, auch wenn bei der Beratung über die Vorbereitungen für ein eventuelles neues Parteiprogramm im Parteivorstand erstmals die Ergebnisse der Ziegenhainer Konferenz von 1947 vom amtierenden Parteivorsitzenden Ollenhauer als wichtige Vorarbeit herangezogen wurden.[391]

Über die Auseinandersetzungen im Parteivorstand über das vorgesehene Referat Carlo Schmids über die sozialdemokratische Kulturpolitik auf dem bevorstehenden Parteitag von 1950 wurde bereits berichtet.[392] Der Parteivorsitzende Schumacher verteidigte zwar vehement die Berufung Schmids zum Referenten. Doch sein Hinweis, dass ja Schmid als Experte für verfassungsrechtliche Fragen an Bedeutung verloren habe, relativiert sein Eintreten für diesen. Man könnte darin auch einen Appell an das Mitleid der Vorstandskollegen sehen: Wenn Schmid schon nicht mehr der Verfassungsexperte sei, so solle er wenigstens der erste Sprecher zu kulturpolitischen Fragen bleiben!

Der Abschnitt „ Kulturpolitik" im Jahrbuch 1948/ 49 begann zwar mit dem Satz „Es gehört zur Eigenart kulturpolitischer Arbeit, dass sie durch Veranstaltungsübersichten und Zahlen nicht erschöpfend dargestellt werden kann." [393] Er beschränkt sich dann

---

385 Gustav *Heckmann,* Dr. phil., Prof. an der PH Hannover, SPD, Vorsitzender des niedersächsischen Lehrerverbandes.

386 Wolfgang *Abendroth* (1906-85), Jurist, KPD – KPO – Neu Beginnen – SPD, Widerstandtätigkeit während der NS – Zeit, Verurteilung zu 4 Jahren Zuchthaus, Strafbataillon 999, in Griechenland Kontakte zu Widerstandsgruppen, Desertion, 1948 Lehrstuhl in Jena, 1949 Rektor d. Hochschule f. Arbeit, Politik u. Wirtschaft in Wilhelmshaven, 1951-73 Prof. f. Polit. Wissenschaften in Marburg, Ende 1961 Ausschluss aus d. SPD wg. führender Mitgliedschaft in d. SFG.

387 Zu Alfred *Kubel* (1909-99) s. PV – Protokolle Bd. 1, S. LXVIII.

388 Richard *Voigt* (1895-1970), geb. in Braunschweig, Volksschule, Lehrerseminar, Lehrer in Braunschw., 1925 Stadtverordneter (SPD), 1928-31 Schulrat in Helmstedt, Entlassung durch d. NS-Reg. des Landes Braunschweig, 1933 MdL (Braunschw.), 1933 Entlassung aus d. Schuldienst, Versicherungskaufmann, 1944 KZ, 1945 Wiederaufbau d. SPD in Braunschw., Landrat bzw. Oberkreisdirektor von Helmstedt, 1951-67 MdL (Nieders.), 1948-55 u. 1959-63 Kultusminister in Niedersachsen, gest. in Hannover.

389 Vgl. Dok. 18, Liste der Teilnehmer.

390 Vgl. PV-Protokolle Bd. 1, Einleitung, S. CXX-CXXII.

391 Dok. 3 (Sitz. v. 10./11.12), Punkt 1. Zu dieser Programmdiskussion, die durch einen Antrag des Parteitages initiiert worden war, vgl. oben S. XLIII-XLV.

392 Vgl. Einleitung, S. XIII u. Dok. Nr. 16 (Sitz. v. 4./5.2.1950), S. 325.

393 Jb. SPD 198/49, S. 168-170.

jedoch auf eine chronologische Aufzählung der durchgeführten Veranstaltungen. Der Kreisverband Bonn Stadt und Land stellte an den Parteitag von 1950 den Antrag, der neue PV solle ein „umfassendes kulturpolitisches Aktionsprogramm" ausarbeiten und dem nächsten Parteitag vorlegen.[394] Dem Vorschlag des amtierenden Parteivorstandes, diesen Antrag dem neuen PV zur Erledigung zu überweisen, folgte der Parteitag.[395] Das kann man als positive Stellungnahme deuten, aber auch als Beerdigung erster Klasse bzw. als Aufschiebung der Entscheidung auf den St. Nimmerleinstag.

d) Juden und Wiedergutmachungsfrage

Seit der Wiedergründung der SPD im Jahre 1946 kämpfte die Parteiführung, insbesondere der Parteivorsitzende Kurt Schumacher, intensiv um eine **Wiedergutmachung** an den von der Nazidiktatur verfolgten Juden, soweit eine solche überhaupt möglich war.[396] In dem hier dokumentierten Zeitraum setzten sie ihre Bemühungen fort. In seinem Parteitagsreferat vom September 1948 beklagte Schumacher die „große Mattigkeit", mit der die „Frage der Wiedergutmachen an den beraubten Juden" behandelt werde.[397] Er vermisste zudem das „Fehlen eines deutschen Initiativwillens". In seiner Antwort auf die erste Regierungserklärung Adenauers am 21. 9. 1949 im Deutschen Bundestag nannte er das, was Adenauer über die Juden und die „furchtbare Tragödie der Juden im Dritten Reich" gesagt hatte, „zu matt und zu schwach".[398] Er bezeichnete es erneut als „Pflicht jedes deutschen Patrioten, das Geschick der deutschen und der europäischen Juden in den Vordergrund zu stellen und die Hilfe zu bieten, die dort notwendig ist." Unterstützt hatte ihn bei der Abfassung dieses Absatzes sein jüdischer Fraktionskollege Jakob *Altmaier,* den Schumacher selbst dazu überredet hatte, für den Bundestag zu kandidieren, da er ihn im Falle eines Wahlsieges für eventuelle Verhandlungen mit dem Staat Israel als Vermittler einsetzen wollte.[399]

Schumacher wies in seiner Rede auch auf „entwürdigende und beschämende Vorfälle" hin, die die wenigen noch in Deutschland lebenden Juden immer wieder erleben müssten. Hier sei der im Sommer/Herbst 1949 sich in Offenbach ereignende „**Fall Lewin**" erwähnt, weil in diesen offensichtlichen Fall von Antisemitismus auch sozialdemokratische Kommunalpolitiker verwickelt waren und weil sich der Parteivorstand in zwei Sitzungen damit beschäftigte.[400] Der jüdische Gynäkologe Herbert *Lewin*[401] – ein Überle-

---

394 Vgl. Dok.19, Anl. 2, Antrag 54, S. 406.

395 Vgl. Prot. SPD PT 1950, S. 258.

396 Zum Verhältnis der Parteiführung zu dieser Frage in den ersten Jahren nach dem Kriege vgl. PV – Protokolle Bd. 1, Einleitung, S. CXXII-CXXV.

397 Prot. PT SPD 1948, S. 33, abgedr. Kurt Schumacher, Reden – Schriften – Korrespondenzen, S. 600. Vgl. a. PV – Protokolle Bd. 1, CXXIV.

398 Verh. Dt. Bundestag I, Sten. Ber. Bd. 1, S. 36, abgedr.: Kurt Schumacher, Reden – Schriften – Korrespondenzen, S. 699 f.

399 Vgl. W. Albrecht: Ein Wegbereiter. Jakob Altmeier und das Luxemburger Abkommen, S. 205-213.

400 Zu dieser Affäre vgl. W. Kraushaar, Protest – Chronik, Bd. 1., S. 112 f.

401 Herbert *Lewin* (1899-1982), geb. in Schwarzenau bei Bromberg, Dr. med., Gynäkologe, 1937-41 Chefarzt d. Frauenabt. d. jüd. Krankenhaus in Köln, 1941-45 versch. KZ's, 1948 Privatdoz. Univ. Köln, 1950-67 Chef-

bender des Holocaust – der in den ersten Jahren nach der Befreiung wieder in Köln praktizierte und an der dortigen Universität als Privatdozent tätig war, wurde am 1. September 1949 vom Offenbacher Magistrat zunächst mit absoluter Mehrheit zum Chefarzt der Städtischen Frauenklinik gewählt.[402] Doch auf Antrag des parteilich nicht gebundenen Bürgermeisters Dr. Kasperowitz wurde diese Entscheidung mit drei gegen zwei Stimmen wieder rückgängig gemacht und ein anderer Bewerber gewählt. Der Bürgermeister begründete seinen Antrag mit dem Argument, dass einem jüdischen Arzt, dessen Familie von den Nazis ermordet worden war, Offenbachs Frauen nicht anvertraut werden könnten, da dieser sein Amt mit den „Ressentiments seiner Rasse und dem Rachegefühl des KZlers" antreten werde.[403]

Dem Magistrat war es klar, dass dieser Beschluss großes Aufsehen erregen musste. Er beschloss deshalb, nur ein geheimes Protokoll anzufertigen, das im Besitz des sozialdemokratischen Oberbürgermeisters *Rebholz*[404] bleiben sollte. Die Angelegenheit wurde jedoch publik, als die „Frankfurter Rundschau" am 14. September einen Kurzbericht mit der Überschrift „Offenbacher Magistrat lehnt Arzt wegen jüdischer Abstammung ab" veröffentlichte.[405] Darin wurde korrekt dargestellt, dass die ursprüngliche Entscheidung für Lewin wieder rückgängig gemacht wurde, weil der Bürgermeister mit den erwähnten Argumenten dagegen Einspruch erhob. Der Offenbacher Magistrat dementierte sogleich und behauptete, dass die Entscheidung gegen Lewin allein aus sachlichen Gründen erfolgt sei.[406] Daraufhin veröffentlichte die Frankfurter Rundschau ein Kurzprotokoll der Verhandlungen.[407]

Diese Publizierung einer offensichtlich antisemitischen Aktion erregte natürlich großes Aufsehen. Die Aufsichtsbehörde des Magistrats, der Regierungspräsident von Darmstadt, suspendierte den Bürgermeister und eröffnete ein Disziplinarverfahren gegen den Oberbürgermeister *Rebholz,* weil dieser einen solchen Antrag im Magistrat zugelassen hatte. Auch innerhalb der SPD stieß das Verhalten von Rebholz und den anderen beteiligten Sozialdemokraten auf Ablehnung. Der Ortsvereinsvorstand der Offenbacher SPD und der für Disziplinarmaßnahmen zunächst zuständige Vorstand des Bezirks Hessen – Süd forderte die beteiligten Sozialdemokraten auf, sofort ihre Ämter niederzulegen. Der Geschäftsführende Parteivorstand unterstützte dieses Vorgehen mit einer Erklärung.[408]

---

arzt d. Städt. Frauenklinik in Offenbach, 1951 apl., 1964 ord. Prof. an d. Univ. Frankfurt, viele Ehrenämter in jüdischen Organisationen, u. a. Präsident des Landesverbandes d. jüd. Gemeinden in Hessen u. Direktoriumsmitglied d. Zentralrats d. Juden in Deutschland.

402 Zur Entwicklung des Falles bis Mitte September vgl. NVorw. Nr. 38 v. 24.9.1949, S. 10.

403 Zitat nach der FR Nr. 215 v. 15. 9.1949, zitiert bei W. Kraushaar a.a.O.

404 Johannes *Rebholz* (1885-1961), Brauereiarbeiter, vor 1914 SPD u. Gew., Partei- u. Gewerkschaftsfunktionär in Mainz, Straßburg und Frankfurt a. M., 1930-33 Vors. d. SPD von Groß-Frankfurt, 1945/46 Wiederaufbau d. SPD in Frankfurt, 1947-50 OB von Offenbach.

405 FR Nr. 214 v. 14.9.1949, S. 1.

406 Stellungnahme des Magistrats, abgedr.: FR Nr. 215 v. 15. 9.1949, S. 1.Die FR kommentierte diese Stellungnahme mit der Bemerkung: „Wir vermissen in dieser Verlautbarung die Feststellung, dass sie nicht der Meinung aller Magistratsmitglieder entspricht".

407 FR Nr. 215 v. 15.9.1949, S. 1.

408 Abgedr.: NVorw. Nr. 38 v. 24.9.1949, S. 10.

Als die Betroffenen sich weigerten, der Forderung nachzukommen, beschäftigte sich der Gesamtvorstand mit der Angelegenheit. In der Sitzung vom 22./23. Oktober berichtete Egon *Franke* zunächst, dass die betroffenen Offenbacher Genossen sich weigerten, entsprechend dem Beschluss des Bezirksvorstandes ihre Ämter niederzulegen.[409] Der hessische Landesvorsitzende *Knothe* wünschte einen Ausschluss aus der Partei, falls die Betroffenen bis Monatsende nicht dem Urteil des Bezirksvorstandes nachkämen. Der Sitzungsleiter *Ollenhauer* wünschte für den Geschäftsführenden Vorstand das Mandat, einen Untersuchungsausschuss unter dem Vorsitz von *Schönfelder* einzusetzen, wenn bis zum Monatsende keine Klärung im Sinne des Bezirksvorstandsbeschlusses erfolgt sei. In der Sitzung vom 4. und 5. Februar 1950 berichtete Schönfelder über die Arbeit des Untersuchungsausschusses.[410] Oberbürgermeister *Rebholz,* dem vorzuwerfen sei, dass er eine zweite Abstimmung zugelassen und dass er dem Bürgermeister keine Rüge erteilt habe, sei inzwischen von seinem Amt zurückgetreten. Den anderen Beteiligten sei kein Antisemitismus vorzuwerfen. Deshalb solle man sich mit einer Rüge begnügen. Nachdem auch *Knothe* diesem Vorschlag zugestimmt hatte, wollte Ollenhauer in seinen Schlussausführungen von einer Erwähnung der Angelegenheit im Kommuniqué absehen.

Kurt *Schumacher,* der in beiden Sitzungen anwesend war, nahm in der PV-Sitzung, soweit das offizielle Protokoll Auskunft gibt, zur „Offenbach – Affäre" nicht Stellung. Privat äußerte er sich allerdings sehr entschieden. Als sich der sozialdemokratische Bundestagsabgeordnete Peter *Blachstein*[411], der selbst als deutscher Jude in der Emigration überlebt hatte, Anfang November wegen der Offenbacher und anderer antisemitischer Vorfälle besorgt an den Parteivorsitzenden wandte, sandte dieser ihm zur Beruhigung eine längere Antwort.[412] Darin betonte er, dass der Parteivorstand in der Offenbacher Angelegenheit, die er als Zeichen für eine „neusozialdemokratische Rassenlehre des Opportunismus" betrachtete, „unnachgiebig" bleiben werde.[413] Mit dieser „Rassenlehre des Opportunismus" meinte er, wie er im folgenden ausführte, die Angst, Kandidaten jüdischer Abstammung für öffentliche Ämter aufzustellen wegen der angeblichen „politischen Unerzogenheit des deutschen Volkes". Eine solche Haltung habe er in der SPD bereits bei der Aufstellung der Reichstagsabgeordneten in der zweiten Hälfte der Weimarer Republik beobachten können.

Die Offenbacher Angelegenheit war zu dieser Zeit bereits beendet: Wegen des allgemeinen Protestes beschloss die Offenbacher Stadtverordnetenversammlung am 3. November 1949, Dr. Lewin als Chefarzt zu berufen.[414] Zwar kam es nach der Übernahme

---

409 Vgl. Dok. 13 (Sitzung vom 22./23.10.1949), Punkt 5 „Offenbach – Affäre".

410 Vgl. Dok. 16, S. 328. Im Kommuniqué wird dieser Tagesordnungspunkt nicht erwähnt, vgl. Dok. 16, Anl.

411 Peter *Blachstein* (1911-77), geb. in Dresden als Sohn e. jüd. Textilkaufmanns, jüd. Jugendbewegung, SPD, 1931/32: SAPD, Lösung vom Judentum, 1935: Emigration: CSR, Norwegen, Schweden, 1949-1968 MdB, 1954-68 Fraktionsvorstand, 1968/69 Botschafter in Belgrad, gest.77 in Hamburg. Zu Blachstein vgl. W. Albrecht, Jeanette Wolff - Jakob Altmaier - Peter Blachstein, in: Julius H. Schoeps (Hrsg.), Leben im Land der Täter, Berlin 2001, S. 246-250.

412 Schreiben von Schumacher an Blachstein am 26. 11. 1949, abgedr. K. Schumacher, Reden – Schriften – Korrespondenzen, S. 990-992.

413 Zitate, ebd. S. 990.

414 Der formell zuständige Magistrat bestätigte noch am gleichen Tage diesen Beschluss, vgl. W. Kaushaar a.a.O.

C

seines neuen Amtes im Frühjahr 1950 in Offenbach zu einer gegen jüdische Ärzte und Krankenhausleiter gerichteten Plakataktion[415], doch blieb Lewin bis zu seinem altersbedingten Ausscheiden im Jahre 1967 der geachtete Leiter der Offenbacher Frauenklinik.

Im Berichtszeitraum wurde der **Staat Israel** in den Sitzungen des Parteivorstandes und der Obersten Parteigremien nicht erwähnt. Im „Neuen Vorwärts", dem offiziellen Parteiorgan der SPD, erschien nach der Ermordung des Grafen Folke *Bernadotte*[416] durch jüdische Extremisten im September 1948 ein längerer Artikel über die „Zukunft des Zionismus".[417] Darin wurde zunächst betont, dass man für diese schreckliche Tat sicherlich nicht alle Juden verantwortlich machen dürfe, dass die überwiegende Mehrheit der jüdischen Bevölkerung Palästinas diesen Mord ablehne. Falsch sei jedoch auch, den Mord als Tat eines Einzelnen abzutun. Diese Untat müsse in eine Reihe von Ereignissen gestellt werden, die in der jüngsten Vergangenheit in Palästina stattgefunden hätten.[418] Diese verbrecherischen Morde konnten nach Ansicht des Verfassers zwar nicht dem Zionismus in die Schuhe geschoben werden. Doch habe dieser mit seiner unrealistischen Politik zur Schaffung eines geistigen Klimas beigetragen, in der solche terroristischen Ideen entstehen konnten.

Zum Schluss seines Artikels machte dann der Verfasser noch einige allgemeine Aussagen über den Zionismus, die noch immer von einer gewissen Aktualität sind:

> „Wie aber steht es um den Zionismus selbst, um den Zionismus, der sich die Aufgabe gestellt hat, alle Juden hinter der blauweißen zionistischen Fahne zu sammeln und eine ‚unabhängige' Nation der Juden in einem eigenen Land zu schaffen? Eine sachliche Wertung der Lage muss zu der Wertung führen, dass, ganz abgesehen von der Tatsache, dass nur die größten Nationen und Staaten sich einer gewissen Unabhängigkeit erfreuen können, es für das junge und kleine Israel nicht möglich ist, eine Unabhängigkeit zu erreichen oder etwa auch nur für die Mehrheit der Juden ein Vaterland zu werden. ... Unabhängig aber wird Israel auch nicht von den Arabern sein können, sondern sich mit ihnen auf dem realen und gesunden Boden einer Kooperation zusammenfinden müssen. Eine solche Kooperation kann nur dann gedeihen, wenn die Juden Anteil nehmen an der Angleichung des niedrigen Lebensstandards der Araber an den höheren der Juden, und wenn sie sich nicht mehr ausdrücklich ihrer Verpflichtung entziehen, beizutragen zur kulturellen Entwicklung ihrer arabischen Vettern. ... So macht es den Eindruck, als bewahrheite sich die Voraussage Karl Kautskys vom Jahre 1921, nach der die Zeit gegen den Zionismus arbeite."[419]

---

415 W. Kraushaar a.a.O., S. 215

416 Folke *Bernadotte* (1895-1948), geb. in Stockholm, Leiter eines Hilfswerkes für notleidende Kinder und Flüchtlinge, Anfang 1945 Kontaktaufnahme mit *Himmler*, um zu einem Friedensschluss zu gelangen, Mai 1948 durch den UNO-Sicherheitsrat zum Vermittler im jüdisch-arabischen Konflikt ernannt, Sept. 1948 Vermittlung eines Waffenstillstandes, 17. 9. 1948 Ermordung durch zwei jüdische Extremisten.

417 Der Artikel erschien ohne Verfassername mit dem Untertitel „Von unserem aus Palästina zurückgekehrten Mitarbeiter", Nr. 4 v. 2.10.1948, S. 6.

418 Als Beispiel nannte er die Sprengung des King David Hotels durch jüdische Extremisten.

419 Neuer Vorwärts a.a.O.

Hier wird eine gewisse antizionistische Haltung deutlich erkennbar, wie sie Shlomo Shafir bei der SPD in den ersten Jahren nach der Wiedergründung der SPD und der Gründung des Staates Israel festgestellt hat.[420] Aber eine solche Haltung, die aus der humanen Orientierung der Sozialdemokraten erwuchs und aus der Überzeugung, dass auch die in Palästina lebenden Araber – heute würden wir von den dortigen „Palästinensern" sprechen – das gleiche Lebensrecht wie die dortigen Juden besitzen, ist keineswegs gleichzusetzen mit einer antisemitischen Haltung – genau so wenig wie die Haltung des deutschen Sozialdemokraten jüdischer Herkunft Peter Blachstein, der nach dem siegreichen Sechstagekrieg Israels die Ansicht vertrat, dass der Staat Israel erst dann besonders unterstützt werden solle, wenn er die Forderungen der UNO nach einem bedingungslosen Rückzug aus den besetzten Gebieten erfülle.[421]

---

420 Vgl. Shlomo Shafir, Die SPD und die Wiedergutmachung gegenüber Israel, in: Wiedergutmachung in der Bundesrepublik Deutschland, hrsg. v. L. Herbst u. C. Goschler, München 1989, S. 196. Vgl. a. PV-Protokolle, Bd. 1, S. CXXIV f.
421 W. Albrecht, Jeanette Wolff - Jakob Altmaier - Peter Blachstein, S. 249.

III. Zur Edition

Wie schon in der Einleitung zum Ersten Band der Edition erörtert, handelt es sich hier um die Herausgabe der im Archiv der sozialen Demokratie gesammelten und der Forschung schon seit langem zugänglichen Protokolle der Sitzungen des Parteivorstandes sowie der Gemeinsamen Sitzungen von Parteivorstand, Parteiausschuss und Kontrollkommission. Gelegentlich wurden zu diesen Sitzungen auch einzelne Vertreter oder alle Mitglieder von anderen Parteigremien oder auch sozialdemokratische Mitglieder von politischen und parlamentarischen Gremien eingeladen.

Die folgende Edition gibt vor allem die erhalten gebliebenen und im AdsD gesammelten Verlaufsprotokolle für die Zeit vom September 1948 bis zum Mai 1950 im Wortlaut wieder.[1] Nur für die Gemeinsame Sitzung der Parteigremien vom 17./ 18. September 1949 in Herne konnten zwei nicht identische Verlaufsprotokolle gefunden werden – eines in der offiziellen Sammlung der Protokolle, eines in der Sammlung Schumacher. Hier werden beide Verlaufsprotokolle abgedruckt.[2] In mehreren Fällen sind die im Wortlaut erhalten gebliebenen Grundsatzreden des Parteivorsitzenden Schumacher bzw. des amtierenden Parteivorsitzenden Ollenhauer in Gemeinsamen Sitzungen nur in den Sammlungen Schumacher bzw. Ollenhauer erhalten geblieben. Diese werden nach den jeweiligen Manuskripten bzw. Stenogrammen abgedruckt und in die jeweiligen Protokolle integriert.

Einige Reden wurden auch direkt nach der Sitzung publiziert, jedoch in etwas oder stark gekürzter Fassung. Diese damals veröffentlichten Redetexte werden mit den hier abgedruckten vollständigen Redetexten verglichen, wichtige sachliche Kürzungen oder Veränderungen werden angemerkt. Zwischenüberschriften zur Auflockerung des Textes werden dieser ersten Veröffentlichung entnommen bzw. – für die damals nicht publizierten Teile der Reden – vom Herausgeber entsprechend dieser vorhandenen Zwischenüberschriften neu gebildet.

Die Parteivorstandssitzungen fanden in der Regel alle vier Wochen statt, die Gemeinsamen Sitzungen alle drei Monate. Die Mitglieder des Parteivorstandes und der Kontrollkommission durften sich nicht vertreten lassen, nur für die Berliner Mitglieder wurde wegen der schlechten Verkehrsverbindungen weiterhin stillschweigend eine Ausnahme gemacht. Die Mitglieder des Parteiausschusses durften sich weiterhin vertreten lassen.

Alle Sitzungen wurden vom Stellvertretenden Parteivorsitzenden Erich Ollenhauer geleitet, das blieb auch so, als der Parteivorsitzende Kurt Schumacher ab Frühjahr 1949 wieder selbst an den Sitzungen teilnehmen konnte.[3] Die Einladungen mit Bekanntgabe der „vorläufigen" Tagesordnung unterschrieb in den ersten Monaten weiterhin Ollen-

---

1 Die in diesem Band abgedruckten Protokolle sind im AdsD unter den Aktennummern 2/ PVAS 0000677 bis 2/PVAS000699 gesammelt. Die einzelnen Nummern werden am Kopf des jeweiligen Dokuments genannt. Die früheren Nummern lauteten: AdsD: Bestand SPD-PV/ Sitzungen PV-PA 24./ 25.9.1948 bis 19./ 20.5.1950.

2 Vgl. Dok. 14 B (Gem. Sitz. v. 17./ 18.11.1949), S. 293.

3 Vgl. Dok. 7-19.

hauer, ab Oktober 1949 wurde er von dem für Organisationsfragen zuständigen Mitglied des „Büros" Egon Franke abgelöst.[4]

Bei den Protokollen handelt es sich in der Regel, um kurze Verlaufsprotokolle, deren Publizierung nur dann sinnvoll erscheint, wenn sie durch Parallelüberlieferungen, vor allem mündliche und schriftliche Äußerungen der Beteiligten ergänzt werden. Auch für den Berichtszeitraum 1948 bis 1950 konnten solche Zeugnisse gefunden und – meist in den Anmerkungen – mit abgedruckt werden. Als Beispiel seien hier die Tagebuchnotizen des Vorstandsmitgliedes Lisa Albrecht erwähnt, die in ihrem Nachlass erhalten geblieben sind.[5]

Umgekehrt war es aber auch wichtig, den Wortlaut der Verlaufsprotokolle mit den direkt nach den Sitzungen veröffentlichten Berichten über die Sitzung bzw. Sitzungen zu vergleichen. In der Regel wurde durch das „Büro" ein offizielles „Kommuniqué" veröffentlicht, das hier als „Anlage 1" zu den einzelnen Dokumenten wieder abgedruckt wird. Offizielle Beschlüsse der Vorstandssitzungen bzw. Gemeinsamen Sitzungen werden ebenfalls als „Anlage 2 a, b..." abgedruckt. In den Beilagen erhalten gebliebene Vorlagen der Vorstandsreferate für die Sitzungen werden teilweise im Wortlaut oder als Regest als „Anlage" abgedruckt, teilweise wird in den Anmerkungen in Regestenform darauf hingewiesen. Da die Hinweise im Protokoll ziffernmäßig in der Regel nicht mit den Nummern der Anlagen der Edition übereinstimmen, wird im abgedruckten Text die Nummer der Anlage in eckige Klammern gesetzt, die ursprüngliche Nummer im Protokoll wird jeweils angemerkt.

Zu wichtigen Gemeinsamen Sitzungen, in denen es um die Entscheidung der SPD über das Grundgesetz bzw. die Festlegung des parlamentarischen Kurses der Bundestagsfraktion ging, wurden auch alle sozialdemokratischen Mitglieder des Parlamentarischen Rates bzw. des Bundestages eingeladen.[6] Diese durften sogar in den Sitzungen vom Mai bzw. September 1949 mit abstimmen, doch wurde ihnen klar gemacht, dass dieses „Abstimmen" mehr ein „Absegnen" war. Denn für den Fall, dass ihr Votum von dem der Parteigremien abwiche, sollte das der Parteigremien maßgebend sein. In beiden Fällen schloss sich die Mehrheit der Fraktionen der großen Mehrheit der Parteigremien an.

Zu den Gemeinsamen Sitzungen wurden gelegentlich auch führende sozialdemokratische Gewerkschaftsfunktionäre eingeladen, um die Kommunikation zuwischen der Führung der SPD und den sozialdemokratischen Spitzenfunktionären der Gewerkschaften zu verbessern.

Im Allgemeinen sind die maschinenschriftlichen Protokolle mit gelegentlichen handschriftlichen Ergänzungen gut lesbar. Die Orthographie wurde dem heutigen Gebrauch nach der Rechtschreibreform angeglichen. Bei der Schreibweise von Namen, die in den Vorlagen gelegentlich differiert, wird die heute übliche gewählt. In Zweifelsfällen wird

---

4 Vgl. Dok. 14-19.

5 AdsD: NL August und Lisa Albrecht Einen erste Hinweis auf diese sehr wertvolle Quelle verdanke ich meiner Kollegin Gisela Notz, die in ihrer fast zur gleichen Zeit erscheinenden Darstellung „Frauen in der Mannschaft" ein Kapitel Lisa Albrecht widmet.

6 Vgl. Dok.7 B u.12.

der vom Bearbeiter gewählte Wortlaut in eckige Klammern gesetzt und der Wortlaut der Vorlage als Anmerkung hinzugefügt. Ebenfalls werden Auslassungen von unleserlichen oder unverständlichen Worten sowie Hinweise auf nicht mehr vorhandene Beilagen zu den Protokollen in eckige Klammern mit Auslassungszeichen „[...]" gesetzt und durch Anmerkungen erläutert. Hervorhebungen in den Vorlagen werden nicht alle übernommen und angeglichen. So werden die Sprecher in den Sitzungen generell fett gesetzt, die übrigen Personen bei der ersten Erwähnung in einem Absatz kursiv.

Bei der ersten Erwähnung einer Person, werden die wichtigsten Lebensdaten kurz angemerkt bzw. auf eine entsprechende Anmerkung im ersten Band hingewiesen. Analog dem ersten Band werden die etwas ausführlicheren Lebensdaten der Vorstandsmitglieder im Anhang des Bandes zusammengestellt.

Wichtige Sachverhalte, deren Kenntnis für die Protokolle wichtig ist, werden in der Einleitung erörtert, in den Protokollen wird auf die entsprechenden Erörterungen verwiesen. Öfter verwendete Abkürzungen werden im Abkürzungsverzeichnis aufgelöst, heute ungewohnte in den Dokumenten selbst, der Volltext wird dann in eckigen Klammern zur verwandten Abkürzung hinzugefügt.

Benutzt wurden für die Edition zahlreiche Dokumentationen und Editionen zur Vorgeschichte und zur Frühgeschichte der Bundesrepublik sowie zur Entwicklung der überregionalen Parteien. Hier seien zunächst die Dokumentationen von Christoph Stamm über die „SPD-Fraktion im Frankfurter Wirtschaftsrat" (1993) sowie die von Rainer Salzmann über die „CDU/CSU im Parlamentarischen Rat" (1981) und die „CDU/CSU im Frankfurter Wirtschaftsrat" (1988) genannt. Erwähnt werden muss auch der von Petra Weber herausgegebene Band der Edition „Die SPD-Fraktion im Deutschen Bundestag", der die Jahre 1949 bis 1953 dokumentiert (1993). Schließlich sei für den Bereich der SPD noch der vierte Band der Berliner „Brand-Ausgabe" genannt, von Daniela Münkel bearbeitet wurde: „Willy Brandt und die SPD 1947-1972", der im Jahre 2000 herauskam

Weiter müssen der erste Band der Edition der Vorstandsprotokolle der CDU, der die Jahre 1950 bis 1953 umfasst und 1986 von Günter Buchstab bearbeitet wurde sowie die Dokumentation von Brigitte Kaff über die „Unionsparteien 1946-1950" (1991) erwähnt werden. Weiter müssen die für den behandelten Zeitraum relevanten Bände der von der „Stiftung Bundeskanzler-Adenauer-Haus" herausgegebenen Bände der „Adenauer. Rhöndorfer Ausgabe" aufgeführt werden: Adenauer, Briefe 1949-51, und 1951-53, bearbeitet v. Hans Peter Mensing (1985 u. 1987); Adenauer: Teegespräche. 1950-1954; bearbeitet v. Hanns Jürgen Küsters (1984); Adenauer - Heuss. Unter vier Augen. Gespräche aus den Gründerjahren 1949 –1959, bearb. v. Hans Peter Mensing, (1997).

Für die CSU sei die Dokumentation von Barbara Fait und Alf Mintzel unter Mitarbeit von Thomas Schlemmer über die „CSU 1945-1948" (1993) genannt, für die FDP die ersten beiden Halbbände der Sitzungsprotokolle des Vorstandes der FDP, die Udo Wengst herausgegeben hat: „FDP-Bundesvorstand. Die Liberalen unter dem Vorsitz von Theodor Heuss und Franz Blücher" (1990).

Von den zahlreichen Editionen zu einzelnen Ereignissen sei beispielhaft die von Udo Wengst „Auftakt zur Ära Adenauer. Koalitionsverhandlungen und Regierungsbildung 1949" (1985) genannt.

Mehrere der hier genannten Editionen wurden von der „Kommission für Geschichte des Parlamentarismus und politischen Parteien" in Bonn herausgegeben, deren wertvolle Dokumentationen für diese Edition Maßstab und Vorbild waren und sind. Für die genauen bibliographischen Angaben und für die übrigen wichtigen Dokumentationen und Editionen sei auf das Literaturverzeichnis hingewiesen.

IV. Verzeichnis der abgedruckten Dokumente

Dokumente

Nr. 1
Sitzung des Parteivorstandes und des Vorstandes der SPD-Fraktion im Parlamentarischen Rat am 24. und 25. September 1948 in Bad Godesberg

AdsD: 2/ PVAS 0000677 (Maschinenschriftl. Prot., mit handschriftl. Zusätzen, 5 S.)

Leitung der Sitzung: Erich Ollenhauer
Anwesend: siehe Liste [...][1]
[Teilnehmer /Teilnehmerinnen, nach Funktionen geordnet[2]:
   PV:[3] *Ollenhauer*
      Franke, Gotthelf, Heine, Kriedemann, Nau;
      L. Albrecht, Bögler, Eichler, Fischer, Gayk, Gnoß, Görlinger, Gross, Henßler, Kaisen, v. Knoeringen, Knothe Krahnstöver, Meitmann, Menzel, Neumann, Reuter, Schmid, Schoettle, Selbert
   KK: *Schönfelder*
   MdParlR: H. H. *Bauer, Diederichs, Greve, Katz, Muecke, Suhr, Zimmermann, Zinn* + 5 Mitgl. d. PV: (*Gayk, Menzel, Reuter, Schmid, Selbert*) + 1 Mitgl. d. KK (*Schönfelder*);
   Experten zur Flüchtlingsfrage: H. *Albertz* (Flüchtlingsminister in Niedersachsen), E. *Zimmer* (Flüchtlingsreferent des PV)

Tagesordnung:[4]
   1) Stellungnahme zu den Arbeiten des Parlamentarischen Rates
   2) Flüchtlingsfragen
   4) Berichte
   5) Ort und Termin der nächsten PV-Sitzung

Zu **Punkt 4** der Tagesordnung (**Berichte**)
   Ollenhauer berichtet einleitend über die fristlose Entlassung von Ernst *Roth*, dem Chefredakteur der Volksstimme in Saarbrücken[5], sowie über die Besprechung mit den Gewerkschaftern *Böckler, Tarnow, Rosenberg, Richter* und [Hermann] *Beermann* in Han-

---

1 Weggelassen wurde hier der Hinweis, dass außer dem Parteivorstand auch der Vorstand der Fraktion im Parlamentarischen Rat an der Sitzung teilgenommen habe. Vom Fraktionsvorstand fehlte lediglich *Löbe.*
2 Die folgenden Angaben wurden der Anwesenheitsliste in den Beiakten zum Protokoll und Angaben im Kommuniqué entnommen; für die Teilnehmer an allen Vorstandssitzungen 1948-50 vgl. Anhang 1.
3 Von den Mitgliedern des PV fehlten wegen schwerer Erkrankung *Schumacher* und *Schroeder*, außerdem waren nicht anwesend *Baur* und *Grimme.*
4 Wortlaut nach der vorläufigen Tagesordnung in der Einladung vom 20.9.1948 soweit sie zur Beratung kamen. Der Punkt 3 „Stellungnahme zu den Beschlüssen des Düsseldorfer Parteitages" wurde auf Vorschlag Ollenhauers vertagt.
5 Etwas mehr wird über diesen Bericht Ollenhauers zur Saarfrage im Kommuniqué erwähnt, nämlich dass im PV Einmütigkeit darüber bestand, nun erst recht den „Kontakt mit all den Sozialdemokraten im Saargebiet zu halten, die die Verbindung mit Deutschland aufrechterhalten wollen", vgl. Anlage 1, S. 10.

nover[6]. Gegenstand der Besprechungen waren: Lastenausgleich, Preispolitik des Wirtschaftsrates, Betriebsarbeit und das Verhältnis zur UGO in Berlin.

Henßler: Die Kommunisten werden in den Betrieben fordern, dass die Verbindung mit den Ostgewerkschaften erhalten bleibt mit Rücksicht auf das dort bei der Währungsreform erhalten gebliebene Vermögen.

Suhr schildert die schwierige finanzielle Lage der UGO und bringt den Wunsch zum Ausdruck, dass die Westgewerkschaften veranlasst werden, helfend einzuspringen.

Ollenhauer gibt bekannt, dass in der Frage der Angliederung von Rheinland-Pfalz in der nächsten Woche nochmals eine Besprechung der drei beteiligten Bezirke stattfindet.

Zu **Punkt 1** der Tagesordnung: (**Die Arbeit des Parlamentarischen Rates**) [Anl. 2][7]

Schmid stellt gegenüber die Auffassungen über die Bildung eines Staates und die eines Staatsfragmentes. Die Auffassung, dass Deutschland neu zu konstituieren sei, dürfte allgemein hinfällig geworden sein und man spricht nur von einer Neuorganisierung. Die Schwarz-Rot-Goldene Flagge der deutschen Republik dürfte in Bonn akzeptiert werden. Es sollte für uns eine unabdingbare Forderung sein, dass Berlin vollberechtigt beteiligt wird. Im Grundgesetz sollten keine Artikel aufgenommen werden, die die Gebiete Wirtschaft, Schule usw. betreffen. Eine weitere wichtige Frage sei, ob ein Bundespräsident oder ein Präsidium gefordert werden solle. Ungeklärt sei auch das Problem der Ländervertretung, d.h. ob Bundesrat, Reichsrat oder Senat. Wo soll die Steuergesetzgebung liegen? Wie soll zuerst gewählt werden? Die CDU tritt für das Mehrheitswahlrecht ein.

Menzel hält für wesentlich, dass die folgenden 3 Punkte diskutiert werden: 1. Grundrechte, 2. echte zweite Kammer oder Kammer mit Vetorecht; 3. die Frage der Finanzhoheit.

Zinn erklärt, dass in der Präambel zum Ausdruck gebracht werden müsse, dass mit der Anerkennung des Staates hier im Westen nicht der Staatsverfall anerkannt ist.

Heine schlägt vor, zunächst die Frage Staat oder Staatsfragment zu diskutieren.

Suhr betont, dass es wichtig sei, schon mit dem Namen des neuen Gebildes in Westdeutschland eine Wirkung auf die Ostzone auszuüben. Der Begriff Verwaltungsstatut sei als zu farblos abzulehnen. Er lehne es auch ab, eine Regierung auf Zeit nach amerikanischem Muster zu empfehlen. Gefährlich sei weiter eine Vermischung des Bundesratssystems mit dem Senatssystem. Das Ideal sei ein Senat mit Vetorecht, wenn dies nicht durchsetzbar, ein Reichsrat. Die Einkommens- und Umsatzsteuern sollten dem Bund gehören.

Meitmann spricht sich für das Senatssystem aus.

---

6 Zu dieser Besprechung, über die leider kein längeres Protokoll gefunden werden konnte, vgl. a. Einleitung Kap. II 5 a.

7 In der Vorlage handschriftlicher Zusatz „Anl. I". Der in den Beilagen zum Protokoll erhalten gebliebene Bericht Walter *Menzels* an Erich Ollenhauer vom 17. September 1948 über den Beginn der Arbeit der Ausschüsse des Parlamentarischen Rates und der sozialdemokratischen Fraktion wird hier als Anlage 2 abgedruckt.

Schmid ist der Auffassung, dass die CDU die Verhandlungen verschleppe, da innerhalb der Fraktion die Gegensätze noch nicht überbrückt seien.

Reuter erklärt, dass der Osten nur erobert werden könne, wenn der Westen attraktiv wird. Er hält einen echten Senat für gefährlich und tritt für die Schaffung einer Bundesfinanzverwaltung und einer zum Teil zentralen Polizeigewalt ein. Die neue Bundesverfassung dürfe nicht durch Bestimmungen belastet werden, die der Entscheidung des späteren Parlamentes vorbehalten bleiben müssen.

Gayk unterstreicht die Forderung nach dem Besatzungsstatut.

Ollenhauer stellt zunächst fest, dass es unser Interesse sei, die Arbeit des Parlamentarischen Rates schnellstens voranzutreiben, da uns an baldigen Wahlen gelegen ist. In der Frage der Beteiligung Berlins dürfe es keinen Kompromiss geben, wie auch klar bleiben müsse, dass die SPD keinen Weststaat will. Wir erstreben ein Grundgesetz und keine Verfassung. In der Präambel müsse ausdrücklich gesagt werden, was das Grundgesetz noch nicht beinhalten könne. Es sei eine Auflage der Militär-Regierungen, dass die Grundrechte im Grundgesetz verankert werden. Wir sollen jedoch nur das Unumgängliche hineinnehmen. Vorgeschrieben sei auch der föderalistische Staatsaufbau. Wir sollten keinen Senat im Grundgesetz fordern, sondern eine Kammer mit begrenztem Vetorecht. Die überländermäßigen Aufgaben der Ministerpräsidenten sollten in Bonn endgültig zu Grabe getragen werden. Offen sei die Frage, ob die Funktion eines Bundespräsidenten erforderlich ist. Wir sollten uns auch dagegen sichern, dass Regierungen durch unechte Mehrheiten gestürzt werden können. Die Ratifizierung des Grundgesetzes durch die Landtage müsse innerhalb von 2 Monaten möglich sein. Für die erste Wahl sollten die vom PV beschlossenen Richtlinien befolgt werden. Der Name „Bund deutscher Länder" sei nicht akzeptabel.

Schmid sagt, dass die CDU für einen Bundesrat mit weitgehenden Rechten sei.

Katz spricht sich für einen Senat und für einen Präsidenten aus.

Menzel zieht in Zweifel, ob zu empfehlen sei, dass alle Länder gleich stark im Bundesrat[8] vertreten sind. Eine solche Regelung sei notfalls nur in Anbetracht des Provisoriums zu akzeptieren. Er hegt weiter Bedenken gegen die Funktion des Präsidenten.

Ollenhauer stellt abschließend weitgehende Übereinstimmung fest, mit Ausnahme der folgenden drei Punkte, die der Fraktion zunächst zur weiteren Beratung zurücküberwiesen werden, nämlich: 1. Bundesrat oder Senat, und sollen die Länder gleich stark darin vertreten sein, 2. Bundespräsident, 3. Name des Bundes.

Schmid beantragt, dass im Kommuniqué zum Ausdruck gebracht wird, dass die Fraktion auf eine rasche Erledigung der Arbeit drängt.[9]

Ollenhauer stellt Zustimmung des PV fest und schlägt vor, dass *Schmid* und *Heine* das Kommuniqué verfassen.

---

8 Handschriftliche Berichtigung, im maschinenschriftl. Text „Bundesstaat".

9 Im Kommuniqué wurde dieses Drängen so zum Ausdruck gebracht: „Es liegt im gemeinsamen deutschen Interesse, recht bald durch eine allgemeine Volkswahl zu einer einheitlichen Verwaltung der westlichen Besatzungszonen und Berlin zu kommen."

Zu **Punkt 2** der Tagesordnung: Flüchtlingsfragen[10]

Albertz berichtet einleitend über die allgemein schwierige Lage der Flüchtlinge, die wegen der Nichtverbindung der Währungsreform mit einem Lastenausgleich seit dem Sommer um vieles schlechter geworden ist. Das Durchgangslager Ülzen hat täglich 800 neue Flüchtlinge abzufertigen. Davon werden ca. 120 aufgenommen, der Rest versickert im Lande. Seit dem Sommer 1945 haben die Flüchtlinge versucht, sich eigene Organisationen zu schaffen. Die britische Militär-Regierung lehnte im Herbst 1945 die Zulassung solcher Organisationen ab. Nunmehr ist jedoch den deutschen Landesregierungen aufgetragen worden, Flüchtlingsorganisationen, die der sozialen und kulturellen Betreuung dienen, zu registrieren. Diese Organisationen werden bis zur Kreisebene zugelassen. Infolge der mangelnden Bereitwilligkeit der Einheimischen in der Kommunalpolitik ist auch in der britischen Zone die Gefahr der Bildung von Flüchtlingsparteien akut. Es wird unmöglich sein, die Flüchtlingsorganisationen zu verhindern, und es sei dem PV dringend zu empfehlen, eine entscheidende Beteiligung der Sozialdemokratie an den Flüchtlingsorganisationen zu genehmigen.

v. Knoeringen schildert die Verhältnisse in Bayern, die nicht viel anders als in der britischen Zone sind. Die Flüchtlinge wollen dort ein Notparlament wählen. Die bayerischen Sozialdemokraten haben es für zweckmäßig gehalten, sich an dieser Bewegung aktiv zu beteiligen.

Gayk ist der Auffassung, dass wir die Bildung von Flüchtlingsorganisationen nicht mehr aufhalten können. Wir werden sie aber auch kaum beherrschen können. Das Flüchtlingsproblem muss aus der Länderebene herausgenommen und zentral behandelt werden. Wir müssen uns an die Spitze der sozialen Forderungen der Flüchtlinge stellen. Wir müssen eine rücksichtslose Flüchtlingspolitik treiben.

Gnoß erwidert darauf, dass die These der rücksichtslosen Flüchtlingspolitik in Nordrhein-Westfalen, um dessen Nahrungssorgen in der jüngsten Vergangenheit sich die anderen Länder wenig Sorgen machten, eine gemischte Aufnahme finden wird.

Menzel erklärt, dass der Plan, durch den Parlamentarischen Rat eine Art Bundesbehörde für Flüchtlingsfragen zu schaffen, am Widerstand der Franzosen scheitern würde. Dagegen sei es denkbar, dass der Wirtschaftsrat in Frankfurt zunächst ein bizonales Amt durchsetzen könne. Weiterhin sollten wir eine Anleihe für den Wohnungsbau für Flüchtlinge fordern.

Meitmann sieht in der Beteiligung in den Flüchtlingsorganisationen große Gefahren.

Schmid erklärt, dass die französische Zone nur 5 - 7 % Flüchtlinge und Evakuierte beherberge. Da der Prozess, die Flüchtlinge zu organisieren, nicht aufzuhalten ist, sollten wir die weitere Entwicklung selber in die Hand nehmen und eine Reichsorganisation der Flüchtlinge fordern.

Ollenhauer sagt, dass der Versuch der Länderregierungen, sich untereinander in der Flüchtlingsfrage zu verständigen, als gescheitert betrachtet werden könne. Es gäbe z.Z.

---

10 Die zu diesem Tagesordnungspunkt am Schluss der Debatte auf Vorschlag Ollenhauers angenommenen sechs „Anregungen" wurden als „Beschluss des PV" sogleich im Kommuniqué veröffentlicht, vgl. Anlage 1 A, und im Jahrbuch der SPD für 1948/49 abgedruckt (S. 135 f.).

nur eine Möglichkeit, nämlich im Wirtschaftsrat in Frankfurt die Bildung eines Flüchtlingsamtes zu fordern. Der PV solle der Fraktion einen entsprechenden Auftrag geben und gleichzeitig die Einbeziehung der französischen Zone in diese Regelung beantragen. Mit einem Notparlament der Flüchtlinge sei nichts zu gewinnen; doch sollten wir die Flüchtlingsarbeit verstärken. Unsere Anregungen sollten wie folgt formuliert werden:

1. Die sozialdemokratische Fraktion im Wirtschaftsrat zu bitten, einen Antrag auf die sofortige Schaffung eines besonderen Amtes für Flüchtlingsfragen im bizonalen Verwaltungsrat in Frankfurt zu stellen.

2. Zu fordern, dass die französische Zone schnellstens in den Flüchtlingsausgleich einzubeziehen ist. Solange die Dreizonenverwaltung noch nicht geschaffen ist, sollte die französische Zone in dieser Frage so handeln, als sei die einheitliche Verwaltung bereits vorhanden.

3. Den Ausbau eigener sozialdemokratischer Flüchtlingsgruppen und Flüchtlingssekretariate zu fördern.

4. Den sozialdemokratischen Flüchtlingsausschuss zu beauftragen, Richtlinien für die Mitarbeit von Sozialdemokraten in den sich bildenden Flüchtlingsorganisationen auszuarbeiten.

5. Zu fordern, dass der Ertrag der ersten Vermögensabgabe aus dem Notmaßnahmegesetz zum Lastenausgleich zentral verwaltet und zum wesentlichen Teile für die Flüchtlinge verwandt wird.

6. Zu prüfen, ob es möglich ist, durch die Auflegung einer Flüchtlingsanleihe Mittel für konstruktive Flüchtlingsaufgaben zu schaffen.

Der PV stimmt dem zu.

Dr. Schumacher (Operation)

Ollenhauer gibt bekannt, dass auf Initiative General *Clays* ein neues Ärztekonzilium in der letzten Woche nochmals Kurt *Schumacher* untersuchte. Die Ansicht der ausländischen und der deutschen Ärzte ergab übereinstimmend, dass die Wiederherstellung Kurt Schumachers nur durch die Amputation des linken Beines möglich sei. Schumacher hat dieser Amputation zugestimmt. Sie soll heute Vormittag stattfinden. Ein Kommuniqué wird erst am Dienstag herausgegeben werden können.

Heine gibt bekannt, dass die Operation laut telefonischem Bericht bereits durchgeführt wurde. Die Ärzte seien bisher zufrieden.

Der PV beschließt Absendung eines Grußtelegramms an Kurt *Schumacher* wie an Louise *Schroeder*.[11]

Wirtschaftsratsfraktion

Kriedemann berichtet, dass Berlin bisher einen Kredit von 45 Millionen DM von der Postverwaltung erhalten habe. Verhandlungen über einen Kredit von 75 Millionen DM

---

11 Im Kommuniqué wurde erwähnt, dass der Parteivorstand Louise *Schroeder* und Kurt *Schumacher* die „herzlichsten Wünsche zur baldigen und vollständigen Genesung" sandte.

schweben seit längerer Zeit mit der Bank deutscher Länder, scheiterten jedoch bisher an der Frage der Stellung einer Bürgschaft. Es wird angeregt, durch einen Zuschlag zur Einkommensteuer die notwendigen Mittel aufzubringen. Möglicherweise könnte auch die Post durch Verzicht auf weitere Gebührensenkungen einen Beitrag liefern, wie auch von der Verzinsung der blockierten 5 % Festguthaben Abstand genommen werden könne. Vertretbar sei jedenfalls der Aufschlag von 5 % des Steuerertrages der Einkommensteuer.

(Allgemeine Zustimmung).

Preiserhöhungen stehen für Fleisch und Brot bevor. Die Getreidepreise werden von 200 auf 240 DM ansteigen. Die Stahlpreise sollen mit 19 DM pro Tonne erhöht werden. Die Fraktion hat sich dagegen ausgesprochen.

Henßler erklärt dazu, dass bei den Stahlpreisen die Gefahr auftauche, dass sich die Gewerkschaften sehr stark für die Interessen der Werke einsetzen werden. Es sei zu beachten, dass die drohenden Teildemontagen den Werken heute die gewinnbringenden Werksteile nehmen. Wenn wir die Preiserhöhungen ablehnen, kann es geschehen, dass die Arbeitskräfte und Arbeitsmittel auf einzelne Werke konzentriert werden müssen, während andere stillgelegt werden.

Kriedemann wirft ein, dass [Heinz]] *Potthoff*[12] bereits dafür eingetreten sei, dass die Stahlpreise erhöht werden.

Schoettle erklärt, dass die Fraktion und die Partei es sich nicht leisten könnten, in der Frage der Preiserhöhungen eine differenzierte Politik zu betreiben. Der entscheidende Grund für die Verteuerung der Waren läge im Verteilungsapparat.

v. Knoeringen führt aus, dass es unumgänglich sei, für Lohnerhöhungen zu kämpfen, wenn die Preise nicht stabil bleiben.

Ollenhauer stellt abschließend fest, dass der PV mit der Haltung der Fraktion in der Frage der Ablehnung aller Preiserhöhungen übereinstimmt.

Henßler wünscht, dass dieser Beschluss schriftlich gefasst und politisch begründet herausgegeben wird.

Kriedemann erklärt dazu, dass die Fraktion bereits eine entsprechende Erklärung vorbereitet habe. Die Fraktion wird auch die Einführung einer Teilbewirtschaftung, wie z. B. für Leder, fordern. Die Stellungnahme zum Lastenausgleich müsse noch vom PV legitimiert werden.

Ollenhauer schlägt vor, den **Punkt 3 der Tagesordnung** (Beschlüsse des Parteitages) zu vertagen.

Henßler regt an, dass der PV beschließt, dass für die Altersversorgung der Parteiangestellten eine Regelung anzustreben sei.

Der PV stimmt dem zu.

Zu Punkt 5 der Tagesordnung: Nächste Sitzung PV am 29. und 30.10.48 in Speyer.

---

12   Gemeint wahrscheinlich Heinz *Potthoff* (1904-74), der zu dieser Zeit einflussreicher leitender Beamter im Wirtschaftsministerium von NRW war.

Anlage 1 A
Publizierter Bericht über die Sitzung
Sopade Informationsdienst Nr. 587 v. 30.9.1948[13]

Am 24. und 25. September fand in Godesberg-Mehlem eine Sitzung des Sozialdemokratischen Parteivorstandes statt, die sich vor allem mit dem Flüchtlingsproblem und den Beratungen des Parlamentarischen Rates beschäftigte. An der Sitzung nahmen Fraktionsvorstand und Ausschussmitglieder des Parlamentarischen Rats, der niedersächsische Flüchtlingsminister Pastor *Albertz* und der Leiter des sozialdemokratischen Flüchtlingsreferats Ernst *Zimmer* als Gäste teil.

Die Frage des Grundgesetzes für Westdeutschland
Prof. Dr. *Schmid* (Tübingen) leitete mit einer Darstellung der gegenwärtig im Parlamentarischen Rat behandelten Fragen eine eingehende Diskussion über das Grundgesetz ein. Es ergab sich, wie der stellvertretende Parteivorsitzende *Erich Ollenhauer* abschließend feststellte, völlige Übereinstimmung in einer Reihe von Fragen.

Der Parteivorstand begrüßt insbesondere das Bemühen der sozialdemokratischen Fraktion, durch Intensivierung vor allem der Ausschussarbeiten das Grundgesetz in einem Minimum an Zeit fertig zustellen.

Es liegt im gemeinsamen deutschen Interesse, recht bald durch eine allgemeine Volkswahl zu einer einheitlichen Verwaltung der westlichen Besatzungszonen und Berlin zu kommen. Einmütige Auffassung des Parteivorstandes ist, dass Berlin als vollberechtigtes Glied im Parlamentarischen Rat und im künftigen Parlament vertreten sein sollte. Als wesentlich wird angesehen, die künftige einheitliche westdeutsche Verwaltung so erfolgreich und anziehend wie möglich zu machen, um auch auf diese Weise die Wiedereingliederung des deutschen Ostens in die deutsche Republik zu fördern. Bis dahin wird die Regelung in den westlichen Besatzungszonen als ein Provisorium betrachtet. Daher lehnt die Sozialdemokratische Partei ab, über das geplante Grundgesetz hinaus heute eine Verfassung zu schaffen. Das Grundgesetz soll so kurz wie möglich gehalten sein, nur die unerlässlich notwendigen Bestimmungen sollen Aufnahme finden. Der Vorstand der SPD setzt sich bei der Gestaltung des Grundgesetzes einheitlich für die Finanzhoheit und Verwaltung des Bundes sowie für eine Regierungsbildung allein durch die Volksvertretung ein und wendet sich gegen ein volles Zweikammersystem.

Das Flüchtlingsproblem
Die ausführliche Aussprache über das vielgestaltige Flüchtlingsproblem wurde durch einen Bericht des Flüchtlingsministers Albertz (Hannover) eingeleitet.
[...][14]

---

13 Ohne Zwischentitel abgedr. bis auf den Absatz über die Saarfrage: NVorw. Nr. 4 v. 2.10.1948, S. 9.
14 Es folgt der Wortlaut des auch im Protokoll wiedergegebenen Beschlusses, vgl. S. 7.

Dokument 1, 24. und 25. September 1948

Die Saarfrage

Zur Saarfrage wurde ein Bericht des stellvertretenden Parteivorsitzenden *Erich Ollen-hauer* zur Kenntnis genommen, der sich mit der durch die Entlassung des früheren Reichstagsabgeordneten und bisherigen Chefredakteurs Ernst *Roth* (Saarbrücken) geschaffenen Lage beschäftigt. Es bestand Einmütigkeit darüber, nun erst recht den Kontakt mit all den Sozialdemokraten im Saargebiet zu halten, die die Verbindung mit Deutschland aufrechterhalten wollen.

Der Parteivorstand sandte Louise Schroeder und Dr. Kurt Schumacher die herzlichsten Wünsche zur baldigen und vollständigen Genesung."[15]

Anlage 1 B

Stellungnahme des Sozialdemokratischen Pressedienstes „Die SPD und Bonn"
Sozialdem. Pressedienst III/ 118 v. 27.9.1948, S.1 f.[16]

dt.[17] Die internationale Entwicklung, gekennzeichnet durch Sonderausgaben der Zeitungen, drängt stärker als bisher, zu einer raschen Lösung der westdeutschen Frage. Die Tagung des Parteivorstandes der SPD in Godesberg - Mehlem kann als weiterer Schritt in dieser Richtung bezeichnet werden. Sie hat vor allem eines klar gemacht: dass der SPD an einer raschen Lösung der westdeutschen Frage im allgemeinen deutschen Interesse gelegen ist. Man kann das, gemessen am bisherigen Fortgang der Arbeiten innerhalb des Parlamentarischen Rates, nicht von allen daran beteiligten Faktoren sagen; bei einer Analyse des Geschehens innerhalb und außerhalb des Parlamentarischen Rates entsteht der Eindruck, dass so manche Partei dem ersten handgreiflichen Ergebnis aller Arbeiten der Bonner Institution, nämlich den daraus resultierenden Wahlen, mit einiger Besorgnis entgegensieht. Zwar liegen die Ursachen dafür nicht in Bonn, aber die retardierenden Wirkungen sind bis in die letzten Ausschussarbeiten zu spüren. Es ist indessen fraglich, ob die wirtschaftliche Entwicklung in Westdeutschland im kommenden Frühjahr - so weit steckt man unausgesprochene Hoffnungen - einen größeren Optimismus rechtfertigt.

Damit soll nicht gesagt sein, dass innerhalb der SPD bereits ein spruchreifes Grundgesetz ausgearbeitet ist. Nicht alle von den rund zwölf Fragen, die von der SPD-Fraktion im Parlamentarischen Rat dem Parteivorstand zur Stellungnahme vorlagen, sind auf einen einheitlichen Nenner gebracht worden. Die Fraktion kämpft nach zwei Seiten: einmal muss sie, um zu einer möglichst großen Mehrheit für das gesamte Grundgesetzz zu kommen, das Einvernehmen mit den anderen Fraktionen herstellen; zum anderen Mal hat sie als Organ der SPD die Aufgabe, bestimmte in der Partei verankerte Grund-

---

15 Es folgt noch die redaktionelle Bemerkung „(Eigenbericht)".

16 Abgedr. ohne den letzten Absatz „Die Arbeit der...": Sopade Informationsdienst Nr. 587 v. 30.9.1948, S. 2.

17 Das Korrespondentenzeichen „-dt" weist wahrscheinlich auf Josef *Schmidt* hin, der für diese Ausgabe des Sozialdemokratischen Pressedienstes verantwortlich zeichnete und *Raunau* wahrscheinlich auch in der PV-Sitzung vertreten hatte.

sätze zu respektieren. Die Differenzen innerhalb der CDU sind, wie der Gegensatz *Adenauer - Lehr* beweist, tief und lassen eine weitere Verzögerung erwarten.

Nicht akzeptabel erscheint für die SPD der Name „Bund deutscher Länder". Der im Kommuniqué von Godesberg gebrauchte Begriff „Deutsche Republik" soll zwar die endgültige Bezeichnung nicht präjudizieren, deutet aber die von der SPD verfolgte Linie an. Ebenso hält der Parteivorstand im gegenwärtigen Zeitpunkt den Posten eines Bundespräsidenten für verfrüht, weil der provisorische Charakter der westdeutschen Regelung dadurch verwischt würde; daneben sind gewichtige Gründe ins Treffen geführt worden, die für eine entsprechend ausgestattete Spitze neben der Legislative nicht nur aus Gründen der Repräsentation sprechen. Dies ist eine der Fragen, an deren Klärung Fraktion und Parteivorstand noch zu arbeiten haben.

Schwerwiegender noch ist die Frage der zweiten Kammer. Hierin ist Klarheit darüber geschaffen worden, dass dieser Institution nicht mehr als ein Vetorecht eingeräumt werden soll, während die Gesetzesinitiative allein bei der ersten Kammer und dem obersten Verwaltungskörper liegen soll. Ungeklärt ist aber, wie diese Kammer zustande kommen soll, ob auf der Grundlage des Senats- oder des Bundesratsprinzips. Die Frage der zweiten Kammer ist also in wesentlichen Teilen noch offen, was übrigens bei der CDU in noch stärkerem Maße gilt.

Keine Debatte gibt es innerhalb der SPD darüber, dass Berlin in jeder Hinsicht vollberechtigtes Glied der Neuregelung sein muss. Gegenüber den meist platonischen Versicherungen anderer Parteien ist die SPD der Ansicht, dass der Anspruch auf Berlin nur dann gesichert scheint, wenn er ohne Vorbehalt auch im Grundgesetz entsprechend verankert wird.

Ebenso unbestritten ist innerhalb der SPD die Meinung, dass die Finanzhoheit und -verwaltung eindeutig bei der zentralen Spitze liegen muss. Die SPD, die in allen Fragen einen gesunden Föderalismus vertritt, kann sich bei dieser Forderung auf die bisher gemachten Erfahrungen und darüber hinaus auf die Gutachten von Körperschaften stützen, die parteipolitisch keineswegs immer der SPD zuneigen.

Die Arbeit der kommenden Wochen wird von großer Bedeutung sein. Sie soll von dem Bemühen der SPD gekennzeichnet sein, mit den anderen Parteien zu einer Lösung zu kommen, die einmal so rasch wie möglich das heutige System ablöst und zum anderen solche Züge trägt, dass ihr die Zustimmung weitester Kreise der von ihr betroffenen Bevölkerung sicher ist.

Anlage 2
Bericht Walter Menzels an Erich Ollenhauer vom 17.9.1948 über die Arbeit des Parlamentarischen Rates
Hektogr. Beilage („Anl. 1") zum Protokoll der Sitzung (11 S.) [18]

Betr.: Grundgesetz

Lieber Erich!

Zur Vorbereitung der PV-Sitzung am 24. und 25.9. in Bonn möchte ich Dir auf Grund der ersten Ausschussberatung und des Ergebnisses einer am Donnerstag, den 16.9. stattgefundenen Fraktionssitzung diejenigen Punkte mitteilen, über die wir, weil sie auch innerhalb der Fraktion streitig sind, eine Klärung in der PV-Sitzung herbeizuführen versuchen müssen. Ich beschränke mich zur Abkürzung auf Stichworte. Die Reihenfolge entspricht dem wahrscheinlichen Aufbau des Gesetzes und hat nichts mit der Bedeutung der einzelnen Punkte zu tun.

1) Es entsteht wiederum die Frage, ob wir das Gesetz als Grundgesetz oder doch als autonome Satzung bezeichnen sollten. Ich persönlich glaube, dass wir von dem Wort *„Grundgesetz"* nicht mehr herunter kommen. Ich halte diese Frage auch nicht für so entscheidend, viel wichtiger wäre, dass, wenn wir uns über seinen Inhalt unterhalten, uns immer wieder vor Augen [...] [19] halten, dass wir in Wirklichkeit nur eine Satzung wollen.

2) Damit in Verbindung steht, wie wir das westdeutsche Gebilde benennen wollen. Neben dem Vorschlag von Herrenchiemsee *„Bund deutscher Länder"* machte *Heuss* den Vorschlag *„Bundesrepublik Deutschland"*. Einige Mitglieder der Fraktion möchten diesem Vorschlag nähertreten. *Schmid* und ich halten ihn für völlig falsch, weil er zu sehr einen staatlichen Charakter verrät.

Wir sollten uns bei der endgültigen Entscheidung des Ausgangspunktes unserer Debatte in der Partei und des Inhaltes der *Koblenzer Beschlüsse* [20] erinnern, wonach wir im wesentlichen nur eine Verwaltungsorganisation des Westens durch das Gesetz stabilisieren wollen. So gesehen wollen wir in Wirklichkeit nur eine Art Zweckgemeinschaft oder Zweckverband und das sachlich richtigste wäre, das auch zum Ausdruck zu bringen. Ich sehe aber die politischen Bedenken, dass die Vertreter der Bundesstaats-Idee, wie z. B. *Brill*, die Bezeichnung Zweckverband politisch missbrauchen werden.

Ich glaube, dass man daher den Weg einschlagen sollte, den ich in der Präambel meines 2. Entwurfes eingeschlagen habe, dass wir offen bekennen, aus der Not eine Tugend machen zu müssen, d. h. dass wir zugeben, eine Hoheitsgemeinschaft zu bilden, die, ohne staatliche Rechte zu besitzen, lediglich als Bund bezeichnet und allen anderen

---

18 Kopf des Briefes: Dr. Walter Menzel, Innenminister, Landesregierung, Mannesmannhaus, Düsseldorf den 17. September 1948, Herrn Erich Ollenhauer, Hannover, Odeonstr. 15/16.

19 In der Vorlage noch ein überflüssiges „zu".

20 Zu den „Koblenzer Beschlüssen" vgl. PV Protokolle Bd. 1, Dok. 23 (Sitz. v. 7.7.1948), S. 448-452.

Teilgebieten Deutschlands offen stehen wird. So weiß jeder, was wir gewollt haben und wo die Grenzen unserer Möglichkeit lagen.

Damit ist zugleich auch die Notwenigkeit einer Präambel begründet, gegen die ich bisher Bedenken hatte.

3) Bei den *Grundrechten* entstehen folgende Meinungsverschiedenheiten:

a) Carlo *Schmid* schlug vor, eine besondere Grundrechtsproklamation zu schaffen und somit die Grundrechte aus dem Grundgesetz herauszunehmen. Ich halte das trotz mancher Schwierigkeiten, die wir für das Grundgesetz bekommen werden, für eine richtige Idee, schon deshalb, weil wir damit aus dem Grundgesetz einen wesentlichen Teil herausnehmen, der ihm den Charakter einer Verfassung geben würde. Die Meinung der Fraktion war sehr uneinheitlich.

b) Der materielle Inhalt der klassischen Grundrechte liegt im wesentlichen fest. Hier entstehen kaum Differenzen. Streitig ist, ob auch die unechten Grundrechte, wie sie z. B. die Weimarer Verfassung kannte, aufgenommen werden sollen. Preußen war damals dagegen und da sie nur deklaratorischen Inhalt hatten und keine rechtlichen Bindungen enthielten, haben sie nur geschadet. Das sollte man jetzt vermeiden, d.h. man sollte nur die echten Grundrechte aufnehmen.

4) Hiermit hängen die *Forderungen der Gewerkschaften* zusammen, dass Grundsätze über den sozialen Inhalt unseres westdeutschen Lebens aufgenommen werden sollen, z. B. Thesen über die Sozialversicherung, über den Schutz der Arbeit, Streikrecht usw. Ich habe hiergegen zwei Bedenken. Die Aufnahme solcher Vorschriften würde den Verfassungscharakter betonen und ferner würde eine unnötig lange Debatte mit der CDU/CSU und FDP entstehen. Wahrscheinlich würden insoweit CDU/CSU und FDP zusammenstehen und die Mehrheitsbildung hinge dann davon ab, wie Zentrum und DP sich entscheiden. Wir laufen also Gefahr, wenn wir diese Debatte beginnen sie nicht zu Lösungen bringen zu können, die uns genehm sind.

Hinzu kommt, dass die CDU, die schon jetzt zu erkennen gibt, dass sie die Arbeiten möglichst verzögern will (sie möchte, dass die Wahlen erst im Frühjahr sind, wenn der Marshall-Plan seine Auswirkung zeigt), die Aussprache über jene Forderungen der Gewerkschaften benutzen wird, um Adenauers Presseankündigung wahr zumachen, der Parlamentarische Rat werde bis zum Frühjahr 1949 tagen.

Innerhalb der Fraktion war die Meinung etwas geteilt. Es wurde dabei auch die Frage aufgeworfen, ob nicht als Gegengewicht kulturpolitische Forderungen aufgestellt werden sollten, um dann die Problemlösungen auf beiden Seiten zu gegenseitigen Kompromisslösungen zu führen. Ich persönlich möchte mich gegen eine solche Lösung sehr wehren.

5) Bei der *Bezeichnung der Organe* war man sich einig, dass wir das Wort „westdeutsche" vermeiden müssen. Streitig war, ob wir das Wort „deutsche" verwenden oder gar keinen Zusatz machen sollten, so dass sich die Behörden lediglich wie folgt bezeichnen würden: „Der Finanzminister des Bundes".

6) Streitig ist die Institution des *Bundespräsidenten*. Hier sind drei Meinungen:

a) Sind bereits Funktionen vorhanden, die einen Bundespräsidenten erforderlich machen? Ich meine nein, da wir noch keine Souveränität haben und keine echte Verfassung bekommen. Beides ist für eine solche Institution Voraussetzung.

b) Für einen Bundespräsidenten war *Katz* mit der Begründung, dass ein Bundespräsident ein Symbol nach außen und innen wäre, der auch Anziehungskraft für die Ostzone besäße. *Bergsträsser* erklärte, wenn man einen Präsidenten mache, dann könne man nicht mehr beweisen, dass man keine Verfassung wolle.

c) Herrenchiemsee schlägt in einem Eventualvorschlag vor, an Stelle des Präsidenten ein Dreimänner-Kollegium zu nehmen (so Schmid), bestehend aus dem Präsidenten des Bundestages, des Länderrates und des Verfassungsgerichtshofes. Diese Lösung setzt aber grundsätzlich voraus, dass es überhaupt schon Funktionen für eine solche Institution gibt. Ich verneine das. Der einzige positive Grund wäre m. E. lediglich die Schaffung einer Legalitätsreserve für den Fall, dass der Bundestag bei seiner politischen Willensbildung versage. Das erinnert aber an Art. 48 der Weim[arer] Verfassung und ich darf hier auf unsere verfassungspolitischen Richtlinien verweisen.

7) Eine umfangreiche Debatte entstand hinsichtlich des *Organs der Ländervertretung*.

A. Drei Systeme stehen zur Diskussion:
1. Senatssystem
2. Bundesratssystem
3. Gemischtes System.

Zu 1) Senatssystem

Seine Mitglieder werden durch die Landtage unter politischen Gesichtspunkten gewählt. Die Entscheidung, ob dieses oder jenes System, hängt stark zusammen mit den Funktionen, die man diesen Einrichtungen geben will (Einkammer- oder Zweikammersystem). Ich bejahe den Senatstyp, ebenso *Schmid*, weil hier das Element Land, also das föderative Element, in seiner Allgemeinheit durch einen neuen Typ von Politikern vertreten werden würde, und nicht, wie bei dem Bundesratssystem, von einer Ministerialbürokratie zur Geltung gebracht wird.

Zu 2) Bundesratssystem

Es würde aus Vertretern der Regierung bestehen. Mein Befürchtung ist, dass dadurch nicht nur Föderalismus zu leicht überspitzt, sondern vor allem durch eine Bürokratie repräsentiert wird, während es sich doch in Wirklichkeit um Entscheidungen handelt, die aus dem politischen heraus zu fällen sind.

Zu 3) Gemischtes System

Hier würde die Vertretung jedes Landes durch zwei Gruppen geschehen: Durch Vertreter der Regierung und durch Vertreter, die vom Landtag gewählt sind. Hierfür war *Katz*, wahrscheinlich angeregt durch eine Äußerung von Dr. *Heuss*. Hiergegen wandte sich sehr heftig Dr. *Suhr*. Ich fürchte, dass bei einer solchen gemischten Vertretung zu große Spannungen bereits innerhalb der von einem Land Entsandten entstehen würden. Die Mitglieder des Länderrates würden dadurch ferner eine verschiedene Legitimation haben, die einen eine politische, die anderen ein bürokratische.

B. Zusammensetzung des Länderrates
Hier sind zwei Möglichkeiten:
1) Nach der Stärke der Bevölkerung
2) Für jedes Land die gleiche Anzahl

Zu 1) Für diese Lösung (*Suhr* und Eventualvorschlag Herrenchiemsee) spricht, dass dadurch die Länder gemäß ihrem spezifischen Gewicht zur Geltung kommen. Ich neige dazu, einem Land wie Nordrhein-Westfalen mit der Fülle seiner wirtschaftlichen, sozialen und konfessionellen und kulturellen Probleme und mit seiner starken Industriearbeiterschaft einen stärkeren Einfluss auf die politische Willensbildung des Länderrates zu geben, als z. B. der Hansestadt Bremen, die nur ca. 3% der Bevölkerung von Nordrhein-Westfalen hat. Die Hegemonie eines Landes könnte man durch Festsetzung einer Höchstmandatsziffer vermeiden.

Zu 2) Für die gleich starke Vertretung der Länder war *Katz*. Für seine Auffassung spricht, dass dadurch die SPD mehr Chancen hat. Wir dürfen allerdings nicht übersehen, dass auch die Ländergrenzen über kurz oder lang verändert werden. Trotzdem bleibt es fraglich, ob die Hansestädte Hamburg und Bremen mit ihrer sozialdemokratischen Mehrheit verschwinden werden.

C) Hinsichtlich der *Funktionen* sind die beiden Konstruktionen möglich:
  1. Echtes Zweikammersystem
  2. Einkammersystem, d.h. lediglich Vetorecht .[der Länderkammer].

Die Entscheidung wird wesentlich davon anhängen, ob wir das Senats- oder Bundesratssystem erhalten. Bei einem Senat, bestehend aus Politikern, neigen einige Genossen (so z. B. *Schmid*) zu der Möglichkeit eines echten Zweikammersystems. Abgelehnt wurde das Zweikammersystem, falls es beim Bundesratsprinzip bleibt oder die zweite Kammer ein ständisches Element aufweisen sollte. Verbleibt es, wie es z.Zt. bei dem Länderrat in Frankfurt, bei einem Vetorecht, dann entsteht die Frage, ob zu seiner Beseitigung eine qualifizierte Mehrheit erforderlich ist. Wir haben dies in den Verfassungspolitischen Richtlinien abgelehnt. Bei dem jetzigen Wirtschaftsrat ist eine absolute Mehrheit erforderlich.

Für den Senat wurde eine sechsjährige Wahlperiode vorgeschlagen mit der Maßgabe, dass alle 2 Jahre je 1/3 ausscheidet.

8. Bei der *Verwaltung* entsteht die Frage, ob für die Errichtung neuer Bundesbehörden eine *qualifizierte Mehrheit* im Bundestag sein muss. Die Meinungen waren geteilt. Ich

bin dagegen. Die Auswirkungen der sozialen Umschichtung durch die Kriegsschäden, vor allem für die Ostflüchtlinge und die Auswirkung der Währungsreform sind noch gar nicht zu übersehen. Sie werden sich auch im Verwaltungsaufbau widerspiegeln. Ich halte es für falsch, diese Entwicklung auf dem Verwaltungsgebiete durch das Erfordernis besonderer Mehrheiten bei der Gesetzgebung zu blockieren.

9. Das Grundgesetz wird die *Existenzen der Parteien* erwähnen und ihre Notwendigkeit bejahen müssen. Die Meinungen, ob eine, wenn auch noch so bescheidene Kontrolle über den demokratischen Aufbau der Partei und ihre Finanzen begrüßenswert ist, waren geteilt. *Schmid* und *ich* sind der Meinung, dass wir uns dazu entschließen müssen. Ich verweise auf meinen früheren dem PV übersandten Entwurf und auf die §§ 3 Ziff. 10, 8a und vor allem auf § 11 meines zweiten Entwurfs.

10. *Heuss* lehnte ein *Volksbegehren* und einen Volksentscheid ab. Wir haben in der Fraktion noch nicht darüber gesprochen. Das ist nachzuholen.

11. Bei der *Justiz* habe ich in meiner Rede vor dem Plenum gefordert, dass wir zumindest in die Übergangsbestimmungen eine Vorschrift dahin aufnehmen sollten, wonach die Besetzung sämtlicher Richter- und Staatsanwaltsstellen einer einmaligen Nachprüfung unterzogen wird, um bessere Garantien für eine vernünftige Rechtsprechung zu schaffen. Das dürfte auch in der Fraktion nicht streitig sein, aber ich würde es für gut halten, wenn der PV die Richtigkeit dieser Forderung von sich aus noch einmal bestätigt. *Zinn* und *Selbert* wiesen auf das hess. Richterwahlgesetz hin. Die Fraktion müsste sich entscheiden, ob wir es für den Bund einführen sollen. Ich halte seine Grundtendenz für richtig. Es ist abgedruckt im Gesetz- und Verordnungsblatt Hessen Nr. 10 vom 3.9.1948, S. 95.

12. Bei dem Zuständigkeitskatalog war die Einigung innerhalb der Fraktion sehr schnell zu erzielen. Nur in einer Frage besteht noch Meinungsverschiedenheit. Ich bin dafür, dass der Bund die *Grundsätze der Polizei* mit Bindung gegenüber [den Ländern][21] aufzustellen hat. Die Polizei bleibt Ländersache und kann von den Ländern, wenn sie wollen, kommunalisiert werden (so *Hoch*). Die Grundsätze über die materiellen, d.h. gesetzlichen Vollmachten der Polizei, inwieweit sie vor allem in die Rechte des einzelnen Bürgers eingreifen kann, ferner die Grundsätze über die notwendigen Garantien einer demokratischen Kontrolle der Polizei (hier liegt es vor allem in der brit. Zone sehr im argen) muss der Bund haben, sonst besteht die Gefahr, dass ein Land mit einer politisch falsch aufgezogenen Polizei die Bundesgewalt unterhöhlt.

13. Wie nicht anders zu erwarten war, entstanden Meinungsverschiedenheiten bei dem umfangreichen Gebiet der *Finanzen*. Im Finanzausschuss versuchte die CDU/CSU hartnäckig eine Verschleppungspolitik, indem sie vorschlug, die Sitzungen des Finanzausschusses um ca. 14 Tage hinauszuschieben. Wir haben das zerschlagen und sämtliche

---

21 In der Vorlage „gegenüber der Länder" (S. 8).

Sachverständige werden bereits in der Woche vom 21. bis 24.9. gehört werden. Der Grund der Verschleppung lag für die CDU vor allem darin, dass sie sich innerhalb ihrer Fraktion noch nicht einig ist, und es scheint, dass man seitens der CDU verschnupft ist, dass der Finanzausschuss im wesentlichen von CSU-Leuten beschickt wird.

Vorweg noch einige besondere interessante Zahlen. Z. Zt. gibt es keinen Finanzausgleich zwischen den Ländern. Jedes Land erhält die Steuern, die in seinem Bereich anfallen. Das führt zu folgenden grotesken Ergebnissen:

Einkommenssteuer 1947 je Kopf der Bevölkerung:

Nordrhein-Westfalen	308 RM
Schleswig-Holstein	221 RM
Hamburg	1078 RM
Bayern	300 RM
Bremen	680 RM

Noch überzeugender, dass es bei diesem System nicht bleiben kann, sind die Zahlen bei den Zöllen:

Nordrhein-Westfalen	9,6 Millionen
Niedersachsen	9,4 Millionen
Hamburg	120,8 Millionen

und bei der Tabaksteuer:

Niedersachsen	123 Millionen
Hamburg	289 Millionen
Schleswig Holstein	38 Millionen]

Ohne viele Theorien sollten diese Zahlen die unbedingte Notwendigkeit eines Finanzausgleichs und einer weitgehenden Steuerhoheit des Bundes am besten beweisen.

Es ist zu unterscheiden:
a) Gesetzgebungshoheit
b) Verteilung der Steuerquellen, d.h. des Ertrages
c) Finanzverwaltung

Zu a) Gesetzgebungshoheit
1) Streitig wurde hier innerhalb der Fraktion die Gesetzgebungshoheit bei der Biersteuer. M. E. sollte man an der Zuständigkeit des Bundes festhalten. Das schließt nicht aus, Bayern bei der Verteilung der Erträgnisse zu bevorzugen.
2) Die Vorschläge von Herrenchiemsee sehen leider das Recht der Länder vor, zur Bundeseinkommensteuer Zuschläge zu erheben. Das dürfen wir als Partei auf keinen Fall mitmachen. Das schafft zu Lasten der arbeitenden Bevölkerung Steueroasen, die von geschickten Unternehmern durch Verlegung der Verwaltungsgebäude ausgenutzt werden würden. Die Höhe des Lohnabzugs beeinträchtigt den Nettolohn und der Nettolohn ist eine wesentliche kalkulatorische Unterlage der Wirtschaft. Die Befürworter für ein solches Landesrecht weisen auf die Zustände von 1914 hin. Sie übersehen neben vielem anderen, dass damals der Steuerhöchstsatz

beim Einkommen von 100.000 RM bei 4% lag, zu denen höchstens 300% Gemeindezuschläge kamen, so dass ein Einkommen von 100.000 RM mit 16% belastet wurde. Heute liegt der Steuersatz bei 95%. Die Frage der Zuschläge ist also wirklich eine theoretische.

3) Wir brauchen überdies eine Bestimmung, dass für neue Steuerquellen eine gesetzliche Zustimmungsvermutung des Bundes besteht, der dadurch dann auch die Möglichkeit hat, zu entscheiden, wem die Erträgnisse zufließen sollen.

Zu b) *Verteilung der Steuerquellen*

Man sollte im Grundgesetz das Recht der Länder festlegen auf prozentuale Beteiligung an den wichtigsten Steuern, wie vor allem Einkommen- und Umsatzsteuer. Die genaue Höhe darf aber nicht in das Grundgesetz, sondern gehört in ein Finanzausgleichsgesetz. Nur so ist eine elastische Steuerpolitik möglich. Sie muss elastisch bleiben, weil die finanzielle Belastung des Bundes heute noch gar nicht übersehen werden kann.

Streitig wird in der Fraktion die Bevorzugung Bayerns an der Biersteuer sein. Verlangt Bayern dies, dann werden andere Länder vielleicht bei anderen Steuern Bevorzugung verlangen. Immerhin könnte man ein Kompromiss dahin befürworten, dass Bayern bei den Erträgnissen der Biersteuer bevorzugt wird. Hier gibt es Vorbilder in der Vergangenheit.

Zu c) *Finanzverwaltung*

In der Fraktion machen sich Tendenzen bemerkbar, notfalls im Wege des Kompromisses die Finanzverwaltung als Auftragsangelegenheit den Ländern zu übertragen (so vor allem *Seifried*). Ich habe den Eindruck, dass noch nicht alle Fraktionsmitglieder die entscheidende Bedeutung dieser Frage richtig erkannt haben. Gibt man den Ländern die Durchführung der Steuergesetze, dann werden sie auf Kosten des Bundes die Steuerschuldner des Landes schonen. Die Länder können jede Bundesgewalt durch Nichtabführung der Gelder lahm legen, aber das Entscheidende ist, dass wir dann überhaupt kein Bundeszwangsmittel haben, und es gibt keine Föderation auf der Welt, möge sie aussehen wie sie wolle, die nicht irgendein entscheidendes Zwangsmittel gegenüber „ungehorsamen„ Ländern besitzt. Das Versagen der bizonalen Ämter in Frankfurt in den Hungermonaten war nur möglich, weil gegenüber einigen Ländern kein Bundeszwang bestand.

Mit besten Grüßen
Dein gez. Walter Menzel

Nr. 2
Sitzung des Parteivorstandes am 29. und 30. Oktober 1948 in Speyer

AdsD:2/ PVAS 0000678 (Maschinenschriftl. Prot., 7 S)[1]

Leitung der Sitzung: **Erich Ollenhauer**
Anwesend: siehe Liste
   [Teilnehmer /Teilnehmerinnen, nach Funktionen geordnet[2]:
   PV:[3] *Ollenhauer;*
      Franke, Gotthelf, Heine, Nau;
      L. Albrecht, Baur, Bögler, Eichler, Fischer, Gayk, Gnoß. Görlinger, Gross, Henßler,
      Kaisen[4], *Knothe, Meitmann, Menzel, Neumann, Reuter, Schmid, Selbert*
   Vertreterin Schroeders: *I. Wolff*
   KK: *Schönfelder*
   MdParlR: *Katz, Suhr, Zimmermann* + 5 Mitgl. d. PV: (*Gayk, Menzel, Reuter, Schmid,*
      Selber) + 1 Mitgl. d. KK (*Schönfelder*)]

Tagesordnung:[5]
   1) Die Verhandlungen in Bonn
   2) Organisation und Finanzen
   3) Neuer Vorwärts
   5) Die Lage in Berlin
   6) Die Ergebnisse der Gemeindewahlen in Nordrhein-Westfalen und Schleswig-
      Holstein
   8) Internationales
   10) Neubesetzung des Ostsekretariats und des Betriebssekretariats
   13) Ort und Termin der nächsten Sitzung des PV und des PA

---

1 Die Einladung zu dieser Sitzung mit Bekanntgabe der vorläufigen Tagesordnung erfolgte durch das hektographierte Rundschreiben Nr. 80/48 des Referats Organisation, unterschrieben von Ollenhauer, vom 19. Oktober
   1948. Ein einseitiges Kommuniqué mit der Überschrift „Bonn im Mittelpunkt der PV-Beratungen" (Sopade
   Informationsdienst Nr. 618 v. 5.11.1948) wird hier als Anlage 1 A abgedruckt.
2 Die folgenden Angaben wurden der Anwesenheitsliste in den Beiakten zum Protokoll und Angaben im Protokoll
   entnommen; für die Teilnehmer an allen Vorstandssitzungen 1948-50 vgl. Anhang 1.
3 Von den Mitgliedern des PV fehlten wegen ihrer schwerer Erkrankung *Schumacher* und *Schroeder*, weiter waren,
   soweit die Anwesenheitsliste und das Protokoll Auskunft geben, *Grimme, v. Knoeringen, Krahnstöver, Kriedemann*
   und *Schoettle* nicht anwesend.
4 *Kaisen* trug sich nicht in die Anwesenheitsliste ein, beteiligte sich aber an den Diskussionen.
5 Wortlaut nach der vorläufigen Tagesordnung vom 19.10.1948, soweit es durch ein handschriftliches Abhaken
   ersichtlich ist, dass die Punkte wirklich zur Verhandlung kamen. Die vorgesehenen nicht behandelten Punkte
   der Tagesordnung lauteten: „4) Beschlüsse des Parteitages in Düsseldorf", „7) Die neue Pressepolitik der amerikanischen Militärregierung", „9) Angelegenheiten der Fachausschüsse. a. Kulturpolitischer Ausschuss, b. Bildung
   einer Hochschulkommission, c. Vorschlag des Genossen Dr. Freund für die Behandlung der sozialistischen Gesundheitspolitik im PV." Die Punkte 4 und 9 wurden in den Sitzungen vom 9./ 10.12.1948 u. 21./ 22.1.1949
   behandelt, vgl. Dok. 3 u. 4 A.

Ollenhauer eröffnet diese erste Sitzung in der französischen Zone mit einer Begrüßung, die vom Rundfunk aufgenommen wird.[6]

Punkt 1 der Tagesordnung: (Die Verhandlungen in Bonn)

Carlo Schmid berichtet über die bisherigen Verhandlungen in Bonn (siehe Anlage [2 A-C][7]) und auch die von der SPD erzwungene Plenarsitzung des Rates. Der CDU ist die gleichberechtigte zweite Kammer als Senat ein entscheidendes Problem, während die CSU für einen Bundesrat eintritt. Das Zentrum ist für eine gestärkte Finanzhoheit des Bundes.

Nach einem Gespräch zwischen *Menzel* und *Pfeiffer* hat *Katz* an die CDU-Fraktion ein Angebot dahingehend gerichtet, dass die SPD auf das Senatssystem verzichten würde, wenn die Finanzhoheit, d.h. auch die Steuergesetzgebung, an den Bund ginge. Der Bundesrat dürfe jedoch nur ein Vetorecht haben, das mit 2/3 Mehrheit von der Volkskammer aufgehoben werden könnte. Zentrum, DP und FDP stimmten zu. *Pfeiffer* und *Süsterhenn*[8] erklärten das Angebot für sehr interessant. Die CDU bat dann darum, dass in der nächsten Woche alle Sitzungen ausgesetzt werden, damit in ihrer Fraktion der gesamte Fragenkomplex noch einmal durchgesprochen werden könnte. Die SPD-Fraktion bestand jedoch auf Fortsetzung der Ausschusstätigkeit.

Menzel ergänzte den Bericht *Schmids* (siehe auch Anlage [2 A-C][9]) und meinte, dass die Finanz-, Wahlrechts- und Bundespräsidentenfrage im PV keiner Diskussion mehr bedürfe. Dagegen müsse nunmehr entschieden werden über Artikel 42[10], Bundesrat und die Grundrechte.

---

6 In der „Südena", der Südwestdeutschen Nachrichtenagentur in Baden-Baden, wurde folgende Zusammenfassung der Eröffnungsrede Ollenhauers publiziert:
„Der zweite Vorsitzende der SPD, Erich Ollenhauer, eröffnete am Freitagnachmittag im Stadthaussaal zu Speyer die Tagung des Parteivorstandes, die erstmals in der französischen Zone stattfindet. Erich Ollenhauer wies in seiner Eröffnungsansprache darauf hin, der Tatsache, dass der Parteivorstand zum ersten Male in der französischen Zone zusammentritt, komme besondere Bedeutung zu. Damit werde erneut unterstrichen, dass Deutschland auf dem Wege zur wirtschaftlichen und politischen Einheit sei. In diesem Zusammenhang wies Ollenhauer darauf hin, dass zwischen der englischen und amerikanischen Zone einerseits und der französischen Zone andererseits niemals ein eiserner Vorhang bestanden habe, wie dies zwischen den drei Westzonen und der Ostzone leider der Fall sei. Soweit eine Trennung innerhalb der drei Westzonen bestanden habe, sei diese auf bürokratische und politische Schwierigkeiten beschränkt gewesen.
Im weiteren Verlauf seiner Ausführungen gab Erich Ollenhauer seiner Freude darüber Ausdruck, dass die Militärregierung alle Anstrengungen unternommen habe, um die technischen Schwierigkeiten aus dem Wege zu räumen, die dieser Tagung entgegenstanden." (Meldung v. 29.10.1949, S.7). Nach den Notizen Lisa Albrechts berichtete Ollenhauer auch über den Gesundheitszustand Kurt Schumachers und Louise Schroeders. Bei Schumacher äußerte er die Hoffnung, dass dieser bis Ende des Jahres wieder „aktionsfähig" sein könne, Notizen Albrechts, FES: NL A. u. L. Albrecht 5.

7 In der Vorlage „1" Als Anlage „I" befinden sich in den Beiakten die längeren hektographierten Berichte Walter *Menzels* vom 1. Oktober (5 Seiten), vom 8. Oktober (5 Seiten) und vom 15. Oktober 1948 (3 Seiten) über die Arbeit der Ausschüsse und der SPD-Fraktion des Parlamentarischen Rates, die hier als Anlagen 2 A-C abgedruckt werden.

8 Zu Adolf *Süsterhenn* (1905-74) vgl. PV-Protokolle Bd. 1, S. 426.

9 In der Vorlage „1".

10 Zum Artikel 42 der ersten Fassung des GG, der später wegfiel, vgl. Einleitung, S. LIX.

Ollenhauer macht darauf aufmerksam, dass, wenn ein Kompromiss der Großmächte in der Berliner Frage zustande kommt, eine Außenministerkonferenz das Problem Gesamtdeutschlands zur Verhandlung aufnehmen wird. In diesem Fall ist die gesamte Bonner Arbeit in Frage gestellt. Zu berücksichtigen sei auch, dass die CDU bereits mit den Franzosen zusammenarbeitet.

Reuter korrigiert die recht verbreitete Auffassung, dass die Anerkennung der Ostwährung unter Viermächtekontrolle in Berlin die uneingeschränkte Ostwährung bedeutet.

Der Artikel 42 ist nicht annehmbar.

Schmid erklärt dazu, dass wir den Artikel 42 dem Genossen *Brill* verdanken. Vielleicht sei es möglich, ihn wieder herauszubekommen.

Heine ist der Meinung, dass wir es nicht nötig hätten, zu einem Kompromiss zu kommen, koste es was es wolle. Der Vorschlag des Genossen *Katz* steht im Widerspruch zu einem Parteitagsbeschluss. Wir sollten uns nicht darauf einlassen, dass ein Veto des Bundesrates erst mit einer 2/3 Mehrheit aufgehoben werden kann.

Katz betont, dass er seinen Vermittlungsvorschlag auf seine Verantwortung gemacht habe. Er sehe auch keine andere Möglichkeit, zu einem Resultat zu kommen. Die Amerikaner hätten bereits erklärt, dass gegenüber den Franzosen eine Verfassung nicht durchzubringen sei, die neben der Finanzhoheit des Bundes auch eine Einschränkung der Macht des Bundesrats beinhaltet.

Suhr betont, dass unter allen Umständen die Verhandlungen weitergetrieben werden müssen, auch wenn das Besatzungsstatut erst später fertig werden würde als die Arbeit des Parlamentarischen Rates.[11] Er hält den Vorschlag des Genossen *Zinn*, in die Verfassung aufzunehmen, dass Frankfurt die provisorische Bundeshauptstadt sei, für nicht annehmbar.

Gotthelf hält es für gefährlich, wenn man, wie *Katz*, eine Auffassung nicht durchzusetzen versucht, weil die Militär-Regierung es vermutlich doch nicht genehmigen würde. Wir sollten unsere Stellungnahme in der Frage der zweiten Kammer noch einmal genau überprüfen.

Eichler meint, dass der Umstand, dass ein Veto des Bundesrates nur mit 2/3 Mehrheit beseitigt werden kann, bedeutet, dass SPD und CDU übereinstimmen müssen. Praktisch würde also der Bundesrat immer vollberechtigt mitregieren.

Meitmann kritisiert scharf, dass *Katz* mit einem im Widerspruch zum Parteitagsbeschluss stehenden Vorschlag an die CDU herangetreten ist.

Schmid sieht die gesamte Arbeit in Bonn gefährdet, wenn wir einem möglichen Kompromiss nicht zustimmen. Ein Scheitern würde katastrophale Wirkungen auf Berlin und die Ostzone haben. Die französische Politik, die möglicherweise morgen von *de Gaulle*[12] geleitet wird, würde durch unser Verhalten neue Möglichkeiten ausnutzen können. Im Bonner Grundgesetz sind erfreulich wenig föderalistische Tendenzen enthalten.

---

11 Nach den Notizen von L. Albrecht forderte Suhr, dass das Grundgesetz auf jedem Fall im November fertiggestellt werden müsse, a.a.O.

12 Zu Charles *de Gaulle* (1890-1970) vgl. PV-Protokolle Bd. 1, S. LVIII.

Das Vetorecht wird bei Berücksichtigung des politischen Kräfteverhältnisses auch weniger gefährdet sein, als es zunächst noch aussieht.

Suhr hebt hervor, dass dank des Kompromisses die Finanzhoheit beim Bund liegen wird. Der Bundesrat könne nicht als Kammer angesprochen werden, da er nur Vetorecht hat. Die Frage sei, ob wir den Preis mit Akzeptierung der erforderlichen 2/3 Mehrheit zu hoch bezahlt haben. Evtl. sollten wir bei weiteren Verhandlungen auch noch als Preis den Bundespräsidenten anbieten.

Kaisen unterstreicht die Notwendigkeit, jetzt in Bonn schnell zu einem Resultat zu kommen. Wir müssen den Bundesrat, wie vorgeschlagen, akzeptieren.

Menzel betont, dass es unsere Forderung bleiben müsse, dass die Finanzverwaltung beim Bunde liegt, die Länderkammer als Bundesrat nur Vetorecht [hat] und der Artikel 42 gestrichen wird.

Reuter hält die Berliner Position für unhaltbar, wenn man jetzt in Bonn nicht zu einer Einigung gelangt. Wir müssten auch dem Umstand Rechnung tragen, dass die Welt noch lange Zeit nicht gewillt sein wird, einen deutschen Einheitsstaat zu akzeptieren.

Ollenhauer weist den Vorwurf zurück, dass die Fraktion in Bonn unseren Standpunkt nicht hinreichend vertreten habe. Wir müssten immer an die Konsequenzen eines Scheiterns der Verhandlungen denken. *Adenauer* spricht schon jetzt von einer Fortdauer der Verhandlungen bis Anfang nächsten Jahres. In unseren Richtlinien für den Aufbau der Deutschen Republik würde übrigens ausdrücklich der Bundesstaat gefordert. Es gelte nun, die Kompetenzen des Bundesrates abzugrenzen. Eine ohnmächtige Ländervertretung würde von den Alliierten nicht akzeptiert werden. Wir sollten der Fraktion die Vollmacht geben, auf der Basis der Vorschläge von Walter *Menzel* zu verhandeln. In der Frage des Bundespräsidenten könnten wir, wenn der Präsident keine politischen Funktionen erhält, notfalls nachgeben.

Schmid macht noch darauf aufmerksam, dass im Grundgesetz auf jeden Fall der folgende Satz stehen wird:

Hauptstadt der Deutschen Republik ist Berlin, der provisorische Sitz der Bundesregierung ist die Stadt X.

Knothe plädiert für Frankfurt als provisorische Bundeshauptstadt.

Heine führt dazu aus, dass die bizonale Verwaltung in Frankfurt bereits eine Rahmenverwaltung geschaffen habe, die als künftige Bundesverwaltung vorgesehen sei. Das sei ein Gesichtspunkt neben vielen politischen, um nicht nach dort zu gehen. Außerdem scheine ihm ein Bundessitz in der britischen Besatzungszone akzeptabler zu sein als in der amerikanischen.

Reuter spricht sich ebenfalls gegen Frankfurt aus, da diese Lösung nicht mehr als echtes Provisorium angesehen wird.

Schmid schließt sich dem an und meint, wir sollten auch nicht dahin gehen, wo die Militär-Regierung sitzt.

Selbert ist ebenfalls gegen Frankfurt. Es sei bereits in Bonn festgelegt, dass die Bundesverwaltung nicht Rechtsnachfolgerin der Bizonenverwaltung wird. Sie tritt für Kassel ein.

Görlinger ist gegen Frankfurt und für Bonn.

Meitmann ist gegen Frankfurt und für britische Zone und für Hamburg.

Ollenhauer stellt fest, dass der PV insgesamt gegen Frankfurt sei. In Bonn kämen wir jedoch in die Atmosphäre des rechten Flügels der CDU. Außerdem sei es dort auch technisch nicht zu schaffen. Geographisch läge Kassel am besten, jedoch sei nicht abzusehen, ob es dort technisch möglich sein wird. Wir werden unseren Standpunkt zunächst nicht veröffentlichen.

Die britische und die französische Regierung haben zugestimmt, dass das Grundgesetzz ohne Volksabstimmung angenommen wird. Die amerikanische Entscheidung steht noch aus. Nunmehr sei noch das Wahlgesetz [zu schaffen][13] für die Bundesparlamentswahlen, die möglichst Ende März stattfinden sollten. Unsere Fraktion in Bonn sollte entsprechend taktieren.

Zu **Punkt 5** der Tagesordnung (Berlin)

Neumann erklärt, dass es der SEP doch gelungen sei, in unsere Reihen im Ostsektor Berlins einzudringen. Auf unsere Genossen würde härtester Druck durch Wohnungsausweisungen usw. ausgeübt.

Suhr sagt, dass *Landsberg*[14] als Führer der CDU in Berlin isoliert sei und dass nunmehr *Schreiber*[15] und *Friedensburg*[16] maßgebend sind.[17] Die LDP wird möglicherweise auf Kosten der CDU ihre Stimmen verdoppeln können. Die Forderungen des General *Kotikow* bedeuten praktisch, dass im Ostsektor nicht gewählt werden kann. Die CDU hielt den Zeitpunkt für Wahlen nicht für geeignet, stimmte dann jedoch zu. Eine Gallupuntersuchung rechnet mit 60 % sozialdemokratischer Mehrheit. Die SED wird voraussichtlich nicht zur Wahl aufstellen.

Zu **Punkt 6** der Tagesordnung (Die Gemeindewahlen in Nordrhein-Westfalen und Schleswig-Holstein)

Henßler erklärt seine Zufriedenheit mit dem Wahlergebnis in Nordrhein-Westfalen. Die SPD sei nunmehr in den Städten überall führend. Er glaubt auch, dass uns ein Einbruch in die Arbeiter- und Angestelltenschicht der CDU gelungen ist und die CDU ihrerseits ehemals sozialdemokratische Stimmen aus den Handels- und Handwerkerkreisen übernommen hat. Wir sollten in Zukunft jedoch weniger wirtschaftlich und mehr politisch agitieren. Das von unserem Innenminister bescherte Wahlrecht hat sich gegen uns ausgewirkt.

---

13 In der Vorlage „geschaffen".

14 Kurt *Landsberg* (1892-1964), vor 1933, Studienrat, Hochschullehrer, DDP, 1945 Mitbegr. d. Berliner CDU, 1946/47 Vors. d. Berliner LVerb., 1946-50 Stadtverordn., 1950-58 MdAbgH (SPD).

15 Walther *Schreiber* (1884-1958), Rechtsanwalt, Dr.jur., vor 1933 DDP, 1919-33 MdL (Preußen), 1925-33 Handelsminister (Preußen), 1945 Mitbegr. d. CDU (Berlin und SBZ), 1947-52 Vors. d. LVerb. Berlin, 1946-48 Stadtverordn., 1951-58 MdAbgH, 1951-53 Bürgermeister, 1953-54 Reg. Bürgermeister.

16 Zu Ferdinand *Friedensburg* (1886-1972) vgl. PV-Protokolle Bd. 1, S. XXXVII.

17 Nach den Notizen von L. Albrecht betonte Suhr zunächst, dass das Bündnis mit CDU und FDP in Berlin gut funktioniere, a.a.O.

Gayk führt aus, dass die SPD in Schleswig-Holstein die Regierungsverantwortung für das Land trug und dass 8 von 21 Kreisen von Sozialdemokraten verwaltet werden. Er stimmt *Henßler* zu, dass die wirtschaftliche Agitation gegen die CDU-Politik in Frankfurt keine Erfolge zeitigte. Wir sollten das bei den kommenden Parlamentswahlen berücksichtigen. Die CDU in Schleswig-Holstein hatte, gezwungen vom Mehrheitswahlrecht, mit den Rechtsparteien einen Block bilden müssen und war damit demaskiert.

Das Gedicht im „Neuen Vorwärts" von *Lestiboudois*[18] hat im Wahlkampf eine große Rolle gespielt und großen Schaden angerichtet.

Die Flüchtlinge erwiesen sich als parteienfeindlich.

Die Demontagepolitik der Besatzungsmächte ist mit verantwortlich für den Schaden, der der Demokratie heute zugefügt wird. In Schleswig war das Wahlbündnis mit den bürgerlichen Parteien notwendig, jedoch sind gewisse nationalistische Entgleisungen zu bedauern. Die Verantwortung dafür trägt die Aktivität des dänischen Außenministers. Das Wahlrecht, das jetzt statt 25 % 40 % Listenausgleichsverrechnung vorsah, war für uns ungünstig und sollte revidiert werden.

Henßler empfiehlt rechtzeitige Beobachtung und Bekämpfung der RSF [Radikal-Soziale Freiheitspartei][19].

Eichler meint dazu, dass es außerordentlich schwierig sein wird, gegen die Silvio - Gesell - Theorie der RSF eine populäre Gegenpropaganda zu führen. Im Wahlkampf ist es uns nicht gelungen, mit unserer Propaganda auf die Flüchtlinge Eindruck zu machen, wie wir es auch nicht verstanden haben, die Geistesarbeiter anzusprechen.[20]

Kaisen sagt, dass er in der Ministerpräsidentenkonferenz beantragt hatte, einen Flüchtlingskommissar für die Trizone zu ernennen. Er habe jedoch nicht durchdringen können und fordere daher allerschnellsten Abschluss der Arbeit in Bonn.

Menzel erwidert auf die Kritik an dem von ihm entworfenen Wahlrecht, dass gegen seinen Willen im Landtag die sehr wesentliche Bestimmung gestrichen wurde, dass keine Partei aus den Listen mehr Stimmen erhalten dürfe, als sie direkt in den Kreisen erobert habe.

Ollenhauer erklärt abschließend, dass ihm der Stillstand des Zentrums in Nordrhein-Westfalen zu beweisen scheine, dass der Klerus für die CDU eingetreten sei. Er teile ebenfalls die Auffassung, dass unsere Propaganda gegen die Wirtschaftspolitik in Frankfurt nicht den gewünschten Erfolg hatte.

---

18 Im Neuen Vorwärts Nr. 2 v. 18.9.1948, S. 8 wurde ein polemisches Gedicht des Hamburger Schriftstellers Herbert *Lestiboudois* „Das ist der Ruhm der Soldaten" abgedruckt, das zu heftigen Angriffen von konservativen Politikern führte und hier als Anlage 3 abgedruckt wird. Vgl. die Stellungnahme von Gerhard *Gleissberg* im Neuen Vorwärts, Nr. 3 v. 25.9., S. 2.

19 Die Radikal-Soziale Freiheitspartei (RSF) bestand in der Britischen Besatzungszone seit 1946 und schloss sich 1950 mit anderen rechten Splittergruppen zur „Freisozialen Union" (FSU) zusammen, vgl. R.Stöss, Freisoziale Union, in: ders., Parteienhandbuch, Bd. 2, S. 1398.

20 Anscheinend nahm Eichler in diesem Redebeitrag auch Bezug auf das „Material über die Abstimmung", das Susanne Miller in ihrem Bezirk, d. h. dem Bezirk Mittelrhein, gesammelt hatte: Danach hatten mehr Frauen als Männer für die SPD gestimmt, vgl. die Notizen von L. Albrecht über diese Sitzung, in denen allerdings nur der Name Miller (nach Gayk), nicht der Name des Redners Eichler, erwähnt wird, Notizen L. Albrechts a.a.O.

Wir werden demnächst den Entwurf eines Wahlprogramms ausarbeiten.

Zu **Punkt 2** der Tagesordnung (**Finanzen**)[21]

Nau erklärt zur Finanzlage der Partei, dass bis zum 30.9. von den Bezirken nur ca. 24.000,- DM abgeführt wurden, während 360.000,- DM eingehen sollten. Die Ausgaben der Zentrale seien seit dem Tage X noch gestiegen. Der Parteitag habe 38.000,- DM gekostet. Der „Neue Vorwärts" bedurfte bis zum 30.9. eines Zuschusses von 115.000,- DM. Am Tage X waren 100.000,- DM vorhanden, weitere Einnahmen bestanden aus 115.000,- DM Länderkredite, 30.000,- DM Verkäufe, 24.000,- DM Abgaben der Bezirke. Im Oktober sind die Bezirksabgaben erfreulicherweise wieder etwas gestiegen. Am ungünstigsten fahren alle die Bezirke, die mit dem Kreisorganisationssystem arbeiten.

Henßler fordert, dass der PV sich einmal gründlich mit der Organisationsarbeit befasst.

Zu **Punkt 10** der Tagesordnung (**Betriebssekretariat**)[22]

Franke macht den Vorschlag des Büros, für das zentrale Betriebssekretariat den Genossen [Siggi] *Neumann* anzustellen.

Heine ergänzt und teilt mit, dass der Genosse *Bremer* bereits damit beschäftigt ist, eine Betriebskartei aufzustellen. Ein weiterer Genosse soll im Rahmen des Betriebssekretariats das Arbeiterkorrespondentenwesen organisieren.

Henßler macht darauf aufmerksam, dass wir in Zukunft nicht mehr damit rechnen können, von der Presse im bisherigen Umfange unterstützt zu werden. Unser Propagandaapparat sei zu teuer und müsse einsparen. Das Organisationssekretariat müsse lebendiger werden. Er könne auch nicht einsehen, dass der PV diese riesige Betriebskartei gebrauche. Unsere Betriebsarbeit in den Bezirksorganisationen habe vielfach versagt, denn sonst könne es nicht geschehen, dass die KP trotz ihrer Schwäche immer wieder mal einen großen Betrieb erobert.

Er fürchtet, dass in Hannover zu viel Menschen auf einem Nebengleis beschäftigt werden. Die Propagandaarbeit sei kostspielig. Der Sopade-Dienst zu umfangreich.

Meitmann beantragt, die Beschäftigung des Genossen *Neumann* als Betriebssekretär zurückzustellen. Die aktiven Funktionäre der Betriebsarbeit sollten in einer Kommissionsarbeit das Problem von unten her behandeln.

Kaisen bemängelt, dass der „Neue Vorwärts" noch keinen Chefredakteur habe.

Neumann ist der Meinung, dass die Betriebsarbeit in die Bezirke gehöre, während die Gewerkschaftsarbeit zentral zu leisten wäre. Er hält Siggi *Neumann* nicht für den Fachmann.

---

21 Im Kommuniqué wird lediglich erwähnt, dass *Nau* über die finanzielle Lage der Partei berichtet habe.

22 Nach der vorläufigen Tagesordnung lautete der TOP 10: „Neubesetzung des Ostsekretariats und des Betriebssekretariats". Im Kommuniqué wird lediglich erwähnt, dass *Franke* über organisatorische Fragen berichtet habe.

Franke erwidert darauf, dass ohne Zweifel das Schwergewicht der Betriebsarbeit in den Bezirken läge, jedoch sei eine Koordination erforderlich. Die Gewerkschaftsarbeit sei von den Bezirken schlecht oder gar nicht unterstützt worden.

Henßler ist der Auffassung, dass die Kontrollkommission zu prüfen hätte, wie die einzelnen Abteilungen im PV ihre Aufgaben durchführen.

Heine weist den Verdacht zurück, dass die PV-Mitglieder im „Büro" nicht einen vollen Überblick oder eine umfassende Kontrolle über die Abteilungen des Hauses hätten.

Die Propagandaabteilung in Hannover bestände nur aus 3 Angestellten und 2 freien Mitarbeitern, gegenüber 18 Angestellten vor 1933.

Über den Sopade-Dienst werden der nächsten PV-Sitzung Vorschläge gemacht werden.

Die Betriebskartei soll uns Aufklärung darüber geben, wie es in den Betrieben insgesamt aussieht. Eine Dauerbearbeitung der Kartei sei zentral nicht geplant.

Die Anstellung eines Betriebssekretärs wurde vor 1 1/2 Jahren beschlossen. Erbetene personelle Vorschläge sind bis heute aus den Bezirken nicht eingegangen. Siggi *Neumann* bringt alle Fähigkeiten für diese Aufgabe mit.

Meitmann verlangt nochmals, dass die Fachleute aus den Bezirken zur Betriebsarbeitt zuvor gehört werden.

Schönfelder erklärt, dass es ihm nunmehr ratsam erscheine, dass die Kontrollkommission beim nächsten Besuch die Kontrolltätigkeit auf den gesamten Bürobetrieb ausdehnt.

Ollenhauer schlägt vor, dass anlässlich der nächsten PV-Sitzung in Hannover der Bürobetrieb dem PV gezeigt wird.

Zum Thema Betriebsarbeit sollen die am 4. und 5. November tagenden Bezirkssekretäre gehört werden und Siggi *Neumann* könne auf dieser Sitzung seine Auffassungen darstellen. Der PV würde dann auf Grund dieses Sitzungsberichtes über die Anstellung entscheiden.

Zu **Punkt 3** der Tagesordnung („**Neuer Vorwärts**")[23]

Heine gibt einen Überblick über den Aufbau des „Neuen Vorwärtsverlages" und schlägt vor, dass der Genosse Ernst *Schumacher* als zunächst stellvertretender Geschäftsführer des NV - Verlages angestellt wird. Bis zur Selbsterhaltung des Verlages dürfte noch einige Zeit vergehen. Die Auflage des „Neuen Vorwärts" liegt z.Z. bei 3.000 Abonnenten und 8.000 Exemplaren Straßenverkauf. Das Annoncengeschäft ist ebenfalls schlecht.

Als Chefredakteur schien ihm Hans *Richter*[24], Hamburg, geeignet zu sein. Da dieser jedoch nicht zu gewinnen war, wurde *Gleissberg*[25] als stellvertretender Chefredakteur eingesetzt.

---

23 Im Kommuniqué wird nur ganz allgemein erwähnt, dass *Heine* einen Bericht über Pressefragen erstattet habe.
24 Hans *Richter* (1895-1970), Schriftsetzer, Redakteur, vor 1933 SPD, Red. in HH, 1927-33 Stadtverordn. in Altona, 1946-59 Chefred., 1946-70 MdBü.
25 Zu Gerhard *Gleissberg* (1905-73) vgl. PV-Protokolle Bd. 1, S. LIII.

Zum *Lestiboudis*-Gedicht, dessen Veröffentlichung ein Missgriff war, muss festgestellt werden, dass wir in Deutschland wieder einer nationalistischen Welle ausgesetzt sind. Auch SPD-Mitglieder schrieben Protestbriefe, die einfach niederschmetternd waren. Der PV müsse zu der Art, wie die CDU von diesem Gedicht Gebrauch machte, Stellung nehmen. Er habe eine Erklärung bereits vorbereitet.

Eichler spricht sich gegen die von *Heine* vorgelegte Erklärung aus.

Reuter lehnt ebenfalls die Erklärung ab und kritisiert ganz allgemein den inhaltlichen Aufbau des „Neuen Vorwärts".

Gayk spricht sich gegen die Erklärung aus und beantragt, dass der PV sein Bedauern über den Abdruck des Gedichtes zum Ausdruck bringt.

Henßler spricht sich für die *Gayk*-Erklärung aus.

Ollenhauer hat Bedenken, in dieser Angelegenheit überhaupt einen PV-Beschluss zu fassen. Der „Neue Vorwärts" solle nochmals zum Gedicht Stellung nehmen.

Meitmann für *Gayk*-Erklärung.

Gotthelf schlägt vor, dass *Erich Ollenhauer* auf der ersten Seite des „Neuen Vorwärts" zum Gedicht Stellung nimmt.

Heine ist der Auffassung, dass die *Gayk* - Erklärung als ein Zurückweichen vor dem Nationalismus gewertet werden wird.

Gayk meint, dass der „Neue Vorwärts" sich jetzt nicht gut widerrufen könne, nachdem er nachträglich das Gedicht noch mehrmals rechtfertigte. Der PV müsse sein Bedauern aussprechen und *Ollenhauer* könne dann in einem Artikel unseren Standpunkt ausführlich darlegen. Im übrigen könne er nicht einsehen, dass der „Neue Vorwärts" in seiner derzeitigen schlechten Aufmachung verbleiben müsse.

Menzel hat Bedenken gegen die *Gayk*-Erklärung, da Kurt *Schumacher* als Lizenzträger des „Neuen Vorwärts" zeichnet und die Umwelt dann Gegensätze zwischen PV und *Schumacher* konstruieren könnte.

Ollenhauer hält eine Bedauernserklärung für eine Kapitulation vor dem Nationalismus. Der Konflikt müsse im „Neuen Vorwärts" ausgetragen werden und er schlage vor, dass Kurt *Schumacher* in einem Artikel unsere Stellungnahme formuliert. Er schlägt weiter vor, dass *Gleissberg* zur nächsten PV-Sitzung hinzugezogen wird.

Die Abstimmung ergibt, dass der Antrag *Gayk* gegen 5 Stimmen abgelehnt und der Antrag auf Stellungnahme durch Kurt *Schumacher* mit Mehrheit angenommen wird.[26]

Zu **Punkt 8** der Tagesordnung: **Internationales**[27]

Ollenhauer: Das [Organisationskomitees der Sozialistischen Internationale][28] wird am 3.12. in London tagen. Das Büro schlägt *Ollenhauer* und *Nau* als Delegierte vor. *Nau* solle teilnehmen, da das Problem der deutschen Beitragsleistungen geklärt werden müsse.

---

26 Ein Artikel Schumachers zu diesem Thema ist nicht nachweisbar.

27 Im Kommuniqué werden nur die Delegation von *Ollenhauer* und *Nau* zur Konferenz des Internationalen Komitees und die Entsendung von *Franke* zum Parteitag der SPÖ erwähnt.

28 In der Vorlage „Internationale Komitee" (S. 7).

Die Labour Party hat eine Konferenz zur Behandlung der Sozialisierungsprobleme in Westeuropa einberufen. Die SPD wurde nicht eingeladen. Das Büro hat jetzt Morgan *Phillips* um Informationen gebeten und angeregt, deutsche Delegierte hinzuzuziehen. Falls eine Einladung noch ergehen sollte, werden *Veit* und *Henßler* vorgeschlagen.

Die SPÖ hat zum Parteitag nach Wien eingeladen (10.-12.11.). Das Büro schlägt *Egon Franke* vor.

Der PV stimmt den Bürovorschlägen zu.

Nau: Die SFIO hat nunmehr die Kosten für den Aufenthalt der deutschen Delegation in Paris in Rechnung gestellt und fordert über 1.000,- DM, die in Baden-Baden eingezahlt werden sollen.

Ollenhauer wiederholt den Vorschlag des Büros, Ernst *Schumacher* als stellvertretenden Verlagsleiter beim Neuen Vorwärts einzustellen.

Der PV stimmt dem zu.

Gross schlägt vor, dass der PV im Kommuniqué zur Frage der Entlassung der Kriegsgefangenen etwas sagt.

Der PV stimmt dem zu.[29]

Zu **Punkt 13** der Tagesordnung:

Ollenhauer schlägt vor, dass die **nächste PV-Sitzung** am 9. und 10.12. in Hannover stattfindet, während die nächste PV- und PA-Sitzung bis Januar verschoben werden sollte, da Aussicht besteht, dass *Kurt Schumacher* dann wird teilnehmen können.

Anlage 1 A
Kommuniqué
Sopade - Informationsdienst Nr. 618 vom 5. November 1948

Bonn im Mittelpunkt der PV - Beratungen

Am 29. und 30. Oktober tagte der Vorstand der SPD in Speyer und damit zum ersten Male seit 1945 in der französischen Zone. Die breiteste Öffentlichkeit brachte dieser Sitzung besonders lebhaftes Interesse entgegen. Das kam unter anderem darin zum Ausdruck, dass die Eröffnung der Tagung durch den stellvertretenden Vorsitzenden *Ollenhauer* über den Rundfunk aufgenommen wurde.

Im Mittelpunkt der Beratungen des ersten und zweiten Tages standen die *Arbeiten des Parlamentarischen Rates* in Bonn. Prof. Carlo *Schmid* und Walter *Menzel* berichteten über den derzeitigen Stand der Diskussion und legten die zwischen den beiden großen Fraktionen bestehenden Meinungsverschiedenheiten dar. Nach längerer Diskussion stellte der Vorstand, den einige führende Mitglieder der Fraktion des Parlamentarischen Rates ergänzten, die völlige Übereinstimmung von Vorstand und Fraktion über den weiterhin in Bonn einzuschlagenden Weg fest.

---

29 Im Kommuniqué wird dazu relativ ausführlich Stellung genommen, vgl. Anlage 1 A.

Nach sozialdemokratischer Auffassung ist ein positives Ergebnis der Bonner Beratungen dringend erwünscht, ebenso dass beide große Fraktionen zu einem gemeinsamen Beschluss kommen. Vorstand und Fraktion halten es außerdem für dringend erforderlich, dass die Beratungen beschleunigt abgeschlossen werden. Nach Auffassung der SPD sollte man unter allen Umständen bemüht sein, noch bis Ende November zu einem Ergebnis zu kommen. Die SPD-Fraktion wird Vorschläge zur Beschleunigung der Beratungen einbringen.

Franz *Neumann* und Otto *Suhr* sprachen zur *Lage in Berlin*. Sie und ihre Freunde sind der festen Ansicht, dass die Wahlen am 5. Dezember für die Sozialdemokratie zu einem großen Erfolg führen werden.

Eine kurze Diskussion galt den Ergebnissen der *Gemeinde- und Kreistagswahlen in Nordrhein-Westfalen und Schleswig-Holstein*. Mit Genugtuung wurde der Erfolg der Sozialdemokratie in Nordrhein-Westfalen festgestellt. In Schleswig-Holstein hat nach einer Feststellung des Kieler Oberbürgermeisters *Gayk* das Wahlbündnis der bürgerlichen Parteien zu einer weiteren starken Rechtsradikalisierung der CDU geführt, die die Gefahr einer neuen nationalistischen Entwicklung in sich trägt.

Der Parteivorstand beschäftigte sich dann mit dem Versprechen der Mächte, die deutschen Kriegsgefangenen bis zum Ende des Jahres zu entlassen. Er stellte fest, dass alle Anzeichen darauf hindeuten, dass die Rückführung der männlichen und weiblichen Gefangenen aus der Sowjetunion und ihren Satellitenstaaten nicht zu diesem vereinbarten Termin vorgesehen ist, geschweige denn durchgeführt werden kann. Der Vorstand setzte sich erneut mit großem Nachdruck für die beschleunigte Rückführung ein.

Zu der Sitzung des Organisationskomitees der Sozialistischen Internationale in London, Anfang Dezember, werden Erich *Ollenhauer* und Alfred *Nau* entsandt, auf dem Parteitag der Sozialdemokratischen Partei Österreichs in Wien vom 10. bis 12. November wird Egon *Franke* die SPD vertreten.

Den Abschluss der Beratung bildet die Berichterstattung von Alfred *Nau* über finanzielle, von Egon *Franke* über organisatorische und von Fritz *Heine* über Pressefragen.

Anlage 1 B
Kurzberichte über die Vorstandssitzung
Sozialdemokratischer Pressedienst III/ 133 v. 1.11.1948, S.1-3[30]

Beginn einer neuen Etappe[31]

Dass die Tagung des Vorstandes der SPD am 29. und 30. Oktober in Speyer stattfand, war ebenso für das französisch besetzte Land Rheinland-Pfalz wie für die Sozialdemokratische Partei ein Ergebnis von besonderer Bedeutung. Die Bereitschaft der Besat-

---

30 Überschrift im Sozialdemokratischen Pressedienst: „Gemeinsam und schnell. Bonn in der Sicht der Tagung von Speyer". Fast vollständiger wörtlicher Abdruck: Sopade Informationsdienst Nr. 618 v. 6.11.1948.

31 Diese und die folgenden Zwischenüberschriften entstammen dem Abdruck im Sopade Informationsdienst Nr. 618.

zungsmacht, frühere Widerstände gegen eine freie Betätigung der SPD im überzonalen Rahmen aufzugeben, liegt[32] übrigens schon etwa zwei Monate zurück. Aber nach manchen Erfahrungen hatte man Grund zu der Annahme, dass zwischen dieser theoretischen Bereitschaft und der Praxis eine Lücke klaffen würde, wenn eines Tages die Probe aufs Exempel gemacht werden sollte. Aber es ist glatt gegangen und außerdem ohne Schwierigkeiten.

Sicher hat wesentlich die allgemeine Aufhebung der Zonengrenzkontrolle dazu beigetragen. Aber hier wurde ohne Zweifel auch ein Wandel in der grundsätzlichen Einstellung der französischen Besatzungsmacht sichtbar. *Ollenhauer* erklärte denn auch einem Pressevertreter auf dessen Frage, er sei der Meinung, dass es sich bei dieser neu gewonnenen Möglichkeit der SPD, sich auch in der dritten westdeutschen Zone frei zu entfalten, keineswegs um einen Sonderfall, sondern um den Beginn einer neuen Etappe handele. Die Tagung fand in der Öffentlichkeit, schon wegen ihres Neuigkeitswertes, sehr starke Aufmerksamkeit. Die CDU hatte es für zweckmäßig gehalten, in der Person von Jakob *Kaiser*, der in Landau sprechen sollte oder gesprochen hat, schweres Geschütz aufzufahren und ein Gegengewicht dagegen zu schaffen, dass eine ganze Reihe von führenden Sozialdemokraten aus Anlass ihres Aufenthalts in der näheren und weiteren Umgebung von Speyer in den in Gang befindlichen Wahlkampf in Rheinland-Pfalz eingriff, unter ihnen Erich *Ollenhauer*, Franz *Neumann* und Otto *Suhr* aus Berlin, und Oberbürgermeister *Gayk* - Kiel.

Die Beratungen in Bonn

Von vornherein war vorgesehen, die Beratungen in Bonn in den Mittelpunkt dieser Vorstandssitzung zu stellen. Diese Beratungen sind jetzt in ihrem ersten großen Teil abgeschlossen, in der Arbeit der Fachausschüsse. Auch die interfraktionelle Einigung hat schon gewisse Fortschritte gemacht. Ein quantitativ kleiner, aber sehr wesentlicher Rest von Meinungsverschiedenheiten blieb zunächst.

Der Terminkalender für den weiteren Weg in Bonn sieht etwa folgendermaßen aus: Selbst wenn man Ende November zur Verabschiedung des Grundgesetzes kommen sollte, worauf man mit aller Entschiedenheit hinarbeiten müsste, weiß man noch nicht bestimmt, ob die Militär-Regierungen sich zum Verzicht auf den Volksentscheid werden entschließen können. Am wenigsten sicher ist man sich in dieser Hinsicht der Amerikaner. Eine Ratifizierung durch die Landtage könnte, wenn das Grundgesetz mit einer SPD/CDU-Mehrheit angenommen wäre, vielleicht in vierzehn Tagen erfolgen. Dann muss aber noch Ende Dezember das Wahlgesetz zustande gebracht werden, das in seinen Einzelheiten ja nicht unter die Zuständigkeit des Parlamentarischen Rates fällt, sondern[33] entweder durch Beschluss der Militärregierungen oder durch einen gemeinsamen Akt der

---

32 Die folgenden Sätze bis zu nächsten Zwischenüberschrift wurden beim Abdruck im Sopade - Informationsdienst stark gekürzt: „... ließ ohne Zweifel einen Wandel in der grundsätzlichen Einstellung der französischen Besatzungsmacht erkennen. *Ollenhauer* erklärte denn auch einem Pressevertreter auf dessen Frage, er sei der Meinung, dass es sich bei dieser neu gewonnenen Möglichkeit der SPD, sich auch in der dritten westdeutschen Zone frei zu entfalten, keineswegs um einen Sonderfall, sondern um den Beginn einer neuen Etappe handele."

33 Der folgende Nebensatz „sondern...ist" wurde beim Abdruck im Sopade Informationsdienst weggelassen.

Ministerpräsidenten zu schaffen ist. Mit den Wahlen selbst ist nach alledem nicht vor der zweiten Märzhälfte nächsten Jahres zu rechnen.

SPD für schnelle und gemeinsame Arbeit in Bonn

Die Sozialdemokratie hat von Beginn der Bonner Beratungen an auf Beschleunigung gedrängt, weil sie sich der überragenden Bedeutung einer schnellen Einigung für die allgemeine politische Situation und insbesondere die[34] in Berlin bewusst war. Nachdem nun in Berlin für Anfang Dezember Wahlen bevorstehen, sind schnelle und klare Entscheidungen umso notwendiger. Die SPD ging und geht bei ihren Überlegungen weiter davon aus, dass das Grundgesetz, wenn es im Bewusstsein der Bevölkerung als Auftakt eines selbständigen Verfassungslebens Leben gewinnen und Geltung haben soll, von einer großen Mehrheit der in Bonn versammelten Abgeordneten getragen sein muss. Beide Erfordernisse, das der schnellen und der gemeinsamen Erledigung, gilt es, miteinander zu verbinden.

CDU muss endlich Farbe bekennen

In diesem Punkt aber muss gesagt werden, dass das unklare, zögernde und widerspruchsvolle Verhalten der CDU/CSU der SPD die Verwirklichung dieser ihrer Absichten, die ganz ohne Zweifel ein Gesamtinteresse darstellen, sehr erschwert hat. Die Gründe dafür liegen einmal in der gerade in Bonn wieder krass zutage getretenen politischen Uneinheitlichkeit der CDU/CSU, dann - vielleicht - auch in gewissen außenpolitischen Überlegungen maßgebender CDU-Kreise, die glauben, es sei unter den besonderen Gesichtspunkten der Politik ihrer Partei zweckmäßig, gewisse politische Entwicklungen, vor allem wohl im Westen, erst ausreifen zu lassen, ehe man sich durch feste Beschlüsse bindet. Insbesondere hat dann aber auch die Bedrohung eine erhebliche Rolle gespielt, die die Bayernpartei mit ihrem klar separatistischen Kurs für die bayerische CSU und damit indirekt für die CDU darstellt. Das ist so weit gegangen, dass im letzten Stadium der Verhandlungen, als es um einen bestimmten Vorschlag der SPD ging - und diese Phase ist noch nicht überwunden - der *Adenauer-Lehr*-Flügel der CDU der bayerischen CSU den Vorwurf gemacht hat, sie habe sich vor den Wagen der SPD spannen lassen, um die CDU der britischen Zone möglichst weitgehend auszuschalten und in diesem Freundesstreit die Bayernpartei schließlich sogar das kriegerische Potential der agrarischen Autarkie Bayerns als Argument ins Gefecht führte. Wie stark diese inneren Gegensätze die Bewegungsfreiheit der CDU/CSU behindern und damit auch den Fortgang der gesamten Beratungen in Bonn, ergibt sich auch aus der Hartnäckigkeit, mit der die Partei immer wieder einer öffentlichen Diskussion der schwebenden Fragen und der bestehenden Meinungsunterschiede ausweicht. Auch die zuletzt vereinbarten interfraktionellen Besprechungen sind wieder von der CDU/CSU abgesagt worden. Die SPD wird[35] vermutlich auf der ursprünglichen Übereinkunft bestehen, oder den Hauptausschuss einberufen lassen, und zwar noch diese Woche, der ja bekanntlich öffentlich tagt.

---

34 Im Abdruck statt „die in" – „im Hinblick auf".
35 Der folgende Satz „wird...tagt" wurde beim Abdruck weggelassen.

Man ist jedenfalls der Ansicht, dass jetzt endlich Farbe bekannt und Klarheit geschaffen werden muss.

Der Standpunkt der SPD zu den grundsätzlichen Fragen

Dabei geht es im Grunde, was gewiss nicht mehr neu ist, im wesentlichen nur noch um eine einzige, allerdings entscheidend wichtige Frage: die künftige Stellung der sogenannten Zweiten Kammer. Die SPD legt in diesem Punkt das größere Gewicht auf ihre Funktionen, als auf ihre Zusammensetzung. Und diese Funktion soll nach sozialdemokratischer Ansicht im wesentlichen auf die Möglichkeit beschränkt bleiben, gegen Gesetzgebungsakte der Ersten Kammer, also der eigentlichen Volksvertretung, ein Veto einzulegen. Dabei ist auch noch offen, mit welcher Mehrheit die Volkskammer einen solchen Einspruch sollte überwinden können, eine Zweidrittelmehrheit wird in der Sozialdemokratie überwiegend als eine zu weitgehende Konzession an die Gegenseite angesehen. Dafür ist die SPD bereit, bei der Zusammensetzung [von dem][36] Senatsprinzip, also der Bildung der Zweiten Kammer durch Wahlen, abzugehen, und das Bundesratsprinzip, also die Ernennung von Mitgliedern der einzelnen Länderregierungen, anzunehmen. Vielleicht[37] könnte nach sozialdemokratischer Auffassung weiterhin in einer Frage, nämlich der Gestaltung des Finanzausgleichs zwischen den Ländern eine Sonderregelung im Sinne einer stärkeren Berücksichtigung der Länderinteressenvertretung getroffen werden.

Die Sozialdemokratie, das soll in aller Klarheit wiederholt werden, um immer wieder auftauchenden Missverständnissen zu begegnen, hat sich bereits in ihren verfassungspolitischen Richtlinien mit dem Bundesstaatscharakter eines künftigen Deutschland einverstanden erklärt, womit sie übrigens besonders schlagend bewies, wie ungerecht der oft gegen sie erhobene Vorwurf ist, sie sei doktrinär und unzugänglich für offenkundige Notwendigkeiten einer politischen Situation, wenn diese im Gegensatz zu ihren ursprünglichen und prinzipiellen Auffassungen stehen. So ist die SPD durchaus bereit, dem Länderelement im deutschen Verfassungsleben in vertretbarem Rahmen Raum zu geben. Aber sie wünscht ein Übergewicht des Bundes, also keinen Staatenbund. Die SPD ist bereit, alles ihr irgend mögliche zu tun, um eine Einigung mit der CDU zu erreichen und damit dem kommenden Grundgesetz die unerlässlich breite Basis zu geben. Sie ist aber nicht bereit, diese Einigung mit der anderen großen Fraktion im Parl amentarischen Rat unter Verzicht auf Grundsätze zu erkaufen, die sie nach ihren Vorstellungen für das deutsche Gesamtinteresse für lebenswichtig hält. Diese Einstellung, verdeutlicht in den präzisen Vorschlägen, die inzwischen der CDU gemacht worden sind, ist für Parteivorstand wie Fraktion bindend und es wäre eine sehr gefährliche Annahme der anderen Seite, sie hätte ein Recht, das zu bezweifeln.

---

36 In der Vorlage „auf das".
37 Der folgende Satz „Vielleicht...werden" wurde beim Abdruck weggelassen.

Anlage 3
Berichte Walter Menzels über die Arbeit des Parlamentarischen Rates vom 1., 8. und 15. Oktober 1948
Anlage („I") zum Protokoll der Sitzung (Hektogr. Exemplare: 5, 5 u.3 S.)

A) Bericht vom 1.10.1948[38]

I. Am Dienstag, den 28.9. fand zwischen unserem Fraktionsvorstand und Vertretern der bizonalen *Gewerkschaften* eine Besprechung statt, bei der vor allem die Genossen [A.] *Karl*[39], *Tarnow, Brisch* und Prof. *Nipperdey* das Wort nahmen. Die Debatte ging im wesentlichen um folgende drei Punkte:
- a) Bundesarbeitsgericht,
- b) möglichst zentrale Zuständigkeit des Bundes bei den Steuern und der Finanzverwaltung,
- c) Aufnahme der sogenannten „unechten Grundrechte„ in das Grundgesetz.

Zu a): Das Ergebnis der Aussprache war, dass wir an einem besonderen Bundesarbeitsgericht und in den Ländern möglichst auch an einer von der übrigen Justiz getrennten Arbeitsgerichtsverfassung festhalten sollten. Sobald die allgemeine Justiz den Grad der Vollkommenheit erreicht haben sollte, den wir erhoffen, bestehen keine Bedenken, den Grundsatz von der Einheit der Rechtspflege dann auch insoweit durchzuführen, dass die Arbeitsgerichte wieder in die allgemeine Justiz eingebaut werden.

Zu b): Die Auffassung über die Notwendigkeit einer möglichst starken Gesetzgebungsgewalt des Bundes hinsichtlich fast aller Steuern, vor allem hinsichtlich der entscheidenden Umsatz- und Einkommensteuer, war einheitlich, ebenfalls darüber, dass die Finanzverwaltungg nur bei dem Bunde liegen kann. Ich habe dabei die Gewerkschaftsvertreter gebeten, durch ihre CDU/CSU Kollegen auch auf die Abgeordneten jener beiden Parteien einwirken zu lassen, dass sie sich diesen gewerkschaftlichen Forderungen anschließen.

Zu c): Nach eingehender Aussprache haben die Genossen der Gewerkschaften eingesehen, dass und warum wir keinerlei sog. unechten Grundrechte in das Gesetz aufnehmen können. Ihnen waren bisher die Gedankengänge der Partei und insbesondere der Fraktion nicht bekannt, so vor allem die Probleme Verfassung oder Verwaltungsstatut (Staatsfragment), Versuche der CDU, die Entscheidungen bis zum nächsten Frühjahr hinauszuzögern. Überzeugt wurden sie vor allem durch den Hinweis, dass wir uns die bisherige Hilfe der FDP bei allen Fragen des Staatsaufbaus verscherzen würden, wenn wir uns auf dem Gebiete eines sozial-

---

38 Überschrift in der Vorlage: „Bericht des Genossen Menzel vom 1. Oktober 1948".
39 In der Vorlage „Carl".

rechtlichen Kataloges auf die Seite der CDU/CSU drängen würden. Die erste gesetzgebende Versammlung wird wahrscheinlich ganz andere Möglichkeiten auf dem Gebiete der sozialen und arbeitsrechtlichen Gesetzgebung ergeben als die jetzige Zusammensetzung des Parlamentarischen Rates.

II. Bei der *Fraktionssitzung am Donnerstag, den 30.9.* wurden nachstehende Fragen erörtert:

a) Bei dem *Grundrechtskatalog* wird man sich auf die klassischen Grundrechte beschränken und dabei vor allem darauf achten, dass bei der Definierung über die Unverletzlichkeit des Eigentums nicht eine Gesetzgebung zur Sozialisierung, zur Bodenreform und zur städtebaulichen Planung erschwert wird. Auch bei der Formulierung der Grundrechte wird darauf zu achten sein, dass dadurch nicht das Streikrecht und das Mitbestimmungsrecht der Betriebsräte unmöglich gemacht wird.

Die Grundrechte sollen ins Grundgesetz selbst aufgenommen werden und nicht in eine besondere Proklamation, weil wir dann als Sozialdemokraten uns kaum auf die klassischen Grundrechte beschränken könnten, sondern sie durch die Grundsätze unserer allgemeinen sozialen und wirtschaftlichen Lebensordnung erweitern müssten.

Schließlich war man sich einig, dass die Grundrechte nicht Programme, sondern subjektive Rechte enthalten.

b) 1. Die Vernehmung der Sachverständigen im *Finanzausschuss* hat sich zweifellos zu Ungunsten der Föderalisten ausgewirkt. Soweit die Sachverständigen unserer Partei angehören, haben die überall unsere Auffassung ihren Gutachten zugrunde gelegt, soweit sie der CDU/CSU angehörten, haben ein sehr großer Teil sich ebenfalls unseren Auffassungen angeschlossen. Hierbei war am interessantesten das offene Bekenntnis von Dr. *Hartmann* von Frankfurt/M.[40], der erklärte, vom Finanztechnischen und Sachlichen aus gesehen, müsse die Finanzverwaltung bei dem Bunde liegen, aber der Parlamentarische Rat müsse auch die politisch-psychologischen Gründe werten, die aus dem Süden und Südwesten Deutschlands kommen und für eine Länder-Finanzverwaltung sprächen und daher (!) setze er sich als Sachverständiger für eine Länder-Finanzverwaltung ein.

In unserer Fraktion war nur noch der Genosse *Seifried* dafür, etwas elastischer vorzugehen und sich vielleicht doch mit der Idee einer Auftragsverwaltung bei den Ländern zu befreunden. Aber auch er gab zu, dass, falls das Bundesratssystem akzeptiert werde, dann die Finanzverwaltung des Bundes eine große Mehrheit finden werde.

2. Man war sich darüber einig, dass die Kriegsfolgekosten bei dem Bund liegen müssen.

---

40 Alfred *Hartmann* (1894-1967), Jurist, Finanzbeamter, 1925-35 Reichsfinanzministerium, 1945-47 Bayer. Finanzministerium, 1947-49 Dir. d. Verw. f. Finanzen d. Ver. Wirtschaftsgebietes in Frankfurt a. M., 1950-59 StSekr. im Bundesfinanzministerium in Bonn.

3. Bei der Verteilung der Steuerquellen (Finanzausgleich) sollen auch den Gemeinden einige Steuern kraft originärer Zuständigkeit überwiesen werden, so vor allem die Grundsteuer und die Gewerbesteuer, ferner die Fülle kleinerer Steuern wie Vergnügungssteuer, Hundesteuer usw. Bei den Grund- und Gewerbesteuern wird allerdings die Gesetzgebung der Steuermessbeträge beim Bunde liegen müssen wie seit 1936, und ferner wird man den Ländern die Möglichkeit einräumen, bedarfs- und zweckbedingte Zuschüsse davon abhängig zu machen, dass die antragstellende Gemeinde eine Mindesthöhe von Zuschlägen zu den Grundsteuer- und Gewerbesteuermessbeträgen erhebt.

4. Die Biersteuer soll den Bayern überlassen werden, damit die bayrische Landesregierung, die wahrscheinlich wie alle anderen Regierungen jede Steuermöglichkeit ausschöpfen muss, den Zorn ihrer „Landeskinder" auf sich lädt und nicht auf den Bund ablenken lassen kann.

Diese Formulierung klingt bestechend, aber wer die Entwicklung der Biersteuerfrage in Deutschland seit fast einem halben Jahrhundert kennt, kann nicht ohne weiteres zu einem Nachgeben raten.

Es war interessant (ich konnte hiervon der Fraktion noch keine Mitteilung machen, da die entsprechende Sitzung des Finanzausschusses erst nach der Fraktionssitzung stattfand), dass der Chef der Finanzleitstelle in Hamburg dringend von einer Ländergesetzgebungshoheit bei der Biersteuer warnte und mit vielen guten Gründen die Auffassung vortrug, dass man in Bayern, wie groß die Not auch immer sein möge, in erster Linie für eine möglichst niedrige Biersteuer sorgen werde und dass man von Seiten Bayerns aus eher alle politischen Mittel in Bewegung setzen werde, um vom Bund Subventionen zu erhalten, selbst wenn man dadurch etwas Prestige einer „Eigenstaatlichkeit" opfere, ehe man zu einer Anspannung der Biersteuerschraube gehen werde, wie das in den anderen deutschen Ländern seit jeher üblich gewesen sei.

Diese Bedenken halte ich für richtig, aber ich verkenne nicht, dass ein wahrscheinlich nur ca. 200 Mill. DM bayr. Biersteueraufkommen keinen so erheblichen Anteil des Gesamtsteueraufkommens in Deutschland bilden wird, um es wegen dieser Frage zu einem Kampf kommen zu lassen. Ich bin aber der Auffassung, dass sich die Bayern ein solches Zugeständnis auf diesem Gebiet viel kosten lassen werden. Wir sollten daher ein solches Zugeständnis nicht billig verkaufen. Wenn ich dabei nochmals auf die Entwicklung der Biersteuerfrage der letzten Jahrzehnte hinweise, so deshalb, weil sie die Grundlage eines ewigen Kampfes Bayern contra Reich war und weil ich - so grotesk das für uns Norddeutsche klingen mag - der Auffassung bin, dass die Bayern eher bereit sind, auf eine gleichberechtigte zweite Länderkammer zu verzichten und sich mit einem Vetorecht einverstanden erklären würden; wenn sie die Gesetzgebungshoheit bei der Biersteuer bekommen. Das wäre ein Kaufpreis, den wir vertreten könnten.

5. Die Frage der Erhebung von Personalsteuern durch die Gemeinden ist noch nicht ausdebattiert. Ich persönlich habe große Bedenken, das System der Bürgersteuern

wiederkehren zu lassen. Wahrscheinlich wird man sich aber mit Miets- und Wohnraumsteuern seitens der Gemeinden abfinden müssen, was mir dann erträglich erscheint, wenn sie für den Wohnungsaufbau zweckgebunden werden. Die sozial gerechtere Steuer wäre, vor allem zu Gunsten der Flüchtlinge, die Wohnraum- und nicht die Mietzinssteuer.

c) Über die Arbeiten des *Zuständigkeitsausschusses* wurde in der Fraktion kein Bericht erstattet. Ich weiß nur aus einer persönlichen Anwesenheit, dass dort bei der Zuständigkeitsverteilung die Arbeiten fast abgeschlossen sind. Auf Ersuchen des Ausschusses habe ich ein Kurzreferat am 29.9. über die Entwicklung der Kompetenzen auf dem Gebiet der Polizei und der Polizeilastenverteilung gehalten. Es ist nach sehr großen Schwierigkeiten seitens der CSU in einer mehrstündigen Debatte gelungen, dass in das Grundgesetz zunächst einmal die Forderung aufgenommen wird, dass die Vollmachten der Polizei sich nach den Grundsätzen einer gesetzmäßigen Verwaltung zu richten hätten, dass die Polizei ferner in den einzelnen Ländern durch demokratisch gewählte Organe zu kontrollieren und zu dezentralisieren sei, dass ferner ein einheitliches Bundeskriminalwesen hinsichtlich der Gesetzgebung und Verwaltung zu bejahen ist. Die Frage einer Bundes-Exekutivreserve wurde zunächst zurückgestellt, bis eine Abstimmung mit dem Grundsatzausschuss möglich ist. Wir haben dadurch einen Fortschritt gegenüber der Weimarer Verfassung erzielt. Mit meinem Antrag, dass der Bund auch die Grundsätze für die Einstellung, Besoldung und Beförderung, ferner der Uniformierung der Polizei erlassen soll, bin ich nicht durchgekommen. Damit hatte ich jedoch von Anbeginn an gerechnet.

d) Die Fraktion wird auf Grund einer früheren Anregung von mir verlangen, dass im Grundgesetz ein Bekenntnis zur *Selbstverwaltung der Gemeinden* in den Ländern aufgenommen wird.

e) Bei der Frage der *zweiten Kammer* hat sich in den Ausschussberatungen die Situation etwas dahin versteift, dass es sehr schwer sein wird, die Rechte der zweiten Kammer auf ein Veto zu beschränken.

f) Bei der Terminologie, d.h. vor allem bei der Bezeichnung der Institutionen werden im *Organausschuss,* z.Zt. die Beziehungen „Volkskammer" und „Länderkammer" benutzt. Die Fraktion stimmt dieser Formulierung zu, obwohl sich diese Bezeichnung im SED-Entwurf wiederfindet.

g) Der *Wahlrechtsausschuss* hofft in der nächsten Woche zu Entscheidungen zu kommen. Man ist sich in ihm einig geworden, dass das Wahlsystem nicht im Grundgesetz verankert, sondern dass lediglich in den Übergangsbestimmungen etwas gesagt wird über die Grundsätze, nach denen die erste gesetzgebende Versammlung gewählt werden soll.

[h)][41] Die Fraktion wird – darüber kann *Diederichs* Genaueres berichten – insoweit die Beschlüsse des PV und des PA von Hamburg mit kleinen Abänderungen durchzusetzen versuchen. Wahrscheinlich wird sie dafür die Mehrheit finden.

i) Bei der Frage, ob Regierung auf Zeit oder rein parlamentarische Regierung war die Fraktion einstimmig der Auffassung, dass nur das Letztere für uns in Frage käme. Sie war sich ferner darüber einig, dass nicht nur einer neugebildeten Regierung, sondern auch jedem einzelnen Minister, der später in die Regierung eintritt, das Vertrauen ausgesprochen werden muss.

Im übrigen war die Mehrheit der Fraktion dafür, dass es aus Gründen der Stabilität einer Regierung vermieden werden müsse, dass ein einzelner Minister aus dem Gesamtkabinett durch ein nur auf ihn abzielendes Misstrauensvotum gestürzt werden könne. Es wurde dies begründet damit, dass der Angriff gegen einen Minister zu leicht zu Solidaritätsentschließungen seiner Parteikollegen im Kabinett führen könne und dadurch die Stabilität gefährdet sei. Das soll nicht ausschließen, dass der Ministerpräsident von sich aus einen Minister entlässt. In diesem Falle aber sollte man – dies ist meine in der Minderheit gebliebene Auffassung – dem Parlament das gleiche Recht zubilligen wie dem Ministerpräsidenten oder aber man müsste auch ihm dieses Recht bestreiten.

j) Die Fraktion ist sich jetzt einig, dass die Funktionen für einen *Bundespräsidenten* fehlen und wir ihn daher sowohl als Einzelperson als auch als Drei-Männer-Kollegium ablehnen. Als „Auffangstellung" soll der Präsident der Volkskammer eingesetzt werden, weil er auf Grund seiner Stellung im Parlament am leichtesten einen Ausgleich ermöglichen kann.

k) Man war sich ferner einig, dass der *Bundeszwang* z.Zt. nur durch Finanzsanktion möglich ist. Ich verweise auf § 52, Abs. 4 meines zweiten Entwurfs:
„Weigert sich ein Land, der Entscheidung des Obersten Gerichts nachzukommen, dann kann es durch eine völlige oder teilweise Einbehaltung von Finanzzuweisungen und Zuschüssen zur Erfüllung des Urteils gezwungen werden. Dies ist auch auf Grund einer einstweiligen Verfügung des obersten Gerichts zulässig."

III. Die ursprünglich in Aussicht genommene Berichterstattung der Ausschüsse zum 5.10. im Hauptausschuss hat sich nicht ermöglichen lassen. In der Woche vom 3.-10.10. sollen die Ausschüsse nur vormittags tagen, an den Nachmittagen sollen Fraktionssitzungen sein. Die Ausschüsse sollen jedoch schon Formulierungen versuchen, um dann zur übernächsten Woche vom 10.-17.10. sowohl eine Zusammenstellung dieser Formulierungen als auch eine Sitzung des Hauptausschusses, die sich mit diesen formulierten Ergebnissen befassen soll, durchzuführen.

---

41 In der Vorlage fehlt die Angabe „h)".

B) Bericht vom 8.10.1948[42]

1. Über die Verhandlungen der Ausschüsse des Parlamentarischen Rates dieser Woche kann ich nur teilweise berichten, da ich am Donnerstag und Freitag, den 7. und 8.10. durch Landtagssitzungen in Düsseldorf verhindert war.

Der *Finanzausschuss* beendete am 5.10. die Anhörung der Sachverständigen und fasste bereits am 6. und 7. formulierte Beschlüsse, die ich in der Anlage beifüge.[43] Diese Beschlüsse wurden hinsichtlich der Ziffer I gegen die Stimmen der SPD, hinsichtlich Ziffer II mit Zustimmung eines Teiles der CDU gefasst, während die CSU wegen der Steuerhoheit des Bundes bei der Biersteuer Stimmenthaltung übte. Die gesamte CDU/CSU und die DP, soweit sie zustimmte, erklärten, dass sie diese Zustimmung nur unter der Voraussetzung gäben, dass die Länder bei der Gesetzgebung des Bundes genügend stark eingeschaltet werden würden. Ob damit die Forderung nach einer echten zweiten Kammer verbunden sein sollte, war nicht ersichtlich, danach habe ich auch absichtlich nicht gefragt. Bei dem Beschluss, die Finanzverwaltung dem Bund und nicht den Ländern zu geben, war das Stimmenverhältnis 5 für den Bund, 4 für die Länder und eine Stimmenthaltung (*Mayr*[44], CDU/CSU). Dieses letztere Ergebnis ist etwas überraschend, weil von zwei oder drei Sachverständigen abgesehen alle übrigen Experten, auch soweit sie von der CDU kamen, für eine Bundesfinanzverwaltung waren und wir in der Fraktion bisher angenommen hatten, dass die CDU/CSU ihren Kampf aufgegeben hätte. Die Stimmenthaltung lässt vermuten, dass wahrscheinlich noch kein Fraktionsbeschluss vorliegt und man auch diese Frage zum Kompensationsobjekt machen will.

Bei dem ersten der angeführten Artikel, wonach in das Bundesgesetz eine Bestimmung aufgenommen werden soll, dass der Bund und die Länder eine getrennte Finanzwirtschaft zu führen haben, haben wir Sozialdemokraten dagegen gestimmt, und zwar deshalb, weil ich befürchte, dass eine positivistische Rechtsprechung (wir kennen ja unsere Richter) [bei] eine[r] solche[n] verfassungsmäßig verankerte[n] [45] Bestimmung dazu führen könnte, jeden Bundeszwang über die völlige oder teilweise Einbehaltung der Finanzüberweisungen unmöglich zu machen. Noch größer ist jedoch die Gefahr, dass auf dem Umweg über diesen Artikel jedes Finanzausgleichsgesetz zwischen dem Bund und den Ländern von einem Bundesverfassungsgericht untersucht werden könnte, ob es dem Grundsatz einer getrennten Finanzwirtschaft widerspricht. Die Unübersichtlichkeit der finanziellen Entwicklung in Deutschland für die nächsten Jahre wird wahrscheinlich zwangsweise dazu führen, dass wir das Finanzausgleichsgesetz in Verbindung mit den jeweiligen Bundesberatungen neu erlassen. Der [CSU][46]-Vertreter *Schlör*[47] aus Bayern gab

---

42 Überschrift in der Vorlage: „Bericht des Genossen Menzel vom 8. Oktober 1948".
43 Anlage in den Beilagen zum Protokoll nicht mehr vorhanden. Für einen wörtlichen Abdruck der Beschlüsse des Finanzausschusses vom 6./7.10. 1948 vgl. Der Parlamentarische Rat, Bd. 12 (Ausschuss für Finanzfragen), München 1999, S. 400 f.
44 Karl Sigmund *Mayr* (1906-1978), Wirtschaftsprüfer, 1945 Mitbegründer d. CSU in Fürth, 1947-50 Vors. d. Bez. Mittelfranken, 1948/49 MdParlR.
45 In der Vorlage „eine solche verfassungsmäßig verankerte" (S. 1).
46 In der Vorlage versehentlich „CDU".

auch offen zu, dass sie der Auffassung seien, das Bundesverfassungsgericht müsse die Möglichkeit haben, festzustellen, ob ein Finanzausgleichsgesetz des Bundes den Thesen des Grundgesetzes widerspreche. Durch den von mit beanstandeten Artikel über die getrennte Finanzwirtschaft solle gerade verhindert werden, dass wir wieder einen Finanzausgleich bekämen, wie er zuletzt unter *Hitler* gewesen sei.

Auch Dr. *Höpker Aschoff* (FDP) stimmte *Schlör* darin bei, dass die Aufnahme jenes Artikels eine solche Kontrolle durch ein Verfassungsgericht ermögliche. Ich habe dann darauf hingewiesen, dass wir leider hier die Gefahr heraufbeschwören, weder dem Bund noch den Ländern und Gemeinden die Möglichkeit einer stabilen und vorausplanenden Etataufstellung zu geben, weil es wahrscheinlich immer ein Land geben werde, dass sich gegen den jeweiligen Finanzausgleich durch Klage bei dem Bundesverfassungsgericht wenden werde. Solange ein solcher Rechtsstreit schwebt, ist der jeweilige Finanzausgleich nicht endgültig, und keine öffentliche Körperschaft kann einen endgültigen Etat aufstellen. Die Gefahren aus einer solchen Unsicherheit unserer Finanzgebarung halte ich für außerordentlich groß. Mein Antrag auf Streichung dieses Artikels ging jedoch nicht durch. Ich habe nach der Ausschusssitzung noch persönlich mit Höpker Aschoff gesprochen, und er scheint mir geneigt zu sein, für die Streichung einzutreten, aber wer ihn kennt, weiß, dass er zwar ein tüchtiger Fachmann, aber ein schlechter Politiker ist und recht stur an einmal gefassten Beschlüssen festhält.

2. Bei der Frage *Bundesrat oder Senatssystem* hat *Katz* nach wie vor das Senatsprinzip in dem zuständigen Ausschuss vertreten und da einige CDU-Mitglieder, z.B. Dr. *Lehr* ebenfalls für dieses System sind, scheint dafür eine Mehrheit zu sein. Zwar widerspricht m. E. diese Lösung dem Ergebnis der letzten PV-Sitzung in Godesberg, sie steht aber im Einklang mit dem Nürnberger Parteitagsbeschluss. Das Entscheidende wird aber nach wie vor sein, welche Funktion die zweite Kammer erhält. Leider scheint man in der Diskussion immer noch mehr Wert auf die Art der Zusammensetzung als der Funktion gelegt zu haben - auch seitens unserer Vertreter in diesem Ausschuss. Bei der CDU/CSU sind die Meinungen über die Funktion noch nicht ganz einheitlich. Die Richtung Dr. Lehr ist für eine echte zweite Kammer mit Senatstyp, die Süddeutschen legen mehr Wert auf das Bundesratssystem, würden sich dafür aber mit dem Vetorecht begnügen, also eine Konstruktion ähnlich dem jetzigen Länderrat in Frankfurt/M. Ich meine, auch unsere Fraktion sollte dieser letzten Lösung zustreben, um dafür vielleicht auf einem anderen Gebiet eine Konzession der Süddeutschen zu erlangen.

3. Eine solche Konzession müssen wir nach wie vor zu erkämpfen versuchen bei der Frage des *Bundespräsidenten*. Es scheint, dass CDU/CSU und mit Ausnahme der KPD auch alle übrigen kleinen Parteien für den Bundespräsidenten sind, so dass wahrscheinlich wir überstimmt werden. Ich persönlich werde auch das Gefühl nicht los, dass der Kampf um dieses Organ verbunden ist mit der Nennung eines bestimmten Mannes für

---

47 Kaspar *Schlör* (1888-1964), Rechtsanwalt, vor 1933 Zentrum, nach 1945 CSU.

dieses Amt. Das ist anscheinend der Grund, warum man mit sachlichen Argumenten nicht weiterkommt.

4. Im *Grundsatzausschuss* hatte sich eine Redaktionskommission auf eine ausgezeichnete Formulierung über den Begriff des Eigentums geeinigt. Auch die FDP – vertreten durch Dr. Heuss – hatte anerkannt, dass sich das Grundgesetz über das Eigentum nur auf das unmittelbare Individualeigentum und nicht darauf beziehe, insoweit es ein Element der Wirtschafts- und Sozialverfassung sei. Daher war sich der Unterausschuss einig, dass insoweit nicht die Verfassung, sondern die jeweiligen Gesetze Inhalt und Schranken dieses Eigentums bestimme. Auch hinsichtlich der Entschädigung war eine vernünftige Regelung getroffen. Leider war unser Optimismus, dass sich der Grund[satz]ausschuss der Auffassung des Unterausschusses anschließt, nicht berechtigt. Einzelheiten hierüber hoffe ich nächste Woche berichten zu können.

5. Die Verhandlungen des *Kompetenzausschusses* sind z.T. außerordentlich schwierig, weil die Föderalisten den Umfang der Gesetzgebungshoheit des Bundes davon abhängig machen, wieweit die Länder durch die zweite Kammer bei der Gesetzgebung beteiligt werden.

a) Ein von der CDU/CSU gemachter Vorschlag, in die ausschließliche *Gesetzgebungshoheit* des Bundes auch seinen Schutz nach außen aufzunehmen, ist von der Fraktion mit Recht abgelehnt worden, weil daraus zu leicht der Hinweis auf eine neue Wehrmacht gesehen werden könnte. Andererseits werden wir darauf Wert legen müssen, an einer anderen Stelle des Grundgesetzes oder im Besatzungsstatut eine Bestimmung aufzunehmen, dass der Bund ausschließlich gegenüber den Besatzungsmächten zuständig sei.

b) Sogar die Bayern waren dafür, die Fragen der *Staatsangehörigkeit* im Bund und in den Ländern dem Bund zu geben. Damit wird zwar leider die theoretische Möglichkeit einer besonderen Staatsangehörigkeit der Länder anerkannt, aber da der Bund hierüber die alleinige Gesetzgebungsbefugnis hat, sehen wir die Gefahr für nicht so groß an.

c) Neu ist in den Katalog der ausschließlichen Zuständigkeit auf meinen Vorschlag noch das *Bundeskriminalwesen* aufgenommen worden, nicht ohne erheblichen Kampf gegenüber einem Vertreter Bayerns.

d) Unser Antrag, auch das *Rundfunkwesen* in die ausschließliche Zuständigkeit des Bundes zu übernehmen, wurde abgelehnt. Wir werden es nun versuchen, diese Materie wenigstens zur Vorrangsgesetzgebung des Bundes zu bringen, obwohl hier die Föderalisten eine alleinige Zuständigkeit der Länder fordern.

e) Mit einem weiteren Antrag, auch die *Bank- und Börsengesetzgebung* zur ausschließlichen Zuständigkeit des Bundes zu bringen, bin ich im Kompetenzausschuss unterlegen, fand merkwürdigerweise auch bei der Fraktion keine große Gegenliebe. Wir werden jedoch im Kompetenzausschuss erneut versuchen, diese m.E. gar nicht den Ländern zustehende Materie ausschließlich durch den Bund regeln zu lassen.

f) Die Frage über die *Seeschifffahrt* und die *Hochseefischerei* hätte m.E. schon deshalb dem Bund zustehen dürfen, weil beide Gewerbezweige die Repräsentation Deutschlands nach außen auf absehbare Zeit sein werden. Leider ist mir die Fraktion hierin nicht gefolgt.

g) Bei der Vorrangsgesetzgebung soll erstmalig versucht werden, den Begriff „*Wirtschaftsrecht*" hineinzubringen, für den es z. Zt. in der Rechtslehre keinerlei abschließende Definierung gibt. Zum Wirtschaftsrecht soll nach der beabsichtigten Fassung genommen werden die Gesetzgebung über Bergbau, Industrie, Energiewirtschaft, Gewerbe, Handel, Privatversicherung und – soweit es nicht doch noch zur ausschließlichen Gesetzgebung des Bundes kommen sollte – das Bank- und Börsenwesen. Das ist eine sehr weitgehende und günstige Fassung, die alle Eingriffe in die Wirtschaft bei Erzeugung, Erfassung und Verteilung einschließlich Planung und Standortverlagerung umfasst, die sich aber nicht auf die Landwirtschaft bezieht.

h) Bei der Gesetzgebung auf dem Gebiet der *Landwirtschaft* waren auch in unserer Fraktion die Meinungen sehr geteilt. Es bestand vor allem eine Befürchtung, die Gesetzgebung über eine Planung bei der Erzeugung klar und unmissverständlich dem Bund zu geben. Nachdem die Sozialdemokraten seit Jahren in aller Öffentlichkeit eine umfangreiche Agrarreform fordern, sollten wir in dem Augenblick, in dem die Möglichkeit besteht, diese Forderungen in dem z.Zt. wichtigsten Gesetz niederzulegen, von dieser Forderung nicht Abstand nehmen. Nach langer Debatte habe ich die Fraktion davon überzeugen können, dass wir an der Forderung, dem Bund solle die Vorrangsgesetzgebung bei der Planung der landwirtschaftlichen Erzeugnisse zustehen, festhalten müssen.

Ungeklärt ist noch die Frage der Vorrangsgesetzgebung bei dem Agrarbodenrecht, insbesondere bei der Flurbereinigung. Dass eine vernünftige Flurbereinigung eine der wesentlichen Voraussetzungen für eine vernünftige Agrarreform, vor allem für eine rationelle landwirtschaftliche Produktion ist, sollte kaum noch streitig sein. Selbstverständlich kann die Art und Weise der Flurbereinigung in jedem Land nach den dort gewachsenen Verhältnissen verschieden sein, aber der Zwang zu einer baldigen Flurbereinigung muss durch Bundesgesetz ausgesprochen werden können. Nach eingehender Debatte hat die Fraktion mir dann auch zugestimmt, dem Bund auf dem Gebiet der Flurbereinigung eine Rahmengesetzgebung zuzugestehen. Ich habe angeregt, im Kompetenzausschuss erforderlichenfalls über diesen Fragenkomplex Dr. *Gereke* - Hannover - zu hören, der für eine starke Zuständigkeit des Bundes auf diesem Gebiet ist.

6. Bei der PV-Sitzung in Godesberg war beschlossen worden, dass unser Fraktionsvorstand eine Fühlungsnahme mit dem Fraktionsvorstand der CDU/CSU anbahnen sollte. Dazu ist es bisher leider nicht gekommen. In einer Sitzung unseres Fraktionsvorstandes vom 6.10. habe ich diesen Antrag erneuert und trotz einiger Bedenken ist dann erneut beschlossen worden, Carlo *Schmid* zu beauftragen, mit *Pfeiffer* einen Termin zu vereinbaren. *Pfeiffer* hat diese Anregung sehr begrüßt, aber erklärt, dass seine Fraktion noch nicht so weit sei, die Besprechung erst am Mittwoch, den 13.10. stattfinden könne. Diese Begründung *Pfeiffers* fällt deshalb auf, weil *Süsterhenn* einige Tage vorher eine Andeutung gemacht hatte, dass eine Besprechung zwischen den beiden großen Parteien über die etwaigen Streitpunkte die Verhandlungen sicherlich fördern werde. Ich fürchte,

dass die letzte Rede de *Gaulles* den Widerstand der Süddeutschen hinsichtlich unserer Bemühungen, das jetzige Tempo der Beratungen einzuhalten, steigern wird.

C. Bericht vom 15.10.1948[48]

I. In Bonn fanden in dieser Woche, erstmalig am Mittwoch, dem 13. und Donnerstag, dem 14.10. interfraktionelle Besprechungen zwischen SPD und CDU statt. Seitens der CDU waren beteiligt die Herren Dr. *Pfeiffer*, Dr. *Süsterhenn*, Dr. *Lehr* und Dr. v. *Mangoldt*[49], seitens der SPD *Schmid*, Dr. *Suhr*, Dr. *Katz* und *ich*. Am Donnerstag, dem 14.10. nahmen dann erstmalig auch von den [Freien] Demokraten die Herren *Heuss* und *Höpker Aschoff* teil, ferner Dr. *Adenauer* und Gen. *Schönfelder*. Die Unterredungen wurden sehr sachlich und sehr ruhig geführt. Gegenstand der Erörterungen waren zunächst nur die wesentlichsten „neuralgischen" Punkte, bei denen sich eine Gegensätzlichkeit zwischen den beiden großen Parteien herausstellt:

Senat - Bundesrat

echte und unechte zweite Kammer

Finanzverwaltung

Über die Präambel fand in diesem Kreise keine Erörterung statt, nachdem eine Einigung im Grundsatzausschuss zustande gekommen war, und zwar durch eine Formulierung, aus der ersichtlich ist, dass das Grundgesetz an der Auffassung der Kontinuität mit dem früheren Weimarer Staat festhält. Die interfraktionellen Erörterungen ergaben bei dem Bundesrats-Senatsproblem ganz eindeutig, dass auch jetzt noch innerhalb der CDU/CSU keine einheitliche Auffassung erzielt wurde. Dr. *Lehr* empfahl nach wie vor die Senatsform, während *Pfeiffer* den Bundesrat forderte. Beide aber waren sich einig, wie immer die Länderkammer zusammengesetzt sein möge, dass sie bei der Gesetzgebung gleichberechtigt sein solle mit der Volkskammer. Eine Annäherung zeichnete sich am Schluss dadurch ab, dass *Süsterhenn* erklärte, man solle die zweite Kammer gemischt zusammensetzen, d.h. zum Teil durch die Vertreter der Landesregierungen, zum Teil durch Senatoren, gewählt durch die Landtage. Ob damit auch verbunden sein sollte ein Nachgeben gegenüber unseren Forderungen, die zweite Kammer nur mit einem Vetorecht zu versehen, war nicht klar erkennbar.

Auch bei der Entscheidung über Bundes- oder Länder-Finanzverwaltung sind die Auffassungen der Abgeordneten der CDU/CSU nicht einheitlich. Am Schluss der zweiten Besprechung schien sich eine Kompromissmöglichkeit dahin abzuzeichnen, dass die CDU/CSU mit der Bundes-Finanzverwaltung einverstanden sein würde, falls die leitenden Beamten der Verwaltung nur nach vorherigem Einvernehmen mit den Länderregierungen ernannt werden würden. Ich bin der Auffassung, dass hier unsere Position viel

---

48 Überschrift in der Vorlage: „ Bericht des Genossen Menzel vom 15. Oktober 1948".

49 Hermann von *Mangoldt* (1895-1953), Dr. jur., 1946-50 MdL (Schlesw.-Holst.) zuerst parteilos, ab 1947 CDU, 1946 Minister f. innere Verwaltung, 1948/49 MdParlR.

günstiger ist, als wir vor Beginn der Sitzungen des Finanzausschusses annehmen konnten, weil auch diejenigen Sachverständigen, die politisch zur CDU/CSU gehören, sich – abgesehen von *Hilpert* und *Kraus*[50] - München – für eine Bundes-Finanzverwaltung aussprachen, so u.a. der hiesige Finanzminister Dr. *Weitz*[51], Prof. *Bühler*[52], Dr. *Gereke*, die Oberfinanzpräsidenten (auch die bayrischen), die Industrie- und Handelskammern, die kommunalen Spitzenverbände, die Gewerkschaften usw. Ich betone das deshalb, weil ich es nicht mehr für notwendig halte, für die Bundesfinanzverwaltung zu große Konzessionen auf anderen Gebieten zu machen.

Diese interfraktionellen Besprechungen sollen nach der Plenarsitzung in der nächsten Woche, d.h. am Donnerstag, dem 21.10., fortgesetzt und [es solle] bereits der Versuch eines Ausgleichs gemacht werden. Man hofft, dass bis dahin die Ausschüsse ihre ersten Lösungen beendet haben werden und die formulierten Artikel vorlegen können.

II. Der Antrag der SPD auf Einberufung einer Plenarsitzung kam der CDU/CSU sehr überraschend, und sie hat einige Male versucht, uns zur Rücknahme unseres Antrages zu bewegen. Sie fürchtete durch eine öffentliche Diskussion gerade im jetzigen Stadium der interfraktionellen Fühlungnahme die Gefahr einer Versteifung und Festlegung der Parteien. Es ist richtig, dass man diese Gefahr vermeiden muss. Es wurde daraufhin vereinbart, dass nur über folgende Punkte eine, wenn auch politisch nuancierte, so doch auch im wesentlichen auf sachliche Mitteilungen beschränkte Berichterstattung stattfinden solle:

1. Präambel
2. zweite Kammer
3. Finanzen

Wahrscheinlich wird Gen. *Eberhard* nach Punkt 1 noch kurz etwas über das Besatzungsstatut, vor allem in Hinblick auf die letzten Äußerungen von General *Clay*[53] sagen. Mit dieser Lösung ist nunmehr auch die CDU/CSU einverstanden. So können wir – und das war der Grund unseres Antrages – jetzt die Öffentlichkeit etwas mehr für unsere Arbeiten interessieren, den anscheinend verloren gegangenen Kontakt wieder herstellen.

An *Einzelheiten* darf ich noch über folgendes berichten:
a) Präambel
Ich verweise auf das bereits einleitend Gesagte, der Text der Präambel ist inzwischen in der Presse veröffentlicht worden.

---

50 Johann Georg (Hans) *Kraus* (1879-1952), Dr. oec. Publ., bayer. Finanzverwaltung, vor 1933 BVP, nach 1945 CSU, 1946-50 Landesvorstand, 1946-50 Bayer. Finanzminister.
51 Heinrich *Weitz* (1890-1962), Dr. jur., 1920-27 Beigeordneter d. Stadt Duisburg (Zentrum), 1927-33 OB von Trier, 1945/46 Mitbegründer d. CDU, 1945-47 OB von Duisburg, 1946-50 MdL (NRW), 1947-51 Finanzminister, 1952-61 Präs. d. DRK.
52 Ottmar *Bühler* (1884-1965), Dr. jur., 1922 ord. Prof. in Halle, 1942-1952 in Köln.
53 Zu General Lucius DuBignon *Clay* (1897-1978) s. PV-Protokolle Bd. 1, S. LXXIV.

b) Bei der Erörterung des *Notverordnungsrechts* ist es uns gelungen, die von der SPD bereits in den Nürnberger Richtlinien niedergelegte Auffassung durchzusetzen, wonach ein Notverordnungsrecht nur dann möglich sein soll, wenn die Gesetzgebungsorgane auf Grund höherer Gewalt nicht arbeiten können und dass es für eine Notverordnung nicht ausreiche, wenn die Parteien sich in der Volkskammer nicht einigen könnten.

c) Der Bund wird das Recht bekommen, die Länder anzuweisen, einem anderen Land *polizeilich Nothilfe* zu leisten, falls ein Land darum ersucht. Gen. *Hoch* und ich haben folgende Fassung vorgeschlagen:

> „Wenn bei unmittelbar drohender Gefahr für den verfassungsmäßigen Bestand eines Landes oder seiner freiheitlichen und demokratischen Grundordnung das Land von einem anderen Lande polizeiliche Hilfe anfordert, ihm diese jedoch verweigert wird, so kann der Bund jedes Land zur Hilfeleistung anweisen und die zur Durchführung dieser Hilfeleistung erforderlichen Anordnungen treffen.

d) Im Finanzausschuss versuchten die Bayern noch einmal, die Gesetzgebungshoheit über die *Biersteuer* zu erhalten. Ihr Antrag wurde mit 7:3 Stimmen abgelehnt.

e) Ebenso scheiterte der Versuch Bayerns, den jetzigen Art. 107 der [Herrenchiemseer][54] Beschlüsse durchzubekommen, wonach eine Abänderung der bundesstaatlichen Grundordnung neben anderen Voraussetzungen einen einstimmigen Beschluss der Länder voraussetze.

Art. 121
Bund und Länder führen eine gesonderte Finanzwirtschaft

Art. 122
[- bisherige] Art. 121 und 122 zusammengefasst -

Zur Deckung der Ausgaben des Bundes, insbesondere
>   der Kosten der Bundesverwaltung,
>   der Aufwendungen des Bundes für Besatzungskosten und sonstige äußere und innere Kriegsfolgelasten,
>   der Zuschüsse des Bundes zu den Lasten der Sozialversicherung mit Einschluss der Arbeitslosenversicherung und der Arbeitslosenfürsorge dienen folgende Einnahmen:
>   1. Die Ablieferungen der Bundesbahn und Bundespost, die Überschüsse der dem Bunde gehörigen Unternehmen, die Erträge der Beteiligungen des Bundes und der Anteil am Gewinn der Bundesnotenbank,
>   die Verwaltungseinnahmen des Bundes,
>   Das Aufkommen der Zölle und der durch Bundesgesetz geregelten Steuern (Bundessteuer), soweit es nicht den Ländern und Gemeinden zufällt und die Erträge der Finanzmonopole.

---

54 In der Vorlage „Chiemseer" (S. 2).

Art. 122a

Der Bund hat die ausschließliche Gesetzgebung über Zölle und Finanzmonopole und die Vorrangsgesetzgebung über folgende Steuern (Bundessteuern):

Die Verbrauchs- und Verkehrssteuern mit Ausnahme der Grunderwerbssteuern, Wertzuwachssteuer, Wandergewerbesteuer, Feuerschutzsteuer, Vergnügungssteuer und andere Steuern mit örtlich bedingtem Wirkungsbereich,

die Besitzsteuern; Einkommen- und Körperschaftsteuer, Vermögenssteuern und Erbschaftssteuern,

die Realsteuern mit Ausnahme der Festsetzung der Hebesätze.

Art. 122b

Die Länder erhalten für sich und ihre Gemeinden (Gemeindeverbände) von dem Aufkommen der Bundessteuern das Reinaufkommen der Biersteuer, der Rennwettsteuer, der Kraftfahrzeugsteuer, der Vermögenssteuer (mit Ausnahme der für den Vermögensausgleich erhobenen Vermögensabgaben), der Erbschaftssteuer und die Realsteuern.

Umsatzsteuer und Einkommens- und Körperschaftssteuer sind gemeinsame [Einnahmen][55] des Bundes und der Länder: die beiden zufallenden Anteile werden durch das Bundesgesetz bestimmt.

Das Nähere regelt das Bundesausgleichsgesetz. Es hat einem angemessenen Lastenausgleich Rechnung zu tragen.

Art. 123

Die Bundessteuern werden durch Bundesfinanzbehörden verwaltet. Der Aufbau der Bundesfinanzbehörden und der Finanzgerichte und das von ihnen anzuwendende Verfahren werden durch Bundesgesetz geregelt.

Die Länder können die Verwaltung der Landessteuern den Bundesfinanzbehörden übertragen.

Die Erhebung der Realsteuern wird durch Landesgesetz geregelt.

Anlage 3
Herbert Lestiboudois: „Das ist der Ruhm der Soldaten"
Neuer Vorwärts Nr. 2 v. 18.9.1948, S. 8

Ich habe sie liegen gesehen,
Zerschossen, zerfetzt und blind.
Ich hörte sie schreien und beten
ich weiß, wie die Männer sind.

Sie zogen hinaus als Soldaten
Und kamen als Krüppel zurück.

---

55 In der Vorlage „Entnahmen".

Und alles was sie taten,
War vom Tod ein Stück

Ich sah sie mit Ehren und Orden,
Gesichter wie Holz und Stein,
Dann sind sie geschlagen worden
Und wurden hässlich und klein.

Sie drückten sich heimlich beiseite
Und warfen die Orden weg,
Und übrig blieb die Pleite,
Hunger, Trümmer, Dreck!

Sie standen in Frankreich und Polen.
Sie standen an Wolga und Don.
Sie haben geraubt und gestohlen
Und wissen jetzt gar nichts davon.

Das ist der Ruhm der Soldaten
Helden in Saus und Braus
Und alles, was sie taten,
Löffeln wir jetzt aus!

Denn Männer, die machen Geschichte,
Wir haben das Beispiel probiert,
Da stehn nun die traurigen Wichte
Und haben es durchexerziert.

Da stehn nun die Witwen und Waisen
Und durch die Ruinen noch zieht
Das Lied von Blut und Eisen -
Deutschlands Trümmerlied.

Nr. 3
Sitzung des Parteivorstandes am 10. und 11. Dezember 1948 in Bad Godesberg

AdsD: SPD-Parteivorstand 2/ PVAS 0000679 (Maschinenschriftl. Prot., 14 S.)[1]

[Leitung der Sitzung: Erich Ollenhauer]

[Teilnehmer /Teilnehmerinnen, nach Funktionen geordnet[2]:
PV:[3] *Ollenhauer;*
    Franke; Gotthelf, Heine, Kriedemann, Nau;
    L. Albrecht, Bögler, Eichler, Fischer, Gayk, Görlinger, Grimme, Gross, Henßler, Knoeringen, Knothe, Krahnstöver, Meitmann, Menzel, Neumann, Schmid, Schoettle, Schroeder, Selbert

Vertreterin Reuters: *I. Wolff*
KK: *Schönfelder*
Fraktion d. ParlR: *Katz, Löbe, Muecke* + 4 Mitglieder des PV (*Gayk, Menzel, Schmid, Selbert*) + 1 Mitgl. d. KK (*Schönfelder*)
Mitarbeiter des PV[4]: *Brandt, Gleissberg, A. Groß[5], Raunau*]

Tagesordnung:[6]
1) Beschlüsse des Parteitags in Düsseldorf

---

1 Die Einladung zu dieser Sitzung mit Bekanntgabe der vorläufigen Tagesordnung erfolgte durch das hektographierte Rundschreiben Nr. 92/48 des Referats Organisation, unterschrieben von Ollenhauer, vom 20. November 1948. Nach der Einladung sollte die Sitzung zunächst am 9. und 10. Dezember in Springe stattfinden. Das längere maschinenschriftliche Protokoll ist ausnahmsweise mit dem Verfasserkürzel „Rn/hs" und dem Datum „14.12.1948" versehen. „Rn" steht wahrscheinlich für Peter Raunau, der als verantwortlicher Redakteur des Sozialdemokratischen Pressedienstes regelmäßig an den Parteivorstandssitzungen teilnahm. Das längere Kommuniqué (Sozialdemokratischer Pressedienst III/151 v. 13.12.1948) wird hier als Anlage 1 abgedruckt.
2 Die folgenden Angaben wurden der Anwesenheitsliste in den Beiakten zum Protokoll entnommen; für die Teilnehmer an allen Vorstandssitzungen 1948-50 vgl. Anhang 1.
3 Von den Mitgliedern des PV fehlte wegen seiner schweren Erkrankung Schumacher, weiter nahmen *Baur, Gnoß, Kaisen* und *Reuter* nach der Anwesenheitsliste und nach dem Protokoll nicht an der Sitzung teil.
4 Die in dieser Rubrik genannten Personen *Gleissberg, A. Gross* und *Raunau* wurden am Ende der Anwesenheitsliste von einer Person eingetragen.
5 Arthur *Groß* (1903-60), geb. in Chemnitz, Schlosserlehre, 1919 DMV, 1920 SPD, 1925 Jugendsekr. d. Bez. Chemnitz,1930-33 Hauptvorstand d. SAJ, 1931-33 Stadtverordn. (Chemnitz), 1933 Emigration (CSR, Bolivien), 1948 Rückkehr nach D., 1949 Sekr. d. Bez. Weser-Ems in Oldenburg, 1955 Parteisekretär in Düsseldorf.
6 Wortlaut nach der vorläufigen Tagesordnung vom 20.11.1948, soweit durch ein handschriftliches Abhaken ersichtlich, daß die Tagesordnungspunkte zur Verhandlung kamen. Die vorgesehen Punkte „9) Pressefragen. a) Die neue Pressepolitik in der amerikanischen Zone; b) Neuer Vorwärts", „10) Angelegenheiten der Fachausschüsse: a) Ausschuß für Organisationsfragen, b) Kommunalpolitischer Ausschuß, c) Außenpolitischer Ausschuß, d) Kulturpolitischer Ausschuß, e) Bildung einer Hochschulkommission, f) Bildung eines Ausschusses für Beamtenrecht, g) Vorschlag des Genossen Dr. *Freund* für die Behandlung der sozialistischen Gesundheitspolitik im PV" und „13) Vorbereitung einer Amnestie für kleinere Vergehen" wurden in dieser Sitzung nicht behandelt. Der Punkt 10 wurde in der Sitzung v. 21./ 22.1.1949 behandelt, vgl. Dok. 4 A, Punkt 5.

2) Die Verhandlungen in Bonn
3) Lastenausgleich
4) Vorschlag für ein Wahlprogramm
5) Polizeifragen
6) Zusammenarbeit mit den Gewerkschaften
7) Internationales
   a) COMISCO-Sitzung in London
   b) Die Sozialdemokratische Partei im Saargebiet[7]
8) Die Lage in Berlin
11) Neubesetzung des Ostsekretariats und des Betriebssekretariats
12) Schaffung eines Parteiabzeichens
14) Ort und Termin der nächsten PV- und PA-Sitzung

[Punkt 2] **Bonn**

Carlo **Schmid** und Walter **Menzel** berichteten über die Bonner Arbeiten.

Erich **Ollenhauer** empfahl, vor Eintritt in die Diskussion sich auf die wichtigsten all-gemein - politischen Grundfragen zu beschränken, nicht aber noch einmal alle Einzelhei-ten zu erörtern, deren Entscheidung Sache der Bonner Fraktion sei. Die letzte Stellung-nahme zum Grundgesetz werde natürlich erst später erfolgen können, aber gerade im Hinblick auf die bevorstehenden Verhandlungen mit den Militärgouverneuren sei eine sofortige Klarlegung des SPD-Standpunktes in den wichtigsten Themen notwendig. Die endgültige Stellungnahme müsse einer gemeinsamen PV- und PA-Sitzung vorbehalten werden, die vom 21. bis 23. Januar vermutlich in Dortmund oder in einer Stadt in der Nähe Dortmunds stattfinden soll.

Carlo **Schmid** war der Ansicht, dass in der nächsten Woche (also zwischen dem 13. und 18. Dezember) die zweite und letzte Lesung im Hauptausschuss beendet sein könne und dass dann das Plenum am 4. Januar mit seinen Beratungen werde beginnen können. Er bezeichnete die Frage der Bundesfinanzverwaltung und Finanzhoheit als die entschei-dend wichtigste Frage. So wie er die Dinge ansieht, bestehe wenig Aussicht, dass die englische und die amerikanische Militär-Regierung sich auf unseren Standpunkt stellen werde, weil hier offenbar ein absolutes französisches Veto vorliege. Die Situation spitze sich immer mehr und mehr zu der Frage zu: sollen wir das Grundgesetz ablehnen oder ihm mit evtl. vielen Konzessionen zustimmen.

Carlo Schmid wandte sich dann gegen die Hereinnahme der sogenannten Sozial-grundrechte in den Entwurf. Sie könnte heute nur in verwässerter Form hereingenom-men werden und später würde sich vielleicht eine bessere Gelegenheit bieten, im Bun-desparlament die eigenen Auffassungen durchzusetzen, weil später voraussichtlich auch ein stärkerer Gewerkschaftsflügel in der CDU vorhanden sein werde, mit dem man vielleicht besser manövrieren könne, als heute mit den überwiegend reaktionären Ele-menten in der CDU.

---

7 Dieser Punkt wurde während der Sitzung vorgezogen und im Zusammenhang mit TOP 1 behandelt.

Schmid äußerte sich kurz auch zum Besatzungsstatut. Er habe den englischen Text in der Hand gehabt und ihn nicht ganz lesen können, immerhin habe es genügt, um ihm zu zeigen, dass der Entwurf sehr wenig befriedigend sei. Er rechnet damit, dass am nächsten Donnerstag der Entwurf im wesentlichen den deutschen Stellen mitgeteilt werden würde.[8]

Ollenhauer gab dem Bedauern des geschäftsführenden Parteivorstandes über einen Beschluss des Hauptausschusses Ausdruck, der sich für die Ratifizierung des Grundgesetzes durch Volksentscheid einsetzte.

Katz erwiderte, dass damit keine Bindung eingegangen sei, der Hauptausschuss habe damit keine sachliche Entscheidung getroffen, sondern nur einen formalen Paragraphen geschaffen, der jederzeit auch auf eine andere Form der Ratifizierungsmöglichkeit [angewendet][9] werden könne.

Heine äußerte sich in drei kritischen Punkten zu Bonn.

1. Man sollte unter allen Umständen versuchen, die sozialen Grundrechte in den Entwurf hereinzubringen, zum Mindesten in der Form, in der wir das erreichen können.

2. Der Bundescharakter sei im bisherigen Entwurf zu stark ausgeprägt.

3. Es sei bedauerlich, dass in der Präambel der Begriff Gott enthalten sei.

Auch **Eichler** äußerte Bedenken, die zum Teil in der gleichen Richtung liegen. Er glaube nicht, dass das Verfassungswerk, so wie es vorliege, für die SPD annehmbar sei, zumal wenn die bundeseigene Finanzgesetzgebung und Finanzverwaltung sich nicht durchsetzen ließe. Das Fehlen sozialpolitischer Postulate sei besonders bedauerlich im Hinblick auf die kulturpolitischen Belastungen, die durch die CDU in den Entwurf gekommen sind.

Katz hielt im Gegensatz dazu die Ablehnung des Grundgesetzes in jedem Fall für außerordentlich schädlich, sie würde einen schweren Rückschritt gegenüber dem bisher erreichten Status darstellen.

Heine unterstrich noch einmal, dass nach seiner Ansicht die aus einer Ablehnung resultierenden Gefahren nicht so groß seien. Es spielte ja auch für die Alliierten die Notwendigkeit internationaler Rücksichtnahmen eine erhebliche Rolle. Er möchte nicht, dass wir uns auch nur geistig auf eine Annahme des Grundgesetzes jetzt schon festlegen.

Schmid warnte vor dem Aberglauben, als ob wir uns durch eine Verfassung eine bestimmte Wirklichkeit schaffen könnten. Eine Verfassung habe nicht sehr viel mehr zu bewirken als

1. einen Mechanismus zu schaffen, der es den lebendigen Kräften im Volke möglich macht, sich auszuwirken und

2. durch gesetzliche Bestimmungen bestimmte Vorstellungen der Vergangenheit, die in das Recht übergegangen sind, abzubauen und durch neue zu ersetzen.

Er sieht die wichtigste Bestimmung in den Artikeln 14 und 15, die den Begriff des Privateigentums sehr stark im Sinne sozialdemokratischer Vorstellungen interpretieren.

---

8 Für den Wortlaut des Besatzungsstatuts, der erst Anfang April 1949 den deutschen Behörden zur Kenntnis gegeben wurde, vgl. Dok. 6, Anl. 2 A.

9 In der Vorlage „bestehen" (S. 1).

Auch Schmid ging dann noch einmal auf die äußerst schädlichen Folgen ein, die mit einer Ablehnung des Bonner Grundgesetzes verbunden wären.

Ollenhauer unterstrich auch seinerseits, dass die im Augenblick entscheidend wichtige praktische Frage die bundeseigene Finanzverwaltung und Finanzhoheit sei. Das sei eine unverzichtbare Forderung, daneben ließe sich über die Frage, in welchem Ausmaß neben der Bundesfinanzverwaltung eine eigene Länderverwaltung bestehen soll, durchaus sprechen.

Auch **Kriedemann** trat noch einmal für eine möglichst schnelle Erledigung der Angelegenheit ein, der man im übrigen wahrscheinlich vielleicht zu viel Gewicht beilege. Maßgebend für Jahre werde das Besatzungsstatut bleiben und die praktische Politik werde von dem kommenden Grundgesetz sehr viel weniger bestimmt werden, als man vielfach glaube.

Ollenhauer fasste dann kurz die Diskussion zusammen:

Festhalten an der bundeseigenen Finanzverwaltung mit der schon angedeuteten Konzession von möglichen Verhandlungen über eine daneben bestehende Länderfinanzverwaltung. Falls sich in den weiteren Verhandlungen der zweiten Lesung die Tendenz verstärken sollte, noch andere sogenannte unechte Grundrechte hineinzunehmen, dann müssen auch wir mit unseren sozialen Forderungen herauskommen.

Die endgültige Haltung zum Grundgesetz kann erst eingenommen werden, wenn nach der zweiten Lesung in der Vollversammlung übersichtlich ist, wie es aussieht. Weiter wird auch für unsere Haltung die dann bestehende internationale Situation sehr wichtig sein.

In der Fraktion sollte klargemacht werden, dass wir an unserer bisherigen Auffassung festhalten, dass das Grundgesetz durch Abstimmung in den Länderparlamenten verabschiedet werden soll. Das sei die einzige vernünftige Chance, relativ schnell zu Ende zu kommen.

Wenn die Fraktion in der nächsten Woche mit den Gouverneuren verhandelt, dann sollte erneut die Frage aufgeworfen werden, was mit Berlin wird. Diese Frage ist bisher noch nicht so sicher, wie es sein sollte. Bis vor dem 5.12. hat es auch bei den Alliierten noch manchen Zweifel hinsichtlich der künftigen Stellung Berlins im Bundesparlament gegeben. Die SPD-Forderung, die Berliner vollberechtigt am Bundesparlament zu beteiligen, sei heute nach den Wahlen [in Berlin][10] noch stärker fundiert als bisher. Wir dürfen nicht in eine Lage gebracht werden, dass wir aus irgendwelchen internationalen Rücksichten einen negativen oder halb klaren Bescheid bekommen, das sollte in den Verhandlungen mit den Alliierten stark unterstrichen werden.

---

10 Die Neuwahlen zur Stadtverordnetenversammlung vom 5. Dezember 1948, die wegen der Spaltung der Stadt nur in den Westberliner Stadtbezirken stattfinden konnten, brachten der SPD einen großartigen Wahlsieg: Sie konnte 64 % der abgegebenen Stimmen gewinnen, vgl. Jürgen Wetzel, Art. Berlin, in Deutschland unter alliierter Besatzung, S. 390.

Bundessitz

Ollenhauer rekapitulierte noch einmal den Stand dieser Frage, ausgehend von dem Speyrer Vorstandsbeschluss, sich nicht für Frankfurt zu entscheiden.[11]

Elisabeth **Selbert** sprach für Kassel, Walter **Menzel** für Bonn. Carlo **Schmid** und **Heine** wünschten Kassel, **Kriedemann**, **Schoettle** und v. **Knoeringen** traten für Frankfurt ein.

Heine teilte mit, dass *Süsterhenn* auf Anfrage erklärt habe, Berlin dürfe keineswegs wieder Bundeshauptstadt werden, und er habe hinzugefügt, er glaube, durchaus im Namen der CDU mit dieser seiner Meinung zu sprechen. Wenn die CDU sich wirklich so entschieden hat, dann gewinne die Frage ein ganz neues Gesicht insoweit, als dann Frankfurt eine noch gefährlichere Lösung darstelle, als man bisher schon der Ansicht war.

Heine berichtete über *Kolbs*[12] Bemühungen, den geschäftsführenden Vorstand für Frankfurt zu gewinnen.

Brandt unterstrich noch einmal den Gesichtspunkt, dass Frankfurt im Bewusstsein eines großen Teiles der ostdeutschen Bevölkerung und vieler Ausländer die Hauptstadt eines Weststaates in der Alternative zu einem Oststaat sei. Er verlangte nachdrücklich Unterstreichung der Tatsache, dass Berlin künftiger Sitz der Bundesregierung sein solle.

Ollenhauer berichtete, dass *Schumacher* nach dem Speyrer Beschluss gesagt habe, er halte eine solche negative Festlegung nicht für zweckmäßig. Er stand auch auf dem Standpunkt, dass eine Ortsveränderung keine wesentliche Veränderung an den politischen Gegebenheiten darstelle, habe auch auf die Tatsache verwiesen, dass eine große zusätzliche Geldausgabe bei der Installierung an einem neuen Platz propagandistisch schlecht zu vertreten sei. Sein Rat war, sich heute noch nicht definitiv zu entscheiden, sondern zu versuchen, einen Beschluss bis zu dem Zeitpunkt hinauszuschieben, an dem wir uns über das Grundgesetz generell schlüssig werden müssen. Auch Ollenhauer hielt eine sofortige Beschlussfassung unzweckmäßig und empfahl, im Sinne der Schumacherschen Anregung zu verfahren.

Franke schlug vor, eine Kommission zu bilden, die sich ein genaues Bild über die technischen, finanziellen und sonstigen praktischen Gegebenheiten dieser Frage machen soll und die neutral zusammengesetzt ist.

Auf **Ollenhauers** Vorschlag wird diese Kommission aus den Genossen *Schönfelder, Henßler, Nau* und *v. Knoeringen* bestehen. Sie erhalten den Auftrag, bis zur nächsten PV-Sitzung Bericht zu erstatten.

---

11 Auf seiner Sitzung in Speyer am 29./30.10.1948 hatte sich der PV einmütig gegen Frankfurt als provisorischen Sitz der Bundesregierung ausgesprochen, jedoch beschlossen, seinen ablehnenden Standpunkt zunächst nicht zu veröffentlichen, vgl. die Ausführungen Ollenhauers am Schluss der Debatte über die Verhandlungen in Bonn, Dok. 2, S. 23.

12 Der Sozialdemokrat *Kolb* war seit 1946 OB von Frankfurt. Zu Walter *Kolb* (1902-56) vgl. PV-Protokolle Bd. 1, S. 77

[Punkt 1]: Beschlüsse des Parteitages in Düsseldorf

Die Sozialdemokratie an der Saar

Im Zusammenhang mit der Erledigung von Anträgen und Empfehlungen des Düsseldorfer Parteitages machte Erich **Ollenhauer** einige Ausführungen über die Situation der Sozialdemokratie an der Saar. Dort macht sich ohne Zweifel in der letzten Zeit in der Masse der Funktionäre und Anhänger ein Stimmungsumschwung gegen die bisherige Politik geltend. Die Leitung der Partei ist aber noch in den Händen der Genossen, die sich für die Autonomie eingesetzt haben. Der Gegensatz hatte sich nach außen zunächst sogar verschärft, als Ernst *Roth* aus dem Saargebiet ausgewiesen wurde. Er ist jetzt in der Pfalz Landrat. Über ihn wird die Verbindung weiter aufrecht erhalten. Inzwischen ist [an][13] die Saar ein Mann aus Brasilien zurückgekehrt, der Genosse *Schattner*[14], der neulich in Hannover war. Er hat der Parteileitung im Namen der Genossen *Kirn*[15] und [Heinz] *Braun*[16] mitgeteilt, dass der Vorstand der Saar-SP einen Kontakt mit Hannover wünsche. [*Schattner*][17] ist gesagt worden, dass diese Bitte brieflich geäußert werden müsse. Wenn das Schreiben vorliegt, wird es im Einvernehmen mit den Genossen [an][18] der Saar beantwortet werden, die wir seit langem genau kennen. Ganz offenbar sind die Anschlusssozialisten über die Entwicklung an der Saar enttäuscht.

Es liegt außerdem eine Information vor, dass die Saarpartei die Absicht habe, bei der internationalen Arbeitsgemeinschaft in London um Aufnahme als selbständige Partei nachzusuchen. Es ist auch möglich, dass sie die SPD um Unterstützung bei diesem Versuch bittet. Wir würden aber einer Aufnahme widersprechen, denn wenn wir sie akzeptieren würden, dann läge darin die indirekte Anerkennung des an der Saar geschaffenen Zustandes.

Egon **Franke** referierte im Zusammenhang mit einigen Düsseldorfer Anträgen über den letzten Stand der **VVN-Angelegenheit**.

Fischer, Nürnberg, wies auf gewisse Schwierigkeiten in dieser Frage hin. Er hielt es für notwendig, die Genossen, die bisher in der VVN waren, im Rahmen der Partei in einer Art Arbeitsgemeinschaft zusammenzuschließen und die ganze Frage beim PV in einem besonderen Referat zusammenzufassen. Eine Unterstützung und gründliche Beratung der einzelnen ehemaligen Verfolgten durch dieses Referat würde die Loslösung von der VVN vielen wesentlich erleichtern.

In der Frage der **politischen Betätigung der Beamten** wurde Willy *Brandt*, Berlin, beauftragt, unter Vorlage entsprechenden Materials bei den maßgebenden alliierten

---

13 Im Protokoll „in".
14 Peter *Schattner* (1894-1962), Parteifunktionär d. Sozialdem. Partei im Saargebiet, Emigration (Brasilien), nach 1945 Rückkehr ins Saargebiet, 1948-51 General- bzw. Landessekretär d. SPSaar.
15 Zu Richard *Kirn* (1902-88) vgl. PV-Protokolle Bd. 1, S. 197.
16 Heinz *Braun* (1883-1962), geb. in Neuß (Rheinl.), Bruder von Max B., Volksschullehrer, Jurastudium, Dr. jur., 1924-33 Rechtsanwalt u. BV d. Reichsbanners in Magdeburg, 1933 Emigration ins Saargebiet (Red. d. „Volksstimme" in Saarbrücken), 1935 F, 1940 GB; 1946 Rückkehr ins Saargeb., 1947-55 MdL (Saar), 1947-55 Justizmin., 1949-55 Präs. d. Europa-Union Saar.
17 In der Vorlage „Schöttle".
18 Im Protokoll „aus".

Stellen in Berlin dahin vorstellig zu werden, die politische Betätigung der Beamten in einem gewissen Umfang zuzulassen.

Parteiprogramm[19]

Ollenhauer berichtete zu dem Antrag 60 in Düsseldorf. Es wäre nicht zweckmäßig, jetzt ad hoc eine Programmkommission des Parteivorstandes zu bilden. Es ist das eine grundsätzliche Angelegenheit von sehr großer Bedeutung und der Eindruck des Vorstandes sei, dass er hier vor einer seiner ernstesten und schwierigsten Aufgaben stehe, die die Partei zu erledigen habe. Es handelt sich außerdem nicht allein um eine Angelegenheit der deutschen Sozialdemokratie. Deshalb sei er dafür, dass man sich heute darauf beschränke, aus der Mitte des PV einen Ausschuss zusammenzusetzen, der sich besonders mit dieser Aufgabe befasse, und zwar unter zwei Gesichtspunkten:

1. Der Ausschuss unternimmt es, eine Liste der Genossen zusammenzustellen, die dafür in Frage kämen. Alle Strömungen und Auffassungen sollten mindestens durch einen Repräsentanten vertreten sein. Die Kommission müsse sich klar werden, wie weit der Kreis ihrer Aufgaben zu ziehen ist.
2. Es sei nicht zweckmäßig, jetzt in der Partei die Diskussion über die programmatischen Grundlagen mit [einem] irgendwie mehr oder weniger hastig zusammengeschriebenem Entwurf zu beginnen. Die Diskussion müsse sich über einen langen Zeitraum erstrecken.

Zunächst werde es erforderlich sein, einige der wichtigsten Themen herauszugreifen. Ollenhauer wies dabei auf folgende drei [Punkte] hin:

1. Die Probleme im Zusammenhang mit der Ziegenhainer Entschließung, also die Klärung der Frage, wie weit die Lehre von Karl *Marx* heute noch Gültigkeit besitzt.
2. Die Klärung der Frage, wie wir einen Ausgleich finden zwischen den Notwendigkeiten einer geplanten Ökonomie und einer echten Selbstverwaltung in der Demokratie, zwischen dem notwendigen Zwang zu einer gerechten Ordnung und der Sicherheit der persönlichen Freiheit auf der anderen Seite. Das Problem wird in dem Augenblick eine Lebensfrage für die Sozialdemokratie, wenn sie die Chance erhält, eine neue Wirtschaftsform praktisch entwickeln zu können. Hier muss nach Ollenhauers Ansicht die echte Diskussion in Gang kommen und wir müssen uns auch die Erkenntnisse in anderen Ländern zunutze machen.
3. Die Frage Deutschland und Europa. Man darf sich in keinem Falle mit irgendwelchen schönen Formulierungen begnügen, man muss sehr konkrete Vorschläge machen, denn es ist sicher, dass diese Frage in einem Jahr vielleicht eine entscheidende politische Rolle spielen wird.

Wir müssen also ganz generell bei der Aufstellung eines solchen Programms unter allen Umständen ein neues Lexikon von Schlagworten vermeiden.

---

19 Im Kommuniqué nur kurzer Hinweis auf diese Beratung. Einen gesonderten Artikel zu diesem Punkt veröffentlichte der bei den Beratungen anwesende Peter *Raunau* im Sozialdemokratischen Pressedienst. Dieser wird hier als Anlage 1 B abgedruckt.

Es wurde der Vorschlag gemacht, eine Kommission zu ernennen, die die Personen des eigentlichen Arbeitsausschusses auszuwählen hat. Der Kommission sollen angehören: *Schumacher, Carlo Schmid, Reuter, Kriedemann* und *Eichler.*

Der PV war damit einverstanden.[20]

Kriedemann berichtete über die Arbeit, die seit der Verkündung des **sozialdemokratischen Wohnungsbauprogramms** in Düsseldorf in dieser Sache gemacht wurde. Man sei ein gut Stück vorwärts gekommen. Es läge eine Information vor, dass in der nächsten Zeit auch von *Dr. Adenauers* Ecke her eine große Propagandaaktion auf diesem Gebiet gestartet werden soll, um uns den Wind aus den Segeln zu nehmen. Eile sei deshalb geboten.

Bei der Diskussion dieses Themas machte **Kriedemann** die Mitteilung, dass nach seinen Schätzungen für das Wohnungsbauprogramm aus dem ersten Lastenausgleich vielleicht eine Summe von annähernd einer Milliarde D Mark herausschauen werde, was schon ein ganz stattlicher Beitrag sei.

Henßler kündigte für Nordrhein-Westfalen eine Landeskonferenz der SPD auch mit diesem Thema an. Zur Beratung steht ein von dem Gen. *Gnoß* in seiner Eigenschaft als Wiederaufbauminister ausgearbeiteter Entwurf.

Zu einer in Düsseldorf gegebenen Anregung, von der Partei in den Bezirks- und Ortsvereinen **besondere Feiern für die sozialdemokratischen Todesopfer des Naziregimes** an einem bestimmten Tage einzurichten, wurde die Ansicht des Organisationsausschusses dahingehend präzisiert, dass es nicht zweckmäßig sei, solche Feiern zu beschließen; viel vernünftiger und zweckmäßiger sei es, bei ernsten Feiern allgemeiner Art, etwa beim Totensonntag oder bei sonstigen entsprechenden Gelegenheiten, auch der Opfer des Naziregimes zu gedenken.

Die Anträge 22 und 23 hatten angeregt, ein großes **Publikationsorgan für die Theorie des Sozialismus** herauszubringen. Die Partei ist augenblicklich finanziell nicht in der Lage, solche Aufgaben auszuführen.

Zu einem anderen Antrag wurde empfohlen, eine Schrift herauszubringen, die vor allem auch unter Auswertung der letzten Kommunalwahlergebnisse die beiden **Wahlprinzipien - Personen- und Verhältniswahl** - nebeneinander genau darzustellen, um diese schwierige Materie einem größeren Personenkreis von Leuten möglichst gründlich klarzumachen. *Menzel* erbot sich, einen Experten ausfindig zu machen, der beauftragt werden soll, diese Schrift vorzubereiten, Material dafür zusammenzutragen und zu sichern. Es soll so verfahren werden.

[Punkt 3] Lastenausgleich

Kriedemann berichtete über die Lastenausgleichsverhandlungen in Frankfurt, die Fraktion der SPD im Wirtschaftsrat dürfte für sich in Anspruch nehmen, dass sie sehr wesentlich dazu beigetragen hat, dass das erste vom Wirtschaftsrat verabschiedete Gesetz

---

20 Im Kommuniqué wurde nur die Tatsache der Einsetzung eines solchen vorbereitenden Ausschusses erwähnt, es wurden jedoch nicht die Namen der Mitglieder genannt.

so aussieht, wie es aussieht. Alle anderen Parteien haben mit ihrer Arbeit in dieser Frage sehr viel später begonnen.

Das, was die Verwaltung zunächst vorgelegt hatte, entsprach nur sehr bedingt unseren Vorstellungen von einem Vorspiel zum Lastenausgleich. Wir haben dann versucht, hereinzubringen, was unserer Meinung nach unbedingt hereingehört, und tatsächlich gehen alle wesentlichen Verbesserungen auf eigene Anträge zurück. Innerhalb der Fraktion hatte man sich auf ein Minimalprogramm festgelegt, und man hat dann eine Reihe von Abänderungsanträgen gebracht und so formuliert, dass die Gegenseite sie einfach annehmen musste, wenn sie sich nicht in eine unmögliche Lage bringen wollte. Schwieriger war es, durchzusetzen, dass die Gewerkschaften Sonderaufgaben haben, die ihre Befreiung von der Vermögensabgabe rechtfertige. Die Kirchen waren bereits herausgenommen worden, ebenso wie der gemeinnützige Wohnungsbau. Bei den Parteien war das selbstverständlich nicht möglich, was besonders für die SPD sehr bitter ist.

Kriedemann hofft, dass der Länderrat in der nächsten Woche zustimmen werde, so dass dann das Gesetz noch vor Weihnachten in Kraft treten kann. Unverkennbar sei das Prinzip gewisser bürgerlicher Parteien, es in der Lastenausgleichsfrage beim Sofortprogramm bewenden zu lassen. Wir müssen deshalb mit größtem Nachdruck die Auffassung vertreten, dass das, was bis jetzt geschehen ist, ein Minimum für die nächste Zeit darstelle und nicht annähernd das Notwendige. Unter uns gesagt, wären wir aber gar nicht besonders daran interessiert, den endgültigen Lastenausgleich noch im jetzigen Wirtschaftsrat durchzubringen, weil über diese Gesetzesarbeit hoffentlich das künftige Bundesparlament besser geeignet sein wird als der Wirtschaftsrat mit seiner knappen reaktionären Mehrheit. Aber diese Spekulation darf uns nicht davon abhalten, die anderen zu zwingen, bei jeder Gelegenheit Farbe zu bekennen.

Kriedemann bemerkte abschließend, dass das, was erreicht wurde, gemessen an der Not, noch immer sehr wenig ist. Deshalb habe es keinen Zweck, nach außen hin so zu tun, als ob man irgendwie phantastische Leistungen erzielt habe. Das würde nur zum Widerspruch aus den Kreisen der Betroffenen führen. Unter uns kann freilich mit Genugtuung festgestellt werden, dass, gemessen an den Möglichkeiten, wirklich allerhand durchgesetzt werden konnte.

[Punkt 4] Wahlprogrammkommission[21]

Kurt *Schumacher* hat es unternommen, anhand ausführlichen ihm zugegangenen Material einen Entwurf für ein Wahlprogramm für die Partei auszuarbeiten, das auf die kommende Wahl zum Bundesparlament abgestellt sein soll. Der Parteivorstand beschloss, dass neun führende Genossen zusammen mit *Schumacher* eine Art 1. Lesung dieses Wahlprogramms vornehmen und den redigierten Entwurf vor den Vorstand bringen.[22] Man müsse daran denken, sagte **Ollenhauer**, dass wir dieses Programm so gestal-

---

21 In der „vorläufigen" Tagesordnung lautet der Punkt 4: „Vorschlag für ein Wahlprogramm".

22 Als handschriftliche Anmerkung wurde dem maschinenschriftlichen Protokoll eine Liste von insgesamt 12 Namen hinzugefügt: *„Schumacher, Ollenhauer, Franke, Kriedemann, Meitmann, Henßler, Knoeringen, Mattick, Krahnstöver, Schmid, Menzel, Kaisen"*.

ten, dass es gleichzeitig für die Fraktion des neuen Bundesparlaments als die wesentliche Richtlinie für ihre Arbeit auch dann Geltung hat, wenn sie Regierungspartei werden sollte.

[Punkt 5] Polizeifragen

Sonnabend referierte zunächst Walter **Menzel** über Polizeifragen. Die beunruhigende Entwicklung in der Ostzone hat die Öffentlichkeit alarmiert und die Frage von Gegenmaßnahmen aktuell gemacht.

Nach einem historischen Rückblick auf die Entwicklung der Polizeiverwaltung und einer Definierung der gegenwärtigen Unterschiede im Aufbau der Polizei in den verschiedenen Zonen setzte sich Menzel kritisch mit den Verhältnissen besonders in der englischen Zone auseinander, die nach seiner Kenntnis am meisten Anlass zur Kritik bieten. Er sieht den Hauptgrund darin, dass die Engländer auch in diesem Falle schematisch eigene Verhältnisse auf deutsche übertragen haben. Ein wesentlicher Schritt bestand dann auch darin, dass man die Exekutive von der Verwaltung trennte. Es erschien die Verordnung 135 der Militär-Regierung, die von der These ausging: Der Innenminister trägt die Verantwortung für die innere Sicherheit und Ordnung, aber er hat keine Dienststrafengewalt, darf keine Anordnungen an die Polizei geben. Eine vernünftige Erklärung darüber, wie man in der Praxis mit diesem eklatanten Widerspruch fertig werden solle, wurde nicht gegeben. Die Verordnung bestimmte weiter, dass alle wirtschaftlichen und personellen Angelegenheiten auf den im demokratischen Sinne unkontrollierten Polizeichef übergingen, und die Befugnis der Polizeiausschüsse sollte darauf beschränkt sein, zweimal etwa im Jahr zusammenzutreten, um den Etat zu genehmigen und den Polizeichef zu wählen - dies natürlich nur einmal oder ganz selten, da die Dauer der Wählbarkeit fast keiner Beschränkung unterliegt. Menzel hat viele Bemühungen unternommen, diese Verordnung uneffektiv zu machen, ohne dass sie formal aufgehoben wurde, und das ist ihm nach seiner Aussage auch weitgehend gelungen. Immerhin bleibt so viel wirksam, dass mit englischer Duldung oder auch unter direkter englischer Einwirkung zahllose aktive ehemalige Offiziere und ausgesprochen nazistische Elemente einflussreiche Stellen in der Polizei bekommen haben, von wo aus sie immer neue Gesinnungsgenossen heranziehen, ohne dass ihnen praktisch von einer demokratisch kontrollierten Instanz entgegengetreten werden kann.

Menzel stellte in diesem Zusammenhang eine ganze Reihe von Forderungen auf. Zunächst müsste man zu dem Satz zurückkommen: Polizei ist Landesangelegenheit. Es sollte ferner verlangt werden, dass der jeweilige Innenminister verantwortlich ist und mit entsprechenden Vollmachten ausgestattet wird. Man sollte versuchen, durchzusetzen, dass in den Ländern wenigstens etwas ähnliches geschaffen wird wie in den Großstädten es die Polizeiausschüsse sind, also ein demokratisch gewähltes Kontrollorgan, das zum Teil beratend, zum Teil bestimmend, vor allem aber kontrollierend tätig ist.

Eine Bundespolizei zu schaffen hielt Menzel für aussichtslos. Es war schon schwer genug, das Bundeskriminalamt durchzubekommen.

Mit einer Vermehrung der uniformierten Polizei wird man aber in jedem Falle rechnen müssen. Wenn wir z. B. in Nordrhein-Westfalen, so sagte er, weitere 20.000 Mann bekommen sollten, dann dürfen wir nicht von Anfang an wieder dieses Kontingent auf die einzelnen Polizeichefs aufteilen, sondern wir müssten sie als Landespolizei installieren, auch auf die Gefahr hin, dass die Sozialdemokratie einmal nicht mehr das Innenministerium hat.

In der Diskussion dazu nahm als erster **Heine** in diesem Zusammenhang das Problem der **Remilitarisierung** auf. Er vertrat den Standpunkt, dass man sich der Diskussion dieser Frage auch in der Öffentlichkeit auf die Dauer nicht entziehen könne.

Carlo **Schmid** erklärt, dass gerade hier eine Parteimeinung gebildet werden müsse. Er empfahl, ganz wenige Thesen herauszustellen, wie „Die Sozialdemokratie gibt keiner Bestrebung ihre Unterstützung, die darauf hinausläuft, die alten nationalstaatlichen Armeen zu fördern". Andererseits ist festzustellen, dass wir ganz offensichtlich noch in einer Welt leben, in der die Notwendigkeit der Selbstverteidigung von einem zum anderen Tag aktuell werden kann. Schließlich: Es lässt sich das Notwendige mit dem, was einmal geschehen muss, vielleicht vereinigen, wenn man den Gedanken verwirklicht, dass irgendwelche bewaffnete Macht in Europa ausschließlich einer internationalen Organisation zur Verfügung steht. Hier sollte man sehr bestimmt an die alte, aber durchaus nicht ver[altete][23] Vorstellung aus der *Briand*'schen Zeit mit ihrer starken Unterstreichung des Gedankens einer internationalen kollektiven Sicherheit anknüpfen.

Ollenhauer kam nochmals auf *Menzel* zurück und gab die Anregung, alle Sozialdemokraten in den Ministerien der verschiedenen Länder und Berlins sollten alsbald unter Heranziehung einiger Parteivorstandsmitglieder und auch einiger Gewerkschaftler über praktische Polizeifragen und vor allem über Polizeinachwuchs beraten. Diese Frage werde in nächster Zeit große praktische Bedeutung bekommen, zumal hier die einzige Form gegeben ist, eine Art innerstaatlichen Schutz zu organisieren. Die Tagung sollte nach seiner Empfehlung in der ersten Januarhälfte stattfinden.

Ollenhauer machte den Vorschlag, festzustellen, dass die SPD die Forderung nach Unterstellung der Polizei unter die Gewalt der Landesregierung erhebt und dass sie das Koalitionsrecht für die Polizeibeamten fordert, weil die neue Demokratie eine zuverlässige Exekutive brauche. Dem wurde zugestimmt.

Henßler möchte stärkere Koordinierung unserer Leute in den verschiedenen Polizeiausschüssen.

Dann äußerte sich **Ollenhauer** zur Frage der **Remilitarisierung**. Die Besatzungsmacht würde ohne Zweifel sehr bald den Versuch machen, die Polizeimacht in Westdeutschland zu erweitern. Die Frage sei noch ziemlich offen, wie weit die britische und die amerikanische Regierung an einer sog. Remilitarisierung Interesse haben. Ollenhauer glaubt, dass die öffentliche Diskussion dieses Themas in Deutschland ziemlich das unglücklichste ist, was wir bisher erlebt haben, weil sie eine absolut unrealistische Diskussion sozusagen hundert Meter über dem Erdboden sei. Der heute in dieser Frage übersehbare Tatbestand sei folgender: Es gibt keine echte Remilitarisierung, weder in der briti-

---

23 In der Vorlage „verwaltete".

schen Zone noch in der amerikanischen. Freilich sind Arbeitskompanien in der britischen Zone weit über den wirklichen Bedarf der Militär-Regierung an jungen Hilfskräften gebildet worden, vor allem auch aus Menschen, die aus der Ostzone geflüchtet waren. Insgesamt wird die Zahl dieser in solchen Einheiten zusammengefassten Menschen etwa 300.000 betragen. Nach allen zugänglichen Quellen ist in keiner Weise eine Aufstellung irgendwie kampffähiger Militäreinheiten erfolgt, auch wenn diese Menschen von Militärs im eigentlichen Sinne des Wortes ausgebildet sind. Aber natürlich hat die Tatsache, dass eine Besatzungsmacht über Gruppen wehrfähiger Männer von über einer Viertelmillion verfügt, ihr Gewicht; denn sie unterstehen doch einer Art halbmilitärischer Disziplin. Es gibt keine Anzeichen dafür, dass eine ähnliche Organisation in der amerikanischen Zone besteht. Mit Fug und Recht könne man aber annehmen, dass es in der USA-Verwaltung hier und in Washington eine ganze Reihe maßgebender Leute gibt, die einen Plan haben für den Fall, dass es zu einem bewaffneten Konflikt mit Russland kommt. Es wäre an sich nichts Unmögliches, dass die Westmächte von ihrem Standpunkt aus der Ansicht sind, dass man ein Menschenreservoir von annähernd vierzig Millionen Menschen nicht einfach brach liegen lassen kann. Ohne Zweifel bestehen auch zahlreiche Verbindungen mit deutschen Militärstellen, ob *Halder*[24] darunter ist, weiß man nicht genau.

Die SPD war in dieser Hinsicht zwischen zwei Klötze eingeklemmt, zumal einige linksgerichtete Gruppen und Personen des Auslandes gerade die jetzige Situation dazu ausnutzen, gegenüber ihren eigenen militärfreundlichen Kreisen für die deutsche Gleichberechtigung zu plädieren. Das ist freundlich gemeint, für uns aber nicht ohne Peinlichkeit. Der geschäftsführende Vorstand der Partei halte [weiterhin][25] in dieser Sache größte Zurückhaltung für das beste und habe vor allen Dingen große Bedenken dagegen, an die Wiedergewinnung der deutschen Souveränität auf dem Umwege über die Remilitarisierung heranzugehen. Das wäre für uns der denkbar schlechteste Start. Im Besatzungsstatut werde ohne Zweifel die Frage der Selbstregierung und Militärsicherheit Westdeutschlands hundertprozentig im alliierten Machtbereich bleiben. Es sei falsch, wenn wir uns jetzt ohne Grund in die Diskussion ziehen lassen würden. Natürlich könne die Lage sehr schnell sehr bedenklich werden. Aber der Kampf um Demokratie und Freiheit in Westdeutschland würde verloren gehen, wenn der deutsche Beitrag darin bestehen würde, dass wir vielleicht eine halbe Million Menschen in der Militärorganisation Westeuropa als ein Landsknechtheer einbringen. Je zurückhaltender wir in dieser Frage sind, je besser werden wir in der Lage sein, politische Forderungen und Wünsche durchzusetzen.

Ollenhauer teilte bei dieser Gelegenheit mit, dass *Sänger*[26] aus einem direkten Gespräch mit *Vogel* von diesem erfahren habe, dass sein, [Vogels][27], bekannter Artikel in der

---

24 Franz *Halder* (1884-1972), geb. in Würzburg, Berufsoffizier: Bayer. Armee, Reichswehr, Wehrmacht, Nov. 1938 Chef d. Generalstabes d. Heeres, Widerstand gg. Hitlers Angriffspläne, Nov. 1942 Entlassung, 1944/45 KZ, nach d. Kriege militärischer Berater d. Amerikaner.
25 In der Vorlage „wiederhin".
26 Zu Fritz *Sänger* (1901-75) s. PV-Protokolle Bd. 1, S. XXXV.
27 In der Vorlage „Volkes".

„Schwäbischen Post" von den Amerikanern lanciert wurde, die damit auf den Busch klopfen wollten.[28]

Heute sollte man sich mit der internen Klarstellung der folgenden Situation begnügen:

1. Was auch immer über die Neuzuteilung von souveränen Rechten an Deutschland in Westdeutschland im Schoße der Militär-Regierung ruht und durch Besatzungsstatut dekretiert werden wird - die Frage der Remilitarisierung Deutschlands wird unter keinen Umständen zu den deutschen Aufgaben gehören.

2. Wenn es so ist, dann liegt die Entscheidung bei den Gouverneuren. *Clay* und *Robertson* haben aber nach dem bekannten *Kogon*[29]-Interview darauf verwiesen, dass sie mit dieser Sache nichts zu tun hätten.

Wenn sich aus der internationalen Entwicklung eine Situation ergeben sollte, in der man über den westdeutschen Einsatz reden muss, dann werden die Alliierten den Deutschen in jedem Falle von sich aus Vorschläge machen müssen.

Carlo **Schmid** schlug dann vor, öffentlich auszusprechen, dass eine Diskussion über Remilitarisierung nur Sinn hat, wenn sie gleichzeitig geführt werde mit einer Diskussion über die Schaffung eines internationalen Organismus bestmöglicher Sicherheit. Das wird aber andererseits nicht möglich sein, aus den Deutschen Landsknechte zu machen.

Schmid berichtete dann unter ausdrücklicher Bitte, von dieser Mitteilung unter keinen Umständen weiterhin Gebrauch zu machen, über ein Gespräch mit *Adenauer*. Dieser habe ihm von seinen Berliner Unterhaltungen mit *Murphy*[30] und *Steel*[31] den beiden ersten politischen Beratern von *Clay* und *Robertson*, erzählt. Beide hätten gesagt, man halte eine kritische Auseinandersetzung für das nächste Jahr für ziemlich unvermeidlich. Wie er sich den deutschen Beitrag vorstelle. Er habe nichts gesagt. Fragte dann aber Schmid seinerseits, wie er sich zur Frage der Bundespolizeireserve stelle, die kaserniert sein müsse. Er habe auch angedeutet, dass es vielleicht gut sei, wenn man in ein Gespräch mit einigen in politisch demokratischem Sinne zuverlässigen ehemaligen deutschen Generalen eintreten könne. Schmid habe sehr sauer reagiert, keine klare Ansicht geäußert und nur gesagt, dass seine Fraktion und er in dieser ganzen Sache nichts zu unternehmen gedächten. *Adenauer* hat daraufhin das Gespräch abgebrochen, aber noch erklärt, es habe keinen Zweck, den Kopf in den Sand zu stecken.

---

28 Zu Vogels Aufsehen erregendem Leitartikel in der Schwäbischen Post vom 11.11.1948 („Westdeutschlands Abwehr") vgl. Einleitung Kap. II 3 f.

29 Für einen Abdruck von Kogons Interview mit der Neuen Zeitung v. 11.12.1948 vgl. AdG 1948/ 49, S. 1734. Eugen *Kogon* (1903-87), geb. als Sohn streng katholischer Eltern, Studium d. Nationalökonomie u. Soziologie, 1927-34 Publizist in Wien, 1939-45 KZ Buchenwald, 1946 Gründer u. Herausgeber d. Frankfurter Hefte, 1951-68 Ord. Prof. f. wiss. Politik an der TH Darmstadt, später aktiv in d. Friedensbewegung.

30 Robert *Murphy* (1894-1978), Jurastudium, Diplomat der USA, 1944 diplom. Berater General Eisenhowers, 1945-49 Berater d. amerikan. Militärregierung in Deutschland, 1949-53 Botschafter in Brüssel u. Tokio, 1954-59 Unterstaatssekretär im Außenministerium.

31 Christopher *Steel* (1903-73), Brit. Diplomat, 1946-50 Polit. Berater d. Alliierten Kontrollkommission (Brit. Zone) in Berlin bzw. Stellv. Britischer Hochkommissar in Bonn, 1956-63 Brit. Botschafter in Bonn.

Ollenhauer vertrat die Ansicht, der später auch andere beitraten, dass *Adenauer* das Gespräch von sich aus in Gang gebracht und in diese Richtung gelenkt habe. [Es]³² habe übrigens in Berlin, wie er, Ollenhauer, an Ort und Stelle feststellen konnte, *Adenauer* auch bei den Engländern sehr wenig guten Eindruck gemacht. Er habe in der von Carlo *Schmid* erwähnten Unterhaltung mit *Steel* den Engländern weitgehende politische Angebote und Annäherungsversuche gemacht, gewisse unverlangte Loyalitätszusagen gegeben und sei dann in eine Wahlversammlung gegangen, habe dort die deutsche Sozialdemokratie als die größte deutsche Gefahr bezeichnet und als die gefährlichste ausländische Kraft gegen eine deutsche Wiedererstarkung die englische Regierung der Labour Party. Das hat eine sehr üble Reaktion in England gegeben und man hat das auch Herrn *Adenauer* bereits deutlich gemacht.

Brandt, Berlin, äußerte in diesem Zusammenhang, dass, wenn es wirklich in Europa zu einer immer weiteren Zuspitzung der Situation bis zu einer offenen kriegerischen Entwicklung kommen sollte, dass dann die Ostzone sicher revolutionär sein und den Russen allergrößte Schwierigkeiten machen würde.

Über die Stärke der verschiedenen Polizeieinheiten per 11. November habe sich ergeben, dass alles bisher in dieser Sache Veröffentlichte weit übertrieben sei. Summa summarum stehen einschließlich der Verwaltungspolizei keine hunderttausend Mann und davon sind zunächst nicht mehr als 50.000 als militärische Bereitschaften anzusehen. Auch unter einer Diktatur wie der russischen lässt sich seiner Ansicht nach eine Vervielfachung dieser Stärke nicht von heute auf morgen realisieren.

Rudolf **Katz** trat *Ollenhauers* Ansicht bei, dass eine öffentliche Diskussion im Augenblick unzweckmäßig sei.

Carlo **Schmid** war der Ansicht, dass Schweigen vielleicht zu leicht missdeutet werde.

Eichler empfahl, sich nicht ausführlich über den *Kogon*-Komplex zu äußern, aber abgesehen davon wäre es gut, eine grundsätzliche programmatische Erklärung zu der Angelegenheit abzugeben.

Die wichtigste antikommunistische Aktion sei eine anständig wirksame Sozialpolitik im Westen. Die russische Gefahr werde von politischen Interessenten absichtlich übertrieben, um den deutschen Nationalismus zu stärken. Die Aufstellung einer neuen deutschen Nationalarmee sei unter allen Umständen Unfug. Eichler behauptet[e], dass es militärisch geordnete Einheiten von sechs bis sieben Divisionen in Westdeutschland gebe und der Zusammenschluss sei erheblich fester gefügt, als man allgemein annimmt.

Es wurden dann die sechs Punkte vorgeschlagen, die in dem amtlichen Kommuniqué zur Remilitarisierung enthalten sind.³³

[Punkt 6: Zusammenarbeit mit den Gewerkschaften]

Ollenhauer berichtete über die Unterhaltung mit den Gewerkschaften, die kurz zuvor in Hannover stattgefunden hatte. Er rekapitulierte die bekannten Vorgänge, die zu dieser Besprechung geführt haben: schlechte Unterrichtung der SPD durch die Gewerk-

---

32 In der Vorlage „Er".
33 Die sechs Punkte sind hier als Anlage 2 abgedruckt.

schaften, vor allem bei der Vorbereitung der eintägigen Arbeitsruhe am 12. November.[34] Man habe offen kameradschaftlich mit den Gewerkschaftlern gesprochen und vereinbart, dass man künftig in jedem Monat einmal zusammenkommen werde, um sich über schwebende Fragen zu unterhalten und über bestehende Absichten zu unterrichten.

Das sei ein großer Fortschritt angesichts der gewerkschaftlichen Schwierigkeiten. Die erste dieser Konferenzen werde am 18. Januar in Dortmund stattfinden.

Der zweite Programmpunkt betraf die Durchführung des Gesetzes 75. Das Ergebnis war nicht sehr befriedigend, obwohl die Unterhaltung dazu drei Stunden gedauert hat und die Gewerkschaften dabei von der Illusion ausgegangen sind, dass es in dieser Frage vor allem darauf ankäme, den gemeinsamen deutschen Standpunkt gegenüber dem Ausland zu definieren, auch in der personellen Zusammensetzung. In dieser Hinsicht ist die Sache nun so, dass wir von 12 höchstens vier Sitze von Leuten bekommen werden, die zu uns gehören oder uns zuzurechnen sind. *Herbert Kriedemann* ist dann noch einmal nach Köln gefahren und hat mit [E.] *Potthoff* und *Agartz* gesprochen, aber diese Unterhaltung blieb negativ. *Agartz* ist einfach ein „hoffnungsloser Fall". Wir hätten noch eine leise Chance, den Teil der in unserem Sinne zuverlässigen Treuhänder von vier auf sechs zu erhöhen.

[Punkt 14]

Es wurde dann die **nächste PV- und PA-Sitzung** für Dortmund oder einen Ort in der Nähe von Dortmund für Freitag, 21. Januar, 10.00 Uhr PV, Sonnabend, 22. Januar, 15.00 Uhr PA, voraussichtliche Dauer bis Sonntag abends festgesetzt.

[Punkt 12]

Der PV genehmigte dann die **Schaffung eines einheitlichen Parteiabzeichens.**

[Punkt 11 **Neubesetzung des Ostsekretariats und des Betriebssekretariats**]

Der geschäftsführende Vorstand empfahl, die [Betrauung][35] *Siggi Neumanns* mit der Leitung des Betriebssekretariates zu genehmigen und an seiner Stelle dem Genossen [Stephan] *Thomas* die Leitung des Ostsekretariats zu übertragen.[36]

Der PV beschloss so.

Franz Neumann trat abermals für die Schaffung eines Gewerkschaftssekretariates ein, dem das Betriebssekretariat angegliedert werden solle, ohne dass er dabei Beifall fand.

[Punkt 7 **Internationales**][37]

Ollenhauer berichtete über die COMISCO-Sitzung in Clacton. Eine größere Diskussion gab es dabei vor allem über die Frage der Stellung der Internationale zur italieni-

---

34 Vgl. dazu Einleitung Kap. II, 5, a, S. LXXXVIII f.

35 In der Vorlage „Betreuung" (S. 13).

36 Im Kommuniqué wird lediglich die Übernahme des Betriebssekretariats durch Siggi Neumann erwähnt.

37 Im Kommuniqué wird nur auf einen Bericht Ollenhauers über die letzte COMISCO - Sitzung hingewiesen und, was nicht im Protokoll erwähnt wird, auf die Delegation von Willi *Eichler* und Egon *Franke* zum kommenden Parteitag der „Saragat - Sozialisten" im Januar 1949 in Mailand.

schen Partei. In Berlin war beschlossen worden, die *Saragat*[38]-Partei aufzunehmen, die *Nenni*[39] - Partei nicht auszuschließen, sondern nur zu suspendieren.

Treves[40] und *Lombardi*[41] beantragten, die Nenni - Partei definitiv auszuschließen, weil ihr kommunistischer Charakter außer jeder Diskussion stehe. Die Engländer waren dagegen und empfahlen, Ende Januar den Parteitag der Saragat - Sozialisten in Mailand abzuwarten. Es wurde dann einstimmig beschlossen, dass die Kommission bis zur nächsten Vollkonferenz in dieser Frage definitiv entscheiden solle

Nach **Ollenhauers** Ansicht besteht kein Zweifel, dass diese Entscheidung im Sinne des Ausschlusses der Nenni - Leute erfolgen wird. Auch die deutsche Delegation habe sich dafür ausgesprochen, um einheitliche Stellungnahme der Internationale zu ermöglichen.

Die für Kopenhagen Ende April 1949 beschlossene Tagesordnung umfasst die folgenden drei Punkte:

1. Vereinigtes Europa, und zwar von der Untersuchung der praktischen Möglichkeiten her.
2. Internationalisierung der Grundindustrien, nicht nur der Ruhr, sondern überhaupt.
3. Technische Probleme der Sozialisierung.

[Punkt 8: **Die Lage in Berlin**][42]

Franz Neumann berichtete dann über Berlin. Der Beginn des Wahlkampfes habe sehr viel weiter zurückgelegen, als das nach außen hin in Erscheinung trat. Durch die Dummheit des russischen Putsches habe sich die Sozialdemokratie in einer praktisch sehr günstigen Situation befunden.[43] In elf Bezirken sei eine absolute Mehrheit der SPD erreicht worden, nur in einem Bezirk, in Zehlendorf, nicht.[44] Die SPD wollte *Reuter* in Erwiderung auf die Ernennung *Eberts*[45] vor der Wahl vereidigen, die CDU habe das aber verhindert und es wurde dann nach der Wahl eine neue Wahl von *Reuter* vorgenommen.

Neumann trat für die Notwendigkeit einer weiteren Zusammenarbeit mit den bürgerlichen Parteien in Berlin ein, u.a. deshalb, weil man so vielleicht am besten der Gefahr vorbeugen könne, von Frankfurt im Stich gelassen zu werden. Alles komme jetzt auf die anhaltende, vor allem auch finanzielle Unterstützung Berlins durch den Westen an. Es ist klar, dass die SPD als Partei eine viel schwierigere Position jetzt als vorher habe.

---

38 Zu Guiseppe *Saragat* (1898-1988) vgl. PV - Protokolle Bd. 1. S. 297.
39 Zu Pietro *Nenni* (1891-1980) vgl. PV - Protokolle Bd. 1. S. 297.
40 Paolo *Treves* (1908-1958), Sohn des bekannten Sozialisten Claudio *Treves* 1869-1933), italienischer Sozialist der Saragat-Richtung.
41 Nicola *Lombardi* (1870-1952), italienischer Sozialist der Saragat-Richtung.
42 Im Kommuniqué wird über diesen Tagesordnungspunkt gleich nach den einleitenden Worten berichtet, vgl. Anlage 1 A.
43 Mit dem „russischen Putsch" ist die Verhinderung der Neuwahlen zum Berliner Stadtverordnetenhaus in den acht Verwaltungsbezirken des Sowjetsektors durch die sowjetische Besatzungsmacht gemeint, die dazu führte, dass die Gesamtberliner Wahl zu einer Westberliner wurde, an der sich die SED nicht beteiligte, vgl. Jb. SPD 1948/ 1949, S. 228.
44 Zum genauen Wahlergebnis vgl. ebd., S. 230 f.
45 Friedrich *Ebert (jun.)* (1894-1979), ältester Sohn des Reichspräsidenten F. Ebert (1871-1925), 1928-33 MdR (SPD), 1945/46 ZA der SPD, 1946 SED, 1948-67 OB von Ostberlin.

Brandt empfahl eine Zusammenfassung dessen, was die CDU sich in Berlin geleistet habe, was vielfach das verständliche Maß an Verleumdungen der Sozialdemokratie, zumal nach einer so schweren Niederlage, überschreite. Vor allem wurde auf einen Artikel in der Hamburger „Allgemeinen Zeitung" hingewiesen. Die Konsequenz aus der Berliner Wahl sei innenpolitisch die, dass CDU und LDP im allgemeinen Bewusstsein der Bevölkerung als Vertreter der Parteiinteressen gelten, die SPD aber als Vertreterin der überwiegenden Mehrheit der Bevölkerung und eben des allgemeinen Berliner Interesses. Auch darauf gehe zum großen Teil der große Sieg der SPD zurück. Auch er unterstrich, dass die Zusammenarbeit der drei Parteien für Berlin zunächst eine unbedingte Notwendigkeit sei. *Schumacher* habe ganz richtig gesagt, Berlin habe für den Osten gesprochen. Es käme nun darauf an, diese Chance sehr stark zu nutzen. Der Wahlerfolg habe uns eine Überbrückung für die nächsten Monate gegeben vor allem insofern, als er die Alliierten nochmals eindeutig auf Berlin festgelegt habe. Die dem bisherigen Kurs entgegenstehenden Kräfte haben zunächst eine Schwächung erfahren. Außenpolitisch könne man also sozusagen mit einer Pause bis zum Frühjahr rechnen. Vom Kriege abgesehen gebe es nur eine Alternative: dass die sich anbahnenden Verlagerungen des internationalen Kräfteverhältnisses einen russischen Rückzug erzwingen, auch wenn er getarnt wird, oder dass es doch noch zu einer neuen Viermächte - Vereinbarung kommt.[46]

Anlage 1 A
Kommuniqué der Sitzung
Sopade Informationsdienst Nr. 654 v. 20.12.1948

Am 10. und 11. Dezember fand in Bad Godesberg eine Sitzung des Vorstandes der SPD statt. An ihrem Beginn begrüßte der stellvertretende Vorsitzende, Erich *Ollenhauer*, Frau Louise *Schroeder* aus Berlin, die nach vielen Monaten zum erstenmal wieder in diesem Kreis erschienen war. Er beglückwünschte sie herzlich zu ihrer Genesung und zu dem großen Berliner Wahlsieg, an dem sie einen nicht geringen Anteil hatte.

Über die Wahlen selbst und die durch sie entstandene Situation berichtete Franz *Neumann*. Der PV sprach den Vertretern aus Berlin die wärmste Anerkennung für die geleistete Arbeit aus. Er stellte fest, dass Berlin für den gesamten deutschen Osten gesprochen und damit einen verstärkten Anspruch auf weitest gehende Unterstützung durch den Westen gewonnen habe. Die Sozialdemokratie kann nach diesem Erfolg mit größter Ruhe dem Tag entgegensehen, an dem zum erstenmal wieder in ganz Deutschland freie Wahlen abgehalten werden.

Für die bundeseigene Finanzverwaltung und Berlin als Hauptstadt
Über die Verhandlungen in Bonn berichteten Carlo *Schmid* und Walter *Menzel*. Der Parteivorstand billigte die Haltung der Fraktion des Parlamentarischen Rates. Es bestand

---

46 Am Ende des Protokolls steht das Datum „16.12.1948" – wahrscheinlich das Datum der Fertigstellung des Protokolls.

Übereinstimmung darüber, dass die Partei an einer bundeseigenen Finanzverwaltung als der wesentlichsten Forderung festhalte, und dass das kommende Grundgesetz durch Zustimmung der Landtage genehmigt werden sollte. Sie sieht in diesem Verfahren die einzige Möglichkeit, in relativ kurzer Zeit das Grundgesetz in Kraft treten zu lassen. Noch einmal wurde mit großem Nachdruck unterstrichen, dass ein unverzichtbarer Anspruch Berlins auf eine Vertretung im künftigen Bundesparlament besteht.

Auch in der Diskussion zur Frage des Sitzes einer künftigen Bundesregierung bestand volle Einigkeit darin, dass hierfür nur Berlin in Betracht kommen kann. Bei der Entscheidung über den vorläufigen Sitz traten Gesichtspunkte der sachlichen Bedürfnisse und der Kostenfrage stark in den Vordergrund, ohne dass man sich schon jetzt auf einen bestimmten Ort festlegte.

Der Parteivorstand befasste sich dann mit einer Reihe von Empfehlungen und Beschlüssen des Düsseldorfer Parteitages, darunter mit der Forderung nach einer Überprüfung der programmatischen Arbeitsgrundlage der Partei. Es wurde vereinbart, aus dem PV einen Ausschuss zu bilden, der für die Vorbereitung dieser Arbeit federführend sein soll.

Zur Frage des sozialdemokratischen Wohnungsbauprogramms wurde festgestellt, dass die von der Partei entwickelte Initiative gute Fortschritte gemacht hat und dass inzwischen vor allem auch auf dem Gebiet der Finanzierung dieser Aufgabe einigermaßen günstige gesetzliche Voraussetzungen geschaffen werden konnten.

Lastenausgleichsgesetz nur ein Minimalprogramm

Über die Tätigkeit der sozialdemokratischen Fraktion im Wirtschaftsrat im Zusammenhang mit der Verabschiedung des ersten Lastenausgleichsgesetzes berichtete Herbert *Kriedemann.* Das, was den ursprünglich ganz unzureichenden Entwurf der Wirtschaftsverwaltung für die Masse der Bedürftigen schließlich einigermaßen tragbar gemacht hat, geht auf sozialdemokratische Anträge zurück. Es besteht Hoffnung, dass der Länderrat in der nächsten Woche seine Zustimmung geben wird, so dass das Gesetz der Soforthilfe noch vor Weihnachten endgültig verabschiedet werden kann. Der PV hielt es angesichts von Bestrebungen gewisser bürgerlicher Kreise für richtig, nachdrücklich zu betonen, dass es sich hierbei lediglich um ein Minimalprogramm für die nächste Zeit handele, keineswegs aber um die Endlösung des Lastenausgleichs.

Das Problem der westdeutschen Sicherheit

Der Innenminister von Nordrhein-Westfalen, Walter *Menzel,* referierte über Polizeifragen. Im Anschluss kam es zu einer eingehenden Diskussion über das Problem der westdeutschen Sicherheit, das durch gewisse Veröffentlichungen in letzter Zeit vielfach erörtert worden ist

[...][47]

Der PV genehmigte den Vorschlag, den Genossen S. *Neumann* mit der Leitung des Betriebssekretariats beim PV zu betrauen.

---

47 Es folgt ein Abdruck der „sechs Punkte", die hier als Anlage 2 publiziert werden.

Erich Ollenhauer berichtete weiterhin über die letzte COMISCO-Sitzung in England. Als Vertreter der SPD auf dem kommenden Parteitag der Saragat - Sozialisten im Januar werden Willi *Eichler* und Egon *Franke* nach Mailand fahren.

Der PV beschloss die Schaffung eines einheitlichen Parteiabzeichens.

[...][48]

Zur Vorbereitung westdeutscher Wahlen[49]

Zur Ausarbeitung eines Programms für die Wahlen zum kommenden Bundesparlament wird unter dem Vorsitz von Dr. Kurt *Schumacher* eine Kommission gebildet werden, die sich auch mit der Frage der sozialdemokratischen Politik für den Fall befassen soll, dass die Sozialdemokratie in der kommenden Bundesregierung die volle oder geteilte Verantwortung zu tragen haben wird.

Anlage 1 B

Kommentar Raunaus „Um das Programm der SPD"

Sozialdemokratischer Pressedienst Nr. III/ 151 v. 13.12. 1948

Auf dem letzten Parteitag der SPD in Düsseldorf war, wie schon bei früheren Gelegenheiten, der Wunsch nach einem erneuerten Parteiprogramm laut geworden. Die Partei ist nach ihrer Neubildung zunächst von den praktischen Erfordernissen ausgegangen. Sie hat genaue Richtlinien für die einzelnen Arbeitsgebiete entwickelt und ihre Arbeit in diesen Rahmen gestellt. Das war zweckmäßig, weil angesichts der unübersehbaren Fülle drängender Alltagssorgen keine Zeit mit programmatischen Untersuchungen verloren werden durfte. Die SPD ist also, ganz im Gegensatz zu dem Vorwurf, dem sie sich immer wieder ausgesetzt sieht, ausgesprochen undogmatisch verfahren. Sie hat damit nach ihrer Auffassung ein gut Stück Arbeit überall dort geleistet, wo ihr die politische Situation - etwa die Mehrheitsverhältnisse in den Ländern oder ihr sehr beschränkter Einfluss als Oppositionspartei in Frankfurt - dazu die Möglichkeit gab.

Damit war aber die Notwendigkeit einer Fixierung übergeordneter Gesichtspunkte nicht überflüssig geworden. Sie sollte nun in Angriff genommen werden.

Die Grundprobleme, denen sich heute die deutsche Sozialdemokratie gegenüber sieht, sind ähnlich wie diejenigen anderer sozialdemokratischer Parteien. Es sind im wesentlichen die folgenden drei:

1. Wie weit hat die Lehre von Karl *Marx* heute noch Gültigkeit, wie weit kann sie noch praktisch verbindlich sein?

2. Wie soll man einen vernünftigen Ausgleich zwischen der Notwendigkeit einer geplanten Wirtschaft und einer echten demokratischen Selbstverwaltung zwischen einer

---

48 Es folgt dann noch ein fast vollständiger Abdruck des hier als Anlage 1 B publizierten Artikels *Raunaus* aus dem Sozialdemokratischen Pressedienst ohne Nennung des Verfassers.

49 Bei diesem letzten kurzen Hinweis handelt es sich auch um einen Abdruck aus dem Sozialdemokratischen Pressedienst vom 13.12.1948

unerlässlichen, maximal gerechten Ordnung und einer möglichst weitgehenden persönlichen Freiheit finden?

3. Wie soll sich das Verhältnis eines kommenden neuen Deutschlands zum künftigen Europa gestalten?

Zum ersten Punkt lieferte die bekannte Ziegenhainer Tagung den bemerkenswertesten Diskussionsbeitrag. Das zweite Problem wird in dem Augenblick eine Lebensfrage für die deutsche Sozialdemokratie, in dem sie die Chance erhält, in eigener Verantwortung neue Wirtschaftsformen praktisch zu entwickeln. Dabei wird es notwendig sein, sich auch ausländischer Erfahrungen zu bedienen. Bei der letztgenannten Frage müssen sehr konkrete Forderungen aufgestellt werden. Das, was bisher in dieser Beziehung gesagt worden ist, verdiente Anerkennung, blieb aber ohne große praktische Bedeutung.

Dieses[50] Programm sollte offen und gründlich diskutiert werden. Es darf kein neues Lexikon von Schlagworten entstehen und man darf sich nicht damit begnügen, das alte Gewand nach außen zu kehren. Dass unterdessen die praktische Arbeit nicht ruhen wird, ist selbstverständlich. Die Linie, in der sie bisher geleistet wurde, wird in allen wesentlichen Fragen weiter verfolgt werden. Es ist sogar notwendig, dass gerade diese Erfahrungen das Bild des schliesslichen Ergebnisses einer solchen Programmdiskussion wesentlich mitbestimmen, wenn nicht ein blutleeres Gebilde entstehen soll.

Anlage 2

Feststellung des PV zum „Problem der westdeutschen Sicherheit"
Sopade Informationsdienst Nr. 654 v. 20.12.1948[51]

Der PV stellte dazu einmütig folgendes fest:

1. Die Frage einer deutschen Wehrverfassung liegt nicht im Bereich der deutschen Zuständigkeit.

2. Die allein dafür zuständigen alliierten Militärgouverneure haben Behauptungen über eine deutsche Wiederaufrüstung dementiert.

3. Soweit eine Bedrohung Westdeutschlands durch den östlichen Totalitarismus besteht, ist der wirksamste politische Schutz dagegen eine konsequente demokratische und soziale Politik in Westdeutschland selbst. In diesem Zusammenhang wird darauf hingewiesen, dass in keinem westeuropäischen Land die kommunistische Gefahr so wenig aktuell ist wie in dem Gebiet zwischen Elbe und Rhein. Die SPD nimmt den maßgebenden Anteil an dieser Tatsache als ihr Verdienst in Anspruch.

4. Die SPD ist sich einer gewaltsamen Infiltration vom Osten nach dem Westen bewusst. Sie wünscht deshalb den Ausbau einer demokratisch zuverlässigen Polizei, deren Führung und Kontrolle in den Händen der Länder liegen sollte.

5. Die Frage einer künftigen Wehrverfassung ist abhängig von der Rolle, die Deutschland in einer künftigen europäischen Gemeinschaft spielen wird. Eine Diskussion dar-

---

50 Der letzte Absatz „Dieses... soll" wurde nicht in den Abdruck im Sopade Informationsdienst übernommen.
51 Abgedr.: Jb. SPD 1948/49, S.136.

über kann nur unter dem Gesichtspunkt der unbedingten Notwendigkeit eines Systems internationaler kollektiver Sicherheit geführt werden.

6. Die Sozialdemokratie wendet sich auf das schärfste gegen alle Versuche, die Frage einer künftigen militärischen Position Deutschlands mit den Repräsentanten des alten Militarismus zu behandeln, ganz gleich, ob es sich dabei um nazistische oder nationalistische Elemente handelt.

Nr. 4

Sitzungen der obersten Parteigremien vom 21. bis 23. Januar 1949 in Iserlohn

[A] Sitzung des Parteivorstandes am 21. und 22.1.1949
AdsD: 2/PVAS000680 *(Maschinenschriftl. Prot., 6 S., mit handschriftl. Ergänzungen).*[1]

Leitung der Sitzung: Erich Ollenhauer
Anwesend: siehe Liste

[Teilnehmer /Teilnehmerinnen, nach Funktionen geordnet[2]:
  PV:[3] *Ollenhauer;*
    Franke, Gotthelf, Heine, Kriedemann, Nau;
    L. Albrecht, Baur, (Bögler), Eichler, Fischer, Gayk, Görlinger, Grimme, Gross, Henßler,
    Kaisen, Knoeringen, Knothe, Krahnstöver, Meitmann, Menzel, Neumann, Reuter[4],
    Schmid, Schoettle, Schroeder, Selbert
  Weitere Vertreterin Berlins: *I. Wolff*
  KK: *Schönfelder*
  MdParlR:: *Katz, Löbe, Suhr, Zimmermann* + 5 Mitgl. d. PV *(Gayk, Menzel, Reuter,*
    Schmid , Selbert) + 1 Mitgl. d. KK *(Schönfelder)*
  Referenten/ Mitarbeiter des PV: *Brandt,(Raunau)*[5]]

Tagesordnung:[6]
  1) Stellungnahme zum Bonner Grundgesetz
  2) Ruhrstatut
  3) Besatzungsstatut
  4) Vorbereitung des Wahlkampfes
  5) Berichte über Besprechungen und Beratungen von Fachausschüssen
    a) Besprechung mit den Gewerkschaften
    b) Besprechung über Polizeifragen

---

1 Die Einladung zu dieser Sitzung mit Bekanntgabe der vorläufigen Tagesordnung erfolgte durch das hektogr. Rundschreiben 8/49 des Referats Organisation, unterschrieben von Ollenhauer, vom 11.1.1949, das in den Beilagen zum Protokoll erhalten geblieben ist. Über diese Sitzung und die anschließende Sitzung von PV, PA und KK wurde ein Kommuniqué veröffentlicht (Sopade Informationsdienst Nr. 683 v. 27.1.1949), das hier als Anlage 1 abgedruckt wird.
2 Die folgende Liste wurde nach der Anwesenheitsliste in den Beiakten zum Protokoll zusammengestellt; für die Teilnehmer an allen Vorstandssitzungen 1948-50 vgl. Anhang 1.
3 Von den Mitgliedern des PV fehlten wegen ihrer schweren Erkrankung K. *Schumacher* und *Gnoß*, weiter trug sich *Bögler* nicht in die Anwesenheitsliste der PV-Sitzung ein.
4 E. *Reuter* trug sich auch nicht in die Anwesenheitsliste ein, er wird aber in einer in den Beilagen zu den Protokollen erhalten gebliebenen maschinenschriftlichen Liste der „Teilnehmer aus Hannover und Berlin“ erwähnt.
5 *Raunau* trug sich ebenfalls nicht in die Anwesenheitsliste ein, auch er wird nur in der erwähnten maschinenschriftlichen Liste der „Teilnehmer aus Hannover und Berlin“ genannt.
6 Wortlaut nach der vorläufigen Tagesordnung vom 11. Januar.

    c) Außenpolitischer Ausschuss

    d) Kulturpolitischer Ausschuss

    e) Bildung einer Hochschulkommission

    f) Kommunalpolitischer Ausschuss

    g) Frauenausschuss

    h) Ausschuss für Organisationsfragen[7]

    i) Bildung eines Ausschusses für Beamtenrecht[8]

    k) Vorschläge des Genossen Dr. Freund für die Behandlung der sozialistischen Gesundheitspolitik im PV

  6) Einrichtung einer Altersversicherung für Parteiangestellte

  7) Ort und Termin der nächsten Sitzung des Parteivorstandes

Zu **Punkt 3** der Tagesordnung (**Besatzungsstatut**):

Carlo **Schmid** berichtet, dass er einige Minuten Gelegenheit hatte, den Entwurf des Besatzungsstatuts einzusehen.

Amerikaner und Engländer treten für echtes Schiedsgericht ein, während die Franzosen eine Vergleichskommission ohne deutsche Beteiligung wünschen.

Besatzungskosten sollen von der Zentrale nach einem vorgeschriebenen Schlüssel auf die Länder übertragen werden. Diese haben dann direkt an die Besatzungsmächte die Zahlungen zu leisten.

Die Franzosen wünschen Fortbestand der Zonen auch als Verwaltungsbezirke.

Zu **Punkt 1** der Tagesordnung (**Bonner Grundgesetz**):

Carlo **Schmid** erläutert nochmals die von den Alliierten damals in Frankfurt überreichten 3 Dokumente, nämlich:

  1. Ermächtigung, eine Verfassunggebende Versammlung einzuberufen

  2. Ermächtigung an die Ministerpräsidenten, die Länder zu überprüfen

  3. Ankündigung, ein Besatzungsstatut zu erlassen.

Er rekapitulierte den Gang der Verhandlungen in Bonn, die in folgenden Punkten zur Durchsetzung unseres Standpunktes führten: in der Frage der deutschen Einheit, der Einbeziehung Berlins, der Teilung der Gewalten, der ausschlaggebenden Rechte des Gesamtvolkes vor den Länderinteressen. Überstimmt wurden wir in der Frage des Bundespräsidenten, während die Richterwahl durch politische Gremien durchgesetzt wurde. Der föderalistische Staatsaufbau findet seinen besonderen Ausdruck im Bundesratsveto, das nur durch 2/3 Mehrheit des Bundestages überstimmt werden kann. Ausgenommen sind folgende Punkte, die der Bundesrat gleichberechtigt behandelt: der Finanzausgleich, die Steuergesetze, an denen die Länder direkt interessiert sind und Kompetenzerweiterungen des Bundes.

---

7 Die Beratungen über diesen Tagesordnungspunkt wurden anscheinend verschoben, da weder im Protokoll noch im veröffentlichten Kommuniqué etwas darüber berichtet wird.

8 Wortlaut nach der vorläufigen Tagesordnung vom 11. Januar, im Protokoll und im Kommuniqué wird diese Institution „Kommission" genannt, vgl. Punkt 5 i.

Vertreter im Bundesrat dürfen nicht Beamte sein.

Die Alliierten werden ohne Zweifel die von uns beabsichtigte Regelung der Fragen des Finanzwesens beanstanden.

Menzel ergänzt die Ausführungen *Carlo Schmids* und stellt besonders die ungeheure Stärkung des Bundesrates heraus, die er für äußerst bedenklich hält. Er hält die Herabdrückung der für die Beseitigung eines Bundesratsvetos erforderlichen 2/3Mehrheit auf absolute Mehrheit für erforderlich, da sonst der Bundesrat praktisch gleichberechtigt mitregieren würde.

Die Erweiterung der Kompetenzen des Bundes kann nicht, wie von uns gewünscht, durch einfachen Mehrheitsbeschluss im Bundesrat durchgesetzt werden.

Das Weisungsrecht des Bundes, die Polizei eines Landes notfalls zur Hilfeleistung in ein anderes Land zu dirigieren, wurde durchgesetzt. Dagegen war das Bundeskriminalamt nicht durchzusetzen.

Zur Beseitigung der Berufsbeamtenrechte wäre eine Verordnung der Besatzungsmächte zu wünschen, da sicherlich hierfür im Parlament niemals eine Mehrheit aufzutreiben sein wird.

Der Artikel 124 lautet: Bund und Länder führen eine getrennte Finanzwirtschaft. Es sei nunmehr zu befürchten, dass jedes Finanzausgleichsgesetz vor den Staatsgerichtshof gebracht wird.

Zu kritisieren sei die Ausweitung der Grundrechte, wie auch die Klagbarkeit dieser Grundrechte durch jeden Staatsbürger gefährlich werden könne.

Diskutabel sei das Problem des konstruktiven Misstrauensvotums, das erhebliche Konsequenzen mit sich führt.

Ollenhauer: Angesichts der vielen noch nicht ausdiskutierten Punkte im Grundgesetz kann morgen im PV und PA noch nicht ein die Fraktion bindender Beschluss gefasst werden. Voraussichtlich wird eine besondere PV-Sitzung Anfang Februar nach Bonn einberufen werden müssen. In den Fragen der Gleichberechtigung der 2. Kammer und der Finanzhoheit muss der CDU klargemacht werden, dass die SPD keine weiteren Konzessionen machen könne. Wir sollten auch nochmals unsere ablehnende Haltung in der Frage der Volksabstimmung über das Grundgesetz klar aussprechen. Ein Grundgesetz, das gegen die Stimmen der CDU angenommen werden muss, ist für uns nicht akzeptabel.

Im Moment ist die Frage, ob die Partei ja oder nein zum Grundgesetz sagt, noch offen. Wir müssen eine Stellungnahme unter Berücksichtigung der sich aus Ruhr- und Besatzungsstatut und der geplanten Grenzveränderungen ergebenden Situation überprüfen.

Kaisen meint, dass der PV der Fraktion die Verantwortung nicht abnehmen kann. Er hat keinerlei Bedenken gegen eine Volksabstimmung und wünscht vor allen Dingen einen schnellen und positiven Abschluss der Arbeiten in Bonn.

Heine bringt in Erinnerung, dass wir seinerzeit von der Überlegung ausgegangen waren, es dürfe keine Verfassung gemacht werden, wie auch ein Grundgesetz erst nach Erlass des Besatzungsstatutes beschlossen werden sollte. Wir haben beides aufgegeben, wie wir auch in den folgenden Punkten unseren Standpunkt nicht durchsetzten, nämlich: kein Bundespräsident, kein gleichberechtigter Bundesrat und Bundeshoheit. Nicht abzusehen ist, ob die Besatzungsmächte den Anschluss Berlins gestatten werden.

Nicht eine westdeutsche Regierung allein, sondern auch Militärregierung und Ruhrbehörde werden regieren. Er glaube nicht, dass wir unter diesen Bedingungen dem vorliegenden Bonner Entwurf zustimmen dürften.

Henßler: Die Jugend ist für Deutschland und nicht für die Länder. Unsere Entscheidung muss offen bleiben, bis wir das Besatzungsstatut kennen.

Eichler teilt die von *Heine* und *Henßler* geäußerten Bedenken.

Suhr hält Ablehnung des Grundgesetzes für nicht vertretbar, ganz abgesehen davon, dass sie für Berlin untragbar wäre. Sollte das Besatzungsstatut eine Regierungsarbeit im Rahmen der Bonner Grundgesetze nicht gestatten, so können wir das immer noch erklären.

Löbe sieht in dieser Diskussion erneut den Mangel zutage treten, der darin liegt, dass Fraktion und PV nicht in Personalunion verbunden sind. Er glaubt nicht, dass in der Praxis der Bundesrat gegen die Bundeskammer arbeiten wird und kann. Er fürchtet, dass unsere Weigerung nicht auf großes Verständnis im Volke stoßen würde.

Katz vermag die Argumente, die gegen die Annahme sprechen sollen, nicht anzuerkennen.

Kriedemann macht darauf aufmerksam, dass man zunächst bei Schaffung des Wirtschaftsrates auch ungeheure Schwierigkeiten seitens der Besatzungsmächte voraussagte. Tatsächlich liegen die Schwierigkeiten aber im politischen Kräfteverhältnis begründet.

Menzel wünscht, dass doch schon heute einige Beschlüsse für die Arbeit der Fraktion in Bonn gefasst werden.

Die Bekanntgabe des Besatzungsstatutes sollten wir von den Alliierten fordern.

Ollenhauer: Bei den interfraktionellen Besprechungen muss klar ausgesprochen werden, dass von uns keine Konzessionen mehr gemacht werden können in Bezug auf Ländervertretung und Finanzhoheit. Des weiteren müssen die Besatzungsmächte vor einer Entscheidung in Bonn das Besatzungsstatut bekannt geben. Bis dahin bleibt unsere Entscheidung überhaupt offen, wie denn auch die letzte Entscheidung beim PV liegt.

Suhr bezweifelt, dass der PV berechtigt ist, sich die letzte Entscheidung vorzubehalten.

Kaisen fordert angesichts der Möglichkeit, dass der PV evtl. das Grundgesetz ablehnen wird, die Einberufung eines außerordentlichen Parteitages.

Ollenhauer erklärt dazu: Der PV wird mit der Fraktion gemeinsam beraten, jedoch wird, wenn Abstimmung erforderlich, jede Körperschaft für sich abstimmen. Bei verschiedenen Beschlüssen fällt der PV die Entscheidung.

Diese Erklärung wurde vom PV ohne Widerspruch zur Kenntnis genommen.

Ollenhauer führt weiter aus: *Schumacher* hat Bedenken gegenüber dem geplanten Gesetzgebungsnotstand. Die Fraktion solle das Für und Wider nochmals abwägen.

Die Bedenken gegen die Klagbarkeit der Grundgesetze scheinen zu überwiegen und sollten die Fraktion zu neuen Beratungen veranlassen.

An der Einbeziehung Berlins muss unter allen Umständen festgehalten werden. - In der Frage des Wahlrechts hat sich insofern eine neue Situation ergeben, als dass die Gegner der Vereinigung des Zentrums mit der CDU durch *Brockmann* den Wunsch geäußert haben, die SPD möge von der Splitterparteienbegrenzungsklausel abgehen. Man solle Brockmann vorschlagen, dass nur bei Fortbestand der Zentrumspartei nach dem 30.1. die SPD ein solches Zugeständnis für diese erste Wahl machen würde.

Meitmann spricht sich gegen ein Abweichen von unseren Wahlrechtsgrundsätzen aus.

Henßler und **Zimmermann** schließen sich dem an.

Ollenhauer stellt als überwiegende Auffassung des PV fest, dass der besonderen Situation des Zentrums nicht Rechnung getragen werden soll.

Zu Punkt 2 der Tagesordnung (Ruhrstatut):

Ollenhauer bringt nochmals die Ruhrentschließung[9] in Erinnerung, die seinerzeit anlässlich der in der Internationale geführten Diskussion gefasst wurde. Die Verkündung des Ruhrstatuts veranlasste das Büro, eine Erklärung (s. Anlage [2][10]) abzugeben. Die Erklärung der Gewerkschafter zum Ruhrstatut war ein Kompromiss zwischen der Auffassung *Böcklers*, der die Ansicht des PV teilte, und der Auffassung *Tarnows*, der das Statut sehr positiv beurteilte. Eine Aussprache mit den Gewerkschaftern führte zu der Abmachung, ab nun nur noch nach vorheriger gegenseitiger Konsultation in dieser Frage zu handeln.

Adenauer hatte telegraphisch eine gemeinsame Stellungnahme angeregt. Das Büro lehnte ab.

Kaisen bestreitet dem PV-Büro das Recht, in der Ruhrfrage eine derartige Erklärung abgeben zu dürfen.

Ollenhauer: Diese Auffassung ist nicht vertretbar, wenn die Beweglichkeit der Partei nicht gefährdet werden soll.

Schoettle will aus sicherer Quelle erfahren haben, dass in einem Geheimabkommen zum Ruhrstatut die Eingriffsmöglichkeiten scharf begrenzt wurden. Lediglich mit Rücksicht auf die innerpolitische Situation in Frankreich musste von einer Veröffentlichung Abstand genommen werden.

Kaisen kritisiert nochmals scharf, dass Kurt *Schumacher* im Namen des Vorstandes ohne Konsultation Erklärungen abgibt und gemäß Mitteilung auch weiterhin abgeben will. Die vorliegende Stellungnahme zum Ruhrstatut sei nicht zu billigen. Das Statut sei durchaus vereinbar mit dem Marshallplan.

Henßler lehnt es entschieden ab, sich - wie im Osten üblich - der Besatzungsmacht zu unterwerfen. Das Ruhrstatut steht genau so im Widerspruch zum Marshallplan wie

---

9 Gemeint wahrscheinlich die „Denkschrift" des „Büros" v. 15. Mai 1948 „Die Sozialdemokratische Partei Deutschlands und die Ruhr", in der den anderen im COMISCO zusammengeschlossenen Parteien der Standpunkt der SPD übermittelt wurde, abgedr.: PV-Protokolle Bd. 1, S.385-388.

10 In der Vorlage „I". Die Erklärung des „Büros" zum Ruhrstatut vom 29.12.1948 wird hier als Anlage 2 zu den Protokollen abgedruckt.

die Demontage. Die Frage, ob ein deutscher Beitritt überhaupt vertretbar ist, sei für ihn noch nicht entschieden. Er billige die vorliegende Erklärung des Büros zum Ruhrstatut.

Schmid hält es für überflüssig, noch über die Berechtigung des Büros, diese Erklärung abzugeben, zu diskutieren. Er teile die ablehnende Stellungnahme zum Ruhrstatut und fürchtet, dass das Ausland in Zukunft seinen Einfluss auf die Ruhrwirtschaft benutzen wird, um eigene Krisensituationen auf deutsche Kosten zu meistern. Das Wort „Kolonialstatut" solle sicherlich nicht öffentlich gebraucht werden, wenngleich es berechtigt wäre.

Schoettle beantragt Schluss der Debatte und formelle Bestätigung des Bürobeschlusses, obgleich er Bedenken dagegen hat, dass das Büro diese Erklärung im Namen des Gesamtvorstandes abgegeben hat.

Ollenhauer stellt die Erklärung des Büros zum Ruhrstatut zur Abstimmung.

Gegen 2 Stimmen (*Kaisen* und *Baur*) wird die Billigung ausgesprochen.

In der Berechtigungsfrage verweist Ollenhauer auf die PV-Erklärung zu den Londoner Abmachungen und die frühere Ruhrerklärung, die mit der letzten Büroerklärung übereinstimmen.[11]

Zu Punkt 4 der Tagesordnung (Vorbereitung des Wahlkampfes):

Heine: Die Wahlprogrammkommission hat eine erste Sitzung bei Kurt *Schumacher* abgehalten. Anfang Februar wird eine Sitzung der Bezirkssekretäre und Kassierer stattfinden. Ein Wahlbüro wird unter Hans *Hermsdorfs* Leitung in Hannover arbeiten, die publizistische Arbeit wird *Wesemann*, Ffm., leiten, die Referentenvermittlung organisiert Hans *Stephan*, während *Treichel* die techn. Arbeiten mit 2 Berufswerbetechnikern übernimmt.

Nau: Zur Finanzierung des Wahlkampfes wird u.a. vorgeschlagen, die Herausgabe einer Wahlkampfmarke mit dem Bildnis *Dr. Schumachers* zu genehmigen.

Ollenhauer: Für die Zusammensetzung der Fraktion im künftigen Bundesparlament müssen von den Bezirken zeitig Vorschläge an den PV gemacht werden. Das Büro schlägt für die Bearbeitung der Vorschläge die Bildung einer Kommission vor, bestehend aus: *Schumacher, Ollenhauer, Henßler, v. Knoeringen, Bögler*, Franz *Neumann, Gotthelf*.

Diese Kommission soll Vertreter der Fraktionen in Bonn und Frankfurt hinzuziehen.

Ollenhauer stellt abschließend fest, dass die Anträge auf 1. Herausgabe einer Wahlkampfmarke u. 2. Bildung obengenannter Kommission einstimmig angenommen wurden.

Zu Punkt 5a der Tagesordnung (Besprechung mit den Gewerkschaftern)

Ollenhauer berichtet über die Besprechung mit den Gewerkschaftern in Dortmund. Die verschiedenen Stellungnahmen zum Ruhrstatut veranlassten ein Übereinkommen, in Zukunft nur nach vorheriger Konsultation zu handeln. - Weiter wurde verabredet, die geplante Kürzung der Brotrationen abzulehnen. - In der Frage der in Ffm. geplanten

---

11 Vgl. PV-Protokolle Bd. 1, S. 385-388 (Ruhrdenkschrift v. 15.5. 1948) u. 442 f. (Beschluss der Obersten Parteigremien v. 30.6.1948 „Die SPD und die Londoner Abmachungen")

Einrichtung von Wirtschaftsfachstellen stimmen die Gewerkschafter ebenfalls mit uns darin überein, dass diese Stellen abzulehnen sind. - Für die Treuhandstellen in der Eisen- und Stahlindustrie wurden von den Gewerkschaftern 4 Vertreter benannt (Soz.). Die Entscheidung darüber liegt nun bei den Mil. Gouvern[euren].

Zu **Punkt 5b** der Tagesordnung (**Polizeifragen**)

Menzel berichtet über die Konferenz der soz. Innenminister in Bonn. Man einigte sich dort auf folgende Grundsätze:

1. Trennung von Exekutive und Verwaltungsaufgaben.
2. Polizeiwesen ist Aufgabe der Länder und nicht Angelegenheit der Kommunalen Selbstverwaltung.
3. Neueinstellungen sollen dem Innenminister unterstellt werden und nicht, wie bei den kürzlich vorgenommenen Grenzverstärkungen in Niedersachsen, dem Oberfinanzpräsidenten.
4. Die Einrichtung polit. Polizeiabteilungen bei den Innenministerien ist erforderlich.
5. Schaffung eines Bundeskriminalamtes.

Eine 2. Innenministerkonferenz wird im Februar einberufen werden.

Fischer erklärt dazu, dass in Bayern die Schutzpolizei dem Oberbürgermeister unterstellt ist. Unsere Genossen in Bayern haben ernste Befürchtungen für den Fall der Unterstellung der Polizei unter den Innenminister.

Menzel: Wir sollten grundsätzlich daran festhalten, dass die Polizei kommunale Auftragsangelegenheit ist, jedoch der Weisungsbefugnis des Innenministers untersteht.

Zu **Punkt 5c** der Tagesordnung (**Außenpolitischer Ausschuss**):

Ollenhauer: Der Außenpolitische Ausschuss befasste sich in seinen letzten Sitzungen mit dem bald fälligen Aufbau der deutschen Außenstellen und deren personelle Besetzung. Man kam überein, dass ein Ministerium für Besatzungsangelegenheiten beim Bund angestrebt werden soll. Weiter soll eine Zentralstelle für den Außenhandel eingerichtet werden. Eine außenpolitische Informationsstelle soll bis zur Errichtung eines besonderen Außenamtes dem Bundeskanzler direkt unterstellt werden. Wir sollten im Ministerium für Besatzungsangelegenheiten unsere Leute unterbringen, um Vorarbeiten für den Aufbau des künftigen außenpolitischen Dienstes leisten zu können.

Suhr regt an, durch die Hochschule für Politik die Nachwuchsschulung planmäßig zu organisieren.

Ollenhauer: Auf Vorschlag Kurt *Schumachers* soll Paul *Löbe* wieder in den Außenpolitischen Ausschuss aufgenommen werden.

Der Antrag wird einstimmig angenommen.

Zum Parteitag der holl. Partei der Arbeit am 7.-9. April in Amsterdam werden folgende Delegierte vorgeschlagen: *Ollenhauer, Menzel, Grimme, Gross.*

Einstimmige Annahme.

Dem schwer verunglückten holl. Parteivorsitzenden Koos *Vorrink* wird ein Tele-gramm des PV gesandt.

Zu **Punkt 5d** [+ 5e] der Tagesordnung (**Kulturpolitischer Ausschuss**) [+Hochschul-kommission]:[12]

Der Kulturpolitische Ausschuss wurde durch folgende Mitglieder ergänzt: Prof. Dr. Eduard *Brenner*, Erlangen; Dr. Heinrich *Franke*, Erlangen, Mitglied des Bayerischen Landtages, Emil *Henk,* Heidelberg; Dr. Luise *Klinsmann*, Lübeck, Kultursenatorin und Mitglied des Schleswig-Holsteinischen Landtages; Stadtschulrat August *Schäfer*, Lud-wigshafen am Rhein, und Johanna *Spangenberg*, Frankfurt, Mitglied des Hessischen Landtages.

Um eine eingehende Behandlung aller das Hochschulwesen betreffenden Fragen zu ermöglichen, beschloss der Parteivorstand, eine **Hochschulkommission** zu bilden. In die Kommission wurden berufen: Von den *Universitäten*: Prof. Dr. *Brenner*, Erlangen; Prof. Dr. [*Weizel*][13] Bonn; Prof. Dr. *Bergsträsser*, Darmstadt; Prof. Dr. *Düker*, Marburg; Prof. Dr. *Rittig,* Göttingen; Prof. Dr. [*Melchers*], Tübingen.

Von Technischen Hochschulen: Prof. Dr. *Obst*, Hannover; Minister Prof. Dr. Lud-wig *Preller*, Kiel.

Von *sonstigen Hochschulen*: Prof. Dr. *Eckert*, Braunschweig; Dr. *Baade*, Kiel.

Von der *Hochschulverwaltung*: Senator Dr. *Landahl*, Hamburg;

Studenten: *Schickel*, Hamburg; *Hooge*, Frankfurt; [K.] *Wittrock*, Frankfurt; *[Nes]-Ziegler*[14], Köln.

Sonstige *Persönlichkeiten des öffentlichen Lebens*: Emil *Gross*, Bielefeld; Dr. *Skopp*, Hannover; Friedrich *Stampfer*, Frankfurt; zwei Vertreter der Arbeitsgemeinschaft sozial-demokratischer Lehrer; Prof. Dr. *Teunert*, Berlin; Dr. *Rupp*, Stuttgart; Prof. Dr. *Schiller*, Hamburg; Dr. *Suhr*, Berlin. Je ein Vertreter für Heidelberg und Nordrhein-Westfalen wird noch benannt. Für Berlin steht noch die Benennung eines Studentenvertreters aus.

Zu **Punkt 5f** der Tagesordnung (Kommunalpolit. Ausschuss):

Görlinger berichtet, dass die letzte Sitzung des Kommunalpolit. Ausschusses nur von 3 Mitgliedern besucht wurde. Zu einer fruchtbaren Arbeit dieses Ausschusses könne es erst nach Einrichtung einer Zentralstelle beim PV kommen.

Ollenhauer schlägt die Ausschreibung dieser Referentenstelle vor.

Der Vorschlag wird gebilligt.

---

12 Der folgende Text über die Beratungen zu den Tagesordnungspunkten 5d und 5e wurde dem veröffentlichten Kommuniqué entnommen: Sopade Informationsdienst Nr. 683 v. 27.1.1949 (vgl. Anl. 1.). Im Protokolltext heißt es lediglich: „Verstärkung des Kulturpolit. Ausschusses und Bildung einer Hochschulkommission werden beschlossen. (s. Anl. II)". Zu den Mitgliedern des Kulturpolitischen Ausschusses vgl. auch Einl. Kap. I. 2 b.

13 In der Vorlage „Weitzel".

14 In der Vorlage „Ziegler".

Zu **Punkt 5 g** der Tagesordnung (**Frauenausschuss**)

Gotthelf beantragt, dass nach dem Ausscheiden *Heines* aus dem Ausschuss Egon *Franke* und Siggi *Neumann* aufgenommen werden.[15]

Dem wird zugestimmt.

Die auf der Frauenausschusssitzung verfasste Resolution wird vom PV nach einer Änderung angenommen. (s. Anl. [3 A][16])

Zu **Punkt 5 i** der Tagesordnung (**Kommission für Beamtenrecht**)[17]:

Menzel schlägt Bildung einer Kommission für Beamtenrechtsfragen vor, der angehören sollen: Dr. *Menzel*, [Innenminister v. Nordrh.-Westf., *Vors.*], Dr. *Wolfgang Schmidt*, Düsseldorf [Ministerialdirigent], Dr. *Arndt*, Frankfurt, [Georg] August *Zinn*, Wiesbaden [Justizminister], Viktor *Renner*, Tübingen [Innenminister], Otto [*Theuner*], Berlin, Dr. Elly *Linden*, Lübeck.

Zu **Punkt 5 k** der Tagesordnung (**Vorschläge des Dr. [Michael] Freund**)

Die Vorschläge werden dem Sozialpolitischen Ausschuss überwiesen.

Görlinger beantragt Hinzuziehung der AWO, die bereits dem Dr. [Michael] Freund Geldmittel bewilligt hat.

Beschlossen.

Zu **Punkt 6** der Tagesordnung: (**Altersversicherung für Parteiangestellte**)

Nau erläutert die Vorschläge zur Errichtung einer Versorgungskasse für Angestellte der SPD und AWO. [...][18] Er beantragt die Einsetzung einer Kommission für die weitere Arbeit.

Ollenhauer stellt abschließend fest, dass *Nau* ermächtigt wird, auf der Basis seiner Vorschläge weiterzuarbeiten und eine Kommission hinzuzuziehen.

---

15 Nach den Notizen von L. Albrecht wurde weiter noch Lotte Lemke in den Frauenausschuss aufgenommen, Notizen a.a.O.

16 In der Vorlage „II". Die vom Parteivorstand und vom Parteiausschuss gebilligte Entschließung des Frauenausschusses zum Recht der Frau auf Arbeit wird hier als Anlage 3 A, die beiden vom Ausschuss angenommenen Erklärungen zur „Bonner Abstimmung über die Gleichberechtigung der Frau" und zum „Wohnungsbau" als Anlagen 3 B und 3 C abgedruckt.

17 Die folgende Aufzählung der Mitglieder des Ausschusses wurde durch Angaben im Kommuniqué ergänzt - nur dort abgedruckte Informationen werden in eckige Klammern gesetzt.

18 Weggelassen wird hier der Hinweis auf eine in den Beiakten nicht vorhandene Anlage.

[B] Sitzung des Parteivorstandes, des Parteiausschusses und der Kontrollkommission am 22. und 23. 1. 1949

[1] *AdsD: 2/PV AS000681 (Maschinenschriftl. Prot., 2 S.);* [2] AdsD: *2/PV EO AA 000073 (Begrüßungsansprache und Hauptreferat Ollenhauers, maschinenschriftl., m. handschrifl. Ergänzungen, Durchschlag, 3 u. 47 S.)*

Leitung der Sitzung: **Erich Ollenhauer**
Anwesend: siehe Liste

[Teilnehmer /Teilnehmerinnen, nach Funktionen geordnet[19]
  PV:[20] *Ollenhaue*
    Franke, Gotthelf, Heine, Kriedemann, Nau;
    Bögler, Eichler, Fischer, Gayk, Görlinger, Grimme, Gross, Henßler, Kaisen, Knothe, Meitmann, Menzel, Neumann, Reuter, Schmid, Schroeder, Selbert
  PA
    BRAUNSCHWEIG: M. *Fuchs*
    FRANKEN (OBER- und MITTELFRANKEN, Nürnberg): K. *Strobel*
    GROSS-BERLIN: P. *Löbe, Suhr,* I. *Wolff*
    HAMBURG- NORDWEST: A. *Karpinski,* A. *Mertins*
    HANNOVER: M. *Prejara,* H. *Striefler*
    HESSEN- Frankfurt: L. *Beyer,* G. *Buch*
    HESSEN- Kassel: R. *Freidhof*
    NIEDERRHEIN (Düsseldorf): *Runge*
    SÜDBAYERN (OBERBAYERN, München)*: Allmer, Kinzel*
    OBERPFALZ-NIEDERBAYERN (Regensburg): F. *Höhne*
    OBERRHEIN (Köln): *Görlinger* (auch PV)
    ÖSTL. WESTFALEN (Bielefeld): *Michel*
    PFALZ (Neustadt/ Haardt): W. *Gänger,* L. *Herklotz*
    RHEINHESSEN (Mainz): *Markscheffel*
    RHEINLAND-KOBLENZ-TRIER (Koblenz): E. *Bettgenhäuser*
    SCHLESWIG-HOLSTEIN (Kiel): *Krahnstöver, Kukielczynski*
    SCHWABEN (Augsburg): A. *Frenzel*
    SÜD-BADEN (Freiburg i. Br.): R. *Jäckle*
    SÜD-WÜRTTEMBERG (Tübingen): V. *Renner*
    UNTERFRANKEN (Würzburg):
    WESER-EMS (Oldenburg): E. *Kraft*
    WESTL. WESTFALEN (Dortmund): *Schaub, Wenke*
    WÜRTTEMBERG-BADEN (Stuttgart): *Denker, Giesemann*

---

19 Die folgenden Angaben wurden der Anwesenheitsliste in den Beiakten zum Protokoll sowie Angaben im Protokoll und im Kommuniqué entnommen; für die Teilnehmer an allen gemeinsamen Sitzungen 1948-50 vgl. Anhang 2.
20 Von den Mitgliedern des PV fehlten ihrer wegen schweren Erkrankung *Schumacher* und *Gnoß.*

Dokument 4, 21. bis 23. Januar 1949

KK: *A. Schönfelder, G. Richter, J. Steffan, F. Ulrich , C. Wittrock*

MdParlR: *Heiland, Katz* (auch Landesminister)*, Löbe,* F. *Maier,* J. *Stock, Suhr, Zimmermann* + 2 Mitgl. d. PV (*Gayk, Menzel, Reuter, Schmid, Selbert*), + 2 Mitgl. d. KK (*Schönfelder u. Steffan*),

Ministerpräsidenten/ Landesminister: *Brauer, Kopf, Lüdemann,* C. *Stock,* + 2 Mitgl. d. PV (*Kaisen, Menzel*) + 1 Mitgl. d. KK (*Ulrich*)

Referenten/ Mitarbeiter des PV A. *Albrecht, Brandt, Gerstung, Gleissberg, Hennig, Hermsdorf, Lindstaedt*[21]*, Lütkens,* S. *Neumann, Ortloff, Pass, Raunau*[22]*,* E. *Schumacher, Storbeck, St. Thomas*[23]*, Zimmer*[24]*.*

Tagesordnung:[25]
1) Stellungnahme zum Entwurf des Grundgesetzes
2) Die politischen Aufgaben des Jahres 1949

Zu **Punkt 2** der Tagesordnung (**Die politischen Aufgaben des Jahres 1949**):
Ollenhauer zeigt in einem mehr als 2-stündigen Referat die Richtlinien der Arbeit im neuen Jahr auf. (...[26])

[Begrüßungsansprache Ollenhauers][27]
Genossen und Genossinnen! Wir haben diese gemeinsame Sitzung des Parteivorstandes und des Parteiausschusses einberufen, um zu einigen wichtigen Fragen Stellung zu nehmen. Wir haben zu dieser Sitzung auch die Mitglieder der Kontrollkommission, die Mitglieder des Vorstandes unserer Fraktion im Parlamentarischen Rat, soweit sie nicht Mitglieder des Parteivorstandes sind, und unsere Genossen Ministerpräsidenten bzw. Minister in den Länderregierungen der drei Westzonen eingeladen. Wir glauben, dass die Fragen, die heute und in der nächsten Zeit hier zur Entscheidung stehen, so wichtig sind, dass wir einen möglichst großen Kreis der an verantwortlichen Stellen tätigen Genossen in der Partei zu dieser Tagung zusammenführen sollten. Ich heiße alle Genossen und Genossinnen herzlich willkommen!

Es ist die erste Parteiausschusssitzung, die wir seit unserem Parteitag in Düsseldorf abhalten. Eigentlich haben wir den Termin der vierteljährlichen Abstände zwischen den

---

21 *Lindstaedt* wird nur in einer in den Beilagen zu den Protokollen erhalten gebliebenen maschinenschriftlichen Liste der „Teilnehmer aus Hannover und Berlin" genannt.

22 *Raunau* wird nur in der erwähnten Liste genannt.

23 *Thomas* wird nur in der erwähnten mit seinem Geburtsnamen Grzeskowiak aufgeführt.

24 *Zimmer* wird nur in der erwähnten Liste genannt.

25 Wortlaut nach der vorläufigen Tagesordnung vom 21.12.1948.

26 Weggelassen wird hier ein Hinweis auf eine nicht mehr vorhandene „Anlage" - wahrscheinlich den ursprünglich auch hier vorhandenen wörtlichen Redetext Ollenhauers. Dieser wird hier nach dem vorhandenen Durchschlag im Bestand des AdsD: 2/PV EO AA 000073 abgedruckt. Die „wesentlichsten Gedankengänge" des umfangreichen Referats wurden im Sopade Informationsdienst (Nr. 684 v. 28.1.1949) mit der Überschrift „SPD-Stellungnahme zu Deutschlandfragen" und einigen Zwischenüberschriften veröffentlicht. In den folgenden Anmerkungen wird auf wichtige sachliche Veränderungen im damals publizierten Text hingewiesen.

27 Im maschinenschriftlichen Text nur „Erich Ollenhauer" und handschriftlichem Zusatz „PA-Sitz. 22.1.49." In den 1949 veröffentlichten Auszügen findet sich kein Hinweis auf die Begrüßungsworte.

Sitzungen schon etwas überschritten. Wir sind uns dessen bewusst, aber wir haben einen guten Grund gehabt: Es war zunächst einmal im Dezember noch nicht möglich zu übersehen, wann und in welcher Form wir vor Entscheidungen in Bezug auf die westdeutsche Organisation stehen. Außerdem hatten wir bis Ende November/Anfang Dezember die Hoffnung, dass, wenn wir die nächste gemeinsame Sitzung des Parteivorstandes und Parteiausschusses Anfang dieses Jahres in Hannover abhalten, es vielleicht möglich gewesen wäre, Kurt *Schumacher* wieder unter uns zu sehen. Kurt Schumacher hat sich in den letzten Wochen gesundheitlich außerordentlich gut erholt. Sein Gesamtbefinden ist besser, als es seit einem Jahr gewesen ist, und er nimmt einen sehr regen Anteil an den politischen Verhandlungen, die wir in letzter Zeit gehabt haben. Aber er ist doch nicht so schnell, wie wir und er es gehofft hatten, bewegungsfähig geworden. Die Versuche mit der Prothese nahmen längere Zeit in Anspruch, und vor allen Dingen muss man da Geduld haben, wie natürlich so kurz nach der Amputation eine gewisse Vorsicht notwendig ist. Es war nicht möglich zu erreichen, dass er etwa auch nur an einer Sitzung in Hannover teilnehmen könnte. Und wir müssen auch hier auf seine Teilnahme verzichten. Aber er hat uns gebeten, allen Genossen und Genossinnen die herzlichsten Grüße und die besten Wünsche für den Verlauf der Tagung zu übermitteln.

Wir haben allen Teilnehmern der Sitzung die Tagesordnung zugeschickt. Es war vorgesehen, dass wir an erster Stelle Referate der Genossen Carlo *Schmid* und Walter *Menzel* zum Entwurf des Grundgesetzes in Bonn entgegennehmen. Wir gingen damals von der Annahme aus, dass die Verhandlungen in Bonn und die Verhandlungen über das Besatzungsstatut bis heute so weit sein würden, dass Parteivorstand und Parteiausschuss eine endgültige Stellungnahme zu diesem Grundgesetz schon heute festlegen könnte[n]. Die Dinge haben sich aus verschiedenen Gründen verzögert. Wir müssen zwar heute zu gewissen wichtigen Punkten übergehen, aber wir sind noch nicht so weit, dass wir in dieser Tagung uns endgültig über Ablehnung oder Annahme des Grundgesetzes entscheiden. Auf der anderen Seite sind in der Zwischenzeit auch eine Reihe von allgemeinen politischen Fragen so stark in den Vordergrund getreten, dass wir sie hier ausführlich[er] behandeln müssen, als es ursprünglich vorgesehen war. Der Parteivorstand hat daher beschlossen, dem Parteiausschuss vorzuschlagen, die Tagesordnung umzustellen, so dass wir heute mit dem Referat von mir über die politischen Aufgaben des Jahres 1949 beginnen, dass wir versuchen, diesen Punkt 1 der Tagesordnung einschließlich der Aussprache heute abzuschließen und dass wir morgen früh mit den beiden Referaten der Genossen Carlo *Schmid* und Walter *Menzel* beginnen, damit wir dann morgen Vormittag Zeit haben, uns mit Spitzenproblemen der Bonner Verfassungsarbeit zu beschäftigen, vor allen Dingen, weil wir es für nützlich halten, diesen Kreis unserer Parteifunktionäre über die einzelnen Probleme so ins Bild zu setzen, dass sie in der Lage sind, die weitere Entwicklung, die jetzt auf eine Entscheidung hindrängt, draußen zu verfolgen und in der Partei unsere Auffassung mit guten Argumenten zu vertreten. Es sind also im wesentlichen diese technischen Gründe, und ich nehme an, dass der Parteiausschuss dem Vorschlag des Parteivorstandes zustimmt, dass wir in dieser Weise verfahren.

Wir haben hier in Iserlohn bei der Frage der Unterbringung die tatkräftige Unterstützung unserer Genossen gefunden. Falls in dieser Beziehung noch irgendwelche Wünsche bestehen sollten in Bezug auf rein technische Fragen, kann das im Hause erledigt werden. Wir haben vorgesehen, dass wir bis 7 Uhr tagen, dann gemeinsames Abendessen und uns die Abendstunden Zeit lassen, damit wenigstens einige Stunden für persönliche Gespräche der Genossen untereinander zur Verfügung stehen. Morgen früh wollen wir um 9.30 Uhr wieder anfangen, und wir hoffen, dass wir etwa 1 Uhr mittags die Tagung abschließen können, damit die Genossen, die es wünschen, morgen zurückfahren können. Das ist alles, was ich zunächst an allgemeinen Bemerkungen zu machen habe. Hat jemand der Genossen Wünsche oder Einwendungen gegen diesen Vorschlag für die Durchführung der Tagung? Das ist nicht der Fall, dann können wir in die Tagesordnung eintreten, und ich möchte gleich mit meinem Referat beginnen.

[Hauptreferat Erich Ollenhauers][28]

Genossen und Genossinnen! Wenn wir uns heute zu Beginn des Jahres 1949 über die politischen Aufgaben klar werden wollen, vor die unsere Partei aller Voraussicht nach im Laufe dieses Jahres gestellt werden wird, dann stoßen wir bei der Betrachtung der innen- und außenpolitischen Situation auf ein ziemlich verwirrendes Bild. Sowohl die innen- wie die außenpolitische Lage hat sich in den letzten Wochen so kompliziert und ist in vieler Beziehung so undurchsichtig geworden, dass es nicht ganz einfach ist, einen festen Standpunkt zu finden, von dem aus wir unsere Entscheidungen als Partei vorbereiten und durchführen können. Ich glaube, dass wir uns angesichts dieser Situation doch wieder einmal an eine fundamentale Tatsache erinnern müssen, die seit 1945 die Grundlage unseres staatlichen, wirtschaftlichen und gesellschaftlichen Lebens darstellt. Was immer an Veränderungen in der Verwaltung Deutschlands seit der bedingungslosen Kapitulation der Hitlerdiktatur vor sich gegangen ist, sei es auf dem Gebiete der Militärregierungen oder sei es auf dem Gebiete der deutschen Selbstverwaltung, im Prinzip ist der Zustand von damals immer noch unverändert. Wir haben noch keine feste Form gefunden für die zukünftige staatliche und wirtschaftliche Existenz Deutschlands; wir haben noch keine endgültige Form gefunden für die Beziehungen der Deutschen zu den ausländischen und benachbarten Völkern.

[Einheit Deutschlands Voraussetzung für die Behebung des Provisoriums][29]

Wir leben immer noch in einer Zeit des Übergangs von der völligen Rechtlosigkeit der Deutschen im staatsrechtlichen Sinne, von der absoluten souveränen Verwaltung Deutschlands durch die Militärregierungen zu einem Zustand hin, in dem die Deutschen in einem größeren und beachtlichen Umfang wieder Herr über ihre eigenen Geschicke sein werden, d.h. im Grunde bewegt sich das, was wir deutsche Politik nennen können,

---

28 Im maschinenschriftlichen Text nur „Erich Ollenhauer" mit handschriftlichem Zusatz „Hauptreferat".

29 Mit dieser Zwischenüberschrift setzt der veröffentlichte Text im Sopade Informationsdienst ein, die meisten Zwischenüberschriften entstammen diesem Text.

immer noch auf der Basis des Provisoriums. Nichts[30] ist endgültig, nichts hat eine feste Form gefunden. Es handelt sich immer wieder nicht nur darum, dass wir auf einem festen Boden gewisse technische oder taktische Veränderungen vornehmen, sondern in allem, was wir tun, fehlt uns eine definitive Grundlage unseres Handelns.

Der Charakter des Provisoriums offenbart sich auf allen Gebieten; zunächst einmal auf dem rein territorialen Gebiet. Wir haben die Einheit Deutschlands nicht mehr. Wir haben im Gegenteil im letzten Jahr eine ständig wachsende Verstärkung des Eisernen Vorhangs zwischen der Ostzone und den Westzonen erlebt. Und auch, wenn wir jetzt daran gehen, eine einheitliche Verwaltung Westdeutschlands aufzubauen, und wenn diese einheitliche Verwaltung nicht nur die drei Westzonen, sondern auch nach unserem Willen Berlin umfasst, und[31] wenn diese einheitliche Verwaltung zu einem guten Funktionieren kommt, so handelt es sich immer noch vom Standpunkt einer deutschen Politik um eine Teillösung.

Es ist sehr wichtig, dass wir uns diese Tatsache dauernd vor Augen halten, denn in dem Maße, in dem sich unter den Auswirkungen einer solchen einheitlichen Verwaltung Westdeutschlands die Dinge in einem gewissen Umfang normalisieren, besteht auch eine wachsende Gefahr, dass die Menschen, die hier im Westen Deutschlands leben, vergessen, dass jenseits des Eisernen Vorhangs ein Teil des deutschen Volkes lebt, der absolut und unzweideutig zu diesem Ganzen gehört, und dass es keine deutsche Lösung gibt, ohne dass die Ostzone, dass[32] die 18 Millionen Menschen dieser Zone nicht in eine solche neue staatliche Ordnung eines einheitlichen Deutschlands eingegliedert werden. Nur die Herstellung der Einheit ganz Deutschlands kann auf diesem Gebiete das Provisorium beenden. Solange[33] sie nicht vollzogen ist, bleibt der Zustand des Provisoriums bestehen.

[Begrenzte Kompetenzen einer deutschen Regierung]

Das ist die eine Seite. Die andere Seite ist die verfassungsrechtliche. Es ist in den Londoner Empfehlungen und in den drei Dokumenten der Militärregierungen, die die Grundlagen der Arbeiten des Parlamentarischen Rates in Bonn bilden, die Einsetzung einer westdeutschen Regierung auf der Basis des zu schaffenden Grundgesetzes den Deutschen zugesagt worden. Aber es ist völlig klar, dass diese erste einheitliche Verwaltung, diese[34] westdeutsche Regierung sehr begrenzte Kompetenzen haben wird, da sie weit von dem Status einer Regierung entfernt sein wird, die[35] nur gebunden an die demokratischen Beschlüsse und Kontrollen der Vertrauensleute des eigenen Volkes die Geschicke das Landes gestalten kann. Diese Begrenzung beweist wiederum, dass wir auch auf verfassungsrechtlichem Gebiet, was immer wir tun, im Stadium des Provisoriums

---

30 Die folgenden beiden Sätze „Nichts...Handelns" nicht im 1949 publizierten Text.
31 Der folgende Nebensatz „und ... kommt" (Ms., S. 2) nicht im 1949 publizierten Text.
32 Die folgenden Worte „dass die 18 Millionen Menschen dieser Zone" (Ms., S. 2) nicht im 1949 publizierten Text.
33 Der folgende Satz „Solange...bestehen" nicht im 1949 publizierten Text.
34 Die folgenden drei Worte „diese westdeutsche Regierung" nicht im 1949 publizierten Text.
35 Der folgende Nebensatz: „die ... kann" nicht im 1949 publizierten Text.

bleiben müssen. Wenn[36] wir die Entwicklung, die innerdeutsche Entwicklung gerade auf diesem Gebiete uns noch einmal vor Augen halten, so wie sie sich seit einem Jahr, seit Januar 1948, abgespielt hat, dann wird jeder bei objektiver Betrachtung dieser Tatsachen zugeben müssen, dass unsere damalige Argumentation gegenüber der neuen Charta der beiden Alliierten[37], die den Wirtschaftsrat auf einer erweiterten Basis ins Leben gerufen haben, dass unsere damalige Argumentation über die letzte Verantwortung bei den Militärregierungen und den beschränkten Möglichkeiten bei deutschen Stellen sich absolut bestätigt hat. All die Erfahrungen, die wir in diesem Jahr in Frankfurt gemacht haben, haben gezeigt, wie eng der Raum ist, auf dem wir aus eigenen politischen Aktionen die Entscheidungen herbeiführen können. Ich möchte in diesem Zusammenhang an die Diskussion erinnern, die wir im Parteivorstand gehabt haben vor jener Minister[präsidenten]konferenz Anfang Juli vorigen Jahres in Koblenz, wo wir uns im Parteivorstand über die Möglichkeiten auseinander setzten, die sich aus dem Londoner Abkommen für den verfassungsrechtlichen Aufbau in Westdeutschland ergeben. Wir haben damals im Parteivorstand eine ganze Reihe von Punkten gemeinsam formuliert, die alle auf der These basierten, dass es sich bei dieser Aufgabe, die uns gestellt wird, nicht darum handeln kann, dem deutschen Volk eine neue Verfassung zurückzugeben und auf dem Boden dieser Verfassung die Tätigkeit einer souveränen Regierung zu entwickeln, sondern dass wir einfach vor der Aufgabe standen, zwar für ein größeres Gebiet, als wir es bis dahin einheitlich verwalten konnten, eine einheitliche Verwaltungsordnung zu schaffen, aber dass diese einheitliche Verwaltungsordnung eben doch sehr stark und entscheidend den Charakter des Provisoriums tragen muss und auch nach unserem Willen tragen soll.

Es hat in der Öffentlichkeit in der zweiten Hälfte des vergangenen Jahres manche ironisch gemeinte Diskussion gegeben über das Wortspiel Verfassung oder Grundgesetz. Auch in unserem Kreise war man manchmal geneigt, diesem Unterschied keine große Bedeutung beizulegen, und vielleicht kann man heute sagen, dass wir in manchen Punkten eher nach der Richtung der Verfassung als nach der Richtung des Grundgesetzes gehandelt haben. Aber ebenso klar ist, dass nach den Erfahrungen die Richtigkeit unserer Rüdesheimer Entscheidung wiederholt bestätigt wurde, und dass wir mehr als je an den Vorstellungen festhalten sollten, die wir seit der Zeit in Rüdesheim mit dem Begriff des Grundgesetzes verbunden haben.[38]

[Die schlechte Erfahrung]

Das ist nicht nur ein hartnäckiges Beharren auf einem einmal geforderten Standpunkt, sture Verteidigung einer Theorie, die man lieb gewonnen hat, sondern diese erneute Unterstreichung wird vor allen Dingen gerechtfertigt durch das, was wir seit dem Juli vorigen Jahres an alliierten Verordnungen ohne Mitwirkung der Deutschen, aber mit

---

36 Die folgenden Sätze bis zum Ende des Absatzes. „Wenn...soll" nicht im 1949 publizierten Text.

37 Zu dem „Abkommen über die Neugestaltung der zweizonalen Wirtschaftsstellen", das die beiden Militärgouverneure *Clay* und *Robertson* Ende Mai 1947 unterschrieben, vgl. PV-Protokolle Bd. 1, LXXXIX f.

38 Vgl. das Protokoll der gemeinsamen Sitzung des Parteivorstandes mit den sozialdemokratischen Ministerpräsidenten in Assmannshausen bei Rüdesheim am 7. Juli 1948, PV-Protokolle Bd. 1, S. 448-456.

starker Rückwirkung auf Deutschland, erlebt haben und was uns mit ziemlicher Sicherheit an sonstigen Verordnungen der Alliierten in Bezug auf Deutschland in der nächsten Zeit noch bevorsteht.

Über einige dieser Verordnungen werden wir heute noch einiges zu sagen haben, ich meine damit vor allen Dingen das Ruhrstatut, das durch die Alliierten Deutschland auferlegt wurde mit all seinen weitgehenden Konsequenzen; ich meine das Statut, das die Grundlage bildet für die Einführung einer Sicherheitskontrolle, und ich meine vor allen Dingen das, was wir bisher wissen über den Inhalt des Besatzungsstatuts, über das sich jetzt die drei beteiligten Mächte in London zu einigen versuchen. Außerdem kommt hinzu, dass wir auch in nächster Zeit damit zu rechnen haben, dass einseitig, ohne Anhörung oder Mitwirkung von Deutschen an der deutschen Westgrenze, Grenzregulierungen stattfinden werden, die weder in ihrer Art noch dem Geiste nach, in dem sie ausgeführt werden, in irgend einer Weise in Übereinstimmung gebracht werden können mit den Grundsätzen, allmählich mit den Deutschen wieder auf der Basis des gegenseitigen Vertrauens zu verhandeln oder etwa mit dem Grundgesetz des Selbstbestimmungsrechts der Völker.[39]

Jedes einzelne dieser Dokumente, vom Ruhrstatut angefangen bis zu dem zu erwartenden Besatzungsstatut, wird in einem hohen Maße in die Möglichkeiten eingreifen, die uns nach der Verwirklichung der einheitlichen Verwaltung in Westdeutschland gegeben sein werden. Ja, man muss sogar hinzufügen, - und das gilt insbesonders für das Ruhrstatut - das Ruhrstatut bringt weitergehende Einschränkungen in der eigenen Verwaltung der Deutschen als nach den Richtlinien, die in den Londoner Empfehlungen über den Inhalt des Ruhrstatuts zu erwarten waren. Das Ruhrstatut ist in seinem Inhalt viel einschneidender, als selbst Pessimisten sich bei der Lösung der Grundsätze der Londoner Empfehlungen vorstellen konnten.

[Die Londoner Empfehlungen][40]

Genossen und Genossinnen! Ich sage das zunächst als eine ganz einfache Feststellung und zur Unterstreichung eines Gedankens, den wir bereits seit der Zeit im Sommer vorigen Jahres gehabt haben, dass die Londoner Empfehlungen zweifellos zwar auf der einen Seite den Deutschen die Möglichkeit einer größeren Selbstverwaltung geben, als sie seit 1945 bestanden hat, dass aber die Londoner Empfehlungen keine prinzipielle Wendung in der Politik der Alliierten gegenüber Deutschland darstellen, da auch nach der Durchführung der Londoner Empfehlungen etwa durch die Annahme des Grundgesetzes durch die Militärregierungen und durch seine Ratifizierung durch die Deutschen auch dann noch die entscheidende verfassungsrechtliche Kraft in Bezug auf die lebenswichtigen Fragen der Deutschen bei den Besatzungsmächten liegen wird. Das ist eine sehr wichtige Feststellung, vor allen Dingen an einem Zeitpunkt, an dem wir uns konkret zu

---

39 Die im 1949 publizierten Text hier folgende Zwischenüberschrift „SPD und Ruhrstatut" wurde nach unten verschoben.
40 Die folgenden 6 Absätze „Genossen...zurück" (Ms., S. 5-8) nicht im 1949 publizierten Text. Die Zwischenüberschrift wurde vom Bearbeiter gebildet.

überlegen haben, wie und in welchem Maße wir nun in dem schmalen Raum der deutschen Möglichkeiten dieses Nothaus gestalten wollen, wie es in den Vorschlägen des Grundgesetzes von Bonn vorgesehen ist.

Der Charakter des Provisorischen wird aber nicht nur bestimmt durch die territoriale Aufteilung Deutschlands und durch die Beschränkung der Souveränität der Deutschen, sondern durch die internationale Politik. Ich glaube, wir tun gut daran, wenn wir uns in der nächsten Zeit immer wieder daran erinnern, dass sich die internationale Politik gegenwärtig in einer außerordentlich flüssigen Entwicklung befindet, dass es gar nicht so ist, dass die entscheidenden vier Mächte, soweit das deutsche Schicksal in Frage kommt, nun in allen wichtigen Punkten, was ihre Deutschland-Politik angeht, eine definitive Entscheidung gefällt haben. Im Gegenteil, manche Dinge, die uns noch vor einem Vierteljahr mindestens als eine stabile Grundlage unserer Beurteilung und unserer Möglichkeiten für eine absehbare Zeit zu sein schienen, können heute nicht mehr mit dieser Sicherheit in Rechnung gestellt werden. Erinnern wir uns daran, dass die Londoner Empfehlungen zustande gekommen sind, nachdem die Viermächteverhandlungen über Deutschland gescheitert waren, nachdem sich die westlichen Alliierten zu der Überzeugung durchgerungen hatten, dass es für das Funktionieren und den Erfolg des Marshallplans notwendig ist, nicht nur die westeuropäischen Völker westlich des Rheins wieder zu normalen ökonomischen und politischen Verhältnissen zu bringen, sondern auch in Westdeutschland das wirtschaftliche und politische Leben zu normalisieren, auch auf die Gefahr hin, dass eine solche selbständige Entwicklung Westdeutschlands die Spannung zwischen Russland und den Westmächten verstärken sollte. Aus diesem Geist entstanden die Londoner Empfehlungen. Sie waren ein Versuch, nach dem Scheitern einer Viermächteregelung für Deutschland wenigstens in diesem Sektor eine gewisse sichere Basis zu finden. Erinnern wir uns weiter daran, dass der Kampf um Berlin, der nun in dieser offenen Form schon mehr als 1/2 Jahr dauert, aus dem Konflikt zwischen Russland und den Westmächten über den ganzen Fragenkomplex der Verwaltung von Berlin, der Position von Berlin innerhalb der Viermächteverwaltung der Alliierten entstanden ist.

[Eventuelle Gespräche zwischen USA und UdSSR][41]

Genossen und Genossinnen! Wenn wir die Diskussionen in der internationalen Presse in den letzten Wochen verfolgen, vor allen Dingen nach der Wiederwahl *Trumans*[42], dann ist deutlich, dass von beiden Seiten gewisse Anstrengungen gemacht werden, um wieder miteinander ins Gespräch zu kommen. Es wäre töricht, an diese Tatsache irgendwelche Spekulationen zu knüpfen oder dieser Tatsache schon das Gewicht einer definitiven Entscheidung zu geben. Aber es ist kein Zweifel, dass es starke Kräfte gibt, die ernsthaft die Frage untersuchen, ob es nicht möglich ist, zur Vermeidung eines offenen Konflikts zwischen dem Osten und dem Westen doch noch zu irgendeiner Art von

---

41 Die Zwischenüberschrift wurde vom Bearbeiter gebildet.
42 Harry S. *Truman* (1884-1972), geb. in Lamar/ Missouri als Sohn e. Farmers, Geschäftsmann, Richter, Politiker, 1934-44 Senator f. Missouri (Dem. Partei), 1944 Vizepräsident, April 1945 nach d. plötzlichen Tod Roosevelts Präsident d. USA, Nov. 1948 Wahl z. Präs., 1952 Verzicht auf eine erneute Kandidatur.

Vereinbarung oder mindestens zu einem Gespräch über die Möglichkeiten einer solchen Vereinbarung zu kommen. Es ist völlig ungewiss, wie ein solcher Versuch ausgehen wird oder würde, wenn er gemacht wird, und deshalb wäre es verfehlt, jetzt an die eine oder andere Lösungsmöglichkeit bestimmte Schlussfolgerungen für die innerdeutsche Politik zu ziehen [!]. Aber die Tatsache, dass es solche Unruhe und Unsicherheit gibt, ist für uns wichtig, weil schon diese Unruhe oder die Ungewissheit sich unmittelbar auswirkt in vielen kleinen und großen Entscheidungen der Alliierten in Bezug auf Deutschland. Manche Dinge, die wir in den letzten Wochen in den verschiedenen Zonen erlebt haben, haben das bewiesen.

Genossen und Genossinnen! Es kann durchaus sein, dass man den Versuch macht, unter Verzicht auf die Austragung der prinzipiellen Gegensätze und unter Verzicht auf die Austragung der praktischen Meinungsverschiedenheiten in Bezug auf die deutsche Verwaltung, sich zu verständigen, sozusagen auf der Basis des Status quo, d.h., dass man sich damit abfindet, dass die Abgrenzung der Interessensphäre zwischen Ost und West eben mitten durch Deutschland läuft. Wie gesagt, das ist eine Möglichkeit. Wenn wir jetzt über die Grundlagen unserer provisorischen staatlichen Ordnung in Westdeutschland sprechen, dann sollen wir auch bei allen Überlegungen und Entscheidungen diese Möglichkeit einberechnen, einfach um deutlich zu machen, dass auch von der internationalen Situation her die deutsche Situation sich in einem sehr hohen Maße im Stadium des Provisoriums, der Zwischenlösung befindet. In jedem solchen Falle liegt uns die Verpflichtung ob, unsere eigenen Entscheidungen, die Schritte, die wir nach vorwärts tun, so zu tun, dass nichts hier im Westen geschaffen wird, was die spätere territoriale Einigung Deutschlands erschwert, oder aber, was uns hier in Westdeutschland an eine augenblickliche Konstellation in einer Weise bindet, dass die demokratischen Kräfte in Deutschland einen wesentlichen Teil ihrer Handlungsfreiheit verlieren könnten.

Ich habe all diese Bemerkungen vorangestellt aus einem ganz einfachen Grund. Ich möchte, dass wir uns zu Beginn des Jahres, in dem wir uns wahrscheinlich vor eine ganze Reihe von weittragenden Entscheidungen gestellt sehen werden, auch einmal darüber klar werden, dass unsere These vom provisorischen Charakter unserer Entscheidungen in der Deutschlandpolitik keine ausweichende Formulierung ist, nicht etwa geboren aus dem Bemühen, unangenehmen Entscheidungen aus dem Wege zu gehen oder aber Entscheidungen, die uns nicht passen, zu bagatellisieren. Ich glaube, es ist für unsere Selbstverständigung über den Inhalt unserer Politik sehr wichtig, dass wir diese Tatsache zur Kenntnis nehmen und dass wir diese Begriffe vom Charakter des Provisoriums der innerdeutschen Politik nicht bagatellisieren oder ironisieren, weil wir uns damit selbstverständlich ein Stück der Grundlagen wegnehmen, von denen aus wir zu operieren haben. Ich glaube im Gegenteil, dass diese These vom Provisorium tatsächlich die Grundthese einer jeden deutschen Partei in der gegenwärtigen Situation sein muss, die eine unabhängige Politik treiben will.

Genossen und Genossinnen! Untersuchen wir von diesem Ausgangspunkt einige der aktuellen Probleme, vor die wir uns gestellt sehen. Dazu noch eine Vorbemerkung: Es gibt heute in Deutschland keine Trennung zwischen innerdeutschen und internationalen

Problemen. Jedes innerdeutsche Problem ist zugleich ein internationales Problem, und jedes internationale Problem wirkt unmittelbar auf die innerdeutsche Politik zurück.

[SPD und Ruhrstatut]

Diese Tatsache ist besonders augenfällig geworden bei der Verkündung des Ruhrstatuts. Wir[43] haben in der Erklärung unseres Vorstandes[44] die Einwände, die wir als SPD gegen das Ruhrstatut zu erheben haben, klar formuliert.[45] Unsere Stellungnahme hat eine gewisse Überraschung gegeben, wobei man nur sagen kann, dass eigentlich niemand, der die Stellung der SPD zur Ruhrfrage seit dem Jahre 1945 in [Wennigsen][46] gekannt hat, der unsere Entschließungen zu den Londoner Empfehlungen in Hamburg vom Sommer vorigen Jahres gelesen hat, der unsere Stellung verfolgt hat, die wir bei internationalen Konferenzen eingenommen haben, - wer diese Haltung der Partei im Bewusstsein hatte, konnte sich nicht darüber im Zweifel sein, dass die Sozialdemokratie beim jetzt vorliegenden Statut nur so negativ antworten und reagieren könnte.

Ich möchte noch eine Bemerkung hinzufügen: Es ist hier und da die Vermutung ausgesprochen worden, dass es sich bei der Stellungnahme der Partei um eine Stellungnahme aus einem ersten Impuls gehandelt habe ohne Überprüfung der Unterlagen, ohne Abwägung des Für und Wider, das in diesem Statut enthalten ist. Genossen und Genossinnen! Die Schärfe unserer Ablehnung basiert gerade auf einer eingehenden Prüfung des Abkommens. Ehe wir am Tage der Veröffentlichung des Ruhrstatuts unsere Erklärung an die Presse gegeben haben, haben wir stundenlang den vollen Text des Abkommens studiert und haben uns eine vollständige Übersicht darüber zu verschaffen versucht, ob es in diesem Statut positive Möglichkeiten gibt, die schweren Einschränkungen der deutschen Arbeitsmöglichkeiten etwa aufwiegen zu lassen durch konkrete Hinweise auf eine übergeordnete übernationale Ordnung. Das Resultat dieser Prüfung war absolut negativ. Wenn wir jetzt nach dem Abstand von dem Tage der Veröffentlichung unsere eigene Stellungnahme noch einmal überprüfen und wenn wir jetzt sachliche Untersuchungen über das Statut lesen von Menschen, die gar kein unmittelbares politisches Interesse haben, wie z. B. eine politische Partei, so stellen wir fest, dass in allen wesentlichen Punkten eine weitgehende Durchführung unserer Argumentation zu finden ist.

[Revision des Ruhrstatuts notwendig][47]

Ich will heute nicht auf alle Einzelheiten dieses Statuts eingehen, aber es erscheint mir doch notwendig, einige Punkte hier herauszustellen, weil wir ja damit rechnen müssen, dass die Diskussion über das Statut noch nicht abgeschlossen ist und weil wir uns ja auch

---

43 Der folgende Satz: „Wir ... formuliert" (Ms., S. 9) auch im 1949 publizierten Text.

44 Gemeint die Erklärung des „Büros" vom 29.12.1948, hier abgedr. als Anlage 3 B (S. 114 f.).

45 Vgl. d. Abdruck d. zustimmenden Erklärung der Gemeinsamen Sitzung v. 23.1.1949, S. 113.

46 Die folgenden Worte „in [Wennigsen]", in der Vorlage versehentlich „Wenningsen" (Ms., S. 9) nicht im 1949 publizierten Text.

47 Die Zwischenüberschrift wurde dem 1949 publizierten Text entnommen, die folgenden Absätze wurden dort allerdings sehr verkürzt.

auseinander zusetzen haben mit jener Behauptung, dass unsere Ablehnung nur basiert auf einer taktischen Überlegung, einem möglichen deutschen Nationalismus das Wasser abzugraben, dass aber in Wirklichkeit die Schärfe der Ablehnung keine Begründung im Text selbst findet. Wie sieht die Sache in dieser Beziehung wirklich aus. Als in den Londoner Empfehlungen das Ruhrstatut angekündigt wurde, hat man in London eine Reihe von Richtlinien veröffentlicht über den Inhalt des Ruhrstatuts. Auch diese Richtlinien haben schon damals deutlich erkennen lassen, dass wir es hier mit einer weitgehenden Beschränkung der deutschen Entscheidungsfreiheit auf wirtschaftlichem Gebiet im Gebiet der Ruhr zu tun haben würden. Aber es war völlig klar, dass damals die Vorstellung war, dass die Ruhrkommission, die das Ruhrstatut einsetzte, beschränkt werden soll in Bezug auf ihre Aufgaben, auf eine Kontrolle und Regulierung der Verteilung der Produkte der Ruhr: Kohle, Stahl und Eisen.

Von dieser Beschränkung auf Kontrolle und Einflussnahme auf die Verteilung der Produktion kann heute überhaupt nicht mehr die Rede sein. Das Ruhrabkommen geht weit darüber hinaus. Die Ruhrkontrollbehörde hat maßgebenden Einfluss oder kann maßgebenden Einfluss nehmen auf Art und Umfang der Produktion, und zwar nicht nur an der Ruhr, sondern im ganzen deutschen Wirtschaftsgebiet. Es ist kein Zweifel darüber, dass die entsprechenden Paragraphen dieser Ruhrkontrolle die Möglichkeit geben, die deutsche Wirtschaft weitgehend, sowohl in der Art wie im Umfang ihrer Produktion, zu beeinflussen. Es kommt weiter hinzu, dass außerdem in diesem Ruhrstatut noch einmal jene Begrenzung der deutschen Stahlproduktion festgelegt ist, die das Londoner Industrieabkommen auf 10,7 Millionen Tonnen pro Jahr festgelegt hat. Vom Standpunkt der reinen Sicherheitspolitik an der Ruhr bestand keine Notwendigkeit, diese Begrenzung noch einmal zu einem Bestandteil dieses internationalen Dokuments zu machen. Man hat es getan, weil ursprünglich von dieser Basis aus Art und Umfang der Produktion und die Verteilung noch viel stärker beeinflusst werden können als vom Standpunkt der reinen Sicherheit. Hinzu kommt, dass die Kommission nach dem Statut weitgehende Eingriffsmöglichkeiten praktisch auf allen Gebieten des öffentlichen Lebens hat. Z.B. kann die Ruhrkommission in Fragen des Transports, in Fragen der Transporttarife, in Fragen der Zölle eingreifen, und sie kann wirtschaftliche Maßnahmen der Bundesregierung daraufhin untersuchen, ob bestimmte Maßnahmen nicht die Produktion, die Leistung an der Ruhr beeinträchtigen oder in sonstiger Weise behindern. Das sind sehr allgemein gehaltene Bestimmungen. Aber in dieser allgemeinen Formulierung liegt vom Standpunkt der deutschen Volkswirtschaft aus eine sehr große Gefahr.

Es ist bemerkenswert, dass im Ruhrstatut in keinem Punkt auf das Gesetz Nr. 75[48] Bezug genommen wird, das die beiden Militärregierungen, die englische und amerikanische, kürzlich veröffentlicht haben. Dieses Gesetz Nr. 75 war von uns vor allen Dingen wegen seiner Präambel sehr positiv bewertet worden, weil nach all dem ermüdenden und niederdrückenden Hin und Her mit den Militärregierungen in der Frage der Zuständigkeit für deutsche Sozialisierungsbeschlüsse in dieser Präambel klar gesagt war, das Eigen-

---

48 Das „Gesetz Nr. 75" d. amerikan. u. brit. Militärregierung v. 10.11.48 sah eine Neuordnung d. deutschen Montanindustrie vor, teilw. abgedr.: AdG 1948/49, S. 1701 f.

tum an Kohle, Stahl und Eisen an der Ruhr bleibt im deutschen Besitz, und zweitens: über die Eigentumsformen entscheiden die Deutschen, sobald sie ein demokratisch gewähltes Parlament haben. Es war hinzugefügt, dass auch das westdeutsche Parlament als eine solche demokratische Institution angesehen werden würde. Das heißt, mit dem Gesetz Nr. 75 schien endlich der Streit um die Frage des Eigentums an der Ruhr und der Streit über die Zuständigkeit für Sozialisierungsmaßnahmen aus der Welt geschafft. Im Ruhrstatut wird dieses Gesetz nicht erwähnt. Aber es ist der Kommission die Vollmacht gegeben, die Kontrolle von wirtschaftlichen Maßnahmen der Bundesregierung in Bezug auf ihre Auswirkungen auf die Ruhrproduktion [auszuüben]. Ich kann mir sehr leicht vorstellen, dass eine Mehrheit in einer solchen Kommission sich auf den Standpunkt stellt, dass eine so einschneidende Veränderung der Besitzformen, wie die Sozialisierung von Kohle und Stahl sie darstellt, eben eine derartige Beeinträchtigung der Produktion ist, dass sie aus diesem Grunde nicht genehmigt werden kann.

Genossen und Genossinnen! Man kann sagen, man muss nicht mit dem Schlimmsten rechnen, aber die Hoffnung, die uns in dieser Beziehung nach den schlechten Erfahrungen mit den bisherigen Vertröstungen auf liberale Auslegung von Militärregierungsgesetzen oder internationalen Vereinbarungen gegeben worden ist, ist außerordentlich schmal und dünn geworden. Wir haben deshalb in unserer Entschließung mit allem Nachdruck am Schluss die Forderung nach einer Revision des Ruhrstatuts gestellt mit der Erklärung, dass wir den Kampf um die Sozialisierung fortsetzen werden. In diesem Punkt hat unsere Erklärung jedenfalls, abgesehen von dem propagandistischen Theaterdonner drinnen und draußen, immerhin ein konkretes Resultat gehabt. Die englische Regierung, das Foreign Office, hat einem Vertreter der „Welt" eine offiziöse Erklärung darüber abgegeben, dass die Präambel des Gesetzes Nr. 75 durch die Bestimmungen des Ruhrstatuts nicht berührt wird. Wir haben inzwischen eine ähnlich formulierte Erklärung mündlich übermittelt bekommen durch ein maßgebendes Mitglied der britischen Militärregierung in Berlin an unsere Vertretung in Berlin, unseren Genossen Willy *Brandt*. In diesem Punkt ist durch diese scharfe Reaktion eine gewisse Klärung und vielleicht eine gewisse Beruhigung zu verzeichnen.

Aber noch einige Punkte, Genossen und Genossinnen! Es ist immer wieder von den Verteidigern des Ruhrabkommens darauf hingewiesen worden, dass in dieser Kontrollbehörde die Deutschen ja 3 von 15 Stimmen haben und ebenso stark beteiligt werden wie Amerikaner, Engländer und Franzosen. Das ist theoretisch richtig, nur dieser Anspruch der Deutschen kann ja zunächst überhaupt nicht realisiert werden. Er kann erst realisiert werden, wenn eine zukünftige westdeutsche Regierung sich entscheidet, dem Ruhrstatut beizutreten und ihre Vertretung in der Kontrollbehörde zu benennen. Selbst wenn man die Entwicklung der Dinge hier im Westen in Bonn sehr positiv und sehr optimistisch ansähe, es wird ein halbes Jahr dauern, ehe eine solche westdeutsche Regierung vor eine solche Entscheidung gestellt wird. In der Zwischenzeit aber wird die Kontrollbehörde aufgebaut in ihrem entscheidenden Personal. Es liegt ein sehr dringendes Interesse einiger Träger dieses Abkommens vor, diesen Aufbau schnell vorzunehmen, d.h. er wird praktisch vorgenommen ohne jede Mitwirkung der Deutschen. Wenn die

Deutschen sich entschließen dürften, ihren Sitz in dieser Kommission auszufüllen, dann werden sie nach der Apparateseite hin vor vollendeten Tatsachen stehen.

Weiter: Diese Kontrollbehörde, das Personal der Kontrollbehörde, bekommt einen besonderen Status. Alle verantwortlichen Beamten der Kontrollbehörde sollen sozusagen exterritorial sein, d.h. etwa im Status eines UNO-Beamten. Es ist sehr bemerkenswert, dass es im ganzen Statut erstens nicht eine einzige Bestimmung gibt für eine effektive demokratische Kontrolle, durch wen immer, dieser Institution, dass [zweitens][49] in dem Statut an keiner Stelle vorgesehen ist, ein unparteiisches Schiedsgericht oder auch nur eine Schiedsstelle für den Fall einzusetzen, in dem sich zwischen der Kontrollbehörde und den Deutschen eine Diskrepanz, eine Meinungsverschiedenheit ergibt. Es gibt praktisch keine solche unparteiische Anrufungsmöglichkeit im Rahmen des ganzen Ruhrstatuts. Es ist gesagt worden, man müsse aber anerkennen, dass die Ruhrbehörde ein erster praktischer Schritt zur echten internationalen Kontrolle sei. Das ist einfach nicht wahr. International ist sie [...][50] nicht nur insoweit, als 5 andere Mächte sich darüber verständigt haben, wie sie die Deutschen gemeinsam kontrollieren und nichts anderes. Außer in der Präambel ist an konkreten Bestimmungen, dass das Ruhrstatut Ansatzpunkt für eine internationale Kontrolle der schwerindustriellen Zentren sei, nichts zu finden. Wir müssen außerdem in Betracht ziehen, dass nach den Erklärungen der Alliierten das Ruhrstatut ein Teil des Besatzungsstatuts sein wird, und es ist kein Zweifel, dass damit die Möglichkeiten der deutschen Selbstverwaltung noch weiter eingeschränkt werden, insbesondere auf wirtschaftlichem Gebiet, als man es ursprünglich erwarten konnte. Die westdeutsche Regierung kann, ohne dass das Statut böswillig ausgelegt wird, in die Lage kommen, dass sie infolge der Intervention dieser Behörde überhaupt keine eigene Wirtschaftspolitik nach den deutschen Notwendigkeiten führen kann.

Genossen und Genossinnen! Es kommt mir gar nicht darauf an, hier eine Menge von negativen Argumenten zu häufen, um unsere kritische Stellungnahme zu begründen. Aber ich glaube, manche unserer Kritiker im In- und Ausland sind zu ihrem Urteil gerade deshalb gekommen, weil sie sich gar nicht die Mühe gemacht haben, einmal das ganze Paragraphenwerk auf die Auswirkungen auf die deutsche Wirtschaft und Politik hin auch nur einigermaßen gründlich durchzuarbeiten. Es hat doch keinen Sinn, sich darüber hinaus irgend einer Illusion hinzugeben, dass das Ruhrstatut in diesem Augenblick so zustande gekommen ist, wie es jetzt vorliegt, nicht in irgendwelchen deutschen Notwendigkeiten begründet liegt, sondern in dem Versuch, jetzt vor dieser neuen internationalen Situation auf alle Fälle zu einem Kompromiss der Auffassungen Englands und Amerikas auf der einen Seite und Frankreichs auf der anderen Seite zu kommen. Man wollte, ehe man in Washington oder sonst wo über die definitive Gestaltung des Atlantikpaktes[51] mit

---

49 In der Vorlage „zweite" (Ms. S. 14).

50 In der Vorlage noch ein sinnentstellendes „nicht" (Ms. S. 15).

51 Beim „Atlantikpakt" handelt es sich um die Gründungsurkunde der NATO, die am 4. April 1949 von den Außenministern der 12 Gründungsmitglieder (USA, Großbritannien, Frankreich, Italien, die drei Beneluxstaaten, Portugal, Island, Norwegen, Dänemark und Kanada) im Beisein des US-Präsidenten Truman unterzeichnet wurde, für einen wörtlichen Abdruck vgl. Europa-Archiv v. 20.4.1949, S. 2071-2073; vgl. a. AdG 1948/49, S. 1879 f.

sehr einschneidenden Maßnahmen militärischer Art verhandelte, sicher sein, dass in der westeuropäischen Politik und in der Politik gegenüber Deutschland Frankreich auf der Seite Englands und Amerikas [gehalten werden könne][52]. Ich sage nicht, dass das ein schlechtes Argument ist, aber ich sage, es ist ein Argument, das wir auch in seiner ganzen Klarheit sehen sollen. Selbstverständlich, wir wissen, und niemand von uns hat das in irgend einer öffentlichen Erklärung oder Rede je bestritten, dass die Forderung nach Sicherheit im französischen Volk eine solch elementare Kraft ist, dass es keine politische Partei in Frankreich gibt, die sich dieser Bewegung und Stimmung entziehen kann.

Darüber gibt es überhaupt keinen Streit, und wir haben in allen zwei Erklärungen immer wieder zum Ausdruck gebracht, dass wir mit einer Kontrolle einverstanden sind, die sich darauf beschränkt, die Entwicklung des Ruhrgebietes zu einem neuen Rüstungszentrum zu verhindern. Diese Kontrolle haben wir ohne Einschränkung akzeptiert. Aber Genossen, wenn es das nur wäre. Selbst die optimistischen Beurteiler des Ruhrstatuts werden doch nicht behaupten, dass dieses Statut aus den Bestrebungen geboren wurde, diesen berechtigten französischen Forderungen nach Sicherheit entgegenzukommen.

Was viel schwerer wiegt, dass man den Franzosen durch die Gestaltung des Ruhrgebietes die erstrebte Vormachtstellung der französischen Stahlindustrie gegenüber der deutschen sichern wollte und, solange das Ruhrstatut bestehen bleibt, auch sichern wird. Schließlich ist im Industrieplan in London, in dem Deutschlands Kapazität auf 10,7 Millionen Tonnen beschränkt ist, den Franzosen und den Benelux-Ländern eine Verdoppelung ihrer Stahlproduktion gegenüber der Vorkriegszeit zugestanden worden, und jedermann weiß, dass, wenn die französische Stahlindustrie diese Höhe erreichen will, sie sie nur erreichen kann, wenn sie sich auf Kohlen und Koks von der Ruhr stützen kann und wenn sie außerdem nicht damit rechnen muss, auf dem internationalen Markt eine größere deutsche Konkurrenz zu erhalten. Ich glaube, dass hier auch ein gewisses englisches Interesse mitgespielt hat, der englischen Stahlproduktion keine zu große Konkurrenz erwachsen zu lassen. Dieses Resultat in Bezug auf alle Vorstellungen für eine echte europäische Entwicklung ist es, was uns so bedenklich stimmt, denn, Genossen und Genossinnen, durch das Ruhrstatut werden die Pläne einer echten europäischen Kooperation nicht gefördert, sondern gehemmt, denn praktisch ist das Ruhrstatut der Versuch einer Stabilisierung nationaler Wirtschaften auf Kosten einer anderen gemeinsamen Wirtschaft, nämlich auf Kosten der deutschen. Ich sehe in der ganzen Vorstellung unserer Bewegung, wo immer [keinen einzigen][53] Anhaltspunkt dafür, dass man das als eine europäische oder gar als eine sozialistische Politik ansehen kann.

[Eine lebensgefährliche Belastung der deutschen Demokratie][54]

Aus diesem Grunde schon mussten wir unsere Bedenken auch nach außen hin um Europas willen [...][55] zum Ausdruck bringen. Ich will noch ein anderes Argument hinzu-

---

52 In der Vorlage „zu halten" (S. 16).
53 In der Vorlage „kein einziger" (Ms. S. 17).
54 Die Zwischenüberschrift wurde dem 1949 publizierten Text entnommen, die folgenden Absätze wurden dort allerdings sehr verkürzt.

fügen, ein Argument, an das vielleicht in absehbarer Zeit viele Leute denken werden, die heute noch über unsere Stellungnahme entweder mit dem Kopfe wackeln oder die Nase rümpfen. Das Ruhrstatut und die durch das Statut geschaffenen Behörden werden, wenn sie aktiv werden, wenn sie anfangen zu arbeiten, eine zusätzliche lebensgefährliche Belastung der deutschen Demokratie, vor allen Dingen in den innerdeutschen sozialen Auseinandersetzungen werden. Wie immer die Dinge sich in Deutschland auf ökonomischem Gebiet entwickeln, wir werden in den industriellen Zentren Deutschlands in den nächsten Monaten schwere soziale Auseinandersetzungen von einer Schärfe erleben, wie wir sie früher kaum gekannt haben. Die große Gefahr, die jetzt durch diese weitgehende Kontrolle der Ruhr durch eine solche einseitige Körperschaft geschaffen wird, besteht darin, dass die Arbeiter an der Ruhr, von deren Leistung überhaupt das ganze Abkommen letztes Endes abhängt, in ihrem Kampf um ihre sozialen Rechte sich in entscheidenden Punkten fremden Partnern gegenübersehen. Ich glaube, die Geschichte unserer jüngsten Vergangenheit beweist, dass die Belastung der sozialen Auseinandersetzungen in einem Volk mit dem Motiv der nationalen Abwehr ausländischer Eingriffe eine geradezu explosive Wirkung für die Entwicklung eines Volkes haben kann. Das wäre eine Belastung, die unter keinem Gesichtspunkt, weder unter dem Gesichtspunkt der Sicherheit noch unter dem Gesichtspunkt einer Vorleistung für europäische Ordnung notwendig war. Das ist es, was wir bedauern. Es hat keinen Sinn, dass man sich in einer solchen Situation auf tröstende Kommentare verlässt oder auf Versprechungen für die Zukunft. Wir haben bisher erlebt, dass in den entscheidenden Auseinandersetzungen um die gestaltenden Dinge dann nicht die Vertröstung, sondern die reale Macht der formulierten Bestimmungen gegolten hat. Es gibt ja in dieser ganzen Auseinandersetzung um das Ruhrstatut und die Reaktion der Deutschen ein sehr offenes Wort, das viel aufschlussreicher ist als manch anderes, was von der alliierten Seite über die Bedeutung dieser ganzen Aktion gesagt worden ist. Dieses Wort stammt aus der „Times“, einer sehr ernsten Zeitung, die sich bemüht, objektiv zu sein [und] eine längere Betrachtung über die Kritik der Deutschen am Ruhrstatut mit der Feststellung abgeschlossen hat: „Es ist uns lieber, die Franzosen sind zufrieden und die Deutschen sind wütend als umgekehrt“. Bitte, da ist die ganze Situation klar aufgelegt. Das ist sicher in einem weiten Umfang die Wahrheit. Und mit dieser Wahrheit haben wir uns auseinander zu setzen.

Ich möchte noch eine Bemerkung machen, weil sie auch in den Diskussionen unter uns manchmal eine Rolle spielt. Es wird darauf hingewiesen, dass die Deutschen in diesem Gremium vertreten sein werden. 3 unter 15. Ich habe auch alliierte Argumente in persönlichen Gesprächen gehört, in denen gesagt wurde: „Aber seid doch nicht so beunruhigt. Sicher haben die Franzosen weitgehende Forderungen, aber Ihr könnt Euch darauf verlassen, dass die amerikanischen und englischen Stimmen viel eher mit den Deutschen gehen werden als mit den Franzosen.“ Ich halte dieses Argument vom Standpunkt der Alliierten für unberechtigt und vom Standpunkt der Deutschen für gefährlich, wenn wir an einem solch neuralgischen Punkt, wie es das Ruhrstatut immer bleiben wird, eine deutsche Politik treiben wollten, die basiert auf Gegensätzen der Alliierten.

---

55 In der Vorlage noch ein zusätzliches „an diesem Geschehen“ (S. 17).

Dann trieben wir alles andere als eine europäische Politik, und die einzigen, die dabei unter den Schlitten kommen können, sind die Deutschen. In eine solche Position dürfen wir uns nicht bringen lassen.

[Rücksicht auf Frankreich][56]

Dann noch ein allgemeines politisches Argument. Es ist gesagt worden: „Aber Kinder, Ihr müsst doch verstehen, man musste jetzt für die Franzosen etwas tun, denn wenn die französische Regierung nicht mit einem für sie tragbaren Kompromiss nach Hause kommt, wäre sie gestürzt worden. Und was wäre dann in Frankreich? De *Gaulle* oder die Kommunisten? Und was wäre dann mit der europäischen Demokratie? Wollt Ihr das?" Sicherlich wollen wir das nicht. Selbstverständlich wollen wir eine Politik, die die echten demokratischen Kräfte in Frankreich stärkt. Selbstverständlich wissen wir, wie sehr die Aktivität und die Vitalität der Demokratie in Westeuropa unter dem schwachen Punkt Frankreichs leidet. Darüber brauchen wir uns nicht zu unterhalten. Aber wenn man diese demokratischen Kräfte stützt um den Preis einer Gefährdung der Demokratie in Westdeutschland, dann wird die Katastrophe unter Umständen noch größer. Denn was ist dann die Situation? Wenn wir durch eine solche Politik der nationalen gegenseitigen Ausgleichung von Gegensätzen auf Kosten der Deutschen hier eine Entwicklung schaffen, in der Millionen von Menschen aus Protest oder aus Verzweiflung sich ins nationalistische oder national-bolschewistische Lager stürzen und das Bollwerk Demokratie plus Gewerkschaften zwischen Elbe und Rhein bricht zusammen, wie ist es dann in Westeuropa? Ich will hier keine Prioritäten aufstellen. Aber wenn man schon solche Abkommen unter dem Gesichtspunkt der Stärkung der Demokratie in Europa überhaupt beurteilt, dann muss doch bei jeder vernünftigen Überlegung klar sein, dass es lebensgefährlich für die Demokratie in Westeuropa ist, wenn wir die demokratischen Kräfte in Westdeutschland in eine ausweglose Position bringen. Ich glaube, dass die Partei und die Gewerkschaften als die Deutschen, die später die Entscheidung zu treffen haben, ob die deutsche Vertretung an dieser Ruhrkontrolle teilnimmt, nichts anderes tun können, als ihre Bedenken zum Ausdruck zu bringen, ihre Forderung anzumelden, eine Revision dieses Statuts zu verlangen, und dass wir im übrigen, wenn wir vor der konkreten Situation stehen, uns entscheiden, ob wir die Mitarbeit an dieser Kommission als eine mögliche positive Einwirkung in Richtung europäischer Vorstellungen akzeptieren können oder ob wir diese Möglichkeit nicht sehen. Ich bin einigermaßen skeptisch, weil ich glaube, dass eine wirkliche Lösung dieses Problems nur dann möglich ist, wenn man sich entscheidet, den Sicherheitskomplex und den Komplex der europäischen Kooperation der europäischen Wirtschaft völlig klar zu treffen. Die bedenkliche Seite des Ruhrabkommens ist, dass man hier, wie ich glaube, den Versuch gemacht hat, beide Dinge unter einen Hut zu bringen. Kontrolle gegen die Aufrüstung - da gibt es keine Opposition im deutschen demokratischen Lager. Und darauf kommt es an - und wirtschaftliche Kooperation auf

---

56 Diese und die folgenden zwei Zwischenüberschriften („Reaktionen im Ausland" und „Remilitarisierungsdebatte") wurden vom Bearbeiter gebildet. Ollenhauers Ausführungen zu diesen Themen wurden 1949 nicht publiziert.

der anderen Seite, lässt sich viel leichter auf der Basis einer sachlichen Unterhaltung und eines sachlichen Ausgleichs finden, wenn man den Sicherheitskomplex aus dieser Fragestellung ausscheidet. Dann aber muss es auch eine echte Kooperation für die gesamte europäische Schwerindustrie sein. Dann müssen alle nationalen Wirtschaften bereit sein, sich den höheren Prinzipien einer europäischen Wirtschaftsplanung unterzuordnen und alle Beteiligten müssen als Gleiche zu Gleichen sprechen können. In jedem Falle, das Ruhrstatut ist ein neuer Beweis dafür, dass die neue europäische Wirtschaftseinheit nicht auf der Basis des Verhältnisses von Siegern und Besiegten entwickelt werden kann. Sie kann nur entwickelt werden auf der Basis einer Zusammenarbeit der beteiligten europäischen Völker. Wenn wir an diese Lösung gehen, muss der Krieg liquidiert sein, muss die Bahn frei sein für eine solche neue konstruktive Politik.

[Reaktionen im Ausland]

Genossen und Genossinnen! Lassen Sie mich noch einige Worte sagen über die Reaktion, die die ganze Geschichte im Ausland gefunden hat. Diese ausländische Reaktion ist eine der erstaunlichsten Sachen, die wir in den letzten drei Jahren erlebt haben, nicht wegen ihres Inhalts, sondern weil deutlich wird, in wie starkem Maße auch Demokratien Begriffe, Auffassungen und Stimmungen durch ihre Presse dirigieren können. Man hat die These aufgelegt, und zwar schon vor der Verkündung des Ruhrstatuts, dass die Deutschen wieder nationalistisch werden. Ich glaube, wir sollten alle aus den Erfahrungen während des Krieges gelernt haben, dass man mit solchen Verallgemeinerungen ein für allemal Schluss machen sollte. Es kann keine Rede davon sein, dass die Deutschen wieder nationalistisch geworden sind. Jawohl, es gibt Nationalisten in Deutschland. Niemand weiß das besser als wir, und wir wissen vor allen Dingen, wie diese Kräfte in letzter Zeit an Boden gewonnen haben. Aber wir Sozialdemokraten haben, ehe die Alliierten diese neue Gefahr entdeckt haben, in Deutschland im Kampf gegen den Nationalismus gestanden. Wir haben manchmal festgestellt, dass manche Militärregierungen eher geneigt waren, die Nationalisten zu fördern als die Sozialdemokraten und die Demokraten. Jedenfalls ist es immerhin eine bemerkenswerte Tatsache, dass die beiden Hauptmanager der sogenannten Deutschen [Rechtspartei][57], [die] in Wolfsburg die absolute Mehrheit bei den Kommunalwahlen gewonnen hat[58], lange Zeit Angestellte der britischen Militärregierung waren. Das ist nur ein Beispiel. Es gibt noch viel traurigere und viel ernsthaftere. Jedenfalls haben wir uns als Sozialdemokraten nicht gegen den Vorwurf des Nationalismus zu verteidigen, aber wir haben uns dagegen zu wehren, dass man es jetzt in der Propaganda wieder so darstellt, als sei ganz Deutschland nationalistisch. Dabei geht man

---

57 In der Vorlage versehentlich „Deutsche Reichspartei", die aber erst 1950 gegründet wurde. Zur „Deutschen Reichspartei" (DRP) vgl. Oliver Sowinski, Die Deutsche Reichspartei 1950-1965. Organisation und Ideologie einer rechtsradikalen Partei, Frankfurt am Main u. a. 1998.

58 Zum sensationellen Wahlsieg der „Deutschen Rechtspartei" bei den Kommunalwahlen am 26. November 1948, bei der sie ganz bewusst nur in einzelnen ausgewählten Orten antrat und in Wolfsburg mit fast 70 % der abgegebenen Stimmen 17 der 25 Stadtratssitze gewinnen konnte, vgl. Horst W. Schmollinger, Deutsche Konservative Partei – Deutsche Rechtspartei, in: R. Stöss (Hrsg.), Parteienhandbuch, Bd. 1, S. 1013 f. (ganzer Artikel, ebd., S. 982-1024).

sehr weit. Ich glaube, man sollte jedenfalls ein Beispiel aus der langen Reihe dieser Beispiele doch auch hier festnageln. Es ist in der Diskussion über den neuen Nationalismus eine sozialistische Zeitschrift in England gewesen „New Statesman and Nation", die die Behauptung aufgestellt hat, dass der großartige Sieg der Berliner Sozialdemokratie nur dadurch zustande gekommen sei, dass die Führer der Berliner Sozialdemokratie, *Reuter* und *Neumann*, eben nationaler gewesen seien als die Führer der anderen Parteien. Das erscheint in England in einer linksgerichteten Zeitschrift.

[*Remilitarisierungsdebatte*]

Dann ein anderes Beispiel. - Wenn die Zeit kommt, haben wir auch darüber öffentlich einige Worte zu sagen: Als Argument für die Behauptung, Deutschland sei nationalistisch, wird auch die berühmte, oder besser gesagt, die berüchtigte Remilitarisierungsdebatte in Deutschland angeführt, die Oktober/November sich hier abgespielt hat. Das ist auch wieder so ein Glanzstück der Irreführung der öffentlichen Meinung. Der erste Artikel in dieser Frage ist erschienen - [wir haben][59] darüber in unserer Vorstandssitzung in [Bad Godesberg][60] gesprochen - im „Rheinischen Merkur", d.h. in einer Zeitung, von der man mit Sicherheit weiß, dass ein solcher Artikel nicht ohne Wissen und Billigung verantwortlicher französischer Stellen erscheinen konnte. Dann ist ein neuer Artikel erschienen von Dr. *Vogel*.[61] Dr. Vogel ist ein CDU-Mann. Vogel hat diese Walze der Remilitarisierung noch etwas weiter getrieben und hat gleich Pläne entwickelt, wie man die Deutschen am besten militärisch organisiert. Wir haben festgestellt, dass dieser Dr. Vogel diesen Artikel auf Anregung von Stellen der amerikanischen Militärregierung geschrieben hat, um einmal die Reaktion der Deutschen festzustellen. Das Kapitel der sogenannten „Dr. Kogon-Pressekonferenz" ist noch ein besonderes Kapitel, auf das ich im einzelnen nicht eingehen will. Ich will nur feststellen, dass, wenn es diese öffentliche Diskussion in Deutschland gegeben hat - selbstverständlich gibt es eine Reihe von Deutschen, die mit Wonne solche Geschichten aufnehmen -, dann ist diese Diskussion nicht aus einem sehr impulsiven deutschen Nationalismus entstanden, sondern aus Überlegungen bei ganz anderen Leuten. Man soll nicht herkommen und sagen, diese Debatte ist ein Beweis für den aggressiven Nationalismus der Deutschen. Wir müssen uns darüber im klaren sein, dass es sehr bald eine nationalistische Gefahr in Deutschland geben kann. Aber wenn man im Ausland gegen die Deutschen mit solchen Verallgemeinerungen operiert, dann nimmt man den Demokraten in Deutschland die Möglichkeit, den Kampf gegen den Nationalismus zu führen, dann werden wir isoliert, ehe wir direkt in den Kampf gehen. Wir haben auch einige sehr massive Interventionen im sozialistischen Lager gehabt. Wir haben sehr kritische Artikel gefunden im „Populaire" in Paris unserer

---

59 In der Vorlage „und wenn wir" (Ms. S.22/23).

60 In der Vorlage versehentlich „Speyer". Die „Polizeifragen" wurden aber nicht Ende Oktober 1948 in Speyer, sondern erst Anfang Dezember in Bad Godesberg besprochen, vgl. Dok. 3.

61 Zum Leitartikel von Rudolf *Vogel* und zur Debatte über eine eventuelle Remilitarisierung Westdeutschlands vgl. Einleitung Kap. II 3 e, S. LXXII.

Genossen *Grumbach* und *Rosenfeld*[62]. Sie haben in diesem Artikel die Haltung der Partei zum Ruhrstatut kritisiert. Ich muss sagen, die Kritik von Grumbach hat mich dabei am meisten befremdet, denn im April und Juni v. J. haben unsere Delegationen sowohl in Paris wie in Wien stundenlang in Kommissionsberatungen, an denen Grumbach teilgenommen hat, um eine Formulierung der Politik an der Ruhr auf internationaler Basis gerungen. Wir sind in Paris auseinandergegangen, weil wir uns mit der französischen Forderung der Internationalisierung nicht verständigen konnten, und wir haben in Wien einen Kompromiss gefunden, in dem der deutsche Anspruch auf die Ruhr unbeschadet einer militärischen Sicherheitskontrolle eindeutig festgelegt wurde, in dem gesagt wird, dass es darauf ankommt, an der Ruhr keine Behörden zu schaffen, die nicht dem Geist des europäischen Zusammenwirkens entspricht. In dieser Entschließung wurde gesagt, dass die Diskussion über die Ruhr die [Sozialistische] Internationale davon überzeugt habe, dass das Problem und die internationale Kontrolle aller schwerindustriellen Zentren in Europa untersucht werden muss. Diese Entschließung hat die Zustimmung der deutschen und französischen Sozialisten gefunden. Und jetzt lesen wir im „Populaire" einen Artikel von *Grumbach*, in dem er zu dem Schluss kommt, „das Ruhrstatut ist ein Sieg des demokratischen Sozialismus, und er könne nicht verstehen, warum die Deutschen diesen Erfolg nicht begreifen wollen".

Nun, Genossen und Genossinnen, wir haben nicht die Absicht, etwa in der Öffentlichkeit unter den Sozialisten der verschiedenen Länder darüber öffentlich zu polemisieren. Aber es schien uns richtig, einige der Tatsachen Euch hier zur Kenntnis zu bringen. Die britische Labour Party hat sich bis heute offensichtlich nicht geäußert. Die *Laski*[63] - Erklärung, die hier von einem Teil der Presse mit besonderem Behagen gebracht wurde, ist in keiner Weise verbindlich für die britische Labour Party. Trotzdem, wir haben es für richtig gehalten, durch den Pressedienst einige Bemerkungen zu Laskis Auffassungen zu bringen. Die britische Labour Party hat uns durch den Genossen Willi *Sander*[64] mitteilen lassen, dass sie in der nächsten Woche in ihrem Exekutivkomitee unsern Vorschlag beraten wird, eine Delegation nach Deutschland zu senden. Es besteht der Plan, eine größere offizielle Delegation der Labour Party in die britische Zone zu schicken, und wir haben die Hoffnung, dass wir dann in einem solchen verantwortlichen Kreis kritischer Parteifunktionäre offen über unsere Auffassung zum Ruhrstatut und die Politik der britischen Arbeiterpartei im besonderen sprechen können.

Unser Wunsch ist es, diese internationale Diskussion auf der Basis der sachlichen Auseinandersetzung zu führen. Wir haben beschlossen, dass wir allen ausländischen Parteien die Dokumente zustellen, die die Partei in diesem Zusammenhang veröffentlicht hat. Wir haben eine Anregung unserer österreichischen Genossen, die sich bereit

---

62 Oreste *Rosenfeld* 1891-1964), geb. in Russland, Rechtsanwalt, Offizier im I, WK, Menschewik, 1918 Emigration nach Paris, SFIO, Redakteur, später Chefredakteur d. Ztg. „Populaire", 1939/40 Offizier d. Frz. Armee, 1940-45 Kriegsgefangenenlager bei Lübeck, 1945-47 wieder Chefred. d. Ztg. „Populaire", danach freier Mitarbeiter d. sozialist. Presse, 1956 Trennung von der SFIO wg. deren Unterstützung d. Algerienkrieges.

63 Harald Joseph *Laski* (1893-1950), Studium d. Geschichte u. Staatswiss., Universitätsprofessor in London, LP, MP, 1945/46 Vors. d. LP.

64 Zu Willi *Sander* (1895-1978) vgl. PV-Protokolle Bd. 1, S. XLIV.

erklärt haben, wenn wir es wünschten, eine außerordentliche Sitzung von COMISCO der Internationale zur Behandlung des Ruhrproblems einzuberufen. Wir haben unsere österreichischen Genossen gebeten, von diesem Vorschlag abzusehen, weil wir es für richtiger halten, auf der nächsten internationalen Konferenz in Kopenhagen[65] unter dem Tagesordnungspunkt „Internationale Kontrolle der Schwerindustrien" eine sachliche Auseinandersetzung über die Probleme zu führen. Ich glaube, dass das der beste Weg ist, um auch auf der internationalen Ebene wenigstens unter den Sozialisten ein Verständnis für unseren Standpunkt und damit auch die Möglichkeit einer koordinierten Anstrengung für eine Revision des Statuts in Gang zu bringen. Das wird nicht einfach sein, aber wir haben die Pflicht, in der Situation, in der wir uns heute befinden, diese Anstrengung mit allen sachlichen und vernünftigen Argumenten zu machen, die uns zur Verfügung stehen. Wir lassen uns nicht in eine nationalistische Stimmung hineinbringen, aber die sozialdemokratische Partei kann auch nicht darauf verzichten, da, wo es sich um die Vertretung von elementaren deutschen Lebensmöglichkeiten handelt, offen und klar ihre Meinung zu vertreten, ohne Rücksicht darauf, welche Aufnahme diese Meinung findet. Ich glaube, dass alle diese Überlegungen ein Beweis dafür sind, dass unsere Stellungnahme, die wir veröffentlicht haben, die der Parteivorstand heute bestätigt hat, geboren ist aus sehr ernsten und richtigen Erwägungen und Überlegungen.

[Das Grundgesetz und das Besatzungsstatut][66]

Dann möchte ich noch einige Bemerkungen zu dem zweiten aktuellen Problem machen, vor dem wir demnächst stehen werden. Es handelt sich um das Grundgesetz von Bonn. Ich will nicht auf Einzelheiten eingehen, weil darüber morgen früh Carlo *Schmid* und Walter *Menzel* sprechen werden. Aber im Zusammenhang mit der Betrachtung der allgemeinen politischen Situation sind einige grundsätzliche Bemerkungen notwendig. Ich erinnere an meine Einleitung über den provisorischen Charakter unserer Situation. Ich möchte noch einmal darauf hinweisen, dass die Möglichkeiten des Grundgesetzes, wie immer es im einzelnen gestaltet werden mag, und die Möglichkeiten einer Regierung, die auf der Basis dieses Grundgesetzes entstehen [!], in erster Linie bestimmt werden durch den Inhalt des Besatzungsstatuts.

Die wirkliche reale Verfassung in Westdeutschland wird für eine absehbare Zeit dieses Besatzungsstatut sein. Das Statut ist bisher nicht veröffentlicht, weil sich die drei Militärregierungen über wesentliche Punkte nicht verständigt haben. Bis zur Stunde weiß man nicht, ob diese Verständigung in London schon gelungen ist, und wenn ja, wie der Kompromiss aussieht. Es geht um zwei entscheidende Fragen, die keineswegs allein eine Angelegenheit der Alliierten sind. Es handelt sich darum, ob die Westalliierten gegenüber Frankreich durchsetzen, dass in Zukunft der neuen westdeutschen Regierung die drei Besatzungsmächte als eine Einheit gegenübertreten, dass tatsächlich die Zonengrenzen

---

65 Zur Internationalen Konferenz von Kopenhagen, die vom 1.-3.6.1950 stattfand vgl. R. Steininger, Deutschland und die Sozialistische Internationale, S. 133 f.

66 Diese und die folgenden Zwischenüberschriften stammen vom Bearbeiter, die Ausführungen Ollenhauers wurden 1949 nur in Regestenform publiziert.

überwunden und die neue deutsche Regierung mit den Alliierten als einem Partner zu verhandeln [hat][67]. Der Widerstand der Franzosen ist außerordentlich stark. Fällt diese Idee, bleibt es bei der Aufteilung der militärischen Hoheit in drei Zonen, dann ergibt sich daraus zwangsläufig eine verminderte Arbeitsfähigkeit des westdeutschen Parlaments und der Regierung, auch wenn an der Spitze ein Koordinierungskomitee geschaffen wird.

Der zweite Punkt ist: Wird die Frage der Aufbringung der Besatzungskosten auf der Basis der Vorschläge Englands und Amerikas geregelt, dass der Bund die Besatzungskosten für die drei Zonen aufbringen soll, oder geht der französische Vorschlag durch, dass die Länder verpflichtet sind, in ihrem Bereich die auf sie entfallenden Besatzungskosten zu zahlen. Je nach dem Ausgang der Verhandlungen wird es wieder in hohem Maße [davon] abhängen, wie stark oder wie ohnmächtig eine Bundesregierung für die Westzonen ist. Das sind nur die zwei Punkte, die noch umstritten sind und von denen niemand weiß, wie sie endgültig formuliert werden.

Wir müssen uns über eines klar sein, wenn das Besatzungsstatut veröffentlicht wird, wird es wie ein schwerer Schock auf die Bevölkerung wirken. Da es viel unmittelbarer die Menschen anspricht als die komplizierte Organisation des Ruhrstatuts, müssen wir sogar damit rechnen, dass die Reaktion unmittelbarer und stärker sein wird als beim Ruhrstatut. Wir kennen die Einzelheiten nicht, aber es ist sicher, dass ein großer Teil echter Regierungsfunktionen nach diesem Besatzungsstatut unter der Kontrolle, unter der Verwaltung der Besatzungsmacht bleibt: Außenpolitik, Außenhandel, Wirtschaft und weitgehende Eingriffsmöglichkeiten auf Verwaltung und Gesetzgebung. Wenn wir dann dieses Statut als die zukünftige verfassungsrechtliche Basis vor uns haben, werden wir erkennen, dass der Raum der deutschen Selbstverwaltung nur sehr schmal sein wird, und wir werden zu prüfen haben, ob auf diesem schmalen Raum überhaupt eine sinnvolle Selbstverwaltung möglich ist. Der Parteivorstand hat heute noch einmal als unsere Auffassung festgelegt, dass wir entscheidenden Wert darauf legen, dass der Entwurf des Besatzungsstatuts den Deutschen zur Kenntnis gebracht wird, ehe die Schlussabstimmung über das Grundgesetz in Bonn stattfindet. Wir sind der Meinung, dass wir, ehe wir uns entscheiden für ja oder nein, auch wissen wollen, was in der Verfassung, auf die wir überhaupt keinen Einfluss haben, die aber viel stärker unsere praktische Arbeit beeinflussen wird[, steht].

Genossen und Genossinnen! Wir halten an unserer bisherigen Einstellung fest, dass jede Entwicklung zu einer größeren territorialen Einheit und zu einer Erweiterung der deutschen Kompetenzen zu fördern ist, aber das enthebt uns nicht der Pflicht, genau zu prüfen, welche Möglichkeiten uns gegeben sind, auf der Basis der Dokumente, die die Alliierten ohne unsere Mitwirkung geschaffen haben.

Lassen Sie mich in diesem Zusammenhang noch einige Bemerkungen machen. In der letzten Zeit sind die Kommunisten in ihrer Propaganda vor allem auch im Zusammenhang mit dem Ruhrstatut auf einen neuen agitatorischen Dreh gekommen, auf den sie sehr stolz sind. Sie richten nämlich jetzt ihre Angriffe vor allem gegen uns mit der Behauptung, die Sozialdemokraten haben ja immer das Besatzungsstatut verlangt. Jetzt habt

---

67 In der Vorlage „haben" (S. 26).

Ihr die Geschichte. Das Ruhrstatut ist der erste Teil, und nun kommt das Besatzungsstatut - da habt Ihr es schwarz auf weiß - auf Forderungen der Sozialdemokraten sozusagen, die Versklavung der Deutschen an irgend einen westlichen Imperialismus. Die Sozialdemokratie habe damit also die volle Verantwortung für diese Entwicklung zu tragen.

Genossen und Genossinnen! Ich möchte demgegenüber sagen, dass wir uns als Sozialdemokraten nach wie vor auf den Standpunkt stellen, dass die Forderung nach der Schaffung einer gesetzlich greifbaren Basis für die Beziehungen zwischen Alliierten und Deutschen nach wie vor richtig ist, dass wir aus diesem Zustand der Willkür und der einseitigen Rechtssetzung durch die Militärregierungen heraus müssen. Die Schaffung einer solchen Rechtsbasis in den Beziehungen zwischen der Besatzung und den Deutschen bedeutet auch dann einen Fortschritt, wenn uns die Einzelheiten dieses Statuts nicht befriedigen, und selbst wenn wir dieses Statut als Ganzes nicht annehmen können, wenn wir darum gefragt werden. Ich glaube, man soll dieses Argument in jedem Falle dann anwenden, wenn unter dem Einfluss der kommunistischen Propaganda in unseren eigenen Reihen ebenfalls Zweifel auftauchen.

[Aktionsfähigkeit des Bundes muss gewährleistet sein]

Der zweite Gesichtspunkt, der uns bei der Entscheidung über das Grundgesetz zu leiten hat, ist der folgende: Ein solches Grundgesetz hat nur dann einen Sinn, wenn es eine arbeitsfähige Verwaltung des Bundes tatsächlich ermöglicht. Der Bund muss, soweit es die deutschen Entscheidungen angeht, lebens- und aktionsfähig sein, und das Grundgesetz muss diese Lebensfähigkeit und Aktionsfähigkeit des Bundes garantieren. Er darf nicht abhängig sein von dem guten Willen und von den zufälligen Entscheidungen der Länder im Bund. Dazu müssen zwei elementare Voraussetzungen erfüllt werden: Die gesetzgebende Gewalt in diesem Bund muss beim Parlament liegen, beim Bundestag. Dieser Grundsatz muss völlig klar und eindeutig sein. Die Forderung der CDU nach einer völligen Gleichberechtigung des Bundesrats bei der Gesetzgebung ist für uns nicht akzeptierbar. Es gibt in dieser Frage zwischen dem Parteivorstand und der Fraktion keine Meinungsverschiedenheiten. Wir haben in diesem Zusammenhang in den bisherigen Beratungen gewisse Einschränkungen und Konzessionen gemacht. Aber es ist klar, dass das Prinzip der Gleichberechtigung von uns nicht anerkannt werden kann. Der zweite Punkt ist, dass die bundeseigene Finanzverwaltung für uns unverzichtbar ist. Die Forderung der CDU, dass die Länder-Finanzverwaltung auch die Bundessteuern einzieht und sie dann dem Bund zu seinem Anteil zur Verfügung stellt, können wir nicht akzeptieren. Unsere Forderungen sind nicht nur begründet im Prinzipiellen, sondern auch im Praktischen. Ein Bund, dessen Arbeitsmöglichkeiten schon so weitgehend eingeschränkt werden durch die äußeren Gewalten, repräsentiert durch die Besatzungsmächte, kann nicht leben, wenn er auch noch mit den Ländern ständig um seine Existenz und um seine Existenzmittel im Kampf liegen muss.

[Beschränkung des Grundgesetzes auf das gute Funktionieren der Verwaltung]

Das Dritte ist: Das Grundgesetz muss sich beschränken auf das für das Funktionieren der Verwaltung unbedingt Notwendige. Wir haben jetzt die große öffentliche Diskussion, provoziert durch die Forderungen der CDU und der Kirche, über die sogenannten kulturellen Angelegenheiten, die jetzt auch im Grundgesetz festgelegt werden sollen. Wir sind mit unserer Fraktion darin einig, dass wir die abschließende Debatte im Parlamentarischen Rat von diesem ganzen Ballast der kulturpolitischen Auseinandersetzungen wieder befreien müssen, dass wir versuchen müssen, so viel als möglich von den Dingen, die bis jetzt da hineingekommen sind, wieder herauszubringen. Wenn wir es nicht tun, laufen wir Gefahr, dass hier in sehr wichtigen kulturpolitischen Fragen Festlegungen erfolgen, die nachher eine verhängnisvolle Wirkung für das geistige und politische Leben des Bundes haben müssen. Genossen und Genossinnen! Ich möchte hinzufügen: die Forderung der Kirche, dass das zwischen *Hitler* und dem Vatikan abgeschlossene Konkordat[68] auch in das Grundgesetz aufgenommen werden soll, ist einfach maßlos, ist eine Zumutung, gegen die wir uns mit aller Schärfe zur Wehr setzen müssen.

[Berlin muss Teil der westdeutschen Ordnung werden]

Der vierte Punkt ist folgender: Berlin muss ein Teil der neuen westdeutschen Ordnung werden. Wir haben in den bisherigen Beschlüssen diese Einbeziehung Berlins festgelegt. Wir müssen daran festhalten. Die Berliner müssen wissen, dass sie an Westdeutschland eine politische Heimat haben, dass sie ein Teil dieses Westdeutschlands sind. Die Einbeziehung Berlins bedeutet aber auch ein Bekenntnis Westdeutschlands zu den Menschen in der Ostzone. Auch sie müssen aus dieser Forderung der Sozialdemokratie und aus dieser Formulierung des Grundgesetzes erkennen, dass wir sie nicht aufgeben können.

[Konzessionen notwendig zur Erreichung einer großen Mehrheit

Ich will auf weitere Einzelheiten nicht eingehen, aber ich möchte noch einige allgemeine Bemerkungen machen. Das Grundgesetz wird nur dann eine tragfähige Grundlage für die westdeutsche Verwaltung bilden, wenn es mit einer großen Mehrheit in Bonn verabschiedet und durch große Mehrheiten in den Landtagen bestätigt wird. Die Entscheidung darüber wird bei der zweiten und dritten Lesung im Plenum des Parlamentarischen Rats fallen. Ich möchte auch hier vor dem Parteiausschuss noch einmal eine Tatsache unterstreichen, die von der anderen Seite anscheinend noch nicht genügend zur Kenntnis genommen worden ist. Die Sozialdemokratie hat nach ihren Erklärungen alles zu tun, um die Beratungen über das Grundgesetz zu beschleunigen und um seine Annahme auf einer breiten Basis zu ermöglichen sich absolut an diese Linie gehalten, und zwar nicht nur mit Erklärungen, sondern mit praktischen Beweisen. Die Sozialdemokratie hat auch in dem Stadium der ersten interfraktionellen Verhandlungen in Bonn den Senat aufgegeben zu Gunsten des Bundesrates. Um die Zustimmung der CDU zu einem

---

68 Zur Diskussion der Gültigkeit des von der Regierung Hitler und dem Vatikan 1933 abgeschlossenen Reichskonkordats vgl. a. Einleitung, S. XCIV.

solchen Zweikammersystem zu erleichtern, haben wir in den weiteren Verhandlungen in den Ausschüssen uns unter schweren Bedenken einverstanden erklärt, dass in wesentlichen Punkten der Bundesrat eine Gleichberechtigung bei der Gesetzgebung hat, nämlich in den wichtigsten Punkten des Gesetzes über den Finanzausgleich und in dem Punkt der Beschlussfassung über die neuen Kompetenzen des Bundes. Wir haben außerdem unter sehr schweren Bedenken den Beschluss hingenommen, dass ein Veto des Bundesrates durch den Bundestag nur mit einer Zweidrittelmehrheit [aufgehoben][69] werden kann. Das sind sehr ernste und weitgehende sachliche Konzessionen. Es gibt Parteigenossen unter uns, die sehr erhebliche Bedenken haben über den Umfang dieser Konzessionen. Auf der anderen Seite steht die Gegenleistung der CDU zu einer solchen gemeinsamen Lösung bis heute noch aus. Es ist keine Frage, dass auf dieser Basis mit der Sozialdemokratie in Bonn nicht verhandelt werden kann. Die CDU muss sich jetzt in den letzten Beratungen darüber klar sein, dass auch sie eine Basis finden muss, die es uns ermöglicht, mit ihr gemeinsam das Grundgesetz anzunehmen. Damit auch darüber keine Unklarheit besteht, möchte ich noch hinzufügen: Die SPD wird in der dritten Lesung kein Grundgesetz annehmen, das die CDU ablehnt. Auf diese Weise kann die CDU sich nicht aus der Verantwortung für die Entwicklung herausbringen. Ich sage das nicht, Genossen und Genossinnen - und das möchte ich völlig klarstellen - aus parteitaktischen, sondern aus ganz elementaren Erwägungen. Wenn das Grundgesetz nicht mit der Zustimmung einer großen Mehrheit, nämlich der beiden großen Parteien in Bonn, beschlossen wird, dann kommt es praktisch nicht zustande, dann ist es nicht zu realisieren. Was immer wir tun, dann ist auch eine Bestätigung durch die Länderparlamente nicht zu erzwingen in dem Ausmaß, wie es für die Tragfähigkeit der Sache notwendig ist.

Genossen und Genossinnen! Die Dinge stehen nicht so, dass die Sozialdemokratie um jeden Preis ein solches Grundgesetz akzeptieren muss. Wenn ein elementares Interesse der Alliierten und der Deutschen an einer einheitlichen Verwaltung der Westzonen besteht, dann gibt es auch andere Wege, diese einheitliche Verwaltung herzustellen. Daran muss es nicht scheitern. Wir wollen diesen anderen Weg nicht. Wir wollen ernsthaft eine Basis, die aus deutschen Entwicklungen und deutschen Entscheidungen zustande kommt. Aber wenn wir eine solche breite Basis nicht finden, dann werden wir erleben, dass das Grundgesetz, das mit einer schmalen Mehrheit angenommen wird, vom ersten Tage an [in] die politischen Auseinandersetzungen über das mehr oder weniger nationale Verhalten des einen oder anderen Teiles gezogen wird, und dann ist der wichtige moralische Kern dieses Grundgesetzes zerstört. Denn das ist der Sinn dieses Grundgesetzes, dass eine große Mehrheit von gutwilligen Deutschen diese Notgrundlage akzeptiert als die Basis, auf der wir zunächst arbeiten und leben wollen. Genossen und Genossinnen! Der Parteivorstand hat gestern eine sehr ausführliche Diskussion über diese Frage gehabt unter aktiver Beteiligung der leitenden Genossen unserer Fraktion in Bonn. Wir haben verabredet, dass wir selbstverständlich in diesem Stadium eine Entscheidung fassen oder aber nicht fassen können. Es ist unsere Meinung, dass so, wie die Dinge heute liegen, international und innerpolitisch [sic!] und interparlamentarisch für die Sozialde-

---

69 In der Vorlage „erhoben“ (Ms. S. 31).

mokratie die Entscheidung, ob sie das Grundgesetz annimmt oder nicht, noch absolut offen ist. Das ist eine Frage, die jetzt in keiner Weise so oder so vorentschieden ist. Wir sind uns darüber klar, dass die Frage unserer endgültigen Stellungnahme von so entscheidender Bedeutung ist, dass die politisch verantwortliche Instanz der Partei, nämlich der Parteivorstand, die Entscheidung zu übernehmen hat. Und wir haben beschlossen, dass, sobald wir den Terminkalender in Bonn übersehen, wir in einer gemeinsamen neuen Sitzung des Parteivorstandes und der Mitglieder der Fraktion von Bonn uns mit unserer Stellungnahme beschäftigen. Immerhin glauben wir, dass es nützlich ist, schon in diesem Stadium der Verhandlungen die Genossen auf die außerordentlich schwierige Situation aufmerksam zu machen, in der wir uns befinden, und darauf aufmerksam zu machen, dass wir sehr ernste Erwägungen über unsere endgültige Entscheidung angestellt haben.

[Verhältnis zu den Alliierten]

Genossen und Genossinnen! Ich bedauere, dass ich schon länger spreche als ich wollte, aber ich muss doch noch einige Bemerkungen machen über zwei Themen, die von so gewisser allgemeiner Bedeutung sind. Es ist im Zusammenhang sowohl mit dem Ruhrstatut wie mit den Diskussionen über das Grundgesetz darauf hingewiesen worden, dass wir bei allen diesen Überlegungen auch an unser Verhältnis zu den Alliierten zu denken haben. Die Diskussion „Wie stehen wir zu den Alliierten" spielt ja auch in der öffentlichen Meinung heute eine erhebliche Rolle. Ich glaube, es ist deshalb nützlich, auch zu diesem Punkt einige Bemerkungen zu machen: Die Sozialdemokratie hat vom ersten Tag an ihre Bereitschaft zur loyalen Zusammenarbeit mit allen Besatzungsmächten erklärt und sie hat sie praktiziert in allen Teilen Deutschlands. Wenn wir heute diese loyale Zusammenarbeit in der russischen Zone nicht mehr haben, dann ist es wahrlich nicht die Schuld der Sozialdemokratie, sondern es ist die Schuld der russischen Besatzungsmacht. Sie hat unseren Anspruch als unabhängige Partei zu kooperieren abgelehnt.

Und wir waren nicht bereit, die Rolle einer Quisling-Partei hier im Westen zu spielen. Wir haben keinen Grund, unsere prinzipielle Auffassung von dem Verhältnis zwischen Besatzungsmächten und Deutschen zu ändern. Wenn wir Oppositionsstellung beziehen, wenn wir sehr kritisch Stellung nehmen zum Beispiel zum Ruhrstatut, dann heißt das nicht, dass wir damit die Kooperation aufgeben. Opposition heißt nicht Obstruktion, und es gibt in keiner unserer Erklärungen eine Bemerkung, die in dieser Richtung als unsere Politik ausgelegt werden könnte, das heißt, alle Mutmaßungen, alle Redereien über einen prinzipiellen Wandel der Beziehungen zwischen Sozialdemokratie und westlichen Besatzungsmächten entbehren jeder Grundlage. Aber auf der anderen Seite wäre es töricht und unberechtigt, wenn wir nicht in aller Offenheit erklären würden, dass sich im letzten Jahr die Beziehungen zwischen westlichen Besatzungsmächten und den Deutschen, vor allen Dingen auch von dem Stand der deutschen Sozialdemokratie, immer weiter verschlechtert haben, dass wir in immer schwierigere Positionen gebracht worden sind, ohne dass es irgend einen konkreten Anlas auf der Seite der Deutschen dazu gegeben hätte. Man hat das Gefühl, als wenn die Besatzungsmächte jetzt vor der Neuordnung in Westdeutschland oder vor dem weitergehenden Plan über die West-europa-Union hier noch rasch vor Toresschluss eine ganze Reihe von Dingen unter Dach und Fach bringen möchten, von denen man glaubt, dass man sie später nicht mehr durchzusetzen vermag. Das gilt für das Besatzungsstatut, das gilt für die neue Sicher-heitsbehörde[70], wo sich auch wiederum unsere Opposition nicht richtet gegen den Ge-danken, eine effektive Kontrolle gegen Aufrüstung in Westdeutschland zu schaffen, aber wo wir die Sorge haben, dass auch diese Behörde nicht mehr diesem Zweck dient, son-dern einer weiteren Beeinträchtigung der deutschen wirtschaftlichen Möglichkeiten.

[Grenzkorrekturen an der Westgrenze]

Dann haben wir das traurige Kapitel der Verhandlungen über die Grenzkorrekturen an der Westgrenze. Um Gottes willen, gibt es denn irgend einen sachlichen Grund, diese Frage, die drei Jahre lang ruhen musste, nun ausgerechnet jetzt auch noch in der Weise des alten Status von Siegern und Besiegten den Deutschen aufzuerlegen? Gibt es denn darin einen vernünftigen politischen Sinn? Gibt es denn da so zwingende Argumente der Sicherheit, dass man das jetzt in dieser Form auch noch den Deutschen auferlegen muss? Wir haben in einer Erklärung von Kurt *Schumacher*, die heute in den Zeitungen veröf-fentlicht wird, unseren bekannten Standpunkt zu dieser Frage festgelegt.[71] Aber, Genos-sen und Genossinnen, es kann sich doch niemand darüber wunden, wenn in dieser Weise oktroyiert und verordnet wird, dass all die Behauptungen und Erklärungen über die größere Selbstverantwortung der Deutschen dann mit immer größerem Skeptizismus aufgenommen werden.

Dann das Beispiel der Auseinandersetzungen zwischen amerikanischer Militärregie-rung und Länderregierungen über die Gewerbefreiheit. Hängt denn wirklich auch nur ein Jota der Sicherung der Demokratie davon ab, dass die Frage der Gewerbefreiheit nach deutschen oder amerikanischen Vorstellungen geregelt wird? Kein Mensch glaubt das, aber die muss jetzt auf dem Wege der Verordnung durchgedrückt werden.

Dann auch noch eine andere Sache. Es geht jetzt so weit, z. B. in der französischen Zone, dass man jetzt noch versucht, auf dem Wege des direkten Druckes über die franzö-sische Militärregierung bestimmte Paragraphen, Schulparagraphen der Verfassung Rhein-land-Pfalz durchzudrücken, ehe dass vielleicht ein Grundgesetz des Bundes den Ländern und auch der Militärregierung gewisse Hemmungen auferlegt. Es kann sich doch jeder denken, dass die Menschen in Deutschland, die guten Willens sind, alle diese Dinge mit einem sehr schlechten Geschmack auf der Zunge entgegennehmen.

---

70 Gemeint ist die im „Fusionsabkommen", das Anfang April 1949 veröffentlicht wurde, für die Zeit nach Gründung der Bundesrepublik beschlossene Kontrollbehörde der drei westlichen Besatzungsmächte zur Rege-lung der Sicherheitsbedürfnisse der Besatzungstruppen. Für einen Abdruck des Fusionsabkommens vgl. Dok. 6, Anlage 2 b.

71 K. *Schumacher* hatte in einem Interview mit der Aachener Nachrichten am 21. Januar ausführlich dazu Stel-lung genommen. Er verurteilte darin diese Forderungen nach einer Revision der seit langem festen Grenzen als Verletzung des Selbstbestimmungsrechts der Deutschen, als Gefährdung des europäischen Gedankens und als Verletzung des Völkerrechts, vgl. d. längeren Bericht über das Interview in der Bielefelder Neuen Presse v. 24.1.1949.

Leider müssen wir in diesem Zusammenhang auch sagen, dass die Beziehungen zwischen uns und der britischen Labourregierung diesem Verschlechterungsprozess in demselben Maße ausgesetzt sind. Was haben wir alles erlebt? Wir haben praktisch kaum eines der konstruktiven Gesetze in den Ländern der britischen Zone bis jetzt durchsetzen können. Die allermeisten sind am Widerspruch, an der Ablehnung durch die Militärregierung gescheitert: Das Sozialisierungsgesetz für den Bergbau, das Bodenreformgesetz, dann die ganze Frage der Entwicklung der Polizeiverwaltung in der britischen Zone. Auch nicht ein Jota von Entgegenkommen gegenüber den Vorstellungen der Sozialdemokratie über eine demokratische Polizeiverwaltung.

Ich sage das alles nicht - das brauche ich hier nicht zu betonen, in diesem Kreis von Sozialdemokraten -, um nationalistische Empfindungen zu wecken. Ich fühle mich persönlich absolut frei davon, wie wahrscheinlich jeder von Euch auf Grund der langen, bitteren Erfahrungen. Aber so geht es eben nicht. Man kann nicht beides haben. Man kann nicht auf der einen Seite die Totalität einer Militärregierungs- Diktatur immer noch praktizieren lassen und auf der anderen Seite den Deutschen sagen, Ihr seid doch im Grunde ein gleichberechtigter Faktor. Entweder - oder. Beide Seiten der Militärregierung sind nicht zu halten. In einer solchen Lage hat eine deutsche Partei nur die Möglichkeit, immer von neuem den unabhängigen deutschen Standpunkt zu den einzelnen Fragen zu prüfen und klar ohne Überspitzung und ohne Aggression zu vertreten. Wir müssen das auch tun, weil einige andere deutsche Parteien, nicht nur die kommunistische, in wachsendem Maße im Zusammenspiel mit einzelnen Besatzungsmächten ein geeignetes Mittel sehen, um ihre innerpolitischen [sic!] Ziele in Deutschland durchzusetzen. Das gilt auf dem Gebiete des Föderalismus, das gilt auf dem Gebiete der Kulturpolitik, und das gilt auf dem Gebiete der Wirtschaftspolitik. Wenn wir einmal im einzelnen darüber berichten würden, wie weit die geistige Infiltration von Besatzungsmächten und politischen Parteien auf der deutschen Rechten geht, dann wüsste man, wie oft diejenigen, die sich als nationale Parteien bezeichnen, wahre nationale Interessen der Deutschen einfach zugunsten ihres engen Besitzinteresses und ihrer engen politischen Vorstellungen zu verraten und zu verkaufen bereit sind. Da gibt es nichts weiteres, als dass wir unsere Unabhängigkeit bewahren.

[Presse und Rundfunk]

Ich muss sagen, das ist keine leichte Position, denn wir sind in der öffentlichen Meinung heute ungleich schlechter dran als manchmal in der Zeit vor 1933. Heute schon ist die Tatsache der sogenannten überparteilichen Presse in der amerikanischen Zone eine ernste politische Gefahr.

Wenn ich mir vorstelle, wie in den letzten Wochen eine Presse, die heute noch fast einen Monopolanspruch hat, die Haltung der CDU zu Ungunsten der sozialdemokratischen Auffassung propagiert hat, alles unter dem Motto ‚objektive Information', dann ist das wirklich bedenklich. Und, Genossen, nicht viel besser ist es beim Rundfunk. Der Rundfunk ist zum Beispiel in der britischen Zone in deutsche Hände übergeben worden. Das heißt, die Deutschen sollen ihr Programm selbst gestalten. Es mag sein, dass sie einiges schon nach eigenen Vorstellungen machen, aber eine der schlechtesten Eigenschaften des durch die Besatzungsmacht kontrollierten Rundfunks ist die, den Rundfunk nicht als ein objektives Informationsorgan zu benutzen, sondern mit ihm politische Meinungen zu verbreiten. Es ist erstaunlich, was auf diesem Gebiet geleistet wird. Ich erinnere an die Tatsache, dass zum Beispiel im NWDR der Herr *von Zahn*[72] zweimal den Deutschen sagte, wie schön das Ruhrstatut ist. Wenn es ein unabhängiger deutscher Politiker mit Verantwortung gesagt hätte, wäre es seine Sache und zu vertreten, aber es ist nicht die Aufgabe des Rundfunks, den Deutschen Meinungen zu vermitteln. Es interessiert niemanden in der ganzen Welt, was Herr Peter von Zahn über das Ruhrstatut denkt. Das kann er vollständig für sich behalten. Ich glaube, wir sollten hier sehr darauf achten (Zwischenruf: Gewerbefreiheit! Ollenhauer: Das ist ja gerade das Monopol!), dass wir dieses öffentliche Nachrichtenmittel und Kulturinstrument aus diesem Missbrauch herausbekommen, und zwar dadurch, dass wir seinen Nachrichtendienst so objektivieren, dass man die sichere Gewähr hat, wenn ich eine Nachricht über den Rundfunk höre, kann ich mich darauf verlassen, sie ist objektiv wiedergegeben worden.

[Verbindung von deutschen und internationalen Interessen]

Genossen und Genossinnen! Zum Schluss möchte ich noch einige Bemerkungen machen über den Punkt der Verbindung von deutschen und internationalen Interessen in der deutschen Politik. Ihr wisst, dass Adenauer uns nach der Veröffentlichung des Ruhrstatuts ein Telegramm geschickt hat, in dem wir aufgefordert wurden, Vertreter zu einer Besprechung über eine gemeinsame Erklärung der beiden großen Parteien zum Ruhrstatut zu entsenden. Wir haben das abgelehnt. Dann hat die CDU eine Erklärung veröffentlicht, in der sie die europäische Bedeutung des Ruhrstatuts an die erste Stelle gestellt hat und die positive Seite des Ruhrstatuts nach ihrer Meinung sehr stark unterstrichen hat. Diese Stellungnahme ist außerordentlich beachtlich. Die CDU war es, die durch Adenauer bei der Veröffentlichung des Londoner Abkommens die deutsche Sozialdemokratie für eine nationale Einheitsfront der Deutschen gegen die Londoner Empfehlungen gewinnen wollte. Damals hat Adenauer in der „Welt" einen Artikel veröffentlicht, der mit dem Satz endete: „Die Deutschen können es nicht länger mehr mit ihrer Ehre vereinbaren, auf diese Weise mit den Alliierten zu kooperieren. Sie sollten sich von allem zurückziehen." Diesmal ist die Linie genau umgekehrt. Täuschen wir uns nicht darüber, das ist kein Zufall. Damals im Juni war es noch die Linie dieses Flügels der CDU, auf der rein negativen nationalistischen Ebene den Kampf um ihre Interessen gegenüber dem Ausland auszutragen. Diesmal hat sich dieser Flügel der CDU entschlossen, den Versuch zu machen, auf der Basis des Ruhrstatuts wieder ins Geschäft zu kommen zwischen den Interessenten an Stahl und Kohle von der Ruhr bis nach Lothringen. Man ist aus dem Zustand des Ruhrkampfes von 1923 herausgewesen und dasselbe ist ein halbes Jahr später schon beim Zustand von 1926, als die Industriellen an der Ruhr sich mit den Industriellen von Frankreich, Belgien und Luxemburg über die Aufteilung der Stahlquo-

---

72 Peter von *Zahn* (geb. 1913), Studium, Dr. phil., nach 1945 Journalist und Redakteur beim NWDR in Köln u. HH. 1951-60 USA-Korrespondent, danach freier Korrespondent.

te verständigten, und jetzt will man es auf diesem Wege machen, und darum erscheinen Herr Adenauer und die CDU in der Beurteilung des Ruhrstatuts als der europäisch gesinntere Teil. Wie in der Presse, auch in der „Welt" mit diesen Behauptungen, mit diesen Redereien Propaganda gemacht wird, das ist ein Kapitel für sich. Diese Entwicklung oder diese Tatsache macht natürlich eine Kooperation in diesen Fragen wirtschaftlicher Art zwischen der CDU und der SPD unmöglich. Auf der anderen Seite beweist diese Entwicklung, dass unsere Forderung nach einer Sozialisierung der Schlüsselindustrien, das heißt der Überführung dieser Grundstoffindustrien in den öffentlichen Besitz, geradezu eine elementare Voraussetzung für eine echte Europäisierung der Wirtschaft sein wird. In einer solchen Lage, international und innerdeutsch, ist die Aufrechterhaltung einer unabhängigen deutschen sozialdemokratischen Politik einfach eine Lebensnotwendigkeit für die Erhaltung der Demokratie. *Kurt Schumacher* hat einmal - ich glaube vor zwei Jahren - gesagt: „Wir treiben keine russische, keine amerikanische, keine englische und keine französische Politik, wir treiben eine deutsche Politik!"[73] Dieses Wort gilt auch heute noch und es gilt in allen seinen Teilen gegenüber jeder Besatzungsmacht. Wenn wir uns in dieser sehr [zu]gespitzten und außerordentlich labilen Situation die Unabhängigkeit unserer politischen Linie nicht erhalten, dann werden wir zwangsweise und unausweichlich den Boden unter den Füßen verlieren, zugunsten des National-Bolschewismus oder eines rechten Nationalismus, der ebenfalls auf dem Sprunge steht, die deutschen Parteien in eine Situation zu ziehen, in der sie erdolcht werden können.

[CDU und Zentrum]

Genossen und Genossinnen! Wir haben nichts in unserer Kooperation mit den Alliierten zu verbergen und haben nichts in unserer Zusammenarbeit in der Vergangenheit zurückzunehmen. Sie soll bestehen bleiben, aber von der Basis der Respektierung der Tatsache, dass die deutsche Sozialdemokratie eben ein unabhängiger politischer Faktor im deutschen und europäischen Geschehen ist. Das wird vor allen Dingen im Hinblick auf den kommenden Wahlkampf eine große Bedeutung haben. Wir sehen, wie sich die Kräfte im innerpolitischen [!] deutschen Lager gruppieren. Wir sehen, wie jetzt der Versuch gemacht wird, die etwas kritisch gewordene Situation der CDU, durch die Erfolge der Sozialdemokratie in der französischen Zone und in Nordrhein-Westfalen, diese schwierige Position der stärksten Partei auf alle Fälle bei den kommenden allgemeinen Bundeswahlen zu halten. Das ist die wirkliche Ursache für das Angebot *Adenauers* und *Arnolds* an das Zentrum, sich mit der CDU zu vereinigen.[74] An sich ist das eine Angelegenheit, die das Zentrum zu entscheiden hat, die sie prüfen muss im Hinblick auf die unabhängigen politischen Ziele, die sie bisher vertreten hat. Die Hauptursache der Krise der CDU wird durch diese Fusionsbesprechungen nicht berührt. Die sozialen Spannungen in der CDU bleiben bestehen, und sie werden sich verstärken. Es ist mit ziemlicher Sicherheit vorauszusehen, dass, wenn tatsächlich das Zentrum sich in die CDU eingliedert, im Zentrum auch die konfessionellen Spannungen wachsen werden. Ich glaube

---

73 K. *Schumacher* gebrauchte dieses Wort in den ersten Jahren nach 1945 öfter.
74 Zu den Fusionsverhandlungen der CDU mit der Deutschen Zentrumspartei vgl. Einleitung S. LXXXII.

nicht, dass dieser Versuch, auf diesem Wege eine Vormachtstellung der deutschen gro-ßen bürgerlichen Partei auf die Dauer zu behaupten, irgend einen nennenswerten Erfolg haben wird. Aber wir sollten selbstverständlich diese Entwicklung aufmerksam beobachten.

[Parteiähnliche Gruppierungen]

Wir sollen auch sehen, dass die Gruppierungen im deutschen Volk in den letzten Monaten stärker in Fluss gekommen sind! Wir sollen uns nur nicht von jeder Propagan-da einreden lassen, dass jede neue Gruppierung oder jedes neue politische Firmenschild auch schon eine politische Partei darstelle. In Wirklichkeit muss man sehr oft feststellen, dass jetzt in den Zeiten der Ungewissheit und des Schwankens eine gute Zeit ist für die - möchte ich sagen - Schwarzhändler in der Politik, die die Unsicherheit ausnutzen, um Bewegungen und Unionen zu gründen oder vorzubereiten. Wenn zum Beispiel mit dieser Deutschen Union[75] jetzt so viel Wesens gemacht wird und wenn man einiges weiß über die krampfhaften Bemühungen, die Delegierten für diese Tagung zusammenzu-bringen, dann weiß man, wie wenig hinter einer solchen Bewegung steckt. Wer so viel mit unklaren Begriffen wie Bewegung und Union arbeitet, weiß entweder nicht, was er will, oder es soll irgend jemand betrogen werden. Jedenfalls glaube ich, dass es für die Sozialdemokratie darauf ankommt, sich darüber klar zu werden, dass alle solche Bildun-gen und Gruppierungen in erster Linie der Versuch einer Stabilisierung der politischen Rechten sind und dass wir uns deshalb auch kritisch und ablehnend gegenüber diesen Gruppierungen verhalten sollen.

[KPD]

Die Kommunisten haben sozusagen ihre Ausgangsstellung für diesen Kampf bezogen. Sie haben die organi[atori]schesche Loslösung der KPD von der SED[76] vollzogen, das heißt, sie haben es so verkündet. Aber diese Verkündung ist auch ein sehr wertvolles Eingeständnis, dass die KPD davon überzeugt ist, dass sie von der Verbindung mit der SED in Westdeutschland nichts zu gewinnen hat, dass diese Verbindung ihr nur schaden kann. *Hennecke*[77] und die KZ-Politik der Ostzone sind eben im Westen für die KPD eine Belastung und nicht ein Propagandaauftrieb. Die Trennung ist in Berlin verabredet worden. Vielleicht ist sie mehr als eine wahltaktische Vereinbarung. Vielleicht ist sie auch ein Anzeichen für gewisse russische Vorstellungen über die Weiterentwicklung in Deutschland und an der Ruhr. Jedenfalls wird die KPD jetzt auf der Linie gehen, gegen-

---

75 Zur „Deutschen Union", zu der die nächste Vorstandssitzung nach einer längeren Diskussion einen Unverein-barkeitsbeschluss verabschiedete, vgl. die dort als Anlagen abgedruckten Dokumente der Organisation (Dok. 5, Anl. 2 b).

76 In der Vorlage „organische". Auf der Herner Parteikonferenz Ende April 1948 hatten sich die Bezirks- und Landesorganisationen der KPD der Westlichen Besatzungszonen in „Sozialistische Volkspartei Deutschlands" (SVD) unbenannt und einen gemeinsamen Parteivorstand mit Max *Reimann* als ersten Vorsitzenden sowie Kurt *Müller* und Walter *Fisch* (1910-66) als dessen Stellvertreter gewählt. Die zu dieser Zerit noch zuständigen Militärgouverneure ließen aber den neuen Namen nicht zu, so dass die KPD im Laufe des Jahres 1948 wieder ihren alten Namen annahm, vgl. D. Staritz, KPD, in: R. Stöss (Hrsg.), Parteienhandbuch, Bd.2, S. 1758-1760.

77 Adolf *Hennecke* (1905-1975), Bergmann, Funktionär d. RGO, 1946 SED, Okt. 1948 Rekordversuch beim Abbau von Steinkohle in e. sächs. Grube, 1949-67 MdVK, 1954 ZK d. SED.

über der ursprünglichen Stellungnahme, das Bonner Abkommen[78] mindestens als eine Basis für die organisatorische und politische Tätigkeit der KPD zu akzeptieren und auf dieser Basis zu arbeiten. Außerdem wird sie zweifellos die national-bolschewistische Linie ihrer Propaganda verstärken. *Reimann* hat in seiner programmatischen Rede zum Ruhrstatut darüber sehr deutlich gesprochen.[79] Ich glaube nicht, dass sie einen unmittelbaren Erfolg hat. Aber es ist wichtig zu wissen, dass sie in dieser Richtung zu taktieren gedenken. Wir wissen ja nicht, was sie immer dabei für Hilfestellung bekommt. Es gehört da wirklich die ganze Weisheit einer Militärregierung dazu, um auf die Verleumdungen und Angriffe von Reimann mit einem Gerichtsverfahren vor einem Militärgericht zu antworten. Die zu erwartende Geldstrafe ist die bestangelegte Propagandasumme, die die KPD seit Jahren ausgegeben hat. Genossen und Genossinnen! Wir müssen auch darauf achten, dass wir keine Infiltrierungsversuche der KPD in der SPD zulassen. Der Fall *Arp*[80] soll uns da eine Warnung sein. Diese Infiltrierungsmanöver werden nicht immer getragen von Agenten, die aus der Ostzone kommen. Die Kommunisten haben auch [außerhalb][81] der Ostzone, manchmal sogar in der SPD, sehr effektive Helfer. Ich glaube, wir soll[t]en die Dinge etwas aufmerksamer beobachten.

[Der bevorstehende Wahlkampf]

Was unseren Wahlkampf angehen wird, so bin ich davon überzeugt, dass der Erfolg unserer Partei in diesem Wahlkampf in erster Linie davon abhängen wird, ob wir den Menschen in Westdeutschland ein positives und konkretes Programm entwickeln können. Wir sind dabei, ein solches Programm auszuarbeiten. Im Mittelpunkt werden die entscheidenden nationalpolitischen, wirtschaftspolitischen und sozialen Fragen stehen. Nationalpolitisch ist die Einheit Deutschlands in Freiheit und der Kampf um Berlin als eine gesamtdeutsche Aufgabe. Die Sozialdemokratie in Berlin ist die Trägerin des Kampfes um die Freiheit und das Recht. Wir werden in diesem Kampf auch im innerdeutschen Lager Angriffe bekommen, nicht nur von den Kommunisten. Es fängt jetzt schon an, dass in der CDU Stimmen laut werden: „Wir können uns doch nicht in Berlin in eine Ruhrkampfposition[82] bringen lassen, das heißt, wir können doch nicht endlos Millionen opfern für eine Sache, die nicht zu retten ist." Unsere Partei ist entschlossen, diesen Kampf um Berlin völlig unabhängig von finanziellen Konsequenzen zu führen, das heißt, dafür zu sorgen, was nur in unserer Macht steht, dass die Frage der Aufbringung der Mittel nicht zu einem politischen Bewertungsmittel für die Bedeutung des Kampfes um Berlin wird. Es muss klar sein, dass Berlin für die deutsche Sozialdemokratie keine Fi-

---

78 Mit dem „Bonner Abkommen" ist wahrscheinlich das Grundgesetz gemeint, dessen baldige Verabschiedung zu dieser Zeit sehr wahrscheinlich schien.

79 Zu Reimanns polemischer Rede gegen das Ruhstatut und seiner Verurteilung durch ein britisches Militärgericht wegen beleidigender Angriffe gegen die Besatzungsmacht zu einer Gefängnisstrafe vgl. Einleitung, S. LXXXVI.

80 Zu Erich *Arp* (geb. 1909) vgl. PV-Protokolle, Bd. 1, S. LXX f.

81 In der Vorlage „in" (S. 43).

82 Gemeint wohl die Fundamentalopposition aller größeren deutschen Parteien gegen die Besatzungsmächte während des Ruhrkampfes 1923.

nanzfrage ist. Berlin ist für uns ein Symbol des Kampfes für die Einheit auf dem Boden von Freiheit und Demokratie. Berlin ist für uns die Brücke zur Ostzone.

[Wirtschaftspolitik]

Wirtschaftspolitisch müssen wir die prinzipielle Auseinandersetzung mit der Wirtschaftspolitik von Frankfurt[83] führen. Ich will hier nur einige wenige Bemerkungen machen. Ich bin erstaunt, in wie weitem Maße selbst Sozialdemokraten sich einem sehr bedenklichen und durch nichts begründeten Optimismus über die zukünftige Wirtschaft hingeben. Die Lage ist trotz aller Äußerungen und Normalisierungserscheinungen ungeheuer ernst. Es wird ein großer Bluff mit Zahlen getrieben, dass wir uns mit aller Klarheit und Entschiedenheit davon absetzen müssen. Vergessen wir nicht einen Augenblick, wenn wir 100 % statt 76% der Produktion von 1936 erreichen, dass wir dann hier in diesem Westdeutschland nach wie vor in einer ausgesprochenen Mangelsituation sind, dass bei weitem nicht daran gedacht werden kann, dass selbst bei gerechtester Verteilung der Lebensstandard der Menschen auch annähernd nicht den von 1936 erreichen kann. Diese Ernüchterung wird kommen. Sie wird sehr schnell kommen, und die Ernüchterung wird deshalb in so gefährlicher Form kommen, weil ja das Verbrecherische der Frankfurter Politik darin liegt, dass sie die Tatsache einer unabwendbaren und undiskutierbaren Mangelsituation in ihrer Wirtschaftspolitik aus reinem Egoismus völlig außer Acht lässt. Es ist nach den Kommunalwahlen in den Ländern der britischen und französischen Zone gesagt worden: Ja, die Propaganda gegen die Erhardsche Wirtschaftspolitik hat doch nicht voll durchgeschlagen.[84] Genossen, das beweist nicht das Geringste gegen die Richtigkeit unserer prinzipiellen Angriffe gegen diese Wirtschaftspolitik. Wir müssen diese Angriffe verstärken, nicht aus einer Freude an der Zuspitzung dieser Situation, sondern aus der ganz einfachen Überlegung, wenn wir nicht in absehbarer Zeit in Deutschland dazu kommen, dass wir durch eine Kontrolle und Lenkung der Produktion das unbedingt Notwendige in ausreichender Menge und zu erträglichen Preisen produzieren und radikal auf alles andere verzichten, dann ist das soziale Problem über Nacht eine lebensbedrohende Gefahr für jede demokratische Entwicklung. Vergesst doch nicht allein die 10 Millionen Flüchtlinge. Vergesst doch nicht die Tatsache, dass in den Westzonen 5 Millionen Wohnungen fehlen, vergesst doch nicht, was uns an Rohmaterial fehlt, vergesst doch nicht, was wir aufbringen müssten an echtem Export, um nur das zu bezahlen, was wir zur dürftigsten Ernährung der Menschen für Jahre hinaus brauchen. Angesichts dieser Tatsachen, die so klar sind wie nur irgend etwas, mit einem Optimismus in die Zukunft blicken, als ging es vielleicht auch so, ist einfach nicht zu verstehen. Hier muss die Partei frontal und prinzipiell in den Wahlkampf gehen und unsere alternative Wirtschaftspolitik herausstellen. Denn hier liegt eine elementare Kraft unserer Sozialisierungsforderung. In diesem Deutschland von 1949 ist die Sozialisierung der Schlüsselindustrien und die Kontrolle der Produktion eine nationale Lebensnotwendigkeit. Hier

---

83 Gemeint ist die Wirtschaftspolitik der bizonalen Wirtschaftsverwaltung in Frankfurt am Main.
84 Zu den Ergebnissen der Kommunalwahlen in der britischen Zone am 17. Oktober und in der französischen Zone am 14. November 1948 vgl. Jb. SPD 1948/49, S. 236-240.

können wir ansetzen, an Schichten herankommen, die nie in ihrem Leben zuvor daran gedacht haben, sozialdemokratisch zu werden. Aber diese Position muss klar und eindeutig bezogen werden.

[Soziale Demokratie]

Genossen und Genossinnen! Was die soziale Demokratie angeht, nur ein Wort. Hier muss die Frage eines echten und gerechten Ausgleichs der Lasten des verlorenen Krieges eine fundamentale Forderung der Partei bleiben, und wenn die praktischen Schwierigkeiten noch so groß sind. Genossen, wenn wir den Zustand, der vier Jahre nach Kriegsende in Deutschland noch besteht, dass die große Mehrheit auf ihren Schultern die Lasten des Krieges allein trägt - und es gibt heute eine Minderheit, die so lebt, als wüssten sie überhaupt nicht, dass Deutschland die größte nationale Katastrophe seiner Weltgeschichte erlebt hat - wenn wir den nicht ändern, wenn wir da nicht einen sichtbaren Schritt zu einem gerechten Ausgleich tun - und wenn es unter den härtesten Kämpfen ist - dann wird und kann dieses Volk in diesem Lande zwischen Rhein und Elbe auch politisch nicht zur Ruhe kommen. Dann bleibt die Demokratie in Europa in Gefahr, und das ist die letzte und entscheidende Vorstellung, die wir bei unseren Forderungen als Hauptgesichtspunkt herausstellen sollen. Es geht nicht darum, hier ein Haus des engen Egoismus wieder menschlich einzurichten, es geht uns einfach darum, in dieses neue Europa ein neues Deutschland einzubringen, basiert auf vernünftigen politischen, ökonomischen und sozialen Gesichtspunkten. Um Europa willen, weil Europa nicht ohne Deutschland und Deutschland nicht ohne Europa leben kann, wie immer man es wendet.

Wir werden versuchen, in unserem Wahlprogramm diese wenigen Kardinalpunkte klar herauszuarbeiten, unseren Genossen für die Propaganda selbstverständlich gutes Material geben, aber darauf hinwirken, dass die Linie der Partei als der Partei, einer unabhängigen demokratischen und sozialistischen, klar herauskommt. Unser Ziel muss sein, dass wir die Situation, die uns in den letzten zwei Jahren die Arbeit in Frankfurt so außerordentlich erschwert hat und die auch heute wieder ein Problem von Bonn ist, dass wir diese Situation dadurch überwinden, dass wir die Sozialdemokratie eindeutig zum stärksten politischen Faktor machen. Wenn wir das erreichen, werden wir nachher praktisch die Frage zu untersuchen haben, wie wir diese Macht anwenden. Die Frage, ob Regierungskoalition oder nicht ist keine prinzipielle, ist eine praktische Frage, vorausgesetzt, dass die Partei die Macht und das Programm und die Erkenntnis hat, um mit ihrer klaren Politik in eine solche Regierung zu gehen.

Genossen und Genossinnen! Mein Referat war sicherlich nicht in allen Teilen eine Sonntagspredigt. Es sind sehr viel düstere Kapitel drinnen gewesen. Trotzdem glaube ich, dass hinter all diesem noch die Chance steht, auf dem engen Raum, auf dem wir uns heute bewegen können, die Sozialdemokratie in dieser echten politischen Entscheidung zu einem Erfolg [zu führen][85]. Notwendig ist dazu, die entsprechende Bereitschaft der Organisation herzustellen, dass die Klarheit unseres politischen Programms erkennbar

---

85 In der Vorlage „führt" (Ms., S. 47).

wird und dass unsere Funktionäre und Mitglieder mit Entschlossenheit gegen die Schwierigkeiten ankämpfen, um den Sieg zu gewinnen.

Kaisen[86] beantragt die Abgabe einer Erklärung über die Zurückhaltung der deutschen Kriegsgefangenen.[87] Er wiederholt seine bereits in der PV-Sitzung geäußerten kritischen Bemerkungen und äußert seine Besorgnis wegen des Überhandnehmens der nationalistischen Tendenzen und der negativen Betrachtungsweise, die der PV gegenüber den Besatzungsmächten anklingen lässt.

Brandt betont die Notwendigkeit, dass bei allen wichtigen politischen Entscheidungen die Auswirkungen auf die Ostzone in Betracht gezogen werden. Er verlangt ein deutsches Ja zu der von Frankreich angeregten Bildung eines europäischen Parlamentes.

Gotthelf weist einen Vorwurf von Martha **Fuchs** zurück, die meinte, dass *Ollenhauer* seine Betrachtungen zu pessimistisch angelegt habe. Nur eine illusionslose Betrachtungsweise kann uns weiterbringen.

Jäckle kritisiert, dass dem PA zu wenig Gelegenheit zur Aussprache gegeben wird. Im übrigen schließt er sich den Auffassungen *Kaisens* an.

Zu **Punkt 1** der Tagesordnung: (**Grundgesetz**)

Carlo **Schmid** rekapituliert die Vorgeschichte zur Bonner Parlamentsarbeit und schildert den Drang der Experten, nach einmal begonnener Arbeit entgegen den anfänglichen Beschlüssen ein vollständiges Verfassungswerk zu schaffen. Bei der Arbeit konnte nicht der Umstand ignoriert werden, dass das Grundgesetz noch der Genehmigung außerdeutscher Instanzen bedarf. Unser Standpunkt, so provisorisch und so fragmentarisch wie möglich zu formulieren, wurde von keiner anderen Partei geteilt. Der föderalistische Staatsaufbau war von den Besatzungsmächten auferlegt worden.

Er ging dann auf die Einzelheiten des Grundgesetzes ein. [...][88]

Menzel erinnert zunächst an die PV-Beschlüsse des Vorjahres, die nur eine administrative Organisierung vorsahen, während nunmehr eine vollständige Verfassung vorliegt.

Er erwähnt die starken Sympathien, die besonders von der Jugend einer Regierung auf Zeit entgegengebracht werden. In Bonn hat man den dafür angeführten Argumenten dadurch Rechnung getragen, dass man das „konstruktive Misstrauensvotum" vorschrieb, wie denn auch mit Unterstützung des Bundesrates der Gesetzesnotstand, der die Verabschiedung eines Gesetzes auch gegen die Mehrheit des Volkstages vorsieht, erklärt werden kann.

Bedenklich seien jedoch die starken Befugnisse des Bundesrates, der außer dem generellen Veto, das nur durch 2/3 Mehrheit des Volkstages beseitigt werden kann, in 23 Fällen voll gleichberechtigt ist, z. B. in der Steuergesetzgebung und dem Finanzausgleich.

---

86 Ab „Kaisen" Text nach dem *Protokoll*.

87 Nach der Zusammenstellung der Beschlüsse im Sopade Informationsdienst Nr. 683 wurde „unter lebhafter Zustimmung" eine „Entschließung in der Frage der Kriegsgefangenen und Zivilinternierten" angenommen. Sie wird hier als Anlage 4 abgedruckt.

88 Weggelassen wird hier ein Hinweis auf eine in den Beilagen zum Protokoll nicht mehr vorhandene Anlage.

Er sei nicht der Auffassung, dass dieses Verfassungswerk von uns unter allen Umständen akzeptiert werden kann.

Lüdemann ist der Auffassung, dass zumindest bei der Neugliederung der Länder der Bundesrat ausgeschaltet werden müsse.

[C.] **Stock** erinnert daran, dass auch heute der Länderrat dank einer soz. [sozialdemokratischen] Mehrheit mehrfach unsere Fraktion in Ffm. [Frankfurt am Main], die sich dort in der Minderheit befindet, unterstützen konnte. Er teile daher nicht die Befürchtungen, die an die vermeintlich zu große Macht des Bundesrates geknüpft werden. Eine Ablehnung der Bonner Verfassung halte er für nicht vertretbar.

Renner teilt in der Frage der Bundesfinanzverwaltung die Auffassung *Menzels*.

Schoettle glaubt nicht, dass nach einer Ablehnung des Grundgesetzes noch ein Weg zur Trizone offen ist. Er spricht sich scharf gegen die etwaige Ablehnung aus.

Heine wiederholt seine auf der PV-Sitzung bereits geäußerten Bedenken und ermahnt, unter Berufung auf die Begebenheiten 1930-33 nicht nur an 1949, sondern auch an 1959 zu denken.

Henßler erklärt, dass wir nicht nur Rücksicht zu nehmen hätten auf die Konsequenzen bei einer Ablehnung, sondern auch auf die mit einer Annahme verbundenen.

Suhr schlägt vor, der Fraktion den Auftrag zu geben, die kritischen Bestimmungen zu überprüfen und nach Möglichkeit eine Änderung anzustreben. Die Entscheidung vom Bekanntsein des Besatzungsstatuts abhängig zu machen, hält er nicht für ratsam, da damit doch nur eine erneute Verzögerung verursacht würde.

Schmid meint in seinem Schlusswort zur Frage Annahme oder Ablehnung, dass es besser sei, in einem mit Hypotheken belasteten Hause zu wohnen, als auf der Straße zu übernachten.

Ollenhauer kündigt an, dass, falls die zu fällende Entscheidung in Bonn die Möglichkeit weitgehender Konsequenzen eröffnen sollte, der PA nochmals kurzfristig einberufen wird. - Weiter fordert er die soz. [sozialdemokratischen] Ministerpräsidenten auf, anlässlich der für Anfang Februar nach Hamburg einberufenen Konferenz keinen Beschluss zu fassen, der die Annahme des Bonner Grundgesetzes als unumgänglich darstellt.

Anlage 1:
Kommuniqué zu beiden Sitzungen und ergänzende Informationen
Sopade Informationsdienst Nr. 683 v. 27.1.1949

Vorstand, Parteiausschuss und Kontrollkommission der Sozialdemokratischen Partei Deutschlands, die sozialdemokratischen Ministerpräsidenten und mehrere sozialdemokratische Landesminister tagten vom 21. - 23. Januar 1949 in Iserlohn (Westf.).

Umfang und Bedeutung des Arbeitsprogrammes ergaben sich aus der Fülle der vorliegenden politischen Probleme. Die wesentlichsten Beratungspunkte waren das Grundgesetz, wie es z.Z. in Bonn beraten wird, und das kürzlich bekanntgegebene Ruhrstatut.

Dokument 4, 21. bis 23. Januar 1949

Im Mittelpunkt der Tagung stand ein umfassendes Referat des stellvertretenden Vorsitzenden *Erich Ollenhauer* über die allgemeine politische Situation am Beginn dieses Jahres und über die zu treffenden Entscheidungen.

Erklärung zum Ruhrstatut gebilligt [...][89]

Stellungnahme zum Grundgesetz und zum Besatzungsstatut

Die Stellungnahme der SPD zum Grundgesetz ist weiterhin vollkommen offen. Das gilt sowohl für den Inhalt, der nach sozialdemokratischer Vorstellung in der weiteren Beratung noch gründlich überprüft werden sollte, wie im Hinblick auf die Unklarheit über das Besatzungsstatut. Mitteilungen über den vermutlichen Inhalt dieses Statutes wurden mit ernster Besorgnis entgegengenommen. Parteivorstand und Parteiausschuss hielten es für unerlässlich, dass der Entwurf des Besatzungsstatuts dem Parlamentarischen Rat bekannt gegeben werden muss, ehe das Grundgesetz verabschiedet wird.

Was den Inhalt des Grundgesetzes betrifft, so hat die SPD nach einmütiger Auffassung bereits einen sehr weitgehenden Beitrag zum Zustandekommen des Gesetzes auf breiter parlamentarischer Basis geleistet. Vor allem in den Fragen der Nichtgleichberechtigung der beiden Kammern und der Bundeshoheit in der Finanzverwaltung sieht man bei der SPD absolut keine Möglichkeit zu weiteren Konzessionen.

Parteileitung und Bonner Fraktion stehen unverändert auf dem Standpunkt, dass das Grundgesetz nur durch eine wirklich überzeugende Mehrheit die notwendige Vertrauensgrundlage in der Bevölkerung erhalten kann.

Für die Freilassung der Kriegsgefangenen und Zivilinternierten [...][90]

Bildung einer Hochschulkommission [...][91]

Ergänzung des Kulturpolitischen Ausschusses [...][92]

Außenpolitischer Ausschuss für „Ministerium für Besatzungsangelegenheiten"

Im Rahmen der Tagung fand auch eine Sitzung des Außenpolitischen Ausschusses, dem in Zukunft der ehemalige Reichstagspräsident, Paul *Löbe*, wieder angehören wird, statt.

Der Außenpolitische Ausschuss befasste sich vor allem mit organisatorischen Fragen. Es bestand Einmütigkeit darüber, dass in der kommenden provisorischen, westdeutschen Regierung ein „Ministerium für Besatzungsangelegenheiten" geschaffen werden sollte,

---

89 Der Wortlaut der Erklärung der gemeinsamen Sitzung und der Wortlaut der darin gebilligten Erklärung des „Büros" werden hier als Anlagen 2 A und 2 B abgedruckt.
90 Der Text der Resolution wird hier als Anlage 4 abgedruckt.
91 Die Mitteilung über die Neubildung der Hochschulkommission und die Aufzählung der Mitglieder wurden ins Protokoll der PV-Sitzung übernommen, vgl. Prot. A, S. 75.
92 Die hier aufgeführten Namen der neuen Mitglieder wurden ins Protokoll der PV-Sitzung übernommen, ebd.

weil der Umfang der zwischen dieser künftigen Regierung und den Besatzungsmächten zu regelnden Fragen eine solche Zusammenfassung notwendig erscheinen lässt.

Ausschuss für Beamtenrechtsfragen [...][93]

Abordnung fährt zum Parteitag der holländischen Sozialisten

Der Parteivorstand beschloss, eine Einladung zum Parteitag der holländischen Arbeiterpartei vom 7. bis 9. April ds. Js. anzunehmen. Die Abordnung wird aus Erich *Ollenhauer*, Walter *Menzel*, Adolf *Grimme* und Emil *Gross* bestehen. Mit großem Bedauern nahm man zur Kenntnis, dass Koos Vorrink, der 1. Vorsitzende der holländischen Arbeiterpartei, der kürzlich schwer verunglückte, noch immer nicht außer Lebensgefahr ist. Im Namen des Vorstandes sandte ihm Erich Ollenhauer ein Telegramm mit herzlichen Wünschen für seine baldige Wiederherstellung.

Tagung des zentralen Ausschusses für Frauenfragen

Am 20. Januar 1949 tagte in Iserlohn der Ausschuss für Frauenfragen der Sozialdemokratischen Partei Deutschlands, dem u.a. Louise Schröder, Berlin, und Dr. Elisabeth Selbert, Kassel, angehören. Neu wurde in den Ausschuss für Frauenfragen gewählt: Egon Franke und Siegmund Neumann, während Fritz Heine ausgeschieden ist. Der Ausschuss nahm eine Entschließung zur Frage des Rechts der Frau auf Arbeit an, die vom Parteivorstand und Parteiausschuss ausdrücklich gebilligt wurde, ferner wurde eine Erklärung zur Bonner Abstimmung über die Gleichberechtigung der Frau und zur Wohnungsfrage abgegeben. Nachstehend der Wortlaut der Entschließung und der Erklärungen:
[...][94]

Anlage 2 A
Erklärung der gemeinsamen Sitzung zum Ruhrstatut
Sopade Informationsdienst Nr. 683 v. 27.1.1949[95]

Parteivorstand und Parteiausschuss billigten nach gründlicher Diskussion die nach Bekannt werden des Ruhrstatuts veröffentliche Erklärung. Man wandte sich entschieden gegen die vielfache Missdeutung dieser klar ablehnenden Erklärung und den im Ausland erhobenen Vorwurf, sie sei zu nationalistisch. Die Schärfe der Stellungnahme erkläre sich allein aus dem unüberbrückbaren Widerspruch zwischen den Prinzipien einer europäischen Kontrolle der Schwerindustrie mit den im Ruhrstatut niedergelegten Bestimmungen.

---

93 Die hier aufgeführten Namen der neuen Mitglieder wurden ins Protokoll der PV-Sitzung übernommen, vgl. Prot. A, S. 76.

94 Die vom PV übernommene Resolution und die beiden Erklärungen des Frauenausschusses werden hier als Anlagen 3 A - C abgedruckt.

95 Die Erklärung der gemeinsamen Sitzung und die Erklärung des „Büros" wurden gemeinsam unter dem Titel „Erklärung zum Ruhrstatut gebilligt" im Jahrbuch der SPD für 1948/49 (S.136 f.) abgedruckt.

Anlage 2 B
Erklärung des „Büros" vom 29.12.1948 zum Ruhrstatut
Sozialdemokratischer Pressedienst III/157 v.29.12.1948

Der Vorstand der Sozialdemokratischen Partei veröffentlichte zum Ruhrstatut folgende Erklärung:

Das Ruhrstatut übertrifft die schlimmsten Befürchtungen, obwohl die vorbereitende Stimmungsmache in der Welt schon einiges erwarten ließ. Ein zentrales europäisches Problem, von dem die wirtschaftliche und politische Gesundung Westeuropas weitgehend abhängt, ist unter dem Gesichtspunkt taktischer Ausgleichsverhandlungen zwischen den Siegermächten geregelt worden. Die Sozialdemokratie sieht diese Regelung nur als provisorisch an. Das Statut wird im deutschen Volke eine große Vertrauenskrise für die Demokratie und die westlichen Siegermächte auslösen. Die französischen Argumente und Wünsche waren den angelsächsischen Mächten schon zu einer Zeit bekannt, als sie ganz anderslautende Erklärungen abgaben und das Gesetz Nr. 75 verkündeten. Die Einigung ist jetzt lediglich auf Kosten des deutschen Volkes erfolgt. Durch die vorliegende Regelung wird keine gedeihliche internationale Zusammenarbeit geschaffen. Diese Internationalisierung ist einseitig, sie bevorrechtigt verschiedene Subjekte und benachteiligt das Objekt Deutschland. Die notwendige und vernünftige Idee der internationalen wirtschaftlichen Zusammenarbeit wird dadurch in Deutschland künstlich unpopulär gemacht. Bei den nutznießenden Nationen aber muss der Eindruck entstehen, als ob der eigene Wirtschaftsnationalismus eine befriedigende Antwort auf die Frage der westeuropäischen Kooperation sei. Das große zusammenhängende Industriezentrum von Deutschland, Frankreich und den Benelux-Staaten wird hier nicht zur Zusammenarbeit, sondern zur Ausbeutung des einen Teiles durch den anderen verwendet. Diese Politik ist mit den Zielen des Marshallplans nicht vereinbar. Die deutsche Sozialdemokratie stand und steht auf dem Standpunkt, dass die außerordentlichen ökonomischen Kräfte des Ruhrgebiets über den Rahmen Deutschlands hinaus für den europäischen Aufbau nutzbar gemacht werden sollten. Sie hat das seit ihrer Neuerstehung als Partei dem In- und Ausland gesagt. Die jetzige Regelung ist ein Hindernis auf diesem Wege.

Die Vorstellungswelt von 1945 darf in der Welt von 1949 keinen Platz mehr haben, sie droht nur, Unheil anzurichten. Die Ungeklärtheit und Dehnbarkeit der Kompetenzen, bei denen keine Vermutung zugunsten der Deutschen sprechen soll, gefährden den Aufbau Westdeutschlands. Die neue Ruhrbehörde, die praktisch die Möglichkeit hat, jeder Kontrolle und jeder Koordinationsbestimmung zu entgehen, kann in die Mehrzahl der deutschen staatlichen Funktionen eingreifen, sie lahm legen und sie ändern. Die internationale Behörde tritt den arbeitenden Massen des Ruhrgebiets, auf deren Arbeit jede Regelung gegründet ist, in einer wenig erfreulichen Gestalt gegenüber. Die den Deutschen verbindlich versprochene Selbstbestimmung über die Formen der Wirtschaft und der Politik ist durch die Kompetenzverteilung im Statut ernsthaft bedroht. Die einem neuen deutschen Staatswesen ausdrücklich zugesicherte Regelung der Eigentumsverhältnisse wird nicht mehr erwähnt. Eine demokratische Regierung kann auf diesem

Weg nicht geschaffen werden. Die Sozialdemokratische Partei hat seit 1945 eine internationale Kontrolle der Verteilung und Verwendung der Produktion vorgeschlagen. Sie hat dabei die gleichberechtigte deutsche Mitbestimmung ausdrücklich als notwendig zum Funktionieren dieser Neuordnung verlangt. Die jetzige interimistische Regelung gibt nicht einmal eine Aussicht darauf. Die Sozialdemokratische Partei erklärt sich mit diesem Dokument nicht einverstanden. Sie wird für seine Abänderung und die Durchsetzung der Sozialisierung kämpfen. Das liegt nicht nur im deutschen, sondern auch im europäischen Interesse.

Anlage 3 A
Entschließung der gemeinsamen Sitzung: „Das Recht der Frau auf Arbeit"[96]
Sopade Informationsdienst Nr. 683 v. 27.1.1949

Die Sozialdemokratische Partei ist der Meinung, dass jeder Mensch, ganz gleichgültig, ob Mann oder Frau, das Recht auf Arbeit hat. Durch den ungeheuren Frauenüberschuss ist die bezahlte Berufsarbeit für Millionen von Frauen lebensnotwendig. Die Sozialdemokratische Partei verlangt von allen Unternehmen, von allen städtischen und staatlichen Behörden, dass notwendig werdende Entlassungen nicht automatisch zu Lasten der Frauen vorgenommen werden. Die SPD fordert ihre Vertreter in Gemeinde-, Stadt- und Länderparlamenten und im Wirtschaftsrat sowie die Gewerkschaften auf, sich energisch gegen alle einseitigen Maßnahmen zu Lasten der Frau zur Wehr zu setzen.

Anlage 3 B
Erklärung des Frauenausschusses des PV vom 20. Januar 1949: Zur Bonner Abstimmung über die Gleichberechtigung der Frau
Sopade Informationsdienst Nr. 683 v. 27.1.1949

Der Kampf der SPD für das Recht aller Menschen, ein Leben in Freiheit, ohne Not, Furcht und Ausbeutung zu führen, schließt den Kampf um die Gleichberechtigung der Frau ein. Der am 20. Januar 1949 in Iserlohn tagende Ausschuss für Frauenfragen der Sozialdemokratischen Partei Deutschlands stellt mit Befriedigung fest, dass durch den Antrag, in die Grundrechte den Satz „Männer und Frauen sind gleichberechtigt", aufzunehmen, die Sozialdemokratische Partei erneut bewiesen hat, dass sie die einzige große deutsche Partei ist, die sich für die Gleichberechtigung der Frau vorbehaltlos einsetzt.

---

96 Die Vorlage war am 20. Januar vom Frauenausschuss ausgearbeitet worden, vgl. Anlage 1.

Anlage 3 C
Erklärung des Frauenausschusses zum Wohnungsbau
Sopade Informationsdienst Nr. 683 v. 27.1.1949

Die sozialdemokratischen Frauen erwarten von allen verantwortlichen Stellen, dass sie bei der Planung von Neubauwohnungen die Erfordernisse rationeller Haushaltsführung berücksichtigen. Die finanzielle Lage der Gemeinden und Länder zwingt, mit den wenigen vorhandenen Mitteln hauszuhalten. Einsparungen dürfen aber nicht auf Kosten einer modernen Bauweise gemacht werden. Im Interesse aller Hausfrauen und berufstätigen Frauen müssen die Erfahrungen einer rationellen Haushaltsführung bei den Neubauwohnungen beachtet werden. Wir fordern die sozialdemokratischen Vertreter in Gemeinde-, Stadt- und Länderparlamenten auf, bei Wohnbauplanungen diese berechtigten Forderungen zu beachten und außerdem Frauen in die Baukommissionen zu entsenden.

Anlage 4
Entschließung der gemeinsamen Sitzung zur Frage der Kriegsgefangenen und Zivilinternierten
Sopade Informationsdienst Nr. 683 v. 27.1.1949[97]

Unter lebhafter Zustimmung wurde folgende Entschließung in Frage der Kriegsgefangenen und Zivilinternierten angenommen:

Mehr als zwei Millionen deutscher Kriegsgefangener und Zivilinternierter werden widerrechtlich von der sowjetischen Regierung und den Satellitenregierungen zurückbehalten. Zehntausende sitzen in Schweigelagern, Hunderttausende sind ohne jede Verbindung mit der Heimat. Kinder, Frauen und Männer werden fast vier Jahre nach Schluss der Kämpfe willkürlich gefangengehalten. Willkürakte in der Sowjetzone vergrößern täglich die große Zahl dieser Verschwundenen und vervielfachen das Elend in Millionen deutschen Familien. Die Sowjetregierung hat ihr feierliches Versprechen, die Kriegsgefangenen bis zum 31. Dezember 1948 freizulassen, genau so gebrochen, wie sie unwahre Angaben über die Zahl der Zurückbehaltenen gemacht hat. Die Sozialdemokratische Partei Deutschlands hat vom ersten Tage an den Kampf für die Freilassung geführt. Sofort nach der russischen Bekanntgabe der Kriegsgefangenenzahl hat sie durch ihren Vorsitzenden die Unwahrheit dieser Angaben festgestellt und trotz des Trommelfeuers sowjetischer Fälschungen ihren Aufklärungsfeldzug fortgesetzt. Heute ist erwiesen, dass unsere Behauptungen der Wahrheit entsprachen. Gemeinsam mit allen, die für Recht und Wahrheit kämpfen, fordert die Sozialdemokratische Partei Deutschlands die sofortige Freilassung der Kriegsgefangenen und Zivilinternierten. Sie bittet die Westalliierten und die Neutralen, in ihren Bemühungen um die Freilassung der Gefangenen nicht nachzulassen. Das deutsche Volk hat nur das Mittel des Protestes gegen diese Willkür-

---

97 Abgedruckt mit der Überschrift „Für die Freilassung der Kriegsgefangenen und Zivilinternierten": Jb. SPD 1948/49, S. 137 f.

maßnahmen der Sowjetregierung. Die zentralen Körperschaften der SPD, versammelt in Iserlohn, richten deshalb an alle deutschen Organisationen und Vereinigungen, gleich welcher Richtung, die dringende Bitte, auf allen ihren künftigen Veranstaltungen der deutschen Kriegsgefangenen und Zivilinternierten zu gedenken und ihre Rückkehr zu fordern.

Nr. 5
Sitzung des Parteivorstandes am 11. und 12. März 1949 in Köln

AdsD: 2/PVAS000682 *(Maschinenschriftl. Prot., 5 S.).[1]*

Leitung der Sitzung: Erich Ollenhauer
Anwesend: siehe Liste

[Teilnehmer /Teilnehmerinnen, nach Funktionen geordnet[2]:
   PV[3]: *Ollenhauer*
      Franke, Gotthelf, Heine, Kriedemann, Nau;
      Baur, Bögler, Eichler, Fischer, Gayk, Görlinger, Grimme, Henßler, Kaisen, Knoeringen
      Knothe, Krahnstöver, Menzel, Neumann, Reuter, Schmid, Schoettle, Selbert
   KK: *Schönfelder*
   MdParlR: *Katz, Löbe, F. Maier, Suhr, Zinn + Schönfelder* (KK) + 5 Mitgl. d. PV
      (*Gayk, Menzel, Reuter, Schmid, Selbert*) + 1 Mitgl. d. KK (*Schönfelder*)
   Ministerpräsidenten/Landesminister: *Brauer, Kopf, Lüdemann, V. Renner, Steffan +*
      5 Mitgl. d. PV (*Grimme, Kaisen , Reuter, Schmid*) + 2 Mitgl. d. MdParlR (*Katz,*
      Zinn)
   Referenten/Mitarbeiter des PV:
      Brandt, Gleissberg]

Tagesordnung:[4]
   1) Stand der Verhandlungen in Bonn
   2) Stellungnahme zur Europa-Union
   3) Stellungnahme zur Deutschen Union
   4) Die Lage in Berlin
   6) Rundfunkfragen
   11) Ort und Zeitpunkt der nächsten Sitzung
   12) Der Fall Dietz in Hessen[5]

---

1 Die Einladung zu dieser Sitzung mit Bekanntgabe der vorläufigen Tagesordnung erfolgte durch ein hektogr. Rundschreiben des geschäftsführenden Parteivorstandes, unterschrieben von Ollenhauer, vom 2.3.1949, das in den Beilagen zum Protokoll erhalten geblieben ist. Das Kommuniqué (Sopade Informationsdienst Nr. 726 v. 18.3.1949) wird hier als Anlage 1 abgedruckt.

2 Die folgenden Angaben wurden der Anwesenheitsliste in den Beiakten zum Protokoll und Angaben im Protokoll entnommen; für die Teilnehmer an allen Vorstandssitzungen 1948-50 vgl. Anhang 1.

3 Während der Sitzung wurde der Tod von Ernst *Gnoß* bekannt. Von den Mitgliedern des PV fehlte wegen seiner schweren Erkrankung *Schumacher*, weiter waren *Albrecht, Gross, Meitmann* und *Schroeder* nicht anwesend.

4 Bei der im folgenden abgedruckten Tagesordnung handelt es sich um die handschriftlich abgehakten Punkte bzw. den handschriftlich hinzugefügten Punkt 12 der umfangreicheren vorläufigen Tagesordnung vom 2.3.1949. Die offensichtlich nicht behandelten Punkte der vorläufigen Tagesordnung betrafen: „5) Presseangelegenheiten", „7) Internationales, 8) Wohnungsbauprogramm der SPD, 9) Auslandsreisen und ihre Auswertung, 10) Berichte über Ausschussberatungen". Punkt 11 („Ort und Termin der nächsten Sitzung") wurde ohne besondere Erwähnung behandelt.

5 Handschriftlicher Zusatz zur vorläufigen Tagesordnung.

Zu **Punkt 1** der Tagesordnung (**Stand der Verhandlungen in Bonn**)

Carlo **Schmid** schildert die Entwicklung seit der Tagung in Iserlohn und gibt nochmals eine Übersicht über die von den [Militär-]Gouverneuren an die Vertreter des Parlamentarischen Rates übermittelte Stellungnahme zum Grundgesetz.[6]

Zum Problem der Ländergrenzen habe *Clay* geäußert, dass immer noch die Möglichkeit der Grenzveränderungen vor Erlass des Grundgesetzes besteht. Würde diese nicht ausgenutzt, könnte eine Revision erst nach Abschluss eines Friedensvertrages vorgenommen werden.

Die Wahlgesetze müssen von den Ländern erlassen werden, doch sei nichts dagegen einzuwenden, dass die Ministerpräsidenten sich darauf einigen, das Bonner Wahlsystem als Modell anzuerkennen. General *Robertson* sei gegen die Verhältniswahl 1 zu 1, für die direkte Wahl und die Listenverrechnung.

Die Vorranggesetzgebung wollen die Gouverneure praktisch vom Bund auf die Länder verlagern.

Ein amerikanischer Vertreter war der Auffassung, dass die Steuern da verbraucht werden müssen, wo sie aufkommen. Eine französische Stellungnahme geht dahin, dass nur indirekte Steuern und Steuern, die der Bund gänzlich verbraucht, dem Bund zufallen dürfen.

Menzel ergänzt die Ausführungen *Schmids*. Zentrum und KP hätten erklärt, dass sie sich nicht an das Kompromiss des Fünferausschusses[7] gebunden fühlen, da sie nicht darin vertreten waren.

Die alliierten Vertreter empfahlen die Schaffung einer Ausgleichskasse.

Ollenhauer stellt fest, dass der gegenwärtige Stand der Verhandlungen nicht das Eingehen in Einzelheiten ratsam erscheinen lässt. Sowohl Artikel 36[8] als auch der Finanzausgleich seien in Bonn noch nicht zu Ende verhandelt. Die Engländer waren anfänglich gewillt, das Grundgesetz ohne Änderungen anzunehmen. Die Amerikaner haben Einwände gegen den Artikel 36 und den Finanzausgleich gehabt. Jedoch sei die Zuspitzung der Situation auf das anglo-amerikanische Nachgeben gegenüber den französischen Forderungen zurückzuführen. Es gäbe keinen Zweifel darüber, dass es Verbindungen zwischen der CDU/CSU und den französischen Interessen gibt.

Wenn die Trizone nicht unter Bedingungen durchzusetzen ist, die uns akzeptabel erscheinen, werden wir eher verzichten. Die Genossen der französischen Zone stimmen in dieser Auffassung mit uns überein. Bezüglich Berlin soll versucht werden, durchzusetzen, dass eine Wahl dort zum westdeutschen Parlament unter denselben Bedingungen wie im

---

6 Zur Note der drei Militärgouverneure von Anfang März 1949, mit der sie wichtige Grundzüge des bis dahin vom Parlamentarischen Rat erarbeiteten Grundgesetzes ablehnten vgl. Einleitung, S. L.

7 Zum „Fünferausschuss" des Parlamentarischen Rates aus Vertretern der CDU/CSU, SPD und FDP, der zur Ausarbeitung von Kompromissen in Streitfragen gebildet worden war, vgl. Einleitung, ebd.

8 Der in den ersten Entwürfen für ein Grundgesetz enthaltene „Artikel 36" betraf die „Vorranggesetzgebung" des Bundes, im verabschiedeten Grundgesetz wurde er zum Artikel 74, der die „konkurrierende Gesetzgebung" regelte, vgl. Der Parlamentarische Rat. Akten und Protokolle, Bd. 7, bearb. v. M. Hollmann, Boppard 1995, S. 48 f. u. 629 f.

Westen durchgeführt wird, auch wenn zunächst das vollberechtigte Mitwirken der Berliner nicht möglich ist.

Zinn betont nochmals das Abweichen in Bonn von unseren ursprünglichen Beschlüssen und die Gefahr, dass uns nunmehr auch noch der Preis für die zugestandenen Kompromisse aus der Hand geschlagen wird.

Die vorgeschlagene Ausgleichskasse entspricht durchaus nicht unseren Vorstellungen über einen Finanzausgleich.

Wenn die Möglichkeit besteht, die Wirtschaftsratsregelung auf die Trizone auszudehnen, wäre zu überlegen, ob das nicht für uns als Provisorium akzeptabler sei.

Lüdemann trägt nochmals seine Sorgen bezüglich der Ländergrenzen, des Wahlrechtes und des Lastenausgleichs für die Flüchtlinge vor.

Kaisen ist der Auffassung, dass man angesichts der nun hinter uns liegenden betrüblichen Verhältnisse im Zusammenhang mit den Bonner Verhandlungen nicht von einer untragbaren Entwicklung sprechen kann.

Heine zeigt den Leidensweg der Kompromisse auf. Er ist der Auffassung, dass die Bevölkerung für den in Bonn entwickelten Föderalismus wenig Verständnis hat.

Die Fraktion habe nunmehr die alliierten Einwände als Verhandlungsbasis akzeptiert, während man früher erklärt hatte, weitgehend unbeeinflusst von alliierten Wünschen ein Grundgesetz erarbeiten zu wollen.

Eichler unterstreicht die Auffassung, dass wir uns zu weit von unseren mehrfach gefassten Beschlüssen entfernt hätten. Er wäre für eine Ablehnung des vorliegenden Gesetzes.

Henßler wünscht, dass unsere Genossen in Bonn durch keinerlei Äußerung den Eindruck erwecken, als ob die SPD geneigt sei, das vorliegende Grundgesetz zu akzeptieren.

Gayk erklärt, dass eine Partei, die die Auflösung Deutschlands begünstige, keine Zukunft mehr habe.

Suhr betont die Notwendigkeit, dass man in Bonn jetzt zu einem Abschluss komme. Die Beschlüsse der 3. Lesung im Hauptausschuss ständen absolut in Übereinstimmung mit den Auffassungen, die in Iserlohn vom PV vertreten wurden.

Brauer meint, dass das Besatzungsstatut möglicherweise Abschnitte des Grundgesetzes zeitweise außer Kraft setzen könne. Das dürfe uns jedoch nicht daran hindern, dem Grundgesetz zuzustimmen. Dem Lastenausgleich der Kriegsfolgen unter den Ländern stehen die Auffassungen der Gouverneure nicht entgegen.

Renner ist der Meinung, dass die Bäume des Föderalismus nicht in den Himmel wachsen werden. Der Charakter des Provisoriums sei bisher nicht aufgehoben worden. Er habe ernste Sorge über die Folgen, die eine Ablehnung des Grundgesetzes mit sich führen würde.

Schönfelder erklärt, dass es besser gewesen wäre, wenn man ein den deutschen Auffassungen entsprechendes Grundgesetz fertiggestellt hätte, bevor man dahin getrieben wurde, sich mit den Alliierten noch abstimmen zu müssen. Jedoch dürften wir nun nicht in einer vorgefassten Ablehnungsstimmung die Arbeit fortsetzen.

Reuter sagt, dass es ein großer Erfolg der Sowjetpolitik und auch gewisser französischer Kreise wäre, wenn es nicht zu der Konsolidierung der Verhältnisse in Westdeutschland käme. Er tritt für ein weiteres hartnäckiges Verhandeln ein.

Schoettle bedauert die große Bereitschaft, zum Grundgesetz nein zu sagen. Er weist auf den Fortschritt hin, der in der Entwicklung von der Bi- zur Trizone liegen würde. Beim Artikel 36 und dem Finanzausgleich sollten wir an unseren Forderungen festhalten, aber weiter verhandeln.

Kopf ist der Auffassung, dass wir in den folgenden Punkten schon heute eine Entscheidung treffen könnten:

1. Abstimmung durch Landtage oder Volksabstimmung?
2. Abwarten des Besatzungsstatuts?
3. Sollen die Ministerpräsidenten die Ländergrenzenfrage wieder aufrollen?
4. Sitz der Bundesregierung?

von Knoeringen erklärt, dass das Schwergewicht wichtiger Entscheidungen nicht bei den Ländern liegen dürfe. Wir würden in Zentraleuropa in einen Balkanzustand geraten und damit den Wünschen der Politik des Ostens entsprechen.

Menzel sagt, dass *Robertson* erklärt habe, dass ein Teil des Grundgesetzes durch das Besatzungsstatut suspendiert werden könne. Er fürchtet, dass im Volke eine Suspendierung wahrscheinlich mit Streichung verwechselt werden würde. Es sei daher ratsam, die vorherige Bekanntgabe des Besatzungsstatuts weiterhin zu verlangen. Verantwortung könnten wir nur tragen, wenn uns auch die Möglichkeit der Gestaltung gegeben würde. Die Fassung des Artikels 36 steht dem aber entgegen.

Zum Ergebnis der 3. Lesung könne man ja sagen. Wenn wir jetzt hart bleiben, ist es durchaus möglich, dass Clay und Robertson ein Scheitern verhindern werden.

Schmid erklärt, dass wir mit den Besatzungsmächten nicht über das Memorandum[9] verhandeln. Nicht ein Vergleich, sondern ein Beschluss zum Grundgesetz wird am Ende stehen. Es wäre jetzt wünschenswert, dass die Ministerpräsidenten die Forderung nach dem Finanzausgleich und der Bundesfinanzverwaltung erheben.

Ollenhauer erklärt abschließend, dass die hier heute gemachten kritischen Bemerkungen in keiner Weise eine Kritik an der Arbeit unserer Fraktion seien.

Unter dem Grundgesetz werden deutsche Unterschriften stehen, die wir in einer späteren Zeit zu verantworten haben werden. Der endgültige Beschluss der Partei wird vom PV, PA und Fraktion in gemeinsamer Sitzung gefällt werden.

Wenn die alliierten Formulierungen für den Artikel 36[10] und die Finanzhoheit bleiben, entsteht ein lebensunfähiger Bund.

---

9 Gemeint ist das Memorandum v. 22.11.1948, in dem die drei Westalliierten einige in den Frankfurter Dokumenten nicht festgelegte Grundsätze für das Grundgesetz festschrieben, vor allem die „eingeschränkten Befugnisse" der künftigen Bundesregierung über die öffentlichen Finanzen, vgl. M. Feldkamp, Der Parlamentarische Rat, S. 109-111.

10 Im Entwurf des Hauptausschusses vom Dezember 1948 betraf der Artikel 36 die sog. „Vorranggesetzgebung", vgl. Der Parlamentarische Rat. Akten und Protokolle, Bd. 7, Boppard 1995, S. 102 f. Später wurde dieser Artikel mit dem Titel „konkurrierende Gesetzgebung" zum „Artikel 74" GG, ebd., S. 629.

In der Formulierung kann versucht werden, einen Ausgleich zu finden, jedoch ohne von unserer Grundhaltung abzugehen. In der Forderung nach Bekanntgabe des Besatzungsstatuts vor der Verabschiedung des Grundgesetzes liegt bereits ein PV-Beschluss vor, an dem wir weiter festhalten.

In der Frage Berlin bestehen wir auf die Entsendung Berliner Vertreter.

In der Frage des Wahlgesetzes soll nochmals versucht werden, den alliierten Vorschlag zu revidieren. Wenn das nicht gelingt, sollten die Ministerpräsidenten sich für den Bonner Vorschlag einsetzen.

Es liegt ein PV-Beschluss vor, der die Bestätigung des Grundgesetzes durch die Landtage verlangt.

In der Ländergrenzenfrage hält er es für ausgeschlossen, dass die Ministerpräsidenten sich je einigen könnten. Der Vorschlag auf Bildung des Süd - West - Staates konnte bisher wegen der Uneinigkeit der Alliierten nicht durchgeführt werden. In Anbetracht dieser Umstände sollte man daher jetzt keinen neuen Versuch auf Revision der Ländergrenzen mehr machen.

Die Frage des Bundessitzes sei in der derzeitigen Situation in Bonn nicht aktuell, weshalb kein Beschluss gefasst werden solle.

Schönfelder gibt als Vorsitzender der Kommission zur Prüfung der Bundessitzfrage einen kurzen Bericht. *Böckler* hat sich als Vorsitzender des Gewerkschaftsbundes für Bonn ausgesprochen.

Kassel schafft es technisch nicht.

In Bonn wird bereits am Bau des Parlamentes gebaut, doch sei hier die politische Atmosphäre denkbar ungünstig.

Die Kommission empfiehlt Frankfurt, wenngleich zu bedenken sei, dass damit der Charakter des Provisoriums nicht mehr so klar zum Ausdruck komme.

Ollenhauer erklärt abschließend dazu, dass unsere Genossen im Parlamentarischen Rat vorerst eine Entscheidung noch verhindern sollen.

Sonderpunkt Beamtenpension[11]

Kriedemann berichtet über den von der Fraktion in Frankfurt eingereichten Antrag auf Heraufsetzung der Pension für die Flüchtlingsbeamten. Die Mittel sollen aufgebracht werden durch Angleichung der westdeutschen Beamtenpensionen, d.h. Herabsetzung. Die Landtagsfraktionen sollten nunmehr in allen Ländern denselben Antrag einbringen.

Es soll weiterhin versucht werden, zunächst auf der bizonalen Ebene einen Finanzausgleich zu erreichen.

Henßler möchte dieses Problem nicht zwischen Tür und Angel erledigen.

Brauer hält es für unklug, eine Pensionskürzung nur da durchzuführen, wo wir eine Mehrheit haben oder finden. Nur eine übergebietliche Regelung sei akzeptabel.

Kriedemann erklärt, dass es ein schreiendes Unrecht sei, dass nur die sogenannten wohlerworbenen Rechte der Beamten geschützt werden. Er glaube nicht, dass es in den

---

11 Nicht in der vorläufigen Tagesordnung vom 2.3.1949. Im Kommuniqué wird dieser „Sonderpunkt" nicht erwähnt.

Ländern zu verschiedenen Beschlüssen kommen könnte. Auf keinen Fall dürften wir uns durch die Haltung eines reaktionären Landes von der Durchführung gesunder Maßnahmen abhalten lassen.

Menzel sagt dazu, dass er in seinem Kabinett die von *Kriedemann* vorgeschlagene Forderung bereits in der nächsten Woche vorbringen werde.

Baur schlägt vor, dass die Ministerpräsidentenkonferenz sich für die von *Kriedemannn* vorgeschlagene Pensionsregelung einsetzen solle.

Zu **Punkt 12** der Tagesordnung (**Der Fall Dietz in Hessen**)[12]:

Knothe führt u.a. aus, dass Dietz bereits von der Regierung *Geiler* zum Präsidenten des Landesernährungsamtes ernannt wurde. Die Partei habe bereits damals dagegen protestiert, dass sich Dietz, in seiner Eigenschaft als Unternehmer, in diesem Amte befindet. - Er hält es für ausgeschlossen, dass unsere Genossen von den Sonderzuteilungen besonders profitiert hätten und meint, dass bei Aufrollung des Falles hauptsächlich die CDU schlecht abschneiden würde.

Ollenhauer stellt nach kurzer Diskussion abschließend fest, dass *Knothe* beauftragt werden soll, das gesamte Material in der Angelegenheit Dietz dem PV zuzustellen.

Zu **Punkt 2** der Tagesordnung (Stellungnahme zur **Europa-Union**)[13]:

Ollenhauer berichtet über die vorgestrige Sitzung des Außenpolitischen Ausschusses [im folgenden A.A. abgekürzt], in der auch das Problem der Europa - Union behandelt wurde.[14]

Mit Billigung des PV hatten an der Brüsseler Konferenz [der MSEUE][15] die Genossen *Suhr*, Adolf *Ludwig,* Max *Brauer* und Theanolte *Bähnisch*[16] teilgenommen. Auf Grund der Berichte der Teilnehmer kam der A.A. zu der Auffassung, dass die Partei zunächst weiter eine abwartende Haltung einnehmen solle. Damit ist aber keinesfalls der Gedanke der europäischen Einheit verneint. Der Exekutivrat der Europabewegung in Deutschland besteht z.Z. aus zufällig zusammengewürfelten Vertretern. Der A.A. hat beschlossen, den Versuch zu unternehmen, in den Rat Sozialdemokraten zu entsenden, ohne dass die Partei dabei gebunden wird. Weiter solle mit *Kogon* eine Aussprache herbeigeführt wer-

---

12 Im Kommuniqué wird dieser TOP nicht erwähnt. Zum „Fall Dietz" vgl. a. W. Mühlhausen, Hessen 1945-1950, Frankfurt a. M. 1985, S. 496 u. 520 f. Fritz *Dietz* (1909-84), geb. in Frankfurt/ Main, Kaufm. Lehre, Übernahme des Familienbetriebes für Zuckerimport u. Zuckerhandel, 1946-48 Präs. d. hess. Landesernährungsamtes, später Präs. d. Bundesverbandes d. Dt. Groß- u. Außenhandels.

13 Im Kommuniqué wurde nur sehr allgemein die positive Stellungnahme der SPD zu den Bemühungen für eine Förderung der europäischen Zusammenarbeit unter der Zwischenüberschrift „Für Förderung des Gedankens der europäischen Zusammenarbeit" herausgestellt, vgl. Anlage 1.

14 Im Sopade Informationsdienst (Nr. 726 v. 18.3.1949) wurde - anschließend an das Kommuniqué über die Sitzung des PV folgender Kurzbericht über die Sitzung des Außenpolitischen Ausschusses der SPD veröffentlicht, der hier als Anlage 1 B abgedruckt wird.

15 MSEUE war die Abkürzung für „Mouvement socialiste pour les Etats Unis d'Europe", d. h. die „Bewegung für die Vereinigten Staaten (ursprünglich „Sozialistischen Staaten") von Europa". Sie war eine 1947 von einigen kleineren europäischen sozialistischen Parteien gegründete Bewegung, die sich von Anfang an auch um den Beitritt der größeren sozialdemokratischen Parteien bemühten, vgl. PV-Protokolle Bd. 1, S. 297 f.

16 Zu Theanolte *Bähnisch* (1899-1973) vgl. PV-Protokolle Bd. 1, S. 222.

den, um zu erreichen, dass die Union eine für uns akzeptable Grundhaltung einnimmt. Jedenfalls kann die SPD nicht schon heute einer kommenden westdeutschen Regierung durch eine außenpolitische Festlegung die Entscheidung vorwegnehmen. Die deutschen Gewerkschafter werden sich in dieser Frage entscheiden, sobald nach Bildung einer neuen Gewerkschafts-Internationale eine Stellungnahme möglich ist.

Der PV billigt die Beschlüsse des A.A.

Willy **Brandt** beantragt, dass auf der nächsten PV-Sitzung in einem besonderen Punkt die außenpolitische Lage erörtert wird.

Menzel überbringt die Nachricht vom Tode Ernst *Gnoß'* und **Ollenhauer** hält eine kurze Gedenkrede.

Zu **Punkt 3** der Tagesordnung (**Deutsche Union**):

Heine erläutert die Gründungsgeschichte der Union und skizziert die hinter dieser Bewegung stehenden führenden Persönlichkeiten und das Programm. [...][17]

Er beantragt zu beschließen, dass die Mitgliedschaft in der Deutschen Union unvereinbar ist mit der Mitgliedschaft in der SPD.

Schoettle stellt die Frage nach den Ursachen, die die jungen Menschen von uns ab und zu solchen Bewegungen treiben. Er glaubt, dass die Partei zu wenig Verständnis für die Einstellung der jungen Menschen zeigt.

Carlo **Schmid**, von **Knoeringen** und **Reuter** sprechen sich ähnlich aus.

Eichler bezweifelt, dass in der Deutschen Union in besonderem Maße die Kräfte liegen, um die wir uns bemühen müssten.

Ollenhauer meint, dass das ganze Problem einmal ernsthaft im PV diskutiert werden müsse und ist der Auffassung, dass wir bald die Aufhebung der Sperrbestimmungen gegen ehemalige Nazis im Organisationsstatut erwägen müssen.

Henßler möchte nicht, dass der Beschluss jetzt publiziert wird, damit bereits beteiligten Genossen eine Rückzugsmöglichkeit gegeben werden kann.

Ollenhauer schlägt vor, dass der Beschluss zunächst nur den Bezirken mitgeteilt wird, damit diese von sich aus auf beteiligte Genossen einwirken.

Der PV stimmt dem zu. (siehe Anlage [2 A[18]])

Zu **Punkt 4** der Tagesordnung (**Berlin**):

Reuter berichtet über die Währungssituation und die sich bisher daraus ergebenden Schwierigkeiten. Er habe nunmehr eine feste Zusage erhalten, dass die Westwährung in allernächster Zeit als alleiniges Zahlungsmittel eingeführt wird. Die Luftbrücke[19] schafft z.Z. täglich 8.000 t nach Berlin. Die Frage der Anerkennung Berlins als Land ist noch-

---

17 Weggelassen wird hier ein Hinweis auf die in den Beiakten als „Anlage 1" vorhandenen hektographierten Materialien über die „Deutsche Union". Die „Grundsätze und Thesen" der Deutschen Union v. 22./23.1.1949 werden hier als Anlage 2 B abgedruckt.

18 Das in den Beiakten als Anlage „II" vorhandene „Rundschreiben Nr. 22/49 (Organisation)" des Parteivorstandes vom 15.3.1949 mit der Mitteilung über den Unvereinbarkeitsbeschluss wird hier als Anlage 2 A zum Protokoll abgedruckt.

19 Zur Berliner Blockade und zur Luftbrücke vgl. PV-Protokolle Bd. 1, S. XCVIII.

mals vertagt worden, dürfte jedoch auch in Kürze positiv gelöst werden. Er glaube auch, dass die Einbeziehung Berlins in Bonn in absehbarer Zeit möglich sein wird. Die Zusammenarbeit mit den beiden bürgerlichen Parteien wird für die Dauer des Kalten Krieges fortgesetzt werden müssen.

Kriedemann berichtet über die Unterstützung, die die Wirtschaftsratsfraktion bei der Ausschöpfung der Hilfsmöglichkeiten für Berlin gibt.

Zu Punkt 6 der Tagesordnung: (Rundfunkfragen)

Heine gibt einen Überblick über den Rundfunk in den 3 Westzonen und übt scharfe Kritik an den politischen Kommentatoren des NWDR.

Grimme gibt daraufhin einen Bericht über die unglaublichen Zustände, die er beim NWDR vorfand. Er habe mindestens 1/2 Jahr zu tun, um Cliquenwirtschaft und Korruptionen auszuräumen.

Nächste Sitzung des PV voraussichtlich am 28. und 29.3.1949 in Hannover[20]

Anlage 1 A:
Kommuniqué
Sopade Informationsdienst Nr. 726 v. 18.3.1949

Der am 11. und 12. März in Köln stattgefundenen Sitzung des Vorstandes der SPD, welche großem Interesse im In- und Auslande begegnete, kam insofern besondere Bedeutung zu, als sie sich u.a. mit der Arbeit der SPD-Fraktion im Bonner Parlament und der Stellungnahme der Alliierten zum Grundgesetz befasste. Auch wurden Beschlüsse zur Kriegsgefangenenfrage gefasst

Bisherige Beschlüsse erneut bestätigt

Im Mittelpunkt der Beratungen des Vorstandes der SPD in Köln am 11. und 12. März 1949 stand die Frage der sozialdemokratischen Stellungnahme zu dem Memorandum der Militär-Regierung über den Entwurf des Parlamentarischen Rates zum Bonner Grundgesetz. *Carlo Schmid* und *Walter Menzel* gaben einen ausführlichen Bericht zu der Entwicklung dieser Frage seit der Sitzung des Parteivorstandes in Iserlohn und über den letzten Stand der Fühlungnahme mit den Vertretern der westlichen Besatzungsmächte. Danach hält die SPD an der in Iserlohn beschlossenen Aufteilung der Zuständigkeiten zwischen dem künftigen Bund und den Ländern auf dem Gebiete der Gesetzgebung fest und ebenso an ihrer Auffassung von der Notwendigkeit einer eigenen Finanzverwaltung, die auch nicht durch andere Einrichtungen ersetzt werden kann.

---

20 Zu Beginn des Kommuniqués wird erwähnt, dass weiterhin „Beschlüsse zur Kriegsgefangenenfrage" gefasst wurden, vgl. Anlage 3.

Die SPD ist unverändert der Auffassung, dass der künftige Bund so gestellt werden muss, dass er lebens- und aktionsfähig ist. Andernfalls erscheint jeder Versuch, zu einer provisorischen westdeutschen politischen Organisation zu kommen, illusorisch.

Eine abschließende Stellungnahme der SPD zu diesem ganzen Fragenkomplex wird sich erst ermöglichen, wenn die Besprechungen über eine Modifizierung des Memorandums der Besatzungsmächte beendet sind.

Es ist wahrscheinlich, dass schon in kurzer Zeit eine neue Sitzung des Parteivorstandes erforderlich sein wird.

Für Förderung des Gedankens der europäischen Zusammenarbeit

In der Frage der sozialdemokratischen Haltung zu den europäischen Einigungsbestrebungen bestätigte der Parteivorstand die Beschlüsse des Außenpolitischen Ausschusses vom 10. März 1949, die festlegten, dass die SPD die Bemühungen um eine Förderung des Gedankens der europäischen Zusammenarbeit unterstützt. Die SPD legt dabei besonderen Wert auf ein wirksames Zusammenspiel der internationalen Arbeiterbewegung.

Die Frage Berlins

Über die Lage in Berlin berichtete ausführlich der Berliner Oberbürgermeister, *Ernst Reuter*. Als der wichtigste Punkt auf diesem Gebiet ist nach seiner und seiner Freunde Ansicht die Einführung der Westmark für die westlichen Sektoren in Berlin anzusehen, mit der in naher Zukunft zu rechnen sei. *Reuter* gab der bestimmten Erwartung Ausdruck, dass sich in absehbarer Zeit die tägliche Leistung der Luftbrücke nach Berlin auf rund 8.000 Tonnen steigern werde. Der Parteivorstand trat noch einmal einmütig und nachdrücklich für die Aufnahme Berlins als 12. Land in die kommende westdeutsche Konzeption und dafür ein, dass die Berliner Vertreter für die künftige westdeutsche Volksvertretung nach demselben Wahlsystem ausgewählt werden sollen, das für Westdeutschland selbst bestimmt werden wird.

[...][21]

Anlage 1 B

Kurzbericht über die Sitzung des Auswärtigen Ausschusses des Parteivorstandes am 10. März 1949

Sopade Informationsdienst Nr. 726 v. 18.3.1949

Am 10. März 1949 tagte in Köln unter der Leitung von *Erich Ollenhauer* der Außenpolitische Ausschuss der SPD. An der Sitzung nahmen u.a. teil: Max *Brauer*, Hermann *Brill*, Fritz *Heine*, Paul *Löbe*, Wilhelm *Kaisen*, Herbert *Kriedemann*, Adolf *Ludwig*, Carlo *Schmid*, Erwin *Schoettle*, Otto *Suhr*. Über die Brüsseler Europakonferenz erstatteten *Brauer*, *Suhr* und *Ludwig* Berichte, an die sich eine Diskussion anschloss, die auch die

---

21 Es folgt noch unter der Zwischenüberschrift „Für die Kriegsgefangenen und Internierten" ein längerer Abschnitt, der den Charakter einer Resolution hat und deshalb hier als Anlage 3 abgedruckt wird.

Stellungnahme der Partei in den deutschen Europaorganisationen betraf. Die SPD stellt sich positiv zu der Frage eines Vereinigten Europas und begegnet allen Bestrebungen, die auf ein einheitliches Europa hinzielen, mit Sympathie. Sie tritt für eine Förderung der internationalen Zusammenarbeit ein, die sie vor allem im Zeichen der internationalen Arbeiterbewegung vorwärts getrieben sehen will. Der zweite Punkt galt Richtlinien und Vorschlägen zu Außenhandelsproblemen und der Organisation der Außenhandelsstellen. Die von der Abteilung Außenhandel in Frankfurt a.M. verfolgten Pläne werden von der SPD für unzweckmäßig gehalten und infolgedessen bekämpft.

Anlage 2 A
Rundschreiben des Parteivorstandes an die Bezirksvorstände vom 15. März 1949. Der Unvereinbarkeitsbeschluss einer Mitgliedschaft in der SPD mit einer solchen in der „Deutschen Union"
Hektogr. Rundschreiben Nr. 22/49 d. Abt. Organisation (1 S.) in den Beilagen zum Protokoll

Werte Genossen!

Der Parteivorstand nahm in seiner Sitzung am 11. und 12. März 49 zur „Deutschen Union" Stellung.

Unter Zugrundelegung der bisherigen Information über das Wirken und die Erklärungen der D.U., die im „Sopade" Nr. 685, 686, 695 und 696 veröffentlicht und durch weitere Beobachtungen ergänzt wurden, beschloss der Parteivorstand, die Mitgliedschaft in der D.U. für unvereinbar mit der Mitgliedschaft in der SPD zu erklären.

Dieser Beschluss soll vor dem 15. April aus folgenden Gründen nicht veröffentlicht werden:

1. Der D.U. haben sich bisher nur wenige Sozialdemokraten angeschlossen, so dass es den Bezirksvorständen möglich ist, die beteiligten Genossinnen und Genossen in einer persönlichen Verhandlung noch vor dem 15. April über die Gründe des Parteivorstandsbeschlusses zu informieren und zum Austritt zu bewegen.
2. Der Parteivorstand hat nicht die Absicht, der D.U. eine Bedeutung zuzugestehen, wie sie durch die Bekanntgabe eines Beschlusses in einem Kommuniqué über eine PV-Sitzung zum Ausdruck kommen würde.

Wir empfehlen den Bezirksvorständen, mit den beteiligten Genossen recht bald die angeregten Aussprachen zur Vermeidung organisatorischer Bindungen durchzuführen.

Weiteres Material über die D.U. wird zusammengestellt und den Bezirksvorständen schnellstens zugeleitet.

Mit Parteigruß!

E. Franke

Anlage 2 B

Grundsätze und Thesen der DEUTSCHEN UNION, beschlossen am 22. und 23. Januar 1949 in Braunschweig

Hektogr. maschinenschriftl. Text (3 S.) in den Anlagen zum Protokoll

Deutschland liegt als dunkles Niemandsland zwischen den Fronten der Weltmächte. Im Osten wird das Elend der des Volkes übertönt von den grellen Fanfaren der totalitären Diktatur. Im Schatten der westlichen Freiheit aber sind die Veteranen von Weimar an der politischen Arbeit. Die Bankrotteure von einst errichten ihre müde Gespenster-Demokratie. Ohne Mut und ohne Initiative, unfähig zu handeln, verwalten Politikbeamte und Greise ein Land, das noch betäubt zu sein scheint. Morgen schon kann es zum Tummelplatz eines neuen Radikalismus und Nihilismus werden, wenn wir nicht eine überzeugende, aktive und reale Demokratie schaffen, die allein den Neofaschismus und den Neokommunismus in seine Schranken weist.

Die Parteien von 1945 wirken wie leere Kulissen, hinter denen nichts steht. Sie haben notdürftig einen Teil ihrer alten Mitglieder von 1932 wieder eingefangen. Die Führer dieser Parteien, die damals die Demokratie nicht zu verteidigen vermochten und die Diktatur mit Taktik vergeblich aufzuhalten versuchten, werden auch heute, unter ungleich schwereren Verhältnissen, die Lage nicht meistern können. Am wenigsten vermögen sie den Verzweifelten Hoffnung zu geben. Die Jugend läuft ihnen davon. Sie denken nicht daran, durch kluge Planung und durch entschlossenes Zupacken einen Weg aus dem Elend zu weisen.

Dennoch stehen in allen Parteien auch aktive Demokraten, die nicht kurzfristig um Positionen, sondern auf lange Sicht um die innere Erneuerung unseres Volkes kämpfen. Sie müssen sich über alle äußeren organisatorischen Schranken hinweg die Hand reichen. Zu ihnen wird die Generation der Heimkehrer und die Jugend treten. Aus der vergessenen Generation der Zwanzig- bis Vierzigjährigen ist die DEUTSCHE UNION entstanden. Die Jugend will den Frieden, weil sie den Krieg in seiner schrecklichen Form kennen gelernt hat. Sie will wahre Freiheit, weil sie das Elend der totalitären Sklaverei verspürt hat. Sie lehnt Illusionen und Ideologien ab. Sie will friedlich schaffen und arbeiten. Die abgeleierten Melodien aller doktrinären Parteiredner hört sie nicht mehr und die intoleranten Sekten des 19. Jahrhunderts , die heute von neuem als politische Gruppen auftreten, vermögen der jungen Generation nicht Neues zu sagen. Sie arbeitet, unbekümmert um Parteiverbindungen oder Herkunft, um Lebensalter oder Vergangenheit, mit allen zusammen, die aufrichtig guten Willens sind.

Grundsätze der DEUTSCHEN UNION

Aktive Demokratie:

Die DEUTSCHE UNION wird eine aktive und reale Demokratie verwirklichen. Sie lehnt das Verhältniswahlsystem ab, weil daraus die neue Diktatur entspringen wird. Das

Mehrheitswahlsystem wird Persönlichkeiten und nicht Listennummern in die Führung des Staats bringen. Schwach und aktionsunfähig ist das Regime der Koalitionen. Es kennt keine klare Verantwortung und verhindert die Ablösung der Unfähigen. Weimar scheiterte nicht daran, dass die Deutschen keine Demokraten sind; das verfehlte System ließ eine echte demokratische Führung nicht zu. Die DEUTSCHE UNION tritt für eine starke demokratische Regierung ein, der genügend Möglichkeit zum Handeln gesichert bleibt. Jedweder Parlaments-Absolutismus wird abgelehnt. Die Regierung darf nicht der verlängerte Arm einer ideenlosen Bürokratie sein. Die Verwaltung muss wieder zum dienenden Instrument einer ideenreichen politischen Führung gemacht werden. Die Schreibstubenluft ehemaliger Etappenspieße muss aus unseren Amtszimmern verschwinden. Die DEUTSCHE UNION tritt dafür ein, dass jede Persönlichkeit in ihrer Verantwortung sichtbar gemacht wird. Die angelsächsischen Formen der Demokratie sollen nicht nachgeahmt werden, sondern ihre Vorzüge müssen eine eigene deutsche Gestalt annehmen. Das Übergewicht der Verwaltung und Bürokratie, die sich selbst in den Parlamenten eingenistet hat, ist auf das rechte Maß zurückzuführen.

Aus diesem System realpolitischer Ablösungsmannschaften ergibt sich die Möglichkeit zu nüchterner politischer Arbeit. Der Spuk des dogmatischen Gegeneinanders wird ersetzt durch die Kameradschaft einer Demokratie, in der man sich kontrolliert und nicht diffamiert, in der man sich achtet und nicht verleumdet. Die politische Wirklichkeit wird an die Stelle der gegenwärtigen Spiegelfechterei im luftleeren Raum treten.

Soziale Sicherheit

Die DEUTSCHE UNION weiß, dass Weimar nicht allein an einer falschen demokratischen Form gescheitert ist; jede Demokratie bedarf der sozialen Grundlage. Der sozial ungesicherte Mensch ruft nicht zuerst nach Freiheit, sondern nach Sicherheit. Die DEUTSCHE UNION überwindet den unfruchtbaren Gegensatz von ausbeuterischem Kapitalismus [und] staatsbürokratischem Sozialismus, wenn der arbeitende Mensch wieder mitverantwortlich und Mittelpunkt der technischen Zivilisation sein wird. Sie kämpft für eine echte Wirtschaftsdemokratie und fordert den gerechten Anteil des Arbeiters am Ertrag. Die moderne Sozialordnung, verankert in einer Betriebsverfassung, soll den Arbeiter verantwortlich mit seinem Werk verbinden und ihm den seiner Leistung entsprechenden Lohn sichern. Halbtotalitäre Massenorganisationen mit Mitgliedszwang können zu einer Gefahr für die Freiheit werden; deshalb muss eine saubere Trennung zwischen wirtschaftlichen und politischen Interessengruppen durchgesetzt werden.

Die DEUTSCHE UNION wendet sich gegen alle, die den Heimatvertriebenen nur leere Versprechungen machen. Für das Flüchtlingsproblem wird sie konkrete Lösungen vorschlagen. Sie wird mit der gleichen Entschiedenheit eine verwahrloste Jugend von der Straße holen und in das notwendige Aufbauwerk einfügen. Heimkehrer, die sich wund stoßen an den Hemmnissen der Bürokratie, müssen ungehindert am friedlichen Neuaufbau unserer Heimat teilnehmen können. Die wirtschaftlichen wie die politischen Ordnungen sollen für jeden einzelnen wieder überschaubar werden.

Gültige Grundrechte:

Die DEUTSCHE UNION kämpft für die wirklichen Grundrechte und lehnt jede Scheinverfassung ab. Als Zeugen und Opfer der Selbstzerfleischung Europas wenden sich ihre Anhänger gegen die Enge und Blindheit jedes Nationalismus. Vor ihnen steht als Ziel ein freies und bürgerliches Europa, dem das ganze Deutschland angehört. Die Rückkehr zum Westfälischen Frieden von 1648 darf ebenso wenig Gestalt annehmen wie jeder Ost- oder Weststaat. Statt dessen tritt die DEUTSCHE UNION ein für die wirtschaftliche Vereinigung Gesamteuropas, wie sie dem 20. Jahrhundert gemäß ist. Lebendige Völker kann man nicht auseinanderreißen, wenn man den Grundstein zu einem gerechten und dauerhaften Frieden legen will.

Die DEUTSCHE UNION erkennt ihren Gegner klar an der Parteibürokratie und jeder totalitären Gefahr. Ein demokratisches Deutschland wird aber nicht von bequemen, sondern nur von unbequemen Demokraten aufgebaut. Die DEUTSCHE UNION wird aus ihrem Gewissen heraus um unseres Volkes willen die Wahrheit sagen im Vertrauen auf die Kameradschaft aller aktiver Demokraten der Welt. Sie wird die demokratische Revolution durchfechten, um unseres verzweifelten Volkes, um des Friedens, um des Rechts, um der Freiheit willen.

Daher stellt die DEUTSCHE UNION folgende **Richtlinien** *auf:*
1. Die DEUTSCHE UNION ist eine politische Bewegung ohne doktrinäre Vorurteile. Sie lehnt den Missbrauch weltanschaulicher Begriffe im politischen Leben ab. Sachlichkeit, Redlichkeit und Toleranz sind die Grundsätze ihres Handelns.
2. Die DEUTSCHE UNION tritt ein für die Unverletzlichkeit der Person und ihrer staatsbürgerlichen Rechte. Wer die Grundrechte bricht oder ihre Missachtung duldet, wird strafrechtlich belangt. Jeder einzelne ist verpflichtet, gegen Verletzungen der Grundrechte Widerstand zu leisten. Die DEUTSCHE UNION fordert unbedingte Gleichheit aller vor Gesetz und Richter. Jedermann hat das gleiche Recht auf Bildung und Aufstiegsmöglichkeit; nur Befähigung und Leistung entscheiden. Die DEUTSCHE UNION bekämpft die Allmacht des Staates und der Verwaltung. Der politische Einfluss der Bürokratie ist auszuschalten.
3. Die DEUTSCHE UNION erstrebt den gesamtdeutschen Bundesstaat als Glied eines vereinigten Europas.
4. Die DEUTSCHE UNION verlangt soziale Gerechtigkeit. Ziel ihrer Wirtschaftspolitik ist es, den allgemeinen Lebensstandard durch höchstmögliche Gütererzeugung zu heben. Ein angemessener Anteil des einzelnen am Arbeitsertrag, seine wirtschaftliche Sicherheit, eine umfassende Sozialgesetzgebung und angemessener Wohnraum sind Grundbedingung. Die DEUTSCHE UNION stellt dem Individualismus das Recht der Schwachen, dem Kollektivismus die Persönlichkeit entgegen. Jede Art privater oder staatlicher Machtballungen in der Wirtschaft wird wegen der Gefahr undemokratischen politischen Einflusses abgelehnt. Die wirtschaftliche Erneuerung kann bei aller Kräfteanspannung nur in einer gesamteuropäischen Wirtschaft erreicht werden.

5. Die DEUTSCHE UNION ist tolerant nach innen und außen. Die schöpferische Persönlichkeit ist entscheidend für die geistige und kulturelle Entwicklung, deren Träger die abendländische Gemeinschaft ist. In der freien Begegnung der Kulturen aller aller Völker sieht sie einen wesentlichen Beitrag zur Befriedung der Welt.

Anlage 3
Beschluss zur Frage der Kriegsgefangenen und Internierten
Sopade Informationsdienst Nr. 726 vom 18.3.1949[22]

Seit dem 15. Januar 1949 sind keine Entlassungstransporte unserer Kriegsgefangenen aus Sowjetrussland in Deutschland eingetroffen. Alle Versprechungen der Sowjetunion, die Kriegsgefangenen in erhöhter Zahl, man sprach von 30.000 Mann monatlich, heim zu senden, sind nicht eingelöst worden. Zuverlässige Informationen besagen, dass viele Kriegsgefangenen die Hoffnung auf ihre Entlassung aufgegeben haben und von einem längeren Arbeitseinsatz sprechen. Gleiche Nachrichten kommen aus Polen, Jugoslawien, der Tschechoslowakei und aus Rumänien. Auch hier werden immer noch Kriegsgefangene festgehalten, obgleich nach den Versprechungen dieser Länder ihre Kriegsgefangenen restlos heimgeführt worden sein sollten. In Sowjetrussland und Polen werden noch heute Frauen und Zivilinternierte in gleichen Gefangenenlagern festgehalten. Verhaftete Jugendliche aus den von Sowjettruppen besetzten Gebieten werden noch immer gesucht.

Die Sozialdemokratische Partei Deutschlands richtet an die Regierungen Amerikas, Großbritanniens und Frankreichs die dringende Bitte, alles mögliche für die endliche Befreiung dieser als Zwangsarbeiter festgehaltenen Menschen zu tun.

Die Sozialdemokratische Partei Deutschlands fordert alle Angehörigen auf, die Namen, Personalangaben und Umstände von solchen Familienangehörigen zu melden,

1. die eine Nachricht aus ihrer Kriegsgefangenschaft gaben,
2. von deren Aufenthalt in Kriegsgefangenschaft durch Heimkehrer berichtet wurde,
3. [die] durch Sowjettruppen, Sowjetdienststellen oder durch deutsche Organe im Auftrage der sowjetischen Besatzungsmacht vor und nach der Kapitulation verhaftet wurden und bis heute nicht aus ihrer Gefangenschaft zurückgekehrt sind. Alle Mitteilungen werden an die Kriegsgefangenenhilfe der SPD in Hannover, Odeonstraße 15/16, oder an die Bezirkssekretariate der SPD in der britischen, amerikanischen und französischen Zone und in Berlin erbeten.

Die Sozialdemokratische Partei Deutschlands fordert alle Länderparlamente auf, unter den jetzt eingetretenen Umständen die Angehörigen noch in Kriegsgefangenschaft verbliebener ehemaliger Wehrmachtsangehörigen im Unterstützungsfalle den Angehörigen von Vermissten gleichzustellen bis zu dem Tage, an welchem die Rückkehr des Kriegsgefangenen stattfindet.

---

22 Die Verabschiedung dieses Beschlusses wird nur zu Beginn des Kommuniqués erwähnt, vgl. Anl. 1 A.

Nr. 6

Sitzung des Parteivorstandes und der Fraktion des Parlamentarischen Rates am 11. April 1949 in Bad Godesberg

AdsD: 2/PVAS000683 *(Maschinenschriftl. Prot., 2 S.)*[1]

Leitung der Sitzung: **Erich Ollenhauer**
Anwesend: siehe Liste

[Teilnehmer /Teilnehmerinnen, nach Funktionen geordnet[2]:
   PV:[3] *Ollenhauer;*
      Franke, Gotthelf, Heine, Kriedemann, Nau;
      Baur, Bögler, Eichler, Fischer, Gayk, Grimme, Gross, Henßler, Kaisen, Knoeringen,
      Knothe, Krahnstöver, Menzel, Neumann, Schmid, Schoettle, Selbert
   KK: *Schönfelder*
   MdParlR: *Bauer, Bergsträsser, Diederichs, Eberhard, Ehlers, Greve. Heiland, Hoch, Katz,*
      Löbe, F. Löwenthal, F. Maier, Muecke, Nadig, Roßhaupter, Runge, Seifried, Suhr,
      [Friedrich] *Wolff, Wunderlich, Zimmermann, Zinn* + 4 Mitgl. d. PV (*Gayk, Menzel,*
      Schmid, Selbert) + 1 Mitgl. d. KK (*Schönfelder*)]

Tagesordnung: Das Grundgesetz
   Ollenhauer rekapituliert die Entwicklung der Arbeit in Bonn seit der Intervention der 3 Außenminister. Er hält es für erforderlich, dass nunmehr zur Beschlussfassung eine gemeinsame Sitzung des PV, PA und der Fraktion einberufen wird.
   Schmid erläutert das gestern von den Militärgouverneuren überreichte Besatzungsstatut (s. Anlage [2 A][4]) und den Inhalt des Fusionsabkommens[5].
   Heine berichtet über einen Anruf *Baades* aus Washington, der mitteilte, dass mit einer neuen Demontagewelle zu rechnen sei. Außerdem habe man sich auf die Stahlquote von 10,7 Mill. to festgelegt.
   Zinn und **Schoettle** halten es für wichtig, dass in der Öffentlichkeit nicht der Eindruck entsteht, die Deutschen verhandelten mit den Alliierten über das Besatzungsstatut. Es müsse klargestellt werden, dass die deutschen Vertreter sich mit den Militärgouverneuren lediglich zum Zwecke der Information treffen.

---

1 Das Kommuniqué über die Sitzung (Sopade Informationsdienst Nr.751 vom 20.4.1949) wird hier als Anlage 1 abgedruckt.

2 Die folgenden Angaben wurden der Anwesenheitsliste in den Beilagen zum Protokoll und Angaben im Protokoll entnommen; für die Teilnehmer an allen Vorstandssitzungen 1948-50 vgl. Anhang 1.

3 Von den Mitgliedern des PV fehlte wegen seiner schweren Erkrankung *Schumacher*, weiter waren *Albrecht, Görlinger, Meitmann, Reuter* und *Schroeder* nicht anwesend. *Heine* und *Schmid* trugen sich nicht in die Anwesenheitsliste ein, beteiligten sich aber an der Diskussion.

4 In der Vorlage „1".

5 Für den Wortlaut des „Fusionsabkommens" vgl. Anlage 2 B.

Eichler meint, dass die Alliierten bei schlechtem Willen mit diesem Besatzungsstatut alles tun und lassen können. Wir dürfen auch nicht den Anschein einer Zufriedenheit mit diesem Statut aufkommen lassen.

Ollenhauer schlägt vor, dass eine Kommission die Stellungnahme des PV zum Besatzungsstatut ausarbeitet.

Dazu werden gewählt: *Schmid, Zinn* und *Eichler*.

Menzel warnt davor, den alliierten Forderungen auf Revidierung des Grundgesetzes in der Frage der Bundesfinanzverwaltung nachzugeben. Die Fraktion erwägt, einen neuen Vorschlag zum Grundgesetz einzubringen, der die unechten Grundrechte weglässt und die Kompetenzen des Bundesrates einschränkt.

Heine glaubt nicht, dass der PV heute zum Initiativantrag[6] der Fraktion Stellung nehmen könne. Sicherlich würde eine Verbesserung gegenüber dem Siebener Kompromiss[7] von der CDU nicht akzeptiert werden, während weitere Zugeständnisse für unsere Partei nicht tragbar sind. Er fordere die Zustimmung des PV zu dem bereits ausgesprochenen „Nein" der Fraktion und die Ablehnung des Initiativantrages Zinn/Menzel.

Kaisen tritt dafür ein, dass die uns gebotenen Erleichterungen akzeptiert werden.

Katz meint, dass wir nicht auf das Siebener Kompromiss zurückgehen können, zumal die neuen Vorschläge für uns bedeutend günstiger sind.

Suhr erklärt, dass er niemals für das Siebener Kompromiss eingetreten sei, dagegen sei der neue Vorschlag durchaus vertretbar.

Zinn [hebt][8] ebenfalls die Vorzüge des neuen Vorschlages vor dem Siebener Kompromiss hervor.

Henßler hat schwere Bedenken und glaubt nicht, dass man der Partei noch eine derartige Belastung zumuten könne.

Schönfelder meint, dass die Partei durchaus nicht unterrichtet sei über Inhalt und Bedeutung des Fünfer und Siebener Kompromisses. Der neue Vorschlag stimme durchaus überein mit den Auffassungen, die schon früher in der Partei vertreten wurden.

Ehlers ist überzeugt, dass die Parteigenossen draußen nicht nach der Länderfinanzverwaltung fragen, sondern wissen wollen, ob das Grundgesetz die Durchsetzung der Sozialisierung und eines Sozialprogramms zulässt. Er tritt entschieden für den neuen Vorschlag ein.

Gayk stimmt dem zu, dass der neue Vorschlag besser sei als das Siebener Kompromiss. Es dürfe jedoch nicht wieder so weit kommen, dass sich die Arbeit in die Ausschüsse verlagert.

Kaisen kritisiert, dass Kurt *Schumacher* durch seine Erklärungen die Entscheidung der Partei vorweg nimmt.

---

6 Gemeint die eventuelle Einbringung eines alternativen Grundgesetzentwurfs, den Zinn und Menzel ausgearbeitet hatten, vgl. Einleitung, S. LII.

7 Zum „Siebener Kompromiss" sowie zum vorangegangen „Fünfer Kompromiss" vgl. Einleitung, ebd.

8 Im Text offensichtlicher Schreibfehler „gint".

Suhr bedauert eine abermalige Vertagung der Entscheidung und wünscht eine Erklärung, die bereits heute den neuen Vorschlag erwähnt.

Löwenthal wünscht die heutige Entscheidung, da die Gegensätze in der Partei in dieser Frage in der nächsten Woche auch nicht behoben sein werden.

Ollenhauer schlägt abschließend vor, wie folgt zu beschließen[9]:

Die durch die Intervention der Gouverneure[10] und das Verhalten der CDU/CSU entstandene Lage war Gegenstand der Beratungen des Parteivorstandes und der Fraktion. Der PV billigt[11] die Haltung der sozialdemokratischen Fraktion im Parlamentarischen Rat, ebenfalls die Ablehnung der neuen Kompromiss-Vorschläge der CDU/CSU[12]. Der PV stellt fest, dass die CDU/CSU durch die Aufkündigung des Kompromisses die schnelle Regelung des Grundgesetzes durch eine große Mehrheit verhindert hat.

Am Mittwoch, den 20. April 1949, wird eine gemeinsame Sitzung von Parteivorstand, Parteiausschuss, Fraktion im Parlamentarischen Rat und sozialdemokratischen Ministerpräsidenten in Hannover stattfinden, die sich mit der Lage in Bonn beschäftigen soll.

Ferner beschloss der PV eine **Stellungnahme zum Besatzungsstatut** (siehe Anlage 2 [C])[13].

Zur Konferenz der COMISCO vom 14. - 16.5.1949 in Holland beschloss der PV, die folgende Delegation zu entsenden: *Ollenhauer, Henßler, Veit* und *Gotthelf*[14].

Anlage 1
Kommuniqué und Beschluss zu der „in Bonn entstandenen neuen Situation"
Sopade Informationsdienst Nr. 751 v. 20. 4. 1949[15]

Parteivorstand und sozialdemokratische Fraktion beim Parlamentarischen Rat befassten sich am Montag, dem 11. April mit der in Bonn entstandenen neuen Situation. Es wurde im Anschluss an die Berichte von Prof. Carlo Schmid und Dr. Walter Menzel sowie an die sich anschließende Diskussion einstimmig die folgende Entschließung gefasst:

Die durch die Intervention der Militärgouverneure und das Verhalten der CDU/CSU entstandene Lage war Gegenstand der Beratungen des Parteivorstandes

---

9 Die folgende Entschließung wurde nach dem Kommuniqué verabschiedet. Sie wurde dort mit zwei geringfügigen Änderungen des Wortlauts auch publiziert, vgl. Anlage 1.

10 Im publizierten Text „Militärgouverneure".

11 Im publizierten Text „billigte".

12 Zu den Vorschlägen der CDU/CSU Fraktion, die den alliierten Forderungen sehr weit entgegenkamen, vgl. R. Salzmann, Die CDU/CSU im Parlamentarischen Rat, Stuttgart 1981, S. 470 f. u. M. Feldkamp, Der Parlamentarische Rat, S. 159.

13 In der Vorlage „2".

14 Dieser Beschluss wurde mit den Namen der Delegationsmitglieder auch im Kommuniqué publiziert.

15 Das Kommuniqué begann mit folgendem Satz: „Über die Parteivorstandssitzung wurde folgendes Kommuniqué ausgegeben."

und der Fraktion. Der PV billigte[16] die Haltung der sozialdemokratischen Fraktion im Parlamentarischen Rat, ebenfalls die Ablehnung der neuen Kompromiss - Vorschläge der CDU/CSU. Der PV stellt fest, dass die CDU/CSU durch die Aufkündigung des Kompromisses die schnelle Regelung des Grundgesetzes durch eine große Mehrheit verhindert hat.

Am Mittwoch, den 20. April 1949, wird eine gemeinsame Sitzung von Parteivorstand, Parteiausschuss, Fraktion im Parlamentarischen Rat und sozialdemokratischen Ministerpräsidenten in Hannover stattfinden, die sich mit der Lage in Bonn beschäftigen soll.

An der Internationalen Sozialistenkonferenz vom 14. bis 16. Mai in Amsterdam werden als Vertreter der deutschen Sozialdemokratie Erich *Ollenhauer*, Fritz *Henßler*, Hermann *Veit* und Herta *Gotthelf* teilnehmen.

Anlage 2 A
Wortlaut des Besatzungsstatuts
Europa - Archiv 4 (1949), S. 2074 f.

In Ausübung der obersten Gewalt, welche die Regierungen Frankreichs, der Vereinigten Staaten und des Vereinigten Königreichs beibehalten, proklamieren wir, General Pierre *Koenig*, Militärgouverneur und Oberbefehlshaber der Französischen Zone Deutschlands, General Lucius D. *Clay*, Militärgouverneur und Oberbefehlshaber der Amerikanischen Zone Deutschlands, und General Sir Brian Hubert *Robertson*, Militärgouverneur und Oberbefehlshaber der Britischen Zone Deutschlands, hiermit gemeinsam das folgende Besatzungsstatut:

1. Die Regierungen Frankreichs, der Vereinigten Staaten und des Vereinigten Königreichs wünschen und beabsichtigen, dass das deutsche Volk während des Zeitraumes, in dem die Fortdauer der Besetzung notwendig ist, das mit der Besetzung zu vereinbarende größtmögliche Maß an Selbstregierung genießt. Abgesehen von den in diesem Statut enthaltenden Beschränkungen, besitzen der Bund und die ihm angehörenden Länder volle gesetzgebende, vollziehende und richterliche Gewalt gemäß dem Grundgesetz und ihren Verfassungen.

2. Um sicherzustellen, dass die Grundziele der Besetzung erreicht werden, bleiben auf folgenden Gebieten Befugnisse ausdrücklich vorbehalten, einschließlich des Rechts, Auskünfte und Statistiken, welche die Besatzungsbehörden benötigen, anzufordern und nachzuprüfen:

---

16 Im Protokoll „billigt".

a) Die Abrüstung und Entmilitarisierung, einschließlich der damit zusammenhängenden Gebiete der wissenschaftlichen Forschung, die Verbote und Beschränkungen der Industrie und [der]¹⁷ zivile[n] Luftfahrt;

b) Die Kontrolle hinsichtlich der Ruhr, die Restitutionen, die Reparationen, die Dekartellisierung, die Entflechtung, die Handelsdiskriminierungen, die ausländischen Interessen in Deutschland und die Ansprüche gegen Deutschland;

c) auswärtige Angelegenheiten, einschließlich internationaler Abkommen, die von Deutschland oder für Deutschland abgeschlossen werden;

d) kriegsversprengte Personen (displaced persons) und Zulassung von Flüchtlingen;

e) Schutz, Ansehen und Sicherheit der alliierten Streitkräfte, Angehörigen, Angestellten und Vertreter, deren Vorrechte sowie die Deckung der Kosten der Besatzung und ihrer anderen Anforderungen;

f) die Beachtung des Grundgesetzes und der Länderverfassungen;

g) die Kontrolle über den Außenhandel und den Devisenverkehr;

h) die Kontrolle über innere Maßnahmen, jedoch nur in dem Mindestumfang, der erforderlich ist, um die Verwendung von Geldmitteln, Lebensmitteln und anderen Lieferungen derart sicherzustellen, dass die Notwendigkeit auswärtiger Hilfe für Deutschland auf ein Mindestmaß herabgesetzt wird;

i) die Kontrolle der Versorgung und Behandlung von Personen in deutschen Gefängnissen, die von den Gerichten oder Tribunalen der Besatzungsmächte oder Besatzungsbehörden angeklagt oder von diesen verurteilt worden sind, über die Vollstreckung von Urteilen, die über diese Personen verhängt wurden und über andere sie betreffende Fragen der Amnestie, Begnadigung oder Freilassung.

3. Die Regierungen Frankreichs, der Vereinigten Staaten und des Vereinigten Königreichs hoffen und erwarten, dass die Besatzungsbehörden keinen Anlass haben werden, auf anderen Gebieten als auf den ihnen oben ausdrücklich vorbehaltenen einzugreifen. Die Besatzungsbehörden behalten sich indessen das Recht vor, auf Weisung ihrer Regierungen die Ausübung der vollen Gewalt ganz oder teilweise wieder zu übernehmen, wenn sie dies als wesentlich ansehen für die Sicherheit oder die Aufrechterhaltung der demokratischen Regierung in Deutschland oder als Folge der internationalen Verpflichtungen ihrer Regierungen. Bevor sie entsprechende Schritte unternehmen, werden sie die zuständigen deutschen Behörden von ihrer Entscheidung und deren Gründen förmlich unterrichten.

4. Die Deutsche Bundesregierung und die Länderregierungen haben die Befugnis, nach ordnungsmäßiger Unterrichtung der Besatzungsbehörden auf den Gebieten, die den Besatzungsbehörden vorbehalten sind, Gesetze zu erlassen und tätig zu werden, es sei denn, dass die Besatzungsbehörden ausdrücklich anders bestimmen oder dass derartige Gesetze oder Maßnahmen mit den von den Besatzungsbehörden selbst getroffenen Entscheidungen oder Maßnahmen unvereinbar sind.

---

17 In der Vorlage „die zivile ...".

5. Jede Änderung des Grundgesetzes bedarf vor ihrem Inkrafttreten der ausdrücklichen Zustimmung der Besatzungsbehörden. Länderverfassungen, Änderungen dieser Verfassungen, jedes andere Gesetz und jede Vereinbarung, die zwischen dem Bund und auswärtigen Regierungen getroffen wird, treten 21 Tage nach ihrem amtlichen Eingang bei den Besatzungsbehörden in Kraft, sofern sie nicht von diesen vorher, einstweilig oder endgültig, abgelehnt worden sind. Die Besatzungsbehörden werden ein Gesetz nicht ablehnen, es sei denn, dass es nach ihrer Ansicht mit dem Grundgesetz, einer Länderverfassung, den Gesetzen oder Anordnungen der Besatzungsbehörden selbst oder mit den Bestimmungen dieses Statuts unvereinbar ist oder dass es eine schwere Bedrohung der Grundziele der Besetzung darstellt.

6. Mit dem alleinigen Vorbehalt der Erfordernisse ihrer Sicherheit garantieren die Besatzungsbehörden, dass alle Besatzungsorgane die bürgerlichen Rechte jeder Person achten, auf Schutz vor willkürlicher Verhaftung, Durchsuchung oder Festnahme, auf Vertretung durch einen Anwalt, auf Freilassung gegen Kaution, sofern die Umstände dies rechtfertigen, auf Verkehr mit den Angehörigen und auf ein gerechtes und schnelles Verfahren.

7. Die Gesetze, welche die Besatzungsbehörden vor Inkrafttreten des Grundgesetzes erlassen haben, bleiben gültig, wenn sie nicht von den Besatzungsbehörden in Übereinstimmung mit den folgenden Vorschriften aufgehoben oder abgeändert werden:
a) Gesetze, die mit den vorstehenden Bestimmungen unvereinbar sind, werden aufgehoben oder so gehandhabt werden, dass sie mit ihnen vereinbar sind;
b) Gesetze, die auf den vorbehaltenen Befugnissen gemäß § 2 beruhen, werden kodifiziert werden;
c) nicht unter Absätze a) oder b) fallende Gesetze werden auf Verlangen der zuständigen deutschen Behörden von den Besatzungsbehörden aufgehoben werden.

8. Jede Maßnahme soll als Handlung der Besatzungsbehörden im Rahmen der vorbehaltenen Befugnisse angesehen und als solche auf Grund dieses Statuts wirksam werden, sofern sie in einer Weise ergriffen oder begründet wird, die in einer Vereinbarung zwischen den Besatzungsbehörden vorgesehen ist. Die Besatzungsbehörden können nach ihrem Ermessen ihre Entscheidungen entweder unmittelbar oder durch Weisungen an die zuständigen deutschen Behörden zur Ausführung bringen.

9. Nach 12 Monaten und in jedem Fall innerhalb von 18 Monaten nach Inkrafttreten dieses Statuts werden die Besatzungsmächte seine Bestimmungen überprüfen im Lichte der Erfahrungen, die bei seiner Anwendung gemacht wurden, und im Hinblick auf eine Erweiterung der Zuständigkeit der deutschen Stellen auf den Gebieten der Gesetzgebung, der Exekutive und der Rechtspflege.

Dem Parlamentarischen Rat in Bonn mit einer Note übermittelt am 10. April 1949.[18]

---

18 Es folgt noch die redaktionelle Bemerkung: „Mit dem deutschen Büro für Friedensfragen abgestimmte Übersetzung aus dem Englischen."

Anlage 2 B
Wortlaut des Abkommens über die Dreimächtekontrolle (Fusionsabkommen)
Europa - Archiv 4 (1949), S. 2075 f.

Die Regierungen Großbritanniens, Frankreichs und der Vereinigten Staaten kommen überein, vor dem Inkrafttreten des Besatzungsstatuts ein Fusionsabkommen für die drei Zonen abzuschließen. Die Vertreter der drei Besatzungsmächte werden die notwendigen Vorkehrungen treffen, um einen Dreimächtekontrollapparat für die westlichen Besatzungszonen Deutschlands zu errichten, der zur Zeit der Bildung einer vorläufigen Regierung wirksam werden wird. Die folgenden Bestimmungen, auf die sich die Regierungen Großbritanniens, Frankreichs und der Vereinigten Staaten geeinigt haben, sollen die Grundlage für dieses Abkommen bilden:

1. Eine alliierte Hohe Kommission, bestehend aus einem Hohen Kommissar jeder Besatzungsmacht oder seinem Vertreter, soll die oberste alliierte Kontrollbehörde darstellen.

2. Art und Ausmaß der von der alliierten Hohen Kommission ausgeübten Kontrollen sollen mit dem Besatzungsstatut und internationalen Abmachungen in Einklang stehen.

3. Um es der deutschen Bundesrepublik zu erlauben, in inneren Angelegenheiten größere Verantwortung zu übernehmen, und um die Last der Besatzungskosten zu vermindern, soll der Personalbestand so niedrig wie möglich gehalten werden.

4. Bei der Ausübung der den Besatzungsbehörden vorbehaltenen Machtbefugnisse hinsichtlich der Billigung von Abänderungen der Bundesverfassung müssen die Beschlüsse der alliierten Hohen Kommission einstimmig gefasst werden.

5. In Fällen, in denen die Ausübung der nach Ziffer 2g des Besatzungsstatuts (Kontrolle über Außenhandel und Devisenverkehr) vorbehaltenen Machtbefugnisse oder die Unmöglichkeit, diese Machtbefugnisse auszuüben, die Notwendigkeit von Hilfeleistungen aus den von der amerikanischen Regierung zur Verfügung gestellten Mitteln erhöhen würde, soll ein Abstimmungssystem mit verschiedenem Gewicht der Stimmen benutzt werden. Nach diesem System werden die Vertreter der Besatzungsbehörden ein Stimmrecht haben, dessen Gewicht zu den Mitteln im Verhältnis steht, die von den betreffenden Regierungen für Deutschland zur Verfügung gestellt werden. Durch diese Bestimmung soll jedoch die gegenwärtige bevorrechtigte Stimme der Vereinigten Staaten in der JEIA (Export-Import-Agentur) und der JFEA (Devisenkontrollamt) nicht an Einfluss herabgemindert werden, solange diese Organisationen oder irgendwelche Nachfolgeorganisationen weiterbestehen und irgendwelche ihrer gegenwärtigen Funktionen auszuüben haben.

   Keine Aktion, die auf Grund dieser Bestimmungen getroffen wird, soll irgendwelchen Abkommen zwischen den Regierungen der Unterzeichnerstaaten oder den Grundsätzen der Nichtdiskriminierung zuwiderlaufen.

6. In allen anderen Fragen soll mit Stimmenmehrheit entschieden werden.

7. a) Wenn durch einen Mehrheitsbeschluss irgendwelche Abkommen zwischen den Regierungen abgeändert oder modifiziert werden, die sich auf irgendwelche der in den Ziffern 2a und 2b des Besatzungsstatuts aufgeführten Gegenstände beziehen, dann kann jeder Hohe Kommissar, der abweichender Ansicht ist, an seine Regierung appellieren. Durch diesen Appell soll der Beschluss ausgesetzt werden, bis eine Einigung zwischen den drei Regierungen erreicht worden ist.

b) Ein Hoher Kommissar kann an seine Regierung appellieren, wenn er der Auffassung ist, dass ein Mehrheitsbeschluss im Widerspruch zu irgendeinem Abkommen zwischen den Regierungen steht, das sich auf einen der in den Ziffern 2 a und 2 b des Besatzungsstatuts angeführten Gegenstände bezieht oder im Widerspruch zu den fundamentalen Grundsätzen für die Wahrnehmung der auswärtigen Beziehungen Deutschlands oder zu Angelegenheiten im Widerspruch steht, die für die Sicherheit, das Prestige und die Bedürfnisse der Besatzungsstreitkräfte wesentlich sind. Durch einen derartigen Appell soll ein Aufschub der Aktion für 30 Tage und noch darüber hinaus eintreten, wenn nicht zwei der Regierungen zu erkennen geben, dass die Gründe einen längeren Aufschub der Aktion nicht rechtfertigen.

c) Wenn sich ein derartiger Appell gegen einen Beschluss der alliierten Hohen Kommission richtet, durch den entweder davon Abstand genommen oder beschlossen wird, eine deutsche gesetzgeberische Maßnahme abzulehnen, so soll die betreffende gesetzgeberische Maßnahme für die Dauer des Appells vorläufig als abgelehnt gelten.

8. Wenn ein Hoher Kommissar der Ansicht ist, dass ein nicht einstimmig gefasster Beschluss, der irgendein anderes im Besatzungsstatut vorbehaltenes Gebiet berührt, mit der grundlegenden Dreimächtepolitik gegenüber Deutschland nicht übereinstimmt oder dass eine Länderverfassung oder eine Abänderung einer solchen Verfassung das Grundgesetz verletzt, so kann er an seine Regierung appellieren. In diesem Fall soll durch den Appell die Aktion für einen Zeitraum von nicht mehr als 21 Tagen, vom Zeitpunkt der Entscheidung an gerechnet, [auf]geschoben[19] werden, falls nicht alle drei Regierungen anders beschließen.

9. Alle Vollmachten der Dreimächtekontrollkommission sollen gleichförmig in Übereinstimmung mit der Politik und den Anweisungen der drei Mächte ausgeübt werden. Zu diesem Zweck soll in jedem einzelnen Land die alliierte Hohe Kommission durch einen einzigen Länderkommissar vertreten sein, der der Kommission allein für alle Dreimächteangelegenheiten in diesem Land verantwortlich ist. In jedem Lande soll der Länderkommissar Staatsangehöriger der alliierten Macht sein, in deren Zone das betreffende Land liegt. Außerhalb seiner eigenen Besatzungszone wird jeder Hohe Kommissar zu jedem der Länderkommissare einen Beobachter zum Zwecke der Konsultierung und Information entsenden. Keine der in diesem Paragraphen enthaltenen Bestimmungen soll als Einschränkung der Funktionen der Körperschaften ausgelegt werden, die gemäß Abkommen zwischen den Regierungen gebildet werden.

---

19 In der Vorlage „abgeschoben".

10. Soweit wie irgend möglich sollen alle Direktiven und anderen Kontrollschritte an die Bundesregierung, die Länderregierungen oder gleichzeitig an alle beide ergehen.

11. Das Dreizonen - Verschmelzungsabkommen wird so lange in Kraft bleiben, bis es durch ein Übereinkommen zwischen den Regierungen abgeändert wird.[20]

Anlage 2 C
Stellungnahme des PV zum Besatzungsstatut
Sopade Informationsdienst Nr. 751 v. 20.4.1949[21]

Es ist zu begrüßen, dass dem Wunsch, dem Parlamentarischen Rat Gelegenheit zur Stellungnahme zum Entwurf des Besatzungsstatuts zu geben, entsprochen worden ist.

Das Statut erlaubt auf einigen Gebieten den Deutschen eine umfassendere Selbstregierung als bisher.

Andererseits darf nicht übersehen werden, dass die Besatzungsmächte in dem Statut festlegten, dass sie nach wie vor die Ausübung der obersten Gewalt in Deutschland beibehalten. Wesentlich wird Art und Weise der Handhabung des Statuts sein. Bei einer weisen Anwendung kann es zu einer allmählichen Erweiterung der deutschen Autonomie führen.

Die SPD bedauert, dass der Anregung, eine schiedsrechtliche Instanz einzuführen und damit ein rechtsstaatliches Prinzip zu verwirklichen, nicht Rechnung getragen worden ist. Die eigentliche Bedeutung des Statuts lässt sich erst in Verbindung mit dem Fusionsabkommen der Besatzungsmächte werten.

---

20 Es folgt noch die Quellenangabe: „<Die Welt> vom 12. April 1949 laut dpd - Reuter".
21 Abgedr.: Jb. SPD 1948/49, S. 138. Der Abdruck wurde eingeleitet durch folgenden Satz: „Die Stellungnahme des Parteivorstandes zum Entwurf eines Besatzungsstatuts hat folgenden Wortlaut:".

Nr. 7

Sitzungen der obersten Parteigremien am 19. und 20. April 1949 in Hannover

[A] Sitzung des Parteivorstandes am 19.4.1949
AdsD: 2/PVAS000684 *(Maschinenschriftl. Prot., 3 S., mit handschriftl. Ergänzungen)*[1]

Leitung der Sitzung: **Erich Ollenhauer**
Anwesend: siehe Liste

[Teilnehmer /Teilnehmerinnen, nach Funktionen geordnet[2]:
   PV:[3] *Schumacher, Ollenhauer;*
      Franke, Gotthelf, Heine, Kriedemann, Nau;
      Baur, Bögler, Eichler, Fischer, Gayk, Gross, Henßler, Kaisen, Knoeringen, Knothe,
      Krahnstöver, Meitmann, Menzel, Neumann, Reuter, Schmid, Schoettle, Selbert
   KK: *Schönfelder*
   MdParlR: *Suhr, Zinn* + 5 Mitgl. d. PV (*Gayk, Menzel, Reuter, Schmid, Selbert*) + 1
      Mitgl. d. KK (*Schönfelder*)

Tagesordnung: **Das Grundgesetz**
   Schumacher betont zunächst, dass es nicht nur um die Schaffung einer deutschen Verfassung, sondern um eine Neuordnung des politischen Kräfteverhältnisses in der Welt geht. Er erinnert dabei an die Thesen, mit denen die SPD 1945 das Vertrauen der Massen gewann. Heute sei der russische Wunsch nach einer 3. Außenministerkonferenz völlig klar. Im Zusammenhang mit der von den Westalliierten gewünschten Beschränkung der Rechte des Bundes muss gesagt werden, dass bereits in Potsdam vier zentrale Staatssekretariate als notwendig für Deutschland vorgesehen waren. Nämlich für: Wirtschaft, Verkehr, Ernährung und Finanzen. Selbst der amerikanische Föderalismus lässt es zu, dass 80 % des Steueraufkommens nach Washington gehen. Der neue Entwurf, Zinn/Menzel[4], stehe zwar weit über den bisherigen Kompromissen, zeige aber auch, dass es eben doch nichts Unverzichtbares für die SPD gibt. Dieser neue Entwurf könne übrigens von der anderen Seite so entbeint werden, dass wir in die Lage geraten können, ihn schließlich selber ablehnen zu müssen. Für die fällige Außenministerkonferenz könne der

---

1 Über die Sitzung des Parteivorstandes wurde nur ein sehr kurzer Bericht im „Neuen Vorwärts" vom 23. April veröffentlicht, der dann im Sopade Informationsdienst Nr. 758 v. 28.4.1949 abgedruckt wurde. Er wird hier als Anlage 1 zu den Protokollen publiziert.
2 Die folgenden Angaben wurden der Anwesenheitsliste in den Beiakten zum Protokoll entnommen; für die Teilnehmer an allen Vorstandssitzungen 1948-50 vgl. Anhang 1.
3 Von den Mitgliedern des PV trugen sich *Albrecht, Görlinger, Grimme, Gross* und *Schroeder* nicht in die Anwesenheitsliste der Vorstandssitzung ein. *Gross* trug sich jedoch in eine der Anwesenheitslisten der Gemeinsamen Sitzung am 20. April ein.
4 Zu diesem neuen Entwurf eines Grundgesetzes, der von Menzel und Zinn ausgearbeitet worden war, vgl. Einleitung, S. LII.

Bund, wie er jetzt geplant ist, kein Faktor von Gewicht sein. Unsere Fraktion müsse beauftragt werden, „nein" zu sagen, bis das deutsch-alliierte Verhältnis auf eine andere Grundlage gestellt wird.

Schmid meint, dass wir nach diesen Ausführungen 2 Probleme getrennt zu diskutieren haben. Nämlich:

1. ermöglichen die Bonner Entwürfe eine Regierungsarbeit und
2. soll zur Bonner Arbeit überhaupt „nein" gesagt werden.

Kaisen glaubt, dass wir uns als Verhandlungspartner ausschalten würden, wenn wir „nein" sagten. Jedenfalls könne der PV für ein Nein nicht die Verantwortung übernehmen. Dazu müsse ein Parteitag einberufen werden. Wir sollten die Fraktion bevollmächtigen, mit der CDU ein Übereinkommen zu treffen, das den Abschluss der Bonner Arbeit ermöglicht. Die wirtschaftliche Einheit Westdeutschlands sei von den Alliierten bereits de facto im Longterm-Programm anerkannt.

Henßler ist der Auffassung, dass, wenn wir von den Alliierten die Berechtigung, eine Verfassung machen zu können, verlangen, auch ihren Abzug fordern müssten. Es hätte eben von Anfang an beim Verwaltungsstatut bleiben sollen. Wenn wir jetzt ohne Kampfansage „nein" sagen wollen, müssen wir mit neuen Vorschlägen kommen. Er halte den Zinn/Menzel-Vorschlag für sehr geeignet.

Schmid erinnert an unsere Stellungnahme zum Wirtschaftsrat. Wir sagten damals, dass die Partei jeden Schritt zur nächsthöheren Wirtschafts- und Gebietseinheit begrüßt. Der neue Vorschlag ermögliche eine effektive Bundesverwaltung.

Reuter erklärt, dass das Zustandekommen der Bonner Verfassung für Berlin eine Lebensfrage sei. Er freue sich über *Schumachers* Ausspruch, dass es in der derzeitigen internationalen Lage für uns keine Neutralität geben könne. Wir gehören zum Westen und wir müssen in ein Verhältnis zu Frankreich kommen, auch wenn es uns Opfer kostet. Wir können jetzt nur erklären, wozu wir „ja" sagen und dürfen nicht rundweg verneinen. Er würde es begrüßen, wenn morgen einige der überspitzten Formulierungen Kurt *Schumachers* im PA nicht gesagt werden.

Eichler erklärt, dass er an der Rede Kurt *Schumachers* lediglich auszusetzen habe, dass sie so spät komme. Wir dürften jetzt die Nerven nicht verlieren. Unser Nein sei eben auch eine Kampfansage. Der Zinn-Vorschlag, der zwar viel besser sei als der Siebener-Kompromiss,[5] würde doch ein verklausuliertes Umfallen darstellen. Die Gouverneure sollten, wie die „Times" es vorschlägt, sich direkt mit den deutschen Parteiführern unterhalten.

Zinn macht darauf aufmerksam, dass ein „Nein" heute ein „Ja" zu dem alten Fünfer-Kompromiss sein würde. Aus der Zeitnot der Alliierten können wir nur im Rahmen des Parlamentarischen Rates Nutzen ziehen. Daher müsse unser „Nein" mit einem positiven Gegenvorschlag verbunden sein.

Kriedemann meint, dass ein „Nein" sich nur noch gegen die ganze Bonner Konstitution richten könne. Er glaube, dass Korrekturen an dem Bonner Grundgesetz von den

---

5 Zum „Fünfer-" und zum „Siebener-Kompromiss" vgl. Einleitung, ebd.

Alliierten sehr viel schneller kommen werden als von den Deutschen. Bonn sei nur die nächste Etappe.

Suhr erklärt, dass es nicht stimme, dass die Fraktion bereits „nein" gesagt habe. Der Zinn/Menzel - Vorschlag sei eine Bejahung. Dieser sozialdemokratische Entwurf müsse nunmehr in die Öffentlichkeit kommen. Er bedaure außerordentlich *Schumachers* Formulierung vom Rheinbundgebilde. Die Klarstellung der Verantwortung sei ohne Grundgesetz noch unmöglicher.

Ollenhauer schlägt vor, dass eine Kommission versucht, Formulierungen zu finden, die den heute geäußerten Auffassungen Rechnung tragen. Dieser Kommission gehören an: *Schumacher, Ollenhauer, Schmid, Zinn, Eichler und Henßler.*

Heine trägt nochmals seine ablehnende Haltung zur Schaffung einer Verfassung mit alliiertem Veto vor. Wir sollten jetzt ablehnen und zurückgehen auf unsere Ausgangsstellung. Der neue Fraktionsentwurf sei nach seiner Auffassung nicht akzeptabel. Ursprünglich sollte der Bund einen Steueranteil von 13,5 Milliarden erhalten, beim Kompromiss wurden daraus 10 Milliarden und beim Zinn - Entwurf sind es nun noch 7,5 Milliarden.

Schönfelder meint, dass wir den Zinn - Vorschlag akzeptieren müssen, auch wenn wir abspringen wollen, denn sonst könnten wir nicht vor der Öffentlichkeit bestehen.

von Knoeringen erklärt, dass wir nicht einfach ein „Nein" aussprechen können und dann der Entwicklung das weitere überlassen. Wenn wir jetzt einen neuen Vorschlag herausbringen, müsse das jedoch das letzte Angebot sein, für das wir dann auch kämpfen.

Kaisen zitiert aus dem Sopade-Dienst 1948 die ablehnende Haltung *Adenauers* zum Londoner Abkommen[6], die Antwort *Ollenhauers* darauf, das nach seiner Meinung achtlose Beiseiteschieben des alliierten Memorandums durch *Schmid, Menzel* und *Heine* und die heutige Stellungnahme *Schumachers*, die uns dahin bringt, wo Adenauer damals stand.

Ollenhauer verliest die in der Mittagspause von der obengenannten Kommission ausgearbeitete Entschließung (siehe Anlage [2][7])

Reuter fragt, ob diese Entschließung bedeutet, dass die Fraktion jetzt den neuen Vorschlag einreichen solle.

Schumacher bejaht und erklärt, dass der Zinn-Entwurf vorher noch verbessert werden soll in Bezug auf die Finanz- und Wirtschaftseinheit Westdeutschlands. Weiter solle die Verfassung vor alliierten Eingriffen geschützt sein.

Heine erklärt dazu, dass diese Entschließung praktisch eine Verschiebung der Entscheidung bedeute.

Schumacher erklärt abschließend, dass die vorliegende Resolution die Auffassung ablehnt, dass eine schlechte Verfassung besser sei als gar keine. Wir stellen darin Forderun-

---

6 Zu den „Londoner Vereinbarungen" bzw. „Londoner Empfehlungen" der drei Westalliierten vom Juni 1948, die zur Grundlage der „Frankfurter Dokumente" vom August des gleichen Jahres und damit zur Gründung der Bundesrepublik wurden, sowie zu den Versuchen Adenauers, dagegen eine Einheitsfront der überregionalen westdeutschen Parteien zustande zu bringen, vgl. PV-Protokolle Bd. 1, S. LXXXIII u. CVIII.

7 In der Vorlage „1". Der handschriftliche Zusatz „Unter PA-Sitzung" wird weggelassen. Die „Entschließung" zum Grundgesetz, die direkt nach der Sitzung veröffentlicht wurde (Sozialdemokratischer Pressedienst IV/46 vom 20.4.1949), wird hier als Anlage 2 abgedruckt.

gen, deren Nichterfüllung unser „Nein" auslösen muss. Wenn die vorliegende Resolution angenommen wird, wird niemand in der Partei mehr davon abgehen können.

Ollenhauer bringt die Entschließung zur Abstimmung.

Der PV nimmt die Entschließung gegen 2 Stimmen (*Kaisen* und *Heine*), bei einer Enthaltung (*Neumann*), an.

[B] Sitzung des Parteivorstandes, des Parteiausschusses, der Kontrollkommission, der Fraktion des Parlamentarischen Rates und der Ministerpräsidenten am 20.4.1949

[1] AdsD: 2/PVAS000685 (Maschinenschriftl. Prot., 2 S., Überschrift: „Sitzung des Parteivorstandes, Parteiausschusses, der Kontrollkommission und der Ministerpräsidenten am 20.4.1949 in Hannover");

[2] AdsD: 2/ PVKSAA000044 (Redetext Schumachers nach einem stenogr. Protokoll, 45 S.,, Überschrift: „Referat des 1. Vorsitzenden der SPD Dr. Kurt Schumacher auf der Tagung des Parteivorstandes und Parteiausschusses der SPD am 20. April 1949 in Hannover").[8]

Leitung der Sitzung: **Erich Ollenhauer**
Anwesend: siehe Liste

[Teilnehmer /Teilnehmerinnen, nach Funktionen geordnet[9]:

PV:[10] *Schumacher, Ollenhauer;*

Franke, Gotthelf, Heine, Kriedemann, Nau;

Baur, Bögler, Eichler, Fischer, Gayk, Görlinger, Gross, Kaisen, Knothe, Meitmann, Menzel, Neumann, Reuter, Schmid, Schoettle, Selbert

PA[11]

BRAUNSCHWEIG: M. *Fuchs*

FRANKEN (OBER- und MITTELFRANKEN, Nürnberg): M. *Seidel*, K. *Strobel*

GROSS - BERLIN: P. *Löbe*, K. *Mattick*

HAMBURG- NORDWEST: P. *Karpinski*, A. *Keilhack*

HANNOVER: R. *Borowski*, M. *Prejara*

HESSEN- Frankfurt: L. *Beyer*, G. *Buch*

HESSEN- Kassel: R. *Freidhof*

NIEDERRHEIN (Düsseldorf): H. *Runge*, T. *Wolff*

---

8 Große Teile des Referats von Schumacher wurden sogleich nach der Sitzung veröffentlicht: Sopade Informationsdienst Nr.757 vom 27.4.1949. In der nächsten Nummer wurden ein sehr kurzes Kommuniqué über die Sitzung und der Text der am Schluss verabschiedeten Resolution publiziert: Nr.758 vom 28.4.1949.

9 Die folgenden Angaben wurden der Anwesenheitsliste in den Beiakten zum Protokoll entnommen; für die Teilnehmer an allen gemeinsamen Sitzungen 1948-50 vgl. Anhang 2.

10 Von den Mitgliedern des PV trugen sich *Albrecht, Grimme, Henßler* und *Schroeder* nicht in die Anwesenheitslisten ein. Ollenhauer sprach am Schluss der Sitzung von 23 stimmberechtigten Mitgliedern des PV.

11 Ollenhauer sprach am Schluss der Sitzung von 31 stimmberechtigten Mitgliedern des PA. In die Anwesenheitslisten trugen sich jedoch 32 Mitglieder ein, anscheinend hatte ein Mitglied die Sitzung bereits vor der Abstimmung verlassen.

OBERPFALZ-NIEDERBAYERN (Regensburg): F. *Höhne*
OBERRHEIN (Köln): W. *Schirrmacher*
ÖSTL. WESTFALEN (Bielefeld): W. *Michel*
PFALZ (Neustadt/ Haardt): W. *Gänger*
RHEINHESSEN (Mainz): G. *Markscheffel*
RHEINLAND-KOBLENZ-TRIER (Koblenz): E. *Bettgenhäuser*
SCHLESWIG-HOLSTEIN (Kiel): M. *Kukielczynski*, E. *Linden*
SCHWABEN (Augsburg): A. *Frenzel*
SÜD-BADEN (Freiburg i. Br.):R. *Jäckle*
SÜDBAYERN (OBERBAYERN, München): *J. Sebald*
SÜD-WÜRTTEMBERG (Tübingen): V. *Renner*
UNTERFRANKEN (Würzburg): J. *Stock*
WESER-EMS (Oldenburg): E. *Kraft*
WESTL.WESTFALEN (Dortmund): K. *Schaub*, H. *Wenke*
WÜRTTEMBERG-BADEN (Stuttgart): M. *Denker*, M. *Giesemann*
KK*: Schönfelder, Bratke, Höcker, G. Richter, Steffan, F. Ulrich , C. Wittrock*
MdParlR[12]*: Bauer, Bergsträsser, Diederichs, Eberhard, Ehlers, Greve, Heiland, Hoch, Katz, K. Kuhn, Löbe, Löwenthal*, F. *Maier, Muecke, Nadig, Roßhaupter*, J. *Stock, Suhr*, F. W. *Wagner, Wunderlich, Zimmermann, Zinn* + 5 Mitgl. d. PV (*Gayk, Menzel* , E. *Reuter* , *Schmid, Selbert*) + 2 Mitgl. d. PA (*Löbe*, J. *Stock*) + 1 Mitgl. d. KK (*Schönfelder*)
Ministerpräsidenten/Landesminister: *Borowski, Brauer, Kaisen* (auch PV), *Katz* (auch MdParlR), H. W. *Kopf, Lüdemann, Menzel* (auch PV), E. *Reuter* (auch PV), *Steffan* (auch KK), *Ulrich* (auch KK), *Zinn* (auch MdParlR)
Vertreter d. Gewerkschaften: *Böckler*[13]
Referenten/Mitarbeiter des PV und Gäste: A. *Albrecht, Brandt, Gerstung, Gleissberg*, A. *Groß, Hermsdorf, Hennig, Jaksch*, S. *Neumann, Pass*, E. *Schumacher, Stampfer, Storbeck, Warner, Zimmer*]

Tagesordnung: Das Grundgesetz

Schumacher[14] erklärt einleitend, dass die Abgeordneten der Fraktion in Bonn nicht von ihren Wählern (zum Landtag), sondern von der Parteiorganisation nach Bonn delegiert wurden.

---

12 Ollenhauer sprach am Schluss der Sitzung von 21 stimmberechtigten Mitgliedern der Fraktion, d. h. er rechnete Schönfelder, der ja als Mitglied der KK nicht stimmberechtigt war, mit ein, nicht aber Löbe und J. Stock als stimmberechtigte Mitglieder des PA.

13 Schumacher hatte Böckler frühzeitig persönlich gebeten, an dieser Sitzung teilzunehmen, vgl. Schumacher an Böckler am 17.3.1949, AdsD: DGB-Archiv NL H. Böckler 74.

14 Aus dem veröffentlichten Kurzbericht geht hervor, dass für das Land Niedersachsen Landtagspräsident Karl *Olfers* die Anwesenden begrüßte.

Dokument 7, 19. und 20. April 1949

Referat [...]¹⁵

„Ich bin gesund"¹⁶

Genossinnen und Genossen! Es ist mir eine aufrichtige Freude, wieder in Ihrem Kreise zu weilen und mit Ihnen beraten zu dürfen. Ich glaube, sagen zu können, dass ich körperlich wieder imstande bin, den Strapazen, wenn sie nicht gerade agitatorischer Natur sind, in jeder Beziehung gewachsen zu sein. (Bravo!) Ich bin gesund, hoffentlich manchen Leuten nicht zu gesund! (Heiterkeit)

Die Wichtigkeit der Entscheidung

Die Tagesordnung des heutigen Tages wäre wert, den wichtigsten Parteitag der Sozialdemokratie nach 1945 auszufüllen. Wir sprechen heute über eine Entscheidung, die unserem schicksalsschweren Beschluss, dem Kommunismus unter allen Umständen den Zutritt zu den sozialistischen Arbeitern zu verweigern, durchaus gleichwertig ist. Wenn wir sagen, es ist ein Parteitag, den wir heute eigentlich darstellen, dann betonen wir die Wichtigkeit der Entscheidung, dann betonen wir aber auch die Klarheit und die Art und Weise, in der diese Entscheidung gefällt werden soll. Wir haben heute nach jeder Richtung hin freie Diskussion. Jede Ansicht soll gehört und in ihren Argumenten sachlich gewürdigt werden. Ich würde vorschlagen, sich vor dem Aussprechen irgendeiner Sache in keinem Falle zu scheuen, wenn es eine ehrliche Besorgnis ist, die den einen oder anderen Genossen bewegt. Aber es ist klar, wenn die Diskussion vorüber ist, dann kommt der demokratische Begriff der Freiheit zur Geltung. Der demokratische Begriff [der Freiheit] aber ist nicht Anarchie und eine Spätgeburt des heute in die Politik wiedergekommenen längst verflossenen Liberalismus als Parallelerscheinung zu der von Frankfurt geübten Philosophie, sondern die Freiheit des Demokraten und des Sozialisten liegt in der Einordnung in die große Idee, deren praktische Gestaltung demokratisch fixiert ist.

Die SPD wird sich keinem äußeren Druck fügen

Wir tagen heute unter gespannter Aufmerksamkeit der internationalen Öffentlichkeit. Diese internationale Öffentlichkeit ist nicht gerade von Freundschaft für uns erfüllt. Das ist in der Situation eines besiegten Landes, dessen¹⁷ Einwohner mit gegangen - mit gehangen sind, durchaus erklärlich. Ein Mensch, dessen Unterwerfung zwangsläufig ist, weil er in der Vergangenheit zu viel Schuld auf sich geladen hat, ist für einen Herrn im

---

15 Weggelassen wurde hier ein Hinweis auf eine nicht mehr vorhandene „Anlage 1", wahrscheinlich den vollständigen Redetext Schumachers, der hier nach dem im AdsD im Bestand K. Schumacher 44 (2/ PVKSAA000044) erhalten gebliebenen Durchschlag abgedruckt wird. Dieser Text wurde bereits in den gesammelten „Reden, Schriften und Korrespondenzen" Schumachers im Jahre 1985 (S.634-663) publiziert. Schon am 27. April 1949 war die Rede Schumachers in ihren wesentliche Teilen als Sonderausgabe des Sopade Informationsdienstes (Nr.757) veröffentlicht worden. Später erschien dieser Text als selbständige Broschüre mit dem Titel „Jetzt heißt es festbleiben!" Im folgenden wird auf die damals bereits publizierten Teile der Rede sowie auf wichtige sachliche Veränderungen hingewiesen.

16 Die durch Kursivdruck hervorgehobenen Zwischenüberschriften entstammen dem Abdruck im Sopade/Informationsdienst bzw. in der Broschüre.

17 Der folgende Nebensatz „dessen...sind" nicht im damals veröffentlichten Text, vgl. Broschüre, S. 4.

fremden Lande immer ein bequemeres Objekt der Behandlung. Aber die Leute, deren Leistung und persönliche Haltung sie legitimiert haben, auf das Unverzichtbare und Wertvolle in ihrem Volke hinzuweisen, die sind die unbequemen Störenfriede.

Wir müssen zunächst aus unserem Begreifen, Willen und Können heraus unsere Meinung fixieren. Die Weltöffentlichkeit und auch ein Teil der deutschen Öffentlichkeit, die durch das Werden und die Art der deutschen Presse und des Rundfunks in dieser Richtung etwas gefördert sind, haben ihre Kommentierung auf zwei Momente abgestellt: Einmal auf die Sozialdemokratie als Partei des nationalistischen Trotzes. Mit dieser Sache werden wir leichter fertig. Zum anderen aber auf die Zersetzung der einheitlichen Meinungsbildung in der Partei durch Prophezeiungen.

Gestern brachte die konservative englische Presse die Meldung, dass die Sozialdemokraten bereits herunterklettern. Offenbar vom hohen Ross! Ich meine, wir erhöhen das Ross etwas, um uns bemerkbar zu machen. Besonders peinlich berühren gewisse Methoden der amerikanischen Presse. Es mag sein, dass diese Methoden in einem Land der selbstverständlichen und prosperierenden Demokratie durchaus am Platze sind - darüber habe ich kein Urteil -, aber die junge und von Stürmen geschüttelte deutsche Demokratie ist dieser etwas massiven Art der Pression und der Tendenzmeldungen, verbunden mit allergrößter Reserve gegenüber der Wahrheit, nicht in jeder Hinsicht gewachsen und wir müssen uns dagegen wehren. Wir haben es in der Welt und leider auch in Deutschland zum großen Teil mit Unkenntnis von Politikern, Journalisten und Publikum über das Wesen der Sozialdemokratie zu tun.

Kein Grad der Unwahrheit und keinerlei Wirbel der öffentlichen Meinung in der Welt, die erzeugt werden können oder in Deutschland entstehen können, dürfen uns beeinflussen. Wenn wir erst anfangen, da ins Gleiten zu kommen, dann sind wir bei dem Tempo und der Intensivität der Entwicklung bald in der größten Gefahrenzone.

Diese[18] Betrachter von außen und diese Betrachtungsweise auch in Deutschland - ohne die Tradition erlebter Demokratie - operieren etwa auf der Basis, die staatsmännische Persönlichkeit - der Staatsmann ist immer derjenige, der das tut, was die anderen wollen - auszuspielen gegen den Parteiapparat, der natürlich ganz entpersönlicht von hässlichen intellektuellen Zwergen bevölkert ist! Sie operieren mit einer künstlich erzeugten Rivalität zwischen den Instanzen der Parlamente, der Organisationen und der Persönlichkeiten. Ich glaube, von diesen drei Momenten sollten wir, wenn wir zu fördernden Resultaten kommen wollen, uns ganz und nicht nur nach Möglichkeit zurückhalten.

Die Sozialdemokratie hat, solange sie besteht, zentralpolitische Fragen durch die demokratisch gewählten Instanzen der Partei entschieden. Auch in der Periode der Weimarer Republik mit der riesengroßen und politisch überstarken Reichstagsfraktion ist die Frage, ob Koalition oder Koalitionsverweigerung, und Dinge von ähnlicher Bedeutung, durch Parteivorstand und Parteiausschuss entschieden worden. In der Tradition der sozialdemokratischen Partei, sowohl nach dem Geistigen als auch nach dem Statuarischen hin, gibt es eine Diskussion über Rivalität nicht. Und wir haben hier noch die Betonung dieser Tatsache durch die Art der überregionalen Parlamente. Wir haben

---

18 Der folgende Absatz nicht im damals veröffentlichten Text.

überregionale Parlamente wie den Frankfurter Wirtschaftsrat für einen speziellen Aufgabenkreis gebildet, und den Parlamentarischen Rat, der für einen ganz besonderen Einzelzweck, nämlich für die Schaffung des Grundgesetzes, gebildet worden ist. Die Abgeordneten dieser Parlamente hat der Parteiapparat, d.h. die gewählten Instanzen, ausgewählt und durch die Landtagsfraktionen delegieren lassen, so dass eine direkte Verantwortlichkeitsbildung zwischen Wählern und Abgeordneten in diesem Falle nicht besteht, sondern eine solche zwischen den Abgeordneten und der Parteiorganisation.

Die äußeren Einwirkungen auf das innerdeutsche Leben

Nun, Genossinnen und Genossen, müssen wir die Behandlung der politischen Frage genau so vornehmen, wie sie in Bonn notwendigerweise hat behandelt werden müssen. Das bedeutet, erstens einmal zu untersuchen, inwieweit die Angleichung der deutschen Kräfte untereinander möglich ist, und zweitens, wie das Werk in das internationale Kräftefeld einzugliedern wäre. Eine Betrachtung, die nur das eine oder das andere in den Vordergrund stellt und von dem einen oder anderen Standpunkt alles entscheiden will, wird immer zu abwegigen politischen Resultaten führen. Wir müssen aber weiter sagen, dass natürlich die stärksten Faktoren, auch im innerpolitischen Geschehen Deutschlands, die außenpolitischen Kräfte und die deutsche Auseinandersetzung mit ihnen ist. Wir haben zu sehen den tragbaren Ausgleich oder den Verlust seiner Erreichung bei den Deutschen untereinander. Wir haben zu sehen das deutsche Verhältnis und im speziellen das sozialdemokratische Verhältnis zu den Alliierten und zu jeder alliierten Macht. Wir haben weiter zu sehen, dass die Machtgruppierung in der Welt erfolgt durch das Verhältnis der einzelnen Alliierten zueinander. Daraus ergibt sich die Betrachtung der Dinge von dem Ganzen der internationalen Politik her, soweit die intellektuellen und kenntnismäßigen Kräfte unserer Analyse dazu ausreichen.

Und seien wir uns darüber klar: *Wenn[19] wir heute in Deutschland über ein Grundgesetz für einen Teil Deutschlands diskutieren, so geschieht das nach dem Willen der Alliierten; aber nicht nach ihrem Willen, um die deutsche Substanz der Deutschen wegen zu gestalten, sondern nach dem Willen, in diesem Teil Deutschlands einen Beitrag für die Neuordnung des alliierten Kräfteverhältnisses, d.h. zwischen Sowjetrussland und dem demokratischen Westen und umgekehrt, zu haben!* Es ist erklärlich, dass aus der politischen Betriebsamkeit und der fleißigen und intensiven sachlichen Arbeit eine gewisse Überbetonung des Moments der eigenen Wichtigkeit entsteht. Aber erkennen wir: Deutschland war nicht der Nabel der Welt, und Deutschland ist heute weniger denn je der Nabel der Welt als in irgendeinem Stadium seiner politischen Geschichte, einschließlich der Periode nach dem Dreißigjährigen Kriege! (Sehr richtig!)

Nun müssen wir gewisse Perioden der Schwankungen in der Weltstimmung betrachten. Als ziemlich ohne ausreichenden Grund vorigen Jahres die öffentliche Meinung in der Welt eine sehr viel härtere Sprache zu den Deutschen sprach, da konnte man annehmen, dass große Dinge im Werden waren. So sind die Tage und Wochen der Ent-

---

19 Diese und die folgenden Hervorhebungen durch Kursivdruck entstammen der 1949 publizierten Broschüre (dort durch Fettdruck).

scheidung gekommen, und es war fast natürlich, dass man zur psychologischen Behandlung derjenigen, denen man solche Entscheidung auferlegt, einen gewissen Grad der Verwirrung und der Zerknirschung braucht. Die Welt begeht heute einen Fehler - wir begehen viele -, aber sie begeht den Fehler, uns, die wir die ersten und zähesten Feinde des Nazismus gewesen sind, haftbar zu machen in der Rolle des Hauptschuldigen. Und das ist die stärkste Quelle aller demokratiezersetzenden Erscheinungen.

Die Enge deutscher Wirksamkeit

Die Genossinnen und Genossen[20], die von uns in den Parlamentarischen Rat nach Bonn delegiert wurden, hatten ja tatsächlich nur einen sehr schmalen Raum zum Arbeiten. Man spricht viel von Regierung und Verfassung und von ähnlichen Dingen eminenter staatsrechtlicher Bedeutung, die in Wahrheit in keiner Periode der letzten vier Jahre zur Diskussion gestanden haben. In Bonn hat man einen sehr eingeengten Sektor zu bearbeiten gehabt, der zum größeren Teil von den Alliierten oder von deutschen Beamten in deren Auftrag eingenommen wurde. Wir haben da z.B. die Bank deutscher Länder[21] mit ihrer Fähigkeit, Krisen zu überwinden und Krisen hervorzurufen. Wir haben die alliierte Sicherheitsbehörde mit ihrer Möglichkeit, in fast alle Gebiete des ökonomischen, politischen und staatlichen Lebens hineinzureden. Wir haben die Ruhrbehörde mit der Möglichkeit, Zentralbehörde für die ganze Form des sozialen Lebens und der Ökonomie ganz Deutschlands zu werden. Wir haben das Fusionsabkommen[22] der drei Mächte, und wir haben das Besatzungsstatut. Alle diese Dinge können heute im einzelnen nicht gewürdigt werden, aber alle diese Dinge haben ein Gemeinsames: Als Institutionen sind sie notwendig, aber ob sie ihrem Inhalt nach notwendig sind, darf füglich bezweifelt werden und wird von uns in den entscheidenden Punkten bestritten.

Das Besatzungsstatut zum Beispiel ist doch eine Idee, die in der Sozialdemokratie seit 1946 in Fluss kam und die bedeutsame Genossen im Frühjahr 1947 auf der Münchner Konferenz[23] diskutiert haben und die dann auf dem Nürnberger Parteitag Genosse Carlo *Schmid* besonders in den Vordergrund gestellt hat.[24] Das Besatzungsstatut haben wir

---

20 Statt „Genossinnen und Genossen" im damals veröffentlichten Text: „Vertreter", Broschüre, S. 7.

21 Die „Bank deutscher Länder" (BdL) wurde am 1.3.1948 mit Sitz in Frankfurt am Main zunächst als Zentralbank der Bizone gegründet. Mitte Juni schlossen sich ihr die Landeszentralbanken der französischen Zone an. Sie arbeitete unter der Aufsicht einer alliierten Bankkommission, vgl. Handbuch politischer Institutionen, S. 242 f.

22 Dem Parlamentarischen Rat wurde zusammen mit dem Besatzungsstatut der Wortlaut eines auf der Außenministerkonferenz der drei Westmächte in New York verabschiedeten „Fusionsabkommens" der drei westlichen Besatzungszonen übermittelt, das die Errichtung einer Dreimächtekontrolle für die drei westlichen Besatzungszonen vorsah, vgl. d. Abdruck d. Abkommens, Dok. 6, Anl. 2 B.

23 Gemeint die Münchener Ministerpräsidentenkonferenz vom 5. bis 7. Juni 1947, die zwar als gesamtdeutsche Ministerkonferenz scheiterte, aber als Konferenz der westdeutschen Ministerpräsidenten gewisse Erfolge mit sich brachte, vgl. Wilhard Grünewald, Die Münchener Ministerpräsidentenkonferenz 1947, Meisenheim a. Glan 1971; Marie Elise Foelz-Schroeter, Föderalistische Politik und nationale Repräsentation 1945-1947, Stuttgart 1974; Rolf Steininger, Zur Geschichte der Münchener Ministerpräsidentenkonferenz 1947, VfZ 23 (1975), S. 375-453. Vgl. a. PV-Protokolle Bd.1, S. LXIII f.

24 In der Debatte über das Referat von Walter *Menzel* zum Thema „Der Aufbau der deutschen Republik" forderte Carlo *Schmid* als erster Diskussionsredner am 1.7.1947, dass die faktisch vorhandene absolute Herrschaft der

gewünscht, freilich hätten wir gewünscht, außer der allgemeinen militärischen Sicherheitsgeneralklausel etwas mehr konkrete Tatbestände in Bezug auf Rechte und Pflichten gegeneinander abgegrenzt zu sehen. All dieses Institutionelle, völkerrechtlich, staatsrechtlich und machtpolitisch Bedingte ist ja eingebettet in den großen Strom der Wirtschaftspolitik, einer Politik, die oft mehr mit den Mitteln der bloßen Machtpolitik als denen der ökonomischen Vernunft behandelt wird. Wenn wir allein den Komplex auseinander pellen wollten, wie oft Konkurrenz unter der Fahne der Sicherheit verhandelt wird, dann kämen wir zu einem sehr sichtbaren Resultat. In Summa aber kann mit der heute deklarierten Wirtschaftspolitik das Ziel des Marshallplanes, uns 1952 unabhängig von der amerikanischen Hilfe durch die Gestaltung unserer eigenen Kraft zu machen, nicht erreicht werden.

Die Gestaltung des deutschen Westens ist weiter unter einer außerordentlich geringen Berücksichtigung der Interessen der Arbeiter erfolgt. Anstatt hier längere Ausführungen zu machen, verweise ich Sie auf die von der amerikanischen Federation of Labour herausgegebenen Gewerkschaftsnachrichten und den Briefwechsel zwischen General *Clay* und Matthew *Woll*.[25] Das ist eine Fundgrube und zeigt, wie die amerikanischen Gewerkschaftler manche Dinge in Deutschland klarer sehen als viele Leute bei uns.

Machtpolitische Interessen und ihre Werkzeuge in Deutschland

Nun spielt das Widerstreiten mit fremden machtpolitischen Interessen auch in das deutsche Parteileben hinein. Es ist nicht zu bestreiten, dass die Kommunisten weder eine deutsche noch eine internationale Partei sind, dass die Kommunisten weder den Sozialismus noch irgendeine Wirtschafts- oder Gesellschaftsform wollen, sondern dass die Kommunisten eine russische Staatspartei sind, deren ökonomisches Programm für Deutschland das Maximum an Reparationen zugunsten Russlands ist.

Es ist weiter nicht zu bestreiten, dass aus der Tradition der römisch-katholischen Kirche, des lateinischen Kulturkreises, der eigenen Geschichte der westdeutschen Staaten, der ganzen Atmosphäre des Westens und seiner bürgerlichen Oberschicht eine gewisse Neigung vorhanden ist, sich mehr mit dem westlichen als mit dem östlich des Limes liegenden Teil Deutschlands zu verständigen.[26] Aus dieser Grundhaltung allein ist es ja erklärlich, in welchem Tempo große Teile der Führungsschicht der CDU/CSU von dem bekannten Siebener-Kompromiss abgesprungen sind. Ich habe einmal dem Vertreter einer fremden, nicht französischen, Macht gesagt: Mit einem französischen General und einem römischen Kardinal werden Sie die notwendige Potenz Westdeutschlands in der Politik und in der Sicherung der Demokratie nicht erreichen.

Besatzungsmächte „rechtsstaatlich" gemacht werde, indem die Besatzungsmächte von sich aus Reglements erließen, in denen „all das enthalten ist, was man seit 200 Jahren für das Essentiale eines rechtlich Gefügten, einer herrschaftlichen Organisation ansieht", Prot. SPD-PT 1947, S. 140. Zur Vorgeschichte des Besatzungsstatuts vgl. a. Einleitung Kap. II 3 a.

25 Matthew *Woll* (1880-1956) war viele Jahre Vizepräsident des AFL, später der vereinigten AFL-CIO.

26 Westlich des Limes, d. h. des Schutzwalls des Römischen Reiches, lagen diejenigen Teile Germaniens, die zum Römischen Reich gehörten.

Dann ist aber noch ein dritter Posten vakant. Wir brauchen einen Posten, eine Partei, die die demokratischen Kräfte des deutschen Volkes zur nationalen Selbstbehauptung und zur internationalen Zusammenarbeit bringen. Wenn die Sozialdemokratische Partei diese Position nicht ausfüllt, dann werden andere Parteien, die erst noch kommen werden, auf Kosten der Sozialdemokratie, ihrer geistigen Tradition und der materiellen Interessen, die sie zu vertreten hat, diese Position ausfüllen, wahrscheinlich zum Unheil für Deutschland und zu einer großen Gefährdung Europas.

Seien wir uns darüber klar: Wir haben keine Aufgaben zu suchen gehabt nach 1945, wir waren von keiner Missionsidee erfüllt. Wir waren bereit, bescheiden eine Position in Europa auszufüllen, aber der Gang der Ereignisse wirft uns schon Brocken hin, an denen wir zu knabbern haben und denen wir nicht ausweichen können.

Auch über unserer heutigen Tagung muss das Motto stehen: *Es ist eine Torheit, in großen Fragen schlau sein zu wollen! In großen Fragen kann man nur klug und mutig sein.* Und wenn man das nicht aufbringt, wird man die Konsequenzen zu tragen haben.

Und[27] verständigen wir uns, dass wir hier nicht diskutieren als Instanzen gegeneinander! Es ist ein Unfug, von einem geschlossenen Parteivorstand zu sprechen bei der Erörterung solcher Fragen; und es ist eine Kurzsichtigkeit, etwa mit dem Begriff der geschlossenen Fraktion operieren zu wollen. In den wichtigsten Stellungen in beiden besteht nämlich Personalunion. Jede Funktion, jedes Mandat, jede Parteifunktion berechtigt nicht zu einer Politik der Rivalitäten, sondern berechtigt nur zu einer Politik der gemeinsamen Angleichung und des Kämpfens um klare Entscheidungen.

Das Wesen der Sozialdemokratie

Die deutsche Sozialdemokratie ist 1945 gegründet worden. Wir haben damals erklärt, wir sind nicht britisch und nicht russisch, nicht amerikanisch und nicht französisch, wir sind die Partei des arbeitenden Volkes in Deutschland und als solche zur internationalen Zusammenarbeit bereit. Und die andere These, die uns das Vertrauen so großer Massen brachte, hieß: *Die Sozialdemokratie ist eine Partei der Zusammenarbeit. Sie ist keine Partei der Unterwerfung. Sie behauptet ihre Unabhängigkeit und Selbständigkeit gegenüber allen in- und ausländischen Faktoren.*

Nun, Genossinnen und Genossen, dieser Grundsatz - und das gilt auch für die Diskussion von heute - enthält kein Prestige, sondern die Existenzfrage der Partei. Und wie weit die Existenzfrage der Partei für ganz Deutschland von Wichtigkeit ist, können wir wohl bei dem einen Gedanken gleich nachkontrollieren, wenn wir uns einmal vorstellen, was wäre Deutschland heute ohne die Sozialdemokratie? Und denken Sie weiter: Es ist dies nicht nur die Deklarierung von Postulaten und von kämpferischen Grundsätzen, diese Sätze enthalten auch eine außen- und innenpolitische Konzeption der Aktivität, die Verbindung von Selbstbehauptung und Internationalität. Wir wollen doch nicht etwa in der Diskussion hier an diesem Punkte abirren und Antithesen machen. *Der nationale Gedanke und der internationale Gedanke sind keine Gegensätze, sondern die nach verschiedenen Fronten gewandten Ausdrücke der Materie. Es gibt keine Periode - ich empfehle die*

---

27 Der folgende Absatz nicht im damals veröffentlichten Text, vgl. Broschüre, S. 9.

Dokument 7, 19. und 20. April 1949

Lektüre von Karl Marx, Friedrich Engels und Ferdinand Lassalle zu dieser Frage -, in der die Sozialdemokratie, die von diesen Männern hergekommen ist, irgendwann die nationale Idee verleugnet hätte. Es gibt den nationalen Patriotismus auch in der internationalen Lage! Die glänzendsten Formulierungen der letzten Jahrzehnte haben da *Jaurès*[28] und Léon *Blum* gefunden. Ich predige nicht und ich wünsche auch nicht, die Erörterung dieser Gedanken als eine neue Entdeckung hinzustellen, aber ich wünsche, dass man sich bei der Entscheidung von politischen Fragen nicht von der Basierung entfernt, nämlich von jenen Ideen, die jeden von uns in einer Periode seines Lebens zum Sozialdemokraten gemacht und verhindert haben, dass er ein Bürgerlicher oder ein Kommunist geworden ist.

Klärung des Verhältnisses zu den Besatzungsmächten notwendig

Nun haben wir aus diesem Geist von 1945 bereits einmal die internationalen Spielregeln über den Besiegten durchbrochen. Wir haben nicht als Objekt der Besatzungsmacht, sondern aus eigenem Entschluss und mit eigenen Mitteln als kämpfende Subjekte den Ansturm des Kommunismus und des östlichen Totalitarismus abgewehrt. Und wir werden natürlich in einer Entwicklung, die voller Bewegung, voller überraschender Situationen, voller Gefahren ist, nicht nach einem ersten Schritt Gewehr bei Fuß sitzen und erstmals einen langen Schlaf tun können. Wir werden wohl einen zweiten Schritt tun müssen. Es ist sehr schlimm, dass die machtpolitischen und militärischen, zum Teil gedankenlosen herkömmlichen Konventionen in der Besatzungspolitik die Entwicklung der Kräfte der deutschen Demokratie gehindert haben. Wir müssen dann, wenn das Schicksal, die Geschichte uns Fragen stellen, uns zu diesen Fragen auch antwortend äußern können. Und jetzt ist die Frage vor uns gestellt, die Frage der Bereinigung und Klärung des Verhältnisses der demokratischen deutschen Kräfte gegenüber den Siegermächten und den Besatzungsregierungen. Seien wir uns darüber klar, eine solche Klärung erfolgt kulturell und menschlich und politisch auf einem anderen Niveau als mit der Brutalität, mit der dem tausendfach brutaleren Ansturm des östlichen Totalitarismus begegnet werden musste. Aber größter Wille zur Verständigung kann nicht darüber hinweghelfen, Dinge zu klären, deren Nichtklärung Krisen über das deutsche Volk und über die Sozialdemokratische Partei heraufbeschwören muss.

Das ist doch das Problem, das in Bonn die Arbeit lähmt, zerfasert und weitgehend im Sande hat verlaufen lassen. Wir müssen unter voller Verantwortlichkeit die Fragen prüfen: 1. Wie nützen wir der Demokratie in Deutschland und in Europa, 2. wie erlangen wir die nationalpolitischen Ziele einschließlich der deutschen Einheit, 3. wie stärken wir die wesensverwandten Kräfte in der Welt bei ihren weltpolitischen Auseinandersetzungen? Mit anderen Worten: Wenn wir die größere Geltung der deutschen demokratischen Kräfte in der Politik erkämpfen müssen, dann heißt das nicht, bei aller Energie und aller Entschiedenheit, dass wir etwa glauben, jetzt in eine Position der Neutralität flüchten zu können. Politische Neutralität in diesem Sinne ist nicht möglich. Ich halte es nicht nur für einen Denkfehler, sondern für eine Schamlosigkeit, wenn gewisse, aus Tradition

---

28 Jean *Jaurès* (1859-1914), führender frz. Sozialist, am 31.7.1914 von einem frz. Nationalisten ermordet.

Russland geneigte intellektuelle Kreise Deutschlands, etwa der Nauheimer Kreis,[29] die Idee der Neutralität zum politischen Prinzip der Deutschen erklären wollen. *Es gibt wohl für uns die absolute Notwendigkeit der militärischen Neutralität, es kann aber für uns nie den Begriff der politischen Neutralität gegenüber einem Faktor geben, der diesen Begriff weder nach der politischen noch nach der rechtlichen oder moralischen Seite respektiert, wie die Sowjetrussen. Das wäre keine Neutralität, sondern das wäre kaschierte Parteinahme für Russland gegen den Westen.*

Gehen wir weiter. Wir können auch nicht in dieser typischen deutschen Wahnvorstellung von der eigenen Bedeutung agieren, wenn wir das richtige Selbstbewusstsein erlangen wollen, das heißt, wir können nicht diese banalen Geschwätze von Brücken- und Mittlertheorien und -sendungen auf uns nehmen. Wir müssen etwas realer denken.

Russlands Versuche der Eroberung Deutschlands

Russland hat eine weltpolitische Konzeption, die darauf geht, dass es seine politischen Kräfte wahrscheinlich einsetzen kann, wenn die von ihm erwartete Marshallplan - Krise eintritt. Es sagt sich, der internationale Produktionsapparat ist übersteigert. Man hat sich in der Welt dadurch bei dieser Übersteigerung schadlos halten wollen, dass man die Produktion in Deutschland reduziert hat und auch heute noch weitgehend reduziert. Aber man übersieht dabei, dass bei einem reduzierten deutschen Produktionsapparat der Ausfall der deutschen Kaufkraft destruktiv auf die europäische Ökonomie und auf das Weltganze zurückwirken muss. So rechnen die Russen mit ihren vielleicht richtigen, vielleicht falschen Spekulationen; in der Gesamtheit werden sie wohl einen starken Faktor der Verrechnung haben. Die europäische Aktion der Russen in den letzten Jahren gründet sich auf den alten Lenin - Satz: Wer Deutschland hat, der hat Europa! Sie geht darauf, die politischen Kräfte Deutschlands für sich mobil zu machen.

Es ist vielleicht die größte Betrüger- und Schwindlerparole, wenn die Russen die nationalen Affekte der Deutschen wachzurufen sich bemühen, denn die Kommunisten in der ganzen Welt sind die prädestiniertesten Feinde Deutschlands und die Verfechter der Morgenthau - Ideologien amerikanischer Herkunft.

Aber sie haben diese Konzeption des Massenschwindels und glauben an die alleinseligmachende Kraft der Propaganda. Der Westen macht keine Propaganda - ich wüsste auch nicht, wofür -, denn eine Parole, weder eine wahre, noch eine schwindelhafte, hat er nicht. Der Westen hat die Taktik des Fortwurstelns und eines gewissen Zutrauens an die alleinseligmachenden Konsequenzen seines Lebensstiles und seiner Ideen. Aber Deutschland ist ein auch unter stärkstem amerikanischen Beschuss liegender politischer Kriegsschauplatz. Und da kommen jetzt die Russen mit drei Versuchen. Vor der Moskauer Konferenz im März 1947 kamen sie mit dem Versuch, eine nationale Repräsentation zu

---

29 Der „Nauheimer Kreis" bestand als lose Vereinigung von Verfechtern eines neutralisierten Deutschlands seit Mitte 1948. Er ging auf eine Initiative des Würzburger Universitätsprofessors Ulrich Noack zurück, der zwar zu dieser Zeit CSU-Mitglied war, in der Partei aber keine Führungsfunktionen ausübte, vgl. H.P. Schwarz, Vom Reich, S. 355-384. Ulrich *Noack* (1899-1974), Historiker, 1941-44 Univ.Prof. in Greifswald, 1946-64 Univ.Prof. in Würzburg, 1946-51 CSU, 1956-60 FDP.

schaffen.[30] Das klang manchen deutschen Ohren sehr einschmeichelnd. Es war der Versuch, etwa die politischen Bedingungen Polens oder Bulgariens auf ganz Deutschland zu übertragen

Wir[31] haben einmal einem aus der Bismarckschen Tradition stammenden Diplomaten, der ein Träger dieser russischen Ideologie ist[32], von einem unserer Vertrauensleute sagen lassen: Wissen Sie, dass das bedeuten würde, dass Sie für Deutschland die politischen Verhältnisse Polens und der Ostzone akzeptieren würden? Darauf sagte der Mann - er war erst 75 Jahre alt -: Ja, aber ich traue mir zu, die Russen zu überspielen!

Ein siegreiches 200 Millionen-Volk überspielt man nicht. Wir sind ja 1945/46 auch einfach hingestanden auf jede Konsequenz und haben nicht das Manöver des Überspielens versucht. Wenn wir mit den Methoden politischer Technik und Taktik versucht hätten zu operieren, wären wir glatt an die Wand geklatscht worden und die Herrschaft des politischen Gebildes der Russen hätte uns bis zum Atlantischen Ozean begleitet.

Vor der Londoner Konferenz kamen dieselben Versuche, und als die Parteien nicht reagierten – dank der Haltung der Sozialdemokratie – kam schließlich ein Versuch, ein Nationalparlament der Persönlichkeiten zu schaffen.

Und jetzt, Genossinnen und Genossen, ist die neue Offensive der Russen der Versuch, diese Idee mit der mobilisierten Querverbindung zwischen Ost und West herzustellen. Das ist das deutlichste Anzeichen dafür, dass die Russen die ganze Kraft ihrer Europa - Politik auf die Idee einer Außenministerkonferenz über die Deutschlandfrage konzentriert haben. Das Echo, das wir in Washington gehört haben, zeigt ja, dass man dort bereit ist, darauf einzugehen. Und nun lassen Sie einmal die Propagandawellen der Kleinen und Großen vor sich abrollen! Diejenigen, die als russische Staatsparteien noch immer die Firmennamen bürgerlicher Parteien tragen, können sich dagegen nicht wehren.

Sie müssen auch solche Dinge wie die Generalversammlung der Überflüssigen in Godesberg als Propagandawelle nehmen.[33] Aber Sie müssen bereits eine Lehre daraus ziehen, dass in Deutschland außer der Sozialdemokratie keine Partei absolut verlässlich im Kampf gegen die Kommunisten ist. Die Fäden von den Russen zur Industrie in Westdeutschland sind zahlreich, und die Angst, mit der Bürger, Besitzbürger, den kommunistischen Machenschaften entgegensehen, sich ihnen zum Teil zuwenden, ist sehr

---

30 Zur Moskauer Außenministerkonferenz der Vier Siegermächte im März/ April 1947 sowie zur Londoner Außenministerkonferenz der Vier Siegermächte im November/ Dezember 1947 vgl. Oliver *Jäkel* bzw. Patrick *Merziger*, in: Deutschland unter alliierter Besatzung, Berlin 1999, S. 219-222. Vgl. a. PV-Protokolle Bd. 1, S. XCIV; zu den Versuchen der Schaffung einer „Nationalen Repräsentation" der überregionalen deutschen Parteien vgl. ebd., S. XXXVII f.

31 Die folgenden zwei Absätze nicht im damals veröffentlichten Text, vgl. Broschüre, S. 13.

32 Gemeint Rudolf *Nadolny* (1873-1973), Spitzendiplomat während der Weimarer Republik, 1933/34 Botschafter in Moskau.

33 Am 13.3.1949 trafen sich in der Wohnung des Mitbegründers der CDU Andreas *Hermes* in Bad Godesberg mehrere Persönlichkeiten, die der CDU und der FDP nahe standen, auf Initiative von Rudolf *Nadolny*, um über die Möglichkeiten der Schaffung eines gesamtdeutschen Staates zu beraten. Teilnehmer waren u.a. der Frankfurter „Oberdirektor" Hermann *Pünder*, der dortige Direktor der Wirtschaftsverwaltung, Ludwig *Erhard*, der Direktor der Bank Deutscher Länder, Hermann Josef *Abs*(1901-94), und der 2. Vorsitzende der FDP, Franz *Blücher*, vgl. AdG 1948/49, S. 1851, u. Sopade/Querschnitt v. April 1949, Bl. 81 u. 83.

groß. *Der einzige intakte Wall ist die Sozialdemokratie, aber die Sozialdemokratie kann nicht im luftleeren Raum intakt bleiben, sondern nur in einer sicheren Position innerhalb der europäischen und deutschen Verhältnisse.*

Aber nach diesen Propagandawellen kommt die Realität eines echten Angebots der Russen. Damit rechnet man überall in der Welt und damit rechnen auch wir. Hinter einem russischen Angebot wird immer der Dolus des Betruges, der Treulosigkeit und der Gewalttätigkeit stehen. Wir können in eine Situation kommen, in der man mit allgemeinen und theoretischen Argumenten und Appellen an Gefühle nicht mehr durchkommen kann, sondern in der wir mit Realitäten unseres politischen Wollens, unserer Zielsetzung, wenn nicht gar unserer erreichten Ziele, aufwarten müssen. Ich habe einmal im Jahre 1947 in Amerika, in San Francisco, in Washington und in New York maßgebenden Politikern, Beamten, Journalisten, Gewerkschaftlern und Trägern der öffentlichen Meinung gesagt, für das deutsche Volk und speziell für die deutschen Arbeiter sei nicht die Attraktivkraft der Kommunisten so sehr eine Gefahr. Die Deutschen haben, auch wenn sie im einzelnen die Verhältnisse in der Ostzone nicht genau kennen, ihre Reserven. Es ist nicht so, dass etwa der Schwung des Leninismus oder Stalinismus die Deutschen psychologisch überrunden könnte. Die Gefahr ist vielmehr das nationale revolutionäre Postulat, und alles gründet sich auf die Fehler, die Unterlassungen und die Apathie der westlichen Demokratien, im speziellen Amerikas, im Verhältnis gegenüber Deutschland. Ich habe gesagt: Wenn Sie uns nicht rechtzeitig ausreichende Erfolge sozialpolitischer, sozial-struktureller und nationalpolitischer Art gönnen, dann kommt die Sozialdemokratische Partei in die Gefahr einer starken Schrumpfung. Auf der politischen Landkarte Deutschlands entstehen weiße Flecken und in sie rücken neue Parteigruppierungen nationalistischer, wahrscheinlich neofaschistischer Prägung ein, und jede Form des deutschen Nationalismus muss sich bei der heutigen weltpolitischen und europäischen Situation pro-russisch und anti-demokratisch und damit anti-westlerisch auswirken.

Bonn und die Praktiken der Besatzungspolitik

Die Kämpfe um Bonn sind letzten Endes eingeleitet worden von unserer Seite schon bei den Kämpfen um die Reorganisation der Bizone im Januar 1948.[34] Auch damals haben die maßgebenden Männer der beiden angelsächsischen Besatzungsmächte den Wunsch gehabt, dass die Deutschen das aussprechen und für das die Verantwortung tragen, was selbst zu deklarieren sie sich aus außenpolitischen Gründen - nicht zuletzt wegen des Verhältnisses zu Russland - gescheut haben. Wir haben uns damals glücklicherweise verweigert, und wir können stolz darauf sein. Wir haben damals nicht die Verantwortung für eine fremde Politik übernommen. Wir haben das deutsche Mitmachen gegenüber einem fremdgesetzten Recht erklärt, aber nicht die deutsche Verantwortung übernommen, dass dieses fremdgesetzte Recht und diese Organisationsform dem deutschen staatsbildenden Willen entsprechen würde. Das war richtig. Und der Genosse Carlo *Schmid* hat recht gehabt, im Prinzip recht gehabt, als er seinerzeit erklärte, das

---

34 Zu diesen Auseinandersetzungen um die Reorganisation der Bizone vgl. PV-Protokolle Bd. 1, Einleitung, S. LXXXIX ff.

deutsche Volk könne natürlich eine deutsche Verfassung nur auf der Grundlage eines möglichst ungehinderten deutschen Willens bilden.[35] Diese Parole hat freilich damals noch nicht die Zugkraft haben können. Sie war [...][36] aus Mangel an Aufklärung und psychologisch-politischer Vorbereitung bei uns noch nicht fundiert genug. Auch[37] das deutsche Volk hätte sie nicht verstanden, denn im deutschen Volk hat so viel guter Wille gelebt und lebt noch so viel guter Wille, dass man ohne das praktische Experiment und den Hinweis auf Erfolg oder Misserfolg zu einer restlosen Klärung in einer solchen Situation, wie sie das angebliche Verfassungsangebot brachte, nicht kommen konnte.

Dieses Angebot[38] hat sehr stark unter etwas gelitten. Es ist gewiss erfreulich, dass sehr häufig alliierte Verbindungsoffiziere höheren und niederen Grades sich mit uns, den führenden Parteifunktionären und Parlamentariern, beschäftigen. Die Weltgeschichte würde sich allerdings kaum zum Schlechten verändern, wenn das reduziert werden würde. Es ist unsere Pflicht als deutsche Sozialdemokraten und auch als Zivilisten, einmal zu sagen, dass die Äußerungen solcher Verbindungsoffiziere, unbeschadet ihres Dienstgrades, eben sehr subjektive und mehr in der Person liegende Äußerungen sind, und mehr nicht! Bei uns besteht nämlich noch oftmals der Wahn, dass vom Sergeanten aufwärts bis zum General jede Äußerung eine für die fremde Macht verbindliche Hoheitserklärung ist. Weder wird die fremde Macht durch derartige Äußerungen festgelegt, noch ist es eine Hoheitserklärung, vor der man mit gebeugten Knien und gekrümmten Rücken stehen muss. Das darf nie vergessen werden.

Aber auch die Spitzengarnitur der Besatzungsmacht ist gewiss in ihrem Ton sehr höflich. Einige von ihnen sehen eine Reihe politischer Problem vielleicht richtig, eine Reihe von ihnen hat sicher auch den guten Willen, aber die Einrichtung als solche hat sich gerade jetzt sehr wenig bewährt. Die Spitzenleute reden sehr anständig und sehr nett, aber wenn es zu einer sachlichen Diskussion kommen soll, dann hilft ein noch so kenntnisreiches Geplauder über Paragraphen von Verordnungen, Gesetzen, militärischen Befehlen oder auch von einem Grundgesetz sehr wenig weiter. Wir können eine Politik ja nur abstimmen, wenn man uns das Vertrauen schenkt, uns mit den Prinzipien der großen Konzeption, die zu befolgen diese Männer von ihren Außenministern den Auftrag haben, bekanntzumachen. Solange das nicht der Fall ist, häufen sich die Missverständnisse.

---

35 Anfang Januar 1948 veröffentlichte Carlo *Schmid* in der „Welt" einen Aufsatz (Ü: „Organisierte Provisorien"), in dem er davon ausging, dass nach der ergebnislosen Vertagung der Londoner Viermächtekonferenz das „Provisorium in der bisherigen Gestalt nicht fortgeführt" werden könne. Ein Besatzungsstatut müsse die Grundlage schaffen, dass bisherige auf Zonen beschränkte Institutionen wie der Wirtschaftsrat weiter entwickelt werden könnten, auch wenn eine neue deutsche Politik erst möglich sein werde, wenn die Sieger die von ihnen auferlegten Einschränkungen der deutschen Souveränität aufheben würden, vgl. Die Welt Nr. 4 v. 10.1.1948.

36 Weggelassen wurde hier das im Redetext folgende für den Zusammenhang unverständliche Wort „international" (Redetext, S. 18), das auch im gedruckten Text weggelassen wurde, vgl. Broschüre, S. 15.

37 Der folgende Satz („Auch...konnte") nicht im veröffentlichten Text, vgl. Broschüre, S. 15.

38 Zu dem von der amerikanischen Militär-Regierung ausgehenden Vorschlag, die Bevölkerung des Vereinigten Wirtschaftsgebietes, d.h. der Bizone, solle eine Verfassunggebende Versammlung wählen, vgl. J. Gimbel, Amerikanische Besatzungspolitik in Deutschland 1945-1949, Frankfurt a.M. 1971, S. 255-259.

Und das eigentliche Prosperieren der Demokratie beruht darauf, dass man sich nicht in Paragraphen und Finessen verstrickt, sondern sich für Ideen, eine Überzeugung und eine gesetzgeberisch gestaltende Linie interessiert. Das hat man unterlassen. Mehr noch, man hat uns verheimlicht, dass in dem bekannten Amendement zu dem Londoner Abkommen vom Juni 1948 die Alliierten sich bereits über eine Reihe von Details geeinigt hatten.[39] Man hat also unsere Leute fast drei Monate bis zur Bekanntgabe der sieben Punkte im November sich abstrampeln lassen, ohne ihnen mehr zu sagen als die allgemeinen Bemerkungen über den Föderativstaat und ähnliche schöne Dinge.[40] Das hat natürlich Erbitterung und Erschwerung gebracht. Das ist auch nicht der Geist, aus dem Westdeutschland zu einem Bestandteile der europäischen Demokratie gemacht werden kann.

Nun ist das Ergebnis außen- und innenpolitisch so, dass unsere Mitarbeit zuerst die Verantwortung zu verwischen begonnen hat, und erst mit der Häufung und dem ansteigenden Tempo der herkömmlichen interalliierten Interventionen ist so etwas wie der Beginn einer Klärung eingetreten. Und wir müssen sagen: Wenn wir bei den kommenden Auseinandersetzungen Westdeutschland als politischen Faktor nicht missbrauchen lassen wollen für die Russen, sondern einsetzen wollen für die Idee der Weltdemokratie, so müssen wir gerade auch im Zusammenhang mit diesem Grundgesetz untersuchen, was wichtiger ist, das formale Beieinandersein in einem unsymmetrischen, von taktischen und temporären Zufälligkeiten abhängigen, lockeren, in sich nicht zusammenhängenden und zusammenstrebenden Gebilde,[41] - also ist diese bloß formale Existenz eines hyperföderativen Bundes - seien wir höflich, sagen wir Bundesstaates - [wichtiger] oder ist es wichtiger, die politischen Kräfte des deutschen Westens mit demokratisch-nationalem Selbstbewusstsein und internationalem Zutrauen zu erfüllen?

Die Situation, wie sie geschildert ist, die geht vorüber, und wir haben keine Veranlassung zu glauben, dass die Gutwilligkeit einer Unterwerfungspolitik von denen, zu deren Gunsten sie erfolgt, auch auf die Dauer geschätzt wird. Aber wir haben alle Veranlassung, einen starken demokratischen Faktor darzustellen.

Ohne eigenen politischen Willen der westdeutschen demokratischen Bevölkerung ist auf die Dauer weder die Abwehr des östlichen Ansturms noch die Eroberung der Ostzone mit den Ideen der politischen Demokratie möglich. Da liegt das Prinzipielle. Und in

---

39 Im veröffentlichten Schlusskommuniqué der Sechs-Mächte-Konferenz vom 7. Juni wurde lediglich eine „föderative Regierungsform" („federal form of government") als Grundlage für den künftigen westdeutschen Staat gefordert, vgl. Der Parlamentarische Rat Bd. 1, S. 4 u. 22 (Dok. Nr. 1). In einem besonderen Anhang zum „Bericht über die Konferenz" an die beteiligten Regierungen vom 1.6.1948 waren einige Mindesterfordernisse für die postulierte „decentralised federal organisation" genannt: Zweikammersystem, Finanzhoheit des Bundes nur für die Zwecke, für die er allein zuständig sei, keine zentralstaatlichen Kompetenzen für das Erziehungswesen, a.a.O., S. XVIII (Einleitung von J. V. Wagner).

40 Am 22.11.1948 überreichten Vertreter der drei Militärgouverneure dem Präsidenten des Parlamentarischen Rates, Dr. Adenauer, ein Dokument, das in 7 Punkten Erläuterungen zum Londoner Abkommen und seinen sehr allgemeinen Aussagen über ein deutsches Grundgesetz enthielt, u.a. die Forderungen nach einem Zweikammersystem, nach Beschränkung der Bundesgewalt auf genau festgelegte Bereiche und nach einer Begrenzung der Bundesfinanzverwaltung, vgl. AdG 1948/49, S. 1713.

41 Die folgende Parenthese „- also...[wichtiger]-" nicht im 1949 veröffentlichten Text, vgl. Broschüre, S. 17.

der Konsequenz auf Bonn: *Wir können auch bei einem Staatsgrundgesetz mit befohlenem Anfang nur das verantworten, was wir aus eigener Ansicht für unser Volk und für seine Rolle im europäischen Raum verantworten können. Wir können nichts verantworten, was gegen unsere Anschauung eine Deklaration oder ein Kommando ist.*

Wer von dieser Linie abgeht, mag es gut meinen, aber er wird nicht die Erfolge haben, die seiner guten Meinung entsprechen würden. Wir sind uns alle darüber klar, dass es im Osten und im Westen in vieler Beziehung, kulturell und ökonomisch, anders aussehen würde, wenn die Verhältnisse nach dem Willen der deutschen Bevölkerung gestaltet würden. Wir hätten in den Westzonen nicht diese Art naiven Frühkapitalismus, bei dem man annehmen könnte, das Jahr 1856 sei wieder glücklich über uns hereingebrochen. Und wir hätten natürlich auch im Osten nicht die Bloßstellung der gewaltigen organisatorischen, wirtschaftlichen und moralischen Prinzipien des Sozialismus durch eine fremde Staatsmacht und ihre deutschen Helfershelfer. Aber wir müssen natürlich alles unterlassen, was die Differenzen und Divergenzen in das sinnlos Extreme übertreibt.

Die Notwendigkeit einer deutschen Politik

Es ist Tatsache, dass wir von Provisorium zu Provisorium uns durchkämpfen müssen. Wir müssen aber vermeiden, ein falsches Provisorium zu schaffen, denn dadurch kann eine Entwicklungslinie in der Politik in die unseren Notwendigkeiten entgegengesetzte Richtung gehen. Für uns als Volk ist die deutsche Einheit das Postulat und etwas, das in jeder unserer Entschließungen als unverzichtbar wiederkehrt. Wagen Sie einmal, den Verzicht auszusprechen! Die Fraktionen könnten dann in Zukunft in einer Droschke ihren Skat spielen.

Man kann mit den Formeln, die aus den Interessen französischer oder amerikanischer Politik – die Engländer sind glücklicherweise zurückhaltender – entstanden sind, nicht den gewaltigen Ansturm einer weltrevolutionären Ideologie abwehren, man kann ihn auch nicht mit den Machtmitteln eines ungeheuren imperialistischen Nationalstaates abwehren. Wir können kulturell nur bestehen, wenn wir sagen, nicht weil die Franzosen es wollen oder die Amerikaner oder ein Fremder, sondern weil die deutschen Arbeiter und die deutsche Sozialdemokratie den Kommunismus für ein feindliches, Europa und die Freiheit zerstörendes Prinzip halten, sind wir zu unserem Standpunkt gelangt.

Die Interessentenhaufen in Bonn

Bei dieser Situation wäre es sehr wichtig gewesen, einen demokratischen Gemeinschaftsstandpunkt in Bonn zu erreichen. Aber wir haben gesehen, dass in Bonn die Arbeit der Gutwilligen, von ihrer Aufgabe Besessenen stark hat leiden müssen durch die Umlagerung und Rücksichtnahme auf Interessentenhaufen.

Wenn wir einmal überlegen, wer sich nicht als robuster Interessent erwiesen hat, dann ist es politisch nur die Sozialdemokratie und sind es sozial nur die Gewerkschaften. Die haben eingesehen, dass die ersten zögernden Schritte eines neuen Staatswesens nicht mit allen Forderungen sämtlicher Interessentengruppen belastet werden können. Und nun sehen Sie sich einmal die anderen an und studieren [Sie] ihre Anschauung hierüber. Und das Schmerzlichste und Peinlichste für Deutschlands Zukunft und das Deutschlands politische Einsicht am meisten Bloßstellende ist doch gewesen, wie man aus der Situation heraus erstens eine Föderation, nicht einen Bundesstaat, sondern einen Staatenbund im Sinne der schlechtesten Tradition der beiden Rheinbünde[42] und *Clemenceaus*[43] versucht hat, von Seiten der transdanubischen[44] Partikularisten mit dem dolus eventualis der Separation. Das ist eines der schändlichsten Kapitel, das wir je erlebt haben.

Das andere kaum weniger Feine ist die Tatsache, dass so große traditionsreiche und in ihrer Art auf Ehrfurcht und Respekt Anspruch erhebende Institutionen wie die Kirchen gedacht haben, jetzt geht es nicht um den Staat, sondern jetzt geht es um die Neuordnung und Vergrößerung der Rechte der Kirche auf deutschem Boden. Das war kein guter Anfang, und darum ist die ursprünglichste Konzeption des bloßen Organisations- oder Verwaltungsstatuts die politisch richtige gewesen.

Der[45] Druck der Alliierten auf einen Grundrechtskatalog im Stile eines Wunschzettels von Kindern an den Weihnachtsmann hat sich noch kompliziert durch bestimmte in Gang gekommene Ambitionen auf kulturpolitischem Gebiet. Dazu kommt der Zauber und der Hexentanz, der mit dem Wort Föderalismus getrieben worden ist. Das hat natürlich gewissen Leuten Mut gegeben, die hier eine einmalige, nicht wiederkehrende Gelegenheit erblickt haben. Ich muss schon sagen, dieser Föderalismus, wie er von den extremen föderativen Elementen Deutschlands betrieben worden ist, etwa so im Stile des Rheinbundes und der Denkschriften der bayrischen Regierung von 1924/26[46], wobei besonders die Januar-Denkschrift von 1924 interessant wäre, hat natürlich eine Politik der Erpressung gegenüber den deutschen Notwendigkeiten hervorgerufen.

Im großen und ganzen gesehen ist das deutsche Volk, repräsentiert durch Föderalisten dieser Art, nicht gerade ein Symbol der Reife gewesen. Aber ich möchte meinen, dass im deutschen Volk selber ein größerer Grad von Reife vorhanden ist als in diesen partikularistischen und kulturkämpferischen Trägern. Übersehen Sie eines nicht: *Es gibt nach den Erfahrungen der letzten 40 Jahre keine echte im Volk fundierte Massenbewegung, die etwa auf einen möglichst starken Grad deutscher Zusammengehörigkeit verzichten wollte.*

Ich warne davor, diese Dinge zu diskutieren im Stile der ehrwürdigen Patriarchen. Die deutsche Jugend hat in einem unbeschreiblich hohen Prozentsatz keine Gefühle für Landessouveränität und für Ambitionen, die daraus erwachsen können, und wir haben

---

42 Unter dem ersten „Rheinbund" versteht man das von 1658 bis 1668 dauernde Bündnis einzelner deutscher Reichsstände mit Frankreich, dass sich vor allem gegen Österreich richtete. Unter dem zweiten „Rheinbund" die im Juli 1806 auf Veranlassung Napoleons gegründete Konföderation von zunächst 16 deutschen Fürsten, die sich für souverän erklärten und aus dem Reichsverband austraten. 20 weitere deutsche Staaten, d. h. alle größeren außer Österreich, Preußen, Braunschweig und Kurhessen, schlossen sich bis 1811 dem zweiten Rheinbund an. Nach der endgültigen Niederlage Napoleons löste sich dieser im Oktober 1813 auf.

43 Georges Benjamin *Clemenceau* (1841-1929), frz. Politiker, radikalsozialistische Bewegung, 1906-09 u. 1917-20 Ministerpräsident, für harte Friedensbedingungen gegenüber Deutschland.

44 Gemeint die altbayrischen Gebiete „jenseits", d. h. südlich der Donau.

45 Der folgende Satz („Der...Gebiet") nicht im 1949 veröffentlichten Text, vgl. Broschüre, S. 14.

46 Über die beiden Denkschriften der bayrischen Regierung von 1924 und 1926, in denen vor allem die Wiederherstellung der Finanzhoheit der Länder gefordert wurde vgl. A. Schwarz, Hb.. d. bayer. Geschichte IV/ I, S. 498 f.

keine Veranlassung, hier so weit zu gehen, der deutschen Jugend den Zugang zu den Ideen der Demokratie und des Sozialismus noch schwerer zu machen.

Wir dürfen in den Augen einer heranreifenden, aber in der materiellen Kenntnis noch weitgehend urteilslosen Masse junger Menschen nicht die Demokratie mit Desorganisation und jeder Form der Ohnmacht gleichsetzen. *Die Demokratie ist nicht die staatsrechtliche Form einer nationalen oder internationalen Demütigung, die Demokratie ist auch international die Form der Gleichberechtigung oder wenigstens des möglichst offenen Weges zur Gleichberechtigung, nachdem in Europa eben das Schreckliche durch das Dritte Reich geschehen ist.* Wir haben natürlich mit den Affekten, die die Mörder-, Räuber- und Plündererinstinkte des Dritten Reiches in den europäischen Völkern hervorgerufen haben, als einer Realität zu rechnen. Wir können uns über diese Affekte nicht empört zeigen, sondern müssen versuchen, diese Affekte auf ihre Quellen hin zu analysieren und dieses Problem in sachlichen Aussprachen zu lösen.

Mir[47] hat auf einer internationalen Sozialistenkonferenz bei der Frage der Erörterung der Oder-Neiße-Grenze der polnische Vertreter entgegengerufen: Wenn Sie auf Ihrem Standpunkt bestehen, so bedeutet das den Krieg![48] Ich habe ihm gesagt: Sie täuschen sich, verehrter Genosse, wir sind hier in einer sozialistischen Internationale, und da kann man über diese sachlichen Dinge mit sachlichen Argumenten reden.[49] Das Maul lassen wir uns nicht verstopfen!

Das ist, international gesehen, auch heute die Situation. Die Weltöffentlichkeit ist falsch unterrichtet. Die Massivität, mit der der schutzlose und ahnungslose Leser angelogen wird, spottet jeder Beschreibung. Nur eine Probe: Während in der schweizerischen Stadt Basel sich die sozialdemokratische Zeitung mit der sozialdemokratischen Haltung, und gerade auch positiv mit der Nein - Haltung, beschäftigt, nimmt die „Nationalzeitung" in einem Artikel Stellung, an dem alles dran ist. Sie wissen, wie sehr durch die Verpflichtung der Sozialdemokratie gegenüber dem europäischen Gedanken sie mehr als jede andere Partei in Bonn Konzessionen gemacht hat. Sie wissen, dass das Fünfer-Kompromiss niemals möglich gewesen wäre als Ergebnis innerdeutscher machtmäßiger oder staatspolitischer Auseinandersetzungen. Schon das Fünfer-Kompromiss ist von dem europäischen Willen der Sozialdemokratie bestimmt und enthält Konzessionen an das Nichtverstehen können der deutschen Situation durch die durch den Krieg irritierten und geschädigten europäischen Völker. Der CDU hätten wir das Kompromiss nicht gemacht, oder...?

---

47 Die nächsten drei Absätze nicht im veröffentlichten Text von 1949, vgl. Broschüre, S. 20.

48 In der Debatte über eine eventuelle Wiederaufnahme der SPD in die Internationale auf der Konferenz in Zürich am 8.6.1947 hatte der Delegierte der Polnischen Sozialistischen Arbeiterpartei, Julian *Hochfeld*, an *Schumacher* u.a. die Frage gestellt, ob sich die SPD darüber klar sei, dass die Westgrenze Polens nur mit Waffengewalt („par violence armée") verändert werden könne, vgl. d. Abdruck d. Protokolls bei R. Steininger, Deutschland, und die Sozialistische Internationale, S. 228; zu dieser Debatte vgl. a. PV-Protokolle, Bd. 1, S. LIV f.

49 Für einen Abdruck der Antwort Schumachers, die in der Form nicht so scharf war, wie hier von ihm referiert, vgl. K. Schumacher, Reden – Schriften – Korrespondenzen, S. 555.

Das Siebener-Kompromiss geht noch weiter. Und da schreibt nun die „Nationalzeitung" vom 14. April 1949: Es war nicht der Entwurf einer föderalistischen, sondern einer zentralistischen Verfassung mit einigen kleinen Zugeständnissen an die Föderalisten, zu denen sich die Zentralisten wider Willen herbeigefunden hatten. Das ist das Siebener-Kompromiss in den Augen eines Teiles der Welt!

Die realen Aufgaben eines Bundesstaates

Die deutschen und die internationalen Diskussionen gehen ja an dem Wesen dessen, was durch einen Bundesstaat erreicht werden muss, glatt vorüber. Es sind jedoch in erster Linie, innerdeutsch gesehen, reale Aufgaben. Denken Sie einmal an die Erfahrungen, die wir gesammelt haben mit der Bereitschaft der Länder, einander zu helfen, in der Hungerperiode. Denken Sie an die anderen Erfahrungen, die notwendig und unvermeidlich sind, bei dem Finanz- und Lastenausgleich. Stellen Sie sich einmal vor, wenn das Schicksal und die soziale Position der kleinen Leute und vor allem etwa der Flüchtlinge abhängig sein sollte von Staatsverträgen, die deutsche Länder untereinander schließen.

Genossinnen und Genossen, das will man aber in der Welt nicht sehen, und es gibt Deutsche, die bei der Vernebelung des Blickfeldes eifrig Hilfe leisten. Wenn aber einmal so ein Grundgesetz, wie es die Alliierten jetzt zusammen mit der Führungsschicht der CDU/CSU wollten, in Deutschland die Grundlage der westdeutschen Politik bilden müsste, dann wäre die Infiltration des nationalen Kommunismus in den verschiedensten Variationen, gestützt von der Agitationskraft des russischen Staates, sehr stark und würde die urteilslosen Massen faszinieren und[50] große Teile unserer Partei in die Lähmungssituation bringen. Und dann, Genossinnen und Genossen, würde das eintreten, was sich ja heute bereits abzeichnet. Wenn wir [die][51] Fraktionsdiskussionen der bisherigen Arbeit betrachten, zeichnet es sich ab: Das Grundgesetz in seiner heutigen Gestalt ist doch ein Waisenkind. Es will sich niemand zu ihm bekennen. Jeder bestreitet die Vaterschaft, erhebt die Hände und sagt: Es waren auch andere beteiligt, von mir ist das Kind nicht!

Die Erkenntnis der kommunistischen Gefahr

Das ist nicht gerade das Fundament, auf dem man einem so großen und starken Gegner entgegentreten kann. Wenn man nun sagt, ja, aber die Franzosen und die Amerikaner müssen es wissen, dann möchte ich sagen: Sie wissen sicher in der Politik viel mehr als wir, sie sind besser informiert, sehr schön, aber die Situation in Deutschland und in ihren eigenen Ländern bezüglich des Kommunismus haben sie noch falsch beurteilt, als wir die Situation schon lange richtig erkannt und die kämpferischen Konsequenzen daraus gezogen hatten. Das[52] Mitbestimmt haben auf diesem Gebiet wollen wir - ohne ein Monopol des Alleinwissens in Anspruch zu nehmen -, uns doch nicht so ohne weiteres von diesen Redereien beeinträchtigen lassen.

---

50 Der Schluss des Satzes „und...bringen" nicht im 1949 veröffentlichten Text, vgl. Broschüre, S. 21.
51 Ergänzung aus dem 1949 veröffentlichten Text, ebd.
52 Der folgende Satz („Das...lassen.") nicht im 1949 veröffentlichten Text, ebd.

Ich möchte im Hinblick auf die befreundeten Parteien in Frankreich und Italien sagen: Die Genossen dort haben sich eine kultivierte Führungsgarnitur in einer Breite erhalten können, wie es bei uns durch die faschistische Ära nicht möglich war. Und trotzdem hat alle Klugheit, alle Bildung, alle Kultur und alle Humanität nicht den Fehler vermeiden können, zuzuwarten an einer Stelle, wo bereits gehandelt werden konnte. Unsere Führerschicht war kleiner und im Resultat primitiver, aber sie hat gewusst, wann und wo sie zuschlagen muss. Und das, Genossen, haben wir nicht können aus irgendwelchen alliierten Empfehlungen heraus, sondern das haben wir nur können aus unserer Erkenntnis und unserem Erleben.

Föderalismus und CDU

Wir haben eine Darstellung von August *Zinn* über den bisherigen Status, eine Darstellung, die auf wenigen Seiten die unitarischen und föderalistischen Elemente abwägt. Die Konsequenz wird wohl nach der Lektüre sein, dass jeder von uns der Ansicht ist, dass durch den Druck der außenpolitischen Verhältnisse und unseren guten Willen, ihnen gerecht zu werden, wir mehr Föderalismus in die bisherigen Kompromisse hineingelassen haben, als es einem Lebensnotwendigerweise funktionieren müssenden westdeutschen Ersatzstaat bekömmlich wäre.

Wir wollen – und darüber müssen wir uns klar sein – *unter keinen Umständen* – *die Entwicklung mag gehen wie sie will* – *einen Bund deutscher Länder. Wir wollen immer nur einen Bundesstaat. Ein völkerrechtlicher Verein der Westdeutschen findet nichts als unsere Gegnerschaft, aber in keiner Weise auch nur eine Form, eine Andeutung des Zustimmens.*

Nun möchte ich im einzelnen nicht darauf eingehen. Ich möchte auch nicht in Details schildern, wie sehr die Punkte der CDU/CSU einander widersprechen, wie sie da den Standpunkt schneller wechseln als etwa Pferde beim Pferderennen. Es ist objektiv beinahe unmöglich, die CDU angesichts ihrer Amorphität, ihrer Gesichtslosigkeit und des Tempos des Wechsels ihrer Standpunkte festzulegen. Ich will mir hier eine Analyse dieser Dinge ersparen.

Wir wollen scharf sein, sachlich scharf. Wir können uns natürlich nicht auf das Niveau begeben, das in den letzten Wochen speziell von der CDU angeschlagen worden ist, aber wir sollen diese Dinge auch nicht ungestraft durchgehen lassen. Und hierzu besteht viel zu viel Neigung in unseren Kreisen. Aber eine Gesinnung, die bei eigenen Verfehlungen alles sehr schwarz sieht und bei fremden Verfehlungen zu viel übersieht, prädestiniert zur Sammlung von Misserfolgen und Niederlagen. Wir dürfen uns nicht auf das Gebiet zänkischer Giftigkeit begeben. Wir müssen auf der uns angemessenen sachlichen Ebene kämpfen. Es gibt zum Beispiel da in der „Rheinischen Post", zu deren Lizenzträgern Ministerpräsident *Arnold* gehört, einen Artikel von Professor *Böhler*[53] über deutsche Kleinstaaterei. Diesen Artikel kann sich jeder sozialdemokratische Funktionär und Man-

---

53 Wilhelm *Böhler* (1891-1958), 1920 Kaplan u. Caritasdirektor in Mönchen - Gladbach, 1935-46 Pfarrer in Essen, Kampf gegen die Nazidiktatur, 1938 KZ, 1945 Domkapitular u. Leiter d. Schulabteilung im Generalvikariat, 1948 Prälat, 1948/49 Beauftragter d. Fuldaer Bischofskonferenz beim Parlamentarischen Rat, 1949 Beauftragter der Bischofskonferenz bei der Bundesregierung in Bonn.

datsträger über das Bett nageln. Das ist eine erstklassige Abwehr eines bürgerlichen verantwortungsbewussten katholischen Menschen gegen Viel- und Kleinstaaterei und ein Bekenntnis zur Konzentration der deutschen Kräfte.

Das Europäertum der CDU ist doch unglaubwürdig. Sie hat es entdeckt in dem Moment, als die Schwerindustrie eine Restauration im Stile des Jahre 1923 im Hinblick auf das Ruhrstatut im Dezember 1948 für aussichtslos hielt und kapitulierte. Eine Internationalität, die mit einem Bein in der Kirche, mit dem anderen bei dem großindustriellen Geschäft steht, ist nicht das, was Europa als internationale Potenz im Zusammenleben der Staatsträger braucht. Ich will hier nicht die ganze Sündenliste der variablen Standpunkte und der auswechselbaren Gesinnung mit Gummizug im einzelnen aufzählen. Ich möchte nur daran erinnern, dass man begann, uns als Nationalisten zu diskreditieren in dem Augenblick, in dem im Ausland diese Parole ausgegeben wurde.

Wir wollen also einmal untersuchen, ist deswegen der Nationalismus der Flüsterpropaganda der CDU tot? Nein. Ich will trotz Dutzender von Fällen, die ich mir zu dieser Frage aufgeschrieben habe, nur feststellen: Vor einigen Tagen ist in Schleswig-Holstein ein Mann namens *Michelsen* wegen Beleidigung des Genossen *Lüdemann* verurteilt worden. Dieser Michelsen hatte erklärt: Dieser Lüdemann ist der größte Schweinehund, Betrüger und Landesverräter, den wir jemals in der Regierung hatten. Er hat sich am 20. Juli beteiligt. Nun, Genossinnen und Genossen, dieser Mann namens Michelsen ist Mitglied der CDU. Interessant ist dabei die Begründung: Er hat sich am 20. Juli beteiligt. Die CDU hat doch immer wieder proklamiert, dass die Idee und das Märtyrertum des 20. Juli die politisch - moralische Grundlage der Christlich Demokratischen Union seien. Die Diskussion zu all diesen Punkten erinnert einen an den Ausspruch *Macaulays*[54]: Wenn es gegen die Interessen ginge, die Anziehungskraft der Erde zu leugnen, würde sie bestritten.

Der neue Grundgesetzentwurf[55]

Nun haben wir aus Kreisen der Fraktion einen neuen Entwurf [eines Grundgesetzes], der natürlich kritisch betrachtet werden muss.[56] Der[57] neue Entwurf hat eine gewisse

---

54 Thomas *Macauly* (1800-59), brit. liberaler Politiker, Historiker und Schriftsteller.

55 Zu diesem Kapitel seiner Ausführungen vgl. a. auch einige im offiziellen Protokoll zitierte bzw. indirekt wieder gegebene Sätze aus der Rede Schumachers: „Beim Vorschlag Zinn/Menzel müsse bedacht werden, dass wir damit nicht gleich ins Plenum gehen können, sondern zunächst im Hauptausschuss verhandeln müssen. Damit unterliegen wir der Gefahr der Pression. Der PV beschloss gestern, dass, wenn in einem der wesentlichen Punkte der vorliegenden Entschließung ein Abstrich erfolgen solle, würde damit das Grundgesetz von uns insgesamt abgelehnt werden. Eine evtl. Ablehnung würde jedoch weder die Bildung der Trizone noch das Anlaufen des Marshallplans im Juni verhindern", Prot. d. Gem. Sitzung, S. I.

56 Der hektographierte Alternativentwurf, der allerdings um etwa 1/3 kürzer als der vom Hauptausschuss des Parlamentarischen Rates verabschiedete Entwurf war, wurde im April allen Vorstandsmitgliedern zugesandt, zusammen mit einem kurzen Kommentar von *Zinn*. Ein Exemplar des Entwurfs (45 S.) und des Kommentars (3 S.) befinden sich im Bestand K. Schumacher des AdsD. Für einen vollständigen Abdruck des Entwurfs vgl. Sopade/ Querschnitt v. Mai 1949, Nr. 49 (12 S.) u. Der Parlamentarische Rat 1948 - 1949. Akten und Protokolle, Bd. 7, Entwürfe zum Grundgesetz, Boppard a. Rh. 1995, S. 462-496. Zu diesem Entwurf vgl. a. H. Altendorf, SPD und Parlamentarischer Rat, S. 418.

57 Die folgenden zwei Sätze („Der...verbinden") nicht im 1949 veröffentlichten Text, vgl. Broschüre S. 22.

Abschwächung in puncto der Finanzen, d.h. der Finanzverwaltung, und bedeutet damit, dass wir in die Gefahr kommen, in der Agitation diskreditiert zu werden, weil wir in einem Punkte, von dem wir vorher alles abhängig gemacht hatten, doch Konzessionen machen könnten. Die Genossen aber erklären, dass die Konzession dadurch geheilt und mehr als geheilt würde, wenn sie die anderen Punkte, die starke und ausreichende Verbesserungen seien, mit diesem Punkt verbinden. Wenn wir auf diesem Standpunkt gehen, dann müssen wir natürlich Gefahren im technischen Ablauf, im Ablauf der parlamentarisch-politischen Technik sehen und miteinander besprechen. Es ist ja nicht so, dass wir diesen Entwurf als Gesetzentwurf en bloc, mit der Parole: Vogel friss oder stirb, den anderen entgegenhalten können. Es[58] ist auch nicht so, dass wir gleich im Plenum Schmiedehammerschlag auf Schmiedehammerschlag das etwa durchpeitschen können. Wir müssen damit in den Hauptausschuss und kommen dann in die Gefahr von Pressionen. Und nun handelt es sich dabei, um ganz offen zu sprechen, um die Sicherung. Es kann nicht möglich sein - und ich würde dann zur restlosen Ablehnung des Entwurfes und dieses Versuches aufrufen -, dass die einzelnen Verbesserungen voneinander gelöst werden. Die tragenden Punkte müssen ein Ganzes sein, und so weit sie ein Ganzes sind, unterliegen sie der gemeinsamen Beschlussfassung von Parteivorstand, von den Parteiinstanzen und der Fraktion. Das ist nun einmal so. Jetzt haben wir eine besondere Frage, von der aus aber das Schicksal der ganzen Partei und das Schicksal ganz Deutschlands und seines internationalen Verhältnisses bestimmt werden kann.

Ich[59] habe nach der Diskussion, die wir gestern sehr intensiv über diesen Punkt geführt haben, die Meinung, dass darüber keine Unklarheit entstehen kann, dass es hier keine Kompetenzdebatte geben darf, sondern die politische Entscheidung wird von den Instanzen der Partei gefällt. Wir sind dabei durchaus bereit, alles zur Klärung der Frage zu tun. Wir haben das bisher auch bewiesen, und die Parteiinstanzen haben ja auch bereits von den parlamentarischen Faktoren geschaffene Kompromisse weitgehend gedeckt. Die Parteiinstanz hat ja auch eine ins einzelne gehende, alle politischen Hauptteile in Betracht ziehende, Prüfung des neuen Entwurfs vorgenommen.

Nun kommt also dieser neue Entwurf in seinen einzelnen Artikeln zur Abstimmung im Hauptausschuss in der Gestalt von Abänderungsanträgen. Und da ergibt sich die Situation, dass das, was ursprünglich einmal mit diesem neuen Entwurf gemeint ist, in Gefahr kommen kann.

Wir haben diesen Entwurf jetzt aus der Feder unserer führenden Fraktionsgenossen gesehen, einen Entwurf, der die CDU vor die Frage stellt, Nein zu sagen und nicht uns mit dem Nein zu belasten. Ich will die Frage nicht untersuchen, ob in Anbetracht der Änderung der Verhältnisse, die in einer ganzen Reihe von Punkten eingetreten ist, dieses Nein eine Belastung wäre. Ich würde es bestreiten. Das braucht jetzt aber primär nicht diskutiert zu werden, weil wir selbst ja dadurch, dass wir die einzelnen Artikel zur Diskussion und Abstimmung - erst im Hauptausschuss, dann im Plenum - stellen, vor die

---

58 Der folgende Satz („Es...können") nicht im 1949 veröffentlichten Text, ebd.
59 Die folgenden zwei Absätze nicht im 1949 veröffentlichten Text, vgl. Broschüre, S. 23.

Frage kommen, bringen wir alle wesentlichen Artikel durch, und wenn nicht, wie verhalten wir uns dann bei der Schlussabstimmung.

Und das Ergebnis der gestrigen Aussprache - Sie werden es sehen in der Entschließung, die Ihnen gleich zugeleitet wird - ist: *Wenn in einem in der Entschließung als wesentlich bezeichneten Punkt eine Zerstörung unseres Standpunktes erfolgt, dann lehnt die Sozialdemokratische Partei das ganze Gesetz ab. Das ist die Voraussetzung, unter der der Parteikonsens, die Zustimmung, zur Einbringung dieses Entwurfes gegeben wird.*

Nun konzentrieren wir uns auf das Wesentliche und sagen wir einmal: Ist es wesentlich, in einer Entschließung, die unseren Standpunkt verbindlich fixiert, nicht nur den bösen Feind CDU/CSU anzureden? Wenn Sie den sachlichen Komplex der deutschen Politik einschließlich des Verfassungswerkes in Bonn einmal durchdenken, dann werden Sie finden, dass die CDU im eigentlichen Sinne gar nicht mehr unser Gegner ist. Durch ihren Anschluss an den französischen und amerikanischen Standpunkt hat sie ihre nationalpolitische Gegenspieler - Situation oder Verbündetenmöglichkeit verloren. Wir stehen ja in Wirklichkeit dem Gegner gegenüber, durch dessen Intervention die hyperföderative Haltung in die früheren Kompromisse hineingekommen ist. Wir stehen den Alliierten gegenüber, und es ist falsch und bedeutet ein Ausweichen vor dem Problem, wenn wir dies nicht erkennen würden. Der wirkliche Kern der Dinge ist unser Verhältnis zu den Alliierten, ist die Klarstellung der Verantwortung, ist die Äußerung der Notwendigkeit, dass wir keine alliierte Verfassung für Westdeutschland machen sollen, sondern eine deutsche demokratische Verfassung. Das ist die Voraussetzung.

Und nun, Genossen, ist es so, dass man zu einem Ja in diesem oder in einem späteren Stadium nach diesem Gesetzentwurf nur kommen kann, wenn man den Mut zu einem Nein hat, und zwar den Mut nicht zu einem spekulativen Nein, sondern den Mut zu einem endgültigen Nein. Das ist keine nationalistische Kampfansage. Es mag eine Kampfansage sein, aber nur insoweit, wie sie in einer gerechtfertigten Selbstbehauptung begründet ist.

(Zuruf: Und was dann?[60]) Ja, das ist der nächste Teil meines Referats. Und dazu haben Sie doch auch gestern zweimal in der Diskussion gesprochen.

Was dann? Es wird keine der Situationen nach dem Mai eintreten, wie sie in der Diskussion gestern befürchtet worden ist. Weder wird das Zustandekommen der Trizone, was ja eine große Prophezeiung war, damit vereitelt, noch wird das neue Anlaufsjahr des Marshallplans im Juli dadurch verschlechtert, denn es ist gar nicht möglich, schon im Juli eine international verhandlungsfähige westdeutsche Regierung zu haben. Es wird in jedem Falle das gemacht, was von der Zwei-Parteien-Einrichtung in Frankfurt[61] eingeleitet worden ist. Und drittens, Genossen, ist es so, dass die Repressalien gegen die SPD in keiner Weise eintreten können, denn wir stehen vor den Entscheidungen der nächsten

---

60 Der Zwischenruf und seine Beantwortung durch Schumacher nicht im 1949 veröffentlichten Text, vgl. Broschüre, S.24. Nach der Antwort Schumachers kam der Zwischenruf von Kaisen, der in der PV-Sitzung zweimal seinen abweichenden Standpunkt artikuliert hatte.

61 Gemeint wahrscheinlich die Frankfurter bizonale Wirtschaftsverwaltung, die von Politikern der CDU/CSU und der FDP dominiert wurde.

Außenministerkonferenz. Und auf deutschem und wohl auch zentraleuropäischen Boden kann diese Entscheidung nicht fallen zugunsten der Demokratie ohne eine starke deutsche Linke. Wenn ich von der Linken spreche, spreche ich nur von der Sozialdemokratie; die Kommunisten stehen außerhalb des deutschen Parteiensystems.[62]

Und schließlich müssen wir bedenken, dass Politik nicht nur aus dem Gestern und aus den Problemen des Heute, sondern auch aus den Situationen von morgen und übermorgen besteht. Nun könnten wir ja sagen: nein, und [dann][63] wäre der nächste Zug bei den Alliierten. Dieser Standpunkt ist materiell durchaus vertretbar.

Der letzte Versuch

Aus einer Reihe taktischer sublimer Gründe haben wir uns darauf geeinigt, diese Nein-Tendenz noch einmal abzuschwächen durch einen letzten Versuch. Seien wir uns darüber klar, dieser letzte Versuch im Sinne des Entwurfs hat nicht sehr viele materielle Chancen, denn er bringt eine Überwindung des Hyperföderalismus auf einigen Gebieten, also er stellt die CDU/CSU und ihre alliierte Schutzwand vor Probleme, die sie bereits verweigert haben. Aber dieser Versuch kann einen Sinn haben dann, wenn er nochmals als eine Offenbarung des deutschen guten Willens genommen wird. Denn dieser Versuch ist eingebettet in den Nachweis, dass die Hypothek der alliierten Detailwünsche - nicht der Rahmenziehung - das deutsche Grundgesetz in seinem Entstehen verhindert, verzerrt und jetzt im Sande verlaufen lassen hat. Aber wir können natürlich diesen Versuch nur machen im Sinne gegenseitigen Vertrauens und absoluten Aufhörens der Rivalitäten. Ich glaube nicht an eine sehr starke Rivalität, aber ich glaube, dass man auch an dieser Stelle sagen muss, Jurisprudenz und Gesetzestechnik sind gut und selbstverständlich, die Einbeziehung tagespolitischer Motive in der Beaugenscheinigung des Ganzen ist sehr angebracht, aber man kann zentralpolitische Probleme nicht mit technischen Hilfsmitteln lösen. Und darum stellen wir ja heute die Frage so zentral und darum würden wir die Frage wieder zentral stellen, wenn wider alles Erwarten Unklarheiten sich ergeben können. Aber[64] eine Einbringung des Gesetzentwurfes ist, das muss offen ausgesprochen werden, trotzdem es eigentlich nicht ausgesprochen zu werden brauchte, weil es im Sinne der politischen Vernunft liegt, eine Entscheidung der ganzen Partei, eine Entscheidung auf Tod und Leben. Da kann es keine Ermächtigung an eine Gruppe etwa geben, noch etwas zu ändern oder anders zu interpretieren.

Unter diesen Voraussetzungen ist gestern diese Formel der Einigung gefunden worden. Unsere Genossen haben einen ungeheuer schweren Stand, wenn sie morgen nach Bonn gehen. Sie haben einmal den permanenten Druck der Alliierten, der nicht klein ist, und schließlich gilt das Bangemachen in der Politik. Zweitens haben sie als Verhandlungsgegner die CDU/CSU, der in ihrer Haut nicht wohl ist, deren räuberischer, betrü-

---

62 Im Redetext folgt hier ein Sprung von S. 35 auf S. 37, doch scheint es sich um einen Paginierungsfehler zu handeln, da der folgende neue Absatz einen sinnvollen Anschluss ergibt. Die folgenden drei Sätze bis zur neuen Zwischenüberschrift nicht im 1949 veröffentlichten Text, vgl. Broschüre, S. 25.

63 Im Text „jetzt".

64 Die folgenden 2 Sätze und 5 Absätze („Aber...allein", ca. 2 S.) nicht im 1949 veröffentlichten Text, vgl. Broschüre, S. 25.

gerischer und vertragsbrecherischer Charakter nicht auszutreiben ist. Drittens haben sie ein paar Verbündete - auf die könnt Ihr stolz sein -: die Deutschen Demokraten[65] - sie sind Gott sei Dank noch nicht so sehr geschlossen - und das Zentrum. Genossen, diese Menschen sind doch ganz tollen Einwirkungen ausgesetzt. Die persönliche Honorigkeit spielt ja in der Politik gar keine Rolle.

Und über einen Punkt müssten wir uns, wenn es nötig sein sollte, aussprechen. Wir haben mit Freude gehört, dass in der Grundstimmung der neue Entwurf von allen Teilen der Fraktion unterschiedslos getragen wird. Wir müssen aber damit rechnen, dass die Grundstimmung der einzelnen Menschen oder gruppenähnlichen Bildungen der Fraktion ganz verschieden ist, das heißt mit anderen Worten: Wir werden gewiss Genossen haben, die ursprünglich einmal ausgegangen sind von der Idee, dass ein schlechtes Verfassungswerk besser sei als keines und dass wir unter allen Umständen wegen der amerikanischen Zeitnot bei der Außenministerkonferenz und aus deutschem Interesse eine Verfassung haben müssen. Genossen, wer der Meinung ist, der kann nicht für die Resolution stimmen, die Ihnen vorliegt.

(Zuruf: Die gibt es nicht)

Da musst Du das Strukturelle im menschlichen Charakter einmal betrachten! Du kannst mir vorwerfen, was Du willst, aber ich habe die Chance und die Möglichkeit gehabt, das Leben nicht nur von oben, sondern auch ganz von unten her zu sehen. Ich kenne meinen Bruder Mensch nackt, und ich weiß, dass Heroen mehr in der schriftlichen Nacherzählung als im menschlichen Verhalten leben. Die Nuancierungen im Menschlichen sind eben verschieden.

Es kann jemand eine solche Konzeption haben, aber diese Konzeption wäre heute der Tod der Partei. Nun gibt es Genossen, die die hauptsächlichen Träger der Kompromisse sind; die divergieren untereinander außerordentlich. Ich kenne kaum einen Typ, der mit dem anderen ganz identisch ist. Dann gibt es die Genossen, die die eigentlichen Frondeure innerhalb der Fraktion gegenüber den bisherigen Kompromissen gewesen sind. Und jetzt haben wir bei Klärung der Dinge - welch eine Wendung durch Gottes Fügung! - die Idee der Frondeure als geistiges Allgemeingut der Fraktion. Das wäre sehr gut, das wäre tatsächlich ein Boden, von dem aus wir operieren können.

Ich zweifle nicht an der subjektiven Ehrlichkeit, aber möglicherweise differieren die Vorstellungsbilder der einzelnen Genossinnen und Genossen darüber. Und darum, Genossen, haben wir nicht großspurig einen freundlichen Auftrag oder eine Ermächtigung erteilt, sondern darum haben wir eine Skala angefertigt im zweiten Teil der Resolution, eine Skala, die heute morgen noch endgültig durchredigiert worden ist. In dieser Skala sind eine Reihe von Punkten aufgezählt, von denen auf keinen einzigen verzichtet werden kann. Denn wenn wir da auf einen verzichten würden, ohne das Ergebnis zu kennen, dann würde nichts anderes übrig bleiben, als eine Selbstkorrektur in der Frage der Finanzverwaltung.

---

65 Gemeint die FDP, die in der Frage Föderalismus - Zentralismus weitgehend auf der Seite der SPD stand, vgl. W. Sörgel, Konsensus und Interessen, Stuttgart 1969, S. 115.

Das alles muss gesehen werden für die Stärkung der deutschen Position, und die deutsche Position können wir nicht stärken durch Auftragsverwaltung allein. Wir[66] sind in die Situation gekommen, dass das deutsche Volk ein Stück Außenpolitik bereits ist, ein Stück Außenpolitik! Aber wir entwerten unseren ersten selbstbewussten Schritt in der Abwehr der Kommunisten, wenn wir nicht zu einer Klärung und den Beginn der Selbständigkeit bei der Formung deutscher Fragen im Rahmen der Grundsätze kämen, die den Alliierten und uns gemeinsam sind. Es sind die Grundsätze, für die wir gegen Hitler gekämpft haben, und es sind die Grundsätze, für die die Alliierten nach ihrer eigenen glaubwürdigen Versicherung den Krieg geführt haben. Aber[67] darüber hinaus würden wir dem deutschen Volk Schaden antun und würden die Partei schwächen.

Wir brauchen eine sehr starke Partei, denn keiner weiß, welche Faktoren auf der Außenministerkonferenz ausgespielt werden müssen. Wir wollen ein Faktor sein, und eine Bereinigung der deutschen Frage ohne entscheidend starke Sozialdemokratie wäre ein grober Unfug.

Zweitens wissen wir nicht, ob alle Leute, die uns heute ihres Wohlwollens versichern, uns in Ewigkeit treu sein werden. Wir sind gern bereit, ihre Position zu stärken, aber wir sind nicht bereit, ihre Position durch unsere ganze oder teilweise Aufopferung zu stärken. Und darum gehen wir nach Bonn mit dem Mut, auch Nein zu sagen, mit dem letzten Versuch. An diesem letzten Versuch, an dieser Entschließung, gibt es nichts zu drehen und zu deuten und nichts zu kommentieren. Begännen wir damit, dann brächten wir die Partei in eine Krise. Wir würden die Krise durchkämpfen, weil wir sie durchkämpfen müssten, aber es wäre doch sinnlos!

Aus welchen Genossen bestand nun die Kommission, die diese Resolution entworfen hat? Diese Resolution ist entworfen worden von den Genossen *Henßler, Ollenhauer, Zinn, Schmid, Eichler* und *Schumacher*. Sie sehen, dass hierunter kaum eine Person ist, die sich in der Nuance mit der anderen so identisch fühlen würde, dass da nicht Streitigkeiten und Abwägungen ausgetragen worden sind. Diese Resolution ist dem Sinne, der politischen Tendenz, dem Inhalt und der Form nach etwas unteilbares Ganzes. Es steht bei Ihnen, ihr zuzustimmen oder sie abzulehnen. Es steht bei Ihnen, in die Situation des Rutschens zu kommen oder jetzt den nächsten Schritt nach vorn zu versuchen.

Das eine ist klar: Es kann sich als Ergebnis dieses Schrittes vieles ereignen. Eine Niederlage kann sich nicht ereignen. Die Niederlage in dieser Phase der geschichtlichen Entwicklung in Deutschland wäre mit der Kapitulation verbunden!

Lassen[68] Sie mich noch eines zum Abschluss sagen: Wir haben erlebt, dass die Amerikaner den Föderalismus amerikanisch verstehen. Wir haben gesehen, dass für die Franzosen Föderalismus alles das ist, was geeignet ist, heute Deutschland niedrig zu halten, es zu lähmen und ohnmächtig zu machen. Und ich meine, wer ein gutes Verhältnis zu Frankreich erstrebt, muss jetzt diese Ambitionen abwehren. Tolerieren wir sie, gleiten wir

---

66 Die folgenden drei Sätze („Wir sind… Krieg geführt haben") im 1949 veröffentlichten Text, vgl. Broschüre, S. 25.

67 Der folgende Satz und die folgenden fünf Absätze nicht im 1949 veröffentlichten Text, Broschüre, S. 25 f.

68 Die nächsten sieben Absätze vollständig im 1949 veröffentlichten Text, Broschüre, S. 26 f.

hinein, dann kommen wir in eine Situation, in der es dann 11 Vaterländer gäbe, aber wir haben nur ein Vaterland in einem Europa, das einmal das gemeinsame Vaterland der Völker werden wird.

Das ist die Gesinnung, aus der heraus wir kämpfen müssen. Diese Gesinnung wird entscheidend bestimmt von unserem inneren Willen, von der Stärke und von dem Zuvertrauen [sic!], mit denen wir an die Bewältigung dieses Problems herangehen.

Der Partikularismus der bisherigen Bonner Phase ist ja heute bereits in einen inneren Widerspruch zur Mehrheit des deutschen Volkes, seinem Denken und Fühlen und vor allem zur Meinung der Jugend geraten. Wir können keine Verfassung gegen das deutsche Volk machen. Auch können wir von dieser Verfassung, obgleich sie nur ein Provisorium sein soll, nicht herunter.

Einer der schwerwiegendsten und für die Bonner Arbeit und die politische und staatliche Organisation Westdeutschlands entscheidenden Beschlüsse in Washington[69] ist doch gewesen, dass man aus der Mottenkiste der Londoner Empfehlungen wieder [die Bestimmung][70] herausgeholt hat, dass die Billigung einer Verfassungsänderung dieses angeblichen provisorischen Grundgesetzes durch die Deutschen nur einstimmig erfolgen kann. Mit anderen Worten: Jede von diesen drei Mächten, die ein Interesse an der Schwächung Deutschlands hat, ist imstande, durch ihren Einspruch das Grundgesetz auf dem bisherigen Status zu halten. Und die CSU versucht doch, diesen Status zusammen mit den Franzosen und einem Teil dogmatisierender föderalistischer Amerikaner - neuer und neuester Amerikaner - so zu gestalten, dass sie das nunmehr nach der Seite des äußersten Föderalismus ausgeschwungene Pendel mit aller Kraft an den Punkt des äußersten Ausschwingens festzuhalten sich bemüht. Das ist eine tragische und gefährliche Situation.

Unsere Aufgabe: Mut zur Konsequenz

Wir haben unsere Konzeption. Wir haben die Konzeption, jetzt den gegnerischen Kräften und auch den Alliierten zu sagen, was für Deutschland notwendig ist, wenn es seiner deutschen, seiner europäischen und seiner demokratischen Aufgabe genügen soll. Wir haben die demokratische Aufgabe der Defensive, wenn wir die Propagandawogen und die fanatisierten Menschen, die aus dem Osten zu uns kommen, betrachten. Wir haben auch die demokratische Propagandawoge der Offensive in die Ostzone und darüber hinaus in die östlichen Satellitenzonen vorwärts zu tragen. Genossen, die ökonomische Magnetisierung im Stile einer geschäftlichen Belebung genügt nicht. Es muss sozialordnungsmäßig mehr da sein, es muss auch politisch mehr da sein.

Wir haben zu den anderen gesagt, ihr seid die Staatspartei einer fremden Macht, ihr seid Quislinge. Wir fürchten uns umgekehrt vor der Beschimpfung nicht, aber wir wollen auch nicht in den Odeur der Quasi-Quislinge kommen, weil wir es einfach nicht nötig haben. Wir werden so viel gelten, wie wir uns Respekt verschaffen, national und

---

69 Zu den Beschlüssen der Washingtoner Außenministerkonferenz der drei Westalliierten vom 5.-8.4.1949 vgl. M. Feldkamp a.a.O, S. 160-162.
70 Ergänzung aus dem veröffentlichten Text, vgl. Broschüre, S. 26.

international. Es wäre gut, wenn das Grollen und Murren der sozialen, nationalen, menschlichen und gesellschaftlichen Verfallserscheinungen von einer Partei mit einem positiven sozialistischen und internationalen Programm gestaltet würde, und nicht von denen, die eventuell nach uns kommen können und denen man dann, wie dem Dritten Reich, all das gewährt, was man der Republik von Weimar und den demokratischen Kräften verweigert. (Bravo! Und Händeklatschen)

Jetzt heißt es, fest bleiben, in diesem Rahmen und ohne Interpretation und ohne Wackeln! Mut zur Konsequenz! Die Erfolge werden sich schon einstellen.

Wer[71] hat uns geworfen bei den großen Auseinandersetzungen, die Europa zerstört haben? Worin bestand die eigentliche Schuld eines Teiles unserer Partei? Nicht in der Diskussion über historische Daten, nicht in der Ventilation von Ereignissen oder Taktiken, sondern in einer bestimmten Grundstimmung. Der[72] Todfeind der Demokratie sind nicht die polaren gegensätzlichen Prinzipien, der Todfeind der Demokratie ist ihre Passivität, ihr Nicht kämpfen wollen (Sehr richtig!), ihr Gleiten lassen! Aus diesem Stadium müssen wir heraus.

Der[73] Genosse *Kaisen*, mit dem wir gestern sachlich uns ausgesprochen haben, glaubt freilich alle diese Argumente für den gegensätzlichen Standpunkt okkupieren zu können, aber Genosse Kaisen, ich kann Dir nicht zustimmen. So viel Selbstachtung und Entschlossenheit, dass wir die Achtung der anderen bekommen! Anders können wir unsere Aufgabe nicht bewältigen! (Bravo! Und Händeklatschen)

Löwenthal[74] meint, dass die vorliegende Resolution der Fraktion zwar als eine Richtlinie, nicht aber als eine Bindung mitgegeben werden könne. Mit der Ablehnung würden wir an der Seite der Kommunisten stehen, wie auch die Gefahr, dass *Schuman*[75] durch *de Gaulle* ersetzt wird, wachsen würde. Die Entscheidung müsse bei der Fraktion liegen, denn jeder Abgeordnete sei nur seinem Gewissen verantwortlich.

Schmid widerspricht der Auffassung *Löwenthals*, dass sich das einzelne Mitglied der Partei von der Aktionsgemeinschaft absondern dürfe.

Kaisen ist der Auffassung, dass das „Nein" Kurt *Schumachers* geschichtlich nicht begründet und nicht vertretbar sei. Die vorliegende Resolution sage weder ja noch nein. Er beantrage daher, dass der Fraktion freie Hand gegeben wird, das Beste herauszuholen.

Brauer begrüßt die vorgelegte Grundgesetzkürzung. Er weist auf den großen Fortschritt hin, den unsere Wirtschaft in den letzten 12 Monaten mit der ausländischen Hilfe machen konnte. Er fürchtet, dass die sich anbahnenden Ost/West-Verhandlungen die

---

71 Die nächsten drei Sätze nicht im 1949 veröffentlichten Text, vgl. Broschüre, S. 26.

72 Die nächsten beiden Sätze („Der Todfeind ... heraus!" bilden den Schluss des 1949 veröffentlichten Textes, Broschüre, S. 27.

73 Der letzte Absatz nicht im veröffentlichten Text, ebd.

74 Die Diskussion und der Schluss der Sitzung werden hier nach dem offiziellen Protokoll wiedergegeben. Im veröffentlichten Kurzbericht werden lediglich die Namen der Diskutanten aufgezählt, Sopade Informationsdienst Nr. 758 v. 28.4.1949.

75 Robert *Schuman* (1886-1963), 1944 Mitgründer d. MRP, 1946-62 MdNatVers., 1947/48 MinPräs., 1948-52 Außenminister, 1955 Präs. d. Europäischen Bewegung, 1958-60 erster Präs. d. Europäischen Parlaments.

Hilfe des Westens in Gefahr bringen können. Wir dürften auf keinen Fall den Weg der weiteren Konsolidierung verlassen.[76]

Ollenhauer gibt die Abänderungsanträge von *Lüdemann* und *Katz* bekannt. (siehe Anlagen [3 A und 3 B][77])

Kraft tritt im Auftrage des Bezirks Weser/Ems dafür ein, dass die Partei in Bonn keinen Schritt weiter zurück geht.

Renner hält die vorliegende Entschließung für ein klares Nein. Er bezweifle, ob ein Scheitern in Bonn für die Bildung der Trizone ungefährlich sei. Er glaube nicht, dass dann das Besatzungsstatut in Kraft treten könne. Wir dürften daher die Fraktion nicht binden.

Schoettle bedauert, dass die Arbeit in Bonn in der uns nun bekannten Richtung gelaufen ist. Er glaube aber nicht, dass die Partei jetzt noch in ihrer Entscheidung frei sei. Wir müssen im Sinne der vorgelegten Resolution entscheiden. Der Bezirk Württemberg-Baden wünscht, dass die letzte Entscheidung von einem verstärkten Parteigremium getroffen wird.

Zinn führt aus, dass das Interesse der Westalliierten an einer schnellen Verabschiedung des Grundgesetzes wahrscheinlich größer ist als [unseres][78]. Die Alliierten brauchen vor Aufnahme der Verhandlungen mit dem[sic!] Russen das fertig organisierte Westdeutschland. Das gibt uns die Chance, einmal nicht nur Objekt zu sein. Er glaube, dass wir mit dem neuen Entwurf sowohl bei den Besatzungsmächten als auch im Parlamentarischen Rat in Bonn einige Chancen haben.

Heine ist der Auffassung, dass die Annahme der Resolution eine Verschiebung der Entscheidung ist. Es müsse jedenfalls dabei bleiben, dass die Entscheidung beim PV und PA bleibt.

Lüdemann erklärt sich mit den Ausführungen *Zinns* einverstanden, jedoch weigere er sich schon heute, ein „Nein" auszusprechen, bevor wir wissen, was die Verhandlungen in Bonn mit sich bringen werden.

Dr. Muecke tritt für die Resolution ein.

Menzel erklärt, dass der neue Entwurf auch in der Frage der Finanzen dem Bunde eine starke Stellung gibt. Er lehne die Änderungsvorschläge *Lüdemanns* ab.

Bettgenhäuser verweist auf die Verfassungsarbeit in Rheinland/Pfalz, wo die Partei ebenfalls nicht die Zustimmung gab. Heute habe die Partei die dreifache Stimmenzahl verbuchen können.

Reuter führt aus, dass es selbstverständlich sei, dass wir nur einem Grundgesetz zustimmen können, das mit unseren Auffassungen zu vereinbaren ist. Andererseits können wir uns aber auch nicht der Notwendigkeit der Rücksichtnahme auf die anderen Parteien und die außenpolitischen Gegebenheiten verschließen. Wenn Bonn scheitert, tritt zweifellos für Berlin eine schwierige Situation ein. Er glaube, dass der neue Entwurf, auch in

---

76 Nach der veröffentlichten Liste der Diskussionsteilnehmer beteiligte sich zwischen *Brauer* und *Kraft* noch *Meitmann* an der Diskussion, vgl. Anlage 1.
77 In der Vorlage „2 und 3".
78 In der Vorlage „unser".

der Frage der Finanzverwaltung, für uns akzeptabel ist. Beim Abänderungsantrag *Lüde-manns* befürworte er besonders die Streichung des letzten Satzes.

Eichler sagt, dass unser heutiges Nein der bisherigen Behandlung der Parteien im Parlamentarischen Rat gilt.

Schumacher lehnt entschieden die Abänderungsanträge ab. Die Fraktion und die ganze Partei brauchten jetzt ein Korsett. Die Fraktion habe einen Spezialauftrag, der aber ein die ganze Partei berührender Komplex sei. Mit unserem Nein wird die Situation weder für die französische Zone noch für Berlin prekärer. Auch der Marshallplan wird weiterlaufen, denn man wird nicht ein Gebiet aufgeben, in dem das Ruhrgebiet liegt. Wenn im Laufe der kommenden Verhandlungen die Fraktion darüber nicht klarzusehen glaubt, ob ein Nachgeben in einem wesentlichen Punkte vorliegt, müssen eben PV und PA entscheiden.

Ollenhauer schlägt vor, dass wegen der außergewöhnlichen Situation, trotz entgegenstehender Bestimmungen des Parteistatuts, alle drei Körperschaften heute abstimmungsberechtigt sein sollen. Damit wären stimmberechtigt: PV 23, PA 31, Fraktion 21.

Der Abänderungsantrag *Lüdemann, Kaisen, Reuter* und der Abänderungsantrag *Katz* werden gegen jeweilig 8 Stimmen abgelehnt.[79]

Die Entschließung wird angenommen mit 63 gegen 4 Stimmen, bei 8 Enthaltungen. (Gegenstimmen: *Kaisen, Löwenthal, Diederichs, Renner*)

Anlage 1
Kurzberichte über den Verlauf der PV- und PA-Tagung
Sopade Informationsdienst Nr. 758 v. 28.4.1949

Vorbereitende Sitzung des PV und Eröffnung der Tagung

Am Dienstag, dem 19. April 1949 trat in Hannover der Parteivorstand der SPD zu einer Sitzung zusammen, an der der Vorsitzende der Partei, Dr. Kurt *Schumacher*, nach einem Jahr zum ersten Mal wieder teilnehmen konnte, und am Mittwoch folgte in der Stadthalle von Hannover eine gemeinsame Tagung des Parteivorstandes, des Parteiausschusses, der Kontrollkommission, der sozialdemokratischen Ministerpräsidenten, der Mitglieder der SPD-Fraktion des Parlamentarischen Rates und mehrerer sozialdemokratischer Landesminister.

Zur Beratung stand als einziger Punkt der Tagesordnung die Stellungnahme der Partei zur Lage in Bonn. Die Entscheidung, die nach dem Abgehen der anderen Parteien von dem mit der SPD in Bonn zustande gekommenen Kompromiss jetzt zu fällen war, und die Anfang voriger Woche auf der Sitzung des Parteivorstandes in Godesberg noch einmal vertagt worden war, bezeichnete der stellvertretende Parteivorsitzende Erich Ollenhauer in seinen Eröffnungsworten als „eine der wichtigsten, die unsere Partei seit

---

79 Die Abänderungsanträge werden hier als Anlagen 3 A und 3 B abgedruckt.

1945 zu fällen hat". Sowohl Ollenhauer als auch der als Gastgeber der Tagung fungierende niedersächsische Landtagspräsident begrüßten mit besonderer Freude und unter lebhaftestem Beifall der Versammelten Dr. Kurt Schumacher.
(„Neuer Vorwärts", Hannover, 23. April 1949)

Grundsätzliche Reden von Dr. Schumacher standen im Mittelpunkt sowohl auf der vorbereitenden Sitzung des Parteivorstandes am Dienstag als auch auf der Gemeinsamen Tagung am Mittwoch. [...][80] An seine sehr ausführlichen Darlegungen, die sich zu einem allgemeinpolitischen Überblick ausweiteten, schloss sich eine gründliche und lebhafte Diskussion an.

Die Diskussionsredner

An der Diskussion beteiligten sich: Abg. Dr. Fritz Löwenthal, der Vorsitzende der sozialdemokratischen Fraktion des Parlamentarischen Rates, Prof. Dr. Carlo Schmid, Senatspräsident Kaisen, Senatspräsident Max Brauer, Karl Meitmann, Emil Kraft, Dr. Renner, Abg. Erwin Schoettle, Abg. August Zinn, Mitglied des Parteivorstandes Fritz Heine, Ministerpräsident Hermann Lüdemann, Abg. Dr. Willibald Muecke, Abg. Dr. Walter Menzel, Emil Bettgenhäuser, Oberbürgermeister Prof. Ernst Reuter und Willi Eichler.

Zur Debatte stand insbesondere die nachstehend abgedruckte und von Dr. Kurt Schumacher, Erich Ollenhauer, Prof. Dr. Carlo Schmid, Fritz Henßler, Willi Eichler und August Zinn ausgearbeitete Entschließung, die nach einem Schlusswort von Dr. Kurt Schumacher mit 63 Stimmen gegen 4 bei 8 Enthaltungen unverändert angenommen wurde.
[...][81]

Anlage 2
Entschließung der gemeinsamen Sitzung vom 20. April 1949
Sopade Informationsdienst Nr. 758 v. 28. 4. 1949

Der Parteivorstand und der Parteiausschuss der Sozialdemokratischen Partei Deutschlands haben mit der Fraktion der SPD des Parlamentarischen Rates und den der SPD angehörenden Ministerpräsidenten in einer gemeinsamen Sitzung die allgemeine politische Lage, insbesondere den Stand der Verhandlungen des Parlamentarischen Rates in Bonn behandelt und folgende Entschließung gefasst:

Die Sozialdemokratische Partei hat nach Bekanntgabe der Londoner Empfehlungen grundsätzliche Bedenken gegen die Ausarbeitung einer Verfassung geäußert, für die von

---

80 Weggelassen wird hier ein Hinweis auf den bereits erfolgten Teilabdruck der Rede Schumachers in der gemeinsamen Sitzung im Sopade Informationsdienst, vgl. Protokoll [B], S. 144.
81 Es folgte noch der Abdruck der angenommenen Entschließung, die hier als Anlage 2 abgedruckt wird.

den Besatzungsmächten eine bestimmte Auflage gesetzt wurde und für deren Inkrafttreten sie sich die Genehmigung vorbehalten haben.

Um jedoch keine Chance für das deutsche Volk und den Aufbau eines lebensfähigen Europas auszulassen, hat sich die Sozialdemokratie bereit gefunden, an der Ausarbeitung eines den Bedürfnissen der Übergangszeit dienenden provisorischen Grundgesetzes mitzuwirken. Sie glaubte dabei, annehmen zu können, dass im Rahmen der in den Londoner Empfehlungen festgelegten allgemeinen Bestimmungen der Parlamentarische Rat in der Lage sein würde, im Wege frei getroffener demokratischer Entscheidung für das deutsche Volk ein Gemeinwesen zu schaffen, das der Vorstellung seiner Mehrheit entspricht und ohne Bruch in eine künftige deutsche Verfassung hinüberzuleiten vermag.

Es ist im Parlamentarischen Rat mit großer Mehrheit eine Einigung zustande gekommen, die durch schwere Verzichte der Sozialdemokratie ermöglicht wurde, die diese im deutschen und im europäischen Interesse glaubte, auf sich nehmen zu sollen. Die Einigung ist durch die wiederholten, in Einzelheiten gehende[n] Interventionen der Besatzungsmächte zerstört worden. Dieser Ausgang wurde durch die weitgehende Identität der Auffassungen der Führungsschicht der CDU/CSU und der Besatzungsmächte über den Aufbau eines deutschen Staatswesens gefördert.

Das muss notwendig zu einer Bloßstellung der Demokratie führen, den demokratischen Kräften jedes Ansehen und jeden Kredit nehmen, der Jugend das Zutrauen in eine freiheitliche Zukunft rauben und die deutsche Einigung erschweren.

Angesichts der herannahenden großen Entscheidungen wird der nationalistische und kommunistische Ansturm nur aus eigenem politischen Willen des deutschen Volkes und nicht durch bloße staatsrechtliche Konstruktionen gebrochen werden, die auf fremder Weisung beruhen.

Die Sozialdemokratische Partei kann hier nicht folgen.[82]

Sie sieht eine letzte[83] Möglichkeit, die Arbeit im Parlamentarischen Rat zu einem erträglichen Abschluss zu bringen, wenn

die notwendige deutsche Entschlussfreiheit durch die Besatzungsmächte nicht weiter beeinträchtigt wird,

der Grundgesetzentwurf auf das Notwendigste beschränkt wird,

die die Volkssouveränität einengenden Vollmachten des Bundesrates entscheidend gemindert werden,

die Erhaltung der deutschen Rechts- und Wirtschaftseinheit auf allen Gebieten, vor allem dem der Gesetzgebung, sichergestellt wird,

eine Regelung im Finanzwesen getroffen wird, die dem Bund die Mittel und Möglichkeiten gibt, deren er zur Erfüllung seiner Aufgaben bedarf,

endlich die Gleichartigkeit der Lebensverhältnisse in allen Teilen des Bundesstaates, insbesondere eine einheitliche Sozialordnung und ein angemessener Finanz- und Lastenausgleich, gewährleistet wird.

---

82 Zu diesem Satz vgl. die Änderungsanträge von Lüdemann, Kaisen und Reuter, abgedr. als Anlage 3 A.
83 Zu diesem Wort vgl. den Streichungsantrag von Lüdemann, Kaisen und Reuter, abgedr. als Anlage 3 A.

Die Sozialdemokratische Partei Deutschlands wird ein Grundgesetz ablehnen, das einer dieser Forderungen nicht genügt.[84]

Anlagen 3 A und B
Abänderungsanträge zur Resolution
Maschinenschriftl. bzw. handschriftl. Beilage+ zum Protokoll [B] (II u. III)

3 A
Maschinenschriftliche „Änderungsanträge"
[1] Der Satz „Die Sozialdemokratische Partei kann hier nicht folgen" wird gestrichen.
[2] Im folgenden Absatz wird das Wort „letzte" gestrichen.
[3] Der letzte Absatz wird gestrichen
 Hermann Lüdemann, Wilhelm Kaisen, Ernst Reuter

3 B
Handschriftlicher Eventualantrag von Katz zu [3][85]
 Die SPD wird einem Grundgesetz zustimmen, das diesen Anforderungen Rechnung trägt.

---

84 Zu diesem Satz vgl. den Streichungsantrag von Lüdemann, Kaisen und Reuter, sowie den Eventualantrag von Katz, abgedr. als Anlage 3 A u. 3 B.
85 In der Vorlage „3: (positiv gefasst)".

Nr. 8
Sitzung des Parteivorstandes am 10. Mai 1949 in Köln

AdsD: 2/PVAS000686 *(Maschinenschriftl., mit handschriftl. Korrekturen, 4 S.)*[1]

Leitung der Sitzung: Erich Ollenhauer
Anwesend: siehe Liste

[Teilnehmer /Teilnehmerinnen, nach Funktionen geordnet[2]:
PV[3]

Schumacher, Ollenhauer;

Franke, Heine, Kriedemann, Nau;

Baur, Bögler, Eichler, Gayk, Görlinger, Gross, Henßler, Meitmann, Menzel, Schmid, Schoettle, Selbert;

KK: *Schönfelder*
MdParlR

Zinn + 4 Mitglieder d PV (*Gayk, Menzel, Schmid, Selbert*) + 1 Mitgl. d. KK (*Schönfelder*)
Gast: K. *Heinig*[4]

Tagesordnung[5]
1) Abschließende Stellungnahme zum Grundgesetz
Kandidatenaufstellung[6]
2) Die Außenministerkonferenz[7]
4) Wahl eines kommunalpolitischen Sekretärs[8]
Finanzausgleich der Länder[9]
5) Ort und Termin der nächsten Sitzung des PV

---

1 Die Einladung zur Sitzung des Parteivorstandes mit Bekanntgabe der vorläufigen Tagesordnung erfolgte durch ein hektographiertes Rundschreiben des geschäftsführenden Parteivorstandes, unterschrieben von Ollenhauer, vom 5.5.1949, das in den Beilagen zum Protokoll erhalten geblieben ist. Das Kommuniqué über die Sitzung (Sopade Informationsdienst Nr. 776 v. 19.5.1949) wird hier als Anlage 1 abgedruckt.
2 Die folgenden Angaben wurden der Anwesenheitsliste in den Beiakten zum Protokoll und Angaben im Protokoll entnommen; für die Teilnehmer an allen Vorstandssitzungen 1948-50 vgl. Anhang 1.
3 Von den Mitgliedern des PV fehlten *Albrecht, Fischer, Gotthelf, Grimme, Kaisen, Knoeringen, Knothe, Krahnstöver, Neumann, Reuter, Schroeder.*
4 Zu Kurt *Heinig* (1886-1956) vgl. PV-Protokolle Bd. 1, S. XLIV.
5 Wortlaut nach der vorläufigen Tagesordnung vom 5.5.1949, soweit die Punkte in der Sitzung behandelt wurden.
6 Dieser Tagesordnungspunkt nicht in der vorläufigen Tagesordnung vom 5.5.1949.
7 Die Außenministerkonferenz wurde im Kurzbericht Schumachers über sein Treffen mit dem britischen Außenminister Bevin erwähnt, die eigentliche Beratung darüber wurde auf die nächste Vorstandssitzung verschoben (vgl. Dok. 9, Punkt 1).
8 Der Punkt 3 der vorläufigen Tagesordnung („Das Bauprogramm der SPD") wurde, soweit Protokoll und Kommuniqué über den Verlauf Auskunft geben, in der Sitzung nicht besprochen.
9 Dieser Tagesordnungspunkt nicht in der vorläufigen Tagesordnung vom 5.5.1949.

[Punkt 1] **Grundgesetz**

Schmid gibt einen Überblick über die Entwicklung der Arbeiten in Bonn seit der PV-Sitzung am 20.4.1949. Die SPD-Fraktion sei nach ihrer Rückkehr aus Hannover zunächst als ein verlorener Haufe betrachtet worden, der nunmehr auch die letzten Chancen verspielt habe. Nach Eintreffen der Mitteilung der Militärgouverneure, die unseren Forderungen weitgehendst entgegenkamen, änderte sich die Situation jedoch vollständig. Man war sofort verhandlungsbereit, und die CDU beschloss, sich von den Auffassungen der CSU abzusetzen.

Nach seiner Meinung sind mit dem vorliegenden Grundgesetz die in Hannover aufgestellten 6 Forderungen restlos erfüllt.

Die Frage des Bundessitzes und das Wahlgesetz werden heute Nachmittag entschieden. Die CDU/CSU will nach wie vor für das Mehrheitswahlrecht eintreten, während wir den vorliegenden Entwurf (200 direkt und 200 auf der Listenverrechnung) durchbringen wollen.

Menzel erläutert einzelne wichtige Bestimmungen des Grundgesetzes. [...][10].

Henßler wünscht Klarstellung in unserer öffentlichen Stellungnahme, ob in Bonn die Fraktionen von den Besatzungsmächten oder vom deutschen Volk beauftragt wurden. Carlo *Schmids* Erklärung, dass letzteres der Fall sei, lehne er entschieden ab.

Schmid erwidert darauf, dass die rechtliche Legitimation vom deutschen Volke komme, jedoch im Rahmen der Bestimmungen der Besatzungsmächte.

Ollenhauer empfiehlt die Herausgabe unserer Stellungnahme[sic!] in den verschiedenen Stadien der Arbeiten in Bonn, damit keinerlei Missverständnisse aufkommen können.

Gayk wünscht Aufstellung eines Sündenregisters über das Verhalten der anderen Parteien in Bonn und entsprechende Auswertung im Wahlkampf.

Ollenhauer schlägt vor, dass der PV der Fraktion Zustimmung und Dank für die geleistete Arbeit ausspricht.

Der PV beschließt dies einstimmig.

In der Frage des *Bundessitzes* hat das Büro in Übereinstimmung mit der Mehrheit der Fraktion beschlossen, dass Bonn nicht akzeptabel sei.

Schmid erklärt dazu, dass seit der Tagung der CSU in München die Chancen für Frankfurt größer geworden seien, da die CSU in ihrer Verärgerung in dieser Frage der CDU nicht folgen will.

Görlinger teilt nach wie vor die Auffassung der Berliner, dass Frankfurt nicht in Betracht kommen dürfe.

Ollenhauer hebt nochmals die Bedeutung hervor, die darin liegt, dass bei der Wahl Bonns die Bundesverwaltung vom Parlament getrennt werde.

Menzel erklärt auf einen Hinweis **Henßlers**, dass er trotz seiner auch im Kabinett geäußerten anderen Ansicht in der geheimen Abstimmung für Frankfurt stimmen werde.

---

10 Weggelassen wurde hier ein Hinweis auf nicht mehr in den Beiakten vorhandene Aufzeichnungen Menzels.

Ollenhauer stellt abschließend fest, dass die Wahl Frankfurts zur Bundeshauptstadt vom PV einstimmig beschlossen ist.

Zum *Überleitungsausschuss*[11] stellt er fest, dass dieser weder Exekutiv- noch Legislativ - Befugnisse habe. Die Ministerpräsidenten werden in ihrer Sitzung am 13.5. voraussichtlich dem Überleitungsausschuss jegliche Kompetenzen streitig machen wollen. Der PV solle daher beschließen, dass die sozialdemokratischen Ministerpräsidenten sich vorher in Bonn mit unserer Fraktion abstimmen sollen.

Schmid erklärt dazu, dass der Überleitungsausschuss lediglich einen Katalog über dringend zu erlassene Gesetze aufstellen und Voraussetzungen für die Konstituierung der Bundesorgane schaffen solle.

Die Ministerpräsidenten hatten offenbar die Absicht, den Bundesrat sofort zu konstituieren.

Schumacher sagt dazu, dass der Überleitungsausschuss nicht verpflichtend repräsentativ sein könne, wie auch die Ministerpräsidenten nicht zuständig werden dürfen.

Heine betont, dass auf die Ministerpräsidenten in dieser Richtung energisch eingewirkt werden müsse.

Schoettle schließt sich dem an.

Im übrigen glaube er, dass es gut gewesen wäre, wenn der Parlamentarische Rat gelegentlich auch den Wirtschaftsrat konsultiert hätte.

Kriedemann glaubt, dass der Überleitungsausschuss ein schweres Wahlhandicap werden könne und meint, dass die Ministerpräsidenten für uns die erträglicheren Sprecher sind.

Menzel macht darauf aufmerksam, dass die Außenministerkonferenz eine deutsche Stellungnahme anfordern könne. Wir kämen dann im Überleitungsausschus in eine schwierige Situation. Er schlägt daher die Auflösung des Überleitungsausschusses und Fortführung der Tätigkeit des Hauptausschusses vor.

Schönfelder und **Eichler** schließen sich dem an.

Görlinger hat größere Bedenken gegen den Hauptausschuss, da dieser ein politischer Ausschuss sei.

Ollenhauer erklärt dazu, dass beim Überleitungsausschuss eine ausdrückliche sozialdemokratische Interpretation vorliegt, die seine Befugnisse auf rein technische Aufgaben beschränkt.

Henßler lehnt ebenfalls den Hauptausschuss ab.

Zinn schließt sich dem an.

Ollenhauer stellt fest, dass die Mehrheit des PV der Bildung des Überleitungsausschusses, unter Betonung der sozialdemokratischen Interpretation, zustimmt. Dieser Beschluss solle von *Zinn* und *Gayk* den Ministerpräsidenten am 13.5. übermittelt werden.

Schumacher berichtet über die Unterhaltung, die er am Tag zuvor mit *Bevin* in Melle hatte. Zunächst wurde der Stand der Arbeiten in Bonn besprochen. Er habe das vorlie-

---

11 Zum „Überleitungsausschuss" vgl. a. Einleitung S. XXXV.

gende Wahlrecht damit erklärt, dass nur so Flüchtlinge, Frauen und Gewerkschafter ins Parlament kommen könnten.

Bevin wünschte wegen der Außenministerkonferenz einen frühen Wahltermin. Außerdem müsse wegen der Sommerferien in den meisten Parlamenten die Anerkennung einer westdeutschen Regierung zuvor erfolgen. Er habe Bevin keine Zusicherung gegeben, dass die SPD dem schnellen Tempo zustimmen wird.

Sodann habe er die Voraussetzungen aufgezählt, die in der Ostzone erfüllt werden müssten, bevor man der Zonenvereinigung näherträte. Ein Räumungsangebot der Russen dürfe nicht abgelehnt, sondern müsse mit der Zustimmung und der Stellung der Bedingungen beantwortet werden.

Kandidatenaufstellung

Ollenhauer gibt bekannt, dass heute früh von der Siebener Kommission [des PV] die Richtlinien zur Kandidatenaufstellung beraten wurden.[12] Diese Kommission wird nochmals am 19.5. vormittags tagen, nachmittags zusammen mit den Landesvorsitzenden und am 20.5. gemeinsam mit den Landesvorsitzenden und politischen Sekretären.
Der PV solle den Grundsätzen bereits heute zustimmen.

Schumacher erläutert die Grundsätze (s. Anlage 2[13]).

Schoettle ist mit den Grundsätzen in Punkt 3 (Doppelmandate) nicht einverstanden.

Schumacher erwidert darauf, dass man dabei nur an wenige Personen gedacht habe, wie *Henßler* und *Knoeringen*, die beide als Fraktionsvorsitzende in ihren Landtagen nicht entbehrlich seien.

Schoettle sieht das ein, möchte aber dann die Landesminister ausgeschaltet sehen.

Schumacher stimmt dem im Prinzip zu. Er möchte nur nicht grundsätzlich die Möglichkeit einer Ministerkandidatur verbauen.

Heine tritt dafür ein, dass *Schumacher* auf allen Listen an erster Stelle kandidiert.

Schumacher erkennt nur ein staatsrechtliches Argument für seine Aufstellung auf allen Landeslisten an, nämlich das unitarische.

Ollenhauer tritt ebenfalls für die Aufstellung *Schumachers* auf allen Listen ein, zuvor müsse natürlich mit den bayerischen Gen., die heute nicht anwesend sind, Rücksprache genommen werden.

Eichler äußert Bedenken gegen die Aufstellung *Schumachers* auf allen Listen. Die Leute werden wissen, dass er gar nicht gewählt werden könne, und man wird uns dies als einen Propagandaakt auslegen.

Görlinger möchte nicht generell, sondern je nach Bedürfnis und Anforderung durch die Landesorganisation die Nominierung empfehlen.

Ollenhauer erklärt abschließend, dass die Siebener Kommission nach Konsultierung der Bayern die Frage erneut beraten wird.

Der PV beschließt die Annahme der Richtlinien.

---

12 Zur „Siebener-Kommission des PV zur Auswahl der Bundestagskandidaten" vgl. a. Einleitung S. LVI f.
13 Die „Grundsätze für die Kandidatenaufstellung zum Bundestag" werden auch hier als Anlage 2 zum Protokoll abgedruckt.

Schumacher bemerkt zur personellen Seite, dass von den Gewerkschaftern die folgenden zur Kandidatur vorgeschlagen werden:

Hans *Böckler*, [Heinrich] *Imig* (2. Vorsitzender der Bergarbeiter), [Walter] *Freitag* (Metallarbeiter), [Adolf] *Ludwig* (Pfalz), [Willi] *Richter* (Hessen)[14], Dr. [Joachim] *Schöne* (Wirtschaftsrat)[15].

Franz *Neumann* würde, wenn das Wahlgesetz es zulässt, im westlichen Westfalen kandidieren.

Kommunalpolitischer Sekretär

Ollenhauer trägt die Bewerbung des Genossen Heinz *Hoose* (bisher Amtsdirektor in Hemer/Westfalen) für die Stelle des kommunalpolitischen Sekretärs beim PV vor.

Görlinger befürwortet die probeweise Anstellung auf 6 Monate.

Der PV beschließt die probeweise Anstellung.[16]

Finanzausgleich der Länder

Kriedemann berichtet über die Weigerung Hamburgs, an Schleswig-Holstein den Hilfsbetrag zu überweisen. Der Länderrat wird in der nächsten Woche ein Initiativgesetz einbringen, worin die Aufbringung von 500 Millionen DM (evtl. 750) an die drei notleidenden Länder Schleswig-Holstein, Niedersachsen und Bayern verordnet wird. Es würde bedauerlich sein, wenn sich hier wieder die sozialdemokratischen Ministerpräsidenten ausschließen würden.

Görlinger empfiehlt, dass den sozialdemokratischen Ministerpräsidenten eine entsprechende Mitteilung zugeht. Jedoch solle der Finanzausgleich auf das nächste halbe Jahr begrenzt bleiben.

Meitmann erklärt auf die entsprechende Äußerung *Kriedemanns*, dass die Fraktion in Hamburg niemals die Rechnungsüberprüfung in Schleswig-Holstein verlangt habe. Wenn *Brauer* etwas anderes gesagt habe, so entspräche das nicht der Auffassung der Hamburger Partei.

Ollenhauer stellt abschließend die Auffassung des PV wie folgt fest: Der Vorstand der Wirtschaftsratsfraktion soll den sozialdemokratischen Ministerpräsidenten die Annahme eines einmaligen, auf 6 Monate begrenzten Finanzausgleichs von 500 Millionen DM auftragen.

Eichler gibt den Vorschlag britischer Genossen und Nationalökonomen wieder, die eine Tagung sozialistischer Nationalökonomen in Deutschland anregen.

Ollenhauer erklärt dazu, dass *Eichler* diesetwegen mit *Böckler* und bezüglich der finanziellen Seite mit Alfred *Nau* die Frage beraten und möglichst positiv erledigen solle.

Nächste Sitzung des PV am 1. und 2.6.1949 in Hannover.

---

14 Willi *Richter* war von 1949 bis 1957 MdB.

15 Joachim *Schöne* (1906-1967) war von 1949 bis 1957 MdB. Zu Schöne vgl. PV-Protokolle Bd. 1, S. 338.

16 Im Kommuniqué wird die Berufung *Hooses* zum kommunalpolitischen Sprecher erwähnt, doch nicht, dass dies nur probeweise geschah.

Anlage 1:
Kommuniqué über die Sitzung
Sopade Informationsdienst Nr. 776 v. 19.5.1949

Auf seiner Sitzung am 10. Mai in Köln sprach der Vorstand der SPD in Anwesenheit des Vorsitzenden Dr. Kurt Schumacher der Fraktion des Parlamentarischen Rates einmütig Zustimmung und Dank für die in Bonn geleistete Arbeit aus. Vorher hatten Professor Carlo Schmid, Innenminister Walter Menzel und Justizminister August Zinn den abschließenden Bericht über die letzte Verhandlungsphase seit der sozialdemokratischen Entschließung vom 20. April erstattet.

Der Vorstand der SPD unterstrich dann, dass der inzwischen gebildete Überleitungsausschuss auf rein technische Funktionen beschränkt bleiben müsse und dass er auch keine irgendwie geartete repräsentative Aufgaben zu erfüllen habe.

Am Nachmittag galt die Diskussion in erster Linie einer Erörterung der Grundsätze für die Kandidatenaufstellung für die Wahlen zum kommenden westdeutschen Bundestag. Mit der technischen Vorbereitung dieser Frage ist ein aus sieben Personen bestehender besonderer Ausschuss beauftragt worden.

Zum kommunalpolitischen Sekretär beim Parteivorstand wurde Heinz Hoose, bisher Amtsdirektor in Hemer (Westf.), berufen.

Die nächste Parteivorstandssitzung wird am 1. und 2. Juni stattfinden. Der Ort der Tagung wird noch bekannt gegeben werden.

Anlage 2
Grundsätze für die Kandidatenaufstellung zum Bundestag
Hektogr. Beilage (3 S.) zum Protokoll der Sitzung

1 a) Die Kandidaten sollen unter den Gesichtspunkten ausgewählt werden, politisch urteilsfähig, sachlich arbeitsfähig und in der Lage zu sein, die sozialdemokratische Politik in der Öffentlichkeit agitatorisch zu vertreten.

b) Mandate als Belohnung für in der Vergangenheit geleistete Arbeit bei nicht voller politischer Leistungsfähigkeit sollen nicht gegeben werden.

c) Bei mit Ämtern überlasteten Kandidaten soll die Frage der Neuverteilung der Funktionen durch Niederlegung der einen oder anderen bisher innegehabten Funktion ernstlich geprüft werden.

2. Die Kandidatenaufstellung soll auf die Bedürfnisse der Landespolitik und der Landtagsfraktion Rücksicht nehmen und ihre Leistungsfähigkeit nicht gefährden.

3 a) Doppelmandate können nur mit ausdrücklicher Zustimmung des PV vergeben werden. Der PV kann durch Beschluss für den Fall seiner Verhinderung dieses Recht an den Siebener-Ausschuss [des PV] übertragen.

b) Doppelmandate dürfen von diesen Instanzen nur gestattet werden, wenn die Notwendigkeit auf die überragende politische Bedeutung und Unentbehrlichkeit des Kandidaten gestützt werden kann. Der Hinweis, dass Doppelmandate in dem einen oder anderen Fall aus Gründen der Koordination und Information der Fraktion notwendig seien, genügt nicht.

c) Als Doppelmandat wird nur angesehen die gleichzeitige Mitgliedschaft in Bundestag und Landesparlament bzw. den entsprechenden Einrichtungen in Hamburg und Bremen.

4. Landesminister können nur ein Bundestagsmandat erhalten, wenn der PV (Siebener-Kommission) und die betreffende Landesorganisation zustimmen. Landtagsmandate müssen in diesen Fällen niedergelegt werden.

5. Ministerpräsidenten oder Regierende Bürgermeister dürfen dem Bundestag nicht angehören. Sie vertreten ihre Länder stimmführend im Bundesrat. Die gleichzeitige Mitgliedschaft in Bundestag und Bundesrat ist abzulehnen.

6. Berliner Mitglieder der Partei können in Wahlkreisen oder auf Landeslisten der westdeutschen Länder aufgestellt werden, wenn das Bundeswahlgesetz es gestattet. Die Punkte 4 und 5 dieser Grundsätze sind dabei zu beachten.

Im Fall, dass diese Aufstellungen möglich sind, wird der PV einzelne Berliner Persönlichkeiten den Länderorganisationen empfehlen.

7. Eine Empfehlung von Genossen, die als Repräsentanten der Ostzone gelten können, aber bereits in Westdeutschland wohnen, erfolgt auch durch den PV. Wenn die Landesorganisationen die Vorschläge solcher Persönlichkeiten haben, ist der PV umgehend zu benachrichtigen.

8. Spezialisten einzelner Fachgebiete sind für die Arbeit der Fraktion dringend notwendig. Eine Über[be]setzung[17] der Fraktion mit Spezialisten ist abzulehnen. Der PV wird die einzelnen Landesorganisationen auf die wichtigsten Vertreter von Spezialgebieten aufmerksam machen.

9. Vertreter der Frauen, der Flüchtlinge und der Gewerkschaften und andere Interessen- und Kulturorganisationen sind hinzuzuziehen. Der PV wird sich mit entsprechenden Wünschen an die Landesorganisationen wenden.

10. Das passive Wahlrecht der Beamten ist, soweit die neuen Vorschriften es ermöglichen, grundsätzlich aufrechtzuerhalten. Eine starke Hinzuziehung von Beamten ist zu unterlassen, um den in der Öffentlichkeit erhobenen Vorwürfen entgegentreten zu kön-

---

17 In der Vorlage „Übersetzung".

nen und die politische Entschlussfreiheit der Bundes[tags]fraktion[18] nicht zu beeinflussen.

11. Angestellte der Partei und verwandter Organisationen sind nur in mäßiger Anzahl aufzustellen. Die Parteiarbeit nimmt in jedem Fall den ersten Rang ein. Auch in diesem Punkte ist auf die soziologische Zusammensetzung der Partei und ihrer sozialen Schichtung Rücksicht zu nehmen.

12. Bei der Aufstellung von Redakteuren von Partei- und parteinahen Zeitungen und Zeitschriften gelten die Grundsätze zu Punkt 11.

13 a) Bei der Aufstellung von Landeslisten sind nicht alle Kandidaten, die in den Wahlkreisen des Landes aufgestellt sind, zu wiederholen. Von ihnen sollen nur die den regionalen Organisationen als unentbehrlich erscheinenden nominiert werden.

b) Die Landeslisten sollen von politischen Persönlichkeiten geführt werden, von denen eine agitatorische Wirkung ausgeht. Auf ihnen soll die Wahl von Spezialisten, Frauen, Flüchtlingen usw. gesichert werden, die in Einzelwahlkreisen wenig Aussicht haben.

c) Die Zusammensetzung einer Landesliste sollte so sein, dass die Landeslisten als Flugblätter mit Bildern und Lebenslauf eine anziehende Kraft auf die Wählermassen haben.

14. Die Reihenfolge der Kandidaten auf den Landeslisten, die von mehreren Parteibezirken getragen werden, soll grundsätzlich nach der Stärke der Organisationen erfolgen. Vereinbarungen über besonders wichtige und eindrucksvolle Persönlichkeiten [werden][19] den Bezirken empfohlen.

Vom PV den Landesorganisationen vorgeschlagene Persönlichkeiten sollen nicht auf die Ansprüche der Bezirke bei der Mandatsverteilung auf den Landeslisten angerechnet werden.

15. Die Wahl auf Landesliste soll nicht davon abhängig sein, dass eine Kandidatur in einem Wahlkreis erfolgt.

16. Die fehlende Bundesliste veranlasst den PV, darauf hinzuweisen, dass – unter der Voraussetzung, dass das Wahlgesetz es gestattet –

Kandidaten auch in anderen Ländern (Wahlkreis und Landesliste) aufgestellt werden können als in dem Lande, in dem sie ihren Wohnsitz haben;

Kandidaten gleichzeitig in mehreren Ländern (Wahlkreise und Landesliste) zur Wahl gestellt werden können.

---

18 In der Vorlage „Bundesratsfraktion".
19 In der Vorlage „ist".

Nr. 9
Sitzung des Parteivorstandes am 1. und 2. Juni 1949 in Hannover

AdsD: 2/PVAS000687 *(Maschinenschriftl. Prot., 4 S)*[1]

Leitung der Sitzung: Erich Ollenhauer
Anwesend: siehe Liste
[Teilnehmer /Teilnehmerinnen, nach Funktionen geordnet[2]:
  PV[3]
   Schumacher, Ollenhauer,
   Franke, Gotthelf, Heine, Kriedemann, Nau;
   Albrecht, Eichler, Fischer, Görlinger, Grimme, Gross, Henßler, Kaisen, Krahnstöver,
   Meitmann, Menzel, Neumann, Schmid, Schoettle, Selbert;
  KK: *Schönfelder;*
  Minister-/Senatspräsidenten: *Brauer, Kopf* + (*Kaisen,* PV)
  Mitarbeiter des PV: *Brandt, Gleissberg, Jaksch*]

Tagesordnung[4]
1) Außenministerkonferenz
2) Bonn
3) Bundestagswahlen
   a) Wahlgesetz, b) Wahltermin, c) Kandidaturen, d) Finanzierung des Wahlkampfes
4) Wirtschaftsratsfraktion
5) Wohnungsbauprogramm der SPD
6) Richtlinien für den Aufbau einer außenpolitischen Stelle bei der Bundesregierung
7) Der nächste Parteitag
8) Berichte:
   a) Internationale Konferenz in Holland, b) Parteitag in Italien, d) Außenpolitischer Ausschuss, e) Organisationsausschuss, f) Flüchtlingsausschuss; g) Gewerkschaftsbesprechung
10) Bildung eines Verkehrsausschusses
11) Ergänzungswahlen zu Fachausschüssen

---

1 Die Einladung zur Sitzung des Parteivorstandes mit Bekanntgabe der vorläufigen Tagesordnung erfolgte durch ein hektographiertes Rundschreiben des geschäftsführenden Parteivorstandes, unterschrieben von Ollenhauer, vom 27.5.1949, das in den Beilagen zum Protokoll erhalten geblieben ist. Das Kommuniqué über die Sitzung (Sopade Informationsdienst Nr. 792 v. 9.6.1949) wird hier als Anlage 1 publiziert.
2 Die folgenden Angaben wurden der Anwesenheitsliste in den Beiakten zum Protokoll und Angaben im Protokoll entnommen; für die Teilnehmer an allen Vorstandssitzungen 1948-50 vgl. Anhang 1.
3 Von den Mitgliedern des PV fehlten wegen Krankheit *Bögler* und *Knothe.* Weiter trugen sich *Baur, Gayk, v. Knoeringen, Reuter,* und *Schroeder* nicht in die Anwesenheitsliste ein.
4 Wortlaut nach der vorläufigen Tagesordnung vom 27.5.1949, soweit die Punkte behandelt wurden. Der als Punkt 8 c vorgesehene Bericht über den „Parteitag in Holland sowie die als Punkt 9 geplante Aussprache über „Presseangelegenheiten" fand, soweit aus dem Protokoll und dem Kommuniqué ersichtlich, nicht statt.

12) Beziehungen zu ausländischen Parteien
13) Ort und Termin der nächsten PV-Sitzung

[Zu Punkt 1 (**Außenministerkonferenz**)]

Schumacher berichtet über den Stand der Außenministerkonferenz in Paris und erläutert die von ihm herausgegebene 12-Punkte-Erklärung. (siehe Anlage [2][5]) Wenn ein ökonomisches Spitzenorgan für die Ost- und Westzone zustande käme, wäre dies eine technische Einrichtung der Alliierten und keine politische Vertretung der Deutschen. Von großer Bedeutung sei, dass Westdeutschland Weltmangelwaren produziert, was nicht für Ostdeutschland zutrifft. Es würde daher einer strengen alliierten Kontrolle bedürfen, wenn Westdeutschland den Warenverkehr mit dem Osten aufnimmt, denn wir können nicht die Brecher der Ostblockade aus den Mitteln des Marshallplanes werden. Wir wünschen kein ökonomisches Rapallo.

Bedenklich scheine ihm zu sein, dass die Vertreter der Westmächte nicht die gewählten Mitglieder des Konsultativrates, sondern einzeln die Ministerpräsidenten über den Stand der Pariser Verhandlungen unterrichteten.

Die SPD wird niemals tolerieren, dass *Kaiser* als Repräsentant der Ostzone in ein Gremium des Westens einzieht.

Ollenhauer stellt abschließend fest, dass der PV die 12-Punkte-Erklärung *Schumachers* billigt.

Der PV beschließt weiter, dass im Kommuniqué von uns die Forderung an die Alliierten gerichtet wird, den Konsultativrat zu hören und zu informieren.

Zu **Punkt 2** der Tagesordnung (**Bonn**):

Schmid erklärt, dass die Fraktion nicht für die schnelle Auflösung des Parlamentarischen Rates war, da zu befürchten war, dass die Ministerpräsidenten dann bereits die Funktion des Bundesrates übernommen hätten. Der vom Parlamentarischen Rat gewählte Überleitungsausschuss fand nicht die Zustimmung der Franzosen. Die Ministerpräsidenten machten daraufhin den Vorschlag, dass man drei aus Beamten der Ministerpräsidenten-Büros bestehende Ausschüsse konstituieren solle. Das wurde vom Parlamentarischen Rat abgelehnt. Nunmehr soll ein Gesamtgremium, bestehend aus den Ministerpräsidenten und 18 Vertretern des Parlamentarischen Rates (das ist der gewählte Überleitungsausschuss), zuständig sein und die Unterausschüsse benennen. Dazu haben jedoch bisher noch nicht alle Ministerpräsidenten ihre Zustimmung gegeben.

Heine berichtet nochmals über die Wahlbeeinflussung anlässlich der Wahl des Bundessitzes. [...][6] Im Kommuniqué solle festgehalten werden, dass eine Wahlbeeinflussung

---

5 In der Vorlage „1". Als „Anl.1" befindet sich in den Beiakten ein vierseitiges Manuskript Schumachers „Paris und die Deutschen. Deutsche Einheit nur durch Freiheit", das hier als Anlage 2 abgedruckt wird.
6 Weggelassen wird hier der Hinweis auf eine in den Beiakten nicht mehr vorhandene „Anlage 2".

durch die Falschmeldung[7] stattfand und dass die SPD beim Zusammentritt des Bundestages erneut die Bundessitzfrage auf die Tagesordnung bringen wird. Weiter solle die Unterstellung zurückgewiesen werden, dass PV-Mitglieder eine angebliche *Schumacher*-Erklärung weitergaben.

Menzel wünscht, dass die beteiligten PV-Mitglieder aus Nordrhein-Westfalen gegen Frl. *Moritz* Schritte unternehmen. Er selber werde Klage gegen Unbekannt erheben. Dann müsse Frl. Moritz als Zeuge aussagen.

Ollenhauer stellt fest, dass die PV-Mitglieder, der Anregung *Menzels* folgend, den Klageweg beschreiten sollen.

Eichler spricht sich dagegen aus, dass man jetzt eine erneute Abstimmung über die Bundessitzfrage ankündigt.

Henßler schließt sich dem an.

Ollenhauer schlägt vor, dass der PV dann den provisorischen Charakter des Bundessitzes Bonn betont.

Brauer berichtet über die Intervention der Militärgouverneure zum Wahlgesetz. Die Militärgouverneure verlangten, dass die Ministerpräsidenten mit großer Mehrheit das Wahlgesetz unter Berücksichtigung der alliierten Einwände verabschieden.

Die Ministerpräsidenten beschlossen gestern in Schlangenbad folgende Änderung:

Wahlscheine nur für Seeleute, 500 Unterschriften für eine Kandidatur, Nachwahl, wenn Vakanz in einem Wahlkreis eintritt.

Weiter haben sich die Ministerpräsidenten gestern auf folgende Zusatzempfehlungen geeinigt:

Die Relationszahl wird von bisher 50/50 auf 60/40 zugunsten der direkten Wahl geändert, eine Wählergemeinschaft scheidet aus, wenn sie im Lande weniger als 5 % der Stimmen erhält, es sei denn, sie erobert ein direktes Mandat.

Kaisen erklärt, dass die von *Brauer* genannten Zusatzformulierungen der Ministerpräsidenten lediglich einen Wunsch darstellen, den die Militärgouverneure nicht berücksichtigen werden.

Kopf ist überzeugt, dass die Militärgouverneure das Wahlgesetz insgesamt abgelehnt hätten, wenn die Ministerpräsidenten nicht zu einer mehrheitlichen Verabschiedung gekommen wären. Diese Mehrheit war nur mit der Annahme der Zusatzformulierungen zu erhalten.

Schumacher verurteilt sehr scharf, dass die sozialdemokratischen Ministerpräsidenten entgegen den Beschlüssen des PV abermals den Militärgouverneuren bzw. der CDU entgegenkamen. Die Frage der Mehrheitsbildung durfte nicht nur auf Kosten der SPD gelöst werden. Die CDU ist am frühen Wahltermin mehr interessiert als wir und eben da hätte unser Zugeständnis liegen können. Die Relation 60/40, die Nachwahl und das Zerbrechen des Zentrums an der 5 % - Klausel seien für uns nicht akzeptabel.

---

7 Bei dieser „Falschmeldung" handelte es sich um eine am 5. Mai 1949 durch eine von der Deutschen Nachrichtenagentur und den Deutschen Pressedienst verbreitete Meldung, Schumacher habe erklärt, dass eine Entscheidung für Frankfurt als Bundessitz eine Niederlage für die CDU/CSU bedeuten würde, vgl. P. Weber, Fraktionsprotokolle I , S. 45, Anm. 29.

Ollenhauer erklärt, dass das ausschließliche Recht zur Abänderung des Wahlgesetzes gemäß Artikel 137 im Grundgesetz beim Parlamentarischen Rat liegt.

Der PV beschließt, dass
1. für Änderungen des Wahlgesetzes nur der Parl. - Rat zuständig sein kann
2. die SPD keinen wesentlichen Änderungen des Wahlgesetzes zustimmen wird.

Zu **Punkt 3c)** der Tagesordnung (**Kandidaturen**):
Ollenhauer berichtet über die Tagung des Siebener-Ausschusses [des PV], der Landesvorsitzenden und der Bezirkssekretäre in Hannover.

Fischer überbringt die Bedenken *Knoeringens* gegen die Doppelmandatschaft.

Ollenhauer erklärt dazu, dass ausdrücklich beschlossen wurde, in zwei Fällen (*Henßler* und *Knoeringen*) die Doppelkandidatur zu empfehlen.

Zu **Punkt 3d)** der Tagesordnung (**Finanzierung des Wahlkampfes**):
Nau gibt einen Überblick über die Finanzlage der Partei. Vor der Währungsreform wurden pro Quartal für 2,7 Mill. RM Beitragsmarken umgesetzt. Im ersten Quartal nach der Währungsreform waren es 1,6 Mill. DM und im letzten Quartal 1948 2 Mill. DM Umsatz. Die Beitragsleistung ging im 4. Quartal 1948 auf 87 % (gegenüber 95 % früher) zurück. Die Mitgliederbewegung ging im 4. Quartal mit 2,6 % und seit der Währungsreform insgesamt 5,6 % zurück. Die zentrale Finanzierung des Wahlkampfes soll u.a. durch den Vertrieb der Wahlfond[s]marken geschehen. Vorgeschlagen wird hierzu noch, zusätzlich Sammellisten herauszubringen. Beide Aktionen sollten zentral beim PV laufen, der jedoch nur 15 % hiervon beansprucht.

Schönfelder regt an, dass die Ausgaben für die Propaganda etwas mehr auf die Bezirke verlagert werden.

Ollenhauer stellt nach kurzer Diskussion fest, dass der PV den Vorschlag, neben den Wahlfond[s]marken auch Sammellisten herauszubringen, billigt.
s. Anl. 8[8]

Zu **Punkt 3b)** der Tagesordnung (**Wahltermin**):
Ollenhauer führt aus, dass man bisher lediglich sagen könne, dass eine Wahl bis zum 17.7. nicht möglich sein wird.

Kaisen hält es für technisch unmöglich, vor dem 14.8. wählen zu lassen.

[Zu **Punkt 3 a)** der Tagesordnung (**Wahlgesetz**)]
Ollenhauer verliest eine inzwischen fertiggestellte Stellungnahme zum Wahlgesetz, die vom PV gebilligt wird.

„Nach Artikel 137, Absatz 2, des auch von den Besatzungsmächten genehmigten Grundgesetzes ist allein der Parlamentarische Rat für die Beratung und Verabschiedung des Wahlgesetzes zum Bundestag zuständig. Über die in dem Memorandum der Militär-

---

8 Der Hinweis auf die „Anl. 8" ist ein handschriftlicher Zusatz.

gouverneure vom 28.5. enthaltenen und über andere Abänderungsvorschläge kann daher nur der Parlamentarische Rat beraten und beschließen. Die SPD wird keiner grundsätzlichen Änderung des vom Parlamentarischen Rat beschlossenen Wahlgesetzes, insbesondere des Wahlsystems, zustimmen."

Zu **Punkt 6** der Tagesordnung (**Richtlinien für den Aufbau einer außenpolitischen Stelle**):

Ollenhauer stellt die vom Außenpolitischen Ausschuss erarbeiteten Richtlinien zur Diskussion.

Der PV billigt diese Richtlinien. (siehe Anlage 3)

Zu **Punkt 7** der Tagesordnung (**Der nächste Parteitag**):

Der PV beschloss, dass in diesem Jahre ein Parteitag nur dann abgehalten werden soll, wenn nach den Wahlen die politische Situation es erfordert. Andernfalls soll als Termin das nächste Frühjahr in Aussicht genommen werden.

Zu **Punkt 8a)** der Tagesordnung (**Konferenz in Holland**):

Ollenhauer berichtet über Sitzung der COMISCO. (siehe Anlage 4)

Zu **Punkt 8b)** der Tagesordnung (**Parteitag in Italien**):

Ein kurzer Bericht wird von **Willi Eichler** gegeben.

Zu **Punkt 8d)** der Tagesordnung (**Außenpolitischer Ausschuss**)[9]:

Ollenhauer berichtet über [die] gestrige Sitzung, die zu dem Ergebnis kam, eine stärkere Einschaltung der SPD in die Europa-Union-Bewegung zu empfehlen. Der AA schlägt vor, dass *Ruscheweyh*[10] als Präsident des deutschen Europarates zur Diskussion gestellt wird, während man Carlo *Schmid* als einen der Vizepräsidenten benennen sollte. Weiterhin solle man versuchen, dass *Brill* Generalsekretär wird.

Zu **Punkt 8e)** der Tagesordnung (**Organisationsausschuss**):

Franke gibt einen Bericht über die bisherige Tätigkeit des Ausschusses. Die Vorschläge zur Statutenänderung würden demnächst vorgelegt werden, wie auch das Jugendproblem, unter Hinzuziehung der führenden Genossen in der Jugendarbeit, behandelt wurde.

Ollenhauer erklärt auf eine entsprechende Anregung **Henßlers**, dass PV und PA demnächst sowohl eine allgemeine Organisationsdiskussion als auch Aussprache über das Jugendproblem haben werden.

---

9 Zu dieser Diskussion wird im Kommuniqué nichts gesagt. In den Beilagen zum Protokoll befindet sich als „Anl. 3" ein hektogr. Papier „Ergebnis der Beratungen des ‚Außenpolitischen Ausschusses'", das auch hier als Anlage 3 abgedruckt wird.
10 In der Vorlage „Ruschewey". Herbert *Ruscheweyh* (1892-1965), Dr. jur., vor 1933 Rechtsanwalt in HH, SPD, 1928-33 MdBü, 1931-33 Präs. d. Bürgerschaft, nach 1945 Justizdienst, parteilos, 1946-60 Präs. d. Hanseatischen Oberlandesgerichts, 1948-51 Präs. d. Obergerichts d. Bizone.

Zu **Punkt 8g)** der Tagesordnung (**Gewerkschaftsbesprechung**):

Ollenhauer gibt einen Bericht über die Besprechung mit den Gewerkschaftern in Kassel. (siehe Anlage 5)[11]

Zu **Punkt 4** der Tagesordnung (**Wirtschaftsratsfraktion**) und zu **Punkt 5** der Tagesordnung (**Wohnbauprogramm**):

Kriedemann betont zunächst die Notwendigkeit einer Überleitungstätigkeit des Wirtschaftsrates, wenn der Bund gebildet wird.

Die Fraktion lehnte es ab, dem Gesetz, das die bisherige Relation der Sozialabgaben – 2/3 Arbeiter, 1/3 Arbeitnehmer – auf halb zu halb änderte, zuzustimmen.

Um den Wohnbau zu finanzieren, wird geplant, die Umsatzsteuer um 20 % zu erhöhen. Er glaube nicht, dass der PV diesem Vorschlag, der von den Gewerkschaften kommt, zustimmen dürfe.

Ollenhauer stellt nach kurzer Diskussion fest, dass die Bedenken gegen den Vorschlag der Gewerkschaften im PV überwiegen. Die Wirtschaftsratsfraktion solle daher den Gewerkschaften entsprechend Mitteilung machen und es sollten die Vorschläge in unserem Wohnbauprogramm herausgestellt werden. Es solle erwogen werden, eine erhebliche Luxussteuer vorzuschlagen.

Der PV billigt das **Wohnbauprogramm** der SPD. (siehe Anlage 6)[12]

Punkt 11 der Tagesordnung (**Ergänzungswahlen zu Fachausschüssen**):

Es wurden hinzugewählt:

In den Organisationsausschuss: *Kukielczynski* (für *Gnoß*);

in den Frauenausschuss: Susi *Miller* (für *Balderer*);

in den Sozialpolitischen Ausschuss: Dr. *Glaser*;

in den Außenpolitischen Ausschuss: Ernst *Paul*;

in den Verfassungspolitischen Ausschuss: Wenzel *Jaksch*.

Zu **Punkt 10** der Tagesordnung (**Verkehrsausschuss**):

Groß und **Kriedemann** werden beauftragt, zur nächsten Sitzung personelle Vorschläge zu machen.

---

11 Die „Anl. 5" ist in den Beilagen nicht erhalten geblieben und konnte auch nicht in anderen Akten gefunden werden. Aus einem Schreiben Böcklers geht hervor, dass an der Besprechung vom Gewerkschaftsbund der britischen Zone Hans Böhm, Heinrich Deist, Hans vom Hoff, Albin Karl, Erich Potthoff und Ludwig Rosenberg teilnahmen, vgl. d. Schreiben von Böckler an die Genannten vom 8.4.1949, AdsD: DGB-Archiv /HBAH 000 074, abgedr.: Anlage 5. Ob Böckler selbst an dieser Besprechung teilnahm, geht leider aus dem kurzen Schreiben nicht hervor. Aus der US-Zone nahm Tarnow an der Besprechung teil, vgl. Telegramm, a.a.O.

12 Als „Anl. 6" ist in den Beilagen zum Protokoll ein längeres – offensichtlich nicht vollständiges - hektogr. Papier der Hauptgeschäftsstelle des Ausschusses für soziales Bauen mit dem Titel „Wohnungsbauprogramm der SPD für die Trizone" (12 S.) erhalten geblieben. Im Juni 1949 wurde das verabschiedete Programm mit dem Titel „Plan ‚A'. Aufgabe Nr. 1. Wohnungen bauen! Wohnungsbauprogramm der SPD für die Trizone" als Broschüre (20 S.) veröffentlicht. Die publizierte Broschüre wird hier als Anlage 6 abgedruckt, relevante sachliche Abweichungen vom Entwurf werden angemerkt. Ebenfalls ist in den Beilagen, ohne Zählung als „Anl.", das gedruckte Flugblatt des Ausschusses mit dem Titel „Sozialdemokratisches Wohnungsbauprogramm für 1949" erhalten geblieben.

Zu **Punkt 12** der Tagesordnung (**Beziehungen zu ausländischen Parteien**):

Der PV beschließt in gegebener Veranlassung, dass Einladungen an ausländische Bruderparteien nur durch den PV erfolgen sollen.

Zu **Punkt 8f)** der Tagesordnung (**Flüchtlingsausschuss**):

Wenzel **Jaksch** erläutert ein ausgearbeitetes Flüchtlingsprogramm für Westdeutschland (siehe Anlage 7), das vom PV zur Kenntnis genommen wird.

Anlage 1

Kommuniqué

Sopade – Informationsdienst Nr. 792 v. 9.6.1949

Der Vorstand der SPD tagte am 1. und 2. Juni 1949 in Hannover und beriet ein umfangreiches Programm außen- und innerpolitischer Fragen.

Am Mittwochvormittag sprach Dr. Kurt *Schumacher* kurz über die außenpolitische Situation und das von ihm kürzlich entwickelte 12-Punkte-Programm über die sozialdemokratische Einstellung zur Pariser Konferenz und aller mit ihr zusammenhängenden Fragen. Der Vorstand unterstrich dabei erneut seine Ablehnung von Vorschlägen, die auf die Bildung einer Dachorganisation zweier grundverschiedener Systeme in Deutschland hinauslaufen.

In Ergänzung zu diesem 12-Punkte-Programm fand eine Aussprache über die Möglichkeiten einer demokratischen Verwaltung für ganz Berlin statt, deren Notwendigkeit allgemein anerkannt wurde.

Prof. Carlo *Schmid* berichtete über die Tätigkeit des Parlamentarischen Rates. Bei dieser Gelegenheit kam der kürzliche Fall von Wahlbeeinflussung bei der Abstimmung über den Bundessitz zur Sprache. Der Parteivorstand stellte diese Wahlbeeinflussung, die durch eine journalistische Fälschung erfolgte, fest und wies im Zusammenhang damit nochmals nachdrücklich auf den provisorischen Charakter der Wahl Bonns hin.

Bei der Beratung der bevorstehenden Bundestagswahlen stellte der Parteivorstand einmütig folgendes fest: Nach Artikel 137 Abs. 2 des auch von den Besatzungsmächten genehmigten Grundgesetzes ist allein der Parlamentarische Rat für die Beratung und Verabschiedung des Wahlgesetzes zum Bundestag zuständig. Über die in dem Memorandum der Militärgouverneure vom 28. Mai enthaltenen und über andere Abänderungsvorschläge kann daher nur der Parlamentarische Rat beraten und beschließen. Die SPD wird keiner grundsätzlichen Änderung des vom Parlamentarischen Rat beschlossenen Wahlgesetzes, insbesondere des Wahlsystems, zustimmen.

Der Parteivorstand billigte weiterhin die Richtlinien, die der Außenpolitische Ausschuss in vier Tagungen zu der Frage aufgestellt hat, in welcher organisatorischen Form in der zukünftigen Regierung Aufgaben außenpolitischer Art und die internationalen Beziehungen überhaupt behandelt werden sollten.

Der Donnerstagvormittag war vor allem einer gründlichen Diskussion des Wohnungsbauprogramms gewidmet. Die SPD sieht in dieser Frage ein sozialpolitisches Kernproblem, dem sie seit Beginn ihrer Arbeit stärkste Aufmerksamkeit widmet. Der Parteivorstand billigte den von Sachverständigen ausgearbeiteten Plan A zur Behebung der Wohnungsnot. Auch in der besonders schwierigen Frage der Finanzierung sind sehr genaue Vorstellungen in dem Plan niedergelegt, über deren Einzelheiten noch weitere Besprechungen, vor allem auch mit Vertretern der Gewerkschaften, geführt werden müssen.

Dem Parteivorstand wurde außerdem ein Flüchtlingsprogramm für Westdeutschland vorgelegt, eine Gemeinschaftsarbeit der Sachwalter der Flüchtlinge und Vertriebenen in der SPD, die dem doppelten Zweck dienen soll, die Möglichkeiten einer innerdeutschen und einer Hilfe im Rahmen des Marshallplanes aufzuzeigen.

Weitere Beratungen galten der personellen Ergänzung von verschiedenen Fachausschüssen sowie einer Reihe von technischen und organisatorischen Fragen, vor allem auch, soweit sie sich auf die Vorbereitung der kommenden Wahlen zum Bundestag beziehen.

Anlage 2
Die 12 Punkte-Erklärung Kurt Schumachers zur Pariser Außenministerkonferenz: „Paris und die Deutschen. Deutsche Einheit nur durch Freiheit"
Hektogr. Papier (4 S.) in den Beilagen zum Protokoll[13]

Niemand in Deutschland darf erwarten, dass Paris die sofortige und völlige Lösung aller Fragen bringt. Dazu sind die Konsequenzen des Dritten Reiches und des zweiten Weltkrieges zu weittragend. Alle Schwierigkeiten in dem Verhältnis der Alliierten untereinander konzentrieren sich noch einmal auf deutschem Boden.

Aber die Pariser Außenministerkonferenz wird kaum ein Provisorium im gewöhnlichen Sinne werden. Wahrscheinlich bestimmt sie die Richtung der politischen Entwicklung. Eine falsche Beurteilung der Lage, der Absichten des Gegners oder ein Abweichen von gewissen Prinzipien kann vieles, wenn nicht alles verderben. Das Ziel der Sowjets ist die Ausschließung des ganzen Deutschlands aus dem Marshallplan und dem Atlantikpakt. Soweit deutsche Kräfte dazu in der Lage sind, treibt die Sozialdemokratische Partei die Politik, ganz Deutschland in diese ökonomischen und politischen Planungen einzubeziehen. Der Gedanke, sich auf Kosten Deutschlands einigen zu können, dürfte nicht realisierbar sein, weil nicht Deutschland, sondern Gegensätze der Anschauungen und Interessen in der ganzen Welt einander gegenüberstehen. Dafür dürfte eine Kompromissformel nicht existieren.

---

13 Die Erklärung Schumachers wurde unter dem gleichen Titel als Flugblatt veröffentlicht (8 S., Hannover 6/1949). Sie wurde auf dem Titelblatt mit einer Zeichnung „frei nach Rembrandt" versehen, auf der die vier Außenminister *Bevin, Schuman, Wyschinski* und *Acheson* in der Pathologie an einer Leiche mit dem Namen „Germany" sitzen bzw. stehen.

Um Westdeutschland gegenüber dem Ansturm nationalistischer, kommunistischer und traditionalistischer Agitationen widerstandsfähig zu machen, muss es sozial gesund und politisch fundiert sein. Diese Krisenfestigkeit ist mit der Frankfurter Wirtschaftspolitik oder den Vorschlägen des alliierten Einspruchs vom 2. März 1949 gegen die Arbeit am Grundgesetz in Bonn und mit der entsprechenden Politik der deutschen Partikularisten und Klerikalen nicht zu erreichen. Erst das Eingreifen der Sozialdemokratie in die Arbeit am Bonner Grundgesetz hat ein vorläufiges Verfassungswerk möglich gemacht, durch das Idee und Praxis der Demokratie offensiv in den deutschen Osten vorangetragen werden können.

Der kommende Wahlkampf in Westdeutschland, der für die zukünftige Kraft der deutschen Demokratie von entscheidender Bedeutung ist, wird nicht nur durch die parteipolitischen Gegensätze, sondern auch durch die Ideen und Formulierungen der Außenminister in Paris bestimmt werden.

Nach der Ansicht der Sozialdemokratie sind in dieser Hinsicht die nachstehenden zwölf Postulate von größter Wichtigkeit:

1. Zurückführung der Kriegsgefangenen, Zivilgefangenen und Verschleppten, einschließlich der Frauen und Mädchen, deren schweres Schicksal in der internationalen Diskussion noch längst nicht die gebührende Anteilnahme gefunden hat.

2. Neufestsetzung der deutschen Ostgrenze. Die polnisch besetzten und verwalteten Gebiete östlich der Oder und Neiße sind Teil der sowjetischen Besatzungszone und gehören zu Deutschland. Die interne Abmachung zwischen Sowjetrussland und Polen ist weder für die Alliierten rechtlich bindend noch für die Deutschen moralisch verpflichtend.

3. Gültigkeit der Atlantik-Charta[14] auch für Deutschland.

4. Einstellung der Demontagen und Industriebeschränkungen. Aufhören der Demontagen auch in der Ostzone. Einstellung von Entnahmen aus der laufenden Produktion in der Ostzone unter der Firmierung von Reparationen. Abwehr sowjetischer Versuche, aus Westdeutschland Produktionsmittel oder Erträgnisse bestimmter Anlagen als Reparationen an sich zu ziehen oder auf der Grundlage von Reparationsansprüchen Eigentumsrechte an westdeutschen Produktionsstätten zu erwerben.

5. Ablehnung der Forderung, dass Sowjetrussland, Polen und die Tschechoslowakei an Kontrolle, Verwaltung und Nutznießung des Ruhrgebietes beteiligt werden sollen.[15] Verknüpfung der Diskussion dieses Problems mit der Forderung nach alliierter Kontrolle der sowjetischen Aktien - Gesellschaften in Mitteldeutschland, ihrer Rückgabe in das Eigentum des deutschen Volkes, nach alliierter Kontr
olle der volkseigenen Betriebe in der östlichen Besatzungszone und der Grundindustrien in Oberschlesien.

---

14 Bei der A. handelt es sich um die am 14. August 1941 von Winston *Churchill* (1874-1965) und Franklin D. *Roosevelt* (1882-1945) auf einem Kriegsschiff im Atlantik abgeschlossenen Erklärung, in der mehrere Grundsätze der späteren Vereinten Nationen, u. a. das Selbstbestimmungsrecht der Völker, festgeschrieben wurden.

15 Zu dieser Forderung vgl. Einleitung, S. LXVI.

6. Voraussetzung jeder Zurückziehung von Besatzungstruppen ist die Schaffung völlig gleichartiger alliierter und deutscher Machtverhältnisse in allen Zonen. Die bisherigen Vorschläge dienen eindeutig der Vorbereitung der Machtergreifung unter dem Schutz kommunistischer Polizei nach dem Prager Muster im Jahre 1948[16]. Personenzahl, Formationen, Kasernierung der deutschen Polizei sollten in allen Zonen nach denselben Grundsätzen geregelt sein. Waffenlager und persönliche Bewaffnung müssten durch alliierten Zugriff abgeschafft werden.

7. Die Viermächtekontrolle als Grundlage der deutschen Einheit setzt voraus, dass jede Abschließung der einzelnen Zonen gegenüber den anderen Alliierten unterbleibt. Nach den bisher geltenden Grundsätzen ist eine Viermächtekontrolle nicht möglich. Die Viermächtekontrolle kann nur nach dem Grundsatz der einfachen Mehrheit bei Beschlussfassung ausgeübt werden. Das Recht des Einspruchs gegenüber deutschen Gesetzen und Verordnungen einer zentralen Stelle, das von dem Oberbefehlshaber oder dem Hohen Kommissar jeder Besatzungszone für seinen Bereich ausgeübt werden kann, verhindert nicht nur die Rechtseinheit, sondern die Einheit schlechthin.

8. Eine tatsächliche Einheit wird nicht möglich, so lange nicht dieselben Prinzipien des Rechtsstaats in allen Zonen angewandt werden und nicht von einer einzelnen Besatzungsmacht willkürlich geändert werden können. Die Rechtssicherheit kann nur geschaffen werden als Sicherheit der Person vor der Verhaftung und der Güter vor der Beschlagnahme. Nur so ist ein freier Verkehr zwischen den vier Besatzungszonen und Berlin möglich. Der Rechtsstaat schließt ein polizeiliches Straf- oder Verfügungsrecht über Leben, Freiheit und Eigentum aus. Konzentrationslager und ähnliche Einrichtungen sind nicht mit ihm zu vereinbaren. Ihre Insassen sind freizulassen. Um die Folgen der Rechtlosigkeit in der Ostzone zu heilen, ist eine Amnestie für die seit Mai 1945 wegen politischer oder aus politischen Motiven verübter Delikte auszusprechen. In einem Rechtsstaat können nur ordentliche Gerichte ohne staatliche oder sonstige Beeinflussung Recht sprechen und die Vorschriften der Strafprozessordnung beachten. Dazu gehört auch ein der öffentlichen Kritik zugänglicher Strafvollzug.

9. Ein Ausweichen und Vertagen der Auseinandersetzung über die richtunggebenden Schritte ist in jedem Fall ein Erfolg der Russen. Dachorganisationen und Brückenkonstruktionen in dem Sinne, dass ein gemeinsamer Wirtschaftsrat oder Staatsrat in dem Anfang einer Vereinheitlichung geschaffen werden soll, geben ihnen eine chancenreiche Ausgangsstellung unter völliger Sicherung ihrer Besatzungszone vor alliierten Änderungsversuchen. Ihre Art, die Dinge zu behandeln, sichert ihnen dabei einen wirtschaftlichen Kräftezuwachs und eine Schwächung des deutschen Westens. Mit der Duldung des Nebeneinander von zwei entgegengesetzten gesellschaftlichen und politischen Systemen in Deutschland erkennt man im Ergebnis Gewalt, Terror und Unmenschlichkeit als gleichberechtigte Grundsätze an. Die Vorbereitungen dieser Konferenz würden zu einem solchen Resultat in gefährlichem Gegensatz stehen. Gerade die entschlossenen Demokra-

---

16 Anspielung auf den Prager Umsturz von Februar/März 1948, bei dem die kommunistisch beherrschte Polizei die legale Regierung der Tschechoslowakei stürzte.

ten in Deutschland können da nur eine technische Manipulation der Alliierten, nicht aber einen politischen Einheitsfaktor unter Verantwortung der Deutschen sehen.

10. Die deutsche Einheit ist nur als politische Freiheit und Gleichheit in allen Zonen möglich. Entscheidend ist, dass die Freiheit zuerst überall tatsächlich und unrevidierbar geschaffen werden muss. Eine Vereinheitlichung, die ohne vorherige tatsächliche Sicherung der persönlichen und staatsbürgerlichen Freiheiten geschaffen würde, brächte nicht die Einheit für das deutsche Volk, sondern den endgültigen Verlust seiner nationalen Freiheit und Einheit. Sie wäre die Versklavung des deutschen Volkes zugunsten Russlands, wäre antidemokratisch, antideutsch und antieuropäisch.

11. Die staatsbürgerliche Freiheit in allen Zonen ist von den gleichen Rechten und Pflichten aller Parteien abhängig. In der sowjetischen Besatzungszone muss die Zulassung der Sozialdemokratischen Partei Deutschlands erfolgen, ohne dass andere Parteien favorisiert werden und sie benachteiligt wird und ihre Funktionäre in ihrer persönlichen Sicherheit bedroht sind. Gleich notwendig ist das Aufhören der erzwungenen Blockpolitik. Die Christlichen Demokraten und die Liberaldemokraten erwecken durch ihre Existenz und ihre Namen die Illusion einer Demokratie, trotzdem sie ebenso bloße Werkzeuge in der Hand der sowjetischen Besatzungsmacht sind wie die Kommunisten. Deutsche Staatsparteien einzelner Besatzungsmächte oder auch Staatsparteien schlechthin sind das Gegenteil der Demokratie. Wie eine Politik der staatlichen Kontrolle durch die Alliierten den Verzicht auf alle Interventionen voraussetzt, so ist erst recht jede Einmischung der Alliierten bei der politischen Willensbildung der Parteien zu unterlassen. Auch die Gewerkschaften und Betriebsräte sind heute in der sowjetischen Besatzungszone Instrumente der Antreiberei, der Ausbeutung und der Beherrschung der Arbeitenden. Ihr Zweck ist aber, der Persönlichkeit des arbeitenden Menschen und seinem Mitbestimmungsrecht in Betrieb und Wirtschaft zu dienen. Koalitions-, Rede- und Pressefreiheit sind Pfeiler der Demokratie und sollten allen Parteien und Organisationen unter denselben tatsächlichen und rechtlichen Bedingungen gewährt werden.

12. Die deutsche Einheit ist demokratisch nur gesichert, wenn das deutsche Volk die Formen seiner Wirtschaft und seines Kulturlebens nach eigenen Erkenntnissen und Bedürfnissen regeln kann. Die deutsche Sozialdemokratie hält die Maßnahmen der sowjetischen Besatzungsmacht in der Ostzone nicht für sozialistisch. Sie wünscht, für alle Zonen grundsätzlich dieselben Formen der Sozialisierung und der Agrarreform durchzusetzen. Sie wendet sich aber entschieden dagegen, für die Ostzone die Demokratie mit einer Reprivatisierung der enteigneten Großbetriebe zu verkoppeln. Sie erklärt, dass neben den sozialisierten Großbetrieben und der Arbeiterschaft die Bauern, die Gewerbetreibenden und der kleine Mittelstand in Stadt und Land gefördert und gestützt werden sollen. Ein einiges Deutschland bedeutet in jeder Beziehung die Zusammenarbeit mit den Ländern des Marshallplans. Die gemeinsame Planung und Lenkung in allen Zonen drückt sich auch in einer einheitlichen Handelsvertragspolitik aus. Gegenüber den Ländern des Ostens sollten aber auch verbesserte und verstärkte Beziehungen in keinem Fall

dahin führen, dass aus ihnen irgend eine Orientierung im Sinne einer ökonomischen Rapallopolitik hergeleitet werden kann.[17]

Die Sozialdemokratische Partei sieht die Liste der kommunistischen Operationen zur Machtergreifung in folgenden zusammenhängenden und aufeinander folgenden Aktionen:

Zuerst soll die Periode einer ökonomischen Dachorganisation in Gestalt eines deutschen Staatsrates die Ausstrahlung in das politische Gebiet ermöglichen, ohne dass die Kräfteverhältnisse in der Ostzone demokratisch revidiert werden könnten. Dann möchte man eine Allparteienregierung aufrichten und sich in ihr mit allen Mitteln der Unehrlichkeit, der Wortbrüche und der Brutalität machtpolitisch festsetzen. Die dritte Stufe wäre dann die, dass sich alle Parteien unter dem Druck der Macht mit der Unterzeichnung eines Friedensvertrages belasten, der ohne Rücksicht auf Deutschland und seine europäischen Bindungen nur für die Vorteile Russlands bestimmt wäre. Auf der vierten Stufe hätten dann Wahlen stattzufinden, bei denen alle Parteien in gleicher Weise durch die Kapitulation vor der Diktatur belastet wären, die Kommunisten aber durch ihre Macht im Staate noch die besten Chancen hätten. Nach alledem soll dann der Abzug der Besatzungstruppen erfolgen. Die Situation zur Machtübernahme unter dem Schutz des kommunistisch dirigierten Staatsapparates wäre dann gegeben.

Nur die Politik, eine durch Tatsachen und Gleichheit der Machtfaktoren in allen Zonen gesicherte Demokratie zu errichten, kann diese Gefahr für Deutschland und Europa ausschalten. Nur die Demokratie kann die Freiheit und Einheit bringen. Nur allgemeine, gleiche, direkte und geheime Wahlen in allen Zonen können den politischen Willen des deutschen Volkes ausdrücken. Der Weg der deutschen Kommunisten und Nationalisten führt zu einer „Deutschland" genannten und Europa gefährdenden sowjetrussischen Provinz.

Anlage 3

Vom Parteivorstand übernommene Ergebnisse der Beratungen des Außenpolitischen Ausschusses
Hektogr. Papier, 2 S. (Überschrift: „Ergebnis der Beratungen des Außenpolitischen Ausschusses",) in den Beilagen zum Protokoll

Der Außenpolitische Ausschuss hat in 4 Tagungen beraten, wie in der zukünftigen Regierung Aufgaben außenpolitischer Art und die internationalen Beziehungen überhaupt am besten behandelt würden.

Der Ausschuss ist zu gewissen Ergebnissen gekommen, die hiermit dem Parteivorstand zur endgültigen Beschlussfassung vorgelegt werden. Sollte der Parteivorstand die Beschlüsse gutheißen, so wird gleichzeitig vorgeschlagen, dem geschäftsführenden Partei-

---

17 Zum „Rapallogedanken" bzw. „Rapallopolitik" vgl. Einleitung S. LXV.

vorstand Vollmacht zu geben, in dem so abgesteckten Rahmen die ganze Angelegenheit nunmehr von sich aus weiter zu verfolgen.

Als zweckmäßige Bezeichnung für [eine] solche Behörde kommt in Frage: Amt für Besatzungsfragen und Zwischenstaatliche Beziehungen.

1. Dieses Amt soll nicht aus dem zonalen Friedensbüro Stuttgart hervorgehen, und letzteres soll auch nicht etwa einfach in die endgültige Behördenorganisation übernommen werden.

2. Dieses Amt soll ebenso wenig in ein Wirtschaftsministerium und auch nicht in ein etwaiges Außenhandelsministerium eingebaut werden oder von solchen wirtschaftlichen Ministerien ressortieren. Insbesondere soll die jetzige Abteilung V (Außenhandel) bei dem VfW [Verwaltungsamt für Wirtschaft] in Frankfurt nicht zum Ausgangspunkt der zukünftigen außenpolitischen Behörde werden.

3. Das „Amt für Besatzungsfragen und Zwischenstaatliche Beziehungen" soll beim Bundeskanzleramt eingerichtet werden. Ihm soll ressortmäßig die Personalbesetzung auch der geplanten Außenhandelsvertretungen zufallen.

4. Bei Aufbau dieses Amtes sowohl wie bei den Außenhandelsvertretungen oder Konsulaten müssen von der Partei vorzuschlagende Kräfte von Anfang an in größerer Anzahl herangezogen werden, und zwar unabhängig davon, ob die Partei nach den Wahlen für das Parlament in Opposition oder in der Regierung sein wird.

Zum Punkt 3 möge erklärend hinzugefügt werden, dass der Außenpolitische Ausschuss der Meinung war:

a) dass den im Ausland zu errichtenden Stellen, auch wenn sie zunächst nur Außenhandelsvertretungen wären, zwangsläufig nicht nur wirtschaftliche und konsularische Aufgaben, sondern auch „politische" zuwachsen würden;

b) dass diese Stellen zur Information der Regierung über Vorgänge im Ausland herangezogen werden müssen, damit die Regierung bei ihren Verhandlungen mit den Kontrollmächten möglichst aus eigenen Quellen Klarheit über die bei den ausländischen Regierungen bestehenden Auffassungen gewinnen könne;

c) dass viele traditionell außenpolitische Fragen sich für die zukünftige Regierung als rein innenpolitische präsentieren würden (Ruhrstatut[18], OEEC[19] und ähnliches), so dass für die Regierung als Ganzes, also durch das Bundeskanzleramt, bestmögliche Information über das Ausland schon für ihre innere Politik von größter Wichtigkeit sei.

Das vorgeschlagene „Amt für Besatzungsfragen und Zwischenstaatliche Beziehungen" wird vor allem folgende Aufgabenkreise zu betreuen haben, mehrere davon (etwa Ziffer 1, 5, 6) natürlich in Zusammenarbeit mit den Fachministerien: 1. Besatzungsfragen; 2. Information; 3. Völkerrecht; 4. Wirtschaftliche Fragen (wie etwa rechtliche Mitwirkung bei Handelsverträgen, Verkehr mit Außenhandelsvertretungen, Marshallplan); 5. Ent-

---

18 Zum „Ruhrstatut" vgl. Einleitung S. LXV-LXVII.
19 Bei der OEEC (Organization for European Economic Cooperation) handelte es sich um die von 1948 bis 1961 in Paris bestehende gemeinsame Organisation der am Marshallplan beteiligten europäischen Staaten.

sendung von Vertretern zu internationalen Konferenzen; 6. Kulturelle und soziale Fragen (Internationales Arbeitsamt[20], UNESCO[21] usw.).

Abschließend mag hinzugefügt werden, dass eine erste Fühlungnahme mit Beamten der Besatzungsmächte über die vom Außenpolitischen Ausschuss ausgearbeiteten Grundsätze und Argumente bei den englischen und amerikanischen Vertretern eine durchaus wohlwollende Aufnahme gefunden hat. Die Partei hat als erste in dieser Angelegenheit eine offizielle Initiative entfaltet. Die günstige Aufnahme veranlasst uns, nunmehr dem Parteivorstand die Beschlüsse des Ausschusses zur endgültigen Genehmigung zu unterbreiten.

Anlage 4
Bericht über die COMISCO- Tagung in Baarns
Sopade Informationsdienst Nr. 789 v. 4.6.1949

In der Zeit vom 14. bis 16. Mai fand in Baarns (Holland) eine Internationale Sozialistische Konferenz statt, die von fast hundert Delegierten aus siebzehn Staaten beschickt war. Unter den Delegierten befanden sich der holländische Ministerpräsident *Drees* und der belgische Ministerpräsident *Spaak*. Die SPD war durch Erich *Ollenhauer*, Herta *Gotthelf*, Oberbürgermeister *Henßler*, Dortmund, und Wirtschaftsminister *Veit*, Karlsruhe, vertreten.

Stellungnahme zur Europa-Union
Die Internationale Sozialistische Konferenz hat über die gemeinsame Stellungnahme der sozialistischen Parteien zu den folgenden Problemen beraten: zu den aus privater Initiative entstandenen Gruppen, die in der „Europa-Bewegung" zusammengeschlossen sind, und zu dem kürzlich gebildeten Europäischen Rat.

A. „Europa-Bewegung":
1. Jeder Partei ist es freigestellt, ob sie ihre Mitglieder ermächtigt, an den Arbeiten dieser Bewegung teilzunehmen oder nicht.
2. In dem Maße, wie es den einzelnen Parteien nützlich erscheint, wird COMISCO über deren Tätigkeit auf diesem Gebiet auf dem laufenden gehalten werden, und COMISCO wird versuchen, diese Tätigkeit zu koordinieren.

B. *„Europäischer Rat"*:
1. Die Konferenz stellt mit Genugtuung fest, dass der Gedanke der Einheit Europas endlich eine konkrete Form angenommen hat. Sie fordert die sozialistischen Parteien auf,

---

20 Das Internationale Arbeitsamt (IAA) ist eine Hauptabteilung der seit 1919 in Genf bestehenden International Labor Organization (ILO), die 1946 eine Spezialorganisation der Vereinten Nationen wurde.
21 Die UNESCO (United Nations Educational, Scientific an Cultural Organization) wurde im November 1945 in London gegründet und hat seit November 1946 ihren Sitz in Paris.

mit allen ihnen zu Gebote stehenden Mitteln zum Gelingen eines Versuches beizutragen, der den friedlichen und fortschrittlichen Absichten der freien Völker Europas entspricht.

2. Sie betrachtet den Rat in seiner gegenwärtigen Form als eine Etappe auf dem Wege zu einer dauernden Europäischen Union, mit gemeinsamen Einrichtungen, sowohl administrativer wie auch wirtschaftlicher und sozialer Art, die der ständigen Kontrolle der verantwortlichen Vertreter der Völker unterliegen.

3. Die sozialistischen Vertreter im Europäischen Rat werden sich in ihren Handlungen von den berechtigten Interessen der arbeitenden Massen und von den Zielen des internationalen Sozialismus leiten lassen.

4. Die Konferenz glaubt, dass die auf der Tagesordnung der Beratungskörperschaft stehenden Fragen von allen sozialistischen Delegierten gemeinsam im Lichte der gemeinsamen Interessen der von ihnen vertretenen Länder geprüft werden sollen.

5. Sie nimmt die Tatsache zur Kenntnis, dass das gegenwärtige Statut des Rates nur ein Ausgangspunkt ist, und dass die Mitgliedschaft jedem Staat offen bleibt, der sich verpflichtet, dessen Statuten zu respektieren. Sie hofft daher, dass der Zuständigkeitsbereich der Beratungskörperschaft nach und nach erweitert werden wird und dass jene demokratischen Länder Europas, die bisher nicht Mitglieder sind, bald an der Arbeit des Europäischen Rates werden teilnehmen können.

6. Die Konferenz unterstreicht die Notwendigkeit, dass die neue Institution ihre Bemühungen auf die konkretesten und dringendsten Erfordernisse des Wiederaufbaus Europas konzentriert, die ein koordiniertes und geplantes Wirtschaftsprogramm erfordern.

Sie hofft, dass eine Grundlage gefunden werden wird, die die Herstellung enger Beziehungen zwischen der Tätigkeit des Rates und der der Organisation für europäische wirtschaftliche Zusammenarbeit (OEEC) ermöglicht, so dass Staaten, die dieser Organisation angehören, aber noch nicht Mitglieder des Europäischen Rates sind, an dessen Arbeit angeschlossen werden können.

Die Konferenz ist einig in der Überzeugung, die auch die der arbeitenden Massen ist, dass die Vereinheitlichung der europäischen Wirtschaft am schnellsten durch die Methoden des demokratischen Sozialismus verwirklicht werden kann.

7. Die Konferenz betont, dass die Probleme Europas nicht isoliert gelöst werden können: Ein einheitliches Europa muss die Herstellung immer engerer wirtschaftlicher und politischer Beziehungen zu anderen Teilen der Welt anstreben. Das Schicksal Europas ist unlösbar verbunden mit dem Schicksal der Demokratie in der ganzen Welt. Die Konferenz ist der Ansicht, dass die Aufgaben, die dem internationalen Sozialismus in Europa gestellt sind, nur einer der Aspekte seiner Mission sind. Wir müssen daher die Bande, die die sozialistischen Parteien und die demokratischen Organisationen der Arbeiterklasse in der ganzen Welt miteinander verknüpfen, dauernd verstärken, um eine sozialistische Weltallianz im Dienste des wirtschaftlichen und sozialen Fortschritts zu schaffen.

Die Frage der Kontrolle der Schlüsselindustrien

Die Diskussion des wirtschaftlichen Themenkreises – allgemeine Verwaltungsprobleme in den internationalen Industrien und internationale Kontrolle der Schlüsselindustrien – hat noch zu keinen endgültig klärenden Beschlüssen geführt. Im Grunde hat sich eigentlich neben der aufrichtigen Bereitschaft, Lösungen zu finden, nur die ungeheure Kompliziertheit der Materie erneut erwiesen. Das mag zum Teil daran liegen, dass die von einer Expertenkonferenz im Frühjahr erarbeiteten Referate noch keine unbedingt brauchbare Grundlage für weitere Beschlüsse geschaffen haben. Man hat sich immerhin auf ein Fünf - Punkte - Programm allgemeiner Art geeinigt und die Experten aufgefordert, ihre Arbeit fortzusetzen.

Arbeitsgemeinschaft der osteuropäischen Parteien

Erfreulich war die Regelung der Frage des Verhältnisses zu den emigrierten sozialistischen Parteien aus Osteuropa, und zwar aus Polen, der Tschechoslowakei, Ungarn, Jugoslawien und Bulgarien. Bei den Rumänen steht noch die interne Einigung aus. Es wird eine Arbeitsgemeinschaft dieser emigrierten Parteien gebildet werden, die danach einzeln auch Mitglieder der Internationale werden können, freilich nur mit beratender Stimme.

Saarländische Sozialdemokraten als Beobachter zugelassen

Gerade vom deutschen Standpunkt aus sehr wichtig war das Problem der Behandlung der saarländischen Sozialdemokratie. Der deutsche Standpunkt, angesichts der völlig ungeklärten staatsrechtlichen Situation des Saargebietes, der Sozialdemokratischen Partei dieses Landes keinerlei Sonderstellung zuzugestehen, fand keine Billigung. Zwar hat man ihr nicht das Stimmrecht zugebilligt, sie aber als Beobachter zugelassen. Angenommen wurde dann aber - und dies auch mit französischer Unterstützung - ein Beschluss, dass in diesem Zugeständnis keinerlei Vorentscheidung hinsichtlich der staatsrechtlichen Situation der Saar zu sehen sei, die nur im Rahmen der kommenden Friedensverhandlungen geregelt werden könne.

Zum erstenmal war auch eine Delegation aus Griechenland von ihrer Regierung mit den notwendigen Devisen für eine solche Fahrt ausgestattet worden - ihre Berichte über die Lage im Lande waren interessant, aber keineswegs erfreulich. Die Partei steht der gegenwärtigen Regierung sehr kritisch gegenüber.

Aktivierung der COMISCO

Am 7. Juli wird eine Organisationskonferenz der COMISCO einberufen werden, zu der jede Partei einen Delegierten entsenden wird. Man will sich bemühen, die Organisation der Arbeitsgemeinschaft und ihrer Organe wirksamer zu gestalten. In diesem Zusammenhang ist an die Benennung eines hauptamtlichen Generalsekretärs gedacht, der die vielfachen Voraussetzungen für dies schwierige Amt mitbringen muss und seine ganze Zeit dieser wichtigen Aufgabe zu widmen hätte.

Anlage 5[22]
Einladungsschreibern von Hans Böckler zur Besprechung führender sozialdemokratischer Gewerkschafter mit dem Parteivorstand der SPD am 21. April 1949 in Kassel
AdsD: DGB-Archiv HBAH 000 074[23]

An die Kollegen
  Albin *Karl*
  Hans vom *Hoff*
  Hans *Böhm*
  Dr, Erich *Potthoff*
  Dr. Heinrich *Deist*
  Ludwig *Rosenberg*

8.4.1949

Werte Kollegen!
Am 21. April 1949, vormittags 11 Uhr, findet im Gästehaus der Stadt Kassel (Kassel, Kölnische Strasse 183) eine Besprechung mit dem Parteivorstand der Sozialdemokratischen Partei statt.
  Ich bitte freundlichst um Teilnahme an dieser Sitzung.
  Mit bestem Gruß!

Deutscher Gewerkschaftsbund (brit. Zone)
Bundesvorstand

Gez. H. Böckler

Anlage 6
„Plan ‚A'. Aufgabe Nr. 1: Wohnungen bauen!" Wohnungsbauprogramm der SPD für die Trizone.
Gedr. Broschüre, 12 S., vom Juni 1949[24]

---

22 Die ursprüngliche Anlage 5 zum Protokoll – wohl ein Bericht über die Besprechung – konnte leider nicht gefunden werden.
23 Der gedruckte Kopf des Schreibens lautete „Deutscher Gewerkschaftsbund. DGB. Britische Besatzungszone. Der Bundesvorstand" Es folgte dann noch die genaue Adressenangabe, unter der Rubrik „Unser Zeichen" wurde maschinenschriftlich die Angabe „I-Kl/Mü" eingetragen.
24 In den Beilagen zum Protokoll befindet sich als „Anlage 6" ein nicht vollständiger hektogr. Entwurf des „Ausschusses für soziales Bauen" für dieses Programm, der weitgehend identisch ist mit den ersten Teilen des verabschiedeten und publizierten Programms, vgl. Anlage 6. Sachlich relevante Abweichungen werden angemerkt. Die Seitenzahlen der Broschüre werden in eckigen Klammern hinzugefügt.

[2] *Warum „Plan A"?*[25]

Aufgabe der Planung ist es, sich ein Bild über die weiteren Entwicklungsmöglichkeiten zu machen. Dabei können selbstverständlich immer nur einige wichtige Richtpunkte ins Auge gefasst werden. Ein völliger Verzicht auf Planung würde aber bedeuten, dass man sich ohne Karte und Kompass den Stürmen der Wirtschaftsentwicklung überlässt. Das kann kein verantwortungsbewusster Wirtschaftspolitiker wollen.

Man muss sich allerdings von vornherein darüber klar sein, dass jede Planung in diesem Sinne immer nur einen provisorischen Charakter haben kann und dass die konkrete Ausführung im einzelnen einer ständigen Überprüfung bedarf. Auf die Bauwirtschaft übertragen bedeutet dies, dass wir uns zunächst einmal darüber klar werden müssen, dass es angesichts des riesigen Wohnungsbedarfes ausgeschlossen ist, seine Beseitigung dem freien Spiel der Kräfte zu überlassen. Wir können selbstverständlich heute nicht voraussagen, in welcher genauen Zahl von Jahren die Beseitigung der Wohnungsnot in den Westzonen möglich sein wird. Wir können aber auf jeden Fall sagen, dass der Wohnungsbau die Aufgabe Nr. 1 unserer praktischen Aufbaupolitik darstellen muss. Eine nähere Untersuchung kann uns auch durchaus brauchbare Anhaltspunkte dafür liefern, in welchem Ausmaß die vor uns stehende Aufgabe in den ersten Jahren angepackt werden kann. Dementsprechend ist bei der Ausarbeitung von „Plan A" versucht worden, die Größenordnung dieser Aufgabe für die nächsten vier Jahre in groben Umrissen abzustecken. Vom heutigen Standpunkt aus gesehen ist der Bau von 3/4 bis 1 Million Wohnungen in den nächsten vier Jahren als ein durchaus realisierbares Programm anzusehen, wie im einzelnen näher nachgewiesen wird. Wir sind uns dabei bewusst, dass auch diese Größenordnungen uns nur als Leitstern für die Art und Weise, wie wir die Aufgabe heute und morgen anzupacken haben, dienen kann. Denn gerade die Tatsache, dass wir den Wohnungsbau als vordringlichste Aufgabe in den Vordergrund rücken, wird zwangsläufig dazu führen, dass sich entscheidende Ansätze unseres Planes nach wenigen Jahren bereits ändern müssen. Wenn nach unseren Vorschlägen gebaut wird, dann bekommen z. B. Bauindustrie, Bauhandwerk, Baumaschinenindustrie, Möbelindustrie usw. überhaupt erst eine brauchbare Kalkulationsgrundlage, eine Grundlage für ihre Dispositionen auf längere Sicht. Erst auf einer solchen sicheren Grundlage aufbauend, kann man im Baugewerbe Rationalisierungsmaßnahmen größeren Stils einleiten, kann die Baumaschinenindustrie an die Herstellung der erforderlichen Baumaschinen herangehen usw. Die Rückwirkung solcher Maßnahmen auf Kosten und Tempo der Bautätigkeit lassen sich vorläufig nicht überblicken. Wir können nur das eine sagen: Wenn lediglich die heute bereits als gesichert anzusehenden Einsparungsmöglichkeiten im Rahmen einer größeren Bautätigkeit realisiert werden, dann werden sich daraus allein schon so wesentliche Senkungen der Baukosten ergeben, dass die ganze Finanzierungsfrage in kurzer Zeit ein wesentlich anderes Gesicht bekommt. Dasselbe gilt hinsichtlich der Frage des Materialbedarfes. Die zu erwartenden Wandlungen in der Baustoffverwendung sind zwar in unserem Plan bis zu einem gewissen Grade bereits berücksichtigt, jedoch nur insoweit,

---

25 Im Entwurf fehlen die einleitenden Ausführungen. Der Text der Broschüre beginnt mit Seite 2, die erste Seite beschränkt sich auf die Wiedergabe des Titels.

als sie mit einiger Zuverlässigkeit heute schon beurteilt werden können. Auch hier ist aber damit zu rechnen, dass erst bei der Durchführung von Baumaßnahmen großen Stils sich wirklich zeigen kann, in welchem Ausmaß sich gewisse Einsparungen durchführen lassen, z. B. in welchem Ausmaß das Holz, d. h. ein Baustoff, der auch auf längere Sicht wahrscheinlich zu den teuersten und knappsten Baustoffen gehören wird, sich durch ein anderes Material ersetzen lässt.

Alle diese Überlegungen zeigen, wie notwendig es ist, sich rechtzeitig wenigstens eine ungefähre Vorstellung über die kommenden Bauaufgaben und die Möglichkeiten ihrer Bewältigung zu machen. Ein erster Versuch nach dieser Richtung war „Plan A" der bayrischen SPD. Er hat in einer Zeit, als alle Welt die Möglichkeit, in größerem Maß zu bauen, schon allein von der Materialseite [3] her glaube verneinen zu müssen, nachgewiesen, dass die Durchführbarkeit eines Wohnungsbauprogramms großen Stils möglich gewesen wäre. Er hat in Bayern seine Wirkung nicht verfehlt und zu einer Belebung des Wohnungsbaues in erfreulichem Maße geführt. Dieser Plan ist nunmehr auf die Trizone ausgedehnt worden. Es hat bisher ein brauchbarer Überblick über die Möglichkeiten eines großzügigen Bauprogramms in der Trizone gefehlt. Diesen Überblick will der vorliegende „Plan A" jetzt geben.

2. Aufgabe und Programm[26]
Soziales oder wirtschaftliches Bauprogramm?

Plan A der Sozialdemokratie umreißt ein soziales Bauprogramm, das den ersten Schritt zur Überwindung des Wohnungsmangels bilden soll. Dieses Programm umfasst die Bereitstellung von 750000 bis 1 Million Wohnungen in vier Jahren. Die Gesundung unserer Volkswirtschaft, insbesondere die Steigerung der Leistungskraft unserer Ausfuhr und die Entwicklung der Grundstoffindustrien, hängt von einein intensiven Wohnungsbau ab. Ohne die Heranbringung der erforderlichen Arbeitskräfte an die Produktionsstätten kann die Produktion nicht ausreichend entwickelt werden. Nur so kann auch endlich den Heimatvertriebenen und Ausgebombten wieder eine menschenwürdige Existenz geschaffen werden. Die soziale und wirtschaftliche Seite dieses Programms sind so eng miteinander verknüpft, dass sie nur verschiedene Anblicke desselben Zieles darstellen.

Größe der Aufgabe

Die Aufgabe ist riesengroß. Seit dem ersten Weltkrieg sind wir die Wohnungsnot nicht mehr losgeworden. Doch wollen wir hier vorerst nur den durch Kriegszerstörungen und Zugang an Flüchtlingen entstandenen Bedarf betrachten. Von den vor dein Kriege - nach Berechnungen und Schätzungen des Soziographischen Instituts in Frankfurt a. M. - in den drei Westzonen

Vorhandenen	10 014 000 Wohnungen (= 100 %) wurden
	1 738 000 Wohnungen (= 18 %) total zerstört und
	2 743 000 Wohnungen (= 27 %) beschädigt, nur
	5 533 000 Wohnungen (= 55 %) blieben unversehrt.

---

26 Der Entwurf beginnt mit diesem Kapitel.

Für die 6,8 Millionen Vertriebenen und Flüchtlinge in Westdeutschland sind etwa 1,7 Millionen Wohnungen erforderlich.

Von den beschädigten Wohnungen ist der Anteil der inzwischen instand gesetzten und bezogenen Wohnungen abzusetzen. Hinzu kommt aber der in den nächsten Jahren entstehende weitere Bedarf für nachzuholende Haushaltsgründungen, für zurückkehrende Kriegsgefangene, für den Bevölkerungszuwachs, für den Ersatz abbruchreifer Wohnungen usw.

Wenn wir in absehbarer Zeit einigermaßen erträgliche Verhältnisse schaffen wollen, so müssen wir uns auf ein Bauprogramm von etwa 5 Millionen Wohnungen einstellen. Gemessen an der Wohnungsbauleistung der Weimarer Republik in den Jahren 1928/29 würde die Errichtung dieser Wohnungszahl rund 20 Jahre erfordern. Schon allein diese Überlegung zeigt, dass wir der Wohnungsnot mit den überkommenen Methoden nicht Herr werden können.

Der Anfangsplan

Eine Planung über Jahrzehnte ist weder zweckmäßig noch möglich. Jede Planung soll der künftigen Entwicklung Raum lassen. Sie darf nicht alle Einzelheiten nach dem Stand der Gegenwart für die Zukunft festlegen. Unter dem Druck der Wohnungsnot werden sich neue Baumethoden entwickeln und wird die Bauwirtschaft zur äußersten Rationalisierung schreiten müssen. Es kann daher nur in Teilabschnitten und unter ständiger Überprüfung der Jahresprogramme geplant werden. Als erster Zeitraum wurden vier Jahre (1949 bis 1952) gewählt, da in dieser Zeit der Neuaufbau der deutschen Wirtschaft vollzogen werden soll und auch die allgemeinen Wirtschaftsplanungen (Longterm-Plan) sich auf diese Zeitspanne beziehen. Hierbei ist zu berücksichtigen, dass die Bautätigkeit der [3] übrigen Entwicklung um ein bis zwei Jahre vorauseilen muss. Eine volle industrielle Leistung kann nur erzielt werden, wenn die notwendigen Arbeitskräftee in erreichbarer Nähe des Arbeitsortes untergebracht sind. Es ist somit notwendig, nach einer einjährigen Anlaufzeit den Wohnungsbau bereits im zweiten Jahr möglichst auf volle Touren zu bringen und spätestens im dritten Jahr die optimale Leistung zu erreichen. Bis dahin müssen Möglichkeiten zu einer weiteren Leistungssteigerung durch Rationalisierung, Montagebauweise usw. ermittelt und erprobt sein.

Regionale Aufgliederung[27]

Im Rahmen dieses Programms kann naturgemäß eine regionale Aufschlüsselung nicht festgelegt werden. Zunächst muss schleunigst das Bauen anlaufen. Bei der derzeitigen in allen Ländern bestehenden Wohnungsnot sind die Brennpunkte des, Arbeitskräfte- und Wohnungsbedarfes in den einzelnen Ländern hinreichend bekannt.

Zur Erstellung eines detaillierten Bauplanes müssen in den einzelnen Ländern durch die zuständigen Instanzen (Wirtschafts- und Arbeitsministerium, Landesplanung usw.) gründliche Untersuchungen über den Arbeitskräftebedarf unter Berücksichtigung der Erfordernisse einer gesunden Wirtschaftsentwicklung durchgeführt werden. An Hand

---

27 Im Entwurf keine Ausführungen zu diesem Thema.

dieser Unterlagen ist das Landesprogramm aufzustellen. In diesem muss der Wohnraumbedarf nach Orten und Dringlichkeit aufgeführt sein.

Durch die im Abschnitt „Investitionsplanung und Kreditlenkung" geforderte Verwaltung für Aufbau bzw. vorerst durch das Gremium der für das Bauwesen zuständigen Landesminister sind die Landespläne zu koordinieren, den bi- oder trizonalen Investitionsplanungen anzupassen und mit den zuständigen zentralen Instanzen (Verwaltung für Wirtschaft bzw. V[erwaltung] f[ür] Finanzen) abzustimmen. Die Wirtschaftsforschung ist in diese Arbeiten einzuschalten.

Erst nach Durchführung dieser Vorarbeiten kann ein die verschiedenen Gesichtspunkte näher berücksichtigender Aufteilungsschlüssel festgelegt werden.

Materielle Grundlagen

In monatelanger Arbeit sind nüchterne Berechnungen und gründliche Untersuchungen durchgeführt worden. Sie haben ergeben, dass innerhalb von vier Jahren in den drei Westzonen - rein materialmäßig gesehen - eine Million Wohnungen im Wiederaufbau, Ausbau und Neubau gewonnen werden können. Dieses Ergebnis ist weit optimistischer, als bei Beginn der Arbeit erwartet werden konnte. Die Versorgung der Baustoffindustrie mit Kohle ist im Rahmen der gestiegenen Steinkohlenförderung ohne besondere Schwierigkeiten möglich. Eisen und insbesondere Holz sind ernste Engpässe. Die Anforderungen unseres Bauprogramms passen sich jedoch durchaus den gegebenen Möglichkeiten an. Auch die vorhandenen Arbeitskräfte reichen für Plan A aus.

Finanzielle Voraussetzungen

Die Finanzierung des Wohnungsbaues hängt davon ab, welche Bedeutung ihm im Rahmen unserer gesamten Investitionsplanung zuerkannt wird. Bei bescheidensten Ansätzen ergibt sich, dass der Wiederaufbau, Ausbau und Neubau von rnindestens 750 000 Wohnungen innerhalb von 4 Jahren finanziert werden kann. Die Finanzierung eines Programms von 1 Million Wohnungen würde voraussetzen, dass von deutscher Seite ein entschiedener sozialer Aufbauwille sich durchsetzt und dem gemäß dem Wohnungsbau die ihm in Friedenszeiten gebührende Vorrangstellung zugesprochen wird.

Umfang des Bauprogramms[28]

Entsprechend den gegebenen Möglichkeiten wird im folgenden der Materialbedarf für ein „Optimalprogramm", der Kapitalbedarf für ein „Minimal- und für ein Optimalprogramm" untersucht. Damit wird klargelegt, was geleistet werden kann, und gefordert, was mindestens geleistet werden muss.

[5] Wie weit die tatsächliche Leistung an das Optimalprogramm heranreichen und über dem Minimalprogramm liegen wird, hängt von dem Willen zum Aufbau ab, den die verantwortlichen Wirtschaftspolitiker aufbringen werden. Eine gesunde Wirtschafts- und insbesondere Kreditpolitik vermag auch die finanzielle Leistungsfähigkeit den materiellen Möglichkeiten anzupassen.

---

28 Das folgende Kapitel mit der Tabelle auch im Entwurf, ebd. S. 2 f.

Aufgeteilt auf die einzelnen Jahre, beträgt die Zahl der zu erstellenden Wohnungen

im Jahre	nach dem Minimalprogramm	nach dem Optimalprogramm
1949	130 000	150 000
1950	160 000	250 000
1951	200 000	300 000
1952	260 000	300 000
Insgesamt 1949-1952	750 000	1 000 000

Die Staffelung des Minimalprogramms wurde auf ein allmähliches Ingangkommen der Finanzierung abgestellt. Für die Staffelung des Optimalprogramms gilt der Gesichtspunkt, dass die volle Leistung möglichst schnell erreicht werden muss.

Die Durchführung dieses Programms würde bedeuten, dass für drei bis vier Millionen Menschen in vier Jahren ordentliche Wohnungen entstehen, in denen sie endlich wieder menschenwürdig leben können. Dadurch würden auch Hunderttausende von Familien von der Last der Einquartierung befreit werden.

Eine Steigerung über dieses mit voller Absicht möglichst wirklichkeitsnah gefasste Programm hinaus liegt durchaus im Bereich der Möglichkeit. Ein Urteil hierüber wird jedoch erst im nächsten Baujahr gefällt werden können, wenn das Tempo des in Gangkommen des Wohnungsbaues sich überblicken lässt. Insbesondere kann erst nach Vorliegen ausreichender Erfahrungen gesagt werden, inwieweit durch Rationalisierung der gegenwärtigen und Anwendung neuer Baumethoden die Bauleistung noch weiter gesteigert werden kann.[29]

3. Der Wohnungsbau im Rahmen der Volkswirtschaft[30]
Die Konkurrenz der Investitionszwecke

Mit dem Nachweis, dass die materiellen Voraussetzungen für die Durchführung eines sozialen Wohnungsbauprogramms gegeben sind, ist es nicht getan. Auch der weitere Nachweis, dass die Finanzierung eines solchen Programms möglich ist, ist keine ausreichende Begründung für die Notwendigkeit seiner Durchführung. Es kommt vielmehr noch ganz darauf an, ob es volkswirtschaftlich überhaupt vertretbar ist, dem Wohnungsbau eine entscheidende Rolle im Rahmen der gesamten Aufbauplanung zuzugestehen.

Mechanistisches oder organisches Wirtschaftsdenken?

Oberstes Gebot der Wirtschaftspolitik muss zweifellos sein, die verfügbaren Arbeitskräfte, Produktionsmittel und Rohstoffe so rationell wie nur irgend möglich zu verwenden. Es ist eine schwer wiegende Frage, ob z. B. das verfügbare Eisen im Bergbau, im Verkehrswesen, im Maschinenbau, in der Konsumgüterindustriee oder im Wohnungs-

---

29 Es folgt im Entwurf das Kapitel „Vergleich des Programms mit der Wohnbautätigkeit in den drei Westzonen vor dem Kriege, das in der Broschüre erst später publiziert wurde, Entwurf S. 3 f.
30 Das folgende Großkapitel fehlt im Entwurf, in dem sich sogleich das Großkapitel „Materialbedarf" anschließt.

bau zum vorwiegenden Einsatz kommen soll. Überlegungen dieser Art bewegen sich aber noch zu sehr auf den ausgetretenen Pfaden der mechanistischen Rohstoffplanung des Dritten Reiches. Die Menschen zum Kriegführen waren so reichlich vorhanden, wie noch nie in der deutschen Geschichte. Nur die Rohstoffe waren knapp und mussten immer schärfer „verplant" werden. Von diesem einseitigen Rohstoffdenken sind wir auch nach dem Kriege noch nicht richtig losgekommen, wir müssen aber wieder den Menschen in den Mittelpunkt unseres Denkens stellen. Wir müssen uns endlich dessen bewusst werden, dass wir nicht mehr für den Krieg, sondern für den Frieden arbeiten. Auch von Seiten der [6] Besatzungsmächte ist diese Wendung durch den Marshallplan vollzogen worden. Diese geistige Sinnesänderung führt ganz von selbst zu einer anderen Auffassung der volkswirtschaftlichen Planungg. Wir wollen nicht mehr, wie im Kriege, von außen her unserer Volkswirtschaft ein brutales Programm aufzwingen, sondern wir wollen im Frieden für den Frieden und die Wohlfahrt des Volkes planen.

Die entscheidenden volkswirtschaftlichen Missverhältnisse

Volkswirtschaftliche Gesundheit in diesem Sinne ist die Harmonie der volkswirtschaftlichen Kräfte. Wenn wir nun fragen, von welcher Seite die Harmonie heute am meisten gestört wird, dann gibt es nur eine Antwort: Die schlimmsten Missstände liegen heute - materiell, seelisch und sittlich - in der Vernichtung der Existenzgrundlage von Millionen Menschen durch die Kriegszerstörungen und durch die Ausweisungen.

Ist Bauen Luxus?

Die Schaffung neuer Existenzgrundlagen ist daher eine der wichtigsten Voraussetzungen für die Überwindung dieser beispiellosen Schäden. Neben der Sicherung der Ernährung gehören dazu in erster Linie Arbeitsstätten und Wohnungen. Wohnungsbau für die Millionen Ausgewiesener und Bombengeschädigter ist kein Luxus, sondern eine bare wirtschaftliche Notwendigkeit. Es wurde bereits darauf hingewiesen, dass die bessere Ausnützung unserer Industriekapazität heute in vielen Fällen daran scheitert, dass keine Wohnungen für die zusätzlich verwendbaren Arbeitskräfte vorhanden sind. Durch zweckmäßig gesteuerten Wohnungsbau kann daher ein empfindlicher Hemmschuh unserer Produktion beseitigt werden. Der Wohnungsbau wird auch die Freizügigkeit wieder herstellen können, die eine Voraussetzung für die wirtschaftlich zweckmäßige Eingliederung der Geschädigten aller Kategorien in unseren volkswirtschaftlichen Gesamtorganismus bildet. Er ist, ganz nebenbei gesagt, außerdem eine Voraussetzung dafür, dass wir wieder innerlich freie Menschen werden, wenn unser Wohl und Wehe im buchstäblichen Sinne des Wortes nicht mehr von einer bürokratischen Zuzugsgenehmigung abhängen wird. Der Wohnungsbauu wird schließlich den volkswirtschaftlichen Leerlauf beseitigen, der sich heute in Form von übermäßigen Binnenwanderungen und weit über ein vernünftiges Maß hinausgehenden Pendelwanderungen vom Wohnsitz zur Arbeitsstätte und zurück vollzieht.

Bei den zuständigen Stellen liegen zahlreiche Bauprojekte vor, die zeigen, dass Wohnungsbau und industrielle Bedürfnisse sich oft gar nicht voneinander trennen lassen.

Man braucht nur an das Beispiel der Bergarbeiterwohnungen zu erinnern. So werden praktisch alle wichtigeren volkswirtschaftlichen Prioritäten, mögen sie nun Bergbau, Verkehr, Exportindustrie, Landmaschinenbau oder Textilindustrie heißen, vom Wohnungsbau unmittelbar Nutzen haben. Die Bautätigkeit, insbesondere der Wohnungsbauu, ist ein geradezu unentbehrliches Hilfsmittel für die Umschichtung unseres Produktionsapparates nach der richtigen Rangordnung der volkswirtschaftlichen Bedürfnisse.

Schluss mit den Prioritäten alter Ordnung

Nach dem Zusammenbruch wurde der Wohnungsbau in der bizonalen Rohstoffplanung zugunsten der Großverbraucher Verkehr, Bergbau, Grundstoffindustrien usw. zurückgedrängt. Zunächst war es eine Selbstverständlichkeit, dass in erster Linie das Verkehrswesen und die Grundstoffindustrien wieder flottgemacht werden mussten. Inzwischen sind vier Jahre vergangen. In dieser- Zeit haben die geförderten Wirtschaftszweige einen beachtlichen Aufstieg hinter sich gebracht. Der Wohnungsbau dagegen blieb ungeachtet der Kriegszerstörungen und Wohnungsnot von diesem Aufstieg ausgeschlossen. Sein Anteil an den Rohstoffkontingenten wurde - wie in den Abschnitten „Kohle» und „Eisen" im einzelnen dargelegt wird - gegenüber den Vorkriegsjahren unter die Hälfte reduziert. Im Jahre 1948 erhielt die Baustoffindustrie sogar noch weniger Kohle als 1946. Wenn trotzdem die Baustoffproduktion zunahm und gebaut wurde, so lag das daran, dass die Wirtschaft selbst auf dem Kompensationswege die Planung korrigierte. Dem sozialen Wohnungsbau blieb dieser Weg verschlossen. Wir müssen jetzt endlich [7] nachholen, was in der Kriegs- und Nachkriegszeit versäumt wurde. Der Wohnungsbau ist heute Aufgabe Nr. 1.

Volkseinkommen - Investitionen - Bauproduktion

Die Leistung, die wir in diesem Programm von unserer Volkswirtschaft fordern, kann am besten am Anteil der Bauproduktion bzw. des Wohnungsbaues an den gesamten Investitionen und dem Volkseinkommen ermessen werden.

Nach den neuesten Berechnungen beträgt das Volkseinkommen in den derzeitigen Preisen bei dem derzeitigen Produktionsstand im Vereinigten Wirtschaftsgebiet etwa 55 Milliarden DM. Für die drei Westzonen kann es mit mindestens 60 Milliarden DM veranschlagt werden. Zur Durchführung des 0ptimalprogrammes werden im ersten Jahr 1,8 Milliarden DM oder 3 Prozent des Volkseinkommens benötigt. Zum Vergleich soll die geschlossene Entwicklungsperiode der Bautätigkeit von 1925 bis 1932 betrachtet werden. Nach den ersten Jahren erreichte die Bautätigkeit 1928 den Höhepunkt, wobei auch das Volkseinkommen 1928/29 und die gesamten volkswirtschaftlichen Investitionen 1928 das Maximum aufwiesen. Das Jahr 1932 stellte, ebenfalls für alle Faktoren, den Tiefpunkt und den Abschluss dieser Periode dar. Im Durchschnitt dieser Periode entfielen allein 61 v. H. der gesamten Investitionen auf die Bauproduktion, die damit weitaus der wichtigste Investitionssektor war. Ihr Anteil am Volkseinkommen betrug 10. v H. Der Wohnungsbau beanspruchte für sich allein 3 v. H. des Volkseinkommens. Wir fordern als Maximum den gleichen Anteil. Was in Zeiten des Auf und Abstieges einschließlich der großen Wirtschaftskrise 1932 geleistet werden konnte, muss auch jetzt in der Zeit des Aufbaues unserer Wirtschaft zum mindesten geleistet werden.

Soweit bisher bekannt, sollen bis 1952 durchschnittlich jährlich etwa 6 bis 8 Milliarden DM neu investiert werden (ohne Abschreibungen). Innerhalb dieses Rahmens würde der Wohnungsbau mit 1,5 bis 1,8 Milliarden DM rund 25 bis 30 Prozent eines Investitionsvolumens von 6 Milliarden, 19 bis 23 Prozent eines Investitionsvolumens von 8 Milliarden DM erfordern. Dieser Anteil ist unter den heutigen Verhältnissen bei sorgfältiger Abwägung der Bedürfnisse aller übrigen Zweige der Volkswirtschaft durchaus vertretbar.

Vergleich des Programms mit der Wohnbautätigkeit vor dem Kriege

Im Durchschnitt der zehn Jahre - 1928 bis 1937 - wurden im Gebiete der drei Westzonen jährlich rund 159 000 Wohnungen gebaut. Die maximale Leistung wurde in den Jahren 1928/29 mit je etwa 196 000 Wohnungen erreicht. Für den weiteren Vergleich sollen - wie üblich - die 1936er Zahlen herangezogen werden, die um 12 Prozent unter der in der Weimarer Zeit erreichten Leistung liegen. 1936 wurden in den drei Westzonen 184 000 Wohnungen mit durchschnittlich mindestens 60 bis 65 Quadratmeter Wohnfläche erstellt. Diese Zahl entspricht etwa 240 000 Wohnungseinheiten mit 45 Quadratmeter Wohnfläche.

Gemessen an der Wohnbautätigkeit 1936 (= 100 %) beträgt die erforderliche Wohnungsbauleistung für das Optimalprogramm

    63 % im Jahre 1949
    104 % im Jahre 1950
    125 % in den Jahren 1951 und 1952.

Im Jahre 1928 waren der Wohnungs-, gewerbliche und öffentliche Bau mit je einem Drittel am gesamten Brutto-Produktionswert der Bauwirtschaft beteiligt. 1936 nahm der Wohnungsbau nur noch 22 % des Bruttoproduktionswertes der gesamten Bauwirtschaft ein. Die Entwicklung der gewerblichen Bautätigkeitt verlief analog dem Wohnungsbau. Dagegen erhöhte sich ab 1934 der Anteil der öffentlichen Bauten (darunter Rüstungs-, Parteibauten usw.) ganz rapide. 1936 entfielen bereits 58 % allein auf den öffentlichen Bau, während der Rest sich zur Hälfte (22 bzw. 20 %) auf den Wohnungs- und gewerblichen Bau verteilte. Da in Zukunft der öffentliche Bau eine untergeordnete Bedeutung haben wird (im long- term - pIan) wird er bei der Stahl-Investitions-Planung nur mit einem [8] Viertel des Wohnungsbaues angesetzt) und auch umfangreiche industrielle Neubauten solange zurückgestellt werden können, bis die vorhandene Produktions- und Gebäudekapazität voll ausgenutzt ist, ist es durchaus möglich, dem Wohnungsbau in den kommenden Jahren etwa die Hälfte des gesamten Bauvolumens einzuräumen. Insbesondere der öffentliche Bau muss auf das unbedingt erforderliche Minimum (Schulen, Krankenhäuser usw.) eingeschränkt werden. Im industriellen Sektor dürfte nach den Wiederherstellungsarbeiten der letzten Jahre der dringendste Bedarf zunächst befriedigt sein.

4. Wie müssen wir bauen?
Größe der Wohnungen

Nach den Ergebnissen der Volkszählung von 1946 ist je Wohnungseinheit (Familie) in den meisten Fällen mit drei bis vier Personen zu rechnen. Für die Kleinstadt liegt diese Zahl etwas höher als für die Großstadt und nimmt in den Gemeinden mit überwiegend bäuerlicher Bevölkerung immer mehr zu. Nach der gleichen Skala verringern sich aber der Wohnungsbedarf und die Dringlichkeit des Wohnungsbaues. Zumindest für die ersten Jahre des Bauprogramms kann somit mit durchschnittlich drei bis vier Personen je Wohnung gerechnet werden. Für diese Personenzahl wird als erforderliche Mindest - Wohnungsgröße eine Wohnfläche von durchschnittlich 45 qm in Ansatz gebracht. Diese Größe soll allen weiteren Betrachtungen zugrunde gelegt werden. Die Wohnungen sollen in qualitativ einwandfreier Ausführung gebaut werden; andererseits sind die Faktoren der Wirtschaftlichkeit, die sich letzten Endes in der Höhe der Miete ausdrücken, zu berücksichtigen.

Für die große Gruppe der Kleinsthaushalte wird ein erheblicher Teil von Wohnungen noch kleinerer Abmessungen - selbständige Einraumwohnungen mit Kochnischen und eingebauten Schränken, Heimwohnungen - erforderlich sein. Die alten Leute, die alleinstehenden Frauen, Mütter mit einem Kind und die jungen Ehepaare dürfen den gleichen Anspruch auf die eigene Wohnung geltend machen wie die Vollfamilien. Heute blockieren sie Familienwohnraum oder sind zu hoffnungslosem Untermieterdasein verurteilt.

Wohnungstyp und Bauweise[31]

Normung und Typisierung werden bei der Durchführung dieses Programms eine wichtige Rolle zu spielen haben. An dieser Stelle soll jedoch eindeutig herausgestellt werden, dass nur die einzelnen Bauelemente und nicht die Wohnungen und Häuser typisiert werden sollen. Der Begriff „sozialer Wohnungsbauu" wird allzu oft mit der Vorstellung von einheitlichen Mietkasernen verbunden. Es soll schlicht und zweckmäßig, aber nicht einheitlich gebaut werden. Die architektonische Gestaltung soll nach wie vor den Architekten überlassen bleiben. Sie wird sich der Landschaft und den Traditionen des Landes oder der Stadt anpassen.

5. Materielle Durchführbarkeit
Ermittlung des Materialbedarfes

Bei der zukünftigen Bautätigkeit werden folgende grundsätzliche Forderungen genauestens zu beachten sein:

1. Holz muss in stetig steigendem Maße überall, wo nur irgend möglich, eingespart werden.
2. Eisen ist so sparsam wie möglich zu verwenden. Zum Teil wird es als Ersatz für Holz einzusetzen sein.
3. Bei der Wahl der „Steine und Erden"-Baustoffe sind Baustoffe, die einen geringeren Kohleeinsatz erfordern, zu bevorzugen.

---

31 Mit diesem Abschnitt beginnt im Entwurf das Hauptkapitel „Materialbedarf", Entwurf S. 5.

Unter diesen Gesichtspunkten wurden die Ermittlungen des Materialbedarfs durchgeführt. Als durchschnittliche Wohnungsgröße wurden bis auf weiteres 45 qm Wohnfläche je Wohnung den Berechnungen zugrunde gelegt.

[9] Die Verhältnisse in den einzelnen Ländern zeigen, wie die Bauweisen regional verschieden sind und auch bleiben sollen. Den Bau von Holzhäusern werden wir allerdings schleunigst einstellen müssen.

Der Materialbedarf für den Wohnungsbau wurde nicht, wie es wohl am einfachsten gewesen wäre, für einen Haustyp berechnet, sondern an Hand der in den einzelnen Ländern gemachten Erfahrungen und nach Angaben der verschiedensten Stellen ermittelt. Dabei wurde so verfahren, dass die benötigten „Steine und Erden" Baustoffe auf den erforderlichen Kohleeinsatz umgerechnet wurden. Für den Holz- und Eisenbedarf wurde ein gewogener Durchschnitt je Wohnung ermittelt. Im einzelnen haben die Untersuchungen zu den nachstehend wiedergegebenen Ergebnissen geführt.

Kohle[32]

Der durchschnittliche Kohleeinsatz für die Herstellung der erforderlichen „Steine und Erden" Baustoffe ergab 6,8 Tonnen je Wohnung. Entsprechend der Kohlekontingentierung wurde hierbei nur der Kohlebedarf berücksichtigt, der über das Kontingent der „Steine und Erden" Industrie (Anteil Baustoffe) gedeckt wird. Die zur Herstellung des erforderlichen Eisens oder Flachglases sowie für Transport aufzuwendende Kohle ist somit nicht einbegriffen. Legt man der Ermittlung des gesamten Kohlebedarfs der Baustoffindustrie das Verhältnis des Wohnungsbaues zu den sonstigen Baumaßnahmen zugrunde (Anteil des Wohnungsbaus am gesamten Bauvorkommen entsprechend den weiter unten bei der Berechnung des Baustoffbedarfes genannten Annahmen 1949: 40 %, 1950: 50 %, 1951 und 1952 je 52 %), so ergibt sich folgender Kohlebedarf:

Kohlebedarf der Baustoffindustrie in Steinkohleneinheiten

im Jahre	für den Wohnungsbau	für sonstige Baumaßnahmen	insgesamt
1949	1 020 000 t	1 530 000 t	2 550 000 t
1950	1 700 000 t	1 700 000 t	3 400 000 t
1951	2 040 000 t	1 890 000 t	3 930 000 t
1952	2 040 000 t	1 890 000 t	3 930 000 t
1949-1952	6 000 000 t	7 010 000 t	13 810 000 t
Im Jahresdurchschnitt:	1 700 000 t	1 752 500 t	3 452 500 t

---

32 Das folgende Kapitel auch im Entwurf, S. 6 f.

Demgegenüber betrug die Kohleförderung und -verwendung im Vereinigten Wirtschaftsgebiet in Steinkohleeinheiten

	1947	1948
Förderung	89 328 000 t	107 138 000 t
Für Absatz waren verfügbar	63 380 000 t	80 863 000 t
Ausfuhr und Lieferungen an Besatzungsmacht	13 270 000 t	19 771 000 t
Für den Inland-(Zivil-)Absatz verblieben	50 110 000 t	61 092 000 t
Davon erhielt die Steine- und Erden-Industrie	1 289 000 t	2 119 000 t
das sind		
von der gesamten Förderung	1,4%	2,0%
von der für den Inlandsabsatz verfügbaren Menge	2,6%	3,5%

Im Jahre 1938 war die Steine- und Erden-Industrie des Deutschen Reiches (bei einem
Verbrauch von insgesamt 10 940 000 t) mit rund 6 Prozent am gesamten Inland-Ver-
brauch (179 232 000 t) beteiligt gegenüber 2,6 Prozent im Jahre 1947 und 3,5 Prozent
im Jahre 1948.

Selbst wenn die Kohlenförderung nicht weiter steigen würde, würden - entsprechend
den Verhältnissen 1948 - rund 6 Prozent, also etwa der gleiche Anteil wie 1938, der im
Vereinten Wirtschaftsgebiet insgesamt verteilten Kohlen ausreichen, um den für 1949
veranschlagten Bedarf der Baustoffindustrie der gesamten drei Westzonen zu decken. An
der Kohle dürfte also auch das optimale Bauprogramm keinesfalls scheitern. Gegenüber
1949 handelt es sich 1952 um einen Mehrbedarf von 1 380 000 t, das sind arbeitstäglich
rund 4600 t. Die bisherigen [10] Ermittlungen der erforderlichen Anteile sind auf die
Förderung von 1948 bezogen. Inzwischen ist aber die arbeitstägliche Steinkohlenförderung der Bizone von 285 000 t im Durchschnitt 1948 auf 329 500 t im Durchschnitt
März 1949, also um 44 400 t gestiegen.

Rund 10 Prozent dieser in den drei ersten Monaten 1949 gegenüber 1948 erzielten
Mehrförderung reichen somit aus, um den Mehrbedarf, der erst in vier Jahren auftreten
wird, zu decken.

Inzwischen hat die Verwaltung für Wirtschaft ihre ursprünglich dem Wohnungsbau
gegenüber stark ablehnende Einstellung von Grund auf geändert und der Tatsache, dass
der soziale Wohnungsbau ohne Benachteiligung der übrigen Wirtschaft ausreichend mit
Kohle versorgt werden kann, in der Kohleplanung für 1949 in zunehmendem Maße
Rechnung getragen.

Eisen

Der mittlere Stahlbedarf beträgt nach unseren Untersuchungen 0,72 t je Wohnung.
Wie für Kohle wurden auch für Eisen die Bedarfsermittlungen auf die Bewirtschaftung
abgestellt, Erfasst wurden somit Walzwerkerzeugnisse, die über das Kontingent „Bauwirtschaft" laufen. Nicht einbegriffen sind Gusseisen (ab 1. 3. 1948 nicht mehr bewirtschaf-
tet) und Eisenerzeugnisse, die über das Handwerk und den Handel bezogen werden,

ohne das Eisenkontingent der Bauwirtschaft zu belasten. Hieraus ergibt sich der Gesamtbedarf zu

> 108 000 t im Jahre 1949
> 180 000 t im Jahre 1950
> 216 000 t im Jahre 1951 und
> 216 000 t im Jahre 1952
> _____
> zusammen 720 000 t in den 4 Jahren 1949-52.

Die Deckung eines Bedarfes in dieser Größenordnung ist bereits im long –term -plan vorgesehen. Hier wurden für vier Jahre für Investitionen im Wohnungsbau 650 000 t Stahl eingesetzt. Da sich diese Zahl auf das Vereinte Wirtschaftsgebiet bezieht, ist für die französische Zone noch ein Zuschlag von etwa 10 Prozent = 65 000 t zu machen. Die Gesamtmenge ergibt sich demnach zu 715 000 t und entspricht etwa dem veranschlagten Bedarf.

Es muss darauf bestanden werden, dass die Long-term-Planung auch realisiert wird. Einige Zahlen aus der Vorkriegszeit sollen diese Forderung erhärten:

Der Verbrauch an Walzwerkerzeugnissen einschließlich Schmiedestücke betrug im Vereinigten Wirtschaftsgeniet:

im Jahre	insgesamt	davon erhielt die Bauwirtschaft
1933	3 000 000 t	150000 t = 5 %
1936	6 700 000 t	150000 t = 7,5 %
1938	8 000 000 t	650000 t = 8 %

Die Herstellung an Walzwerk-Fertigerzeugnissen betrug im Vereinigten Wirtschaftsgebiet im Jahre 1948 3 619 000 t. Der für den Wohnungsbau 1949 veranschlagte Bedarf beträgt 3 Prozent der Erzeugung 1948. Für die gesamte Bauwirtschaft müssten nach unseren Ansätzen etwa 7,5 Prozent (wie 1936) aufgewendet werden. Bei der stark steigenden Erzeugung dürfte die Eisenversorgung auch in den weiteren Jahren keine höheren Anteile beanspruchen und keine Schwierigkeiten bereiten, vorausgesetzt, dass die Bauwirtschaft den ihr zustehenden Anteil erhält und mit diesem sparsam wirtschaftet.

Holz[33]

Charakteristisch für den Holzbedarf ist, dass in den Ländern, in denen Holz bereits seit Jahren kaum zur Verfügung steht (Nordzone), mit einem sehr geringen Holzeinsatz gebaut wird. Was dort bereits möglich ist, dürfte nach und nach auch in den „holzreichen» Ländern möglich werden. Auch aus diesen Ländern, [11] die es bisher nicht nötig hatten, Holz in so hohem Maße zu sparen, liegen bereits Angaben über Bauprojekte mit stark reduziertem Holzeinsatz vor. Es wird zwar nicht sofort möglich sein, alle bereits erprobten und bewährten Einsparungen an Holz bei allen Wohnungsbauten anzuwen-

_____
33 Das folgende Kapitel auch im Entwurf, S. 10.

den, doch kann im Laufe der nächsten Jahre diese Umstellung vollzogen werden. Bei der Ermittlung des Holzbedarfes wurde daher auch für die US- und die französische Zone ein allmählicher Übergang zu holzsparenden Bauweisen angenommen.

Für 1949 ist in Rechnung gestellt, dass die teilweise bereits mögliche Senkung des Holzbedarfes auf 5 cbm je Wohnung erst in geringem Umfange praktisch wirksam werden dürfte. Nach Ansicht von Fachleuten werden in späteren Jahren durchschnittlich 3 cbm je Wohnung ausreichend sein. Mit Rücksicht auf etwaigen Einbau von Möbeln sind für 1952 noch 4 cbm veranschlagt worden.

Danach ergibt sich der Holzbedarf für den Wohnungsbau:

im Jahre	je Wohnung (Schnittholz)	insgesamt in cbm	umgerechnet auf fm mit Rinde (Rohholz)
1949	7,0 cbm	1 050 000 cbm	1 649 000 fm
1950	5,0 cbm	1 250 000 cbm	1 962 000 fm
1951	4,5 cbm	1 350 000 cbm	2 120 000 fm
1952	4,0 cbm	1 200 000 cbm	1 884 000 fm

Laut Holzumlage stehen der Trizone im Forstwirtschaftsjahr 1948/49 30,9 Millionen fm mit Rinde zur Verfügung. Laut bizonalem Verteilungsplan 1947/48 (Einschlag 30 Millionen fm) sollte der Wohnungsbau 1,3 Millionen fm = 4,3 % erhalten. Für die Umlage 1948/49 ist der Bedarf nicht aufgegliedert. Nimmt man jedoch den gleichen Anteil wie 1947/48 an, so würden aus dem trizonalen Aufkommen 1 330 000 fm für Wohnungsbauten zur Verfügung stehen. Die gegenüber dem oben errechneten Bedarf bestehende Lücke von rund 300 000 fm könnte dadurch geschlossen werden, dass man bei der von Jahr zu Jahr sich bessernden Kohlenversorgung des Hausbrandes das als Brennholz verwendete Nutzholz dem Bausektor zuführt. So wurden z. B. im Jahre 1947/48 immer noch 1,9 Millionen fm Nutzholz (= 1,2 Millionen cbm Schnittholz) als Brennholz eingeschlagen. Es ist anzunehmen, dass nunmehr, nachdem die Bewirtschaftung aufgehoben ist, das gesamte Nutzholz auch als solches verwendet und nicht zu einem billigeren Preis als Brennholz abgesetzt wird. Das heißt aber, dass gegenüber 1947/48 etwa 1,2 Millionen cbm Schnittholz das entspricht einem durchschnittlichen Jahresbedarf für unser Bauprogramm der Wirtschaft mehr zugeführt werden können.

„Steine- und-Erden" Baustoffe[34]

Die Baustoffindustrie der drei Westzonen ist in der Lage, den Bedarf auch bei optimaler Bauleistung von 300 000 Wohnungen pro Jahr und einer entsprechend großen gewerblichen und öffentlichen Bautätigkeit zu decken. Voraussetzung hierzu ist allerdings,

---

34 Mit den Ausführungen über den „Bedarf an Steine – und Erden – Baustoffen" sowie einer Tabelle zum Vergleich des Kapitalbedarfs für das Minimalprogramm und Optimalprogramm sowie das Wohnungsbauprogramm der Verwaltung für Wirtschaft der Bizone ,die nicht in die Broschüre übernommen wurde, endet der erhalten gebliebenen Teil des Entwurfs (S. 11-12).

dass die Ausnutzung ihrer vollen Kapazität durch ausreichende Kohle- und Eisenzuteilungen ermöglicht wird. Bei der erforderlichen schnellen Entwicklung der Bautätigkeit wird es insbesondere in der ersten Zeit nicht zu vermeiden sein, dass Engpässe auftreten. Sie werden jedoch auf einige Baustoffe und regional beschränkt sein. Die Bauwirtschaft kann sich bekanntlich in der Verwendung der Baustoffe weitgehend der Verfügbarkeit derselben anpassen. So können statt Mauersteinen aus Ton in den meisten Fällen Steine aus Schlacke, Bims oder Ziegelsplitt bzw. Leichtbeton verwendet werden. Es liegt nicht im Sinne dieses „Rahmenplanes", der weiteren Entwicklung vorzugreifen und sich auf bestimmte Baustoffe mengenmäßig festzulegen. Es soll vielmehr der gesamte Baustoffbedarf auf den Bedarf an Grundrohstoffen - d. h. hier auf die Kohle - zurückgeführt werden. Die nachstehend zusammengestellten Zahlen sind somit nur als ein Überblick zu werten, der auf den derzeitigen Stand des Bedarfes und der Produktion. abgestimmt ist und dem Kohlebedarf entspricht.

[12] *Baustoffbedarf 1949 bis 1952*[35] (W = Wohnungsbau S = Sonstige Baumaßnahmen[36] G = Gesamtbedarf)

Baustoff		1949	1950	1951 u.1952 je	Insges. 1949-52 (abs. - %)
Mauersteine (Mill. St.)	W	1275	2125	2550	8500 - 70
auf Basis Backsteine	S	800	900	1000	3700 - 30
in Reichsformat gerechnet	G	2075	3025	355	12200 - 100
Dachziegel (Mill. St.)	W	240	400	480	1600 - 61
auf Basis d. Biberschwanzes	S	220	243	270	1003 - 39
(365 x 155 x 12) gerechnet	G	460	643	750	2603 - 100
Zement (1000 t)	W	1012,5	1687,5	2025,0	6750,0 - 34
(einschl. Fabrikationszement)[37]	S	2900,0	3240,0	3600,0	13340,0 - 66
Gesamtbedarf		3912,5	4927,5	5625,0	20090,0 - 100
Kalk (1000 t)	W	600	1000	1200	4000 - 47
(Baukalk)	S	980	1080	1200	4460 - 53
	G	1580	2080	2400	8460 - 100
Gips (1000 t)	W	52,5	87,5	105,0	350,0 - 54
(Baugips)	S	65,0	72,0	80,0	297,0 - 46
	G	117,5	159,5	185,0	647,0 - 100

---

35 Die folgende Tabelle mit zusätzlichen Vergleichen für 1936 befindet sich ansatzweise – d. h. mit Rubriken, aber noch ohne Zahlenangaben – als „Tabelle Baustoffbedarf nach Jahren und Baustoffen gegliedert", bereits im Entwurf, ebd. S. 11.

36 Anmerkung im Text „Landwirtschaftliche, industrielle und öffentliche Baumaßnahmen".

37 Anmerkung im Text „Ohne Zement für Export und Besatzungsmacht".

Leichtbauplatten	W	3 000	5 000	6 000		20 000 -	29
(1000 qm)[38]	S	11 000	11 700	13 000		48 700 -	71
	G	14000	16700	19000		68700.-.100	

Dachpappe	W	2250	3000	4500		14250 -	16
(1000 qm)[39]	S	16000	18000	20000		74000 -	84
	G	18250	21000	24500		88250 - 100	

Regional und zeitlich wird die Zusammensetzung der für die einzelnen Bauvorhaben erforderlichen Materialien ganz verschieden sein. Mit fortschreitender Entwicklung der Bautechnik wird man z. B. von der Ziegel- wohl immer mehr zur Leichtbetonbauweise übergehen. Auch andere weitgehende Verlagerungen der Nachfrage von einem Baustoff auf den anderen sind in der Zeit der Umstellung auf moderne Bauverfahren sehr wahrscheinlich.

Zement

Nicht nur im Wohnungsbau, sondern in der gesamten Bauproduktion wird dem Zement eine besonders wichtige Rolle zufallen. Über die bisherigen Verwendungszwecke hinaus wird er weitgehend Eisen und Holz zu ersetzen haben. Wir müssen uns darüber im klaren sein, dass für den Wohnungsbau nur ein relativ geringer Anteil der gesamten Zementerzeugung beansprucht werden kann. Zuerst ist der Bedarf der Besatzungsmacht (in der Tabelle „Baustoffbedarf' nicht einbegriffen) zu befriedigen. Bauinvestitionen der wichtigen Industrien und vor allen Dingen der Kraftwerke erfordern einen erheblichen Zementeinsatz. Der Bedarf der Baustoffindustrie wurde hier nicht besonders ausgegliedert, da letzten Endes der Fabrikationszement in verarbeiteter Form doch auf die Baustelle kommt. [13] Dieser Bedarfsposten wurde bei den Untersuchungen auf Wohnungsbau und sonstige Baumaßnahmen aufgegliedert und wird damit bei der Ermittlung des Kohlebedarfs voll erfasst.

Unter gebührender Berücksichtigung der Ansprüche der anderen Bedarfsträger kann dem Wohnungsbau etwa 20 bis 25 v. H. der gesamten Zementerzeugung zur Verfügung gestellt werden.

Nach Feststellungen des deutschen Zementverbandes für den 1. 1. 1944 betrug die höchstmögliche technische Leistungsfähigkeit der Zementindustrie der drei Westzonen rund 17 Millionen t pro Jahr (Portland- und Hüttenzement). 77 v.H. der Kapazität der gesamten deutschen Zementindustrie lagen in Westdeutschland.

Die Erzeugung im Vereinigten Wirtschaftsgebiet betrug: 1936 rund 7,5 Millionen t, 1938 rund 9,3 Millionen t, 1948 rund 5,1 Millionen t.

Für das erste Jahr des Programms würden 20 v. H. der bizonalen Erzeugung 1948 gerade zur Deckung des trizonalen Bedarfes des Wohnungsbaus (etwa 1 Million t) ausrei-

---

38 Anmerkung im Text „Ohne Besatzungsmacht - ohne Bedarf als Überseeverpackung usw."
39 Anmerkung im Text „Ohne Besatzungsmacht - ohne Bedarf als Überseeverpackung usw."

chen. In den nächsten Jahren muss die Zementerzeugung erhöht werden. Wie aus den angegebenen Zahlen ersichtlich, sind noch. ausreichende Kapazitätsreserven vorhanden. In dieser Betrachtung wurde die Erzeugung der französischen Zone, die mit rund 0,5 Millionen t pro Jahr zu veranschlagen ist, nicht berücksichtigt.

Ziegel

Werden die bisherigen Bauweisen beibehalten, so muss die Erzeugung der Mauerziegel bis zum Jahre 1951 auf den Stand von 1936 (bizonale Produktion 3,5 Milliarden Stück) gebracht werden. Dabei ist es erforderlich, in weit größerem Maße Hohlsteine (statt Vollsteine) zu produzieren. Die Dachziegelerzeugung 1951 müsste etwa 110 bis 120 v. H. der Produktion 1936 (in der Bizone 575 Millionen Stück) erreichen. Ziegeleien wurden durch Kriegseinwirkungen kaum berührt, so dass diese Produktionsleistungen bei ausreichenden Kohlezuteilungen ohne Schwierigkeiten zu erreichen sind.

Sonstige Baustoffe

Die Versorgung der Bauwirtschaft mit allen anderen Baustoffen, wie Kalk, Gips, Bauplatten usw. ist ein reines Kohleproblem. Nach der langen Zeit, in der nur die allernötigsten Reparaturen durchgeführt wurden, werden in vielen Betrieben Generalüberholungen erforderlich sein. Es würde im Rahmen dieser Darstellung zu weit führen, den hierzu erforderlichen Materialbedarf näher zu analysieren. Es ist auch eine Selbstverständlichkeit, dass im Wiederaufbau unserer Wirtschaft die Baustoffindustrie, die die Voraussetzungen für jeglichen Aufbau - die Baustoffe - liefert, zu aller erst voll einsatzfähig gemacht werden muss.

Neuinvestitionen der Baustoffindustrie

Nach den Ergebnissen der Untersuchungen über den Materialbedarf sind nennenswerte Neuinvestitionen in der Baustoffindustrie zunächst nicht erforderlich. Nach Gesichtspunkten der Wirtschaftlichkeit wird allerdings der Ausbau bzw. die Neuerrichtung verschiedener Baustoffproduktionsanlagen zu empfehlen und über kurz oder lang dringend erforderlich sein. Mit einigen Millionen DM wird es in den einzelnen Ländern möglich sein, die dringendste Modernisierung der Baustoffindustrie durchzuführen und damit eine wesentliche Kostensenkung zu erzielen.

6. Arbeitskräfte

Vor dem Kriege galt die Faustformel: 1 Bauarbeiter - 1 Wohnung pro Jahr. Zur Zeit sind unter Berücksichtigung der verminderten Leistung für den Neubau einer Wohnung (in Massivbauweise, bei bisherigen Baumethoden) durchschnittlich 2400 Stunden = 300 Tagewerke anzusetzen. Manche andere Berechnungen kommen [14] wesentlich niedrigeren Ergebnissen. Mit Rücksicht auf den ungünstigen Altersaufbau der Bauarbeiter soll aber einem vorsichtigen Ansatz der Vorzug gegeben werden.

Im ersten Jahr sind somit für die Errichtung von 150 000 Wohnungen 45 Millionen Tagewerke bzw. 225000 Arbeitskräfte (bei 200 Tagewerken je Arbeiter und Jahr) erforderlich. Im Hoch- und Tiefbau (ohne Baunebengewerbe) waren in der Trizone am 31. 12. 1948 rund 794 000 Personen beschäftigt. Außerdem waren zu diesem Zeitpunkt rund 45 000 Baufacharbeiter und etwa 33000 Bauhilfsarbeiter arbeitslos. Der Wohnungsbau wird also etwa ein Viertel der bereits verfügbaren Arbeitskräfte beanspruchen.

In dieser Berechnung sind erhebliche Reserven enthalten, indem für alle 150 000 Wohnungen mit einem Arbeitsaufwand für Neubau gerechnet wurde. Außerdem sind die arbeitslosen sonstigen Hilfsarbeiter, die zum großen Teil auf dem Bau verwendet werden könnten, nicht berücksichtigt.

Für die kommenden Jahre kann mit einer allmählichen Steigerung der Leistung gerechnet werden. Die fortschreitende Rationalisierung der Bautechnik wird eine erhebliche Senkung des Arbeitsaufwandes je Wohnung bringen. In den USA gilt bereits längst die Faustformel: „1 Bauarbeiter - 1 Haus" (Einfamilienhaus von etwa doppelter Größe unserer Kleinwohnung).

Rechnet man für das letzte Programm-Jahr mit der derzeitigen Zahl an Arbeitskräften, jedoch mit voller Leistung, so ergibt sich, dass für die Herstellung von 300 000 Wohnungen rund 300 000 Bauarbeiter benötigt werden. Das sind nur 35 Prozent der z. Z. für den Hoch- und Tiefbau verfügbaren Arbeitskräfte. Natürlich wird die Bereitstellung von Arbeitskräften, besonders in manchen Großstädten noch sehr schwierig sein. Der Mangel an Bauarbeitern wird aber regional begrenzt und durch geeignete organisatorische Maßnahmen zu beheben sein. Es muss allerdings dafür gesorgt werden, dass die Arbeitskräfte in der derzeitigen Flaute nicht aus dem Baugewerbe abwandern. Der Nachwuchsfrage ist die erforderliche Aufmerksamkeit zu widmen.

Plan A ist jedenfalls arbeitsmäßig durchführbar. Offen bleibt eher die Frage, ob dieses Programm neben den volkswirtschaftlich notwendigen Bauvorhaben der Industrie, Energiewirtschaft und einigen wenigen Bauten der öffentlichen Hand überhaupt ausreichen wird, um die vorhandenen Bauarbeiter voll zu beschäftigen.

7. Finanzierung
a) Die Aufgabe
Was produziert werden kann, kann auch finanziert werden

Ausschlaggebend für die Beurteilung der Finanzierungsmöglichkeiten des „Planes A" ist die Prüfung der Frage, ob die materiellen Hilfsquellen und die Arbeitskräfte vorhanden sind. Wohnungen werden nicht mit Geld gebaut, sondern mit Arbeitskräften, Rohstoffen und Betriebsstätten. Sind die Produktionsmöglichkeiten nicht gegeben, dann nützen die schönsten Finanzierungskünste nichts. Werden die Produktionsmöglichkeiten bejaht, dann ist die konkrete Finanzierung nur noch eine organisatorisch - technische Angelegenheit. Was produziert werden kann, kann auch finanziert werden. Wenn wir sagen, dass es sich bei der Finanzierung „nur" um eine technische Angelegenheit handelt, so soll damit die Bedeutung des Problems in keiner Weise verkleinert werden. Es soll nicht verkannt werden, dass auch hier angesichts der durch Kriegs- und Nachkriegsfolgen und Währungsreform zusammengeschmolzenen Sparmittel sowie der Betriebs- und Geldkapitalreserven schwerwiegende Probleme zu lösen sind, die bei nichtfachgerechter und [nicht] wohlabgewogen gehandhabter Lenkung inflationistische Gefahren heraufbeschwören können. Entscheidend ist aber in erster Linie, ob und inwieweit unausgenutzte Arbeits- und Betriebsreserven in der Volkswirtschaft zur Verfügung stehen. Solange ein unausgenutztes Kräftepotential disponibel ist - und [15] im Bausektor steht es in Gestalt nicht ausgenutzter Arbeits- und Betriebskapazitäten heute in beträchtlichem Umfange bereit - kann die Mittelbeschaffung zwar eine Frage des „Wie" und des „Wie viel", niemals aber des „Ob" ihres Einsatzes sein.

Wir haben über eine Million brachliegende Arbeitskräfte (März 1949). Davon sind in den einzelnen Ländern über ein Viertel Bauarbeiter. Wir haben eine brachliegende Bauwirtschaft, die sofort für den Wohnungsbau eingesetzt werden könnte.

Wir haben heimische Baustoffe in großer Auswahl; wir haben ausreichend Kohle für die Baustoffindustrie.

Wir haben Architekten und Ingenieure mit Ideen. Sie stellen ein geistiges Kapital dar, das nur darauf wartet, sich in modernen Bauverfahren zu bewähren.

Die volkswirtschaftlichen Möglichkeiten - Arbeitskräfte, Rohstoffe und Betriebsstätten - sind gegeben. Wo bringen wir nun das nötige Geld her, um die ganze Maschinerie zugunsten der Bauwirtschaft, insbesondere des sozialen Wohnungsbaus, in Bewegung zu setzen?

b) Der Kapitalbedarf und dessen Deckung
Kapitalbedarf

Ausgehend von den derzeitigen durchschnittlichen Baukosten (einschließlich Aufschließung - jedoch ohne Grund- und Baukosten) soll für die kommenden Jahre etwa folgende Entwicklung angenommen werden:

Baukosten je Wohnung (im Durchschnitt) im Jahre

1949	12 000 DM
1950	11 500 DM
1951	11 000 DM
1952	10 000 DM.

Bei planvoller und gut organisierter Bautätigkeit wird die Kostendegression wahrscheinlich größer sein wie angenommen. Nach allen Anzeichen wird es auch bereits 1949 möglich sein, billiger als mit 12 000 DM pro Wohnung zu bauen. Wie die Material-, so wurden auch die Kapitalbedarfsermittlungen für „Plan A" jedoch bewusst auf ein Minimum des zu erwartenden Fortschrittes und ein Maximum der Sicherheit abgestellt.

Der Anteil der rentierlichen Kosten ist entsprechend den Ausführungen im Abschnitt „Miete" mit 4500 DM je Wohnung anzusetzen. Er bleibt, sofern sich nicht die Mieten ändern, konstant.

Die unrentierlichen Kosten ergeben sich als Differenz aus den gesamten und rentierlichen Kosten. Sie sinken von Jahr zu Jahr und betragen somit:

1949	7 500 DM
1950	7 000 DM
1951	6 500 DM
1952	5 500 DM

Der gesamte Kapitalbedarf beträgt demnach:

Im Jahre	für das Minimalprogramm	für das Optimalprogramm
1949	1 560 000 000 DM	1 800 000 000 DM
1950	1 840 000 000 DM	2 875 000 000 DM
1951	2 200 000 000 DM	3 300 000 000 DM
1952	2 600 000 000 DM	3 000 000 000 DM
1949-1952	8 200 000 000 DM	10 975 000 000 DM

[16] Kapitalaufbringung

Im ersten Jahr sind also rund 1 560-1 800 Millionen DM an Baukapitalien aufzubringen, darunter entsprechend den vorstehenden Ansätzen rund 975 bis 1125 Millionen DM aus öffentlichen Mitteln.

Die öffentlichen Mittel sind wie folgt zu beschaffen:

a) 500 Millionen aus den im Haushaltsjahr 1949/50 von den Ländern und Gemeinden bisher bereitgestellten Mitteln.

b) 100-150 Millionen auf Grund der in einzelnen Ländern außerdem noch für den Wohnungsbau zu erwartenden Mittel.

c) 500 Millionen aus den zweckgebundenen Mitteln des Hypotheken Sicherungsgesetzes und des ersten Lastenausgleichsgesetzes.

1 100-1 150 Millionen insgesamt.

Den unrentierlichen Kosten von 975-1 125 Millionen DM stehen somit Deckungsmöglichkeiten aus öffentlichen Mitteln in Höhe von 1 100-1 150 Millionen DM gegenüber.

Die rentierlichen Kosten können wie folgt aufgebracht werden:

d) 150 Millionen aus Mitteln der Wiederaufbaubank bzw. aus DM - Gegenwerten der Marshallplanhilfe, die Beträge sind noch nicht zugesagt, sind aber im Rahmen des verlautbaren Gesamtkredites als Mindestbetrag für den Wohnungsbau zu fordern.

e) 50-100 Millionen aus Arbeitgeberzuschüssen für werkgeförderten Wohnungsbau.

f) 100-150 Millionen Kredite aus der Versicherungswirtschaft; die Verbände der Lebensversicherung glauben, bis Mitte 1950 dem Wohnungsbau 200-250 Millionen DM zur Verfügung stellen zu können.

g) 150-200 Millionen aus der allgemeinen Spartätigkeit, vor allem aus dem zweckgebundenen Bausparen und aus dem Eigenkapital der Wohnungsbauträger. Eine nachhaltige Förderung des Zwecksparens ist durch Begünstigung bei der Wohnraum - Zuteilung und durch steuerliche Maßnahmen (Vereinfachung und Verbesserung der Steuerbegünstigung) zu erreichen.

450 - 600 Millionen insgesamt.

Der Bedarf beträgt nach den gemachten Ansätzen („Kapitalbedarf")

für das Minimalprogramm   585 Millionen DM

für das Optimalprogramm   675 Millionen DM.

Bei einigermaßen günstiger Entwicklung kann er zumindest für das Minimalprogramm gedeckt werden.

Die im ungünstigsten Fall verbleibende Lücke von 135 Millionen bzw. 225 Millionen DM kann durch Finanzierung aus nachstehenden Quellen geschlossen werden; die einzelnen Beträge sind jedoch schwer abzuschätzen: h) Bauliche Selbsthilfe der Wohnungsinteressenten. i) Leistungen der Gemeinden durch Kreditierung der Aufschließungskosten. k) Mittel aus dem gesamten Bereich der Sozialversicherung und der Arbeitslosenversicherung.

Man mag nun in Rechnung stellen, dass der eine oder andere Ansatz zweifelhaft ist, z.B. dass aus dem Lastenausgleich - obwohl schon sehr bescheiden veranschlagt - in Wirklichkeit noch weniger hereinkommt. Demgegenüber sind aber andere Beträge zweifelsohne als Mindestansätze zu werten. Außerdem ist [17] die viel erörterte öffentliche Abgabe vom Kohlenverbrauch für den Bergarbeiterwohnungsbau vorläufig nicht berücksichtigt worden. Das Bausparen, das vorerst mit einem geringen Betrag veranschlagt wurde, wird in starkem Maße erst nach Beginn einer regen Wohnungsbautätigkeit und nach Sichtbarwerden der Erfolge einsetzen.

Insbesondere ist aber unsere Forderung, die volkswirtschaftlich gegebenen Reserven an Bauarbeitern, Baustoffen und Baubetrieben durch eine produktionspolitisch orientierte Kreditpolitik auch tatsächlich in vollem Umfang zum Einsatz zu bringen, kaum in Rechnung gestellt. Sobald nach sozialistischen Grundsätzen Investitionsplanung und eine entsprechende Lenkung der Finanzierungsmittel erfolgt, werden für den sozialen Wohnungsbau die volkswirtschaftlichen Produktionsmöglichkeiten und nicht privatkapitalistische Rentabilitätsinteressen ausschlaggebend sein.

c) Miete

Mietpolitisch vertritt die SPD folgendes Programm:

1. Für Neubauten soll das bisherige Neubaumietniveau gelten. Erhöhungen der Neubaumieten sowohl für vorhandene Neubauten (Baujahr 1919 bis 1948) wie für künftige Neubauten sind zur Zeit ausgeschlossen.

2. Altbaumieten müssen aus Qualitätsgründen einen angemessenen Abstand zu den Neubaumieten behalten. Korrekturen bisheriger Altbaumieten sind nur unter Wahrung dieses Grundsatzes zulässig.

3. Die erhebliche Kostenverteuerung in der Wohnungsbewirtschaftung darf nur nach folgenden Gesichtspunkten ausgeglichen werden.

a) Lediglich Ausgleich der nachweisbaren betriebswirtschaftlich notwendigen Mehrkosten,

b) keine Wiederherstellung der alten Ertragsverhältnisse im Sinne der Gewinnsicherung,

c) für derartige Mietveränderungen soll der Termin nicht vor dem Wirksam werden neuer Lohnerhöhungen liegen.

Nach diesen Grundsätzen wird sich die tragbare Miete in Großstädten auf etwa 0,90 DM je qm Wohnfläche, d. s. rund 40 DM monatlich für die Normalwohnung dieses Programms belaufen. In kleinen Gemeinden wird je nach der Größe die tragbare Neubaumiete bis zu einem Drittel geringer sein. In Ausnahmefällen ist unter großstädtischen Verhältnissen ein Mietpreis von 1 DM pro qm angebracht. Die notwendigen Bewirtschaftungskosten (Reparaturen, Wassergeld, sonstige Betriebskosten, Verwaltungskosten) betragen in Großstädten für die Wohnung im Ausmaß dieses Programms je nach den örtlichen Verhältnissen jährlich 200 bis etwa 240 DM. Um die genannte tragbare Miete zu ermöglichen, darf nur der durch die Bewirtschaftungskosten nicht beanspruchte Betrag der oben fixierten Miete für die Kapitalkosten (Zinsen und Tilgung) zur Verfügung stehen. Auf der Grundlage der bisherigen Zinsverhältnisse (4 1/2 Prozent) errechnen sich die rentierlichen Kosten auf einen Betrag bis zu 4500 DM je Wohnung.

Jede Erhöhung des Zinsniveaus bedeutet bei gegebener Miethöhe und gegebenen Bewirtschaftungskosten eine Verringerung der rentierlichen Finanzierung und entsprechend eine Erhöhung der unrentierlichen Finanzierung zu Lasten der Länder und Gemeinden. Die Wohnungspolitik erfordert daher eine Politik möglichst niedriger Zinsen. Man muss sich darüber klar sein, dass hohe Zinsen für das Baukapital lediglich zu Lasten des Steuerzahlers möglich sind, der die entsprechend erhöhten öffentlichen Zuschüsse aufzubringen hat.

Die Sozialdemokratie fordert deswegen stabile Zinsen, die nicht über den bisherigen Hypothekenzinsen liegen dürfen. Hierzu gehört insbesondere die entsprechende Ergänzung der Anlagevorschriften der Lebensversicherungen, die heute eine der hauptsächlichsten Quellen der Finanzierung bilden können.

[18] *d) Senkung der Baukosten*

Um die Last der Zuschüsse für den Wohnungsbau nicht zu groß werden zu lassen, muss unter allen Umständen eine Senkung der Baukosten erreicht werden Voraussetzungen dafür sind stabile Verhältnisse auf dem Baumarkt.

Durch ein Mindestprogramm für eine Reihe von Jahren kann dem Baugewerbe eine Beschäftigung gesichert werden, die einen dauernden wirtschaftlichen Einsatz von Baumaschinen garantiert und bei der sich eine weitgehende Mechanisierung der Baustelle lohnt. Der Baustoff- sowie den Bau-Zubringer-Industrien soll das Programm Sicherheit für eigene Planungen geben.

Die optimale Ausnutzung der Kapazität der Baustoffindustrie ist durch ausreichende Kohle- und Eisenzuteilung sofort herzustellen. Die weitere Steigerung dieser Kapazität ist unter Bevorzugung rohstoffgünstiger Produktion anzustreben.

Die Kapazität des Baugewerbes ist durch Vermittlung und Wiedergewinnung von Fachkräften und geeigneten Hilfsarbeitern, vor allem durch Gewährung befriedigender Lohn- und Arbeitsbedingungen zu sichern.

Die Bauforschung muss großzügig unterstützt werden. Technische und betriebswirtschaftliche Rationalisierung der Baumethoden ist zur Preissenkung erforderlich. Die mittleren und kleineren Betriebe des Baugewerbes sollen die Chance haben, sich an dieser Rationalisierung in geeigneter Form zu beteiligen.

Bei voller Durchführung des Optimalprogramms ist für eine wirksame Konkurrenz zu sorgen, insbesondere auch durch Einschaltung gemeinwirtschaftlicher Bau- und Baustoffunternehmen. Das Gesamtvolumen der Bautätigkeit ist zur Verhütung von Preissteigerungen durch scharfe Baugenehmigungsverfahren (Baulenkungsgesetz) auf die Kapazität der Baustoffindustrie und des Baugewerbes abzustimmen. Im übrigen ist durch Vergebung der Bauaufträge im Ausschreibungsverfahren, Abschluss von Bauaufträgen zu Festpreisen, Anwendung der bei Vergebung öffentlicher Aufträge üblichen Kalkulationsmethoden usw. die Überteuerung der Baukosten systematisch zu bekämpfen.

Ein Mindestprogramm wird automatisch die Serienfertigung zum Anlaufen bringen. Die Massenfertigung von Bauelementen kann nur in Gang kommen, wenn der Absatz auf längere Sicht gesichert ist. In einem gesunden Wettbewerb werden dann [...][40] eine weitere Senkung der Baukosten und [eine] Erweiterung der Bautätigkeit geschaffen. Die öffentlichen Mittel zur Förderung des Wohnungsbaues müssen so gewährt werden, dass ein ständig wirkender Druck im Sinne der Verbilligung des Wohnungsbaues ausgeübt wird.

8. Notwendigkeit eines Kernprogramms

Zur weiteren wirkungsvollen Senkung der Baukosten, planmäßigen Einsparung an Mangelmaterial und Rationalisierung der Baumethoden muss ein Teil der Mittel von vornherein für ein Kernprogramm eingesetzt werden. Dieses Programm soll etwa ein Drittel des gesamten Wohnungsbaues umfassen. Es ist auf Großbaumaßnahmen in Brennpunkten des Wohnungsbedarfes zu konzentrieren. Solche Großbaumaßnahmen bedeuten keineswegs einseitige Förderung von Groß - Bauunternehmungen. Sie sollen vielmehr gerade den mittleren und kleinen Bauunternehmen sowie dem Handwerk Gelegenheit geben, sich zu produktiver, gemeinsamer Arbeit zusammenzuschließen und an den Vorteilen der Großbaustellen teil[zu]haben.

Auf Großbaustellen ergibt sich eine Reihe von Vorteilen und Möglichkeiten, z. B. rationeller Einsatz von Baumaschinen, Baugerüsten usw.; Einsparung von Transportmitteln und Treibstoff durch lohnende Verlegung von Feldbahngleisen; laufende Überprüfung der Bauprojekte auf sparsame Verwendung von Holz und Eisen; systematische Anwendung neuzeitlicher Baumethoden unter Aufsicht wissenschaftlicher Experten der Bauforschung; Zeitstudien, Erfahrungsaustausch auf breiter Grundlage usw. usw.

---

40 In der Vorlage folgt noch unnötiges „durch".

Der Wohnungsneubau muss neben der Wiederherstellung zerstörter Wohnungen jetzt schon in großem Ausmaß beginnen und dabei nach modernsten Methoden angepackt werden. Dafür ist ein Kernprogramm unentbehrlich.

[19] 9. Organisation des sozialen Bauwesens

Bau- und Siedlungsträger

Die SPD hat sich mit dem Aufruf zum Wohnungsbau des Düsseldorfer Parteitages im September 1948 zur Förderung aller Eigentumsformen bekannt.[41] Der Aufruf nennt hierbei insbesondere den Eigenheimbau, den gemeinnützigen Wohnungsbau und auch den privaten Miethausbau. Entscheidend ist für die sozialdemokratische Wohnungspolitik, dass alle Empfänger öffentlicher Beihilfen für den Wohnungsbau unter einheitliche Bestimmungen über die Kalkulation der Kosten und die Gewinnbemessung gestellt werden. Das Muster hierfür ist in der Arbeit der gemeinnützigen Wohnungsunternehmen (Baugenossenschaften und Wohnungsbaugesellschaften) entwickelt. Wer öffentliche Beihilfen empfängt, muss sich die Kontrolle der Baukosten, die Bestimmung der Gewinnmöglichkeiten, die Aufsicht über die Verwendung von Mieten zur Deckung der Kosten und zur Pflege des Hauses gefallen lassen. Hierbei wird den gemeinnützigen Unternehmen eine wichtige Aufgabe zufallen, ohne dass sie ein wohnungswirtschaftliches Monopol erhalten, das sie auch ihrerseits nicht beanspruchen. Sie verdienen insbesondere deswegen Förderung, weil sie ihrem Willen und ihrer Bestimmung nach Kapitalgewinnerzielung ausschließen.

Wohnungsbaugesetze

Der notwendige Bau von 5 Millionen Wohnungen ist bis jetzt nur in beschränktem Umfange gesetzlich geregelt. Aufbaugesetze, Enttrümmerungsgesetze und andere Bestimmungen liegen vor, reichen aber nicht aus. Es ist vielmehr erforderlich, dass Wohnungsbaugesetze geschaffen werden, die die Grundsätze der Förderung des Wohnungsbaues, der Mietbemessung und der Verwendung öffentlicher Beihilfen regeln. Im übrigen müssen alle organisatorischen und gesetzlichen Maßnahmen von dem Gedanken getragen sein, die Zentralstellen nur so weit einzuschalten, als nötig ist, um dem sozialen Bauwillen die Wege zu ebnen. Daneben soll jede Art von Selbsthilfe gefördert werden, die sich in den Rahmen des Gesamtprogramms einfügt.

10. Investitionsplanung und Kreditlenkung

Die bisherigen Überlegungen haben die Notwendigkeit der Investitionsplanung und Kreditlenkung gezeigt. Sie haben des weiteren gezeigt, dass eine angemessene Beteiligung des Wohnungsbaues am gesamten Investitionsvolumen möglich und notwendig ist. Wer sorgt nun dafür, dass der Wohnungsbau seinen Anteil bekommt? Die orthodoxe Lehre

---

41 Für einen Abdruck des „Aufrufs zum Wohnungsbau" vgl. Prot. PT SPD 1948, S. 211 f. u. Jb. SPD 1948/ 49, S. 119 f.

würde sagen, das müsse der Zinsfuß, d. h. die Rentabilität der verschiedenen Investitionsvorhaben entscheiden. Hierzu wäre erstens erforderlich, dass der Wohnungsbau auf gleichem Fuße mit den anderen Investitionsarten um die Mittel konkurrieren könnte. Diese Voraussetzung ist ganz offensichtlich gegenwärtig nicht gegeben. Zweitens wäre hierzu erforderlich, dass bei den hauptsächlichen Bewerbern um Investitionskredite die Preisbildung marktwirtschaftlich erfolgt. Auch das ist nicht der Fall. Sowohl im Kohlenbergbau wie auch im Verkehrswesen und in der Energiewirtschaft sind die Preise gebunden, von der öffentlichen Hand festgesetzt und kontrolliert. Dasselbe trifft heute für den Wohnungsbau zu. Die dringende Nachfrage nach Wohnungen tritt heute in den Wohnungsmieten in keiner Weise in Erscheinung und könnte dies selbst bei Freigabe der Mieten auch so lange nicht, als die Zwangswirtschaft der Wohnungsämter weiter fortbesteht. Die logische Folge ist daher, dass der Staat selbst entscheiden muss, wie viel er von den volkswirtschaftlich möglichen Krediten an die hauptsächlichen Träger der Investition, insbesondere auch an den Wohnungsbau, geben will. Hierbei wird der Staat sich nach allgemeinen volkswirtschaftlichen, aber auch sozialpolitischen Erwägungen richten müssen. Weiterhin wird der Staat bei, diesen Investitionsentscheidungen auch die Verfügbarkeit über [20] Arbeitskräfte und Baumaterial als Anhaltspunkte zu berücksichtigen haben. Der Aufbau kann jedenfalls nicht einfach der Automatik der freien Wirtschaft überlassen bleiben, da selbst bei Wiederherstellung einer völlig freien Wirtschaft unter der Herrschaft des Rentabilitätsprinzips kein sozialer Wohnungsbau zustande kommen würde. Das enthebt uns gewiss nicht der Notwendigkeit, gerade auch im Wohnungsbau scharf zu rechnen, es soll uns aber vor Illusionen bei der Kapitalbeschaffung bewahren.

Wir fordern daher eine großangelegte Investitionsplanung, damit auch der soziale Wohnungsbau zu seinem Recht kommt. Wir schließen uns im übrigen dem vom wissenschaftlichen Beirat bei der Verwaltung für Wirtschaft ausgearbeiteten Gutachten zur Kreditlenkung und Investitionskontrolle an.

Es heißt dort u. a.:

„Die ständige Abstimmung der Investitionspolitik auf allen Gebieten des Wirtschafts- und Soziallebens ist unerlässlich. Dafür muss eine übergeordnete, zentrale Stelle zuständig sein, deren Anordnungen für alle an der Durchführung beteiligten Verwaltungen verbindlich sind."

Eine alsbald zu errichtende Verwaltung für Aufbau muss die Aufgaben der Wohnungswirtschaft bei der allgemeinen Wirtschafts- und insbesondere bei der Investitionsplanung für Westdeutschland vertreten und im Benehmen mit den Ländern die allgemeinen Richtlinien für die Durchführung eines Wohnungsbauprogramms aufstellen.

Die Grundzüge der Investitionsplanung und Kreditlenkung müssen in aller Öffentlichkeit zur Diskussion gestellt werden. Ihre Festlegung durch Gesetz ist dringend erforderlich, um sie mit der nötigen Autorität zu versehen. Wenn wir eine soziale Demokratie schaffen wollen, muss das Volk durch seine gewählten Vertreter die Möglichkeit haben, bei der Festlegung der großen Linien der Wirtschaftspolitik einen entscheidenden Einfluss ausüben.

11. Das ist Sozialismus

Die vorstehenden Untersuchungen zeigen, dass die Durchführung eines sozialen Wohnungsbauprogramms sowohl materialmäßig wie finanziell bei dem gegenwärtigen Stand unserer Volkswirtschaft durchaus möglich ist. Ein Programm von 3/4 bis 1 Million Wohnungen für die nächsten vier Jahre kann allerdings nur als Anfangsplan zur Beseitigung der Wohnungsnot angesehen werden. Bei zielbewussten Anstrengungen muss es gelingen, nach dem Ingangkommens des Wohnungsbaues und nach Übergang zu modernen Bauweisen in absehbarer Zeit die Wohnungsproduktion erheblich über das für die ersten Jahre veranschlagte Maß hinaus zu steigern. Diese Leistung ist allerdings nur von einer Regierung zu erwarten, die nicht nach privatkapitalistischen Gewinngesichtspunkten, sondern nach der volkswirtschaftlichen Dringlichkeit fragt. Für den Sozialisten ist der Mensch das wertvollste Gut unserer Volkswirtschaft. Ihm müssen alle Möglichkeiten unserer Volkswirtschaft dienen. Eine der vordringlichsten Aufgaben, um überhaupt ein menschenwürdiges Dasein wieder zu ermöglichen, ist der soziale Wohnungsbau. Die volkswirtschaftlich gegebenen Möglichkeiten in die Tat umzusetzen, ist Sache des politischen Willens. Der sozialdemokratische „Plan A" zeigt den Weg.[42]

Anlage 7

„Ein Flüchtlingsprogramm für Westdeutschland" Ausarbeitung des Flüchtlingsausschusses vom 30. Mai 1949
Hektogr. Maschinenschriftl. Papier, 13 S., in den Beilagen zum Protokoll („Anl. 7")

Aus dem Inhalt:

Ein Prüfstein deutscher Volks-Solidarität; Um die Wiederherstellung der Menschenrechte; Die Anfechtbarkeit des Potsdamer Beschlusses; Mitbürger und Neubevölkerung; Unabdingbare Länderaufgaben; Einschaltung der Vertriebenen in den Wiederaufbau Westdeutschlands; Aufgaben des Bundes; Deutsche Selbsthilfe und internationale Hilfe; Wir und Europa;

Diese Vorschläge sind ein Gemeinschaftswerk der Sachwalter der Flüchtlinge und Vertriebenen in der SPD. Sie können kein Parteiprogramm sein. Dazu ist das Problem zu groß. Schicksal und Zukunft jener Millionen Menschen, welche durch den Spruch von Potsdam[43] ihrer Heimat beraubt wurden, stellen einen gesamtdeutsche Aufgabe da. In ihnen verkörpert sich ein Fundamental-Problem des europäischen Friedens. Ihre Bedrängnis ist eine Anrufung des Gewissens der zivilisierten Welt.

Flüchtling und Gemeinschaft

In Westdeutschland leben über sieben Millionen Flüchtlinge unter härtesten Bedingungen. Schlimmer noch ist die Lage ihrer viereinhalb Millionen Leidensgenossen in der

---

42 Es folgt noch das Impressum „Herausgeber: SPD Parteivorstand, Druck: Hannoversche Presse, Druck- u. Verlagsgesellschaft m. b. H., Hannover. 223/14 000. 6, 49 K".
43 Gemeint ist das „Potsdamer Abkommen" vom August 1945.

Sowjetzone. Mehr Deutsche sind von der Entwurzelung betroffen worden, als das Riesenland *Kanada* Einwohner hat. Das ist ein Notstand ohnegleichen. Ehe wir uns den daraus erwachsenden Verpflichtungen zuwenden, sagen wir einige Worte an die Adresse der Vertriebenen selbst.:

Richtet eure begreifliche Verbitterung und euren gerechten Zorn nicht an die falschen Adressen. Indem wir Gerechtigkeit für uns fordern, dürfen wir nicht ungerecht sein gegen unsere Nächsten. Die Wahrheit ist dies: Jedes blühende Land wäre in Not und Wirrnis gestürzt worden; hätte es plötzlich breite Ströme von ausgeraubten Menschen, von zerrissenen Familien, hilflosen Waisen, Krüppeln, Alten und Siechen aufnehmen müssen. Als Deutschland dieses Los betraf, war es im totalen Krieg weißgeblutet, halb zerstört, ohne Regierung, ohne geordnete Verwaltung. Es ging fast über menschliche Kräfte, Restdeutschland vor dem Versinken in völlige Anarchie zu bewahren. Dennoch sind wir als Land und Volk noch einmal um die Todeskurve herumgekommen. Westdeutschland steht wieder vor der Möglichkeit seines demokratischen Wiederaufbaues. Damit haben auch die in den Westzonen lebenden Flüchtlinge und Vertriebenen die Voraussetzung ihrer Rettung gefunden.

Niemand möge aber an der Größe des deutschen Flüchtlingsproblems länger vorbeisehen. Die Lage der großen Mehrheit der Heimatvertriebenen ist unsagbar kritisch. Auf ihnen lastet das Schwergewicht der Arbeitslosigkeit, des Wohnungsjammers, der Bekleidungsnot. Keine Partei, keine deutsche oder alliierte Behörde darf behaupten, sie hätte genug getan, solange schuldlose Kinder zu Zehntausenden in Bunkern und Elendsbarracken dahinwelken. Es ließ aber nicht nur das Verständnis von Regierungen, Abgeordneten, Ministerialbürokraten, Landräten und Bürgermeistern vielfach zu wünschen übrig. *Versagt hat auch in traurigem Umfang die Solidarität des deutschen Volkes.* Viele Nutznießer ungeschmälerten Vermögens gebärden sich so, als ob die Flüchtlinge allein den Krieg verloren hätten. Krasser Besitzegoismus hat in zahllosen Fällen das Leben der Vertriebenen zur Hölle gemacht.

Jede Wendung zum Besseren erfordert aber, dass auch die Flüchtlinge und Vertriebenen über ihr eigenes Leid hinauswachsen und die Gesamtnot unserer Zeit sehen. Nichts würde ihrer Sache mehr schaden, als wenn das gesunde Urteil der Flüchtlinge durch persönliche Verbitterung getrübt würde. Es wäre unedel, die vielen guten Taten zu verschweigen, welche aus den Reihen der alteingesessenen Bevölkerung zu unseren Gunsten gesetzt worden sind. Noch weniger sei übersehen, dass auch die Evakuierten, die Ausgebombten, die Kriegsversehrten, die Heimkehrer und alle anderen Opfer der Hitlerpolitik Ansprüche an die Gemeinschaft haben. Wenn wir menschliches Empfinden für uns verlangen, dann müssen wir auch menschlich empfinden für alle Brüder und Schwestern im Unglück.

Aus einer realen Einsicht in die Bedingungen unseres Daseins heraus wollen wir die Durchbruchstellen durch die Hoffnungslosigkeit des Vertriebenen - Schicksals suchen. In den zurückliegenden Jahren der Staatenlosigkeit des deutschen Volkes fehlten wesentliche Voraussetzungen durchgreifender Hilfsmaßnahmen. Die aufgeblähten Vorstellungen von der „Länderhoheit" standen einer aufbauenden Flüchtlingspolitik im Wege. Das

Ergebnis war eine völlig ungleiche Verteilung der Neubevölkerung auf die einzelnen Länder, verbunden mit einer ebenso ungerechten Abstufung der steuerlichen Belastung. Es ist hoch an der Zeit, das traurige Kapitel des Länderegoismus abzuschließen. Mit der Aussicht auf einen lebensfähigen deutschen Bundesstaat begann erst die Möglichkeit umfassender deutscher Selbsthilfe im Dienste der Vertriebenen.

Nichts liegt uns ferner, als mit der Aufstellung dieses ganz Westdeutschland einschließenden Flüchtlingsprogramms leichtfertige Versprechungen machen zu wollen. Was auf der Bundesebene zur Erleichterung des Vertriebenen - Schicksals getan werden kann, wird nicht zuletzt davon abhängen, ob in der politischen Machtverteilung Westdeutschlands der Macht der Besitzinteressen *ein Bündnis aller sozial Schwachen* entgegengesetzt werden kann. Darüber hinaus muss in den Ländern der Sieger um die Anerkennung unserer Lebensrechte gerungen werden. Dies soll mit moralischem Mut und mit den Waffen der Wahrheit geschehen. Unser Durst nach Gerechtigkeit ist größer als unser Hunger nach Brot. Darum stellen wir unsere Rechtsforderungen unseren Existenzforderungen voran.

Die erste Forderung der Vertriebenen: Wiederherstellung ihrer Menschenrechte

Was die Vertriebenen in erster Linie brauchen, ist nicht das Gnadenbrot des Mitglieds, sondern Recht und Menschlichkeit. Wir begrüßen daher die Deklaration der Vereinten Nationen über die Menschenrechte.[44] Die Grundsätze dieses Dokuments befinden sich aber in krassem Widerspruch zu den Vorgängen, die wir in den Austreibungsgebieten erlebt haben. Dieser klaffende Widerspruch zwischen Wort und Tat gefährdet die moralische Gesundung der Welt. Selbst in den harten Worten des Potsdamer Abkommens wurde nicht ausgesprochen, dass etwa fünfzehn Millionen Einwohner der Austreibungsgebiete ihrer Menschenrechte verlustig seien; noch weniger wurde dort gesagt, dass alle ihre Besitzansprüche durch einen Federstrich beseitigt wären. Demnach standen die Maßnahmen, welche von den Regierungen Polens, der Tschechoslowakei, Jugoslawiens und Ungarns gegen uns ergriffen wurden, nicht im Einklang mit den feierlich proklamierten Grundsätzen der Menschlichkeit. Es erscheint uns unerlässlich, dass zur gegebenen Zeit die Vereinten Nationen zu den Vorgängen bei den Massenaustreibungen im Lichte der Deklaration der Menschenrechte Stellung nehmen.

Die Anfechtbarkeit der Potsdamer Entscheidung

Wir verweisen auf die juristische und moralische Anfechtbarkeit der Ausweisungs-Klausel (Artikel XIII) des Potsdamer Abkommens.[45]

Die 500 000 Deutschen Jugoslawiens wurden in diesem Beschluss gar nicht erwähnt; sie sind stillschweigend dem Tito[46]-Regime zur Austreibung, Versklavung und Hinmordung überlassen worden.

---

44 Die „Erklärung der Menschenrechte" durch die Vollversammlung der Vereinten Nationen erfolgte am 10. Dezember 1948.

45 Artikel XIII des Potsdamer Abkommens sah die „geregelte Überführung" der „deutschen Bevölkerung" Polens, der Tschechoslowakei und Ungarns nach Deutschland vor. Für einen Abdruck vgl. AdG 1945, S. 347.

500 000 Ungarn-Deutsche wurden hingegen in die Ausweisungen einbezogen, obwohl keine ungarische Regierung gegen ihr Verhalten Klage geführt hatte. Ihre teilweise Aussiedlung vollzog sich später unter leidenschaftlichen Protesten nationalungarischer Patrioten, mit dem Kardinal *Mindszenty*[47] an der Spitze.

400 000 Bewohner Danzigs sind im Anschluss an die Potsdamer Entscheidung ausgetrieben worden, ohne dass sie in dem Artikel XIII hierzu verurteilt worden wären. Nach dem Wortlaut der Potsdamer Beschlüsse wurde Danzig lediglich in polnische Verwaltung übergeben. Das Heimatrecht ihrer Bürger ist damit nicht ausgelöscht worden.

Gegen die deutschen Einwohner Schlesiens, Pommerns, der Grenzmark, Ost- und Westpreußens ist nie ein eindeutiger Ausweisungsbeschluss gefasst worden. Die deutschen Gebiete jenseits der Oder und Neisse wurden in Potsdam lediglich polnischer und teilweise sowjetischer Verwaltung überantwortet. Völkerrechtlich blieben sie Bestandteile des deutschen Staatsgebietes. Die im Artikel XIII an die polnische Regierung gegebene Ermächtigung bezog sich sohin nur auf die Umsiedlung der deutschen Minderheit Polens in den Grenzen von 1939.

Bei der einseitigen Verurteilung der Sudetendeutschen zur Austreibung wurden die Fehler der tschechischen Nationalstaatspolitik zwischen 1918 und 1938 übersehen, die so gewaltig zu den Erfolgen der *Henlein*[48]-Partei beigetragen hatten. Außer Betracht blieb auch die überdurchschnittliche Zahl und Leistung der tschechischen Kolalaboranten Hitlers. Dafür verweigerte man den sudetendeutschen Hitlergegnern Gehör, die bei der Abtretung des Sudetenlandes durch Vertreter Großbritanniens und Frankreichs in München zu Hunderttausenden der Verfolgung der Gestapo ausgeliefert wurden.[49]

Ein auf solchen Mängeln beruhender Beschluss kann den Opfern keine moralische Verbindlichkeit auferlegen. Die ausgetriebenen Deutschen wurden schlechter behandelt als Kriegsverbrecher. Jene wurden wegen persönlicher Verfehlungen angeklagt und konnten sich nach den Regeln eines internationalen Gerichtsverfahrens verantworten. Der Austreibungsbeschluss von Potsdam wurde jedoch ohne Anhörung der Betroffenen auf Grund eines Kollektivschuldbegriffes gefasst, der vor dem Urteil der Geschichte nicht bestehen wird.

Jede Berufung der kommunistischen Nutznießer der Austreibungen auf das Potsdamer Abkommen wird noch aus einem anderen Grund hinfällig. Artikel XIII dieses Do-

---

46 Josip *Tito* (1892-1980), jugoslawischer Politiker, Führer d. KP u. d. Partisanenkampfes gg. d. dt. Besetzung, 1943-53 MinPräs., 1953-80 Staatspräs.

47 Josef *Mindszenty* (1892-1975), 1915 Katholischer Priester, 1944 Bischof, 1945 Erzbischof von Eszertom und Primas der Katholischen Kirche in Ungarn, 1946 Kardinal, Dez. 1948 Verhaftung, 1949 Verurteilung zu lebenslänglichem Gefängnis, 1956 während der ungarischen Volkserhebung befreit, nach deren Niederschlagung Flucht in die US-Botschaft, wo er bis 1971 lebte. 1971 Übersiedlung nach Rom, 1974 Enthebung seiner Ämter gegen seinen Willen. Gestorben in Wien.

48 Konrad *Henlein* (1898-1945), Turnlehrer, 1933 Gründer der „Sudetendeutschen Heimatfront", der späteren „Sudetendeutschen Partei". 1939-45 „Reichskommissar" und „Gauleiter" des Gaus Sudetenland. 1945 Selbstmord in amerikanischer Gefangenschaft.

49 Gemeint das am 29. September 1938 in München durch Deutschland, Frankreich, Italien und Großbritannien abgeschlossene Abkommen, durch das das Sudetenland an Deutschland abgetreten wurde. Für einen Abdruck des Abkommens vgl. AdG 1938, S. 3745.

kuments verlangte ausdrücklich, dass die Volksumsiedlungen auf „ordentliche und humane Weise" durchgeführt werden müssten. Diese Zusicherung ist durch den wahren Verlauf der Aktion zur blutigen Ironie gestempelt worden.

Alle diese Umstände bezeugen, dass das Riesenproblem der heimatvertriebenen Deutschen in erster Linie eine Frage der Wiederherstellung ihrer Menschenrechte und der Sicherung ihrer Zukunft auf dem Boden des internationalen Rechts ist. Wir schließen uns Dr. Kurt *Schumachers* Forderung nach einer Neufestsetzung der deutschen Ostgrenze an, die, nach seinen Worten weder „für die alliierten Mächte bindend, noch für die Deutschen moralisch verpflichtend" ist. Darüber hinaus muss das gesamte Vertriebenen-Problem bei einer friedlichen Neuordnung Europas berücksichtigt werden.

Altbürger und Neubevölkerung

Die Aufgabe der nächsten Zukunft ist die Linderung des wirtschaftlichen und sozialen Schicksals der Vertriebenen im Rahmen des westdeutschen Wiederaufbaues. Solange in der heutigen Ostzone sowjetisch-kommunistische Einflüsse überwiegen, bleibt Westdeutschland die entscheidende Basis für die Substanzerhaltung des deutschen Volkes. Die staatliche und wirtschaftliche Gestaltung Westdeutschlands entscheidet auch über die Existenzfragen von sieben Millionen Heimatvertriebenen. Daher müssen der Wiederaufbauwille der westdeutschen Bevölkerung und die Selbsthilfe der Flüchtlinge parallel eingesetzt werden. Nur im gemeinsamen Schaffen werden sich die teils unvermeidlichen, teils künstlich vertieften Spannungen zwischen Alt- und Neubevölkerung überwinden lassen.

Leider mussten wir bisher bei den maßgebenden Männern der bizonalen Wirtschaftspolitik in Frankfurt jede tiefere Einsicht in die volkswirtschaftliche und soziale Bedeutung des deutschen Flüchtlingsproblems vermissen. Es war eine gefährliche Vogel-Strauß-Politik, wenn die Herren Professor *Erhard* und Dr. *Pünder* glaubten, die bedrohlich anwachsende Arbeitslosigkeit auf die nachträgliche Meldung von Schwarzhändlern und anderen Gelegenheitsarbeitern zurückführen zu müssen. Die hohe Zahl der Arbeitslosen in Ländern wie Bayern, Niedersachsen und Schleswig-Holstein beweist eindeutig, dass es sich dort vorwiegend um eine Arbeitslosigkeit der Flüchtlingsbevölkerung handelt. Ein großer Teil der Vertriebenen wurde durch die Not des Augenblicks in entlegene Dörfer und Gebiete verschlagen, wo sie nach menschlichem Ermessen keine Aussicht auf Broterwerb haben. Die Brücke zwischen ihrer provisorischen wohnraummäßigen Unterbringung und einem zielbewussten arbeitsmäßigen Einsatz muss erst geschlagen werden. Von entscheidender Bedeutung wird dabei der Kurs der westdeutschen Wirtschaftspolitik sein. Bleibt es bei einem „freien Spiel der Kräfte", so werden die Massen der Neubevölkerung und alle sozial Schwachen die Leidtragenden sein. Gäbe auch weiterhin das Profitmotiv den Ton an, so würde wohl das letzte Nachtlokal fertig gebaut, ehe das erste Flüchtlingslager geräumt wird. Die besondere soziale Gefährdung der Menschen im Sektor der Flüchtlinge, Vertriebenen und der anderen Kriegsgeschädigten ruft gebieterisch nach einer Wirtschaftsplanung des Bundes.

Unabdingbare Länderverpflichtungen

Der Anprall des gewaltigen Menschenproblems, welches mit den Transporten der Vertriebenen anrollte, traf in erster Linie die grenznahen Länder Westdeutschlands. Dabei ergaben sich ungleiche Belastungen, welche dringend eines bundesmäßigen Ausgleiches bedürfen. Dabei darf die Länderhilfe nicht nachlassen, ja sie muss in verschiedenen westdeutschen Ländern noch wesentlich gesteigert werden. Zu den verpflichtenden Länderaufgaben gehören auch weiterhin:

1) Die menschenwürdige Unterbringung der Neubevölkerung; Auflassung oder zweckmäßiger Ausbau der bestehenden Dauerlager; Förderung des Wohnungsbaues unter voller Berücksichtigung der Flüchtlings-Anwärter; Schutz der wohnungsmäßig untergebrachten Neubürger vor unbilliger Behandlung.

2) Eine praktisch wirksame Bodenreform; energische Betreibung der vorhandenen Siedlungsprojekte; bevorzugte Heranziehung von Flüchtlingssiedlern.

3) Weitere Förderung der Neubürgerindustrien; Schutz derselben gegen Kreditdrosselung und verständnisvolle Hilfe gegenüber ihren besonderen Marktschwierigkeiten.

4) Schulische Sondermaßnahmen zur Ausfüllung der Bildungslücken bei Flüchtlingskindern, die im Zuge der Austreibungen wertvolle Unterrichtsjahre verloren haben.

5) Heranziehung von Flüchtlingsvertretern zu verantwortlicher Mitarbeit auf all diesen Gebieten.

Es liegt im Interesse eines größtmöglichen Erfolges, dass die Länderbehörden die Mitarbeit aller wahrhaft überparteilichen Flüchtlingsorganisationen suchen.

Einschaltung der Flüchtlinge in den Wiederaufbau

Von den Tagen des Zusammenbruchs an haben heimatlos gewordene Deutsche beim Wiederaufbau ihres Vaterlandes mit Hand angelegt. Sie verhüteten eine Katastrophe der Landwirtschaft, indem sie an die Stelle der „Ostarbeiter" traten. „Ostflüchtige" waren es auch, die bei den ersten Aufräumungsarbeiten in den Städten zum Spaten griffen. Während des Arbeitermangels der Reichsmark-Zeit war ihre produktive Leistung nicht wegzudenken.

Darum gebührt der Neubevölkerung auch ein Platz bei dem Wiederaufbau Westdeutschlands, der die nächste Etappe der Gestaltung des deutschen Gesamtschicksals sein wird. Sie soll dabei nicht die Rolle einer „industriellen Reservearmee" spielen, auf die nur zur gelegentlichen Auffüllung von Mangelberufen zurückgegriffen wird. Die Entstehung eines „fünften Standes" von sozial Ausgestoßenen würde zwangsläufig die lohnpolitischen Sicherungen der gesamten Arbeiter- und Angestelltenschaft gefährden. Auch die Spezialkenntnisse und Qualitätsleistungen der Flüchtlinge sollen dem Wiederaufbau dienstbar gemacht werden. Dazu ist eine Verständigung zwischen Alt- und Neubevölkerung über die Rangfolge der Aufbauprobleme wünschenswert. Wir führen hier einige an:

Wiederaufforstung und pflegliche Behandlung der restlichen Waldbestände;

Wasserwirtschaftliche Gesamtplanung zur Vorbeugung von Wassermangel und Versteppung;

Förderung des Industrie-Exports und des Fremdenverkehrs;

Entwicklung der Engpass-Industrien, Auffüllung von kleinindustriellen und gewerb-
lichen Produktionslücken;
Wiederaufbau der Städte mit modernen technischen Hilfsmitteln;
Erzielung einer Höchstleistungsfähigkeit der Landwirtschaft und
Ausdehnung des Gartenbaus.

Auf jedem dieser Gebiete könnten Fachkräfte aus den Reihen der Vertriebenen einen
nützlichen Beitrag leisten. Sie können es aber nur dann tun, wenn sie in der Zwischenzeit
nicht einer gänzlichen Verelendung anheimfallen. Gerade deshalb ist die lange Verzögerung der „Soforthilfe" durch die Militärregierungen zu beklagen. Bedeutende Hortungs-
gewinne sind dadurch der Heranziehung zu einem sozialen Ausgleich entwichen. Es steht
zu befürchten, dass der sogenannte „erste Lastenausgleich" damit nur die im ersten Teil
des Gesetzes vorgesehene „Unterhaltshilfe" für alte und arbeitsunfähige Flüchtlinge
verwirklichen wird, während die im gleichen Gesetz vorgesehenen produktiven Maßnahmen in der Richtung einer Einzel- und Gemeinschaftshilfe [ungedeckt][50] bleiben. Die
dort vorgesehenen Maßnahmen, wie die Beschaffung von Hausrat, Werkzeugen und
Bekleidung, Umschulungshilfe, ferner Beiträge für die Sicherung von kleingewerblichen
und freiberuflichen Arbeitsstätten und Wohnungen müssen in solchem Falle durch die
beschleunigte Aufbringung zusätzlicher Mittel gesichert werden. Die große Masse der
Flüchtlinge und Vertriebenen braucht diese Möglichkeiten der Selbsthilfe, damit sie
dann erfolgreich beim Wiederaufbau Westdeutschlands mithelfen kann.

Aufgaben auf der Bundesebene

Die Sicherung der Gleichberechtigung und Freizügigkeit auch der Neubevölkerung
erfordert eine ganze Reihe gesetzgeberische Maßnahmen. Beschleunigte Hilfe kann nur
gebracht werden, wenn diese Maßnahmen in die Vorrangsgesetzgebung des künftigen
Bundesparlaments eingereiht werden. Um Zeitverlust zu vermeiden, sollte das Amt für
Fragen der Heimatvertriebenen in Frankfurt die entsprechenden Gesetzentwürfe vorbereiten. Besonders dringlich erscheint dabei die Gleichstellung der Sozialrentner und
Pensionisten. Auch die Fragen der Ostkonten und Ostversicherungen bedürfen einer
vordringlichen Bearbeitung, damit sie im Zusammenhang mit einem tatsächlichen
Lastenausgleich gelöst werden können.

Bundesgesetzgebung und Bundesverwaltung sollten sich weiter auf Maßnahmen konzentrieren, welche eine wohnungsmäßige, wirtschaftliche und soziale Erleichterung für
eine größtmögliche Anzahl von Flüchtlingen bringen; hierzu gehören:
1. Spitzenausgleich des Flüchtlingsanteils der westdeutschen Länder unter Berücksichtigung der Wohnraumzerstörung; mit arbeitsfähigen Flüchtlingen müssen auch ihre
arbeitsunfähigen Familienangehörigen aufgenommen werden; die Obsorge für die
Mehrzahl der Fürsorgefälle soweit sie arbeitsunfähige und unheilbare Vertriebene
oder Flüchtlingswaisen betreffen, darf nicht Sache der überbelasteten Aufnahmelän-

---

50 In der Vorlage „unbedeckt" (S. 7).

der bleiben. Im Rahmen dieses Spitzenausgleichs sind auch Zuzugsmöglichkeiten für die deutsche Restbevölkerung in Polen und der Tschechoslowakei zu schaffen.

2. Die wohnungsmäßige Umsiedlung von Arbeitskräften in die Gebiete mit den besten Berufsaussichten. In den Städten und Industriegebieten mit den größeren Arbeitsmöglichkeiten wären daher freundlich ausgestattete Jungarbeiterheime, Heime für schaffende Frauen und für Saisonarbeiter vorzugsweise zu errichten. Gemeinden und Länder, welche solche Bauvorhaben ausführen, soll Bundeshilfe zuteil werden.

3. Aufbaubegünstigungen sind auch jenen Gemeinden zu gewähren, die sich verpflichten, einen Teil der zu erstellenden Wohn,- Betriebs- und Geschäftsräume an Flüchtlingsbewerber zu vergeben, um diese Personen ihren städtischen Berufen wieder zuzuführen.

4. Zur Förderung von Neubürgerindustrien sind moderne Industrieanlagen auf gemeinnütziger Grundlage zu errichten. Betriebsgebäude, Kraftversorgung und Verkehrsanschlüsse sind von gemeinnützigen Gesellschaften unter Beteiligung der Gemeinden, Länder und des Bundes bereitzustellen. Die Vermietung der Betriebsräume soll an Bewerber mit den besten technischen und kommerziellen Qualifikationen erfolgen. Spekulanten sind auszuschalten.

5. Grund und Boden, der durch die Bodenreform für Siedlungszwecke frei wird, ist vorwiegend der Schaffung von Nebenerwerbssiedlungen zuzuführen. Abgesehen von der Kapitalersparnis ist damit eine größere Bewegungsfreiheit der Siedler verbunden.

6. Der Bund soll auch die gesetzlichen und finanziellen Voraussetzungen für die Ansetzung von Flüchtlingsbauern auf „Auslauf - Höfen" oder „Wüsten Höfen" schaffen. Nach angemessener Bewährungsfrist ist eine käufliche Erwerbung solcher Höfe durch die Flüchtlingsbauern zu begünstigen. Im Falle der Nichtbewährung oder der Abwanderung der Flüchtlingsbauern ist auf die Vermehrung der Bodenreserven der Gemeinden Bedacht zu nehmen.

7. Die im Rahmen der „Sofort - Hilfe" vorgesehene Umschulungshilfe ist als Zugang zu beruflicher Vielseitigkeit für einen größtmöglichen Teil der jüngeren Heimatvertriebenen im Bundesmaßstabe zu organisieren. Ferner wäre die Gewährung von Studiendarlehen an begabte Flüchtlingskinder in Erwägung zu ziehen. Die Verarmung der Eltern würde sonst vielen jungen Talenten aus den Kreisen der Vertriebenen den Zutritt zu den höheren Schulen versperren.

8. Bundeshilfe sei auch zur Bergung des geistigen Kapitals der Ausgetriebenen gewährt. Die Universitäten von Königsberg, Breslau und Prag sowie die Technischen Hochschulen und anderen hohen Schulen der Ostgebiete verkörperten wertvolle wissenschaftliche Traditionen, die vor der Auslöschung bewahrt werden sollten.

9. Im Rahmen der zu errichtenden Auslandsvertretungen des Bundes ist für eine Betreuung der speziellen Export-Interessen der Neubürger-Industrien Sorge zu tragen.

Wo immer die Einheitlichkeit der Verwaltung es zulässt, befürworten wir eine gesetzlich festgelegte Berücksichtigung der Ansprüche der Neubevölkerung. Im Bundesdienst soll sie nach Maßgabe ihres Anteils an der Gesamtbevölkerung vertreten sein. Zur Durchführung dieser Maßnahmen wäre ein besonderes Ministerium zu schaffen, welches neben Fragen der Heimatvertriebenen auch die damit verbundenen Aufbauprobleme (Raumordnungsplanung, Wohnungsbau und Siedlungswesen) betreut.

Von der gesamten Bundesregierung erwarten wir auch, dass sie im Rahmen ihrer Befugnisse als Anwältin aller durch die Austreibungen betroffenen Volksgenossen auftritt. In diesem Zusammenhang verweisen wir auf das traurige Schicksal der noch in den Austreibungsländern lebenden Deutschen. Sowohl die Zustände in den dortigen Arbeitslagern, als auch die vielfach ohne Rücksicht auf persönliche Verfehlungen gefällten Volksgerichtsurteile bedürfen einer internationalen Überprüfung. Darüber hinaus wird es Sache der deutschen Bundesregierung sein, alle jene Vorkehrungen zu treffen, welche zu einer wirksamen Vertretung der Sache der Heimatvertriebenen vor einer kommenden Friedenskonferenz notwendig sind.

Deutsche Selbsthilfe und internationale Hilfe

Eine großzügige Hilfeleistung für die nach Millionen zählende Neubevölkerung wird bedeutende Bundesmittel erfordern. Durchgreifende Maßnahmen, wie etwa die Verbindung von Wohnraumbeschaffung mit dem produktiven Einsatz der Flüchtlinge, bedürfen einer Sonderfinanzierung. Außerdem besteht die Gefahr, dass ohne planvolle Kreditlenkung das Schwergewicht der Altbürgerinteressen auf dem Kapitalmarkt gegenüber dem Kreditbedarf der Neubürger obsiegen wird. So mündet die Aufgabe einer wirksamen und praktischen Hilfeleistung an die Massen der Vertriebenen in das Problem der Investitionsplanung auf der Bundesebene.

Auf dem deutschen Kapitalmarkt werden jedoch auf absehbare Zeit die verschiedensten vordringlichen Ansprüche um die Oberhand ringen. In Wahrheit besteht neben dem allgemeinen Wiederaufbauproblem in Westdeutschland noch ein zusätzliches Problem der Finanzierung des produktiven Einsatzes der Flüchtlingsbevölkerung. Nach menschlichem Ermessen werden die deutschen Hilfsquellen nicht ausreichen, um diese beiden Aufgaben nebeneinander zufriedenstellend zu bewältigen. Solange die Demontage von Betrieben weitergeht, welche eben so gut der Friedenswirtschaft dienen könnten, wie sie der Kriegswirtschaft gedient haben, solange der deutsche Außenhandel schmerzlichen Beschränkungen unterliegt und solange die Höhe der deutschen Reparationslasten noch unbekannt bleibt, ist die wirtschaftliche Zukunft sowohl der Altbevölkerung, als auch der Neubevölkerung höchst ungewiss. Bei den Existenzfragen einer entwurzelten Menschenschicht von solcher Stärke handelt es sich jedoch um ein Zentralproblem der politischen Stabilität Westdeutschlands und Westeuropas schlechthin. Darum begrüßen wir die Anregungen der Weltkirchen-Tagung in Hamburg (Februar 1949), welche zum ersten Male das große Problem der deutschen Heimatvertriebenen in das Licht internationaler Betrachtung gerückt hat. Von dort ging auch der großherzige Gedanke aus, einen Teil der Marshall-Hilfe für Zwecke der Selbsthilfe der deutschen Flüchtlingsbevölkerung abzuzweigen. Obwohl es der Hilfsbereitschaft der in Frage kommenden Auslandsstellen überlassen bleiben muss, in welchem Ausmaß sie den heimatvertriebenen Deutschen

Hilfe gewähren wollen, seien hier einige Aufgaben erwähnt, welche über die Kraft der deutschen Selbsthilfe hinausgehen:

1) *Befürsorgung von Flüchtlingskindern, Müttern und Kranken*

   In diesen Bereich fällt das Bekleidungs-Problem kinderreicher Flüchtlingsfamilien, welches nach den erlittenen totalen Verlusten unlösbar ist, auch wenn der Ernährer im Normalverdienst steht. Außerdem bedürfen Kinder und Mütter, deren Gesundheit im Zuge der Ausweisung gelitten hat, der Rückführung in einen normalen Ernährungszustand. Auch den anderen Flüchtlingen, die Gesundheitsschäden davontrugen, sollte zur Wiedergewinnung ihrer Arbeitsfähigkeit verholfen werden. Die Einschaltung ausländischer Hilfsmissionen in diesen Prozess der menschlichen Rehabilitierung würde manchen Lichtstrahl in Flüchtlingsbaracken und Elendsquartiere hereintragen.

2) *Förderung der Selbsthilfe der Vertriebenen*

   Sobald die vorhin skizzierte Einzel- und Gemeinschaftshilfe für die Vertriebenen in Gang kommt, wird mancher Engpass bei der Beschaffung von Materialien und Geräten zu überwinden sein. Die Bau- und Siedlungsgenossenschaften der Flüchtlinge könnten rascher Obdach schaffen, wenn sie aus der Marshall-Hilfe mit modernen Baumaschinen ausgerüstet würden. Ebenso würde die Zuweisung von Lastkraftwagen und Treibstoff ihre Transportprobleme erleichtern. Gleichermaßen könnte der neue Start von Flüchtlingsbauern durch Beistellung landwirtschaftlicher Geräte und Maschinen erfolgreicher gestaltet werden.

3) *Freigabe von Grundstücken und Gebäuden*

   Der Aufbau von Industriesiedlungen würde durch die definitive Zuweisung von früherem Wehrmachtsgelände und den dazu gehörigen Gebäuden wirksam unterstützt werden. Ferner wäre vor der Zerstörung der Betriebsanlagen demontierter Werke zu prüfen, ob diese nicht zur Unterbringung von Friedensindustrien der Flüchtlingsbevölkerung geeignet wären. Auch die unentgeltliche oder verbilligte Überlassung von Kleinmaschinen demontierter Betriebe würde die industrielle Selbsthilfe der Vertriebenen fördern.

4) *Finanzierung von industriellen Gruppen-Siedlungen*

   In den verschiedenen deutschen Ländern liegen Projekte zur Ansiedlung ganzer Gruppen von Flüchtlingsindustrien vor, welche in Gefahr sind, bei einer längeren Dauer der Entwurzelung ihre besten Fachkräfte zu verlieren. Die Verpflanzung solcher Industriegruppen in verkehrsgünstige Gebiete Westdeutschlands würde dem allgemeinen Wiederaufbau dienen.

5) *Finanzierung von bürgerlichen Mustersiedlungen*

   Die Ausschöpfung der bäuerlichen Siedlungsmöglichkeiten ist nicht zuletzt eine Frage der Geldbeschaffung für die Erstellung der Wohn- und Wirtschaftsgebäude, ferner für lebendes und totes Inventar. Es wäre da und dort möglich, bäuerliche Mustersiedlungen auf Gelände zu errichten, welches durch die Bodenreform oder durch Entmilitarisierung gewonnen wurde. Vielfach könnte damit eine Besserung der Verkehrsverhältnisse und der Wasserversorgung verbunden werden, welche auch der benachbarten Bevölkerung zustatten käme. In solchen Sonderfällen würde der Pioniercharakter des Siedlungsvorhabens eine zusätzliche Finanzierung aus den Mitteln der Marshall-Hilfe rechtfertigen.

6) *Auswanderungshilfe*

Seit 1933 ist der natürliche Abfluss auswanderungslustiger Deutscher in die Einwanderungsländer der neuen Welt erschwert oder ganz abgedrosselt worden. Dieses aufgespeicherte Auswanderungsbedürfnis wird nun durch die Erwartung vieler Flüchtlinge verstärkt, dass in der Auswanderung ihre einzige Zukunft liege. Auswanderungshilfe wäre begründet, wo eine überseeische Existenzgründung gesichert erscheint, ohne dass der deutschen Wirtschaft unentbehrliche Fachkräfte verloren gehen. Dollarhilfe zur Bezahlung oder Bevorschussung der Fahrtkosten in aussichtsvollen Auswanderungsfällen wäre zumindest eine provisorische Lösung.

7) Schließlich wäre es eine wesentliche *moralische Hilfe*, wenn die höheren Schulen und Universitäten demokratischer Länder wenigstens in beschränktem Maße Freiplätze für Studenten aus dem Sektor vertriebener Deutscher zur Verfügung stellen könnten. Dies würde es solchen jungen Menschen ermöglichen, über ihr bitteres Jugenderlebnis hinauszuwachsen

Deutsche Selbsthilfe und internationale Hilfe für die Vertriebenen müssen einander ergänzen. Vor allem muss aber die deutsche Flüchtlingshilfe bis an die Grenze ihrer Möglichkeiten vorangetrieben werden. Das ist die Voraussetzung internationaler Hilfe.

Wir und Europa

Es ist zur Zeit noch unüberblickbar, welcher Teil der Flüchtlingsbevölkerung dauernd in der neuen Heimat eingegliedert werden könnte. Niemand kann voraussagen, für wieviel Menschen Westdeutschland oder Potsdam-Deutschland[51] nach dem Auslaufen der Marshall-Hilfe Existenzmöglichkeiten bieten werden. Soviel ist aber gewiss, dass ein ungesunder bevölkerungspolitischer Spannungszustand andauern wird, solange in Restdeutschland 197 Menschen pro qkm zusammengepfercht sind, während in Polen nur 77, in Frankreich und in der Tschechoslowakei 95 Einwohner auf gleicher Fläche leben. In den Austreibungsgebieten selbst weisen sogar die offiziellen Warschauer und Prager Statistiken ausgesprochene bevölkerungspolitische Hohlräume aus, so in den deutschen Ostprovinzen bloß 48 Personen pro qkm, im Böhmerwald 55 und im Egerland 66. Damit sind bedeutsame landwirtschaftliche und industrielle Hilfsquellen Europas teils brachgelegt, teils einer jammervollen Verwahrlosung ausgeliefert. Eine Fortdauer dieses Zustandes liegt nicht im Interesse unseres Erdteils, wenn er eines Tages wieder von amerikanischen Almosen unabhängig werden soll.

Die Massenaustreibungen haben darüber hinaus die austreibenden Völker in eine tiefe politisch - moralische Krise gestürzt. Ein Milliardenraub ist ihnen unter den Fingern zerronnen. Ihr Schuldbewusstsein erleichterte die Machtbefestigung der Kommunisten.

---

51 Gemeint die von den Vier Besatzungsmächten – wie im Potsdamer Abkommen festgelegt – verwalteten Teile des Deutschen Reiches.

In dem gleichen Prozess der Russifizierung Böhmens und Mährens haben die Sudetendeutschen ihre Heimat und die Tschechen ihre Freiheit verloren. Wollen Polen und Tschechen nicht auf die Befreiung durch einen Atombombenkrieg warten, dann bleibt ihnen nur die Wahl zwischen völliger Sowjetisierung und einem neuen Verhältnis zum deutschen Nachbarvolke. Im Zeichen einer demokratischen Neuordnung Europas kann daher die Wiedergutmachung der Austreibungen kein unlösbares Problem darstellen.

Wir warnen die deutschen Heimatvertriebenen vor Hoffnungen auf einen dritten Weltkrieg, der ihre neue Heimat gefährden würde, ohne ihnen die alte zurückzugeben. Wir warnen auch vor allfälligen Rückkehreinladungen der Warschauer und Prager Machthaber, oder ähnlichen Angeboten sowjetischer Stellen. Sie wären bloß Sklavenwerbung. Wirksam helfen kann uns nur die Wiederherstellung der Menschenrechte für ganz Europa. Dazu können wir durch die Mitarbeit beim Aufbau eines demokratischen und sozialen Westdeutschlands beitragen. Westdeutschland muss ein Magnet der Freiheit werden.

Indessen möge die Welt aber wissen, dass die vertriebenen Deutschen ihren auf der Aufbauleistung von Jahrhunderten begründeten Heimatanspruch niemals aufgeben werden.

Hannover, den 30.Mai 1949

Heinrich Albertz, Hannover
Ewald Bitom, Straubing /Bayern
Ferdinand Bund, Frankfurt/M
Walter Damm, Kiel
Wenzel Jaksch, Hannover
Anni Krahnstöver, Kiel
Bruno Leddin, Hannover
Alfred Metz, Hamburg
Willy Moritz, Neumünster
Dr. Willibald Muecke, München
Ernst Paul, Stuttgart
Richard Reitzner, München
Alfred Schneider, Lohne
Fritz Sporn, Braunschweig
Ernst Zimmer, Hannover

Anlage 8
Rundschreiben des PV vom 23. Juni 1949 an alle Bezirksvorstände zur Durchführung eines besseren innerparteilichen Finanzausgleichs
Hektogr. Rundschreiben Nr. 12/49 d. Referats Finanzen und Verwaltung1 S., in den Beilagen zum Protokoll („Anl. 8")

Betr.: PV-Anteil aus Sammlungen und Spenden

Werte Genossen![52]

Der Parteivorstand beschloss in seiner Sitzung vom 1. u. 2.6.1949 in Hannover, dass ab sofort zur Durchführung eines *besseren inneren Finanzausgleichs* die Bezirksorganisationen neben dem Anteil am Erlös des Beitragsmarkenumsatzes von allen *Einnahmen aus Sammlungen und Spenden 15 % der erzielten Beträge* an den PV abführen sollen.

Ergänzend dazu bemerken wir, dass dieser Beschluss insbesonders für Sammlungen gilt, die anlässlich der Bundestagswahl veranstaltet werden und im übrigen sind Sammlungen aller Art gemeint; z. B. Einnahmen aus
1) dem Umsatz der Wahlfondsmarken
2) Listensammlungen
3) Spendeneinzahlungen auf Bank- u. Postscheckkonto
4) Spenden, die bar eingezahlt werden.

Für diesen Beschluss waren folgende Gründe maßgebend:

Während eine Reihe von Bezirken nach fast einem Jahr Abstand von der Währungsreform eine gewisse, wenn auch bescheidene finanzielle Konsolidierung erreicht haben, sind durch eine ungünstigere wirtschaftliche und soziale Struktur bei anderen Bezirken die *Einnahmen bedrohlich rückläufig* geworden. Arbeitslosigkeit und hoher Anteil von Flüchtlingen innerhalb der Mitgliedschaft erklären Absinken der Beitragsleistung sowie weitere Verringerung des Beitragsaufkommens durch kleineren Absatz der höheren Wertmarken zu Gunsten des 0,50 DM und 0,25 DM - Beitrages,

Nach uns vorliegenden Berichten sind u. a. in *Schwaben 69 %* und in *Schleswig-Holstein 65 %* aller Mitglieder *Flüchtlinge.* Die Erwerbslosigkeit unserer Parteimitglieder wird für *Schwaben mit 31 %* und für *Schleswig - Holstein mit 45 %* beziffert.

Der PV ist der Auffassung, dass für die finanziell gefährdeten Bezirke durch einen inneren Finanzausgleich zentrale Hilfe geboten ist, um entscheidende organisatorische und politische Rückschläge für die Gesamtpartei zu vermeiden.

Wir sind überzeugt, dass alle Bezirksvorstände der Entscheidung des PV das notwendige Verständnis entgegenbringen und für eine loyale Durchführung sorgen.

Mit Parteigruß
(gez.) Nau

---

52 Das Schreiben war auch an die Mitglieder der Kontrollkommission „zur Kenntnisnahme" gerichtet.

Nr. 10
Sitzung des Parteivorstandes am 29. und 30.6.1949 in Hannover

AdsD: 2/PVAS000688 *(4 S., maschinenschriftl., m. handschriftl. Ergänzungen)*[1]

Leitung der Sitzung: **Erich Ollenhauer**
Anwesend: siehe Liste
[Teilnehmer /Teilnehmerinnen, nach Funktionen geordnet[2]:
    PV:[3] *Schumacher, Ollenhauer;*
        Franke, Gotthelf, Heine, Kriedemann, Nau;
        Albrecht, Bögler, Eichler, Gayk, Görlinger, Grimme, Gross, Henßler, Kaisen, Knoeringen,
        Meitmann, Menzel, Neumann, Reuter, Schroeder, Selbert
    Mitarbeiter des PV: *Brandt*]

Tagesordnung:[4]
1) Beschlussfassung über den Wahlaufruf der Partei
2) Stellungnahme zu den Resultaten der Pariser Außenministerkonferenz
3) Bericht der Siebener Kommission über die Kandidaturen zum Bundestag
4) Bericht über die Verhandlungen über das Wahlgesetz und den Überleitungsausschuss
5) Stellungnahme zum Urteil im Prozess des Genossen Kriedemann gegen Müller
6) Bericht über die Gründung des Deutschen Rates der Europa-Bewegung
7) Internationales: a) Einladung der Internationale zu einer Expertenkonferenz, in Schweden, Einladung zum Parteitag der französischen Sozialisten, c) Einladung zum Parteitag der dänischen Sozialdemokratie.
8) Ort und Termin der nächsten Parteivorstandssitzung

Zu **Punkt 2** der Tagesordnung (**Pariser Außenministerkonferenz**):
    Schumacher nimmt Stellung zur Außenministerkonferenz und äußert sich skeptisch gegenüber der im Ausland vielfach vertretenen Ansicht, dass das Ergebnis von Paris einen Erfolg darstelle und eine wesentliche Entspannung der politischen Atmosphäre gebracht hätte. Den Russen lag, mit Rücksicht auf die Situation in den Satellitenstaaten, an einer Atempause, und in diesem Punkte hatten sie Erfolg. Die sich anbahnenden wirtschaftli-

---

1 Die Einladung zu dieser Sitzung mit Bekanntgabe der „vorläufigen Tagesordnung" erfolgte durch ein hektographiertes Rundschreiben des Parteivorstandes vom 20.6.1949, das sich in den Beilagen zum Protokoll befindet. Das Kommuniqué (Sopade Informationsdienst Nr.815 v.6.7.1949) wird hier als Anlage 1 zum Protokoll abgedruckt.
2 Die folgenden Angaben wurden der Anwesenheitsliste in den Beiakten zum Protokoll und Angaben im Protokoll entnommen; für die Teilnehmer an allen Vorstandssitzungen 1948-50 vgl. Anhang 1.
3 Von den Mitgliedern des PV trugen sich *Baur, Fischer, Knothe, Krahnstöver, Schmid* und *Schoettle* nicht in die Anwesenheitsliste ein.
4 Die Tagesordnung wird hier nach dem vollständigeren Wortlaut in der „vorläufigen Tagesordnung vom 20.6.1949 abgedruckt.

chen Beziehungen zwischen West- und Ostdeutschland müssen eindeutig unter der Verantwortung der Alliierten stehen, denn jeder Warenverkehr vom Westen nach dem Osten unterliegt den russischen Einwirkungsmöglichkeiten. Die Belebung der ökonomischen Beziehungen darf keinesfalls die politisch - moralische Anerkennung der östlichen Verhältnisse nach sich ziehen.[5]

Eichler glaubt, dass die Westalliierten froh sind, dass Paris nicht die Einigung Deutschlands brachte.[6]

Kaisen meint, dass wir um den föderativen Aufbau Deutschlands schon darum nicht herumkommen können, weil damit unser Verhältnis zu Frankreich entschieden wird. Jetzt müssten wir gesunde Investitionspläne entwerfen, die den miserablen Pünder schen Plänen entgegengesetzt werden können.

Schumacher erklärt, dass England während der ganzen Zeit der Blockade[7] das Geschäft mit den Russen über Polen gemacht habe. Er wünsche, dass auch zur nächsten Nadolny - Konferenz[8] kein Sozialdemokrat erscheint.

Punkt 3 der Tagesordnung (**Kandidaturen zum Bundestag**):

Ollenhauer berichtet über die Arbeit der Siebener Kommission [des PV][9] und erbittet Vollmacht, dass diese Kommission noch 2 Sitzungen zur Prüfung und Koordinierung der Wahlvorschläge abhalten darf. Aus Rheinland-Pfalz sei der Vorschlag gekommen, dem Genossen Jacob *Steffan* die Kandidatur zum Bundestag zu gestatten. Die Kommission hat dem nicht stattgegeben. Kurt *Schumacher* hat zugesagt, in Rheinland-Pfalz zur Wahl zu sprechen. Die Frage der Doppelkandidaturen wird in Nordrhein-Westfalen und Schleswig-Holstein akut, weil dort im nächsten Frühjahr Landtagswahlen stattfinden. Die Kommission stimmt Bundestagskandidaturen zu, wenn Listenmandanten sofort ihr Landtagsmandat niederlegen oder Wahlkreismandanten, deren Ausscheiden eine Nachwahl erforderlich machen würde, sich verpflichten, im nächsten Frühjahr nicht wieder zu kandidieren.

Der PV stimmt dieser Regelung zu.

Punkt 4 der Tagesordnung (**Wahlgesetz und Überleitungsausschuss**)):

Ollenhauer berichtet über die Bildung des Überleitungsausschusses, bestehend aus den 12 Ministerpräsidenten, 18 Mitgliedern des Parlamentarischen Rates und 6 Mitgliedern des Frankfurter Wirtschaftsrates. Dieser Ausschuss bildete seinerseits Koordinie-

---

5 Im Kommuniqué wurde dieser Tagesordnungspunkt ausführlich behandelt, vgl. Anlage 1.
6 In ihren Notizen erwähnt L. *Albrecht* einen Hinweis von Eichler auf die Angst des Westens vor der deutschen Wirtschaft, Notizen a.a.O.
7 Zur Berliner Blockade und zur Luftbrücke vgl. PV-Protokolle Bd. 1, S. XCVIII.
8 Am 13.3.1949 hatten sich in Godesberg auf Initiative des pensionierten Spitzendiplomaten der Weimarer Republik Rudolf Nadolny (1873-1953) ein Kreis von Politikern getroffen, um über Fragen der deutschen Einheit zu diskutieren. Am 25. August 1949 fand ein zweites solches Treffen in Godesberg statt. Schumacher verdächtigte Nadolny bereits Ende 1947, mit seinen gesamtdeutschen Initiativen im Auftrag der Sowjetunion zu handeln, K.Schumacher, Reden-Schriften-Korrespondenzen, S. 538 f., 644 u. 696.
9 Zur „Siebener-Kommission des PV", die die Koordination der Auswahl der Bundestagskandidaten übernehmen sollte, vgl. Einleitung.

rungsausschüsse für die Detailfragen. Diese Ausschüsse haben nicht das Recht, Personalvorschläge zu machen.

In Bayern wurde verfügt, dass die Flüchtlinge gesondert wählen. Es werden z.Z. Einspruchsmöglichkeiten gegen diese Regelung erwogen.

Menzel erklärt dazu, dass der Parl. Rat das Wahlsystem zu bestimmen hat. Es wurde in Bonn festgelegt, dass keine Zwischenwahlkreise zulässig seien. Die Landesregierungen sind lediglich für die technische Durchführung und die Wahlkreisabgrenzung zuständig. Völlig unklar wäre ja auch, was denn in Bayern mit den Reststimmen geschieht.

Ollenhauer erklärt nach kurzer Diskussion, dass wir nicht zulassen dürfen, dass es bei der Wahl zweierlei Staatsbürger gibt. Wir sollten im Kommuniqué zum Ausdruck bringen, dass die bayerische Regierung nicht berechtigt sei, das Wahlsystem zu ändern. Unsere bayerischen Genossen sollten beim Staatsgerichtshof Klage erheben. Die Gouverneure sollten durch Willy *Brandt* über unseren Standpunkt in dieser Frage informiert werden.

Gayk wünscht, dass der PV zur Haltung *Lüdemanns* und *Stocks* bei Abfassung der Präambel zum Wahlgesetz Stellung nimmt.

Heine fordert, dass unsere Genossen im Überleitungsausschuss darauf dringen, dass auch Sozialdemokraten vom Organisationsausschuss als Experten gehört werden und nicht nur die Direktoren des Wirtschaftsrates. Unser Verfassungspolitischer Ausschuss solle sich angesichts der umfangreichen Tätigkeit der Frankfurter Stellen sehr schnell mit dem Problem befassen.

Menzel stellt die Frage, ob wir nicht bereits jetzt in diesen Ausschüssen uns auf die Organisation des Bundes festlegen sollten.

Schumacher beantragt, dass der PV die Haltung *Lüdemanns* und *Stocks* in der Wahlgesetzfrage missbilligt.

Ollenhauer ist der Auffassung, dass die Vorschläge der Unterausschüsse des Überleitungsausschusses sogleich nach Fertigstellung in unserem Verfassungspolitischen Ausschuss geprüft werden.

Die Missbilligung der Haltung der Genossen Lüdemann und Stock, die schriftlich übermittelt werden soll, wird vom PV gegen eine Stimme (*Kaisen*) beschlossen.[10]

Punkt 5 der Tagesordnung (**Prozess** *Kriedemann*)

Ollenhauer betont nochmals, dass der Prozess gegen *Müller* nichts ergeben hat, was nicht auch z.Z. der eingehenden Untersuchung durch die KK bekannt war. Die Partei habe keinerlei Veranlassung, vom damals ausgesprochenen Vertrauen abzugehen. (s. Anlage [2 a u. 2 b][11])

Henßler erklärt zu der vorgelegten Stellungnahme (Anlage [2 a][12]), dass man unmöglich Kriedemann mit der Aufforderung an die anderen, sich im eigenen Laden umzuse-

---

10 Im Kommuniqué wird diese Missbilligung nicht erwähnt.

11 In der Vorlage „1 und 1 a". In den Beiakten zum Protokoll befinden sich zwei Stellungnahmen zum Urteil im Prozesse Kriedemanns gegen Müller, eine längere vierseitige (Anlage „I") und eine kürzere „geänderte u. gültige Fassung" („I A"). Sie werden hier als Anlagen 2a und b abgedruckt.

12 In der Vorlage „1".

hen, verteidigen könne. Er hält die Erklärung nicht zur Veröffentlichung geeignet. Wenn Kriedemann in seinem Wohnbezirk Hannover kandidiert, dürfte damit auch das Vertrauen ausgesprochen sein.

Eichler meint, dass wir ohne schriftliche Urteilsbegründung nicht Stellung nehmen können.

Henßler gibt weiter zu bedenken, ob man nicht die Nominierung Kriedemanns durch den Bezirk abwarten sollte, damit es nicht evtl. heißen kann, dass der PV vom Bezirk korrigiert wurde.

Ollenhauer schließt mit der Feststellung, dass die vorliegende Erklärung verkürzt und vorläufig nicht veröffentlicht wird.

Zwischenbericht über Angelegenheit Hoegner[13]

Knoeringen berichtet über die Haltung Hoegners zum Grundgesetz, der nach vielerlei Reservationen im Landtag doch zustimmte, sowie über seine Reise zum Kongress der „moralischen Aufrüstung"[14] in Caux, obgleich seine Anwesenheit auf dem Landesparteitag in Rosenheim erforderlich gewesen wäre. Der Parteitag beschloss, gegen nur 11 Stimmen, dass *Hoegner* aus dem Landesausschuss auszuscheiden habe. Die Fraktion beschloss jedoch, nach einer Rechtfertigungsrede Hoegners, die Wiederaufstellung, vorausgesetzt, dass er eine Zustimmungserklärung zu der in Rosenheim festgelegten Linie der Partei abgibt.

Punkt 1 der Tagesordnung (Wahlaufruf):

Henßler spricht sich gegen die im Wahlaufruf (siehe Anlage [3][15] verwandten Formulierungen in der Frage des Elternrechts aus.

Schumacher regt Einsetzung einer Redaktionskommission an. Er schlägt *Eichler* vor.

Eichler wünscht eine kurze statistische Darstellung der Entwicklung des Lebensstandards.

Ollenhauer stellt nach kurzer Diskussion abschließend fest, dass der vorliegende Entwurf der Redaktionskommission als Grundlage dienen solle. Veröffentlichung: 9.7.1949.

Gross und **Heine** widersprechen der Auffassung *Meitmanns*, dass wir es den parteinahen Zeitungen zur Auflage machen sollten, das Wahlprogramm in bestimmter Form an erster Stelle zu bringen. Sie verweisen auf die Auflagenhöhe der Zeitungen, die oft um ein Zehnfaches die Zahl der Mitglieder übersteigt.

Bericht über Wahlbündnis in Südschleswig

Gayk berichtet, dass der Bezirksvorstand sich gegen ein Wahlbündnis der deutschen Parteien in Südschleswig ausgesprochen habe, während der Kreisverein Flensburg dafür eintritt. Danach soll in Flensburg das Mandat an die SPD, in Husum an die CDU fallen.

---

13 Nicht in der vorläufigen Tagesordnung vom 20.6.1949.
14 Zur „Moralischen Aufrüstung" vgl. Einleitung S. XLI.
15 In der Vorlage „II".

Er sei der Auffassung, dass die Stimmen, die wir in Schleswig gewinnen würden, mehr-fach verloren gehen würden durch den verwaschenen Wahlkampf, den wir dann zu führen gezwungen wären.

Ollenhauer spricht sich ebenfalls gegen das Wahlbündnis aus. Das Verhältnis zur dä-nischen Sozialdemokratie verlange, dass wir uns von deutschnationalen Tendenzen fern-halten.

Der PV stimmt dem zu.[16]

Punkt 7 (Internationales)

Expertenkonferenz der COMISCO im September in Schweden.

Der PV delegiert zu dieser Konferenz: Harald *Koch,* Ludwig *Preller* und Rudolf *Pass.*

Parteitag der SFIO in Paris. [15.-17.7.49]

Der PV delegiert: Franz *Bögler*, Franz *Neumann*, Willi *Eichler.*

Parteitag der dänischen Partei in Aarhus. [4.-7.9.49]

Der PV delegiert: *Ollenhauer, Gayk, Gotthelf.*

Punkt 6 der Tagesordnung:[Deutscher Rat der Europäischen Bewegung][17]

Eichler berichtet über die Konstituierung des deutschen Rates der europäischen Be-wegung. (siehe Anlage [4][18])

Nachtrag zu Punkt 3 (Kandidaturen)

Ollenhauer gibt bekannt, dass der Bezirk Süd-Württemberg die Genehmigung der Doppelmandate für den Genossen *Kalbfell*[19] und die Genossin Dr. *Metzger* beantragte. Der PV lehnt diesen Antrag ab.

Kommunalpolitische Zeitung

Ollenhauer gibt bekannt, dass geplant sei, noch in diesem Jahr eine kommunalpoliti-sche Zeitung bei der Zentrale in Hannover herauszugeben.

Der PV beschließt einstimmig, dass noch in diesem Jahre eine zentrale kommunalpo-litische Zeitung in Hannover herausgegeben wird. Auf die Genossen in Nordrhein-Westfalen soll dahingehend eingewirkt werden, dass die Herausgabe einer eigenen kom-munalpolitischen Zeitung unterbleibt.

---

16 Nach dem Kommuniqué wandte sich der PV nach einem Bericht Waldemar von *Knoeringens* auch noch entschieden gegen Pläne der bayerischen Regierung zur Einrichtung besonderer Flüchtlingswahlkreise, da sol-che die Flüchtlinge zu Bürgern zweiter Klasse stempeln würden, vgl. Anl. 1, Abschnitt „Flüchtlinge keine Bür-ger zweiter Klasse".

17 In der Vorlage „Europa - Rat".

18 Die in den Beilagen zum Protokoll handschriftlich mit „III" bezeichnete Vorlage von Gerhard *Lütkens* über die Konstituierung des Deutschen Rates der Europäischen Bewegung wird hier als Anlage 4 abgedruckt.

19 Kalbfell kandidierte 1949 für den BT in Reutlingen und auf der Landesliste Württ.-Hoh., er gehörte dem Bundestag bis 1953 an.

Punkt 8 der Tagesordnung: **Nächste Sitzung des PV** voraussichtlich erst nach dem 14. August 1949.

Anlage 1
Kommuniqué der Sitzung
Sopade Informationsdienst Nr.815 v.6.7.1949

Am 29. und 30. Juni tagte der Vorstand der SPD vermutlich zum letzten Male vor den Wahlen zum westdeutschen Bundesparlament.

Politisches Referat Dr. Schumachers

Eingeleitet wurden die Beratungen durch ein Referat des Vorsitzenden Dr. Kurt *Schumacher* über das Ergebnis der Pariser Außenministerkonferenz. Schumacher war skeptisch gegenüber der im Ausland vielfach vertretenen Ansicht, dass das Ergebnis von Paris einen Erfolg darstelle und eine wesentliche Entspannung der politischen Atmosphäre gebracht habe. Die Russen hätten, vor allem im Hinblick auf die Situation in den Satellitenstaaten, in Paris auf eine Atempause taktiert und zumindest in diesem Punkt Erfolg gehabt.

Zu den ausländischen, insbesondere französischen Bestrebungen, in einem bestimmten Sinne auf die innerdeutsche Entwicklung Einfluss zu nehmen, erklärte Dr. Schumacher: 'Eine Föderalisierungspolitik mit dem Ziel einer absoluten Schwächung Deutschlands kann von der Sozialdemokratie nicht als Grundlage einer vernünftigen politischen Arbeit anerkannt werden. Eine künftige westdeutsche Bundesregierung mag nach ihrer Parteienzusammensetzung aussehen wie sie will. Es wäre aber in jedem Fall verderblich, wenn man bei ihrer Bildung auf Pressionen der Besatzungsmächte eingehen wollte!'

Sich neu anbahnende wirtschaftliche Beziehungen zwischen West- und Ostdeutschland müssten eindeutig unter der Verantwortung der Alliierten stehen, denn jeder Warenverkehr vom Westen nach dem Osten unterliege russischen Einwirkungsmöglichkeiten. Aus einer Belebung der ökonomischen Beziehungen dürfe in keinem Fall auf die politisch-moralische Anerkennung der östlichen Verhältnisse geschlossen werden.

An die Rede Dr. Schumachers schloss sich eine kurze Diskussion.

Die Wahlvorbereitungen des PV

Mehrere Punkte der Tagesordnung standen im Zusammenhang mit Fragen der Wahlvorbereitung. Es wurde der Entwurf eines Wahlaufrufs der SPD vorgelegt und gründlich diskutiert. Ein Redaktionskomitee wird geäußerte Ergänzungswünsche einbauen. Mit der Bekanntgabe des Aufrufes ist in gut einer Woche zu rechnen.

Die Benennung der Kandidaten für die Bundestagswahlen wird voraussichtlich Mitte Juli vollständig sein. Es wurde nochmals unterstrichen, dass Kandidaturen von Landesministern und Abgeordneten in Landtagen für das kommende Bundesparlament nicht zulässig sind, wenn nicht in Einzelfällen entscheidende Gründe eine Doppelkandidatur doch ratsam erscheinen lassen.

Vertrauen für Kriedemann bleibt aufrechterhalten

Der Parteivorstand befasste sich noch einmal mit den Beschuldigungen, die gegen das Vorstandsmitglied Herbert *Kriedemann* erhoben worden sind. Sie stellen nach der einhelligen Ansicht des Parteivorstandes nichts anderes als den Versuch politischer Gegner der Sozialdemokratie dar, am Beginn des Wahlkampfes aus einem Material Nutzen zu ziehen, das auch ihnen seit Jahren bekannt ist. Irgendwelche neuen Momente sind auch in dem kürzlich in Hannover geführten Verfahren nicht aufgetaucht, so dass der Parteivorstand keine Veranlassung hatte, von seinem bisherigen Standpunkt abzugehen, den er bereits im Frühjahr 1948 als Ergebnis gründlicher Untersuchungen eingenommen hatte. Damals sprach der Parteivorstand bei einer Stimmenthaltung Kriedemann das Vertrauen aus.

Flüchtlinge keine Bürger zweiter Klasse

Nach einem Bericht Waldemar von *Knoeringens* wandte sich der Parteivorstand entschieden gegen die Einrichtung von Flüchtlingskreisen in Bayern, die ein direkter Verstoß gegen Sinn und Wortlaut des Bundeswahlgesetzes sei. Die Flüchtlinge würden dadurch zu Staatsbürgern zweiter Klasse gestempelt, wogegen sich die SPD stets gewandt habe.

Der Parteivorstand billigte dann aus Gründen, die mit dem Verhalten der CDU zusammenhängen, den Beschluss des Bezirksvorstandes Schleswig-Holstein, bei den kommenden Bundestagswahlen kein Wahlbündnis mit der CDU einzugehen, wie es bei den letzten Gemeindewahlen in diesem Lande bestanden hatte.

Delegationen zu internationalen Tagungen

Schließlich wurde die Entsendung von Delegationen zu verschiedenen internationalen Tagungen beschlossen. Danach werden an einer Expertenkonferenz der Sozialistischen Internationale (COMISCO) im September in Schweden, bei der eine Reihe praktisch sehr wichtiger wirtschaftspolitischer Fragen behandelt werden sollen, von der SPD teilnehmen die Wirtschaftsminister von Hessen, Harald *Koch*, und von Schleswig-Holstein, Ludwig *Preller*, sowie der wirtschaftspolitische Referent beim Parteivorstand, Rudolf *Pass*. Zur Teilnahme am Parteitag der französischen Sozialisten vom 15. bis 18. Juli in Paris wurden Franz *Bögler*, Neustadt (Weinstraße), Willi *Eichler*, Köln, und Franz *Neumann*, Berlin, bestimmt. Es ist dies das erste Mal nach dem Ende des Krieges, dass eine sozialdemokratische Delegation als offizielle Parteivertretung an einem französischen Parteitag teilnimmt. Schließlich werden zum 25. Kongress der dänischen Sozialdemokratie vom 4. bis 7. September Herta Gotthelf und Erich Ollenhauer und Andreas Gayk, Kiel, nach Aarhus fahren.

Anlage 2
Stellungnahmen zum „Fall Kriedemann"
Hektogr. Papiere in den Beiakten zum Sitzungsprotokoll (I u. I a)

[2 a:]
„Gegen den kommunistischen Verleumdungsfeldzug" Entwurf des „Büros".

Für die Sozialdemokratische Partei gibt es keinen „Fall Kriedemann". Das am 31. Mai abgeschlossene Strafverfahren gegen den Kommunisten Kurt *Müller* vor dem Hannoverschen Landgericht hat keine Tatsachen erbracht, die der Sozialdemokratischen Partei nicht schon bekannt gewesen waren, da das kommunistische Material seit Pfingsten 1947, also seit mehr als 2 Jahren, in den Händen des SPD-Vorstandes ist. Den Beweis für seine Verleumdungen ist Müller nach den Feststellungen des Gerichts in allen Teilen schuldig geblieben. Deshalb hält der Parteivorstand das Ergebnis der gründlichen Untersuchungen aus den Jahren 1946 bis 1948 aufrecht und stellt fest, dass Herbert Kriedemann nach wie vor das Vertrauen genießt.

Der Kommunist Müller, damals niedersächsischer Landtagsabgeordneter, hat im Jahre 1946 in einer Wahlversammlung die Behauptung aufgestellt, Kriedemann sei Gestapo-Spitzel gewesen, er habe illegale Kämpfer an die Schergen des Dritten Reiches verraten und sich durch die Anmeldung als Opfer des Faschismus des Betruges schuldig gemacht. Kommunistische Zeitungen veröffentlichten gleichzeitig Auszüge aus Gestapo-Akten, mit denen diese verleumderischen Behauptungen bewiesen werden sollten. Die Staatsanwaltschaft erhob gegen Müller Anklage wegen öffentlicher Beleidigung. Kriedemann wurde als Nebenkläger zugelassen.

Der Versuch der Kommunistischen Partei, eine aus Mitgliedern beider Parteien bestehende Kommission zur Klärung der Angelegenheit zu bilden, wurde vom Vorstand der SPD abgelehnt, weil für Sozialdemokraten jede Form der Zusammenarbeit mit Kommunisten ausgeschlossen ist, nachdem Tausende von Sozialdemokraten, darunter zahlreiche illegale Kämpfer gegen das „Dritte Reich" und langjährige Insassen der Konzentrationslager in der Ostzone und in Berlin, von den Kommunisten verschleppt und in von ihnen angelegten Konzentrationslagern zu Tode gequält worden sind. Ein aus Mitgliedern des Parteivorstandes bestehender Feststellungsausschuss hat aber sowohl das vorliegende Aktenmaterial wie Zeugenaussagen eingehend geprüft und dem Parteivorstand einen abschließenden Bericht darüber vorgelegt. Der Ausschuss stellte fest, dass die von Kriedemann gegebene Darstellung jener Vorgänge aus der Zeit des illegalen Kampfes den Tatsachen entsprach.

Als Im Herbst 1948 dank der kommunistischen Verzögerungstaktik der von Kriedemann angestrengte Prozess noch immer nicht entschieden war, beschäftigte sich die vom sozialdemokratischen Parteitag gewählte Kontrollkommission der SPD ebenfalls eingehend mit dem Fall. Sie prüfte unabhängig vom Feststellungsausschuss des Parteivorstandes alle vorhandenen Unterlagen und kam nach eingehender Beratung zu der gleichen Entscheidung wie der Feststellungsausschuss.

Die entscheidenden Tatsachen waren und sind die folgenden:

1. Deutsche und ausländische Sozialisten, die damals mit Kriedemann im Ausland zusammenarbeiteten, haben übereinstimmend bezeugt, dass die Verbindung mit der Gestapo mit ihrem vollen Wissen und zu einem bestimmten politischen Zweck im Interesse des illegalen Kampfes von Kriedemann aufgenommen worden war. Diese Methode des Abwehrkampfes gegen die Gestapo ist auch von den Kommunisten wie von allen anderen Organisationen in hunderten von Fällen angewandt worden, sie ist zwangsläufig aus den Gegebenheiten des „Dritten Reiches" entstanden.

2. Kriedemann hat niemanden an die Gestapo verraten. Kein einziger Mitkämpfer Kriedemanns aus der Zeit seiner illegalen Tätigkeit in Deutschland wurde erneut verhaftet oder auch nur verhört, nachdem Kriedemann während der Besetzung Hollands von der Gestapo verhaftet wurde. Diese Tatsache fällt umso mehr ins Gewicht, als ein großer Kreis von Sozialdemokraten seinerzeit von der Anklage des Hochverrats freigesprochen worden war, weil sie alle ihnen zur Last gelegten Handlungen auf Kriedemann, der sich damals bereits im Ausland befand, abschieben konnten.

3. Die Kommunisten haben den von Kriedemann angestrengten Prozess zwei Jahre hinausgeschoben, bis zu dem Augenblick, als sie den Kriedemannschen Hauptzeugen durch Menschenraub beseitigt und in ein ostzonales Konzentrationslager geschafft hatten. Erst als dieser Zeuge, der frühere Kriminalbeamte Zepick, für das Ordentliche Gericht nicht mehr zur Verfügung stand und die Gefahr für den Kommunisten Müller, verurteilt zu werden, damit verschwunden war, erst in dem Augenblick ist es zu der Hauptverhandlung gekommen.

4. Es ist eine der üblichen kommunistischen Fälschungen, wenn behauptet wird, dass Kriedemann für die Gestapo gearbeitet oder [von] ihr Geld erhalten habe. Weder das eine noch das andere ist der Fall.

In der fast zehnstündigen Verhandlung vor der Hannoverschen Strafkammer wurden von kommunistischer Seite alle Anstrengungen gemacht, um das Parteivorstandsmitglied Kriedemann zu Fall zu bringen. Durch ein großes Zeugenaufgebot sollte zur Entlastung Müllers der Beweis für die verleumderische Behauptung erbracht werden. Das Gericht hat der Verteidigung des Angeklagten alle Möglichkeiten gegeben, von dem als Zeugen vernommenen Nebenkläger Kriedemann Auskünfte zu angeblich belastenden Tatsachen zu erlangen. Trotzdem hat das Gericht dann in der mündlichen Begründung des Urteils ausdrücklich festgestellt, dass Kriedemann nicht für die Gestapo gearbeitet habe, sondern „die Verbindung mit der Gestapo nur aufgenommen, um Material zu bekommen oder Freunde in Deutschland zu schützen". Das Gericht billigte dem Angeklagten Müller deshalb die Wahrnehmung berechtigter Interessen zu, weil er die beleidigenden Behauptungen nur „fahrlässig" und nicht „grob fahrlässig" verbreitet habe. Zu der Behauptung, Kriedemann habe illegale Kämpfer verraten und sei an ihrem Tode durch die Gestapo schuld, stellt das Gericht fest, dass dafür „keine Spur eines Beweises" vorhanden sei. Damit ist auch Müllers Behauptung, Kriedemann habe sich in betrügerischer Weise als politisch Verfolgter ausgegeben, jede Grundlage entzogen, was in der Urteilsbegründung gleichfalls ausgesprochen wird.

Der Freispruch des Kommunisten Kurt Müller ist aus formalen Gründen erfolgt. Dieses Urteil belastet weder die Sozialdemokratische Partei noch Kriedemann als Person. Es erschüttert aber das Vertrauen zur heutigen Justiz. Das Gericht ist in erster Linie deshalb zu seiner Entscheidung gelangt, weil es dem Angeklagten geglaubt hat, dass es ihm nicht um die Beseitigung eines politischen Gegners, sondern um die Reinhaltung des öffentlichen Lebens zu tun gewesen sei, als er fahrlässig seine Beschuldigung erhob.

Über die Motive, von denen sich der Kommunist Müller leiten ließ, kann es nach Auffassung der Sozialdemokratischen Partei keine Zweifel geben. Müller, der sich lange Jahre in Moskau aufgehalten hat, ist einer der besonderen Vertrauensmänner des Kominform in Westdeutschland. An der Diffamierung Kriedemanns musste er umso mehr interessiert sein, als dieser den Kampf gegen die kommunistische Diktatur ebenso kompromisslos führt, wie er ihn gegen die Nazi-Diktatur mitgekämpft hat. Es zeugt von einer unbegreiflichen Lebensfremdheit, wenn einem Kommunisten auch nur eine Spur von gutem Glauben oder ehrlichen Absichten zugebilligt wird, sobald es sich um die Frage „Zusammenarbeit mit der Gestapo" handelt.

Die Sozialdemokratische Partei ist im Besitz von Unterlagen, aus denen hervorgeht, dass auch heute führende Kommunisten Gestapo-Agenten gewesen sind. So ist z. B. der Vorsitzende der VVN der Ostzone und Sekretär des SEP - Vorsitzenden Wilhelm *Pieck*[20], Walter [*Bartel*][21], der auch heute noch Vertreter der VVN in der internationalen OdF - Organisation ist, im Jahre 1936 in Prag vom Zentralkomitee der Kommunistischen Partei aus der KP ausgeschlossen worden, weil er in Deutschland eine Verpflichtung unterschrieben hatte, als Gestapo-Agent tätig zu sein.

Die KP/SEP ist diejenige Organisation in Deutschland, die das geringste Recht hat, politische Gegner als Gestapo-Agenten zu denunzieren. Abgesehen von der Tatsache, dass sie, wie jede andere kommunistische Partei als Hilfsorgan der russischen Staatspartei enthüllt ist und eine einzige Agenteninstitution darstellt, ist sie seit mehr als zwei Jahren dazu übergegangen, maßgebende ehemalige Gestapomänner in ihre Dienste zu stellen und an hervorragender Stelle einzusetzen. Wir besitzen eine lange Liste der Namen von Männern und Frauen, die im Dienste der russischen Besatzungsmacht und der SEP als Polizeiagenten für die kommunistische Staatspartei und den russischen Machtapparat tätig sind.

Die KP/SEP ist heute diejenige Organisation in Deutschland, die offiziell für Massenmorde an Widerstandskämpfern verantwortliche ehemalige Gestapoführer als Spitzenfunktionäre in ihren Diensten beschäftigt. Der KP/SEP muss auch auf das Entschiedendste das Recht bestritten werden, politische Gegner mit der Behauptung zu diffamieren, illegale Kämpfer an die Gestapo ausgeliefert zu haben. Die Kommunisten haben während des Freundschaftspaktes zwischen Stalin und Hitler viele Hunderte führender Kommu-

---

20 Zu Wilhelm *Pieck* (1876-1960) vgl. PV-Protokolle, Bd. 1/ S. 176.

21 In der Vorlage „Bartels". Walter *Bartel* (1904-92), Sohn e. Arbeiters, kaufm. Lehre, vor 1933 KJVD - KPD, nach 1933 Widerstandstätigkeit, Zuchthaus, Emigration, 1939 KZ Buchenwald, 1943 Leiter d. illegalen Lagerkomitees; 1946-53 persönl. Referent Piecks, 1953 Professor an Univ. Leipzig, 1957 Direktor d. Instituts f. Zeitgeschichte in Berlin, 1967-70 Ord. Prof. f. Neue, Neueste u. Zeitgeschichte an d. HU Berlin.

nisten, die vor der Gestapo nach Russland geflohen waren, dieser gleichen Gestapo wieder ausgeliefert und damit ihre eigenen Parteifreunde dem Tod und dem Konzentrationslager überliefert. Angesichts dieser, in aller Welt bekannten Tatsachen, kann den Kommunisten nur bescheinigt werden, dass sie auf eine Weise für das Thema „Zusammenarbeit mit der Gestapo" zuständig geworden sind, die ihnen wohl kaum etwas anderes übrig lässt als den Versuch, ihre politischen Gegner des gleichen Verbrechens zu verdächtigen, um so das deutsche Volk mit einem „Haltet den Dieb" - Geschrei zu düpieren.

Die Sozialdemokratische Partei Deutschlands ist entschlossen, der Verwilderung des politischen Kampfes durch die Denunziationsmethoden der Kommunisten Widerstand entgegen zu setzen und das Ziel der Kommunisten: auch auf diese Weise demokratische Ideen und Institutionen auszuhöhlen, von vornherein zunichte zu machen."

[2 b:]
„geänderte u. gültige Fassung"[22]

Im Zusammenhang mit der in erster Instanz entschiedenen Beleidigungsklage des Vorstandsmitgliedes Herbert Kriedemann gegen den Kommunisten Kurt Müller und den in der kommunistischen Presse fortgesetzten Verleumdungen gegen Kriedemann hat sich der Vorstand der Sozialdemokratischen Partei in seiner letzten Sitzung erneut mit der Angelegenheit befasst. Der Parteivorstand sprach Kriedemann einhellig das Vertrauen aus. Das von der KP vorgebrachte „Material" gegen Kriedemann ist der SPD seit Pfingsten 1947 in allen Einzelheiten bekannt und in zwei verschiedenen Untersuchungsverfahren gründlich durchgeprüft worden. Gegen das Urteil des Landgerichts Hannover, das den Kommunisten Müller freisprach, obwohl er nach den Feststellungen des Gerichts für seine schwerwiegenden Beschuldigungen den Wahrheitsbeweis schuldig blieb, ist Revision beantragt worden. Der Bezirksvorstand Hannover der SPD beschloss mit großer Mehrheit, Kriedemann als Kandidaten für die Wahlen zum Bundestag aufzustellen.

Der Vorstand der SPD stellt fest:
1. Deutsche und ausländische Sozialisten, die damals mit Kriedemann im Ausland zusammenarbeiteten, haben übereinstimmend bezeugt, dass die Verbindung mit der Gestapo mit ihrem vollen Wissen und zu einem bestimmten politischen Zweck im Interesse des illegalen Kampfes von Kriedemann aufgenommen worden war. Im Abwehrkampf gegen die Gestapo ist diese Methode von allen Organisationen, besonders aber auch von den Kommunisten, angewandt worden.
2. Kriedemann hat niemanden an die Gestapo verraten. Kein einziger Mitkämpfer Kriedemanns aus der Zeit seiner illegalen Tätigkeit in Deutschland wurde erneut verhaftet oder auch nur verhört, nachdem Kriedemann während der Besetzung Hollands von der Gestapo verhaftet worden war. Diese Tatsache fällt um so mehr ins Gewicht,

---

22 Handschriftlicher Zusatz zu dieser Fassung, in den Beilagen als „I a" bezeichnet. Auch diese Fassung wurde zunächst nicht veröffentlicht, vgl. Prot., Punkt 5.

als eine große Anzahl von Sozialdemokraten einige Jahre zuvor von der Anklage des Hochverrats freigesprochen worden war, weil sie alle ihnen zur Last gelegten Handlungen auf Kriedemann, der sich damals bereits im Ausland befand, abschieben konnten.

3. Die Kommunisten haben den von Kriedemann angestrengten Prozess über zwei Jahre hinausgeschoben bis zu dem Augenblick, als sie Kriedemanns Hauptzeugen durch Menschenraub beseitigt und in ein ostzonales Konzentrationslager geschafft hatten. Erst als dieser Zeuge, der frühere Kriminalbeamte Zepick, für das ordentliche Gericht nicht mehr zur Verfügung stand und damit die Gefahr für den Kommunisten Müller, verurteilt zu werden, verschwunden war, ist es zur Hauptverhandlung gekommen.

4. Es ist eine der üblichen kommunistischen Fälschungen, wenn behauptet wird, dass Kriedemann für die Gestapo gearbeitet oder von ihr Geld erhalten habe. Weder das eine noch das andere ist der Fall. Da die KP keine politischen Argumente hat, versuchte sie vergeblich, Wahlschlager durch persönliche Diffamierungen zu finden.

Anlage 3
Sozialdemokratisches Wahlprogramm „Für ein freies Deutschland in einem neuen Europa".
NVorw. Nr. 29 v. 16. 7. 1949, Sonderbeilage (S. 9)[23]

Wählerinnen und Wähler!
Am 14. August entscheidet Ihr darüber, wie ein neues Deutschland aussehen und welchen Weg es gehen wird.

Heute ist unser Land geteilt. Sowjetrussland hat seine Besatzungszone separiert.[24] Es will die Einheit nur gewähren, wenn ganz Deutschland sowjetisch wird.

Aber der deutsche[25] Wille zur Einheit ist unbesiegbar stark. Er kann weder durch Machtspruch der Russen vereitelt, noch durch ausweichende[26] Taktiken anderer Alliierter auf die Dauer übergangen werden.[27]

Für Freiheit und Einheit[28]
Aus eigener Erkenntnis und aus eigenem Willen hat die Sozialdemokratie allein und ohne Hilfe[29] anderer Parteien die Vereinigung mit den russisch dirigierten Kommunisten

---

23 In den Beilagen zum Protokoll befindet der hektogr. Entwurf des Wahlprogramms mit der Überschrift „Die Sozialdemokratische Partei ruft" (10 S.). Sachliche – nicht stilistische – Abweichungen des Entwurfs von der publizierten Fassung werden mit Seitenangaben angemerkt.

24 Im Entwurf noch folgender Satz: „Die Kommunisten und mit ihnen Nationalisten und bürgerliche Ostzonenparteien lassen sich als Instrumente Russlands gegen Deutschland missbrauchen." (S. 1).

25 „deutsche" nur im publizierten Text, vgl. S. 1.

26 Im Entwurf „praktische", S. 1.

27 Im Entwurf folgt noch der Satz: „Die Deutschen selbst haben es in ihrer Hand, in zielbewusstem zähen Ringen die demokratische Freiheit der Person zur Freiheit der Nation zu machen." (S. 1).

28 Zwischenüberschrift nur im publizierten Text, vgl. S. 1.

29 Im Entwurf statt „Hilfe anderer Parteien" „Verständnis der Umwelt", S. 1.

erfolgreich verweigert. Sie trug die Bürden des Kampfes um Berlin und trägt auch heute noch unter unerhörten Opfern die Lasten des Widerstandes in der Ostzone[30].

Im Kampf um das Bonner Grundgesetz haben wieder die Sozialdemokraten den entscheidenden Schritt zur deutschen Selbstbestimmung gemacht. Wäre es nach den[31] Machtwünschen der Alliierten und ihrer deutschen Helfer gegangen, dann wäre[32] ein lebensfähiger deutscher Staat unmöglich gemacht worden. An seine Stelle wären elf westdeutsche Vaterländer getreten. Im Schutze der Alliierten hätten Klerikalismus, Partikularismus und Besitzegoismus die Herrschaft ihrer Interessen über das deutsche Volk errichtet. Die rechtliche, wirtschaftliche, soziale und kulturelle Einheit hätte aufgehört.[33] Der nationalistische Kommunismus aus dem Osten wäre eine riesengroße Gefahr in einem zerstückelten Deutschland, dem neuen Herd für Krisen und Unruhen Europas geworden.

Die Sozialdemokratie hat durch ihr Eingreifen am 20. April 1949 diese Gefahren gebannt. Das[34] Grundgesetz verwirklicht zwar nicht die Ziele der Sozialdemokratie, gibt aber in seiner provisorischen Gestalt einen Boden für den demokratischen Kampf um eine bessere Zukunft.

Die Russen haben in Paris ihre Agitationsparole von der deutschen Einheit[35] gegen neue Reparationen aus Westdeutschland und Vorteile aus dem Marshallplan einzutauschen versucht[36]. Damit ist die trügerische Fassade der „Nationalen Front" der Kommunisten und ihrer bürgerlichen Verbündeten krachend zusammengestürzt.

Profitwirtschaft[37]

Hinter dem Wall der[38] kämpfenden Sozialdemokratie[39] haben[40] die Rechtsparteien entwickelt. Der Profit ist wieder oberstes Gesetz geworden.[41] Die Ergebnisse der von den Alliierten verordneten Währungsreform, die wohltätigen Folgen des milden Winters, die ungeheure Kraftzufuhr der Marshallplan-Lieferungen und die außerordentliche Steigerung der Arbeitsleistungen aller körperlich und geistig Schaffenden haben eine gewisse, aber immer noch krisenbedrohte Stärkung der Wirtschaft erreicht. Die Frankfurter

---

30 Im Entwurf folgt noch der Satz: „Ohne dieses Ringen gäbe es keine Voraussetzungen für die Einigung Deutschlands und die Neuordnung Europas" (S. 1).

31 Im Entwurf noch „kurzsichtigen", S. 1.

32 Im Entwurf noch der folgende Halbsatz. „die deutsche Geschichte rückgängig und", S. 1.

33 Dieser Satz lautet im Entwurf: „Ein loser Bund der Staaten hätte die rechtliche, wirtschaftliche, soziale und kulturelle Einheit aufhören lassen" (S.2).

34 Der Satz lautet im Entwurf: „In Bonn ist ein Staat entstanden, der zwar nicht die Ziele der Sozialdemokratie verwirklicht, der aber in seiner provisorischen Gestalt den festen Boden für den demokratischen Kampf um eine bessere Zukunft abgeben kann." (S. 2)

35 Im Entwurf noch „gegen reale wirtschaftliche Vorteile", S. 2.

36 Im Entwurf „eingetauscht", S. 2.

37 Zwischenüberschrift nur im publizierten Text vgl. S. 2.

38 Im Entwurf noch „politisch", S. 2.

39 Im Entwurf folgender Nebensatz: „die nur so wenige Verbündete aus anderen Lagern fand", S. 2.

40 Im Entwurf „hat sich die unsozialste Epoche..." (S. 2).

41 Im Entwurf lautet der Satz: „ Ohne Rücksicht auf die Bedürfnisse des zerschlagenen und verelenden Volkes ist der Profit das ..." (S. 2).

Wirtschaftsverwaltung aber[42] hat die Bedrohung durch Krisen nicht ausgeschaltet. Sie hat nur als Instrument des Klassenkampfes von oben funktioniert, sie hat *die Armen ärmer und die Reichen reicher* gemacht.

Was wollen die Sozialdemokraten?
Planung[43] in der Wirtschaft.

Auch[44] die reichsten Länder können es sich nicht leisten, auf Planung in der Kapitalversorgung, der Produktion und der Ein- und Ausfuhr zu verzichten.[45] Weil sich die wirtschaftlichen Beherrscher Deutschlands diesen Luxus leisten wollen, den sie hinter dem sinnlosen Wort von der sozialen Marktwirtschaft verstecken, fehlen die Kapitalien, herrscht Not gegenüber einem Überfluss der Oberschicht, den sogar die meisten Siegerländer nicht kennen. Planung ist notwendig[46]. Sie ist das Gegenteil der Zwangswirtschaft des Dritten Reiches. Beides gleichsetzen heißt das Volk bewusst betrügen. Kredite[47] und Rohstoffe müssen der Dringlichkeit nach an die Industrien gegeben werden, von denen die anderen abhängen, und an die Produktionszweige, die den lebensnotwendigen Bedarf decken.

Produktive Vollbeschäftigung[48]

Die[49] Arbeitslosigkeit wächst unaufhaltsam, trotzdem sie saisonmäßig sinken müsste. Zu den Arbeitslosen tritt das große Heer der Kurzarbeiter. Zur gleicher Zeit sinkt stetig die Zahl der offenen Stellen und das Volkseinkommen schrumpft zusammen. Die[50] schuldigen Vertreter der „freien Wirtschaft" antworten darauf mit Beschimpfungen der Arbeitslosen, denen sie einreden wollen, es handele sich nur um eine Reinigungskrise. Die Einreihung der Arbeitslosen in den Wirtschaftsprozess[51], der Aufbau der zerstörten Städte und neuer Produktionsstätten kann nur nach sorgfältiger Planung mit dem Ziel der Bedarfsdeckung geschehen.

---

42 Der folgende Halbsatz „hat die Bedrohung durch Krisen nicht ausgeschaltet" nur im publizierten Text, vgl. S. 3.

43 Im Entwurf folgt noch „und Ordnung", S. 3.

44 Im Entwurf lautet der erste Satz dieses Abschnitts: „Auch die reichsten Länder sind nicht reich genug, um die Planung der Kapitalversorgung, der Produktion und der Ein- und Ausfuhr außer acht zu lassen." (S. 3)

45 Im Entwurf folgt noch der Satz: „Das Wort von der ‚sozialen Marktwirtschaft' hat sich als sinn- und inhaltslose Phrase offenbart." (S. 3)

46 Im Entwurf folgt: „und nicht die Zwangswirtschaft des Dritten Reiches, die heute in bewusster Irreführung von den Nutznießern der Kriegszwangswirtschaft gleichgesetzt werden." (S. 3)

47 Der folgende Schlusssatz des Zwischenkapitels ist identisch mit dem Entwurf, nur die folgenden zwei Worte „und Rohstoffe" noch nicht im Entwurf, S. 3.

48 Im Entwurf lautet die Zwischenüberschrift „Vollbeschäftigung in der Wirtschaft", S. 3

49 Dieser Abschnitt beginnt im Entwurf mit dem Satz: „Vergeblich versucht man, dem Volk einzureden, dass die Arbeitslosigkeit nur eine Reinigungskrise als Folge der Aufhebung der Zwangswirtschaft sei", S. 3.

50 Die folgenden Sätze von „Die schuldigen" bis „Wirtschaftsprozess" nicht im Entwurf.

51 Die folgenden Worte im Entwurf „Die Versorgung der Industrien mit Krediten und Rohstoffen," wurden nicht in publizierte Fassung übernommen.

Erhöhung des Lebensstandards

Feierlich ist dem Volke am 17. Juni 1948 versprochen worden, dass[52] die Aufhebung des Preisstopps zur Senkung der Preise führen würde. Seitdem hat man sich bemüht, die Löhne nach Kräften niedrig zu halten, aber die Preise[53] unkontrolliert und ungehindert steigen lassen. Die absolute Diktatur der Preisabreden und der Egoisten[54] der Warenbesitzer und Hortungsgewinnler funktionierte strenger als jede Zwangswirtschaft. Die Überbesteuerung der kleinen Leute durch überhöhte Preise für die Güter des Massenverbrauchs wird von der Frankfurter Wirtschaftsverwaltung ignoriert. Sie erkennt zynisch[55] nur das Geld als Bezugsschein an und respektiert den Bedarf nur, wenn er durch Kaufkraft gedeckt ist. Das bedeutet Verelendung und Zerstörung der Volkswirtschaft. Eine Preisgestaltung ist[56] notwendig, die den Bedarf der Massen befriedigt und eine Lohnpolitik, die auch von dieser Seite her ihre Kaufkraft stärkt.[57]

Der soziale Lastenausgleich

Die Alliierten und alle deutschen Parteien haben dem Volke einen Lastenausgleich versprochen. Heute wird er aufschiebend und ausweichend behandelt. Das Frankfurter Soforthilfegesetz, das nur als Notmaßnahme für den Winter gedacht war, wird heute schon von[58] den Rechtsparteien als fast untragbar bezeichnet. Aber ein Lastenausgleich ist undenkbar, wenn er nur die Besitzer des Geldes erfasst und die Sachwertbesitzer ungeschoren lässt.[59] Aus innerer Zwangsläufigkeit heraus verweigern die Parteien rechts von der Sozialdemokratie einen radikalen[60] Zugriff auf die Vermögen und sind bestenfalls zu[61] Ausgleichsleistungen aus dem Vermögensertrag bereit. Ohne entscheidend starke Sozialdemokratie gibt es keinen wirklichen Ausgleich der Kriegsfolgelasten.[62]

Sozialisierung und Bodenreform

Sozialisierung der großen Industrien, Kredit- und Geldinstitute und des Versicherungswesens bedeutet Eigentum des deutschen Volkes an diesen Mitteln der Wirtschaft und ihre Demokratisierung. Sozialisierung ist[63] nicht Antasten des privaten persönlichen Eigentums oder des mittleren und kleineren Eigentums an Produktionsmitteln. Der

---

52 Im Entwurf lautet der folgende Nebensatz: „dass der Preisstopp nicht mit dem Ziel der Erhöhung, sondern der Preissenkung vorgenommen worden ist" (S. 4).

53 Im Entwurf statt „Preise ... steigen lassen." „Preisentwicklung", S. 4.

54 Im Entwurf statt „und den Egoisten" „der Warenbesitzer und Hortungsgewinnler", S. 4.

55 Das Wort „zynisch" nur im publizierten Text, vgl. S. 4.

56 Die beiden Worte „ist notwenig" nur im publizierten Text, vgl. S. 4.

57 Der Schluss dieses Absatzes im Entwurf („ist notwendig, die Gewerkschaften zu stärken und die Demokratisierung der Wirtschaft zu fördern", S. 4) wurde nicht in die gedruckte Fassung übernommen.

58 Die drei Worte „von den Rechtsparteien" nur im publizierten Text.

59 Der folgende Satz im Entwurf („Wenn Lastenausgleich auch keine grundsätzliche Neuverteilung des Besitzes ist, so ist er doch nur denkbar als radikaler Ausgleich der Kriegsfolgelasten", S. 4 f.) wurde nicht in den publizierten Text übernommen

60 Im Entwurf lauten die folgenden Worte „Lastenausgleich aus dem Vermögen". S. 5.

61 Im Entwurf folgt das Wort: „geringen" (S. 5).

62 Im Entwurf statt „Ausgleich der Kriegsfolgelasten" „Lastenausgleich", S. 5.

63 Im Entwurf statt „ist" „bedeutet", S. 5.

Mittelstand in Stadt und Land soll gefördert und entwickelt werden, weil er volkswirtschaftlich und politisch nötig ist. Die Sozialisierung ist der beste Schutz des Friedens und der Demokratie. Sie schützt das deutsche Nationaleigentum gegen Überfremdung und gegen das Bündnis der alten politisch schuldigen Eigentümer mit den Kapitalisten anderer Länder.

Die Bodenreform muss gleichmäßig in allen westdeutschen Ländern gegenüber allen Versuchen[64] der Verschleppungen und halben Lösungen durchgeführt werden. Vor allem die Flüchtlingen sollen dadurch Möglichkeiten landwirtschaftlicher Tätigkeit erhalten. Die Methoden der Bodenreform in der Ostzone sind abzulehnen. Freies[65] bäuerliches Eigentum soll geschaffen und gesichert werden.

Hilfe für die wirtschaftlich Schwachen[66]

Was in Frankfurt an sozialer Hilfe geschaffen wurde, ist entscheidend durch die Sozialdemokratie erreicht worden. Aber[67] wir stehen erst am Beginn eines neuen Aufbaus der gesamten Sozialpolitik.[68] Wir brauchen eine grundlegende Reform der Sozialversicherung und eine ausreichende Regelung der Pensionen. Das[69] Recht auf produktive Arbeit für Schwerkriegsbeschädigte und Körperversehrte ist sicherzustellen. Wir[70] sehen in den Kriegsbeschädigten nicht Träger des Nazismus, sondern seine schwer getroffenen Opfer. Jeder Arbeitsunfähige muss ausreichend versorgt werden Wir wollen die Stellung der Arbeitnehmer im Wirtschaftsprozess verbessern durch Stärkung der Gewerkschaften, Mitbestimmung in den Betrieben und Ausbau des Arbeitsrechtes.

Gleichberechtigung für die Vertriebenen[71]

Der Kampf um die Wiedererlangung der Heimat der Ostvertriebenen darf nicht dazu führen, die praktische Hilfe für die Flüchtlinge beiseite zu schieben.[72] Die wirtschaftliche und gesellschaftliche Einsiedelung der einzelnen Flüchtlinge und[73] der Evakuierten ist ein nationales Hauptproblem. Die Verteilung der Flüchtlinge ist nach den wirtschaftlichen Voraussetzungen über ganz Westdeutschland durchzuführen. Das Flüchtlingsproblem kann nur zentral unter stärkster Heranziehung der Länder geregelt werden. Das[74] euro-

---

64 „Versuchen der" nicht im Entwurf, vgl. S. 5.
65 Der letzte Satz dieses Abschnittes („Freies…werden") nicht im Entwurf, vgl. S. 5.
66 Im Entwurf lautet die Zwischenüberschrift „Hilfe für die Flüchtlinge und die wirtschaftlich Schwachen", S. 5.
67 Im Entwurf lautet der folgende Satz: „Ohne sie wäre weit weniger und Unzulänglicheres geschehen.", S. 5.
68 Im Entwurf lauten die folgenden Sätze: „Die Reform der Sozialversicherung ist durchzuführen, eine ausgeglichene Regelung der Pensionen zu schaffen. Eine grundlegende Neuordnung der gesamten Sozialpolitik ist zu schaffen. (S. 5 f.).
69 Die letzten Sätze dieses Abschnittes („Das Recht … sicherzustellen") im Entwurf an späterer Stelle.
70 Die letzten Sätze dieses Abschnittes („Wir sehen … Arbeitsrechtes") nicht im Entwurf, vgl. S. 5 f.
71 Überschrift noch nicht im Entwurf, der folgende Text ohne Zwischenüberschrift im Anschluss an den vorangehenden Text, vgl. S. 6.
72 Es folgt im Entwurf der im publizierten Text weiter oben eingeordnete Satz: „Das Recht auf produktive Arbeit für Schwerkriegsbeschädigte und Körperversehrte ist sicherzustellen", vgl. Anm. 69.
73 Die folgenden Worte(„und der Evakuierten") nicht im Entwurf, vgl. S. 6.
74 Der folgende Satz („Das…werden") nicht im Entwurf, vgl. S. 6.

päische Flüchtlingsproblem kann nur durch internationale Anstrengungen und internationale Finanzhilfen gelöst werden.

Sozialer Wohnungsbau

Seit der Währungsreform sind[75] geschäftliche und private Luxusbauten[76] im Überfluss entstanden. Der soziale Wohnungsbau aber, der bei fünf Millionen fehlender Wohnungen das brennendste Problem der Gegenwart ist, wurde vernachlässigt. Das ist das Ergebnis der freien und unkontrollierten Wirtschaft: 170.000 Bauarbeiter sind erwerbslos, sogar der Bau von Bergarbeiterwohnungen ist ins Stocken geraten. Die Sozialdemokratie legt ein Wohnungsbauprogramm für Westdeutschland vor, das für vier Jahre eine Million Wohnungen in Neubau, Ausbau und Wiederaufbau vorsieht.[77] Baustoffe und Arbeitskräfte sind genügend vorhanden. Die Finanzierung ist möglich, wenn die Diktatur der freien Verdienerwirtschaft gebrochen und der Mensch mit seinen Bedürfnissen in den Mittelpunkt gerückt wird. Erst die Lösung der Wohnungsfrage schafft die Voraussetzungen für die wirtschaftliche Freizügigkeit und soziale Sicherheit.

Freiheit und Toleranz im Kulturleben

Die[78] Gemeinschaftsschule ist heute die gegebene Form der Schule, eine Schule mit Religionsunterricht und dem unbestreitbaren Recht der Eltern, die religiöse Erziehung der Kinder zu bestimmen. Dieses Recht der Eltern ist unbestreitbar.[79] Aber ebenso unbestreitbar ist das Recht des Kindes auf eine Schulbildung, die es lebenstüchtig macht, und das Recht des[80] Staates auf gut ausgebildete Staatsbürger.[81] Die konfessionelle Zerreißung des deutschen Volkes macht unsere Zustände denen nach dem Dreißigjährigen Kriege immer ähnlicher und steht im Widerspruch zur harten Tatsache der zerstörten Schulen. Die Schulform der Gemeinschaftsschule wird auch bis tief in die Reihen der betont kirchlichen Kreise in Deutschland als die angemessene Form und als ausreichende Sicherung des Christentums anerkannt.[82]

---

75 Im Entwurf noch folgende Worte: „in Deutschland", S. 6.

76 Die folgenden Worte(„im Überfluss") noch nicht im Entwurf, vgl. S. 6.

77 Für einen Abdruck dieses Programms vgl. Dok. 9, Anlage 6.

78 Der erste Satz dieses Abschnitts lautet im Entwurf: „Die gegebene Form der Schule im heutigen Staat ist die Gemeinschaftsschule, d. h. die Schule mit Religionsunterricht und dem Recht der Eltern, über die Teilnahme der Kinder an diesem Unterricht zu bestimmen", S. 7.

79 Im Entwurf folgt noch der Satz: „Sie sollen die Kinder in der Familie in dem Sinne ihrer Religion und Weltanschauung erziehen", S. 7.

80 Im Entwurf noch das Wort „lastentragenden", S. 7.

81 Im Entwurf folgt noch der Satz: „„Ein absolutes und totales Elternrecht ist weder ein unverzichtbarer Bestandteil des Naturrechts, noch existiert es irgendwo, noch wird es von der Kirche gegenüber gefügten Staaten gefordert". (S. 7). Die Streichung dieses Satzes forderte bei der Beratung des Entwurfs im Parteivorstand Fritz Henßler, vgl. oben S. 241.

82 Im Entwurf folgt noch ein Satz, der wohl aus Versehen in diesen Zusammenhang gekommen ist: „Sie ist eine hochmütige und unmenschliche Benachteiligung der Flüchtlingskinder und sie ist weder für den Staat noch für die Kirchen eine Notwendigkeit." (S. 7)

Gegenseitiges Achtungsverhältnis[83]

Schon[84] nach 1918 hat man im Lager der Kirche erklärt, dass die sozialistische Linke den Kirchen mehr Rechte gewährt habe als vorher der christlich firmierte Staat. Ob das[85] 1934 zwischen dem Vatikan und dem Dritten Reich abgeschlossene Reichskonkordat noch gilt, ist in allen seinen Bestimmungen auf Grund der veränderten Verhältnisse sorgfältig zu prüfen. Unmöglich aber ist es, dass von der Kirche die Einhaltung der staatlichen Verpflichtung aus dem Konkordat verlangt wird, sie selbst aber die der Kirche auferlegten Verpflichtungen, wie z.B. das Verbot der politischen Betätigung der Geistlichen, nicht einhält. Auch Staatsverträge können nur auf der Grundlage der gegenseitigen Vertragstreue leben. Leiht[86] der Klerus die Macht einer christlichen Kirche an christlich firmierte, aber sehr unsoziale und darum unchristlich handelnde Parteien, dann zerstört er die Möglichkeit des Konkordats. Dieser Wahlkampf wird den nötigen Aufschluss geben.[87]

Eine lebensfähige Bundesrepublik[88]

Groß und bedeutsam sind die Aufgaben der Länder. Deren Eigenleben muss gesichert sein, weil sie für die Existenz des deutschen Volkes notwendig sind. Aber Länder sind immer nur Bausteine der deutschen Bundesrepublik, der die schweren und größeren Aufgaben aufgebürdet sind.[89] Nur die zentrale Bundesgewalt ist in der Lage, den Kampf um die Herabsetzung der Besatzungskosten erfolgreich zu führen. Nur sie vermag den Komplex der Reparationen und Demontagen für Deutschland positiv zu klären. Nur sie kann die Hilfe an die Flüchtlinge und Opfer des Krieges gewähren. Nur sie kann die Strukturänderungen der Wirtschaft vornehmen, nur sie die notwendige Einheit behaupten. Die einzelnen Länder in den Besatzungszonen sind wehrlos gegenüber fremden Ansprüchen. Darum ist es notwendig, dass die Bundesgewalt den Finanzausgleich für die Trizone durchsetzt und jede Separationsmöglichkeit auf wirtschafts- und handelspoliti-

---

83 Im Entwurf ist die Zwischenüberschrift etwas länger: „Ein gegenseitiges Achtungsverhältnis zwischen Staat und Kirche", S. 7.

84 Der erste Satz des Abschnitts im Entwurf wurde bei der Veröffentlichung weggelassen: „Noch niemals war in Deutschland die Stellung der Kirchen so stark und unangefochten wie heute", S. 7.

85 Im Entwurf noch die Jahreszahl „1934", S. 7.

86 Im Entwurf etwas länger: „Politisiert der Klerus, ernennt er einige Parteien zu christlichen Parteien, treibt er im Amte Stimmungsmache für solche Parteien, leiht ...", S. 8.

87 Im Entwurf folgen noch die Sätze: „Die Sozialdemokraten wollen ein gegenseitiges Achtungsverhältnis zwischen Staat und Kirche auf der Grundlage von Treu und Glauben und Loyalität. Sie wollen keinen politisch getarnten Kampf zwischen Religionen, Kirchen und Weltanschauungen. Es gibt kein schlimmeres Vergehen am deutschen Volke als den Missbrauch des Wortes christlich, nichts Verderblicheres als die Formel ‚Marx oder Christus'". (S. 8)

88 Im Entwurf „deutsche Bundesrepublik", S. 7.

89 Im Entwurf folgen noch die Sätze: „Nach der Zerschmetterung des Dritten Reiches muss die Bundesrepublik die Bürde der Besatzungskosten, der inneren und äußeren Kriegsfolgelasten, der sozialen Hilfe in allen ihren Formen zahlen. Deutschland haftet gegenüber allen Reparationsansprüchen als Ganzes und nicht als bloße Summe der Länder", S. 8.

schem Gebiet unterbindet. Der[90] erste Schritt für die Wiedergewinnung der Ostzone ist die Einbeziehung Berlins in den deutschen Bundesstaat.

Ein selbständiges Deutschland[91]

Die Zukunft Europas hängt davon ab, ob die Politik einer geplanten europäischen Neuordnung sich durchsetzt. Man kann nicht vom Egoismus mehrerer Dutzend Nationalstaaten aus ein Europa schaffen, das die Konkurrenz mit Kontinenten aushält. Aber man kann auch nicht die Freiheit ohne soziale Grundlage und ohne nationale Geltung behaupten. Die Sozialdemokratie ist darum für die grundlegende Umbildung des Ruhrstatutes und für die Konkretisierung und Verbesserung der Vorschriften des Besatzungs- und Sicherheitsstatutes. Sie kämpft für die Errichtung einer europäischen Rechtsordnung mit Deutschland und gegen die Aufrechterhaltung des Gewaltsystems über Deutschland. Nur ein Land der gleichberechtigten nationalen Geltung kann den Verlockungen des Nationalismus und den geistigen und politischen Epidemien solcher Perioden gewaltiger Umschichtungen widerstehen.

Was tut not?

Der Kampf gegen drei große Lügen steht im Vordergrund. Gegen die Lüge von dem Segen der „freien Wirtschaft", die eine Herrschaft der Reichen über die Armen bedeutet. Gegen die Lüge von dem Gegensatz der „christlichen" und der „unchristlichen" Parteien. Gegen die Lüge von der Möglichkeit der nationalen Einheit durch Entscheidung der Deutschen für die Unfreiheit.

Zu diesem Kampf gehören

Ehrlichkeit vor sich selbst und vor den anderen! Klarheit im Erkennen der Tatsachen. Verantwortung gegenüber seinem Volk und den Menschheitsideen der Freiheit und des Friedens.

Werden die Voraussetzungen erfüllt, dann braucht man um die Zukunft Deutschlands und Europas nicht zu bangen. Aber Zähigkeit und Unverdrossenheit in der Verfolgung der als notwendig erkannten Ziele ist unerlässlich. Kein Misserfolg darf entmutigen.[92]

Die Frauen entscheiden im Wahlkampf[93]

In Bonn haben die Sozialdemokraten zum ersten Mal außer der staatsbürgerlichen Gleichheit der Frau auch ihre rechtliche Gleichstellung auf allen Gebieten des Lebens durchgesetzt. Das ist etwas Neues, ist eine außerordentliche, sonst nirgends gekannte

---

90 Der letzte Satz dieses Abschnitts („Der ... Bundesstaat") noch nicht im Entwurf, vgl. S. 9.
91 Im Entwurf lautet die Zwischenüberschrift „Ein freies selbständiges Deutschland in einem neuen Europa", S. 9.
92 Im Entwurf folgen die Sätze: „Die Frauen entscheiden über das Heute und die Jugend über das Morgen. Die Sozialdemokratie lässt das Volk nicht im Stich. Das Volk darf die Sozialdemokratie nicht im Stich lassen. Das Ergebnis des 14. August wirkt über den Tag hinaus." (S. 10)
93 Die Zwischenüberschrift und der folgende Absatz nicht im Entwurf.

Entwicklungsmöglichkeit. Das höchste Interesse der Frauen ist die Vermeidung neuer Kriege, neuen Unglücks, neuer Vernichtung von Menschenleben. Sie sind dazu berufen, für eine Politik des Friedens und der Menschlichkeit zu kämpfen. Die Frauen müssen der Sozialdemokratie helfen, für die Befreiung der Kriegsgefangenen, die Rückkehr der Verschleppten und der noch immer zurückgehaltenen Mädchen und Frauen in Sowjetrussland zu kämpfen. Sie kämpfen für sich und ihre Familien, wenn sie die Sozialdemokratie in diesem Ringen unterstützen.

Die Jugend entscheidet über die Zukunft.[94]

Es geht nicht nur um die Zukunft der deutschen Nation, es geht um die Zukunft jedes jungen Menschen. Es ist nicht möglich, sein persönliches Leben aussichtsreich zu gestalten, wenn das Ganze daniederliegt. Es ist zwecklos und gefährlich, beiseite zu stehen und die Hände in den Schoß zu legen. Es ist die Aufgabe der Jugend, den Blick nach vorn zu richten, die Hände zu rühren und den politischen Kampf für eine bessere Zukunft mitzukämpfen.

Den[95] Kern dieser Fragen richtig erkennen, heißt sich richtig entscheiden für Frieden, Freiheit, Sozialismus!

Anlage 4

Vorlage von Gerhard Lütkens über die Konstituierung des Deutschen Rates der Europäischen Bewegung mit dem Titel: „Deutscher Europa-Rat"
Hektogr. Papier (2 S.) in den Beilagen zum Protokoll[96]

Dem Parteivorstand ist über die Verhandlungen, welche der Konstituierung des Deutschen Rates der Europäischen Bewegung vorhergingen und über die Bestrebungen des Außenpolitischen Ausschusses zu dieser Frage kürzlich berichtet worden.

Dieser Rat hat sich nunmehr am 13. Juni in Wiesbaden konstituiert. Als ursprüngliche Mitglieder wurden schließlich 252 bestimmt. Davon waren 84 Parteigenossen; 10 von diesen waren als Vertreter der Gewerkschaften von diesen benannt.

Eine Reihe von Absagen sind erfolgt, so dass die endgültige Mitgliederliste noch nicht feststeht. Ein Versuch des Vorläufigen Exekutivrates, die leer gewordenen Plätze noch in letzter Minute von sich [aus] wieder zu besetzen, ist vereitelt worden. Von Parteigenossen hatten nur *Hertel* - Koblenz und leider auch der Präsident des Obersten Gerichts in Köln, *Ruschewey*, abgesagt.

Die Wahl zu den verschiedenen Organen der Deutschen hatten folgende Ergebnisse:
Zum Präsidenten wurde gewählt: Paul *Löbe*.

---

94 Die Zwischenüberschrift und der folgende Absatz nicht im Entwurf.
95 Mit dem folgenden Satz endet auch der Entwurf, einzige Veränderung gegenüber dem Entwurf „dieser Fragen" statt „der Fragen", S. 10.
96 Überschrift: „Vorlage Sitzung des PV am 29.6.1949".

Zum Präsidium (bei gleichzeitiger Zugehörigkeit zum Exekutivrat) gehören: C. *Schmid, Spiecker*[97], Frau *Bähnisch*, Frau *Teusch*[98], Frau *Heuss - Knapp*[99], *Schädla - Ruhland* (Internationaler Studentenbund)
Im Präsidium sind unter 7 Mitglieder 3 Parteigenossen.

Zu Vorsitzenden des Exekutivrates wurden *Kogon* als 1., *Brill* als 2. Vorsitzender gewählt. Es ist eine interne Verabredung zwischen [G.] *Müller* (CDU), *Gumppenberg*[100] (Europa-Union) und mir getroffen worden, dass beide Vorsitzenden mit gleichen Rechten sein sollten. Dies geschah, nachdem wir unsere ursprüngliche Forderung auf Wahl von 2 gleichberechtigten Vorsitzenden nicht hatten durchsetzen können, weil auf einer Vorbesprechung des Vorläufigen Exekutivrates in Bernkastel die Frage bereits entgegen unseren Wünschen vorentschieden war. Brill hatte der von mir ausgehandelten Lösung zugestimmt.

Die Höchstzahl des Exekutivrats ist in Wiesbaden auf 40 festgelegt worden. Davon sind bisher 36 endgültig gewählt. Die 4 weiteren soll der Exekutivrat noch als Vertreter der Jugend hinzuwählen. In die Zahl der 36 sind die 2 Vorsitzenden und 6 Mitglieder, die gleichzeitig im Präsidium sitzen, einbegriffen.

Von den 36 sind 13 Parteigenossen, nämlich:
Vertreter der SPD: *Brauer, Brill, Lütkens, W. Menzel, C. Schmid.*
Vertreter Gewerkschaften: *Ludwig, Rosenberg*
Vertreter [der] Frauen: Frau *Bähnisch*
Vertreter Berlin: *Bach,* Louise *Schroeder*
Vertreter Europa-Union: [Erich] *Roßmann*[101]
Individuell: Frau *Siemsen*

Die Besetzung des Generalsekretariats ist vorläufig nicht endgültig entschieden worden, da der von uns in Aussicht genommene Genosse *Brill* zur Zeit nicht bereit war, diesen Posten zu übernehmen. Infolgedessen wird zunächst Landrat *Hummelsheim*[102] diese Geschäfte weiterführen.

Was die politische Seite der Wiesbadener Tagung anlangt, so wäre noch zu sagen, dass eine Resolution angenommen wurde, die der zukünftigen Regierung den Vorschlag zur Berücksichtigung überweist, sie möge, wenn es zur Entsendung einer westdeutschen

---

97 Zu Carl *Spiecker* (1888-1953) vgl. PV-Protokolle Bd. 1, S. 137.
98 Christine *Teusch* (1888-1968), Oberschullehrerin, Christl. Gewerkschaftsbewegung, Zentrum, 1919-33 MdNatVers/ MdR, 1944/45 „Schutzhaft", 1945 CDU, 1946-66 MdL (NRW), 1947-54 Kultusministerin.
99 Elly *Heuss - Knapp* (1881-1952), geb. in Straßburg als Tochter d. Nationalökonomen Friedrich Knapp, enge Verbindung mit Friedrich Naumann und Lujo Brentano, 1909 Heirat mit Theodor Heuss, 1946-49 MdL (Württ. - Bad.), (DVP) 1950 Gründung des Mütter - Genesungswerkes.
100 Max Freiherr von *Gumppenberg* (1906-1958), Jurist, Regierungsbeamter, vor 1933 Zentrum, 1945 Mitbegr. d. CDU in Düsseldorf u. im Rheinland, Beamter d. Regierung von NRW, 1946/47 Landespressechef, danach Leiter d. Referats „Zonale u. interzonale Angelegenheiten".
101 Zu Erich *Roßmann* (1884-1953) vgl. PV-Protokolle Bd. 1, S. LXXXI.
102 Walter *Hummelsheim* (geb. 1904), Beamter, 1934 u. 1941-45 KZ, 1946 Landrat d. Landkreises Bernkastel, 1949 GenSekr. d. Dt. Rates d. Europ. Bewegung.

Delegation zur Beratenden Versammlung des Europa - Rats in Straßburg komme, neben 12 Parlamentariern 6 Delegierte entsenden, die von der Deutschen Europäischen Bewegung benannt werden sollten. Der Text dieser Resolution ist einigermaßen unverbindlich und deshalb tragbar.

Als Beobachter wurden C. *Schmid* und *Spiecker* zur Teilnahme an einer Tagung entsandt, welche einige Parlamentarische Gruppen der Europäischen Bewegung kürzlich in Versailles zwecks Vorbesprechung der Straßburger Tagung des Europa - Rats abgehalten haben.

23. Juni 1949   Dr. G. Lütkens

Nr. 11

Sitzung des Parteivorstandes am 29. und 30.August 1949 in Bad Dürkheim

AdsD: 2/PVAS000689 (maschinenschriftl. Prot., m. handschriftl. Ergänzungen, 4 S.)[1]

Leitung der Sitzung: **Erich Ollenhauer**
Anwesend: siehe Liste
[Teilnehmer/Teilnehmerinnen, nach Funktionen geordnet[2]:
   PV:[3] *Schumacher, Ollenhauer;*
      Franke, Gotthelf, Heine, Kriedemann, Nau;
      Albrecht, Baur, Bögler, Fischer, Gayk, Görlinger, Gross, Henßler, Kaisen, Knoeringen,
      Knothe, Krahnstöver, Meitmann, Menzel, Neumann, Schmid, Schoettle, Schroeder,
      Selbert
   Vertreter Reuters: *Suhr*
   KK: *Schönfelder, Steffan*
   Mitarbeiter des PV: *Brandt, Gleissberg*]

Tagesordnung:[4]
   1) Die politische Situation nach den Wahlen
   2) Innerorganisatorische und innerpolitische[sic!] Aufgaben der Partei[5]
   5) Der nächste Parteitag
   6) Ort und Termin der nächsten PV- und PA-Sitzung

Zu **Punkt 1** der Tagesordnung (**Die politische Situation nach den Wahlen**):[6]
   Schumacher: Wir haben in allen 11 Ländern Kreise mit Stimmenzuwachs und [mit] Stimmenverlusten und nur in einem Land haben wir absolut verloren, nämlich [in] Schleswig-Holstein. Für die Niederlage sind sowohl lokale Mängel und Missstände wie auch außenpolitische Momente verantwortlich. Dazu gehört die Demontagepolitik Großbritanniens. Die antisozialistische Gruppierung hat im Verhältnis 65 zu 35 gesiegt.

---

1 Die Einladung zu dieser Sitzung mit Bekanntgabe der „vorläufigen Tagesordnung" erfolgte durch ein Rundschreiben des Parteivorstandes, unterschrieben von E. Ollenhauer, vom 20.8.1949. Das Kommuniqué (Sozialdemokratischen Pressedienst" v. 30.8.1949) wird hier als Anlage 1 publiziert.

2 Die folgenden Angaben wurden der Anwesenheitsliste in den Beiakten zum Protokoll und Angaben im Protokoll entnommen; für die Teilnehmer an allen Vorstandssitzungen 1948-50 vgl. Anhang 1.

3 Von den Mitgliedern des PV waren *Grimme* und *Reuter* nicht anwesend. *Heine* trug sich nicht in die Anwesenheitsliste ein, beteiligte sich aber an der Diskussion.

4 Wortlaut der Tagesordnung nach der Einladung vom 20.8., soweit die Punkte behandelt wurden.

5 Die Beratung über Punkt 2 wurde abgebrochen, Punkt 3 („Europarat und Europabewegung") und 4 („Internationales") wurden wegen Zeitnot vertagt.

6 Die Beratungen zum Punkt 1 der Tagesordnung wurden bereits von U. Wengst publiziert: U. Wengst, Auftakt zur Ära Adenauer, S. 83-86.

Die Sozialistische Partei Belgiens, die sich in einer ähnlichen Situation befindet, ging jetzt ohne Zögern in die Opposition. Wir befinden uns in einer Situation der Mitgliederreduktion und einer Periode des Absinkens des Lebensstandards. Ohne Zweifel hat ein großer Teil der Wähler seinen sozialen Interessen entgegenstehende Parteien gewählt und muss nun auch die Folgen tragen.

In der Rhöndorfer Besprechung der CDU haben Gebhard *Müller*, Dr. [Gereke][7] und Dr. *Hilpert* für die Aufnahme von Koalitionsverhandlungen mit der SPD gesprochen.[8] Dagegen erklärte *Pfeiffer*, dass die CSU gegenüber der Bayernpartei nicht mehr bestehen könnte, wenn auch nur der Versuch einer Annäherung an die SPD gemacht würde.[9]

Zu Beginn der deutschen Bundespolitik muss eine eindeutige Erklärung der SPD stehen. Gegen die Oppositionsstellung wird oft die Idee der nationalen Notgemeinschaft angeführt und die Gefahr aufgezeigt, die darin liegt, dass die andere Seite sonst allein den gesamten Verwaltungsapparat stellt. Er glaube, dass die Anerkennung dieser Gesichtspunkte die Partei in eine Krise und die Demokratie in Deutschland in Gefahr bringen würde. Unser sachliches Programm soll kein Angebot sein.

Ein anderes Problem sei die Wahl des Bundespräsidenten. Es wurde angeregt, das österreichische System zu übernehmen, d.h. die stärkste Partei stellt den Kanzler und die zweitstärkste den Präsidenten.[10] Das würde also bedeuten, dass ein sozialdemokratischer Präsident das gegen die Sozialdemokratie kämpfende Kabinett Adenauer zu ernennen haben würde.[11]

Henßler hält die Erklärung *Schumachers*, dass es Genossen gäbe, die mitlaufen wollen, für unangebracht.[12] Noch weniger habe ihm gefallen, dass einige unserer Genossen von Hannover öffentlich abgekanzelt wurden.[13] Die Frage sei, ob wir uns nicht heute, trotz Bonn, noch näher am Ausgangspunkt 1945 befinden als zuvor. Wir sollten den Anderen nicht nachlaufen, aber doch die Schichten ansprechen, die sich innerhalb der

---

7 In der Vorlage „Gerecke".

8 Eine längere stenographische Aufzeichnung der Rhöndorfer Besprechung führender Politiker der CDU/ CSU im Hause Adenauers am 21.8.1949, die vom Vorsitzenden der CDU von Süd-Württemberg, Gebhard Müller stammte und von diesem auch in Langschrift übertragen wurde, ist in der Edition von Udo Wengst publiziert worden (a.a.O., S. 33-41).

9 Nach der Aufzeichnung von Gebhard *Müller* stammte dieses Argument von Franz Josef Strauß, der von Schumacher nicht als Diskussionsredner genannt wurde: U. Wengst, a.a.O, S. 39.

10 Von prominenten CDU-Mitgliedern hatte dies Jakob *Kaiser* vorgeschlagen.

11 Nach den Notizen von L. Albrecht ging Schumacher in seinen Ausführungen auch auf den wahrscheinlichen Kandidaten Heuss ein, den er als „protestantisches Mäntelchen" der Regierung bezeichnete, Notizen a.a.O.

12 Bezieht sich wahrscheinlich auf eine im Protokoll nicht erwähnte „Erklärung" Schumachers in seinem Eingangsreferat. Zu den Ansichten Henßlers über die nach den Wahlen geschaffene Lage in Bonn vgl. auch seinen längeren Brief vom 18. August an den Parteivorsitzenden, AdsD: PV/ Bestand K. Schumacher, abgedr.: U. Wengst, Auftakt zur Ära Adenauer, S. 20-22.

13 Bezieht sich wahrscheinlich auf die Erklärung des „Büros" vom 17. August, in der die Ansicht von Ministerpräsident *Stock*, die SPD solle in Bonn unter „Zurückstellung" einiger Teile ihres wirtschaftspolitischen Programms an einer Koalition mit der CDU/CSU teilnehmen, als „private Meinung", die „ohne Fühlungnahme und Verständigung mit dem sozialdemokratischen Parteivorstand" erfolgt sei und zu der Stock von keiner Seite autorisiert worden sei, bezeichnet wurde, vgl. längeres Zitat in der Rede Adenauers während der Sitzung von führenden Landespolitikern der CDU am 31.8.1949 in Bonn, abgedr.: U. Wengst, Auftakt zur Ära Adenauer, S. 110.

CDU in Opposition zur Parteileitung befinden. Es müsse unser Bestreben sein, Rückwirkungen auf die Länderkoalitionen und die Gewerkschaftseinheit zu verhindern. Wir könnten nicht in Bonn die CDU in Grund und Boden verdammen und gleichzeitig in den Länderregierungen zusammenarbeiten.

In Bezug auf den Wahlausgang müsse untersucht werden, ob sich nicht besonders die Jugend fer[n]gehalten habe. Er bedauere die persönliche Schärfe, die durch uns in den Wahlkampf getragen wurde, und verweist dabei besonders auf den von Hannover geführten Telegrammkrieg.

Kaisen erklärt, dass ein Anspruch auf Regierungsbeteiligung durch diese Wahl ohne weiteres gegeben sei. Man könne gegen uns eine Rechtskoalition bilden, aber diese dürfe nicht durch uns ausgelöst werden.

Eichler stimmt *Henßler* zu, dass der linke Flügel der CDU für uns gewonnen werden müsste, doch ginge dies nicht auf dem Wege über die große Koalition.

Louise **Schroeder** führt aus, dass sie ebenso wie Christian *Stock*[14] sich gleich nach der Wahl für eine große Koalition ausgesprochen habe.[15] Sie sehe jedoch nun ein, dass es mit der CDU keine Verständigungsmöglichkeit gibt.

In der vorliegenden Erklärung sei zu bemängeln, dass die Forderung auf Einbeziehung Berlins als 12. Land nicht ausführlich genug sei. Die wirtschaftliche Lage der Ostmarkverdiener in Berlin sei verzweifelt. Von uns müsse die Forderung auf einheitliche Verwaltung und Einführung der Westmark in Gesamtberlin erhoben werden. Auch die Ostzone sei entsprechend zu erwähnen.

Wünschenswert wäre, wenn der Bundestag von Paul *Löbe* als Alterspräsident eröffnet würde.

Zu bedenken sei auch, ob die vorliegende Erklärung nicht besser erst nach dem Zusammentreten der Fraktion abgegeben würde.

Schmid spricht sich entschieden gegen die Koalition aus. Er glaube, dass wir in der Opposition größere Chancen haben, sozialdemokratisch inspirierte Gesetze zu erzwingen.

Francois - Poncet äußerte, er glaube, dass Adenauer die SPD an sozialen Leistungen überspielen und ihr damit jede Erniedrigung zufügen würde. Ebenso meinte *Schuman*, dass die SPD in die große Koalition gehen solle, um bei der sicherlich bevorstehenden Arbeitslosigkeit die Situation meistern zu können.[16]

Suhr hält die vorgelegte Erklärung für wenig glücklich, da wir die Wähler damit nicht richtig ansprechen. Die Formulierungen sind zu abgegriffen und zu farblos. Das Berlin-Problem müsse konkretisiert werden.

---

14 *Stock* hatte sich auf einer Pressekonferenz am 16.8.1949 in Wiebaden für eine Koalition von CDU/CSU und SPD ausgesprochen, Die Welt v. 17.8.1949.

15 Vgl. die Erklärung Louise *Schroeders* vom 15.8.1949, Frankfurter Rundschau vom 16.8.1949.

16 Nach den Notizen von L. Albrecht beendete Schmid seinen Diskussionsbeitrag mit dem Hinweis, dass die Wahlniederlage auch den positiven Effekt einer Regeneration der Partei haben könne. Dazu sei aber eine dauernde Schulung notwendig, Notizen a.a.O.

Schoettle meint, dass das Wahlresultat uns zum Ziehen notwendiger Konsequenzen veranlassen müsse.[17] Die Wähler haben zum großen Teil gegen ihre Interessen gestimmt. Wir müssten aber doch erklären, dass wir auch die Interessen dieser Wähler wahrnehmen wollen. Die vorliegende Erklärung bedürfe der Vervollständigung; so sei die Forderung nach einer Steuerreform zu erheben.

Knoeringen erklärt, dass der SPD in Bayern die konstruktive Oppositionsstellung nichts eingebracht habe.[18] Wir sollten 5 oder 6 Programmpunkte formulieren, ohne uns aber gleichzeitig zu bemühen, dass die gegnerische Regierung in den Stand versetzt wird, sie zu verwirklichen.

Görlinger glaubt, dass die SPD durchaus ein Mandat habe, aktiv tätig zu werden. Wir wären verpflichtet gewesen, auch mit *Arnold* und seinem Kreis Verbindung aufzunehmen. Weiterhin müssten wir uns bemühen, unsere Position in den Gemeinden zu festigen.

Schumacher antwortet *Henßler*, dass es doch bei uns Leute gäbe, die mitgenommen werden wollten. Er verweist auf das Memorandum des Genossen *Baurichter*[19].

Christian *Stock* war als hessischer Verwaltungsleiter nicht berechtigt, sich zur Koalitionsfrage zu äußern. Es sei noch eine offene Frage, ob es dem Adenauer-Flügel gelingen wird, seine Ansicht in der Koalitionsfrage auch in den Ländern durchzusetzen.

Er könne nicht sehen, wie es möglich sein solle, mit der zur Zusammenarbeit bereiten CDU-Minorität eine Koalition zu bilden. Die Erhard-Politik in Frankfurt[20] sei doch ein Beweis dafür, was wir von einer CDU-Opposition erwarten können. Die vorliegende Erklärung solle jedoch von einer Kommission nochmals überarbeitet werden. Als Mitglieder dieser Kommission werden vorgeschlagen: *Schmid, Eichler, Schoettle, Suhr, Knoeringen* und *Schumacher*.

Zur Frage der Veröffentlichung sei er der Auffassung, dass der PV befugt und verpflichtet ist, zur Parlamentspolitik Erklärungen abzugeben.

Er stelle abschließend fest, dass die Mehrheit des PV mit der vorliegenden Erklärung, nach Berücksichtigung der Änderungswünsche, als Oppositionsdokument der Partei einverstanden sei.

Henßler wünscht Abstimmung darüber, ob der PV der Fraktion diese Erklärung vorwegnehmen darf.

---

17 Nach den Notizen von L. Albrecht forderte Schoettle, dass die Linie des Wahlkampfes fortgesetzt werden müsse: „keine Negation, sondern Opposition", Notizen a.a.O.

18 Bei den Landtagswahlen im Dezember 1946 hatte die SPD in Bayern 28, 6 % der abgegebenen Stimmen erhalten, bei der Bundestagswahl im August 1949 nur 22, 7 %, vgl. Hb. Politische Institutionen 1945-49, S. 334 u. Datenhandbuch Deutscher Bundestag 1949-82, S. 45.

19 Der Düsseldorfer Regierungspräsident Kurt *Baurichter* schickte am 24.8.1949 eine mehrseitige Ausarbeitung „Betrachtungen zum Wahlausgang" an den Parteivorstand, in der er eine eventuelle Entscheidung der SPD für die Opposition als großen Fehler bezeichnete, da in der momentanen Situation die Bundesregierung eine breite parlamentarische Mehrheit benötige, AdsD: Sammlung Personalia K. Baurichter. K. *Baurichter* (1902-74), geb. in Bielefeld, Oberrealschule, Abitur, Studium d. Volkswirtschaft, 1920 SPD, 1928-32 Leiter d. Ministerbüros im RMdI, 1934-36 KZ, 1946 Landrat in Bielefeld, 1946/47 MdL (NRW), 1947-1967 RegPräs. in Düsseldorf, 6/47-11/47 MdWR.

20 Gemeint die Wirtschaftspolitik des Frankfurter Wirtschaftsdirektors Ludwig *Erhard*.

Ollenhauer erklärt, dass gemäß Parteistatut der PV die Richtlinien der Politik zu bestimmen hat. In der vorliegenden Erklärung sei keine Rede davon, wie die Fraktion gegenüber der künftigen Regierung zu taktieren habe. In der nächsten Woche würde eine gemeinsame Sitzung des PV, PA, der Fraktion und der Ministerpräsidenten über die künftige Politik beraten.

Henßler stimmte in der Zuständigkeitsfrage *Ollenhauer* zu. Dagegen glaube er, dass aus Zweckmäßigkeitsgründen in diesem Falle nur gemeinsam mit der Fraktion eine Erklärung abgegeben werden könne.

Suhr stimmt *Henßler* zu. Er schlägt vor, dass der Fraktion in einem Nachsatz zur Erklärung die Handlungsfreiheit bestätigt wird.

Schumacher meint, dass man die Fraktion noch nicht als existent betrachten könne. Völlig klar sei jedenfalls der Auftrag des Parteitages an den PV, die Richtlinien der Politik zu bestimmen.

Henßler und **Kriedemann** kritisieren die Festlegung auf den Preis- und Mietstopp.[21]

Ollenhauer stellt nach Abschluss der Diskussion fest, dass bei Berücksichtigung der vorgetragenen Anträge die Erklärung einstimmig angenommen sei.

Zu **Punkt 2** der Tagesordnung (**Innerorganisatorische und innerpolitische**[sic!] **Aufgaben der Partei**):

Ollenhauer erklärt einleitend, dass die heutige Diskussion nur eine erste Lesung sein solle. Es ist beabsichtigt, Anfang November gemeinsam mit dem PA diesen Punkt eingehend zu behandeln.

Völlig klar sei, dass es uns nicht gelungen ist, die Flüchtlinge zu gewinnen. Wahrscheinlich dürfte die Zahl der Nichtwähler bei den jungen Menschen besonders groß gewesen sein. Sehr unterschiedlich habe die Parteiorganisation funktioniert, d.h. stellenweise völlig versagt.

Heine analysiert die Wahlergebnisse und berichtet über den Propagandaeinsatz in den Ländern. 90 % der Plakate gehörten in die Gruppe „Was will die SPD" und nur 10 % befassten sich mit der Gegnerabwehr. Die durch den PV geleitete Referentenvermittlung in Hannover habe gut funktioniert, dagegen war der Einsatz der Referenten durch die Bezirke oft sehr schlecht. Flüchtlinge, Frauen, Jugend, Angestellte, Techniker, Katholiken und Nichtwähler haben sicherlich entscheidend zu dem uns nicht befriedigenden Wahlergebnis beigetragen.

Der am 16. Oktober in Hamburg stattfindende Wahlkampf bedürfe der Unterstützung der gesamten Partei, da die psychologische Bedeutung dieser Wahl für das Bundesgebiet außerordentlich groß ist.

Franke fordert eine Reorganisation der Partei. Er verweist auf die unterschiedliche Größe der Bezirke und die ungleiche Zahl der hauptamtlichen Parteiangestellten in den Bezirkssekretariaten. Wir müssen zu einer rationellen Arbeitsteilung und zu einem Kostenausgleich kommen.

---

21 In der verabschiedeten Fassung war diese Festlegung nicht mehr enthalten, vgl. Anlage 2.

Nau erklärt, dass 250.000 DM für die Wahl aufgewandt wurden. Für den Absatz der Wahlfondsmarken wurde besonders geworben. Im Moment sei über den Erfolg noch nichts zu sagen, doch sei anzunehmen, dass mindestens eine Million DM einkommen.

In Mannheim-Land hat der Industrielle *Freudenberg*[22] für Wahlzwecke allein 200.000 DM ausgegeben und zusätzlich den Gemeinden eine Stiftung von 2 Millionen DM vermacht.

2,7 Millionen DM kamen vor der Währungsreform per Quartal ein.

1,6 Millionen DM im dritten Quartal 1948.

2,0 Millionen DM im vierten Quartal 1948.

1,78 Millionen DM im ersten Quartal 1949.

Der Mitgliederverlust betrug im ersten Quartal nach der Währungsreform 83.000. Die Bezirke Süd-Württemberg und Süd-Baden können nicht zahlen, die Bezirke Koblenz und Schwaben zahlen fast nichts und die großen Bezirke in den Flüchtlingsgebieten kämpfen ebenfalls mit größten Schwierigkeiten.

Bedauerlicherweise findet die progressive Beitragsstaffelung bei der Kassierung keine Berücksichtigung. Nur 5 % der Marken sind höhere Wertmarken. Die hier liegende unausgenutzte Finanzkraft der Partei müsse unbedingt ausgenutzt werden.

Gotthelf teilt mit, dass 6 Frauen in direkter Wahl und 6 Frauen über die Landeslisten in den Bundestag gewählt wurden.[23] Vom 25.9. bis 9.10. soll eine Frauenwerbewoche durchgeführt werden.

Ollenhauer teilt mit, dass am 2. und 3.9. in Springe eine Sekretärskonferenz stattfindet, auf der die innerorganisatorischen Fragen behandelt würden. Er schlägt vor, wegen der Zeitnot den Tagesordnungspunkt zu vertagen.

Ebenso werden die **Punkte 3 und 4** vertagt.

Zu **Punkt 5** der Tagesordnung (**Der nächste Parteitag**):

Ollenhauer Das Büro schlägt vor, den Parteitag für Mai 1950 einzuberufen. Dieser Beschluss müsste dann am 6.9. noch vom PA bestätigt werden.

So beschlossen.

Sonderpunkt der Tagesordnung (**Schleswig-Holstein**):

Gayk berichtet über den Regierungsumbau. Die Wahl habe eine große soziale Krise offengelegt. Die Flüchtlinge hätten unabhängige Kandidaten bevorzugt oder aber sich ihrer früheren sozialen Stellung entsprechend politisch verankert. Die Nazis fanden sich in der DP wieder. Kleine Unzulänglichkeiten der Regierung, wie z. B. der Bau des Gästehauses, haben das Vertrauen zerstört. Die Regierungsumbildung soll zur Wiederherstel-

---

22 Richard *Freudenberg* (1892-1975), Lederfabrikant in Weinheim, nach 1918 Demokratische Partei, 1919-24 MdL (Baden), 1924-33 Vors. d. bad. Landesverbandes, 1949-53 MdB (Hospitant d. FDP).

23 Gotthelf berücksichtigt hier nicht Louise *Schroeder*, die als nicht voll berechtigte Berliner Abgeordnete dem Bundestag angehörte. Vgl. dazu Gisela Notz, Frauen in der Mannschaft, Kapitel über Louise Schroeder.

lung des Vertrauens beitragen. *Diekmann* wurde Ministerpräsident und *Gülich*[24] Finanzminister. Das Schulministerium bekam [*Siegel*][25].

Carlo Schmid gibt die Warnung weiter, dass der Parteisekretär *Schattner* in Saarbrücken als Franzosenagent betrachtet würde.

Anlage 1
Kommuniqué der Sitzung
Sozialdemokratischer Pressedienst v. 30.8.1949, S. 3[26]

Der Vorstand der SPD beriet in seiner ersten Sitzung nach den Wahlen am 29. /30.
August 1949 in Bad Dürkheim eine programmatische Entschließung über die Richtlini-
en der künftigen Politik der Partei im Bundestag und nahm sie nach eingehender Diskussion einstimmig an.

Die Entschließung fasst in 16 Punkten alle wesentlichen sozialdemokratischen Forderungen zur gegenwärtigen Situation zusammen und schließt mit der Feststellung: „Diese
Politik hält die Sozialdemokratische Partei für möglich und erfolgreich. Sie ist bereit,
hierfür mit allen ihr zu Gebote stehenden Mitteln einzutreten. Jede andere Politik wird
sie mit der gleichen Entschiedenheit bekämpfen."

Nach einem einleitenden Referat des Vorsitzenden *Dr. Schumacher* über die politische
Lage nach den Wahlen fand eine gründliche Erörterung des ganzen Fragenkomplexes
statt, deren wesentliches Merkmal die übereinstimmende Ansicht über die künftige Rolle
der SPD und die Notwendigkeit war, einer mit Sicherheit zu erwartenden rein bürgerlichen Bundesregierung unter Führung der CDU/CSU mit sehr bestimmter Opposition
entgegenzutreten.

Die[27] Entschließung fasst in 16 Punkten alle wesentlichen sozialdemokratischen Forderungen zur gegenwärtigen Situation zusammen und schließt mit der Feststellung:
„Diese Politik hält die Sozialdemokratische Partei für möglich und erfolgreich. Sie ist
bereit, hierfür mit allen ihr zu Gebote stehenden Mitteln einzutreten. Jede andere Politik
wird sie mit der gleichen Entschiedenheit bekämpfen."

Die[28] Entschließung über die Grundlinie der sozialdemokratischen Politik wird am 6.
September einer gemeinsamen Sitzung von Parteivorstand, Parteiausschuss, Kontrollkommission, sozialdemokratischen Ministerpräsidenten und Bundestagsfraktion in Köln
unterbreitet werden, damit sie die ausdrückliche Zustimmung aller maßgeblichen
Parteiinstanzen erhält.

---

24 Zu Wilhelm *Gülich* (1895-1960) vgl. PV-Protokolle Bd.1, S. 332.
25 In der Vorlage handschriftlich „Fiedel". Wilhelm *Siegel*, geb. 1890 in Hamburg, Volksschullehrer in HH,
    SPD, 1946 MdL (Schlesw.-Holst.), 1949/50 Volksbildungsminister, Landrat d. Kr. Stormarn.
26 Abgedr. NVorw. Nr. 36 v. 3.9.1949, S. 1.
27 Der folgende Absatz „Die ... bekämpfen" nur im Abdruck des Kommuniqués im „Neuen Vorwärts".
28 Der folgende Absatz „Die ... erhält" nicht im Abdruck des Kommuniqués im „Neuen Vorwärts".

Am Dienstagvormittag wurden alle organisatorischen und innenpolitischen Aufgaben der Partei besprochen, in Sonderheit, soweit sie mit den Erfahrungen des Wahlkampfes zusammenhängen.

Oberbürgermeister Andreas *Gayk*, Kiel, berichtete über die Zusammenhänge der Regierungsumbildung in Schleswig-Holstein. Eine Aussprache darüber fand nicht statt.

Der Parteivorstand wird schließlich dem Parteiausschuss als Termin für den nächsten Parteitag einen noch zu bestimmenden Tag im Mai 1950 vorschlagen.

Anlage 2
Die Entschließung von Bad Dürkheim
Sozialdemokratischer Pressedienst P/IV/103 v. 30.8.1949, S. 1-2[29]

Die Sozialdemokratische Partei Deutschlands geht bei ihrer Politik von der Erkenntnis aus, dass eine lebenskräftige Demokratie nur auf dem Fundament sozialer Gerechtigkeit erbaut werden kann. Nur auf dieser Grundlage wird die deutsche Bundesrepublik ihre Aufgabe erfüllen, die deutsche Einheit zu schaffen und Deutschland in ein neu geordnetes Europa einzugliedern.

Das Ergebnis der Wahlen am 14. August beschwört die Gefahr herauf, dass die bisherige Wirtschaftspolitik fortgeführt, die deutsche Arbeitskraft ruiniert und die Spannungen zwischen den Klassen so gesteigert werden, dass die staatsbildenden Kräfte gelähmt und die deutsche Demokratie zerstört wird.

Die Voraussetzungen für ein gesundes deutsches Staatswesen können nur geschaffen werden, wenn das deutsche Volk folgende Grundsätze im öffentlichen Leben durchsetzt:
1. Überwindung der Arbeitslosigkeit durch eine Politik der Vollbeschäftigung. Dazu ist die Stärkung der Kaufkraft und die Erhöhung des Reallohnes erforderlich. Abwehr weiterer Preissteigerungen. Umbau des Steuersystems durch Entlastung der kleinen Einkommen.
2. Planung und Lenkung der Kredite und Rohstoffe für Befriedigung des volkswirtschaftlichen Bedarfs. Ablehnung einer vom bloßen Profitinteresse bestimmten Wirtschaftspolitik.
3. Sozialer Lastenausgleich durch Zugriffe auch auf die Vermögen und nicht nur auf die Erträgnisse der Vermögen.
4. Sofortige Inangriffnahme des Wohnungsbaues unter besonderer Förderung des sozialen Wohnungsbaues durch den Bund.
5. Wirtschaftliche und gesellschaftliche Sesshaftmachung und Freizügigkeit für die Vertriebenen und Kriegsgeschädigten durch zentrale Maßnahmen. Schaffung eines Flüchtlingsministeriums, zusätzliche Finanzhilfe an die mit Flüchtlingen überbelegten Länder.

---

29 Abgedr. u.a. NVorw. Nr. 36 v. 3.9.1949 u. Jb. SPD 1948/49, S. 139 f., U. Wengst, Auftakt zur Ära Adenauer, S. 87 f.

6. Neuordnung der Sozialversicherung, des Rentenwesens und der Versorgung der Kriegsbeschädigten mit dem Ziel der Verbesserung der Leistungen, Hilfe für die Opfer der Diktaturen.

7. Mitbestimmung der Arbeitenden in den Betrieben und gleichberechtigte Einbeziehung der Gewerkschaften in die Selbstverwaltung der Wirtschaft.

8. Politische und wirtschaftliche Entmachtung des großen Eigentums und der Manager durch Sozialisierung der Grundstoff- und Schlüsselindustrien.

9. Sicherung der freien Entfaltung des gewerblichen und bäuerlichen Mittelstandes.

10. Sicherung und Stärkung der kommunalen Selbstverwaltung insbesondere durch einen den Gemeindeaufgaben gerecht werdenden Bundesfinanzausgleich.

11. Beschränkung der alliierten Einwirkungen auf bestimmte und reine Kontrollmaßnahmen. Änderung des Ruhrstatuts. Abwehr der Demontage deutscher Friedensindustrien.

12. Einbeziehung Berlins als 12. Land in die Deutsche Bundesrepublik. Bis dahin schnelle und wirksame Hilfe für Berlin.

13. Ablehnung der Oder-Neiße-Linie als deutsche Ostgrenze. Verbleib des Saargebietes im deutschen Staatsverband. Abwehr neuer Gebietsabtretungen.

14. Unermüdlicher Appell an die moralischen Kräfte der Welt für die Freilassung der Kriegsgefangenen und Frauen. Rückführung der Verschleppten. Kampf gegen Sklavenarbeit in jeder Form und gegen die Konzentrationslager in der sowjetischen Besatzungszone.

15. Wahrung des im Grundgesetz vorgesehenen Vorrechts des Bundestags gegenüber partikularen Gewalten und Interessen. Die Bundesgewalt muss imstande sein, die äußeren und inneren Kriegsfolgelasten gerecht zu verteilen und die Funktionen des deutschen Staates zu erfüllen.

16. Sicherung der Freiheit der Lehre, der Verkündung und der Ausübung jeder Religion und jeder Weltanschauung. Bekämpfung des Missbrauches kirchlicher Einrichtungen und Personen als Instrumente des politischen Machtkampfes. Abwehr jedes Versuches, die sozialen und politischen Probleme durch Entfachung eines Kulturkampfes zu vernebeln.

Die Sozialdemokratische Partei kämpft unter Ablehnung jeglicher Art von Nationalismus für die Gleichberechtigung aller Völker und für die Neuordnung Europas. Darum kämpft sie für die Wiedervereinigung Deutschlands auf der Grundlage der persönlichen und staatsbürgerlichen Freiheit und Gleichheit in allen Besatzungszonen, insbesondere der sowjetischen Zone.

Nur diese Politik hält die Sozialdemokratische Partei für möglich und erfolgreich. Sie ist bereit, hierfür mit allen ihr zu Gebote stehenden Kräften einzutreten. Jede andere Politik wird sie mit der gleichen Entschiedenheit bekämpfen.

Nr. 12

Gemeinsame Sitzung des Parteivorstandes, des Parteiausschusses, der Kontrollkommission, der Bundestagsfraktion und der Ministerpräsidenten am 6.September 1949 in Köln

AdsD: 2/PVAS000690 (maschinenschriftl. Prot., m. handschriftl. Ergänzungen, 3 S.)[1]

Leitung der Sitzung: **Erich Ollenhauer**
Anwesend: siehe Liste

[aktive Teilnehmer/Teilnehmerinnen, nach Funktionen geordnet[2]:
  PV: *Schumacher, Ollenhauer; Heine; Henßler, Schmid, Schoettle*

PA
  BRAUNSCHWEIG:
  FRANKEN (OBER- und MITTELFRANKEN, Nürnberg):
  GROSS-BERLIN:
  HAMBURG-NORDWEST:
  HANNOVER:
  HESSEN-Frankfurt:
  HESSEN-Kassel:
  NIEDERRHEIN (Düsseldorf): A. *Dobbert*
  OBERPFALZ-NIEDERBAYERN (Regensburg):
  OBERRHEIN (Köln):
  ÖSTL. WESTFALEN (Bielefeld):
  PFALZ (Neustadt/ Haardt):
  RHEINHESSEN (Mainz):
  RHEINLAND-KOBLENZ-TRIER (Koblenz):
  SCHLESWIG-HOLSTEIN (Kiel):
  SCHWABEN (Augsburg):
  SÜD-BADEN (Freiburg i. Br.):
  SÜDBAYERN (OBERBAYERN, München):
  SÜD-WÜRTTEMBERG (Tübingen):
  UNTERFRANKEN (Würzburg):
  WESER-EMS (Oldenburg):

---

1 Eine Einladung zu dieser Sitzung mit Bekanntgabe der „vorläufigen Tagesordnung" ist in den Beiakten zum Protokoll nicht erhalten geblieben. Der sogleich publizierte Bericht über die Sitzung und die anschließende Pressekonferenz Schumachers (Neuer Vorwärts v. 10. September) wird hier als „Anlage" abgedruckt.

2 Da in den Beiakten zum Protokoll keine Anwesenheitsliste erhalten geblieben ist, kann im folgenden nur die Anwesenheit der aktiven Teilnehmer an den Beratungen dokumentiert werden. Im Bericht des „Neuen Vorwärts" wird von „über zweihundert" Teilnehmer und Teilnehmerinnen gesprochen, die eine „sehr breite Schicht der Parteileitung" repräsentiert hätten, so dass man mit Recht von einem „kleinen Parteitag" sprechen könne vgl. Anlage.

WESTL. WESTFALEN (Dortmund):
WÜRTTEMBERG-BADEN (Stuttgart):
KK:

MdB: *Bärsch, Böhm*[3], *Brandt, Jacobi, Roth, Wehner* + Mitgl. d. PV (*Henßler, Ollen-hauer, Schmid, Schoettle, Schumacher*)
Ministerpräsidenten/Landesminister: *Brauer, Preller*]

Tagesordnung[4]:
1) Die Dürkheimer Entschließung und die Wahl des Bundespräsidenten
2) Der nächste Parteitag

Schumacher erklärt gleich einleitend, dass wir in keine Regierung gehen könnten, in der wir nur mitlaufen, statt zu gestalten. Zu parteiverbindlichen Äußerungen hierüber habe nur der PV das Recht. Die koalitionswillige Äußerung eines sozialdemokratischen Ministerpräsidenten hat unserer Position sehr geschadet und zu Deutungen über weitgehende Meinungsverschiedenheiten in der Partei Anlass gegeben.

Drei Faktoren beherrschen die CDU: Großkapitalismus, Klerikalismus und Föderalismus, wovon schon jeder für sich zu einer Kooperation keine Voraussetzungen gibt. Wenn wir uns im Kampf um das Saargebiet nicht stark machen würden, hätten wir auch das Ringen um eine Revision der Oder/Neiße-Grenze verloren.

Der vernünftigste Weg bei der Besetzung der Bundesratspräsidentenposition wäre, wenn man den Ministerpräsidenten des größten Landes, nämlich *Arnold* in Nordrhein-Westfalen, vorschlüge. Die Absicht, den Neinsager zum Grundgesetz, Ministerpräsidenten *Ehard*, zu wählen, ist absurd.

Der geplante feierliche Empfang der ausländischen Würdenträger durch den Bundesratspräsidenten sei nicht akzeptabel, da nicht der Bundesrat alleine die Bundesrepublik repräsentieren könne.[5]

Die künftigen Regierungsparteien haben bereits das Amt des Bundespräsidenten zu einem Verhandlungsobjekt der Regierungsbildung gemacht. Daran dürfte in diesem Stadium nichts mehr zu ändern sein. Ein evtl. sozialdemokratischer Bundespräsident käme zudem in die Situation, *Adenauer* zum Kanzler ernennen zu müssen, was u.a. auch in Bezug auf die Unterzeichnung des Friedensvertrages durch eine konservative westdeutsche Regierung zu einer für unseren Präsidenten peinlichen Situation führen. Wir sollten in keinem Lande die Frage der Auflösung der Koalition aufwerfen.

---

3 Böhm wird im Bericht des „Neuen Vorwärts" bei der Aufzählung der Diskussionsredner nicht genannt.

4 Weder die Einladung, noch die offizielle Tagesordnung ist in den Beiakten zum Protokoll erhalten geblieben. Im folgenden wird sie aus dem Verlauf der Verhandlungen erschlossen.

5 In einer anschließenden Pressekonferenz nahm Schumacher auch ausführlich zur bevorstehenden Wahl des Bundestagspräsidiums Stellung. Er beschwor dabei die CDU/CSU, nicht vom traditionellen parlamentarischen Brauch abzuweichen und der SPD als zweitstärkster Fraktion den Posten des Vizepräsidenten zu überlassen, für den Prof. Carlo *Schmid* vorgesehen sei. Seine Äußerungen wurden für so wichtig erachtet, dass sie in den Bericht des „Neuen Vorwärts" über diese Sitzung aufgenommen wurden, vgl. Anlage.

Brauer berichtigt die Ausführung *Schumachers*, dass der Vorsitzende des Bundesrates turnusmäßig wechselt. Der Präsident würde jeweils neu gewählt werden.

Er kritisiert dann scharf das Abwürgen anderer Auffassungen in der Partei durch den Vorsitzenden. Es bedeute den geistigen Tod, wenn man immer zuvor abhören müsse, wo gerade die Parteilinie verläuft.

In der Frage der Regierungsbildung teile er voll und ganz die Auffassung *Schumachers*, dass unsere Beteiligung nicht in Betracht käme.

Das Wahlresultat zeige, dass die seinerzeit von den Ministerpräsidenten geänderte Verhältniszahl im Wahlrecht sich zu unseren Gunsten ausgewirkt habe. SPD und CDU erhielten dadurch je 4 Mandate mehr.

Dobbert wünscht, dass wir uns bei künftigen Wahlkämpfen nicht vom Gegner auf ein niedriges Niveau drängen lassen. Ebenso sei äußerste Zurückhaltung beim Kampf gegen die Kirche zu beachten. Er glaube, dass Hannover dafür nicht immer das richtige Gefühl habe.

Die Oppositionsstellung in Frankfurt habe uns keinen Gewinn gebracht. Wir haben weder die Jugend noch den Mittelstand ansprechen können.

Er findet es beschämend, den Worten Kurt *Schumachers* entnehmen zu müssen, dass man sich nicht einmal über die Person des Bundespräsidenten in dieser schweren Zeit habe einigen können. Er wünschte, dass es Kurt *Schumacher* gelänge, auch den Weg der Synthese zu finden.

Jacobi meint, dass der Bundesrat ein gesundes Regulativ sein kann, ohne ein überspitztes Instrument des Föderalismus zu werden. Unser Wahlkampf wurde zu sehr mit negativen Parolen geführt.

Brandt meint, dass unser Wahlprogramm nicht verständlich und konzentriert genug heraus kam. Die Dürkheimer 16 Punkte wären zweckdienlicher gewesen. In Deutschland gibt es einen Teil, wo die Idee der nationalen Notgemeinschaft besonders Fuß gefasst habe, nämlich in der Ostzone. Es müsse vermieden werden, dass ein Scheitern der Sozialdemokratie in die Schuhe geschoben werden könne.

Heine gibt zur Richtigstellung bekannt, dass im Wahlkampf verwandt wurden: 2,9 Millionen Plakate, davon 239.000 negativ, d.h. Abwehr gegen Angriffe, aber 2,7 Millionen positiv, d.h. unsere Forderungen enthaltend.

Schmid erklärt, dass wir uns durchaus mit der Kirche zu unterhalten hätten, auch im Wahlkampf. Die deswegen erhobenen Vorwürfe hält er für unberechtigt.

Gemangelt habe es ohne Zweifel in vielen Orten an aufzuweisenden guten Leistungen der sozialdemokratischen Verwaltungsleiter.

Eine Vereinbarung über die Turnuswahl des Bundesratspräsidenten hält er für nicht annehmbar, ebenso wenig die Nominierung eines Sozialdemokraten zum Bundespräsidenten.

Schoettle fordert, dass unsere Vertreter in den Länderregierungen durch eine starke sozialdemokratische Politik die Bundesratspolitik beeinflussen. Wir sollten bei der Wahl des Bundespräsidenten mit einem eigenen Kandidaten aufwarten und damit unseren Anspruch für die Zukunft anmelden.

Preller erklärt, dass das Verhältnis im Bundesrat 24 gegen 19 Sozialdemokraten sein wird.

Böhm ist der Auffassung, dass die Stellung der CDU-Gewerkschafter nicht gleichgestellt werden könne mit der Politik Adenauers. Die 40 Abgeordneten der CDU im Landtag Nordrhein-Westfalens legen nach der Wahl erneut ein Bekenntnis zum Programm des DGB ab. Der Katholikentag in Bochum[6] habe der bisherigen Wirtschaftspolitik in Frankfurt eine klare Absage erteilt. Es müsste unsere Aufgabe sein, diesen Leuten den Rücken zu stärken.

Henßler: Es ist keine Frage, dass wir in Opposition gehen müssen, aber man müsse sich darüber unterhalten, wie man diese Opposition betreibe. Wir sollten nicht so viel von Mindestforderungen reden, sondern bedenken, dass wir auch Verantwortung zu tragen gezwungen werden können.

Er bemängelt die Unduldsamkeit des PV gegenüber Äußerungen der Genossen draußen.

In der Präsidentenfrage sollten wir bemüht sein, mit den anderen Parteien eine geeignete Persönlichkeit zu finden. Selbstverständlich kämen *Heuss* und *Schlange-Schöningen* nicht in Betracht.

Roth ist der Meinung, dass die Jugend von dem Parteienstreit in diesem Wahlkampfe angeekelt wurde. Er glaube, dass wir nach dieser Wahl auch einen Machtanspruch anzumelden haben und doch jedenfalls mit der Verantwortung für die Demokratie betraut wurden. Wir sollten bemüht sein, diese Koalition auseinander zu treiben, unter Ausnutzung der klaren Gegensätze im anderen Lager.

Wehner tritt für eine scharfe Frontentrennung in Bonn ein, auch in der Frage des Bundespräsidenten. Er fordert von der SPD ein Bekenntnis zu Gesamtdeutschland.[7]

Schumacher erklärt abschließend, dass die Äußerung *Stocks* in der Koalitionsfrage vom PV auch nur als eine private Äußerung behandelt wurde.

Er weist entschieden die Anschuldigungen *Brauers* und *Henßlers* zurück, dass in der Partei die Meinungsfreiheit abgewürgt und eine Unduldsamkeit Überhand genommen habe.

Ollenhauer bringt die Dürkheimer 16 Punkteerklärung zur Abstimmung und stellt einstimmige[8] Annahme, ohne Stimmenthaltung, fest.[9]

[Punkt 2]: **Parteitag.**

Der PA billigt den Beschluss des PV, den Parteitag zum Mai nächsten Jahres einzuberufen.

---

6 Zum Bochumer Katholikentag im September 1949 vgl. Einleitung S. LXXVI.

7 Nach dem Bericht im Neuen Vorwärts" sprach nach *Wehner* noch Dr. Siegfried *Bärsch*, MdB aus Bremen.

8 Nach dem Kurzbericht im Jahrbuch der SPD für 1948/49 stellte sich die Fraktion „einmütig" auf den „Boden der Dürkheimer Beschlüsse des Parteivorstandes" (S. 18 f.)

9 Für den Wortlaut des kurzen Beschlusses der gemeinsamen Sitzung vgl. den Bericht des „Neuen Vorwärts" (s. Anlage, Absatz 2).

Anlage
Bericht des „Neuen Vorwärts" über die Sitzung
NVorw. Nr. 37 v.10.9.1949

Dürkheimer Beschlüsse gebilligt

Am Vorabend der feierlichen Eröffnung des Deutschen Bundestages - dies ist sein offizieller Name, obwohl es sich nur um ein westdeutsches Parlament handelt - fand in Köln eine Sitzung der maßgebenden sozialdemokratischen Körperschaften (Parteivorstand, Parteiausschuss, Kontrollkommission und der SPD-Fraktionen des Bundestags und des Bundesrats sowie der sozialdemokratischen Ministerpräsidenten) statt.

Zur Diskussion und zum Beschluss stand die Dürkheimer Entschließung, die am Ende der Sitzung durch folgende Erklärung einstimmig und ohne Stimmenthaltung angenommen wurde: „Die gemeinsame Konferenz der leitenden Parteikörperschaften, der Fraktion des Bundestages und der sozialdemokratischen Mitglieder des Bundesrates billigt die Dürkheimer Entschließung des Vorstandes der Sozialdemokratischen Partei Deutschlands vom 30. August 1949."

Man hat die Zusammen[setzung][10] dieses Gremiums nicht mit Unrecht einen „kleinen Parteitag" genannt, denn tatsächlich repräsentiert diese Versammlung von über zweihundert Funktionären eine sehr breite Schicht der Parteileitung, und es ist ihre Aufgabe, zu Entscheidungen von besonderer politischer Bedeutung Stellung zu nehmen. In den vergangenen Jahren wurde sie nur sehr selten zusammengerufen, und zwar im Februar 1947, in der zur Frage der sozialdemokratischen Haltung zur Politik des Frankfurter Wirtschaftsrates Stellung genommen wurde, und am 20. April dieses Jahres, in der es um das berühmte Nein der Sozialdemokratie zu einem hoffnungslos verwässerten Grundgesetz ging.

Schumachers Situationsbericht

Die Kölner Tagung am 6. September brachte keine Überraschungen, die auch nicht erwartet worden waren. *Kurt Schumacher* entwarf noch einmal in anderthalbstündigen Darlegungen die politische Gesamtsituation, wie sie sich nach den Wahlen entwickelt und wie sie in der Dürkheimer Entschließung ihren Niederschlag gefunden hat. Seine Beweisführung im Hinblick auf die unbedingt notwendige Oppositionsstellung der Partei lässt sich vielleicht am besten in diesem Satz von *Kurt Schumacher* zusammenfassen: <Für uns entstand die große Frage: Entweder durch Verstrickung in eine Regierung, deren Politik wir ablehnen, hinein- und später herabgezogen zu werden, um schließlich an den Schwierigkeiten des Partners die eigene Zukunft zu riskieren, oder die Klärung der Fronten zu einer Kräftigung und Erneuerung unserer Partei zu nützen.> Zur Organisation des deutschen Bundesstaates erklärte *Schumacher* dann, dass es im Grundgesetz gelungen sei, doch wenigstens ein Minimum an zentraler Gewalt zu erreichen. *Schumacher* wandte sich in diesem Zusammenhang scharf gegen eine gewisse Stimmungsmache, die darum bemüht sei, dem Bundesrat als der Vertretung der Länder ein Übergewicht

---

10 In der Vorlage „Zusammenfassung".

über den Bundestag zu geben, was zum Buchstaben und Geist des Grundgesetzes in scharfem Gegensatz stehen würde. Gegenstand seiner näheren Betrachtung waren auch die Umstände und die Möglichkeiten, die sich für die personelle Besetzung des Amtes des Bundespräsidenten und des Bundesratsvorsitzenden ergeben.

Die Präsidentenfrage

Die sich anschließende Aussprache ergab volle Übereinstimmung der Versammlung mit der Auffassung *Schumachers*, dass alle bisher in der Öffentlichkeit bekannt gewordenen Kandidaten für den Posten des Bundespräsidenten für die SPD nicht tragbar seien. Ein endgültiger Beschluss wird aber erst in der Sitzung der sozialdemokratischen Abgeordneten der Bundesversammlung am Vormittag des Wahltages selbst, also am 12. September, gefasst werden. Es ist möglich, dass die SPD im Falle des Bundespräsidenten einen eigenen Kandidaten nominiert.

In einer sich anschließenden **Pressekonferenz** erklärte *Schumacher*, wenn die CDU/CSU von dem alten traditionellen Brauch abweichen sollten, der zweitstärksten Partei den Posten des Vizepräsidenten im Parlament zu überlassen, für den bekanntlich *Prof. Carlo Schmid* vorgesehen ist, und wenn sie versuchen sollte, auch das gesamte Präsidium unter sich und ihren Freunden aufzuteilen, dann würde die SPD darauf allerdings <sehr akzentuiert> reagieren, und das gesamte Verhältnis von Regierung zur Opposition würde dadurch eine sehr ernste zusätzliche Belastung erfahren.

An der **Diskussion** beteiligten sich insgesamt 13 Redner, u.a. Max *Brauer* (Hamburg), Alfred *Dobbert* (Köln), Werner *Jacobi* (Iserlohn), Willy *Brandt* (Berlin) und am Nachmittag Prof. Carlo *Schmid* (Tübingen), Erwin *Schoettle* (Stuttgart), Prof. Ludwig *Preller* (Kiel), Fritz *Henßler* (Dortmund), Ernst *Roth* (Frankenthal), Herbert *Wehner* (Hamburg) und Dr. Siegfried *Bärsch* (Bremen).

Der Parteiausschuss bestätigte dann einstimmig den Beschluss des Parteivorstandes, den nächsten Parteitag im Mai 1950 stattfinden zu lassen. Voraussichtlicher Tagungsort ist Hamburg.

Nr. 13
Sitzung des Parteivorstandes am 22. und 23. Oktober 1949 in Bonn

AdsD: 2/PVAS000691 (maschinenschriftl. Prot., mit handschriftl. Ergänzungen, 6 S.)[1]

Leitung der Sitzung: **Erich Ollenhauer**

Anwesend: siehe Liste

[Teilnehmer/Teilnehmerinnen, nach Funktionen geordnet[2]:
PV:[3] *Schumacher, Ollenhauer,*
Franke, Gotthelf, Heine, Kriedemann, Nau;
Baur, Bögler, Eichler, Fischer, Gayk, Görlinger, Gross, Henßler, Knoeringen, Knothe,
Krahnstöver, Meitmann, Menzel, Neumann, Reuter, Schmid, Schoettle, Schroeder,
Selbert;
KK: *Schönfelder*

Tagesordnung:[4]
1) Stellungnahme zur politischen Situation (Bundesrepublik Deutschland, Ostzonen-regierung, Berlin)
2) Pressefragen
3) Kasse und Organisation
4) Vorbereitung der Parteiausschusssitzung im November
5) Berichte (a) Ostzonenkonferenz, b) Saar, c) Internationale, d) Offenbach-Affäre, e) Rheinland-Pfalz)
6) Ort und Termin der nächsten Sitzung des Parteivorstandes

Ollenhauer bringt einen Brief Adolf *Grimmes* zur Kenntnis, der sein PV-Mandat wegen der aus seinem neuen Amt erwachsenen Zeitnot niederlegt[5]. *Grimme* schlägt als Nachfolger *Borowski* vor.

---

1 Die Einladung zur Vorstandssitzung mit Bekanntgabe der „vorläufigen" Tagesordnung erfolgte durch ein Rundschreiben des geschäftsführenden Parteivorstandes, unterschrieben von Erich Ollenhauer, vom 10.10.1949, das in den Beilagen zum Protokoll erhalten geblieben ist. Das Kommuniqué mit der Überschrift „Ostregierung und Berlin" (Sozialdemokratischer Pressedienst P/IV/148 v.23. 10. 1949, S.4 f.) wird hier als Anlage 1 abgedruckt.

2 Die folgenden Angaben wurden der Anwesenheitsliste in den Beiakten zum Protokoll und Angaben im Protokoll entnommen; für die Teilnehmer an allen Vorstandssitzungen 1948-50 vgl. Anhang 1.

3 Von den Mitgliedern des PV waren *Albrecht* und *Kaisen* nicht anwesend. Zum Ausscheiden von *Grimme* vgl. die Mitteilung *Ollenhauers* zu Beginn der Sitzung.

4 Wortlaut nach der „vorläufigen" Tagesordnung vom 10. Oktober mit zwei handschriftlichen Ergänzungen aus dem Exemplar der Einladung (5 d u. 5 e).

5 Der Brief *Grimmes*, der seit September 1948 Intendant des NWDR war, konnte nicht gefunden werden. In einem Schreiben vom 29.11.1948 an Ollenhauer, in dem er sich für sein Fernbleiben in den kommenden Sitzungen entschuldigte, hatte er noch die Hoffnung geäußert, dass er sich nach der Phase der Einarbeitung in sein neues Amt wieder intensiver seiner Tätigkeit im PV widmen könne, AdsD: 2/PVEOAA000185.

Der PV nimmt die Mandatsniederlegung zur Kenntnis, sieht jedoch von der Kooptation eines Nachfolgers ab.

Punkt 1 der Tagesordnung (Stellungnahme zur politischen Situation):

Schumacher[6]: Nach einleitenden kritischen Bemerkungen über die Bestrebungen des Genossen *Brill* und des Königsteiner Kreises[7] erinnert er an den fatalen Ausgang [der] Pariser Vier - Mächtekoniferenz[8]. Erneut habe sich die französische Politik im Sinne einer Zerstückelung Deutschlands bemerkbar gemacht. Der britische Außenminister habe sich auf eine antideutsche Linie zurückgezogen und die Amerikaner spielten mit dem Gedanken einer Abtrennung der sowjetischen Zone. Das Verhältnis zur Ostzone sei keine völkerrechtliche, sondern eine innenpolitische Beziehung. Auch die Handelsabkommen mit der Ostzone gehörten ins Gebiet der deutschen Binnenwirtschaft. Die Regierung dürfe das Parlament nicht von der Mitbestimmung ausschalten. Die Verhandlungen mit der Ostzone [seien][9] nicht Verhandlungen zweier Regierungen.

Adenauer drückte sich bisher um die Abgabe des Versprechens, dass ein Zustand geschaffen werden solle, der es ermögliche, so zu handeln, als sei Berlin bereits das zwölfte Land des Bundes. Mindestens zwei der Hohen Kommissare übten auch auf Adenauer in dieser Richtung einen Druck aus.

Der Oststaat sei nur die nachträgliche Fixierung eines seit 4 1/2 Jahren bestehenden Zustandes. Es dürfe auf keinen Fall zu einer de-jure-Anerkennung des Oststaates kommen.

Reuter[10] berichtet über die Folgen des langsamen Abbaues der GARIOA- Kredite für Berlin[11] und die Deflationswelle. *Adenauer* wolle sich lediglich für die wirtschaftliche Hilfe an Berlin einsetzen, glaube jedoch nicht, dass die gewünschte staatsrechtliche Stellung erreichbar sei. Die Frage, ob denn der Bund wenigstens Anweisung geben würde, dass die Länder so zu handeln hätten, als ob Berlin bereits zwölftes Land sei, wurde bisher nicht beantwortet. Wenn eine Aufwertung der Konten durchgeführt würde, könnten die Berliner Finanzen ins Gleichgewicht gebracht werden. Finanzminister *Schäffer*

---

6 Die Auszüge aus dem Referat Schumachers, die sogleich im Sozialdemokratischen Pressedienst (P/IV/148 v. 23.10.1949, S. 1-3) veröffentlicht wurden, werden hier als Anlage 2 abgedruckt.

7 Der „Königsteiner Kreis" wurde im Dezember 1949 auf einer Tagung in Königstein im Taunus als „Vereinigung der Juristen, Volkswirte und Beamten aus der Sowjetischen Besatzungszone" gegründet und die ersten zwei Jahre von Hermann *Brill* geleitet. Vgl. *Witte*, Siegfried: Der Königsteiner Kreis 1949-1959. 10 Jahre Mitarbeit an der Wiedervereinigung Deutschlands in Frieden und Freiheit, Frankfurt am Main 1959.

8 Zur sechsten und letzten Außenministerkonferenz der vier Siegermächte, die vom 23. Mai bis 20. Juni 1949 in Paris stattfand, vgl. Anja Hälg in: Deutschland unter alliierter Besatzung S. 224 f.

9 In der Vorlage „waren".

10 Längere Ausführungen zu den Forderungen *Reuters* und zur Haltung des PV auch im Kommuniqué, vgl. Anlage 1.

11 Bei den GARIOA-Krediten handelte es sich um zinsfreie Krediten aus dem Titel „Government Appropriations for Relief in Occupied Areas" (abg.: „GARIOA") im amerikanischen Bundeshaushalt, der 1946 eingerichtet wurde und 1950 auslief. Er diente der Finanzierung von Notstandsmaßnahmen in Deutschland, Österreich, Triest, Japan und Korea, vgl. d. Kurzartikel von Gioia-Olivia Karnagel in: W. Benz (Hrsg.), Deutschland unter alliierter Besatzung, S. 271 f.

habe zugesichert, in der gewünschten Richtung zu arbeiten. Für Berlin sei die ungeheure Belastung mit 250.000 Arbeitslosen nicht länger tragbar.

Ollenhauer bringt den Wunsch zum Ausdruck, dass der Fraktionsvorstand jeweils sofort über Verhandlungen unterrichtet wird, die unsere Berliner Freunde mit der Regierung führen. Andernfalls sei ein übereinstimmendes Taktieren nicht möglich.

Knoeringen fragt, wie unsere künftigen Beziehungen denn aussehen sollen, wenn wir den Oststaat ablehnen?

Schumacher erwidert, dass der Oststaat praktisch doch schon 4 Jahre bestehe und wir keinen Abbruch der seitdem bestehenden Beziehungen wollen, aber die Anerkennung dieses Staates muss verhindert werden. Die Formel der Koordinationspolitik der Sowjetzonenpolitiker sei praktisch schon von Josef *Müller*[12] akzeptiert worden.

Henßler wirft ein, dass wir damit rechnen müssen, dass die Engländer keine Hemmungen haben werden, uns den Ostmarkt abzunehmen.

Louise Schroeder meint, dass sich insofern gegenüber dem bisherigen Zustand etwas geändert habe, als dass der Oststaat wahrscheinlich durch einen Teil ausländischer Staaten anerkannt werden wird.

Schumacher erklärt, dass wir uns um die östlichen Märkte genau so bemühen müssen wie um die westlichen, doch sei die Ostorientierung zu verhindern.

Schmid sagt dazu, dass wir natürlich einen Handelsverkehr mit der Ostzone brauchen, wenn nicht ein Schmuggelverkehr an seine Stelle treten soll. Sobald wir jedoch mit der Ostregierung einen Handelsvertrag abschließen, haben wir die Ostregierung auch anerkannt. Vielleicht könnte man dadurch aus dem Dilemma herauskommen, dass man das Abkommen lediglich von Ressortbeauftragten treffen lässt.

Neumann führt aus, dass der Antrag *Renners* im Bundestag, Berlin zur Hauptstadt zu wählen, auch von unseren Genossen stark diskutiert werden wird. Es läge jetzt bereits ein Antrag vor, dass der PV seinen Sitz nach Berlin verlegen möge. Wichtig wäre, dass mindestens Tagungen der Partei öfter in Berlin abgehalten werden.

Gayk spricht von einer Offensive der Ostzone auf dem Gebiete der Kommunalpolitik im Westen. Es gäbe Patenstädte im Osten für westdeutsche Städte. Der Oberbürgermeister von Lübeck erklärte, dass sich Lübeck eben wie andere Städte auch um die wirtschaftlichen Beziehungen kümmern müsse. Angeblich hätten Hamburg und Bremen Handelsvertretungen in Berlin.

Kriedemann erinnert daran, dass unsere Austauschgüter ja nicht in der Ostzone bleiben, sondern nur durchgeschleust werden.

Schumacher erklärt, dass wir regulierende Bestimmungen für die Handelsbeziehungen mit der Ostzone finden müssen. Es käme nicht darauf an, wer Handelsabkommen unterzeichnet, sondern wer die Richtung anweist. Westdeutschland müsse daher schnellstens Staat werden und die Regierung müsse einen Plan für den Güteraustausch aufstellen. Der Außenpolitische Ausschuss des PV sollte gemeinsam mit dem Ausschuss für gesamtdeutsche Angelegenheiten im Bundestag dafür Richtlinien ausarbeiten.

---

12 Zu Josef *Müller* (1898-1979) vgl. PV-Protokolle Bd. 1, S. 192.

Henßler wünscht, dass festgestellt wird, ob *Brill* [den][13] eingeschlagenen Königsteiner Weg fortsetzen will. Es müsse dann gegebenenfalls der Ausschluss *Brills* aus der Partei erfolgen.

Knothe wirft ein, dass sich *Brill* auf die Zustimmung des PV beruft.

Ollenhauer erklärt dazu, dass *Brill* lediglich die Zustimmung erhalten hatte, sich mit den hier als Flüchtlinge weilenden Ostzonenjuristen über das Problem der Verwaltungsangleichung zu unterhalten. Die weitergegangene Entwicklung würde demnächst vom Ostausschuss beim PV behandelt werden.

Schumacher verweist auf die Gründung des Mitteldeutschen Korrespondenzdienstes mit *Brill* und auf die zahlreichen Verstöße *Brills* in der Vergangenheit. Er stellt fest, erstens, *Brill* hat die organisatorischen Manipulationen zu unterlassen, zweitens, seine politische Konzeption ist für die Partei nicht akzeptabel.

Ollenhauer stellt abschließend fest, dass der PV das Büro ermächtigt, dem Genossen *Brill* die hier zum Ausdruck gebrachte Auffassung schriftlich zu übermitteln.

Zu Punkt 5 (Berichte):
Offenbach-Affäre[14]

Franke berichtet über die Verfehlungen der Genossen in der Offenbacher Stadtverordnetenversammlung bei der Wahl des Chefarztes für die Frauenklinik, der wegen seiner jüdischen Herkunft abgelehnt worden war. Die Offenbacher Genossen weigern sich, sich dem Urteil des Bezirksvorstandes auf Niederlegung der Mandate zu unterwerfen.

Knothe wünscht, dass der Ausschluss aus der Partei erfolgt, wenn die Genossen in Offenbach nicht bis zum 30.10. ihre Ämter niederlegen.

Ollenhauer hält es für unmöglich, dass wir die Sache in Offenbach durchgehen lassen. Der PV sollte bevollmächtigt werden, einen Untersuchungsausschuss unter dem Vorsitz von *Schönfelder* einzusetzen, wenn bis zum Monatsende keine Klärung im Sinne des Bezirksvorstandsbeschlusses erfolgt sei.

Der PV stimmt dem zu.

Rheinland-Pfalz

Bögler berichtet über den Austritt der Sozialdemokraten aus der Regierungskoalition. Der Genosse *Steffan* hatte dem Ministerpräsidenten *Altmeier*[15] zugesagt, dass die Umbesetzung des Regierungspräsidiums nicht die Koalition berühren würde. Während die Bezirksorganisationen der Partei in der Pfalz und Rheinhessen beschlossen, dass die Abberufung des Regierungspräsidenten die Koalition auflösen würde. Die CDU wich dann zurück und erklärte sich bereit, einen anderen Sozialdemokraten an Stelle *Böglers* als Regierungspräsidenten zu akzeptieren. Ein Vermittlungsvorschlag unserer Partei

---

13 In der Vorlage „auf dem".

14 Im Kommuniqué werden die Beratungen über die „Offenbach - Affäre" nicht erwähnt. Zu dieser „Affäre" vgl. a. Einleitung, S. XCVIII-CI.

15 Zu Peter *Altmeier* (1899-1977) vgl. PV-Protokolle Bd. 1, S. LXXVII.

wurde von der CDU abgelehnt und der Ministerpräsident verfügte die Abberufung *Böglers*. Die sozialdemokratischen Regierungsmitglieder lehnten es zunächst ab, zurückzutreten. *Steffan* reiste in Urlaub. Ihm (Bögler) sei zur Beschwichtigung ein Posten mit 36.000 DM Gehalt angeboten worden. Die zurückgetretenen sozialdemokratischen Minister haben jetzt ohne Unterrichtung des Parteivorsitzenden[16] Erklärungen über neue Koalitionsverhandlungen abgegeben.

Ollenhauer hält es für zweifelsfrei, dass die Oberpräsidentenposition ein Bestandteil der Koalition war. Das Verhalten der sozialdemokratischen Minister habe nicht den Beschlüssen der Partei entsprochen. Die drei Parteibezirke müssten jetzt gemeinsame Beschlüsse über das weitere Vorgehen fassen. Es müsse eine Landesparteifunktionärkonferenz einberufen werden, die in ihrer Zusammensetzung der Mitgliederstärke in den Bezirken entspricht. (Etwa Pfalz 60 %, Hessen-Nassau 15 %, Koblenz 25 %). Der PV wird den drei Bezirksvorständen eine entsprechende schriftliche Mitteilung machen, dabei wird selbstverständlich unterstellt, dass die Koalition nicht mehr besteht.

Steffan reiste in Urlaub. Ihm (Bögler) sei zur Beschwichtigung ein Posten mit 36.000 DM Gehalt angeboten worden. Die zurückgetretenen sozialdemokratischen Minister haben jetzt ohne Unterrichtung der Parteivorsitzenden Erklärungen über neue Koalitionsverhandlungen abgegeben.

Ollenhauer hält es für zweifelsfrei, dass die Oberpräsidentenposition ein Bestandteil der Koalition war. Das Verhalten der sozialdemokratischen Minister habe nicht den Beschlüssen der Partei entsprochen. Die drei Parteibezirke müssten jetzt gemeinsame Beschlüsse über das weitere Vorgehen fassen. Es müsse eine Landesparteifunktionärkonferenz einberufen werden, die in ihrer Zusammensetzung der Mitgliederstärke in den Bezirken entspricht. (Etwa Pfalz 60 %, Hessen-Nassau 15 %, Koblenz 25 %). Der PV wird den drei Bezirksvorständen eine entsprechende schriftliche Mitteilung machen, dabei wird selbstverständlich unterstellt, dass die Koalition nicht mehr besteht.

Punkt 2 der Tagesordnung (**Pressefragen**):

Heine: Im Augenblick der Lockerung des Monopols auf Herausgabe von Zeitungen ist eingetroffen, was von uns vorausgesagt worden war. Die Altbesitzer sind in der Lage, jede Zeitung, auch den „Stürmer"[17], wieder herauszubringen. Die Lizenzpresse hat einen ungeheuren Auflagenrückgang zu verzeichnen. Am Tage der Währungsreform gab es 150 Zeitungen (Lizenz) mit 13 Millionen Auflage. Ende 1949 wird es 800 bis 1.000 Zeitungen geben, mit 10- bis 11 Millionen Auflage, davon 5 bis 7 Millionen Lizenzpresse. Die SPD hat heute 23 Zeitungen mit 1,8 Millionen Auflage. Ein weiterer Rückgang sei nicht aufhaltbar. In der britischen Zone ging die Auflage unserer Zeitungen von 1,7 auf 1,2 Millionen zurück.

---

16 Gemeint wohl der pfälzische Bezirksvorsitzende *Bögler*.

17 Bei der Zeitung „Der Stürmer" handelt es sich um eine von 1923 bis 1945 vom Nürnberger Gauleiter der NSDAP, Julius *Streicher*, herausgegebene, vor allem wegen ihrer antisemitischen Hetzartikel berüchtigten Wochenschrift.

Die „*Aachener Nachrichten*" haben sich für unabhängig erklärt und die Zahlung des Werbebeitrages eingestellt. Das hätte nicht passieren können, wenn Treuhandverträge mit der Partei, d.h. mit dem PV, abgeschlossen worden wären.

In *Württemberg-Baden* erfolgte gegen den Rat des PV im Sommer 1949 die Gründung von 4 Parteizeitungen, die insgesamt 30.000 Auflage haben und bisher 400.000 DM Zuschuss erforderten. Der Versuch, die 4 Zeitungen zusammenzulegen, ist aus partikularistischen Gründen gescheitert. In München und Nürnberg sind die Parteizeitungen ebenfalls ein Misserfolg.

Mainz, früher 60.000, jetzt 34.000 Auflage. Praktisch ist das Unternehmen pleite. In Kiel bisher 114.000, jetzt 53.000. In Lübeck, bisher 83.000, jetzt 30.000. Beide Zeitungen sind redaktionell schlecht.

In *Hamburg* hat der Springer-Verlag mit dem Abendblatt den Markt erobert. Hamburger Echo, früher 216.000, jetzt 130.000.

Hannover, bisher 324.000, jetzt 260.000. Die HP bezahlt jedoch 50 Kreissekretäre mit 250 DM jährlich, und außerdem 17.000 DM Parteibeitrag.

Bielefeld, früher 152.000, jetzt 115.000[18].

Dortmund, früher 375.000, jetzt 275.000.

Düsseldorf, früher 152.000, jetzt 80.000.

Essen, früher 150.000, jetzt 110.000.

Köln, früher 120.000, jetzt 70.000.

Wilhelmshaven, früher 116.000, jetzt 62.000.[19]

Berlin

    Sozialdemokrat, früher 110.000, jetzt 20.000.

    Spandauer Volksblatt, früher 60.000, jetzt 30.000.

    Telegraf, früher 550.000, jetzt 250.000.

Neuer Vorwärts, jetzt 12.000.

Die Gemeinschaftszeitungen in der US-Zone haben sozialdemokratische Mitherausgeber. Wir sollten daran gehen, auch mit diesen Genossen Treuhandverträge abzuschließen. Zu bemängeln ist weiter, dass die Zeitungen die zentrale Einkaufsorganisation nicht benutzen, sondern sich eigene Einkaufsabteilungen halten.

Folgende Maßnahmen müssten getroffen werden:
1) Alle restlichen Verlage und Gesellschafter müssen Treuhandverträge mit dem PV abschließen.
2) Wo solche Verträge lokal, umstellen auf gesamte Partei.
3) Lizenzträger in Gemeinschaftszeitungen und ähnlichen Unternehmen zum Abschluss von Treuhandverträgen veranlassen.
4) Zahlung der Werbebeiträge an PV ist Vorrang-Verpflichtung.
5) Zeitungs-Neugründungen nur mit Zustimmung des PV.

---

18 handschriftlicher Zusatz
19 handschriftlicher Zusatz

6) Pressedienste außerhalb „S.P.D." nicht berechtigt zu allgemeinpol. Veröffentlichungen, sondern nur Material aus Landes - oder Bez. - Bereich.

7) Ablehnung des Brill - Pressedienstes.

8) Empfehlung, außer Mitteilungsblatt und zentralen Organen keine Parteifunktionär - Zeitungen, sondern Typ parteinahe Zeitung.

9) Missbilligung partikularistischer Bestrebungen im Pressewesen, PV - Forderung nach Zusammenarbeit.

10) Appell an Parteiorganisation
   a) Förderung unserer Presse
   b) Abstandnehmen von Wünschen und Maßnahmen, die Parteigeschäfte aus *Versorgungs*gründen zwingen, ungeeignete Mitarbeiter einzustellen.

Gross berichtet, dass die im Bezirk Bielefeld herauskommenden 13 neuen Zeitungen billiger sein werden als die bestehenden. Der Preis kann nur durch Niveausenkung angeglichen werden. Die sozialdemokratischen Zeitungen werden zumeist im Lohndruck und oft beim Konkurrenten zu überhöhten Kosten hergestellt. In Nordrhein-Westfalen wird die Landesregierung jetzt einen Kredit von 5 Millionen DM an die ehemalige Lizenzpresse geben.

Im Pressegesetz Nordrhein-Westfalen ist die Bestimmung enthalten, dass Personen, die durch nazistische oder militaristische Äußerungen jetzt oder in der Vergangenheit belastet sind, an der Berufsausübung gehindert werden können.

In der Partei müsse eine Körperschaft geschaffen werden, die bestimmt, wo zweckmäßigerweise Zeitungen erscheinen sollen.

Schoettle erklärt, dass seine Zeitung eine GmbH sei. Eine Änderung des Besitzverhältnisses sei nur mit 3/4 Mehrheit zu erreichen. Dabei sei zu berücksichtigen, dass nur 3 Gesellschafter da sind. Somit sei er ein privater Zeitungsherausgeber.

Knoeringen verlangt, dass wir einen politischen Presseausschuss bilden.

Heine erklärt zum Abschluss, dass die Frage der Rückgabe des geraubten Vermögens im PV zusammen mit der ATH[Allgemeinen Treuhandgesellschaft (Hamburg)] mit aller Energie betrieben würde.

Bezüglich des Vertrages, den *Brost* (WAZ) mit den zwei Generalanzeigern einging, fürchtet er eine schlechte Entwicklung.

Für den Presseausschuss schlägt er vor: Willi *Eichler*, Willi *Fischer*, Emil *Gross*, Fritz *Heine*, Fritz *Henßler*, Alfred *Nau*, Erwin *Schoettle*.

Ollenhauer stellt Einverständnis des PV mit der Bildung des Presseausschusses und den 10-Punkte-Forderungen fest.

Zu Punkt 5 (Berichte):
Ostzonenkonferenz

Ollenhauer berichtet über die Ostzonenkonferenz in Hannover.[20] Es sei ein beratender Ausschuss beim PV gebildet worden, dem die folgenden Genossen angehören: [Rudolf] *Rothe* für Sachsen, *Brill* für Thüringen, [Albert] *Deutel* für Sachsen-Anhalt, *Albert Schulz* für Mecklenburg, *Otto Schwarz* für Brandenburg, *Herbert Wehner, Karl Bielig, Siegfried Bärsch, Dr.* [Erich] *Schuster,* [Stephan] *Thomas.*

Selbert wirft ein, dass Bedenken gegen die Person *Dr. Schusters* bestehen. Der Bezirk Frankfurt wird darüber schriftlich berichten.

Ollenhauer stellt Zustimmung des PV zur Bildung des Ostausschusses fest.

Saar

Ollenhauer: Die Saar-Partei hatte zu ihrem Parteitag die SPD eingeladen. Wegen der ungeklärten Verhältnisse lehnte das Büro eine Teilnahme ab. Es wird jetzt wahrscheinlich versucht werden, eine Besprechung zu dritt, d.h. SPD, SFIO und SPS zu arrangieren. Wir sollten einer Besprechung nicht ausweichen, wenn sie in Deutschland und mit Wissen der Genossen des Saargebietes, die unsere Linie vertreten, stattfindet. Wahrscheinlich wird die nächste Konferenz der COMISCO, die im Dezember in Paris stattfindet, auch zu einer Unterredung über das Saarproblem führen.

Finnischer Parteitag, 29.10.49, Helsinki[21]

Ollenhauer und *Gayk* werden delegiert.

Internationales.

Gotthelf berichtet über Teilnahme am Dänischen Parteitag.

Carlo Schmid berichtet über einen privaten Besuch in Holland und regt an, dass die Bundestagsfraktion die holländische Fraktion einlädt.

Punkt 3 der Tagesordnung (Kasse und Organisation)[22]:

Nau berichtet über den Stand der Finanzen und zeigt verschiedene Mängel auf, besonders in Bezug auf den Umsatz höherer Wertmarken. Die Ist-Beiträge der Bezirke an den PV erreichten bei weitem nicht die Höhe der Soll-Beiträge. Jeder Bezirk sollte mindestens 25.000 Mitglieder umfassen. Die Beitragsabrechnung der Ortsvereine sollte überall direkt mit den Bezirkssekretariaten erfolgen.

Es sei zu empfehlen oder zu beschließen, dass noch in diesem Jahr in den Bezirken eine allgemeine Buchkontrolle durchgeführt wird. Es sollte Grundsatz sein, dass kein

---

20 An dieser „Arbeitstagung über ostzonale Fragen", die Mitte September im Hause des PV in Hannover stattfand, nahmen „führende sozialdemokratische Politiker der Ostzone", Bundestagsabgeordnete und „führende politische Persönlichkeiten der Westzonen" sowie der geschäftsführende Vorstand der SPD teil. Die Leitung hatte Ollenhauer, das einleitende Referat hielt Schumacher. Vgl. die offiziellen Erklärung über die Konferenz: (Sozialdemokratischer Pressedienst P/IV/119 v. 19.9.1949, S. 6), die hier als Anlage 3 abgedruckt wird.

21 Datum und Ort wurden handschriftlich hinzugefügt. Die Delegation wird auch im Kommuniqué erwähnt.

22 Im Kommuniqué wird erwähnt, dass Nau einen ausführlichen Bericht über die Kassen- und Organisationslage der Partei erstattete.

Mandat mehr gehalten werden kann, wenn ein Beitragsrückstand von mehr als 3 Monaten festgestellt wird. Für die progressive Beitragsleistung sollte eine intensive Werbung durchgeführt werden.

Der Wahlkampf zum Bundestag dürfte insgesamt 1 1/2 Millionen DM gekostet haben. An Einnahmen werden die Wahlfondsmarken 220.000 bis 300.000 DM bringen. [...][23]

Franke berichtet über die Mitgliederbewegung. [...][24]

Henßler glaubt nicht, dass es richtig war, den Wahlkampf mit der Schumacher-Marke zu bestreiten. Er würde vorschlagen, dass künftig Marken mit historischen Bildnissen, wie etwa *Bebel* und *Liebknecht*, herausgegeben werden. Wir müssen berücksichtigen, dass die Partei nicht allein von den Arbeitern Beiträge verlangt.

Er hält nichts von Unterbezirkssekretären, die viel reden, wie etwa bei ihm *Gleisner*[25], in dessen Bezirk 20 Ortsvereine 6 Monate nicht abgerechnet hatten, ohne dass er davon wusste. Der Unterbezirkssekretär müsse ein Organisator sein.

Es sei nicht gut für die Partei, wenn die Parteisekretäre von den örtlichen Größen abhängig sind.

Gross stellt die Frage, wie der Finanzbedarf des PV ist, d.h. welche Beiträge die Presse zu leisten habe.

Nau erwidert darauf, dass die Werbebeiträge, die zum größten Teil von den Zeitungen der britischen Zone kommen, früher pro Jahr 1 1/2 Millionen DM betrugen und nach der Währungsreform 1,1 Millionen DM ausmachen.

Zu **Punkt 6** (Nächste PV- und PA-Sitzung):

Ollenhauer Das Büro schlägt vor, den PV zum 16.11., 10.00 Uhr, und den PA zum 17.11., 10.00 Uhr, mit Tagungsdauer bis zum 18.11., nach Herne i.W. einzuberufen.

Henßler wünscht, dass zur nächsten PA-Sitzung die Organisationssekretäre mit eingeladen werden.

Ollenhauer stellt Zustimmung zum Termin und zur Tagesordnung der PA-Sitzung, die mit einem politischen Referat eingeleitet werden soll und die organisationspolitischen Konsequenzen aus dem Wahlkampf behandeln wird, fest.

---

23 Weggelassen wird hier ein Hinweis auf eine in den Beilagen nicht mehr vorhandene „Anlage 1".

24 Weggelassen wird hier ein weiterer Hinweis auf die in den Beilagen nicht mehr vorhandene „Anlage 1".

25 Alfred *Gleisner* (1908-1991), gelernter Kaufmann, SPD, 1947-50 MdL (NRW) für Unna-Nord, 1949-59 MdB.

Anlage 1
Kommuniqué
Sopade - Querschnitt v. Nov. 1949, S. 48[26]

Am 22. und 23. Oktober 1949 tagte in Bonn der Vorstand der Sozialdemokratischen Partei Deutschlands. Zur Beratung standen allgemeinpolitische Fragen, in Sonderheit, soweit sie sich aus der Bildung der Ostzonenregierung und der Berlinhilfe ergeben, eine Erörterung der pressepolitischen Situation in Deutschland und einige andere parteiinterne Gegenstände.

Stellungnahme zum Ostzonenstaat

Zunächst hielt der Vorsitzende der Partei, *Dr. Kurt Schumacher*, ein Referat über das Verhältnis Westdeutschlands zur Ostzonenregierung zum Berlin-Problem. Die westdeutschen Beziehungen zum Oststaat seien prinzipiell nicht völkerrechtlicher Natur. Vor allem trügen auch die Handelsverträge zwischen Westen und Osten binnenwirtschaftlichen Charakter. Trotzdem dürfe dieses wichtige Aufgabenfeld nicht allein von der Bürokratie bestellt werden, vielmehr sei die Regierung dafür voll verantwortlich und das Parlament habe seine Kontrollfunktion auszuüben. Die Tatsache der Bildung des Oststaates schließe keinerlei formale Anerkennung ein. *Schumacher* wandte sich entschieden gegen eine „Koordinationspolitik" mit dem ostdeutschen Satellitenstaat.

Das Problem Berlin

Über den letzten Stand der Berliner Verhandlungen berichtete ausführlich Oberbürgermeister Professor *Reuter*. Er schilderte die außerordentliche Schwere der Berliner Situation und sprach von der offensichtlich gewachsenen Bereitschaft der Regierung, wirkliche Hilfe zu leisten. Unbedingt notwendig als Voraussetzung für diese praktische Hilfe sei zumindest die De-facto-Anerkennung Berlins als zwölftes Bundesland, wenn schon die formale staatsrechtliche Anerkennung im Augenblick zu große Schwierigkeiten bereite.

Der Parteivorstand stellte sich einmütig auf den Standpunkt der Darlegungen Ernst *Reuters* und wird dafür eintreten, dass die Bundesregierung an ihre nachgeordneten Dienststellen die Anweisung gibt, Berlin praktisch so zu behandeln, als ob es zwölftes Land des Bundes sei. Oberbürgermeister *Reuter* nannte die Wirtschaftsstruktur der Stadt gesund, die Schwierigkeiten seien mehr durch Zeit und Umstände bedingt. Mit allergrößter Schnelligkeit müsse man aber die Erwerbslosenziffer von 250.000 auf zunächst höchstens 100.000 senken.

Erschwerte Pressesituation als Folge westalliierter Pressepolitik

Fritz *Heine* berichtete ausführlich über die sehr erschwerte Pressesituation der jüngsten Vergangenheit. Er stellte dabei den großen Schuldanteil der westalliierten Pressepolitik heraus. Sie habe die Rückgabe rechtmäßigen Eigentums von Druckereien und anderen Zeitungsbetrieben praktisch unmöglich gemacht. Durch rigorose Druckverträge, die

---

26 Abdruck aus dem Sozialdemokratischen Pressedienst P/IV/148 v. 23.10.1949, S. 4 f. (Ü.: „Ostregierung und Berlin")

man ihnen zu schließen gestattete, hätten frühere nationalsozialistische und andere sehr unzuverlässige Druckereibesitzer in der kurzen Zeit seit Bestehen der sogenannten Lizenzpresse Vermögen verdient, mit denen jetzt eine Fülle kleiner Zeitungen gegründet werden konnte. Über deren politischen Grundcharakter dürfe man sich nicht täuschen.

Die weiteren Beratungen

Über die Regierungskrise in *Rheinland-Pfalz*, den Rücktritt sozialdemokratischer Minister und die damit zusammenhängenden Vorgänge berichtete *Franz Bögler*. In Kürze dürfte diese Angelegenheit auf einem außerordentlichen Landesparteitag behandelt und geklärt werden.

Alfred Nau erstattete einen ausführlichen Bericht über die *Kassen- und Organisationslage* der Partei.

Zum *finnischen Parteitag* anlässlich des 50jährigen Bestehens der finnischen Sozialdemokratie am 29. 10. werden Erich Ollenhauer und Andreas Gayk nach Helsinki fahren.

Die nächste Parteivorstandssitzung und Parteiausschusssitzung wird vom 16. bis 18. November in Herne/Westf. stattfinden.

Presseausschuss bei der SPD[27]

Im Anschluss an die letzte Sitzung des SPD-Vorstandes in Bonn ist ein Ausschuss für Pressefragen gebildet worden, dem ausschließlich Mitglieder des SPD - Vorstandes angehören und zwar: Willi *Eichler* (Köln), Willi *Fischer* (Nürnberg), Emil *Gross* (Bielefeld), Fritz *Heine* (Hannover), Fritz *Henßler* (Dortmund), Alfred *Nau* (Hannover), Erwin *Schoettle* (Stuttgart).

Anlage 2
Schumacher zum Oststaat
Sozialdemokratischer Pressedienst P/IV/148 v. 23.10.1949, S. 1-3.[28]

Ausgehend von dem fatalen Ergebnis der Pariser Konferenz stellte *Dr. Schumacher* zunächst fest, dass die westlichen Demokratien sich seinerzeit ihrer großen Chance einer offensiven Politik für das Linsengericht einiger sowjetischer Versprechungen wenn nicht ganz begeben, so sie doch auf Eis gelegt und damit außerordentlich vermindert hätten. Vor allem hätten die Franzosen sich nach einem kurzen Intermezzo auf die alte Linie der Begünstigung der deutschen Spaltungspolitik zurückgezogen und auch Bevin habe sich in verschärfter Weise antideutsch gezeigt.

Übergehend zu den Problemen, die für die Gründung des ostdeutschen Satellitenstaates aufgeworfen sind, erklärte *Schumacher*, man könne diesen Staat nicht ohne weiteres

---

27 Der letzte Absatz nur im Sopade-Querschnitt. Der Ausschuss wurde nach dem Protokoll in der Sitzung gebildet, vgl. Punkt 2.

28 Die Publikation der wesentlichen Stellen aus Schumachers Referat begann mit folgendem Vorspann: „Die Vorstandssitzung der SPD am 22. Oktober in Bonn wurde mit einem kurzen Referat des Vorsitzenden *Dr. Kurt Schumacher* über Fragen der allgemeinpolitischen Situation, in Sonderheit des Verhältnisses zwischen Ost- und Westdeutschland, eingeleitet, aus dem wir im folgenden einige wesentliche Stellen wiedergeben."

mit dem relativ selbständigen westdeutschen Staat vergleichen. Er nannte drei Elemente als unerlässlich für jede echte Staatenbildung: Das Territorium, das Volk und den Willen zum Staat. Gerade dieser dritte Bestandteil habe aber bei der Ostgründung gefehlt. Man habe das Volk weder nach dem „Ob" noch nach dem „Wie" gefragt.

Die westdeutschen Beziehungen zum Oststaat seien prinzipiell nicht völkerrechtlicher Natur - deshalb auch die sozialdemokratische Auffassung, die gesamtdeutschen Fragen sollten nicht einem eigenen Bundesministerium, sondern einer besonderen Abteilung des Innenministeriums anvertraut werden.

Vor allem auch die Handelsverträge zwischen Westen und Osten tragen nach *Schumachers* Auffassung binnenwirtschaftlichen Charakter, aber die Regierung sei verpflichtet, soweit die Dinge in ihren Befugnisbereich fallen, wirklich zu regieren und das Parlament sei verpflichtet zu kontrollieren. Keineswegs dürfe ein so wichtiges Aufgabenfeld allein von der Bürokratie bestellt werden.

Nach *Dr. Schumacher* hat die Plenarsitzung des Bundestages am letzten Freitag, die sich mit dem Oststaat und der Berlin-Frage befasste und der drei Unterredungen *Schumachers* mit dem Bundeskanzler vorausgingen, vor allem auch auf das dringende Ersuchen der SPD hin stattgefunden. Er habe in der Erklärung Dr. Adenauers aber einen Hinweis darauf vermisst, dass die Bundesregierung bereit sein werde, Berlin künftig so zu behandeln, „als ob" es ein zwölftes Land der Bundesrepublik sei und auch eine Bemerkung über die beabsichtigte Verlegung von Bundesbehörden nach Berlin.

Natürlich sei die Bildung des Oststaates eine unbestreitbare Tatsache, mit der man künftig zu rechnen habe. Aber ebenso selbstverständlich schließe diese Tatsache keinerlei Verpflichtung zu irgendeiner formalen Anerkennung ein. Im Grunde sei nur der Zustand in eine Form gebracht worden, der seit vier Jahren bestehe und der auch unter der Luftbrücke[29] fortgedauert habe. An der grundsätzlichen Situation habe sich also nichts geändert. *Schumacher* warnte auch bei dieser Gelegenheit vor der sogenannten Koordinationspolitik, ein sehr aktuelles Schlagwort, mit dem jetzt von vielen Seiten höchst undurchsichtige politische Geschäfte getrieben würden. Diese Form der Politik sei nichts anderes als eine neue Abwandlung der bekannten östlichen Annäherung und Infiltrationsabsicht. Der ostdeutsche Außenminister *Dertinger* habe diese Art der Politik als „die Gelegenheit" bezeichnet, „von innen heraus alle die Dinge, die sich im Westen abspielen, zu beobachten und den Ereignissen im Osten nutzbar zu machen". Das sei deutlich genug. Die Politik sei also mit anderen Worten eine Berührung mit dem Westen, herbeigeführt in der Absicht, das bekannte „einheitliche Deutschland" östlicher Prägung vorzubereiten. Wie gefährlich diese Konzeption sei, zeige sich daran, dass schon wieder einige westdeutsche Politiker auf diese Melodie hereinzufallen begännen, die schon früher bei ähnlichen Versuchen, z. B. der Münchener Ministerpräsidentenkonferenz[30], bedenklich anfällig gewesen waren.

---

29 Zur „Luftbrücke", d.h. zur Versorgung Westberlins - nach der Blockade der Land- und Wasserwege - durch die Luft vgl. PV-Protokolle Bd. 1, S. XCVIII.
30 Zur Münchener Ministerpräsidentenkonferenz im Juni 1947 vgl. PV-Protokolle Bd. 1, S. LIII f.

So sei es also notwendig, auf der einen Seite den Tatsachen und den wirtschaftlichen Bedürfnissen Rechnung zu tragen, aber genauso erforderlich, alles zu vermeiden, was auch nur von ferne wie eine Anerkennung dieser den Bewohnern Ostdeutschlands aufgezwungenen Regierung aussehen könnte. *Schumacher* erklärte: „Wir müssen uns um die östlichen Märkte genauso bemühen wie um die westlichen. Aber es darf dabei unter keinen Umständen eine Ostorientierung unserer Wirtschaftspolitik herauskommen."

Anlage 3
Erklärung des „Büros" vom 19.9.1949 zur Arbeitstagung über ostzonale Fragen
Sozialdemokratischer Pressedienst P/IV/ 119, S. 6.

Ostzone und SPD[31]

Zu einer wichtigen Arbeitstagung über ostzonale Fragen trafen sich im Hause des Parteivorstandes der SPD Hannover führende sozialdemokratische Politiker der Ostzone. Die Versammlung, in der sich Abgeordnete des Bundestages und führende politische Persönlichkeiten der Westzonen, sowie der geschäftsführende Vorstand der SPD befanden, repräsentierte die 600.000 rechtlosen Mitglieder der SPD in der Ostzone.

Unter der Leitung des stellvertretenden Vorsitzenden der SPD Erich Ollenhauer und nach einem einleitenden Referat des Vorsitzenden Dr. Kurt Schumacher beschäftigte sich die Konferenz mit aktuellen politischen Fragen der Ostzone und ihren Auswirkungen auf die künftige Regierungspolitik in Bonn.

Dr. Kurt Schumacher führte aus: Die Stellung einer ersten Oppositionspartei mit Konzeption und Energie ist stärker als die Stellung einer mitlaufenden Regierungspartei. Dr. Schumacher bedauerte, dass innerhalb der Bonner Regierungsparteien Kräfte enthalten seien, die die Meinung vertreten, dass der deutsche Kulturkreis an der Elbe sein Ende finde. Das Gefühl des Abgeschriebenseins in der Ostzone dürfe nicht aufkommen.

„Die Idee der deutschen Einheit, wie sie in der SPD herrscht, ist der polare Gegensatz zum Einheitsgedanken der SED ... Die SPD werde den Kampf um die Wiedererlangung der deutschen Einheit mit aller Konsequenz führen. Dabei ist die Zugehörigkeit des Saargebietes zu Deutschland ebenso unabdingbar wie der Anspruch auf Revision der Oder-Neiße-Grenze."

Nach eingehender Aussprache kam die Konferenz zu der Auffassung, dass die Bildung eines besonderen Ostministeriums bei der Bundesregierung in Bonn die Anerkennung der Zweiteilung Deutschlands bedeuten würde. Die SPD verlangt daher die Berücksichtigung der Ostzonenfrage in einem Ressort des Innenministeriums.

Die Konferenz bildete einen elfköpfigen Ausschuss zur Beratung des Parteivorstandes für spezifische Ostzonenfragen. Der Ausschuss ist aus ehemals führenden Sozialdemokraten der Ostzone und einigen Bundestagsabgeordneten zusammengesetzt.

---

31 Zu Beginn noch die redaktionelle Vorbemerkung „Wortlaut der bereits an dpd und den NWDR gegebenen Erklärung".

Nr. 14
Sitzungen der obersten Parteigremien vom 16. bis 19. November 1949 in Herne

[A] Sitzung des Parteivorstandes am 16.11.1949
AdsD: 2/PVAS000692 *(Maschinenschriftl. Prot., mit handschriftl. Ergänzungen, 4 S.)*[1]

Leitung der Sitzung: **Erich Ollenhauer**
Anwesend: siehe Liste

[Teilnehmer /Teilnehmerinnen, nach Funktionen geordnet[2]:
  PV:[3] *Schumacher, Ollenhauer*
  Franke, Gotthelf, Heine, Kriedemann, Nau
  Albrecht, Baur, Bögler, Eichler, Fischer Gayk, Görlinger, Gross Henßler, Kaisen, Knoeringen, Knothe, Krahnstöver, Meitmann, Neumann, Reuter, Schmid, Schoettle, Selbert
  Gast: H. *Albertz*

Tagesordnung:[4]
  1 a) Außenpolitik
  1 b) Flüchtlingsproblem
  1) Vorbereitung der Sitzung des Parteiausschusses
  2) Stellungnahme zum Entwurf eines Beamtengesetzes
  3) Bericht über die Beratungen des Außenpolitischen Ausschusses und des Ostzonen-ausschusses über das Verhältnis zwischen der Bundesrepublik Deutschland und der Ostzonenregierung
  4) Verlegung des Sitzes des Parteivorstandes
  6) Ort und Termin der nächsten PV-Sitzung

[Zu Punkt 1a) **Außenpolitik:**]
  Ollenhauer gibt einen Überblick über die von der Regierung dem Parlament bzw. dem interfraktionellen Ausschuss vorgelegten Verhandlungsergebnisse. General *Robertson*

---

1 Die Einladung zur Sitzung des Parteivorstandes mit Bekanntgabe der vorläufigen Tagesordnung erfolgte durch ein hektographiertes Rundschreiben des geschäftsführenden Parteivorstandes, unterschrieben von E. Franke, vom 7.11.1949, das in den Beilagen zum Protokoll erhalten geblieben ist. Über beide Sitzungen wurde ein gemeinsames Kommuniqué mit dem Titel „Außenpolitik und Organisation" (Sozialdemokratischer Pressedienst (P/IV/170, S. 5 f.) herausgegeben, das hier als Anlage 1 zu den Protokollen abgedruckt wird.

2 Die folgenden Angaben wurden der Anwesenheitsliste in den Anlagen zum Protokoll und Angaben im Protokoll entnommen; für die Teilnehmer an allen Vorstandssitzungen 1948-50 vgl. Anhang 1.

3 Von den Mitgliedern des PV fehlten *Schroeder* und – wegen Krankheit – *Menzel*, vgl. TOP 2.

4 Wortlaut nach der „vorläufigen Tagesordnung" vom 7. November, soweit die Punkte zur Besprechung kamen, – mit zwei handschriftlichen Ergänzungen. Der vorgesehene Punkt 5 „Internationales" mit den Unterpunkten a) „COMISCO-Sitzung in Paris" und b) „Sozialdemokratischer Parteitag in Finnland" wurden verschoben (a) bzw. nicht behandelt (b).

erklärte zum ersten *Adenauer*-Brief, dass die deutschen Angebote zu wenig konkret seien. Der zweite Brief *Adenauers* schlug die Einsetzung einer deutsch-alliierten Kommission vor und nahm Stellung zu folgenden Punkten: 1) Ruhrstatut; 2) Sicherheitsamt; 3) Beteiligung ausl. Kapitals; 3) Aufhebung des Kriegszustandes.

Ferner lag dem Brief eine Denkschrift der Vereinigten Stahlwerke bei, die eine ausl. Kapitalbeteiligung von 225 Millionen DM vorschlug, bei Beteiligung einiger Kommunen des Ruhrgebietes mit weiteren 75 Mill. DM. An den internen Kabinettsitzungen, die dieses Problem behandelten, nahm der Bankier Dr. *Pferdmenges*[5] teil.

Die Rede Kurt *Schumachers* gestern in Bonn wandte sich besonders gegen die von *Adenauer* geführte Politik der Geheimdiplomatie, die praktisch dazu führt, dass das Parlament nur noch eine Kulisse abgibt.[6]

Adenauer hat der Aufnahme des Saargebietes [in den][7] Europäischen Rat zugestimmt. Das Ruhrstatut hat er offensichtlich bisher nicht ernsthaft studiert, nachdem er im Parlament nicht ein ablehnendes Wort dazu fand.

Das Resultat der Pariser Außenministerkonferenz dürfte außerordentlich mager sein. Die Hohen Kommissare haben Vollmacht zum Verhandeln erhalten. Angesichts der gespannten politischen Situation in Frankreich mussten *Bevin* und *Acheson*[8] darauf bedacht sein, dass der Außenminister *Schuman* nicht in Schwierigkeiten kam. Es ist, ohne dass Adenauer bisher darüber sprach, den Alliierten nahegelegt worden, den Artikel 75[9] aufzuheben.

Schmid ergänzt die Ausführungen mit einem Bericht über die gestrige Diskussion im Bundestag.[10] *Adenauer* hatte erklärt, dass Carlo Schmid aus dem Außenpolitischen Ausschuss ein Auswärtiges Amt gemacht habe. Es werde vorerst kein Minister vor diesem Ausschuss erscheinen.

Kaisen dementiert die Pressemeldung, der zufolge er sich für Adenauers Frankreichpolitik ausgesprochen habe.

Er wolle jedoch zu bedenken geben, dass wir durch das Ziehen drastischer außenpolitischer Konsequenzen unsere Lage besonders in Bezug auf den Marshallplan verschlechtern können.

Henßler wünscht, dass *Schumachers* Auftreten in der Öffentlichkeit immer so abgewogen wäre wie gestern im Parlament.

Wir sollten unsere Forderung auf Gemeinwirtschaft der Grundstoffindustrien erheben und damit jede Auslandskapitalbeteiligung ausschließen.

---

5 Robert *Pferdmenges* (1880-1962), Dr. rer. pol., Bankier, 1945 Mitbegr. d. CDU-Rheinland, 1947-49 MdWR, 1950-62 MdB.

6 Für einen Abdruck der Bundestagsrede Schumachers vom 15.11.1949, d. h. seiner Antwort auf die erste außenpolitische Erklärung Adenauers, vgl. K. Schumacher, Reden – Schriften – Korrespondenzen, S. 714-731. Zur außenpolitischen Linie der SPD vgl. Einleitung Kap. II,3.

7 In der Vorlage „im".

8 Dean *Acheson* (1893-1971), Jurist, Politiker, 1941-47 Unterstaatssekretär im Außenministerium d. USA, 1949-53 Außenminister der USA.

9 Artikel 75 GG zählte und zählt die Gebiete auf, in denen der Bund Rahmengesetze erlassen kann.

10 Nach den Notizen von L. Albrecht wies Schmid u. a. darauf hin, dass die Bayernpartei wie auch die Deutsche Rechts-Partei ganz auf Seiten der Regierung ständen, Notizen L. Albrechts a.a.O.

Offensichtlich wünschte Adenauer gestern den Bruch mit der SPD und er wird auch darauf drängen, dass sich in den Ländern sein Standpunkt durchsetzt.

Schumacher stellt fest, dass seine Äußerungen auf den Pressekonferenzen in Hannover und Bonn keinerlei persönliche Angriffe gegen *Adenauer* enthielten. Der von *Manthey*[11] geschriebene Artikel sei ohne Kenntnis des PV veröffentlicht worden.

Er würde es begrüßen, wenn auch der Genosse *Kaisen* sich in seinen außenpolitischen Äußerungen etwas vorsichtiger ausdrücken würde.

Reuter ist der Meinung, dass wir uns durchaus eine Zwei-Parteien-Außenpolitik leisten könnten. *Acheson* steht, wie er einigen Äußerungen entnehmen konnte, der Adenauer-Politik skeptisch gegenüber.

Unter gar keinen Umständen dürfen wir eine Auslandskapitalbeteiligung an unserer Industrie zustimmen. *Adenauer* wird scheitern, wenn er versuchen sollte, auf die Dauer Außenpolitik ohne Zustimmung der Opposition zu machen.

Eichler meint, dass es die Absicht *Adenauers* sei, Europa als eine Aktiengesellschaft und nicht als Vereinigte Staaten aufzubauen.

Die gestrige *Schumacher*-Rede sollte von uns gedruckt und mit einem Kommentar herausgebracht werden. Gewisse Artikel des Ruhr- und des Besatzungsstatuts sollten von uns in ihrer gefährlichen Bedeutung herausgestellt werden.

Schoettle verlangt unter Bezugnahme auf den unglücklichen Artikel unseres Pressereferenten in Bonn eine scharfe Kontrolle aller Verlautbarungen, die durch unsere Parteiorgane herausgebracht werden.

Völlig klar sei ihm die Absicht *Adenauers*, den Bruch mit der SPD herbeizuführen.

Ollenhauer erklärt, dass eine bessere Informationsmöglichkeit über unsere Arbeit im Plenum und in den Ausschüssen geschaffen werden soll. Der Anregung *Henßlers*, die Angelegenheit der Vereinigten Stahlwerke zum Gegenstand einer Diskussion im Landtag von Nordrhein-Westfalen zu machen, sollte entsprochen werden. Weiter sollten wir rechtzeitig mit den Genossen im Vorstand des DGB über dieses Problem zu einer Beratung zusammentreten.

Durch das Dementi *Kaisens* habe die in der Presse verbreitete Äußerung ihre Erledigung gefunden.

Im Kommuniqué sollte festgestellt werden, dass der PV die Haltung der Fraktion billigt.

Einstimmig beschlossen.

Ollenhauer verliest das von der Labour Party in der Demontageangelegenheit versandte Telegramm.[12] Das Büro schlägt vor, dass dem geäußerten Wunsch nach einer Aussprache

---

11 Hans *Manthey*, Pressechef der sozialdemokratischen Bundestagsfraktion in Bonn.
12 Das bereits am 12. November veröffentlichte Telegramm des Vorstandes der Labour Party an den Vorstand der SPD hatte folgenden Wortlaut: „Auf der letzten Sitzung des Vorstandes der Labour Party wurde das Demontagememorandum der SPD erörtert. Der Vorstand stimmte überein, dass er das Ende der Demontagen in Deutschland begrüßen würde, sobald sich die alliierten Regierungen mit den Maßnahmen zufrieden geben würden, die vorgenommen werden müssen, um ihre Sicherheit zu garantieren, einschließlich der Sicherheits- und der Ruhrbehörde durch die deutsche Regierung. Es wurde außerdem beschlossen, dass Mr. Sam *Watson*,

entsprochen wird und am 29.11.1949 eine gemeinsame Sitzung des PV und der Fraktionsvorsitzenden mit den engl. Genossen stattfindet.

Einstimmig beschlossen.

Zu **Punkt 1 b)** der Tagesordnung (**Flüchtlingsproblem**):

Albertz (Flüchtlingsminister) berichtet über den Flüchtlingsstrom aus dem deutschen Osten. Niedersachsen habe im ersten Halbjahr 1949 70.000 Deutsche aus der Sowjetzone aufgenommen. Im Landkreis Ülzen vagabundieren z.Z. ca. 15.000 Menschen herum, denen die Aufnahme versagt wurde.

Die Frage sei nun, ob man die Grenze sperren solle oder aber, bei Abweisung der kriminellen Elemente, alle [aufnehmen solle] [13]. Die Bundesregierung trete für Grenzsperre ein. Er sei im Nieders.-Kabinett, auch gegen die Stimmen der Sozialdemokraten, mit seiner Auffassung, die dem Beschluss des Ostzonenausschusses entspricht, allein geblieben.

Reuter fügt hinzu, dass sich auch nach Westberlin ein Flüchtlingsstrom ergießt. Eine zwangsweise Zurückschickung der Flüchtlinge halte er für undurchführbar und unvertretbar. Wahrscheinlich sei es doch auch so, dass diese Neuflüchtlinge sich überwiegend im arbeitsfähigen Alter befinden.

Albertz erklärt, dass in den beiden Lagern Uelzen und Gießen jetzt täglich 1.000 Menschen aufgenommen werden.

Eichler regt einen Meinungsaustausch mit den Gewerkschaften an. Einem derartigen Menschenzustrom könne doch kaum Arbeit oder ausreichende Unterstützung gegeben werden.

Gayk meint, dass die ganze Flüchtlingsumsiedlung in Westdeutschland hinfällig würde, wenn jährlich 365.000 Neuflüchtlinge hinzukommen. Für Schleswig-Holstein eröffne sich damit eine katastrophale Perspektive.

Schumacher erklärt, dass bisher 800.000 Flüchtlinge aus der Ostzone nach dem Westen gekommen seien. Zudem sei die innerdeutsche Völkerwanderung noch nicht abgeschlossen. Die Bundesregierung könne auf Grund des Artikels 119 die notwendigen Zwangsmaßnahmen zur Verteilung der Flüchtlinge auf die Länder verfügen. [14] Gemäß Grundgesetz [sei] [15] der Bund nicht berechtigt, deutschen Menschen den Zutritt zu verweigern. [16]

---

der Vorsitzende der Labour Party, und Morgan *Phillips*, der Generalsekretär, bald Frankreich und Deutschland besuchen sollen, um mit den französischen und deutschen Sozialisten eine Reihe von Problemen von gemeinsamem Interesse zu diskutieren. Brief folgt. Morgan Phillips", Sozialdemokratischer Pressedienst P/IV/166 v. 12.11.1949, S. 8. Der angekündigte Brief, in dem die im Telegramm genannten Voraussetzungen für eine Beendigung der Demontagen wiederholt und als frühest möglicher Termin für ein Treffen der 23. November genannt wurde, wurde während der Tagung der Parteigremien veröffentlicht: Sozialdemokratischer Pressedienst P/IV/169 v. 17.11.1949, S. 4.

13 In der Vorlage „aufnimmt".

14 Artikel 119 GG legte fest, dass in Angelegenheiten der Flüchtlinge und Vertriebenen, insbesondere zu ihrer Verteilung auf die Länder, die Bundesregierung mit Zustimmung des Bundesrates „Verordnungen mit Gesetzeskraft" erlassen könne.

15 In der Vorlage „wäre".

16 Gemeint der Artikel 112 GG, der den Begriff „Deutscher" definierte.

Schmid bestätigt, dass es nach dem Grundgesetz nur eine gesamtdeutsche Staatsangehörigkeit gibt.

Reuter führt aus, dass Berlin eine große Anzahl von Flüchtlingen aufnehmen könnte, wenn die wirtschaftlichen Voraussetzungen geschaffen würden.

Kaisen erwähnt, dass UNESCO - Vertreter in Bremen waren, um zu erkunden, ob durch Auswanderung der deutschen Flüchtlingsnot beizukommen sei.

Ollenhauer schlägt vor, dass der PV folgende Erklärung zur Flüchtlingsfrage abgibt. (Siehe Anlage [2][17])

Einstimmig beschlossen.

Zu **Punkt 1** der Tagesordnung (**Vorbereitung der PA-Sitzung**):

Ollenhauer erklärt, dass die Sitzung mit einem politischen Referat von Kurt *Schumacher* eingeleitet wird. Anschließend werden die Organisationsfragen behandelt. Die Beratungen der Fachausschüsse haben verschiedene Probleme zur Diskussion gebracht, u.a. das Jugendproblem, Mitwirkung der Jungsozialisten in der Partei, die Funktionshäufung bei einzelnen Genossen, die Werbung und Mitarbeit weiblicher Genossen, Verstärkung der Betriebsgruppenarbeit, Schulung der Kommunalpolitiker und Parteifunktionäre, zentrale Ausbildung von Schulungsleitern, Bezugspflicht für das zentrale Informationsmaterial, Mitgliedsbuchkontrolle, Reorganisation der Partei, Richtlinien für die Personalpolitik, zentrale Werbeaktion usw.

Nach eingehender Diskussion stellt **Ollenhauer** einstimmig fest, dass der PV den zu den oben genannten Problemen [aufgestellten][18] Richtlinien zustimmt.[19]

Zu **Punkt 2** der Tagesordnung (**Beamtengesetz**):

Ollenhauer gibt bekannt, dass *Menzel* (der wegen Krankheit fehlt) eine Besprechung unserer Mitglieder im Beamtenrechtsausschuss des Bundestages und des Ausschusses beim PV zum 24.11.1949 in Bonn angesetzt hat.

Zu **Punkt 3** der Tagesordnung (**Außenpolitischer Ausschuss**):

Ollenhauer gibt bekannt, dass der Außenpolitische Ausschuss beim PV [und][20] unsere Mitglieder im außenpolitischen Ausschuss des Bundestages zusammen mit den Mitgliedern des Ausschusses für Gesamtdeutsche Fragen am 28.11.1949 in Bonn tagen werden.

Zu **Punkt 6** der Tagesordnung: **Nächste Sitzung des PV am 5. und 6.1.50 in Berlin.**

Zu **Punkt 4** der Tagesordnung (**Verlegung des Sitzes des PV**):

Ollenhauer erklärt, dass versucht werden solle, sobald es finanziell und technisch möglich sei, den Sitz des PV in die Bundeshauptstadt zu verlegen.

---

17 In der Vorlage „1". Der Beschluss des Parteivorstandes wird hier als Anlage 2 zu den Protokollen abgedruckt.

18 In der Vorlage „dargestellten".

19 Die Richtlinien wurden als „erste Arbeitsaufgaben" von der anschließenden gemeinsamen Sitzung von PV, PA und KK verabschiedet und sogleich veröffentlicht. Sie werden hier als Anlage 3 zu den Protokollen abgedruckt.

20 In der Vorlage „,".

Reuter glaubt, dass ein Beschluss des PV zur Sitzverlegung nach Bonn den denkbar schlechtesten Eindruck in der Ostzone machen würde.

Meitmann und **Neumann** äußern ebenfalls Bedenken.

Eichler, **Kriedemann** und **Schmid** sprechen sich für Bonn aus.

Schönfelder regt an, dass man bei der Sitzverlegung untersuchen solle, ob der PV- und Fraktionsapparat im derzeitigen Umfange beibehalten werden müssen.

Ollenhauer spricht sich gegen Köln aus, da dann die technischen Schwierigkeiten weiterbestehen würden.

Der PV gibt zur Sitzverlegung sein Einverständnis gegen 2 Stimmen (*Neumann, Meitmann*)[21] und 2 Stimmenthaltungen.

Reuter regt an, dass man überprüfen solle, ob nicht irgendein Büro des PV nach Berlin verlegt werden könne.[22]

[B] Sitzung des Parteivorstandes, des Parteiausschusses und der Kontrollkommission am 17. und 18. November 1949 in Herne

[A] AdsD: 2/PVAS000693 (Maschinenschriftl. Prot., 2 S.), [B] AdsD: 2/ KSAA000049 (Maschinenschriftl. Text, Du,, 7 S., Handschriftl. Überschrift: „17. Nov. 1949, Parteivorstandssitzung in Herne, Kurt Schumacher")[23]

Leitung der Sitzung: Erich Ollenhauer
Anwesend: siehe Liste[24]

---

21 Die Namen wurde handschriftlich ins Protokoll eingefügt.

22 Außerdem wurden in der Sitzung noch „Richtlinien zu Pressefragen" verabschiedet, die im Jahrbuch für 1948/49 teilweise publiziert wurden. Darin wurden die Mitglieder, besonders die Funktionäre der Partei aufgefordert, „Leser und Förderer" der parteinahen Zeitungen zu werden. Den Parteiorganisationen wurde empfohlen, den Typ der „parteinahen" statt dem früher bekannten „Funktionär-Zeitungstyp" zu fördern. „Zeitungsneugründungen und entscheidende Strukturveränderungen bei bestehenden Zeitungen" sollten nur mit Zustimmung des PV durchgeführt werden. (Jb. SPD 1948/49, S. 110)

23 Ausnahmsweise sind für diese Sitzung 2 Verlaufsprotokolle erhalten geblieben: einmal das „offizielle" in der Sammlung der Protokolle [A], zum anderen ein etwas längeres im Bestand „Kurt Schumacher" [B], das sich eindeutig - trotz der handschriftlichen Überschrift - auf die Gemeinsame Sitzung der Führungsgremien bezieht. Im folgenden werden beide überlieferte Protokolle abgedruckt. Die Einladung zur gemeinsamen Sitzung mit Bekanntgabe der vorläufigen Tagesordnung erfolgte durch ein hektogr. Rundschreiben des geschäftsf. PV, unterschrieben von E. Franke, v. 7.11.1949, das in den Beilagen zum Protokoll erhalten geblieben ist. Über beide Sitzungen wurde ein gemeinsames Kommuniqué im Sozialdemokratischen Pressedienst (P/IV/170, S. 5 f.) veröffentlicht, das hier als Anl. 1 abgedruckt wird.

24 Dazu noch handschriftlicher Zusatz „Franke", wohl ein Hinweis auf Egon *Franke*, bei dem die Anwesenheitsliste(n), die in den Beilagen zum Protokoll nicht vorhanden sind, bei der Ablage des Protokolls und der zugehörigen Beilagen vermutet wurden.

[Aktive Teilnehmer/Teilnehmerinnen, nach Funktionen geordnet[25]:

PV:[26] *Schumacher, Ollenhauer*

Franke, Gotthelf, Heine, Kriedemann, Nau

Albrecht, Baur, Bögler, Eichler, Fischer, Gayk, Görlinger, Gross, Henßler, Kaisen, Knoeringen, Meitmann, Menzel, Neumann, Schmid, Schoettle, Selbert

PA[27]

BRAUNSCHWEIG:

FRANKEN (OBER- und MITTELFRANKEN, Nürnberg): *Seidel, Strobel*

GROSS - BERLIN: *Mattick, Thiele*

HAMBURG- NORDWEST: A. *Keilhack*, [Albert] *Müller*[28]

HANNOVER:

HESSEN- Frankfurt: L. *Beyer*, [Heinz] *Dürnholz*[29]

HESSEN- Kassel:

NIEDERRHEIN (Düsseldorf):

OBERPFALZ-NIEDERBAYERN (Regensburg):

OBERRHEIN (Köln):

ÖSTL. WESTFALEN (Bielefeld):

PFALZ (Neustadt/ Haardt):

RHEINHESSEN (Mainz): *Markscheffel*

RHEINLAND-KOBLENZ-TRIER (Koblenz):

SCHLESWIG-HOLSTEIN (Kiel): *Kukielczynski*

SCHWABEN (Augsburg):

SÜD-BADEN (Freiburg i. Br.):

SÜDBAYERN (OBERBAYERN, München)*:*

SÜD-WÜRTTEMBERG (Tübingen):

UNTERFRANKEN (Würzburg):

WESER-EMS (Oldenburg): Ohlig

WESTL. WESTFALEN (Dortmund)

WÜRTTEMBERG-BADEN (Stuttgart):

KK:

Mitarbeiter des PV: Buchstaller, Lindstaedt

Tagesordnung:[30]

1) SPD und Bundesrepublik

2) Organisationspolitische Situation und organisatorische Aufgaben der SPD

---

25 Leider ist die Anwesenheitsliste in den Beiakten zum Protokoll verloren gegangen; für die Teilnehmer an allen Gemeinsamen Sitzungen 1948-50 vgl. Anhang 2.

26 Für die Mitglieder des PV wurde die Anwesenheitsliste der PV-Sitzung zu Grunde gelegt, vgl. Anm. 2 u. 3.

27 Von den Mitgliedern des PA beteiligte sich nur L. *Beyer* nach dem Protokoll A an der Diskussion, im Protokoll B werden noch mehrere Mitglieder des PA (*Kukielczynski, Markscheffel, Mattick, A. Müller, Ohlig, Seidel, Strobel, Thiele*) sowie zwei Mitarbeiter des PV (*Buchstaller, Lindstaedt*) genannt, vgl. a. Liste der Teilnehmer.

28 Im Protokoll B kein Vorname genannt.

29 Im Protokoll B kein Vorname genannt.

30 Wortlaut nach der vorläufigen Tagesordnung.

Zu Punkt 1 der Tagesordnung (SPD und Bundesrepublik):

Kurt Schumacher[31]

führte u.a. aus, dass ein deutscher Staat errichtet werden müsse, der krisenfest sei. Über der deutschen Politik ruhe, als Ergebnis der weltpolitischen Konstellation, noch immer die Atmosphäre des Hasardspieles. Das Problem sei, wie wir das lebenszerstörende kommunistische Prinzip vermeiden könnten, ohne dabei eine Politik der Unterwerfung zu betreiben. Schwächen wir den Kampf gegen den Kommunismus ab, dann haben wir den Kapitalismus etabliert. Lassen wir im Kampf gegen den Kapitalismus nach, dann schaffen wir eine Position für den Erfolg des Kommunismus. Neben der Zerreißung Deutschlands habe vor allem auch die Verspätung der Währungsreform sich schädlich auf das politische Leben ausgewirkt.

Zur Außenpolitik übergehend sagte er u.a., dass vor der Pariser Außenministerkonferenz nur deutsche Äußerungen eines bedingungslosen Verzichts vorlagen, und dass am 9. November, als er seine Pressekonferenz in Hannover hielt, aufsehenerregende Meldungen über deutsche Angebote in der Presse erschienen und es deshalb nationale Pflicht war, die Welt wissen zu lassen, dass starke Kräfte in Deutschland gegen einen nationalen Ausverkauf waren. Die Regierung habe als Anfangsposition in den Verhandlungen etwas angeboten, was allenfalls nur als Schlussposition denkbar gewesen wäre. Die Haltung der SPD in der Ruhrfrage begnüge sich nicht mit dem Nein. Die SPD habe eine Reihe praktischer Vorschläge für Deutschlands Eintritt in die Ruhrbehörde und den Eintritt der Saar in den Europarat gemacht. Zu der Theorie von der Notwendigkeit deutscher Vorleistungen sei zu bemerken, dass unser guter Wille nicht nur in Vorleistungen auf unsere Kosten zum Ausdruck kommen dürfe. Für den guten Willen sei so wenig Platz, weil die Alliierten auf den Gebieten der Demontagen, der Entnahmen, der Ostprovinzen und der Saar schon so viel Leistungen vorweggenommen haben. Zu dem Vorschlag einer französischen Kapitalbeteiligung an der deutschen Industrie sei zu sagen, dass damit die Anerkennung der Ruhrbehörde in ihrer jetzigen Gestalt und die Verhinderung der Sozialisierung und des Mitbestimmungsrechtes der deutschen Arbeiter erreicht werden soll. Die Hineinziehung der in Liquidation befindlichen Vereinigten Stahlwerke in die Verhandlungen bedeute die Verlagerung der Souveränität des Staates auf eine Privatfirma beim ersten außenpolitischen Schritt der Regierung.

(K. Sch.[32]: Wie kam es zu diesen Tagen und wann musste es dazu kommen. Wir können nicht beim 15. August beginnen. Wo steht denn Deutschland überhaupt? Welche Funktionen ist es auszufüllen in der Lage und willens?

Optimismus der Sozialdemokraten in den letzten 30 Jahren korrigiert.

Unsere Sorgen nicht mehr Sorge *Bebels*: Wie soll Zukunftsstaat aussehen?

---

31 Es folgen die Ausführungen Schumachers nach Protokoll A. Die längere Wiedergabe im Protokoll B wird anschließend in Klammern abgedruckt.
32 Vor den folgenden längeren Ausführungen Schumachers im Protokoll B noch handschriftlich durchgestrichener Hinweis auf „Stadtdirektor Willi Grobe", wahrscheinlich auf dessen Begrüßungsworte.

Zielsetzung: Humanitärer Sozialismus selbstverständlich.

Aber Jahre haben gezeigt: Volk ist nicht, was Schmeichler sagten. Hat nicht geheimnisvolle Qualitäten.

Kapitalismus hat noch nicht letztes Wort gesprochen. In Deutschland hat er sich durch Geistigkeit [der] wilhelm. Epoche darauf eingelassen, sich mit autoritären Kräften zu koppeln. Versuch, Konsequenzen demokratischen Staates und Lebens aus dem Wege zu gehen. Dieser Versuch im Nat. Soz. vollendet, aber nicht begonnen worden. Alldeutsche Ideen auf Hochschulen gelehrt, aber mit Unterstützung des Großkapitals und [der] Schwerindustrie.

Schwer zu begreifen, dass Auftraggeber des Nazismus sich von seinem Schicksal ablösen konnten.

Ohne kommunistische Propaganda wäre autoritärer Erfolg nicht in diesem Maße möglich gewesen.

Auch Haltung der Angelsachsen hat Situation gefördert, die es den Mandataren des Nazismus gestattete, sich zu retten.

Nicht Haltung des deutschen Volkes seit 1945 entscheidend, sondern Tatsachen der Besatzung.

Ein demokratischer Staat muss errichtet werden, der in sich fest und sicher ruht und krisenfest ist. Dieses Grundziel aller Staatspolitik bei weitem nicht erreicht.

Als Ergebnis weltpolitischer Konstellation ruht über deutscher Politik Atmosphäre des Hasardspiels.

Wie können wir lebenszerstörendes kommunistisches Prinzip vermeiden und wie können wir Unterwerfung vermeiden?

Schwächen wir Kampf gegen Kommunismus ab, haben wir Kapitalismus etabliert.

Lassen wir im Kampf gegen Kapitalismus nach, schaffen wir Position für Welterfolg des Kommunismus.

Durch permanente Bedrohung des Kommunismus ist Wille zur Überwindung des Kapitalismus geschwächt worden.

Dank ihrer Kapitalkraft und Förderung durch Besatzungstendenzen haben es Besitzschichten leichter gehabt, im Machtkampf zu konkurrieren.

Neben Zerreißung Deutschlands wirkten auch andere Faktoren schädlich. Am schädlichsten Verspätung der Währungsreform. Führte zur Atomisierung des politischen Lebens.

Konkrete Probleme sollten nach 14. August der Lösung näher gebracht werden. Wahlentscheidung drückt sich in Methoden der Regierung jetzt aus. Diese Entscheidung ließ sich durch Allianzen nicht mehr korrigieren. Suprematie der Klassenpolitik.

Wir haben um Rolle der stärksten Partei (oder [der] im Staate gestaltenden] gekämpft. Gegen uns klassenpolitisch sichere Mehrheit. Dazu gehört auch Opposition von rechts. Sprecher der DRP hat sich sogar in nationalpolitischen Fragen für Adenauer erklärt.

Im modernen Massenstaat, falls er nicht ganz autoritär geführt wird, ist soziale Demagogie unentbehrlicher Bestandteil. Gegensatz zwischen sozialer Demagogie und Praxis. Kommen sie in Konflikt, müssen Machthaber in nationalistische Rumpelkammer greifen.

Sozialdemokratische Parteien in Europa in der Staatsmacht, weshalb nationalpolitische Bindungen. Aber nationaler Sozialismus ist starker Widerspruch. Er kann nationale Aufgaben haben, aber er darf internationale Zielsetzungen nicht aufgeben.

Für alle internationalen Sozialisten war Nation politisches, kulturelles, ökonomisches Faktum.

Aber Internationalismus ist Ausgleich der nationalen Interessen. Was man uns entgegenhält, ist primitiver Antinationalismus.

Kapitalismus als herrschende Schicht war als Faktum immer international. Am internationalsten [die] Schwerindustrien, die mit Rüstung zusammenhängen. Darum hat kapitalistischer Internationalismus keinen pazifizierenden Wert.

Kein internationales Stahlkartell hat verhindert, dass in einzelnen Ländern Angehörige des Kartells für [den] Krieg arbeiteten. [Die] Idee der europäischen Gemeinsamkeit und [der] Internationale hat geistige und sittliche Wurzel in Ideen des Bürgertums und Ideen und Praktiken des internationalen Proletariat. Ohne persönliche Freiheit keine internationale Idee.

Unsere Politik kann nur die Politik der Klärung sein. Annäherung der Völker (C. *Schmid*) nur auf Grundlage der Wahrheit. Politik der List und Verschleierung führen zur Entmachtung der Arbeiterschaft.

Letzten Endes ist der einzig Ehrliche auf der Gegenseite *Adenauer*. Als [das][33] Saarproblem aufkam, hat er geschwiegen, Als [das][34] Ruhrproblem aufkam, hat er sich mit Verachtung seines bisherigen Standpunktes [geäußert für die][35] Anerkennung des Ruhrstatuts.

Fronten müssen klar gezogen werden. Wir dürfen anderen nicht die Propaganda lassen, dass sie progressiv und europäisch seien. Diese Dinge müssen geklärt werden. Politik geht über die Ökonomie. *Stinnes*[36] und *Thyssen*[37] verkündeten, dass jeder große Unternehmer nationalpolitisch wichtiger als der Staat sei. Schwäche des Staates wird heute ausgenützt. Auch wenn starker Staat nicht sozialistisch ist, hat er Möglichkeit, Großkapitalisten Einhalt zu gebieten.

Trusts und Kartelle

Stärkste ökonomische Macht im heutigen Deutschland sind nicht Trusts und Kartelle im alten Sinne, sondern mündliche Preisabrede. So haben wir stärkste Kartelle in Europa überhaupt. Gehen wir nicht gegen Monopole los und treiben keine aktive Preissen-

---

33 Nicht in der Vorlage.
34 Nicht in der Vorlage.
35 In der Vorlage „geäußert. Für".
36 Hugo *Stinnes* (1870-1924), dt. Industrieller, extreme Kriegszielforderungen während des Ersten Weltkrieges, große Inflationsgewinne.
37 Fritz *Thyssen* (1873-1951), dt. Industrieller, DNVP, Geldgeber und Unterstützer Hitlers u. d. NSDAP, während der NS-Zeit nach einer Phase der Zusammenarbeit Gegner d. Regimes.

kungspolitik, dann werden wir erleben: Alle Leute, die reicher werden, werden politisch stärker, alle die ärmer werden, politisch schwächer.

Regierungserklärung enthielt vage Versprechungen sozialer Natur, aber konkrete und baldigen Versprechungen der Steuersenkung. Defizit plus Steuerausfall schafft verschuldeten Staat, der nicht stark genug gegen Exzesse sein kann. Steuersystem kann rationalisiert und gerechter gestaltet werden, aber Herabsetzung des gesamten Steueraufkommens ist Vorbereitung des Hochverrats.

Endlich stärkere Annäherung an die Gewerkschaften. Auseinanderwachsen nicht erträglich. Notwendigkeit gegenseitiger Information. *Erhard* behauptet, in Fragen der Löhne und Preise auf Standpunkt der Gewerkschaften [zu sein]. Aber wenn einer für Erhöhung der Preise gearbeitet hat, dann war es Erhard.

Wie man Arbeiterschaft und Bundestag behandelt.

Bei außenpolitischer Debatte handelte es sich keineswegs nur um materielle Differenzen, sondern um Prinzip.

Schon Versuch der Annäherung zum Zwecke der Verhandlung ist Sache der Regierungspolitik. Aber ist weder Erfolg noch Misserfolg. Berührung mit anderen politischen Faktoren gehört zu Regierungsfunktionen.

Aber hier stellte Schritt etwas dar, was entscheidend für Gesamtpolitik ist. Ein Parlament das hier nicht mitredet, hört auf mitzugestalten. Wir sind junges Parlament. Diese Probleme sind überhaupt noch nicht öffentlich diskutiert worden. Wir haben Versuch der Regierung, undiskutierte zentrale Probleme auf bürokratischem Wege weitertreiben zu wollen. Handelt sich nicht um Taktik, sondern um entscheidende Frage der Weichenstellung: Wohin soll Reise gehen. Dabei kann Parlament nicht ausgeschaltet werden. Wir sind in Praxis staatspolitischer Gestaltung gekommen, Verzicht ist unendlich schwieriger zu revidieren als einseitig Diktierter.

Kreise, die Sieger vom 14, August sind, sind nicht sentimental, auch nationalpolitisch nicht. 80 Jahre unserer Geschichte haben uns gelehrt, dass Versuche, eigene Interessen mit Schicksal Deutschlands gleichzusetzen, Vorspiel zu größtem Betrug waren. Erklärungen der Regierungschefs zur Ruhrfrage, Saarfrage usw. werden Bestandteile alliierter Politik. Tatsächlich hat sich Pariser Konferenz nicht auf Themen beschränkt, die Bundeskanzler in seinen Noten angeschlagen hatte, aber auf Themen eingegangen, die Adenauer im „Zeit" - Interview aufgeworfen hat. Beamtengesetz und Besamtenerneuerungen wurden in Paris diskutiert. Man spricht mit Recht von Notwendigkeit, in außenpolitischen Fragen möglichste Annäherung zu erzielen. Wir bejahen diese Notwendigkeit. Aber zu einer Zweipartei - Außenpolitik gehört die von beiden Seiten benötigte Bereitschaft, zu einer Formel auf dem Wege des Kompromisses zu kommen.

Man redet von Opfern. Das Wesen des Opfers müsste sich bei Lastenausgleich offenbaren können. Haben auch noch Opfer vor der Tür: Flüchtlinge aus der Ostzone. Nicht mit polizeilichen Absperrmaß nahmen zu erledigen. Unpolizeiliche Haltung, wie sie im

Grundgesetz vorgeschrieben, um Bundesrepublik attraktiv zu machen. Was an außenpolitischen Opfern bereits gebracht wurde, wird von denselben Kreisen ignoriert, die phantastische Druckschriften über geleistete Operationen vertreiben. Profite sind dicker als Blut. Opfer des Volkes synonym mit Profiten.

Vor Pariser Konferenz lagen nur Äußerungen bedingungslosen Verzichts vor.

Pressekonferenz vom 9. November. Sensationsmeldungen in der Presse. War nationale Pflicht, Welt wissen zu lassen, dass starke Kräfte in Deutschland gegen nationalen Ausverkauf. Regierung bot als Anfangsposition an, was nur als Schlussposition denkbar gewesen wäre. Angebote auf Kosten der territorialen Unversehrtheit Westdeutschlands.

SPD-Linie in Ruhrfrage. Nicht mit Nein begnügt, sondern Reihe praktischer Vorschläge zur Saar in Europarat und Deutschlands Eintritt in Ruhrbehörde. Jeder, der bedingungslos in Ruhrbehörde eintreten will, ist nationaler Verbrecher, da selbst unfreundlichste Kräfte im Ausland zu Revision in einzelnen Punkten bereit.

Methoden, mit denen Eintritt des Saargebiets in Europarat angepriesen, [sind] die gleichen Methoden, mit denen *Pieck* und *Grotewohl* Oder-Neiße-Grenze anpreisen. „Geburtsstunde des verbündeten Nationalismus und Kommunismus" (zu Adenauer 9. Nov.)

Theorie von Notwendigkeit deutscher Vorleistungen. Guter Wille nicht dadurch erkennbar, dass die des bösen Willens sie auf Kosten des - guten Willens verkürzen. Deutsche bisherige Leistungen ungeheuer. Für guten Willen so wenig Platz, weil Wille der Alliierten schon einiges vorweggenommen (Demontagen, Ostgebiete, Entnahmen, Saar).

Guter Wille äußert sich nicht in Wegschenken. Wenn wir französischem Volk nicht guten Willen deutscher Menschen geben können, pfeift das französische Volk darauf.

Durch Anlage ausländischen Kapitals und Anerkennung der Ruhrbehörde in jetziger Gestalt soll Sozialisierung und Mitbestimmung der Arbeiter verhindert werden.

Vereinigte Stahlwerke produzieren nicht Stahl sondern verarbeiten.

Souveränität auf Privatfirma verlagert bei erstem außenpolitischem Schritt der Regierung. Das ist nicht zu bagatellisieren.

So ist Deutschlands Staatspolitik nicht zu machen.

1. Französische Schwerindustrie politisch nicht so wichtig wie deutsche.

2. Konkrete Gegenvorschläge der SPD.

Adenauers Erklärung versuchte, Dinge auf Nebengleis zu schieben. Demontagekonzessionen werden übertrieben. „Zunächst" wurde hin eingefälscht: Demontagen in verbotenen Industrien ausdrücklich von Demontageverlangsamung ausgenommen.

Wir haben versucht, im europäischen Sinne und im Geiste deutscher Arbeiterpolitik unser Nein zu begründen. Gegenvorschläge gemacht. Personalpolitik als Kompetenz der Hochkommissare (also rückläufige Revision des Besatzungsstatuts).

Adenauers Erwiderung unser Zeichen bösen Willens.

Pressehetze. Falschmeldungen. („Differenzen".) Ausland urteilt gerechter.

Arbeitende Menschen in Deutschland weit über den Rahmen der Partei hinaus bejahen unsere Politik.)

Ollenhauer[38] gibt bekannt, dass der PV in seiner gestrigen Sitzung einstimmig die Politik der Fraktion in der außenpolitischen Debatte im Bundestag gebilligt habe.

Henßler bezweifelt, dass es richtig war zu erklären, die Regierung habe sich nicht um die Kreditbeschaffung der Industrie zu kümmern. Er halte das Gegenteil für richtig.[39]

Schumacher erwidert darauf, dass eine Verbiegung der Struktur verhindert werden müsse. Daher die Wichtigkeit, zu beachten, wer welche Kredite beschafft.[40]

Ollenhauer verliest das Telegramm der Labour Party in der Demontagefrage und teilt mit, dass der PV, zusammen mit dem Fraktionsvorstand, am 29.11. in Bonn eine gemeinsame Sitzung mit den britischen Genossen haben wird.[41]

Luci **Beyer** (Wetzlar)[42] wünscht, dass wir uns gegen den Wiederaufbau einer Wehrmacht aussprechen sollten.[43]

Schumacher erklärt dazu, dass in der Frage der Wiederaufrüstung noch kein Sozialdemokrat auch nur einer Teilaufrüstung das Wort geredet habe. Eine Meldung, dass *Acheson* in der Richtung vorgestoßen sei, ist falsch. Es wäre unverantwortlich, wenn wir Deutschland als Kriegsschauplatz mit der Aufgabe, einen alliierten Rückzug zu decken, bereitstellen würden.[44]

(**K. Sch.:** Sozialisierung. Sozialisierte Betrieben in erster Linie mit Steuermitteln zu finanzieren. Auslandkredite mit Konsequenz, Mitbestimmung und Mitgestaltung bei Schwerindustrie am schwersten zu ertragen.

Wer soll sich um Kredite bemühen. In erster Linie Betriebe selbst. Im Hinblick auf Sozialisierung auch Staat.

Aber Angebot Ver. Stahlwerke ist Versuch, Interessen der Industrie mit Staatsinteresse kongruent zu machen.

Reichsverband der Industrie.

Wiederaufbau deutscher Wehrmacht.

Diskussion vor genau einem Jahre: *Vogel*[45], *Kramer*[46], *Kogon*, *Adenauer* (24 Polizeidivisionen).

---

38 Die folgenden Diskussionsbeiträge von *Ollenhauer, Henßler, Beyer* sowie die Antworten von *Schumacher* nach Protokoll A.

39 Im Protokoll B zu *Henßler* lediglich das Stichwort „Kredite für Schwerindustrie".

40 Im Protokoll B noch erwähnt, dass *Strobel* in der Diskussion zum Thema „Ostflüchtlinge" sprach.

41 Die Namen der britischen Gesprächspartner - Sam *Watson* zu dieser Zeit Vorsitzender der Labour Party, Morgan *Philipps* Generalsekretär der Partei, - werden im Protokoll B genannt.

42 Im Protokoll B wird der Name der Sprecherin falsch geschrieben: „ Meye - Wetzlar".

43 Im Protokoll B noch erwähnt, dass nach *Beyer* in der Diskussion *Markscheffel* sprach.

44 Auch im Protokoll B wird über das Schlusswort Schumachers berichtet. Dieser Bericht wird im folgenden in Klammern abgedruckt. Im Kommuniqué wurde auf die Stellungnahme Schumachers zum Problem der Remilitarisierung besonders hingewiesen, vgl. Anlage 1, Abs. 4.

45 Zu Rudolf Vogels Leitartikel in der Schwäbischen Post vom 11.11.1948 „Westdeutschlands Abwehr" vgl. Einleitung, S. LXXII.

46 Sch. spielt hier auf die beiden Leitartikel von F. A. Kramer im Rheinischen Merkur vom 6. u. 13. November 1948 an, in denen die Frage gestellt wurde, ob Deutschland im Falle eines sowjetischen Angriffs ohne eigene Abwehrmittel bleiben solle. In seiner Erörterung der Angelegenheit auf der Konferenz der CDU/ CSU am 8. Januar 1949 in Königswinter wies Adenauer darauf hin, dass der Rheinische Merkur bekanntlich der Französischen Militärregierung nahe stehe, vgl. B. Kaff (Hrsg.), Die Unionsparteien 1946 - 1950, S. 265.

Alle jetzigen Meldungen falsch.

Wenn wir Adenauers Politik mitmachen, opfern wir deutsche Einheit und Berlin.)

Ollenhauer[47] verweist in diesem Zusammenhang auf die vom PV im Dezember 1948 in Godesberg gefassten Beschlüsse.[48]

Zu **Punkt 2** der Tagesordnung: (**Organisationspolitische Situation und organisatorische Aufgaben der Partei**):

Ollenhauer zieht in einem längeren Referat die organisationspolitischen und organisatorischen Konsequenzen des Wahlausganges. (Problemstellungen siehe PV-Sitzung. [...][49]).

(E. Oll. Organisationsfragen.

Aus Wahlresultaten und Mitgliederbewegung im letzten Jahre gewisse Konsequenzen zu ziehen,

Schwächen oder Unzulänglichkeiten oder falsche Methoden in der Parteiarbeit überwinden.

Dabei auch politische und geistig - programmatische Grundlagen zu diskutieren.

Wenn man Mittel zum Zweck (Partei) verwenden will, muss man sich über Ziele klar sein.

Parteivorstand ist der Meinung, dass man in Parteikörperschaften über Programmfragen diskutieren soll. Dafür soll besondere Sitzung anberaumt werden. Heute sollen wir uns auf praktische Fragen der Organisation beschränken.

16 Punkte Dürkheim als Grundlage der Parteipolitik seit 15. August.

Opposition keine bloße Negation. Oppositionsprogramm zugleich Grundlage für ein Regierungsprogramm.

Konsequenzen aus Wahlresultat und Überprüfung organisatorischer Parteigrundlagen.

Wahlergebnis: Wir erreichten nicht höchste Stimmen- und Mandatszahl, aber erhielten fast 19 000 Stimmen mehr als bei letzten Wahlen vorher.

Prozentualer Stimmenrückgang. Wir sind wieder unter 30 % zurückgegangen - infolge stärkerer Wahlbeteiligung. Wenig Stimmen von Neuwählern.

Wir müssen Organisation schaffen, die auch neu interessierte Menschen in größerem Ausmaß für SPD gewinnen kann.

Abgegebene Stimmen. 24 500 000
knapp   7 000 000 für SPD.

Wenn wir in die Nähe von 40 % der abgegebenen Stimmen kommen wollen, müssen wir uns als Ziel setzen, 2 bis 3 weitere Millionen Wählerstimmen zu gewin-

---

47 Der Hinweis *Ollenhauers* nur in Protokoll A.
48 Vgl. Dok. 3, Punkt 5 und Anlage 3.
49 Weggelassen wird hier ein Hinweis auf nicht mehr vorhandene „Unterlagen" in den Beilagen zum Protokoll. Im Protokoll B wird ausführlicher das Referat *Ollenhauers* referiert - vgl. den folgenden Abdruck.

nen versuchen. Das ist Aufgabe, die wir lösen müssen, wenn wir maßgebenden Einfluss auf Gestaltung der Bundesrepublik gewinnen wollen.

Lage der Parteiorganisation keineswegs befriedigend. Seit Währungsreform Mitgliederrückgang, der noch nicht zum Stillstand gekommen ist, Von Juni 1948 bis Juni 1949 Verlust von 12 %. Ursachen des Wahlresultats: Wir haben von Neuwählern nur kleinen Teil bekommen, weil in stark von Flüchtlingen belegten Ländern großer Teil Flüchtlinge bürgerliche Parteien oder Flüchtlingsgruppen gewählt. Einwirkung von Seiten der katholischen Kirche nahm Ausmaß an, das weit über bisherige Erfolge hinausging und Wahlbeteiligung in katholischen Gegenden auf über 9o % stieg. Wir sind dabei, eine Art Weißbuch über Wahleinwirkung der katholischen Kirche vorzubereiten.

Flüchtlinge sind nicht mehr rein nationalistischer Agitation der CDU erlegen, sondern Flüchtlinge, die wieder schmale Existenz gefunden haben, haben sich wieder nach ihrer alten Gesellschaftslage entschieden. Auch bei politischen Wahlen wie Bundestagswahlen spielt Kommunalpolitik in kleinen Gemeinden erhebliche Rolle.

Wir hatten auch Verluste unter den selbständig Schaffenden.

Frauen folgen stärker äußeren Einwirkungen. Frauen - Anteil an SPD-Stimmen keineswegs befriedigend.

Junge Wähler. Erheblicher Teil von jungen Menschen ist nicht zur Wahl gegangen: Indifferente und Unentschiedene. Anteil der SPD - Stimmen in Altersgruppe 21-30 höher als Durchschnitt, größer als Gruppe 30-59. (Frankfurter Ergebnis.)

Ursachen des Mitgliederrückgangs. Größere materielle Not seit Währungsreform (Flüchtlinge, Arbeitslose).

Es gibt organisatorische Mängel, die nicht aus objektiven Gründen, sondern aus subjektiven Unzulänglichkeiten entstanden sind.

Mangelnde Bereitschaft zu freiwilliger Arbeit.

Wir müssen Anstrengung machen, um aus finanzieller Schludrigkeit herauszukommen. Einnahmerückgang aus Beitragsmarken. 3 750 000 DM im ersten Jahr seit Währungsreform.

Mangel an organisatorischer Arbeit. Schulung der Parteifunktionäre ist vordringliche Aufgabe.

Konkrete Vorschläge: Partei muss sofort in Wahlbereitschaft gebracht werden. Enge und ständige Koordinierung zwischen Parlamentsfraktion und Parteiorganisation, Räumliche Trennung von Parteivorstand und Fraktion auf die Dauer nicht zu ertragen. Aus der Entscheidung für Bonn muss technische Konsequenz gezogen werden.

Flüchtlingsproblem bleibt Zentralproblem unserer Parteipolitik. Unter keinen Umständen Distanzierung von den Flüchtlingen. PV - Beschluss von gestern.

Kein Rückfall in primitive Freidenker - Methoden als Reaktion auf Aggressivität eines Teils der Kirche. Wir müssen Missbrauch der Kirche durch politischen Klerus entschieden zurückweisen, aber wenn wir 2 bis 3 Millionen die uns fehlen, gewinnen wollen, dann erheblichen Teil von denen, die sich heute noch unter religiösen Vorstellungen für die CDU entscheiden. Wir müssen sie überzeugen, dass [ein] guter Katholik auch Sozialdemokrat sein kann.

Wir müssen mehr Frauen gewinnen.

Falken und Jungsozialisten. Jugend skeptisch gegen seine Propaganda und Umwerbung. Will konkrete Antworten auf ihre Fragen. Repräsentative Haltung der Vertreter der Partei wichtig. Versammlungen müssen im Stil von 1949, nicht von 1909 gestaltet werden.

Parteibeschlüsse müssen bekannt sein. Parteipublikationen müssen in jeden Ortsverein.

Jüngere Menschen in Parteifunktionen. Abbau der Funktionshäufung in der Partei.

Schulungsarbeit. Zentrale Kurse für alle wichtigen Arbeitsgebiete.

Betriebsarbeit darf sich nicht auf Zeit vor Betriebsrätewahlen beschränken.

Durch Intensivierung unserer Arbeit und zentrale Werbeaktion Mitgliedschaft im Jahre 1950 auf 1 Million steigern!

Lindstaedt[50]

Buchstaller

Markscheffel

Carlo **Schmid**

Was wird mit dieser Organisation gemacht? Was muss geschehen, damit die Menschen sich bereit finden, an der Organisation teilzunehmen.

Bewegung wie die unsere steht und fällt damit, ob es gelingt, die Menschen zu begeistern. Ohne Passion können wir nicht Soz. Dem. realisieren.

Einst war es Glaube, dass nach langer Vorbereitung Welt verwandelt sein wird, - Welt, in der es keinen Schmerz mehr gibt. Dieser Glaube ist nicht mehr lebendig zu machen. Im Osten Missbrauch. Skepsis. Begann mit Sozialdemokraten in Rathäusern. Besonders Jugend ohne Diesseitsglauben.

Wir sollten von Jugend etwas verlangen, ihnen Aufgaben zeigen.

Flüchtlinge.

Verbesserung der Lebensbedingungen durch Gewerkschaften. Partei muss mehr sein und mehr fordern als Gewerkschaften. Mitbestimmungsrecht der Arbeiter im Betrieb nicht mehr Sozialpolitik, sondern echte Revolution.

Wir wollen ein Menschenbild aufstellen, unter dem wir uns nicht zufrieden geben wollen.

[A.] **Müller**

Fr. **Neumann:** (Bonn)

---

50 Die Namen der Diskussionsredner sowie die Bemerkungen zu diesen nach Protokoll B.

Willi **Fischer:** (überparteiliche Organisationen, Flüchtlingsbünde)

Fr. **Heine** Vorschläge und Anregungen komprimiert aus großer Fülle

Mattick: (Jugend, Gefahr der Isolierung in eigenen Vereinen)

[Ohlig][51]

Dürnholz

Nach[52] mehrstündiger Diskussion werden die von einer Kommission[53] (Max *Kukielc-zynski,* Adolf *Keilhack,* [Fritz][54] *Ohlig, Seidel, Gotthelf, Nau, Franke, Heine, Thiele*) inzwischen fertiggestellten Leitsätze für die Arbeitsaufgaben vorgelegt.

Ollenhauer erklärt dazu, dass diese Leitsätze schnellstens durch einen Kommentar ergänzt werden sollten. Zur Frage *Henßlers,* ob der Umstand, dass er das Referat zu den Organisationsfragen gehalten habe, nicht bestätige, dass die Leitung der Organisationsarbeit in Hannover mangelhaft sei, erklärte er, dass lediglich eine Aufsplitterung des Stoffes durch mehrere Vorträge der Sachbearbeiter vermieden werden sollte.

Partei und Falken müssten beide Anstrengungen machen, um einen Zustand wieder herzustellen, wie er früher zwischen Partei und SAJ gewesen sei.

Zur Frage der Sitzverlegung des PV nach Bonn wird im Kommuniqué keine Stellung genommen.

Die Richtlinien für die ersten Arbeitsaufgaben der Organisation im Jahre 1950 werden einstimmig beschlossen. Siehe Anlage 3

Anlage 1
Kommuniqué zu beiden Sitzungen: „Außenpolitik und Organisation"
Sozialdemokratischen Pressedienst (P/IV/170, S.5 f.)[55]

Die zweieinhalbtägigen Beratungen der sozialdemokratischen Führungskörperschaften, des Parteivorstandes, des Parteiausschusses und der Kontrollkommission in Herne i. W., galten 2 Themenkreisen: Der Haltung der Sozialdemokratie zu der außenpolitischen Methodik und Zielsetzung des Bundeskanzlers und politisch - organisatorischen Fragen der Partei selbst.

Zu der ersten Frage gab am Mittwoch [16.11.] der stellv. Vorsitzende *Erich Ollenhauer* einen Überblick über die Entwicklung in der ersten Novemberhälfte. Der Parteivorstand billigte einstimmig und ohne Vorbehalt die politischen Auffassungen, die der

---

51 In der Vorlage versehentlich „Wohlig". Es handelte sich aber um den Bundestagsabgeordneten Fritz *Ohlig.* F. *Ohlig* (1902-71), geb. in Schlesien, Steinmetz, vor 1933 SPD, Parteifunktionär, 1947 BezSekr. in Oldenburg, 1949-57 MdB, 1956-57 Fraktionsvorstand, 1958-64 PR, 1964 KK.

52 Die folgenden Ausführungen nach Protokoll A

53 Die Namen der Mitglieder der „Kommission", dort „Ausschuss" genannt, nach Protokoll B.

54 Im Protokoll B „Max".

55 Das Kommuniqué ist nicht chronologisch, sondern nach Sachthemen geordnet.

Vorsitzende der Partei am Dienstag im Bundestag entwickelt hat. *Dr. Kurt Schumachers* Rede wurde ohne Ausnahme als eine besonders wirkungsvolle Darstellung des sozialdemokratischen Standpunktes über die wesentlichen Erfordernisse einer möglichen deutschen Außenpolitik bezeichnet. Sie soll nach einstimmigem Wunsch in Form einer Broschüre einer breiten Öffentlichkeit zugeleitet werden.[56] An die Darlegungen *Ollenhauers* schloss sich eine Diskussion, in die auch *Dr. Schumacher* mehrfach eingriff.

Am Donnerstag [17.11.] sprach *Dr. Schumacher* selbst vor den versammelten Mitgliedern der genannten Körperschaften über die wichtigsten, vor allem außenpolitischen Gegenwartsfragen sowohl nach ihrer grundsätzlichen sowie nach ihrer praktischen Seite hin.

In der Diskussion bestätigte *Dr. Schumacher* in Beantwortung einer Frage nachdrücklich die bisherige Haltung der SPD in der Frage einer denkbaren, teilweise Wiederaufrüstung Deutschlands: Die Sozialdemokratie lehne eine solche Möglichkeit vorbehaltlos ab. *Schumacher* erklärte wörtlich: „Wir können uns unmöglich auf solche Experimente einlassen."

Nach einem Bericht des niedersächsischen Ministers für Flüchtlingsangelegenheiten, *Albertz*, [in der PV-Sitzung am 16.11.] forderte der Vorstand die sozialdemokratische Bundestagsfraktion auf, die Bundesregierung zu veranlassen, die Aufnahme der Flüchtlinge aus der Sowjetzone sicherzustellen und den unerträglichen Zustand der im Lande umherziehenden abgewiesenen Flüchtlinge zu beenden. Der Vorstand sei in Übereinstimmung mit dem Grundgesetz der Auffassung, dass kein Deutscher auf deutschem Boden das Recht habe, Deutsche zwangsweise in einen anderen Teil Deutschlands zurückzuführen, es sei denn, es handele sich um Verbrecher. Der Vorstand appellierte gleichzeitig an die Mitglieder der Partei, überall dort, wo sie politische Verantwortung tragen, mit gutem Beispiel voranzugehen und alles menschlich Notwendige zu tun, um den Bedrängten wirksam zu helfen.

Sehr eingehend wurde in einem Referat Erich *Ollenhauers* und der sich anschließenden Diskussion [17./18.11.] die organisatorisch-politischen und organisatorischen Konsequenzen des Wahlausganges behandelt, und zwar aufgrund einer detaillierten Analyse des Wahlergebnisses. *Ollenhauer* erklärte: Das Ziel sei eine erhebliche Aktivierung der Arbeit in der Partei. Die Auswirkungen der Währungsreform hätten zunächst eine gewisse Stagnation der Mitgliederzahl verursacht, die im Laufe der nächsten Zeit durch intensive Anstrengungen überwunden werden muss.

Ollenhauer wies auch darauf hin, dass die SPD in keinem Konkurrenzkampf mit einem wie immer gearteten Radikalismus eintreten werde. Man müsse sich stets klar sein, dass das Oppositionsprogramm von heute das Regierungsprogramm von morgen sein könne.

---

56 Die Veröffentlichung als Broschüre erfolgte unter dem Titel „Europa oder Europa AG" Anfang 1950. Für einen Abdruck der Bundestagsrede vom 15. 11. 1949 vgl. a. K. Schumacher, Reden - Schriften - Korrespondenzen, S. 714-731.

Parteivorstand und Parteiausschuss einigten sich auf ein erstes organisatorisches Arbeitsaufgaben-Programm für das Jahr 1950, das vor allem auch dem Zweck dient, die Jugend stärker als bisher an der Arbeit der Partei zu interessieren und zu beteiligen.

Anlage 2:
Erklärung des PV „Die SPD für die Sowjet-Zonenflüchtlinge
Jb. SPD 1948/49, S.141 f.

Der Vorstand der Sozialdemokratischen Partei Deutschlands hat sich am 16. November 1949 in Herne mit der Aufnahme von Flüchtlingen aus der Sowjetzone in Westdeutschland beschäftigt.

Der Vorstand fordert die Sozialdemokratische Bundestagsfraktion auf, die Bundesregierung zu veranlassen, die Aufnahme der Flüchtlinge aus der Sowjetzone sicherzustellen und den unerträglichen Zustand der im Lande umherziehenden abgewiesenen Flüchtlinge zu beenden.

Der Vorstand ist in Übereinstimmung mit dem Grundgesetz der Auffassung, dass kein Deutscher auf deutschem Boden das Recht hat, Deutsche zwangsweise in einen anderen Teil Deutschlands zurückzuführen, es sei denn, es handele sich um Verbrecher.

Der Vorstand der SPD appelliert an die Mitglieder der Partei, überall dort, wo sie politische Verantwortung tragen, mit gutem Beispiel voranzugehen und alles menschlich Notwendige zu tun, um den Bedrängten wirksam zu helfen.

Anlage 3
Richtlinien der gemeinsamen Sitzung „Erste Arbeitsaufgaben für das Jahr 1950"
Jb. SPD 1948/49, S.141

Parteivorstand und Parteiausschuss haben auf ihrer Tagung am 16. und 17. November 1949 in Herne die folgenden ersten Arbeitsaufgaben für das Jahr 1950 zur politischen und organisatorischen Aktivierung der Partei beschlossen:

1. Für die *Jugend!*

Schaffung eines zentralen Ausschusses für Jugendfragen beim Parteivorstand.

Ergänzung der Vorstände durch Wahl jüngerer Mitglieder.

Engste Zusammenarbeit der sozialdemokratischen Fraktionen mit sozialistischen Jugendvertretern.

Verpflichtung sozialdemokratischer Verwaltungsfunktionäre zur Heranziehung von Nachwuchskräften.

2. Für die *Straffung der Organisation*

Schaffung des einheitlichen Organisationsaufbaues: Ortsvereine, Unterbezirke, Bezirke, Parteivorstand.

Regelmäßige Durchführung von monatlichen Mitglieder- oder öffentlichen Veranstaltungen.

Neugestaltung des Versammlungswesens. Verstärkung der Information und Berichterstattung über politische Fragen.

Beseitigung der Mandats- und Funktionshäufung durch Erweiterung des Funktionärkörpers.

Allgemeine Mitgliedsbuchkontrolle auf Beitragshöhe und -rückstände zum Jahreswechsel 1949/50.

Mandatsrecht auf Konferenzen erlischt bei Beitragsrückstand von zwei Monaten.

Schulung der Funktionäre für die politische und organisatorische Arbeit der Partei.

Verpflichtung zum Bezug des Zentralorgans „Neuer Vorwärts" durch die Ortsvereine. Für mittlere und große Ortsvereine Pflichtbezug auch der übrigen zentralen Publikationen („Sopade – Querschnitt", „Gleichheit", „Demokratische Gemeinde").

Verpflichtung aller Organisationsgliederungen zur Durchführung der Frauenarbeit als einer politischen Aufgabe.

Ausbau und Vertiefung der Vertriebenenarbeit in der Partei.

Verstärkte Mitarbeit in den Gewerkschaften.

Verbreiterung der sozialdemokratischen Betriebsgruppenarbeit.

Stärkere Heranziehung sozialdemokratischer Parlamentarier zu Betriebsversammlungen.

Einhaltung sozialdemokratischer Grundsätze bei der Tätigkeit der SPD-Vertreter in der Selbstverwaltung.

3. Für die *Stärkung der Partei!*

Berufung von Agitationsobleuten in alle Organisationsteile.

Engster Kontakt zwischen sozialdemokratischen Abgeordneten, Kandidaten und der Bevölkerung.

Ständige Berichterstattung über die Tätigkeit in Bundestag, Landes- und Kommunalparlamenten.

Vorbereitung einer großen zentralen Werbeaktion im gesamten Bundesgebiet.

Nr. 15
Sitzung des Parteivorstandes am 5. und 6. Januar 1950 in Berlin

AdsD: 2/PVAS000694 (Maschinenschriftl. Prot., mit einer handschriftl. Ergänzung, 6 S.)[1]

Leitung der Sitzung: Erich Ollenhauer
Anwesend: siehe Liste

[Teilnehmer /Teilnehmerinnen, nach Funktionen geordnet[2]:
  PV:[3] *Schumacher, Ollenhauer;*
    Franke, Gotthelf, Heine, Nau;
    Albrecht, Bögler, Fischer, Gayk, Gross, Kaisen, Knothe, Meitmann, Menzel, Neumann,
    Reuter, Schroeder, Selbert;
  Vors. d. Gesamtdt. Aussch. d. BT: *Wehner.*]

Tagesordnung:[4]
  1) Die Lage in Berlin
  2) Bundesrepublik und Ostzonen - Regierung
  2 a) Fall Kaisen[5]
  3) Ort und Termin Parteitag 1950
  4) Gewerkschaften und Partei
  5) Besprechungen mit Labour Party und französischer Partei (SFIO)
  6) COMISCO - Konferenz in Paris
  7) Ort und Termin der nächsten Parteivorstandssitzung
  8) Verschiedenes

Ollenhauer führt einleitend aus, dass ohne Zweifel die Scheu vor den Unbequemlichkeiten einer Berlinreise der Grund für das Fernbleiben so vieler Vorstandsgenossen ist. Er stelle das mit großem Bedauern fest.

Eingeladen wurde der Genosse *Wehner* als Vorsitzender des Ausschusses für Gesamtdeutsche Angelegenheiten.

---

1 Die Einladung zu dieser Sitzung mit Bekanntgabe der vorläufigen Tagesordnung erfolgte durch das hektogr. Rundschreiben des geschäftsführenden Parteivorstandes vom 23.12.1949, das von E. Franke unterschrieben war und in den Beiakten zum Protokoll erhalten geblieben ist. Das Kommuniqué über die Sitzung (Sozialdemokratischer Pressedienst, P/V/5 v.6.1.1950, S.1-2a) wird hier als Anlage 1 zum Protokoll abgedruckt.
2 Die folgenden Angaben wurden der Anwesenheitsliste in den Beiakten zum Protokoll und Angaben im Protokoll entnommen; für die Teilnehmer an allen Vorstandssitzungen 1948-50 vgl. Anhang 1.
3 Von den Mitgliedern des PV waren *Baur, Eichler, Görlinger, Henßler, Knoeringen, Krahnstöver, Kriedemann, Schmid* und *Schoettle* nicht anwesend.
4 Wortlaut nach der vorläufigen Tagesordnung mit Übernahme einer handschriftlichen Ergänzung im Exemplar der Einladung.
5 Handschriftliche Ergänzung.

Zu Punkt 1 der Tagesordnung (Die Lage in Berlin)[6]

Reuter erklärt, dass für eine vorübergehende Zeit eine Hilfe für den Ausgleich des Etats beschafft werden müsse. 58 Millionen Gario - Kredite wurden bisher neben der Hilfe aus dem Vereinigten Wirtschaftsgebiet gegeben. Die Demontage erfasste 70 - 80 % der maschinellen Ausrüstung der Industrie. Es gab anfänglich kein Bank- und Kreditsystem. Nunmehr ist die Berliner Zentralbank in das System der Bank Deutscher Länder einbezogen worden. Altkonten können aufgewertet werden, d.h. in 3 Jahresraten werden 250 Millionen DM neu einfließen. Berlin sollte jetzt an die Marshallhilfe der Bundesregierung angeschlossen werden, doch weigerte sich [Marshallplanminister][7] *Blücher*, den vorgelegten Vertragsentwurf [der] Bundesregierung - Berlin zu akzeptieren. Die Amerikaner haben jetzt in einem Passus die Gewährung der Marshallhilfe von der Bereitwilligkeit der Bundesregierung, Berlin zu unterstützen, abhängig gemacht. In Aussicht genommen sind die Befreiung des Berliner Exports von der Umsatzsteuer und die Schaffung eines Garantiefonds von 50 Millionen DM. Die Bundesregierung und der Bundesrat werden darüber in der nächsten Woche entscheiden. Die Aussichten, in absehbarer Zeit mit weniger als 60 Millionen monatlichem Zuschuss auszukommen, ergeben sich, wenn mit der anlaufenden Produktion die monatliche Arbeitslosenunterstützung von 20 Millionen DM in Wegfall käme. Es würden dann jährlich nur noch 350 bis 400 Millionen benötigt werden.

Wahlen in Westberlin wären in diesem Jahre nicht zweckmäßig, dagegen Wahlen für Gesamtberlin jederzeit.

Schumacher: Die Berliner Verfassung ist dem Bonner Grundgesetz viel näher als manch andere Verfassung der westdeutschen Länder. Berlin sollte mit einem Minimum an Entgegenkommen gegenüber Bonn arbeiten. Die Frage sei nun, ob der Nachtragspassus bezüglich der Marshallhilfe für Berlin von der Partei als ausreichend zu betrachten sei oder ob wir unsere Gesamteinstellung zum Marshallplan revidieren müssen.

Das Bundesaufsichtsamt für Privatversicherungen und das Sozialversicherungsamt müssen neu eingerichtet werden und könnten ihren Sitz in Berlin haben, ebenso die Bundesschuldenverwaltung, Bundesvermögensverwaltung, Bundesdruckerei, Bundespost und der Verwaltungsgerichtshof.

Reuter meint, dass die Russen gezwungen werden müssten, für den Interzonen - Handels- und Personenverkehr einen reibungslosen Durchgang ohne Zwischenkontrolle zu garantieren.

Schumacher fragt weiter, wie dem Umstande, dass Fertigwaren statt Rohstoffe geliefert werden, beizukommen sei und ob die Zahlungsbedingungen für Berlin erträglich seien.

Reuter antwortet, dass die Tendenz der übermäßigen Fertigwarenlieferung im Abklingen sei und nach der Blockade einfach zwangsläufig war. Die Zahlungsbedingungen sind für Berlin immer nachteilig, und es müsse überprüft werden, ob es eine gesetzliche Handhabe für eine günstigere Regelung gäbe.

---

6 Zu diesem Tagesordnungspunkt werden im Kommuniqué längere Ausführungen gemacht, vgl. Anlage 1.
7 In der Vorlage versehentlich „Finanzminister".

Schumacher fragt, ob Berlin nicht immer Zuschussgebiet bleiben müsse, da es früher 58 % des Einkommens aus Dienstleistungen und nur 42 % aus dem Gewerbe bezog.

Reuter meint, dass heute die Verhältniszahlen bei 60 % Gewerbeeinkommen [und] 40 % Dienstleistungen liegen. Natürlich wirkt es sich nachteilig für den Im- und Export aus, dass die Transportkosten zu hoch liegen.

Heine regt an, dass das Berliner Presseamt regelmäßig über die Berlin - Situation Aufklärung gibt.

Ollenhauer schließt ab und schlägt vor, dass folgende Punkte im Kommuniqué festgehalten werden:[8]

1. Die praktische Behandlung Berlins als 12. Land des Bundes;
2. finanzielle Hilfe zum Ausgleich des Etats;
3. Verlegung von Bundesorganen und Bundesgerichten nach Berlin;
4. Förderung der wirtschaftlichen Produktion;
5. freie Wahlen in Ganzberlin.[9]

Zu **Punkt 2** der Tagesordnung (**Bundesrepublik und Ostzonenregierung**):

Ollenhauer betont, dass die Ausführungen *Wehners* als streng vertraulich zu betrachten seien, da W. als Vorsitzender des Ausschusses für Gesamtdeutsche Fragen der Schweigepflicht unterliegt.

Wehner führt aus, dass *Dahlem*[10] sich mit scharfen Worten gegen jene Leute in der Sowjetzone gewandt habe, die die Oktoberwahlen[11] in den Mittelpunkt des Interesses schieben. Das sollte uns ein wichtiger Hinweis sein.

Minister *Kaiser* bezeichnete sich als „alten Volkstumskämpfer" und bat um die Unterstützung aller Fraktionen, da er sonst befürchte, seinen Standpunkt im Kabinett nicht durchsetzen zu können. Zudem erklärte er sich zuständig für die Bearbeitung aller Grenzfragen, insbesondere in Bezug auf die dänische Grenze, das Saargebiet und die holländische Grenze. Berlin sei (nach Kaisers Meinung) nicht mehr in dem Sinne wie früher Reichshauptstadt, und es sei durchaus denkbar, dass ein Plan, den er vor dem 20.7.44 mit *Seitz*[12] besprochen habe, einmal verwirklicht werden könnte, nämlich das abwechselnde Tagen des Reichstages in Wien und Berlin. Ein Heimatdienst (VDA) sei durch das Ministerium zu fördern. Der Mitteldeutsche Freiheitsbund sei nicht durch ihn

---

8 Die folgenden fünf Forderungen wurden in etwas erweiterten Form im Kommuniqué publiziert. Diese publizierte Fassung wird hier als Anlage 2 abgedruckt.

9 Im Kommuniqué folgt noch ein Absatz zu diesem Tagesordnungspunkt, in dem betont wurde, dass die Bundestagsfraktion der SPD eine Reihe weiterer Forderungen zu Gunsten Berlins erheben werde, vgl. Anlage 1.

10 Franz *Dahlem* (1892-1981), 1913 SPD, 1917 USPD, 1920 KPD, 1928-33 MdR, 1934 Emigration (F), 1937/38 Span. Bürgerkrieg, 1942 Überführung ins KZ Mauthausen, 1946-1953 Mitgl. d. PV, ZK u. d. Politbüros d. SED, 1953 entmachtet, 1956 rehabilitiert.

11 Die ersten Wahlen zur Volkskammer der DDR sollten im Oktober 1950 stattfinden, bis dahin amtierte der im Mai 1949 gewählte Dritte Deutsche Volkskongress als „provisorische" Volkskammer. Bei den Wahlen am 15. Oktober 1950 erhielt die Einheitsliste der „Nationalen Front" 99,7 % der abgegebenen Stimmen.

12 Karl *Seitz* (1869-1950), 1920-34 Obmann d. Österreichischen Sozialdemokratie, 1923-34 Bürgermeister u. Landeshauptmann von Wien, 1945 Mitgl. d. Nationalversammlung u. Ehrenvors. d. SPÖ.

ins Leben gerufen worden. Für die Stellenbesetzung benötige er Beamte, die möglichst aus dem Osten oder Berlin stammen.

Kaiser hat offensichtlich keine vernünftige Konzeption, wie allerdings auch bei uns und in unserem Ausschuss oft sehr verworrene Ansichten bezüglich einer Anerkennung der Ostzonenregierung herrschen.

Ollenhauer erklärt, dass Kaiser weder das politische noch das wirtschaftliche Problem ernsthaft aufgreifen will. Im Westen Deutschlands wachsen die Kräfte, die eine politische Eroberung Ostdeutschlands zugunsten eines wirtschaftlichen Übereinkommens abgeschrieben haben. Dazu gehört auch die Regierung Adenauer.

Kaisen meint, dass wir wirtschaftliche Beziehungen zur Ostzone herstellen sollten, ohne Rücksicht darauf, wie die Großmächte das Problem einmal lösen werden. Die Einheit können wir nur im Rahmen Europas gewinnen und dürfen nicht durch entgegenstehende Maßnahmen das Leben von Millionen Deutschen verspielen.

Menzel glaubt, dass die Arbeitslosigkeit in Westdeutschland demnächst 2 Millionen Arbeiter und im März voraussichtlich 3 Millionen Arbeiter umfassen wird. Die Frage sei, ob wir dem Kommunismus durch Arbeitslosigkeit oder enge wirtschaftliche Beziehungen zum Osten Vorschub leisten wollen. Eine PV-Sitzung sollte einmal gründlich dieses Problem erörtern.

Schumacher sagt dazu, dass es Deutschlands Aufgabe sein wird, den ökonomischen weißen Fleck auf der Landkarte einmal auszufüllen.

Das Ministerium für Gesamtdeutsche Fragen sei für die Ostfragen da. Wir müssen verhindern, dass Deutschland sich drei Außenministerien hält, nämlich den ERP - Minister, das Kaiser - Ministerium und anstelle des Staatssekretärs im Kanzleramt den Petersberg.

Reuter führt aus, dass der deutsche Osten Reparationen für Russland liefert und damit die Basis für die kommunistische Eroberung Gesamtdeutschlands ist. Eine ausgeblutete und ausgemergelte Bevölkerung im Osten ist weniger widerstandsfähig als eine etwa durch westliche Hilfe bessergestellte. Wir sollten eine reparationsmäßige Ausnutzung jedoch zu verhindern suchen.

Zu **Punkt 2a** der Tagesordnung (**Kaisen - Artikel**)[13]

Ollenhauer führt aus, dass dieser Artikel eine große Beachtung gefunden habe und in der Presse Anlass zu Vermutungen über eine Krise in der SPD und bevorstehenden Kurswechsel gegeben habe. *Kaisen, Menzel, Henßler* und *Brauer* werden als Oppositionelle genannt. Es ist falsch und ungerechtfertigt zu behaupten, dass Kurt *Schumacher* autoritär die außenpolitische Linie der Partei festgelegt habe. Zudem war es Kurt Schumacher, der als erster eine positive Haltung der Partei zum Marshallplan 1947 in Nürnberg erklärte. Bei der Veröffentlichung der Londoner Empfehlungen war es *Adenauer*, der dagegen auftrat. Das Ruhrstatut aber sei ein Vertrag von Interessenten, der sich als einer der schwersten außenpolitischen Fehler der Regierung auswirken werde. Die Aufnahme des

---

13 Zur längeren Debatte wird im Kommuniqué lediglich erwähnt dass die Sitzung sich mit dem Artikel Kaisens beschäftigte und seine Auffassungen wie auch die Form der Veröffentlichung ablehne, vgl. Anlage 1. Der umstrittene Artikel von Kaisen wird hier als Anlage 3 A abgedruckt.

Saargebietes als selbständiges Mitglied im Europarat sei nur für Frankreich, nicht aber für Europa, von Wert. Bevor der Kaisen-Artikel geschrieben wurde, lag bereits die einstimmige Billigung der außenpolitischen Haltung unserer Fraktion durch den PV vor. Der Artikel wurde geschrieben in der schwierigsten Situation, in der sich die Partei in ihrem Verhältnis [zur][14] Gewerkschaft befand. Der „Neue Vorwärts" hatte die Veröffentlichung dieses Artikels abgelehnt, und trotzdem wurde er in der holländischen Zeitung und zugleich auch in der „Welt" und dem „Weserkurier" gebracht. Das deutet auf geplante Koordination, die allerdings von Kaisen als ihm unerklärlich bezeichnet wurde. Der PV sollte diesen Artikel missbilligen und nochmals die außenpolitische Stellungnahme unterstreichen.

Kaisen nimmt zunächst Bezug auf Kurt *Schumachers* Neujahrsartikel, der Formulierungen enthält, die er nicht billigen könne.[15] Der „Neue Vorwärts" hätte seinen Artikel mit eigenem Kommentar bringen können. Er sei der Auffassung, dass durch Kurt Schumachers überspitzte nationale Redewendung der Partei und dem Europagedanken geschadet wurde.

Schumacher: Der Zwischenruf im Bundestag („Kanzler der Alliierten") war eine Replik und dürfe nicht alleinstehend betrachtet werden. Warum habe sich *Kaisen* denn nicht entrüstet, als *Adenauer* unterstellte, dass die SPD die Fortsetzung der Demontage wolle. Wenn das Verhältnis der SPD zur Internationale so sein müsse, wie Kaisen es wünscht, dann hätte ja *Hugenberg*[16] mit seinen damals erhobenen Anschuldigungen doch Recht. Wenn die Franzosen vor der außenpolitischen Debatte in Bonn die Veränderbarkeit des Ruhrstatuts andeuteten, ist das die beste Illustration der Verwerflichkeit der Adenauer-Politik und damit auch der Kaisenschen Auffassung. Der angerichtete Schaden des Kaisen - Artikels sei einfach nicht zu reparieren. Es habe jetzt aufzuhören, dass er persönlich angemistet werde und eine entsprechende Entscheidung sei zu treffen.

Reuter erinnert an die Herner Debatte des PV, in der wir ungewöhnlich einig waren darüber, dass ein Beitritt zum Ruhrstatut und der Beitritt des Saargebietes zum Europarat nicht akzeptabel sei. Wir waren darüber einig, dass *Adenauer* den Zwischenfall provozierte. Er sei jedoch im Falle *Kaisen*, wie seinerzeit in der Angelegenheit *Löbe*, für eine tolerante Behandlung und glaube, dass auf lange Sicht gesehen der Kaisen - Artikel nicht schade.

Schumacher erklärt dazu, dass eine disziplinarische Ahndung auch nicht diskutiert worden sei. Wichtig wäre, dass jetzt eine Formulierung gefunden wird, die die Dinge klarstellt.

---

14 In der Vorlage „zwischen".

15 Gemeint ist wahrscheinlich der Artikel Schumachers im „Sozialdemokratischen Pressedienst" Nr. P/ IV/ 201 v. 27. 12. 1949 „Welches Deutschland", den er als Beitrag zum Jahreswechsel geschrieben hatte. Er wird hier als Anlage 3 B abgedruckt.

16 Alfred *Hugenberg* (1865-1951), Dr. jur., Wirtschaftsmanager, Alldeutscher Verband, 1909 Vors. d. Direktoriums d. Friedrich Krupp AG, nach 1918 Schaffung eines die Meinungsfreiheit bedrohenden Nachrichtenmonopols, 1919-33 MdR (DNVP), 1928 Vors. d. DNVP, 1931 Bildung der Harzburger Front, Jan. - Juni 1933 Wirtschaftsminister, danach Rückzug auf sein Landgut bei Rinteln an der Weser.

Selbert meint, dass wir zu der heutigen Auseinandersetzung kommen mussten, nachdem wir in den Ländern in der Koalition und in Bonn in der Opposition stehen. Wir müssen zu einer Beilegung kommen, die der Partei, aber auch Kaisen das Gesicht wahrt.

Louise **Schroeder** erklärt, dass eine abweichende Meinung nur in unserem Parteiorgan gebracht werden dürfe. Es wäre besser, wenn man im „Neuen Vorwärts" mehr Toleranz zeigte.

Ollenhauer erklärt abschließend, dass der „Neue Vorwärts" öfters Auffassungen gebracht habe, die nicht von uns voll gebilligt wurden. Der Kaisen - Artikel konnte jedoch in der Form nicht gebracht werden. Aus innerparteilichen Gründen sei es notwendig, klar Stellung zu nehmen, damit diese Art der Auseinandersetzung in der Partei nicht um sich greift, wie etwa ein Artikel Kurt *Matticks* im Mitteilungsblatt des Landes Berlin über unsere Oppositionsstellung in Bonn.

Als Formulierung einer PV - Stellungnahme zum Kaisen - Artikel schlage er vor: Der Vorstand lehnt die in diesem Artikel enthaltenen Auffassungen und die Form der Veröffentlichung ab. Diese Auffassungen stehen im Widerspruch zu der vom PV beschlossenen Außenpolitik, die der PV erneut bestätigt.

So beschlossen.[17]

Zu Punkt 3 der Tagesordnung (Parteitag)

Das Büro schlägt vor, den nächsten Parteitag vom 21. bis 25.5.1950 in Hamburg abzuhalten.

So beschlossen.[18]

Zu Punkt 7 der Tagesordnung: (Nächste Sitzung des PV am 4. und 5.2.1950 in Bonn).

Zu Punkt 4 der Tagesordnung (Gewerkschaften und Partei)

Ollenhauer führt aus, dass vor der außenpolitischen Debatte im Bundestag eine Besprechung mit den Gewerkschaftern (*Agartz*) Übereinstimmung darüber gegeben hatte, dass ein Beitritt zur Ruhrbehörde unter den gegebenen Bedingungen nicht akzeptabel sei. Völlig überraschend kam dann die positive Stellungnahme des DGB, die von *Adenauer* während der Debatte verkündet wurde. *Böckler* erklärte, dass diese letzte Erklärung erst einen Tag später abgegeben worden wäre, wenn die DGB-Leitung gewusst hätte, dass im Bundestag die Debatte über dieses Problem noch andauerte. Erschwert wurde unsere Situation durch weitere Erklärungen, die Böckler während der Gründungsversammlung des WGB in London abgab. Eine erneute Besprechung mit den Gewerkschaftsgenossen ergab, dass die Gewerkschafter vor allen Dingen an der Besetzung der Position in der Ruhrbehörde interessiert waren und erstaunlich wenig über den materiellen Inhalt des Ruhrstatuts unterrichtet waren. Die Abgabe der drei Stimmen wird wie bei

---

17 Handschriftliche Ergänzung zum maschinenschriftl. Protokoll.
18 Das Datum des nächsten Parteitages wird auch im Kommuniqué erwähnt, dazu noch, dass die Tagesordnung auf der nächsten Sitzung des PV festgelegt werden solle.

den Alliierten von einem Vertreter, also *Blücher*, wahrgenommen werden. Die Stellvertreterposition, die den Gewerkschaften zufallen soll, ist also von sehr zweifelhafter Bedeutung. Noch nicht entschieden ist, ob das Petersberger Abkommen nicht doch noch dem Bundestag zur Ratifizierung vorgelegt werden muss. Damit bliebe weiter die Gefahr akut, dass man versuchen wird, die Gewerkschaften gegen die Partei auszuspielen. Die Partei hat z.Z. kein Interesse daran, den Konflikt mit den Gewerkschaften öffentlich auszutragen. Wir sollten mit den sozialdemokratischen Bundestagsabgeordneten, die Gewerkschaftsfunktionäre sind, einen Sozialausschuss bilden, der eine koordinierende Tätigkeit auszuüben hätte.

Schumacher führt aus, dass die Pressekonferenz mit Hans *Böckler* ergab, dass man glaubte, einen sozialdemokratischen Eroberungsversuch abwehren zu müssen. Die Besprechung mit den Genossen des DGB-Vorstandes zeigte, dass von den Gewerkschaftern weder politische noch materielle Argumente vorgebracht werden konnten. Böcklers Konzeption ist, dass sich *Adenauer* nicht gleichzeitig einer sozialdemokratischen und einer gewerkschaftlichen Opposition aussetzen könne und er glaube, dass eben darin die Stärke der Gewerkschaftsopposition liege. Böckler ist an verschiedene Sozialdemokraten, zunächst Erik *Nölting*, herangetreten, um die Frage der Engagierung eines sozialdemokratischen Politikers für die Position des Vertreters in der Ruhrbehörde zu ventilieren. Auch Harald *Koch* wurde dieses Angebot gemacht. Er habe beiden auseinandergesetzt, dass eine Teilnahme nicht möglich sei, wie denn auch dem Genossen Böckler erklärt wurde, dass alles unterlassen bleiben müsse, was nach einem sozialdemokratischen Engagement in der Ruhrbehörde aussehe. Die Partei würde nicht zustimmen, dass Koch als sozialdemokratischer Vertreter diese Funktion übernimmt, jedoch auch nicht verbieten, dass Koch sich auf einer anderen Basis mit Böckler einig wird. Koch lehnte daraufhin ab. In der nächsten Woche wird *Dr. Strassmann*[19] mit Böckler zusammentreffen, um diese Frage zu erörtern.

Ollenhauer gibt bekannt, dass Lord *Henderson* erklärt habe, dass seine Unterhaltung mit *Schumacher* im Herbst 1949 ihn veranlasste, auf *Bevin* in der Demontagefrage in unserem Sinne einzuwirken. Der Erfolg sei eine Schwenkung Bevin's zu unseren Gunsten gewesen und der dadurch für uns positive Ausgang der Pariser Konferenz. Henderson bedauerte darum die ablehnende Haltung der SPD zum Petersberger Abkommen

In Paris wurde auf der Sitzung der COMISCO weder von der Labour Party noch von der SFIO bestritten, dass das Ruhrstatut die europäische ökonomische Zusammenarbeit erschwere und sich einseitig auf Kosten Deutschlands auswirke. Unser Standpunkt, dass eine Ratifizierung des Petersberger Abkommens durch das Parlament notwendig sei, wurde von *Grumbach* und Leon *Blum* anerkannt, wie denn auch Morgan *Phillips* nicht mehr dagegen protestierte. Henderson und Morgan Phillips erklärten, dass das Ruhrstatut nicht benutzt würde, um eine fortschrittliche Entwicklung der deutschen Wirtschaft zu verhindern, wie es denn auch klar sei, dass die 15 Stimmen in der Ruhrbehörde nicht

---

19 Ernst Karl Otto *Strassmann* (geb. 1897 in Berlin, Jurastudium, Dr. jur., bis 1942 Richter in Berlin, 1942-45 „Schutzhaft", nach 1945 SPD, Vorstandsmitglied der Berliner Kraft und Licht (Bewag) – Aktiengesellschaft, 1949 Mitgl d. Dt. Rates d. Europäischen Bewegung.

immer einheitlich und zu Ungunsten Deutschlands abgegeben würden. Am Gesetz 75 würde die Labour-Regierung festhalten. Der Besuch von [*Kirkpatrick*][20] sei nicht als eine britische Förderung der Wiederherstellung der alten Besitzverhältnisse an der Ruhr zu betrachten.

Schumacher meint, dass wir den Sozialausschüssen der CDU eine analoge Organisation der SPD gegenüberstellen müssten. Folgende Punkte sollten unserer kommenden Gewerkschaftsarbeit zugrunde liegen:

1. Fortsetzung der direkten Verhandlungen mit den Genossen im DGB-Vorstand
2. Fühlungnahme mit den Vorsitzenden der Industrieverbände
3. Einbeziehung der Bezirksorganisationen der Gewerkschaften in unser[en] Arbeitsbereich
4. Ausbau der Betriebsgruppenorganisation

Gayk und **Kaisen** empfehlen, den Konflikt mit den Gewerkschaften öffentlich zu diskutieren.

Wehner warnt vor dem Aufbau einer sozialdemokratischen RGO in den Gewerkschaften. Gestützt auf die Betriebsgruppen, sollte man industriegruppenweise soziale Arbeitsgemeinschaften organisieren, auf deren Geleise unsere Parlamentsinformationen in die Betriebe gefahren werden könnten.

Fischer hat Bedenken gegen die Schaffung neuer Organisationsformen in unserer Gewerkschaftsarbeit.

[Zu Punkt 5 (**Besprechungen mit Labour Party und SFIO**)][21]

Erich **Ollenhauer** gab weiter einen Bericht über die internationalen Gespräche der letzten Zeit, die Vertreter der SPD mit dem Generalsekretär der britischen Labour Party, Morgan *Phillips*, dem britischen Staatssekretär Lord *Henderson* und anderen englischen und französischen Sozialisten hatten. Im Mittelpunkt dieser Gespräche stand die Haltung der deutschen Sozialdemokratie zum Ruhrstatut und zum Europarat, insbesondere zur getrennten Aufnahme des Saargebietes in diesen Rat. Die Gespräche sollen fortgesetzt werden. Die SPD kann sich nicht mit der Verantwortung für internationale Maßnahmen belasten, die zum Teil von den Ereignissen schon überholt sind und die eine Vermischung von Sicherheits- und Konkurrenzmaßnahmen darstellen. Die Gelegenheit dieser Unterhaltungen wurde von den Sprechern der SPD dazu benutzt, um erneut die Bereitschaft der Partei zur Mitarbeit an einer internationalen Sicherheitskontrolle in Deutschland und an der wirksamen Neugestaltung der europäischen Gesamtsituation zu betonen.]

---

20 In der Vorlage „Kirk-Patrik". Sir Ivone *Kirkpatrick* (1897-1964), Offizier, diplom. Dienst, 1945 Unterstaatssekretär im Foreign Office, 1948 Leiter d. Deutschlandabteilung, 1950-53 Brit. Hoher Kommissar in Deutschland.
21 Die folgenden Mitteilungen von Ollenhauer zu diesem Tagesordnungspunkt werden nur im Kommuniqué erwähnt.

Dokument 15, 5. und 6. Januar 1950

Zu **Punkt 6** der Tagesordnung (COMISCO - Konferenz)

Ollenhauer berichtet über die letzte Sitzung in Paris. Zum Sekretär der COMISCO wurde der Genosse Julius *Braunthal*[22] mit 9 von 17 Stimmen gewählt. Für den Ausbau der internationalen Arbeit lagen viele Vorschläge vor. Es wurde beschlossen, daran festzuhalten, dass der 1. Mai internationaler Feiertag ist. Die japanische Sozialdemokratie wurde aufgenommen. In die Arbeitsgemeinschaft der Exil - Partei[en] wurden die baltischen Sozialdemokraten aufgenommen. Für die politische Arbeit der Exil - Parteien sollen die Mittel durch die 30%ige Erhöhung des Beitrages an die Internationale aufgebracht werden. Für die Unterstützung der politischen Flüchtlinge soll ein Hilfskomitee gewählt werden. Die Saragat - Sozialisten in Italien wurden aufgefordert, sich am Vereinigungskongress zu beteiligen. Danach soll über die Aufnahme der Italiener beschlossen werden. Die Experten - Konferenz der COMISCO wird am 26./31.3. im Ruhrgebiet tagen. Im Europarat in Straßburg werden die sozialistischen Delegierten ihre Arbeit über COMISCO koordinieren. Das Frauen-Komitee tagte gleichzeitig in Paris. Künftig soll an allen COMISCO - Sitzungen eine Frauenvertreterin teilnehmen.

Nau berichtet über die finanziellen Leistungen an die COMISCO. Für 100.000 Mitglieder sind 100 Pfund zu zahlen. Das bedeutet für die SPD ein jährlicher Beitrag von 10.000 DM plus 3.000 DM für die Arbeit der Exil - Parteien. Die PV - Kasse hat außerdem 1949 5.000 DM Unterstützung an sozialdemokratische Flüchtlinge aus Osteuropa gezahlt. Das Büro schlägt vor, von der Ausgabe internationaler Beitragsmarken abzusehen, nachdem bereits die Durchführung der Düsseldorfer Beschlüsse über die Beitragsstaffelung auf größte Schwierigkeiten stößt.

Anlage 1

Kommuniqué

Sozialdemokratischer Pressedienst P/V/5 v. 6.1.1950, S.1-2a (Ü: „Ost-West-Konflikt und internationale Fragen").

In seiner ersten Tagung in Berlin seit über zwei Jahren befasste sich der Vorstand der SPD mit der Lage Berlins und den Problemen, die sich aus der Aufteilung Deutschlands und dem Verhältnis der deutschen Bundesrepublikk zum Ostzonenstaat ergeben.

Zunächst berichtete der Oberbürgermeister Professor Ernst *Reuter* ausführlich über die Lage Berlins. Das große Ziel sei es stets gewesen, Berlin nicht nur zu halten, sondern ökonomisch so zu entwickeln, dass es zu einer ausreichenden eigenen Wirtschaftsleistung befähigt werden könnte, unabhängig davon, dass für absehbare Zeit ein gewisser Zuschuss immer noch notwendig sein werde. Reuter kündigte an, dass in der nächsten Woche zwei Gesetze verabschiedet werden würden, und zwar die Befreiung des Berliner Exportes nach Westdeutschland von der Umsatzsteuer und die Schaffung eines Garantiefonds von 50 Millionen DM für das sogenannte politische Risiko, das für Lieferungen

---

22 Julius *Braunthal* (1891-1972), Österreichischer Sozialist, 1950-56 Sekretär der Sozialistischen Internationale in London.

aus und nach Berlin entstehen könnte. Leider sei in der Frage der Verlegung von Bundesbehörden nach Berlin bisher nichts erreicht worden, die angekündigte Entsendung eines Vertreters des Bundes nach Berlin im Laufe des Jahres 1950 sei eine unzureichende Maßnahme.

[...][23]

Die SPD wird durch ihre Bundestagsfraktion diese und eine Reihe weiterer Forderungen zum Gegenstand der parlamentarischen Arbeit in Bonn machen und mit allem Nachdruck eine Verwirklichung anstreben. Aus der Darstellung des Oberbürgermeisters Reuter und dem sich anschließenden Meinungsaustausch ergab sich der Eindruck einer wesentlichen Stabilisierung der Verhältnisse in Berlin seit der Aufhebung der Blockade.

Über das Verhältnis der Deutschen Bundesrepublik zum Ostzonenstaat berichtete als Gast des Parteivorstandes der Vorsitzende des Bundestagsausschusses für gesamtdeutsche Fragen, Herbert *Wehner*, Hamburg. Als Ergebnis seines Berichtes und der sich anschließenden Erörterung wurde die einheitliche Auffassung festgestellt, dass die enge, ständige Verbindung mit Mittel- und Ostdeutschland die vordringliche Aufgabe des Ministeriums für gesamtdeutsche Fragen sein müsse und nicht Angelegenheiten, die am Rande dieses Kernproblems liegen oder mit ihm überhaupt nichts zu tun haben.

Leider konnte man sich im Parteivorstand nicht des Eindruckes erwehren, dass es in Westdeutschland Kreise gibt, die um den Preis von wirtschaftlichen Vereinbarungen mit sehr begrenztem und für die Allgemeinheit höchst fragwürdigen Wert bereit sind, die Bemühungen um eine einheitlich -freiheitliche Gestaltung des politischen Lebens in Gesamtdeutschland zu vernachlässigen. Im Gegensatz dazu ist nach Auffassung des Vorstandes der SPD eine beherrschend wichtige Aufgabe, alle Möglichkeiten einer eigenen, planmäßigen, offensiven Politik in Richtung auf die Schaffung eines einheitlich -freiheitlichen Deutschlands vorauszusetzen, weil dadurch auf die Entscheidungen der Großmächte ein wesentlicher Einfluss mit ausgeübt werden könne.

Die Versammlung befasste sich dann mit der kürzlich erfolgten Veröffentlichung eines Artikels des Bremer Senatspräsidenten *Kaisen*. Der Vorstand lehnt die in diesem Artikel enthaltenen Auffassungen und die Form der Veröffentlichung ab. Diese Auffassungen stehen im Widerspruch zu der vom Parteivorstand beschlossenen Außenpolitik, die der Parteivorstand erneut bestätigt

Es wurde dann beschlossen, den Parteitag der SPD vom 21. bis 24. Mai in Hamburg abzuhalten. Die Tagesordnung wird auf der kommenden Parteivorstandssitzung festgelegt werden.

Über das Problem der Beziehungen zwischen Partei und Gewerkschaften berichtete *Erich Ollenhauer*, der sich besonders mit der Haltung beschäftigte, die von den Gewerkschaften zum Ruhrstatut und zum Eintritt der Bundesrepublik in die Ruhrbehörde eingenommen wurde. Die Stellungnahme der Gewerkschaften, die sich anfangs vollkommen mit der Kritik der SPD am Ruhrstatut deckte, ist durch die anlässlich des Petersberg - Abkommens abgegebenen Erklärungen in einer Weise modifiziert worden, die in der Öffentlichkeit den Eindruck einer Differenz zwischen SPD und Gewerkschaften

---

23 Die vom PV verabschiedeten Forderungen zu Berlin werden hier als Anlage 2 abgedruckt.

entstehen ließ. Ollenhauer berichtete über die in dieser Frage unternommenen Klärungsversuche, die ergeben haben, dass die Haltung der Gewerkschaften im Prinzip nicht von der SPD in dieser Frage abweicht, dass aber die Gewerkschaften darauf bedacht sind, in der Ruhrbehörde beteiligt zu werden. Die personelle Frage eines Gewerkschaftsvertreters in der Ruhrbehörde, muss von den Gewerkschaften selbst entschieden werden. Die SPD wird sich durch eine solche Ernennung politisch nicht gebunden erachten. Sie hält an ihrer Ansicht fest, dass die parlamentarische Ratifikation des Petersberg - Abkommens über den Eintritt in die Ruhrbehörde erforderlich sei.

Erich *Ollenhauer* gab weiter einen Bericht über die internationalen Gespräche der letzten Zeit, die Vertreter der SPD mit dem Generalsekretär der britischen Labour Party, Morgan *Phillips*, dem britischen Staatssekretär Lord *Henderson* und anderen englischen und französischen Sozialisten hatten. Im Mittelpunkt dieser Gespräche stand die Haltung der deutschen Sozialdemokratie zum Ruhrstatut und zum Europarat, insbesondere zur getrennten Aufnahme des Saargebietes in diesen Rat. Die Gespräche sollen fortgesetzt werden. Die SPD kann sich nicht mit der Verantwortung für internationale Maßnahmen belasten, die zum Teil von den Ereignissen schon überholt sind und die eine Vermischung von Sicherheits- und Konkurrenzmaßnahmen darstellen. Die Gelegenheit dieser Unterhaltungen wurde von den Sprechern der SPD dazu benutzt, um erneut die Bereitschaft der Partei zur Mitarbeit an einer internationalen Sicherheitskontrolle in Deutschland und an der wirksamen Neugestaltung der europäischen Gesamtsituation zu betonen.

Zum Schluss berichtete *Ollenhauer* über die letzte COMISCO - Tagung im Dezember in Paris und teilte mit, dass dort beschlossen worden sei, dass etwa 30 COMISCO - Experten in der letzten Märzwoche im Ruhrgebiet zu einer Konferenz über Sozialisierungsfragen, Fragen der Schlüsselindustrien und der internationalen Kontrolle der Schwerindustrien aller Länder zusammentreten werden.

Anlage 2
Forderungen des PV zur Stärkung der Stellung Berlins
Sozialdemokratischer Pressedienst P/V/5 v. 6.1.1950, S.1-2a (Ü: *„Ost-West-Konflikt und internationale Fragen).*[24]

Der Parteivorstand erhob die folgenden Forderungen:
1. Die praktische Behandlung Berlins als 12. Land des Bundes ist unbedingt notwendig, unabhängig davon, ob die formale Einbeziehung in den Bund zunächst möglich ist oder nicht.
2. Die Bundesregierung muss tatsächlich die notwendige finanzielle Hilfe zum Ausgleich des Berliner Etats zur Verfügung stellen.

---

24 Abgedr. mit der Überschrift „Berlin - Forderungen": Jb. SPD 1950/ 51, S. 247.

3. Die Sozialdemokratie wünscht mit großem Nachdruck, dass sobald wie möglich Bundesorgane und Bundesgerichte nach Berlin gelegt werden und nicht nur eine Vertretung der Bundesregierung.
4. Die SPD verlangt angestrengte Bemühungen, um den Berlinern zu helfen, ihr Wirtschaftsleben zum selbständigen Funktionieren zu bringen und durch eine Steigerung der wirtschaftlichen Produktion zu verbessern.
5. Die SPD fordert freie, also vollkommen unbeeinflusste Wahlen in ganz Berlin.

Anlage 3 A
Artikel Wilhelm Kaisens in der niederländischen Parteizeitung „Paraat" vom 23. Dezember 1949: „Eine bedenkliche These".[25]
Die Welt Nr. 228 v. 28.12.1949 (Überschrift: „Nationaler Verzicht ?")[26]

Jetzt, fünf Jahre nach dem Zusammenbruch, formuliert Dr. *Schumacher* nach dem „Neuen Vorwärts" vom 9. Dezember die sozialdemokratische Beurteilung der deutschen außenpolitischen Position wie folgt: „Die SPD kann einer Politik des nationalen Verzichts nicht zustimmen, zumal die nationalen Interessen des deutschen Volkes den sozialen Interessen der Arbeiterschaft gleichlaufen.[27]

Diese Formulierung deckt sich nicht mit der bisherigen Auffassung in der Partei und noch weniger mit der Situation, in der wir leben. Sie entspräche einer Situation, in der in Westdeutschland nur die Hälfte der jetzigen Bevölkerung lebte, die sich dazu zum größten Teil vom Ackerbau ernährte. „Nationaler Verzicht" im Geben muss sich mit „nationalem Verzicht" im Nehmen decken können, wenn dieser Begriff einen realen Sinn haben soll.

Gemeinsame Grundlage
Aber auch das soziale Interesse der Arbeiterschaft liegt heute auf einer ganz anderen Ebene. Es ist mit dem Aufbau der Industrie, der Städte, des öffentlichen Lebens und mit dem Funktionieren des Marshall-Plans verbunden. Durch ihn sind die enormen Hilfs-

---

25 Zu diesem Artikel, der zuerst in niederländischer Übersetzung im Wochenblatt der niederländischen „Partei der Arbeit" erschien, später in einigen deutschen Tageszeitungen in der Originalfassung abgedruckt wurde, vgl. Einleitung S. XIV f.
26 Die Veröffentlichung des Wortlauts in der „Welt" begann mit folgendem Vorspann: „Der Bremer Senatspräsident Wilhelm Kaisen (SPD) veröffentlichte in der Weihnachtsausgabe des „Paraat", des Wochenblattes der holländischen „Partei der Arbeiter" (Ausgabe vom 23. Dez.) einen Artikel unter dem Titel „Eine bedenkliche These". Seine Ausführungen sind für die deutsche Öffentlichkeit von so großer Bedeutung, dass wir sie nachstehend im Wortlaut veröffentlichen:"
27 Unter der Überschrift „Sachliche Gegensätze nicht gemildert" berichtete der „Neue Vorwärts in seiner Ausgabe vom 9. Dezember über zwei Reden Schumachers am vorhergehenden Wochenende, vor allem über eine Rede in Düsseldorf und zitierte daraus teilweise wörtlich, teilweise indirekt. Kaisen verwandelt nun – inhaltlich korrekt – ein indirektes Zitat in ein direktes Zitat. Wörtlich heißt es am Schluss einer längeren indirekt wiedergegebenen Passage der Rede Schumachers: „Die sozialdemokratische Beurteilung der deutschen Position sei eine andere gewesen, und die SPD könne einer Politik der nationalen Verzichte nicht zustimmen, zumal die nationalen Interessen des deutschen Volkes mit den sozialen Interessen der Arbeiterschaft gleichlaufen."

sendungen an Nahrungsmitteln erst ermöglicht worden, die uns zum Aufbau befähigten. Da diese Sendungen zeitbegrenzt sind, hängt viel davon ab, ob die Marshall – Länder Europas recht bald eine gemeinsame Grundlage für die Stabilisierung einer Produktionsbasis finden, die im Interesse der Selbsterhaltung Europas der Plan vorsieht.

Man kann sich heute darüber unterhalten, ob es für Deutschland geboten ist, baldige Verhandlungen mit den übrigen Ländern im Zeichen des Marshall-Plans anzubahnen, oder ob man etwa damit bis zum Herbst 1950 warten soll, um inzwischen, nach sorgfältiger Beobachtung der Entwicklung einen besseren Anschluss abzuwarten. Dies hätte den Vorteil, die Entwicklung in den osteuropäischen Ländern nach dem dort geltenden Plan für gegenseitige wirtschaftliche Hilfeleistung beobachten zu können. 50 vH unseres früheren Außenhandels lagen in jenen Gebieten. Es ist nicht ausgeschlossen, dass sich dort, infolge der zunehmenden Industrialisierung, eine Änderung der Wirtschaftsstruktur und der Exportmöglichkeiten für uns anbahnen könnte, die ihrerseits die westeuropäischen Probleme, und besonders die deutschen, in anderem Licht erscheinen lassen. Große Hoffnungen bestehen dazu zwar nicht; ich verweise lediglich auf die letzten Berichte des internationalen Arbeitsamtes über die sehr unterschiedlichen Impulse und wirtschaftlichen Nachwirkungen dieses letzten Weltkrieges. Sie geben ein sehr anschauliches Material darüber, dass die immer wieder zum Durchbruch kommenden nationalen Thesen ausschließlich die Tendenzen verstärken, die die so wichtige Wiederaufnahme der internationalen Verbindungen erschweren. Mit Abwarten kann also nichts gewonnen werden.

Dr. Schumacher will nun nach dem „Vorwärts" Europa auf der Basis der Gleichberechtigung der Länder und auf der Grundlage einer Verständigung „von Volk zu Volk" und nicht „von Schwerindustrie zu Schwerindustrie" einigen.[28]...[29] Gut so, aber mit dieser simplizistischen These haben wir die großen Hindernisse nicht aus dem Wege geschafft, die insbesondere Deutschland sich durch den Krieg aufgerichtet hat. Eine Verständigung kann wohl von Volk zu Volk erstrebt werden, sie muss aber letzten Endes durch die vom Volk gewählten Regierungen erfolgen.

Aufgabe für Parteien

Die Schwerindustrie in den europäischen Ländern ist bekanntlich weniger auf Verständigung als auf Konkurrenz eingestellt. Ich verweise auch hier auf den Bericht des Internationalen Arbeitsamtes in bezug auf die Einstellung und die Leistungsfähigkeit der Metallindustrie, die für den Wiederaufbau der europäischen Wirtschaft von ausschlaggebender Bedeutung ist. Denn vom Stand ihrer Produktion hängt die Versorgung der industriellen und landwirtschaftlichen Erzeugung, desgleichen der Export ab. Wenn Deutschland nun nach den Plänen der Alliierten zur Freude der Schwerindustrie während langer Jahre nur eine Gesamtproduktion von 50 v H seiner Industriekapazität

---

28 Dieses Mal zitiert Kaisen aus einem wörtlich wiedergegebenen Satz Schumachers, der nach dem Neuen Vorwärts so lautete: „Wir Sozialdemokraten wollen die Verständigung mit den Völkern Europas, aber wir wollen die Verständigung von Volk zu Volk und nicht von Schwerindustrie zu Schwerindustrie."

29 Auslassungspunkte in der Vorlage.

zugebilligt erhalten soll, dann erkennt man zur Genüge, welche Aufgabe eine deutsche Regierung und die deutschen Parteien zu lösen haben.

Nationale Parteipolitik hilft uns da nicht weiter. Die Lage ist auch ganz anders als nach dem ersten Weltkrieg. Einstweilen vermögen wir nur die Hälfte unseres notwendigen Imports durch Exporte zu bezahlen. Aus vielen unserer ehemaligen Märkte sind wir gründlich verdrängt worden. Wiederaufnahme der Wirtschaftsverbindungen, Abschlüsse von Handelsverträgen und Zolltarifabkommen, Wiederaufbau der Schifffahrt und nicht zuletzt der stetige Drang nach Erweiterung unserer Industriekapazität sind lebenswichtige Aufgaben, die von den Regierungen zu besprechen sind, und die von anderen Völkern ebenfalls „nationale[n] [30] Verzicht" erheischen.

Außerdem ist Deutschland vorerst noch ein Begriff; es soll erst einmal wiedererstehen, und zwar im Rahmen Europas. Dieser Prozess führt bei Dr. Schumacher zu dem Trugschluss, es handle sich um eine einseitige Politik des nationalen Verzichtes. Das ist irrig. Auch die übrigen Völker Europas geben durch ihre Teilnahme am Marshall-Plan und am Atlantikpakt Hoheitsrechte auf und lassen Einschränkungen ihrer Souveränität zu.

Würden holländische, englische, französische Sozialisten ebenfalls jene These des „nationalen Verzichtes" anerkennen, dann fiele alles auseinander. Also nochmals: es gibt auch für den Sozialisten, der gewohnt ist, internationale Notwendigkeiten anzuerkennen, keine andere Wahl, als den Weg über den Marshall-Plan und [über] den des „nationalen Verzichts" zu beschreiten. Dieser Weg führt zur europäischen Kooperation und zu der über 1952 hinaus so dringend notwendigen Hilfe für Europa, einschließlich Deutschland. Hierdurch werden auch die sozialen Interessen der Arbeiterschaft gewahrt.

Die Politik, die Dr. Schumacher empfiehlt, ist letzten Endes die der Zurückhaltung vom Europa-Rat. Er glaubte, die nationalistischen Bazillen am besten dadurch unschädlich zu machen, dass er selbst im Namen der Arbeiterschaft die „nationalen Belange" repräsentiert, und zwar auch gegen die Regierung Adenauer, wie sein bekannter Zwischenruf, den ich sehr bedaure, beweist. Bleibt es bei diesem Vorgehen, dann ist die unausbleibliche Folge für die SPD ein Stellungswechsel von Grund auf, der, mit der Kölner Resolution [31] beginnend und sich allmählich fortsetzend, sie zu einer konsequenten nationalen und sozialistischen Oppositionspartei umgestaltet. Die Schumacher'sche These entspricht einem verhängnisvollen Bestreben, den Patriotismus für die SPD zu monopolisieren.

Unangebrachte Zurückhaltung

So stehen wir also leider vor der merkwürdigen Situation, dass die deutsche Sozialdemokratie am Vorabend des werdenden Europas unangebrachte Zurückhaltung übt. Anstatt Vorkämpferin für die Rettung Europas zu sein, anstatt für Europas Föderation

---

30 In der Vorlage „nationaler".

31 Zur „Kölner Resolution" vom September 1946, in der die Führungsgremien der SPD drohten, jegliche Zusammenarbeit mit den Besatzungsmächten abzubrechen, falls diese nicht ihre Politik der Restituierung des kapitalistischen Wirtschaftssystems grundlegend änderten, vgl. PV-Protokolle Bd. 1, S. LXXXVI u. 91-93 (Abdruck der Resolution).

auch die deutsche Vereinigung zu betreiben, redet Dr. Schumacher von einer Politik des „nationalen Verzichtes", dem die SPD nicht zustimmen könne! Wenn das so weiter geht, können die Ultras von rechts und links nicht mehr Schritt halten! Europa aber würde auf seinen treuesten Helfer und die sozialistischen Parteien der Internationale auf ihren zuverlässigsten Bundesgenossen verzichten müssen; und das deutsche Volk würde seine Existenzbasis in Gefahr bringen.

Anlage 3 B
Artikel Schumachers „Welches Deutschland?" [32]
Sozialdemokratischer Pressedienst P IV/ 201 v. 27.12.1949, S.1-2a[33]

Ein neues Deutschland wird errichtet . Ein neues Europa soll errichtet werden.

Ohne dieses neue Deutschland kann es kein neues Europa geben. Aber Europa ist ein Torso. Der Eiserne Vorhang trennt es von der Elbe bis zur Adria. Großbritannien und Skandinavien zeigen gewisse Reserven. Das neue Deutschland aber ist erst recht ein Torso. Die Teilung der Welt, die Spaltung Europas offenbaren sich noch einmal in diesem Land am nachdrücklichsten, am unversöhnlichsten, am gefährlichsten.

Die Einigung Europas hätte die Einigung der Welt zur Voraussetzung. Die Einigung Deutschlands bedarf derselben Voraussetzung. Sie geht über die deutschen Kräfte, weil sie mit den Kräften der stärksten Faktoren der Welt zusammenstößt. Aber der deutsche Wille zur Einigung des eigenen Volkes muss das stärkste Stück ungeschriebene deutsche Verfassung sein und bleiben. Ein Nachlassen dieses Willens, ein Abirren von diesem Ziel ist eine Gefährdung nicht nur der deutschen Zukunft, sondern der europäischen Gegenwart, bedeutet die riesige Vergrößerung der schwersten Gefahr, der Gefahr eines sowjetischen Satellitendeutschland.

Die Deutsche Bundesrepublik im Westen ist mit Aufgaben bedacht, denen sie sich nicht entziehen kann. Aber über Wert und Wichtigkeit dieser Aufgaben gibt es nur wenig Einigkeit bei den stärksten politischen Faktoren unseres Landes. Im Gegensatz zu manch anderen Kräften im deutschen Volke sieht die Sozialdemokratie die Bundesrepublik als Fundament der deutschen Einheit. Der deutsche Beitrag in diesem Ringen besteht nun darin, den Westen unseres Landes durch alle die Eigenschaften anziehend zu machen, die der Osten unter sowjetischer und diktatorischer Herrschaft nicht haben kann. Die großen Kräfte der Anziehung aber sind: die staatbürgerliche Freiheit, die Durchsetzung der parlamentarischen Demokratie. Daran fehlt es in der Deutschen Bundesrepublik, in der die Tendenz zur Autokratie, zum Obrigkeitsstaat und zur Abdrängung des Parlaments aus den verschiedensten Quellen gespeist wird. Das Parlament muss Gesicht und Linie der Regierung formen. Heute ist es in Gefahr, zu einem Bundestag der

---

32 Zu diesem Artikel, den Kaisen in der Vorstandssitzung scharf kritisierte, vgl. S. 314, Anm. 15.
33 Der Artikel Schumachers begann mit folgendem kurzen Vorspann: „Im Rahmen unserer Neujahrs-Aussendung veröffentlichen wir nachstehend einen Beitrag vom ersten Vorsitzenden der SPD, Dr. Kurt Schumacher".

Jasager zu werden, dessen Mehrheit die Gefolgschaftstreue über die Erörterung der sozialen und nationalen Notwendigkeiten setzt.

Die andere Kraft des Vorbildes und der Anziehung sind die Erfolge um die nationale Freiheit nach außen. Ihrem innersten Wesen und ihren Notwendigkeiten nach will die Sozialdemokratie eine internationale Partei sein. Aber um das sein zu dürfen, muss sie die Lebensrechte und die unverzichtbaren Voraussetzungen der Existenz des eigenen Volkes behaupten. Die Nationalisten von gestern und vorgestern spielen sich jetzt als die Europäer und Völkerversöhnler von heute auf. Aber ihr Nationalismus von gestern war nur der Köder für die große Masse der Urteilslosen. Die nationale Idee wurde verzerrt und missbraucht zum Schutz des großen Besitzes. Genauso geborgt und nicht ernst gemeint ist der Internationalismus der Neueuropäer. Sie sind in jedem Fall dieselben geblieben: das Portemonnaie steht ihnen höher als das Vaterland. Völker müssen sich einen und versöhn[en] [34], und nicht internationale Kartelle gegen die Völker geschaffen werden. Das, was sich jetzt zwischen Westeuropa und Westdeutschland anbahnt, ist nicht die Idee und Praxis der Völkerverständigung, sondern es ist das rüde und unehrliche Geschäftsgebaren derselben Kreise, die uns das Dritte Reich beschert, zwei Weltkriege vorbereitet und an ihnen verdient haben.

Die dritte Frage, die zentrale Frage, ist die soziale Frage. Es gibt heute in Deutschland nur eine nationale Leistung und das ist die soziale Leistung. Hilfe für die Millionen der Hilfsbedürftigen unter eigenen Opfern, das ist die große Forderung. Aber um dieses eigene Opfer zu vermeiden, haben die heute in Deutschland regierenden Kreise keine Anstrengung gescheut und sind dabei zum Teil auch erfolgreich gewesen. Hier helfen keine Verlockungen und keine Versprechungen. So wenig wie die missbräuchliche Ausnutzung der nationalen Idee oder des Europagedankens den wahren Tatbestand auf die Dauer vernebeln können, so wenig kann sich der unsoziale Klassenegoismus erfolgreich mit dem Mantel der Freiheit bekleiden. Die soziale Frage ist nicht mit der sozialen Phrase zu lösen, und die Freiheit besteht nicht in der Ungehemmtheit der Chance, die Notlage der Mitbürger auszunützen.

Die Sozialdemokratie stellt sich unter Deutschland etwas anderes vor als die Regierung in Bonn. Sie sieht Europa anders als diese Kreise. Für sie ist die Freiheit etwas grundsätzlich anderes als für die Nutznießer Jahrzehnte deutscher und menschlicher Unfreiheit. Soziale Gerechtigkeit ist den demokratischen Sozialisten die Verbesserung der Lebenslage und nicht die Ausnützung der Massen.

Würde in Deutschland jede der kämpfenden Gruppen ehrlich sagen, was sie will, der Kampf wäre schon ausgestanden. Der Sinn der sozialdemokratischen Opposition ist die Zerteilung des Nebels, die klare Erkennbarkeit fester politischer Fronten und Umrisse, [die positive] [35] Setzung eigener Ziele. Die sozialdemokratische Praxis des Jahres 1950 soll hier entscheidende Beiträge liefern. Das deutsche Volk und die Völker Europas haben die Erfolge der Sozialdemokratie nötig!

---

34   In der Vorlage „versöhnt".
35   In der Vorlage „der positiven".

Nr. 16
Sitzung des Parteivorstandes am 4. und 5. Februar 1950 in Bonn

AdsD: 2/PVAS000695 (Maschinenschriftl. Prot., mit handschriftl. Ergänzungen, 6 S.)[1]

Leitung der Sitzung: Erich Ollenhauer
Anwesend: siehe Liste

[Teilnehmer /Teilnehmerinnen, nach Funktionen geordnet[2]:
    PV:[3] *Schumacher, Ollenhauer;*
        Franke, Gotthelf, Heine, Kriedemann, Nau;
        Albrecht, Baur, Bögler, Eichler, Fischer, Gayk, Gross, Henßler, Kaisen, Knoeringen,
        Knothe, Krahnstöver, Meitmann, Menzel, Neumann, Schoettle, Schroeder, Selbert
    KK: *Schönfelder*
    Mitarbeiter/Gäste des PV: *Mellies , S. Neumann, Warner*

Tagesordnung[4]
1) Vorbereitung des Parteitages
2) Organisationsstatut
3) Stellungnahme zur Berlin-Hilfe
4) Jugend in der Partei
5) Sozialgemeinschaften der SPD
6) Rundfunkwesen und NWDR-Krise
7) 1. Mai
8) Internationale Berichte
    a) Besuch der holländischen Parlaments-Delegation
    b) COMISCO-Experten-Konferenz in Deutschland
9) Verschiedenes
10) Termin und Tagungsort der nächsten Sitzung des Parteivorstandes und Parteiausschusses

Zu Punkt 1 der Tagesordnung (**Vorbereitung des Parteitages**)[5]
    Ollenhauer schlägt folgendes Programm vor:

---

1 Die Einladung zu dieser Sitzung mit Bekanntgabe der vorläufigen Tagesordnung erfolgte durch ein Schreiben des geschäftsführenden Parteivorstandes vom 30.1.1950, das von Egon Franke unterzeichnet und in den Beiakten zum Protokoll erhalten geblieben ist. Das Kommuniqué über die Sitzung (Sozialdemokratischer Pressedienst P/V/30 v. 5.2.1950) wird hier als Anlage abgedruckt.
2 Die folgenden Angaben wurden der Anwesenheitsliste in den Beiakten zum Protokoll und Angaben im Protokoll entnommen; für die Teilnehmer an allen Vorstandssitzungen 1948-50 vgl. Anhang 1.
3 Von den Mitgliedern des PV waren *Görlinger, Reuter* und *Schmid* nicht anwesend.
4 Wortlaut nach der vorläufigen Tagesordnung.
5 Die Numerierung der einzelnen Punkte der Tagesordnung erfolgt im Protokoll mit römischen Ziffern. Diese werden hier entsprechend den meisten Protokollen in arabische Ziffern umgeändert.

Sonntagvormittag: Eröffnung und Konstituierung

Sonntagnachmittag: Organisationsberichte und Diskussionen

Montagvormittag: Politisches Referat (Kurt Schumacher über „Die Deutsche Sozialdemokratie im Kampf um Europa") und Berichte der Bundestagsfraktion (Berichterstatter wird noch von der Fraktion bestimmt)

Montagnachmittag und Dienstagvormittag: Diskussion zu diesem Bericht

Dienstagnachmittag: Allgemeine Anträge und Wahlen

Mittwoch: Wirtschaftspolitisches Referat unter Einbeziehung des Arbeitsbeschaffungsprogramms der SPD (Referent Hermann Veit) und Diskussion

Donnerstag: Kulturpolitisches Referat (Referent Carlo Schmid) und Diskussion)

Henßler meint, dass das Referat über die sozialdemokratische Kulturpolitik nicht von Carlo *Schmid* gehalten werden dürfe, weil sonst der Eindruck entstehen könnte, dass neben *Schumacher* nur noch Carlo Schmid zu wichtigen Problemen Stellung nehmen könne. Er schlage Willi *Eichler* vor.

Schumacher widerspricht und meint, dass Carlo *Schmid* doch inzwischen als Verfassungsexperte hinter *Arndt* und *Zinn* zurückgetreten sei. Er habe aber unzweifelhaft eine ansprechende Art, zu dem kulturpolitischen Problem die Haltung der Partei darzustellen.

Schoettle meint, dass jedenfalls eine professorale Glanzleistung *Carlo Schmids* verhindert werden müsse.

Gayk glaubt, dass auch über unser Verhältnis zu den Gewerkschaften etwas gesagt werden müsse.

Schumacher erklärt dazu, dass er die Frage behandeln werde.

Ollenhauer erklärt, dass in den beiden PV-Sitzungen vor dem Parteitag noch Gelegenheit sei, den Inhalt der Parteitagsreferate im Beisein der Referenten zu erörtern.

Vor 1933 waren bereits Mitglieder der Reichstagsfraktion stimmberechtigte Delegierte auf den Parteitagen. Wir sollten jetzt eine Delegation, bestehend aus 10 % der Fraktionsmitglieder, zum Parteitag zulassen, mit der einschränkenden Bestimmung, dass sie bei Fragen der Parlamentspolitik nur beratende Stimme haben.

Gastdelegierte der Bezirke mit beratender Stimme werden nicht zugelassen werden können.

Die PV-Sitzung wird am Freitag, d. 19.5., beginnen.

Der Parteivorstand stimmt dem Arbeitsprogramm des Parteitages und der Zulassung der Delegation der Bundestagsfraktion zu.

Gayk bringt den Wunsch des Bezirksvorstandes in Schleswig-Holstein zum Ausdruck, der die Abhaltung des Parteitages in Lübeck vorschlägt.

Ollenhauer erklärt, dass eine Änderung nicht mehr möglich sei, nachdem der PV- und PA- Beschluss vorliegt und die technischen Vorbereitungen schon angelaufen sind.

Der PV beschließt, zum Tode des Genossen Karl *Seitz* ein Beileidstelegramm an die SPÖ zu senden.

Zu Punkt 3 der Tagesordnung (Berlinhilfe)

Mellies berichtet, dass auch im kommenden Haushaltsjahr mit einem monatlichen Zuschuss von 30 Millionen DM gerechnet werden müsse. Die Bestrebungen der Bundesregierung gehen dahin, die Berlinhilfe weitgehend abzubauen.

Die Verlegung von Bundesbehörden nach Berlin würde zu einer Verminderung der Arbeitslosigkeit beitragen. Wir sollten darauf drängen, dass die Bundesregierung ihre zögernde Haltung in dieser Frage aufgibt.

Schoettle wünscht, dass wir uns über die Nothilfe für Berlin unterhalten. Die Aufrechterhaltung dieser Steuer beginnt besonders bei den Gewerkschaften ein Problem zu werden. Ebenso sei die Steuermarke auf den Briefen eine unglückliche Erfindung. Man sollte die Berlinunterstützung aus den Haushaltmitteln bestreiten.

Mellies erklärt dazu, dass das Notopfer Berlin ca. 250 Millionen DM pro Jahr einbringe. Der Ausfall dieses Betrages könne im Moment nicht kompensiert werden und würde schließlich nur der Regierung einen Vorwand zur Ablehnung anderer Reformen geben.

Ollenhauer schlägt vor, das Problem der Aufbringung der Hilfe für Berlin jetzt nicht zu diskutieren. Wir würden im Bundestag unweigerlich in eine Diskussion über die Berlinhilfe überhaupt abrutschen. Gerade jetzt sei mit der Möglichkeit einer ernsten Gefährdung Westberlins durch die SED und die Sowjets zu rechnen. Heute sollten wir erneut unsere positive Haltung zur Berlinhilfe zum Ausdruck bringen.

Punkt 2 der Tagesordnung (Organisationsstatut)

Franke erläutert die vom Organisationsausschuss vorgeschlagenen Änderungen des Parteistatuts. (siehe Beilage)[6]

Ollenhauer stellt nach eingehender Diskussion fest, dass das Statut mit den beschlossenen Änderungen den Bezirken zur Stellungnahme und dem Parteitag zur Beratung vorgelegt werden kann. (siehe Anlage)[7]

Punkt 4 der Tagesordnung (Jugend in der Partei)

Franke berichtet über die geplante Zusammensetzung des Jugendausschusses beim PV. Die Jungsozialisten, Falken und Sozialistischen Studenten hätten personelle und sachliche Vorschläge bereits eingereicht.

Ollenhauer schlägt vor, dass PV, Jungsozialisten, Falken und Sozialistische Studenten je 3 Vertreter für den Ausschuss benennen.

Heine regt an, dass als 5. Gruppe Genossen herangezogen werden, die ein allgemeines Interesse an Jugendfragen haben, wie z.B. die Arbeiter-Wohlfahrt.

Ollenhauer stellt nach kurzer Diskussion fest, dass diese 5. Gruppe, die vom PV auf der nächsten Sitzung zu bestimmen wäre, hinzugezogen werden soll.

---

6 In den Beilagen zum Protokoll ist kein Entwurf des Organisationsausschusses erhalten geblieben.

7 Eine entsprechende Anlage zum Protokoll ist nicht erhalten geblieben. Die vom Parteitag 1950 verabschiedete neue Fassung des Organisationsstatuts wurde zu Beginn des Parteitagsprotokolls abgedruckt, Prot. SPD-PT 1950, S. 3-9.

Gross fragt, ob nicht der PV die Mittel für die Weiterführung der beiden Jugendzeitungen der Falken aufbringen sollte.

Heine erklärt dazu, dass die Falkenleitung selbst die Weiterführung nicht für möglich hält. Die Partei zahle heute 5.000 DM mehr an direkten Zuschüssen, als die Falken selbst an Beiträgen aufzubringen in der Lage sind. Die eingehende Jugendzeitschrift könnte evtl. z.T. ersetzt werden mit dem Ausbau der Funktionärszeitung „Die Gemeinschaft".

Henßler kritisiert, dass die Falkenleitung in Hannover sich nicht um die Organisationsarbeit draußen gekümmert habe.

Ollenhauer bringt den Vorschlag des Büros auf Bestätigung des Werner *Buchstaller* als Referenten für die Jungsozialistenarbeit vor.

Der Parteivorstand stimmt dem zu.

Punkt 7 der Tagesordnung (1. Mai)

Heine berichtet über die Vorbereitung der diesjährigen Maifeier. Die Parteiorganisation sollte überall selbständige Feiern durchführen und wir sollten beschließen, die Maifeiern in diesem Jahre zur Demonstration für die Forderung der Vollbeschäftigung zu machen. Die Parole sollte sein „Arbeit für alle in Frieden und Freiheit".

Der Parteivorstand stimmt dem zu.

Punkt 8 der Tagesordnung (Internationale Berichte)

Ollenhauer berichtet über den Besuch der holländischen Parlamentsdelegation der Partei der Arbeit. Es sei damit zu rechnen, dass auch andere Delegationen der Bruderparteien nach hier kommen werden. Aus Schweden läge bereits eine entsprechende Anfrage vor.

Das Büro bittet um die Zustimmung, eine Europa - Kommission bilden zu dürfen, um all den Problemen, die sich auch anlässlich des Besuches der holl. Genossen wieder ergaben, gerecht werden zu können.

Menzel bringt seine Verwunderung darüber zum Ausdruck, dass unsere Freunde im Auslande so schlecht orientiert sind über die Zusammenhänge, die den verschiedenen Phasen unserer Politik zugrunde liegen. Er regt an, dass wir bei den Bruderparteien einen ständigen Vertreter benennen.

Schumacher schlägt vor, dass zunächst eine Kernkommission gebildet wird aus Mitgliedern, die zur Fraktion gehören. Dieser obliege es dann, die Gesamtkommission zu benennen. Er schlage als Mitglieder vor: *Schumacher, Ollenhauer, Schmid, Henßler, Eichler*.

Der PV stimmt dem zu.

Zu Punkt 8b der Tagesordnung (COMISCO-Experten-Konferenz Witten/Ruhr)

Kriedemann berichtet über den Veranstaltungsplan, der auch eine Rundreise durchs Ruhrgebiet vorsieht. Weiter sollen Demontagebetriebe bzw. Betriebe aus der Verbotsliste gezeigt werden.

Ollenhauer schlägt vor, dass folgende Genossen teilnehmen: *Veit, Nölting, Henßler, Kriedemann* und *Pass.*

Henßler schlägt als weitere Teilnehmer *Böckler* und *Freitag* vor.

Kriedemann schlägt Dr. *Deist,* der die Probleme um das Gesetz [Nr.] 75[8] kennt, vor.

Schumacher meint, dass die eigentliche Delegation nur aus unseren 5 Vertretern bestehen solle. Das schließe jedoch nicht aus, dass die anderen Genossen zu Besprechungen hinzugezogen werden können.

Der PV stimmt dem zu.

Gotthelf regt an, dass wir durch Briefe von Bergleuten an jene engl. Zeitungen, die die deutsche Aufhebung der Rationierung als Wahlschlager gegen die Labour Party benutzen, Aufklärung über die wahre Situation geben lassen.

Ollenhauer erwidert darauf, dass Kurt *Schumacher* in der nächsten Woche vor den Studenten in Köln dieses Problem behandeln werde, um so der Labour Party eine indirekte Wahlhilfe zu geben.

Punkt 9 der Tagesordnung (Verschiedenes)

Schönfelder berichtet über das **Untersuchungsergebnis in der Offenbacher Angelegenheit.**[9] Er glaube nicht, dass die Vorgänge dort zu einem Prozess vor dem Staatsgerichtshof ausreichende Unterlagen geben könnten. Da Dr. [*Lewin*][10] seit 1945 nicht mehr operativ tätig gewesen war, und der Genosse *Remy*[11] keine klare Auskunft über die fachliche Qualifikation erhalten konnte, kamen dem Remy Bedenken, mit gutem Gewissen für Lewin zu stimmen. In der ersten Abstimmung erhielt Lewin 5 Stimmen und *Tietze* 4 Stimmen, nachdem Oberbürgermeister *Rebholz* ursprünglicher Vorschlag auf Punktbewertung unter den Tisch gefallen war. Nach der Abstimmung hielt dann der Bürgermeister *Kasperowitz* eine Rede, mit offenbar antisemitischem Ton, und forderte nochmalige Abstimmung. Diese ergab dann bei Stimmenthaltung von 2 Genossen eine Mehrheit für Tietze. Dem Genossen Rebholz kann man vorwerfen: 1. Die Zulassung einer 2. Abstimmung und 2. die Unterlassung, dem Bürgermeister Kasperowitz eine Rüge zu erteilen. Ungerechtfertigt scheine ihm jedoch zu sein, den Genossen Antisemitismus vorzuwerfen. Rebholz sei nunmehr als Oberbürgermeister ausgeschieden. Die Frage sei, ob Remy sein Amt als Stadtverordnetenvorsteher niederlegen solle und ob der Genosse *Gasch* und die Genossin *Hermann* wegen der geübten Stimmenthaltung ihre Ämter aufgeben müssen. Er halte die Aussprechung eines Tadels für ausreichend.

Ollenhauer stellt fest, nachdem auch **Knothe** den Ausführungen *Schönfelders* zugestimmt hat, dass wir in dieser Angelegenheit jetzt nichts mehr veröffentlichen sollten.

---

8 Zum „Gesetz Nr. 75" der amerikan. u. brit. Militärregierung v. 10.11.48 vgl. Dok. 4, S. 87.

9 Zur Offenbacher „Angelegenheit" bzw. „Affäre" vgl. a. Einleitung Kap. II 5 d (S. XCVIII).

10 In der Vorlage „Levin".

11 Friedrich (Fritz) *Remy* (1879-1961), geb. in Offenbach, Werkzeugschlosser, vor 1933 SPD, Parteisekretär, 1922-33 StadtVO u. Mitgl. d. Kreistages, 1948-56 StadtVO.

Punkt 6 der Tagesordnung (NWDR-Krise)

Warner berichtet über die Verwendung von NWDR-Geldern für den Film „Liebe 1947" und für den Künstler-Club „Die Insel" durch den damaligen Leiter *Wirtz* unter Zustimmung des britischen Kontrolleurs. Im vorigen Jahr wurde von *Grimme* versäumt, die Angelegenheit rechtzeitig klarzustellen und die Verantwortlichkeit aufzuzeigen. Es wurde jetzt zunächst versucht, die ganze Angelegenheit zur Beseitigung Grimmes auszunutzen. Ein Ausschuss der Ministerpräsidenten wird eine Untersuchung anstrengen. Inzwischen wurde die bisherige Unklarheit in der Kompetenzabgrenzung zwischen Generaldirektor und Verwaltungsrat beseitigt.

Heine zeigt auf, wie der Vorsitzende des Verwaltungsrates, Prof. *Raskop*[12], sich materiell gut beim NWDR sichergestellt habe. Die Personalpolitik, die Programmgestaltung und das Finanzgebaren bieten viele Angriffsseiten.

Henßler macht darauf aufmerksam, dass in diesem Kampfe auch das Bestreben auf Verselbständigung des Kölner Senders beachtet werden müsse.

Heine regt an, den gesamten Rundfunkkomplex später einmal eingehend im PV zu behandeln.

Kaisen berichtet über die große Verbreitung kommunistischen Propagandamaterials in den Betrieben.

Ollenhauer erklärt dazu, dass das ganze Problem auf der nächsten Sitzung des PV behandelt werden solle.

Punkt 5 der Tagesordnung (**Sozialgemeinschaften der SPD**)[13]

Siggi **Neumann** führte u.a. aus, dass wir seit 1875, der Gründungszeit der Gewerkschaften, nie so wenig Einfluss auf die Gewerkschaftsbewegung gehabt hätten wie heute. Unser Einfluss dürfte jetzt kaum 40 % des Gewerkschaftsapparates umfassen.

Andererseits waren von den 480 Delegierten des DGB-Kongresses in München ca. 400 Sozialdemokraten.

Fritz *Tarnow* ging so weit zu erklären, dass die Partei für die Interessenvertretung der Arbeiterschaft überflüssig sei. Besonders bedauerlich und zugleich bezeichnend für den Geist in den Gewerkschaften war die Entscheidung des DGB, dass die Berliner UGO [Unabhängige Gewerkschaftsorganisation][14] außerhalb des DGB stände. Die Gefahr, dass unsere Genossen unter dem Einfluss der christlichen Gewerkschafter Schritt für Schritt zurückweichen werden, sei außerordentlich groß. Wir sollten nicht auf eine Gewerkschaftsspaltung hinarbeiten, sondern den Konflikt in die CDU tragen. Die Sozialausschüsse der CDU seien zu einem dichten Netz über das ganze Land ausgebaut worden und unterstehen dem Jacob *Kaiser*. Die politisch geführten Betriebsratswahlen in Hessen haben, im Gegensatz zu den neutralen Wahlen in Nordrhein-Westfalen, zu außerordent-

---

12 Heinrich *Raskop* (1904-85), Dr., Hochschulprofessor f. Soziologie u. Sozialpädagogik, 1946/47 MdL in NRW (CDU), 1948 Mitgl., 1949/50 Vors. d. Verwaltungsrates d. NWDR, später freier Mitarbeiter im Bundespresseamt.

13 Nach den Notizen von L. Albrecht begann mit der Beratung dieses Punktes der zweite Teil der Sitzung am Sonntag, dem 5. Februar, Notizen a.a.O.

14 Zur 1947/48 vom FDGB in Westberlin abgespaltenen „UGO" vgl. PV-Protokolle Bd. 1, S. CXVII.

lich guten Resultaten geführt. Wir müssen zu einer politischen Beeinflussung der Gewerkschaften kommen, von Fall zu Fall auch durch Fraktionsarbeit.

Ollenhauer betont ebenfalls die Notwendigkeit der Beeinflussung der Gewerkschaftsarbeit in der Zentrale und auf der lokalen Ebene. Wir dürften nicht nur improvisieren. Unsere Position sei viel stärker, als dass wir uns in der Defensive zu bewegen brauchten. In Köln tagte eine Konferenz christlicher Gewerkschafter, ohne dass jemand daran Anstoß nahm.

Henßler erklärt, dass nicht so sehr die Sozialausschüsse der CDU, sondern viel mehr die katholischen Arbeitervereine uns Sorge machten.[15]

Wir können erleben, dass, wenn später einmal Funktionen nach sachlichem Können vergeben werden, die gut geschulten Kräfte aus diesen Arbeitervereinen das Rennen machen werden. Nach dem 1. Weltkrieg gab es eine gut funktionierende Zusammenarbeit zwischen den Leitungen der freien und der christlichen Gewerkschaften. Das *Neumannsche* Argument von der unbedeutenden Gefahr der KP stimme nicht, denn von den 4 Bezirken des Bergarbeiterverbandes in Nordrhein-Westfalen würden noch 3 von KP-Leuten geleitet. Wir sollten auch vorsichtig sein mit der Betonung des klassenkämpferischen Gedankens, denn darauf warte nur die KP. *Neumann* habe in seiner Rede in Düsseldorf praktisch unsere Gewerkschaftsvertreter vor die Frage gestellt, ob sie zu *Schumacher* oder *Böckler* wollten.

Schumacher meint, wir sollten uns darauf beschränken, die Frage zu erörtern, ob, wie und mit wem wir unsere Sozialgemeinschaft aufbauen. Verschiedene IG-Verbandswahlen seien ohne Zweifel darum für uns günstiger ausgegangen, weil wir mit offenem politischen Visier gekämpft hatten. *Henßlers* Hinweis auf die kommunistische Gefahr wolle er ergänzen durch den Hinweis auf die überhängende Gefahr bei den Seeleuten, die erst kürzlich wieder bei dem Waffenausladungsstreik in Cherbourg deutlich wurde. In letzterem Falle war die Brechung des Streiks praktisch nur mit Hilfe der AF of L möglich.

Unsere Arbeit müsste in 4 Etagen aufgebaut werden, nämlich: Betriebsgruppen, Bezirksorganisation der Gewerkschaften, IG - Verbandsvorstände, direkte Verhandlungen mit der DGB-Leitung.

Fischer spricht sich, unter Revidierung seines auf der vorigen Sitzung vertretenen Standpunktes, für den Aufbau der Sozialgemeinschaften aus.

Gotthelf fragt, ob *Henßler* meine, dass wir wegen der kommunistischen Gefahr im Ruhrgebiet die christlichen Gewerkschaften nicht angreifen dürften.

Ollenhauer meint, dass wir jetzt entscheiden sollten, ob wir solche Arbeitsgemeinschaften auf allen Stufen, also auch beim PV, einrichten wollen. Wir könnten das offen begründen mit dem Wunsch, unsere Gen. besser über die Gewerkschaftsarbeit informieren zu können bzw. unseren Gewerkschaftsfunktionären die politischen Informationen zugänglich machen zu können. Wir sollten an die Bezirke eine Information über die Bildung der Sozialgemeinschaften geben, ohne Polemik und ohne Antistellungnahme.

Der PV stimmt dem zu. (siehe Anlage)[16]

---

15 Nach den Notizen von L. Albrecht wies H. in seinem Redebeitrag noch weiter auf die gefährlichen Aktivitäten der Katholischen Kirche unter den Arbeitern hin, Notizen a.a.O.

Fall Hedler[17]

Knoeringen regt an, dass der PV sich einmal gründlich mit dem Problem des Neofaschismus beschäftigt. Der Hedler-Prozess erbrachte durch viele Zeugen das Bekenntnis zu der Auffassung, dass die Tätigkeit gegen das Hitler-Regime Vaterlandsverrat gewesen sei. Wir sollten die Gerichte zwingen, sich mit dem Problem zu befassen. Beim PV sollte eine Stelle eingerichtet werden, die sich mit der Beobachtung des Neofaschismus befasst und für spontane demokratische Aktionen Hinweise gibt.

Gayk schließt sich den Ausführungen *Knoeringens* an und erklärt die besondere Situation Schleswig-Holsteins. Er fordert für den kommenden Wahlkampf die Unterstützung der Gesamtpartei, die Stellung von Lastautos und Aktionsgruppen aus den großen Städten. In dieser Situation wirke sich nun für die demokratische Entwicklung die Sprengung der Hafenanlagen in Kiel geradezu katastrophal aus. Schleswig-Holstein bedarf einer besonderen politischen und wirtschaftlichen Hilfsaktion.

Eichler hält die Befassung der deutschen Justiz mit politischen Fragen für unzweckmäßig. Der Bundestag sollte beschließen, dass niemand vor Gerichte gezogen werden kann wegen seiner antifaschistischen Tätigkeit.

Krahnstöver macht darauf aufmerksam, dass in Schleswig-Holstein 65 % der Mitglieder Flüchtlinge sind. Die Bildung der Flüchtlingsparteien sei mit Besorgnis zu betrachten. Es müsste sofort soziale Hilfe gegeben werden.

Ollenhauer ist der Auffassung, dass wir das Problem Neofaschismus auf die Tagesordnung der nächsten PV-Sitzung setzen sollten. Ebenso sollte ein Gesetzentwurf zum Schutz der Demokratie eingebracht werden. Für die wirtschaftliche Hilfe an Schleswig-Holstein sollte die Bundestagsfraktion einen Antrag einbringen.

Der Fall [Georg] Reuter[18]

Ollenhauer berichtet über den vom Genossen *Reuter* an die Gewerkschaftszeitungen empfohlenen Artikel des St. Galler Tagesblattes. (siehe Anlage [2 A u. B][19]) *Böckler* habe inzwischen seine Missbilligung darüber zum Ausdruck gebracht und das Büro schlägt vor, dem Genossen *Reuter* schriftlich die Missbilligung des PV wegen parteischädigenden Verhaltens auszusprechen. (siehe Anlage [2 D][20])

Der PV stimmt dem zu.

---

16 Eine entsprechende Anlage zum Protokoll ist nicht erhalten geblieben.

17 Die Beratungen über den „Fall Hedler" wurden auch im Kommuniqué erwähnt, vgl. Anl. 1.

18 Die Beratungen über den „Fall Reuter" wurden im Kommuniqué nicht erwähnt, vgl. Anlage 1.

19 In der Vorlage keine Numerierung. Die in den Anlagen zum Protokoll vorhandenen hektographierten Abschriften des Schreiben Reuters und des Artikels werden hier als Anlagen 2 A und B abgedruckt, ebenfalls ein Brief Schumachers an Böckler vom 25.1. 1950, in dem er sich über das Vorgehen von Reuter beschwerte, als Anlage 2 C.

20 In der Vorlage keine Numerierung. In den Anlagen zum Protokoll ist auch die hektographierte Abschrift eines Schreibens des Betriebssekretärs Siggi Neumann an alle Bezirke vom 9. Februar 1950 erhalten geblieben, in der u.a. die Rüge an Reuter mitgeteilt wurde. Die Mitteilung an Reuter persönlich erfolgte durch ein Schreiben des stellvertretenden Parteivorsitzenden Erich Ollenhauer vom 6. Februar 1950, das hier als Anlage 2 D abgedruckt wird.

Dokument 16, 4. und 5. Februar 1950

Zu Punkt X (Nächste Parteivorstandssitzung am 13.3.1950, PV- und PA-Sitzung am 14. und 15.3. in Bonn)

Anlage 1:
Kommuniqué
Sozialdemokratischer Pressedienst P/V/30 v. 5.2.1950, S.1-3.[21]

Der Vorstand der Sozialdemokratischen Partei Deutschlands, der am 4. und 5. Februar 1950 in Bonn tagte, befasste sich zunächst mit der Vorbereitung des Parteitages in Hamburg. In großen Zügen wurde die Tagesordnung festgelegt, deren wesentliche Bestandteile drei Hauptreferate, eine Diskussion und die Wahl des Vorstandes sind. Das allgemeine politische Referat wird der erste Vorsitzende, Dr. Kurt *Schumacher*, halten. Einen Überblick über die kulturpolitische Situation wird Professor Carlo *Schmid* geben, über die Frage der Vollbeschäftigung und der Beseitigung der Arbeitslosigkeit soll Hermann *Veit*, Wirtschaftsminister in Württemberg-Baden, sprechen. Auch die Feiern zum 1. Mai, soweit sie von der Sozialdemokratie getragen werden, sollen im Zeichen der Förderung der Arbeit für alle in Frieden und Freiheit stehen.

Der Vorstand der Partei stellte sich nachdrücklich hinter die Initiative der Fraktion in der Berlin-Hilfe, die in dem Augenblick neu heraufziehender Gefahren für Berlin und damit für Westdeutschland doppelt notwendig und in jeder Hinsicht unerlässlich ist. Es ist die unveränderte Auffassung der SPD, dass die westliche Position in Berlin unter allen Umständen gehalten und ausgebaut werden muss.

Dem Vorstand wurde ein verändertes Organisationsstatut der Partei vorgelegt und von ihm genehmigt, das stärker als das gegenwärtige den Erfordernissen einer rationellen Gliederung mit besseren praktischen Arbeitsmöglichkeiten entspricht. Das veränderte Statut wird dem Parteitag zur endgültigen Beschlussfassung vorgelegt werden.

Es wurde dann über den Besuch einer Gruppe von Parlamentsvertretern der holländischen Partei der Arbeit und seinen befriedigenden Verlauf berichtet, vor allem unter dem Gesichtspunkt, dass es dabei möglich war, viele wertvolle Informationen zu geben und zu erhalten. Diese Form der gründlichen gegenseitigen Unterrichtung soll auch mit den sozialistischen Parteien anderer Länder fortgesetzt werden. Als nächste ausländische Delegation wird eine Abordnung aus Schweden erwartet.

Der Vorstand beschloss, eine Kommission für Europafragen aus Vertretern der Bundestagsfraktion und den eigenen Reihen einzusetzen, deren Aufgabe es sein soll, die Auffassungen der Partei zu den wichtigsten Fragen der Europapolitik zu präzisieren, ihre Argumente wirksam zusammenzustellen und möglichst weite Kreise des In- und Auslandes damit bekanntzumachen. Es sind mehrere Denkschriften über Sondergebiete in Arbeit, die in ihrer Gesamtheit dem Ziele dienen sollen, in einer gestrafften Arbeit darzulegen, wie sich die deutsche Sozialdemokratie die Verwirklichung der europäischen Zusammenarbeit im einzelnen denkt. Die personelle Zusammensetzung der erwähnten

---

21 Überschrift im „Sozialdemokratischen Pressedienst": „Die Bonner Tagung des Parteivorstandes der SPD".

Kommission wurde den Mitgliedern des Vorstandes Kurt *Schumacher,* Erich *Ollenhauer,* Carlo *Schmid,* Fritz *Henßler* und Willi *Eichler* übertragen.

In der letzten Märzwoche wird in Witten/Ruhr die bereits angekündigte Konferenz von Sachverständigen aus den der COMISCO angeschlossenen Parteien für Fragen der Überführung der Schlüsselindustrien in Gemeineigentum zusammentreten. Man rechnet mit der Anwesenheit von etwa 35 Experten. Die Delegation der SPD wird sich zusammensetzen aus Professor Erik *Nölting,* Hermann *Veit,* Fritz *Henßler,* Herbert *Kriedemann* und Rudolf *Pass.* Dazu wird eine Reihe weiterer deutscher Sachverständiger treten.

Zur Verbesserung des Kontaktes zwischen den sozialdemokratischen Parteiorganisationen und den in den Gewerkschaften wirkenden Sozialdemokraten sollen in allen Organisationseinheiten der SPD Sozialgemeinschaften der SPD gebildet werden. Ihre Aufgabe ist es, durch regelmäßig stattfindende Aussprachen besser als bisher die Probleme vertraut zu machen, die in den Gewerkschaften aktuell sind und umgekehrt sozialdemokratische Gewerkschaftler fortlaufend über die Politik der SPD zu unterrichten.

Nach einem Bericht Waldemar von *Knoeringens* über seine Eindrücke beim Hedler-Prozess und einer Darstellung von Andreas *Gayk* über die Gefahr eines zunehmenden Neofaschismus und einer sich deutlich abzeichnenden neuen Harzburger Front beschloss der Vorsitzende, sich in seiner nächsten Sitzung mit dieser Entwicklung zu befassen und alle Maßnahmen zu ergreifen, die ihr entgegenwirken können. Das soll auf sozialdemokratische Initiative auch durch ein Bundesgesetz geschehen. Außerdem wird die SPD einen Antrag für wirtschaftliche Hilfeleistung an Schleswig-Holstein vorbereiten, da die besondere Notlage dieses Landes durchgreifende Maßnahmen unbedingt notwendig macht.

Anlage 2
Materialien zum „Fall Georg Reuter"
Hektographierte Papiere in den Beilagen zum Protokoll

Anlage 2 A
Schreiben des Stellvertretenden Vorsitzenden des DGB Georg Reuter an verschiedene Spitzenfunktionäre der Gewerkschaften vom 12. Januar1950[22]

An die Mitglieder des Geschäftsführenden Bundesvorstandes, die Mitglieder des erweiterten Bundesvorstandes, die Vorstände der Landesbezirke, die Vorsitzenden der Industriegewerkschaften, die Redaktion „Welt der Arbeit", Köln, die Redaktion „Die Quelle", Köln, die Redaktion „Gewerkschaftliche Monatshefte", Hamburg, die Redaktion „Aufwärts", Köln, die Redaktionen der Gewerkschaftszeitungen, die Pressestellen bei den Landesbezirksvorständen, die Abteilungsleiter im Bundesvorstand.

---

22 Zu Beginn des Schreibens noch der Hinweis, dass es sich um eine „Abschrift" handele. Am Kopf des Schreibens die Angaben [Linke Seite] „Deutscher Gewerkschaftsbund für das Gebiet des Bundesrepublik Deutschland Der Bundesvorstand"; [Rechte Seite] „Düsseldorf, d. 12.1.1950 Stromstraße 8 Tel.: 13546/49 III – Bh./Ld."

Werte Kolleginnen und Kollegen!

Wir übersenden in der Anlage die Abschrift eines Artikels aus dem St. Galler Tagblatt (Abendblatt) vom Dienstag, den 3.1.1950 (112. Jahrgang, Nr. 4). Der Artikel, der sich mit der Überparteilichkeit des Deutschen Gewerkschaftsbundes beschäftigt, gibt einen Überblick über die deutsche Gewerkschaftssituation. Besonders wichtig erscheint uns diese Darstellung deshalb, weil sie in einem ausländischen Blatt von hervorragendem Niveau erschienen ist.

Wir überreichen die Abschrift mit der Bitte um Kenntnisnahme und um evtl. Auswertung, gegebenenfalls auszugsweisen Abdruck in unserer eigenen Presse. Bei auch teilweisem Abdruck des Artikels bitten wir, uns Belegexemplare übersenden zu wollen.

Mit kollegialem Gruß!
Deutscher Gewerkschaftsbund, Der Bundesvorstand
Georg Reuter

Anlage 2 B
Abschrift aus St. Galler Tagblatt vom 3.1.1950: „Die Überparteilichkeit des Deutschen Gewerkschaftsbundes"
 Sch., Bonn

Unzufriedene sozialistische Parteileitung

Die sozialdemokratische Führung ist mit dem Vorsitzenden des Gewerkschaftsbundes, Dr. h.c. *Böckler*, so unzufrieden, dass sogar Worte wie Verrat, Untreue an der Partei und Ähnliches zu lesen und zu hören sind. Böckler ist Sozialdemokrat. Als er die Leitung des Gewerkschaftsbundes übernahm, mochte die SPD-Führung überzeugt sein, dass er die Gewerkschaften den Maximen der Linken unterordnen und den DGB in allen wichtigen Fragen zu einem Werkzeug der SPD-Politik machen werde. Diese Erwartung war nicht von vornherein unsinnig; denn innerhalb der SPD herrscht gemeinhin eine straffe Parteidisziplin. Das hatte bei Gelegenheit sogar der greise Löbe zu spüren bekommen. Schumacher duldet keinen Liberalismus der Anschauungen und keine „persönliche" Linie. Darum fällt es umso mehr auf, dass Dr. Böckler die Gewerkschaften nicht lediglich als eine interparteiliche getarnte Nebeninstitution der SPD, sondern als eine überparteiliche, in ihren Erwägungen und Entschlüssen vollkommen selbständige Organisation der lohnarbeitenden Volksmassen betrachtet.

Man kann das Unbehagen der SPD verstehen. In den westdeutschen Gewerkschaften sind immerhin rund 5 Millionen Arbeiter und Angestellte organisiert, und es ist anzunehmen, dass mit der zunehmenden Produktionsintensität auf den wichtigsten Gebieten der Wirtschaft auch die Zahl der Organisierten rasch zunehmen wird. Die SPD möchte die Gewerkschaften also gerne vor den Wagen ihrer Partei und der Opposition gegen die „antisoziale" Regierung Adenauers spannen. Der Streik ist, um nur eine Nutzanwendung zu erwähnen, ein gefährliches Mittel der Politik, gegen das die Regierung so gut wie machtlos wäre. Wenn die Gewerkschaften nun aber in [den] wichtigsten Fragen, wie jenen der Ruhr, eigene Wege gehen, und wenn sie sogar, obwohl nur mit Vorbehalten, die Politik des Bundeskanzlers unterstützen, dann geht der SPD das wertvollste Aktionselement zur Behinderung der Regierungspolitik verloren.

Weshalb ist Böckler so eigenmächtig.

Dafür gibt es zwei Gründe. Die westdeutschen Gewerkschaften bestehen nicht nur aus sozialdemokratischen Mitgliedern. Der Gewerkschaftsbund ist eine überparteiliche Institution, und das Element der früheren christlichen Gewerkschaften ist darin stark vertreten. Auf allen Sektoren der praktischen Arbeit zugunsten der Verbesserung des sozialen Zustandes der arbeitenden Massen gibt es zwischen den sozialdemokratischen und christlichen Gewerkschaftsführern kaum wesentliche Meinungsverschiedenheiten. Das beste Beispiel dafür ist das Sozialisierungsprogramm. Aber die „christlichen" Partner sind naturgemäß in allen weltanschaulichen und theoretischen Fragen empfindsam, und sie würden einen Kurs nach dem Schema der SPD-Führung ablehnen. Auf diesen Umstand muss Böckler achten, wenn er innere Spannungen und schließlich die Trennung der Gewerkschaften nach Parteien vermeiden will.

Im Gegensatz zum Führer der SPD ist Böckler ein Mann von sachlichem Denken und ein Politiker, der dazu neigt, vor allem nach dem gesunden Menschenverstand zu handeln. Das bedeutet, dass er den arbeitenden Massen nicht die Steine einer fast um jeden Preis radikalen Doktrin und Aktion bieten will, wohl aber das Brot, das jeder braucht, um die tägliche Notdurft zu stillen. Aus dem wirtschaftlichen Aufbau, der wesentlich vom Arbeiterfrieden abhängt, soll allmählich der soziale Aufbau, die allgemeine Wohlfahrt entwickelt werden. Das sozialistische Grundbekenntnis dieses Führers („Führer" nun einmal im guten Sinne) kann nicht angezweifelt werden, weil er das Wohl der Menschen über den taktischen Vorteil seiner Partei stellt. Er handelt nach echt sozialen Grundsätzen, die er dem historischen Sinn des Begriffs „sozial" entnimmt. Demgemäß handelt Böckler nach eminent sittlichen Prinzipien. Man möchte dem jungen Deutschland eine Menge solcher Politiker wünschen. Vermutlich ginge es dann mit allem weit schneller voran und der ausländische Beobachter brauchte nicht mehr, wie bisher so häufig, besorgt zu sein, dass in diesem jungen, noch gärenden Deutschland alles dumpf ersehnt, begehrt und mit jedem wirksamen Mittel erstrebt wird, nur nicht das allein Verheißungsvolle: die Sachlichkeit. Sie wäre so notwendig, um beispielsweise auch das überwuchernde Unkraut der hohlen Eitelkeiten auszutilgen.

Der Weg der gesunden politischen Entwicklung

Wenn die Gewerkschaftsführer vor der so akuten und für innere Festigung der Demokratie so bedeutsamen Frage stehen, was denn nun eigentlich geschehen müsse, um Deutschland auf den Weg einer gesunden politischen Entwicklung zu bringen, dann ist die Antwort verhältnismäßig einfach. Die Führer brauchen nur zu wissen, was die Volksmassen denken. Diese sind ungeduldig nach Arbeit, Verdienst, Wohnungsbau, Möbeln, Kleidern. Darin kennzeichnet sich die ganze Wunschskala von Menschen, die

Wohnungen und Habe im Krieg verloren haben. Sie möchten zunächst das Notwendigste, später auch etwas mehr, wiedergewinnen, und sie möchten Wohnung und Küche nicht mehr mit anderen Familien teilen müssen. Man will endlich wieder unter sich sein. Sodann wünschen die Volksmassen ein vernünftiges Verhältnis zwischen Lohn und Preis, weniger Steuern und einen kleinen Überschuss für das tägliche Bier und den sonntäglichen Ausflug. Es sind bescheidene Wünsche, aber dem geldarmen Staat fällt es überaus schwer, sie auch nur teilweise zu erfüllen. Die doktrinären Begehren der SPD nach weitgehender Verstaatlichung und Sozialisierung der Industrie und anderer Wirtschaftszweige gehen weit an den realen Bedürfnissen und wirklichen Wünschen der arbeitenden Volksmassen vorbei. Diesen kommt es auf praktische Fortschritte an, und der Staat, die junge, noch unverwurzelte Demokratie, ist daran interessiert, dass praktische Fortschritte so rasch als möglich erzielt werden, um die politische Ordnung massenpsychologisch zu untermauern.

Böckler und die anderen Führer des Gewerkschaftsbundes scheinen zu ähnlichen Erkenntnissen gelangt zu sein. Auf jeden Fall halten sie für richtig, was geeignet ist, die Produktion zu heben, diesen Motor der wirtschaftlichen Wiederbelebung.

Die Brücke zur Politik Adenauers

Damit ist schon erklärt, weshalb die Gewerkschaftsleitung dem Petersberger Abkommen[23] zugestimmt hat. Es bietet in der Tat die ersten Ansatzpunkte für die Rückführung der deutschen Wirtschaft in den europäischen Kreislauf. „Die deutsche Wirtschaft kann nicht gesunden, solange Deutschland außerhalb des europäischen Vertrauens steht, denn dieser Mangel bedeutet, dass die Begehren nach Sicherheiten gegenüber einem erstarkenden Deutschland überwiegen. Es gibt überhaupt nur einen Weg zur europäischen Verständigung: er führt über den deutsch-französischen Akkord und Interessenausgleich. Darum muss er geschaffen werden, auch um den Preis deutscher Vorschussleistungen [!][24]". In diesen zwei Sätzen ist die Grundauffassung der Gewerkschaftsführung enthalten. Das ist zugleich auch die Brücke zu der praktischen Politik des Bundeskanzlers und der Gegensatz zum sozialdemokratischen Führer. Dieser läutet die Sturmglocken gegen das Ruhrstatut, Böckler dagegen ist bereit, einen Gewerkschafter als stellvertretenden deutschen Delegierten in die Ruhrbehörde zu senden. Das ist im Grundsätzlichen ein schwerwiegender Unterschied, einzig dem von Tag und Nacht vergleichbar.

Hat die Gewerkschaftsführung sich nun aber auch bedingungslos dem Kurs des Bundeskanzlers verschrieben? Nein. Zunächst hat Böckler alle Zusagen an die Voraussetzung geknüpft, dass die Regierungspolitik sich unmittelbar zum Nutzen der arbeitenden Volksmassen auswirke. Sodann will auch die Gewerkschaftsführung ebenso wie die SPD von einer direkten Beteiligung ausländischen Kapitals an den Ruhrwerken nichts wissen. „Die Investition ausländischen Kapitals ist zur Verbesserung der technischen Einrichtungen zwar erforderlich, aber die ausländischen Gelder sollen an die Bundesregierung bezahlt und von dieser an die einzelnen Werke verteilt werden". Das ist die Auffassung

---

23 Zum Petersberger Abkommen vgl. Einleitung Kap. II 3 b.
24 In der Vorlage „?".

der Gewerkschaften. Sie befürchten, dass die direkte Beteiligung ausländischen Kapitals an den Ruhrwerken allen Verstaatlichungs- und Sozialisierungsplänen den Todesstoß versetzen werde.

Adenauer hat also keinen Grund, von einem endgültigen Bruch zwischen SPD und Gewerkschaftsführung zu träumen. Böckler hat sich auch dem Bundeskanzler gegenüber von aller Abhängigkeit freigehalten. Mit anderen Worten: die Gewerkschaftsführung lehnt jeden Einmischungsversuch in ihre grundsätzlichen oder taktischen Überlegungen und Entscheidungen ab. Sie hält an der Überparteilichkeit der Institution nach allen Seiten hin fest und stützt sie durch den Willen zu vollkommener Souveränität.

Der Wille zur Sachlichkeit und die Jugend

Diese Haltung ist für die junge Demokratie von größtem Wert. Sie dient der sachlichen Untersuchung und dem sachlichen Entschluss. Das fördert die moralische Position des Gewerkschaftsbundes und zwingt die Parteien ebenso wie die Staatsgewalt zu derselben Sachlichkeit. Dies wird so am Ende doch zum beherrschenden Element der deutschen Sozial- und Staatspolitik. Die Volksmassen aber lernen das wohltätige Wesen der Sachlichkeit kennen, vielleicht zum erstenmal, und es ist anzunehmen, dass insbesondere die Jugend für dieses Element gewonnen werden kann. Sie wendet sich in den letzten Jahren nicht aus Mangel an Interesse für öffentliche Angelegenheiten von den verschiedenen Parteien ab; sie wurde in den meisten Fällen abgestoßen: durch den Hochmut der Parteibonzen, die nicht mit „Unreifen" diskutieren wollten, durch das leere Routinegebaren der Parteibürokratie und - am vehementesten - durch die ätzende, aufs Persönliche zugespitzte Leidenschaftlichkeit der Auseinandersetzungen zwischen den Parteien und ihren Führern. Für einen großen Teil der Jugend darf man behaupten, dass sie eine kräftige Neigung zur Sachlichkeit besitzt, zu dem einzigen Weg, der den Wiederaufbau beschleunigen kann. In diesem Sinne ist in der deutschen Jugend mehr natürliche Klugheit zu erkennen, als bei denen, die wegen des Fehlens neuer Ideen lediglich die Weimarer Republik neu erstehen lassen wollen. Der Gewerkschaftsbund dürfte mit seinem Beispiel sachlicher Erwägungen und Entschlüsse gerade bei der Jugend das positivste Echo ausgelöst haben.

Anlage 2 C
Schreiben Schumachers an den 1. Vorsitzenden des DGB, Hans Böckler vom 25. Januar 1950[25]

Lieber Hans,
es tut mit aufrichtig leid, dass ich heute keinen erfreulicheren Beitrag zu unserer kargen Korrespondenz leisten kann. Es handelt sich um eine Angelegenheit, die zu unserer

---

25 Zu Beginn des Schreibens noch der Hinweis, dass es sich um eine „Abschrift" handele. Am Kopf des Schreibens die offizielle Anrede: „An den 1. Vorsitzenden des Deutschen Gewerkschaftsbundes Herrn Dr. h.c. Hans Böckler, Düsseldorf".

peinlichsten Überraschung durch den stellvertretenden Vorsitzenden des DGB Georg Reuter zu einer politischen Affäre zu werden droht.

Das „St. Galler Tagblatt" (Abendblatt) vom Dienstag, dem 3.1.50 enthält einen Artikel, der sich mit der parteipolitischen Neutralität der Gewerkschaften beschäftigt. Dieses Blatt ist eine freisinnige Provinzzeitung der Ostschweiz, ist zudem antisozialistisch und noch niemals in seinem verhältnismäßig langen Bestehen progewerkschaftlich. Wenn Vergleiche gestattet sind, dann kann man sagen, es operiert im Stile der deutschen FDP. Das scheinbare Lob der Gewerkschaften in diesem Artikel gilt nicht den Gewerkschaften, sondern wird als Waffe gegen die deutsche Sozialdemokratische Partei anzuwenden versucht.

Die Art der Polemik entspricht dem, was die deutsche Arbeiterbewegung in allen ihren Erscheinungen auch sonst von der bürgerlich-liberalen Presse der Schweiz gewohnt ist, ohne dass das „St. Galler Tagblatt" an Bedeutung sich mit der „Neuen Zürcher Zeitung", der „National-Zeitung" oder den „Basler Nachrichten" auch nur entfernt vergleichen könnte.

Dieses Blatt ernennt der stellvertretende Vorsitzende aus eigener Autorität zu einem „ausländischen Blatt von hervorragendem Niveau". Er identifiziert sich und die Linie der Gewerkschaftspolitik mit der Konzeption und der Methode dieses Artikels - der übrigens aus der Feder eines Bonner Korrespondenten stammt - dadurch, dass er ohne die geringste Einwendung den Artikel an einen außerordentlich großen Kreis von führenden Gewerkschaftern und an die gesamte Gewerkschaftspresse übersendet und dabei die „Bitte um Kenntnisnahme und um eventuelle Auswertung, gegebenenfalls auszugsweisen Abdruck in unserer eigenen Presse" ausspricht.

Du wirst ja den Artikel in der Zwischenzeit kennen gelernt haben. Es ist in der Sache auch nicht möglich, sich mit ihm auseinander zu setzen, weil die Darstellung, die Dein Stellvertreter als „Überblick über die deutsche Gewerkschaftssituation" bezeichnet, in allen Punkten von Bedeutung unrichtig und unsauber ist. Wenn Du den Artikel betrachtest, wirst Du ihn als Umfälschung aller schwebenden Probleme erkennen. Ich weise bloß darauf hin, dass der Sozialdemokratie Invektiven gegen die Gewerkschaftspolitik in den Mund gelegt werden, die nur in der Vorstellungsweise gemeinsamer Gegner existieren. Die Schilderung der Ruhrfrage trägt die übliche an den Tatsachen vorbeigehende Tendenz. Von den Differenzen in der Sozialisierungsfrage, die zwischen den Gewerkschaften und der Sozialdemokratischen Partei bestehen sollen, erfahre ich erst durch diesen Artikel. In der Sache stellt die Verbreitung dieses Artikels durch einen führenden Gewerkschaftsfunktionär eine denkbar schwere Verletzung der parteipolitischen Neutralität der Gewerkschaften dar, eindeutig und einseitig begangen gegen die Sozialdemokratische Partei, deren Bedeutung für die Gewerkschaften und die persönliche Laufbahn Georg Reuters nicht bestritten werden kann. Wenn die Verbreitung dieses Artikels durch einen führenden Gewerkschaftsfunktionär unwidersprochen und unkorrigiert hingenommen wird, dann wäre etwas völlig Neues bei der sachlichen Diskussion über Probleme geschaffen, die aus den verschiedenen Aufgaben der verschiedenen Organisationen des sozialen und politischen Lebens entstehen. Sicherlich gibt es keinen führenden Gewerkschafter – gleichgültig in welchem politischen Lager er stehen mag – der auf dem Boden der falschen Themenstellung, der sachlichen Unrichtigkeit und der persönlichen Methoden Differenzen überwinden zu können glaubt.

Es besteht nun die Gefahr, dass über den großen Personenkreis hinaus die Darstellung des Schweizer Fabrikantenblattes dank der Publikation durch einen Mann in hoher gewerkschaftlicher Position als eine Art neue Linie der Gewerkschaftspolitik in der gegnerischen Presse ausgeschlachtet wird. Ich gehe wohl nicht fehl in der Annahme, dass alle anderen führenden Gewerkschafter diese Haltung des Vorstandsmitgliedes Georg *Reuter* nicht zu der ihrigen machen wollen und können.

Der Artikel versucht, in einem künstlich aufgeklebten vorletzten Abschnitt sein ungeschicktes Bemühen zu verschleiern, die Gewerkschaften für die Politik der derzeitigen Bundesregierung einzuspannen. Das nimmt dem Artikel nichts von seiner Unrichtigkeit und seiner Verantwortungslosigkeit.

Die parteipolitische Seite wird Dich so direkt nicht interessieren. Immerhin handelt es sich um den Versuch eines Mitgliedes der Sozialdemokratischen Partei, durch objektiv unrichtige und anrüchige Methoden bei voller subjektiver Klarheit der Absicht und der Überlegung die Sozialdemokratische Partei zu schädigen. Erschwerend tritt hinzu, dass hier keine Konkurrenz von Überzeugungen und Interessen vorlag, denn ich glaube, Du wirst mit mir der Meinung sein, dass das gar kein Anlass zu dem Austrag von Streitigkeiten, die [es] in dieser Darstellung nicht gibt, bestanden hat oder besteht. Es ist nicht vorstellbar, dass irgendjemand am 12. Januar 1950 glauben konnte, die gewerkschaftliche Neutralität gegen die Sozialdemokratie mit den Mitteln verteidigen zu müssen, die ihm die wegen ihrer Unsachlichkeit und Gehässigkeit bekannte arbeiterfeindliche Presse liefert. Auf der nächsten Sitzung des Vorstandes der Sozialdemokratischen Partei zu Anfang Februar wird sich der Parteivorstand mit diesem Verhalten des Parteimitgliedes Georg Reuter beschäftigen.

Du wirst es verstehen, dass ich meinen Brief an Dich allen Personen und Instanzen zuleiten lasse, die von Reuter mit dem Artikel des „St. Galler Tagblatts" bedacht worden sind. Darüber hinaus ist es im Interesse der Sozialdemokratischen Partei notwendig, die führenden Genossen der Parteiorganisation sowie die Mitglieder der sozialdemokratischen Bundestagsfraktion und schließlich als vorsorgliche Maßnahme auch die Redaktionen der Parteiblätter und der parteinahen Zeitungen mit dem Artikel und der Antwort bekanntzumachen.

Ich hoffe, dass der von uns nicht verschuldete Zwischenfall Dich innerlich nicht zu stark bewegt. Es ist aber notwendig, hier den Anfängen zu wehren. Es grüßt Dich herzlich und wünscht Dir alles Gute
Dein
gez. Kurt Schumacher

Anlage 2 D

Schreiben von Erich Ollenhauer an Georg Reuter vom 6. Februar 1950

Durchschlag (mit handschriftlichen Zusatz: „Gen. Fritz Heine zur Kenntnis, Hans Herms-dorf"), AdsD/ DGB-Archiv: Personalia/ E. Reuter) [26]

Werter Genosse!

Der Parteivorstand hat sich in seiner Sitzung vom 5. II. mit Ihrer Aktion im Zusammenhang mit dem im St. Galler Tagblatt vom 3.I.50 veröffentlichten Artikel „Die Überparteilichkeit des DGB" beschäftigt. Der Artikel ist ein eindeutiger Versuch, die Politik der Sozialdemokratischen Partei Deutschlands zu diffamieren und einen Gegensatz zwischen der Sozialdemokratischen Partei und dem Deutschen Gewerkschaftsbund zu konstruieren. Dabei wird insbesondere der Versuch gemacht, die Genossen Dr. Kurt Schumacher und Dr. h. c. Hans Böckler gegeneinander auszuspielen.

Sie haben diesen partei- und gewerkschaftsfeindlichen Artikel mit Ihrem Rundschreiben v. 12. I. 50 an eine große Zahl von führenden Gewerkschaftsfunktionären und alle Redaktionen von Gewerkschaftszeitungen mit der Empfehlung weitergegeben, diesen Artikel auszuwerten, gegebenenfalls durch auszugsweisen Abdruck in der Gewerkschaftspresse.

Der Parteivorstand war nach Prüfung der Sachlage einstimmig der Auffassung, dass Ihr Verhalten in dieser Angelegenheit in höchstem Grade parteischädigend gewesen ist. Dabei ist als erschwerend gewertet worden, dass Sie den Düsseldorfer Besprechungen beigewohnt haben, die auf allen Seiten den guten Willen erkennen ließen, die denkbaren Gegensätze zu überwinden und das Gemeinsame herauszustellen. Der Parteivorstand hat daher einstimmig beschlossen, Ihnen die schärfste Missbilligung auszusprechen. Ich bitte Sie, von diesem Beschluss des Parteivorstandes Kenntnis zu nehmen.

Mit Parteigruß

(Erich Ollenhauer)

---

26 Zu Beginn des Schreibens die offizielle Anrede und die Adresse des DGB „An denStellvertretenden Vorsitzenden des Deutschen Gewerkschaftsbundes Georg Reuter Düsseldorf, Stromstraße, Gewerkschaftshaus", die Datumsangabe „6. Februar 1950" und das Zeichen „O./H.".

Nr. 17
Sitzungen der obersten Parteigremien der SPD am 13. und 14. März 1950 in Bonn

[A] Sitzung des Parteivorstandes am 13. 3. 1950
AdsD: 2/PVAS000695 (maschinenschriftl. Prot. mit handschriftl. Ergänzungen, 6 S.)[1]

Leitung der Sitzung: Erich Ollenhauer
Anwesend: siehe Liste

[Teilnehmer /Teilnehmerinnen, nach Funktionen geordnet[2]:
PV:[3] *Schumacher, Ollenhauer;*
    Franke, Gotthelf, Heine, Kriedemann, Nau;
    Bögler, Eichler, Fischer, Gayk, Gross, Henßler, Knoeringen, Knothe, Krahnstöver,
    Meitmann, Menzel, Neumann, Reuter, Schmid, Schoettle, Schroeder, Selbert
KK: *Schönfelder, Steffan*
Vertreter d. BT-Fraktion: *Lütkens*

Tagesordnung:[4]
1) Vorbereitung der Parteiausschusssitzung
1 a) Abwehr des Neofaschismus
2) Europarat und Saarfragen
3) Organisation des deutschen Außendienstes
4) Zentrale Werbeaktion der Partei
5) Die bevorstehenden Landtagswahlen
6) Die politische Situation in Rheinland-Pfalz
7) Soziale Arbeitsgemeinschaften
8) Wahl der Mitglieder des Zentralen Jugendausschusses
9) Berichte
10) Ort und Termin der nächsten Parteivorstandssitzung

---

1 Die Einladung zu dieser Sitzung mit Bekanntgabe der vorläufigen Tagesordnung erfolgte durch ein Schreiben des geschäftsführenden Parteivorstandes vom 3.3.1950, das von Egon Franke unterzeichnet und in den Beilagen zum Protokoll erhalten geblieben ist. Über die Sitzung wurde im Sozialdemokratischen Pressedienst (P/V/62 v. 14.3.1950) ein Kommuniqué publiziert, das hier als Anlage 1 abgedruckt wird.

2 Die folgenden Angaben wurden der Anwesenheitsliste in den Beilagen zum Protokoll und Angaben im Protokoll entnommen; für die Teilnehmer an allen Vorstandssitzungen 1948-50 vgl. Anhang 1.

3 Von den Mitgliedern des PV waren, soweit die Anwesenheitsliste und das Protokoll Auskunft geben, *Albrecht, Baur, Görlinger und Kaisen* nicht anwesend.

4 Wortlaut nach der vorläufigen Tagesordnung - mit einer handschriftlichen Ergänzung auf dem Exemplar in den Beilagen, Punkt „1 a)".

341

Dokument 17, 13. und 14. März 1950

Zu Punkt 1 der Tagesordnung (PA-Sitzung)

Ollenhauer gibt die Tagesordnung (siehe [Protokoll B][5]) bekannt, die vom PV gebilligt wird.

Punkt 1a der Tagesordnung (Abwehr des Neofaschismus)

Menzel berichtet über die Konferenz der sozialdemokratischen Innenminister am vergangenen Freitag in Bonn. Die auf dieser Sitzung vom Genossen *Ortloff* vorgetragenen Organisationsfragen werden auf einer neuen Innenministerkonferenz am 24.3.1950 weiterbehandelt werden. Dagegen wurden nach einem Vortrag des Genossen *Tejessy*[6], der die Informationsabteilung in Nordrhein-Westfalen leitet, Vereinbarungen über die Koordinierung der Arbeit getroffen. Es wurde auch beschlossen, dass die Partei und die Gewerkschaften in den Ländern in diese Arbeit mit einbezogen werden sollen.

Die Informationsabteilungen sollen von der Polizei getrennt sein. In Nordrhein-Westfalenü ist dieses Amt in der Verfassungsabteilung untergebracht. Die den Polizeichefs unterstellten Sonderbeamten können auch direkt vom Innenminister Weisung erhalten, nachdem die Engländer jetzt die Zustimmung dafür gegeben haben. Eine Besprechung mit allen Innenministern und dem Bundesinnenminister soll angesetzt werden, sobald die beteiligten Sozialdemokraten mit ihren internen Besprechungen fertig sind.

Ollenhauer erklärt, dass für Beobachtung der Rechtsbewegungen eine Referentenstelle beim PV eingerichtet werden soll. Im Zusammenhang mit Personalfragen, die auf der nächsten PV-Sitzung behandelt werden sollen, wird das Büro einen personellen Vorschlag machen.

Knoeringen meint, dass wir nicht nur beobachten, sondern auch Abwehr organisieren sollten.

Menzel befürchtet, dass wir auf lange Sicht mit der Gewaltanwendung auf der Straße gegenüber den andern ins Hintertreffen geraten würden. Wir brauchten ein Parteigesetz und wir sollten berücksichtigen, dass die Justiz versagt.

Knothe schließt sich den Ausführungen *Knoeringens* an. In Hessen wurde von unseren Genossen in den Betrieben die Gründung von Hundertschaften beschlossen.

Gayk meint, dass die andern uns schon heute überlegen sind. In Schleswig-Holstein habe der Gegner bereits organisierten Saalschutz. Wir müssten uns die Polizei sichern und jede sonstige militärähnliche Organisierung verbieten.

Eichler glaubt ebenfalls, dass Polizei und Justiz unzuverlässig sei[en]. Das Verfassungsschutzgesetz scheine ihm zu viel Schutz für die radikalen Bewegungen zu geben.

Henßler ist der Meinung, dass wir versuchen müssen, mit der Angelegenheit gesetzlich fertig zu werden. Ebenso müssten wir klären, wer den Genossen hilft, die zu Schaden kommen bei der Abwehr.

---

5 In der Vorlage „Anlage".

6 Fritz *Tejessy* (1895-1964), geb. in Brünn (Mähren), SPD-Redakteur in Kassel, Leiter d. Personal- u. Disziplinarabteilung im preuß. Innenministerium, 1932 entlassen, 1933 Emigration (CSR, Schweden, USA), Sept. 1949 Rückkehr, Leiter d. Verfassungsschutzes im Innenministerium von NRW.

Schumacher stellt drei Punkte als für uns wesentlich heraus:

1. Sozialdemokratische Polizeipolitik (Personalpolitik)
2. Die Sammlung von Nachrichten
3. Die politische Auswertung der Nachrichten.

Er möchte warnen vor Gewerkschaftshundertschaften, da wir dabei die KP mit hineinbekämen.

Das Problem, wer den geschädigten Genossen hilft, bedarf einer Lösung.

Die Polizei ist unzuverlässig, die Justiz ist gegen uns.

Wir brauchen die Schutzgesetze.

Die Reichsbannerideologie müssen wir ausschalten, denn nur Genossen dürfen in die Abwehraktionen einbezogen werden.

Menzel erklärt, dass wir in den Ländern in der Gesetzgebung nicht aktiver werden können, da Bundeskompetenz vorliegt. Wir brauchten in Hannover ein Referat für Rechtsschutz.

Die Justiz, insbesondere die Minister, müssten besser durch die Landtage kontrolliert werden.

Reuter führte aus, dass es in Berlin keine eigentliche Rechtsgefahr gäbe.

Er habe große Schwierigkeiten mit den Amerikanern, weil er der Polizei Anweisung auf Verbot der SED-Versammlungen gegeben habe. Wir brauchten Schutzgesetze sehr dringend. Der Bundesjustizminister [Thomas *Dehler*] ist offenbar seiner Aufgabe nicht gewachsen.

Knoeringen bittet um eine Stellungnahme zum Problem der ehemaligen Wehrmachtsoffiziere, die bei uns Verbindung suchen. Es sei zu klären, ob wir den Kontakt mit diesen Kreisen fördern sollten.

Schmid begrüßt, dass *Knoeringen* dieses Problem ansprach und meint, dass wir darüber auch im PA sprechen sollten. Der Kontakt mit HJ-Führern und Ritterkreuzträgern sei von ihm schon lange gefördert worden. Wir sollten darüber ein mutiges Wort nach draußen sprechen.

Heine ist dafür, dass wir ein Wort an die Jugend richten, wenngleich er anderer Auffassung über die HJ-Führer ist.

Schumacher fordert, dass den Heimkehrern aus der Kriegsgefangenschaft eine besondere Betreuung zuteil werde, denn es stimme ja nicht, dass sie nach einer kurzen Übergangszeit kein Problem mehr seien.

Es sei jetzt zu klären, ob morgen im PA das Selbstschutzproblem[7] oder die Jugendgewinnung herausgestellt werden solle. Er meine, dass das Erstere zu betonen sei, aber das zweite Problem auch genannt werden müsse. Er glaube, dass man den jungen Menschen die Entschuldbarkeit des Irrtums zugestehen müsse. Wir könnten uns nicht von der Partei zur Sekte zurückentwickeln.

Ollenhauer erklärt abschließend, dass das Heimkehrergesetz mit den Gen. im Ausschuss noch beraten werden müsse. Zum HJ-Problem habe er die Auffassung wie *Schumacher* und *Schmid*. Er glaube jedoch nicht, dass es klug wäre, jetzt in einer Verlautba-

---

7 Schumacher behandelte in seiner Rede sehr ausführlich diese Frage, vgl. Prot. B., S. 362.

rung unseren Standpunkt zu veröffentlichen. Wir dürften nicht außer Acht lassen, dass die SPD die Partei der Opfer des Faschismus bleiben müsse. In Hamburg würde während des Parteitages von den Falken eine Jugendkundgebung veranstaltet werden, und er rege an, dass Kurt Schumacher auf dieser Kundgebung zu dem Problem einige Ausführungen macht.

Diese Woche werden das Gesetz gegen die Feinde der Demokratie und das Wiedergutmachungsgesetz in erster Lesung behandelt werden. Unsere und die Regierungsentwürfe werden in die Ausschussberatungen kommen, und es bestehen Aussichten zu einem Übereinkommen.

Die geplante Informationsabteilung beim PV wird eine Fülle an Material und Erfahrungen aus der Partei herausholen können. Eine ähnliche Arbeit des PV 1932 war offensichtlich zu einem viel zu späten Zeitpunkt getätigt worden. Weiter müssen die Zusammenarbeit mit den Innenministern geplant und die Abwehrmaßnahmen erörtert werden. Er glaube, dass eine solche Beschlussfassung auch eine große psychologische Wirkung auf die Partei haben werde.

Zu **Punkt 2** der Tagesordnung (**Europarat und Saarfrage**)

Ollenhauer teilt mit, dass unsere Saardenkschrift jetzt auch gedruckt herausgebracht werden wird.[8] Die Frage des Beitritts zum Europarat sei noch keineswegs entschieden. Adenauer sei, im Gegensatz zu *Schumacher*, in seiner Saarerklärung darauf gar nicht eingegangen. Es sei jetzt Sache der anderen Seite, Vorschläge zu machen, wenn Deutschlands Mitarbeit im Europarat als notwendig angesehen wird.

Inzwischen habe *Kaisen* auch in dieser Frage wieder öffentlich seine abweichende Meinung kundgetan. Wir müssten davon ausdrücklich abrücken.

Knothe erklärt, dass gegen den Genossen *Gerold*[9] ein Parteiverfahren beantragt würde, da er die *Schumacher*-Rede in der „Frankfurter Rundschau" in einem parteischädigenden Sinne kommentiert habe.

Meitmann teilt mit, dass Koos *Vorrink* sich der Haltung der SPD in der Saarfrage auf der COMISCO-Sitzung anschließen werde, jedoch nicht einsehen wolle, dass die Verweigerung des Beitritts zum Europarat damit verknüpft werden müsse.

Kriedemann habe auf einer Tagung mit holländischen Genossen eine abweichende Auffassung zum Saarproblem getan.

Schumacher meint, dass der von *Kriedemann* vor den Holländern vertretene Standpunkt, dass man nicht mit dem Kopf durch die Wand [rennen könne][10], in dem Kreise unangebracht war.

---

8 Die von Gerhart *Lütkens* und Ernst *Roth* im Auftrage des Vorstandes der Bundestagsfraktion der SPD verfasste Denkschrift für die Konferenz der Sozialistischen Parteien in Hastings wurde zusammen mit der Bundestagsrede Schumachers vom 10. März und einigen kürzeren früheren Erklärungen der SPD zur Saarfrage als Broschüre des Parteivorstandes mit dem Titel „Die Sozialdemokratie und das Saarproblem" publiziert.

9 Karl *Gerold* (1906-1973), geb. in Württ. als Sohn e. Arbeiters, Schlosserlehre, nach 1922 Funktionär d. SAJ, später d. SPD u. d. DMV, 1933 Widerstandstätigkeit, Ende 1933-45 Emigration (Schweiz), 1946-73 Lizenzträger, Mitherausgeber u. Chefred. d. FR, 1952 Austritt aus d. SPD.

10 In der Vorlage „renne".

Kriedemann dementiert, sich in diesem Sinne geäußert zu haben.

Henßler meint, dass *Schumacher* nicht von Auflösungstendenzen sprechen solle, wenn einige Genossen abweichende Meinungen vertreten.

Gayk teilt mit, dass *Kriedemann* auch in Kiel vor den Agrarpolitikern seine abweichende Meinung in der Saarfrage zum Ausdruck gebracht habe.

Lütkens führt aus, dass er die Koppelung der Saarfrage mit dem Eintritt in den Europarat für richtig halte. Wir sollten die Bruderparteien nicht dahin ausweichen lassen, dass ja in Straßburg die Saarfrage nochmals diskutiert werden könnte. – Die Unterkommission des Deutschen Europarates versucht jetzt, einen Beschluss auf sofortige Beteiligung in Straßburg durchzubringen.

Ollenhauer erklärt, dass wir in der COMISCO auf eine Untersuchung über die Voraussetzungen des Beitritts des Saargebietes drängen werden.

Im übrigen sei es unerlässlich, dass PV-Mitglieder zu den gefassten Beschlüssen stehen. *Kriedemann* habe auch auf einer Funktionärskonferenz in Hameln seine abweichende Meinung dargestellt.

Schumacher erklärt auf eine diesbezügliche Frage **Kriedemanns**, dass die Darstellung einer abweichenden Meinung vor einem kleinen Kreis von Wahlkreisfunktionären allenfalls vertretbar sei, wenn gleichzeitig die Auffassung des PV mit einer ausreichenden Motivierung gegeben würde.

Zu **Punkt 3** der Tagesordnung (**Deutscher Außendienst**)

Lütkens führt aus, dass der Außendienst sich nicht aus *Erhards* Wirtschaftsministerium entwickeln, sondern in der Bundeskanzlei aufgebaut würde. Das ERP- und das Kaiser-Ministerium versuchten allerdings, sich einzuschalten. Es gäbe bisher in der Kanzlei 4 Stellen, nämlich:

1. Verbindungsstab
2. Organisationsbüro (für Personal)
3. Ausbildungsbüro (in Speyer unter *Pfeiffer*)
4. Das Friedensbüro in Stuttgart soll ein halboffizielles Institut werden, obgleich der Haushaltsausschuss es bisher ablehnte.

Er habe vorgeschlagen, dass die Abteilung für Außenpolitik an der Hamburger Universität statt des Friedensbüros eingeschaltet werden solle. Zwei kulturelle Abteilungen und eine Konsularabteilung sollen demnächst eingerichtet werden.

Die Beschickung der Auslandsposten wird jetzt aktuell. Der Staatsrat *Haas*[11] aus Bremen ist Personalchef. Der Kreis der ehemaligen Mitarbeiter des Auswärtigen Amtes ist außerordentlich gering, und auf die wenigen, die da sind, wird man nicht verzichten können.

---

11 Wilhelm *Haas* (1896-1981), Sohn e. Bremer Kaufmannsfamilie, Studium d. Rechts- u. Staatswiss., Dr. jur., Diplomatische Laufbahn, 1937 als Handelsattaché in Tokio wg. s. jüdischen Frau zwangspensioniert, 1947 Leitung d. Bremer Staatskanzlei, 1950/51 Leiter d. Abt. Personal u. Verwaltung d. AA in Bonn, 1952 Dt. Botschafter in d. Türkei, 1955 in Moskau, 1958-61 in Japan, gestorben in Bremen.

Inzwischen wurde für London als Generalkonsul der Abgeordnete Dr. *Oellers* in Aussicht genommen.

Schumacher fasst zusammen, dass die Bundesregierung nach diplomatischer Vertretung verlangt und dabei auf die Ablehnung der Alliierten stößt. Die FDP soll London, die CDU Paris und Washington besetzen. Wir müssen also entscheiden, ob wir uns noch für die kleinen Ämter interessieren sollen.

Bezüglich *Oellers* sollten wir öffentlich erklären, dass er nicht der geeignete Vertreter Deutschlands in London sein könne.

Ollenhauer stellt abschließend fest, dass wir folgendes erklären sollten:[12]

Der PV halte es nicht für richtig, dass die Besetzung wichtiger Positionen ganz vorherrschend unter dem Gesichtspunkt der Berücksichtigung von Wünschen der Regierungsparteien erfolge. Der mit diesem Verfahren verbundenen Gefahr wurde sich die SPD besonders bei der Nennung des FDP-Abgeordneten Dr. *Oellers* zum Generalkonsul in London bewusst, den die SPD als in keiner Hinsicht geeignet und tragbar anerkennen könne.

Der Fraktionsvorstand soll sich deswegen nochmals an *Adenauer* wenden.

Zu Punkt 4 (Werbeaktion der Partei)

Heine referiert über die Vorbereitung einer zentralen Werbeaktion (siehe Anlage [4][13]). Die Bezirkssekretäre sollen zuvor zu einer Konferenz zusammentreten. Die Werbeaktion solle Oktober/November stattfinden.

Ollenhauer stellt nach kurzer Diskussion Übereinstimmung mit den vorliegenden Richtlinien fest. Die Bezirkssekretärkonferenz wird Anfang April tagen.

Nau gibt bekannt, dass nur 5 % der Mitglieder einen höheren Beitrag als 1,– DM zahlen. Nur 7,6 % aller Haushalte der Parteigenossen haben ein Einkommen über 350,– DM.

Zu Punkt 5 der Tagesordnung (Die bevorstehenden Landtagswahlen)

Ollenhauer bringt in Erinnerung, dass mit wenigen Ausnahmen Doppelmandate als nicht zulässig erklärt wurden.

Der Umstand, dass die Justiz Länderangelegenheit ist, macht es erforderlich, dass wir zur Kontrolle der Justiz fähige Juristen in die Landtage delegieren.

Henßler berichtet, dass in Nordrhein-Westfalen der 18.6. als Wahltermin in Aussicht genommen sei. Die gegenwärtige Mehrheit CDU/Zentrum wünscht vor den Wahlen die Verabschiedung der Verfassung, um die Kulturbestimmungen durchzubringen. Die Stimmung in unserer Partei sei durchaus kämpferisch, und er glaube, gute Hoffnungen hegen zu dürfen.

Gayk teilt mit, dass für Schleswig-Holstein die Wahlen etwa Anfang Juli angesetzt werden. Er glaube nicht, dass der Bürgerblock zur Macht kommen könne, obgleich er

---

12 Die folgende Erklärung wurde wörtlich ins Kommuniqué übernommen, vgl. Anlage 1 A.
13 In der Vorlage „1". Als Anlage „1" befindet sich in den Beilagen eine neunseitige hektographierte Ausarbeitung mit dem Titel „Vorbereitung einer zentralen Werbeaktion", die hier als Anlage 4 abgedruckt wird.

das Wahlgesetz durch Aufstellen von Strohmännern umgehen kann. Es bedürfe jedoch der zentralen Unterstützung im Wahlkampfe.

Knothe gibt bekannt, dass in Hessen im Oktober gewählt wird. Er glaube, dass die Politik in Bonn sich für uns günstig auswirken würde. Unsicher sei die Haltung der Flüchtlinge.

Knoeringen teilt mit, dass in Bayern im November gewählt wird. Die CSU wird ihre Mehrheit nicht behalten können, nachdem die Bayernpartei gebildet wurde. *Loritz* wird durch seine Tätigkeit den Flüchtlingssektor weiter aufspalten. Die KP wird in vielen Kreisen wegen Nichterreichung der 10 % ausfallen. Unsere Partei wird vielleicht mit *Hoegner* Schwierigkeiten haben.

Schoettle erklärt, dass in Württemberg-Baden voraussichtlich im Oktober gewählt werden wird. Wegen der Verzögerung der Südweststaatbildung[14] wird Württemberg-Baden wahrscheinlich nochmals allein wählen. Es könne damit gerechnet werden, dass die Notgemeinschaft unter *Ott* und *Mattes*[15] unter den Flüchtlingen und Bombengeschädigten weiteren Anhang finden wird. Unsere Partei ist z.T. belastet durch die Entnazifizierung unter *Kamm*[16] bzw. durch den letzten Entnazifizierungsskandal. Die DVP wird sich besonders an die ehemaligen Pg's wenden. Die Personalpolitik in unseren Ministerien war nicht sehr glücklich. Er glaube, dass unsere Partei geschwächt aus dem Wahlkampf hervorgehen werde.

Bögler teilt mit, dass für Rheinland-Pfalz die Legislaturperiode Anfang 1951 ablaufe, aber es seien Bestrebungen vorhanden, schon früher zu wählen. Die CDU möchte noch im Frühsommer wählen, bevor die ungünstigen Auswirkungen der Adenauer-Politik sich bemerkbar machen. Ein Versuch der CDU auf Einführung des Mehrheitswahlrechtes konnte abgewehrt werden.

Neumann teilt mit, dass für Berlin der Wahltermin noch offen sei, da man nicht wisse, ob die alte oder die neue Verfassung z.Z. gilt. In der Partei gingen die Meinungen über das Wahlrecht auseinander.

Ollenhauer fordert anschließend auf, dass die Genossen in den Ländern sich jeweils rechtzeitig an den PV wenden, um zu einer Koordinierung der Wahlkämpfe zu kommen.

Punkt 6 der Tagesordnung (Rheinland-Pfalz)

Bögler führt aus, dass der Artikel 29[17] des Grundgesetzes die Diskussion über die Neugliederung habe neu aufleben lassen. Rheinhessen wünscht eindeutig Anschluss an Hessen, ebenso Montabaur. Die Pfalz wünschte vor einem Jahr eindeutig Anschluss an den Südweststaat. Heute dürften nur noch 50 % dafür sein, da die Bayernpropaganda ständig an Boden gewinne. Die Franzosen versuchen, durch die Hauptstadtverlegung nach Mainz das Land zusammenzuhalten. Die FDP will ein Volksbegehren beantragen, dem wir uns nicht entziehen können.

---

14 Die schon seit längerem geplante Zusammenlegung der nach dem Kriege gebildeten vier Länder.
15 Wilhelm *Mattes* (1892-1952), Dr. rer. pol., DVP, 1921-33 MdL (Baden), 1950-52 LVors Dt. Gemeinschaft/BHE, MdL (Württ.-Bad.).
16 Zu Gottlob *Kamm* (1897-1973) vgl. PV-Protokolle Bd. 1, S. LXXV.
17 Art. 29 GG regelte eine eventuelle Neugliederung des Bundesgebietes.

Schumacher erklärt, dass er den vorgetragenen Thesen nicht widersprechen könne.

Adenauer würde auf die Bundesratsstimme von Rheinland-Pfalz gern verzichten, weil der Anschluss von Koblenz-Trier an Nordrhein-Westfalen ein schwarzes Übergewicht erbringen würde. Das wäre für die SPD eine entscheidende Niederlage.

Ollenhauer stellt fest, dass der PV sich mit dem Problem befassen müsse, sobald eine neue Situation entstände, da die Auswirkungen sich nicht auf die drei beteiligten Bezirke beschränken würden.

Punkt 7 der Tagesordnung (Soziale Arbeitsgemeinschaft)[18]

Ollenhauer teilt mit, dass unser Beschluss über Bildung der sozialen Arbeitsgemeinschaften bei den Gewerkschaften ein positives Echo gefunden habe. Für den Ausschuss beim PV seien in Aussicht genommen die geschäftsführenden sozialdemokratischen Mitglieder des DGB-Vorstandes und die sozialdemokratischen Mitglieder der Verbandsleitungen. Zuvor solle jedoch mit *Böckler* darüber eine Vereinbarung getroffen werden. Eine der ersten Aufgaben wird die Behandlung des Problems DGB-DAG sein.

Zu Punkt 8 der Tagesordnung (Wahl der Mitglieder des zentralen Jugendausschusses)

Franke gibt die eingegangenen Vorschläge bekannt:
Werner *Buchstaller,* Heinz *Pöhler,* Walter *Haas* für die Jungsozialisten.
Gerhard *Schröder, Margret Wittrock, Nes Ziegler* f. d. Studenten.
Erich *Lindstaedt,* Heinz *Westphal,* Lorenz *Knorr* für die Falken.
Paula *Karpinski,* Fritz *Borinski,* Martha *Schanzenbach* als Vertreter der öffentlichen Jugendpflege.

Der PV stimmt diesen Vorschlägen zu.

Zu Punkt 9 der Tagesordnung [Berichte]

Franke berichtet über den Austritt der Nichtkommunisten aus der VVN und die Gründung der BVN. Diese BVN trat an uns wegen des Beitritts und Beteiligungen der Zeitung „Zwanzigstes Jahrhundert" heran. Wir lehnten ab.

Schoettle berichtet über die Bürgermeisterreisen in die Ostzone (*Klett*[19] und *Hirn*).

Ollenhauer stellt fest, dass wir unsere Ablehnung dazu im Kommuniqué zum Ausdruck bringen sollten.[20]

Punkt 10 der Tagesordnung: Nächste Sitzung des PV am 17.4. in Bonn

---

18 Zum Thema „Soziale Arbeitsgemeinschaften" befindet sich in den Beiakten ein dreiseitiges eng beschriebenes Rundschreiben des Betriebssekretärs Siggi Neumann vom 22.2.1950, über „Zweck und Ziel" sowie die „Organisation" der neuen Arbeitsgemeinschaft, das hier als Anlage 5 abgedruckt wird.

19 Arnulf *Klett* (1905-74), geb. in Stuttgart als Sohn e. evang. Pfarrers, Dr. jur., Anwalt in St., 1945-74 OB von Stuttgart (parteilos).

20 Im Kommuniqué wird dazu ausgesagt: „In letzter Zeit mehren sich Einladungen ostzonaler Stellen an führende politische Persönlichkeiten Westdeutschlands. Der Parteivorstand war sich einig, dass Sozialdemokraten solchen Einladungen, die sämtlich durchsichtigen politischen Zwecken dienen, nicht folgen sollten."

[B] Sitzung des Parteivorstandes, des Parteiausschusses und der Kontrollkommission am 14.3.1950 in Bonn

[A]: AdsD: 2/PVAS000697 (maschinenschriftl. Prot,. mit handschriftl. Ergänzungen, 1 S);
[B]: AdsD: 2/PVKSAA000050 (Rede Schumachers in der gemeinsamen Sitzung von PV, PA und KK am 14.3.1950 (Hektogr. Ex., 32 S)

Leitung der Sitzung: Erich Ollenhauer
Anwesend: siehe Liste

[Teilnehmer /Teilnehmerinnen, nach Funktionen geordnet[21]:

PV:[22] *Schumacher, Ollenhauer;*
Franke, Gotthelf, Heine, Kriedemann, Nau;
Bögler, Eichler, Fischer, Gayk, Görlinger, Gross, Henßler, Kaisen, Knoeringen, Meitmann, Menzel, Neumann, Schmid, Schroeder, Selbert

PA

BRAUNSCHWEIG: *M. Fuchs*

FRANKEN (Nürnberg): *M. Seidel, K. Strobel*

GROSS - BERLIN: K. *Mattick,* O. *Suhr,* I. *Wolff*

HAMBURG- NORDWEST: *P. Karpinski, A. Keilhack*

HANNOVER: M. *Prejara,* H. *Striefler*

HESSEN- Frankfurt: L. *Beyer,* R. *Menzer*

HESSEN- Kassel: *R. Freidhof*

NIEDERRHEIN (Düsseldorf): H. *Runge,* T. *Wolff*

OBERPFALZ-NIEDERBAYERN (Regensburg):

OBERRHEIN (Köln): *Schirrmacher*

ÖSTL. WESTFALEN (Bielefeld): (*Gross,* auch PV)

PFALZ (Neustadt/ Haardt): *Gänger, Kuraner*

RHEINHESSEN (Mainz): *Markscheffel*

RHEINLAND-KOBLENZ-TRIER (Koblenz): *Bettgenhäuser*

SCHLESWIG-HOLSTEIN (Kiel): M. *Kukielczynski,* E. *Linden*

SCHWABEN (Augsburg): A. *Frenzel*

SÜD-BADEN (Freiburg i. Br.): R. *Jäckle*

SÜDBAYERN (OBERBAYERN, München)*: L. Kinzel*

SÜD-WÜRTTEMBERG (Tübingen): (*Schmid,* auch PV)

UNTERFRANKEN (Würzburg): E. *Schumacher*

WESER-EMS (Oldenburg): E. *Kraft*

WESTL. WESTFALEN (Dortmund): *Wenke*

WÜRTTEMBERG-BADEN (Stuttgart): *Denker*

---

21 Die folgenden Angaben wurden der Anwesenheitsliste in den Beiakten zum Protokoll und Angaben im Protokoll entnommen; für die Teilnehmer an allen gemeinsamen Sitzungen 1948-50 vgl. Anhang 2.

22 Von den Mitgliedern des PV waren *Albrecht, Baur, Görlinger* und *Kaisen* nicht anwesend; Gross, *Heine, Nau, Reuter* und *Schmid* trugen sich nur in die Anwesenheitsliste der Vorstandssitzung ein. Der in der Vorstandssitzung aktive *Menzel* trug sich in keine Anwesenheitsliste ein.

KK: *Schönfelder, Damm, Steffan, Ulrich, Wittrock*
Vertreter der BT-Fraktion: *Lütkens*
Mitarbeiter d. PV: *Gerstung,* [Dr. Christian] *Gneuss, Heike[23], Kube[24], Lindstaedt, Pass, Thomas, Zimmer*

Tagesordnung:
   1) Die Politik der Sozialdemokratischen Partei Deutschlands
   2) Vorbereitung des Parteitages
   3) Stellungnahme zum Organisationsstatut

Punkt 1 der Tagesordnung (**Die Politik der Sozialdemokratischen Partei Deutschlands**)

Kurt Schumacher[25]

Genossinnen und Genossen! Meine Aufgabe ist es, aus einer Untersuchung der Verhältnisse, wie sie jetzt sind, eine Reihe praktischer Schlussfolgerungen zu ziehen. Wir dürfen uns dabei nie in die Illusion verlieren, dass etwas theoretisch richtig und praktisch falsch sein könnte oder umgekehrt, sondern wir müssen versuchen, unsere politische Linie auch in den Haupttendenzen der Einzelaktionen zu festigen, ihr ein Ziel zu geben.

Das Problem der heutigen Zeit in diesem Stadium der Entwicklung ist, glaube ich, Nerven zu behalten. Wir sind heute in einer Situation, in der uns so viel guter Wille und so viel Zutrauen in der Partei und in den Randschichten um die Partei herum hinzukommt. Aber, um nicht missverstanden zu werden: Ich rede dem Opportunismus gegenüber Massenstimmungen nicht das Wort. Aber, Genossen, man muss wissen, dass der Opportunismus gegenüber solchen Massenstimmungen genau so viel und so wenig entschuldbar ist, wie er gegenüber anderen Machtfaktoren der Politik entschuldbar ist, sagen wir einmal, den Alliierten oder gegnerischen klassenmäßigen oder politischen Gruppierungen. Wir wollen uns möglichst davon entfernen und sehen, was psychologisch und praktisch noch erreichbar ist, wenn wir das tun, was wir aus dem geschichtlichen Ablauf der Dinge für das Notwendige halten.

[Schwere Krise der Weltpolitik][26]
   Da muss ich folgendes sagen. Vielleicht war die Situation in den letzten Jahren bei manchen Krisen in der Weltpolitik noch nie so schwer wie heute. Ihr seht, dass diesmal

---

23 Otto *Heike* (1901-90), 1928-36 Bez.Sekr. d. Dt. Sozialist. Arbeiterpartei in Polen, 1948-56 Mitarb. d. PV/ Red. d. Ztschr. Sopade in Hannover/ Bonn.
24 Willy *Kube* (1905-86), seit 1947 Mitarbeiter des PV in Hannover-Bonn, zuletzt Leiter der Finanzabteilung.
25 Die Rede Schumachers wird im folgenden nach dem im AdsD: PV/Bestand K. Schumacher 50 erhalten gebliebenen vollständigen Redetext abgedruckt. Im Protokoll lediglich Hinweis auf eine als „Anlage" vorhandene „Schumacher-Rede" - wahrscheinlich dieser Redetext. Im Anschluss an das Kommuniqué der Vorstandssitzung wurden im Sozialdemokratischen Pressedienst Auszüge aus der Rede publiziert, die hier als Anhang 1 B abgedruckt werden. Große Teile der Rede wurden auch in der Parteikorrespondenz publiziert: Sopade/ Querschnitt Nr. 896 v. April 1950, S. 42-48 (Ü: „Dr. Schumacher über Europapolitik und Neofaschismus"). Diesem Abdruck entstammen die meisten Zwischenüberschriften.
26 Die folgenden Zwischenüberschriften mit eckigen Klammern stammen vom Herausgeber.

auf Wunsch der westlichen Alliierten die Eventualität einer Vier-Außenminister-Konferenz herannaht. Das gibt natürlich diesen westlichen Alliierten keine übermäßig starke Position, und im Gegensatz zu der Zeit vor einem halben und dreiviertel Jahr ist die Position der Sowjetunion in der Weltpolitik heute außerordentlich. Ich brauche bloß das Wort China zu sagen und bloß daran zu erinnern, dass die Klammer, die von China nach Süden geht, Indien umklammern kann, also eine große weltpolitische Bedeutung hat. Und es weiß auf der anderen Seite niemand, welchen Grad der inneren Festigkeit und Kontinuität die Westmächte gegenüber den Sowjets haben. Mit anderen Worten: Wir sind darauf angewiesen, da wir diese Dinge nicht maßgeblich beeinflussen können, ein Maximum von Zutrauen bei unseren Leuten, bei unserem Volk zu haben, um überhaupt international und national tätig zu werden. Denn wenn Dinge ins Rutschen gebracht werden, auch wenn sie später wieder aufgehalten werden, es kommt aber einmal ein großer Komplex ins Rutschen und wir wackeln selber hin und her, dann ist es vorbei.

Seht einmal: Die *Stimmung für Deutschland* hat sich in der letzten Zeit *nicht verbessert*. Es wäre falsch zu sagen, sie habe sich deswegen nicht verbessert, weil, wie ja manchmal zu lesen ist, die Sozialdemokratie eigenwillig oder trotzig sei - das ist ein Faktor fünfter oder sechster Güte -, sondern sie hat sich in erster Linie verschlechtert, weil ein neues *Aufkommen der Illusionen gegenüber Sowjetrussland* als Resultat einer etwas defätistischen Stimmung gegenüber den Möglichkeiten eines Krieges bei den Angelsachsen, speziell bei den Amerikanern, zu verzeichnen ist. Weiterhin hat sie sich verschlechtert, weil in Deutschland die Hilfe der Welt, vor allen Dingen der Vereinigten Staaten, zu einem Prozess der Bereicherung ausgenutzt worden ist. Und so etwas sieht niemand gern geschehen mit seinem Geld, „auch" wenn er Kapitalist ist. Wenn er Kapitalist ist und der Prozess der Bereicherung eintritt, dann denkt er an seine eigene Bereicherung und nicht an die Bereicherung anderer Leute aus seiner Tasche.

So, Genossen, müssen wir die Lage mit vollem Ernst betrachten. Natürlich ist die Gutwilligkeit und die Kenntnis der Verhältnisse in Europa auch ein starker Faktor. Aber man muss nicht glauben, dass dieser Faktor so absolut sicher vor dem Wackeln ist, auch selbst dann, wenn er sich durchsetzt. So sind wir jetzt in einer Situation, die die Verantwortlichen der deutschen Politik leider bisher noch nicht begriffen haben. Vielleicht ist es ganz gut, in diesem Kreise eine solche Auffassung, wie sie bei uns im Fraktionsvorstand in der praktischen Politik im Bundestag und auch im Parteivorstand im allgemeinen vorhanden ist, den Genossen mitzuteilen.

Sozialdemokratie und Koalitionsparteien[27]

Ich stehe auf dem Standpunkt: Verachte keinen Feind; auch der kleinste kann uns nützen. Aber, Genossen, es ist manchmal sehr schwer, gerecht zu sein bei der Betrachtung der Exponenten unserer Gegner.

Wir haben einen eigentlich politischen Typ mit ausreichenden politischen Sachkenntnissen in der ganzen Führungsschicht unserer Gegner nicht. Lassen Sie mich ein

---

27 Die Zwischenüberschriften ohne Klammern wurden dem Abdruck in der Sopade-Parteikorrespondenz entnommen.

offenes Wort sprechen: Das ist ein Unglück für die Sozialdemokratie, dass wir geistig und in der großen Konzeption nicht ausreichende Gegner in den gegnerischen Parteien haben, woran sich unsere Gedankenwelt und unser Elan entzünden könnten. Ich spreche dem Bundeskanzler den, ich möchte sagen, Geruch, die Witterung für die Macht und die praktisch - taktische Erfahrung nicht ab; aber seine Position ist die Position des Beharrenden, der verteidigt und aus der bloßen Verteidigung, die nichts ändern will, zwangsläufig in die Konzeptionslosigkeit hineinkommt. Außerdem fehlen ihm - aber das ist nicht für die Öffentlichkeit gesagt - leider die materiellen Kenntnisse der Politik bei aller Kenntnis der Handhabung speziell der personalpolitischen Methoden. Eine Reihe seiner Minister sind mehr oder weniger tüchtige Fachleute; einige seiner Minister sind ausgesprochen untüchtige Nichtfachleute. So erleben wir es nun, dass dieses Gremium, gestützt auf die Mehrheit im Parlament, die Probleme so durchdiskutiert, dass sie oft zwischen Regierung und Opposition ausgetragen und damit der Elan der Gegner gegen die Opposition entfesselt wird, und zwar auch dort, wo die Probleme zwischen Regierung und Parlament ausgetragen werden müssten. In diesem halben Jahr ist bisher ein deutliches Anzeichen für das Aufkommen eines Wertbewusstseins des Parlaments noch nicht festzustellen gewesen. Das ist eine der großen Hypotheken, die auf unserer Entwicklung lasten. Man muss sich doch über folgendes im Klaren sein. Der moderne Massenstaat mit dieser Enormität der oft durch ihr Lebensschicksal und ihre Stellung im Produktionsprozess etwas normalisierten ungeheuren Massen von Menschen hat nur zwei Möglichkeiten. Wir haben entweder die diktatorische - wohin dies bei einem Land wie Deutschland führt, zeigen die Trümmer und das Schicksal der Flüchtlinge -, oder wir haben die radikale parlamentarische Demokratie. Aber ohne dass ich diese Demokratie jetzt radikal parlamentarisch ins Uferlose ausmünden lassen möchte, muss ich doch sagen: Man hat gegenüber dieser Notwendigkeit eine solche Menge von Sicherungen eingebaut und möchte sie durch die Praxis weiter einbauen, dass das Prinzip der parlamentarischen Demokratie in Deutschland ja gar nicht zum Funktionieren kommt. Wenn wir damals, als wir uns 1945 zum ersten Mal trafen, mit einer gewissen Bitterkeit aber Richtigkeit gesagt haben: Dieses Deutschland der Weimarer Republik ist nicht an einem Zuviel, sondern an einem Zuwenig von Demokratie zugrunde gegangen, so muss man jetzt sagen: Dieses Deutschland wird so schwer funktionsfähig aus dem Zuwenig an Demokratie.

Drei Aufgaben in unserer praktischen Politik

Seht einmal: Wir haben doch drei Aufgaben in unserer praktischen Politik, wenn wir die große Idee der unverzichtbaren deutschen Einheit hineinstellen, von der allein ein wirklich gesundes Europa und nicht ein Europa der atlantik-taktischen Situation bestehen kann. Diese drei Aufgaben sind folgende.

Erstens müssen wir gegenüber der staunenden Welt im Osten zeigen: Hier auf deutschem Boden gibt es wirkliche Demokratie und nicht autoritäres Gehabe. Und jetzt, Genossen, prüft die Vorgänge der letzten Zeit unter dem Gesichtspunkt dieser Notwendigkeit.

Zweitens müssen wir darauf hinweisen können: Dieses Deutschland genießt aus dem Geiste der internationalen Solidarität der Demokratie heraus so viel Entgegenkommen und Vertrauen bei den westlichen Alliierten, dass es respektvoller, und zwar sichtbarlich respektvoller und mit mehr Achtung vor der Existenz des deutschen Staates behandelt wird als jedes östliche Volk. Genossen, das ist im beschränkten Umfang ja auch der Fall; aber das Sichtbare, gemessen an dem Umfang, wie es da und dort zur Kenntnis der Massen der Staatsbürger kommt, spricht eine andere Sprache. Ohne Zweifel haben die westlichen Alliierten auf diesem Gebiete eine Reihe von entscheidenden schweren Fehlern gemacht.

Und das Dritte ist, dass die Menschen im Osten, von denen wir wissen, dass ihre Arbeitsleistung nicht bezahlt wird und dass ihr Lebensstandard ihrer Leistung im Produktionsprozess nicht entspricht, wohl von Staunen und Neid auf Westdeutschland sehen, dass aber die Menschen in Westdeutschland immerhin noch unter so vielen sozialen Benachteiligungen und Ungerechtigkeiten leiden, dass das Bewusstsein, in einem Staate zu leben, der wenigstens die Tendenz zur sozialen Gerechtigkeit hat, in Westdeutschland nicht vorhanden sein kann und dadurch auch dieser dritte Punkt der Attraktivkraft gegenüber dem Osten schwach genug ist.

Wenn wir unter dem Gesichtspunkt der Stärkung dieser drei Punkte unsere Aufgabe der nationalen Einheit und der europäischen Vereinheitlichung betrachten, müssen wir sagen: Wir wären mit größter Zähigkeit bereit, alle die Nachteile, alle die unerfüllten Wünsche auf diesen Gebieten zu entschuldigen, zum Teil sogar zu verteidigen, wenn wir das Bewusstsein hätten, dass die internationalen und die nationalen Faktoren uns Situationen aufzwingen, die als Konsequenzen der Niederlage eines Systems, das wir in der Weimarer Republik nicht haben verhindern können, unvermeidlich sind. So viel innere Gerechtigkeit und so viel Realismus lebt wohl in uns.

[Kampf gegen das Unnötige]

Wogegen wir aber kämpfen müssen, ist nicht das Unvermeidliche, sondern das schauerlich Unnötige, das die schlimmsten psychologischen und taktischen Hypotheken auf unsere Politik legt. Wenn wir gerade von der Politik des Unnötigen sprechen, dann wissen wir ja: Wir haben diese Dinge in den letzten vierzehn Tagen grausam vorexerziert bekommen. Genossen, bedenkt einmal folgendes: erstens die Art der absoluten Nichtachtung und der Respektlosigkeit vor der demokratischen Idee der Selbstbestimmungsrechte der Völker, in der die Saarfrage fünf Jahre nach dem Kriege weiter behandelt worden ist. Zweitens: der Prozess der Umsiedlung der deutschen Bewohner Polens nach Westen und die Art, wie die westlichen Alliierten und ein Teil der deutschen Öffentlichkeit darauf reagieren. Drittens: die Dinge der Demontage, die bei Töging schon schlimm genug aussehen und bei Watenstedt - Salzgitter eine Katastrophe bedeuten und die ja nach dem amtlichen Wortlaut in Wirklichkeit nichts weiter sind als die Abschöpfung „überflüssiger" Produktionskapazitäten; diese Überflüssigkeit wird sich doch erst in den nächsten Jahren erweisen; denn wir haben ja die Stahlquote noch gar nicht bis zur letzten Konsequenz ausdiskutiert. Viertens: die Art, wie die Franzosen und jetzt die Amerikaner das

Gesetz Nr. 75 behandeln. Man muss ja sagen, dass aus den geschichtlichen und taktischen Situationen gewisse Verluste auf dem Gebiet des politischen Vertrauens unvermeidlich sind; aber es ist bedauerlich, dass man jetzt zusätzlich bemüht ist, auch noch das Vertrauen der Industriearbeiter zu erschüttern, zumal man weiß, dass es ohne sie bestimmt keine Demokratie gibt. Es ist die Frage, ob nicht *mehr* da sein muss, um die Demokratie zu realisieren – eine Meinung, die ich habe; aber ohne die Industriearbeiter gibt es überhaupt keine Demokratie. So etabliert sich der Geist und die Praxis des Westens auf einmal als ein polares Gegenprinzip gegen das, was die Arbeiter wollen. Das ist ohne Zweifel auch eine Gruppierung von Momenten der Erschütterung, die die deutsche Demokratie sehr schwer aushalten kann.

[*Unsere Position als große Oppositionspartei*]

Nun, Genossen, haben wir i*n unserer Position als große Oppositionspartei* gewisse Chancen. Aber diese Chance besteht nicht in erster Linie in dem Ja oder Nein zu einem Projekt der Regierung, sondern diese Chance besteht jeweils in erster Linie in der Findung eines Standpunktes, der es möglich macht, sowohl in der Sache wie in der Propaganda die Qualitäten des Standpunktes der Regierung und der Opposition miteinander zu vergleichen.

[*Unfähigkeit der Regierung*]

Die *Regierung* und die hinter ihr stehenden Schichten leiden zum großen Teil – natürlich ungewollt und auch nicht einmal so sehr als Ausdruck des subjektiven Unvermögens, sondern aus ihrer ganzen Situation heraus – daran, dass sie *keine Planung der Politik* haben, dass sie den deutschen Standort im internationalen Geschehen nach außen nicht kennen und dass sie im Innern aus der Vertretung der sozialen Gesellschaftskreise, die sie mit der Regierung beauftragt haben, nicht in der Lage sind zu erkennen, dass – nach innen gesehen – die soziale Frage die nationale Frage ist.

[*Chancen für die extreme Rechte*]

So ist dieses Land wirklich mit sehr viel Schwierigkeiten behaftet, und der Prozess der Klärung ist noch längst nicht eingetreten. Im Hintergrund des Massenempfindens ist bei vielen Menschen [die Erkenntnis][28] sicher weiter fortgeschritten, dass sie sich am 14. August des vorigen Jahres nicht unerheblich geirrt haben. Aber, Genossen, Ihr müsst bedenken, dass diese Erkenntnis nicht allein der Sozialdemokratie, und es ist sogar fraglich, ob es ihr in erster Linie zugute kommt - es ist als sicher anzunehmen, dass ihr das zu einem Teil zugute kommt -, sondern dass die große ungeklärte Hypothek der deutschen Rechten über der gegenwärtigen Entwicklung zu drücken beginnt und sich als mächtiger Schatten über die nahe Zukunft legt.

Genossen, wir müssen nicht übersehen, dass man solche Dinge nicht nur herkunftsmäßig, ideenmäßig oder aus den Interessen bestimmter Gruppierungen wie etwa der

---

28 Korrektur nach dem Abdruck der Rede in der Parteikorrespondenz (S. 44), in der Vorlage „der Vorgang", Ms. S. 8.

Militärs erklären kann. Man muss sehen, dass deren Aktivität immer zwei Voraussetzungen hat. Das ist zunächst die außenpolitische Erfolglosigkeit eines Systems. Ohne Erfolg in der Außenpolitik kann kein Staat leben, besonders keine Demokratie, die ja die Chance zur Kritik gibt. Das Zweite, Genossen, ist die [soziale] [29] Destruktion. Wenn wir den Ort untersuchen, an dem die Chance für die extreme Rechte besteht, eine Massenbewegung zu werden, dann finden wir die drei steuerschwachen Agrarländer, die wegen ihrer relativen Unzerstörtheit als Agrargebiete die „Chance" hatten, die Flüchtlinge aufzunehmen, und wir haben hier eine solche Entwicklung in Schleswig-Holstein, im nördlichen Niedersachsen und im Bayerischen, speziell im Altbayerischen, wo die Form des exorbitanten nationalistischen Ausdrucks zum Teil ersetzt wird durch die Form des eventuell separatistischen Ausdrucks, wo aber das Moment der Abstoßung von der Demokratie dem Grunde nach gleich ist.

Nun, Genossen, leben wir offensichtlich in einer Periode, in der die Regierenden aus dem Mangel an Willen zur Gemeinsamkeit des Opfers für diese Gebiete nicht die nötige Hilfe herausholen. Es gibt da auch noch einige andere Gebiete. Ich denke dabei an das nördliche Hessen und an einige Flecken in Württemberg-Baden. Aber ich will einmal nur auf die Hauptgebiete hinweisen, für die nicht die ausreichende Hilfe gewährt wird. Und das ist die Chance für die Massenbasis dieser Bewegung, die sonst nur relativ starke Interessenbewegungen wären, aber nicht die Chance für die echte Massenbasis hätte. Wir leben in einer Periode, in der der Prozess der [Zusammenfassung] [30] der antidemokratischen Kräfte noch nicht sehr weit fortgeschritten ist, sondern der ursprüngliche Prozess, der Gegenprozess der Spaltung, Isolierung und Aufteilung noch weiter vor sich geht. Aber, Genossinnen und Genossen, übersehen wir nicht, dass auch in Parteiräumen, die nicht in erster Linie faschistisch sind, [Konzentrationsvorgänge] [31] vorhanden sind mit Tendenzen der Abstoßung des Sozialismus und zweitens mit Tendenzen der Abstoßung der Demokratie. Das ist der Prozess, den wir als den stärksten Kitt bei der Regierungsbildung sich auswirken sahen, und das ist der Prozess, der sich – plump und brutal – im Wahlbündnis in Schleswig-Holstein ausgetragen hat. [32]

Nun, der Vergleich ist nicht ganz richtig; aber die Tendenz des Vergleiches ist richtig: Das ist der Prozess, den man als den Prozess ansprechen kann mit der Tendenz der Bildung der *Harzburger Front*. [33] Ihr wisst, was dagegen spricht, und ich brauche auch nicht zu sagen, was dafür spricht. Bei der Herausschälung dieser Bewegung müssen wir zunächst einmal die Herkunft untersuchen. Die Herkunft ist genau wie vor 1933 weithin klassenpolitisch; es ist die Illusion, sich einen nationalistisch wohlgemästeten und scharfgemachten Hetzhund gegen die Arbeiterinteressen und gegen die Sozialdemokratie hal-

---

29 Korrektur nach dem Abdruck der Rede in der Parteikorrespondenz (S. 44), in der Vorlage „sozialistische", Ms. S. 9.

30 Korrektur nach dem Abdruck der Rede in der Parteikorrespondenz (S. 44), in der Vorlage „Konzeption", Ms. S. 9.

31 In der Vorlage „Konzeptionsvorgänge", Ms. S. 9.

32 Für die im Juli 1950 stattfindenden Landtagswahlen schlossen sich CDU, FDP und DP zu einem „Wahlblock" zusammen, vgl. Jb. SPD 1950/51, S. 94 f.

33 Zur „Harzburger Front" von 1932, d.h. zum Bündnis der DNVP mit der NSDAP, vgl. Einleitung S. LXXXIII.

ten zu können. Diese Illusion wird durch die Meinung verstärkt, sich gegebenenfalls unter die Bajonette der Besatzungsmacht flüchten zu können.

Diese Vorgänge streuen aber einen politischen Samen speziell in Seelen von Millionen junger Menschen, der auch unter veränderten und zum Teil verbesserten Voraussetzungen durchaus nicht getötet wird oder getötet zu werden braucht. Darum, Genossen, müssen wir diese Dinge ernst nehmen. Die Koppelung und Verkettung ist außerordentlich groß. Das Büro in Hannover hat z.B. Beobachtungsergebnisse von etwa 280 Organisationen. Ihr dürft aber die Dinge nicht in erster Linie unter dem Gesichtspunkt der Untergrundorganisationen sehen, sondern Ihr müsst die Dinge unter dem Gesichtspunkt der Hintergrundorganisationen sehen, die sich ein öffentliches Alibi schaffen können, wenn sie in die Publizität kommen, die aber zwei Gesichter haben, nämlich die Ideologie, die sie nach außen vertreten, und die Absprachen, die sie nach innen machen. Das ist am deutlichsten bei der Bruderschaft, wo die Politik von Bruderschaft und Bruderrat - man kann auch als Ersatzorganisation den Bund nehmen - etwas durchaus Verschiedenes ist. Hierzu, Genossen, möchte ich einige Bemerkungen machen, und zwar nicht deswegen, weil es vielleicht snobistisch nett ist, den Informierten zu spielen, sondern wegen der grundsätzlichen Wichtigkeit der Dinge.

Genossinnen und Genossen, seht einmal[34]: Der *Adenauer* hat kürzlich bestritten, dass einmal General von *Manteuffel*[35], der letzte Kommandeur des Panzerarmeekorps Groß - Deutschland bei ihm gewesen ist. Adenauer hat recht: Manteuffel ist nicht einmal, er ist zweimal bei ihm gewesen. Aber vergesst nicht: Dieser Herr von Manteuffel und der frühere Generaloberst [Stumpff][36] sind Mitglieder der CDU. Und jetzt vergleicht einmal unter diesem Gesichtspunkt diese grauenhafte Diskussion und dieses törichte Interview an Cleveland vom November oder Dezember vorigen Jahres[37], und die Sache sieht auf einmal ganz anders aus. Bedenkt, dass weiterhin die verschiedensten Typen sich in diese Kreise geflüchtet haben. Da ist einmal der Offizierstyp, der nicht Parteinazi war, der aber die Vorgänge vom 20. Juli 1944 für ein Verbrechen, für einen unerträglichen Bruch des Fahneneids hält. Das ist eine sehr wichtige Gruppe, Genossen, zumal sich die bürgerliche Mitte nicht mehr zu ihrer eigenen Ideologie bekennt. Ihr erinnert Euch doch noch, wie die CDU 1946 erklärt hat: die CDU ist nicht denkbar ohne Verschwörung vom 20. Juli 1944, hier liegen die geistigen und moralischen Wurzeln ihrer Existenz. Sagt mir heute

---

34 Die folgenden persönlichen Angriffe wurden nicht in den Abdruck in der Sopade-Parteikorrespondenz übernommen.

35 Hasso von *Manteuffel* (1897-1978), geb. in Potsdam als Sohn e. Hauptmanns a.D., Ende d. Ersten Weltkrieges Offizier, Reichswehr, bei Ausbruch d. II. WK Oberstleutnant, 1944 als Generalleutnant Kommandant d. Division „Großdeutschland"; nach 1945 Manager in d. Industrie u. FDP, 1953-57 MdB (FDP-FVP-DP), 1959 Verurteilung zu 18 Monaten Gefängnis wg. Erschießung e. Soldaten im Frühjahr 1944.

36 In der Vorlage „von Stumpf", Ms. S. 11. Hans-Jürgen *Stumpff* (1888-1968), Abitur, preuß. Armee, im I. WK Generalstabsoffizier, Reichswehr, 1936 Aufbau d. dt. Luftwaffe, 1944 als Generaloberst Leiter d. Reichsverteidigung, bis 1947 Brit. Gefangenschaft, danach Kampf f. e. Rehabilitierung d. Wehrmacht.

37 Zum Interview mit der amerikanischen Zeitung „The Cleveland Plain Dealer" von Anfang Dezember 1949, in dem Bundeskanzler Adenauer die Bereitschaft der Bundesrepublik erklärt hatte, sich an einer europäischen Armee zu beteiligen, vgl. Einleitung S. LXXIII.

noch einen einzigen CDU-Mann, der diesen Komplex verteidigt. Das ist vorbei. Und dieses Volk merkt nichts!

Nun, Genossen, gehen wir weiter: Wir haben eine Reihe von urbanen Nazis, ausgedrückt etwa durch den *Kaufmann*typ[38] von Hamburg. Und wir haben den dritten Typ, den ausgesprochen literarisch frisierten Gestapoverbrechertyp, ausgedrückt durch *Franke-[Griksch]*[39]. Warum dieser Mann in Freiheit in Schloss Holte lebt, darüber kann wohl niemand anders Auskunft geben als der britische Geheimdienst. Da kommt man – ohne mich in diesem Falle auf etwas kaprizieren zu wollen – zu etwas Entscheidendem. Die organisatorischen Formen, die verbrecherischen Konspirationen und die Militärspielerei der Bünde und Verbände, die heute eine gefährlichere und komplexere Vielheit haben als in der ersten schlimmen Periode der Weimarer Republik, wären in dem Umfang und in der Intensität gar nicht möglich gewesen ohne den verbrecherischen Dilettantismus der drei oder vier fremden Geheimdienste auf deutschem Boden; diese haben die Dinge zum großen Teil erst großgezogen. Und wenn wir einmal die erste Gründergarnitur der deutschen Rechtspartei ansehen, dann sehen wir, dass das zivile Angestellte der britischen Militärregierung waren. Genossen, ich sage das als Symptom. Und jetzt nehme ich den Franke-Griksch einmal in seinem eigentlichen Wert. Das war ein Mann von Otto *Strasser*. Er war mit ihm in der Emigration. Mit Frauen, Geld und vielleicht auch ideologischen Momenten ist er an das Dritte Reich herangeholt worden. Er ist Ende 1934 nach Berlin zurückgegangen und hat Hunderte von seinen Kameraden verraten. Er war dann Obersturmbannführer im Hauptpersonalamt des Reichssicherheits-[Haupt]amtes. Dieser Mann liefert heute die Ideologie, und kein Mensch will etwas von ihm. Ich glaube, sogar ein Teil seiner früheren Strasser-Leute hat vergessen, worum es geht. Nun, Genossen, diese Bruderschaft hat sich durch die zum Teil in tatsächlicher Hinsicht falschen Enthüllungen törichterweise in die öffentliche Diskussion hineindrängen lassen. Und jetzt wird die Sache interessant: nun gibt es den Berufsrevolutionär des Neofaschismus, den Franke-Griksch, dann den urbanen Nazityp *Kaufmann*, dann gibt es den Major *Beck*; dann gibt es den Manteuffel-Typ, der Bourgeoisie – näher, der gesellschaftsnäher ist als die vorher genannten Typen. Und dann gibt es – Carlo [Schmid], das wird Dich interessieren – jetzt eine Gruppe in der Bruderschaft, die den Generalleutnant [*Speidel*][40] zum großen Mann machen will, und neben ihm den Obersten [*Freyer*][41], mit dessen Hilfe auf die Jugend gewirkt werden soll und der für die Spei[d]elschen Ideen Propaganda machen soll, die etwas gegenwartsnäher sind. Aber lassen wir uns durch die Urbanität, Freund-

---

38 Karl *Kaufmann* (1900-69), Landwirtschaftliche Lehre, 1919 Brigade Ehrhardt, 1921 NSDAP, 1929 Gauleiter in Hamburg, 1933 Reichsstatthalter in HH, 1942 SS-Obergruppenführer und Reichskommissar für die Seeschiffahrt, 1948 Verurteilung zu einer mehrmonatigen Gefängnisstrafe durch e. brit. Militärgericht, 1950 erneute kürzere Haft wg. d. Verdachts d. Verbindung mit anderen ehemaligen Nazi-Führern.

39 In der Vorlage „Gripsch".

40 In der Vorlage „Speitel". Hans *Speidel* (1897-1984), 1939-44 hoher Stabsoffizier, zuletzt bei Rommel im Range eines Generalleutnants, danach verhaftet wg. Beteiligung am militär. Widerstand; 1949/50 Militär. Berater Adenauers, 1955-57 Leiter d. Abt. Gesamtstreitkräfte im BVertMin, 1957-63 Oberbefehlshaber aller NATO-Streitkräfte in Mitteleuropa.

41 In der Vorlage „Freya". Joachim *Freyer*, bei Kriegsende Oberst i. G., Mitarbeiter der Dienststelle Blank, in der Bundeswehr Generalmajor.

lichkeit und Gegenwartsnähe nicht verlocken; denn diese Gegenwartsnähe ist etwas, was sich machtpolitisch und innenpolitisch zugunsten der Regierungskoalition ausnutzen lässt; und es kommt ganz auf die taktische Situation an, ob man nicht in manchen Situationen den Radikalen, den man mit Gewalt niederschlagen kann, lieber braucht als den Kaschierten und Versteckten, der bestehende Machtverhältnisse weiter zu unseren Ungunsten ausnützt. Aber das kann man nicht im Prinzipiellen untersuchen, sondern das muss man am Tatsächlichen finden.

Das Ergebnis ist, dass das entscheidende psychologische Moment bei diesen Organisationen der Führerdünkel und der Berufungswahn ist. Wenn Ihr sie einmal genau untersucht und über ihre internen Besprechungen Nachrichten habt, werdet Ihr finden: ihnen allen gemeinsam ist die Meinung, dass sie eine Führerschicht seien. Sie haben zwar nie ein Examen auf diesem Gebiet durch ihr praktisches Verhalten abgelegt. Sie waren Inhaber von militärischen Rängen. Aber – und hier liegt eine psychologische Gefahr für das deutsche Volk – ein großer Teil des deutschen Volkes ist bereit, den militärischen Rang als politische Legitimation zu akzeptieren. Aber hier ist nicht nur Anklage am Platz. Eines sage ich Euch: Die Generalstäbler haben – gleichgültig, ob sie etwas falsch oder richtig beurteilen – im Organisatorischen und im Zusammenhalten ihrer Leute etwas gelernt und sind im Gegensatz zu sehr vielen demokratischen Politikern im wirklichen Sinne des Wortes fleissig. Und auch dieses Problem ist weitgehend ein Fleissproblem.

[*Rechtsparteien*]

Genossen, wir haben nun zu sehen, dass in jeder Partei rechts von der Sozialdemokratischen Partei jeweils alle anderen Parteigruppierung drinstecken. Außerdem stecken in allen Rechtsparteien auch die Kommunisten drin. Es gibt da zwei Varianten. Einmal den bewussten Agententyp, zweitens den, wie ich sagen möchte, nationalistischen Torentyp, diesen Parsivaltyp, der alles besser weiß, der mächtig national dröhnt: „Man muss erst das und man muss erst dies." Das finden wir überall: „Man muss vorweg das machen, und dann kommt das andere von selbst". Und damit sind wir in der deutschen Geschichte schon mehrmals auf die Nase gefallen. Diesen nationalen Parsivaltyp haben wir also auch und ausgiebig in allen diesen Parteien. Ich möchte sagen: auf dem rechten Flügel der CDU fängt das Unglück an. Das rührt daher, dass nach dem Donnerschlag von 1945 die am meisten Belasteten in diese schwammigste Massenpartei hineingeschlüpft sind und sich gehütet haben, ihr Gesicht für die Eventualität einer neuen Rechtsparteigruppierung zu reservieren.

Sodann, Genossinnen und Genossen, ist die *Freie Demokratische Partei* ein neues Phänomen, deren ideologische Tradition mit ihren praktischen Wünschen in entscheidendem Widerspruch stehen. Das Gros auch der Deputierten dieses Hauses[42], soweit sie dieser Fraktion angehören, würde man in den Rahmen der Deutschnationalen Volkspartei Hugenbergscher Richtung verweisen mit dem einen Unterschied, dass sie die damalige Qualität im Intellektuellen und Wissensmäßigen bei weitem nicht erreichen. Es ist

---

42 Gemeint der Deutsche Bundestag: Die Gemeinsame Sitzung fand im Sitzungssaal der sozialdemokratischen Fraktion statt, vgl. Einladung v. 3.3.1950 in den Beilagen zum Protokoll.

ausgesprochenes Abenteurertum dabei in einer ganzen Reihe von Fällen. Das fängt an mit dem Typ, der in einem geordneten demokratischen Staatswesen in keine politisch-repräsentativen Positionen hineingehört.

Das gleiche gilt auch für einen Teil der *Deutschen Partei*. Die Deutsche Partei ist übrigens, soweit ich das überblicken kann, von allen Parteiorganisationen die am meisten unterwühlte und unterlaufene, und zwar durch eigene Schuld. Hier ist der Hedler-Prozess ein klassisches Beispiel. Wer hat denn in Neumünster geschworen? Die Ortsgruppe der Deutschen Partei! Und wer war die Ortsgruppe der Deutschen Partei? – Die alte Ortsgruppe der NSDAP, an der niemand geformt und geknetet hat. Man hat die antisozialistischen, antimarxistischen Effekte hetzerisch noch weiter aufgestachelt und hat sich auf diesen Wogen tragen lassen. Hier liegt das wirkliche Verschulden. Schließlich hat ja auch die Deutsche Partei diesen „Neandertaler" zum Bundestagsabgeordneten gemacht; davon kommt sie nicht los, und sie hätte sich von ihm auch nicht getrennt, wenn es nicht die öffentliche Klage gegeben hätte. Nun, wir sind in der Position jeder Demokratie; auch „Neandertaler" genießen Menschenrechte. Danach werden wir die Gefahr von dort zu sehen haben. Genossen, Ihr seht ja an der Berichterstattung der letzten Tage, wie sehr die große Presse, die Lizenzpresse und die Zeitungen der Besatzungsmächte bereit sind, diese Leute zu poussieren, wenn sie dabei eine Möglichkeit der Herabminderung des Ansehens und der Bedeutung der Sozialdemokratischen Partei erblicken.

Die Deutsche Partei ist nicht nur stark auch von Kommunisten durchsetzt, sondern in einer Reihe von organisatorisch entscheidenden Positionen auch von Otto-Strasser-Leuten. Alle diese Parteien leben von der Hoffnung, die die in ihnen vorhandenen kleinen aktivistischen Minderheitengruppen haben, dass im entscheidenden Augenblick die eine oder andere Minderheitengruppe einen entscheidenden und gelungenen Vorstoß zur Eroberung der ganzen Partei machen kann. Vielleicht als Symptom gewertet, ist hier die Begründung der Otto-Strasser-Leute für ihre Aussichten auf die Eroberung der Deutschen Partei sehr wichtig, nämlich: diese Partei hat kein Programm, diese Partei hat keine Linie, sie schillert in allen Variationen, einmal ist sie schwarz-weiß-rot, einmal ist sie schwarz-rot-gold, und zwar sind das immer dieselben Leute und dieselben Instanzen, und diese Parteiführungsschicht ist intellektuell und charakterlich einem harten Kampf nicht gewachsen, sie wird keinen energischen Widerstand leisten.

Dabei fällt mir über diesen ganz extremen und sicher berechtigten Fall hinaus ein Wort *Mussolinis* ein, das er gegenüber den italienischen Populari, also der italienischen CDU, dem italienischen Zentrum gebraucht hat in der Zeit vor der Machtübernahme, in den Jahren 1922 bis 1925, als sich Mussolini da in drei Jahren durchgesetzt hat. Mussolini hat da einmal gesagt: „Der Faschismus geht durch die Populari wie ein heißer roter Schuss durch ein Pfund Butter." Dieselbe geringe Widerstandskraft haben die nach rechts tendierenden Teile des deutschen Bürgertums gezeigt, auch wenn sie nicht faschistisch sind, und sie sind bereit, sie jetzt wieder zu zeigen. Ich schreibe eine Belohnung aus: Jetzt soll mir mal einer einen einzigen Fehler sagen, den man in der Weimarer Republik auf diesem Gebiet gemacht hat, und von dem man es bisher unterlassen hat, ihn jetzt zu machen oder wenigstens zu versuchen, ihn zu machen. Es gibt keinen Fehler, den man unterlassen hat. Es ist ein schwacher Trost, dass die Politik der Besatzungsmacht auch in keinem Punkt die Fehler [der] [43] damaligen Zeit unterlassen hat. Die Entschuldigung des Nichterkennens und der Torheit als einen internationalen Faktor bringt uns in unserer sehr viel komplizierteren Position nicht weiter. Man kann diese Bemerkung machen, um gar zu dreiste Ratschläge abzuwehren; aber in der praktischen Politik kommt man nicht sehr viel weiter.

Wir müssen uns nun darüber im klaren sein, dass bei einer solchen Machtverteilung die Polizei als Institution kein verlässlicher Faktor, sondern ein Unsicherheitsfaktor ist, dass aber die Justiz ein verlässlicher Faktor *gegen* uns ist. Wenn wir die Entwicklung im Stadium und in den Möglichkeiten der Gesetzgebung betrachten, müssen wir an dieser Stelle gleich die Tatsache berücksichtigen, dass wir in diesem Jahr wahrscheinlich *in sieben Ländern Landtagswahlen* haben werden, und zwar in Nordrhein-Westfalen[44], Schleswig-Holstein, Bayern, Hessen, Nord-Württemberg-Baden und wahrscheinlich in Rheinland-Pfalz und in Berlin; denn die Berliner Stadtverordnetenwahl ist eine Landtagswahl. Der Prozess der Änderung der Machtverhältnisse kann nicht durch eine oder zwei Landtagswahlen, aber durch die kontinuierliche Linie der sieben Landtagswahlen eingeleitet werden. Wir werden uns dabei behaupten, in absoluten Zahlen wahrscheinlich sogar vergrößern; aber wir stehen unter der Gefahr, dass eine hysterische Agitation die apolitischen, die potentiellen Rechts- und faschistischen Kreise aus ihren Ställen holt. Dieser Prozess wird verstärkt durch die sozialpolitische Impotenz der Regierung. Die Situation in der Sozialdemokratie wird wohl in diesen kommenden acht oder neun Monaten so werden – ich spreche keine Prophezeiung aus, sondern bitte, die Dinge bloß unter diesem Gesichtswinkel zu beachten –, dass die Sozialdemokratie parteipolitisch, organisatorisch und in der Vitalität stärker wird; aber es ist durchaus nicht gesagt, welche Konsequenzen das Anwachsen des Rechtssektors bei den Landtagswahlen für die Bundespolitik hat. Nun, man kann diesen Dingen ausweichen. Aber genauso wenig, wie sich ein Sozialdemokrat dazu hergeben könnte, irgendwelche Landtagswahlen zu verschieben, genauso wenig können wir von der Position abgehen, dass wir erst dann in der Staatspraxis des Regierens und Verwaltens einen entscheidenden Einfluss haben können, wenn uns das Volk eine stärkere Legitimation gibt, als es sie uns bisher gegeben hat, das heißt also nach Neuwahlen. Wir dürfen unter keinen Umständen in die Situation kommen, dass wir uns in einem Notstand an einer Regierung beteiligen und dann nach Belastung nicht mehr nötig sind und ausgeschieden werden und dabei das Gesicht und die Linie verloren haben. Eine Linie, die man einmal hat fahren lassen, ist sehr schwer wieder einzufangen. Ich glaube, wir haben da in der Partei in früheren Jahren einige Lehren in schmerzhafter Weise empfangen. Wenn das so ist, müssen wir uns mit der Tatsache auseinandersetzen, dass wir um Lebensrecht und praktische Lebensmöglichkeiten der Partei kämpfen müssen. Ihr habt gesehen, dass die spontane Reaktion der Industriearbeiter gegen provokatorische Typen, die an der Zerstörung Deutschlands teilhatten, ziem-

---

43 In der Vorlage „das", Ms. S. 17.
44 Die Aufzählung der einzelnen Länder wurde nicht in den Abdruck übernommen.

lich stark ist. Aber die Periode solcher Reaktionen kann zeitlich begrenzt werden, wenn nicht ein Vorgang der sachlichen Aufklärung über die Notwendigkeit solcher Reaktionen Hand in Hand mit diesem Grundgefühl der Industriearbeiter geht. Wir müssen dann diese Reaktion auch auf die Grenzschicht erweitern.

Wir sind doch heute in Deutschland in folgender Lage. Ohne den Industriearbeiter gibt es keine Demokratie; aber die Erhaltung der Demokratie ist nicht möglich ohne einen Einbruch in die Mittelschicht. Wenn Ihr die Geschichte der europäischen Demokratien in den einzelnen Ländern miteinander vergleicht, dann seht Ihr, dass die Demokratie dort krisenfest geworden ist, wo sie der Mittelstand in seiner Mehrheit auch als die ihm angemessene politische Lebensform akzeptiert hat. Dort aber, wo die Entwicklung dazu geführt hat, dass sozialistische Demokratien sich von den Arbeitern entfernt haben, ist der Mittelstand nicht in der Lage, die Demokratie krisenfest zu erhalten. Wir erleben das ja an dem Geschaukel in Italien und in Frankreich. Ohne die amerikanische Hilfe in beiden Ländern hätte das ja schon zum Aufkommen einer Diktatur geführt. In der Vergangenheit wäre das wahrscheinlich so vor sich gegangen, dass die Kommunisten die ersten gewesen wären, die sich aber nicht einmal dreimal vierundzwanzig Stunden hätten halten können, dann hätte sie das Volk abgeschafft und hätte sich in eine militärisch basierte Rechtsdiktatur geflüchtet.

Nun haben wir folgende Aufgabe, nämlich unsere Genossen zentral stärker zu versorgen mit Kenntnissen der Sache und mit Kenntnissen der praktischen Methoden. Mit anderen Worten: Die Partei hat die Aufgabe, ihre bisherigen Informationen und ihre bisherigen Aktionen zu konzentrieren und ihnen eine personell und sachlich stärkere Basis zu geben. In einer Parteizentrale gibt es da drei Aufgaben. Die eine Aufgabe betrifft das, was, wie ich sagen möchte, die Partei praktisch an Polizeipolitik einschließlich Polizeipersonalpolitik zu machen hat. Das Zweite ist das Sammeln der Informationen; das berührt sich mit dem ersten, geht aber weit darüber hinaus. Das Dritte ist das Herausfinden der allgemein gültigen Tendenzen aus diesen Informationen und die Übertragung dieser Kenntnisse in die Parteimitgliedschaft und in die Öffentlichkeit. Genossinnen und Genossen, das wird eine Aufgabe sein, für die wir jetzt von Euch die Legitimation brauchen, um in der Abwehr der Radikalismen und Nachrichtendienste und der Unterminierung unserer Partei die Dinge besser auffangen zu können. Die Tendenzen zur Unterminierung unserer Partei sind ja sehr zahlreich. Sie gehen von dem höflichen, freundlichen, pseudo-kameradschaftlichen Getue in dem einen oder anderen Parlament bis zur Unterwühlung durch Spezialorganisationen. Heute müssen wir sehen, dass die Gefahr nicht mehr allein von den Kommunisten droht, sondern auch von anderen Gruppierungen, auch von Rechtsgruppierungen kommen kann. Diese Dinge aufzufangen und die Genossen hier mit dem geistigen Rüstzeug für den Kampf zu versorgen, ist eine zentrale Aufgabe der Partei.

Genossen, wir müssen uns auch darüber im klaren sein, dass die Periode der spontanen Versammlungssprengung nicht ewig dauert, und zwar einfach deswegen, weil sie in den Möglichkeiten ihres Gelingens verschieden ist, nicht nur verschieden in jedem Bezirk, sondern auch nach der soziologischen Lage der Bevölkerung und den politischen

Faktoren. Gewiss gibt es Dinge, die außerordentlich provokatorisch sind. Gewiss sollte man einen [*Feitenhansl*][45], einen *Remer,* möglicherweise auch einen [Franz] *Richter* nicht reden lassen, und zwar grundsätzlich überall dort, wo man stark genug ist. Aber das Problem, das dahintersteht, ist ein anderes. Es ist die Frage, wie lange dauert es noch, und wir brauchen zum Schutze unserer Versammlungen in gefährdeten oder halbgefährdeten Gebieten selber eine Organisation! (Zuruf: Haben wir ja schon!)

– Na ja, wir wollen nicht übertreiben. Wir wollen auch nicht alle lokalen Versager auf eine Generallinie bringen.

Nun, gehen wir weiter: das Problem ist nicht ein Generationsproblem – wir können auch genug junge Akteure haben –, sondern das Problem ist ein Finanz- und Justizproblem. Wir dürfen keinen Menschen, den wir in diese Situation bringen oder der nach unserer Meinung mit Recht in diese Situation gekommen ist, ohne Rechtsschutz und ohne Familienhilfe in dem Falle lassen, dass es schief geht. Hier ist ein Problem, das noch längst nicht ausdiskutiert ist, ein Problem, von dem ich meinen möchte, dass man solche technischen Einzelheiten nicht zum Gegenstand von Hauptaussprachen machen sollte.

Drittens werden wir uns darüber im klaren sein müssen, dass unsere kommenden Organisationen nicht Gewerkschaftshundertschaften sein können – eine Versuchung, die nahe liegt –, aber auch keine Reichsbannerhundertschaften, sondern nur zwei Typen: den Organisierten und den verlässlich Sympathisierenden, den wir auch von früher her kennen. Zum anderen muss neben dieser Organisation für die Erledigung solcher Dinge eine kleine Organisation der Techniker vorhanden sein. Es ist nicht immer gut, wenn man mit achtzig Mann die gegnerische Tribüne stürmt, wenn drei Leute, die etwas von den Methoden verstehen, die Sache schaffen und ohne die peinlichen politischen Konsequenzen liquidieren können. Ich möchte diesen Zweiteilungsgesichtspunkt weitgehend in den Vordergrund stellen.

Im übrigen müssen wir jetzt propagandistisch wirksam werden. Aber die Grenzen der propagandistischen Wirksamkeit sind gegeben. Die Grenzen sind dadurch gegeben, dass ein großer Teil der Lizenzträger der Presse, möchte ich sagen, eine Art politischer Religion aus der Tatsache der Lizenzübertragung akzeptiert hat, und dass wir wohl britische und amerikanische, aber keine tönende deutsche Demokratie vernehmen, und zwar auch bei manchem Parteimitglied. Hier werden wir uns ohne Zweifel gegen einen Widerstand durchzusetzen haben.

Jetzt kommen wir an ein sehr wichtiges Problem. Nehmen wir einmal den *Fall Hedler*, nicht in seinem materiellen Inhalt und nicht gemessen an seiner Person, sondern in dem, was ist. Erstens einmal kann ein Volk moralisch nicht gesund werden, in dem diese tierischen Bestialitäten wie etwa die Judenvergasung mit Lächeln als Lappalien behandelt werden können; mit einem solchen Volk wird nichts. Zweitens gibt es eine sehr reale Konsequenz. Die wirtschaftlich maßgebenden Amerikaner sagen von drüben her, und man kann es auch hier hören: der ganze Komplex Hedler, Delikt und Urteil, die Aussprache im Bundestag, die von den anderen gemacht worden ist – nicht unsere Aussprache, sondern unsere war die einzige Entlastung – und nachher noch diese pompöse Er-

---

45 In der Vorlage „Feitenhans".

klärung einzelner Minister und der Bundesregierung, das Verfahren sei gerecht und objektiv gewesen, hat den Deutschen bei der Marshallplanzumessung mindestens 100 Millionen Dollar gekostet. Jetzt möchte ich die Schleswig-Holsteiner fragen: Wie viele Flüchtlingswohnungen könnt Ihr mit 100 Millionen bauen? Und die Berliner möchte ich fragen: Was könnt Ihr mit 100 Millionen Dollar aus der ERP-Hilfe machen? Und dann drittens ein sehr wichtiges Moment: Der Schlag, der uns aus der Hedler-Geschichte erwachsen ist, schadet uns nicht nur wirtschaftlich, finanziell und moralisch, ist nicht nur ein Schlag gegen Deutschland, sondern auch ein Schlag gegen Millionen von gutwilligen früheren Nazis, die den Weg zum demokratischen Staatsbürger eingeschlagen haben. Das Elementare eines solchen Schlags reißt ja die Kluft künstlich auf. Die Dummen sind ja die gutmütigen Nazis; aber das ist von diesen Kreisen durchaus nicht abgelehnt, denn sie wünschen ja keine gutwilligen Nazis; ihre Position ist ja die Position der Unbelehrbarkeit und der Enttäuschung. Es gibt bereits Enttäuschte an der Demokratie. Es ist eine Position, an der allerdings die Alliierten und ihre Praxis ein gerüttelt Maß von Schuld haben. Diese Leute, die aus Idealismus, aus Irrtum, aus einer falschen, illusionären Konzeption oder aus Mutlosigkeit oder aus der Resignation, dieses Dritte Reich sei nun einmal die Staatsform von Ewigkeit zu Ewigkeit, mitgemacht haben und die das Moment der Vernichtung, der Bosheit und die kriminelle Seite haben fehlen lassen, brauchen wir doch. Bei dieser Auseinandersetzung muss die Formel nicht sein: gegen die Nazi von früher schlechthin. Wenn wir irgendeine Formel gebrauchen, die nach unserer Ansicht die Unbelehrbarkeit des früheren Kollektivnazi darstellt, dann hat die Demokratie in Deutschland ihre Schlacht verloren. Unsere Formel muss sein, diesen früheren Nazis zu sagen, dass der Neofaschismus ihnen die Möglichkeit zur sozialen Sicherung und zum demokratischen Staatsbürgertum zerstören will.

Genossen[46], in diesem Sinne ist ganz konkret und ohne die pazifistische Terminologie der Vergangenheit die Antikriegsposition eine zusätzliche Verstärkung. Ich habe oft in Versammlungen jüngerer Menschen, auch solcher, die gegen uns waren – ich denke an die Münchener Studenten –, gemerkt, diese jungen Kerle haben eine ordentliche Angst um ihr Leben, haben Angst darum, dass sie es ohne jeden Sinn und Zweck wegwerfen sollen, sozusagen als die leichte Infanterie, die den Rückzug der französischen Armee über Gibraltar nach Afrika decken soll. Und das ist eine psychologische Hilfsquelle. Aus der Verbindung dieser Idee mit dem sozialen Komplex erwächst uns doch eine außerordentliche Macht. Die soziale Ernsthaftigkeit ist das, was uns unterscheiden muss von der Regierung, von dieser verbalen Sozialpolitik der Versprechungen und der Hinauszögerungen.

Ich brauche in diesem Kreise die Geschichte der Missgeschicke der Regierung in Sachen Sozialpolitik und Steuerpolitik nicht im einzelnen zu erklären. Aber das Schicksal der Sozialpolitik und der Steuerpolitik gibt uns doch eine außerordentlich starke Position. Wenn wir nun noch die Frage der Organisation der Welt und der deutschen nationalen Position in der internationalen Position heranziehen, sehen wir folgendes. Für mich war im vorigen Herbst bei den Auseinandersetzungen eine Kleinigkeit wirklich interes-

---

46 Der folgende Absatz wurde nicht in den Abdruck übernommen.

sant. Diese war folgende. Bei dem Zusammenstoßen der fünf K – klerikal, katholisch, konservativ, kapitalistisch und kartellistisch – so ausgedrückt in der Europaphrase der Bundesregierung und der Neueuropäer, da ist diese Politik von der Deutschen Reichspartei bejaht worden. Nicht nur die Deutsche Partei, nicht nur die Nationalisten der Freien Demokraten, sondern die Deutsche Reichspartei haben für diese Linie der Bundesregierung gestimmt. Das zeigt das eine mit Deutlichkeit, und diesen Gedanken sollten wir in den praktischen Beobachtungen immer wieder verfolgen: Jeder deutsche Nationalismus der Rechten ist ein Nationalsozialismus der bezahlten Funktionäre zugunsten einer Klasse. Die nationale Idee wird in der nationalistischen Phraseologie dieser Leute doch nur zugunsten einer gewissen Klasse mobilisiert. Wenn wir den Prozess heute beobachten, sehen wir folgendes. Früher gab es verschiedene Perioden, in denen meistens die großen Kapitalisten fremder Länder zu einer internationalen Kartellisierung bis an die Grenze der Fusion und innigen Verfilzung geneigter waren als die deutschen. Heute sind als Ergebnis der Niederlage und nur als solches Ergebnis der Niederlage die deutschen Großkapitalisten proeuropäisch, aber proeuropäisch im Sinne der europäischen Kartellierung ihrer jeweiligen Kapitalien, nicht im Sinne der Versöhnung der Völker. Das, was Comité des forges und die Vereinigten Stahlwerke tun, geht genau so gegen die französischen kleinen Leute wie gegen die deutschen kleinen Leute. Jetzt werden wir erleben, was wir vorher erlebt haben, im Rückschwingen: Wenn sich diese Form der Internationalität und der Europapolitik nicht rentiert, wenn also bei der Verteilung der Quote die Franzosen sagen: Wir wollen nicht, und wenn wir schon wollen, wollen wir nur allein diktieren, und dann bestimmen wir allein die Höhe eurer und unserer Quote, dann werden die Deutschen zunächst diese Vorgänge akzeptieren; aber mit dem Erstarken und mit dem in dieser Verfilzung vorhandenen Dahinvegetieren und Lebenkönnen werden wir zu der Politik kommen, dass sie das deutsche Volk wieder [benutzen][47] als Pressionsmittel gegen die andern. Dann kommt der neue Appell an den Nationalismus zu gleicher Zeit. Es hat im übrigen die schwere Industrie in Deutschland seit 70 Jahren noch nie gehindert, Geld für eine Außenpolitik dieser Art und gleichzeitig für eine Innenpolitik konträrer Art zu geben. Die Tatsache, dass diese Leute jetzt aus Kartellinteressen Europa wollen, also ein europäisches Kartell wollen, wird sie nicht daran hindern, zu gleicher Zeit die extremsten Nationalisten in Deutschland zu finanzieren.

So[48] sehen wir, dass das Bild unserer Politik weiter wird. Es wird weiter national, vom Nationalen zum Internationalen und wird auch weiter in der soziologischen und politischen Vielfältigkeit. Es gibt nicht mehr wie in der Periode 1945/46/47 die bloß parlamentarische Funktion der Politik, es gibt auch die außerparlamentarische Funktion der Politik, durch die die parlamentarische Demokratie aber auch nicht um einen Millimeter beschnitten wird. Ein Gutes ist an diesem Prozess: Er verhindert das, was entsetzte Kritiker, radikal-parlamentarische Demokraten die Gefahr des parlamentarischen Kretinismus genannt haben, nämlich die Meinung, dass man so ungefähr durch Absprache in der Kommission die Weltgeschichte machen kann. Wenn wir diesen notwendigen Teil zum

---

47 In der Vorlage „besuchen", Ms., S. 25.
48 Der folgende Absatz wurde nicht in den Abdruck übernommen.

alleinigen Bestandteil der parlamentarischen Demokratie machen, dann sind die Fäden nicht mehr zahlreich, stark und dicht genug, die uns mit den Massen draußen verbinden. Nein, es ist kein Druck der Straße, wenn jede parlamentarische Aktion mit Versammlungskampagnen begleitet ist, mit anderen Worten: wenn die Leute drin auch wissen, was so die privaten Wünsche und Instinkte der Massen draußen bedeuten. Als große Partei sind wir in der Lage, diese Dinge nicht so primitiv werden zu lassen, sondern sie immer in artikulierte und anständige Formen zu bringen. Aber in dem Augenblick, in dem irgendwelche Extremisten die Möglichkeit haben, dieses Versammlungsleben von uns stark zurückzudrängen und uns übermäßig zu beschränken auf die bloß innerparlamentarische Funktion, in dem Augenblick ist der Prozess in Gang gekommen, durch den die Demokratie entscheidend ins Rutschen kommt. Und geschlossene Offensiven sind immer schwerer als die Verteidigung der Position, die man offensiv erweitern will.

Missbrauch der Europaidee[49]

So bitte ich, das Ganze zu verstehen, und so bitte ich auch zu verstehen, dass die Europäisierung in einem ganz andern Sinne notwendig ist, als es ihre Wortführer verkünden. Man hat gesehen, wie die sozialistische Idee durch die Kommunisten bloßgestellt worden ist. Man hat gesehen, wie die nationale Idee durch die Nazis bloßgestellt worden ist. Heute wird die Europapolitik durch die hegemoniale Politik und durch die Politik der eigenen Observanz der kapitalistischen Interessen bloßgestellt. Wir wissen doch, dass alle drei Ideen zum politischen Zusammenleben der Völker und zum gesunden Leben des eigenen Volkes notwendig sind. Seht einmal, Genossen, die Amerikaner haben doch das Europäischste getan, was getan werden konnte, als sie den Marshallplan brachten. Damit brauchen nicht schon ihre sämtlichen Motive geheiligt zu werden. Aber das war eine große Sache; und die Tendenz des Marshallplans war folgende. Am Anfang stand die amerikanische Forderung nach einem gemeinsamen europäischen Wirtschaftsplan. Was ist daraus geworden, Genossen? In der ersten Periode, als man dilettantisch an solchen Plänchen herumpfuschte, waren sich alle einig: europäischer Wirtschaftsplan, aber ohne Deutschland, auch wenn dies an der Marshallplanhilfe beteiligt ist, da ja die Deutschen die Besiegten sind. Die Franzosen haben die „geniale" Kategorie geschaffen: erstes Glied die Sieger; zu denen gehören sie auch; zweites Glied die neutralen und drittes Glied die Besiegten. Wenn wir diese unsaubere Moral unwidersprochen in der Politik, ja wenn wir auch nur ihr Einsickern in Deutschland geduldet hätten, wäre doch das Resultat die wirtschaftliche Zerstörung Europas. Wirtschaftshilfe ist doch da nötig, wo Substanz ist, die ruht oder nur halb lebendig ist und die zu vollem Leben entwickelt werden muss. Da war allerdings die deutsche Situation speziell in Westdeutschland eine außerordentlich klare. Es hat gewisse Diskrepanzen gegeben. Aber jetzt, wo diese Art der Argumentation blasser wird, sehen wir: Wir haben siebzehn Länder und siebzehn Formen der Wirtschaftspolitik. Mit dem Geld, das zur Stärkung der europäischen Wirtschaft geliefert worden ist, und mit den Warenkrediten, die gegeben worden sind, hat man doch die

---

49 Der folgende Abschnitt zur „Europapolitik" wurde in der sogleich publizierten Kurzfassung der Rede teilweise wörtlich zitiert, vgl. Anl. 1 B.

Nationalwirtschaft gestärkt, immer mit der prophetischen Phrase nach außen: später Europa, aber bevor wir Europa haben, wollen wir unsere nationalpolitische Position möglichst stark ausbauen. Brauchen wir da Vergleiche? Nehmt bloß die britische Stahlindustrie mit fünf Millionen Tonnen Stahlkapazität. Nehmt die französische Stahlkapazität; sie war ursprünglich sechs Millionen, jetzt nähert sie sich zwölf Millionen, im Jahre 1952 soll sie 14,1 haben. Resultat: Wir werden im Jahre 1952 siebzehn Millionen Überschuss in Stahlkapazität haben, und das alles aus Wirtschaftsnationalismus, aus hegemonialer Siegerpolitik, aus Konkurrenzpolitik. Alles das wird mit dem Wort Europa gemacht.

Lebenswichtige europäische Politik

Wir wollen Europa; aber Europa braucht eine *europäische Politik* und nicht eine Politik der Autarken. Genossen, das ist der Sinn unseres Vorgehens gewesen, wenn ich im Auftrag der Fraktion im letzten Teil der Rede vom vorigen Freitag[50] die Idee des Freundschaftsvertrages, nicht auf dem Territorialen, sondern auf dem Ökonomischen basierend, in den Vordergrund stellte.

Zur *Saarfrage* will ich Euch eines sagen. Die Saarfragee ist der Ausdruck der Tatsache, dass damit Europa ruiniert wird, dass man für nationalpolitische Tatsachen europäische Reden hält. Wir denken gar nicht daran, uns mitschuldig zu machen; denn man steht vor der Frage, ob man Europa mit den 900.000 vom Saargebiet, bzw. mit einer korrumpierten Oberschicht, oder mit den 45 bis 50 Millionen Westdeutschen will. Die Frage wäre für Berlin tödlich. Bei der ganzen Saarfrage habe ich immer an Berlin gedacht und im Prinzipiellen an die Ostzone und als das wichtigste an die Oder-Neiße-Linie. Anscheinend haben unsere Europäer zum Teil auch in Deutschland noch nicht recht begriffen, dass der Abwehrkampf gegen die Kommunisten vom Osten vermutlich nicht erfolgreich gewesen wäre, wenn seine psychologisch-moralische Grundlage nicht die Oder-Neiße-Linie gewesen wäre. Ohne die Oder-Neiße-Linie wären wir sehr rasch in die Periode gekommen, in der das ganze Bürgertum gesagt hätte: schaut nur, weil die Sozis es nicht verstanden haben, sich in der Ostzone zu halten, soll das ganze Volk darunter leiden, wir werden schon ein Konnubium mit dem großen östlichen Volk finden. Ich kann nur sagen: nehmt das weg, und Ihr werdet das Ergebnis sehen; und Ihr nehmt es weg, wenn Ihr im Westen etwas für richtig haltet, was Ihr im Osten für falsch haltet.

Die Entwicklung ist ja noch nicht zu Ende; aber die deutsche Position hätte sehr viel besser sein können, erstens, wenn die Bundesregierung rechtzeitig unsere sehr praktischen Vorschläge für Ruhrstatut und Saargebiet begriffen hätte, zweitens aber, wenn nicht jetzt gerade in diesen Wochen die Epidemie der Klugscheißerei über unser Volk hinweggegangen wäre. Ich nenne bloß einen einzigen Ort. Wir brauchen nur an Frankfurt, an die Neue Presse, an die Frankfurter Rundschau zu denken. Aber ich denke auch an die Allgemeine Zeitung; da steht doch angekündigt: Ihr lieben Franzosen, Ihr bekommt ja den deutschen Eintritt in den Europarat gleichzeitig mit dem Saargebiet, Ihr

---

50 Für einen vollständigen Abdruck des zweiten Teils der Rede Schumachers im Deutschen Bundestag zur Saarfrage am 10.3.1950 vgl. K. Schumacher, Reden - Schriften - Korrespondenzen, S. 743-745.

dürft nur nicht nachlassen. Und das steht auch mehr oder weniger verschnörkelt in jeder Lizenzzeitung.

[Diskussion in der Partei][51]

Ich will hier nicht eine Fülle von Einzelfällen anschneiden; aber wir haben die Frage der *Diskussion in der Partei.* Wir sind nicht kleinlich. Wir sollen die Diskussion wegen der Buntheit des öffentlichen Lebens auch bei manchen und vielen Fragen außerhalb der Partei haben. Aber wenn die gewählten Instanzen der Partei etwas sagen – und das sind die einzigen demokratisch legitimierten Instanzen –, aber bei manchen Leuten ersetzt scheinbar das persönliche Selbstbewusstsein die demokratische Legitimation, ich sage also, wenn diese Instanzen etwas sagen, dann muss man auch verstehen, sich dabei zu beruhigen und muss wissen, dass das Minimum dessen, was die Partei von einem verlangt, dies ist, wenigstens den Mund zu halten und sich nicht in den Vordergrund zu rücken. Ich kann da auch Einzelfälle aus dem Persönlichen sagen, wo wir nicht böse sein werden, wo das psychologisch aus andern Gründen tragbar sein mag; aber untragbar ist es, wenn sich nachträglich vor aller Welt Stimmen erheben, obwohl ihre Träger genau wissen, dass sie ja die Politik der Partei nicht mehr ändern und sie auch nicht mehr beschleunigen, nachdem die Entscheidung gefallen ist. Die Partei steht und fällt mit der Linie. Da möchte ich noch eines sagen. Das ist nicht die persönliche Schuld der Menschen allein. Die Alliierten haben beispielsweise den Leuten in den Spitzen der Verwaltung ein politisches Bewusstsein eingeredet, weil so am leichtesten mit ihnen umzugehen war; das ist ganz klar. Bei aller Kenntnis dieser Dinge und dem ausdrücklich jetzt von mir ausgesprochenen Wunsch, keinen organisatorisch disziplinären Schritt in dem Falle des Genossen *Kaisen* zu machen, muss ich sagen: Wie stellt sich der Mann das vor? Er hat bei allen Tagesordnungspunkten, wo die Dinge kommen konnten, mit uns gekämpft; alle waren gegen ihn; er war allein; eine Argumentation hat er überhaupt nicht gehabt außer einigen Redensarten, einigen Hinweisen. Aber das wäre nicht so schlimm. Er hat vielleicht die Nerven unserer Genossen ein bisschen angegriffen dadurch, dass er die Sache auch bei den Punkten, wo es nicht hingehörte, wieder diskutiert hat. Aber wir sind ja nicht Feind, sondern Freund. Dann hat er bei jeder Situation, wo die Partei im Feuer stand – ich erinnere an [den Januar 1950] in Berlin[52] –, das wieder ohne Partei gemacht. Und jetzt ist es wieder so. Wir haben doch die ganzen Korps der Rache am Halse: Die Alliierten, die Großindustriellen, die sagen, die Sozialdemokraten sind wegen des Saargebiets verrückt, und unser Adenauer wird jetzt womöglich auch noch verrückt. Wir haben doch die Portemonnaie-Politiker am Halse, haben die ganzen billigen Jungens der Politik am Halse, jetzt jeden Tag, während die Regierung noch nicht das letzte Wort gesprochen hat. Ihr wisst, dass wir keine hohe Meinung von der Charakterfestigkeit der Regierung in der hohen Politik haben. Trotzdem tun sich alle möglichen Kreise zusammen und verkünden aus der Tiefe ihrer Weisheit: erst Straßburg und dann die Frage der Saar disku-

---

51 Die letzten zwei Absätze wurden nicht in den Abdruck übernommen.
52 In der Vorlage „November vorigen Jahres". Sch. meint aber offensichtlich die Sitzung des PV vom Januar 1950 in Berlin, in der es zu einer scharfen Kontroverse zwischen Kaisen und ihm kam, vgl. Dok. 15.

tieren, das heißt: Anerkennung der Herauslösung des Saargebiets. Die Deutschen haben keine Waffe, keinen Trumpf mehr. Das soll doch erst einmal ausdiskutiert werden, was für eine Waffe und was für einen Trumpf wir haben. Wenn sich zum großen Unheil für das deutsche Volk im Osten und Westen der Eintritt in den Europarat gleichzeitig mit der Frage des Saargebiets vollziehen sollte, dann ist noch die letzte schwache Hoffnung eine starke Minorität. Wenn wir die Opposition gegen eine grundsätzlich falsche Strategie und Taktik den Nationalisten und Kommunisten überlassen, dann ist nicht nur Europa lebensunfähig, sondern dann tritt die Demokratie in Deutschland in ein entscheidendes Stadium der Schrumpfung. Aus dieser Situation heraus bitte ich die Verhältnisse zu betrachten und dabei zu erkennen, es gibt keine Strategie, es gibt kein System von Taktiken, die von sich aus ohne dauernde Berührung mit den Tatsachen, ohne jede neue Analyse lebendig bleiben. Aber es gibt auch keinen Erfolg für richtige und notwendige Ideen, wenn diese Ideen nicht getragen und befeuert werden von zwei Umständen, einmal von der Vertiefung der Diskussion der Partei und zweitens von der zahlenmäßigen Vergrößerung und Verbreiterung.

Genossen, ich sage Euch ganz offen: die Politik ist nicht durchzusetzen, wenn nicht die Zahl derjenigen wächst, die sie tragen und die bereit sind, im Gespräch des täglichen Lebens, zu Hause in der Familie, im Betrieb und in der Versammlung dafür zu streiten und dafür zu argumentieren. Genossen, wir kommen jetzt an einen entscheidenden Punkt: Darum ist die Praxis, Mitglieder zu haben, oder der Fleiß in der Diskussion der Probleme in der Partei genauso wichtig wie die Linie, die vertreten wird. (Beifall)

[Diskussion][53]

Mattick bedauert, dass die Ostzone in *Schumachers* Referat so kurz weggekommen sei. Er fürchtet, dass der Isolierungsprozess in der Ostzone zu weit fortschreitet. Es sei Aufgabe der SPD, die Rolle der nationalen Opposition für Gesamtdeutschland zu übernehmen.

Die Lösung der sozialen Frage sei nur in Gesamtdeutschland möglich, und wir sollten die Frage nach freien Wahlen aufgreifen.

Er sei auch der Auffassung, dass nicht nur *Remer* und *Hedler*, sondern auch *Reimann* ein Redeverbot erhalten sollten. Es solle auch solange im Bundesgebiet kein Redner aus der Ostzone auftreten dürfen, bis Westpolitiker ungehindert in der Ostzone reden dürfen.

Schumacher erwidert, dass wir uns nicht verbrauchen lassen dürfen [von][54] Antidemokraten. Er sei nicht dafür, die kommunistische Partei so anzufassen, wohl aber könne man harte Einzelmaßnahmen erwägen.

Knoeringen erklärt, dass die Auseinandersetzung mit dem Faschismus uns noch bevorstehe, da er 1945 von den Alliierten zwar niedergeworfen, aber nicht von uns besiegt wurde.

---

53 Die Wiedergabe der Diskussion erfolgt nach dem Protokoll.
54 In der Vorlage „als".

Wir müssten die Jugend gewinnen.

Die These sei abzulehnen, dass ein Nazi immer ein Nazi bleibe.

Ollenhauer sagt, dass unsere Auffassung über die Bewertung der beiden totalitären Richtungen keine Änderung erfahren habe, auch wenn heute die Rechtsbewegungen im Vordergrund der Besprechungen standen. Wir wollen jetzt praktisch beim PV ein Gegenstück zum Ostbüro[55] aufbauen, um Informationen zu beschaffen und auszuwerten durch Verbreitung in der gesamten Parteiorganisation. Wir müssen den Genossen und der Bevölkerung die Gefahren klarmachen, die uns von beiden Seiten drohen.

Eine Kontrolle der Justiz müsse durch unsere Landtagsfraktionen vorgenommen werden. Für den Schutz unserer Parteiveranstaltungen sind organisatorische Maßnahmen zu treffen.

Ein Werbeaktionsprogramm der Partei wurde gestern vom PV beschlossen.[56]

Der PA stimmt den vorgelegten Entschließungen (siehe Anlage [2][57]) zu.

[**Punkt 2** der Tagesordnung (**Vorbereitung des Parteitages**)]

Der PA stimmt der Tagesordnung zum Parteitag zu.[58]

Gerstung trägt den Wunsch des sozialpolitischen Ausschusses vor, dass auf dem Parteitag ein Kurzreferat von *Prof. Ludwig Preller*, Kiel, gehalten werden dürfe.[59]

Meitmann wünscht, dass die drei Hauptreferate auf dem Parteitag als programmatische Richtlinien für unsere Politik herausgebracht werden.

Zu Punkt 3 (Stellungnahme zum Organisationsstatut)

Das Organisationsstatut (...)[60] wird nach eingehender Diskussion mit einigen Änderungen vom PV und PA gebilligt.

---

55 Zur Errichtung des „Ostbüros" im Jahre 1946, das der Aufrechterhaltung der Verbindungen zu den verfolgten Sozialdemokraten in der Ostzone, aber auch der Abwehr von kommunistischen Infiltrationsversuchen dienen sollte, vgl. PV-Protokolle Bd. 1, S. XLIV f.

56 Vgl. Anlage 5.

57 In der Vorlage „3". Die beiden Entschließungen, die sogleich veröffentlicht wurden, werden hier als Anlage 2 abgedruckt.

58 Vgl. Anlage 3.

59 *Preller* wurde auf dem Parteitag nach dem Referat von *Veit* zur Wirtschaftspolitik als erstem Diskussionsredner eine längere Redezeit eingeräumt, vgl. Prot. SPD PT 1950, S. 195-198.

60 Weggelassen wird hier ein Hinweis auf die in den Beilagen nicht mehr vorhandene „Anlage 4" Wahrscheinlich handelte es sich um den „vom Parteivorstand und Parteiausschuss beschlossenen Entwurf eines neuen Organisationsstatuts", der den Parteitagsdelegierten als „Anlage Nr. 4" vorgelegt wurde. Ein Exemplar des gedruckten Entwurfs (8 S.) befindet sich im AdsD: SPD – LO Hamburg 55. Dieser Entwurf wurde vom Parteitag fast unverändert angenommen (Prot. SPD PT 1950, S. 173). Das neue Organisationsstatut wurde zu Beginn des Parteitagsprotokolls abgedruckt (ebd., S. 3-9).

Anlage 1 A
Kommuniqué der beiden Sitzungen
Sozialdemokratischer Pressedienst P/V/62 v. 14.3.1950, S.1-2.

Saarfrage, Versammlungsschutz, Außendienst

Am Montag, dem 13. März, tagte in Bonn der Vorstand der SPD, am Dienstag, dem 14. März, fand eine gemeinsame Beratung von Parteivorstand, Parteiausschuss und Kontrollkommission der Partei statt. Im Vordergrund der Erörterungen standen das Saarproblem und in engstem Zusammenhang damit die Frage eines Beitritts der Deutschen Bundesrepublik zum Europarat sowie die immer sichtbarer werdende Gefahr des Neofaschismus in Deutschland.

In dieser zweiten Frage wurde beschlossen, dass neben der notwendigen Schaffung ausreichender gesetzlicher Grundlagen zur Bekämpfung neofaschistischer Strömungen systematisch auch organisatorische Maßnahmen zum Schutze der eigenen Versammlungen ergriffen werden sollen. Eine Reihe technischer Vorschläge dazu, wie das zu geschehen habe, wurde gemacht und akzeptiert.

Es wurde dann über Fragen der Organisation des im Aufbau begriffenen außenpolitischen Dienstes der Bundesrepublik gesprochen. Die SPD, so stellte *Erich Ollenhauer*, der die Verhandlungen führte, im Namen des Parteivorstandes fest, halte es nicht für richtig, dass die Besetzung wichtiger Positionen ganz vorherrschend unter dem Gesichtspunkt der Berücksichtigung von Wünschen der Regierungsparteien erfolge. Der mit diesem Verfahren verbundenen Gefahr wurde sich die SPD besonders bei der Nennung des FDP-Abgeordneten Dr. Oellers zum Generalkonsul in London bewusst, den die SPD als in keiner Hinsicht geeignet und tragbar anerkennen könne.

Über die politische Situation in ihren Ländern, vor allem im Hinblick auf die im Laufe dieses bzw. dem Frühjahr des nächsten Jahres stattfindenden Wahlen, sprachen *Fritz Henßler* für Nordrhein-Westfalen, *Andreas Gayk* für Schleswig-Holsteinn, *Willi Knothe* für Hessen, *Waldemar von Knoeringen* für Bayern, *Franz Neumann* für Berlin, *Erwin Schoettle* für Württemberg-Baden und *Franz Bögler* für Rheinland-Pfalz. Man sieht diesen Länderwahlen im allgemeinen durchaus zuversichtlich entgegen, ihre Bedeutung auch für die Bundesrepublik wurde nachdrücklich unterstrichen.

Der Beschluss, soziale Arbeitsgemeinschaften zu gründen, um eine engere Verbindung zwischen der Arbeit der Gewerkschaften und der Partei zu erreichen, hat inzwischen ein starkes positives Echo gefunden, vor allem auch auf der örtlichen und der Bezirksebene. Im April wird eine Konferenz der Bezirkssekretäre zusammentreten, um Einzelheiten über eine in absehbarer Zeit durchzuführende zentrale Werbeaktion der Partei zu beraten. Ein ausführlicher Vorschlag über Art und Umfang liegt bereits vor. Auf der Konferenz sollen nicht nur propagandistische, sondern auch organisatorische und finanzielle Fragen besprochen werden.

In letzter Zeit mehren sich Einladungen ostzonaler Stellen an führende politische Persönlichkeiten Westdeutschlands. Der Parteivorstand war sich einig, dass Sozialdemokraten solchen Einladungen, die sämtlich durchsichtigen politischen Zwecken dienen, nicht folgen sollten. Parteiausschuss und Kontrollkommission erörterten das Organisationssta-tut der Partei, das dem Parteitag zur Beschlussfassung vorgelegt werden soll. Im An-schluss an den seinerzeit in Herne gefassten Beschluss, einen zentralen Jugendausschuss zu bilden, bestätigte der Parteivorstand die vorgeschlagene personelle Zusammensetzung aus je mehreren Vertretern der Jungsozialisten, der sozialistischen Studenten und der „Falken". Ausdrücklich wurde die Haltung der Arbeitsgemeinschaft verfolgter Sozialde-mokraten gebilligt, keiner neuen Organisation der durch das nationalsozialistische Re-gime Verfolgten beizutreten, nachdem die bisherigen CDU-Mitglieder aus der VVN ausgetreten sind. Es soll aber mit allen Förderern der Wiedergutmachung nationalsoziali-stischen Unrechts enge Verbindung gehalten werden.

Die letzte Tagung des Parteivorstandes vor dem Parteitag Ende Mai wurde auf Mon-tag, den 16. April, nach Bonn einberufen.

Anlage 1 B:
Bericht über Schumachers Rede in der gemeinsamen Sitzung von PV, PA und KK im „Sozialdemokratischen Pressedienst"
P/V/62 v. 14.3.1950, S.3 f. (Überschrift: „Schumacher über Europapolitik und Neofaschis-mus.")

Vor dem um Parteiausschuss und Kontrollkommission erweiterten Parteivorstand der SPD hielt am Dienstag Dr. Kurt *Schumacher* ein Referat, in dem er sich vor allem mit der Europafrage und der Gefahr eines Anwachsens der neofaschistischen Strömungen in Deutschland auseinander setzte. Die Lage in Deutschland, so führte Dr. Schumacher u.a. aus, habe sich im Laufe der letzten Monate in mehrfacher Hinsicht verschlechtert. Ein-mal sei die russische Position in dieser Zeit stärker geworden, zum anderen kenne nie-mand absolut sicher den Grad der Festigkeit der westalliierten Haltung gegenüber der Sowjetunion. Gewiss seien die Deutschen nicht in der Lage, diese Dinge maßgeblich zu beeinflussen, aber sie könnten auf mancherlei Gebieten zum Vermeiden der Gefahr beitragen, „dass die Dinge ins Rutschen kommen".

Dr. Schumacher stellte drei Aufgaben der praktischen Politik heraus: „Wir müssen dem Osten zeigen, dass es auf deutschem Boden wirkliche Demokratie gibt. Wir müssen darauf hinweisen, dass dieses Deutschland aus dem Geiste der internationalen demokrati-schen Solidarität so viel Vertrauen bei den westlichen Alliierten genießt, dass es nach außen sichtbar respektvoller behandelt wird als jedes östliche Volk durch Moskau. Wir müssen aber auch klarmachen, dass die Menschen im Westen noch unter so vielen sozia-len Benachteiligungen und Ungerechtigkeiten leiden, dass ihre Anziehungskraft auf den geknechteten Osten darunter leidet. Man würde sich in Deutschland mit vielen der gegenwärtigen Schwierigkeiten eher abfinden, wenn man das Bewusstsein hätte, dass sie sich aus der drückenden Lage Deutschlands zwangsläufig ergäben. Das ist aber oft nicht der Fall. Wogegen wir kämpfen müssen, ist nicht das Unvermeidliche, sondern das Unnötige."

Gerade in den letzten Wochen seien in dieser Hinsicht viele sehr bittere Tatsachen festzustellen: die Behandlung der Saarfrage, die zwangsweise Umsiedlung Deutscher aus Polen und die Art, wie die westlichen Alliierten und ein Teil der deutschen Öffentlichkeit darauf reagiert haben, die Demonotage-Affären, besonders in Watenstedt-Salzgitter, und schließlich besonders die Art, wie einige der Alliierten sich zum Gesetz Nr. 75 stellen. Wenn die Entwicklung auf der äußersten deutschen Rechten wie ein mächtiger Schatten über der deutschen Zukunft läge, so habe das vor allem zwei Gründe: die außenpolitische Erfolglosigkeit der Regierung und die soziale Destruktion. „Was sich auf diesen Gebieten entwickelt, streut einen politischen Samen, speziell in die Seelen von Millionen junger Menschen, der später, auch unter anderen Bedingungen, nicht mehr ohne weiteres abgetötet werden kann. Diese Dinge sind sehr ernst zunehmen." Es lägen z.Z. Beobachtungsergebnisse von etwa 280 Organisationen auf der äußersten Rechten vor. Schumacher ging dann auf eine Reihe bezeichnender, personeller und sachlicher Einzelerscheinungen auf diesem Gebiet ein und äußerte Zweifel grundsätzlicher Art an der politischen Zuverlässigkeit der Polizei und vor allem der Justiz einzelner Länder. In diesem Zusammenhang stellte Dr. Schumacher fest: „Ohne Industriearbeiter keine Demokratie, aber die Erhaltung der Demokratie ist nicht möglich ohne Einbruch in die Mittelschicht. Die soziale Ernsthaftigkeit ist das, worin wir uns von der Regierung unterscheiden müssen, von ihrer verbalen Sozialpolitik der Versprechungen und Vertröstungen. Die nationale Idee wird durch die nationalistische Phraseologie gänzlich entwertet."

Zur Europafrage erklärte Dr. Schumacher, dass die Europäisierung in einem ganz anderen Sinne nötig sei, als viele ihrer Wortführer sie verkündeten. Wie der Sozialismus durch den Kommunismus, der Nationalismus durch den Nationalsozialismus diffamiert wurde, so würde jetzt der europäische Gedanke durch nationale Hegemonieansprüche entwertet. „Wenn wir die Aufgliederung Sieger, Neutrale und Besiegte gelten lassen, wird die ganze Idee eines gemeinsamen europäischen Aufbaues ad absurdum geführt. Wir wollen Europa. Aber Europa braucht eine europäische Politik und nicht eine Politik der nationalen Autarkie."

Anlage 2:
Entschließungen der gemeinsamen Sitzung vom 14.3.1950
Sozialdemokratischer Pressedienst P/V/62 v. 14.3.1950, S. 5[61]

I.

Die am 14. März tagende gemeinsame Konferenz des Parteivorstandes, des Parteiausschusses und der Kontrollkommission beschließt nach der Rede Dr. Schumachers und der anschließenden Diskussion:

Die Konferenz billigt die Politik der Bundestagsfraktion, insbesondere ihre Haltung zu Saarfrage und Europarat und spricht ihr das Vertrauen aus.

---

61 Abgedruckt: Jb. SPD 1950/51, S. 247 f.

II.

Die gemeinsame Sitzung des Parteivorstandes, des Parteiausschusses und der Kontroll-kommission fühlt sich verpflichtet, auf die Gefahren hinzuweisen, die der noch nicht gefestigten deutschen Demokratie von der *praktischen Politik der Alliierten in Deutschland* in der jüngsten Vergangenheit drohen.

Die Behandlung der *Saarfrage* ohne Hinzuziehung deutscher Vertreter und ohne jede Beachtung deutscher Argumente, die *Demontagen* in Watenstedt-Salzgitter und Töging, ebenso wie die Methoden, mit denen diese Demontagen durchgeführt werden, die *Abweisung* der Mehrzahl der aus Polen kommenden *deutschen Umsiedler* durch britische Behörden gegen den ausdrücklichen Wunsch der beteiligten Deutschen und die Bestrebungen[62] verschiedener alliierter Stellen, das Gesetz [Nr.] 75 zu verändern und damit die Position der arbeitenden Menschen zu schwächen - alle diese Maßnahmen und Methoden müssen den Glauben der demokratischen Kräfte in Deutschland an Europa, an eine europäische Wirtschafts- und Sozialordnung und an die Möglichkeit einer sozialen Gesundung erschüttern.

Die Versammlung appelliert an die Alliierten, diese Politik auf dem Rücken und zum Schaden der deutschen Demokratie nicht fortzusetzen, sondern eine entschlossene Wendung zu einer positiven und rückhaltlosen Europapolitik auch in Deutschland endlich zu vollziehen.

Anlage 3
Die „vorläufige" Tagesordnung des Parteitages
Sozialdemokratischer Pressedienst P/V/62 v. 14.3.1950, S .5 f. (Überschrift: „Das Programm des Hamburger Parteitages").

Der Parteivorstand der SPD hat jetzt auf Grund der Bestimmungen des Parteistatuts den Parteitag 1950 für die Tage vom *21. Mai bis einschließlich 25. Mai 1950* nach Hamburg einberufen. Parteiausschuss und Kontrollkommission nehmen einstimmig die folgende vorläufige Tagesordnung an:
1. Eröffnung und Begrüßungen
2. Arbeitsberichte des Parteivorstandes:
   a) Organisation - Referent Egon Franke
   b) Finanzen - Referent Alfred Nau
   c) Presse und Propaganda - Referent Fritz Heine
   d) Frauensekretariat - Referentin Herta Gotthelf
3. Bericht der Kontrollkommission - Referent Adolf Schönfelder
4. Die Sozialdemokratie im Kampf für Deutschland und Europa - Referent Dr. Kurt Schumacher
5. Bericht der Fraktion des Bundestags - Referent Erich Ollenhauer

---

62 Nach dem Abdruck im Jahrbuch, im Pressedienst „Besprechungen".

6. Wirtschaftspolitisches Referat („Sozialdemokratische Wirtschaftspolitik - Der Weg zur Vollbeschäftigung") - Referent Dr. Hermann Veit
7. Die SPD vor der geistigen Situation dieser Zeit - Referent Professor Carlo Schmid
8. Sonstige Anträge:
9. Wahlen.
   a) des Parteivorstandes,
   c) der Kontrollkommission

Anlage 4
Vorlage Heines über eine geplante „zentrale Werbeaktion der Partei"
Hektogr. Papier (9 S.) in den Beilagen zum Protokoll

[1. Teil] Vorbereitung einer zentralen Werbeaktion
Für die in der Parteiausschusssitzung in Herne[63] im Prinzip beschlossene zentrale Werbeaktion sind vom Büro des Parteivorstandes entsprechende Vorbereitungen getroffen bzw. In Arbeit genommen worden. Dabei haben wir uns auf folgende Absichten eingestellt.

Der Mangel an Geldmitteln und auch an geeigneten aktiven Funktionären zwingt die Partei, diese große Werbeaktion so rationell wie möglich zu machen. Wir können uns bei der bevorstehenden Mitgliederwerbung nicht darauf einlassen, sozusagen „ins Blaue hinein" zu werben.

Wir müssen uns fragen: Wer kommt für die Werbung überhaupt in Betracht? Und: Wer kommt von all den geeignet erscheinende am Ehesten in Betracht? D. H.: Wie erreichen wir mit den geringsten Mitteln den größten Erfolg?

Bei der Betrachtung der geeigneten Kategorien von zu Werbenden glauben wir, dass 6 Hauptgruppen in der von uns angegebenen Reihenfolge bearbeitet werden sollten.

1. Gruppe: Familienangehörige.
Es liegen natürlich keine genauen Angaben über die Zahl der verheirateten männlichen Parteimitglieder vor. Wir gehen aber davon aus, dass mindestens 300 000, möglicher Weise sogar bis zu 400 000 sozialdemokratische Mitglieder vorhanden sind, deren Frauen noch nicht Mitglied der Partei sind. Es ist wahrscheinlich, dass hier ein sehr großes und voraussichtlich noch am leichtesten zu erschließendes Reservoir von möglichen neuen Mitgliedern ist. Wir wollen deshalb dieser Werbung unsere besondere Aufmerksamkeit zuwenden.

In die gleiche Kategorie gehört die Werbung für die Mitgliedschaft erwachsener Söhne und Töchter von Sozialdemokraten. Wir können annehmen, dass im Minimum 50 000, wahrscheinlich aber an die 100 000 solcher möglichen neuen Mitglieder in den

---

63 In der von der Gemeinsamen Sitzung am 18. November 1949 verabschiedeten Resolution „Erste Arbeitsaufgaben für das Jahr 1950" lautete der letzte Satz: „Vorbereitung einer zentralen Werbeaktion im gesamten Bundesgebiet." Vgl. Dok. 14, Anlage 3.

sozialdemokratischen Familien vorhanden sind, womit selbstverständlich nicht gesagt werden soll, dass diese möglichen Kandidaten auch im vollen Umfang für die Mitgliedschaft gewonnen werden können. Es ist damit nur der Kreis der theoretisch Erreichbaren umrissen worden.

Ebenfalls zu dieser Gruppe der Werbung der Familienangehörigen gehören nächste Verwandte. Die Zahl ist statistisch nicht berechenbar. Zweifellos handelt es sich um mehrere 100 000. Durch das Zusammenziehen mehrerer Familien dürfte die Werbung im Umkreis der nächsten Verwandten in gewisser Beziehung technisch erleichtert sein.

Über die allgemeinen Werbemittel für diese und die folgenden Aktionen bringen wir Vorschläge im 2. Teil dieser Darstellung. Hier beschränken wir uns auf die speziellen Werbemittel, die wir vorbereiten. Wir werden zu Beginn der Werbeaktion einen in Schreibmaschinenschrift gedruckten Brief (Din A 5-Format, 4 Seiten) für all die männlichen Parteimitglieder über die Bezirke zur Verfügung stellen, die für diese Werbeaktion nach Auffassung der zuständigen Ortsvereine in Betracht kommen. Der Brief enthält neben dem Hinweis auf die Tatsache der Aktion im allgemeinen die besonderen Argumente, warum der Briefempfänger seine Familienangehörigen für die Aufnahme in die Partei gewinnen soll. Das Hauptgewicht wird dabei auf die Gewinnung der Ehefrau als Parteimitglied gelegt und die spezielle Begründung für die Notwendigkeit gegeben. Der persönlich gehaltene Brief wird mit einem Appell an die Bereitschaft zur Mitarbeit schließen.

2. Die Gruppe der Verzogenen und Ausgeschiedenen

Wir haben seit der Währungsreform gut 10 000 Mitglieder dadurch verloren, dass sie aus dem Bereich des zuständigen Ortsvereins verzogen und in eine andere Gegend (oder anderen Stadtteil) übersiedelt sind. Durch die Aktion der Organisationsabteilung beim Parteivorstand ist seit Anfang d. Js. angeregt worden, dass über alle solche Mitglieder sogenannte Verzogenenkarten ausgestellt werden, die das Mitglied bei dem neuen Ortsverein avisieren sollen.

Diese Maßnahme ist im Anlaufen; sie ist noch nicht Allgemeingut geworden. Im Rahmen der zentralen Werbeaktion müssen Maßnahmen getroffen werden, um eine möglichst restlose Durchführung sicherzustellen. Wir sind überzeugt, dass es uns auf diese Weise gelingen kann, zwischen 5000 bis 10 000 Mitglieder, die verloren gegangen waren, wiederzugewinnen.

Mehr als 150 000 Mitglieder der Partei sind seit der Währungsreform ausgetreten oder (zum kleineren Teil) wegen Beitragsrückständen ausgeschieden worden. Es ist unserer Auffassung nach leichter möglich, ein ehemaliges Mitglied zur Wiederaufnahme der Mitgliedschaft zu bewegen, als eine neue Werbung durchzuführen, bei der manche Voraussetzungen erst geschaffen werden müssen. Viele der Ausgetretenen haben infolge ihrer Arbeitslosigkeit auf die Mitgliedschaft verzichtet, ein Teil von ihnen ist wieder in Arbeit gekommen, ohne deshalb erneut wieder Mitglied geworden zu sein. Auf sie und ihre Rückgewinnung muss unsere besondere Aufmerksamkeit gelenkt werden.

Als spezielle Maßnahmen für die teilweise Rückgewinnung dieser beiden Gruppen ehemaliger Sozialdemokraten schlagen wir eine generelle Nachprüfung der Karteien der Verzogenen und Ausgeschiedenen vor, wobei wir durch Rundbrief und sonstige Maßnahmen durchsetzen wollen, dass die Ortsvereine, Unterbezirke bzw. Bezirke eine Meldung der Verzogenen und Ausgeschiedenen machen und am Schluss der Aktion eine einigermaßen umfangreiche Übersicht darüber besteht, was aus den auf diese Weise Erfassten geworden ist. Einzelheiten für diese Aktion fallen besonders unter die im 2. Teil noch zu erwähnenden allgemeinen Maßnahmen.

3. Gruppe: Neubildung von Ortsvereinen als Mittel zur Gewinnung weiterer Mitglieder

Von den in Westdeutschland vorhandenen rund 25 000 bis 30 000 Gemeinden haben wir nur in rund 9 000 eigene Ortsvereine, wobei es sehr viele Ortsvereine (wahrscheinlich mehr als 3 000) gibt, die eine Mitgliedschaft von unter 10 Mitgliedern haben. Wir haben jedoch in praktisch allen westdeutschen Gemeinden SPD-Wähler und damit potentiell SPD-Mitglieder. Die Neubildung von Ortsvereinen auch in diesen kleineren Gemeinden muss automatisch zur Erhöhung der Mitgliederzahl führen, da viele der uns Nahestehenden in diesen kleinen Gemeinden damit zu Parteimitgliedern gemacht werden können.

(Genau so, wie umgekehrt ein großer Teil der Mitgliederverluste auf das Fallenlassen von kleinen Ortsvereinen zurückzuführen ist.) Die Tatsache, dass im Bezirk Braunschweig 94,6 % aller Gemeinden Ortsvereine der SPD haben, während im Bezirk Südwürttemberg 13,8 % der Gemeinden Ortsvereine der SPD [haben][64], zeigt, welche Möglichkeiten des Aufholens wir in vielen Gebieten noch haben.

Da die Gewinnung und Erhaltung solcher Stützpunkte und Ortsvereine in erster Linie eine Frage von genügend Geldmitteln bei Bezirken und Unterbezirken und entsprechender Initiativen dieser Organisationsgliederungen ist, müssen sich die zentralen Maßnahmen im Wesentlichen auf die im Teil 2 wiedergegebenen beschränken. Als spezielle Maßnahmen sind Briefe und Kurzartikel und Organisationshinweise sowie ein Leitfaden zur Neubildung von Ortsvereinen vorgesehen.

4. Gruppe: Mitgliederwerbung in den Betrieben

Der Ausbau der Betriebsgruppenorganisation ist im vergangenen Jahr in einer Reihe von Bezirken weitergegangen, so dass es uns möglich erscheint, daraus die ersten Nutzanwendungen für die Gewinnung von Mitgliedern in den Betrieben zu ziehen. In Verbindung mit den Betriebsrats- und Delegiertenwahlen wird eine erhöhte Aktivität der Sozialdemokraten in den Betrieben angestrebt und vorbereitet, die auch in der Gewinnung von neuen Mitgliedern ihren Niederschlag finden soll. Die Tatsache, dass die Zahl der Handarbeiter in der Partei in einer Reihen von Bezirken unter die 50 %-Grenze gesunken ist, macht es nach unserer Auffassung doppelt erforderlich, dieser Gruppe von möglichen Neumitgliedern erhöhte Beachtung zu schenken. Wir haben eine recht umfas-

---

64 In der Vorlage „sind".

sende Betriebsübersicht inzwischen zusammengestellt, die uns bei der Werbung nützliche Dienste leisten kann.

In Zusammenarbeit mit dem Betriebsgruppensekretariat beim Parteivorstand und, soweit in den Bezirken vorhanden, dem Bezirksbetriebssekretariat, wird die Aktion durchgeführt werden. Eine Sondernummer des zentralen Funktionärsorgans „Arbeit und Freiheit" ist vorgesehen, das den sozialdemokratischen Betriebsfunktionären diese Aufgabe der Mitgliederneuwerbung nach allen Seiten hin in Artikeln, Beispielen und sonstigen Beiträgen vor Augen führen soll. Einer in Vorbereitung befindlichen Wandzeitung gegen die Arbeitslosigkeitt wird in der Betriebspropaganda für die Mitgliederwerbung eine besondere Rolle eingeräumt werden. Ein Sonderflugblatt für Betriebsarbeiter ist in Vorbereitung.

5. Gruppe: Neue Mitglieder aus den Kreisen der jüngeren Generation

So richtig es sein mag, dass in einer Reihe von Bezirken die Zahl der jüngeren Parteimitglieder heute größer ist als vor 1933, so triff es leider doch nicht auf alle Bezirke oder auch nur auf die Mehrzahl der Bezirke zu. Wie haben eine große Zahl von Ortsvereinen, bei denen der geringe Anteil an jüngeren Mitgliedern stark ins Gewicht fällt und zum Teil erschreckend ist. Wir halten es für absolut erforderlich, dass die Werbung innerhalb der jüngeren Generation besondere Beachtung findet (ganz abgesehen von der Tatsache, dass wir alljährlich allein durch Absterben älterer Mitglieder etwa 10 000 bis 15 000 [Mitglieder] verlieren dürften).

Die besonderen Maßnahmen, die für die Jugendwerbung vorgesehen sind, sollen selbstverständlich in Zusammenarbeit mit den Jungsozialisten und – soweit das möglich ist – auch mit den Falken erfolgen. Ein spezielles Flugblatt für jüngere Menschen wird herausgegeben werden. Eine Lichtbildserie soll nach Möglichkeit rechtzeitig herauskommen.

Wir arbeiten Vorschläge für die Bezirke und Ortsvereine aus, um besonders Jugendveranstaltungen so aufzuziehen, dass sie anziehend auf die jüngere Generation wirken, (ein besonderer Leitfaden für derartige Veranstaltungen ist geplant. Außerdem planen wir ein spezielles Versammlungseinladungsplakat für diese Veranstaltungen [mit][65] entsprechenden Einladungstext). Dabei werden wir Anregungen insbesondere dahin geben, wie die Sportjugend zu speziellen Parteiveranstaltungen eingeladen werden kann.

Die von Kurt Schumacher begonnene Serie der Besuche von Universitäten, um die Studenten anzusprechen, hat sich als außerordentlich wesentlich erwiesen. Wir glauben, dass die Fortführung und Ausdehnung auf einige weitere prominente Redner der Partei (Carlo Schmid) ein wertvolles Mittel für die Interessierung der Jugend ist, das während der zentralen Werbeaktion ebenfalls eingesetzt werden sollte. Wir möchten den Kreis der zu bearbeitenden Lehranstalten auch ausdehnen auf die Technischen Hochschulen und Lehrerbildungsanstalten.

Zurzeit sind wir dabei, Möglichkeiten zu untersuchen, zugkräftige ausländische Redner für Jugendveranstaltungen zu gewinnen.

---

65 In der Vorlage „und" (S. 5).

6. Gruppe: Allgemeine Werbeaktion

Während diese speziellen Propagandaaktionen (1. bis 5. Gruppe) laufen, wird es sich als zwangsläufig erweisen, auch eine allgemeine Werbeaktion ohne besondere Zielrichtung zu betreiben. Sie wird wahrscheinlich nicht den gleichen direkten Erfolg in Bezug auf Gewinnung neuer Mitglieder haben, wie die speziellen Aktionen, aber sie ist notwendig, sowohl um die Parteimitglieder, die werben sollen, zu aktivieren, wie auch, um die Öffentlichkeit auf unsere Aktion aufmerksam zu machen und schließlich auch, um den Boden vorzubereiten für weitere Propaganda und künftige Mitglieder.

Als besondere Maßnahme halten wir die Durchführung von Werbeveranstaltungen in möglichst vielen Ortsvereinen für erforderlich. Das im noch folgenden 2. Teil erwähnte Rednermaterial soll dazu die Unterlagen für die Referenten vermitteln. Gleichzeitig werden Rundbriefe an die vom Parteivorstand in der Rednerkartei erfassten Genossen versandt werden, um sie besonders auf diese Aktion aufmerksam zu machen. (Bei diesen Werbeveranstaltungen werden wir Vorschläge für neue Formen der Veranstaltungen machen, insbesondere dadurch, dass wir Zusammenkünfte zur Behandlung besonderer Themen, wie Betriebsfragen, Flüchtlingsfragen usw., aber auch Veranstaltungen, die am Rande der Politik liegende Themen behandeln, in Vorschlag bringen.)

Zur Unterstützung dieser allgemeinen Werbeaktion ist ein Textplakat vorgesehen, das im 2. Teil behandelt wird.

In den Ortsvereinen, in denen eine besondere Aktivität infolge günstiger Umstände und entsprechender Zusammensetzung möglich ist, wollen wir eine Werbung von Haus zu Haus vorschlagen, für deren Vorbereitung bestimmte Vorstellungen bei uns vorhanden sind und die den Ortsvereinen übermittelt werden. Wir glauben, dass bei einer solchen Aktion durch gründliche Vorbereitung in Form einer Art Generalstabsplan, in dieser Hausagitation auch im gegenwärtigen Augenblick Erfolge erzielt werden können. Die Voraussetzung ist selbstverständlich die genaue Kenntnis der Verhältnisse nicht nur in den betreffenden Orten, sondern auch in den Haushaltungen.

2. Teil Allgemeines zentrales Werbematerial

Neben den vorerwähnten speziellen Vorschlägen und Materialien bereiten wir für die Aktion folgendes vor:

a) Eine illustrierte Werbeschrift der Partei

in Din A 4, 16 Seiten Kupfertiefdruck, voraussichtlich werden wir mehrfarb[ig]en Kupfertiefdruck machen, Auflage 100 000 Exemplare. Der Selbstkostenpreis wird bei etwa 20 Pfg. pro Exemplar liegen.

Wir wollen mit dieser Werbe-Illustrierten eine neue Form der Propaganda aufnehmen und die Illustrierte in den Mittelpunkt der Aktion stellen. Der hohe Selbstkostenpreis der Schrift macht eine sorgfältige Verteilung der Gesamtauflage erforderlich. Wir werden Bezirke und Ortsvereine bitten, diese Propaganda-Illustrierte nur an ausgewählte Interessenten zu verteilen. Der Inhalt soll die Ziele der Partei populär darstellen, wobei das für den Einzelnen Wichtigste in den Vordergrund gestellt wird. (Arbeits-, Wohnungs-, Betriebsfragen, Kriegsgefangenenfragen) Ins Populäre übersetzt werden sollen auch die innen- und außenpolitischen Absichten und Tätigkeiten der Partei. Als Abschluss soll eine kurze Darstellung, warum es zweckmäßig und notwendig ist, Mitglied der SPD zu werden, erfolgen.

b) Ein Textplakat

In einer Auflage von 40 000 Exemplaren geplant, Format Din A 2. Inhalt in sehr kurzen Zeilen Angaben über Wesen und Ziele der SPD mit der Aufforderung, Mitglied zu werden.

Wir möchten mit einem direkten Werbeplakat erstmalig an die Öffentlichkeit herantreten, sowohl um die spezielle Werbeaktion zu unterstützen, wie auch, um auf diese Weise mit kurzen Worten etwas über die Ziele der Partei zu sagen, ohne durch die Behandlung eines Tagesereignisses abgelenkt zu werden.

Wenn die Mittel dafür aufgebracht werden könnten (35 000 Mark), würde die Werbeabteilung des Parteivorstandes es für richtig halten, wenn wir uns mit diesem Plakat zum ersten Mal des allgemeinen Plakatanschlagsystems bedienen und an alle 37 000 westdeutschen Plakatanschlagstellen das Plakat anschlagen ließen. Wir haben bei den früheren Aktionen und selbst bei den Bundestagswahlen feststellen müssen, dass es mit unserer gegenwärtigen Organisation weder finanziell noch organisatorisch möglich ist, auf lokaler oder bezirklicher Ebene dieses Ziel (ein Plakat an jeder Anschlagtafel) zu erreichen. Deshalb der Vorschlag zum schlagartigen Einsatz von zentraler Seite aus.

Unabhängig davon planen wir den Plakatanschlag durch von uns und die Bezirke organisierte Autokolonnen.

c) Brief an [die] Ortsvereinsvorsitzenden

Einen Brief des Parteivorstandes an die Vorsitzenden der Ortsvereine im Din A 5-Format, direkt an alle Ortsvereine durch den Parteivorstand verschickt. Inhalt: Darstellung der geplanten Aktion, soweit sie zum Aufgabengebiet der Ortsvereine gehört. Klarstellung dessen, was wir von den Ortsvereinen als Aktion erwarten. Begründung der Aktion und Appell an die Aktivität des Vorsitzenden.

Wir haben in einigen Bezirken die Erfahrung machen müssen, dass aus finanziellen und personellen Gründen die von zentraler Seite gemachten Anregungen nicht zu den Ortsvereinen durchdringen konnten. Wir glauben deshalb, mit diesem Schritt erstmalig den Weg der direkten Bearbeitung der Ortsvereine machen zu sollen.

d) Rednermaterial

Bereits im ersten Teil der Darstellung erwähnt: Unterlagen für die Referenten, Material für die Gestaltung einer Rede in Werbeversammlungen.

e) Material an Redaktionen usw. Zur Unterstützung der Werbeaktion entsprechende Unterlagen und Materialien etc. an Redaktionen und Mitteilungsblätter, parteinahe Zeitungen und, soweit das möglich ist, auch an die übrigen Blätter.

3. Teil Ablauf der Aktion

Zur Vorbereitung der zentralen Werbeaktion halten wir es für nötig, dass als erstes *eine Konferenz der Bezirkssekretäre* durchgeführt wird, auf der nicht nur die hier behandelten propagandistischen, sondern auch die organisatorischen und finanziellen Fragen mit den Sekretären besprochen werden und sowohl das Frauensekretariat wie die einzelnen, in Betracht kommenden Referenten des Parteivorstandes darlegen können, in welcher Weise sie sich den Verlauf der Aktion vorstellen.

Im Anschluss daran wollen wir die Bezirke bitten, in Ortsvereinskonferenzen den Plan durchzusprechen und die entsprechenden Aktionen einzuleiten.

Danach sollte die allgemeine Versammlungskampagne und der Plakatanschlag erfolgen, im Anschluss daran bzw. zur gleichen Zeit, die Aktionen, die im ersten Teil speziell erwähnt sind.

Anlage 5
Rundschreiben des Betriebssekretärs Siggi Neumann über die „Sozialen Arbeitsgemeinschaften" vom 22. 2. 1950

Hektogr. Rundschreiben Nr. 39/50 der Betriebsorganisation in den Beilagen d. Protokolls d. Sitz. d. PV[66]

Werte Genossen!
Wie aus der Presse und der Veröffentlichung des Parteivorstandes bekannt geworden ist, hat der PV in seiner Sitzung am [4. und 5.][67] Februar 1950 einmütig beschlossen, die Schaffung von „Sozialen Arbeitsgemeinschaften" vorzunehmen. (Wir bitten, in allen Veröffentlichungen, Rundschreiben, Einladungen etc. nicht den ursprünglich vorgesehenen Ausdruck „Sozialgemeinschaften" zu verwenden, sonder statt dessen, wie hier, stets „Soziale Arbeitsgemeinschaften"!)

„Zweck und Ziel der Sozialen Arbeitsgemeinschaften"

Es dürfte hinreichend bekannt sein, dass trotz der parteipolitischen Neutralität der Gewerkschaften die verschiedensten parteigegnerischen Strömungen und Kräfte alles versuchen, um die Gewerkschaften zu beeinflussen. Über den Missbrauch seitens der Kommunisten brauchen wir nicht viel Worte zu verlieren, da dieser hinlänglich bekannt ist. Jeder in der Gewerkschaftsbewegung wirkende Kommunist wird von seiner Partei durch schärfsten organisatorischen und moralischen Druck dazu angehalten, seine Gewerkschaftsfunktion immer und ausschließlich im Sinne seiner Partei auszunutzen.

---

66 Abgedr. Quellen z. dt. Gewerkschaftsbewegung Bd.11, S. 46-49. Der Kopf des Schreibens hat den Wortlaut: „Sozialdemokratische Partei Deutschlands, Hannover, den 22. Februar 1950. Der Parteivorstand Betriebsorganisation Odeonstr. 15/ 16, Nm./ Schw. *Rundschreiben Nr. 39/50* An alle Bezirke *Betr.: Soziale Arbeitsgemeinschaften".

67 In der Vorlage „3. und 4." Zur Bildung der „Sozialen Arbeitsgemeinschaften" in der Sitzung des PV am 4./ 5. 2.1950 vgl. Einl. Kap. II 5 a u. Dok. 16, Punkt 5.

Nicht immer haben wir in der Vergangenheit eine ausreichende Kenntnis davon gehabt, wie die CDU/CSU in ähnlicher Richtung wirkt. Hier sind es besonders die sogen. „Sozialausschüsse", die diese Aufgabe von ihrer Partei gestellt bekommen haben. Über die Tätigkeit dieser „Sozialausschüsse" haben wir in letzter Zeit den führenden Genossen und [den] Bezirken ausreichendes und dokumentiertes Material übersandt.

Wir gingen bisher manchmal von der irrtümlichen Auffassung aus, dass der sozialistische Einfluss innerhalb der Gewerkschaftsbewegung allein dadurch mit zur Geltung komme, dass der größte Teil aller führenden, mittleren und unteren, hauptamtlichen und ehrenamtlichen Gewerkschaftsfunktionäre Mitglieder unserer Partei sind.

Die Erfahrungen haben aber gezeigt, dass vielfach gerade SPD-Gewerkschaftsfunktionäre bei ihrer Tätigkeit innerhalb der Gewerkschaftsbewegung oft völlig ratlos sind, wie sie sich – bei der parteipolitischen Neutralität der Gewerkschaften – als Sozialdemokraten verhalten [sollen][68].

Wenn es auch in allen wirtschaftspolitischen, sozialpolitischen und lohnpolitischen Fragen fast immer völlige Übereinstimmung zwischen unserer Partei und den Gewerkschaften gibt, so ist es doch auf der anderen Seite nicht zu vermeiden, dass hier und da Fragen auftauchen, die sowohl uns als auch die Gewerkschaften berühren und zu denen man – auch ohne die parteipolitische Neutralität der Gewerkschaften zu verletzen – „so der so" Stellung nehmen kann.

Wir haben keinerlei Absicht, unseren SPD-Gewerkschaftern irgendwelche „Direktiven" für ihre innergewerkschaftliche Arbeit zu geben und wollen auch keinen „Fraktionsapparat" aufziehen. Mit unseren „Sozialen Arbeitsgemeinschaften" verfolgen wir lediglich den Zweck, unsere leitenden Gewerkschaftsfunktionäre, vor allem die hauptamtlichen, zu regelmäßigen Aussprachen zusammenzufassen. Diese sind durch ihre Tätigkeit in den Gewerkschaften manchmal so sehr überlastet, dass sie oft keine genügende Kenntnis von den komplizierten und wechselreichen Geschehnissen haben, insbesondere was die Politik unserer Partei betrifft.

Es ist in diesem Zusammenhang bemerkenswert, dass der Wunsch nach einem besseren Kontakt zwischen unseren Gewerkschaftern und der Partei vielfach von den SPD-Gewerkschaftern selbst ausging!

Andererseits besteht auch bei unseren Parteifunktionären mitunter keine ausreichende Einsicht in die – aus der parteipolitischen Neutralität der Gewerkschaften sich ergebenden – Schwierigkeiten. Eben so wenig besitzen wir immer genügende Kenntnisse der Probleme, mit denen die heutige Gewerkschaftsbewegung sich beschäftigt.

Durch die „Sozialen Arbeitsgemeinschaften" soll also ein gegenseitiges Verständnis erzielt und unseren SPD-Gewerkschaftern das Bewusstsein der absoluten Verbundenheit unserer Partei mit den Gewerkschaften gegeben werden. Sie sollen auch durch diese Aussprachen befähigt werden, und das ist ein primäres Ziel derselben, auch in der Gewerkschaftsbewegung – bei aller Respektierung der parteipolitischen Neutralität und der notwendigen Toleranz – aus dem sozialistischen Wollen heraus zu handeln.

---

68 In der Vorlage „sollten".

Organisation der „Sozialen Arbeitsgemeinschaften":

Es ist keineswegs beabsichtigt oder daran gedacht, irgendwie eine neue „Organisation" innerhalb unserer Partei mit den „Sozialen Arbeitsgemeinschaften" aufzubauen! Es handelt sich lediglich darum, dass unter dieser Bezeichnung nunmehr die Zusammenfassung der SPD-Gewerkschafter auch in aller Öffentlichkeit erfolgen kann, dass die Einladungen, Berichte, Ergebnisse der Aussprachen, je nach Notwendigkeit, auch ihre öffentliche und publizistische Ausstrahlung finden können.

In allen Parteigliederungen – vom Ortsverein bis zum PV – sollen also regelmäßig, möglichst allmonatlich, die wichtigsten, vor allem auch die hauptamtlichen Funktionäre der Gewerkschaften, soweit sie Mitglieder unserer Partei sind, zu einer Aussprache eingeladen werden. (Je nach den lokalen Gegebenheiten u. aktuellen Anlässen kann der Kreis der Teilnehmer natürlich erweitert werden: Arbeitsdirektoren, öffentl. Mandatsträger der Partei-Stadtverordnete, Landtags-, Bundestagsabgeordnete, Arbeitsamtsleiter etc. pp.)

Die Einladungen sollen von den Vorsitzenden der Parteigliederungen ausgehen, ebenso wie diese oder ihre Stellvertreter die Sitzungen leiten und, wenn notwendig, das einleitende politische Referat halten sollen, genau so, wie das üblich war bei den bisherigen Besprechungen zwischen den leitenden Gewerkschaftern und dem PV und wie auch in Zukunft die „Sozialen Arbeitsgemeinschaften" beim PV von den Genossen Kurt *Schumacher* resp. Erich *Ollenhauer* geleitet werden.

Natürlich ist es wichtig, dass diese unsere Leiter der „Sozialen Arbeitsgemeinschaften" in engster Verbindung mit den Betriebsgruppen-Sekretären oder Sachbearbeitern für Betriebs- und Gewerkschaftsfragen zusammenarbeiten und von diesen vor den Sitzungen sich über die gewerkschaftliche Situation in ihrem Bereich orientieren, d. h. über all das, was wir zu bemängeln haben. Die eigentliche Betriebsgruppenarbeit wird durch die Schaffung von „Sozialen Arbeitsgemeinschaften" nicht im geringsten berührt, sondern nur ergänzt.

DAG

Es sollte eine Selbstverständlichkeit sein, dass unsere Gewerkschafter, soweit sie der DAG angehören, genau so zu den Tagungen der „Sozialen Arbeitsgemeinschaften" herangezogen werden wie die Genossen der Industriegewerkschaften und des DGB. Gerade die „Sozialen Arbeitsgemeinschaften" könnten hier durch kameradschaftliche Aussprachen eine Brücke bauen.

Berichterstattung:

Wir wären dankbar, wenn uns die Bezirke regelmäßig über den Verlauf der Tagungen der „Sozialen Arbeitsgemeinschaften" unterrichten würden, damit wir über die Auffassung unserer Gewerkschafter orientiert sind.

Wir bitten, von diesem Rundschreiben alle Unterbezirke, Kreis- und Ortsvereine in Kenntnis zu setzen.

Mit sozialistischem Gruß
[gez.] S. Neumann

Nr. 18
Sitzung des Parteivorstandes am 19. April 1950 in Bonn

AdsD: 2/PVAS000698 (maschinenschriftl. Prot., mit handschriftl. Ergänzungen, 3 S.)[1]

Leitung der Sitzung: Erich Ollenhauer
Anwesend: siehe Liste

[Teilnehmer /Teilnehmerinnen, nach Funktionen geordnet[2]:
    PV:[3] *Schumacher, Ollenhauer;*
       Franke, Gotthelf, Heine, Nau;
       Albrecht, Bögler, Eichler, Görlinger, Gross, Henßler, Knoeringen, Knothe, Krahnstöver,
       Meitmann, Neumann, Schmid, Schoettle
    KK: *Schoenfelder*

Tagesordnung:
1) SPD und Europarat
2) Gesamtdeutsche Wahlen
3) Vorbereitung des Parteitages
4) Berichte[4]: COMISCO, Berichte über die Konferenzen in Hastings und Witten, Bericht über die kommende Konferenz in Kopenhagen, Bericht über die Tagung des Frauenkomitees in Salzburg, Soziale Arbeitsgemeinschaft[5], Arbeitsgemeinschaft sozialdemokratischer Lehrer, Presseausschuss
5) Personalien

Punkt 1 und 2 (Europarat, gesamtdeutsche Wahlen)
Schumacher erklärt, dass die Form, durch einen Handstreich mit dem Deutschlandlied in Berlin die deutsche Einheit zu demonstrieren, sich anschließe an das damalige Zeitinterview *Adenauers.*

Von uns wird in erster Linie der Mangel an Europäertum in Straßburg kritisiert. Die Drohung der Sperrung von Marshallplanmitteln sei sinnlos. Unser Beitritt würde uns in

---

1 Die Einladung zu dieser Sitzung mit Bekanntgabe der vorläufigen Tagesordnung erfolgte durch ein Rundschreiben des geschäftsführenden Parteivorstandes, unterschrieben von E. Franke, vom 6.4.1950, das in den Beiakten zum Protokoll erhalten geblieben ist. Über die Sitzung wurde ein Kommuniqué veröffentlicht (Sozialdemokratischer Pressedienst P/V/91 v. 20.4.1950, S. 6), das hier als Anlage 1 A zum Protokoll abgedruckt wird.

2 Die folgenden Angaben wurden der Anwesenheitsliste in den Beiakten zum Protokoll und Angaben im Protokoll entnommen; für die Teilnehmer an allen Vorstandssitzungen 1948-50 vgl. Anhang 1.

3 Von den Vorstandsmitgliedern waren *Baur, Fischer, Gayk, Kaisen, Kriedemann, Menzel, Reuter, Schroeder* und *Selbert* nicht anwesend.

4 Während der Tagung wurden der TOP 4 (COMISCO) und der TOP 5 (Berichte) zu einem TOP 4 zusammengefasst.

5 Dieser und die folgenden zwei Unterpunkte noch nicht in der vorläufigen Tagesordnung genannt, Wortlaut nach dem Protokoll.

den Atlantikpakt bringen und die Wiederaufrüstung Deutschlands im Gefolge haben. - *Adenauer* will versuchen, die Frage zu verschleppen. Offenbar habe er erkannt, dass seine Politik Schiffbruch erlitt. Adenauer lehne *von Prittwitz und Gaffron*[6] ebenfalls ab.

Der Gegensatz Adenauer - *Blücher* sei erheblich größer geworden. Blücher gehe bei *Francois-Poncêt* ein und aus.

Lord *Layton*[7] drängte auf deutschen Eintritt in Straßburg. Er (*Schumacher*) habe erklärt, dass die deutsche Sozialdemokratie kein Vertrauen zur Politik *Bevins* haben könne. Die Frage der Entsendung sozialdemokratischer Delegierter würde entschieden werden, wenn der Bundestag seine Entscheidung gefällt habe.

Karl von *Wiegand* (Hearst-Journalist) hatte das größte Verständnis für unsere Gesichtspunkte.

McCloy war offenbar interessiert an der Idee, die gesamtdeutschen Wahlen nach dem Beispiel der Verfassunggebenden Nationalversammlung von 1919 zu fordern.

Der italienische Gesandte teilte mit, dass seine Regierung im Sommer nochmals den Antrag auf Aufnahme Deutschlands stellen will.

Neumann berichtet über den *Adenauer*-Besuch in Berlin. Das Festprogramm war 14 Tage vorher festgelegt worden, ohne Berücksichtigung der Einwände der Partei. Das Absingen des Deutschlandliedes war *Reuter* vorher bekannt gewesen. *Reuter* brachte außerdem ein Hoch auf den Bundeskanzler und die Bundesrepublik aus.

Schumacher ergänzt mit der Mitteilung, dass Adenauer sich in der Deutschlandfrage auf keinen Kabinettsbeschluss stützen könne. Das von *Reuter* ausgebrachte Hoch auf den Kanzler in den stark sozialdemokratisch besetzten AEG-Werken sei einfach unverständlich.

Man will eine antinationale defätistische Politik mit nationalen Gesängen verdecken.

Ollenhauer glaubt, dass die Europarat-Frage im PV keiner neuen Diskussion bedürfe. Wir sollten im Kommuniqué über die Zwischenfälle in Berlin etwas sagen und das Verhalten des Berliner PV ausdrücklich billigen.[8] Die Vier-Sektorenwahl sollte von uns ebenfalls als Forderung herausgestellt werden.

Der Komplex gesamtdeutsche Wahlen, wie er von *Schumacher* formuliert wurde, (nach dem Beispiel der Nationalversammlung von 1919), sollte noch die ausdrückliche Billigung des PV erhalten.

Der PV stimmt dem zu.[9]

---

6 Friedrich Wilhelm von *Prittwitz und Gaffron* (1884-1955), Dr. jur., Diplomat, 1928-33 Botschafter in Washington, vor 1933 DDP/DStP, 1945/46 Mitbegründer d. CSU, 1946-54 MdL (Bayern), 1947 Vors. d. Außenpolit. Ausschusses d. Arbeitsgemeinschaft d. CDU/CSU, 1950/51 Vorstandsmitglied d. CSU.
7 Zu Lord Walther Thomas *Layton, Baron of Danehill* (1894-1966) vgl. PV-Protokolle Bd. 1, S. 54.
8 Nach der Missbilligung des Versuchs des Bundeskanzlers, in Berlin die Frage einer deutschen Nationalhymne zu präjudizieren, wird die Billigung der Haltung Franz Neumanns und des Berliner Landesvorstandes durch den PV betont. Die abweichende Haltung Reuters wird nicht erwähnt, vgl. Anl. 1, Abs. 3.
9 Die Zustimmung wird auch im Kommuniqué erwähnt. Dort wird auch der wichtigste Punkt der Forderung Schumachers, dass dieser Nationalversammlung das Recht zustehen solle, die erste gesamtdeutsche Regierung zu wählen, hervorgehoben, vgl. Anlage 1, Abs. 2.

Zu Punkt 3 der Tagesordnung (**Parteitag**)

Ollenhauer gibt bekannt, dass am Donnerstagnachmittag, im Anschluss an den Parteitag, eine Wohnbaukonferenz in Hamburg stattfinden soll.

Über die Anträge gibt es noch keine Übersicht. Nach den letzten Bezirksparteitagen am kommenden Wochenende wird die Eingangsfrist als abgeschlossen betrachtet werden. Das Programm der Vollbeschäftigung wird diese Woche fertiggestellt werden und soll dem Parteitag zur Beschlussfassung vorgelegt werden.[10] Der Entwurf wird von uns schon vorher veröffentlicht werden.

Es wäre zu überlegen, ob zum Flüchtlingsproblem nicht ebenfalls Richtlinien vorgelegt werden sollten.

Schumacher erklärt zu den personellen Fragen, dass *Kriedemann*, nachdem seine Arbeitsaufgaben ihn schon lange von der Geschäftsführung des PV entfernt hatten, nicht wieder vorgeschlagen werden sollte. *Kriedemann* wird in der parlamentarischen Kommissionsarbeit, in der seine Stärke liegt, der Partei von größerem Nutzen sein.

Schoettle drückt sein Bedauern über diese Entwicklung aus.

Henßler ist einverstanden, wenngleich er glaubt, dass man hätte es anders machen sollen. Die Wahrnehmung der sozialen Seite sollte von uns beachtet werden.

Ollenhauer stellt Einverständnis des PV fest, gegebenenfalls mit der Motivierung *Schumachers*.

Schumacher erklärt zur Besetzung des Büros, dass von der Oberpfalz der Antrag auf Einsetzung eines Generalsekretärs gestellt wurde. Er halte das für unzweckmäßig. – Die Frage, ob die Zahl der besoldeten PV-Mitglieder ausreichend sei, habe gestern das Büro beschäftigt. Die Koordinierung des sozialökonomischen Komplexes und die Einrichtung des Westbüros scheinen zwei besoldete PV-Mitglieder zu erfordern. Er stelle zur Diskussion *Hemsath* (z.Z. Wohnungsamtsdirektor in Münster)[11] und *Alfred Gleisner*, Hamm.

Henßler schätzt *Hemsath* sehr und würde es bedauern, ihn im Bezirk zu verlieren. *Gleisner* dagegen könne er nicht empfehlen. G. sei erst nach 1945 zur SPD gekommen, sei ein Vielredner, der jedoch die organisatorische Arbeit nicht schaffe.

Schumacher wirft als weitere Namen *Tenhagen*[12] und *Heiland* ein.

Henßler hält *Heiland* für eher geeignet.

Schumacher regt an, eine Kommission zur Bearbeitung dieser Frage einzusetzen. Er schlägt vor, dass neben den Büromitgliedern die Genossen *Henßler*, *Schoettle* und *Schönfelder* diesen Auftrag übernehmen. Dieser Kommission sollten bis Ende des Monats Vorschläge der PV-Mitglieder zugestellt werden.

---

10 Die vom Wirtschaftspolitischen Ausschuss vorgelegten „Richtlinien" mit dem Titel „Von der Massenarbeitslosigkeit zur Vollbeschäftigung", die Hermann *Veit* verfaßt hatte, wurden vom Parteitag mit großer Mehrheit gebilligt, Prot. SPD-PT 1950, S. 223; für einen wörtlichen Abdruck: ebd., S. 274-276.

11 Heinrich *Hemsath* (1902-78), Maschinenschlosser, vor 1933 SAJ u. SPD, 1928-33 Stadtverordn. in Münster, 1945 Sozial- u. Wohnungsdezernent d. Stadt Münster, 2/48 - 9/49 MdWR, 1950-59 MdL (NRW), 1956-58 Arbeits- u. Sozialminister (NRW), 1959-1969 Hessischer Sozialminister, 1962-1966 PV, 1963-67 Vors. d. Bez. Hessen-Süd.

12 Wilhelm *Tenhagen* (1911-54), Schriftsetzer, Angestellter, vor 1933 SPD, 1946-49 OB von Bottrop, 1949-54 MdB.

Der PV stimmt dem zu.

Zu Punkt 4 der Tagesordnung (Berichte)

COMISCO

Ollenhauer berichtet über die Sitzung in Hastings, an der die SPD Saar als Gast teilnahm mit den Delegierten *Braun* und *Kirn*. Die Saardenkschrift der SPD stand im Mittelpunkt der Diskussion. Der französische Standpunkt in der Saarfrage war weiterhin abweichend von der deutschen Auffassung. Die Engländer beteiligten sich überhaupt nicht an der Debatte. Der Internationalen Konferenz in Kopenhagen wird ein Kommissionsbericht zur weiteren Behandlung der Saarfrage vorgelegt werden.

Das Problem der Einigung der beiden sozialistischen Parteien in Italien (*Romita*[13]/*Saragat*) konnte nicht gelöst werden. Weitere Einigungsversuche werden unternommen

Die SPD hat ihre Beiträge seit 1948 jetzt an COMISCO transferieren können.

Die sozialistischen Teilnehmer im Europäischen Rat werden eine Fraktion bilden.

Zur Unterstützung der Exil-Parteien wird ein Komitee weiterhin tätig bleiben.

Witten

Die Expertenkonferenz über die internationale Kontrolle der Schwerindustrie, der Kartelle (Ruhrstatut) tagte Ende März. Der Konferenzbericht, der noch nicht vorliegt, wird die Grundlage der Kopenhagener Konferenz vom 1.-3.6.50 bilden. Wir sollten unter Berücksichtigung der Tagesordnung folgende Delegierte entsenden:

Ollenhauer, Gotthelf (Frauenkonferenz), *Albertz* (Flüchtlingsfragen), *Veit* (Wirtschaft), *Wehner* (Zwangsarbeit, KZ-Lager), *Meitmann, Krahnstöver*. Später[14] noch *Nau* und [Stephan *Thomas*][15] benannt.

Der PV stimmt dem zu.

Gotthelf gibt den Bericht über die *Frauenkonferenz in Salzburg*.

Soziale Arbeitsgemeinschaft

Ollenhauer berichtet, dass den Genossen *Böckler*[16] und *vom Hoff* die Liste des PV für diese Arbeitsgemeinschaft vorgelegt wurde. Die Genossen der Gewerkschaft billigten die personelle Zusammensetzung. Die erste Sitzung wird am 4.5.50[17] in Bonn stattfinden. Zur Beratung stehen das Mitbestimmungsrecht und die Bildung des Bundeswirtschaftsrates. Als weitere Probleme wären alsbald zu behandeln das DAG-Problem und das Verhältnis UGO-DAG-DGB.

---

13 Giuseppe *Romita* (1887-1958), führender italienischer Sozialist.

14 Der Satz „Später ... benannt." wurde dem maschinenschriftlichen Protokoll handschriftlich hinzugefügt.

15 In der Vorlage sein falsch geschriebener Geburtsname „Greskowiak" - richtig „Grzeskowiak".

16 Handschriftliche Berichtigung des maschinenschriftlichen Protokolls, in dem der Name „Schoettle" genannt war.

17 Datum handschriftlich ergänzt, im maschinenschriftlichen Protokoll „4. und 5.5.1950".

Arbeitsgemeinschaft sozialdemokratischer Lehrer

Heine berichtet über die Beschwerde der ASL bezüglich der Verfassungsbestimmung in Nordrhein-Westfalen, die das Elternrecht behandelt. *Prof. H[e]ckmann*, Hannover[18], verlangte eine Intervention des PV bzw. kündigte eine Aktion in Nordrhein-Westfalen vor den Landtagswahlen an. Eine Aufforderung zur Besinnung (siehe Anlage [2]) wurde von namhaften Genossen in Niedersachsen unterschrieben.[19] Damit ergibt sich die Gefahr einer Auslösung des Kulturkampfes in Nordrhein-Westfalen.

Eichler erklärt, dass die Verfassung in Nordrhein-Westfalen einen halbwegs erträglichen Artikel über das Elternrecht enthalte. Es stehe noch dahin, ob die CDU dem zustimmen werde.

Ollenhauer stellt nach kurzer Diskussion fest, dass den Unterzeichnern der Aufforderung die ablehnende Auffassung des PV mitgeteilt und die Zurückziehung der Unterschrift verlangt werden solle.

Presseausschuss

Heine berichtet, dass der Presseausschuss sich mit folgenden Problemen zu befassen hat.

1. Der Berliner „Sozialdemokrat" befindet sich in großen Schwierigkeiten. 9.000 Auflage, 1/2 Millionen DM Zuschuss in den letzten Monaten. Der Verkaufspreis wurde um 1/3 herabgesetzt. Auflagesteigerung blieb jedoch aus. Ein Revisor der Konzentration sollte sogleich nach Berlin reisen, um eine Prüfung der materiellen Grundlage vorzunehmen. Mit der Einstellung der Zeitung muss gerechnet werden.
2. „Die Freiheit" in Mainz hat 30.000 Auflage und befindet sich praktisch im Konkurs. Zur Erhöhung des Gesellschafterkapitals um 80.000,- DM konnte von den drei Bezirken ein Beschluss bisher nicht herbeigeführt werden. Der Landesausschuss der Partei in Rheinland-Pfalz wird am Freitag darüber entscheiden.
3. Der Zeitungsverlegerverband wird zusammentreten, um dem Bundeskanzler eine Forderung der SPD und CDU auf Kreditgebung an die ehemaligen Lizenzzeitungen vorzulegen.

Zu Punkt 5 der Tagesordnung (Personalien)

Ollenhauer erklärt, dass die Bestätigung des Genossen *Hoose* als Leiter der Kommunalpolitischen Zentralstelle noch ausstehe. Seinerzeit war nur eine sechsmonatige Probezeit vereinbart worden.

Der PV bestätigt *Hoose* als kommunalpolitischen Sekretär.

Weitere Personalfragen werden nach dem Parteitag behandelt werden.

Nächste Sitzung des Parteivorstandes am 19.5.1950 in Hamburg.

---

18 In der Vorlage „Hackmann". Prof. Gustav *Heckmann*, Hannover, SPD, Vorsitzender des niedersächsischen Lehrerverbandes.

19 Zu den führenden niedersächsischen Genossen, die den Aufruf unterschrieben, gehörten: Wolfgang *Abendroth* (1906-85) – zu dieser Zeit Professor in Wilhelmshaven, Heinrich *Albertz*, Georg *Diederichs*, Georg *Eckert*, Wilhelm *Kaisen*, Albrecht *Kubel* und Richard *Voigt* (1907-70) – zu dieser Zeit Kultusminister in Niedersachsen, vgl. zu dieser Aktion D. Düding, Zwischen Tradition und Innovation, Bonn 1995, S. 111 f.

Anlage 1
Kommuniqué
Sozialdemokratischer Pressedienst P/V/91 v. 20.4.1950

In seiner Sitzung am 19. April bestätigte der Vorstand der Sozialdemokratischen Partei Deutschlands im Anschluss an ein politisches Referat des Vorsitzenden Dr. Kurt *Schumacher* die bisherige Haltung der Partei in der Frage des Beitritts der westdeutschen Bundesrepublik zum Europarat. Danach kann die Partei einem Beitritt der westdeutschen Bundesrepublik zum Europarat nicht zustimmen, wenn das Saargebiet als assoziiertes Mitglied aufgenommen wird.

Die Forderung nach freien Wahlen für ganz Deutschland wurde erneut unterstrichen und der Vorschlag Dr. Kurt Schumachers angenommen, dafür einzutreten, dass eine aus solchen Wahlen hervorgegangene Nationalversammlung die Funktion eines ersten regulären gesamtdeutschen Parlaments mit allen damit verbundenen Rechten ausüben soll. Das bezieht sich vor allem auf eine aus dieser Volksvertretung zu bildende Regierung für ganz Deutschland mit Sitz in Berlin.

Der Parteivorstand missbilligte den Versuch des Bundeskanzlers, anlässlich seines Aufenthaltes in Berlin die Frage einer deutschen Nationalhymne nach persönlichem Ermessen zu präjudizieren, zumal die Partei diese Frage unter den gegebenen Umständen nicht für vordringlich wichtig hält. Der Vorstand billigte in diesem Zusammenhang ausdrücklich das Verhalten Franz *Neumanns* und des gesamten Vorstandes des Landesverbandes Berlin der SPD.

Der Vorstand begrüßte die Initiative der Berliner SPD in der Frage der Neuwahlen für ganz Berlin. Nachdem in zwei großen Versammlungswellen an den Sektorengrenzen die Bevölkerung bereits auf die besondere Bedeutung dieser Frage hingewiesen worden ist, wird jetzt die gleiche Forderung auch auf der parlamentarischen Ebene erhoben werden. In der Stadtverordnetensitzung am 20. April wird an alle vier Kommandanten das Ersuchen gerichtet werden, alsbald Wahlen in allen vier Sektoren Berlins zu genehmigen. Diese Initiative erscheint umso begrüßenswerter, als bei dem Besuch des Bundeskanzlers in Berlin ein entsprechender Vorstoß durch die Bundesregierung nicht erfolgt ist.

Die SPD verlangt von der Bundesregierung, dass sie das nachdrückliche Verlangen nach freien Wahlen für ganz Deutschland zur Forderung des gesamten Volkes erhebt und die Kenntnis der Tatsachen und Zusammenhänge dieses für die deutsche Zukunft entscheidend wichtigen Fragenkomplexes vor allen Dingen auch in die sowjetische Besatzungszone trägt. Das allgemeine Bewusstsein von der unerlässlichen Notwendigkeit, diese Forderung zu verwirklichen, müsse durch die Regierung auf jede mögliche Weise aktiviert werden.

Erich *Ollenhauer* berichtete über die Konferenzen der COMISCO in Hastings und der wirtschaftspolitischen Experten in Witten a. d. Ruhr. Für die Vollkonferenz der COMISCO in Kopenhagen vom 1. - 3. Juni wurden zu Delegierten benannt: Erich *Ollenhauer,* Herta *Gotthelf,* Pastor Heinrich *Albertz,* Dr. Hermann *Veit,* Herbert *Wehner,*

Karl *Meitmann* und Anni *Krahnstöver*. Vom zuständigen Referat des Parteivorstandes wird eine Denkschrift über die Zwangsarbeit und die Konzentrationslager in der sowjetischen Besatzungszone vorbereitet, die der Kopenhagener Konferenz vorgelegt werden soll.

Herta Gotthelf berichtete über die Tagung des Internationalen Frauenkomitees in Salzburg.

Anlage 2
Unterschriftenaktion gegen die Kulturpolitik der sozialdemokratischen Landtagsfraktion in Nordrhein-Westfalen: „Aufforderung zur Besinnung über die Kulturpolitik der SPD, gerichtet an die verantwortlichen Genossen, insbesondere im Parteivorstand und in Nordrhein-Westfalen".
Hektogr. Abschrift der „Aufforderung" in den Beilagen zum Protokoll

Die bisherige Stellung unserer Partei zu den Schulartikeln der für das Land Nordrhein-Westfalen zu schaffenden Verfassung macht die Besinnung auf unsere Kulturpolitik zur Pflicht der führenden Genossen.

Wir müssen uns darauf besinnen, dass der Erzieher für seine Arbeit zu aller erst die Freiheit braucht, seiner Überzeugung auf jeden Fall treu zu sein; dass ohne diese Freiheit in der Erziehung nichts getan werden kann, um die Werte der Sittlichkeit und der Religion in die Herzen der Menschen zu pflanzen; dass der Schutz jener Freiheit – nicht nur für den Erzieher, sondern für jeden Staatsbürger – die oberste kulturpolitische Aufgabe des Staates ist. Die Verwirklichung der Schulartikel des Verfassungsentwurfs für Nordrhein-Westfalen - der Text einiger Artikel ist hier beigefügt - würde mit der Gewissensfreiheit des Lehrerstandes weitgehend aufräumen. Wenn das in Nordrhein-Westfalen geschieht, dann werden Rückwirkungen auf andere Länder kaum vermieden werden.

Ü+Jede Ausdehnung institutioneller Macht über Geist und Gewissen des Einzelnen muss aber dazu beitragen, die Kraft der sittlichen und die Kultur tragenden Werte im persönlichen und im gesellschaftlichen Leben zu zerstören. Sorge um diese Werte einerseits, klerikales Machtstreben andererseits sind Tendenzen, die einander widerstreiten. Der Kulturpolitiker muss für die eine und gegen die andere kämpfen. Er muss dafür kämpfen, das Verhältnis von Schule und Kirche so zu ordnen, dass kein Lehrer mehr in Versuchung ist, etwas gegen seine Überzeugung zu sagen. Er muss sein gesundes Urteil darüber befragen, welche jener beiden Tendenzen am Werke ist in den Versuchen klerikaler Kreise in Kirche, CDU und Zentrum, das „Elternrecht" zur Grundlage des Schul- und Erziehungswesens zu machen. Er muss das wahre Recht der Eltern verteidigen, nämlich deren Recht, ihren Kindern den Zugang zu den Werten zu schützen; gerade deswegen muss er die Eltern wachsam machen gegen alle Versuche, unter dem Vorwand des Elternrechts den Elternwillen mittels machtvoller Beeinflussung zu steuern.

Unsere Kulturpolitik muss von der Klarheit dieser Unterscheidung ausgehen.

Die Partei steht vor einer folgenschweren Entscheidung. Bloße Interessenparteien sind unbegrenzt kompromissfähig; für eine sozialistische Partei aber bedeutet es den Niedergang, wenn sie in einem wesentlichen Ziel ihre Überzeugungstreue preisgibt.

Unser kulturpolitisches Ziel darf im Bemühen um sozialpolitische Bundesgenossen oder gar bloß um Wählermassen nicht zum Gegenstand des Kompromisses gemacht werden.

Ende März 1950

Nr. 19
Sitzungen der obersten Parteigremien am 19. und 20. Mai 1950 in Hamburg

[A] Sitzung des Parteivorstandes am 19.5.1950
AdsD: 2/PVAS000699 (maschinenschriftl. Prot., 2 S.)

Leitung der Sitzung: **Erich Ollenhauer**
Anwesend: siehe Liste

[Teilnehmer/Teilnehmerinnen, nach Funktionen geordnet[1]:
   PV:[2] *Schumacher Ollenhauer;*
      Franke, Gotthelf, Heine, (Kriedemann), (Nau);
      Baur, Bögler, Eichler, Gayk, (Görlinger), Gross, Henßler, (v. Knoeringen), Knothe, Krahn-
      stöver, Meitmann, Menzel, Neumann, (Reuter), Schmid, Schoettle, Schroeder, Selbert
   KK: *Schönfelder]*

Zu Punkt 1 (Vorbereitung des Parteitages)
   Ollenhauer berichtet über den geplanten technischen Ablauf (siehe Anlage)[3], der vom PV gebilligt wird.
   Schumacher erklärt bezüglich seiner zu haltenden Rede, dass es darauf ankäme, nicht das letzte Wort zum Schuman-Plan[4] zu sprechen.
   Henßler legt Wert darauf, dass *Schumacher* die Grundgedanken seiner Rede zuvor dem PV bekannt gibt.
   Schumacher erklärt darauf eingehend, (siehe auch Protokoll der Parteitagsrede)[5], dass Deutschland als Staat nicht aufgehört habe zu existieren. Davon ausgehend ergäbe sich die These, dass die Teilung Deutschlands ein europäisches Problem ist. Das Festhalten am Besatzungsstatut sei ein Widersinn. Wir könnten auch nicht den Rapallogedanken[6] in die Diskussion werfen. Die Saarfrage liege nicht isoliert neben der europäischen Konzeption. Der Europarat habe Rückwirkungen auf den deutschen Osten. Eine deutsch-

---

1 Die folgenden Angaben wurden der Anwesenheitsliste in den Beiakten zum Protokoll und Angaben im Protokoll des Parteitages entnommen (Prot. SPD-PT 1950, S.299); für die Teilnehmer an allen Vorstandssitzungen 1948-50 vgl. Anhang 1.

2 Von den Mitgliedern des PV fehlten *Albrecht, Fischer* und *Kaisen. Görlinger, v. Knoeringen, Kriedemann, Nau* und *Reuter* werden nur in der gedruckten Anwesenheitsliste des Parteitages als anwesende Mitglieder des PV aufgeführt, ihre Namen werden deshalb in Klammern gesetzt, Prot. SPD-PT 1950, S. 299. *Kaisen* wird dort versehentlich auch genannt, obwohl er am Parteitag nicht teilnehmen konnte, da er als Bremer Senatspräsident zu dieser Zeit in den USA weilte, vgl. W. Kaisen, Meine Arbeit, mein Leben, München 1967, S. 268.

3 In den Beilagen zum Protokoll ist keine „Anlage" zum „technischen Ablauf" des PT erhalten geblieben. Wahrscheinlich gemeint ist hier die gedruckte „Vorlage Nr. 3" für die Parteitagsdelegierten, der „Arbeitsplan des Parteitages", von der ein Exemplar im AdsD: SPD-LO Hamburg 55 erhalten geblieben ist.

4 Zum Schuman-Plan vgl. Einleitung, S. LXXI.

5 Vgl. Prot. SPD-PT 1950, S. 62-84, abgedr.: K. Schumacher, Reden - Schriften - Korrespondenzen, S. 746-780.

6 Zum „Rapallogedanken" vgl. Einleitung, S. LXV.

französische Union würde die allgemeine Wehrpflicht in Deutschland mit sich bringen. Die Regierung Adenauer setzte erst nach einstimmiger Billigung eine Prüfungskommission für den Schumann-Plan ein. Wir müssen Wahlen für Gesamtberlin fordern.

Schmid berichtet über ein Gespräch mit [*Reynaud* [7]], der erklärte, dass mit dem *Schuman*-Plan lediglich eine Reihe von Richtpunkten für die Aufnahme von Verhandlungen gegeben worden seien. Es sei nicht sicher, ob Schuman in der Kammer dafür eine Mehrheit finden würde. Die Hinzuziehung von Gewerkschaftsführern war ihm nicht genug. Er forderte die Teilnahme der Oppositionspolitiker bei den Beratungen. Besonders interessierte er sich für die Angaben, die Schumacher in einer Rede über die Volkspolizei gemacht hatte. Er war auch sehr beeindruckt von der Person Schumachers. Er erklärte weiter, dass der Stand der amerikanischen Rüstungen es ermögliche, mit wenigen Divisionen (Berufssoldaten) jede große Streitmacht zu stoppen. Über *Adenauer* äußerte er, dass dies ein Mann sei, der glaube, dass Politik aus der qualifizierten Lüge bestehe.

Ollenhauer berichtet über die gemeldete Konferenz der Sozialistischen Parteien West-Europas, die auf Einladung der Labour Party den Schuman-Plan diskutieren soll. Die Labour Party glaube, dass der Schuman-Plan der Festigung der privatkapitalistischen Interessen diene. - Wir sollten aus der Schumacher-Rede eine Entschließung entwickeln, die dem Parteitag zur Abstimmung vorgelegt werden kann. [8]

Henßler meint, dass die Straßburg-Frage draußen im Volk immer mehr an Bedeutung gewinne. Wir sollten daher das Problem nicht in einer großen allgemeinen Entschließung verschwinden lassen.

Schumacher hält eine Entschließung für besser, da die innen- und außenpolitischen Komplexe weitgehend zusammenhängen.

Ollenhauer ist der Meinung, dass diese Frage nach Fertigstellung der Entschließung entschieden werden könne.

In der Eröffnungsrede sollten die Kriegsgefangenenfrage und das (Ostproblem) Ostzonenproblem angesprochen werden. [9] Es würden hierzu zwei Entschließungen ausgearbeitet.

Die Flüchtlingsfrage würde in der *Veit*-Rede behandelt werden. [10] Der wirtschaftspolitische Ausschuss und Experten der Fraktion haben zur Frage der Vollbeschäftigung einen Vorschlag erarbeitet, der dem Parteitag vorliegen wird. [11]

---

7 In der Vorlage „Renault". Paul *Reynaud* (1878-1966), Jurist, Politiker, 1919-40 M. d. NatVers. (Rechter Flügel d. Nationalisten), 1930-40 Leiter verschiedener Ministerien, März-Juni 1940 MinPräs., 1942 nach Deutschland ausgeliefert, bis 1945 verschiedene Konzentrations- u. Internierungslager, 1946-62 wieder M. d. NatVers. (Unabh. Republikaner). mehrere Male für kurze Zeit Minister, Europapolitiker und Vorkämpfer für e. dt. – frz. Verständigung.

8 Der entsprechende Antrag 70 mit dem Titel „Politische Resolution" wurde nach der Debatte über die Schumacher - Rede mit allen gegen 11 Stimmen bei vier Enthaltungen angenommen, vgl. Prot. SPD-PT 1950, S. 166 f. Für einen Abdruck der angenommenen Resolution vgl. ebd., S. 273 f.

9 Vgl. die Eröffnungsrede des Parteitagsvorsitzenden Schönfelder, Prot. SPD-PT 1950, S. 16-19. Darin auch der Wortlaut der beiden Resolutionen, die einstimmig angenommen wurden.

10 In seinem wirtschaftspolitischen Grundsatzreferat zum Thema „Sozialdemokratische Wirtschaftspolitik – der Weg zur Vollbeschäftigung" ging Veit kurz auf das Thema „Heimatvertriebene" ein, die – wie die Frauen – von der Arbeitslosigkeit in einem besonderen Maße betroffen seien, was nicht hingenommen werden könne, Prot. SPD-PT 1950, S. 187 (ganzes Referat: a.a.O., S. 178-195).

Die Mitglieder der Sozialisierungskommission und Gewerkschaftsvertreter werden morgen erneut zusammentreten, um dem Parteitag Richtlinien zu diesem Problem auszuarbeiten.

Agrarpolitische Richtlinien sollten den Parteitagsdelegierten als Material gegeben werden.[12]

Die Frauenkonferenz wünscht die Vorlage von 2 Anträgen zum *Vei* Referat.

Das Rundfunk-Referat hat eine Entschließung „Sozialdemokratie und Rundfunk" ausgearbeitet.[13]

Prof. *Preller* soll nach der *Veit* - Rede über sozialpolitische Fragen sprechen.[14]

Der PV billigt die Vorschläge des Büros und die Stellungnahme zu den Anträgen 1-55 (siehe Anlage)[15].

Ollenhauer teilt mit, dass die Kommission für die Benennung von Vorschlägen für die Erweiterung des geschäftsführenden Vorstands keine neuen Namen fand. Die bereits geäußerten Bedenken gegen die in der vorigen Sitzung genannten Namen beständen fort. Der PV sollte daher dem PA vorschlagen: 2 Vorsitzende, 4 besoldete und 24 unbesoldete Mitglieder zu wählen. PV und PA sollten das Recht beanspruchen, bis zum nächsten Parteitag gegebenenfalls provisorisch 1 oder 2 geschäftsführende Mitglieder aufnehmen zu dürfen. Für den geschäftsführenden Vorstand werden die bisherigen Mitglieder, ausgenommen Herbert *Kriedemann*, wieder vorgeschlagen. Zu den unbesoldeten Mitgliedern sind [4][16] neue Vorschläge zu machen. Das Büro schlägt vor: Hermann *Veit*, Bruno *Leddin*[17], Luise *Albertz*[18], Heinrich *Albertz*. Für die Kontrollkommission wird vorgeschlagen, anstelle des ausgeschiedenen *Seeser* einen Vorschlag der bayerischen Bezirke zu erbitten.

Der PV stimmt dem zu.

---

11 Die vom Wirtschaftspolitischen Ausschuss vorgelegten „Richtlinien" mit dem Titel „Von der Massenarbeitslosigkeit zur Vollbeschäftigung", die Veit selbst verfasst hatte, wurden vom Parteitag mit großer Mehrheit gebilligt, Prot. SPD-PT 1950, S. 223; für einen wörtlichen Abdruck: ebd., S. 274-276.

12 Gemeint ist damit wohl das im Parteitagsprotokoll abgedruckte längere „Agrarpolitische Aktionsprogramm" mit der Zusatzbemerkung „5. Entwurf vom Februar 1950", vgl. Prot. SPD-PT 1950, S. 283-288.

13 Gegen Schluss des Parteitages wurde diese Entschließung ohne Debatte verabschiedet, am Ende der publizierten angenommenen Anträge abgedruckt, vgl. Prot. SPD-PT 1950, S. 258 u. 277.

14 Vgl. Prot. SPD-PT 1950, S. 195-198.

15 In den Beilagen zum Protokoll sind die gedruckten „Anträge 1-55" nicht als „Anlage" erhalten geblieben, für ein Exemplar dieser „Vorlage Nr. 5" (12 S.) vgl. AdsD: SPD-LO Hamburg 55. In Regestenform werden sie hier als Anlage 2 puliziert.

16 In der Vorlage versehentlich „3". Alle vier vom „Büro" vorgeschlagenen Personen wurden auf dem Parteitag neu in den Vorstand gewählt; bei der Vorstandswahl fielen die bisherigen Mitglieder *Kaisen, Knothe, Baur* und *Görlinger* durch, neu wurden - außer den Genannten - noch *Jaksch, Dobbert* und *Steinhoff* in den PV gewählt, vgl. Prot. SPD-PT 1950, S. 177 f.; vgl. auch Einleitung Kap. I, 1.

17 Zu Bruno *Leddin* (1895-1951) s. PV-Protokolle Bd. 1, S. 126.

18 Luise *Albertz* (1901-1979), geb. in Duisburg, Angest. d. Stadt Oberhausen, SPD, 1946-48, 1956-1979 OB von Oberhausen, 1947-50 MdL, 1949-69 MdB, 1950-1960 PV.

[B] Sitzung des Parteivorstandes, des Parteiausschusses und der Kontrollkommission am 20.5.1950

AdsD: 2/PVAS000699 *(Kurze Notiz am Schluss des Protokolls der Parteivorstandssitzung vom 19.5.1950)*

[Teilnehmer /Teilnehmerinnen, nach Funktionen geordnet[19]:

PV[20] *Schumacher, Ollenhauer*

Franke, Gotthelf, Heine, (Kriedemann), (Nau);

Baur, Bögler, Eichler, Gayk, Görlinger, Gross, Henßle, (v. Knoeringen), Knothe, Krahnstöver, Meitmann, Menzel, Neumann, (Reuter), Schmid, Schoettle, Schroeder, Selbert

PA[21]

BRAUNSCHWEIG: *Fuchs**

FRANKEN (OBER- und MITTELFRANKEN, Nürnberg: *Seidel**, *Strobel**

GROSS - BERLIN : *Mattick, Suhr**, *I. Wolff**

HAMBURG- NORDWEST : *Karpinski, A. Keilhack**

HANNOVER: *Borowski**, *Prejara**

HESSEN- Frankfurt : *L. Beyer**, *Menzer**

HESSEN- Kassel : *Freidhof**

NIEDERRHEIN (Düsseldorf): *Runge**, *T. Wolff*

OBERPFALZ-NIEDERBAYERN (Regensburg)j: *Höhne**[22]

OBERRHEIN (Köln) : *Schirrmacher**

ÖSTL. WESTFALEN (Bielefeld) : *Michel**

PFALZ (Neustadt/ Haardt): *Gänger**, *Herklotz*

RHEINHESSEN (Mainz) : *Markscheffel**

RHEINLAND-KOBLENZ-TRIER (Koblenz): *Bettgenhäuser**

SCHLESWIG-HOLSTEIN (Kiel): *Kukielczynski, Linden*

SCHWABEN (Augsburg)

SÜD-BADEN (Freiburg i. Br.): *W. Faller*[23], (*R. Jäckle*)[24], *O. Kalbfell*

SÜDBAYERN (OBERBAYERN, München : *Frenzel**, *Kinzel**

SÜD-WÜRTTEMBERG (Tübingen): -

---

19 Die Originallisten mit den handschriftlichen Eintragungen der Anwesenden sind zu dieser Gemeinsamen Sitzung nicht erhalten geblieben, nur eine handschriftliche Kopie. Zur Ergänzung wurde ein ebenfalls erhalten gebliebenes maschinenschriftliches Verzeichnis „Delegierte des Parteiausschusses" herangezogen sowie die gedruckte Anwesenheitsliste des Parteitages (Prot. SPD-PT 1950, S. 295-300); für die Teilnehmer an allen Gemeinsamen Sitzungen 1948-50 vgl. Anhang 2.

20 Zu den fehlenden PV-Mitgliedern vgl. Anm. 2.

21 Anwesende Mitglieder des PA, die nur im maschinenschriftlichen Verzeichnis und in der gedruckten Anwesenheitsliste des Parteitage genannt sind, werden im folgenden mit einem Sternchen („*") versehen.

22 In der maschinenschriftlichen Liste und in der gedruckten Anwesenheitsliste des Parteitages aufgeführt, in der handschriftlichen Kopie der Anwesenheitsliste wird ein „Alwin *Möller*" aus Regensburg genannt.

23 In der gedruckten Anwesenheitsliste des Parteitages wird statt „Richard *Jäckle*" „Walter *Faller*" als anwesendes Mitglied des Bezirks Süd-Baden genannt, Prot. SPD-PT 1950, S. 300. Walter *Faller* (geb. 1909), Mechaniker bei der Bahn, vor 1933 SPD, nach 1945 Parteifunktionär in Schopfheim (Baden), 1948-52 Vors. d. Bez. Baden, 1951-72 MdB.

24 Nur in der maschinenschriftlichen Liste genannt.

UNTERFRANKEN (Würzburg)
WESER-EMS (Oldenburg): E. *Kraft**
WESTL.WESTFALEN (Dortmund): K. *Schaub**, H. *Wenke**
WÜRTTEMBERG-BADEN (Stuttgart): M. *Denker*
KK: *Schönfelder, Damm, Richter, Steffan, Ulrich, Wittrock*
Mitarbeiter d. PV: *A. Albrecht, Buchstaller, Gleissberg, [Gneuss]*[25]*, Heike, [Hoose]*[26]*,
Hermsdorf, Raunau, Rothe, Stephan, Storbeck, Thomas*

Nach einem politischen Überblick, gegeben vom Genossen *Schumacher,* werden die
Anträge 1-55 sowie die Vorschläge zu den Entschließungen (siehe Anlagen)[27] beraten und
mit einigen Änderungen angenommen. Nach eingehender Beratung werden auch die
Empfehlungen für die Wahlen des PV und der KK gebilligt.

Anlage 1 A
Bericht über die Referate Schumachers in den Sitzungen der Obersten Parteigremien: „Die Europa-Konzeption der SPD"
Sozialdemokratischer Pressedienst P/V/ 115 v. 20.5.1950, S. 1 f.

Schon die vorbereitenden Sitzungen des Parteivorstandes und des Parteiausschusses im
Hamburger Gewerkschaftshaus am Freitag und Sonnabend machten klar, dass der dies-
jährige Parteitag der SPD starke aktuelle Akzente von der außenpolitischen Situation her
erhalten werde. Eintritt in den Europarat, Saarproblem und Schuman-Plan sind die
Fragen im einzelnen, das über geordnete Generalthema heißt: Europa. Dass daneben die
innerpolitischen sowie die wirtschafts- und sozialpolitischen Anliegen der Partei in un-
verminderter Bedeutung weiterbestehen, versteht sich fast von selbst, angesichts der
Politik einer Regierung, die zu den sozialdemokratischen Vorstellungen im schroffen
Widerspruch steht.

Sowohl vor dem Parteivorstand als auch vor dem Parteiausschuss entwickelte der Vorsitzende Dr. Kurt Schumacher, in großen Zügen seine politischen Auffassungen, wie
gesagt, vor allem im Hinblick auf die europäische Konzeption. Sie werden ihren Niederschlag in dem großen Referat Schumachers am Montag Vormittag finden, zum Teil sind
sie bereits durch ihn in ausführlichen Antworten auf Fragen formuliert worden, die in
einer Pressekonferenz am Freitag Nachmittag gestellt wurden. Es wird, das lässt sich
heute schon sagen, kaum irgend welche besonderen Überraschungen oder gar Sensatio-
nen geben, wenn nicht unvermutete Dinge sich ereignen, womit aber nicht zu rechnen
ist.

---

25 In der Vorlage „Kneus".
26 In der Vorlage „Hose".
27 In den Beilagen zum Protokoll sind keine „Anlagen" erhalten geblieben. Zu Beginn des Parteitages wurden
    zwei Resolutionen, eine „zur Kriegsgefangenen - Frage" und eine „zur Lage in der Sowjetzone" in der von den
    Parteigremien vorgeschlagenen Fassung einstimmig verabschiedet, vgl. Prot. SPD-PT 1950, 17-19.

Die Linie der Partei in allen entscheidend wichtigen Fragen liegt fest – allein beim Schuman-Plan besteht sie weder in einem klaren Ja, noch in einem bestimmten Nein, einfach, weil der Inhalt dessen, was von französischer Seite vorgesehen ist, bisher im einzelnen noch nicht bekannt wurde. Dieser französische Vorschlag ist, so teilte Dr. Schumacher mit, von den Franzosen selbst als ein ausgesprochen politischer Schritt gedacht, und auch Paul *Reynaud* hat das in Gesprächen mit maßgebenden sozialdemokratischen Politikern ausdrücklich bestätigt. Dr. Schumacher wandte sich deshalb entschieden gegen die Versuche – und er wird das voraussichtlich auch in seinem Referat tun – das Schwergewicht bei der Behandlung des Schuman-Projektes auf ein Sachverständigen-Gremium zu verlagern

Der Vorsitzende der SPD erinnerte an die schlechten Erfahrungen der deutschen Demokratie mit Experten, die in den meisten Fällen doch immer vorwiegend Interessenten blieben, mit dem Bestreben, ihre Suprematie zu verankern. Den Schuman-Plan, mit diesem Vorzeichen versehen, würde heißen, seine Grundidee in sein Gegenteil verkehren. „Wir kämpfen", so erklärte Schumacher, „gegen die Profanierung des Begriffs Europa durch Geschäftemacher jeder Art." Es komme darauf an, durch ein Maximum an europäischer Gesinnung und Bewährung sich die Legitimation zu erhalten, bei der kommenden Realisierung eines zusammengeschlossenen Europas entscheiden mitzuwirken. Ein Nebeneinander der Ruhrbehörde und des Schuman – Planes hält Dr. Schumacher für unmöglich.

Straßburg als politische Einrichtung befinde sich, so sagte Schumacher, bereits heute in einer Periode schrumpfender Bedeutung, ehe es so richtig in Funktion getreten sei. Die eigentlichen Entscheidungen werden nach ihm nicht im Straßburger Vorzimmer, sondern in der Institution fallen, die *Bidault*[28] den „Hohen Rat des atlantischen Friedens" genannt hat. Schumacher erklärte: „Wenn man eine Konzeption der Zurückdämmung des Kommunismus in der Welt hat, dann so darf man sich nicht mit dem Aufbau eines Europa begnügen, das wesentlich schwächer ist als es sein könnte und den kommunistischen Parteien in den einzelnen Ländern im Grunde mehr Chancen gibt, als sie vorher besaßen. Wir müssen uns auch entschieden dagegen wehren, dass die Diskussion um den Europarat so geführt wird, als ob die Schaffung Europas hauptsächlich oder gar allein unter deutsche Verantwortung falle. Tatsächlich muss sie sich unter Verantwortung *aller* europäischen Staaten vollziehen."

Anlage 1 B

Bericht über die Vorschläge der Obersten Parteigremien zur Zusammensetzung des neuen Parteivorstandes
Sozialdemokratischer Pressedienst P/V/ 115 v. 20.5.1950, S. 2

Zu der für Dienstag vorgesehenen Wahl des Parteivorstandes liegt ein Antrag vor, nach dem der Parteivorstand aus dem Vorsitzenden, dem stellvertretenden Vorsitzenden, vier

---

28 Zu Georges *Bidault* (1899-1983) zu dieser Zeit Frz. Ministerpräsident, vgl. PV – Protokolle Bd. 1, S. 211.

besoldeten Mitgliedern und 24 unbesoldeten Beisitzern bestehen sollte. An der Zahl von 30 Mitgliedern wird also nach diesem Antrag festgehalten, statt bisher fünf würde es aber künftig nur vier besoldete Mitglieder, d. h. Angehörige des geschäftsführenden Vorstandes, neben dem Vorsitzenden und seinem Stellvertreter geben. Es ist damit zu rechnen, dass Herbert *Kriedemann* aus dem geschäftsführenden Vorstand ausscheidet, da er durch seine Tätigkeit, und insbesondere die Ausschussarbeit, in Bonn voll in Anspruch genommen wird. Offenbar soll davon abgesehen werden, für ihn einen Nachfolger zu wählen. Als Kandidaten für die durch den Tod von Ernst *Gnoß*, Düsseldorf und das Ausscheiden auf eigenen Wunsch von Dr. h. c. *Grimme* freiwerdenden Plätze im Vorstand werden unverbindlich genannt: Hermann *Veit*, Wirtschaftsminister von Württemberg-Baden, Bruno *Leddin*, Hannover, MdB, Luise *Albertz*, Oberhausen, MdB, und der niedersächsische Flüchtlingsminister Pastor Heinrich *Albertz*.

Anlage 2
Zu Beginn des Parteitages vorliegende Anträge und Vorschläge und ihre Erledigung durch den PV und PA
Gedr. „Vorlage Nr. 5" mit handschriftlichen Bemerkungen des Hamburger Vorstandsmitgliedes Meitmann über ihre „Erledigung", AdsD: LO Hamburg 55

Zu Punkt 2a der Tagesordnung (Organisation)

Antrag 1: Bezirksvorstand Mittelrhein
Aufhebung der durch die Zonenbildung bedingten Abtrennungen aus früheren Bezirksgebieten und Wiederherstellung der Stammbezirke von 1932.
    Handschriftl. Bemerkung z. Stellungnahme im PV: „Überweisung an PV".
    Parteitag: So beschlossen[29]

Antrag 2: Bezirksparteitag Niederrhein:
Neugliederung der Organisation ohne Rücksicht auf ehemalige Länder- und Provinzgrenzen.
    Handschriftl. Bemerk.: „Überweisung an PV.!
    Parteitag: So beschlossen[30]

Antrag 3: Bezirksparteitag Hamburg-Nordwest:
Neue Zusammensetzung des kommunalpolitischen Ausschusses: 50 % Mitglieder der kommunalpolitischen Selbstverwaltungskörperschaften, 50 % Mitglieder der kommunalen Verwaltung.
    Handschriftl. Bemerk.: „Überweisung an PV."
    Parteitag: So beschlossen[31]

---

29 Prot. PT SPD 1950, S. 171 u. 278.
30 Ebd.

Antrag 4: Unterbezirk Bergstraße/ Erbach:

Bei mehreren Bezirken in einem Land müssen diese zur Erledigung landespolitischer Fragen zusammenarbeiten

    Handschriftl. Bemerk.: „Annahme".

    Parteitag: Erledigt dch. Annahme d. Antrags 67[32].

Antrag 5: Stadtkreis Remscheid

Erhöhung der Zahl der Delegierten auf dem PT zur besseren Repräsentanz d. mitglieder-schwachen Kreise, Beschränkung der Zahl der Gastdelegierten

    Handschriftl. Bemerk.: „Ablehnung".

    Parteitag: Erledigt dch. Annahme d. Antrags 67[33].

Antrag 6: Kreisverband Düsseldorf

Beibehaltung der Bestimmung des Organisationsstatuts, dass PV und PA in allen die „geschäftliche Leitung der Partei betreffenden Fragen" nur beratende stimme haben.

    Handschriftl. Bemerk.: „Ablehnung".

    Parteitag: Erledigt dch. Annahme d. Antrags 67[34].

Antrag 7: Kreisverband Düsseldorf

Verlängerung der Frist der Einberufung des Parteitages von mindestens 8 Wochen auf mindestens drei Monate.

    Handschriftl. Bemerk.: „Annahme".

    Parteitag: Erledigt dch. Annahme d. Antrags 67[35].

Antrag 8: Parteitag des Landesverbandes Groß – Berlin

Ergänzung des Katalogs der „ehrlosen Handlungen": Verschweigen der früheren Zugehö-rigkeit zu einer anderen Partei oder einer ihrer Gliederungen im Aufnahmeantrag.

    Handschriftl. Bemerkungen:

    Parteitag: Erledigt dch. Annahme d. Antrags 67[36].

Antrag 9: Parteitag des Landesverbandes Groß – Berlin

Sitz des Vorstandes und der Gesamtpartei ist Berlin. „In der Übergangszeit kann der Vorstand einen anderen Sitz bestimmen".

    Handschriftl. Bemerk.: „Annahme".

    Parteitag: So beschlossen[37]

---

31 Ebd.
32 Prot. PT SPD 1950, S. 173.
33 Ebd.
32 Ebd.
35 Ebd.
36 Ebd.
37 Ebd.

Antrag 10: Kreisverband Düsseldorf
Entwürfe für Statuten, Parteiprogramme usw. rechtzeitiger zu drucken, damit sie den Ortsvereinen zur Stellungnahme zur Verfügung gestellt werden können
Handschriftl. Bemerk.: „Annahme".
Parteitag: So beschlossen[38]

Antrag 11: Parteitag des Landesverbandes Groß-Berlin
Besondere Vorsicht bei Betreuung und Aufnahme von ehemaligen Mitgliedern der SED/KPD.
Handschriftl. Bemerk.: „Annahme".
Parteitag: So beschlossen[39]

Antrag 12: Bezirksvorstand und -ausschuss Niederbayern-Oberpfalz
Schaffung der Stelle eines Generalsekretärs
Handschriftl. Bemerkungen: „Ablehnung. Zurückgezogen"[40]

Zu Punkt 2b der Tagesordnung (Finanzen)
Antrag 13: Parteitag des Landesverbandes Groß – Berlin
Differenziertere Staffelung der Beiträge-
Handschriftl. Bemerkungen: „Ablehnung. Zurückgezogen"[41]

Antrag 14: Bezirksvorstand Mittelrhein
Erhebung eines Kulturbeitrages
Handschriftl. Bemerkungen: „Ablehnung. Überweisung an PV."[42]
Parteitag: So beschlossen[43]

Antrag 15: Stadtkreis Braunschweig
Ablehnung der Übertragung der Abrechnung der Ortsvereine auf die Bezirke
Handschriftl. Bemerk.: „Ablehnung".
Parteitag: Erledigt dch. Annahme d. Antrags 67[44].

Antrag 16: Bezirksvorstand und -ausschuss Niederbayern-Oberpfalz
Anstellung und Besoldung der jeweiligen 1. politischen und der Organisationssekretäre der Bezirke durch den PV.
Handschriftl. Bemerk.: „Überweisung an PV.
Parteitag: So beschlossen[45]

---

38 Ebd.
39 Ebd.
40 Ebd.
41 Ebd., vgl. a. Prot. PT SPD 1950, S. 172.
42 Ebd.
43 Prot. PT SPD 1950, S. 172 u. 278.
44 Prot. PT SPD 1950, S. 173.

Dokument 19, 19. und 20. Mai 1950

Antrag 17: Ortsverein Hürth

Auftrag an den PV, für alle Funktionäre eine Unfallversicherung für abzuschließen.

    Handschriftl. Bemerk.: „Überweisung an PV.

    Parteitag: So beschlossen[46]

Antrag 18: Stadtkreis Offenbach

Aufforderung an alle Mitglieder und nahestehenden Personen, 1933 treuhänderisch übernommene Akten und Wertgegenstände an die neu gegründeten Organisationen zurückzugeben

    Handschriftl. Bemerk.: „Überweisung an PV. Beschlossen.

    Parteitag: So beschlossen[47]

Zu Punkt 2 c der Tagesordnung (Presse und Propaganda)

Antrag 19: Bezirksparteitag Hamburg-Nordwest

In der Agitation müsse man sich auf die sozialen Grundforderungen konzentrieren.

    Handschriftl. Bemerk.: „Annahme“.

    Parteitag: So beschlossen[48]

Antrag 20: Kreisverband Bonn Stadt und Land

Aufforderung an den PV, zu grundlegenden politischen Fragen detaillierte Denkschriften auszuarbeiten und herauszugeben.

    Handschriftl. Bemerk.: „Annahme“.

    Parteitag: So beschlossen[49]

Antrag 21: Stadtkreis Offenbach a. M.

Bücherstände in allen Mitgliederversammlungen und öffentlichen Veranstaltungen der Partei

    Handschriftl. Bemerk.: „Annahme“.

    Parteitag: So beschlossen[50]

Zu Punkt 4 der Tagesordnung (Referat Schumachers):

Antrag 22: Landesorganisation Hamburg, durch Beschluss des Bezirksparteitages Hamburg – Nordwest unterstützt

    Auftrag an den Parteivorstand, eine baldige „Proklamation“[51] zu erlassen zu den Vorstellungen der SPD über einen „europäischen Staatenbund als Vorläufer zu einem bundesstaatlichen demokratischen Europa“.

---

45 Dem Parteitag schlug der Vorstand zunächst „Ablehnung“ vor. Als sich dagegen Widerspruch erhob, veränderte der Vorstand seinen Vorschlag in „Überweisung an den PV“, was akzeptiert wurde, ebd.
46 Ebd.
47 Ebd.
48 Prot. PT SPD 1950, S. 172 u. 268.
49 Prot. PT SPD 1950, S. 172 u. 268 f.
50 Prot. PT SPD 1950, S. 172 u. 269.

Handschriftl. Bemerk.: „Annahme".

Parteitag: Einstimmige Annahme nach d. stilistischen Änderungen d. Parteiausschusses.[52]

Antrag 23: Kreisverband Bonn Stadt und Land

Bestätigung und Bekräftigung des Beschlusses des PV, sich „jeder Remilitarisierung Deutschlands mit allen Mitteln zu widersetzen".

Handschriftl. Bemerk.: „Annahme".

Parteitag: Zustimmung[53]

Antrag 24: Kreisverband Bonn Stadt und Land

Überprüfung aller Richter, die während der NS-Zeit Urteile gefällt haben, Entfernung aller Richter, die ohne Zwang Nazi – Urteile gefällt haben.

Handschriftl. Bemerk.: „Überweisung an die BT – Fraktion"

Parteitag: Zustimmung[54]

Antrag 25: Landesorganisation Hamburg

Bessere Koordination der Arbeit der sozialdemokratischen Bundestagsfraktion und der sozialdemokratischen Mitglieder des Bundesrats

Parteitag: Zurückgezogen, nachdem Parteivorstand und Parteiausschuss einen Antrag 60 eingebracht hatten, in dem der Parteivorstand aufgefordert wurde, die Tätigkeit der BT – Fraktion, der sozialdemokratischen Mitglieder des Bundesrats und der sozialdemokratischen Landtagsfraktionen „in den Fragen der Gesamtpolitik der Partei stärker als bisher zu koordinieren".

Annahme des Antrags 60 durch den Parteitag.[55]

Antrag 26: Bezirk Rheinland-Hessen-Nassau

Baldige Bekanntgabe der Auffassung der Partei in der Frage der Neugliederung der Länder notwendig

Handschriftl. Bemerk.: „Überweisung an PV".

Parteitag: So beschlossen[56]

Antrag 27: Kreisverein Lübeck

Baldige Neugliederung der Länder in Norddeutschland notwendig

Handschriftl. Bemerkungen: „Überweisung an PV".

Parteitag: So beschlossen[57]

---

51 Im Wortlaut der verabschiedeten Resolution geändert in „zusammenfassende Darstellung", Handschriftliche Bemerkung u. Prot. PT SPD 1950, S. 269.
52 Prot. PT SPD 1955, S. 167 u. 269.
46 Ebd.
54 Ebd.
55 Prot. PT SPD 1950, S. 167 u. 273.
56 Ebd. S. 278.

Antrag 28: Kreisverein Lübeck
Vereinigung der norddeutschen Länder Niedersachsen und Schleswig – Holstein sowie
der Stadtstaaten Hamburg und Bremen zu einem Land der Bundesrepublik
 Handschriftl. Bemerkung: „zurückgezogen". [58]

Antrag 29: Unterbezirk Göttingen
Für Verstärkung der kommunalen Ebene, für Beseitigung der Mittelinstanzen
 Handschriftl. Bemerkung: Überweisung an PV
 Parteitag: So beschlossen[59]

Antrag 30: Kreisverein Lübeck
Für bessere Verteilung der Flüchtlinge auf alle Länder der Bundesrepublik, für Entla-
stung der industriearmen Länder Schleswig – Holstein, Niedersachsen und Bayern.
 Handschriftl. Bemerk.: „Annahme"
 Parteitag: So beschlossen"[60]

Antrag 31: Landesorganisation Hamburg (durch Beschluss des Bezirksparteitages Ham-
burg-Nordwest unterstützt)
Beschleunigte Durchführung d. Beschlusses d. PT von 1948, ein neues „grundsätzliches
Programm der Sozialdemokratie" aufzustellen.
 Handschriftl. Bemerk.: Überweisung an PV
 Parteitag: So beschlossen[61]

Antrag 32: Bezirksvorstand Mittelrhein:
Beschleunigte Weiterführung der Arbeiten am Parteiprogramm
 Handschriftl. Bemerkung: Überweisung an PV
 Parteitag: So beschlossen[62]

Antrag 33: Parteitag des Landesverbandes Groß – Berlin:
Auftrag an den PV, in Zusammenarbeit mit der BT-Fraktion ein „Arbeitsprogramm für
die dringlichsten politischen, wirtschaftlichen, sozialen und kulturellen Fragen" als
Grundlage für den nächsten Wahlkampf auszuarbeiten.
 Handschriftl. Bemerkung: „Annahme"
 Parteitag: So beschlossen. [63]

---

57 Ebd. S. 278 f.
58 Vgl. Prot. PT SPD 1950, S. 167.
59 Prot. PT SPD 1950, S. 167 f. u. 279.
60 Ebd. S. 223 u. 269 f.
61 Ebd. S. 168 u. 279.
62 Ebd.
63 Ebd. S. 168 u. 270.

Antrag 34: Parteitag des Landesverbandes Groß – Berlin
Konsequenzen des Freispruchs von Hedler: Überprüfung der anzustellenden Richter auf ihre demokratische Gesinnung
    Handschriftl. Bemerk.: Überweisung an PV (Justizpolitischer Ausschuss)
    Parteitag: So beschlossen[64]

Zu Punkt 5 der Tagesordnung (Bericht der BT – Fraktion)
Antrag 35: Ortsverein Wesseling
Konsequenzen des Freispruchs von Hedler: Unterstützung aller Schritte zum Schutz der Republik, zur Demokratisierung der Justiz und zur Verfolgung der NS-Verbrecher
    Handschriftl. Bemerk.: Überweisung an PV
    Parteitag: So beschlossen[65]

Antrag 36: Parteitag des Landesverbandes Groß-Berlin
Protest gg. d. verabschiedete Beamtengesetz wg. d. „Minderbewertung der Frau im öffentlichen Dienst". Klarer Verstoß gg. d. GG; Auftrag an PV u. BT-Fraktion, für eine Revision d. diskriminierenden Bestimmungen zu sorgen.
    Handschriftl. Bemerk.: „Annahme"
    Parteitag: So beschlossen.[66]

Antrag 37: Kreisverein Lübeck
Für gerechtere Verteilung der Flüchtlinge auf die verschiedenen Länder
    Handschriftl. Bemerk.: Überweisung an PV
    Parteitag: So beschlossen[67]

Antrag 38: Kreisverband Köln – Land
Auftrag an BT – Fraktion, bei der Bildung von Ministerien u. bei der Errichtung von Ministerien auf äußerste Sparsamkeit zu achten. Bei der Anstellung von Beamten und Angestellten müsse darüber gewacht werden, dass nur „zuverlässige, sozial eingestellte Demokraten" in Frage kommen.
    Handschriftl. Bemerkung: „Annahme"
    Parteitag: So beschlossen.[68]

Antrag 39: Unterbezirk Göttingen
Zur Fortentwicklung der Gesundheitsgesetzgebung mehrere Forderungen:
(Ausdehnung der Sozialversicherung auf die Gesamtbevölkerung, Vereinheitlichung des Kassenwesen, Klare Selbstverwaltung für die Sozialversicherung, Maßnahmen gg. d. noch

---

64 Ebd. S. 168 u. 279.
65 Ebd.
66 Ebd. S. 168 u. 270.
67 Ebd. S. 280.
68 Ebd. S. 168 u. 270.

bestehenden Apothekerprivilegien, u. gg. d. Übergewinne d. pharmazeutischen Industrie, Bildung e. Bundesgesundheitsministeriums u. e. Bundesgesundheitsrates)

    Handschriftl. Bemerk.: Überweisung an PV (Sozialpolitischer A. d. PV)

    Parteitag: So beschlossen[69]

Antrag 40 Unterbezirk Göttingen

Auftrag an BT – Fraktion, bei der Neuordnung des Sozialversicherungen f. die Einführung e. „Hausfrauenhilfe" zu sorgen, d. h. f. d. Übernahme d. Hausfrauenarbeit dch. Hilfskräfte d. Krankenkassen im Fall d. Erkrankung d. Hausfrau.

    Handschriftl. Bemerk.: Überweisung an PV (Sozialpolitischer A. d. PV)

    Parteitag: So beschlossen[70]

Antrag 41: Kreisverband Düsseldorf

Auftrag an BT- Fraktion, sich eingehend mit d. Frage der Diäten zu beschäftigen

    Handschriftl. Bemerk.: Überweisung an BT – Fraktion.

    Parteitag: So beschlossen[71]

Zu Punkt 6 der Tagesordnung (Referat von Hermann Veit zur Sozialdemokratischen Wirtschaftspolitik)

Antrag 42: Kreisverein Bremen

Forderung nach schneller Durchführung des Beschlusses des Parteitages von 1948 nach Schaffung eines sozialdemokratischen Wirtschaftsprogramms

    Handschriftl. Bemerk.: Überweisung an PV

    Parteitag: So beschlossen[72]

Antrag 43: Kreisverein Bremen

Forderung nach Aufhebung der dem deutschen Handelsschiffbau u. d. Schifffahrt auferlegten Beschränkungen

    Handschriftl. Bemerkung: „Annahme"

    Parteitag: So beschlossen.[73]

Zu Punkt 8 der Tagesordnung: Sonstige Anträge

Antrag 44: Ortsverein Passau

Nächster PT solle in Passau abgehalten werden

    Handschriftl. Bemerkung: Überweisung an PV

    Parteitag: So beschlossen[74]

---

69 Ebd. S. 168 u. 280.

70 Ebd.

71 Ebd. S. 168.

72 Ebd. S. 223 u. 281.

73 Ebd. S. 223 u. 270.

74 Ebd. S. 174 f. u. 281.

Antrag 45: Bezirk Rheinhessen
Nächster PT solle in Mainz abgehalten werden
  Handschriftl. Bemerkung: Überweisung an PV
  Parteitag: So beschlossen[75]

Antrag 46: Bezirk Rheinhessen
Stellungnahmen von Parteifunktionären dürfen nicht den Anschein erwecken, als seien sie bereits der in der Gesamtpartei anerkannte Standpunkt
  Handschriftl. Bemerkung: zurückgezogen..[76]

Antrag 47: Kreisvorstand Watensted-Salzgitter
Forderung nach Hilfsmaßnahmen für das Notstandsgebiet W.-S.
  Handschriftl. Bemerkung: „Annahme"
  Parteitag: So beschlossen.[77]

Antrag 48: Stadtkreis Offenbach a. M.
Für bessere Ausstattung der Öffentlichen Gemeinde- und Schulbüchereien mit politischer Literatur
  Handschriftl. Bemerkung: „Annahme"
  Parteitag: So beschlossen.[78]

Antrag 49: Stadtkreis Offenbach a. M.
Bei den Schulungen der Gemeindevertreter und Gemeindebürgermeister ist das Thema „öffentliche Bibliotheken" zu behandeln
  Handschriftl. Bemerkung: „Annahme"
  Parteitag: So beschlossen.

Antrag 50: Stadtkreis Offenbach a. M.
Konkrete Forderungen zur Erfüllung d. in einigen Ländern durch die Erreichung d. Lernmittelfreiheit erhöhten Verpflichtung, auf den Inhalt der Lehrbücher noch größeren Einfluss auszuüben: Schaffung von Lehrbüchern, die für die "Nachwuchsschulung im politischen Unterricht" von Bedeutung sind, z. B zur „deutschen Geschichte", zur „Geschichte der Arbeiterbewegung in Deutschland", zu „Geschichte der Sozialdemokratie in Deutschland", zur Entwicklung der „materialistischen Geschichtsauffassung"
  Handschriftl. Bemerkung: „Überweisung an PV zur Weiterleitung an den Kulturpolit. Ausschuss".
  Parteitag: So beschlossen[79]

---

75 Ebd. S. 175 u. 281.
76 Ebd. S. 175.
77 Ebd. S. 168 u. 270.
78 Ebd.
79 Ebd. S. 175 u. 281.

Dokument 19, 19. und 20. Mai 1950

Antrag 51: Stadtkreis Offenbach a. M.
Errichtung von Ortsvereinsbibliotheken in allen Ortsvereinen. Dort wo schon vor 1933 solche bestanden, ist auf dem Wege der Wiedergutmachung der schnelle Wiederaufbau zu fordern.
>Handschriftl. Bemerkung: Überweisung an PV zur Weiterleitung an den Kulturpolit. Ausschuss"
>Parteitag: So beschlossen[80]

Antrag 52: Ortsverein Söhlde
Forderung nach Intensivierung der Parteiarbeit in ländlichen Gebieten.
>Handschriftl. Bemerkung: „Annahme"
>Parteitag: So beschlossen.[81]

Antrag 53: Parteitag des Landesverbandes Groß-Berlin
Mehrere Vorschläge für eine künftige Schulgesetzgebung
>Handschriftl. Bemerk.: Auf dem Parteitag zurückgezogen.[82]

Antrag 54: Kreisverband Bonn-Stadt und -Land
Auftrag an den PV, ein „umfassendes kulturpolisches Aktionsprogramm" auszuarbeiten u. d. nächsten PT vorzulegen.
>Handschriftl. Bemerk.: „Überweisung an PV"
>Parteitag: So beschlossen[83]

Zu Punkt 9 der Tagesordnung
Antrag 55: Bezirksparteitag Franken
Vorschläge für die Vorstandswahlen: 1. Vors. Schumacher, stellv. Vors.: Ollenhauer
Handschriftl. Bemerk.: „Überholt"

---

80 Ebd.
81 Ebd. S. 175 u. 270.
82 Vgl. Prot. PT, S. 258.
83 Ebd. S. 258 u. 282.

Anhänge

Anhang 1: Teilnehmer/Teilnehmerinnen an den PV-Sitzungen

[A, Sept. 1948 bis Juni 1949]

	1 1948 24.9.	2 29.10.	3 10.12.	4 A 1949 21.1.	5 12.3.	7 A 19.4.	8 10.5.	9 1.6.	10 29.6.
Anwesend bei den Sitzungen des PV 1948-1950 (1948/1949)	(34)[1]	(28)	(34)	(33)	(37)	(27)	(21)	(27)	(24)
Kurt *Schumacher*	–	–	–	–	–	X	X	X	X
Erich *Ollenhauer*	X	X	X	X	X	X	X	X	X
Egon *Franke*	X	X	X	X	X	X	X	X	X
Herta *Gotthelf*	X	X	X	X	X	X	–	X	X
Fritz *Heine*	X	X	X	X	X	X	–	X	X
Herbert *Kriedemann*	X	–	X	X	X	X	X	X	X
Alfred *Nau*	X	X	X	X	X	X	X	X	X
Lisa *Albrecht*	X	X	X	X	–	–	–	X	X
Valentin *Baur*	–	X	–	X	X	X	X	–	–
Franz *Bögler*	X	X	X	–	X	X	X	–	X
Willi *Eichler*	X	X	X	X	X	X	X	X	X
Willy *Fischer*	X	X	X	X	X	X	–	X	–
Andreas *Gayk*	X	X	X	X	X	X	X	–	X
Ernst *Gnoß*	X	X	–	gest. März 1949					
Robert *Görlinger*	X	X	X	X	–	–	X	X	X
Adolf *Grimme*	–	–	X	X	X	–	–	X	X
Emil *Gross*	X	X	X	–	X	–	X	X	X
Fritz *Henßler*	X	X	X	X	X	X	X	X	X
Wilhelm *Kaisen*	X	(X)[2]	–	X	X	X	–	X	X
Waldemar v. *Knoeringen*	X	–	X	X	X	X	–	–	X
Willy *Knothe*	X	X	X	X	X	X	–	–	–
Anni *Krahnstöver*	X	–	X	X	X	X	–	X	–
Karl *Meitmann*	X	X	X	–	–	X	X	X	X
Walter *Menzel*	X	X	X	X	X	X	X	X	X
Franz *Neumann*	X	X	X	X	X	X	–	X	X
Ernst *Reuter*	X	X	–	(X)[3]	–	X	–	–	X
Carlo *Schmid*	X	X	X	X	X	X	X	–	–
Erwin *Schoettle*	X	–	X	X	X	X	X	X	–
Louise *Schroeder*	–	–	X	X	–	–	–	–	X
Elisabeth *Selbert*	X	X	X	X	X	X	X	X	X
	(26)[4]	(23)	(25)	(26)	(24)	(23)	(18)	(22)	(23)
Zusätzliche Vertreterin Berlins									
Ida Wolff	–	X	X	X	–	–	–	–	–
Vertreter der KK									
Adolf Schönfelder	X	X	X	X	X	X	X	X	–

---

1 Zahl der Anwesenden nach den Eintragungen in die Anwesenheitsliste bzw. nach Redebeiträgen.

2 *Kaisen* trug sich nicht in die Anwesenheitsliste ein, beteiligte sich aber an den Diskussionen.

3 *Reuter* trug sich nicht in die Anwesenheitsliste ein, er wird nur in einer in den Beilagen zu den Protokollen erhalten gebliebenen maschinenschriftlichen Liste der „Teilnehmer aus Hannover und Berlin" genannt.

4 Zahl der anwesenden Mitglieder des PV nach den Eintragungen in die Anwesenheitsliste bzw. nach Redebeiträgen.

	1	2	3	4 A	5	7 A	8	9	10
	1948			1949					
	24.9.	29.10.	10.12.	21.1.	12.3.	19.4.	10.5.	1.6.	29.6.
Fraktion des Parlamentarischen Rates:									
Hanns Heinz Bauer	X	–	–	–	–	–	–	–	–
Ludwig Bergsträsser	–	–	–	–	–	–	–	–	–
Georg Diederichs	X	–	–	–	–	–	–	–	–
Fritz Eberhard	–	–	–	–	–	–	–	–	–
Adolf Ehlers	–	–	–	–	–	–	–	–	–
Gayk s. PV									
Otto Heinrich Greve	X	–		–	–				
Rudolf Katz	X	X	X	X	X	–	–	–	–
Paul Löbe	–	–	X	X	X	X	–	–	–
Fritz Löwenthal	–	–	–	–	X	–	–	–	–
Fritz Maier	–	–	–	–	X	–	–	–	–
Menzel s. PV									
Willibald Muecke	X	–	X	–	–	–	–	–	–
Ollenhauer (ab Mai 1949) s. PV									
E. Reuter s. PV									
Schmid s. PV									
Schönfelder s. KK									
Selbert s. PV									
Otto Suhr	X	X	–	X	X	–	X	–	–
Gustav Zimmermann	X	X	–	X	–	–	–	–	–
Georg August Zinn	X	–	–	–	X	X	X	–	–
Ministerpräsidenten/ Landesminister									
Max Brauer	–	–	–	–	X	–	X	–	–
Grimme s. PV									
Kaisen S. PV									
Rudolf Katz	–	–	–	(X)	(X)	–	–	–	–
Hinrich Wilh. Kopf	–	–	–	–	X	X	–	X	–
Hermann Lüdemann	–	–	–	–	X	–	–	–	–
Menzel s. PV									
Viktor Renner	–	–	–	–	X	–	–	–	–
E. Reuter s. PV									
L. Schroeder s. PV									
Jakob Steffan	–	–	–	–	X	–	–	–	–
Zinn s. MdParlR									
Referenten/ Mitarbeiter/ Gäste des PV									
Heinrich Albertz	X	–		–	–	–	–	–	–
Willy Brandt	–	–	X	X	X	–	–	X	X
Gerhard Gleissberg	–	–	X[5]	–	X	–	–	X	–
Arthur Groß	–	–	X	–	–	–	–	–	–
Kurt Heinig	–	–	–	–	–	–	X	–	–
Peter Raunau	–	(X)	X	–	–	–	–	–	–
Josef Schmidt	(X)	–	–	–	–	–	–	–	–
Ernst Zimmer	X	–	–	–	–	–	–	–	–

---

5 Die Namen von *Gleissberg,* Groß und *Raunau* wurden am Schluss der Anwesenheitsliste von einer Hand eingetragen.

[B, Forts. August 1949 bis Mai 1950]

	11[6]	13	14 A		15	16	17 A	18	19 A
	1949				1950				
	29.8.	22.10.	16.11.		5.1.	4.2.	13.3.	19.4.	19.5.

Mitglieder des Parteivorstandes

K. *Schumacher*	X	X	X		X	X	X	X	X
E. *Ollenhauer*	X	X	X		X	X	X	X	X
Egon *Franke*	X	X	X		X	X	X	X	X
Herta *Gotthelf*	X	X	X		X	X	X	X	X
Fritz *Heine*	X	X	X		X	X	X	X	X
H. *Kriedemann*	X	X	X		–	X	X	–	–
A. *Nau*	X	X	X		X	X	X	X	(X)
Lisa *Albrecht*	X	–	X		X	X	–	X	–
Valentin *Baur*	X	X	X		–	X	–	–	X
Franz *Bögler*	X	X	X		X	X	X	X	X
Willi *Eichler*	X	X	X		–	X	X	X	X
Willy *Fischer*	X	X	X		X	X	X	–	–
Andreas *Gayk*	X	X	X		X	X	X	–	X
Ernst *Gnoß*	(gest. März 1949)								
Robert *Görlinger*	X	X	X		–	–	–	X	(X)
Adolf *Grimme*	– Im Herbst 1949 aus dem PV ausgeschieden.								
Emil *Gross*	X	X	X		X	X	X	X	X
Fritz *Henßler*	X	X	X		–	X	X	X	X
Wilhelm *Kaisen*	X	–	X		X	X	–	–	–
Waldemar v. *Knoeringen*	X	X	X		–	X	X	X	(X)
Willy *Knothe*	X	X	X		X	X	X	X	X
Anni *Krahnstöver*	X	X	X		–	X	X	X	X
Karl *Meitmann*	X	X	X		X	X	X	X	X
Walter *Menzel*	X	X	–		X	X	X	–	X
Franz *Neumann*	X	X	–		X	X	X	–	X
Ernst *Reuter*	–	X	X		X	–	X	–	(X)
Carlo *Schmid*	X	X	X		–	–	X	X	X
E. *Schoettle*	X	X	X		–	X	X	X	X
L. *Schroeder*	X	X	X		X	X	X	–	X
E. *Selbert*	X	X	X		X	X	X	–	X

Zusätzliche Vertreter Berlins

O. Suhr	X	–	–		–	–	–	–	–

Vertreter der KK

A. Schönfelder	X	X	–		?	X	X	X	X
J. Steffan	X	–	–		–	–	–	–	–

Ministerpräsidenten: – – – – – – – –

---

6 Dok. 12 (= Sitz. v. 6.9.1949) betrifft eine Gemeinsame Sitzung von PV, PA und KK mit den Mitgliedern der sozialdemokratischen Bundestagsfraktion und führenden sozialdemokratischen Landespolitikern, vgl. Anhang 2.

	11[7] 1949 29.8.	13 22.10.	14 A 16.11.	15 1950 5.1.	16 4.2.	17 A 13.3.	18 19.4.	19 A 19.5.
Vertreter der BT-Fraktion								
W. Brandt	X	–	–	–	–	–	–	–
G. Lütkens	–	–	–	–	–	X	–	–
H. Wehner	–	X	–	X	–	–	–	–
Referenten/ Mitarbeiter des PV								
G. Gleissberg	X	–	–	–	–	–	–	–
W. Mellies	–	–	–	–	X	–	–	–
S. Neumann	–	–	–	–	X	–	–	–
J. Warner	–	–	–	–	X	–	–	–

---

7 Dok. 12 (= Sitz. v. 6.9.1949) betrifft eine Gemeinsame Sitzung von PV, PA und KK mit den Mitgliedern der sozialdemokratischen Bundestagsfraktion und führenden sozialdemokratischen Landespolitikern, vgl. Anhang 2.

| | 1949 | | | | | 1950 | |
	22.1. 4 B	11.4 6	20.4. 7 B	9.9. 12	16.11. 14 B	13.3. 17 B	19.5. 19 B
Otto *Heike* (Mitarb. d. PV, H)	–	–	–	?	–	X	X
Rudolf *Heiland* (MdParlR, MdB, Marl)	X	X	X	?	–	–	–
Fritz *Heine* (PV, H)	X	(X)	X	X	X	(X)	X
Arno *Hennig* (Ref. d. PV, MdB, H)	X	–	X	?	–	–	–
Fritz *Henßler* (PV, MdB, Dortm.)	X	X	–	X	X	–	X
Luise *Herklotz* (PA, MdB, Speyer)	X	–	–	?	–	–	X
Hans *Hermsdorf* (Ref. d. PV, H) X	X	–	X	?	–	–	X
Fritz *Hoch* (MdParlR, Kassel)	–	X	X	?	–	–	–
Heinrich *Höcker* (KK, MdB, Herford)	–	–	X	?	–	–	–
Franz *Höhne* (PA, MdB, Regensb.)	X	–	X	?	–	–	X
Heinz *Hoose* (Mitarb. d. PV, H)	–	–	–	?	–	–	X
Werner *Jacobi* (MdB, Iserlohn)	–	–	–	X	–	–	–
Richard *Jäckle* (PA, Süd-Baden, Singen)	X	–	X	?	–	X	X(?)
Wenzel *Jacksch* (MdB, Wiesb.)	–	–	X	?	–	–	–
Wilhelm *Kaisen* (PV, Bremen)	X	X	X	?	X	–	–
Oskar *Kalbfell* (PA, MdB, Reutlingen)	–	–	–	?	–	–	X
Paula *Karpinski* (PA, HH)	X	–	–	?	–	X	(X)
Rudolf *Katz* (Min., MdParlR, Kiel)	X	X	X	?	–	X	X
Adolf *Keilhack* (PA, HH)	–	–	X	?	–	X	X
Luise *Kinzel* (PA, Südbayern, Trostberg)	–	–	X	?	–	X	X)
Waldemar v. *Knoeringen* (PV, MdB, M)	X	X	X	?	X	X	X
Willi *Knothe* (PV, F)	X	X	X	?	X	(X)	X
Hinrich Wilh. *Kopf* (MinPräs., H)	X	–	X	?	–	–	–
Emil *Kraft* (PA, Wilhelmshaven)	X	–	X	?	–	X	X
Anni *Krahnstöver* (PV, MdB, Kiel)	X	X	X	?	–	X	X
Herbert *Kriedemann* (PV, MdB, H)	X	X	X	?	X	X	–
Max *Kukielczynski* (PA, Kiel)	–	–	X	?	–	–	X
Karl *Kuhn* (MdParlR, Bad Kreuznach)	–	–	X	?	–	–	–
Maxim *Kuraner* (PA, Neustadt/ Pfalz)	–	–	–	?	–	–	X
Elly *Linden* (PA, Schlesw.-Holst., Lübeck)	–	–	X	?	–	X	X
Paul *Löbe* (PA, MdParlR, MdB, B)	X	X	X	?	–	–	–
Fritz *Löwenthal* (MdParlR, M)	–	–	X	–	–	–	–
Hermann *Lüdemann* (MinPräs., Ki)	–	–	X	?	–	–	–
Fritz *Maier* (MdParlR, MdB, Freiburg)	X	X	X	?	–	–	–
Günter *Markscheffel* (PA, Mainz)	X	–	X	?	–	X	X
Kurt *Mattick* (PA, B)	–	–	–	?	–	X	X
Karl *Meitmann* (PV, MdB, HH)	X	–	?	?	X	X	X
Walter *Menzel* (PV, MdParlR, MdB, D)	X	X	X	?	–	(X)	X
Rudi *Menzer* (PA, Hessen-Frankf.)	–	–	–	?	–	X	X
Artur *Mertins* (PA, HH)	X			?	–	–	X
Willy *Michel* (PA, Ostwestf., MdB, Mind.)	–	–	X	?	–	–	–
Willibald *Muecke* (MdParlR, MdB, M)	–	X	X	?	–	–	–
Frieda *Nadig* (MdParlR, MdB, Herford)	–	X	X	?	–	–	–
Alfred *Nau* (PV, H)	X	X	X	?	X	X	X
Franz *Neumann* (PV, B)	X	X	X	?	X	X	X
Siggi *Neumann* (Ref. d. PV, H)	–	–	X	?	–	–	–
Erich *Ollenhauer* (PV, H)	X	X	X	X	X	X	X

	1949 22.1. 4 B	11.4 6	20.4. 7 B	9.9. 12	16.11. 14 B	1950 13.3. 17 B	19.5. 19 B
Rudolf A. *Pass* (Ref. d. PV, H)	X	–	X	?	–	X	–
Maria *Prejara* (PA, H)	X	–	X	?		X	X
Ludwig *Preller* (Min., Ki)	–	–	–	X	–	–	–
Peter *Raunau* (Ref. d. PV, H)	(X)	(X)	(X)	(X)	(X)	(X)	X
Viktor *Renner* (PA-Min., S)	X	–	X	?	–	–	–
Ernst *Reuter* (PV, B)	–	–	X	?	X	(X)	(X)
Georg *Richter* (KK, D)	X	–	X	?	–	–	X
Albert *Roßhaupter* (MdParlR, M)	–	X	X	?			
Ernst *Roth* (MdB, Frankenthal)	–	–	–	X	–		
Rudolf *Rothe* (Mitarb. d. PV, H)	–	–	–	?	–	–	X
Hermann *Runge* (PA, MdParlR, MdB, D)	–	X	X	?		X	X
Käthe *Schaub* (PA, Dortm.))	–	–	X	?	–	–	X
Willi *Schirrmacher* (PA, K)	–	–	X	?	–	X	X
Carlo *Schmid* (PV - MdParlR, Tüb.)	X	X	X	X	X	(X)	X
Adolf *Schönfelder* (KK - MdParlR, HH)	X	X	X	?		X	X
Erich *Schoettle* (PV, MdB, S)	X	X	X	X	X	X	(X)
Louise *Schroeder* (PV, B)	X	–	–	?	–	X	X
Ernst *Schumacher* (PA, Wü)	X	–	X	?	–	–	X
Kurt *Schumacher* (PVors., H)	–	–	X	X	X	X	X
Josef *Sebald* (PA, Oberb., Rosenheim)	–	–	X	?	–	–	–
Max *Seidel* (PA, PSekr. MdB, Fürth)	–	–	X	?	X	X	X
Josef *Seifried* (MdParlR, M)	–	X	–	?	–	–	–
Elisabeth *Selbert* (PV, MdParlR, Kassel)	(X)	X	X	?	X	X	X
Friedrich *Stampfer* (Gast)	–	–	X	?	–	–	–
Jakob *Steffan* (KK-Min., Mainz)	X	–	X	?	–	X	X
Hans *Stephan* (Ref. d. PV, H)	–	–	–	?	–	–	X
Christian *Stock* (MinPräs., Wiesbad.)	X	–	X	?	–		
Jean *Stock* (MdParlR, Aschaffenburg)	–	–	X	?	–		
Carl *Storbeck* (Referent d. PV, H)	X	–	–	?	–	–	X
Käte *Strobel* (PA, Franken, Nürnb.)	X	–	X	?	–	X	X
Hans *Striefler* (PA, H)	X	–	–	?	–	X	–
Otto *Suhr* (PA, MdParlR, B)	–	X	X	?	–	X	X
Theo *Thiele* (PA, GF d. SPD in B)	–	–	–	?	X	–	–
Stephan *Thomas* (Ref. D. PV, H)	–	–	–	?	–	X	X
Fritz *Ulrich* (KK-Min., S)	X	–	X	?	–	–	X
Fr. Wilh. *Wagner* (MdB, Ludwigsh.)	–		X	?	–	–	–
Jürgen *Warner* (Mitarb. D. PV, H)	–	–	X	?	–	–	–
Herbert *Wehner* (MdB, HH)	–	–	–	X	–	–	–
Heinr. *Wenke* (PA, Westl. Westf., Dortm.)	–	–	X	?	–	X	X
Christian *Wittrock* (KK, Kassel)	X	–	X	?	–	X	X
Friedr. *Wolff* (MdParlR, Essen)	X	–	?	?	–		
Ida Wolff (PA, B)	–	–	–	?	–	X	X
Trude *Wolff* (PA, Niederrhein, Solingen)	–	–	X	?	–	X	X
Hans *Wunderlich* (MdParlR, Osnabrück)	–	X	X	?	–	–	–
Ernst *Zimmer* (Referent d. PV, H)	–	–	X	?	–	X	–

	1949					1950	
	22.1.	11.4	20.4.	9.9.	16.11.	13.3.	19.5.
	4 B	6	7 B	12	14 B	17 B	19 B
Gustav *Zimmermann* (MdParlR, Karlsruhe)	X	X	X	?	–	–	–
Georg Aug. *Zinn* (MdParlR, MdB, Wiesb.)	–	X	X	?	–	–	–

Anhang 3: Kurzbiographien der Mitglieder des Parteivorstandes 1948-1950

Albrecht, Lisa (1896-1958), 1947-1958 PV, s. PV-Protokolle, Bd. 1, S. 511. Neuere Literatur: G. Notz, Frauen in der Mannschaft, Bonn 2003, Kap. über L. Albrecht

Baur, Valentin (1891-1971), 1946-1958 PV, s. PV-Protokolle, Bd.1, S. 511.

Bögler, Franz (1902-1976), 1946-1958 PV, s. PV-Protokolle, Bd.1, S. 511.

Eichler, Willi (1896-1971), 1946-1968 PV, s. PV-Protokolle, Bd.1, S. 512.

Fischer, Willy (1904-1951), Kaufm. Angestellter, vor 1930 KPD, 1930 SPD, 1945/46 Wiederaufbau der SPD in Franken, 1946-49 MdL (Bayern), **1948-51 PV**, 1949-51 MdB.

Franke, Egon (1913-1995), 1947-52/1958-73 PV, s. PV-Protokolle, Bd.1, S. 512.

Gayk , Andreas (1893-1954), 1946-54 PV, s .PV-Protokolle, Bd.1, S. 512.

Gnoß, Ernst (1900-1949), 1946-49 PV, s. PV-Protokolle, Bd.1, S. 512.

Görlinger, Robert (1888-1958), 1946-50 PV, s. PV-Protokolle, Bd.1, S. 512.

Gotthelf, Herta (1902-1963), 1947-58 PV, s. PV-Protokolle, Bd.1, S. 512 f.

Grimme, Adolf (1889-1963), 1946-49 PV, s. PV-Protokolle, Bd.1, S. 513.

Gross, Emil (1904-1967), 1946-68 PV, s. PV-Protokolle, Bd.1, S. 513.

Heine, Fritz (1904-2002), 1946-58 PV, gest. 5/ 2002 in Bad Münstereifel, s. PV-Protokolle, Bd.1, S. 513. Neuere Literatur: Appelius, Stefan: Heine - die SPD und der lange Weg zur Macht, Essen 1999.

Henßler, Fritz (1886-1953), 1946-53 PV, s. PV-Protokolle, Bd.1, S. 513.

Kaisen, Wilhelm (1887-1979), 1946-50 PV, s. PV-Protokolle, Bd.1, S. 513. Neuere Literatur: Sommer, Karl - Ludwig: Wilhelm Kaisen. Eine politische Biographie, Bonn 2000.

Knoeringen, Waldemar von (1906-1971), Verwaltungsangestellter, vor 1933 SPD, 1933 Emigration (Österreich, GB), 1946 Rückkehr nach Bayern, 1946-70 MdL, 1947-63

Landesvorsitzender, **1948-62** PV, **1958-62** PP u. Stellv.Vors., 1949-52 MdB. Zu Knoeringen vgl. H. Mehringer, Waldemar von Knoeringen. Eine politische Biographie. Der Weg vom revolutionären Sozialismus zur sozialen Demokratie, München 1989.

Knothe, Wilhelm (Willy) (1888-1952), 1946-50 PV, s. PV-Protokolle, Bd.1, S. 514.

Krahnstöver, Anni, geb. Leffler (1904-1961), Kontoristin, vor 1933 Sekretärin der SPD in Oberschlesien, 1945 Übersiedlung nach Schleswig-Holstein, 1946 Frauensekretärin u. MdL, 1948/49 MdWR, 1949-53 MdB, **1948-54** PV, 1953 Heirat mit W. Mellies. Neuere Literatur: G. Notz, Frauen in der Mannschaft, Bonn 2003, Kap. über A. Krahnstöver.

Kriedemann, Herbert (1903-1977), 1946-50 PV, s. PV-Protokolle, Bd.1, S. 514.

Meitmann, Karl (1891-1971), 1946-54 PV, s. PV-Protokolle, Bd.1, S. 514.

Menzel, Walter (1901-1963), 1946-63 PV, s. PV-Protokolle, Bd.1, S. 514.

Nau, Alfred (1906-1983), 1946-1983 PV, s. PV-Protokolle, Bd.1, S. 514.

Neumann, Franz (1904-1974), 1947-58 PV, s. PV-Protokolle, Bd.1, S. 515.

Ollenhauer, Erich (1901-1963), 1946-63 PV, 1952-63 PVors., s. PV-Protokolle, Bd.1, S. 515.

Reuter, Ernst (1889-1953), geb. 7/1889 in Apenrade/Schlesw.-Holst. als Sohn eines Kapitäns, Studium der Geschichte und Volkswirtschaft, 1912 Staatsexamen, Eintritt in die SPD, 1915-16 Kriegsteilnahme, Russ. Kriegsgefangenschaft, Anschluss an die Bolschewiki, Dez. 1918 Mitbegründer d. KPD, hohe Funktionen in der KPD unter dem Decknamen „Friesland", 1922 Ausschluss aus der KPD, USPD, SPD; 1926 Besoldeter Stadtrat in Berlin, 1931-33 OB von Magdeburg, 1933 KZ; 1935 Emigration über GB in die Türkei (Regierungsberater und Professor an der Hochschule f. Polit. Wiss. in Ankara), 1946 Rückkehr nach Deutschland, Stadtrat für Verkehr in Berlin; 24.6.1947 Wahl zum OB von Berlin - von der SMAD nicht bestätigt, 1948 OB, später Reg. Bürgermeister von Berlin (West), **1948-1953** PV, 1948/49 MdParlR, gest.9/1953. Zu Reuter vgl. Ernst Reuter, Schriften-Reden. Hrsg. von Hans E. Hirschfeld und Hans J. Reichhardt, Bd. 1-4, Berlin 1972-1975; Koerfer, Daniel: Ernst Reuter, in: Stadtoberhäupter. Biographien Berliner Bürgermeister im 19. und 20. Jahrhundert, Berlin 1992, S. 419-442.

Schmid, Carlo (1896-1979), 1947-73 PV, s. PV-Protokolle, Bd.1, S. 515.

Schoettle, Erwin (1899-1976), geb. in Leonberg bei Stuttgart als Sohn eines Schuhmachers, Realschule, Buchdruckerlehre, 1919 SPD; 1921-28 Druckereiangestellter, 1928-33 Redakteur der „Schwäbischen Tagwacht" in Stuttgart,; 1933 Emigration (Schweiz, GB), 1946 Rückkehr nach Stuttgart, 1946-47 MdL, 1947-62 LVors d. SPD, **1948-1968 PV, 1958-1968 PP**, 1947-49 MdWR, 1949-71 MdB.

Schroeder, Louise (1887-1957), 1947-56 PV, s. PV-Protokolle, Bd. 1, S. 515; G. Notz, Frauen in der Mannschaft, Bonn 2003, Kap. über L. Schroeder.

Schumacher, Kurt (1895-1952), 1946-52 PV u. PVors., s. PV-Protokolle, Bd. 1, S. 516.

Selbert, Elisabeth (1896-1986), 1946-56 PV, s. PV-Protokolle, Bd.1, S. 516. Neuere Literatur: Den Frauen ihr Recht - Zum 100. Geburtstag von Elisabeth Selbert, Ariadne Heft 30 (Sept. 1996), „Ein Glücksfall für die Demokratie". Elisabeth Selbert (1896-1986). Die große Anwältin für die Demokratie, hrsg. von der Hessischen Landesregierung, Frankfurt am Main 1999; G. Notz, Frauen in der Mannschaft, Bonn 2003, Kap. über E. Selbert.

Anhang 4: Abkürzungen

AA	Auswärtiges Amt
A.A.	Auswärtiger Ausschuss d. PV
Abg.	Abgeordneter
ACDP	Archiv für Christlich-Demokratische Politik (Sankt Augustin)
AdG	(Keesings) Archiv der Gegenwart
ADGB	Allgemeiner Deutscher Gewerkschaftsbund
AdsD	Archiv der sozialen Demokratie der Friedrich-Ebert-Stiftung (Bonn)
AFL (AF of L)	American Federation of Labour
AfS	Archiv für Sozialgeschichte
Antifa	Antifaschismus, antifaschistisch
AOK	Allgemeine Ortskrankenkasse
AP	Associated Press
ArbMin.	Arbeitsministerium
AsL	Arbeitsgemeinschaft sozialdemokratischer Lehrer
ATH	Allgemeine Treuhandgesellschaft (Hamburg)
AWO	Arbeiterwohlfahrt
B	Berlin
BA	Bundesarchiv
BBC	British Broadcasting Corporation
BdV	Bund der Vertriebenen
BezSekr.	Bezirkssekretär
BezVors.	Bezirksvorsitzender
BFD	Bund Freies Deutschland
BHE	Bund der Heimatvertriebenen und Entrechteten
BMA	Bundesminister/ Bundesministerium für Arbeit
BMI	Bundesminister/ Bundesministerium des Innern
BMin.	Bundesminister
BP	Bayernpartei
BPA	Bundespresseamt
BPräs	Bundespräsident
BR	Bundesrat
BReg	Bundesregierung
BT	Bundestag
BTPräs	Bundestagspräsident
BVerfG	Bundesverfassungsgericht
BVN	Bund der Verfolgten des Nazi - Regimes
BVors.	Bundesvorsitzender

BVorst.	Bundesvorstand
BVP	Bayerische Volkspartei
BzG	Beiträge zur Geschichte der Arbeiterbewegung
CDU	Christlich - Demokratische Union
CDU (D)	Christlich - Demokratische Union (Deutschlands)
CIO	Congress of Industrial Organizations
COMISCO	Committee of the International Socialist Conference
CSR	Tschechoslowakische Republik
CSSR	Tschechoslowakische Sozialistische Republik
CSU	Christlich - Soziale Union
D	Düsseldorf
DAF	Deutsche Arbeitsfront
DAG	Deutsche Angestellten Gewerkschaft
DANA	Deutsche Allgemeine Nachrichtenagentur
DBfF	Deutsches Büro für Friedensfragen
DDP	Deutsche Demokratische Partei
DDR	Deutsche Demokratische Republik
DFD	Demokratischer Frauenbund Deutschlands
DFP	Deutsche Freiheits-Partei
DFU	Deutsche Friedensunion
DG	Deutsche Gemeinschaft
DGB	Deutscher Gewerkschaftsbund
DIHT	Deutscher Industrie- und Handelstag
DIW	Deutsches Institut für Wirtschaftsforschung
DKP	Deutsche Kommunistische Partei
DKP-DRP	Deutsche Konservative Partei - Deutsche Rechtspartei
DMV	Deutscher Metallarbeiter-Verband
DNVP	Deutschnationale Volkspartei
DP	Deutsche Partei
DP's	Displaced Persons
dpa	Deutsche Presseagentur
dpd	Deutscher Pressedienst
DPD	Demokratische Partei Deutschlands
DPS	Demokratische Partei des Saarlandes
DRP	Deutsche Reichspartei
Drs.	Drucksache
DSAP	Deutsche Sozialdemokratische Arbeiterpartei [in der Tschechoslowakischen Republik]
DStP	Deutsche Staatspartei
DU	Deutsche Union

DVP	vor 1933: Deutsche Volkspartei; nach 1945: Demokratische Volkspartei
DZP	Deutsche Zentrumspartei (nach 1945)
EG	Europäische Gemeinschaft
EGKS	Europäische Gemeinschaft für Kohle und Stahl
EKD (EKiD)	Evangelische Kirche Deutschlands (in Deutschland)
EKKI	Exekutivkomitee der Kommunistischen Internationale
ERP	European Recovery Program
EU	Europäische Union
EURATOM	Europäische Gemeinschaft für Atomenergie
EVG	Europäische Verteidigungsgemeinschaft
EWG	Europäische Wirtschaftsgemeinschaft
F	Frankfurt am Main
FAZ	Frankfurter Allgemeine Zeitung
FDGB	Freier Deutscher Gewerkschaftsbund
FDJ	Freie Deutsche Jugend
FDP	Freie Demokratische Partei
FES	Friedrich-Ebert-Stiftung
FH	Frankfurter Hefte
Fm	Festmeter
FR	Frankfurter Rundschau
FRUS	Foreign Relations of the Unites States
FSU	Freisoziale Union
FU	Föderalistische Union
FVP	Fortschrittliche Volkspartei
GB	Großbritannien
GB/BHE	Gesamtdeutscher Block/ Block der Heimatvertriebenen und Entrechteten
GdA	Gewerkschaftsbund der Angestellten [liberal]
GDP	Gesamtdeutsche Partei
GEG	Großeinkaufsgesellschaft Deutscher Konsumgesellschaften
GenSekr.	Generalsekretär
Gestapo	Geheime Staatspolizei
Gew.	Gewerkschaft(en)
GG	Grundgesetz
GO	Geschäftsordnung
GStA	Geheimes Staatsarchiv
GVP	Gesamtdeutsche Volkspartei
GWU	Geschichte in Wissenschaft und Unterricht

H	Hannover
HBV	Gewerkschaft Handel, Banken und Versicherungen
HH	Hamburg
HIAG	Hilfsgemeinschaft auf Gegenseitigkeit der Soldaten der ehemaligen Waffen-SS
HJ	Hitlerjugend
HO	Handelsorganisation
HStA	Hauptstaatsarchiv
HZ	Historische Zeitschrift
IAA	Internationale Arbeiterassoziation
IBFG	Internationaler Bund Freier Gewerkschaften
IfZ	Institut für Zeitgeschichte
IG	Industriegewerkschaft
IGB	Internationaler Gewerkschaftsbund
IGM	Industriegewerkschaft Metall
IML	Institut für Marxismus Leninismus
ISK	Internationaler Sozialistischer Kampfbund
IWF	Internationaler Währungsfond
IWK	Internationale wissenschaftliche Korrespondenz zur Geschichte der deutschen Arbeiterbewegung
JEIA	Joint Export-Import Agency
JFEA	Joint Foreign Exchange Agency
Jusos	Jungsozialisten
K	Köln
KGU	Kampfgruppe gegen Unmenschlichkeit
KJVD	Kommunistischer Jugendverband Deutschlands
KK	Kontrollkommission (der SPD)
KL	Konzentrationslager
Kominform	Informationsbüro der kommunistischen und Arbeiterparteien
Komintern	Kommunistische Internationale
KP	Kommunistische Partei
KPD	Kommunistische Partei Deutschlands
KPdSU	Kommunistische Partei der Sowjetunion
KPO	Kommunistische Partei-Opposition
KPÖ	Kommunistische Partei Österreichs
KZ	Konzentrationslager
LA	Landesarchiv
LBez.	Landesbezirk

LDP(D)	Liberaldemokratische Partei (Deutschlands)
LG	Landgericht
LO	Landesorganisation
LP	Labour Party
LT	Landtag
LSekr.	Landessekretär
LVerb.	Landesverband
LVors.	Landesvorsitzender
LVorst.	Landesvorstand
M	München
M.A.	Master of Arts
MdAbgH	Mitglied des Abgeordnetenhauses
MdB	Mitglied des Bundestages
MdBü	Mitglied der Bürgerschaft
MdL	Mitglied des Landtags
MdParlR	Mitglied des Parlamentarischen Rates
MdVK	Mitglied der Volkskammer
MdWR	Mitglied des Wirtschaftsrates
MfS	Ministerium für Staatssicherheit
Min.	Minister, Ministerium
MinPräs.	Ministerpräsident
MinR.	Ministerialrat
MP	Member of Parliament
MRP	Mouvement Républicaine Populaire
MRS	Mouvement pour le Rattachement de la Sarre à la France
Ms.	Manuskript
ms.	maschinenschriftlich
MSEUE	Mouvement socialiste pour les Etats Unis d'Europe
NATO	North Atlantic Treaty Organization
NB	Neu Beginnen
NDPD	National – Demokratische Partei Deutschlands
NG(/FH)	Die Neue Gesellschaft (/Frankfurter Hefte)
NL	Nachlass
NLP	Niedersächsische Landespartei
NRW	Nordrhein-Westfalen
NRZ	Neue Ruhr Zeitung
NS, ns	Nationalsozialismus, nationalsozialistisch
NSBO	Nationalsozialistische Betriebszellenorganisation
NSDAP	Nationalsozialistische Deutsche Arbeiterpartei
NVorw.	Neuer Vorwärts

NV-Verlag	Neuer Vorwärts-Verlag
NVA	Nationale Volksarmee
NWDR	Nordwestdeutscher Rundfunk
OdF	Opfer des Faschismus
OEEC	Organization for European Economic Cooperation
Österr.	Österreich
OKH	Oberkommando des Heeres
OKM	Oberkommando der Marine
OKW	Oberkommando der Wehrmacht
OMGUS	Office of Military Government for Germany (United States)
ÖTV	Gewerkschaft Öffentliche Dienste, Transport und Verkehr
ÖVP	Österreichische Volkspartei
PA	Parteiausschuss (der SPD) [bis 1958]
ParlR	Parlamentarischer Rat
PEN	Poets, Essayists, Novelists
PG (Pg)	„Parteigenosse" der NSDAP
PP	Parteipräsidium (der SPD) [ab 1958]
PPP	Parlamentarisch-Politischer Pressedienst
PR	Parteirat (der SPD) [ab 1958]
Präs.	Präsident
Prot.	Protokoll
PSekr.	Parteisekretär
PV	Parteivorstand (der SPD)
PVors.	Parteivorsitzender
RAF	Rote Armee Fraktion
RegPräs.	Regierungspräsident
RegR.	Regierungsrat
RGO	Revolutionäre Gewerkschaftsopposition
RIAS	Rundfunk im amerikanischen Sektor von Berlin
RM (Rmk)	Reichsmark
RMdI	Reichsministerium des Innern
RSF	Radikal-Soziale Freiheitspartei
RT	Reichstag
S	Stuttgart
SA	Sturmabteilung der NSDAP
SAG	Sowjetische Aktiengesellschaft
SAJ	Sozialistische Arbeiterjugend
SAP(D)	Sozialistische Arbeiterpartei (Deutschlands)

SAPMO BArch	Stiftung Archiv der Parteien und Massenorganisationen der DDR im Bundesarchiv
SBZ	Sowjetische Besatzungszone
SD	Sicherheitsdienst der SS
SDS	Sozialistischer Deutscher Studentenbund
SED	Sozialistische Einheitspartei Deutschlands
SEP	„Sozialistische Einheitspartei" (=SED)
SFB	Sender Freies Berlin
SFIO	Section Francaise de l'Internationale Ouvrière -Parti Socaliste
SHB	Sozialdemokratischer (Sozialistischer) Hochschulbund
SI	Sozialistische Internationale
SILO	Socialist Information and Liaison Office
SJD	Sozialistische Jugend Deutschlands
SMA	Sowjetische Militäradministration (Länder u. Provinzen)
SMAD	Sowjetische Militäradministration in Deutschland
Sopade	Sozialdemokratische Partei Deutschlands (im Exil)
SP	Sozialdemokratische/ Sozialistische Partei
SPD	Sozialdemokratische Partei Deutschlands
SPÖ	Sozialistische Partei Österreichs
SPS	Sozialistische Partei Saar
SRP	Sozialistische Reichspartei
SS	Schutzstaffel der NSDAP
SSD	Staatssicherheitsdienst
SSV	Südschleswigscher Verein
SSW	Südschleswigsche Wählervereinigung
StBKAH	Stiftung Bundeskanzler-Adenauer-Haus
sten.	stenographisch
StGB	Strafgesetzbuch
StSekr.	Staatssekretär
SZ	Süddeutsche Zeitung
TH	Technische Hochschule
THW	Technisches Hilfswerk
TO/ TOP	Tagesordnung/ Tagesordnungspunkt
TU	Technische Universität
TUC	Trade Union Congress [Brit. Gewerkschaftsdachverband]
UdSSR	Union der Sozialistischen Sowjetrepubliken
Ü	Überschrift
UGO	Unabhängige Gewerkschaftsopposition/-organisation (Berlin)
UNESCO	United Nations Educational, Scientific and Cultural Organization
UN(O)	United Nations (Organization)

US/USA	United States/United States of America
USPD	Unabhängige Sozialdemokratische Partei Deutschlands
VdK	Verband der Kriegsbeschädigten, Kriegshinterbliebenen und Sozialrentner
VDS	Verband Deutscher Studentenschaften
VEB	Volkseigener Betrieb
VEBA	Vereinigte Bergwerks Aktiengesellschaft
VfW	Verwaltung(samt) für Wirtschaft
VfZ	Vierteljahrshefte für Zeitgeschichte
VGH	Volksgerichtshof
VHS	Volkshochschule
Vopo	Volkspolizei/ Volkspolizist
VR	Volksrepublik
VVN	Vereinigung der Verfolgten des Naziregimes
WAV	Wirtschaftliche Aufbau - Vereinigung
WAZ	Westdeutsche Allgemeine Zeitung (Bochum)
WEU	Westeuropäische Union
WGB	Weltgewerkschaftsbund
WK	Weltkrieg
WP	Wahlperiode
WR	Wirtschaftsrat
WWI	Wirtschaftswissenschaftliches Institut der Gewerkschaften
Z	Zentrum/Zentrumspartei
ZA	Zentralausschuss der SPD
ZdA	Zentralverband der Angestellten
ZdK	Zentralverband deutscher Konsumgenossenschaften
ZfG	Zeitschrift für Geschichtswissenschaft
ZfP	Zeitschrift für Politik
ZK	Zentralkomitee

Anhang 5: Gedruckte Quellen, Bibliographien, Handbücher, Literatur

Abelshauser, Werner: Wirtschaft in Westdeutschland 1945-1948. Rekonstruktion und Wachstumsbedingungen in der amerikanischen und britischen Zone, Stuttgart 1975.

Abelshauser, Werner: Wirtschaftsgeschichte der Bundesrepublik Deutschland 1945-1980, Frankfurt/M 1983.

Abendroth, Wolfgang: Aufstieg und Krise der deutschen Sozialdemokratie. Frankfurt a.M. 1964.

Abgeordnete des Deutschen Bundestages. Aufzeichnungen und Erinnerungen. Hrsg. v. Deutschen Bundestag/ Abteilung Wissenschaftliche Dienste: Bd. 1: (J. Felder, H. Dichgans, J. Cramer, Emilie Kiep-Altenloh) Boppard 1982; Bd. 2: (Curt Becker, Franz Marx, Ernst Paul, Hans Schütz, Elisabeth Schwarzhaupt, J. Hermann Siemer, Anton Storch) Boppard 1983; Bd. 3: (Ilse Elsner, Hugo Karpf, Wilderich Freiherr Ostmann von der Leye, Elisabeth Pitz-Savelsberg, Dietrich-Wilhelm Rollmann) Boppard 1985; Bd. 4: Hermann Barche, Maria Jacobi (Marl), Georg Kurlbaum, Lucie Kurlbaum-Beyer, Friederike Mulert, Rudolf Vogel, Boppard 1988; Bd. 5: Claus Arndt, Heinrich Gewandt, Friedrich Schäfer, Boppard 1988; Bd. 6: Herbert W.Köhler, Ernst Müller-Hermann, Boppard 1989; Bd. 7: Ewald Bucher, Boppard 1990; Bd. 10: Lothar Löffler, Boppard 1992; Bd. 11: Heinz Kreutzmann, Gerhard Schulze, Boppard 1993; Bd. 12: Karl Becker, Boppard 1993; Bd. 15: Wolfram Dorn, Willi Weiskirch, Boppard 1996.

Abgeordnete in Niedersachsen 1946-1994. Biographisches Handbuch. Hrsg. v. Präsidenten d. Niedersächs. Landtags. Bearbeitet von Barbara Simon, Hannover 1996.

Abgeordnete in Rheinland-Pfalz 1946-1987. Biographisches Handbuch. Hrsg. v. Landtag Rheinland-Pfalz. Bearbeitet von Heidi Mehl-Lippert u. Doris Maria Peckhaus, Mainz 1991.

Adamietz, Horst: Freiheit und Bindung. Adolf Ehlers, Bremen 1978

Adenauer: „Es musste alles neu gemacht werden." Die Protokolle des CDU-Bundesvorstandes 1950-1953. Bearb. von Günter Buchstab, Stuttgart 1986.

Adenauer - Heuss. Unter vier Augen. Gespräche aus den Gründerjahren 1949 -1959. Hrsg.von Rudolf Morsey und Hans Peter Schwarz, bearb. v. Hans Peter Mensing, Berlin 1997 (zit.: Adenauer - Heuss).

Adenauer, Konrad: Briefe. Hrsg.von Rudolf Morsey und Hans Peter Schwarz , bearb. v. Hans Peter Mensing: 1945-1947, Berlin 1983; 1947-1949, Berlin 1984; 1949-1951, Berlin 1985; 1951-1953, Berlin 1987.

Adenauer, Konrad: Erinnerungen, Bd.1-4, Stuttgart 1965-1968. (zit.: K.Adenauer, Erinnerungen, Bd. 1-4)

Adenauer, Konrad: Reden 1917-1967. Eine Auswahl. Hrsg. von Hans Peter Schwarz, Stuttgart 1975.

Adenauer: Teegespräche. Hrsg. von Rudolf Morsey und Hans-Peter Schwarz, 1950-1954; bearb. v. Hanns Jürgen Küsters, Berlin 1984.

Adenauer: „Wir haben wirklich etwas geschaffen." Die Protokolle des CDU-Bundesvorstands 1953-1957. Bearb. von Günter Buchstab. Düsseldorf, 1990.

Agartz, Viktor: Partei, Gewerkschaft und Genossenschaft. Wirtschaftspolitische und andere Schriften. Hrsg. v. Hans Willi Weinzen, Frankfurt 1985.

Akten zur Auswärtigen Politik der Bundesrepublik Deutschland (Abk. AAPD, Bd.) Bd.1: Adenauer und die Hohen Kommissare 1949-1951; Bd.2: Adenauer und die Hohen Kommissare 1952, hrsg. v.. Hans Peter Schwarz in Verbindung mit Rainer Pommerin, bearb. v. Frank Lothar Kroll und Manfred Nebelin, München 1989; 1952 (1. Jan. bis 31. Dez.). Bearb.: Martin Koopmann u. Joachim Wintzer, München 2000.

Akten zur Vorgeschichte der Bundesrepublik Deutschland 1945-1949. (Abk.: Akten z. Vorgesch. d. BRD, Bd.); Bd.1: Sept.1945-Dez.1946, bearb. v. Walter Vogel und Christoph Weisz, München-Wien 1976; Bd.2: Januar - Juni 1947, bearb. v. Wolfram Werner, München-Wien 1979; Bd.3: Juni - Dezember 1947, bearb. v. Günter Plum, München-Wien 1982; Bd.4: Januar - Dezember 1948, bearb. v. Christoph Weisz, Hans-Dieter Kreikamp und Bernd Steger, München-Wien 1983; Bd.5: Januar - September 1949, bearb. v. Hans-Dieter Kreikamp, München-Wien 1981.

Albrecht, Willy: Ein Wegbereiter. Jakob Altmeier und das Luxemburger Abkommen, in: Wiedergutmachung in der Bundesrepublik Deutschland. Hrsg. v. L. Herbst und C. Goschler, München 1989, S. 205-213.

Albrecht, Willy: Jeanette Wolff - Jakob Altmaier - Peter Blachstein. Die drei jüdischen Abgeordneten des Bundestages bis zum Beginn der sechziger Jahre, in: Julius H. Schoeps (Hrsg.), Leben im Land der Täter. Juden im Nachkriegsdeutschland (1945 – 1952), Berlin 2001, S. 236-253.

Albrecht, Willy: Der Sozialistische Deutsche Studentenbund (SDS). Vom parteikonformen Studentenverband zum Repräsentanten der Neuen Linken, Bonn 1994.

Albrecht, Willy (Hrsg.): Die SPD unter Kurt Schumacher und Erich Ollenhauer 1946 - 1963, Sitzungsprotokolle der Spitzengremien, Bd. 1: 1946 bis 1948, Bonn 1999 (zit.: PV-Protokolle Bd.1).

Alt, Franz: Der Prozeß der ersten Regierungsbildung unter Konrad Adenauer, Freiburg 1970.

Altendorf, Hans: SPD und Parlamentarischer Rat - Exemplarische Bereiche der Verfassungsdiskussion, ZParl 10 (1979), S. 405-420.

Ambrosius, Gerold: Die Durchsetzung der Sozialen Marktwirtschaft in Westdeutschland 1945-1949, Stuttgart 1977.

Andreas Gayk und seine Zeit 1893 - 1954. Erinnerungen an den Kieler Oberbürgermeister. Hrsg. von Jürgen Jensen u. Karl Rickers, Neumünster 1974.

Andrzejewski, Marek/ Rinklake, Hubert: „Man muß doch informiert sein, um leben zu können". Erich Brost. Danziger Redakteur, Mann des Widerstandes, Verleger und Chefredakteur der „Westdeutschen Allgemeinen Zeitung", Bonn 1997.

Anfänge westdeutscher Sicherheitspolitik 1945-1956. Hrsg. vom Militärgeschichtlichen Forschungsamt; Bd.1: Von der Kapitulation bis zum Pleven-Plan, München/ Wien 1982; Bd.2: Die EVG-Phase, München/Wien 1990; Bd.3: Die NATO-Option, München/Wien 1993.

Antoni, Michael G. M.: Sozialdemokratie und Grundgesetz, 2 Bde, Berlin 1991/1992.

Appelius, Stefan: Heine - die SPD und der lange Weg zur Macht, Essen 1999.

Arndt, Adolf: Politische Reden und Schriften. Hrsg. von Horst Ehmke und Carlo Schmid, Berlin/Bonn-Bad Godesberg 1976.

Arndt, Claus: Spuren in der Zeit. Politische und persönliche Erinnerungen aus einem halben Jahrhundert, Düsseldorf 1991.

Auftakt zur Ära Adenauer. Koalitionsverhandlungen und Regierungsbildung 1949, bearb. von Udo Wengst, Düsseldorf 1985.

Aus dreißig Jahren. Rheinisch-Westfälische Politiker-Porträts. Hrsg. v. Walter Först, Köln u. Berlin 1979.

Der Auswärtige Ausschuß des Deutschen Bundestages. Sitzungsprotokolle 1949 – 1953. Bearb.v. Wolfgang Hölscher, 2 Halbbände, Düsseldorf 1998.

Badstübner, Rolf: Restauration in Westdeutschland, Berlin (DDR) 1965.

Bärwald, Helmut: Das Ostbüro der SPD. 1946 – 1971. Kampf und Niedergang. Krefeld 1991.

Bahr, Egon: Zu meiner Zeit, München 1996.

Baring, Arnulf: Außenpolitik in Adenauers Kanzlerdemokratie. Bonns Beitrag zur Europäischen Verteidigungsgemeinschaft, München und Wien 1969.

Baring, Arnulf: Im Anfang war Adenauer. Die Entstehung der Kanzlerdemokratie, München 1984.

Baring, Arnulf (unter Mitarbeit von Bolko v. Oetinger und Klaus Mayer): Sehr verehrter Herr Bundeskanzler! Heinrich von Brentano im Briefwechsel mit Konrad Adenauer 1949-1964, Hamburg 1974.

Beier, Gerhard: Arbeiterbewegung in Hessen. Zur Geschichte der hessischen Arbeiterbewegung durch einhundertfünfzig Jahre (1834-1984), Frankfurt a.M. 1984.

Beier, Gerhard: Der Demonstrations- und Generalstreik vom 12. November 1948 im Zusammenhang der parlamentarischen Entwicklung Westdeutschlands. Frankfurt a. M./ Köln 1975

Beier, Gerhard: SPD Hessen. Chronik 1945 bis 1988, Bonn 1989.

Benz, Wolfgang: „Bewegt von der Hoffnung aller Deutschen". Zur Geschichte des Grundgesetzes. Entwürfe und Diskussion 1941-1949, München 1979.

Benz, Wolfgang (Hrsg.): s. Deutschland unter alliierter Besatzung

Benz, Wolfgang (Hrsg.): Rechtsextremismus in der Bundesrepublik. Voraussetzungen, Zusammenhänge, Wirkungen. Aktualisierte Neuausgabe, Frankfurt a. M. 1989.

Benz, Wolfgang: Kurt Schumachers Europakonzeption, in: Vom Marshallplan zur EWG (1990), S.47-62.

Benz, Wolfgang: Von der Besatzungsherrschaft zur Bundesrepublik. Stationen einer Staatsgründung, Frankfurt a.M. 1985.

Berger, Helge und Ritschl, Albrecht: Die Rekonstruktion der Arbeitsteilung in Europa. Eine neue Sicht des Marshallplans in Deutschland 1947 - 1951, VfZ 45 (1995), S.473-519.

Berghahn, Volker: Unternehmer und Politik in der Bundesrepublik, Frankfurt a.M. 1985.

Bergsträsser, Ludwig: Befreiung, Besatzung, Neubeginn. Tagebuch des Darmstädter Regierungspräsidenten 1945-1948. Hrsg. v. Walter Mühlhausen, München 1987.

Berliner Gewerkschaftsgeschichte von 1945 bis 1950. FDGB - UGO - DGB, Berlin 1971.

Besson, Waldemar: Die Außenpolitik der Bundesrepublik. Erfahrungen und Maßstäbe, München 1970.

Beyer, Anna: Politik ist mein Leben. Hrsg. v. Ursula Lücking, Frankfurt am Main 1991.

Biographisches Handbuch der deutschsprachigen Emigration. Bd. I: Politik, Wirtschaft, Öffentliches Leben, München-New York-London-Paris 1980. (zit.: Biogr. Hb. Emigration I)

Biographisches Handbuch der Mitglieder des Deutschen Bundestages 1949 – 2002. Hrsg. v. Rudolf Vierhaus u. Ludolf Herbst unter Mitarbeit von Bruno Jahn, 3 Bde, München 2002/2003.

Biographisches Handbuch der SBZ/ DDR, 2 Bde, München u.a. 1986-1987.

Biographisches Handbuch der württembergischen Landtagsabgeordneten 1815-1933. Bearb. v. Frank Raberg im Auftrage d. Kommission f. Geschichtliche Landeskunde des Landes Baden – Württemberg, Stuttgart 2001.

Birke, Adolf M.: Großbritannien und der Parlamentarische Rat, VfZ 42(1994), S.313-360.

Blankenhorn, Herbert: Verständnis und Verständigung. Blätter eines politischen Tagebuchs, Berlin 1980.

Bouvier, Beatrix: Ausgeschaltet! Sozialdemokraten in der Sowjetischen Besatzungszone und in der DDR, Bonn 1996.

Brandt, Willy: Berliner Ausgabe. Hrsg. im Auftrage der Bundeskanzler - Willy - Brandt - Stiftung von Helga Grebing, Gregor Schöllgen und Heinrich August Winkler (geplant: 10 Bde); Bd. 1: Hitler ist nicht Deutschland. Jugend in Lübeck – Exil in Norwegen 1928 1940, bearb. v. Einhart Lorenz, Bonn 2002; Bd. 2: Zwei Vaterländer. Deutsch - Norweger im schwedischen Exil - Rückkehr nach Deutschland 1940-1947, bearb. Von Einhart Lorenz, Bonn 2000; Bd. 4: Auf dem Wege nach vorn. Willy Brandt und die SPD 1947-1972, bearb. v. Daniela Münkel, Bonn 2000; Bd. 7: Mehr Demokratie wagen. Innen- und Gesellschaftspolitik 1966-1974, bearb. v. Wolther von Kieseritzky, Bonn 2001.

Brandt, Willy: Erinnerungen, Berlin (1989) Mit einem aktuellen Vorwort, 3. Aufl., Frankfurt/M. - Berlin 1992.

Brandt, Willy: Links und frei. Mein Weg 1930 -1950, Hamburg 1982

Brandt, Willy, u. Löwenthal, Richard: Ernst Reuter. Ein Leben für die Freiheit. Eine politische Biographie, München 1957.

Brunner, Detlev: 50 Jahre Konzentration GmbH. Die Geschichte eines sozialdemokratischen Unternehmens 1946 - 1996, Berlin 1996.

Buch, Günther: Namen und Daten wichtiger Personen der DDR, 4. überarb. u. erw. Aufl., Berlin-Bonn 1987.

Buchheim, Christoph: Die Wiedereingliederung Westdeutschlands in die Weltwirtschaft 1945-1958, München 1990.

Buchholz, Marlis/ Rother, Bernd s. Der Parteivorstand der SPD im Exil

Buchstab, CDU-BV I-III s. Adenauer

Buchstab, Günter u. Gotto, Klaus: Die Gründung der Union. Traditionen, Entstehung und Repräsentanten, München-Wien 1981.

Buczylowski, Ulrich: Kurt Schumacher und die deutsche Frage. Sicherheitspolitik und strategische Offensivkonzeption vom August 1950 bis September 1951, Stuttgart-Degerloch 1973.

Bührer, Werner: Ruhrstahl und Europa. Die Wirtschaftsvereinigung der Eisen- und Stahlindustrie und die Anfänge der europäischen Integration 1945-1952, München 1986

Bullock, Alan: Ernest Bevin. Foreign Secretary 1945-1951, Oxford 1985.

Buschfort, Wolfgang: Das Ostbüro der SPD. Von der Gründung bis zur Berlin-Krise, München 1991.

Cahn, Jean-Paul: Die sozialdemokratische Opposition und die Saarfrage 1947-1957, in: Grenz-Fall. Das Saarland zwischen Frankreich und Deutschland 1945-1960. Hrsg. v. Rainer Hudemann, Burkhard Jellonek und Bernd Jauls unter Mitarbeit von Marcus Hahn, St. Ingbert 1997, S. 177-198.

Karl Carstens - Erinnerungen und Erfahrungen. Hrsg. v. Kai von Jena u. Reinhard Schmoeckel, Boppard a. Rh. 1993 (Schriften des Bundesarchivs, Bd.44)

Die CDU/CSU im Frankfurter Wirtschaftsrat. Protokolle der Unionsfraktion 1947 - 1949. Bearb. v. Rainer Salzmann, Düsseldorf 1988.

Die CDU/CSU im Parlamentarischen Rat. Sitzungsprotokolle der Unionsfraktion. Eingel. und bearb. v. Rainer Salzmann, Stuttgart 1981.

Christiansen, W.L.: Meine Geschichte der Sozialdemokratischen Partei Flensburgs. Sozialdemokraten zwischen Deutsch und Dänisch, Flensburg 1993.

Clay, Lucius D.: Entscheidung in Deutschland, Frankfurt 1950.

Conze, Werner: Jakob Kaiser. Politiker zwischen Ost und West 1945-1949, Stuttgart/Berlin/Köln/Mainz 1969.

Die CSU 1945 - 1948. Protokolle und Materialien zur Frühgeschichte der Christlich Sozialen Union. Hrsg. im Auftrage des Instituts für Zeitgeschichte von Barbara Fait und Alf Mintzel unter Mitarbeit von Thomas Schlemmer, 3 Bde (Bd. 1: Protokolle 1945-46; Bd. 2: Protokolle 1947-1948; Bd. 3: Materialien, Biographien, Register), München 1993 (Texte und Materialien zur Zeitgeschichte, Bd. 4)

Dahrendorf, Gustav: Der Mensch, das Maß aller Dinge. Reden und Schriften zur deutschen Politik 1945-1954. Hrsg. u. eingel. v. Ralf Dahrendorf, Hamburg 1955.

Damm, Walter: Arbeiter, Landrat und Flüchtlingsminister in Schleswig-Holstein [Erinnerungen], hrsg. u. eingel. von Claus-Dieter Crohn, Bonn 1978.

Datenhandbuch zur Geschichte der SPD-Landtagsfraktion NRW (1946-1992). Hrsg. von der SPD-Landtagsfraktion Nordrhein-Westfalen. Bearb. von Michael Regenbrecht und Christoph Meyer. Düsseldorf 1993.

Datenhandbuch zur Geschichte des Deutschen Bundestages 1949 bis 1982. Gesamtausgabe in drei Bänden. Eine Veröffentlichung der Wissenschaftlichen Dienste des Deutschen Bundestages. Verfasst und bearbeitet von Peter Schindler, BadenBaden 1999

DDR- Wer war wer. Ein biographisches Lexikon, Berlin 1992.

Denzer, Karl Josef (Hrsg.): Nordrhein-Westfalen und die Entstehung des Grundgesetzes, Düsseldorf 1989.

Deuerlein, Ernst: Föderalismus. Die historischen und philosophischen Grundlagen des föderativen Prinzips, München 1972.

Die deutsche Frage in der Nachkriegszeit. Hrsg. v. Wilfried Loth, Berlin 1994

Deutsche Parlamentshandbücher. Bibliographie und Standortnachweis. Bearbeitet von Martin Schumacher, Düsseldorf 1986.

Deutschkron, Inge: Israel und die Deutschen. Das besondere Verhältnis, Köln 1983.

Deutschland unter alliierter Besatzung 1945 – 1949/55. Ein Handbuch, hrsg. v. Wolfgang Benz, , Berlin 1999.

Dittberner, Jürgen: Die Freie Demokratische Partei, in: R.Stöss (Hrsg.), Parteien-Handbuch II (1984), S.1311-1381.

Doering - Manteuffel, Anselm: Die Bundesrepublik Deutschland in der Ära Adenauer. Außenpolitik und innere Entwicklung 1949-1963, Darmstadt 1983.

Doering-Manteuffel, Anselm: Deutsche Zeitgeschichte nach 1945. Entwicklung und Problemlagen der historischen Forschung zur Nachkriegszeit, VfZ 41 (1993), S.1-29.

Dokumente zur Berlin-Frage 1944-1966, hrsg. vom Forschungsinstitut der Gesellschaft für Auswärtige Politik in Zusammenarbeit mit dem Senat von Berlin, 4.Aufl.,München 1987.

Dowe, Dieter (Hrsg.), Partei und soziale Bewegung. Kritische Beiträge zur Entwicklung der SPD seit 1945, Bonn 1993.

Drechsler, Hanno: Die Sozialistische Arbeiterpartei Deutschlands (SAPD). Ein Beitrag zur Geschichte der Arbeiterbewegung am Ende der Weimarer Republik, Meisenheim am Glan 1964.

Drummer, Heike u. Zwilling, Jutta: Elisabeth Selbert. Eine Biographie, in: „Ein Glücksfall für die Demokratie". Elisabeth Selbert (1896-1986). Frankfurt am Main 1999, S. 9-160.

Düding, Dieter: Ehard, Menzel und die Staatsform. Der Kompromiß über die Staatsform, Geschichte im Westen 4 (1989), S. 135-144.

Düding, Dieter: Heinz Kühn 1912-1992: eine politische Biographie, Essen 2002.

Düding, Dieter: Volkspartei im Landtag. Die sozialdemokratische Landtagsfraktion in Nordrhein-Westfalen als Regierungsfraktion 1966-1990, Bonn 1998.

Düding, Dieter: Zwischen Tradition und Innovation. Die sozialdemokratische Landtagsfraktion in Nordrhein-Westfalen 1946-1966, Bonn 1995.

Eckardt, Felix von: Ein unordentliches Leben. Lebenserinnerungen, Düsseldorf- Wien 1967

Edinger, Lewis J.: Kurt Schumacher. Persönlichkeit und politisches Verhalten, Köln und Opladen 1967.

Ehlers, Hermann: Ausgewählte Reden, Aufsätze und Briefe. Hrsg. von Karl D. Erdmann i.A. d. Hermann-Ehlers-Stiftung. Bearb. von Rüdiger Wenzel, Boppard a.Rh. 1991

Ehmke, Horst: Mittendrin: Von der Großen Koalition zur Deutschen Einheit, Berlin 1994.

Ehni, Hans-Peter: Sozialistische Neubauforderungen und Proklamation des 'Dritten Weges'. Richtungen sozialdemokratischer Wirtschaftspolitik 1945-1947, AfS 13 (1973), S. 131-190.

Eiber, Ludwig s. Die Sozialdemokratie in der Emigration.

Eichler, Willi,: Weltanschauung und Politik. Hrsg. u. eingel. von Gerhard Weisser, Frankfurt a. M. 1967.

„Ein Glücksfall für die Demokratie". Elisabeth Selbert (1896-1986). Die große Anwältin für die Demokratie, hrsg. von der Hessischen Landesregierung, Frankfurt a. M. 1999.

Enders, Ulrich: Der Konflikt um den Beitritt der Bundesrepublik und des Saargebiets zum Europarat, in: Vom Marshall-Plan zur EWG (1990), S.19-46.

Enders, Ulrich: Die Bodenreform in der amerikanischen Besatzungszone 1945 bis 1949 unter besonderer Berücksichtigung Bayerns, Ostfildern 1982.

Eppler, Erhard: Komplettes Stückwerk, Frankfurt a.M. 1996.

Erhard, Ludwig: Gedanken aus fünf Jahrzehnten. Reden und Schriften, hrsg. v. Karl Hohmann, Düsseldorf-Wien-New York 1988.

Erler, Fritz: Politik für Deutschland. Eine Dokumentation. Hrsg. u. eingel. v. Wolfgang Gaebler. Mit einem Vorwort von Willy Brandt, Stuttgart 1968.

Eschenburg, Theodor: Jahre der Besatzung 1945-1949, Stuttgart-Wiesbaden 1983.

Eschenburg, Theodor: Letzten Endes meine ich doch. Erinnerungen 1900- 1999, Berlin 2000.

Eschenburg, Theodor: Regierung, Bürokratie und Parteien 1945-1949. Ihre Bedeutung für die politische Entwicklung der Bundesrepublik, VfZ 24 (1976), S. 58-74.

Die Europapolitik der Sozialdemokratie. Hrsg. v. Vorstand d. SPD, Bonn 1953.

Fait, Barbara s. Die CSU 1945-1948

FDP-Bundesvorstand. Die Liberalen unter dem Vorsitz von Theodor Heuss und Franz Blücher. Sitzungsprotokolle 1949-1954. Bearbeitet von Udo Wengst, 2 Halbbände, Düsseldorf 1990; Die Liberalen unter dem Vorsitz von Thomas Dehler und Reinhold Maier. Sitzungsprotokolle 1954-1960. Bearb. v. Udo Wengst, Düsseldorf 1991; Die Liberalen unter dem Vorsitz von Erich Mende. Sitzungsprotokolle 1960-1967. Bearb. v. Udo Wengst, Düsseldorf 1993.

Feldkamp, Michael F.: Der Parlamentarische Rat 1948 - 1949. Die Entstehung des Grundgesetzes, Göttingen 1998.

Fichter, Michael: Besatzungsmacht und Gewerkschaften. Zur Entwicklung und Anwendung der US - Gewerkschaftspolitik in Deutschland 1944-1948, Opladen 1982.

Fichter, Tilman: SDS und SPD. Parteilichkeit jenseits der Partei, Opladen 1988.

Fichter, Tilman/ Lönnendonker, Siegward, Kleine Geschichte des SDS. Der Sozialistische Deutsche Studentenbund von 1946 bis zur Selbstauflösung, Berlin 1977.

Fischer, Peter: Die Bundesrepublik und das Projekt einer Europäischen Politischen Gemeinschaft, in: Vom Marshall-Plan zur EWG, S.279-299.

Foerster, Roland G.: Innenpolitische Aspekte der Sicherheit Westdeutschlands 1947-1950, in: Anfänge westdeutscher Sicherheitspoltik, Bd. 1, S. 403-577.

Frei, Norbert: Vergangenheitspolitik. Die Anfänge der Bundesrepublik und die NS – Vergangenheit, München 1996.

Friedensburg, Ferdinand: Es ging um Deutschland. Rückschau eines Berliners auf die Jahre nach 1945, Berlin 1971.

Friese, Elisabeth: Helene Wessel (1898-1969). Von der Zentrumspartei zur Sozialdemokratie, Essen 1993.

Fromme, Friedrich Karl: Von der Weimarer Verfassung zum Bonner Grundgesetz. Die verfassungspolitischen Folgerungen des Parlamentarischen Rates aus Weimarer Republik und nationalsozialistischer Diktatur, Tübingen 1960.

50 Jahre Europarat, hrsg. v. Uwe Holtz, Baden-Baden 2000.

Gallus, Alexander: Die Neutralisten. Verfechter eines vereinten Deutschland zwischen Ost und West. Düsseldorf 2001.

Galm Heinrich, Ich war halt immer ein Rebell. Politische Erinnerungen von Heinrich und Marie Galm, nach Gesprächen zusammengestellt von Werner Fuchs und Bernd Klemm. Mit einem Nachwort von Adolf Mirkes, Offenbach 1980.

Gelberg, Karl Ulrich: Hans Ehard. Die föderalistische Politik des bayerischen Ministerpräsidenten 1946-1954, Düsseldorf 1992.

Gerstenmaier, Eugen: Streit und Friede hat seine Zeit. Ein Lebensbericht, Frankfurt a. M. 1981.

Gewollt und durchgesetzt. Die SPD- Bürgerschaftsfraktion des Landes Bremen von der Jahrhundertwende bis zur Gegenwart. Hrsg. von Klaus Wedemeier, Opladen 1983.

Gimbel, John: Amerikanische Besatzungpolitik in Deutschland 1945-1949, Frankfurt 1968.

Gniffke, Erich W.: Jahre mit Ulbricht, Köln 1966.

Gosewinkel, Dieter: Adolf Arndt. Die Wiederbegründung des Rechtsstaats aus dem Geist der Sozialdemokratie (1945-1961), Bonn 1991.

Grabbe, Hans-Jürgen: Die deutsch - alliierte Kontroverse um den Grundgesetzentwurf im Frühjahr 1949, VfZ 26 (1978), S.393-418.

Gradl, Johann Baptist: Anfang unter dem Sowjetstern. Die CDU 1945-1948 in der Sowjetischen Besatzungszone, Köln 1981.

Graf, Angela: J. H. W. Dietz 1843 - 1922. Verleger der Sozialdemokratie. Mit einem Nachwort von Horst Heidermann „Zur Nachkriegsgeschichte des Verlags J. H. W. Dietz Nachf.", Bonn 1998

Graml, Hermann: Die Alliierten und die Teilung Deutschlands, Konflikte und Entscheidungen 1941-1948, Frankfurt 1985.

Grebing, Helga (Hrsg.): Entscheidung für die SPD. Briefe und Aufzeichnungen linker Sozialisten 1944-1948, München 1984.

Grebing, Helga (Hrsg.): Lehrstücke in Solidarität. Briefe und Biographien deutscher Sozialisten 1945-1949, Stuttgart 1983.

Grewe, Wilhelm G.: Rückblenden 1876 - 1951. Aufzeichnungen eines Augenzeugen deutscher Außenpolitik von Adenauer bis Schmidt, Frankfurt/Main-Berlin-Wien 1979

Gröschel, Roland: Zwischen Tradition und Neubeginn. Sozialistische Jugend im Nachkriegsdeutschland. Entstehung, Aufbau und historische Wurzeln der Sozialistischen Jugend Deutschlands - Die Falken, Hamburg 1986.

Groh, Dieter/ Brandt, Peter: Vaterlandslose Gesellen. Sozialdemokratie und Nation 1860 - 1990, München 1992.

Günther, Klaus: Die andere Meinung in der SPD 1949, 1955/56, 1958/61. Ein Beitrag zum Problem innerparteilicher Diskussionsfreiheit, AfS XIII(1973), S.23-52.

Günther, Klaus: Sozialdemokratie und Demokratie 1946-1966. Die SPD und das Problem der Verschränkung innerparteilicher und bundesrepublikanischer Demokratie, Bonn 1979.

Gurland, A.R.L.: Die CDU/CSU. Ursprünge und Entwicklung bis 1953. Hrsg. v. D. Emig, Frankfurt a.M. 1980.

Handbuch Deutscher Rechtsextremismus. Hrsg. v. Jens Mecklenburg, Berlin 1999

Handbuch politischer Institutionen und Organisationen 1945-1949. Bearb. v. Heinrich Potthoff in Zusammenarbeit mit Rüdiger Wenzel. Düsseldorf 1983.

Hanrieder, Wolfram F.: Deutschland, Europa, Amerika. Die Außenpolitik der Bundesrepublik Deutschland, Paderborn 1991.

Hartweg, Frédéric: Kurt Schumacher, die SPD und die protestantisch orientierte Opposition gegen Adenauers Deutschland- und Europapolitik, in: Kurt Schumacher als deutscher und europäischer Sozialist (1988), S.188-212.

Healey, Denis: The Time of my Life, London 1989.

Heimann, Siegfried, Die Gesamtdeutsche Volkspartei, in: R.Stöss (Hrsg.), Parteien-Handbuch II (1984),S.1478-1508.

Heimann, Siegfried: Die Sozialdemokratische Partei Deutschlands, in: R.Stöss (Hrsg.), Parteien-Handbuch II (1984), S.2085-2216.

Hein, Dieter: Zwischen liberaler Milieupartei und nationaler Sammlungsbewegung. Gründung, Entwicklung und Struktur der Freien Demokratischen Partei 1945-1949, Düsseldorf 1985.

Heinemann, Gustav W.: Es gibt schwierige Vaterländer... Aufsätze und Reden 1919-1968, München 1968.

Heitzer, Horstwalter: Die CDU in der britischen Zone 1945-1949. Gründung, Organisation, Programm und Politik, Düsseldorf 1988.

Henke, Klaus Dietmar: Politik der Widersprüche. Zur Charakteristik der französischen Militärregierung in Deutschland nach dem Zweiten Weltkrieg, VfZ 30 (1982), S.500-537.

Herbst, Ludolf: Die zeitgenössische Integrationstheorie und die Anfänge der europäischen Einigung 1947-1950, VfZ 34 (1986), S.161-205.

Herbst, Ludolf (Hrsg.) s. Westdeutschland 1945-1955

Herbst, Ludolf u. Goschler, Constantin (Hrsg.) s. Wiedergutmachung in der Bundesrepublik Deutschland

Herbst, Ludolf/ Bührer, Werner/ Sowade, Hanno s. Vom Marshall-Plan zur EWG

Herkunft und Mandat. Beiträge zur Führungsproblematik in der Arbeiterbewegung, Frankfurt/Köln 1976.

Hermann, Hans - Georg: Verraten und verkauft [Biographie über V. Agartz], Fulda 1958.

Herres, Jürgen: Das Karl-Marx- Haus in Trier 1727 - heute, Trier 1993.

Hervé, Florence / Nödinger, Ingeborg: Lexikon der Rebellinnen. Von A bis Z, Dortmund 1996.

Theodor Heuss, Politiker und Publizist. Aufsätze und Reden. Ausgewählt und kommentiert von Martin Vogt, Tübingen 1984.

Heuss-Adenauer Unserem Vaterlande zugute. Der Briefwechsel 1948-1963. Bearbeitet von Hans Peter Mensing, Berlin 1989.

Heuss, Theodor: Lieber Dehler! Briefwechsel mit Thomas Dehler. Herausgegeben und kommentiert von Friedrich Henning, München-Wien 1963

Heydorn, Heinz Joachim: Konsequenzen der Geschichte. Politische Beiträge 1946 - 1974, Frankfurt 1981.

Hild-Berg, Annette: Toni Sender (1888-1964) – Ein Leben im Namen der Freiheit und der sozialen Gerechtigkeit, Köln 1994.

Hirscher, Gerhard: Sozialdemokratische Verfassungspolitik und die Entstehung des Bonner Grundgesetzes. Eine biographietheoretische Untersuchung zur Bedeutung Walter Menzels, Bochum 1989.

Hockerts, Hans Günter: Sozialpolitische Entscheidungen im Nachkriegsdeutschland. Alliierte und deutsche Sozialversicherungspolitik 1945 bis 1957, Stuttgart 1980.

Högl, Günther/ Lauschke, Karl: Fritz Henßler. Ein Leben für Freiheit und Demokratie 1886-1953, Dortmund 1986.

Hoegner, Wilhelm: Der schwierige Außenseiter. Erinnerungen eines Abgeordneten, Emigranten und Ministerpräsidenten, München 1959.

Hölscher, Wolfgang s. Akten zur Auswärtigen Politik; Nordrhein-Westfalen; Die SPD-Fraktion im Deutschen Bundestag

Hrbek, Rudolf: Die SPD - Deutschland und Europa. Die Haltung der Sozialdemokratie zum Verhältnis von Deutschland-Politik und West- Integration, Bonn 1952.

Hüttenberger, Peter: Nordrhein-Westfalen und die Entwicklung seiner parlamentarischen Demokratie, Siegburg 1973 .

Jenke, Manfred: Verschwörung von rechts, Ein Bericht über den Rechtsradikalismus in Deutschland nach 1945, Berlin 1961.

Jesse, Eckhard: Wahlrecht zwischen Kontinuität und Reform. Eine Analyse der Wahlsystemdiskussion und der Wahlrechtsänderungen in der Bundesrepublik Deutschland 1949-1983, Düsseldorf 1985.

Jung, Otmar: Grundgesetz und Volksentscheid. Gründe und Reichweite der Entscheidung des Parlamentarischen Rates gegen Formen direkter Demokratie, Opladen 1994.

Die Kabinettsprotokolle der Bundesregierung. Bd. 1: 1949, bearb. v. Ulrich Enders und Konrad Reiser, Boppard am Rhein 1982; Bd. 2: 1950, bearb. v. Ulrich Enders und Konrad Reiser, Boppard am Rhein 1984; Bd. 3: 1950, Wortprotokolle, bearb. v. Ulrich Enders und Konrad Reiser, Boppard am Rhein 1986; Bd. 4: 1951, bearb. v. Ursula Hüllbüsch, Boppard am Rhein 1988; Bd. 5: 1952, bearb. v. Kai von Jena, Boppard am Rhein 1989. (zit.: Kabinettsprotokolle 1...)

Kaden, Albrecht: Einheit oder Freiheit. Die Wiedergründung der SPD 1945/46, Hannover 1964 (2.Aufl.: Berlin-Bonn 1980)

Kaff, Brigitte s. Die Unionsparteien 1946-1950.

Kaisen, Wilhelm: Meine Arbeit, mein Leben, München 1967.

Keiderling, Gerhard: „Rosinenbomber" über Berlin. Währungsreform, Blockade, Luftbrücke, Teilung, Berlin 1998.

Kessel, Martina: Westeuropa und die deutsche Teilung. Englische und französische Deutschlandpolitik auf den Außenministerkonferenzen von 1945 bis 1947, München 1989.

Kleßmann, Christoph: Die doppelte Staatsgründung. Deutsche Geschichte 1945-1955, Göttingen 1982 (5. Aufl., 1991).

Kleßmann, Christoph/Friedemann, Peter: Streiks und Hungermärsche im Ruhgebiet 1946 – 1948, Frankfurt a. M. 1977.

Klotzbach, Kurt: Der Weg zur Staatspartei. Programmatik, praktische Politik und Organisation der deutschen Sozialdemokratie 1945 bis 1965, Berlin/Bonn 1982. (Unveränderter Nachdruck, erweitert um ein Nachwort von Klaus Schönhoven u. ein aktualisiertes Literaturverzeichnis, Bonn 1996)

Knoeringen, Waldemar von: Reden und Aufsätze. Hrsg. vom SPD-Landesvorstand Bayern, Bayreuth 1981.

Koch, Diether: Gustav Heinemann und die Deutschlandfrage, München 1972.

Kock, Peter Jakob: Der Bayerische Landtag 1946 - 1986, Bd. 1: Chronik, Bamberg 1986

Kock, Peter Jakob: Der Bayerische Landtag, Ergänzungsband zur Chronik. Protokolle, Würzburg 1996.

Kock, Peter Jakob: Bayerns Weg in die Bundesrepublik, (Stuttgart 1983) 2. Aufl., München 1988.

Köhler, Wolfram: Ernst Gnoss (1900-1949). Der erste Landtagspräsident von Nordrhein-Westfalen, in Geschichte im Westen 13 (1998), H. 2, S.208-232.

Koerfer, Marthina: Louise Schroeder, in: Stadtoberhäupter. Biographien Berliner Bürgermeister im 19. und 20. Jahrhundert, Berlin 1992, S.373-390.

Koop, Walter: Kein Kampf um Berlin? Deutsche Politik zur Zeit der Berlin-Blockade 1948/49, Bonn 1998.

Korfmacher, Norbert: Mitgliederverzeichnis der Bremischen Bürgerschaft 1946 bis 1996, Münster 1997.

Kosthorst, Daniel: Brentano und die deutsche Einheit. Die Deutschland- und Ostpolitik des Außenministers im Kabinett Adenauer 1955 - 1961, Düsseldorf 1993.

Kosthorst, Erich: Jakob Kaiser. Bundesminister für gesamtdeutsche Beziehungen, Stuttgart u. a. 1972.

Kraushaar, Wolfgang: Die Protest - Chronik 1949 - 1959. Eine illustrierte Geschichte von Bewegung, Widerstand und Utopie (Bd. 1: 1949-52, Bd. 2: 1953-56, Bd. 3: 1957-59, Bd. 4: Registerband), Hamburg 1996. (Abk.: Kraushaar, Protest-Chronik)

Kritzer, Peter: Wilhelm Hoegner. Politische Biographie eines bayerischen Sozialdemokraten, München 1979.

Kühn, Heinz: Aufbau und Bewährung. Die Jahre 1945 - 1980, Hamburg 1981.

Küsters, Hanns Jürgen: Die Gründung der Europäischen Wirtschaftsgemeinschaft, Baden-Baden 1982.

Kurlbaum-Beyer, Lucie: Erinnerungen, in: Abgeordnete des Deutschen Bundestages, Bd.4(1988), S. 133-217.

Kurt Schumacher als deutscher und europäischer Sozialist. Dokumentation einer internationalen Fachtagung im Kurt-Schumacher-Bildungszentrum der Friedrich-Ebert-Stiftung in Bad Münstereifel vom 6.-8.März

1987. Hrsg. v. d. Abteilung Politische Bildung der Friedrich-Ebert-Stiftung, bearb. u. eingel. von Willy Albrecht, Bonn 1988.

Kurt Schumacher und der „Neubau" der deutschen Sozialdemokratie nach 1945. Referate und Podiumsdiskussion eines Kolloquiums des Gesprächskreises Geschichte der Friedrich-Ebert-Stiftung in Bonn am 12./13. Oktober 1995. Hrsg. v. Dieter Dowe, Bonn 1996.

Kusch, Katrin: Die Wiedergründung der SPD in Rheinland-Pfalz nach dem Zweiten Weltkrieg (1945-1951), Mainz 1989.

Lademacher, Horst u. Mühlhausen, Walter (Hrsg.) s. Sicherheit, Kontrolle, Souveränität

Lange, Erhard H.M.: Wahlrecht und Innenpolitik. Entstehungsgeschichte und Analyse der Wahlgesetzgebung und Wahlrechtsdiskussion im westlichen Nachkriegsdeutschland 1945-1955, Meisenheim am Glan 1975.

Lappenküper, Ulrich: Der Schuman-Plan. Mühsamer Durchbruch zur deutsch-französischen Verständigung, VfZ 42(1994), S.403-446.

Lebensbilder von Frauen in Hamburg nach 1945. Gesellschaftspolitisch aktive Frauen berichten über ihre Erfahrungen in der Kriegs- und Nachkriegszeit. Hamburg 1989.

Leich, Hanna/ Kruse, Wolfgang: Internationalismus und internationale Interessenvertretung. Zur Geschichte der internationalen Gewerkschaftsbewegung, Köln 1991.

Lemke-Müller, Sabine: Ethischer Sozialismus und soziale Demokratie. Der politische Weg Willi Eichlers vom ISK zur SPD, Bonn 1988.

Lenz, Otto: Im Zentrum der Macht. Das Tagebuch des Staatssekretärs Dr. Otto Lenz 1951-1953. Bearb. von Klaus Gotto, Hans-Otto Kleinmann und Reinhard Schreiner, Düsseldorf 1989.

Leugers-Scherzberg, August H.: Die Wandlungen des Herbert Wehner. Von der Volksfront zur Großen Koalition, Berlin/ München 2002.

Link, Werner: Die Geschichte des Internationalen Jugend-Bundes (IJB) und des Internationalen Sozialistischen Kampfbundes (ISK). Ein Beitrag zur Geschichte der Arbeiterbewegung in der Weimarer Republik und im Dritten Reich, Meisenheim am Glan 1964.

Die Linke im Rechtsstaat. Bd.1: Bedingungen sozialistischer Politik 1945 - 1965, Berlin 1976; Bd.2: Bedingungen sozialistischer Politik 1965 bis heute, Berlin 1979.

Lösche, Peter/ Walter, Franz: Die SPD: Klassenpartei - Volkspartei - Quotenpartei. Zur Entwicklung der Sozialdemokratie von Weimar bis zur deutschen Vereinigung, Darmstadt 1992.

Löwke, Udo: Für den Fall, daß ... SPD und Wehrfrage 1949- 1955, Hannover 1969.

Lompe, Klaus/ Neumann, Lothar F. (Hrsg.), Willi Eichlers Beiträge zum demokratischen Sozialismus. Eine Auswahl aus dem Werk, Berlin-Bonn 1979.

Loth, Wilfried: Die Deutschen und die deutsche Frage: Überlegungen zur Dekomposition der deutschen Nation, in: Loth, Wilfried (Hrsg.): Die deutsche Frage in der Nachkriegszeit, Berlin 1994, S.214-228.

Loth, Wilfried: Sozialismus und Intenationalismus. Die französischen Sozialisten und die Nachkriegsordnung Europas 1940-1950, Stuttgart 1977.

Loth, Wilfried: Der Weg nach Europa, 3. durchges. Aufl., Göttingen 1996.

Lubowitz, Frank: Hermann Lüdemann, in: Treuhänder des deutschen Volkes (1991), S.295- 310.

Lüders, Carsten: Das Ruhrkontrollsystem. Entstehung und Entwicklung im Rahmen der Westintegration Westdeutschlands, Frankfurt/M, New York 1988.

Mählert, Ulrich/Stephan, Gerd-Rüdiger: Blaue Hemden - Rote Fahnen. Die Geschichte der Freien Deutschen Jugend, Opladen 1966.

Mai, Gunther: Der Alliierte Kontrollrat 1945 - 1948. Alliierte Einheit - deutsche Teilung? München 1995.

Maier, Reinhold: Ein Grundstein wird gelegt. Die Jahre 1945-1947, Tübingen 1964.

Maier, Reinhold: Erinnerungen 1948-1953. Tübingen 1966.

Marquardt-Bigmann, Petra: Amerikanische Geheimdienstanalysen über Deutschland 1942-1949, München 1995.

Mayer, Tilman (Hrsg.): Jakob Kaiser. Gewerkschafter und Patriot. Eine Werkauswahl, Köln 1988.

M.d.B. Volksvertretung im Wiederaufbau. Bundestagskandidaten und Mitglieder westzonaler Vorparlamente. Eine biographische Dokumentation. Hrsg. v. Martin Schumacher, Düsseldorf 2000.

MdL Hessen 1808 - 1996. Biographischer Index von Jochen Lengemann. Mitarbeiter: Andrea Mittelsdorf u. Roland Schmid, Marburg 1996.

M.d.L. Das Ende der Parlamente 1933 und die Abgeordneten der Landtage und Bürgerschaften der Weimarer Republik in der Zeit des Nationalsozialismus. Politische Verfolgung, Emigration und Ausbürgerung 1933-1945. Ein biographischer Index. Hrsg. v. Martin *Schumacher*, Düsseldorf 1995.

M.d.R. Die Reichstagsabgeordneten der Weimarer Republik in der Zeit des Nationalsozialismus. Politische Verfolgung, Emigration und Ausbürgerung 1933 - 1945. Eine biographische Dokumentation. Mit einem Forschungsbericht zur Verfolgung deutscher und ausländischer Parlamentarier im nationalsozialistischen Herrschaftsbereich. Hrsg. v. Martin *Schumacher*, 3. erhebl. erw. u. überarb. Aufl., Düsseldorf 1994.

Mehringer, Hartmut: Waldemar von Knoeringen. Eine politische Biographie. Der Weg vom revolutionären Sozialismus zur sozialen Demokratie, München 1989.

Merseburger, Peter: Willy Brandt 1913 –1992. Visionär und Realist, Stuttgart-München 2002

Merseburger, Peter: Der schwierige Deutsche: Kurt Schumacher. Eine Biographie, Stuttgart 1995.

Meyer-Braun, Renate: Wilhelm Kaisen, in: Treuhänder des deutschen Volkes (1991), S.163-180.

Meyer-Braun, Renate: „Rebell" Wilhelm Kaisen. Sein Verhältnis zum SPD-Vorstand im Spiegel eines Briefwechsels zwischen Alfred Faust und Fritz Heine aus den Jahren 1950 bis 1956, Bremisches Jahrbuch 67 (1989), S. 109-139.

Meyn, Hermann: Die Deutsche Partei. Entwicklung und Problematik einer nationalkonservativen Rechtspartei nach 1945, Düsseldorf 1965.

Mielke, Siegfried s. Quellen z. Gesch. d. dt. Gewerkschaftsbewegung, Bd.5, 6

Mielke, Siegfried: FDGB - UGO - DGB: Der Kampf um eine demokratische Gewerkschaftsbewegung, BzG 41 (1999) H.4, S. 53-64.

Michalski, Bettina: Louise Schroeders Schwestern. Berliner Sozialdemokratinnen der Nachkriegszeit, Bonn 1996.

Miller, Susanne: Sozialdemokratie als Lebenssinn. Aufsätze zur Geschichte und Gegenwart der SPD. Zum 80. Geburtstag hrsg. v. Bernd Faulenbach, Bonn 1995.

Miller, Susanne/ Potthoff, Heinrich: Kleine Geschichte der SPD, 8. aktualisierte u. erweiterte. Aufl. (unter den Verfassernamen „Potthoff/ Miller"), Bonn 2002.

Miller, Susanne/Potthoff, Heinrich: Kleine Geschichte der SPD, 7. bearb. u. erw. Aufl., Bonn 1991.

Mintzel, Alf: Die Bayernpartei, in: R.Stöss (Hrsg.), Parteien-Handbuch I (1983), S.395-489.

Mintzel, Alf: Die Christlich-Soziale Union in Bayern e.V., in: R.Stöss (Hrsg.), Parteien-Handbuch I (1983), S. 661-718.

Mintzel, Alf: Die CSU. Anatomie einer konservativen Partei 1945-1972, Opladen 1975.

Mintzel, Alf s. a. Die CSU 1945 - 1948

Möller, Alex: Genosse Generaldirektor, München/Zürich 1978.

Möller, Alex: Tatort Politik, München/Zürich 1982

Möller, Martin: Evangelische Kirche und Sozialdemokratische Partei in den Jahren 1947-1950. Grundlagen der Verständigung und Beginn des Dialogs, Göttingen 1984.

Monnet, Jean: Erinnerungen eines Europäers, München/Wien 1978.

Montanmitbestimmung. Das Gesetz über die Mitbestimmung der Arbeitnehmer in den Aufsichtsräten und Vorständen des Bergbaus und der Eisen und Stahl erzeugenden Industrie vom 21. Mai 1951, beab. v. Gabriele Müller-List, Düsseldorf 1984.

Morsey, Rudolf: Die letzte Krise im Parlamentarischen Rat und ihre Bewältigung, in: D. Schwab u.a., Staat, Kirche, Wissenschaft in einer pluralistischen Gesellschaft. Festschrift zum 65. Geburtstag von Paul Mikat, Berlin 1989, S.408-410.

Morsey, Rudolf: Die Bundesrepublik Deutschland. Entstehung und Entwicklung bis 1969, München 1987.

Mühlhausen, Walter: Christian Stock, in: Treuhänder des deutschen Volkes (1991), S. 207-227.

Mühlhausen, Walter: Christian Stock. Vom Heidelberger Arbeitersekretär zum hessischen Ministerpräsidenten, Heidelberg 1996.

Mühlhausen, Walter: Hessen 1945 - 1950. Zur politischen Geschichte eines Landes in der Besatzungszeit, Frankfurt am Main 1985,

Mühlhausen, Walter: Treuhänder des deutschen Volkes: die Ministerpräsidenten im Interregnum, in: Treuhänder des deutschen Volkes, Kassel 1991, S.8 - 34.

Müller, Georg: Die Grundlegung der westdeutschen Wirtschaftsordnung im Frankfurter Wirtschaftsrat 1947 - 1949, Frankfurt 1982.

Müller, Hartmut (Hrsg.) Begegnungen mit Wilhelm Kaisen, Bremen 1980.

Müller, Ingo: Furchtbare Juristen. Die unbewältigte Vergangenheit unserer Justiz; München 1987.

Müller, Josef: Bis zur letzten Konsequenz. Ein Leben für Frieden und Freiheit, München 1975.

Müller, Josef: Die Gesamtdeutsche Volkspartei. Entstehung und Politik unter dem Primat nationaler Wiedervereinigung 1950 - 1957, Düsseldorf 1990.

Müller - List, Gabriele (Bearb.): Neubeginn bei Eisen und Stahl im Ruhrgebiet. Die Beziehungen zwischen Arbeitgebern und Arbeitnehmern in der nordrhein-westfälischen Eisen- und Stahlindustrie 1945-1948, Düsseldorf 1990.

Narr, Wolf-Dieter: CDU-SPD. Programm und Praxis seit 1945, Stuttgart/ Berlin/ Köln/ Mainz 1966.

Neumann, Franz: Der Block der Heimatvertriebenen und Entrechteten 1950-1960. Ein Beitrag zur Geschichte und Struktur einer politischen Interessenpartei, Meisenheim am Glan 1968.

[Neumann, Franz:] Franz Neumanns letztes Interview. Erinnerungen an ein kämpferisches Leben (1904-1974), in: FNA (Berichte des Franz-Neumann-Archivs, Berlin) 1 (1975), S. 1-56.

Niemöller, Martin: Reden 1945-1963, 4 Bde, Darmstadt 1957-1964.

Niethammer, Lutz: Entnazifizierung in Bayern. Säuberung und Rehabilitierung unter amerikanischer Besatzung, Frankfurt 1972.

Nölting, Claudia: Erik Nölting. Wirtschaftsminister und Theoretiker der SPD (1892-1953), Essen 1989.

Notz, Gisela: Frauen in der Mannschaft. Sozialdemokratinnen im Parlamentarischen Rat und im Deutschen Bundestag 1948/49 bis 1957, Bonn 2003.

Ollenhauer, Erich: Reden und Aufsätze. Hrsg.u. eingel. v. Fritz Sänger, 2.Aufl., Berlin/Bonn-Bad Godesberg 1977. (1.Aufl.: 1964)

Olsen, Claus: Die Flensburger Sozialdemokratie in den Jahren der Spaltung 1946-1954, in: 125 Jahre SPD in Flensburg, Flensburg 1993, S.223-242.

OMGUS - Handbuch. Die amerikanische Militärregierung in Deutschland 1945 - 1949, hrsg. v. Christoph Weisz, München 1994.

Oppenheimer, Max: Der Weg der VVN - Vom Häftlingskomitee zum Bund der Antifaschisten, in: Oppenheimer, Max (Hrsg.), Antifaschismus. Tradition - Politik - Perspektive, Frankfurt am Main 1978.

Ott, Erich: Die Wirtschaftskonzeption der SPD nach 1945, Marburg 1978.

Otto, Volker: Das Staatsverständnis des Parlamentarischen Rates. Ein Beitrag zur Entstehungsgeschichte des Grundgesetzes für die Bundesrepublik Deutschland, Düsseldorf 1971.

Overesch, Manfred: Hermann Brill. Ein Kämpfer gegen Hitler und Ulbricht, Bonn 1992.

Der Parlamentarische Rat 1948-1949. Akten und Protokolle. Hrsg. vom Deutschen Bundestag und vom Bundesarchiv unter Leitung von Rupert Schick und Friedrich P. Kahlenberg, Bd.1: Vorgeschichte, bearb. v. Johannes Volker Wagner, Boppard am Rhein 1975; Bd.2: Der Verfassungskonvent auf Herrenchiemsee, bearb. v. Peter Bucher, Boppard am Rhein 1981; Bd.3: Ausschuss für Zuständigkeitsabgrenzung, bearb. v. Wolfram Werner, Boppard am Rhein 1986; Bd.4: Ausschuss für das Besatzungsstatut, bearb. v. Wolfram Werner, Boppard am Rhein 1989; Bd. 5 I u. II: Ausschuss für Grundsatzfragen, bearb. v. Eberhard Pikart u. Wolfram Werner, Boppard am Rhein 1993; Bd.6: Ausschuss für Wahlrechtsfragen, bearb. v. Harald Rosenbach, Boppard am Rhein 1994; Bd. 7: Entwürfe zum Grundgesetz, bearb. v. Michael Hollmann mit Unterstützung der Forschungsstelle für Zeitgeschichte des Verfassungsrechts, Boppard 1995; Bd.8: Die Beziehungen des Parlamentarischen Rates zu den Militärregierungen, bearb. v. Michael F. Feldkamp, Boppard 1995; Bd. 9: Plenum, bearb. v. Wolfram Werner, München 1996; Bd. 10: Ältestenrat, Geschäftsordnungsausschuss und Überleitungsausschuss, bearb. v. Michael F.

Feldkamp, München 1997; Bd.11: Interfraktionelle Besprechungen, bearb. v. Michael F. Feldkamp, München 1997; Bd. 12: Ausschuss für Finanzfragen, bearb. v. Michael F. Feldkamp unter Mitarbeit von Inez Müller, München 1999.

Parteien-Handbuch. Die Parteien der Bundesrepublik Deutschland 1945 - 1980, hrsg. v. Richard Stöss, 2 Bde, Opladen 1983/84

Der Parteivorstand der SPD im Exil. Protokolle der Sopade 1933-1940. Hrsg. u. bearb. v. Marlis Buchholz u. Bernd Rother (Projektleitung: Herbert Obenhaus/ Hans-Dieter Schmid), Bonn 1995 (AfS, Beiheft 15) (zit.: M. Buchholz / B. Rother)

Paterson, William E.: The SPD and the European integration, Lexington 1974.

Petzina, Dietmar/Euchner, Walter (Hrsg.): Wirtschaftspolitik im britischen Besatzungsgebiet 1945-1949, Düsseldorf 1984.

Pfeifer, Sylvia: Gewerkschaften und Kalter Krieg 1945 bis 1949. Die Interzonenkonferenzen der deutschen Gewerkschaftsbünde, die Entwicklung des Weltgewerkschaftsbundes und der Ost-West-Konflikt, Köln 1980.

Piontkowitz, Heribert: Anfänge westdeutscher Außenpolitik 1946 - 1949. Das Deutsche Büro für Friedens-fragen, Stuttgart 1978.

Pirker, Theo: Die SPD nach Hitler. Die Geschichte der Sozialdemokratischen Partei Deutschlands 1945-1964, München 1965.

Pohl, Manfred: Wiederaufbau. Kunst und Technik der Finanzierung 1947-1953. Die ersten Jahre der Kreditanstalt für Wiederaufbau, Frankfurt 1973.

Poidevin, Raymond (Hrsg.): Histoire des débuts de la construction européenne (mars 1948-mai 1950), Bruxelles 1986.

Poidevin, R.: Robert Schuman. Homme d'état 1886-1963, Paris 1986.

Potthoff, Heinrich s. Die SPD-Fraktion im Deutschen Bundestag

Potthoff, Heinrich/Miller, Susanne s .Miller, Susanne/ Potthoff, Heinrich

Potthoff, Heinrich/Wenzel, Rüdiger s. Handbuch politischer Institutionen

Programmatische Dokumente der deutschen Sozialdemokratie. Hrsg. u. eingel. v. Dieter Dowe u. Kurt Klotzbach, 3. überarb. u. aktualisierte Aufl., hrsg. v. Dieter Dowe, Bonn 1990.

Die Protokolle des Bayerischen Ministerrats 1945 - 1954, hrsg. von der Histor. Kommission bei der Bayer. Akademie der Wiss. u. der Generaldirektion der Staatlichen Archive Bayerns, bearb. von Karl-Ulrich Gelberg; Das Kabinett Schäffer (28. Mai bis 28. Sept. 1945), München 1995; Das Kabinett Hoegner I (28. Sept. 1945 bis 21. Dez. 1946), 2 Bde, München 1997.

Pünder, Tilman: Das Bizonale Interregnum. Die Geschichte des Vereinigten Wirtschaftsgebietes 1946-1949, Rastatt 1966.

Quellen zur Geschichte der deutschen Gewerkschaftsbewegung im 20. Jahrhundert, Bd. 5: Die Gewerkschaften im Widerstand und in der Emigration. Bearb. von Siegfried Mielke und Matthias Frese, Frankfurt/ Main 1999; Bd. 6: Organisatorischer Aufbau der Gewerkschaften 1945 - 1949. Bearb. von Siegfried Mielke unter Mitarbeit von Peter Rütters, Michael Becker u. Michael Fichter, Köln 1987; Bd. 7: Gewerkschaften in Politik, Wirtschaft u. Gesellschaft 1945-1949. Bearb. von Siegfried Mielke u. Peter Rütters unter Mitarbeit von Michael Becker, Köln 1991; Bd. 8: Die Gewerkschaften u. die Angestellten-frage 1945-1949. Bearb. von Siegfried Mielke, Köln 1996; Bd. 10: Die Industriegewerkschaft Metall in der frühen Bundesrepublik 1950-1956. Bearb. von Walter Dörrich u. Klaus Schönhoven, Köln 1991; Bd. 11: Der Deutsche Gewerkschaftsbund 1949 bis 1956. Bearb. von Josef Kaiser, Köln 1996. (zit.: Quellen z. Gesch. d. dt. Gewerkschaftsbewegung, Bd.)

Rau, Johannes u. Faulenbach, Bernd (Hrsg.): Heinz Putzrath. Gegen Nationalsozialismus. Für soziale Demokratie. Skizzen zu Leben u. Wirken, Essen 1997.

Reimann, Max: Entscheidungen 1945-1956, Frankfurt am Main 1973.

Renger, Annemarie: Ein politisches Leben. Erinnerungen, Stuttgart 1993.

Renzsch, Wolfgang: Alfred Kubel. 30 Jahre Politik für Niedersachsen. Eine politische Biographie, Bonn 1985.

Renzsch, Wolfgang: Finanzverfassung und Finanzausgleich. Die Auseinandersetzung um ihre politische Gestaltung in der Bundesrepublik Deutschland zwischen Währungsreform und deutscher Vereinigung (1948 bis 1990), Bonn 1991.

Reuter, Ernst: Schriften-Reden. Hrsg. von Hans E. Hirschfeld u. Hans J. Reichhardt, Bd.1: Briefe, Aufsätze, Referate 1904 bis 1922, Berlin 1972; Bd.2: Artikel, Briefe, Reden 1922 bis 1946, bearb. v. Hans J. Reichhardt, Berlin 1973; Bd.3: Artikel, Briefe, Reden 1946 bis 1949, bearb. v. Hans J. Reichhardt, Berlin 1974; Bd.4: Reden-Artikel-Briefe 1949 bis-1953, bearb. v. Hans J. Reichhardt, Berlin 1975.

Richter, Michael: Die Ost-CDU 1948 - 1952. Zwischen Widerstand und Anpassung, Düsseldorf 1990.

Ristock, Harry: Neben dem roten Teppich. Erinnerungen, Erfahrungen u. Visionen eines Politikers, Berlin 1991.

Rupieper, Hermann Josef: Der besetzte Verbündete. Die amerikanische Deutschlandpolitik 1949-1955, Opladen 1991.

Sauer, Paul: Demokratischer Neubeginn in Not und Elend. Das Land Württemberg-Baden von 1945.1952, Ulm 1978.

Salzmann, R. (Bearb.) s. CDU/CSU

Schiffers, Reinhard (Bearb.): Grundlegung der Verfassungsgerichtsbarkeit. Das Gesetz über das Bundesverfassungsgericht vom 12.März 1951, Düsseldorf 1984.

Schindler, P. s. Datenhandbuch z. Geschichte d. Dt. Bundestages

Schlinkmann, Thomas: Der Weg der Bundesrepublik Deutschland in den Europarat – Ein Exkurs, in: U. Holtz (Hrsg.): 50 Jahre Europarat, Baden-Baden 2000, S. 197-212.

Schmid, Carlo: Erinnerungen, Bern,München,Wien 1979.

Schmidt, Dietmar: Martin Niemöller. Eine Biographie, Stuttgart 1983.

Schmidt, Eberhard: Die verhinderte Neuordnung 1945-1952. Zur Auseinandersetzung um die Demokratisierung der Wirtschaft in den drei westlichen Besatzungszonen und in der Bundesrepublik Deutschland, 7. Aufl., Frankfurt a. M. 1977.

Schmidt, Helmut: Die Deutschen und ihre Nachbarn. Menschen und Mächte II, Berlin 1990.

Schmidt, Helmut: Menschen und Mächte, Berlin 1987.

Schmidt, Helmut: Politischer Rückblick auf eine unpolitische Jugend, in: ders. u.a.: Kindheit und Jugend unter Hitler, Berlin 1992, S.188-254.

Schmidt, Helmut: Weggefährten, Berlin 1996

Schmidt, Helmut: Zum 40.Jahrestag der Gründung des SDS, in: Zum 40.Jahrestag der Gründung des Sozialistischen Deutschen Studentenbundes. Hsrg. von der Friedrich-Ebert-Stiftung, Bonn 1987, S.7-18.

Schmidt, Ute: Die Christlich Demokratische Union Deutschlands, in: R.Stöss (Hrsg.), Parteien-Handbuch I (1983), S. 490-660.

Schmidt, Ute: Die Deutsche Zentrums-Partei, in :R. Stöss (Hrsg.), Parteien-Handbuch I (1983), S. 1192-1242.

Schmidt, Ute/Fichter, Tilman: Der erzwungene Kapitalismus. Klassenkämpfe in den Westzonen 1945-1948, Berlin 1971.

Schmitz, Kurt Thomas: Deutsche Einheit und Europäische Integration. Der sozialdemokratische Beitrag zur Außenpolitik der Bundesrepublik Deutschland unter besonderer Berücksichtigung des programmatischen Wandels einer Oppositionspartei, Bonn 1978.

Schmollinger, Horst W.: Die Deutsche Konservative Partei-Deutsche Rechtspartei, in: R.Stöss (Hrsg.), Parteien-Handbuch I (1983), S. 982-1024.

Schmollinger, Horst W.: Die Deutsche Partei, in: R. Stöss (Hrsg.), Parteien-Handbuch I (1983), S. 1025 - 1111.

Schmollinger, Horst W.: Die Deutsche Reichspartei, in: R. Stöss (Hrsg.), Parteien-Handbuch I (1983), S. 1112-1191.

Schmollinger, Horst W.: Die Sozialistische Reichspartei, in: R. Stöss (Hrsg.), Parteien-Handbuch II (1984), S.2274-2363.

Schneider, Michael: Kleine Geschichte der Gewerkschaften. Ihre Entwicklung in Deutschland von den Anfängen bis heute (1989), 2. überarb. u. aktualisierte Aufl., Bonn 2000.

Schneider, Michael: Unterm Hakenkreuz. Arbeiter und Arbeiterbewegung 1933 bis 1939, Bonn 1999 (Geschichte der Arbeiter und der Arbeiterbewegung in Deutschland seit dem Ende des 18. Jahrhunderts, Bd. 12).

Schneider, Ulrich: Zukunftsentwurf Antifaschismus. 50 Jahre Wirken der VVN für „eine neue Welt des Friedens und der Freiheit", Bonn 1997.

Schonauer, Karlheinz: Die ungeliebten Kinder der Mutter SPD. Die Geschichte der Jusos von der braven Parteijugend zur innerparteilichen Opposition, Bonn 1982.

Schröder, Karsten: Die FDP in der britischen Besatzungszone 1946-1948. Ein Beitrag zur Organisationsstruktur der Liberalen im Nachkriegsdeutschland, Düsseldorf 1985.

Schröder, Wilhelm Heinz: Sozialdemokratische Parlamentarier in den Deutschen Reichstagen und Landtagen 1867-1933. Biographien-Chronik-Wahldokumentation. Ein Handbuch, Düsseldorf 1995 (zit. Schröder, Sozialdem. Parlamentarier).

Schulz, Klaus-Peter: Authentische Spuren. Begegnungen mit Personen der Zeitgeschichte, Boppard am Rhein 1993.

Schumacher, Kurt: Reden - Schriften - Korrespondenzen 1945-1952. Hrsg. v. Willy Albrecht, Berlin-Bonn 1985.

Schumacher, Martin s. M.d.B. u. M.d.L.

Schwarz, Hans-Peter: Die Ära Adenauer. Gründerjahre der Republik 1949-1955, Stuttgart 1981.

Schwarz, Hans-Peter: Vom Reich zur Bundesrepublik. Deutschland im Widerstreit der außenpolitischen Konzeptionen in den Jahren der Besatzungsherrschaft 1945-1949, 2.Aufl., Stuttgart 1980.

Seebacher-Brandt, Brigitte: Biedermann und Patriot. Erich Ollenhauer - Ein sozialdemokratisches Leben, Phil.Diss., Berlin 1984.

Seebacher-Brandt, Brigitte: Ollenhauer. Biedermann und Patriot. Vorw. v. Ernst Nolte, Berlin 1984.

Seiters, Julius: Adolf Grimme - ein niedersächsischer Bildungspolitiker, hrsg. v. d. Niedersächsischen Landeszentrale für politische Bildung, Hannover 1990.

Severing, Carl: Mein Lebensweg, 2 Bde, Köln 1950.

Shafir, Shlomo: Die SPD und die Wiedergutmachung gegenüber Israel, in: Wiedergutmachung in der Bundesrepublik Deutschland. Hrsg. v. L. Herbst und C. Goschler, München 1989, S. 191-203.

Shafir, Shlomo, Eine ausgestreckte Hand. Deutsche Sozialdemokraten, Juden und Israel, Tel - Aviv 1986 (in hebräischer Sprache).

Sicherheit, Kontrolle, Souveränität. Das Petersberger Abkommen vom 22.November 1949. Eine Dokumentation. Hrsg. von Horst Lademacher und Walter Mühlhausen, Melsungen 1985.

Simon, Barbara s. Abgeordnete in Niedersachsen

Josef Simon: Schuhmacher, Gewerkschafter, Sozialist mit Ecken und Kanten. Hrsg. von Adolf Mirkes, Köln 1985.

Sittner, Carmen: Die Rolle der vier Frauen im Parlamentarischen Rat. Die vergessenen Mütter des Grundgesetzes, Münster 1995.

Soell, Hartmut: Fritz Erler - Eine politische Biographie, 2 Bde, Berlin/Bonn-Bad Godesberg 1976

Sörgel, Werner: Konsens und Interessen. Eine Studie zur Entstehung des Grundgesetzes für die Bundesrepublik Deutschland, Stuttgart 1969.

Sommer, Karl-Ludwig: Wilhelm Kaisen. Eine politische Biographie, Bonn 2000.

Die Sozialdemokratie in der Emigration. Die „Union deutscher sozialistischer Organisationen in Großbritannien" 1941 - 1946. Protokolle, Erklärungen, Materialien. Hrsg. u. bearb. v. Ludwig Eiber, Bonn 1998 (AfS, Beiheft 19) (zit.: L. Eiber)

Die Sozialdemokratie und das Saarproblem Die Stellungnahmen der SPD zur Saarfrage, Hannover (1950)

Spaak, Paul-Henri: Memoiren eines Europäers, Hamburg 1969.

Die SPD-Fraktion im Deutschen Bundestag, Sitzungsprotokolle 1949-1957. Bearbeitet von Petra Weber, 2 Halbbände, Düsseldorf 1993; Sitzungsprotokolle 1957-1961. Bearbeitet von Wolfgang Hölscher, Düsseldorf 1993; Sitzungsprotokolle 1961-1966. Bearbeitet von Heinrich Potthoff, 2 Halbbände, Düsseldorf 1993. (zit.: SPD-Fraktion 1949-57, Bd.1-2; 1957-61; 1961-66, Bd.1-2)

Die SPD-Fraktion im Frankfurter Wirtschaftsrat. Protokolle, Aufzeichnungen, Rundschreiben. Eingel. und bearb. v. Christoph Stamm, Bonn 1993. (AfS-Beih.) (zit.: C. Stamm)

Speidel, Hans: Aus unserer Zeit. Erinnerungen, Berlin/Frankfurt a.M./Wien 1977.

C. Stamm s. Die SPD-Fraktion im Frankfurter Wirtschaftsrat

Stampfer, Friedrich: Erfahrungen und Erkenntnisse, Aufzeichnungen aus meinem Leben, Köln 1957.

Staritz, Dietrich: Die Kommunistische Partei Deutschlands, in: R.Stöss (Hrsg.), Parteien-Handbuch II (1984), S.1663-1809.

Steininger, Rolf: Deutschland und die Sozialistische Internationale nach dem Zweiten Weltkrieg. die deutsche Frage, die Internationale und das Problem der Wiederaufnahme der SPD auf den internationalen Konferenzen bis 1951, unter besonderer Berücksichtigung der Labour Party. Darstellung und Dokumentation, Bonn 1979 (AfS-Beih.).

Stöss, Richard: Der Gesamtdeutsche Block/BHE, in: R.Stöss (Hrsg.), Parteienhandbuch II (1984), S.1424-1459.

Stöss, Richard: Die Deutsche Gemeinschaft, in: R.Stöss (Hrsg.), Parteienhandbuch I (1983), S.877-900.

Stöss, Richard: Die Deutsch-Soziale Union, in: R.Stöss (Hrsg.), Parteienhandbuch I (1983), S.1243-1278.

Stöss,Richard (Hrsg.) s. Parteien-Handbuch

Stöss, Richard: Vom Nationalismus zum Umweltschutz. Die Deutsche Gemeinschaft/ Aktionsgemeinschaft Unabhängiger Deutscher im Parteiensystem der Bundesrepublik, Opladen 1980.

Strauß, Franz Josef: Die Erinnerungen, Berlin 1989.

Sywottek, Arnold: Max Brauer, in: Treuhänder des deutschen Volkes (1991), S.181-205.

Thränhardt, Dietrich: Wahlen und politische Strukturen in Bayern 1848 - 1953. Historisch-soziologische Untersuchungen zum Entstehen und zur Neueinrichtung eines Parteiensystems, Düsseldorf 1973.

Tormin, Walter: Die Geschichte der SPD in Hamburg 1945 bis 1950, Hamburg 1994.

Treue, Wilhelm: Die Demontagepolitik der Westmächte nach dem 2.Weltkrieg unter besonderer Berücksichtigung ihrer Wirkung auf die Wirtschaft Niedersachsens, Hannover 1967.

Treuhänder des deutschen Volkes. Die Ministerpräsidenten der westlichen Besatzungszonen nach den ersten freien Landtagswahlen. Politische Porträts. Hrsg. v. Mühlhausen, Walter/Regin, Cornelia, Melsungen 1991.

Trittel, Günter J.: Die Bodenreform in der Britischen Zone 1945-1949, Stuttgart 1975.

Trittel, Günter J.: Hunger und Politik. Die Ernährungskrise in der Bizone (1945-1949), Frankfurt /Main u.a. 1990.

Troeger, Heinrich: Interregnum. Tagebuch des Generalsekretärs des Länderrats der Bizone 1947-49. Hrsg. v. Wolfgang Benz u. Constantin Goschler, München 1985.

Tulpanow, Sergej: Erinnerungen. Deutschland nach dem Kriege (1945-1949), Berlin 1986.

Turmwächter der Demokratie. Ein Lebensbild Kurt Schumachers. Hrsg. v. A. Scholz u. W.G. Oschilewski, Bd. I-III, Berlin-Grunewald 1952-1954.

Unger, Ilse: Die Bayernpartei. Geschichte und Struktur 1945-1957. Stuttgart 1979.

Die Unionsparteien 1946-1950. Protokolle der Arbeitsgemeinschaft der CDU/CSU Deutschlands und der Konferenzen der Landesvorsitzenden. Bearb. von Brigitte Kaff, Düsseldorf 1991.

Volkmann, Hans-Erich: Der DGB, Adenauer und der Schuman-Plan, ZfG 44 (1996), S. 223-246.

Vom Marshall-Plan zu EWG. Die Eingliederung der Bundesrepublik Deutschland in die westliche Welt. Hrsg. v. Ludolf Herbst, Werner Bührer und Hanno Sawade, München 1990.

Von Stalingrad zur Währungsreform. Zur Sozialgeschichte des Umbruchs in Deutschland. Hrsg. v. Martin Broszat, Klaus-Dietmar Henke, Hans Woller, München 1988.

Wandel, Eckhard: Die Entstehung der Bank deutscher Länder und die Währungsreform 1948. Die Rekonstruktion des westdeutschen Geld- und Währungssystems 1945-1949 unter Berücksichtigung der amerikanischen Besatzungspolitik, Frankfurt 1980.

Weber, Hermann: Die DDR 1945-1961, Berlin 1989.

Weber, Petra: Carlo Schmid 1896-1979. Eine Biographie, München 1996.

Weber, Petra s.a. Die SPD-Fraktion im Deutschen Bundestag

Wedemeier, Klaus (Hrsg.) s. Gewollt und durchgesetzt

Wehner, Gerd: Die Westalliierten und das Grundgesetz. Die Londoner Sechsmächtekonferenz, Freiburg i. Br. 1994.

Wehner, Herbert: Wandel und Bewährung. Ausgewählte Reden und Schriften. Hrsg. v. Gerhard Jahn. Mit einer Einleitung von Günter Gaus, 5.erw.Aufl., Frankfurt a.M./Berlin 1981

Wehner, Herbert: Zeugnis, Hrsg. v. Gerhard Jahn, Köln 1982.

Weis, Hermann (Hg.), Biographisches Lexikon zum Dritten Reich, Frankfurt a. M. 1998.

Weisbrod, Bernd (Hrsg.): Rechtsradikalismus in der politischen Kultur der Nachkriegszeit. Die verzögerte Normalisierung in Niedersachsen, Hannover 1995 (FES: A 95 - 03337).

Weisz, Christoph (Hrsg.) s. OMGUS - Handbuch

Wengst, Udo: Beamtentum zwischen Reform und Tradition. Beamtengesetzgebung in der Gründungsphase der Bundesrepublik Deutschland 1948-1953, Düsseldorf 1988.

Wengst, Udo: Staatsaufbau und Regierungspraxis 1948-1953. Zur Geschichte der Verfassungsorgane der Bundesrepublik Deutschland, Düsseldorf 1984.

Wengst, Udo: Thomas Dehler 1897-1967; eine politische Biographie, München 1997.

Westdeutschland 1945-1955. Unterwerfung, Kontrolle, Integration. Hrsg.v. Ludolf Herbst, München 1986.

Westdeutschlands Weg zur Bundesrepublik 1945-1949. Beiträge von Mitarbeitern des Instituts für Zeitgeschichte, München 1976.

Westphal, Heinz: Ungefährdet ist die Demokratie nie. Erlebnisse und Erfahrungen mit deutscher Zeitgeschichte, Düsseldorf 1994.

Wieck, Hans Georg: Christliche und freie Demokraten in Hessen, Rheinland-Pfalz, Baden und Württemberg, Düsseldorf 1958.

Wieck, Hans Georg: Die Entstehung der CDU und die Wiedergründung des Zentrums im Jahre 1945, Düsseldorf 1953.

Wiedergutmachung in der Bundesrepublik Deutschland. Hrsg. v. Ludolf Herbst und Constantin Goschler, München 1989.

Wilker, Lothar: Die Sicherheitspolitik der SPD 1956-1966. Zwischen Wiedervereinigungs- und Bündnisorientierung, Bonn-Bad Godesberg 1977.

Winkler, Heinrich August (Hrsg.): Politische Weichenstellungen im Nachkriegsdeutschland 1945-1953, Göttingen 1979 („Geschichte und Gesellschaft", Sonderheft 5).

Winkler, Heinrich August: Der Schein der Normalität. Arbeiter und Arbeiterbewegung in der Weimarer Republik 1924-1930, Bonn 1985.

Winkler, Heinrich August: Der Weg in die Katastrophe. Arbeiter und Arbeiterbewegung in der Weimarer Republik 1930-1933, Bonn 1987.

Winkler, Heinrich August: Von der Revolution zur Stabilisierung. Arbeiter und Arbeiterbewegung in der Weimarer Republik 1918-1924, Bonn 1984.

Wolf, Konstanze: CSU und Bayernpartei. Ein besonderes Konkurrenzverhältnis 1948 - 1960, Köln 1982.

Wolfrum, Edgar: Französische Besatzungspolitik und deutsche Sozialdemokratie. Politische Neuansätze in der „vergessenen Zone" bis zur Bildung des Südweststaats 1945-1952, Düsseldorf 1991.

Woller, Hans: Die Wirtschaftliche Aufbau-Vereinigung, in: R.Stöss (Hrsg.), Parteien-Handbuch II (1984), S.2458-2481.

Zonenbeirat. Zonal Advisory Council 1946 - 1948. Protokolle und Anlagen 1.-11. Sitzung 1946/47. Bearb. von Gabriele Stüber, 2 Halbbd., Düsseldorf 1993.

6. Personenregister*

---

* Bei den Mitgliedern des PV und dem Vorsitzenden der KK (Schönfelder) werden nicht die Seiten, auf denen zu Beginn jeder Vorstandssitzung ihre Teilnahme oder Nichtteilnahme erwähnt wird, genannt. Vgl. dazu die Teilnehmerlisten aller Sitzungen, Anhang 1 u.2. Beim Vorsitzenden der Partei Kurt Schumacher und seinem Stellvertreter Erich Ollenhauer werden nur die Seitenzahlen angegeben, auf denen sich wichtige Stellungnahmen von ihnen oder wichtige Anmerkungen zu ihnen befinden. Seitenangaben mit Sternchen weisen auf kurze biographische Daten hin.

7. Orts- und Sachregister**

** Bei den sehr häufig erwähnten Institutionen und Orten, z. B. CDU/ CSU, PV und SPD sowie Berlin, Bonn,
Frankfurt am Main und Hannover, werden nur die Seitenzahlen genannt, die von besonderer Bedeutung sind.
Seitenangaben in Kursivdruck weisen auf einen Abdruck des genannten Dokuments hin.

Der Autor

Willy Albrecht, geb. 1938, Dr. phil., ist wissenschaftlicher Mitarbeiter des Historischen Forschungszentrums der Friedrich Ebert Stiftung. Er ist Verfasser und Herausgeber zahlreicher Publikationen im Bereich der Organisationsgeschichte der sozialdemokratischen Arbeiterbewegung im 19. und 20. Jahrhundert.